DIREITO AMBIENTAL

Coleção
Concursos Públicos

Organizadores:
Henrique Correia
e Élisson Miessa

Tiago Antônio Paulosso Anibal

DIREITO AMBIENTAL

para
CONCURSOS

2019

EDITORA
*Jus*PODIVM
www.editorajuspodivm.com.br

EDITORA *Jus*PODIVM
www.editorajuspodivm.com.br

Rua Território Rio Branco, 87 – Pituba – CEP: 41830-530 – Salvador – Bahia
Tel: (71) 3045.9051
• Contato: https://www.editorajuspodivm.com.br/sac

Diagramação: Luiz Fernando Romeu *(lfnando_38@hotmail.com)*

Capa: Ana Caquetti

ISBN: 978-85-442-2731-2

Dedico este trabalho à minha família,
em especial à minha esposa Karina
e aos meus filhos Leonardo e Bianca,
aos meus pais Edna e Vanderlei,
e aos meus irmãos Júnior,
Eduardo e Paula.

APRESENTAÇÃO DA COLEÇÃO

Como professores e autores, observamos a necessidade de sintetizar os principais pontos dos editais em um livro que seja capaz de mesclar legislação, doutrina, jurisprudência e questões.

Esses quatro pilares buscam facilitar a compreensão dos institutos, permitindo não somente o conhecimento doutrinário, mas, especialmente, as diretrizes seguidas em nossos tribunais, tão questionadas nas provas de concurso.

Surgiu daí a ideia de criar a *Coleção Concursos Públicos* unindo essas quatro bases, agilizando os estudos daqueles que se preparam para as provas objetivas.

Os livros da coleção utilizam de linguagem clara, objetiva, além de apresentarem quadros, esquemas e observações, com a finalidade de facilitar a memorização e aprendizado da matéria.

Foram incluídas, ainda, questões dos principais concursos públicos, tais como Ministério Público, Magistratura, procuradorias etc., a fim de aproximar o candidato da realidade dos concursos e possibilitar a melhor fixação da matéria. Contém também questões da OAB, ante o elevado nível que, atualmente, encontram-se tais questões.

Além disso, no fim do livro, o autor apresenta um capítulo sob o título *Revisão Final*, com o objetivo de permitir a leitura rápida e pontual nos últimos dias antes da data da prova.

Temos certeza de que este livro de direito ambiental contribuirá para alcançar o tão sonhado cargo público.

Ficamos disponíveis para receber críticas e sugestões a fim de que possamos melhorar, constantemente, a obra.

Os coordenadores

Para acessar os vídeos:

Para quem usa **Android**, importante instalar um aplicativo com leitor de QRCodes, que pode ser o "QR Code Reader". Você encontrará no seguinte link:

- http://editoraj.us/baixar-qr-android

Para quem usa **IOS** (iPhone, iPad), basta instalar um aplicativo com leitor de QRCodes, que pode ser o "QR Code Reader and Scanner". Você o encontrará no seguinte link:

- http://editoraj.us/baixar-qr-ios

Os vídeos estão indicados no sumário pelo símbolo: ▶

APRESENTAÇÃO DA OBRA

O Direito Ambiental surge com destaque dentre os denominados direitos de terceira geração, os quais "materializam poderes de titularidade coletiva atribuídos genericamente a todas as formações sociais, consagram o princípio da solidariedade e constituem um momento importante no processo de desenvolvimento, expansão e reconhecimento dos direitos humanos, caracterizados, enquanto valores fundamentais indisponíveis, pela nota de uma essencial inexauribilidade"[1].

A despeito da existência de documentos normativos esparsos ao longo do Século XX (e mesmo mais antigos), a Declaração elaborada quando da Conferência de Estocolmo de 1972 é considerada um dos principais marcos teóricos do Direito Ambiental, inclusive com destaque para a inserção do caráter intergeracional à tutela ambiental, contendo em seu Princípio 1[2] a preocupação de se preservar o meio ambiente para as gerações presentes e futuras.

No âmbito nacional, não se menosprezando importantes normas anteriores[3], entende-se que, efetivamente, o momento inicial da tutela ambiental foi conferido pela Lei 6.938/81 (Lei de Política Nacional do Meio Ambiente), sendo que, posteriormente, consolidou-se o regime jurídico da tutela ambiental por meio da sua previsão expressa na Constituição Federal de 1988, elevando-a ao *status* que lhe pertence.

Desde então, percebe-se a evolução do Direito Ambiental tanto no cenário internacional, como, paralelamente, no âmbito interno, construindo-se por meio de debates, Encontros, Conferências, ora por documentos de caráter meramente declaratório, ou de cunho vinculativo, Tratados, Declarações, Leis, Decretos, Resoluções, além mesmo da própria doutrina e jurisprudência, atrelando-se ao desenvolvimento da ciência e à ampliação do conhecimento sobre os recursos ambientais.

Enfim, cuida-se de um ramo do Direito que, nada obstante possa ser considerado recente, encontra-se em plena evolução, com o surgimento de normas que visam a atender as mais recentes e modernas preocupações, inclusive com vistas às gerações futuras, cuja compreensão não se limita, portanto, à análise de uma Lei ou mesmo um Código, mas

---

1. STF - MS nº 22.164 - julg.: 30.11.1995.
2. "1 - O homem tem o direito fundamental à liberdade, à igualdade e ao desfrute de condições de vida adequadas, em um meio ambiente de qualidade tal que lhe permita levar uma vida digna, gozar de bem-estar e é portador solene de obrigação de proteger e melhorar o meio ambiente, para as gerações presentes e futuras". Disponível em disponível www.mma.gov.br/estruturas/agenda21/ arquivos/estocolmo.doc, acessado em 15 de setembro de 2018.
3. A exemplo, tem-se o Código Florestal (Lei 4.771/65).

necessariamente perpassa por uma abordagem interdisciplinar, incluindo pontos de outras searas do conhecimento, além de construções teóricas que, por vezes, sequer ainda foram expressas em lei.

Dentro deste contexto, com o presente trabalho busca-se traçar uma linha de estudo que seja condizente com o entendimento mais atualizado em Direito Ambiental, apto a, de forma clara e objetiva, oferecer ao leitor uma compreensão suficiente à sua formação, bem como para atender às expectativas das bancas dos mais diversos concursos, e mesmo para a própria obtenção da carteira da OAB. Inclusive, além da própria apresentação textual, serão inseridos, ao final de cada Capítulo, jurisprudência e questões de concursos a auxiliar tanto na melhor absorção do estudo como para entender como os temas são cobrados.

Para tanto, num primeiro momento é feita uma análise introdutória do Direito Ambiental, visualizando conceitos e noções que servem de base para o desenvolvimento do estudo, e o passo seguinte consiste na apresentação da forma como se encontra estruturado tanto na ordem internacional, como no âmbito interno – no qual, inclusive, é feita uma exposição sobre a constitucionalização da tutela ambiental, bem como dos princípios que regem e dão especificidade ao assunto, além da própria repartição de competências existente para o adequado dimensionamento no território nacional.

Superados tais pontos, serão estudados, na sequência, a Política Nacional do Meio Ambiente (regida pela Lei 6.938/81), o Sistema Nacional de Unidades de Conservação (Lei 9.885/00), o atual Código Florestal (Lei 12.651/12), a Gestão das Florestas Públicas (Lei 11.284/06), o regime jurídico do Bioma Mata Atlântica (Lei 11.428/06), além de serem examinadas a Política Nacional de Recursos Hídricos (Lei 9.433/97) e Política Nacional de Resíduos Sólidos (Lei 12.305/10). E, ainda, analisar-se-á o regime jurídico da Responsabilidade no campo ambiental, bem como as formas de proteção em juízo.

SUMÁRIO

CAPÍTULO I

CAPÍTULO VI

CAPÍTULO VII

CAPÍTULO VIII

CAPÍTULO X

CAPÍTULO XI

CAPÍTULO XII

Capítulo I

DIREITO AMBIENTAL: COMPREENSÃO INTRODUTÓRIA

1. INTRODUÇÃO

NOÇÕES INTRODUTÓRIAS

segue vídeo abaixo:

https://youtu.be/Fk1CZrjRpCY

Cada vez mais, os debates a respeito de Direito Ambiental têm se pautado em análise de texto da Lei, inclusive as próprias questões de concurso estão caminhando neste sentido. Contudo, para uma compreensão adequada sobre esse ramo do Direito, seja para quem almeja concurso público, prova da OAB, ou mesmo para aprimorar-se, é necessária a análise de algumas questões introdutórias, que, por vezes, não estarão expressas nos textos legais[1].

1. Em síntese, são pontos que dão sustentação a todo o arcabouço legislativo, e, se não cobradas diretamente (em questão objetiva), certamente agregam um bom valor argumentativo às provas dissertativas.

Por essa razão, este Capítulo introdutório se desenvolve para trazer a lume noções sobre o meio ambiente, sua identificação e classificação, além ainda dos bens que o compõem, bem como premissas básicas sobre o Direito Ambiental, tal como seu conceito, autonomia e objetivo, seus fundamentos éticos e filosóficos, o contexto histórico-social que o legitima a existir, além ainda de uma análise do próprio sentido de dignidade da pessoa humana.

2. BEM JURÍDICO TUTELADO: MEIO AMBIENTE

2.1. Conceito

A expressão meio ambiente, de certa forma, pode ser vista como um pleonasmo, haja vista que, teoricamente, são sinônimos, a denotar igualmente aquilo que nos envolve ou nos rodeia[2].

Contudo, por si só, tal análise de viés gramatical não é vista como um impedimento ao uso da expressão, tanto que, a despeito dessa costumeira ressalva feita em doutrina[3], é regularmente utilizada na própria doutrina, na jurisprudência[4], e na legislação.

Aliás, é na Lei 6.938/81, em seu art. 3°, I, onde se situa o próprio conceito jurídico de meio ambiente, isto é, sua definição legal, fazendo expressa referência a *meio* ambiente, e assinalando ser ele "o conjunto de condições, leis, influências e interações de ordem física, química e biológica, que permite, abriga e rege a vida em todas as suas formas".

Cuida-se, nesse sentido, de definição bastante ampla, a ter como objeto a "vida em todas as suas formas", não se limitando apenas aos seres humanos, e, ainda, não se restringindo aos aspectos do ambiente natural, mas também outras perspectivas em que esteja inserida a vida[5].

Veja que, diante de um cenário de crise ambiental, em que o envolvimento entre Estado e mercado estaria ocorrendo de forma descuidada para com os recursos naturais, surge o movimento ambientalista, que, em meio a diversas manifestações, insere a questão ambiental (ecológica) nos debates públicos, fomentando uma "legitimação social dos valores ecológicos", em que, "a partir da constatação da poluição e degradação dos recursos

2. MILARÉ, Édis. Dicionário de direito ambiental. 1ª ed. São Paulo: Revista dos Tribunais, 2015, p. 61 e 542. Ambiente é "o conjunto de condições que envolvem e sustentam os seres vivos na biosfera como um todo, ou em parte desta, abrangendo elementos do clima, do solo, da água, e dos organismos". Meio ambiente é o "(1) conjunto de condições, leis, influencia e interações de ordem física, química, biológica, social, cultural e urbanística, que permite, abriga e rege a vida em todas as suas formas. (2) Local (águas, ar, subsolo) onde se desenvolve a vida dos homens, animais, plantas ou microorganismos, em estreita relação com um conjunto de substancias externas, que se caracterizam não só pelas propriedades físicas, químicas e biológicas desse local, mas também por outros fatores que regem a vida, como os relacionados às associações dos seres vivos, em geral e particularmente dos seres humanos, tais como os aspectos de ordem cultural, legal e outros. O mesmo que meio e ambiente".

3. Cite-se, por exemplo: MACHADO, Paulo Affonso Leme. Direito ambiental brasileiro. 21ª ed. São Paulo: Malheiros, 2013.

4. STF - RE 612.692/SC - *DJe* 18.05.2010.

5. De se conferir que, no âmbito do CONAMA, há a Resolução 306/2002, que chega a ser mais ampla ainda a definição de meio ambiente, conforme se confere no Anexo I, XII, ao assim definir: "Meio ambiente: conjunto de condições, leis, influência e interações de ordem física, química, biológica, social, cultural e urbanística, que permite, abriga e rege a vida em todas as suas formas".

naturais é que os valores ecológicos emergiram e se legitimaram nas relações sociais"[6], vindo à tona a necessidade de tutela dos recursos naturais.

Ocorre que, não apenas, verifica-se que o cenário jurídico, além da observância aos recursos naturais, sedimenta um contexto de preocupação com a vida de todas as formas, e em todos os aspectos que a rodeia e lhe dá sustentação e condições de manutenção em um nível adequado.

ATENÇÃO

Há um patamar mínimo de condições à vida, que não se limita apenas aos fatores naturais, mas a diversos outros, que representam um meio ambiente imprescindível.

É nessa esteira, então, que surge – inclusive por questões didáticas – uma classificação do meio ambiente[7], a se identificar com maior precisão quais são esses aspectos que o compõem, frisando que na própria Constituição Federal de 1988 é possível identificar essa segmentação do meio ambiente, a se especificar os bens (patrimônios) ambientais objetos de tutela na seara do Direito Ambiental.

2.2. Classificação

O presente trabalho opta pela classificação inaugurada por José Afonso da Silva[8], compreendida como a mais tradicional sobre o tema, exposta praticamente em todos os manuais de Direito Ambiental, e, por conseguinte, representando aquela que se cobra do candidato nos concursos mais importantes do país, segmentando o meio ambiente, em meio ambiente natural (ou físico), artificial, cultural, e do trabalho.

Nada obstante, não se pode deixar de mencionar a existência de outras classificações, em especial um[9] pela qual se aborda a questão salientando o recurso (bem) ambiental tutelado, sob o rótulo de patrimônio ambiental, a distinguir **(a)** patrimônio ambiental natural (especificamente ar, água, solo, flora e fauna), **(b)** patrimônio ambiental cultural, **(c)** patrimônio ambiental artificial, **(d)** patrimônio genético, biotecnologia e biossegurança.

Trata-se de análise cuja abordagem não se enquadra perfeitamente naquela tradicional classificação, razão pela qual se compreende como de bom alvitre utilizar-se desse espaço para verificar o significado desse último patrimônio ambiental tutelado pelo direito, pois os demais serão analisados quando da classificação tradicional a ser em seguida apresentada.

6. SARLET, Ingo Wolfgand, e FENSTERSEIFER, Tiago. Direito Constitucional Ambiental: Constituição, direitos fundamentais e proteção do ambiente. 5ª ed. ver. atual. e ampliada. São Paulo: Revista dos Tribunais, 2017, p. 44.
7. STF – ADI 3.540 MC/DF; e STJ – REsp 725.257/MG
8. SILVA, José Afonso da. Direito Ambiental Constitucional. 4. ed. São Paulo: Malheiros, 2003.
9. De se alertar que trata de classificação também importante, inclusive com possibilidade de cobrança em concursos, a exemplo da Magistratura do Estado de São Paulo que, em seu edital, expressamente consta a classificação pautada pelo bem ambiental tutelado, inclusive com a inserção do patrimônio genético dentre o rol de bens ambientais.

Patrimônio genético, segundo conceituado pelo art. 2º, I, Lei 13.123/15[10], consiste na "informação de origem genética de espécies vegetais, animais, microbianas ou espécies de outra natureza, incluindo substâncias oriundas do metabolismo destes seres vivos", ou seja, representa a compreensão da origem genética de seres vivos de todas as espécies (animal, vegetal, microbiano e fúngico).

A Constituição Federal de 1988, no artigo 225, §1º, II, dedica especial atenção ao tema, ao impor ao Poder Público a obrigação de "preservar a diversidade e a integridade do patrimônio genético do País e fiscalizar as entidades dedicadas à pesquisa e manipulação de material genético", ou seja, coloca-se o patrimônio genético (sua integridade), por si só, como um bem jurídico ambiental a ser tutelado, inclusive com expressa imposição ao Poder Público.

Por essência, cuida-se de tema umbilicalmente ligado à ideia de diversidade biológica – representativa do mais importante pressuposto do direito ao meio ambiente ecologicamente equilibrado (art. 225, caput, da CF/88) –, pois, denotando a variabilidade de organismos vivos de todas as origens, nos mais diversos ecossistemas[11], significa levar em consideração não apenas a individualidade dos recursos ambientais, mas a inerente interação entre eles existente – em relação de interdependência.

Daí, mais que uma preocupação para com os recursos ambientais em si (individualmente), ressaltar o patrimônio genético como um bem ambiental a ser tutelado, significa a imprescindível atenção que se deve conferir à diversidade biológica, desde a integridade do patrimônio genético, preservando-se a própria manutenção da vida, em todas as suas formas, contra a intervenção indevida do ser humano na essência de cada organismo vivo, e nas relações entre eles existentes.

Por sua vez, a biotecnologia representa exatamente essa intervenção humana, por meio de novas tecnologias[12], junto ao material genético, definida, segundo o artigo 2 da Convenção sobre Diversidade Biológica (CDB), como "qualquer aplicação tecnológica que utilize sistemas biológicos, organismos vivos, ou seus derivados, para fabricar ou modificar produtos ou processos para utilização específica"[13].

---

10. Havia uma redação mais ampla no texto original da Medida Provisória nº 2.186-16/2001 (artigo 7º, inciso I) – revogada pela Lei 13.123/15 –, em que se dizia: "Patrimônio Genético é toda informação de origem genética, contida em amostras do todo ou de parte de espécime vegetal, fúngico, microbiano ou animal, na forma de moléculas e substâncias provenientes do metabolismo destes seres vivos e de extratos obtidos destes organismos vivos ou mortos, encontrados em condições in situ, inclusive domesticados, ou mantidos em coleções ex situ, desde que coletados em condições in situ no território nacional, na plataforma continental ou na zona econômica exclusiva".
11. Definida como sendo "a variabilidade de organismos vivos de todas as origens, compreendendo, dentre outros, os ecossistemas terrestres, marinhos e outros ecossistemas aquáticos e os complexos ecológicos de que fazem parte; compreendendo ainda a diversidade dentro de espécies, entre espécies e de ecossistemas" (artigo 2º da Convenção sobre Diversidade Biológica-CDB, promulgada pelo Decreto n.º 2.519 de 1998, reproduzido no artigo 2.º, III, da Lei n.º 9.985 de 2000).
12. Inclusive, fala-se em "*biotecnologia moderna*", assim discriminada no Protocolo de Cartagena sobre Biossegurança da Convenção sobre Diversidade Biológica (em vigor desde 11 de setembro de 2003), especificando-a em (a) a aplicação de técnicas in vitro, de ácidos nucleicos inclusive ácido desoxirribonucleico (ADN) recombinante e injeção direta de ácidos nucleicos em células ou organelas, ou (b) a fusão de células de organismos que não pertencem à mesma família taxonômica, que superem as barreiras naturais da fisiologia da reprodução ou da recombinação e que não sejam técnicas utilizadas na reprodução e seleção tradicionais.
13. Artigo 2, da Convenção Internacional sobre Diversidade Biológica – promulgado pelo Decreto nº 2.519/98.

Aliás, dada preocupação em questão, surge a noção de biossegurança, cuja definição, lançada pelo Conselho de Informações sobre Biotecnologia[14], é no sentido de sintetizar o conjunto de ações e procedimentos voltados ao controle e à minimização de riscos que possam surgir da exposição, manipulação e uso de organismos vivos, objetivando evitar danos e efeitos adversos ao homem, aos animais e ao meio ambiente.

Enfim, há extrema preocupação com a integridade do patrimônio genético, alvo do exercício da biotecnologia, mas que, a seu respeito, há a temática da biossegurança (segurança biológica), exatamente no intuito de se efetivar, com segurança, uma fiscalização da atuação científica junto ao material genético, impondo-se observância de procedimentos de segurança na manipulação de organismos geneticamente modificados, com a finalidade de proteger o ecossistema e preservar a saúde e a vida humana[15].

ATENÇÃO

É de vital importância não se esquecer desse patrimônio ambiental (genético), que, por si só, envolve a diversidade biológica, objeto de intervenções humanas dentro de um cenário de desenvolvimento tecnológico avançado (biotecnologia), mas que a seu respeito é necessária a imposição de uma regulação severa, principalmente pela ausência de efetivo conhecimento sobre seus efeitos, embora saiba-se ser de extrema potencialidade lesiva, tanto ao meio ambiente, como à saúde humana.

Feitos esses parênteses, passa-se a delinear a tradicional análise classificatória do meio ambiente, dividindo-o em meio ambiente natural, artificial, cultural e do trabalho.

2.2.1. *Meio ambiente natural ou físico*

Com previsão no artigo 225, da CF/88, o meio ambiente natural abrange os recursos naturais em si, como fauna e flora, recursos hídricos, etc., isto é, os elementos naturais, a respeito dos quais, é de se reconhecer, a alcunha "meio ambiente" inicialmente buscou tratar.

Em verdade, é o que, singelamente, se compreende como meio ambiente, sem a amplitude que seu significado atingiu atualmente, esmiuçado em outras facetas, visualizáveis em sequência.

2.2.2. *Meio ambiente artificial*

Identificável no teor do artigo 182, da CF/88, meio ambiente artificial consiste no espaço decorrente de uma intervenção antrópica (humana), ou seja, contrapondo-se à ideia

14. Disponível em: https://cib.org.br/faqs_category/conceitos/. Consulta realizada em 28/08/2018.
15. Sob a ótica da ANVISA, biossegurança representa um procedimento científico seguro, tanto para profissionais que o realizam, para os pacientes a quem são destinados (quando houver) e para o ambiente e, ao mesmo tempo, ser capaz de gerar resultados de qualidade. Ou seja, biossegurança é uma imposição de segurança para todos os envolvidos, bem como de eficácia na intervenção procedida.

de natural, em que artificial representa aquilo que foi feito pelo ser humano, que, por si só, não existiria na natureza.

Há uma subdivisão, na qual se diz *fechado* aquele meio ambiente construído, resultando em espaços fechados, como o são as edificações, prédios, etc., e, de outro lado, fala-se em *aberto* aquele que, a despeito de resultado da obra humana, consiste num espaço livre e aberto, a exemplo de ruas, praças, parques, etc.

Interessante salientar que, transpondo então da mera preocupação para com os recursos naturais, a se abarcar os centros urbanos (cidades), estes se encontram sob o regime jurídico ambiental, razão pela qual também nesse âmbito apresenta-se como imprescindível a realização e/ou manutenção de um equilíbrio ambiental, por um padrão de sustentabilidade a ser preservado e/ou almejado nas cidades (cidades sustentáveis[16]).

2.2.3. *Meio ambiente cultural*

Outro elemento do meio ambiente que recebe preocupação jurídica diz respeito aos aspectos culturais que envolvem a vida, devidamente reportados nos artigos 215 e seguintes da CF/88.

Fala-se assim em patrimônio cultural, objeto de tutela, "os bens de natureza material e imaterial, tomados individualmente ou em conjunto, portadores de referência à identidade, à ação, à memória dos diferentes grupos formadores da sociedade brasileira (...)"[17].

Veja que existem tanto os bens materiais, consistentes em bens móveis e imóveis com a significação cultural respectiva, tal como os bens imateriais, representativos de celebrações, conhecimentos (saberes), formas de expressão cultural (por exemplo, danças, festas religiosas), etc., enfim, questões não materializadas, mas que trazem consigo a carga cultural nos termos do artigo 216, *caput*, da CF/88.

2.2.4. *Meio ambiente do trabalho*

Ademais, há também o meio ambiente do trabalho, visualizável no artigo 200, II e VIII, CF/88, cuja essência consiste em tutelar a higidez do espaço de trabalho, atento, em especial, à saúde e à segurança do trabalhador.

Note-se que, a despeito dos dois incisos estarem inseridos no artigo 200, CF/88, cuja localização consiste no espaço reservado pelo constituinte ao regime jurídico da Saúde, há uma especial atenção voltada à saúde do trabalhador, considerando, dentre outras, as condições de higiene, salubridade, segurança, do ambiente de trabalho, tudo em um contexto mínimo que garanta que, enquanto estiver naquele espaço, sua saúde e dignidade estejam preservadas.

3. BENS AMBIENTAIS

Sem prejuízo da classificação acima tratada, há ainda uma classificação dividindo os bens tutelados em macrobem e microbens, sendo que, estando presentes em diversos editais de concursos, acredita-se como válida a passagem pelo ponto de forma específica.

---

16. Art. 2º, I, Lei 10.257/01.
17. Art. 216, *caput*, da CF/88.

3.1. Macrobem

Em verdade, macrobem denota uma visão global do meio ambiente, composto do "conjunto de fatores que interagem e condicionam a vida das pessoas"[18], ou seja, é exatamente aquele "conjunto de condições, leis, influências e interações", expresso no artigo 3º, I, da Lei 6.938/81.

Nesse sentido, encerra a compreensão a respeito do meio ambiente em si, indivisível, imaterial (incorpóreo) e insuscetível de apropriação, pertencente à coletividade, sem que dele possa haver qualquer ato de disposição.

Daí consistindo, basicamente, no direito fundamental ao meio ambiente equilibrado, de modo que, qualquer afetação à harmonia do meio ambiente significa uma lesão ao macrobem.

3.2. Microbens

De outra banda existem os denominados microbens, assim referidos para expressar individualmente os elementos integrantes e que constituem o meio ambiente, considerados como corpóreos, a exemplo da fauna, da flora, dos recursos hídricos, etc.

Interessante é que, quando se trata de microbens, estes são suscetíveis de apropriação, como exemplo uma floresta, que pode perfeitamente encontrar-se dentro de uma propriedade particular.

E nesse ponto se insere o raciocínio chave desta divisão entre macrobem e microbens, qual seja: em que pese esteja a floresta no interior de uma propriedade particular, e dela possa fazer uso (obviamente que respeitadas as eventuais restrições), o particular deve fazê-lo de forma a não afetar o equilibro ambiental envolvido na referida florestal, pois este direito fundamental é da coletividade, e indisponível.

4. MEIO AMBIENTE COMO BEM DE USO COMUM DO POVO

Os pontos até então abordados representam um esmiuçamento da compreensão sobre meio ambiente, a se identificar a sua dimensão – e respectivas facetas – para o Direito.

Ocorre que sua inserção no Texto Constitucional é feita de forma peculiar, senão polêmica, ao normatizar o meio ambiente, identificando-o com um "bem de uso comum do povo". Isso porque, em verdade, cuida-se de expressão utilizada no Código Civil[19], para sintetizar uma categoria de bens públicos, tais como rios, mares, estradas, ruas e praças, mas cujo regime jurídico não se coaduna com tutela ambiental, eis que (a) são de titularidade do poder público, (b) passíveis de desafetação para, convertendo-o em bem dominical, viabilizar sua alienação, e (c) apropriação[20].

---

18. TRF – 5ª região – AR 6.233/SE.
19. O art. 99, do Código Civil, faz referência a bens públicos, distinguindo-os em (i) bens de uso comum do povo, (ii) bens de uso especial, e (iii) bens dominicais.
20. Observe-se que os bens públicos, a princípio, não são objetos de apropriação, senão pela via de desafetação e alienação. Contudo, excepcionalmente, admite-se usucapião de bens públicos por outro ente público, segundo artigo 2º, §2º, do Decreto-Lei 3.354/41.

Com efeito, o bem ambiental - compreende-se - é insuscetível de qualquer apropriação, ainda mais quando se considera como de titularidade difusa, de toda a coletividade - que não apenas, aliás, aqueles que estejam próximos ao bem ambiental.

Isso porque, melhor pontuando, o direito ao meio ambiente é considerado como um direito de terceira geração[21], pautado no princípio da solidariedade, sendo essencialmente difuso[22], pois transindividual, de natureza indivisível, cujos titulares são indetermináveis.

Daí, conforme se confere, não apresenta como de melhor técnica essa abordagem civilista do direito ambiental, pois com ele não é tanto condizente. Mas, de qualquer forma, cuida-se de um detalhe que não impede a compreensão do bem ambiental na sua essência, e, muito menos, deturpa o seu regime jurídico peculiar de terceira dimensão, na categoria de direito difuso, como *patrimônio público* - pertencente a toda coletividade, e não ao Poder Público.

5. DIREITO AMBIENTAL

5.1. Definição

Na definição lançada por Milaré é o Direito Ambiental o "conjunto de normas e princípios editados objetivando a manutenção de um perfeito equilíbrio nas relações do homem com o meio ambiente"[23], ou, segundo Prieur, "regras jurídicas relativas à proteção da natureza e à luta contra as poluições"[24]

De se perceber consistir o Direito Ambiental no conjunto de normas e princípios para regular a ação humana junto ao meio ambiente, valendo destacar que, diferentemente de outras searas do Direito, não possui um regramento consolidado num Código, mas composto por normas esparsas.

5.2. Autonomia

Considerado como um ramo do direito público[25], também pode-se dizer ser ele ramo jurídico autônomo, com regras e princípios próprios, em que pese, por seu caráter transversal, consistir numa disciplina que dialoga com diversos outras searas do Direito, a exemplo

21. De se lembrar da tradicional divisão dos direitos fundamentais em dimensões/gerações, havendo os de primeira geração referentes aos direitos civis e políticos (liberdade negativa), os de segunda geração abarcando os direitos econômicos, sociais e culturais (igualdade), e, por fim - sem menosprezar entendimento sobre a existência de novas gerações - os de terceira geração concernentes aos direitos de meio ambiente, do consumidor, etc. (solidariedade), representativos de uma categoria que não se enquadra nas duas anteriores.
22. Assim se referindo para distinguir das demais categorias que o são os direitos coletivos, e os individuais homogêneos, sendo estes representativos de direitos divisíveis, de titularidade determinada, mas que, de origem comum, são homogeneizados a diversas pessoas, viabilizando a sua tutela coletiva; ao passo que o outro, coletivos em sentido estrito, são indivisíveis, mas de titularidade determinável, embora transindividuais.
23. MILARÉ, Édis. Op. cit., p. 295.
24. PRIEUR. Michel. *Droit de l'Environnement*. 7ª ed. Paris: Dalloz, 2016.
25. MILARÉ, Édis. Op. cit., p. 295. O autor menciona o Direito Ambiental como sendo uma especialização do Direito Administrativo.

do Direito Civil no que se refere à propriedade[26], responsabilidade civil, etc., do Direito Administrativo, no campo da responsabilidade administrativa, dos atos e procedimentos administrativos (por exemplo licenciamento, concessão florestal, licitações sustentáveis, etc.), do Direito Penal, haja vista a previsão expressa de crimes ambientais, do Direito Constitucional, do Direito tributário (por exemplo o tema da tributação verde/ecológica), etc.

5.3. Objetivo

Assim visto, resulta estampado que o Direito Ambiental tem por objetivo exatamente regular o envolvimento entre o ser humano e os recursos ambientais, num ideal de desenvolvimento sustentável. Isto é, sem desconsiderar o espaço inevitável de atuação humana sobre o meio ambiente, impõe um regramento para que haja a sincronização desse envolvimento entre o meio ambiente e a atuação humana, viabilizando-se o uso dos recursos ambientais, porém em condições que não afetem o equilíbrio ambiental.

Em outros termos, almeja regular a atuação humana junto ao meio ambiente, para que esta ocorra sem afetar a capacidade de reprodução do ecossistema em nível superior ou idêntico ao do uso (equilíbrio ambiental), o que é imprescindível, inclusive, para a permanência das condições ambientais que viabilizam a sadia qualidade de vida, tanto das presentes, como, principalmente, das futuras gerações.

5.4. Fundamentos éticos e filosóficos do direito ambiental: antropocentrismo x biocentrismo x ecocentrismo

Ainda em capítulo introdutório, é pertinente buscar compreender como o meio ambiente é visto pelo Direito, isto é, como o ordenamento jurídico, no caso o brasileiro, delineia a tutela aos bens ambientais, em especial sob aspectos éticos e filosóficos.

Pensar sobre a questão ética, significa visualizar o *modus operandi* do ser humano em sociedade, considerando que a ética, a grosso modo, representa o conjunto de valores e regras sedimentados em dado grupo ou cultura (por exemplo ocidental), sendo comum a todos os seus integrantes. Isto é, consiste no padrão comportamental ao qual o sujeito adere no meio social, em consonância, repita-se, aos valores do grupo ou cultura.

Pois bem. E dentro de um cenário de "situação-limite"[27], onde se visualizam mudanças climáticas extremas, aumento da temperatura global, desmatamento quase irreversível na Floresta Amazônica, aumento de animais em extinção – senão extintos –, com significativa perda da biodiversidade global[28], o Direito Ambiental insere-se num movimento de revisitação do perfil ético, pois, "é justamente o comportamento do ser humano – através das suas práticas nas mais diversas áreas – o fator responsável pela degradação ecológica".

Tudo decorrente de um formato de conduta marcada pelo total desprezo aos valores ambientais, a daí considerar, sob a ótica filosófica, como contexto claro do antropocen-

---

26. Por exemplo, o art. 1.228, §1°, do CC/02, que trata da função social da propriedade, inserindo a tutela ambiental em seu regime jurídico.
27. LOVELOCK. James. A vingança de gaia. Rio de Janeiro: Editora Intrínseca, 2006.
28. SARLET, Ingo Wolfgand, e FENSTERSEIFER, Tiago. Op. cit.. Os autores referem-se ao Relatório de Desenvolvimento Humano 2007/2008 do Programa das Nações Unidas para o Desenvolvimento.

trismo, pautado no interesse individualista, dentro de razões econômicas, religiosas, estéticas, culturais, recreacionais, etc.

Enfim, nas palavras de Ingo e Tiago, "a situação limite a que chegamos - no tocante à crise ambiental - está associada de forma direta à postura filosófica - incorporada nas nossas práticas cotidianas - de dominação do ser humano em face do mundo natural, adotada desde a ciência moderna, de inspiração cartesiana, especialmente pela cultura ocidental"[29].

Dentro dessas premissas, é imperioso, então, visualizar a questão central da tutela ambiental, a se identificar se ordenamento jurídico mantém aquele antropocentrismo, ou, se adota o que se denomina de biocentrismo, a se verificar todos os seres vivos (e não apenas o ser humano) como foco de tutela, ou, mais ainda, o ecocentrismo, em que se tutela o meio ambiente de forma geral em primeiro lugar, abrangendo tanto seres vivos como não vivos. Isto é, nestas duas últimas os recursos naturais recebem proteção por si só, pelo seu valor intrínseco - e não como servientes ao ser humano -, mas que nesta última abrangem-se também os seres inanimados.

Frise-se que tal ponto possui seu caráter de ordem filosófica, a se fundamentar qual é a forma e a intensidade que se desenvolve a relação entre ser humano e meio ambiente, em especial o que - ou quem - deve ser posto como centro das relações, para o qual os demais devem se submeter.

Antropocentrismo, do grego *anthropos (*humano) e *kentron* (centro), posiciona o ser humano no centro das atenções, de forma que tudo ao redor tem sua razão de existir tão apenas para servi-lo, o que, relacionando com o meio ambiente, é pensar que os bens ambientais são meros instrumentos ao bem estar do homem, merecendo tutela na medida e quando tiverem sua serventia ao ser humano, que se encontra num patamar de superioridade.

Por exemplo, a leitura do artigo 225, *caput*, da CF/88, justifica que muitos assinalem ser essa a concepção filosófica consolidada em nosso ordenamento jurídico, haja vista constar que o meio ambiente ecologicamente equilibrado é essencial à sadia qualidade de vida, impondo-se ao Poder Público e à coletividade o dever de defendê-lo e preservá-lo para as presentes e futuras gerações.

De ser ver que se refere ao meio ambiente qualificado como meio para que o indivíduo desfrute de uma vida digna (sadia qualidade), de modo que a sua tutela tão apenas se justifica para beneficiar diretamente o ser humano.

De outro lado, há a concepção do biocentrismo, que representa um conceito mais amplo de quem (ou o que) seja o foco de proteção, pois, significando do grego *bios* (vida) e *kentron* (centro), implica colocar em posição de fim em si mesmo, e não meros instrumentos, todos os seres vivos - e não apenas o ser humano.

Cuida-se de uma concepção que visualiza um valor intrínseco a todos seres vivos (humanos ou não), isto é, ganha papel principal o valor *vida,* independentemente da utilidade ou interesse ao indivíduo, ressaltando que todos possuem, em sim mesmo, sua função,

29. Ibidem.

sem que haja superioridade do ser humano, com quem todos os seres vivos mantém uma relação de simbiose.

Interessante assinalar que, a despeito do teor do *caput* do art. 225, CF/88, é possível visualizar uma postura nitidamente biocêntrica no inciso seu §1º, inciso VII, na medida em que arrola situações de proteção a outros seres vivos - que não o humano - por motivação totalmente desvinculada deste, a exemplo da vedação de condutas que submetam os animais à crueldade[30].

De posição mais extremada ainda, há o ecocentrismo, em que, não apenas os seres vivos, consideram-se que também os seres inanimados (sem vida) possuem vital função no complexo da natureza (*organismo de Gaia*[31]) - a despeito de sua condição inorgânica.

É uma visão que leva em consideração o próprio Direito Natural - que não pode ser suplantado pelo Direito Positivo -, a se impor que os elementos naturais tenham seus valores reconhecidos como intrínsecos, pois componentes de toda uma teia que preserva a sua existência. E, não se esquecendo da presença de apenas seres vivos, todo elemento da natureza merece proteção por si só, pelo que ele é em si mesmo.

Contudo, e sem menosprezar um avanço dessa corrente ecocêntrica[32], na linha do que sustentam Sarlet e Fensterseifer[33], compreende-se que o Direito Constitucional Ambiental adota uma postura não tanto polarizada, mas um *antropocentrismo jurídico ecológico (alargado)*[34], sendo que, sem se afastar do entendimento de ser a dignidade da pessoa humana a matriz axiológica do nosso ordenamento jurídico, nela se visualiza uma dimensão ecológica, sedimentando um direito-dever fundamental de tutela ambiental, seja para proteger outros seres humanos, seja para resguardar bens jurídicos que transcendem a órbita humana[35], isto é, reconhecendo um valor intrínseco a todas as formas de vida (incluindo não humanas).

5.5. A dimensão ecológica da dignidade da pessoa humana

Na linha do que se apresentou acima, a visão filosófica atual a respeito do meio ambiente, alcunhada de *antropocentrismo jurídico ecológico (alargado)*, representa, nos dizeres da doutrina, uma repaginação filosófica fundamentada numa *virada ecológica*[36] a que

30. Considera-se inexistir relação com o ser humano, pois inibir a prática de crueldade denota como única preocupação a saúde do animal, sendo ele o propósito da norma protetiva - ainda que, numa análise bem sistêmica, a extinção de um animal, de certa forma, pode repercutir na cadeia produtiva, na qual - é fato - o homem sim se situa. Contudo, a mera prática de constranger fisicamente um animal desmedidamente, não gera sequer essa repercussão longínqua contida na cadeia alimentar, denotando que se tutela a saúde do animal por si só - e não pela sua utilidade ao ser humano.
31. MILARÉ. Édis. Direito do Ambiente. 11ª ed. São Paulo: Revista dos Tribunais, 2018, p. 114.
32. Ibidem, p. 117. O autor cita inclusive um "direito das ávores".
33. SARLET, Ingo Wolfgand, e FENSTERSEIFER, Tiago. Op. cit., p. 48. Os autores ainda fazem referência a outros que assim pensam, a exemplo de Vasco Pereira da Silva, José Rubens Morato Leite, dentre outros.
34. STF - ADI 4.983 / CE
35. SARLET, Ingo Wolfgand, e FENSTERSEIFER, Tiago. Op. cit.. Objetiva-se, segundo os autores, ampliar o quadro do bem-estar humano para além dos aspectos liberal e social, inserindo necessariamente a variável ecológica, somado à atribuição do valor intrínseco da Natureza.
36. Ibidem, p. 48.

se submeteu o ordenamento jurídico, seja no que diz respeito aos direitos fundamentais, como no próprio princípio da dignidade humana.

Veja que, a dignidade humana, conceito construído historicamente com a incorporação progressiva dos direitos garantidos ao ser humano, teve de início o reconhecimento do direito à liberdade (direitos civis e políticos), assegurando ao indivíduo garantias frente ao Estado - até então autoritário -, resguardando seu âmbito de atuação, sem que houvesse interferência do Poder Público.

Contudo, a partir da constatação de que tão apenas os direitos acima não seriam suficientes a conduzir, por si só, a sociedade, marcadamente desigual, passa-se a reconhecer a necessidade da intervenção do Estado, aclamado por meio dos direitos de igualdade (direitos econômicos, culturais e sociais), cujo propósito é exatamente afastar aquela desigualdade, apenas possível pela participação do Poder Público, pelas denominadas liberdades positivas.

Sem prejuízo, a evolução da sociedade fez surgir a necessidade de reconhecimento de novos direitos, que, não se enquadrando nem naquela primeira geração de direitos (de liberdade negativa), e nem nesta segunda (de liberdade positiva), passam a compor os denominados direitos de terceira geração, quais sejam os direitos de solidariedade, por exemplo, o direito ao meio ambiente, do consumidor, etc.

Daí, sem excluir o surgimento de outros direitos (de novas categorias/gerações) que, senão já existentes, estejam a porvir, assinala-se como sendo este o quadro de direitos fundamentais do ser humano, os quais - frise-se - compõem a dignidade da pessoa humana, de modo que, privado de qualquer um deles, o indivíduo não se encontrará num patamar mínimo de dignidade.

Ora, e quando o legislador constituinte prevê que o meio ambiente ecologicamente equilibrado é essencial à sadia qualidade de vida, dúvidas não há de que está a se referir da dignidade da pessoa humana, isto é, insere a questão ambiental definitivamente no rol de direitos que são imprescindíveis para a dignidade do indivíduo.

Não sem motivo, em sequência surgem os direitos de solidariedade, a exemplo do direito ambiental e do consumidor, os quais também passam a compor os direitos fundamentais do indivíduo, isto é, integram o conteúdo do princípio da dignidade da pessoa humana, que, *in casu*, pensa-se no direito fundamental ao meio ambiente equilibrado.

Sem prejuízo, note que, ao se considerar, então, o meio ambiente equilibrado como um direito fundamental ao homem, além de tutelá-lo para almejar o bem estar do indivíduo, coloca-se como imprescindível proteger os demais seres vivos por ter sua necessidade autônoma e desvinculada do ser humano de manterem-se vivos[37]. O equilíbrio ambiental é dever inafastável tanto ao Poder Público, como à coletividade.

37. SARLET, Ingo Wolfgand, e FENSTERSEIFER, Tiago. Op. cit., p. 89. "Adotar-se-á o conceito jurídico de dignidade da pessoa humana formulado pelo primeiro autor como moldura conceitual-normativa aberta a uma reformulação parcial, especialmente para o efeito de enfatizar a inclusão de uma dimensão ecológica e, de tal modo, tornar o conceito mais responsivo aos novos (e velhos) desafios existenciais impostos pela degradação ambiental, mas também em vista da evolução cultural e dos novos valores socioambientais legitimados no âmbito comunitário".

5.6. Legitimação social dos valores ecológicos

De uma forma meio que indistinta, assinala-se correntemente a existência de uma crise ambiental, a denotar um cenário de degradação, em especial dos recursos naturais, pela atuação desregrada do ser humano.

Sem prejuízo, reconhecer a existência de uma crise ambiental significa, de uma forma mais técnica, pontuar a quebra do equilíbrio ambiental, que ocorre quando o uso dos recursos ambientais estiver em nível superior à capacidade de reprodução do ecossistema[38].

Daí, diante de um uso[39] desenfreado sobre esses recursos ambientais renováveis, tal como sobre os não renováveis, começaram a ecoar vozes alertando sobre a questão ambiental, postulando por providências que viessem justamente a regular essa atuação humana.

Como marco relevante, em 1962 a bióloga Rachel Carlson lançou seu livro intitulado "Primavera Silenciosa", insurgindo-se contra o uso de pesticidas na agricultura, que, comprovadamente, seriam a causa de uma severa degradação ambiental, com o desaparecimento de inúmeras espécies, além da inclusão de diversos animais como ameaçados de extinção.

Ademais, um dos primeiros movimentos ambientalistas mais relevantes consistiu no Clube de Roma, com discussões já travadas na década de 60, cuja composição reunia profissionais, a exemplo de pedagogos, cientistas, economistas, industriais, etc.[40].

Frente a esse contexto, e com manifestações ambientalistas cada vez mais intensas, reconhece-se uma *legitimação social dos valores ecológicos,* denotando que, "a partir da constatação da poluição e degradação dos recursos naturais é que os valores ecológicos emergiram e se legitimaram nas relações sociais"[41], em razão do que houve a jurisdicização do problema ambiental, a gerar o surgimento do Direito Ambiental.

ATENÇÃO

A questão ambiental ganhou sua devida importância a partir do momento em que, no seio social, o debate sobre a crise ambiental chegou a um patamar elevado, inserido nos mais diversos organismos não governamentais, tal como na própria ONU (Conferência de Estocolmo 1972), tendo o Direito, nesse contexto, acompanhado os fatos, exatamente no ensejo de conferir a tutela esperada e suplicada.

---

38. FOLADORI, Guillermo. O capitalismo e a crise ambiental – Tradução de Paulo Roberto Delgado. Raízes, ano XVIII, 1999, p. 117-125. Disponível em http://outubrorevista.com.br/wp-content/uploads/2015/02/Revista-Outubro-Edic%CC%A7a%CC%83º-4-Artigo-08.pdf. Acessado em 25 de agosto de 2018.
39. PORTILHO, Fátima. Sustentabilidade Ambiental, Consumo e Cidadania. 2ª ed. São Paulo: Cortez, 2010. A respeito dessa atuação humana, interessante a observação feita por Portilho, lembrando que, num primeiro momento, todos direcionaram como causa do problema o crescimento demográfico, principalmente nos países em desenvolvimento, mas que, a partir da década de 70, com a realização da Conferência de Estocolmo, restou explícito que os padrões de produção, em especial dos países do Norte Ocidental, seriam também causa da crise ambiental, senão a principal.
40. KRÜGER, Eduardo L.. Uma abordagem sistêmica da atual crise ambiental. Desenvolvimento e Meio Ambiente, n. 4, p. 37-43, jul./dez. 2001. Editora da UFPR.
41. SARLET, Ingo Wolfgand, e FENSTERSEIFER, Tiago. Op. cit., p. 44.

6. SÚMULAS E ORIENTAÇÕES JURISPRUDENCIAIS (STJ E STF)

(STF - ADI 3540 MC / DF - Julg.: 01/09/2005)[42]

(...)

- A incolumidade do meio ambiente não pode ser comprometida por interesses empresariais nem ficar dependente de motivações de índole meramente econômica, ainda mais se se tiver presente que a atividade econômica, considerada a disciplina constitucional que a rege, está subordinada, dentre outros princípios gerais, àquele que privilegia a "defesa do meio ambiente" (CF, art. 170, VI), que **traduz conceito amplo e abrangente das noções de meio ambiente natural, de meio ambiente cultural, de meio ambiente artificial (espaço urbano) e de meio ambiente laboral**

(STF - ADI 4.983 / CE - Julg.: 06/10/2016)[43]

23. (...) O embate entre aqueles que defendem o reconhecimento de direitos aos animais e aqueles que buscam defender apenas medidas que assegurem o bem-estar das demais espécies sencientes é intenso. Mas, nele, não há vencedores nem perdedores. Ambos os lados contribuem para a formação de uma nova consciência sobre a necessidade de se atribuir aos animais um valor moral intrínseco.

(...)

34. **Embora a norma constitucional presente no art. 225, caput, tenha feição nitidamente antropocêntrica, a Constituição a equilibra com o biocentrismo** por meio de seus parágrafos e incisos. É por essa razão que é possível afirmar que o constituinte não endossou um **antropocentrismo** radical, mas sim optou por uma **versão moderada**, em sintonia com a intensidade valorativa conferida ao meio ambiente pela maioria das sociedades contemporâneas. Além disso, o fato de a Constituição Federal de 1988 ser a primeira entre as constituições brasileiras a se importar com a proteção da fauna e da flora é bastante representativo dessa opção antropocêntrica moderada feita pelo constituinte.

(...)

37. Portanto, a vedação da crueldade contra animais na Constituição Federal deve ser considerada uma norma autônoma, de modo que **sua proteção não se dê unicamente em razão de uma função ecológica ou preservacionista, e a fim de que os animais não sejam reduzidos à mera condição de elementos do meio ambiente.** Só assim reconheceremos a essa vedação o valor eminentemente moral que o constituinte lhe conferiu ao propô-la em benefício dos animais sencientes. Esse valor moral está na declaração de que o **sofrimento animal importa por si só**, independentemente do equilibro do meio ambiente, da sua função ecológica ou de sua importância para a preservação de sua espécie.

42. Trecho da ementa.

43. Trechos do voto do Min. Luís Roberto Barroso.

7. LEGISLAÇÃO ESPECÍFICA CORRELATA

- **Constituição Federal de 1988**

Art. 182. A política de desenvolvimento urbano, executada pelo Poder Público municipal, conforme diretrizes gerais fixadas em lei, tem por objetivo ordenar o pleno desenvolvimento das funções sociais da cidade e garantir o bem-estar de seus habitantes.

Art. 200. Ao sistema único de saúde compete, além de outras atribuições, nos termos da lei:

(...)

II – executar as ações de vigilância sanitária e epidemiológica, bem como as de saúde do trabalhador;

(...)

VIII – colaborar na proteção do meio ambiente, nele compreendido o do trabalho.

Art. 215. O Estado garantirá a todos o pleno exercício dos direitos culturais e acesso às fontes da cultura nacional, e apoiará e incentivará a valorização e a difusão das manifestações culturais.

Art. 216. Constituem patrimônio cultural brasileiro os bens de natureza material e imaterial, tomados individualmente ou em conjunto, portadores de referência à identidade, à ação, à memória dos diferentes grupos formadores da sociedade brasileira, nos quais se incluem (...).

Art. 225. Todos têm direito ao meio ambiente ecologicamente equilibrado, bem de uso comum do povo e essencial à sadia qualidade de vida, impondo-se ao Poder Público e à coletividade o dever de defendê-lo e preservá-lo para as presentes e futuras gerações.

§ 1º Para assegurar a efetividade desse direito, incumbe ao Poder Público:

I – preservar e restaurar os processos ecológicos essenciais e prover o manejo ecológico das espécies e ecossistemas;

II – preservar a diversidade e a integridade do patrimônio genético do País e fiscalizar as entidades dedicadas à pesquisa e manipulação de material genético;

III – definir, em todas as unidades da Federação, espaços territoriais e seus componentes a serem especialmente protegidos, sendo a alteração e a supressão permitidas somente através de lei, vedada qualquer utilização que comprometa a integridade dos atributos que justifiquem sua proteção;

IV – exigir, na forma da lei, para instalação de obra ou atividade potencialmente causadora de significativa degradação do meio ambiente, estudo prévio de impacto ambiental, a que se dará publicidade;

V – controlar a produção, a comercialização e o emprego de técnicas, métodos e substâncias que comportem risco para a vida, a qualidade de vida e o meio ambiente;

VI – promover a educação ambiental em todos os níveis de ensino e a conscientização pública para a preservação do meio ambiente;

VII – proteger a fauna e a flora, vedadas, na forma da lei, as práticas que coloquem em risco sua função ecológica, provoquem a extinção de espécies ou submetam os animais a crueldade.

§ 2º Aquele que explorar recursos minerais fica obrigado a recuperar o meio ambiente degradado, de acordo com solução técnica exigida pelo órgão público competente, na forma da lei.

§ 3º As condutas e atividades consideradas lesivas ao meio ambiente sujeitarão os infratores, pessoas físicas ou jurídicas, a sanções penais e administrativas, independentemente da obrigação de reparar os danos causados.

§ 4º A Floresta Amazônica brasileira, a Mata Atlântica, a Serra do Mar, o Pantanal Mato-Grossense e a Zona Costeira são patrimônio nacional, e sua utilização far-se-á, na forma da lei, dentro de condições que assegurem a preservação do meio ambiente, inclusive quanto ao uso dos recursos naturais.

§ 5º São indisponíveis as terras devolutas ou arrecadadas pelos Estados, por ações discriminatórias, necessárias à proteção dos ecossistemas naturais.

§ 6º As usinas que operem com reator nuclear deverão ter sua localização definida em lei federal, sem o que não poderão ser instaladas.

§ 7º Para fins do disposto na parte final do inciso VII do § 1º deste artigo, não se consideram cruéis as práticas desportivas que utilizem animais, desde que sejam manifestações culturais, conforme o § 1º do art. 215 desta Constituição Federal, registradas como bem de natureza imaterial integrante do patrimônio cultural brasileiro, devendo ser regulamentadas por lei específica que assegure o bem-estar dos animais envolvidos.

- **Lei 6.938/81**

Art. 3º – Para os fins previstos nesta Lei, entende-se por:

I – meio ambiente, o conjunto de condições, leis, influências e interações de ordem física, química e biológica, que permite, abriga e rege a vida em todas as suas formas;

- **Lei 13.123/15**

Art. 2º Além dos conceitos e das definições constantes da Convenção sobre Diversidade Biológica

- CDB, promulgada pelo Decreto nº 2.519, de 16 de março de 1998, consideram-se para os fins desta Lei:

I - patrimônio genético - informação de origem genética de espécies vegetais, animais, microbianas ou espécies de outra natureza, incluindo substâncias oriundas do metabolismo destes seres vivos;

- **Lei 9.985/00**

Art. 2º Para os fins previstos nesta Lei, entende-se por:

(...)

III - diversidade biológica: a variabilidade de organismos vivos de todas as origens, compreendendo, dentre outros, os ecossistemas terrestres, marinhos e outros ecossistemas aquáticos e os complexos ecológicos de que fazem parte; compreendendo ainda a diversidade dentro de espécies, entre espécies e de ecossistemas.

- **Decreto-Lei 3.354/41**

Art. 2º Mediante declaração de utilidade pública, todos os bens poderão ser desapropriados pela União, pelos Estados, Municípios, Distrito Federal e Territórios.

(...)

§ 2º Os bens do domínio dos Estados, Municípios, Distrito Federal e Territórios poderão ser desapropriados pela União, e os dos Municípios pelos Estados, mas, em qualquer caso, ao ato deverá preceder autorização legislativa.

- **Código Civil**

Art. 1.228. O proprietário tem a faculdade de usar, gozar e dispor da coisa, e o direito de reavê-la do poder de quem quer que injustamente a possua ou detenha.

§ 1º O direito de propriedade deve ser exercido em consonância com as suas finalidades econômicas e sociais e de modo que sejam preservados, de conformidade com o estabelecido em lei especial, a flora, a fauna, as belezas naturais, o equilíbrio ecológico e o patrimônio histórico e artístico, bem como evitada a poluição do ar e das águas.

8. QUESTÕES DE CONCURSO

8.1. Questões

1) **(TJ/CE – Juiz substituto / 2012)** Considerando os diversos aspectos que envolvem o conceito de meio ambiente, particularmente o cultural e o do trabalho, assinale a opção correta.

a) Considera-se meio ambiente cultural o ambiente integrado pelos equipamentos urbanos e edifícios comunitários, como as bibliotecas, pinacotecas, museus e instalações científicas ou similares.

b) O meio ambiente é um bem público classificado pela CF como de uso comum do povo, razão pela qual não se admite que o seu uso seja oneroso ou imponha a necessidade de qualquer contraprestação de ordem pecuniária.

c) Ao estabelecer a tutela do meio ambiente, a CF dispõe que a proteção do meio ambiente, nele compreendido o meio ambiente do trabalho, constitui um dos objetivos do Sistema Único de Saúde.

d) A todos os entes federativos compete a proteção de documentos, obras e outros bens de valor histórico, artístico, cultural e paisagístico, mas a competência para legislar sobre esses temas pertence, privativamente, à União.

e) A definição legal de recursos ambientais compreende a fauna e a flora, as águas superficiais e subterrâneas, o solo e o subsolo, mas não o mar territorial e os demais elementos da biosfera.

2) **(PGE/PA – Procurador do Estado / 2011)** Assinale a alternativa CORRETA:Parte superior do formulário

a) Podem os estados-membros, por meio de lei, autorizar a prática ou atividade esportiva com aves de raça, ainda que envolvam confronto físico entre os animais, desde que assegurada a proibição de apostas em dinheiro.

b) A proteção constitucional ao patrimônio histórico, às manifestações culturais e ao livre exercício da liberdade de expressão, situada no mesmo nível normativo que a regra de proteção ambiental, garante a prática de atividades com mais de 100 anos de tradição, comprovadas com estudos antropológicos, ainda que possam resultar em submissão de animais a tratamentos cruéis.

c) Os sítios arqueológicos, por constituírem patrimônio da União, não podem ser alvo de fiscalização ambiental por municípios e estados-membros.

d) O conceito normativo de meio ambiente abrange o conjunto de condições, leis, influências e interações de ordem física, química e biológica, que permite, abriga e rege a vida em todas suas formas, não incluindo o patrimônio edificado.

e) O meio ambiente pode ser classificado em natural, artificial, cultural, do trabalho e o patrimônio genético.

3) **(TJ/SC – Juiz substituto / 2015)** O Meio Ambiente, bem de uso comum do povo, consistente no equilíbrio ecológico e na higidez do meio e dos recursos naturais, é bemParte superior do formulário

a) individual homogênio, indivisível, indisponível e impenhorável.

b) tangível, disponível e impenhorável.

c) coletivo, divisível e indisponível.

d) comum, geral, difuso, indivisível, indisponível e impenhorável.

e) difuso, divisível, indisponível e impenhorável.

4) **(TJ/SP – Juiz substituto / 2017)** Considere a reflexão de Michel Serres em *O contrato natural*: "O retorno à natureza! O que implica acrescentar ao contrato exclusivamente social a celebração de um contrato natural de simbiose e de reciprocidade em que a nossa relação com as coisas permitiria o domínio e a possessão pela escuta admirativa, a reciprocidade, a contemplação e o respeito, em que o conhecimento não suporia já a propriedade nem a ação o domínio, nem estes os seus resultados ou condições estercorárias. Um contrato de armistício na guerra objetiva um contrato de simbiose: o simbiota admite o direito do hospedeiro, enquanto o parasita – o nosso atual estatuto – condena à morte aquele que pilha e o habita sem ter consciência de que, a prazo, se condena a si mesmo ao desaparecimento. O parasita agarra tudo e não dá nada; o hospedeiro dá tudo e não agarra nada. O direito de dominação e de propriedade reduz-se ao parasitismo. Pelo contrário, o direito de simbiose define-se pela reciprocidade: aquilo que a natureza dá ao homem é o que este lhe deve dar a ela, tornada sujeito de direito."

Pode-se afirmar que, nessa reflexão, o autor propõe:

a) Parte superior do formulário que os fundamentos filosóficos do direito ambiental devem se fundar numa ética antropocêntrica clássica, e não numa defesa ingênua do meio ambiente, que não existe como uma esfera desvinculada das ações, ambições e necessidades humanas.

b) A predominância do humano deve implicar uma ética utilitarista sobre a natureza, uma vez que é situado ele em padrão mais elevado entre os seres do mundo, e ser ela essencial para satisfação de suas necessidades.

c) Uma alteração no eixo metodológico e paradigmático do direito ambiental do antropocentrismo clássico para um biocentrismo moderado em que a natureza, pelos valores que representa em si mesma, venha receber proteção e, por seu próprio fundamento, missão jurídica e ética do Homem.

d) Que os fundamentos éticos e filosóficos do direito ambiental devem ter em consideração a visão humanística - razão cartesiana centrada no sujeito (ser humano) cindido do objeto (natureza) - da qual decorre a circunstância de que a dimensão do humano deve ser a medida sob todo o mundo natural.

8.2. Gabarito e comentários

Questão 1:

Gabarito **letra "c"**

Comentários:

- a alternativa *"a"* está errada, porque instalações científicas ou similares não integram o meio ambiente cultural;
- a alternativa *"b"* está errada, pois, sim, é admitida a fixação de contraprestação onerosa (inclusive, cite-se como exemplo a outorga onerosa pelo uso de recursos hídricos - art. 38, Lei 9.433/97 -, em clara aplicação do princípio do usuário-pagador);
- a opção *"c"* está correta, pois realmente é a forma pela qual foi prevista o meio ambiente do trabalho, no artigo 200, II e VIII, da CF/88, dentro da previsão sobre o SUS, fazendo expressa referência à necessidade de tutela da saúde do trabalhador, e colaboração na proteção do meio ambiente do trabalho;
- hipótese *"d"* está errada, pois se trata de competência legislativa concorrente, prevista no artigo 24, VII, da CF/88; e,
- a alternativa *"e"* está errada, pois não há essa limitação da definição legal de recursos ambientais, isto é, mar territorial e demais elementos da biosfera integram, sim, a noção legal de recursos ambientais, conforme se confere da expressa redação do artigo 3°, V, da Lei 6.938/81.

Questão 2:

Gabarito: **letra "e"**

Comentários: A alternativa "e" é a correta, uma vez que, acertadamente, o examinador insere a classificação tradicional de meio ambiente, e, mais, acresce o patrimônio genético, que, realmente, pode ser considerado como um recurso ambiental separável das demais categorias, não sendo incomum que existam autores arrolando destacadamente o patrimônio genético, ao lado dos demais meio ambientes - tal como delineado na questão.

Questão 3:

Gabarito: **letra "d"**

Comentários: A opção "d" é a correta, eis que, realmente, trata-se de um direito/interesse difuso, indivisível, indisponível, e, pois, impenhorável, além de ser comum a todos, e em caráter geral.

Questão 4:

Gabarito **letra "c"**

Comentários: A alternativa correta é a opção **"c"** utilizando-se da expressão "biocentrismo moderado", reflete a concepção atualmente aceita como predominante no nosso ordenamento jurídico (mais conhecida como "antropocentrismo alargado"), a qual representa um passo adiante do ordenamento jurídico anteriormente extremamente individualista, cuja relação entre meio ambiente e ser humano seria de simples coisificação, apoderamento, com a figura humana no centro das relações e a ele voltada a tutela ambiental, isto é, apenas se tutelava o meio ambiente por sua serventia ao ser humano. Com essa superação filosófica, todos os seres vivos (e não apenas os seres humanos), dentre os quais os recursos ambientais, não são tutelados apenas em razão de sua serventia ao ser humano, mas por possuírem seu valor intrínseco, próprio.

Capítulo II

TUTELA INTERNACIONAL DO MEIO AMBIENTE

1. INTRODUÇÃO

TUTELA INTERNACIONAL

segue vídeo abaixo:

https://youtu.be/kWP-zd-2gc4

No atual cenário brasileiro, conforme se visualizará no próximo Capítulo, não se pode deixar de reconhecer a existência de uma boa legislação ambiental, com diversas leis tutelando as mais variadas nuances do meio ambiente de forma avançada, inclusive com normas anteriores à Constituição Federal de 1988, tida como marco normativo importantíssimo num movimento de *constitucionalização do Direito Ambiental*.

Contudo, em meio a esse movimento, é preciso destacar a tendência mundial de *internacionalização* de normas protetivas ao meio ambiente, advindas de Tratados e Convenções Internacionais, a exemplo do que se observa referente à Conferência de Estocolmo de 1972.

Por assim ser, a exata compreensão da tutela ambiental nacional necessita que se tenha, ao menos, ciência dos Documentos internacionais que a antecedem e que a acompanham, e lhe fornecem orientações normativas.

2. CONVENÇÕES E DOCUMENTOS INTERNACIONAIS

Neste tópico, então, busca-se visualizar o amplo cenário internacional de proteção ambiental, com uma abordagem sobre os principais episódios que formatam o arcabouço transfronteiriço da tutela ambiental, de amplitude global.

2.1. Conferência das Nações Unidas sobre o Meio Ambiente Humano – Estocolmo/72

Uma primeira referência a ser citada consiste na Conferência das Nações Unidas sobre o Meio Ambiente Humano, ocorrida em junho de 1972 na cidade de Estocolmo.

Reconhecida como importante marco no cenário internacional, desta Conferência resultaram a Declaração sobre o Meio Ambiente Humano (*Declaração de Estocolmo*), e a criação, alguns meses depois, do Programa das Nações Unidas para o Meio Ambiente (PNUMA) – considerado como a principal autoridade mundial em meio ambiente[1].

Quanto à Declaração de Estocolmo, frise-se ter sido redigida num contexto de polarização entre os preservacionistas[2] e os desenvolvimentistas[3], composta de 26 princípios, em que, ainda que considerada como norma branda (*soft law*), de baixa coercitividade, possui normas referências, das quais se destacam, dentre todos: a) o Princípio 1, cuja redação serviu[4] de base para o *caput* do artigo 225, da CF/88, inclusive sobre o resguardo de direitos de gerações futuras, b) o Princípio 21[5], no qual se reconhece que o dano ambiental pode transpor as fronteiras de um país, isto é, ser ele transfronteiriço, c) a própria imperiosidade da educação ambiental, estampada no Princípio 19[6], etc.

---

1. Mais recentemente, no ano de 2014, foi criada, no âmbito da ONU, a Assembleia Ambiental das Nações Unidas (UNEA, na sigla em inglês), passando a ser a mais importante plataforma da ONU para a tomada de decisões sobre o tema e marcou o início de um período em que o meio ambiente é considerado problema mundial.
2. Compostos por países desenvolvidos, que defendiam a mitigação nas intervenções antrópicas sobre o meio ambiente. Isto é, não viam como problema a atividade humana em si, mas o crescimento populacional desenfreado.
3. Integrado pelos países em desenvolvimento, indicavam que, mais que o crescimento populacional, a principal causa do problema ambiental seria a atividade econômica (crescimento econômico), tal como praticada – de forma predatória. Dessa feita, consistiu numa virada de mesa, pois até então todos os problemas ambientais eram apontados como resultado do crescimento populacional desordenado (típico dos países em desenvolvimento), mas que, a partir daquele momento, as críticas passaram a ser direcionadas também aos países desenvolvidos, que realizavam (ou ainda realizam) intervenção junto ao meio ambiente desprovida de qualquer cautela ou preservação dos recursos naturais.
4. MILARÉ. Édis. Op. cit., p. 1724.
5. Princípio 21 – "De acordo com a Carta das Nações Unidas e com os princípios do direito internacional, os Estados têm o direito soberano de explorar seus próprios recursos, de acordo com a sua política ambiental, desde que as atividades levadas a efeito, dentro da jurisdição ou sob seu controle, não prejudiquem o meio ambiente de outros Estados ou de zonas situadas fora de toda a jurisdição nacional".
6. Princípio 19 – "É indispensável um trabalho de educação em questões ambientais, visando tanto às gerações jovens como os adultos, dispensando a devida atenção ao setor das populações menos privilegiadas, para

ATENÇÃO

Soft-law: de forma simples e objetiva, são normas desprovidas de força vinculativa, não obrigatória, representando, em verdade, um instrumento normativo através do qual são celebrados compromissos éticos e políticos, a respeito de conteúdos programáticos, a serem implantados ao longo do tempo.

Tem por principais objetivos: (a) fixar metas para futuras ações políticas nas relações internacionais; (b) recomendar aos Estados adequarem as normas de seu ordenamento jurídico interno às regras internacionais contidas em soft law, o que é muito comum na seara ambiental internacional[7].

2.2. Relatório de Brundtland – 1987

Além de outros Documentos elaborados após Estocolmo[8], merece destaque o Relatório de Brundtland[9], cuja denominação exata é Relatório Nosso Futuro Comum, apresentado à comunidade global no ano de 1987.

---

assentar as bases de uma opinião pública, bem informada e de uma conduta responsável dos indivíduos, das empresas e das comunidades, inspirada no sentido de sua responsabilidade, relativamente à proteção e melhoramento do meio ambiente, em toda a sua dimensão humana".

7. SOARES, Guido Fernando Silva. A proteção internacional do meio ambiente. Barueri: Manole, 2003, p. 92.
8. Citem-se os seguintes exemplos:
Convenção sobre Zonas Úmidas de Importância Internacional (Convenção de Ramsar)-1971: A Convenção é um tratado intergovernamental criado inicialmente no intuito de proteger os habitats aquáticos importantes para a conservação de aves migratórias, por isso foi denominada de "Convenção sobre Zonas Úmidas de Importância Internacional, especialmente como Habitat para Aves Aquáticas". Entretanto, ao longo do tempo, ampliou sua preocupação com as demais áreas úmidas de modo a promover sua conservação e uso sustentável, bem como o bem-estar das populações humanas que delas dependem.
Convenção sobre o Comércio Internacional as Espécies da Flora e Fauna Selvagens em Perigo de Extinção (CITES)-1973: tem por objetivo controlar o comércio internacional de fauna e flora silvestres, exercendo controle e fiscalização especialmente quanto ao comércio de espécies ameaçadas, suas partes e derivados, com base num sistema de licenças e certificados.
Convenção das Nações Unidas sobre o Direito do Mar (UNCLOS)-1982: define e codifica conceitos herdados do direito internacional costumeiro referentes a assuntos marítimos, como mar territorial, zona econômica exclusiva, plataforma continental e outros, e estabelece os princípios gerais da exploração dos recursos naturais do mar, como os recursos vivos, os do solo e os do subsolo. A Convenção também criou o Tribunal Internacional do Direito do Mar, competente para julgar as controvérsias relativas à interpretação e à aplicação daquele tratado.
Convenção de Viena para a Proteção da Camada de Ozônio-1985: Em linhas gerais, o texto da Convenção enunciava uma série de princípios relacionados à disposição da comunidade internacional em promover mecanismos de proteção ao ozônio estratosférico, prescrevendo obrigações genéricas que instavam os governos a adotarem medidas jurídico-administrativas apropriadas para evitar tal fenômeno
Protocolo de Montreal sobre Substâncias que Destroem a Camada de Ozônio-1987: Atualmente, o Protocolo de Montreal é o único acordo ambiental multilateral cuja adoção é universal: 197 estados assumiram o compromisso de proteger a camada de ozônio. É um tratado internacional que entrou em vigor em 01 de janeiro de 1989, tendo sido assinado pelos Países Parte impondo obrigações específicas, em especial a progressiva redução da **produção e consumo** das Substâncias que Destroem a Camada de Ozônio (SDOs) até sua total eliminação
Convenção sobre Controle de Movimentos Transfronteiriços de Resíduos Perigosos (Convenção de Basileia)-1989: estabelece mecanismos internacionais de controle desses movimentos, baseados no princípio do consentimento prévio e explícito para a importação, exportação e o trânsito de resíduos perigosos. A convenção procura coibir o tráfico ilegal e prevê a intensificação da cooperação internacional para a gestão ambientalmente adequada desses resíduos. A convenção foi internalizada na íntegra por meio do Decreto Nº 875, de 19 de julho de 1993, sendo também regulamentada pela Resolução Conama Nº 452, 02 de julho de 2012.
9. Assim referido como homenagem à ex-ministra da Noruega, Gro Harlen Brundtland, que presidiu os trabalhos dessa Comissão.

Referido Documento, também importantíssimo, é compreendido como o próprio cerne da noção clássica de desenvolvimento sustentável, definindo-o como aquele "que atende às necessidades das gerações atuais sem comprometer a capacidade de as futuras gerações tem suas próprias necessidades atendidas" – muito embora, verdadeiramente, o tema tenha ingressado no cenário mundial em 1972, quando o Clube de Roma elaborou o relatório *Os limites do crescimento*[10].

2.3. Conferência das Nações Unidas sobre o Meio Ambiente e Desenvolvimento (Rio 1992)

De plano, cumpre destacar a própria alteração de denominação, pois, enquanto antes a referência era feita a "Meio Ambiente Humano", a partir da Rio 92 há menção apenas a "Meio Ambiente". E, até por decorrência do Relatório de Brundtland, passa-se a inserir a expressão "Desenvolvimento", entrelaçando as questões de várias searas, inclusive a econômica.

Também conhecida como *"Cúpula da Terra"*, foi um evento de extrema importância no cenário internacional, representando um passo significativo na incorporação da temática do desenvolvimento sustentável, iniciado havia 20 anos, mas que agora se moldava melhor sua compreensão, inclusive com propostas/metas para se atingir.

Realizada no Rio de Janeiro (Brasil) no ano de 1992, recebeu adesão expressiva com a participação de 179 países, dos quais compareceram 116 chefes de Estado, totalizando um público de mais de 10.000 (dez mil) participantes, e, tamanha sua importância, que desta Convenção surgiram cinco documentos relevantes, a respeito dos quais é feita uma abordagem individualizada na sequência.

2.3.1. Declaração do Rio sobre Meio Ambiente e Desenvolvimento

Consiste num Documento de 27 princípios fundamentais, dos quais se abstrai a intenção de compatibilizar o desenvolvimento sustentável, inserindo, para serem visualizadas em conjunto, a questão econômica, ambiental e social, lembrando, ainda, do respeito aos interesses, inclusive, das gerações futuras.

Muito embora seja considerada *soft law*, desprovida de força normativa direta, ainda assim seus preceitos tem ganhado cada vez mais cunho impositivo, pois tem sido incorporados pelos ordenamentos jurídicos, além, ainda, do seu próprio viés político e ético, de reconhecimento internacional.

A exemplo, em seu Princípio 1 está assim expresso: "Os seres humanos estão no centro das preocupações com o desenvolvimento sustentável. Têm direito a uma vida saudável e produtiva, em harmonia com a natureza". Daí, esboçando uma compreensão antropocên-

---

10. Sem prejuízo de que em 1950 a IUCN (World Conservation/International Union Conservation os Nature) tenha anunciado, pela primeira vez, a expressão "desenvolvimento sustentável", essa contribuição do Clube de Roma é relevante, em especial pelo fato de afastar a dicotomia (*neomalthusiana*) anterior em que o crescimento populacional era visto como a causa da degradação ambiental, mas inserindo o modo de produção como o principal responsável, mas, porém, num discurso conciliatório – como alternativa utilizada pelos países do Norte de contornarem o fato do centro das atenções terem se voltado para os seus padrões de produção. PORTILHO, Fátima. Op. cit., p. 46-8.

trica, assinala a ideia de se compatibilizar, harmonizar, produção e natureza, cuja ideia central, ao menos minimamente, está inserida no nosso Texto Constitucional.

E, no Princípio 4 consta assim: "Para alcançar o desenvolvimento sustentável, a proteção ambiental deve constituir parte integrante do processo de desenvolvimento, e não pode ser considerada isoladamente deste".

Inclusive, dando um passo além da mera citação do que possa representar o desenvolvimento sustentável, a Declaração em questão traça propostas de medidas possíveis que corroboram com o intuito principal, a exemplo de se estabelecer a eliminação de padrões insustentáveis de produção e consumo (Princípio 8), a participação pública (Princípio 10), o aprimoramento do conhecimento científico (Princípio 9), um melhoramento legislativo, inclusive do aspecto da responsabilidade pelos danos ambientais (Princípio 13), o próprio princípio da precaução (Princípio 15), etc. Enfim, não há dúvidas de que nosso ordenamento jurídico caminha-se para se compatibilizar com essa Declaração, primordialmente por sua incorporação.

2.3.2. *Agenda 21*

Diferentemente, a Agenda 21 representa a instrumentalização, de caráter não vinculante, do compromisso firmado na Rio-92, de conteúdo programático, a ser implementado por todos os envolvidos na ocasião (governos, grupos setoriais, organizações das Nações Unidas agências de desenvolvimento, etc.), no que toca às políticas de tutela do meio ambiente.

Abrangendo os diversos temas abordados na Conferência, estipula metas e instrumentos a serem concretizados a longo prazo, dividindo-os em quatro áreas principais de enfoque, quais sejam: dimensões sociais e econômicas, conservação e gestão dos recursos naturais, fortalecimento dos grupos sociais, e meios de implementação.

2.3.3. *Declaração de Princípios para o Desenvolvimento Sustentável das Florestas*

Também chamada de Carta das Florestas, e sem força vinculante, realça a necessidade de reflorestamento e conservação florestal, como forma de, em síntese, recuperar a Terra, considerando as importantes funções das florestas – listadas no Documento.

Sem prejuízo, e já fazendo uma conexão com o assunto concessão florestal, há expressa menção sobre a possibilidade dos Estados desenvolverem suas florestas à medida de suas necessidades socioeconômicas, sem prejuízo da necessidade de sua preservação. Isto é, admite-se desde então o manejo florestal, obviamente que respeitadas as peculiaridades/funções ambientais.

2.3.4. *Convenção-Quadro sobre mudanças do Clima*[11]

Quando da CNUMAD (Conferência das Nações Unidas para o Meio Ambiente e Desenvolvimento) no Rio de Janeiro em 1992, diversas questões foram tratadas, repercutindo

11. Ratificada pelo Congresso Nacional pelo Decreto Legislativo 01/1994, e promulgada pelo Decreto presidencial 2.652/1998.

também na confecção da Convenção em foco, que, frise-se, consiste num Tratado Internacional, cujo intuito é voltarem-se os olhos para a problemática séria representativa das mudanças climáticas, em decorrência da intervenção humana, como face da crise ambiental.

Sintetizando, consta no artigo 2º desta Convenção o seu objetivo, qual seja o de alcançar a estabilização das concentrações de gases de efeito estufa na atmosfera num nível que impeça uma interferência antrópica perigosa no sistema climático, e que permita aos ecossistemas adaptarem-se naturalmente à mudança do clima[12].

Ademais, de seu conteúdo vale destacar a expressa menção ao princípio da precaução[13], além de uma responsabilidade comum, porém diferenciada (art. 4º, item 1), com rigor maior sobre aqueles países que emitam mais gases no ar.

Embasado nesta Convenção (Tratado), surge no ano de 1997 o Protocolo de Kyoto[14], celebrado na cidade japonesa, que, a despeito do seu caráter internacional flexível, possui normas que interferem diretamente nas políticas nacionais quanto à emissão de gases, inclusive com o surgimento de um novo mercado (mercado de carbono), mas que, devido às suas restritivas metas, registrou negativas como a dos Estados Unidos.

2.3.5. Convenção sobre Diversidade Biológica ou de Biodiversidade[15]

Também decorrente da Rio-92, este Tratado Internacional é de suma importância no cenário mundial, relatando como sua proposta a conservação da biodiversidade, o uso sustentável de seus componentes e a divisão equitativa e justa dos benefícios gerados com a utilização dos recursos genéticos (artigo 1º).

Ganha seu devido destaque com a inserção de temas inovadores, a exemplo da atenção à biotecnologia, além de propor-se a facilitar a transferência de tecnologia entre os países, cooperação técnica e científica, tudo num cenário de reconhecimento de diversidade biológica e atento à necessidade de uma avaliação do impacto ambiental.

Como decorrência da Convenção da Biodiversidade foi celebrado, por exemplo, o Protocolo de Cartagena[16] em Montreal em janeiro de 2000[17], estabelecendo-se parâmetros que visam conferir segurança à manipulação dos organismos vivos modificados resultantes da biotecnologia, com especial atenção, inclusive, à movimentação transfronteiriça destes organismos.

---

12. Disponível em http://www.planalto.gov.br/ccivil_03/decreto/D2652.htm, acessado em 14 de setembro de 2018.
13. Artigo 3º, Princípio 3º - "As Partes devem adotar medidas de precaução para prever, evitar ou minimizar as causas da mudança do clima e mitigar seus efeitos negativos. Quando surgirem ameaças de danos sérios ou irreversíveis, a falta de plena certeza científica não deve ser usada como razão para postergar essas medidas (...)". Disponível em http://www.planalto.gov.br/ccivil_03/decreto/D2652.htm., acessado em 14 de setembro de 2108.
14. Ratificado pelo Congresso Nacional pelo Decreto Legislativo 144/2002, e promulgada pelo Decreto presidencial 5.445/2005.
15. Ratificada pelo Congresso Nacional pelo Decreto Legislativo 02/1994, e promulgada pelo Decreto presidencial 2.519/1998.
16. Ratificada pelo Congresso Nacional pelo Decreto Legislativo 908/2003, e promulgada pelo Decreto presidencial 5.705/2006.
17. No ano de 2010 surge o Protocolo de Nagoya, decorrente de Conferência realizada naquela cidade japonesa.

2.4. Cúpula Mundial sobre Desenvolvimento Sustentável (Rio+10)

Realizada em Joanesburgo no ano de 2002, esta conferência teve, igualmente, grande repercussão, com 193 países participantes e um público de 22.000, cujo intuito, a bem da verdade, foi conferir quais foram os efeitos repercutidos desde a Rio 92, revisando as metas estipuladas na Agenda 21, resultando que, ao final, seus debates centraram as atenções sobre problemas sociais, como a erradicação da pobreza e o acesso da sociedade aos serviços de saneamento e à saúde, a exemplo de ter sido estipulado que, até 2015, deveria ser reduzido à metade a proporção de pessoas cuja renda fosse inferior a um dólar por dia, a de pessoas que passam fome e a de quem não tem acesso a água potável[18].

A título de observação, vale anotar ter havido grande discussão quanto a posturas de alguns países, em especial dos Estados Unidos, que se colocou contrariamente a diversos pontos, a exemplo do "princípio das responsabilidades comuns, mas diferenciadas", com metas distintas aos países desenvolvidos, em relação aos em desenvolvimento.

Sem prejuízo, repercutiu na elaboração de dois documentos oficiais, quais sejam a Declaração Política e o Plano de Implementação, sendo que, o primeiro (*"O Compromisso de Joanesburgo sobre Desenvolvimento Sustentável"*), basicamente, reafirma os princípios e acordos dos documentos anteriores, reconhecendo que até então as metas da Rio 92 não haviam sido cumpridas, e, por sua vez, o segundo foca sua proposta sobre erradicação de pobreza, mudança de padrões de consumo e produção, e proteção dos recursos naturais.

2.5. Conferência das Nações Unidas sobre Desenvolvimento Sustentável (Rio+20)

Na linha do que observa Milaré[19], tal reunião – que retorna ao Rio de Janeiro no ano de 2012 – foi realizada num contexto de frieza no cenário internacional, marcado pelas crises financeiras e econômicas do ano de 2008, além da consciência de que as nações ricas não queriam compromissos maiores, bem como a própria debilidade da ONU em alcançar efetivamente os resultados almejados.

Seja como for, tinha por focos de discussão "a economia verde no contexto de Desenvolvimento Sustentável e a erradicação de pobreza" e a "Governança Global para o Desenvolvimento Sustentável", sendo que dela resultou elaborado o documento *"O Futuro que Queremos"*, que de plano realçou a importância da participação social (plena participação da sociedade civil).

2.6. Cúpula de Desenvolvimento Sustentável (2015)

No ano de 2000 realizou-se a Cúpula do Milênio das Nações Unidas, estabelecendo-se como objetivos (Objetivos de Desenvolvimento do Milênio) a serem alcançados até

18. Disponível em http://www.senado.gov.br/noticias/Jornal/emdiscussao/rio20/a-rio20/rio10-participacao-da-sociedade-em-debates-sobre-metas-para-meio-ambiente-pobreza-e-desenvolvimento-sustentavel-dos-paises.aspx, acessado em 20 de setembro de 2018.
19. MILARÉ. Édis. Op. cit., p. 1763.

2015: (1) Erradicar a pobreza extrema e a fome; (2) Alcançar o ensino primário universal; (3) Promover a igualdade de gênero e empoderar as mulheres; (4) Reduzir a mortalidade infantil; (5) Melhorar a saúde materna; (6) Combater o HIV/AIDS, a malária e outras doenças; (7) Garantir a sustentabilidade ambiental; e (8) Desenvolver uma parceria global para o desenvolvimento.

Recentemente, em setembro de 2015, ocorreu em Nova York, na sede da ONU, a Cúpula de Desenvolvimento Sustentável, em cujo encontro todos os países da ONU definiram os novos Objetivos de Desenvolvimento Sustentável (ODS) como parte de uma nova agenda de desenvolvimento sustentável, que deve finalizar o trabalho dos Objetivos de Desenvolvimento do Milênio. Isto é, renovam-se os objetivos traçados no ano de 2000, incrementando outros novos (Objetivos de desenvolvimento sustentável)[20], cuja meta é se concretizar até o ano de 2030: daí, a denominada *Agenda 2030* (ou Agenda de Desenvolvimento Sustentável pós-2015), composta de 17 objetivos[21] – e não mais 8.

2.7. Acordo de Paris (2015)

Apenas para realçar mais um Documento internacional recente, a servir de atualização do assunto, bem como por conta de ter uma maior probabilidade de cobrança em concurso – caso venha a ter – cite-se o Acordo de Paris, consistente num Tratado Internacional realizado no âmbito da Convenção-Quadro das Nações Unidas sobre a Mudança do Clima, tendo como foco essencial a redução do nível de aquecimento global, dentro de um plano de medidas de redução de emissão dióxido de carbono a partir de 2020[22].

Um detalhe de atualidade sobre o assunto consiste na saída dos Estados Unidos (segundo maior produtor mundial de gás de efeito estufa), cuja manifestação foi protocolada pelo presidente Donald Trump, em 1 de junho de 2017.

3. INCORPORAÇÃO AO ORDENAMENTO JURÍDICO BRASILEIRO

3.1. Noções gerais

Da leitura do Texto Constitucional de 1988 percebe-se que há um *iter* para que um Tratado internacional seja incorporado – e ganhe efetiva normatividade – ao ordenamento jurídico brasileiro, passando pelo artigo 84, VIII, que diz ser competência privativa do Presidente da República celebrar tratados, convenções e atos internacionais, porém

20. Inclusive, reconhecidos como de influência da Rio+20, segundo posicionamento oficial da ONU, assim contido em seu *site* oficial: https://nacoesunidas.org/pos2015/, acessado em 19 de setembro de 2018.

21. 1. Erradicação da pobreza, 2. Fome zero e agricultura sustentável, 3. Saúde e bem-estar, 4. Educação de qualidade, 5. Igualdade de gênero, 6. Água potável e saneamento, 7. Energia limpa e acessível, 8. Trabalho decente e crescimento econômico, 9. Indústria, inovação e infraestrutura, 10. Redução de desigualdades, 11. Cidades e comunidades sustentáveis, 12. Consumo e produção responsável, 13. Ação contra mudança global do clima, 14. Vida na água, 15. Vida terrestre, 16. Paz, justiça e instituições eficazes, 17. Parcerias e meios de implementação. Disponível em https://nacoesunidas.org/pos2015/, acessado em 20 de setembro de 2018.

22. Esclarece-se que essa referência "a partir de 2020" se deve ao fato de que seu antecessor, o Protocolo de Kyoto, teve seus efeitos prorrogados até o ano de 2020, em decorrência do da "Emenda de Doha" em 2012.

sujeitos a referendo do Congresso Nacional, o que ocorre, segundo o art. 49, I da CF/88 (competência exclusiva), com a materialização através de decreto legislativo (art. 59, VI, CF/88), resolvendo, definitivamente sobre tratados, acordos ou atos internacionais que acarretem encargos ou compromissos gravosos ao patrimônio nacional.

Nesse contexto, e sem entrar em maiores detalhes, importa ao presente estudo considerar que, num primeiro momento, compete ao Presidente da República proceder à assinatura do Documento Internacional (Tratado, Declaração, Atos, etc.), em razão do que, passa-se à análise interna, de competência exclusiva do Congresso Nacional, que, por meio de um Decreto Legislativo, autoriza que o Chefe do Executivo ratifique ou adira ao Ato Internacional que acarrete encargo ou compromisso ao Estado Brasileiro.

Assim, há uma primeira aproximação quanto ao Documento Internacional, de intenção manifestada pela assinatura pelo Presidente da República, mas que, dada a possibilidade de gravames ao Estado brasileiro, é condicionada à análise do Congresso Nacional, que, uma vez concedida a autorização (por Decreto Legislativo), retorna ao Chefe do Poder Executivo (Presidente), para que finalize o procedimento de incorporação, com a ratificação, mediante Decreto Presidencial, a partir do qual, representando a promulgação do Tratado, este ato normativo passa a ser aplicado de forma geral e obrigatório no território nacional.

ATENÇÃO

O posicionamento do STF é que a expedição de referido decreto, pelo Presidente da República, acarreta três efeitos básicos que lhes são inerentes: (i) a promulgação do Tratado Internacional, (ii) a publicação oficial de seu texto, e (iii) a executoriedade do ato internacional, que passa a vincular e obrigar no plano do direito positivo interno.

Cumprido este caminho, materializado em três etapas (assinatura, autorização legislativa, promulgação), referido Ato Internacional ingressa no ordenamento jurídico brasileiro sob o caráter de lei ordinária, isto é, como norma infraconstitucional.

Contudo, caso se trate de Documento Internacional versando sobre direitos humanos, e que no âmbito do Congresso Nacional sua aprovação se dê pelo rito de Emenda Constitucional (em dois turnos por três quintos dos votos), seu ingresso no ordenamento jurídico terá a força de emenda constitucional, cujas normas assumem o caráter de norma constitucional[23].

Dessa feita, aparentemente há duas ordens de normas internacionais incorporadas ao ordenamento jurídico, sendo uma sob o caráter de lei ordinária (infraconstitucional), enquanto que, outra, com *status* de norma constitucional, a depender do assunto versado, e do quórum de aprovação obtido no Congresso.

Contudo, há ainda uma peculiaridade no nosso ordenamento, que faz surgir uma hipótese inusitada, a respeito da qual não se pode deixar de abordar neste momento. Isso

23. Art. 5º, §3º, CF/88 (acrescentado pela Emenda Constitucional 45/2004).

porque, pela ótica do artigo 5º, §2º, da CF/88, há plena abertura a direitos e garantias fundamentais que, nada obstante não estejam previstos no texto constitucional, possam ser incorporados advindos de tratados internacionais dos quais seja o Brasil signatário.

Daí, a grande questão é se tais normas internacionais de direitos humanos, em especial às anteriores à EC 45/04, também não seriam de *status* constitucional, assim "recepcionados" pela nova sistemática.

No emblemático julgamento proferido pelo Supremo Tribunal Federal no dia 3/12/08[24] restou assentado, por maioria dos Ministros (5x4), o entendimento de que referidos Diplomas Internacionais versando sobre direitos humanos, mas que não tiveram sua aprovação pelo Congresso tal como uma Emenda Constitucional, possuem um caráter *supralegal*, porém não constitucional.

Em outros termos, inova ao inserir na pirâmide kelseniana a figura de uma norma que se encontra abaixo da Constituição Federal, porém acima da legislação infraconstitucional.

Por consequência, surge uma questão peculiar em nosso ordenamento jurídico. Uma norma infralegal, além de se adequar à Constituição Federal, deve atentar-se para os preceitos de um Tratado Internacional que verse sobre direitos humanos, pois lhe é superior, repercutindo, assim, no denominado *controle de convencionalidade*, a seguir tratado.

3.2. Controle de convencionalidade

Na linha do que se expos acima, o julgamento proferido pelo STF no ano de 2008 serviu de abertura para uma celeuma jurídica, cuja abordagem inaugural é referendada ao Professor Valério Mazzuoli[25].

Em síntese, representa um controle de validade de normas, similar ao controle de constitucionalidade, mas que tem por parâmetro não a Constituição Federal, mas sim aquele Tratado Internacional que verse sobre Direitos Humanos, cuja incorporação ao ordenamento jurídico não percorreu o trâmite de uma Emenda Constitucional.

Por assim ser, habilita-se ao Judiciário analisar se eventual norma legal, além de compatível com a Constituição Federal, adequa-se também aos termos de eventual Tratado que se enquadre no contexto supra narrado, surgindo, pois, a necessidade de uma dupla compatibilidade vertical.

Ora, não há dúvidas de que os Tratados e Declarações Internacionais arrolados linhas acima, referentes à tutela internacional ambiental, versam sobre direitos humanos, em razão do que, enquadram-se perfeitamente nesta seara supralegal, a produzir efeitos de necessária compatibilização ao seu conteúdo.

24. STF - HC 87.585-TO e STF - RE 466.343-SP. Na ocasião, o caso concreto versava sobre a possibilidade de prisão civil do depositário infiel, ante o fato de a Convenção Americana sobre Direitos Humanos (Pacto de San José da Costa Rica) veda-la expressamente.

25. MAZZUOLI, Valério de Oliveira. Teoria geral do controle de convencionalidade no direito brasileiro. Revista de Informação Legislativa. Brasília a. 46 n. 181 jan/mar. 2009.

Até mesmo porque, e na direção do que já se abordou no Capítulo anterior, não mais se discute que o meio ambiente equilibrado é um direito fundamental ao homem, incluindo-se a questão ambiental no próprio delineamento de dignidade da pessoa humana[26].

Por consequência todos aqueles Tratados versando sobre o meio ambiente, cuja abordagem, invariavelmente, reflete no equilíbrio ambiental, e que foram incorporados formalmente ao ordenamento jurídico, porém de forma simples (de lei ordinária), acabam assumindo essa posição supralegal,

A exemplo, repitam-se os casos da Convenção de Cartagena, ratificada pelo Congresso Nacional pelo Decreto Legislativo 908/2003, e promulgada pelo Decreto presidencial 5.705/2006, o Protocolo de Kyoto, ratificado pelo Congresso Nacional pelo Decreto Legislativo 144/2002, e promulgado pelo Decreto presidencial 5.445/2005, a Convenção sobre Diversidade Biológica ou de Biodiversidade, ratificada pelo Congresso Nacional pelo Decreto Legislativo 02/1994, e promulgada pelo Decreto presidencial 2.519/1998, etc. Enfim, são normas que merecem atenção, seja pelo legislador ordinário, seja por todos os aplicadores do Direito, pois devem ser referência para compatibilização das normas infraconstitucionais.

4. SÚMULAS E ORIENTAÇÕES JURISPRUDENCIAIS (STJ E STF)

TF – CR 8279 AgR / AT – ARGENTINA (AG.REG.NA CARTA ROGATÓRIA) – Julg.: 17/06/1998[27]

(...)

O SISTEMA CONSTITUCIONAL BRASILEIRO NÃO CONSAGRA O PRINCÍPIO DO EFEITO DIRETO E NEM O POSTULADO DA APLICABILIDADE IMEDIATA DOS TRATADOS OU CONVENÇÕES INTERNACIONAIS.

– A Constituição brasileira não consagrou, em tema de convenções internacionais ou de tratados de integração, nem o princípio do efeito direto, nem o postulado da aplicabilidade imediata. Isso significa, *de jure constituto*, que, enquanto não se concluir o ciclo de sua transposição, para o direito interno, os tratados internacionais e os acordos de integração, além de não poderem ser invocados, desde logo, pelos particulares, no que se refere aos direitos e obrigações neles fundados (princípio do efeito direto), também não poderão ser aplicados, imediatamente, no âmbito doméstico do Estado brasileiro (postulado da aplicabilidade imediata).

– O princípio do efeito direto (aptidão de a norma internacional repercutir, desde logo, em matéria de direitos e obrigações, na esfera jurídica dos particulares) e o postulado da aplicabilidade imediata (que diz respeito à vigência automática da norma internacional na ordem jurídica interna) traduzem diretrizes que não se acham consagradas e nem positivadas no texto da Constituição da República, motivo pelo qual tais princípios não podem ser invocados para legitimar a incidência, no plano do ordenamento doméstico brasileiro, de qualquer convenção internacional, ainda que se cuide de tratado de integração, enquanto não se concluírem os diversos ciclos que compõem o seu processo de incorporação ao sistema de direito interno do Brasil.

STF – ADI 1480 MC / DF – DISTRITO FEDERAL – Julg.: 04/09/1997

E M E N T A: – AÇÃO DIRETA DE INCONSTITUCIONALIDADE – CONVENÇÃO Nº 158/OIT – PROTEÇÃO DO TRABALHADOR CONTRA A DESPEDIDA ARBITRÁRIA OU SEM JUSTA CAUSA – ARGÜIÇÃO DE ILEGITIMI-

26. SARLET, Ingo Wolfgand, e FENSTERSEIFER, Tiago. Op. cit.
27. Trecho da Ementa.

DADE CONSTITUCIONAL DOS ATOS QUE INCORPORARAM ESSA CONVENÇÃO INTERNACIONAL AO DIREITO POSITIVO INTERNO DO BRASIL (DECRETO LEGISLATIVO Nº 68/92 E DECRETO Nº 1.855/96) (....)

É na Constituição da República - e não na controvérsia doutrinária que antagoniza monistas e dualistas - que se deve buscar a solução normativa para a questão da incorporação dos atos internacionais ao sistema de direito positivo interno brasileiro. O exame da vigente Constituição Federal permite constatar que a execução dos tratados internacionais e a sua incorporação à ordem jurídica interna decorrem, no sistema adotado pelo Brasil, de um ato subjetivamente complexo, resultante da conjugação de duas vontades homogêneas: a do Congresso Nacional, que resolve, definitivamente, mediante decreto legislativo, sobre tratados, acordos ou atos internacionais (CF, art. 49, I) e a do Presidente da República, que, além de poder celebrar esses atos de direito internacional (CF, art. 84, VIII), também dispõe - enquanto Chefe de Estado que é - da competência para promulgá-los mediante decreto. O iter procedimental de incorporação dos tratados internacionais - superadas as fases prévias da celebração da convenção internacional, de sua aprovação congressional e da ratificação pelo Chefe de Estado - conclui-se com a expedição, pelo Presidente da República, de decreto, de cuja edição derivam três efeitos básicos que lhe são inerentes: (a) a promulgação do tratado internacional; (b) a publicação oficial de seu texto; e (c) a executoriedade do ato internacional, que passa, então, e somente então, a vincular e a obrigar no plano do direito positivo interno.

STF - RE 466343 / SP - Julg.: 03/12/2008[28]

EMENTA: PRISÃO CIVIL. Depósito. Depositário infiel. Alienação fiduciária. Decretação da medida coercitiva. Inadmissibilidade absoluta. Insubsistência da previsão constitucional e das normas subalternas. Interpretação do art. 5º, inc. LXVII e §§ 1º, 2º e 3º, da CF, à luz do art. 7º, § 7, da Convenção Americana de Direitos Humanos (Pacto de San José da Costa Rica). Recurso improvido. Julgamento conjunto do RE nº 349.703 e dos HCs nº 87.585 e nº 92.566. É ilícita a prisão civil de depositário infiel, qualquer que seja a modalidade do depósito.

Por conseguinte, parece mais consistente a interpretação que atribui a característica de supralegalidade aos tratados e convenções de direitos humanos. Essa tese pugna pelo argumento de que os tratados sobre direitos humanos seriam infraconstitucionais, porém, diante de seu caráter especial em relação aos demais atos normativos internacionais, também seriam dotados de um atributo de supralegalidade.

Em outros termos, os tratados sobre direitos humanos não poderiam afrontar a supremacia da Constituição, mas teriam lugar especial reservado no ordenamento jurídico. Equipará-los à legislação ordinária seria subestimar o seu valor especial no contexto do sistema de proteção dos direitos da pessoa humana

(....)

Portanto, diante do inequívoco caráter especial dos tratados internacionais que cuidam da proteção dos direitos humanos, não é difícil entender que a sua internalização no ordenamento jurídico, por meio do procedimento de ratificação previsto na Constituição, tem o condão de paralisar a eficácia jurídica de toda e qualquer disciplina normativa infraconstitucional com ela conflitante.

Nesse sentido, é possível concluir que, diante da supremacia da Constituição sobre os atos normativos internacionais, a previsão constitucional da prisão civil do depositário infiel (art. 5º, inciso LXVII) não foi revogada pelo ato de adesão do Brasil ao Pacto Internacional dos Direitos Civis e Políticos (art. 11) e à Convenção Americana sobre Direitos Humanos - Pacto de San José da Costa Rica (art. 7º, 7), mas deixou de ter aplicabilidade diante do efeito paralisante desses tratados em relação à legislação infraconstitucional que disciplina a matéria, incluídos o art. 1.2 87 do Código Civil de 1916 e o Decreto-Lei nº 911, de 1º de outubro de 1969.

28. Trecho do voto do relator.

5. LEGISLAÇÃO ESPECÍFICA CORRELATA

- **Constituição Federal de 1988**

Art. 5º Todos são iguais perante a lei, sem distinção de qualquer natureza, garantindo-se aos brasileiros e aos estrangeiros residentes no País a inviolabilidade do direito à vida, à liberdade, à igualdade, à segurança e à propriedade, nos termos seguintes:

(...)

§ 2º Os direitos e garantias expressos nesta Constituição não excluem outros decorrentes do regime e dos princípios por ela adotados, ou dos tratados internacionais em que a República Federativa do Brasil seja parte.

§ 3º Os tratados e convenções internacionais sobre direitos humanos que forem aprovados, em cada Casa do Congresso Nacional, em dois turnos, por três quintos dos votos dos respectivos membros, serão equivalentes às emendas constitucionais.

Art. 49. É da competência exclusiva do Congresso Nacional:

I – resolver definitivamente sobre tratados, acordos ou atos internacionais que acarretem encargos ou compromissos gravosos ao patrimônio nacional.

Art. 59. O processo legislativo compreende a elaboração de:

(...)

VI – decretos legislativos;

Art. 84. Compete privativamente ao Presidente da República:

(...)

VIII – celebrar tratados, convenções e atos internacionais, sujeitos a referendo do Congresso Nacional;

Art. 225. Todos têm direito ao meio ambiente ecologicamente equilibrado, bem de uso comum do povo e essencial à sadia qualidade de vida, impondo-se ao Poder Público e à coletividade o dever de defendê-lo e preservá- lo para as presentes e futuras gerações.

6. QUESTÕES DE CONCURSOS

6.1. Questões

1) **(TJ/AM – Juiz Substituto/2016)** Em ação popular ajuizada pretendendo-se a anulação de licença de instalação concedida a determinada empresa para construção de uma represa, foram requeridos, ainda, o desfazimento das obras iniciadas e o retorno da área à situação original. Na ação, apontou-se, entre outros danos, comprometimento de áreas utilizadas para reprodução de aves aquáticas. Na sua defesa, o ente público alegou ilegitimidade ativa, pois o autor era estrangeiro apenas residente no Brasil. Alegou também prescrição da pretensão de anular ato administrativo, pois a licença tinha sido concedida havia mais de seis anos. A empresa que obteve a licença, por sua vez, alegou ilegitimidade passiva e, no mérito, não ocorrência do dano alegado.

a) Com base nessa situação hipotética, assinale a opção correta.Parte superior do formulário

b) O objeto da ação relaciona-se à matéria tratada na Convenção de Ramsar.

c) A defesa do ente público está correta ao alegar prescrição da pretensão de anular ato administrativo, por aplicação do prazo quinquenal para anular atos administrativos.

d) Diante da incerteza científica, o juiz deverá inverter o ônus da prova e determinar que os réus arquem com os custos da perícia, aplicando o princípio do poluidor-pagador.

e) A empresa é parte ilegítima, pois o objeto da ação popular é apenas a anulação de atos ilegais e lesivos ao patrimônio público.

f) A defesa do ente público está correta ao alegar ilegitimidade ativa do estrangeiro, considerando-se o entendimento pacificado da doutrina.

2) **(TJ-RJ – Juiz Substituto / 2016)** Na evolução da normativa do Direito Ambiental Internacional, pode-se identificar documentos elaborados por Comissões, como ocorreu com a Comissão da ONU sobre Meio Ambiente e Desenvolvimento. Esses documentos são posteriormente discutidos para, eventualmente, serem incorporados em Declarações de Princípios das Conferências sobre Meio Ambiente. Esse processo pode ser identificado, quando da consagração do princípio do desenvolvimento sustentável, respectivamente, pelo

a) Programa da Agenda 21 e Declaração do Rio/92.

b) Plano de vigia Earthwatch e Cúpula de Johannesburgo.

c) Relatório Brundtland e Declaração do Rio/92.

d) Relatório Brundtland e Declaração de Estocolmo.

e) Plano de vigia Earthwatch e Declaração de Estocolmo.

3) **(TJ-PA – Juiz Substituto / 2014)** Em relação às Conferências das Nações Unidas que trataram do tema meio ambiente, assinale a alternativa correta.

a) O Protocolo de Quioto, que tomou por base o Compromisso de Joanesburgo sobre Desenvolvimento Sustentável, estabeleceu compromissos de redução de emissão dos gases de efeito estufa para os países desenvolvidos, tomando por base o princípio das responsabilidades comuns mas diferenciadas.

b) Como resultado da Rio+20, foi produzido o documento "O futuro que queremos", que reconheceu a economia verde no contexto do desenvolvimento sustentável e da erradicação da pobreza como importante instrumento na formulação de políticas que permitam um aumento na inclusão social.

c) Na Conferência de Estocolmo, de 1972, importante marco do desenvolvimento sustentável, foi criado um órgão de alto nível nas Nações Unidas denominado Comissão para o Desenvolvimento Sustentável, encarregada de submeter relatórios para a Assembleia Geral da ONU.

d) Um dos importantes resultados da Conferência das Nações Unidas sobre meio ambiente e desenvolvimento (Rio+10) foi a produção da Convenção sobre a Diversidade Biológica, estabelecendo importantes regras sobre a proteção da flora silvestre.

e) A Agenda 21, como produto da Rio+10, estabeleceu como prioridade para o século 21 a aplicabilidade do princípio do desenvolvimento sustentável, por meio da integração do meio ambiente e do desenvolvimento aos processos decisórios.

4) **(TJ-MS – Juiz substituto / 2010)** Os tratados internacionais sobre matéria ambiental

a) São fontes de direito ambiental interno e, se aprovados pelo Congresso Nacional, sobrepõem-se às leis.

b) São fontes de direito ambiental interno, desde que aprovados pelo Congresso Nacional em dois turnos, por 3/5 dos membros de cada uma de suas casas.

c) Desde o momento em que assinados, são fontes de direito ambiental interno e internacional.

d) Apenas serão fonte de direito internacional ambiental se aprovados e ratificados por todos os Estados que os assinaram.

e) São fontes escritas de direito internacional ambiental, ao lado de outras normas oriundas de organizações internacionais.

5) **(TST – Juiz do Trabalho Substituto / 2017)** Desde a Emenda Constitucional n° 45/2004, os tratados e convenções internacionais sobre direitos humanos que forem aprovados, em cada Casa do Congresso Nacional, em dois turnos, por três quintos dos votos dos respectivos membros, serão equivalentes às emendas constitucionais (Constituição, art. 5°, § 3°). No entanto, há tratados e convenções internacionais nesse âmbito que foram incorporados ao ordenamento brasileiro antes de 2004 e que, portanto, não seguiram esse procedimento. Segundo a jurisprudência do Supremo Tribunal Federal, os tratados e convenções sobre direitos humanos aprovados antes de 2004

a) têm hierarquia constitucional, já que o § 2° do art. 5° da Constituição já assim definia desde 1988.

b) têm hierarquia supralegal, mas infraconstitucional.

c) têm hierarquia de lei ordinária, nos termos definidos pelo STF em decisões como as do RE 80.004 e da ADI 1480.

d) terão hierarquia constitucional, desde que sejam aprovados novamente pelo Congresso Nacional, seguindo o procedimento de aprovação de emendas constitucionais.

e) têm hierarquia supraconstitucional, seguindo a tendência de valorizar normas internacionais.

6) **(TJ/MS – Juiz Substituto / 2015)** Assinale a alternativa com um dos documentos votados na Conferência das Nações Unidas sobre Meio Ambiente Humano, em Estocolmo, em junho de 1972.

a) Declaração de Princípios Sobre Florestas.

b) Protocolo de Quioto.

c) Convenção sobre a Diversidade Biológica (CDB).

d) Criação do PNUMA.

e) Agenda 21.

6.2. Gabarito e Comentários

Questão 1:

Gabarito **letra "a"**

Comentários: (OBS.: as demais alternativas fogem do assunto contido neste Capítulo, mas não se deixou de arrolar a questão, pois compreende-se como uma oportunidade de se visualizar as diversas formas como o assunto pode ser cobrado em concurso

- a alternativa *"a"* está correta, pois, de fato, a Convenção de Ramsar (Zonas Úmidas de Importância Internacional) versa sobre áreas úmidas, cuja intenção inicial era voltada a proteger os habitats aquáticos importantes para a conservação de aves migratórias, mas depois se estendeu a todas áreas úmidas.

Questão 2:

Gabarito: **letra "c"**

Comentários: típica questão por exclusão, pois acertadamente o Relatório Brundtland e Declaração do Rio/92 versam sobre o princípio do desenvolvimento sustentável, ao passo que o Programa da Agenda 21, Plano de vigia Earthwatch e a Declaração de Estocolmo, não.

Questão 3:

Gabarito: **letra "b"**

Comentários:

- A alternativa "b" está correta, haja vista que, acertadamente, assinala que da Rio+20, foi produzido o documento "O futuro que queremos", que reconheceu, literalmente, a economia verde no contexto do desenvolvimento sustentável e da erradicação da pobreza, como importante instrumento na formulação de políticas que permitam um aumento na inclusão social.

Questão 4:

Gabarito **letra "e"**

Comentários:

- A alternativa "e" é a correta, haja vista que, nos exatos termos em que redigida a questão, os Tratados Internacionais sobre direito ambiental, antes de tudo, são fontes escritas de direito internacional ambiental, ao lado de outras normas oriundas de organizações internacionais.

Questão 5:

Gabarito **letra "b"**

Comentários:

- A alternativa "b", que está correta, é simples e direta, ao pontuar que, no contexto relatado, em especial em razão do entendimento consolidado no Supremo Tribunal Federal, os tratados e convenções sobre direitos humanos aprovados antes de 2004, que não obedeceram o caminho de aprovação similar ao da Emenda Constitucional, tem hierarquia supralegal, mas infraconstitucional, a repercutir, inclusive, num controle de "convencionalidade".

Questão 6:

Gabarito **letra "d"**

Comentários:

- A alternativa "d", denota o perfil de prova que se cobra de forma simples e direta, que, no caso, refere-se à criação do PNUMA.
- Frise-se que Declaração de Princípios sobre Florestas (alternativa "a"), Protocolo de Kyoto (alternativa "b") - embora de forma indireta (pois, verdadeiramente decorre da Convenção Quadro sobre mudanças do Clima - esta diretamente) -, Convenção sobre Diversidade Biológica (alternativa "c"), e, por fim, Agenda 21 (alternativa "e"), enfim, todas as demais alternativas, são oriundos da Rio-92.

Capítulo III

TUTELA NACIONAL DO MEIO AMBIENTE

SUMÁRIO: 1. Introdução; 2. Evolução histórica da legislação ambiental no Brasil; 3. Interpretação da legislação ambiental no Brasil; 4. Proteção do meio ambiente na Constituição Federal de 1988; 4.1. Art. 225 CF – Capítulo do Meio Ambiente; 4.1.1. Regra matriz: Meio ambiente como direito fundamental (*caput*); 4.1.2. Instrumentos de garantia de efetividade (§1º); 4.1.3. Determinações particulares (§2º ao §6º); 4.1.4. Artigo 225, §7º, CF/88: direito à cultura versus saúde animal (EC 96/17); 4.2. Função socioambiental da propriedade; 4.3. Da ordem econômica; 4.4. Tributação e meio ambiente; 5. Súmulas e orientações jurisprudenciais (STJ E STF); 6. Legislação específica correlata; 7. Questões de concurso; 7.1. Questões; 7.2. Gabarito e comentários

1. INTRODUÇÃO

TUTELA NACIONAL

segue vídeo abaixo:

https://youtu.be/9vHM11Joiw8

Sob o rótulo de Tutela Nacional do Meio Ambiente, até mesmo em contraponto ao Capítulo anterior, objetiva-se a apresentação do ordenamento jurídico ambiental brasileiro num caráter geral, abordando o histórico legislativo até culminar na Constituição Federal de 1988, bem como a peculiar forma de se interpretar esse arcabouço normativo.

Em meio a esta proposta, aproveitar-se-á a oportunidade para abordar de forma mais detida – e assim apresentar – o modo pelo qual o constituinte inseriu a temática ambiental no Texto Constitucional, seja com sua previsão direta em Capítulo próprio, seja com previsão de forma a repercutir em outras searas, a exemplo da tributária, econômica, etc[1].

2. EVOLUÇÃO HISTÓRICA DA LEGISLAÇÃO AMBIENTAL NO BRASIL

Sem ter a pretensão de esgotar todos os textos normativos que, de algum modo, integram o regime jurídico ambiental no tempo, passa-se a destacar aqueles que atingem o objetivo de delinear um histórico legislativo[2].

Inaugurando a temática[3], considera-se que em 1605 o Regimento Pau-Brasil foi a norma pioneira, ao limitar fixada a exploração em 600 toneladas de madeira por ano, ainda que, em verdade, o propósito fosse regular a oferta, e respectivo preço da madeira na Europa. Mas, enfim, exigia autorização real para o corte dessa árvore.

Após mais de 100 anos, em 1797 surge a Carta Régia, cuja preocupação voltava-se à defesa da fauna, das águas e dos solos. E, em seguida, no ano de 1799, surgiu Regimento de Cortes de Madeiras, que estabelecia rigorosas regras específicas para a derrubada de árvores.

Posteriormente, há a primeira Lei de Terras do Brasil, surgida no ano de 1850, que, além de disciplinar a ocupação do solo, também fixava a penalização – inclusive criminal – a quem procedesse a práticas predatórias (derrubada de matos ou ateamento de fogo) em desfavor do meio ambiente.

Já no Século XX (período republicano), surge o Decreto nº 8.843, de 26 de junho de 1911, pelo qual foi criada a primeira reserva florestal do Brasil, no antigo Território do Acre. E, cinco anos após, surge o próprio Código Civil de 1916, que, à sua maneira, possuía passagens de cunho ambiental, em que pese sob uma ótica individualista e patrimonial.

Na sequência, o ano de 1934 foi significativo no histórico legislativo ambiental, na medida em que surgiram o primeiro Código Florestal (Decreto 23.793/34)[4], e o Código de Águas (Decreto nº 24.643/34), inclusive com aquele interferindo no próprio direito de propriedade com a imposição de limites, o que, até então, apenas era visto no Código Civil, por meio de questões de direito de vizinhança.

---

1. Com exceção das competências, que serão tratadas em Capítulo próprio.
2. Caso haja interesse em se tomar ciência de outras normas que surgiram no decorrer do tempo, *sites* de órgãos públicos ambientais se apresentam como uma boa fonte de consulta, a exemplo do Ministério do Meio Ambiente, ou mesmo da Secretaria do Meio Ambiente de São Paulo, ou de outros Estados, ou ainda, de se conferir uma publicação do ano de 2010 no *site* do Superior Tribunal de Justiça, que se apresenta como bastante esclarecedora desse histórico, útil, aliás, à proposta deste tópico. Disponível em: http://www.stj.jus.br/sites/STJ/default/pt_BR/Comunica%C3%A7%C3%A3º/%C3%9Altimas-not%C3%ADcias/Linha-do-tempo:-um-breve-resumo-da-evolu%C3%A7%C3%A3º-da-legisla%C3%A7%C3%A3º-ambiental-no-Brasil. Acessado dia 25 de setembro de 2018.
3. Considerando que se almeja a análise do histórico da legislação em território nacional. Porém vale salientar que, até a instituição do Governo Geral, em 1548, aplicava-se a legislação do reino, as Ordenações Manuelinas, cujo Livro V, no título LXXXIII, proibia a caça de perdizes, lebres e coelhos e, no título "C", tipificava o corte de árvores frutíferas como crime. Ademais, de se mencionar as Ordenações Filipinas, que, em 11 de janeiro de 1603, disciplinou a matéria ambiental, impondo pena de açoite ou degredo para a África, a quem cortasse árvore ou fruto (MEIRA, José De Castro. Informativo Jurídico da Biblioteca Ministro Oscar Saraiva, v. 19, n. 1, jan./jun. 2008).
4. Nesta norma o enfoque seria a preservação das florestas, com regras de sua exploração e penas àqueles que deixassem de observá-las.

Na década de 60 tem, no ano de 1964, o surgimento da Lei 4.504, qual seja o Estatuto da Terra, e, em 1965, a Lei 4.771, mais conhecida como Código Florestal (segundo). Ademais, surgiram ainda a Lei 5.197/67, versando sobre a Proteção à Fauna, e o Decreto-Lei 221/67, denominado Código da Pesca.

Já na década de 70, é de se mencionar o advento da Lei 5.453/77, estabelecendo peculiar responsabilidade civil em casos de danos provenientes de atividades nucleares.

Até então, visualiza-se o progressivo surgimento de normas esparsas, tratando de diversas nuances do meio ambiente (fauna, flora, responsabilidade civil, etc.). Contudo, no de 1981 surge a Lei 6.938, que, além de estabelecer a Política Nacional do Meio Ambiente, mostra-se inovadora na medida em que apresenta o meio ambiente como objeto específico de proteção, sendo a primeiro a tratar do assunto de forma mais abrangente, de modo organizado e sistemático.

ATENÇÃO

A Lei nº6.938/1981, que instituiu a Política Nacional do Meio Ambiente, tem como marca a (a) descentralização administrativa com a instituição de um sistema de proteção ambiental envolvendo os diversos Entes federativos, e (b) a mudança, pois, no paradigma de proteção ambiental no Brasil.

Na sequência há a importantíssima Lei 7.347/85, conhecida como Lei de Ação Civil Pública, trazendo normas de viés processual para a defesa do meio ambiente em juízo.

Chega então o ano de 1988, quando surge a Constituição Federal, cuja previsão da temática ambiental é digna de reconhecimento, erguendo o direito ao meio ambiente (ecologicamente equilibrado) como direito fundamental, sendo um salto importante na tutela ambiental, e, mais, representando um norte para a relevância que o tema deve receber no território brasileiro – cuja abordagem será mais aprofundada na sequência.

Sobre previsão em Texto Constitucional, vale pontuar que nos Textos anteriores[5] não se visualiza o emprego da específica expressão *meio ambiente*. Nada obstante, (a) na Constituição do Império de 1824 foi inserida uma proibição de indústrias contrárias à saúde do cidadão; (b) no Texto de 1881 prevê a competência legislativa da União para tratar de minas e terras; (c) na Carta de 1934 há proteção às belezas naturais, ao patrimônio histórico, artístico e cultural, além de disciplinar a competência da União para os casos de riquezas de subsolo, mineração, águas, florestas, caça, pesca e sua exploração; (d) na Constituição de 1937 amplia-se o leque, acrescentando em relação à anterior a proteção de paisagens e locais especialmente dotados de riqueza natural, proteção das plantas e rebanhos contra agentes nocivos e moléstias; na sequência, (e) a Constituição de 1946 traz semelhante previsão à de 1934, prevendo a defesa do patrimônio histórico, artístico e cultural, e a competência da União para legislar sobre a defesa da saúde, das riquezas do subsolo, das águas, florestas, caça e pesca; (f) a Constituição de 1967 prevê a defesa do patrimônio histórico, cultural e paisagístico, arrolando como competência da União legislar sobre defesa da saúde, sobre jazidas, águas, florestas, caça e pesca; e, (g) com

5. MILARÉ. Édis. Op. cit., pág. 174-175.

a Carta de 1969 manteve-se a proteção do patrimônio histórico, cultural e paisagístico, tal como as competências da União, e, como detalhe importante, pela primeira vez insere a expressão *ecológico* em textos legais, além ainda de inserir o "mau uso da terra" como motivo à perda de incentivos e auxílio do Governo.

ATENÇÃO

A proteção do patrimônio histórico, cultural e paisagístico foi prevista de forma constante desde a Constituição de 1934.

Sem prejuízo, e até para aproveitar o ensejo, não custa relacionar outras leis que surgiram posteriormente à Constituição Federal, a exemplo da Lei 9.433/97 (Recursos hídricos), Lei 9.605/98 (Lei de crimes ambientais[6]), da Lei nº 9.985/00 (Lei do Sistema Nacional de Unidades de Conservação), o próprio Estatuto da Cidade (Lei 10.257/01), da Lei 12.187/09 (Mudança climática), da Lei 12.305/10 (Resíduos sólidos), da Lei 140/11 (competências ambientais), da Lei 12.651/12 (novo Código Florestal), etc., além ainda da existência de Resoluções do CONAMA, como a 237/97, 305/2002, 465/14, etc., que também integram consideravelmente o sistema jurídico da tutela ambiental no Brasil, tal como não se pode menosprezar a existência de outras normas infralegais, e mesmo de legislações estaduais e municipais.

Enfim, seja como for, pode-se considerar esse o *iter* legislativo ambiental brasileiro, que se inaugura no séc. XVII, mas que sua fortificação e aprimoramento ocorrem no séc. XX, e, mais ainda, no séc. XXI, representando um sistema avançado de tutela dos recursos ambientais, e, em especial, com *status* constitucional.

3. INTERPRETAÇÃO DA LEGISLAÇÃO AMBIENTAL NO BRASIL

A interpretação – e respectiva aplicação – do Direito Ambiental é dotada de certa singularidade, haja vista, a um, o seu inerente diálogo com normas de outras searas do Direito, bem como, a dois, pela própria forma como são dispostas as normas ambientais, cujo sistema é composto por normas advindas dos três Entes da Federação, e, mais, por diversos tipos normativos – e não apenas a lei propriamente dita (decreto, resoluções, instruções normativas, etc.).

Em primeiro lugar, é de se destacar a característica da *transversalidade* do Direito Ambiental, cujas normas penetram horizontalmente nos diversos ramos do Direito, a exemplo do Direito Civil (função social da propriedade), Direito Administrativo (procedimento administrativo ambiental, licença ambiental, poder de polícia, etc.), Direito Constitucional, empresarial, tributário, etc. – próprio, aliás, dos direitos de terceira geração.

Nesse contexto, inevitáveis os conflitos envolvendo a tutela ambiental traduzida na norma ambiental, com os interesses das respectivas searas do Direito, voltadas para atender a outras pretensões – que não a ambiental.

6. Muito embora seja comumente utilizada essa expressão, dada a sua previsão também de responsabilidade administrativa ambiental, acredita-se que melhor é a ela se referir como norma de responsabilização ambiental – não apenas criminal.

Daí, exsurge a necessidade de se compatibilizar esses aparentes conflitos, eliminando as incompatibilidades das normas no caso concreto – e não as normas em si[7] – o que, para tanto, deve ocorrer por meio de uma interpretação *sistemática*, considerando a organicidade do todo[8], *teleológica*, perseguindo a própria finalidade da norma, isto é, a que fins sociais e quais exigências de bem comum dão embasamento à norma (a *ratio* do preceito normativo), *axiológica*, não se esquecendo de levar em consideração o próprio espírito da norma, os valores e princípio que trazem consigo.

Por assim ser, e considerando aquela tradicional lição de que os princípios consistem no alicerce do ordenamento jurídico, sendo a disposição fundamental que se irradia sobre diferentes normas, compondo-lhes o espírito e servindo de critério para a exata compreensão e inteligência delas[9], merece destacar que, nesta posição, de pedra angular da legislação ambiental brasileira, situa-se o princípio insculpido no artigo 225, *caput*, da CF/88, primando-se pela preservação do meio ambiente ecologicamente equilibrado, bem comum de todos, indispensável à sadia qualidade de vida (dignidade da pessoa humana).

ATENÇÃO

O princípio constitucional do artigo 225 conduz a legislação ambiental a objetivar a manutenção e a melhoria do meio ambiente, não o dissociando do necessário desenvolvimento econômico. Desenvolvimento sustentável é o que norteia o espírito da legislação, é o fim constitucional ambiental[10].

Logo, impõe que todo e eventual aparente conflito de normas que venha a surgir, envolvendo normas de tutela ambiental, e outras das mais diversas searas jurídicas, sua solução leve em consideração o princípio do artigo 225, *caput*, CF/88, que, antes de tudo, reflete um patamar mínimo à dignidade da pessoa humana, fundamento axiológico máximo do nosso ordenamento jurídico.

Sem prejuízo, a interpretação da norma ambiental também se envolve em outra questão polêmica, uma vez que, como bem se observa do histórico da legislação ambiental no Brasil, ao contrário de alguns outros ramos do Direito, o Direito Ambiental não é dotado de um código unificador, existindo documentos normativos esparsos, e, inclusive, de diversas hierarquias normativas, donde se verifica particularidade no que diz respeito à sua interpretação.

Ainda mais quando, sobre a regra de distribuição de competência tal como a contida no artigo 23, VI, CF/88 – que diz ser competência comum de todos os Entes da Federação proteger o meio ambiente e combater a poluição em qualquer de suas formas – compreende-se[11]

7. BOBBIO, Norberto. Teoria do ordenamento jurídico. 10ª ed. Brasília: UNB, 1999, p. 102.
8. MILARÉ. Édis. Op. cit., pág. 291. Evitando uma exegese literal, isolada e excessivamente positivista, mas a considerar a intervisão, a interrelação, a interdependência, além da somatória com os demais princípios e direitos fundamentais previstos na Constituição Federal.
9. MELLO, Celso Antônio Bandeira de. Curso de Direito Administrativo. 31ª ed. São Paulo, Malheiros, 2014.
10. MILARÉ. Édis. Op. cit., pág. 293.
11. FREITAS, Vladimir Passos de. A Constituição Federal e a efetividade das normas ambientais, São Paulo: Revista dos Tribunais, 2002, pág. 63.

que, mais do que mera competência material, viabiliza-se a própria competência legislativa[12], ainda mais quando, pelo princípio da legalidade, ao Administrador só é dado atuar quando previamente autorizado/imposto por lei. Isto é, sob o rótulo de proteção do meio ambiente, e combate à poluição, resulta um permissivo para a criação de normas das mais diversas espécies, sejam atos normativos elaborados pelo Poder Executivo, sejam leis propriamente ditas, que, além de se atentarem à disposição de competência legislativa, ainda seguem a regra da competência material, para dar sustentação à atuação do Executivo.

Ora, e se o propósito constitucional é voltado à proteção do meio ambiente e ao combate à poluição em qualquer de suas formas, o eventual conflito de normas ambientais, das mais diversas searas, deve ser resolvido para privilegiar a **norma mais protetiva, havendo uma hierarquia de valores** – e não entre os Entes Federados.

"O critério básico para a solução de conflitos normativos ambientais entre os diferentes entes federados é aquele que garante a prevalência da norma que defenda melhor o direito fundamental tutelado, por se tratar de preceito constitucional (lei nacional) que se impõe à ordem jurídica central ou regional: in dubio pro natura.[13]"

ATENÇÃO

Tomando por base uma interpretação que deve ser sistemática, axiológica e teleológica, sem menosprezar as divisões de competências, é primordial que se privilegie o critério da norma mais favorável ao meio ambiente, sob pena de desvirtuar o próprio fundamento axiológico constitucional, da dignidade da pessoa humana, traduzida como sadia qualidade de vida, para a qual é indispensável a preservação do meio ambiente ecologicamente equilibrado.

4. PROTEÇÃO DO MEIO AMBIENTE NA CONSTITUIÇÃO FEDERAL DE 1988

Da leitura do Texto Constitucional verifica-se a inserção da temática ambiental em diversas passagens, dentre as quais, o art. 5º, LXXII (prevendo a ação popular como instrumento hábil à tutela ambiental em juízo), o art. 23 (competência material), o art. 24 (competência legislativa), o art. 30 (competência Município), o art. 129, III (prevendo a tutela ambiental dentro do âmbito de atuação do Ministério Público), o art. 170, VI (inserindo a defesa do meio ambiente dentre os princípios da ordem econômica), o art. 174, §3º (resguardando a proteção ambiental em meio à atividade de garimpo), o art. 186, II (arrolando a o uso adequado dos recursos ambientais, bem como a preservação ambiental, como requisitos da função social da propriedade rural), o art. 200, VIII (arrolando a proteção do meio ambiente, inclusive o do trabalho, como atribuição do sistema único de saúde-SUS), o art. 225 (Capítulo próprio para tratar da tutela do Meio Ambiente), o art. 231 (juntamente com a tutela "dos índios" está inserida a preservação dos recursos am-

12. STJ – RMS 9.279-0-PR – DJ 28.02.2000.
13. FARIAS, Paulo José Leite. A Federação como Mecanismo de Proteção do Meio Ambiente. Revista de informação legislativa, v. 34, n. 135, p. 283-300, jul./set. 1997.

bientais "necessários a seu bem-estar e as necessárias a sua reprodução física e cultural, segundo seus usos, costumes e tradições"), etc.

Assim, dúvidas não há de que a Constituição Federal de 1988 é rica quanto à tutela ambiental, sendo inclusive rotulada de Constituição "Verde", ainda mais quando se constata o seu caráter inovador em relação às anteriores, deixando de tratar a proteção ambiental de forma pontual em algumas passagens, mas fazendo-o de modo mais sistémico, inserindo o meio ambiente como princípio tanto da ordem social como econômica.

Dentro deste contexto, far-se-á uma abordagem dessa *constitucionalização* da tutela ambiental, debruçando-se neste momento, em especial, sobre o artigo 225, da CF/88, que consiste no específico Capítulo, dentro da ordem social, voltado a traçar o regime jurídico do direito ao meio ambiente, e sua respectiva tutela. Após, será feita uma análise dessa disseminação em outras searas, tal como na ordem econômica, no delineamento da função social da propriedade e no regime jurídico tributário.

4.1. Art. 225, CF – Capítulo do Meio Ambiente

O Capítulo VI, do Título VIII – da Ordem Social, cuja temática é exclusiva da proteção ambiental, cinge-se basicamente ao artigo 225, composto de seu *caput,* além de sete parágrafos, sendo que, no primeiro parágrafo, existem sete incisos, cuja sistemática levou a doutrina a denominar o *caput* de *norma-matriz,* o parágrafo primeiro de *instrumentos de garantia de efetividade,* e, os parágrafos do segundo ao sexto representativos de *determinações particulares.* O parágrafo sétimo, ressalve-se, é uma novidade trazida pela Emenda Constitucional 96/17, cujo teor, *a priori,* não permite inseri-lo perfeitamente dentro dessas categorias[14] – conforme será visto na sequência.

4.1.1. Regra matriz: Meio ambiente como direito fundamental (caput)

> Art. 225. Todos têm direito ao meio ambiente ecologicamente equilibrado, bem de uso comum do povo e essencial à sadia qualidade de vida, impondo-se ao Poder Público e à coletividade o dever de defendê-lo e preservá-lo para as presentes e futuras gerações.

O constituinte, pelo artigo 5º, §2º, da CF/88, deixou claro que o rol de direitos e garantias fundamentais concentrados no artigo 5º é meramente exemplificativo, pois não exclui outros que "por seu conteúdo, por sua substância, pertencem ao corpo fundamental da Constituição"[15], dispondo expressamente que não se excluem outros decorrentes do regime e dos princípios por ela adotados, ou mesmo dos tratados internacionais aderidos pelo Brasil.

Daí, dentro da tradicional concepção de serem os direitos fundamentais "o conjunto de direitos da pessoa humana expressa ou implicitamente reconhecidos por uma determinada

14. Contudo, nada impede dizer ser uma norma de exceção às regras de efetividade, em especial àquela prevista no parágrafo primeiro, relativa à proteção dispensada aos animais contra tratamentos cruéis.
15. SARLET, Ingo Wolfgang. A eficácia dos direitos fundamentais. Porto Alegre: Livraria do Advogado, 2006. Pág. 93.

ordem constitucional"[16], é uníssono o entendimento de que o direito ao meio ambiente consiste num direito fundamental, até mesmo porque, conforme assinalado pelo Ministro Celso de Mello, cuida-se de um "típico direito de terceira geração que assiste, de modo subjetivamente indeterminado, a todo gênero humano, circunstância essa que justifica a especial obrigação - que incumbe ao Estado e à própria coletividade - de defendê-lo e de preservá-lo em benefício das presentes e futuras gerações".[17]

A CF/1988 (art. 225 e art. 5º, §2º), por sua vez, seguindo a influência do direito constitucional comparado e mesmo do direito internacional, sedimentou e positivou ao longo de seu texto os alicerces normativos de um *constitucionalismo ecológico*, atribuindo ao direito ao ambiente o *status* de direito fundamental, em sentido formal e material, orientado pelo princípio da solidariedade.[18]

Com efeito, na progressiva evolução dos direitos humanos, verifica-se o surgimento daqueles tidos como de terceira geração (dimensão), pautados na solidariedade e fraternidade, a exemplo do direito ao meio ambiente, em que não mais se busca afastar a intervenção do Estado no âmbito do particular (liberdades negativas - primeira geração), e muito menos suplicar por sua atuação para afastar desigualdades (liberdades positivas - segunda dimensão), mas sim abarcar situações até então novas, cuja titularidade não se identifica apenas em um indivíduo ou um grupo ou mesmo de um determinado Estado, mas referente ao próprio gênero humano, de forma universal, sendo uma titularidade extremamente difusa.

Nesse sentido, trata-se de um novo viés protetivo, a respeito de bens jurídicos que envolvem o interesse de uma coletividade transfronteiriça, universal, a exemplo do próprio recurso ambiental, cujo interesse protetivo, por essência, não se limita àquele que é proprietário da área onde se encontra o bem ambiental.

Não sem razão em 13 de junho de 1995, quando do julgamento do Recurso Extraordinário 134.927/SP, de relatoria do Ministro Celso de Mello, fez-se expressa referência de ser o direito ao meio ambiente ecologicamente equilibrado a consagração constitucional de um típico direito de terceira geração (CF, art. 225, caput).

Enfim, a previsão no *caput* do artigo 225, de ser o meio ambiente equilibrado essencial à sadia qualidade de vida, em relação ao qual todos tem direito, reconhece a sua imprescindibilidade para que o indivíduo possa situar num patamar de dignidade (sadia qualidade de vida).

Em outros termos, apresenta a essência do direito ao meio ambiente, mais precisamente ao meio ambiente ecologicamente equilibrado, cuja adjetivação significa um *status* de equilíbrio entre os elementos que o compõe, imprescindível para que se preserve e propicie uma sadia qualidade de vida às pessoas, bem como para a própria manutenção dos elementos ambientais, cujo reconhecimento constitucional deixa claro seu patamar de direito fundamental.

---

16. VIEIRA, Oscar Vilhena. Direitos Fundamentais: uma leitura da jurisprudência do STF. São Paulo: Malheiros, 2006. Pág. 36.
17. STF - MS 22.164-0 / SP - DJU 17.11.1995.
18. SARLET, Ingo Wolfgang, FENSTERSEIFER, Tiago. Op. cit., pág. 57.

Compreendido, então, o direito ao meio ambiente equilibrado como um direito fundamental, impõe fixar a carga jurídica que tal afirmação traz consigo, isto é, qual é a repercussão jurídica sobre esse direito, pelas características típicas dos direitos fundamentais.

Uma primeira consideração consiste no reconhecimento de que se trata de um direito *irrenunciável*, dele não podendo dispor seus titulares. E, a exemplo, veja que, quando da celebração de um Termo de Ajustamento de Conduta, ao celebrante (Ministério Público ou outro órgão público ambiental) não é dado dispor do direito envolvido, mas tão apenas ajustar o modo pelo qual se procederá à recuperação do bem ambiental lesado, isto é, quanto às questões acessórias.

ATENÇÃO

A respeito dessa questão surge grande discussão sobre a própria natureza jurídica do TAC, pois não haveria, então, plena liberdade para sua celebração, eis que o interessado não teria a seu dispor todos os aspectos de uma transação. De qualquer forma, o entendimento prevalecente é de que consiste numa transação[19].

Ademais, também deve ser reconhecida a *inalienabilidade* do direito, sendo insuscetível de apropriação, tanto por particular como por uma coletividade, sendo uma *res extra commercium*, haja vista sua titularidade pulverizada e personalíssima[20], impedindo-se, por exemplo, qualquer tentativa de desafetação (viável na seara administrativa, quanto aos bens públicos, para torna-los privados por meio de posterior alienação).

A *imprescritibilidade* é outra marca que se agrega ao meio ambiente ecologicamente equilibrado, sendo impossível alegar qualquer benefício angariado em razão do transcurso do tempo, em detrimento do bem ambiental. Tanto é assim que a responsabilidade pela reparação do dano ambiental tem sido considerada como imprescritível[21], e, ainda, aquele que se encontra em situação de irregularidade não pode vir em sua defesa alegar que assim o faz há muito tempo, pois a ninguém é reconhecido direito adquirido de poluir pelo decurso do tempo[22].

19. PIZZOL, Patrícia Miranda. Liquidação nas ações coletivas. São Paulo: Lejus, 1998. p. 149-153. "(...) o compromisso de ajustamento de conduta teria natureza de transação, porquanto haveria concessões mútuas entre os celebrantes do ajuste, sendo, contudo, vedado ao órgão público legitimado a renúncia a direitos transindividuais, o que tornaria o compromisso de ajustamento de conduta figura peculiar de transação".

20. BENJAMIN, Antônio Herman. Constitucionalização do Ambiente e Ecologização da Constituição Brasileira. *In:* org. CANOTILHO, José Joaquim Gomes, e LEITE, José Rubens Morato. Direito Constitucional Ambiental Brasileiro. 6ª ed. rev. São Paulo: Saraiva, 2015. Pág. 83-156.

21. Contudo, no dia 31/05/2018 foi proferida a decisão no STF que reconhece a Repercussão Geral no RE 654.833 (Tema 999), referente à prescrição da responsabilidade por dano ambiental, a deixar a questão em aberto.

22. Não se aplica a teoria do fato consumado, para inibir o poder de polícia sobre situações irregulares, ainda que desde muito tempo persistentes (Súmula 613, STJ).

De se perceber, assim, que a irrenunciabilidade, inalienabilidade e imprescritibilidade[23] representam características incorporadas ao direito ao meio ambiente ecologicamente equilibrado, que, pelos exemplos expostos, dão o contorno do regime jurídico ambiental, e das nuances e peculiaridades que cada instituto possui, a exemplo da responsabilidade civil.

Não apenas, impõe ainda destacar que, até mesmo pelo teor do artigo 5º, §1º da CF/88, as normas protetivas desse meio ambiente qualificado são de aplicabilidade imediata, e, ainda, reconhece-se ser possuidora de eficácia dirigente (aos Poderes Públicos o dever de buscar sua efetivação), irradiante (sobre a legislação infraconstitucional deve ser norte para interpretação e aplicação) e horizontal (cujo respeito deve ser realizado inclusive no âmbito das relações particulares).

Outrossim, não se pode esquecer da sua marca de *cláusula pétrea*, na medida em que o artigo 64, §4º, da CF/88 diz que "Não será objeto de deliberação a proposta de emenda tendente a abolir: (...) IV – os direitos e garantias individuais". Ou seja, não é dado, sequer por emenda constitucional, afastar a tutela ambiental consolidada no Texto Constitucional[24].

Noutro giro, é válido realizar um detalhamento das expressões contidas no *caput* do artigo 225, até mesmo porque, além de sua própria importância para a exata compreensão do sentido conferido quando da constitucionalização da tutela do meio ambiente, cuida-se de questão frequente em concursos.

Quando o constituinte faz menção a "todos", implica reconhecer que o titular desse direito vem a ser o brasileiro nato, naturalizado, ou mesmo o estrangeiro residente no país, sendo que, muito embora se trate de bem de titularidade essencialmente difusa (a não se limitar apenas a estes sujeitos), dado o fato de ser acompanhada da expressão "tem direito", limitam-se a tais sujeitos o *direito subjetivo público* de opor-se contra todos (particulares e Pode Público), na defesa do direito ao meio ambiente ecologicamente equilibrado.

Relativamente à expressão "meio ambiente ecologicamente equilibrado", significa reconhecer que meio ambiente é composto de diversos elementos que, ininterruptamente, relacionam-se entre si, num processo de harmonia que propicia condições de vida saudável, bem como a própria preservação dos recursos ambientais e sua perduração no tempo.

Porém, e assim se mostra muito pertinente a colocação feito por Machado, impende reconhecer que "o equilíbrio ecológico não significa uma permanente inalterabilidade das condições naturais"[25], mas a preservação da harmonia, da proporção ou sanidade da relação entre os vários elementos que compõe o meio ambiente.

---

23. Como características, podem er mencionadas ainda a *historicidade* (por decorrer de conquistas obtidas no longo do tempo), *universalidade* (dada a sua titularidade universal), e, também, a própria *limitabilidade* (pois os direitos fundamentais não são considerados absolutos, admitindo-se relativização quando diante de outro direito igualmente fundamental, por meio do princípio da proporcionalidade).

24. Inclusive, cuida-se de um dos pontos sobre os quais se sustentam os argumentos do princípio da vedação do retrocesso, considerando que há um patamar mínimo ecológico, requisito da condição de dignidade da pessoa humana.

25. MACHADO, Paulo Affonso Leme. Op. cit., p. 121.

No que se refere aos termos "bem de uso comum do povo" e "sadia qualidade de vida", estas já foram abordadas no texto até aqui redigido, não se justificando a sua reiteração. Porém, basta mencionar que bem de uso comum do povo reflete a noção de patrimônio público da coletividade (titularidade difusa), e não do Poder Público, enquanto que, sadia qualidade de vida, é a dignidade da pessoa humana dita de outra forma.

Na sequência, o constituinte deixou clara a imposição "ao Poder Público e à coletividade o dever de defendê-lo e preservá-lo", o que significa o estabelecimento de uma responsabilidade compartilhada (solidária) entre o Poder Público (todos os Poderes) e a coletividade (todo indivíduo está incumbido nessa função de tutela ambiental), competindo igualmente a todos, em especial ao Poder Público, o dever de preservar o meio ambiente, e, constatada a lesão ao bem ambiental, adotar posturas dentre as possibilidades disponibilizadas pelo Direito.

Além disso, há um ponto extremamente relevante e inovador no artigo em questão, ao prever como beneficiários da tutela ambiental "as presentes e futuras gerações". É o reconhecimento de direito de um sujeito ainda sequer existente, delineando uma ética intergeracional, de adoção de posturas voltadas a atender tanto as gerações presentes como as futuras.

ATENÇÃO

Denominado de princípio do acesso equitativo, é imprescindível o resguardo dos recursos ambientais a tal ponto que a eles possam ter igualitário acesso tanto as futuras como as presentes gerações, e, mais, dentro das presentes gerações não pode haver discriminações indevidas, tal como entre aqueles que se vierem a integrar as futuras gerações.

Enfim, este é o *caput* do artigo 225, da CF/88, cujo teor, além de reconhecer um direito à coletividade, impõe-lhe (e também ao Poder Público) igualmente um dever de preservação do meio ambiente ecologicamente equilibrado, considerado um *dever genérico* de proteção – em contrapartida aos deveres específicos arrolados nos parágrafos subsequentes, cuja abordagem se inicia.

4.1.2. Instrumentos de garantia de efetividade (§1°)

Conforme mencionado no início, o parágrafo primeiro do artigo 225 é referido como possuidor de *instrumentos de garantia de efetividade*, contendo, segundo se expressa, incumbências ao Poder Público (deveres específicos ao Poder Público).

Contudo, é preciso pontuar antes que, a bem da verdade, seu conteúdo denota que tais deveres, por vezes, também estarão direcionados à coletividade e ao indivíduo particular – em que pese tenha o constituinte mencionado apenas o Poder Público.

Ora, "proteger a fauna e a flora", "preservar e restaurar os processos ecológicos essenciais", "preservar a diversidade e a integridade do patrimônio genético do País", etc., representam obrigações que, sem dúvidas, também recaem sobre a postura que o indivíduo deve respeitar - e adotar -, coadunando-se com o regime jurídico constitucional ambiental.

Feita essa observação, passa-se à exposição dos referidos instrumentos, cuja abordagem será a mais objetiva possível, no intuito de não incorrer em dilações que fujam da proposta do presente trabalho.

4.1.2.1. Preservar e restaurar os processos ecológicos essenciais e prover o manejo ecológico das espécies e ecossistemas

Preservar[26] significa uma postura preventiva, evitando que a lesão ocorra, ao passo que, restaurar[27], representa já ter havido a degradação dos processos ecológicos essenciais, que, por sua vez, significam os processos que "garantem o funcionamento dos ecossistemas e contribuem para a salubridade e higidez do meio ambiente"[28]. Em outros termos, mais do que tutelar um bem ambiental específico, almeja-se a tutela do todo.

ATENÇÃO

Pela leitura do texto da Lei 9.985/00, restaurar significa a restituição "o mais próximo possível" à condição original, enquanto que, recuperar, significa afastar a lesividade (sanar a degradação), "que pode ser diferente da sua condição original".

Daí, muita atenção! Restaurar direciona-se à condição original, porém sem afastar integralmente a degradação, e, recuperar, não se direciona obrigatoriamente à condição original, mas implica afastar integralmente a degradação.

De outro lado, prover o manejo ecológico das espécies e ecossistemas, exige a adequada compreensão até mesmo de sua literalidade, a se verificar que *manejo ecológico* significa o manuseio, uso, adequado dos recursos naturais (ecológicos), sendo que, referindo-se às *espécies,* impõe "lidar com elas de modo a conservá-las e, se possível, recuperá-las"[29], ao passo que, quanto ao objeto *ecossistemas,* significa o imperativo para que haja a interferência antrópica sem afetar as características essenciais, preservando o equilíbrio ambiental entre os recursos naturais, e entre estes e seu habitat.

Interessante notar que, pela redação do dispositivo em análise, diz o constituinte que incumbe ao Poder Público *prover* o manejo ecológico, o que significa a exigência de uma postura ativa, para que o manuseio de animais e vegetais (a exemplo do que ocorre na indústria alimentícia, farmacêutica, de vestuário, etc.) seja o mais correto ecologica-

26. Art. 2°, V, da Lei 9.985/00.
27. Art. 2°, XIV, da Lei 9.985/00.
28. MILARÉ. Édis. Op. cit., pág. 182.
29. Ibidem, pág. 183.

mente, preservando-se os recursos naturais, ou, ao menos, procedendo à sua recuperação, cuja missão pode ser cumprida, por exemplo, por meio de programas de reflorestamento e manutenção da biodiversidade, criação de estações ecológicas, etc.

4.1.2.2. *Preservar a diversidade e a integridade do patrimônio genético do País e fiscalizar as entidades dedicadas à pesquisa e manipulação de material genético*

Conforme já pontuado no Capítulo anterior, *patrimônio genético*, segundo conceituado pelo art. 2°, I, Lei 13.123/15, consiste na "informação de origem genética de espécies vegetais, animais, microbianas ou espécies de outra natureza, incluindo substâncias oriundas do metabolismo destes seres vivos", ou seja, representa a compreensão da origem genética de seres vivos de todas as espécies (animal, vegetal, microbiano e fúngico).

A *integridade* representa a necessidade de se preservar de forma segura essas informações, com higidez até mesmo das espécies, ao passo que a *diversidade* desse patrimônio, por sua vez, é referenciada pela compreensão da diversidade biológica (biodiversidade), que consiste na "variabilidade de organismos vivos de todas as origens, compreendendo, dentre outros, os ecossistemas terrestres, marinhos e outros ecossistemas aquáticos e os complexos ecológicos de que fazem parte; compreendendo ainda a diversidade dentro de espécies, entre espécies e de ecossistemas"[30].

Em outros termos, refere-se a todos os organismos vivos de todas as origens, nos mais diversos ecossistemas, levando em consideração não apenas a individualidade dos recursos ambientais, mas a inerente interação entre eles existente – em relação de interdependência – preservando-se a própria manutenção da vida, em todas as suas formas, contra a intervenção indevida do ser humano na essência de cada organismo vivo, e nas relações entre eles existentes.

Aliás, é uma norma de grande relevância e de extremo debate, pois coloca-se de frente àquilo que se apresenta como mais avançado na indústria/tecnologia, denominada de biotecnologia, definida como "qualquer aplicação tecnológica que utilize sistemas biológicos, organismos vivos, ou seus derivados, para fabricar ou modificar produtos ou processos para utilização específica"[31], dentre o que a modificação genética representa uma das suas técnicas mais modernas.

É de se ressaltar que, ao que tudo indica, a Ciência não conhece nem 10% da biodiversidade do Planeta, bem como de quais efeitos podem vir a sofrer/produzir ante a interferência antrópica de modificação genética. Daí, o dispositivo constitucional é expresso, embora de forma exemplificativa, quanto à necessidade do Poder Público fiscalizar as entidades dedicadas à pesquisa e manipulação de material genético, regendo-se, em especial, pelo princípio da precaução[32].

30. Artigo 2°, III, da Lei n° 9.985 de 2000.
31. Artigo 2, da Convenção Internacional sobre Diversidade Biológica – promulgado pelo Decreto n° 2.519/98.
32. Expressamente previsto no artigo 1°, *caput*, da Lei 11.105/05.

4.1.2.3. Definir, em todas as unidades da Federação, espaços territoriais e seus componentes a serem especialmente protegidos, sendo a alteração e a supressão permitidas somente através de lei, vedada qualquer utilização que comprometa a integridade dos atributos que justifiquem sua proteção

Cuida-se do dever ao Poder Público de delimitar espaços que sejam dotados de peculiaridades sob o ponto de vista ambiental, no intuito de imprimir um regime jurídico distinto, capaz de interferir na atuação humana propiciando a preservação e recuperação de atributos ambientais.

De destaque, vale pontuar que o constituinte bem fez ao expressar-se pela terminologia "espaços territoriais especialmente protegidos", gênero no qual se enquadram não apenas as Unidades de Conservação (sentido estrito) – embora haja um enfoque forte a seu respeito –, mas também as Áreas de Preservação Permanente (Lei 12.651/12), a área de Reserva Legal (Lei 12.651/12), o Bioma Mata Atlântica (Lei 11.428/06), as Áreas de Proteção Especial (art. 13, I, Lei 6.766/79), as Reservas Florestais Legais, etc. (sentido amplo)[33].

Relevante ponto que já merece anotação consiste na exigência de Lei (em sentido estrito[34]) tão apenas para as situações que impliquem em alteração ou supressão (extinção, desafetação ou mesmo a redução da área) desse espaço, sem que haja tal necessidade para o momento da criação (ou mesmo para ampliação e transformação[35]), que pode vir a ser realizada por *ato do poder público*, isto é, não necessita de lei em sentido estrito[36].

ATENÇÃO

A despeito da Constituição Federal de 1988 fazer referência apenas a "Lei", o artigo 22, §7°, da Lei 9.985/00, exige seja *lei específica*[37].

---

33. Vale anotar que no âmbito do Estado de São Paulo, por exemplo, a Constituição Estadual arrola como "espaços territoriais especialmente protegidos" (*art. 196*): Mata Atlântica (***é também patrimônio nacional)***; Serra do Mar (***é também patrimônio nacional)***; Zona Costeira (***é também patrimônio nacional)***; Complexo Estuarino Lagunar entre Iguape e Cananeia; Vales dos Rios Paraíba, Ribeira, Tietê e Paranapanema; Unidades de conservação do Estado. E, no *artigo 197*, densifica como sendo áreas de preservação permanente os manguezais; as nascentes, os mananciais e matas ciliares; as áreas que abriguem exemplares raros da fauna e da flora, bem como aquelas que sirvam como local de pouso ou reprodução de migratórios; as áreas estuarinas; as paisagens notáveis; as cavidades naturais subterrâneas.

34. Não se admite, inclusive, que assim se faça por meio de Medida Provisória (ainda que esta tenha força de lei), conforme se confere de STF, ADI 4.717, julg. 05.04.2018 (não localizada a ementa no *site* do STF), e MS 26.064 / DF.

35. É possível que se transforme uma unidade de conservação do tipo uso sustentável para proteção integral, porém não o contrário.

36. Frisando apenas que a ampliação e transformação devem ser por meio de ato de idêntica categoria àquele que criou a unidade de conservação, isto é, pode ser feita por instrumento normativo do **mesmo nível hierárquico** do que criou a unidade, desde que obedecidos os procedimentos de consulta estabelecidos no § 2° do artigo 22, da Lei 9.985/00.

37. E, ainda, no Estado de São Paulo há ainda uma peculiaridade, que, aliás, foi objeto de questionamento no Concurso para Procurador do Estado realizado no ano de 2018 (prova objetiva), que está contida no Decreto

Ademais, chega a ser redundante que, se criado um espaço territorial especialmente protegido em razão de seus atributos, é vedada qualquer utilização que comprometa a integridade dos atributos que justifiquem sua proteção. Mas, de qualquer forma, o plano de manejo será importantíssimo instrumento de orientação.

4.1.2.4. *Exigir, na forma da lei, para instalação de obra ou atividade potencialmente causadora de significativa degradação do meio ambiente, estudo prévio de impacto ambiental, a que se dará publicidade*

Em essência[38], trata-se da fundamentação constitucional do estudo prévio de impacto ambiental, como exigência procedimental, de natureza complexa, a se realizar quando se tratar de obra/atividade que importe grande chance (potencialidade) de causar significativo (relevante, substancial) impacto ao meio ambiente.

Realiza-se, então, um exame de alternativas à atividade a ser efetuada, ou mesmo um plano de mitigação para eventuais efeitos deletérios inafastáveis, e, ainda, apresenta-se como essencial ferramenta propiciadora de publicidade, e, mais, de conferir efetiva oportunidade de participação à coletividade – inclusive por meio de audiência pública[39], conferindo um aprimoramento no processo de decisão, bem como transparência aos governos.

Nesse sentido, tem sua vital importância na tutela ambiental, em especial realçando a necessidade de controle prévio, concretizando os princípios da prevenção e precaução, além de outros como o próprio princípio da publicidade e participação pública.

4.1.2.5. *Controlar a produção, a comercialização e o emprego de técnicas, métodos e substâncias que comportem risco para a vida, a qualidade de vida e o meio ambiente*

Conforme visualizado introdutoriamente, o objetivo do Direito Ambiental, verdadeiramente, é o desenvolvimento sustentável, isto é, traçar uma tutela fundamental ao meio ambiente, sem, porém, impedir a atuação do ser humano, preservando-se essa interação de forma equilibrada.

Nesse sentido, porém de forma mais segmentada, o constituinte cuidou de delinear um dever específico ao Poder Público, para que adote posturas diante de situações de risco

---

Estadual SP 60.302/2014, mais precisamente em seu artigo 13, I e II, pontuando que a *desafetação* de unidade de conservação depende de (i) lei específica, (ii) seja providência recomendada em Plano de Manejo aprovado, e (iii) haja consulta pública e oitiva do respectivo conselho e do CONSEMA.

38. Regulado pela Lei 6.938/81, bem como pela Res. Conama 01/86, será detidamente analisado quando do Capítulo referente ao estudo dos instrumentos da Política Nacional do Meio Ambiente.

39. Aliás, de se frisar que, via de regra, há *discricionariedade* do órgão licenciador em promover audiência pública, mas que, segundo a regra geral federal, é *obrigatória* quando houve solicitação do Ministério Público, de 50 (cinquenta) cidadãos, ou de alguma entidade civil (Res. Conama 09/1987). Sem prejuízo, no Estado de São Paulo – vale observar – será *sempre obrigatória* nas hipóteses em que for realizado EIA, por força do que dispõe a Constituição Estadual – art. 192, §2º, CE/SP.

tanto ao meio ambiente, como ao ser humano (sua vida e sua dignidade), a respeito do que, algumas observações merecem destaque.

A primeira é que, ao citar *"produção, comercialização e emprego"*, deixou claro o Texto Constitucional da necessidade de que a atenção esteja voltada para toda a cadeia produtiva, e não apenas em seu estágio final (quando em contato com o consumidor), de modo a não eximir de responsabilidade qualquer integrante dessa cadeia: a sustentabilidade, antes de tudo, deve ser sistémica e integral, durante todo o ciclo produtivo.

Ademais, e como segunda observação, o constituinte bem complementa a tutela, quando menciona não apenas *produto,* mas também *técnicas* e *métodos*, cuja abrangência denota a obrigatoriedade de controle, realmente, sobre todas as atividades econômicas que, por ventura, possam representar riscos ao meio ambiente e ao ser humano (sua saúde ou sua dignidade).

Em síntese, impõe-se ao Poder Público que exerça efetivo controle sobre atividades econômicas, desenvolvendo políticas públicas de estímulo e implementação de tecnologias limpas na cadeia produtiva, para que haja mudança de atitudes, de uma gestão ambiental mais responsável e com o incremento de inovação tecnológica para aumentar a *ecoeficiência*[40], de modo a, sem que inviabilize a atividade econômica, exigir[41] adoção de tecnologias que sejam menos nocivas tanto ao ser humano como ao meio ambiente.

ATENÇÃO

O constituinte não está preocupado apenas com o meio ambiente ou apenas com o ser humano, mas com os dois, buscando tanto a preservação do meio ambiente ecologicamente equilibrado, bem como a saúde e a dignidade da pessoa.

4.1.2.6. Promover a educação ambiental em todos os níveis de ensino e a conscientização pública para a preservação do meio ambiente

A solidariedade, repita-se, é a marca do Direito Ambiental, pois se trata de um Direito que se sobressai à relação entre indivíduo e Estado, sendo pulverizado em toda a sociedade, inclusive de ordem global, em que todos, além de detentores do direito ao meio ambiente ecologicamente equilibrado, são igualmente responsáveis, possuidores de obrigações, para que este equilíbrio seja preservado ou recuperado.

---

40. Sintetizando, ecoeficiência implica uma produção que consiga produzir mais (aspecto quantitativo) e melhor (aspecto qualitativo), porém com menos recursos ambientais, e, ainda, com menor dispersão de resíduos. Aliás, a própria noção de tecnologia limpa abrange a ideia de lançar menos poluição ao meio ambiente, consumir menos recursos naturais, e, também, gerar menos resíduos sólidos.

41. Compreende-se, contudo, que se trata de uma postura que deve ser exigida com razoabilidade e proporcionalidade, pois não é dado exigir do empreendedor que implante a tecnologia mais avançada, quando rara ou mesmo de custo extremamente elevado, a ponto mesmo de inviabilizar a própria atividade.

Ocorre, contudo, que para que o indivíduo possa plenamente exercer seu dever/direito[42], é imprescindível que tenha conhecimento a seu respeito. E, para tanto, torna-se extremamente relevante o papel da *educação ambiental*, visualizada, nas palavras de Milaré, "como incumbência precípua do Poder Público na promoção do exercício da cidadania".

Aliás, a Lei 9.795/99[43], que institui a Política Nacional de Educação Ambiental, define educação ambiental como sendo os processos por meio dos quais o indivíduo e a coletividade constroem valores sociais, conhecimentos, habilidades, atitudes e competências voltadas para a conservação do meio ambiente, bem de uso comum do povo, essencial à sadia qualidade de vida e sua sustentabilidade.

Assim, reconhecida a devida importância ao tema, o constituinte foi expresso no sentido de incumbir ao Poder Público, a obrigação de inserir educação ambiental em todos os níveis de ensino, sem prejuízo da permanente necessidade de promover a conscientização pública para a preservação do meio ambiente. Isto é, também para fora do espaço educacional, impõe-se seja buscado o aprimoramento de cidadania, com o incremento da questão ambiental a toda a sociedade[44].

4.1.2.7. Proteger a fauna e a flora, vedadas, na forma da lei, as práticas que coloquem em risco sua função ecológica, provoquem a extinção de espécies ou submetam os animais a crueldade

Perfeitamente enquadrável no velho clichê "por último, mas não menos importante", o inciso sétimo é extremamente relevante no estudo do Direito Ambiental, ainda mais para quem esteja almejando concurso público, pois que, além de seu próprio teor, envolve discussão recente, renovada pela Emenda Constitucional 96/2017, e que ainda não se sabe se foi posto um ponto final.

De se observar uma tendência ecocêntrica, senão biocêntrica, pois se imprime uma tutela à fauna e à flora por seu valor intrínseco, eis que visa a inibir práticas que coloquem em risco sua função ecológica, que provoquem sua extinção, ou mesmo que submetam animais a crueldade, o que, por si só, não implica em qualquer prejuízo ao sistema (ao todo), se não ao próprio animal, que passa a experimentar uma dor injustificável.

Além do mais, quando se tutela a flora e a fauna por sua função ecológica, significa proteger não apenas o ser vivo, mas igualmente as relações nas quais se insere, cuja preservação é imprescindível para o próprio equilíbrio ambiental, que se sustenta exatamente na regularidade dessas relações ecossistêmicas, tão apenas mantida íntegra quando cada ser (fauna e flora) desempenha suas respectivas funções ecológicas. Daí, necessário o resguardo da função ecológica das espécies da flora e da fauna, e, obviamente, da sua própria existência também.

---

42. Trata-se, pois, de um *direito de estrutura bifronte*, representando tanto um direito de defesa como direito prestacional.
43. Art. 1º, Lei 9.795/99.
44. Inclusive, a Lei mencionada prevê em seu artigo 13 aquilo que se refere como Educação Ambiental Não-Formal, cuja essencialidade está na promoção da conscientização ambiental fora do ambiente escolar.

Ao final, o constituinte também veda práticas que importem em crueldade aos animais. Referida vedação é alvo frequente de indagação perante o Judiciário, tendo o Supremo Tribunal Federal decidido como incompatíveis com a Constituição Federal de 1988 a *rinha de galo* (ADI 3776), a *farra do boi* (RE 153.351-8) e a *vaquejada* (ADI 4.983).

E a problemática se revela no instante em que, nada obstante o Supremo Tribunal Federal tenha pontuado que, de forma intrínseca, a *vaquejada* implica, por si só, tratamento cruel aos animais envolvidos, surge a Emenda Constitucional 96/17 pouco tempo depois, criando o §7º, do artigo 225, da CF/88, apresentando um contexto de exceção à vedação de crueldade a animais, dentro do qual se visualiza, basicamente a permissão da *vaquejada*.

Cuida-se de novidade e com contornos de polêmica, que certamente será cobrada em concursos, em razão do que, ao se abordar especificamente o §7º, do artigo 225, da CF/88, far-se-á uma análise mais detida, pontuando, inclusive, o aparente conflito de direitos fundamentais.

4.1.3. *Determinações particulares (§2º ao §6º)*

4.1.3.1. *Exploração de recursos minerais e obrigação de reparação*

> § 2º Aquele que explorar recursos minerais fica obrigado a recuperar o meio ambiente degradado, de acordo com solução técnica exigida pelo órgão público competente, na forma da lei.

A mineração envolve uma atividade de dilema bastante delicado, pois, se de um lado não se menospreza sua importância à sociedade[45], de outro, além de ser constituída de recursos não renováveis, representa uma atividade inevitavelmente degradadora do meio ambiente.

Por esse cenário, é certo tanto que tal atividade se realizará, como que também que repercutirá danos (significativos) ao meio ambiente, em razão do que, houve por bem o constituinte fazer expressa referência à necessidade de se adequar a atividade de extração de minério a uma solução técnica – e possível –, advinda por um processo de licenciamento ambiental[46], vinculando o agente econômico a adotar certas medidas menos gravosas aos recursos ambientais durante a consecução de sua atividade, e, *a posteriori*, impondo-lhe obrigações para recuperar o meio ambiente.

A respeito dessa recuperação, vale pontuar a existência de ressalvas[47], em especial pelo fato de ser remota (senão inexistente) a probabilidade de retornar ao *status quo* dos recursos ambientais afetados. Daí, verdadeiramente, almeja-se uma recuperação, técnica e possível, a um nível que possibilite, num longo prazo, a "autossustentação do processo

45. Ferro, alumínio, argila, areia, petróleo, calcário, etc., são alguns exemplos de minérios, que, a bem da verdade, estão inseridos no cotidiano das pessoas, seja para construir uma casa, para fabricar um carro, ou diversos outros itens de consumo diário, a se realçar essa importância dos minérios.

46. Res. Conama 01/86, Res. Conama 237/97, dentre outras Resoluções com previsões expressas.

47. MILARÉ. Édis. Op. cit., pág. 200.

de recuperação, o inter-relacionamento entre solo-planta-animal, e a utilização futura da área", o que passa, por exemplo, por uma recomposição topográfica do terreno, de revegetação do solo (curto prazo), e, também, pela própria reestruturação das propriedades físicas e químicas do solo. Mas, frise-se, não propriamente o retorno às exatas condições ambientais existentes antes da interferência mineradora.

Ademais, vale observar que essa obrigação de recuperar o meio ambiente já é inerente à própria atividade, não havendo que se pensar na necessidade de um processo (administrativo ou judicial) de responsabilização – e, que dirá, de apuração de culpa –, para que seja imposta, sendo já envolvida nas próprias medidas fixadas na licença ambiental.

4.1.3.2. Responsabilidade tríplice ambiental

> § 3º As condutas e atividades consideradas lesivas ao meio ambiente sujeitarão os infratores, pessoas físicas ou jurídicas, a sanções penais e administrativas, independentemente da obrigação de reparar os danos causados.

No §3º, do art. 225, da CF/88, cuidou o constituinte de estipular que a pessoa, inclusive a jurídica, que vier a lesar o bem ambiental, pode ser responsabilizada tanto na seara penal, como na administrativa e civil, sendo – ressalta-se – as três órbitas independentes uma da outra, podendo um mesmo fato repercutir nas três esferas de responsabilização, e, inclusive, concomitantemente – sem se caracterizar como *bis in idem*.

Mais adiante a responsabilização será abordada em Capítulo próprio, investigando as suas diversas nuances relativas a cada uma das três. De qualquer forma, vale salientar, desde já, que a responsabilidade civil está disciplinada na Lei 6.938/81, enquanto que a administrativa e penal na Lei 9.605/98.

Ora, tamanha (e severa) responsabilização tem como um dos principais motivos as peculiaridades próprias do dano ambiental, o qual possui, dentre outras, as seguintes características: indeterminabilidade das vítimas, extensão (ao menos dos efeitos) transfronteiriço, difícil quantificação/valoração econômica, difícil/impossível restituição ao *status quo ante* (perpetuidade), etc.

Tanto é assim que, primordialmente, o Direito Ambiental é preventivo, no intuito de evitar a ocorrência da lesão aos bens ambientais. Nada obstante, uma vez ocorrida, sua responsabilização é severa, haja vista esse contexto.

4.1.3.3. Patrimônio Nacional

> § 4º A Floresta Amazônica brasileira, a Mata Atlântica, a Serra do Mar, o Pantanal Mato-Grossense e a Zona Costeira são patrimônio nacional, e sua utilização far-se-á, na forma da lei, dentro de condições que assegurem a preservação do meio ambiente, inclusive quanto ao uso dos recursos naturais.

Conforme se confere do §4º, do artigo 225, da CF/88, preocupou-se o constituinte em assinalar cinco macrorregiões, enquadráveis na condição de espaços territoriais ambientalmente protegidos em sentido amplo (ao lado de áreas de preservação permanente, reserva legal, unidades de conservação, etc.), quais sejam: 1) floresta amazônica brasileira, 2) Mata Atlântica, 3) Serra do Mar, 4) Pantanal Mato-Grossense, e 4) Zona Costeira.

Qualificar referidas áreas como *patrimônio nacional*[48] não significa dizer que são áreas públicas, e muito menos pertencentes à União, ou, ainda, que se configura uma desapropriação indireta, eis que as propriedades privadas existentes nessas macrorregiões permanecem sendo privadas, cujos titulares continuam tendo a disponibilidade dos recursos naturais ali existentes, embora condicionados às prescrições legais e de preservação ambiental.

É fato que, se as restrições ao proprietário particular - tal como qualquer limitação estatal - suprimirem ou reduzirem a possibilidade de exploração econômica da propriedade acima do nível genérico de limitação (tal como são as reservas legais, área de preservação ambiental, etc.), tal contexto ensejará indenização.

Ademais, por não se tratarem de terras públicas, e muito menos da União, eventuais litígios envolvendo imóveis em referidas áreas, por si só, não são de competência da Justiça Federal, isto é, o reconhecimento de ser *patrimônio nacional* não atrai a competência àquela Justiça especializada.

4.1.3.4. Terras devolutas ou arrecadadas

> § 5º São indisponíveis as terras devolutas ou arrecadadas pelos Estados, por ações discriminatórias, necessárias à proteção dos ecossistemas naturais.

Terras devolutas, cujo conceito remonta à Lei de Terras (Lei 601/1850)[49], denota aquela área não inserida no domínio privado, e desprovida de qualquer destinação ao uso público, que, na origem, foram pedaços de terra contidos dentro das sesmarias[50] concedidas aos particulares (porém sem ingressar no domínio privado por título legítimo), mas que retornaram ao domínio público.

Enfim, são bens públicos por exclusão, sendo que, dentro da tradicional classificação contida no artigo 99 do Código Civil (de uso comum, de uso especial, e dominicais), são considerados bens públicos dominicais, isto é, área pública sem destinação específica, cuja titularidade pode ser da União (art. 20, II, da CF/88) ou do Estado (art. 26, IV, CF/88), a depender da sua localização.

Interessante anotar uma ressalva jurisprudencial, segundo a qual a inexistência do devido registro de determinada área, por si só, não significa que se trata de área devoluta, sendo, pois, ônus do Poder Público diligenciar para que haja o seu reconhecimento. Isto é, não há presunção de que a terra sem registro seja terra devoluta[51].

---

48. STF - RE 134.297 / SP - DJ 22-09-1995.
49. Art. 3º, Lei 691/1850.
50. Glebas de terras públicas que eram concedidas aos particulares interessados em cultivá-las, mediante o pagamento de uma renda calculada sobre os frutos.
51. STJ - REsp 964.223/RN - DJe 04/11/2011.

De outro lado, *terras arrecadadas* possui sua compreensão a partir do artigo 1.276 do Código Civil, sendo frutos de um processo de aquisição realizado pelo Poder Público, a partir do momento em que constatado o abandono de área pelo particular antes proprietário[52].

Daí, área arrecadada é aquela que passa a integrar os bens públicos, adquirida pelo respectivo Ente da Federação quando em situação de abandono pelo seu proprietário particular originário.

Prosseguindo, *ações discriminatórias*, cujo procedimento é regulado pela Lei 6.383/76[53], destinam-se a exatamente identificar a área pública *devoluta*, separando-a da terra de domínio privado que lhe faça fronteira.

Neste contexto, identificadas referidas áreas públicas (terras devolutas ou arrecadadas), quando localizadas em determinadas localidades, ou que possuam peculiares valores ambientais, a repercutir no seu reconhecimento como *necessárias à proteção dos ecossistemas naturais*, serão tidas como *indisponíveis*, isto é, inalienáveis.

De se observar que, *a priori*, os bens dominicais, nos termos do artigo 101, do CC/02, podem ser alienados[54], diferentemente do que ocorre quanto aos de uso comum e de uso especial (art. 100, CC/02). Tal distinção se deve ao fato de que, quando se trata de bem sem destinação específica (desafetado), a sua alienação está viabilizada, ao passo que, quando o bem possui uma destinação (afetado) – que é o que ocorre tanto com os bens de uso comum como os de uso especial –, é necessário passar por um procedimento de desafetação.

Seja como for, quando se tratar de bem, ainda que dominical, com importância a torna-lo necessário à proteção dos ecossistemas naturais (art. 225, §5º, da CF/88), será indisponível (inalienável), e, mais, enquanto persistir essa sua peculiar função/destinação (afetação), não será possível a sua desafetação, para habitá-lo à alienação.

4.1.3.5. Usinas nucleares

> § 6º As usinas que operem com reator nuclear deverão ter sua localização definida em lei federal, sem o que não poderão ser instaladas.

Bem analisando todo o Texto Constitucional verifica-se que o constituinte deixou marcada uma extrema preocupação quanto às atividades nucleares no território nacional, tanto que, no artigo 21, XIII, expressamente condiciona-as à finalidade pacífica, e mediante aprovação do Congresso Nacional, inclusive delimitando como monopólio da União, com exceção dos radioisótopos (art. 177, V, CF/88).

52. Nos termos do artigo 1.275, do CC/02, o abandono é uma das causas da perda de propriedade, ao lado de outras, a exemplo da desapropriação e alienação.
53. Muito embora, na verdade, esteja direcionada ao processo discriminatório das terras devolutas da União, é considerada como caráter de norma geral.
54. Não se esquecendo da necessidade de serem observados também os ditames da Lei 8.666/93 (Lei de Licitações), a exemplo dos requisitos contidos no artigo 17, mais precisamente a presença de interesse público a justificar a alienação, além da própria prévia avaliação do bem, etc.

E, nessa linha, há a devida estipulação contida no §6° ora em análise, em que se impõe prévia autorização legal (lei ordinária federal) para que a usina nuclear possa se instalar.

Frise-se: mais do que uma licença de instalação – concedida em procedimento de licenciamento ambiental –, quando se trata de atividade nuclear é imprescindível a existência de prévia lei concedendo tal autorização.

4.1.4. *Artigo 225, §7°, CF/88: direito à cultura versus saúde animal (EC 96/17)*

> § 7° Para fins do disposto na parte final do inciso VII do § 1° deste artigo, não se consideram cruéis as práticas desportivas que utilizem animais, desde que sejam manifestações culturais, conforme o § 1° do art. 215 desta Constituição Federal, registradas como bem de natureza imaterial integrante do patrimônio cultural brasileiro, devendo ser regulamentadas por lei específica que assegure o bem-estar dos animais envolvidos.

De se anotar, antes de tudo, que o parágrafo sétimo do artigo 225 consiste num dispositivo que se revela de grande importância para os estudos de Direito Ambiental, em especial para quem vai prestar concurso/prova da OAB, pois, além de outras razões, trata-se de novidade trazida pela Emenda Constitucional 96/2017, consistente em norma de exceção (ao inciso VII, do §1°, do artigo 225, CF/88), envolve discussão sobre colisão de direitos fundamentais, há jurisprudência do Supremo Tribunal Federal sobre o assunto, inclusive, desconsiderada pelo constituinte derivado reformador, etc. Enfim, cuida-se de ponto de relevância, seja por seu conteúdo, seja pela forma como disposto, seja pela própria polêmica que existe ao seu redor.

Neste trabalho, buscando ser o mais conciso possível, cumpre salientar que se trata de uma norma que estipula uma exceção à regra contida no artigo 225, §1°, VII, isto é, ante a vedação de práticas que submetam animais à crueldade (regra), surge o §7°, inserido pela EC 96/17, afastando da vedação acima (exceção) àquelas atividades em contexto de manifestação cultural, assim previamente consideradas por seu registro como integrante do patrimônio cultural brasileiro, e com regulação em lei específica que assegure o bem-estar dos animais envolvidos[55]. Isto é, admite-se o ato de "crueldade" quando em evento esportivo de típica manifestação cultural.

De se perceber que referida norma quebra a sistemática didática contida no artigo 225, da CF/88[56], inalterado, até então, desde a promulgação da CF/88, em evidente resposta

55. É de se convir que, se se trata de contexto cuja prática resulta em crueldade para com os animais, certamente é impossível que a Lei traga consigo dispositivos que regulem tal prática de forma a ser assegurado o bem estar do animal durante as referidas atividades. Parece-nos que, em verdade, cuidam-se de medidas que devem ser adotadas para buscar o máximo possível de preservação do bem estar do animal, tanto antes, como durante e depois das atividades, no intuito de amenizar o sofrimento experimentado.

56. O artigo 225, CF/88 traz em seu bojo uma norma-matriz (*caput*), instrumentos de garantia de efetividade (§1°) e determinações particulares (demais parágrafos). Daí, inserindo-se uma norma de exceção ao inciso VII, do §1°, escapa da categorização didática sempre feita para identificar o perfil das respectivas normas.

à decisão proferida pelo Supremo Tribunal Federal, quando do julgamento da ADI 4.983, que, analisando a Lei 15.299/2013, do Estado do Ceará, julgou inconstitucional a prática da vaquejada, sob o fundamento de ser-lhe intrínseca a crueldade contra os animais envolvidos, violando, pois, diretamente o artigo 225, §1º, VII, da CF/88[57].

Com efeito, o Congresso Nacional movimentou-se no sentido de reverter essa decisão do Supremo Tribunal Federal, sendo que, por meio da Emenda Constitucional 96/17[58], procedeu à inserção do §7º, ao artigo 225, e, na via infraconstitucional, elaborou a Lei 13.364/16 (novembro de 2016), inserindo a vaquejada – e outras práticas "esportivas" – numa condição apta a se enquadrar na hipótese que se excepciona a vedação de prática com animais.

ATENÇÃO

Neste contexto, tal como o rodeio, é de se considerar que a vaquejada, além de outras "expressões artístico-culturais" (por exemplo, provas de laço, team penning, provas dos três tambores, etc.), estando na condição de manifestações da cultura nacional e de patrimônio cultural imaterial – devidamente registradas e regulamentadas por lei específica –, são permitidas no território nacional.[59]

De se salientar que o caso em tela representa típico caso de colisão de direitos igualmente fundamentais, uma vez que, além do direito ao meio ambiente equilibrado, o direito à cultura – e manifestações culturais (art. 216) – também possui esse caráter normativo.

Isso porque, bem analisando a redação do artigo 215, 216 e 216-A, todos da CF/88, notam-se os direitos culturais elevados ao patamar de essenciais para o exercício da plena cidadania e para a base de uma vida digna, representativos, inclusive pelo sentido amplo traçado pelo artigo 216 – sob o rótulo de patrimônio cultural brasileiro – de elementos que conferem identidade ao sujeito, seja pela ótica da coletividade, seja reconhecendo as diversidades – primordial a um Estado Democrático de Direito.

E, tratando-se de ambos direitos fundamentais, inevitáveis são os conflitos (as colisões)[60], eis que possuem significativa abrangência principiológica, e, ademais, situam-se

57. Um detalhe a ser observado é que a referida decisão só produziu seus efeitos para a norma do Estado do Ceará, sem que pudesse refletir em outras normas semelhantes de outros Estados – vide. STF – Rcl 25.869 – julg.: 07/12/2016.

58. Objeto de discussão nas ADI 5728 e ADI 5772, porém ainda sem julgamento proferido.

59. Atenção ao fato de que, dado esse contexto apresentado, é possível que o examinador pergunte sobre o tema (a possibilidade de vaquejada) à luz da jurisprudência do STF, ou à luz da legislação atual, sendo que, para a primeira hipótese, a prática é vedada, ao passo que, para a segunda, é permitida.

60. DUQUE, Marcelo Schenk. Curso de Direitos Fundamentais: teoria e prática. São Paulo: Revista dos Tribunais, 2014, p. 209. Interessante pontuar uma diferenciação no sentido alcançado pelas expressões colisão e concorrência de direitos fundamentais, ponderando Duque que, enquanto que aquela (*colisão*) representa "um direito fundamental contra o outro, em uma verdadeira situação de conflito", a outra (*concorrência*), denota um cenário de "um direito fundamental ao lado do outro, em situação de incidência conjunta e não oposição".

num cenário constitucional de grande diversidade ideológica, em razão do que reconhece-se sua relatividade, a encontrar limites quando se esbarram em outros direitos fundamentais, ou, como pontuado por Marcelo Duque, não entre "os direitos abstratamente considerados, mas sim decisões acerca de posições jurídico-fundamentais"[61].

Enfim, a despeito de ter como origem a discussão a respeito da *vaquejada*, impõe reconhecer que, de caráter geral, cuidou o constituinte reformador de proceder à sua interpretação sobre os direitos fundamentais em rota de colisão (direito ao meio ambiente equilibrado e direito à manifestação cultural), tracejando que não há impedimento à prática esportiva cultural, desde que respeitados alguns requisitos, os quais, em verdade, materializam os parâmetros da ponderação dos interesses, num juízo de proporcionalidade e razoabilidade.

4.2. Função socioambiental da propriedade

Não se menospreza que diversos autores tratam do tema quando da abordagem dos princípios ambientais. Contudo, compreende-se como oportuna a sua apresentação neste momento, uma vez que, tal como se analisará nos tópicos seguintes, cuida-se de uma verificação da forma como o direito fundamental ao meio ambiente se esparrama pelas diversas áreas do conhecimento, confrontando com diversos outros direitos fundamentais, a exemplo do direito de propriedade, representando a própria conciliação entre eles (concordância prática).

No caso específico, esse alinhamento entre os direitos se dá de forma que, sem negar o direito de propriedade, ou muito menos rebaixá-lo, a ele é inserida a tutela ambiental, de modo que, sob à ótica do regime jurídico inaugurado pela Constituição Federal de 1988, o direito de propriedade tão apenas é legítimo quando observados os deveres de proteção e preservação dos recursos ambientais.

Com efeito, o artigo 5º, XXIII, CF/88, é expresso ao determinar que a propriedade atenda à sua função social, que, por sua vez, tem como requisito básico a tutela ambiental, conforme se confere, para a propriedade urbana, da leitura do art. 182, §2º, CF/88 c.c. art. 39, Lei 10.257/01, e, para a propriedade rural, do art. 186, II, CF/88.

ATENÇÃO

O direito ao meio ambiente ecologicamente equilibrado compõe a própria estrutura do direito à propriedade, trazendo consigo, portanto, a obrigação de proteção do meio ambiente, bem como de combater à poluição.

Veja que no próprio âmbito do Direito Civil, quando redigido o regime jurídico da propriedade, o legislador deixou expressa, no artigo 1.228, §1º, do CC/02, a necessidade de respeito às finalidades sociais da propriedade, preservando-se a flora, a fauna, as belezas naturais, o equilíbrio ecológico e o patrimônio histórico e artístico, bem como

61. Ibidem. Ibidem.

evitada a poluição do ar e das águas. Dessa feita, é inerente à legitimidade do direito de propriedade o cumprimento de sua função social, sendo que, antes de meramente limitar o exercício do direito de propriedade, insere-se na sua própria estrutura.

Assim compreendido, é de se atentar ao fato de que o desrespeito a esses deveres fundamentais, em especial os relativos ao meio ambiente (por exemplo, não proceder à utilização adequada dos recursos naturais disponíveis e preservação do meio ambiente), viabiliza que o imóvel seja objeto de desapropriação, por interesse social, para fins de reforma agrária (art. 184, 186, II, da CF/88), ou mesmo como sanção (para fins de "reforma urbana"), pelo descumprimento do dever constitucional de preservação ao meio ambiente (artigo 182, §4°, III, CF/88 c.c. art. 8°, Lei 10.257/01).

4.3. Da ordem econômica

No tópico anterior verificou-se que a tutela ambiental se espalha constitucionalmente por diversas searas, sendo que, além de efetivamente dar os contornos do direito de propriedade, repercute tanto na política urbana (art. 182, § 2°), como na política agrícola e fundiária (art. 184 e 186), como também – e aqui o veremos – na Ordem Econômica.

Com efeito, no contexto democrático social do Texto Maior, conferindo o devido destaque à dignidade da pessoa humana, o tratamento constitucional dispensado à Ordem Econômica não é feito de forma isolado, mas nela inserindo diversas questões que devem caminhar juntamente às questões econômicas.

Nesse sentido, o artigo 170, *caput*, da CF/88 assinala que a ordem econômica, fundada na valorização do trabalho humano e na livre iniciativa, tem por fim assegurar a todos existência digna, conforme os ditames da justiça social, o que, para tanto, alguns princípios devem ser respeitado, a exemplo da defesa do meio ambiente.

ATENÇÃO

No artigo 170, CF/88, é possível verificar a tutela ambiental tanto no inciso III, que fala da função social da propriedade, como no inciso VI, expresso ao realçar a defesa do meio ambiente como princípio da ordem econômica.[62]

Assim, sendo o meio ambiente ecologicamente equilibrado essencial à sadia qualidade de vida (dignidade da pessoa humana), certamente deve pautar a atividade econômica, juntamente com outras questões sociais (a exemplo da redução das desigualdades sociais e regionais), cujo contexto representa, em síntese, a plena materialização do princípio do desenvolvimento sustentável[63], conciliando o crescimento econômico, a preservação ambiental, e o desenvolvimento social.

---

62. Em acréscimo, vale citar que, ainda em Ordem Econômica, há expressa menção à tutela ambiental no artigo 174, parágrafo único, da CF/88, porém direcionando-se às atividades garimpeiras.
63. O qual será melhor aprofundado no Capítulo referente aos princípios do Direito Ambiental.

4.4. Tributação e meio ambiente

Sob o ponto de vista tributário, é possível verificar, também, influência direta do Direito Ambiental, cujo *modus operandi* consiste em fazer uso do regime tributário como instrumento constitucional de estímulo a que o contribuinte atenda ao anseio pela preservação e/ou combate ambiental, o que, por ora, é mais no sentido de "premiar" o contribuinte *verde*[64].

A título de exemplo pode-se assinalar o artigo 12, da Lei 6.938/81, segundo o qual o licenciamento ambiental é colocado como condicionante para obtenção de incentivos fiscais e financiamentos governamentais. Ora, dentro do exercício do poder de polícia, atuando preventivamente para evitar dano ambiental, ou, no mínimo, que os inevitáveis sejam na menor proporção possível, realiza-se o licenciamento ambiental, com o qual se autoriza a atividade frente ao meio ambiente, porém impondo-lhe requisitos, que atendam aos interesses ambientais. Daí, não se submetendo a esse regime de especial proteção ambiental, fica vetado qualquer benefício fiscal - ou mesmo financiamento - do Governo.

Outro caso concreto é a implantação do denominado *ICMS ecológico* (no Estado de São Paulo disciplinado pela Lei Estadual 8.510/93), cuja peculiaridade consiste em, sem alterar a sistemática de cobrança do tributo, proporcionar uma maior porcentagem de seu repasse aos Municípios que possuam Unidades de Conservação em seu território.

Com efeito, aquele Município que tenha Unidades de Conservação em seu território acaba por ser agraciado com um repasse maior do valor arrecadado a título de ICMS, até mesmo porque, a instituição desses espaços territoriais especialmente protegidos, antes de tudo, repercute na própria delimitação quanto à expansão de atividades econômicas que resultem em degradação ambiental, conferindo uma maior área preservada no respectivo Município.

Outro exemplo, de alçada da União, consiste na concessão de isenção de ITR (imposto territorial rural - sobre a propriedade rural) ao imóvel no qual tenha sido instituída a servidão ambiental, prevista no artigo 9º-A, da Lei 6.938/81.

Ademais, há o caso envolvendo o denominado IPTU verde, junto ao Município de Ribeirão Preto/SP, regulado pela Lei Municipal 2.842/2017[65], segundo a qual, à medida que haja a implantação no imóvel das medidas de cunho ambiental estipuladas na lei, como, por exemplo, construir sistema de reuso de água, sistema de captação de água de chuva, plantio de árvores, separação de resíduos sólidos, etc., ao proprietário é concedido desconto no Imposto Predial e Territorial e Urbano (IPTU).

Por fim, vale pontuar a existência da Taxa de Controle e Fiscalização Ambiental- TCFA, que, prevista no artigo 17-B, da Lei 6.938/81, tem como fato gerador o exercício regular

64. De se observar consistir típico caso de *extrafiscalidade*, em que o Poder Público (Fisco) não almeja tão apenas a arrecadação, mas outro objetivo, que *in casu* vem a ser a tutela ambiental.

65. A título de exemplo, no artigo 3º da referida Lei municipal são inseridos alguns itens a serem levados em consideração para o recebimento do benefício, a exemplo de (a) Sistema de captação de água da chuva; (b) Sistema de reuso de água; (c) Sistema de aquecimento hidráulico solar; (d) Separação de resíduos sólidos; (e) Plantio de árvores, etc. E o desconto, por sua vez, será proporcional ao número de itens atendidos, variando de 2% a 9%.

do poder de polícia pelo Ibama, a ele conferido para controle e fiscalização das atividades potencialmente poluidoras e utilizadoras de recursos naturais, expressando no artigo 17-C que é sujeito passivo da TCFA todo aquele que exerça as atividades constantes do Anexo VIII desta Lei.

Frise-se que, conforme será pontuado quando da análise dos instrumentos da Política Nacional do Meio Ambiente, pois está inserido no instrumento denominado de Cadastro Técnico Federal de Atividades Potencialmente Poluidoras ou Utilizadoras de Recursos Ambientais, existem questões polêmicas a seu respeito, a exemplo se, efetivamente, seria taxa e se realmente estaria a concretizar a extrafiscalidade típica da tributação na órbita ambiental.

5. SÚMULAS E ORIENTAÇÕES JURISPRUDENCIAIS (STJ E STF)

(STF, AgRg no RE 396.541-7 – RS – Rel. Min. Carlos Veloso. J. 14-6-2005).

CONSTITUCIONAL. MEIO AMBIENTE. ESTUDO DE IMPACTO AMBIENTAL. EIA. CF art. 225, § 1º, IV. Cabe ao Poder Público exigir, na forma da lei, para instalação de obra ou atividade potencialmente causadora de significativa degradação do meio ambiente, estudo de impacto ambiental, a que se dará publicidade. Considerando-se a importância do EIA como poderoso instrumento preventivo ao dano ecológico e a consagração, pelo constituinte, da preservação do meio ambiente como valor e princípio, conclui-se que a competência conferida ao **Município para legislar em relação a esse valor só será legítima se, no exercício dessa prerrogativa, esse ente estabelecer normas capazes de aperfeiçoar a proteção à ecologia, nunca, de flexibilizá-la ou abrandá-la.**

(STF – ADI 1086/SC – Rel. Min. Ilmar Galvão. j. 10-8-2001)[66].

AÇÃO DIRETA DE INCONSTITUCIONALIDADE. ARTIGO 182, § 3º, DA CONSTITUIÇÃO DO ESTADO DE SANTA CATARINA. ESTUDO DE IMPACTO AMBIENTAL. CONTRARIEDADE AO ARTIGO 225, § 1º, IV, DA CARTA DA REPÚBLICA. A norma impugnada, ao dispensar a elaboração de estudo prévio de impacto ambiental no caso de áreas de florestamento ou reflorestamento para fins empresariais, cria exceção incompatível com o disposto no mencionado inciso IV do §1º do artigo 225 da Constituição Federal. Ação julgada procedente, para declarar a inconstitucionalidade do dispositivo constitucional catarinense sob enfoque.

(AgR no RE 650909 / RJ – **DJe 03.05.2012)**

AGRAVO REGIMENTAL NO RECURSO EXTRAORDINÁRIO. CONSTITUCIONAL. AMBIENTAL. LEI 6.938/1981, LEI ESTADUAL 1.356/1988 E RESOLUÇÃO DO CONAMA 1/86. MATÉRIA INFRACONSTITUCIONAL. OFENSA INDIRETA. NECESSIDADE DE REEXAME DE FATOS E PROVAS. SÚMULA 279 DO STF. **IMPOSSIBILIDADE DE LEI ESTADUAL DISPENSAR ESTUDO PRÉVIO DE IMPACTO AMBIENTAL.** AGRAVO IMPROVIDO. I – É inadmissível o recurso extraordinário quando sua análise implica rever a interpretação de norma infraconstitucional que fundamenta a decisão a quo. A afronta à Constituição, se ocorrente, seria indireta. II – Inviável em recurso extraordinário o reexame do conjunto fático-probatório constante dos autos. Incidência da Súmula 279 do STF. III – O Plenário desta Corte, ao julgar a ADI 1.086/SC, Rel. Min. Ilmar Galvão, assentou que a previsão, por norma estadual, de dispensa ao estudo de impacto ambiental viola o art. 225, § 1º, IV, da Constituição Federal. IV – Agravo regimental improvido.

66. Rotula-se o caso jurisprudencial como hipótese de ***Inconstitucionalidade por insuficiência***, na medida em que a norma Municipal não pode inovar no ordenamento jurídico abrandando o sistema protetivo.

(STF – MS 26064 / DF – DJe 06-08-2010)

EMENTA: MANDADO DE SEGURANÇA. MEIO AMBIENTE. DEFESA. ATRIBUIÇÃO CONFERIDA AO PODER PÚBLICO. ARTIGO 225, § 1º, III, CB/88. DELIMITAÇÃO DOS ESPAÇOS TERRITORIAIS PROTEGIDOS. VALIDADE DO DECRETO. SEGURANÇA DENEGADA. 1. A Constituição do Brasil atribui ao Poder Público e à coletividade o dever de defender um meio ambiente ecologicamente equilibrado. [CB/88, art. 225, §1º, III]. 2. A delimitação dos espaços territoriais protegidos pode ser feita por decreto ou por lei, sendo esta imprescindível apenas quando se trate de alteração ou supressão desses espaços. Precedentes. Segurança denegada para manter os efeitos do decreto do Presidente da República, de 23 de março de 2006.

(STJ – RMS 9.279-0-PR – DJ 28.02.2000)

A competência para legislar a respeito de construção em área de preservação por força de existência de paisagens naturais notáveis, é simultânea da União, dos Estados, do Distrito Federal e dos Municípios, a teor do disposto nos arts. 23, III, e 24, VI e VII, da CF.

(STF – Repercussão Geral no RE 654833 – Tema 999)

CONSTITUCIONAL E ADMINISTRATIVO. RECURSO EXTRAORDINÁRIO. DANO AO MEIO AMBIENTE. REPARAÇÃO CIVIL. IMPRESCRITIBILIDADE. REPERCUSSÃO GERAL RECONHECIDA. 1. Revela especial relevância, na forma do art. 102, § 3º, da Constituição, a questão acerca da imprescritibilidade da pretensão de reparação civil do dano ambiental. 2. Repercussão geral da matéria reconhecida, nos termos do art. 1.035 do CPC.

(STF – ADI 4066 / DF – DJe 07.03.2018)[67]

AÇÃO DIRETA DE INCONSTITUCIONALIDADE. ART. 2º, CAPUT E PARÁGRAFO ÚNICO, DA LEI Nº 9.055/1995. EXTRAÇÃO, INDUSTRIALIZAÇÃO, UTILIZAÇÃO, COMERCIALIZAÇÃO E TRANSPORTE DO ASBESTO/**AMIANTO** E DOS PRODUTOS QUE O CONTENHAM. AMIANTO CRISOTILA (...).

(...)

2. O consenso médico atual identifica, para além de qualquer dúvida razoável, a contração de diversas doenças graves como efeito direto da exposição ao amianto. A Portaria nº 1.339/1999 do Ministério da Saúde imprime reconhecimento oficial à relação de causalidade entre a exposição ao asbesto ou amianto, inclusive da variedade crisotila, e as seguintes doenças: neoplasia maligna do estômago, neoplasia maligna da laringe, neoplasia maligna dos brônquios e do pulmão, mesotelioma da pleura, mesotelioma do peritônio, mesotelioma do pericárdio, placas epicárdicas ou pericárdicas, asbestose, derrame pleural e placas pleurais. 3. Posição oficial da Organização Mundial da Saúde – OMS no sentido de que: (a) todos os tipos de amianto causam câncer no ser humano, não tendo sido identificado limite algum para o risco carcinogênico do crisotila; (b) o aumento do risco de desenvolvimento de câncer tem sido observado mesmo em populações submetidas a níveis muito baixos de exposição; (c) o meio mais eficiente de eliminar as doenças relacionadas ao mineral é eliminar o uso de todos os tipos de asbesto. 4. Risco significativo de exposição presente não apenas na cadeia produtiva do amianto, mas também para familiares que vivem com trabalhadores desse setor, para a população nas proximidades de minas e indústrias de amianto, para a população consumidora de produtos finais contendo amianto na composição e para pessoas expostas a rejeitos ou descartes de materiais contendo amianto. Quadro justificador da adoção de instrumentos normativos, nos planos doméstico e internacional, voltados ao controle e eliminação progressiva do uso do amianto. 5. Limites da cognição jurisdicional. (....) Questão jurídica a decidir: se, em face do que afirma o consenso médico e científico atual, a exploração do amianto crisotila, na forma como autorizada pela

67. Trechos da ementa desse importantíssimo julgado em que se abordou sobre o Amianto no território nacional.

Lei nº 9.055/1995, é compatível com a escolha política, efetuada pelo Poder Constituinte, de assegurar, a todos os brasileiros, os direitos à saúde e à fruição de um meio ambiente ecologicamente equilibrado. Precedente: ADPF 101 (Relatora Ministra Cármen Lúcia, Tribunal Pleno, DJe 24.6.2009). 6. Análise da jurisprudência: ADI 2.396/MS, Relatora Ministra Ellen Gracie, Tribunal Pleno, DJ 01.8.2003; ADI 2.656/SP, Relator Ministro Maurício Corrêa, Tribunal Pleno, DJ 01.8.2003; ADI 3.937-MC/SP, Relator Ministro Marco Aurélio, Tribunal Pleno, DJ 10.10.2008. Art. 2º da Lei nº 9.055/1995 como fonte positiva da autorização para a extração, a industrialização, a comercialização e a utilização do asbesto/amianto da variedade crisotila (asbesto branco). 7. O uso residual e transitório do amianto crisotila na indústria química para a obtenção de cloro pelo processo de eletrólise com diafragma de amianto é disciplinado em legislação específica e posterior à Lei nº 9.055/1995 (Lei nº 9.976/2000), não objeto da presente impugnação. 8. Legitimidade constitucional da tolerância ao uso do amianto crisotila, como estampada no preceito impugnado, equacionada à luz da livre iniciativa, da dignidade da pessoa humana, do valor social do trabalho, do direito à saúde e do direito ao meio ambiente ecologicamente equilibrado. Desenvolvimento econômico, progresso social e bem-estar coletivo. A Constituição autoriza a imposição de limites aos direitos fundamentais quando necessários à conformação com outros direitos fundamentais igualmente protegidos. O direito fundamental à liberdade de iniciativa (arts. 1º, IV, e 170, caput, da CF) há de ser compatibilizado com a proteção da saúde e a preservação do meio ambiente. Precedente: AC 1.657, Tribunal Pleno, Relator Ministro Cezar Peluso, DJe 30.8.2007. Dever estatal de agir positivamente quanto à regulação da utilização, na indústria, de matérias-primas comprovadamente nocivas à saúde humana. A cláusula constitucional da proteção à saúde constrange e ampara o legislador – Federal, Estadual, Distrital e Municipal – ao excluir previamente certos arranjos normativos, com ela incompatíveis, do leque de escolhas políticas possíveis, ao mesmo tempo em que cria uma esfera de legitimação para intervenções político-normativas que, democraticamente legitimadas, traduzem inferências autorizadas pelo preceito constitucional. 9. O art. 225, § 1º, V, da CF (a) legitima medidas de controle da produção, da comercialização e do emprego de técnicas, métodos e substâncias que comportam risco para a vida, a qualidade de vida e o meio ambiente, sempre que necessárias, adequadas e suficientes para assegurar a efetividade do direito fundamental ao meio ambiente ecologicamente equilibrado; (b) deslegitima, por insuficientes, medidas incapazes de aliviar satisfatoriamente o risco gerado para a vida, para a qualidade de vida e para o meio ambiente; e (c) ampara eventual vedação, banimento ou proibição dirigida a técnicas, métodos e substâncias, quando nenhuma outra medida de controle se mostrar efetiva. 10. Contribuições ao debate trazidas em audiência pública (ADI 3.937/SP) e por amici curiae. Estado da arte da pesquisa médico-científica. Dados e subsídios técnicos a referendar, no seu conjunto, a conclusão de que, no estágio atual, o conhecimento científico acumulado permite afirmar, para além da dúvida razoável, a nocividade do amianto crisotila à saúde humana e ao meio ambiente. Consenso técnico e científico hoje estabelecido, no tocante às premissas fáticas de que (i) todos os tipos de amianto provocam câncer, não tendo sido identificado nenhum limite para o risco carcinogênico do crisotila, e (ii) a sua substituição, para os usos regulados pela Lei nº 9.055/1995, se mostra absolutamente viável sob o aspecto econômico. 11. Convenção nº 139 da OIT, sobre a Prevenção e o Controle de Riscos Profissionais causados pelas Substâncias ou Agentes Cancerígenos. Convenção nº 162 da OIT, sobre o uso do asbesto. Resolução da OIT sobre o Asbesto (2006). Convenção de Basileia sobre o Controle de Movimentos Transfronteiriços de Resíduos Perigosos e seu Depósito. Status de supralegalidade dos regimes protetivos de direitos fundamentais. Inobservância das obrigações, assumidas no plano internacional, de (i) promover a redução dos níveis de exposição de forma consistente e progressiva, (ii) substituir, sempre que possível, o uso do amianto crisotila por materiais menos perigosos e (iii) reduzir a geração de resíduos perigosos ao mínimo possível. 12. A jurisprudência do Órgão de Apelação da Organização Internacional do Comércio – OMC é no sentido de que a proibição à importação de asbesto e de produtos que o contenham, (...). 13. À luz do conhecimento científico acumulado sobre a extensão dos efeitos nocivos do amianto para a saúde e o meio ambiente e à evidência da ineficácia das medidas de controle nela contempladas, a tolerância ao uso do amianto crisotila, tal como positivada no art. 2º da Lei nº 9.055/1995, não protege adequada e suficientemente os direitos fundamentais à saúde e ao meio ambiente equilibrado (arts. 6º, 7º, XXII, 196, e 225 da CF), tampouco se alinha aos compromissos internacionais de caráter supralegal assumidos pelo Brasil e que moldaram o conteúdo desses direitos, especialmente as Convenções nºs 139 e 162 da OIT e a Convenção de Basileia. Juízo de procedência da ação no voto da Relatora. 14. Quórum de julgamento constituído por nove Ministros, considerados os impedimentos. Cinco votos pela procedência da ação direta, a fim de declarar a inconstitucionalidade, por proteção deficiente, da tolerância ao uso do amianto crisotila, da forma como encartada no art. 2º da Lei nº 9.055/1995, em face dos arts. 7º, XXII, 196 e 225 da Constituição da República. Quatro votos pela improcedência. Não atingido o quórum de seis votos (art. 23 da Lei nº 9.868/1999), maioria absoluta (art. 97 da Constituição da República), para proclamação da constitucionalidade ou inconstitucionalidade do dispositivo impugnado, a destituir de eficácia vinculante o julgado. 15. Ação direta de inconstitucionalidade conhecida e, no mérito, não atingido o quórum exigido pelo art. 97 da Constituição da República para a pronúncia da inconstitucionalidade do art. 2º da Lei nº 9.055/1995.

(STF - RE 134297 / SP - DJ 22-09-1995)

RECURSO EXTRAORDINÁRIO - ESTAÇÃO ECOLOGICA - RESERVA FLORESTAL NA SERRA DO MAR - PATRIMÔNIO NACIONAL (CF, ART. 225, PAR.4.) - LIMITAÇÃO ADMINISTRATIVA QUE AFETA O CONTEUDO ECONOMICODO DIREITO DE PROPRIEDADE - DIREITO DO PROPRIETARIO A INDENIZAÇÃO - DEVER ESTATAL DE RESSARCIR OS PREJUIZOS DE ORDEM PATRIMONIAL SOFRIDOS PELO PARTICULAR - RE NÃO CONHECIDO. - Incumbe ao Poder Público o dever constitucional de proteger a flora e de adotar as necessárias medidas que visem a coibir práticas lesivas ao equilíbrio ambiental. Esse encargo, contudo, não exonera o Estado da obrigação de indenizar os proprietários cujos imóveis venham a ser afetados, em sua potencialidade econômica, pelas limitações impostas pela Administração Pública. - A proteção jurídica dispensada as coberturas vegetais que revestem as propriedades imobiliárias não impedem que o dominus venha a promover, dentro dos limites autorizados pelo Código Florestal, o adequado e racional aproveitamento econômico das arvores nelas existentes. A jurisprudência do Supremo Tribunal Federal e dos Tribunais em geral, tendo presente a garantia constitucional que protege o direito de propriedade, firmou-se no sentido de proclamar a plena indenizabilidade das matas e revestimentos florestais que recobrem áreas dominiais privadas objeto de apossamento estatal ou sujeitas a restrições administrativas impostas pelo Poder Público. Precedentes. - A circunstancia de o Estado dispor de competência para criar reservas florestais não lhe confere, só por si - considerando-se os princípios que tutelam, em nosso sistema normativo, o direito de propriedade -, a prerrogativa de subtrair-se ao pagamento de indenização compensatória ao particular, quando a atividade pública, decorrente do exercício de atribuições em tema de direito florestal, impedir ou afetar a valida exploração econômica do imóvel por seu proprietário. - A norma inscrita no ART.225, PAR.4., da Constituição deve ser interpretada de modo harmonioso com o sistema jurídico consagrado pelo ordenamento fundamental, notadamente com a cláusula que, proclamada pelo art. 5., XXII, da Carta Política, garante e assegura o direito de propriedade em todas as suas projeções, inclusive aquela concernente a compensação financeira devida pelo Poder Público ao proprietário atingido por atos imputáveis a atividade estatal. O preceito consubstanciado no ART.225, PAR. 4., da Carta da Republica, além de não haver convertido em bens públicos os imóveis particulares abrangidos pelas florestas e pelas matas nele referidas (Mata Atlântica, Serra do Mar, Floresta Amazônica brasileira), também não impede a utilização, pelos próprios particulares, dos recursos naturais existentes naquelas áreas que estejam sujeitas ao domínio privado, desde que observadas as prescrições legais e respeitadas as condições necessárias a preservação ambiental. - A ordem constitucional dispensa tutela efetiva ao direito de propriedade (CF/88, art. 5., XXII). Essa proteção outorgada pela Lei Fundamental da Republica estende-se, na abrangência normativa de sua incidência tutelar, ao reconhecimento, em favor do dominus, da garantia de compensação financeira, sempre que o Estado, mediante atividade que lhe seja juridicamente imputável, atingir o direito de propriedade em seu conteúdo econômico, ainda que o imóvel particular afetado pela ação do Poder Público esteja localizado em qualquer das áreas referidas no art. 225, PAR. 4., da Constituição. - Direito ao meio ambiente ecologicamente equilibrado: a consagração constitucional de um típico direito de terceira geração (CF, art. 225, caput).

(STJ - REsp 964223/RN - DJe 04/11/2011)

DIREITO CIVIL E PROCESSUAL CIVIL. USUCAPIÃO. IMÓVEL URBANO. AUSÊNCIA DE REGISTRO ACERCA DA PROPRIEDADE DO IMÓVEL. INEXISTÊNCIA DE PRESUNÇÃO EM FAVOR DO ESTADO DE QUE A TERRA É PÚBLICA.

1. A inexistência de registro imobiliário do bem objeto de ação de usucapião não induz presunção de que o imóvel seja público (terras devolutas), cabendo ao Estado provar a titularidade do terreno como óbice ao reconhecimento da prescrição aquisitiva. 2. Recurso especial não provido.

(STF - ADI 4983 / CE - DJe 27.04.2017)[68]

PROCESSO OBJETIVO - AÇÃO DIRETA DE INCONSTITUCIONALIDADE - ATUAÇÃO DO ADVOGADO-GERAL DA UNIÃO. Consoante dispõe a norma imperativa do § 3º do artigo 103 do Diploma Maior, incumbe ao Advogado-Geral da União a defesa do ato ou texto impugnado na ação direta de inconstitucionalidade, não lhe cabendo emissão de simples parecer, a ponto de vir a concluir pela pecha de inconstitucionalidade. **VAQUEJADA** - MANIFESTAÇÃO CULTURAL - ANIMAIS - CRUELDADE MANIFESTA - PRESERVAÇÃO DA FAUNA E DA FLORA - **INCONSTITUCIONALIDADE.** A obrigação de o Estado garantir a todos o pleno exercício de direitos culturais, incentivando a valorização e a difusão das manifestações, não prescinde da observância do disposto no inciso VII do artigo 225 da Carta Federal, o qual veda prática que acabe por submeter os animais à crueldade. Discrepa da norma constitucional a denominada vaquejada.

68. Sobre a vaquejada. Em seu voto, o Min. Luis Barroso pontua que "no caso da vaquejada, torna-se impossível a regulamentação de modo a evitar a crueldade sem a descaracterização da própria prática".

6. LEGISLAÇÃO ESPECÍFICA CORRELATA

- **Constituição Federal de 1988**

Art. 5º Todos são iguais perante a lei, sem distinção de qualquer natureza, garantindo-se aos brasileiros e aos estrangeiros residentes no País a inviolabilidade do direito à vida, à liberdade, à igualdade, à segurança e à propriedade, nos termos seguintes:

(...)

LXII - a prisão de qualquer pessoa e o local onde se encontre serão comunicados imediatamente ao juiz competente e à família do preso ou à pessoa por ele indicada;

(...)

§ 1º As normas definidoras dos direitos e garantias fundamentais têm aplicação imediata.

§ 2º Os direitos e garantias expressos nesta Constituição não excluem outros decorrentes do regime e dos princípios por ela adotados, ou dos tratados internacionais em que a República Federativa do Brasil seja parte.

§ 3º Os tratados e convenções internacionais sobre direitos humanos que forem aprovados, em cada Casa do Congresso Nacional, em dois turnos, por três quintos dos votos dos respectivos membros, serão equivalentes às emendas constitucionais.

Art. 20. São bens da União:

(...)

II - as terras devolutas indispensáveis à defesa das fronteiras, das fortificações e construções militares, das vias federais de comunicação e à preservação ambiental, definidas em lei;

Art. 26. Incluem-se entre os bens dos Estados:

(...)

IV - as terras devolutas não compreendidas entre as da União.

Art. 23. É competência comum da União, dos Estados, do Distrito Federal e dos Municípios:

(...)

VI - proteger o meio ambiente e combater a poluição em qualquer de suas formas.

Art. 24. Compete à União, aos Estados e ao Distrito Federal legislar concorrentemente sobre:

(...)

VI - florestas, caça, pesca, fauna, conservação da natureza, defesa do solo e dos recursos naturais, proteção do meio ambiente e controle da poluição;

VII - proteção ao patrimônio histórico, cultural, artístico, turístico e paisagístico;

VIII - responsabilidade por dano ao meio ambiente, ao consumidor, a bens e direitos de valor artístico, estético, histórico, turístico e paisagístico;

Art. 60. A Constituição poderá ser emendada mediante proposta:

(...)

§ 4º Não será objeto de deliberação a proposta de emenda tendente a abolir:

I - a forma federativa de Estado;

II - o voto direto, secreto, universal e periódico;

III - a separação dos Poderes;

IV - os direitos e garantias individuais.

Art. 129. São funções institucionais do Ministério Público:

(...)

III - promover o inquérito civil e a ação civil pública, para a proteção do patrimônio público e social, do meio ambiente e de outros interesses difusos e coletivos.

Art. 170. A ordem econômica, fundada na valorização do trabalho humano e na livre iniciativa, tem por fim assegurar a todos existência digna, conforme os ditames da justiça social, observados os seguintes princípios:

(...)

III - função social da propriedade;

(...)

VI - defesa do meio ambiente, inclusive mediante tratamento diferenciado conforme o impacto ambiental dos produtos e serviços e de seus processos de elaboração e prestação;

VII - redução das desigualdades regionais e sociais;

VIII - busca do pleno emprego;

Art. 174. Como agente normativo e regulador da atividade econômica, o Estado exercerá, na forma da lei, as funções de fiscalização, incentivo e planejamento, sendo este determinante para o setor público e indicativo para o setor privado:

(...)

§ 3º O Estado favorecerá a organização da atividade garimpeira em cooperativas, levando em conta a proteção do meio ambiente e a promoção econômico-social dos garimpeiros

Art. 177. Constituem monopólio da União:

(...)

V – a pesquisa, a lavra, o enriquecimento, o reprocessamento, a industrialização e o comércio de minérios e minerais nucleares e seus derivados, com exceção dos radioisótopos cuja produção, comercialização e utilização poderão ser autorizadas sob regime de permissão, conforme as alíneas b e c do inciso XXIII do caput do art. 21 desta Constituição Federal.

Art. 182. A política de desenvolvimento urbano, executada pelo Poder Público municipal, conforme diretrizes gerais fixadas em lei, tem por objetivo ordenar o pleno desenvolvimento das funções sociais da cidade e garantir o bem- estar de seus habitantes.

(...)

§ 2º A propriedade urbana cumpre sua função social quando atende às exigências fundamentais de ordenação da cidade expressas no plano diretor.

(...)

§ 4º É facultado ao Poder Público municipal, mediante lei específica para área incluída no plano diretor, exigir, nos termos da lei federal, do proprietário do solo urbano não edificado, subutilizado ou não utilizado, que promova seu adequado aproveitamento, sob pena, sucessivamente, de:

Art. 186. A função social é cumprida quando a propriedade rural atende, simultaneamente, segundo critérios e graus de exigência estabelecidos em lei, aos seguintes requisitos:

(...)

II – utilização adequada dos recursos naturais disponíveis e preservação do meio ambiente;

Art. 200. Ao sistema único de saúde compete, além de outras atribuições, nos termos da lei:

(...)

VIII – colaborar na proteção do meio ambiente, nele compreendido o do trabalho.

Art. 225. Todos têm direito ao meio ambiente ecologicamente equilibrado, bem de uso comum do povo e essencial à sadia qualidade de vida, impondo-se ao Poder Público e à coletividade o dever de defendê-lo e preservá- lo para as presentes e futuras gerações.

§ 1º Para assegurar a efetividade desse direito, incumbe ao Poder Público:

I – preservar e restaurar os processos ecológicos essenciais e prover o manejo ecológico das espécies e ecossistemas;

II – preservar a diversidade e a integridade do patrimônio genético do País e fiscalizar as entidades dedicadas à pesquisa e manipulação de material genético;

III – definir, em todas as unidades da Federação, espaços territoriais e seus componentes a serem especialmente protegidos, sendo a alteração e a supressão permitidas somente através de lei, vedada qualquer utilização que comprometa a integridade dos atributos que justifiquem sua proteção;

IV – exigir, na forma da lei, para instalação de obra ou atividade potencialmente causadora de significativa degradação do meio ambiente, estudo prévio de impacto ambiental, a que se dará publicidade;

V – controlar a produção, a comercialização e o emprego de técnicas, métodos e substâncias que comportem risco para a vida, a qualidade de vida e o meio ambiente;

VI – promover a educação ambiental em todos os níveis de ensino e a conscientização pública para a preservação do meio ambiente;

VII – proteger a fauna e a flora, vedadas, na forma da lei, as práticas que coloquem em risco sua função ecológica, provoquem a extinção de espécies ou submetam os animais a crueldade.

§ 2º Aquele que explorar recursos minerais fica obrigado a recuperar o meio ambiente degradado, de acordo com solução técnica exigida pelo órgão público competente, na forma da lei.

§ 3º As condutas e atividades consideradas lesivas ao meio ambiente sujeitarão os infratores, pessoas físicas ou jurídicas, a sanções penais e administrativas, independentemente da obrigação de reparar os danos causados.

§ 4º A Floresta Amazônica brasileira, a Mata Atlântica, a Serra do Mar, o Pantanal Mato-Grossense e a Zona Costeira são patrimônio nacional, e sua utilização far-se-á, na forma da lei, dentro de condições que assegurem a preservação do meio ambiente, inclusive quanto ao uso dos recursos naturais.

§ 5º São indisponíveis as terras devolutas ou arrecadadas pelos Estados, por ações discriminatórias, necessárias à proteção dos ecossistemas naturais.

§ 6º As usinas que operem com reator nuclear deverão ter sua localização definida em lei federal, sem o que não poderão ser instaladas.

§ 7º Para fins do disposto na parte final do inciso VII do § 1º deste artigo, não se consideram cruéis as práticas desportivas que utilizem animais, desde que sejam manifestações culturais, conforme o § 1º do art. 215 desta Constituição Federal, registradas como bem de natureza imaterial integrante do patrimônio cultural brasileiro, devendo ser regulamentadas por lei específica que assegure o bem-estar dos animais envolvidos.

Art. 231. São reconhecidos aos índios sua organização social, costumes, línguas, crenças e tradições, e os direitos originários sobre as terras que tradicionalmente ocupam, competindo à União demarcá-las, proteger e fazer respeitar todos os seus bens.

§ 1º São terras tradicionalmente ocupadas pelos índios as por eles habitadas em caráter permanente, as utilizadas para suas atividades produtivas, as imprescindíveis à preservação dos recursos ambientais necessários a seu bem-estar e as necessárias a sua reprodução física e cultural, segundo seus usos, costumes e tradições.

§ 2º As terras tradicionalmente ocupadas pelos índios destinam-se a sua posse permanente, cabendo-lhes o usufruto exclusivo das riquezas do solo, dos rios e dos lagos nelas existentes.

- **Lei 13.123/15**

Art. 2º Além dos conceitos e das definições constantes da Convenção sobre Diversidade Biológica - CDB, promulgada pelo Decreto nº 2.519, de 16 de março de 1998, consideram-se para os fins desta Lei:

I - patrimônio genético - informação de origem genética de espécies vegetais, animais, microbianas ou espécies de outra natureza, incluindo substâncias oriundas do metabolismo destes seres vivos;

- **Lei 9.985/00**

Art. 2º Para os fins previstos nesta Lei, entende-se por:

(...)

III - diversidade biológica: a variabilidade de organismos vivos de todas as origens, compreendendo, dentre outros, os ecossistemas terrestres, marinhos e outros ecossistemas aquáticos e os complexos ecológicos de que fazem parte; compreendendo ainda a diversidade dentro de espécies, entre espécies e de ecossistemas.

(...)

V - preservação: conjunto de métodos, procedimentos e políticas que visem a proteção a longo prazo das espécies, habitats e ecossistemas, além da manutenção dos processos ecológicos, prevenindo a simplificação dos sistemas naturais;

(...)

XIV - restauração: restituição de um ecossistema ou de uma população silvestre degradada o mais próximo possível da sua condição original;

Art. 22. As unidades de conservação são criadas por ato do Poder Público.

(...)

§ 2º A criação de uma unidade de conservação deve ser precedida de estudos técnicos e de consulta pública que permitam identificar a localização, a dimensão e os limites mais adequados para a unidade, conforme se dispuser em regulamento.

(...)

§ 7º A desafetação ou redução dos limites de uma unidade de conservação só pode ser feita mediante lei específica.

- **Código Civil**

Art. 99. São bens públicos:

I - os de uso comum do povo, tais como rios, mares, estradas, ruas e praças;

II - os de uso especial, tais como edifícios ou terrenos destinados a serviço ou estabelecimento da administração federal, estadual, territorial ou municipal, inclusive os de suas autarquias;

III - os dominicais, que constituem o patrimônio das pessoas jurídicas de direito público, como objeto de direito pessoal, ou real, de cada uma dessas entidades.

Art. 100. Os bens públicos de uso comum do povo e os de uso especial são inalienáveis, enquanto conservarem a sua qualificação, na forma que a lei determinar.

Art. 101. Os bens públicos dominicais podem ser alienados, observadas as exigências da lei.

Art. 1.228. O proprietário tem a faculdade de usar, gozar e dispor da coisa, e o direito de reavê-la do poder de quem quer que injustamente a possua ou detenha.

§ 1º O direito de propriedade deve ser exercido em consonância com as suas finalidades econômicas e sociais e de modo que sejam preservados, de conformidade com o estabelecido em lei especial, a flora, a fauna, as belezas naturais, o equilíbrio ecológico e o patrimônio histórico e artístico, bem como evitada a poluição do ar e das águas.

- **Lei 9.795/99**

Art. 1º Entendem-se por educação ambiental os processos por meio dos quais o indivíduo e a coletividade constroem valores sociais, conhecimentos, habilidades, atitudes e competências voltadas para a conservação do meio ambiente, bem de uso comum do povo, essencial à sadia qualidade de vida e sua sustentabilidade.

- **Lei 10.257/01**

Art. 39. A propriedade urbana cumpre sua função social quando atende às exigências fundamentais de ordenação da cidade expressas no plano diretor, assegurando o atendimento das necessidades dos cidadãos quanto à qualidade de vida, à justiça social e ao desenvolvimento das atividades econômicas, respeitadas as diretrizes previstas no art. 2º desta Lei.

- **Constituição do Estado de São Paulo**

Artigo 192 – A execução de obras, atividades, processos produtivos e empreendimentos e a exploração de recursos naturais de qualquer espécie, quer pelo setor público, quer pelo privado, serão admitidas se houver resguardo do meio ambiente ecologicamente equilibrado.

(...)

§2º – A licença ambiental, renovável na forma da lei, para a execução e a exploração mencionadas no "caput" deste artigo, quando potencialmente causadoras de significativa degradação do meio ambiente, será sempre precedida, conforme critérios que a legislação especificar, da aprovação do Estudo Prévio de Impacto Ambiental e respectivo relatório a que se dará prévia publicidade, garantida a realização de audiências públicas.

Artigo 196 – A Mata Atlântica, a Serra do Mar, a Zona Costeira, o Complexo Estuarino Lagunar entre Iguape e Cananeia, os Vales dos Rios Paraíba, Ribeira, Tietê e Paranapanema e as unidades de conservação do Estado, são espaços territoriais especialmente protegidos e sua utilização far-se-á na forma da lei, dependendo de prévia autorização e dentro de condições que assegurem a preservação do meio ambiente.

Artigo 197 – São áreas de proteção permanente:

I – os manguezais;

II – as nascentes, os mananciais e matas ciliares;

III – as áreas que abriguem exemplares raros da fauna e da flora, bem como aquelas que sirvam como local de pouso ou reprodução de migratórios;

IV – as áreas estuarinas;

V – as paisagens notáveis;

VI – as cavidades naturais subterrâneas.

- **Decreto SP 60.302/14**

Artigo 13 – A desafetação de unidade de conservação somente poderá ser feita mediante lei específica, observado, ainda, que:

I – a respectiva unidade tenha Plano de Manejo aprovado que recomende tal medida;

II – haja consulta pública e oitiva do respectivo conselho e do CONSEMA.

7. QUESTÕES DE CONCURSO

7.1. Questões

1) **(PGE/SP – Procurador do Estado / 2018)** Sobre a evolução da legislação ambiental no Brasil e os seus marcos históricos, assinale a alternativa correta.

2) Parte superior do formulário

a) A Constituição Federal de 1988 consolidou a proteção ao meio ambiente, porém o regime jurídico de proteção ambiental foi primeiramente abordado e disciplinado de forma sistemática na Constituição de 1967, mantido pela Emenda Constitucional n° 1/1969, o que deu espaço para edição da Lei n° 6.938/1981.

b) Embora a Lei n° 7.347/1985 (Lei da Ação Civil Pública) seja um importante instrumento na proteção de direitos difusos e coletivos, não foi originalmente editada para tutelar o meio ambiente, tendo sido alterada somente na década de 1990 para passar a prever, em diversas disposições, a responsabilização por danos causados ao meio ambiente.

c) Embora a Lei n° 6.938/1981, que instituiu a Política Nacional do Meio Ambiente, tenha inaugurado a proteção ambiental de forma sistemática e organizada no Brasil, somente com a Constituição Federal de 1988 os Estados e Municípios foram inseridos no sistema de proteção ambiental.

d) Dois marcos da Lei n° 6.938/1981, que instituiu a Política Nacional do Meio Ambiente, são a descentralização administrativa, a partir da noção de um sistema de proteção ambiental, e a mudança no paradigma de proteção ambiental no Brasil.

e) Até a edição da Constituição Federal de 1988 as normas de proteção ao meio ambiente eram fragmentadas e esparsas, sendo preocupação central a proteção de recursos naturais sob o viés econômico.

2) **(MPE/BA – Promotor de Justiça Substituto/ 2018) O**s Estados e o Distrito Federal estabelecerão, por meio de lei, a localização, em seus territórios, em que poderão ser instaladas usinas que operem com reator nuclear, excluídas as áreas necessárias à proteção dos ecossistemas naturais.

a) a Floresta Amazônica brasileira, a Serra do Mar e a Zona Costeira são patrimônio nacional, devendo sua utilização econômica ser feita dentro de condições que assegurem a preservação do meio ambiente, inclusive quanto ao uso dos recursos naturais, sendo exigido prévio depósito, nos casos de risco previsível, para fins de reparação.

b) a Constituição Federal autoriza práticas desportivas em que são utilizados animais, desde que sejam manifestações culturais registradas como bem de natureza imaterial, devendo ainda ser regulamentadas por lei específica, a fim de evitar a crueldade contra os animais.

c) é dever do Poder Público exigir, para instalação de obra ou atividade potencialmente causadora de significativa degradação do meio ambiente, estudo prévio de impacto ambiental, cabendo ao órgão ambiental responsável pela análise a guarda dos documentos, a fim de que seja preservado o sigilo das informações.

d) compete privativamente à União definir os espaços territoriais e seus componentes a serem especialmente protegidos, sendo a alteração e a supressão permitidas somente através de lei.

3) **(TRF-2ª Região – Juiz Federal Substituto / 2018)** "Todos têm direito ao meio ambiente ecologicamente equilibrado, bem de uso comum do povo e essencial à sadia qualidade de vida" (trecho do art. 225, da Constituição Federal). De modo a assegurar o cumprimento e a efetividade desse direito, incumbe ao Poder Público:

a) preservar a diversidade e a integridade do patrimônio genético do País, ressalvada a fiscalização das entidades de pesquisa de material genético.

b) controlar apenas a comercialização de substâncias que comportem risco para a vida e o meio ambiente, mas não sua produção.

c) preservar e restaurar os processos ecológicos essenciais e prover o manejo ecológico das espécies e ecossistemas.

d) promover a educação ambiental exclusivamente no nível fundamental de ensino e a conscientização pública para a preservação do meio ambiente.

e) proteger a fauna e a flora, vedadas, na forma de regulamento, as práticas que coloquem em risco sua função ecológica, provoquem a extinção das espécies ou submetam os animais à experimentação.

4) **(TRF-3ª Região – Juiz Federal Substituto / 2018)** Considerando o artigo 225 da Constituição Federal, assinale a alternativa CORRETA:

a) Cabe ao Poder Público o controle e a fiscalização da atividade mineradora, especialmente sobre a poluição causada, havendo discricionariedade quanto à aplicação de penalidades administrativas e penais, quando houver a integral reparação do dano pelo poluidor.

b) Aquele que explorar recursos minerais está obrigado a reparar o meio ambiente, devendo reabilitar o solo contaminado e recuperar integralmente as condições em que se encontrava antes do exercício da atividade, sob pena de imposição de sanções penais e administrativas.

c) A exploração dos recursos minerais está condicionada à reparação do meio ambiente degradado, de acordo com solução técnica exigida pelo órgão público competente, na forma da lei.

d) Incumbe ao Poder Público proteger a fauna e a flora, vedadas as práticas que coloquem em risco sua função ecológica, provoquem a extinção de espécies ou submetam os animais a qualquer crueldade, inclusive quando utilizados para a prática desportiva ou outras formas de manifestações culturais.

5) **(SEGEP/MA – Procurador do Estado / 2016)** O Estado do Maranhão ofertou à União uma área devoluta para a criação de um assentamento para fins de reforma agrária. O Ministério Público ajuizou ação civil pública visando à nulidade de tal ato porque, segundo a petição inicial, a área é necessária à proteção de ecossistemas naturais. Para que o pedido seja julgado improcedente, o Estado deverá alegar e provar a

a) discricionariedade da Administração pública na destinação das terras devolutas.

b) ausência de previsão legal para o pedido, uma vez que as terras devolutas são bens públicos dominiais.

c) ausência de previsão legal para o pedido, uma vez que as terras devolutas são bens públicos de uso comum.

d) ausência de previsão legal para o pedido, uma vez que as terras devolutas são bens públicos de uso especial.

e) irrelevância da área para a proteção dos ecossistemas naturais.

6) **(TJ/SE – Juiz Substituto / 2015)** Determinado Banco público estabeleceu uma linha de crédito com juros diferenciados para empresas de acordo com o impacto ambiental gerado pelos respectivos produtos e serviços, bem como pelo impacto ambiental gerado pelos processos de elaboração e prestação destes produtos e serviços. Segundo a Constituição Federal,

a) não é possível estabelecer este tipo de tratamento diferenciado por ferir o princípio da isonomia.

b) é possível estabelecer este tipo de tratamento diferenciado, que encontra amparo em um dos princípios da ordem econômica.

c) o tratamento diferenciado somente poderia ser concedido pela iniciativa privada e não por uma instituição pública.

d) o tratamento diferenciado é possível em uma única hipótese: microempresa.

e) o tratamento diferenciado é possível em apenas duas hipóteses: microempresa e empresa de pequeno porte.

7.2. Gabarito e comentários

Questão 1:

Gabarito: **letra "d"**

Comentários: A alternativa "d" é a correta, pois foi o que de fato aconteceu, tal como delineado pelo artigo 6°, da Lei 6.938/81. Além do que, a alternativa "a" equivoca ao não reconhecer que a CF/88 foi, de fato, a primeira Constituição a tratar o tema de forma sistematizada; a alternativa "b" erra, pois, sim, a proteção ao meio ambiente na está desde a redação originária da Lei 7.347/85; a "c" está errada, pois, sim, a Lei 6.938/81 já inseriu tanto Estados como Municípios no sistema de proteção, e, por fim, "e" está errada pois antes já haviam normas atentas à tutela dos recursos naturais, tal como a Lei 4.771/65

Questão 2:

Gabarito: **letra "c"**

Comentários: Literalidade do artigo 225, §1°, IV, da CF/88, segundo o qual compete ao Poder Público exigir, na forma da lei, para instalação de obra ou atividade potencialmente causadora de significativa degradação do meio ambiente, estudo prévio de impacto ambiental, a que se dará publicidade.

Questão 3:

Gabarito: **letra "c"**

Comentários: Literalidade do artigo 225, §1°, I, da CF/88.

Questão 4:

Gabarito: **letra "c"**

Comentários: Literalidade do art. 225, § 2°, da CF/88, segundo o qual aquele que explorar recursos minerais fica obrigado a recuperar o meio ambiente degradado, de acordo com solução técnica exigida pelo órgão público competente, na forma da lei.

Questão 5:

Gabarito: **letra "e"**

Comentários: Literalidade do artigo 225, §5°, da CF/88, segundo o qual são indisponíveis as terras devolutas ou arrecadadas pelos Estados, por ações discriminatórias, necessárias à proteção dos ecossistemas naturais. Daí, se não houver essa necessidade, não se justifica o pedido ministerial.

Questão 6:

Gabarito: **letra "b"**

Comentários: literalidade do artigo 170, VI, da CF/88, segundo o qual a defesa do meio ambiente representa um dos princípios da ordem econômica, e, inclusive, pode ocorrer mediante tratamento diferenciado conforme o impacto ambiental dos produtos e serviços e de seus processos de elaboração e prestação;

Capítulo IV

PRINCÍPIOS GERAIS DE DIREITO AMBIENTAL

SUMÁRIO: 1. Introdução; 2. Princípio da prevenção; 3. Princípio da precaução; 4. Princípio do poluidor pagador; 5. Princípio do usuário pagador; 6. Princípio do protetor recebedor; 7. Princípio do desenvolvimento sustentável; 8. Princípio da vedação ao retrocesso; 9. Princípio da participação; 9.1. Acesso à Informação; 9.2. Participação pública; 9.3. Acesso à Justiça; 10. Súmulas e orientações jurisprudenciais (STJ e STF); 11. Legislação específica correlata; 12. Questões de concurso; 12.1. Questões; 12.2. Gabarito e comentários

1. INTRODUÇÃO

PRINCÍPIOS GERAIS

segue vídeo abaixo:

https://youtu.be/ed5gsxIlKWo

Tomando por referência doutrina abalizada, cumpre assinalar o princípio como "um mandamento nuclear de um sistema, verdadeiro alicerce dele, disposição fundamental que se irradia sobre diferentes normas compondo-lhes o espírito e servindo de critério para a sua exata compreensão e inteligência, exatamente para definir a lógica e racionalidade do sistema normativo, no que lhe confere a tônica de lhe dá sentido harmônico".

No cenário pós-positivista, em que se passa a considerar as normas jurídicas como gênero do qual são espécies as regras e os princípios, estes ganham força normativa antes inexistente, e, inclusive, com aplicabilidade imediata.

Daí, além de mero caráter axiológico, contido no campo da ética, sem eficácia jurídica e aplicabilidade imediata, os princípios a respeito dos quais será feita uma análise são verdadeiras normas, mandados de otimização, a serem obedecidos tanto para elaboração de normas, como para sua consecução, seja na relação entre administração pública e particulares, como entre estes (eficácia horizontal).

2. PRINCÍPIO DA PREVENÇÃO

Um primeiro princípio a se abordar, de grande relevância no âmbito do Direito Ambiental, consiste no princípio da prevenção, o qual, em síntese, trata-se de uma imposição constitucional[1], de agir antecipadamente, adotando posturas que visem a prevenir que o dano (previsível) venha a ocorrer, ou que, ainda que inevitável, que sejam desde já tomadas providências a mitigar os seus efeitos deletérios. Aliás, de se anotar que o licenciamento ambiental e o estudo prévio de impacto ambiental são aplicações concretas desse princípio.

Já se antecipando ao que se discorrerá sobre o princípio seguinte, é imperioso assinalar que o princípio da prevenção está relacionado àquilo que se tem conhecimento científico, isto é, todas as repercussões, atividades, riscos, são abrangidos pelo atual nível do conhecimento técnico, sendo que há uma *certeza científica* sobre a atividade a ser desenvolvida, tanto quanto a ela em si, como aos seus efeitos – inclusive os deletérios ao meio ambiente.

Daí, evoluindo no que diz respeito à teoria da responsabilização, pretende-se a prevenção do que a reparação (até porque esta é muito difícil de ocorrer), propondo-se a analisar detida e previamente a interferência antrópica junto ao meio ambiente, compreendendo toda a sua execução como seus efeitos, de modo a traçar um plano de atuação, impondo-se medidas tendentes a não degradar o meio ambiente, ou, se inevitável, que venham a lesá-lo o mínimo possível[2].

O princípio da prevenção implica então a adopção de medidas previamente à ocorrência de um dano concreto, cujas causas são bem conhecidas, com o fim de evitar a verificação desses danos ou, pelo menos, de minorar significativamente os seus efeitos[3].

3. PRINCÍPIO DA PRECAUÇÃO

Ademais, há o princípio da precaução, que, a despeito de guardar certa similitude com o anterior, tem como pressuposto a *ausência de certeza científica* quanto à potencialidade e os efeitos da atividade, tanto para o meio ambiente como para a saúde humana.

Com previsão na Conferência Rio-92 (princípio 15), bem como na Lei 11.105/05 (Biossegurança), Lei 11.428/06 (Bioma Mata Atlântica), Lei nº 12.187/2009 (Política Nacional sobre Mudança do Clima), etc., possui como repercussão prática, por exemplo, a *inver-*

---

1. Artigo 225, §1º, IV, CF/88. Impõe-se que, nas condições estipuladas, o Estudo de Impacto Ambiental seja realizado previamente à atividade almejada.
2. STJ – REsp 1.153.500 / DF – DJe 03/02/2011.
3. ARAGÃO, Alexandra. Direito Constitucional do Ambiente da União Europeia. *In:* org.: CANOTILHO, Joaquim Gomes, LEITE, José Rubens Morato. Direito Constitucional Ambiental Brasileiro. 6ª ed. rev. São Paulo: Saraiva, 2015, p. 34-82.

são do ônus da prova[4], a ensejar que compete ao empreendedor comprovar a ausência de dano ou suficiência das medidas mitigadoras, enquanto que, ao cidadão fiscalizador (por exemplo, quando ajuíza uma ação popular), basta a prova de potencialidade do dano: na inexistência de provas cabais, impõe-se uma inação (prognose negativa).

ATENÇÃO

Na falta de certeza científica, a princípio a ordem é não atuar perante o meio ambiente, claramente em aplicação à ideia de *in dubio pro* ambiente.

Veja que o princípio da precaução possui uma aplicação prévia ao princípio da prevenção, haja vista que sequer existe o pleno conhecimento científico daquilo a que se propõe analisar (atividade e seus riscos à saúde humana e ao meio ambiente), a respeito do que vale a transcrição do trecho contido na ementa do RE 627.189 / SP, *in verbis:*

O princípio da precaução é um critério de gestão de risco a ser aplicado sempre que existirem incertezas científicas sobre a possibilidade de um produto, evento ou serviço desequilibrar o meio ambiente ou atingir a saúde dos cidadãos, o que exige que o estado analise os riscos, avalie os custos das medidas de prevenção e, ao final, execute as ações necessárias, as quais serão decorrentes de decisões universais, não discriminatórias, motivadas, coerentes e proporcionais.

4. PRINCÍPIO DO POLUIDOR PAGADOR

O terceiro princípio a ser tratado é o chamado princípio do poluidor-pagador, que, de origem econômica, traduz um resguardo à coletividade, titular do bem ambiental (bem de uso comum do povo), de ser simplesmente privada de seu patrimônio ambiental, sem qualquer compensação por isso.

Quando o empreendedor faz uso do recurso ambiental, acaba, inevitavelmente, por gerar sobras, resíduos, denominadas de externalidades negativas, cuja ideia intrínseca ao presente princípio é exatamente que, na cadeia produtiva, sejam internalizadas essas externalidades, isto é, moldada de forma a captar e/ou compensar por esse prejuízo ambiental por ela causada.

Aliás, usar dos recursos ambientais causando poluição significa, basicamente, usufrui-lo de modo a ter lucros para o particular (privatização dos lucros), em detrimento da perda gerada à coletividade (socialização da perda). Ou seja, busca-se impedir que, singelamente, haja um lucro privativo pelo uso do bem ambiental, e, de outra banda, o prejuízo fique apenas com a coletividade.

Diante disso, e com fundamento no art. 225, §3°, CF/88, arts. 4°, VII e 14, Lei 6.938/81, e art. 6°, II, Lei 12.305/10, àquele que venha adotar atividades desse viés frente ao meio ambiente, é possível impor-se uma cobrança, seja a título de taxa (preventivo), seja a título de responsabilização pelo dano perpetrado (repressivo), mas que – destaque-se – não significa adquirir/comprar o direito de poluir.

4. STJ – REsp 1.237.893 / SP – DJe 01/10/2013.

ATENÇÃO

Trata-se do princípio poluidor-pagador (poluiu, paga os danos), e não pagador-poluidor (paga, então pode poluir).

(...) Esse pagamento representa muito mais uma sanção, tem caráter de punição e assemelha-se à obrigação de reparar o dano[5].

5. PRINCÍPIO DO USUÁRIO PAGADOR

Outro princípio que merece análise é o do usuário-pagador, que, diferentemente do anterior, não se tem como premissa básica a ocorrência de uma poluição. Em essência, visa evitar a escassez decorrente de uma hiperexploração dos recursos ambientais, oriunda da sensação de custo zero ao empreendedor, de modo que, para tanto, é realizada uma valoração econômica dos recursos ambientais, impondo uma contribuição financeira àquele que faz uso para *fins econômicos*, tal como previsto no art. 4º, VII, Lei 6.938/81, bem como na Lei 9.433/97 (recursos hídricos).

Na linha do que assinalado pelo STF no julgamento da ADI 3378, o princípio usuário-pagador significa um mecanismo de assunção partilhada da responsabilidade social pelos custos ambientais derivados da atividade econômica.

Contudo, é preciso pontuar que, em nossa compreensão, o STF incorreu em equívoco quando visualiza o artigo 36, da Lei 9.985/00[6] como correspondente à aplicação do princípio do usuário pagador, mesmo que esteja a estipular uma compensação ambiental sobre empreendimentos de significativo – e certo – dano ambiental (e não se referindo a mero *potencial risco* de significativo dano).

Isso porque, verificando-se que, em verdade, cuida-se de instrumento financeiro frente à atividade que, certamente, danificará o meio ambiente, e de forma significativa, a nosso ver cuida-se de aplicação do princípio do poluidor pagador, pois se trata de se fixar, de antemão, uma compensação financeira pelos danos que certamente virão. Tanto que, o STJ, no julgamento do Resp 896.863, pontuou que se trata de verba de caráter indenizatório, vedando (em razão de incorrer em *bis in idem*) que o mesmo dano previsto no EIA/RIMA (que estipulou, portanto, o *quantum* da compensação ambiental) venha a ser cobrada em outra ação de responsabilidade civil.

ATENÇÃO

Pelo princípio do usuário pagador, estando previamente previsto em lei (princípio da legalidade), cobra-se um valor daquele que utiliza de recursos naturais para fins econômicos, sem a visualização da existência de um dano propriamente dito, pois, se existente, incidiria o princípio do poluidor-pagador.

5. MILARÉ. Édis. Op. cit., pág. 272.
6. Art. 36, Lei 9.985/00.

6. PRINCÍPIO DO PROTETOR RECEBEDOR

O princípio do protetor-recebedor, por sua vez, com previsão na Lei 12.305/10 (resíduos sólidos) bem como na Lei 12.651/12[7] (novo Código Florestal), busca beneficiar financeiramente (econômico, fiscal e tributário) aquele que desempenha um papel protetivo do meio ambiente[8].

A título de exemplo, repise-se o caso daquele que institui servidão ambiental de parte de sua propriedade (agraciado pela isenção de Imposto Territorial Rural, bem como pela possibilidade de comercializar esse resguardo de sua propriedade), ou, ainda, a previsão do ICMS ecológico (instituído em diversos Estados, a exemplo de São Paulo[9] - Lei 8.510/93), além da própria previsão contida no art. 12, Lei 6.938/81, segundo a qual o licenciamento ambiental é condicionante para obtenção de incentivos e financiamentos governamentais.

> (...) aquele que preserva ou recupera os serviços ambientais, geralmente de modo oneroso aos próprios interesses, tornar-se-ia credor de uma retribuição por parte dos beneficiários desses mesmos serviços, sejam pessoas físicas ou jurídicas, seja o Estado ou a sociedade como um todo[10].

A concretização desse princípio é visualizável por meio de *pagamento por serviços ambientais-PSA*, remunerando, direta ou indiretamente, o agente que, voluntariamente, adotar uma postura benéfica ao meio ambiente, trazendo benefícios efetivos classificáveis como serviços ambientais, dentre os quais podem ser identificados os serviços de *provisão*, "obtidos diretamente pelo uso e manejo sustentável dos ecossistemas, tais como o fornecimento de alimentos, água e matérias-primas", serviços de *suporte e regulação*, mantendo "as condições naturais dos processos físicos, como o controle do clima", serviços de *manutenção*, "como os ciclos de água, nitrogênio, carbono e outros nutrientes, que possibilitam a continuidade da vida vegetal e animal", e, ainda, serviços *culturais*, "tais como os associados ao desfrute estético das belezas cênicas naturais"[11].

Compensação por serviços ambientais	Compensação ambiental
- aplicação do princípio do protetor recebedor. - sem decorrer de uma imposição legal, volta-se a beneficiar aquele que, *voluntariamente*, adota uma postura benéfica ao meio ambiente, a respeito da qual o Direito entende oportuno e pertinente incentivar a sua realização.	- aplicação do princípio do poluidor pagador, ou usuário pagador. - cuida-se de imposição legal (*obrigatoriedade*) ao agente para que, de algum modo, compense um dano ou a não observação de alguma norma ambiental.

7. Art. 41, I, Lei 12.651/12.
8. GUERRA, Sidney. Resíduos sólidos: comentários à Lei 12.305/10. Rio de Janeiro: Forense, 2012. pág. 105. Bem observa o autor que o "princípio do protetor-recebedor foi introduzido no direito ambiental brasileiro após a percepção de um novo panorama, configurado nas situações em que o assentimento das sanções ambientais se demonstrava suportável quando comparado aos ganhos econômicos provenientes de determinadas atividades, ocasião que a aplicação do princípio do poluidor-pagador não se demonstrava ineficaz".
9. De se mencionar que no Estado de São Paulo há, ainda, outro exemplo, disciplinado pela Resolução SMA 123/2010, que estipula o denominado Projeto Mina D'água, que nada mais é do que um Projeto de Pagamento por Serviços Ambientais, na modalidade proteção de nascentes, no âmbito do Programa de Remanescentes Florestais.
10. MILARÉ. Édis. Op. cit., pág. 274.
11. Ibidem, p. 1166-1167.

7. PRINCÍPIO DO DESENVOLVIMENTO SUSTENTÁVEL

Ademais, há o princípio do desenvolvimento sustentável, cujo regime jurídico encontra-se sintetizado no artigo 170 c.c. art. 225, ambos da CF/88, que, em sua essência, mais do que significar um embate entre o crescimento econômico e a tutela ambiental, implica que o desenvolvimento se dê de forma plenamente sustentável, o que apenas é possível com o acréscimo qualitativo tanto econômico, como ambiental e social.

Veja já ter sido assinado que, efetivamente, o intuito do Direito Ambiental, antes de tudo, é assegurar o desenvolvimento sustentável, sendo que, sem almejar meramente resguardar os recursos ambientais, visa disciplinar a forma pela qual o ser humano se envolve com o meio ambiente (não negando essa inafastável relação).

Sem prejuízo de se mencionar que o Clube de Roma, já em 1972 contribuiu para seu surgimento, consensualmente é dito que sua origem remonta ao ano de 1987, quando expressamente realçada pelo *Relatório Brundtland, (denominado de Relatório Nosso Futuro Comum), elaborado pela Comissão Mundial sobre o Meio Ambiente e Desenvolvimento (da ONU), então chefiada pela primeira ministra da Noruega, Gro Harlem Brundtland, quem o apresentou em público de forma a referir-se ao "desenvolvimento que satisfaz as necessidades presentes, sem comprometer a capacidade das gerações futuras de suprir suas próprias necessidades"*[12], cuja definição é mantida – embora objeto de diversos estudos e compreensões adicionais[13].

ATENÇÃO

Sintetizando, o princípio da sustentabilidade compreende a noção conjugada de equidade social, prosperidade econômica e integridade ambiental – triple bottom line.

8. PRINCÍPIO DA VEDAÇÃO AO RETROCESSO

Pode-se dizer que, sem descartar a importância dos demais princípios que sempre são cobrados, o princípio da proibição do retrocesso merece especial destaque neste momento, ainda mais após o julgamento da constitucionalidade do novo Código Florestal (Lei 12.651/12) pelo Supremo Tribunal Federal no dia 28 de fevereiro de 2018 (ADI's 4901, 4902, 4903, 4937 e ADC 42), que sobre ele debruçaram os julgadores.

12. Relatório de Brundtland, disponibilizado no site http://www.cm-amadora.pt, consultado em 22/06/2015.

13. De se conferir, por exemplo, o estudioso do assunto SACHS, que, de plano, já questiona sobre a redundância do termo, uma vez que, desde a *Declaração da ONU sobre o Direito ao Desenvolvimento*, datada de 4 de dezembro de 1986, o termo desenvolvimento não é mais tratado como sinônimo de mero crescimento econômico, cujo contexto levou à imposição da questão ambiental, para com ele compatibilizar. E, mais, considerando que desenvolvimento representa, assim contido naquela Declaração de 1986, um "processo econômico, social, cultural e político abrangente, que visa ao constante incremento do bem-estar", certamente que o tema desenvolvimento sustentável não deveria levar em conta apenas os aspectos ambientais, sociais e econômicos, mas todos os demais que envolvam o bem-estar, a dignidade da pessoa humana, a exemplo do político e cultural. SACHS, Ignacy. Caminhos para o Desenvolvimento Sustentável. Org.: Paula Yone Stroch. Rio de Janeiro: Garamond, 2009.

Isso porque, ainda que já tivesse sido reconhecido em nosso ordenamento jurídico pelo Ministro Herman Benjamin, no âmbito do Superior Tribunal de Justiça, quando do julgamento do REsp nº 302.906, fato é que esse princípio constitucional implícito[14], foi claramente pautado pelo STF, cujo entendimento consolidado pode ser compreendido do seguinte trecho do voto do Ministro Celso de Mello, *in verbis*:

> *Na realidade (....) [impede] que os níveis de concretização dessas prerrogativas, uma vez atingidos, venham a ser ulteriormente reduzidos ou suprimidos pelo Estado, exceto na hipótese em que políticas compensatórias sejam implementadas pelas instâncias governamentais."*

Conforme se confere, em que pese seja um princípio fundamental, não é absoluto, isto é, "não pode impedir o dinamismo da atividade legiferante do Estado", devendo ser sopesado por meio do princípio da proporcionalidade, de modo que, ainda que aplicável para blindar conquistas legislativas e evitar o retrocesso a níveis inferiores de concretização da tutela ambiental dentre os já alcançados, admitem-se abrandamentos, quando, em contrapartida, existam outras medidas para compensar essa aparente perda da tutela ambiental.

Segundo doutrina balizada[15] a vedação de retrocesso fundamenta-se, constitucionalmente no princípio do Estado Democrático e Social de Direito, no princípio da dignidade da pessoa humana, no princípio da máxima eficácia e efetividade das normas definidoras de direitos fundamentais, no princípio da segurança jurídica, no *dever de progressividade*[16] em matéria de direitos sociais, econômicos, culturais e ambientais[17]. Isto é, não apenas vedar a redução da qualidade protetiva ambiental, ainda impõe-se um dever de progressividade nas condições dos recursos ambientais e na sua tutela.

> A *cláusula da progressividade* atribuída aos direitos sociais deve abarcar, necessariamente, também as medidas fáticas e normativas voltadas à tutela ecológica, de modo a instituir uma *progressiva melhoria da qualidade ambiental* e, consequentemente, da qualidade de vida em geral[18].

9. PRINCÍPIO DA PARTICIPAÇÃO

Por fim, acredita-se ser importante abordar o princípio da participação, de extrema relevância no âmbito da tutela ambiental, segundo o qual, para que haja intervenções no

---

14. Em complemento, ainda que implícito no ordenamento jurídico brasileiro, este princípio geral do Direito Ambiental possui expressa previsão no Protocolo de San Salvador Adicional à Convenção Americana sobre Direitos Humanos em Matéria de Direitos Econômicos, Sociais e Culturais, em razão do que poder-se-ia argumentar a respeito de uma eventual supralegalidade.
15. SARLET, Ingo Wolfgand, e FENSTERSEIFER, Tiago. Op. cit., p. 302.
16. STJ – REsp 769.753/SC – julg. 08.09.2009. E art. 2º, *caput*, da Lei, 6.938/81, e art. 3º, III, da Lei 11.445/07 ("ampliação progressiva do acesso a todos os domicílios ocupados ao saneamento básico"). Aliás, na ocasião, o magistrado fala em *princípio da melhoria da qualidade ambiental* a se referir do mesmo ponto.
17. Até mesmo por que, fundamenta-se no Pacto Internacional dos Direitos Econômicos, Sociais e Culturais, de 1966, que em seu artigo 2º, parágrafo 1, consta expressamente a *cláusula de progressividade*, com a imposição de que haja progressivo aumento do pleno exercício dos referidos direitos abrangidos, a respeito do que não se pode excluir a temática ambiental.
18. SARLET, Ingo Wolfgand, e FENSTERSEIFER, Tiago. Op. cit., p. 309.

meio ambiente, é imprescindível conferir efetiva oportunidade de participação cívica nos processos decisórios – incluindo prévia disponibilização de informação –, viabilizando um procedimento mais democrático e amplo possível, para que todas as questões afetadas (técnicas, econômicas, culturais, sociais, ambientais, etc.) sejam enfrentadas – direta ou indiretamente.

A audiência pública é um notório exemplo de aplicação do presente princípio, prevista para alguns procedimentos, a exemplo de licenciamento ambiental, criação de unidades de conservação, etc. Inclusive, especificadamente ao caso prático do licenciamento, por regra é ela facultativa[19] à autoridade licenciadora, salvo se solicitada pelo Ministério Público, 50 (cinquenta) ou mais cidadãos, ou por alguma entidade civil (vide Res. Conoma nº 9/87).

Sem prejuízo, essa imprescindível participação comunitária em todas as fases das políticas públicas ambientais (desde a sua formulação, até a sua execução, fiscalizando-a), pode ocorrer por diversas formas, sendo que, por exemplo, no âmbito administrativo há a mencionada audiência pública[20], a consulta pública[21], participação em Conselhos do Meio Ambiente[22], além do próprio direito de petição, constitucionalmente garantido. Também é visualizável na esfera legislativa, por meio do plebiscito, referendo, ou mesmo por meio da iniciativa popular de projeto de lei. E, ainda, na esfera judicial, ajuizando ação popular, mandado de segurança ou ainda o mandado de injunção, frisando que, sempre, a ideia central é exatamente manter aberta a discussão sobre as políticas públicas, e, inclusive, sua fiscalização.

A respeito dessa postura ativa da comunidade, cuja oferta de oportunidade é medida que se impõe por força do nosso ordenamento jurídico, vale trazer a lume a categorização abordada em abalizada doutrina[23], que seriam os direitos ambientais procedimentais – faceta do direito-dever ambiental – a denotar "um dever jurídico (e não apenas moral) de proteção ambiental atribuído aos cidadãos (e, portanto, não apenas ao Estado), o qual deve ser exercido por meio de uma maior participação e controle pela sociedade acerca das práticas que atentam contra o equilíbrio ecológico", rotulado de *cidadania ambiental responsável.*

Assim, e referendando pelo Princípio 10 da Declaração do Rio sobe Meio Ambiente e Desenvolvimento (Rio-92), considera-se como a *tríade* dos direitos ambientais proce-

19. Peculiarmente, no âmbito do Estado de São Paulo a audiência pública é obrigatória para todo licenciamento em que tiver que ser realizado Estudo Prévio de Impacto Ambiental, isto é, além daquelas situações excepcionais previstas na Resolução do Conama, também será obrigatória a realização da audiência se se tratar de atividade que possua potencial risco de significativa degradação ambiental – tudo conforme previsto na Constituição Estadual, no artigo 192, §2º.

20. MILARÉ. Édis. Op. cit., p. 110. "Procedimento de consulta à sociedade, ou a grupos sociais interessados em determinado problema ambiental ou potencialmente afetados por um projeto, a respeito de seus interesses específicos e da qualidade ambiental por eles preconizada".

21. Ibidem, p. 223. Mecanismo de coleta da sociedade de sugestões e críticas, bem como de oitiva de eventuais interessados, sendo que, sob a ótica do autor Milaré, é gênero do qual a audiência pública é espécie.

22. Os Conselhos Ambientais, a exemplo do CONSEMA no Estado de São Paulo, são órgãos integrantes do sistema de proteção ambiental, com funções consultiva, normativa e recursal (e assim no Estado de São Paulo), podendo variar de cada Estado.

23. SARLET, Ingo Wolfgand, e FENSTERSEIFER, Tiago. Op. cit., p. 335.

dimentais, que lhe são pilares, (a) o acesso à informação, (b) a participação pública na tomada de decisões, e (c) o acesso à justiça.

9.1. Acesso à Informação

O direito à informação[24], inclusive considerado como direito fundamental de quarta geração[25], tem por premissa básica a essencialidade da informação para que o indivíduo possa se manifestar (ativa ou passivamente), isto é, de nada adiante conferir oportunidade de participação, sem que ao cidadão não sejam disponibilizadas as informações essenciais da questão, dando-lhe oportunidade de ter pleno conhecimento e consciência, habilitando-o a atuar conforme sua efetiva convicção.

Nesse sentido, é imprescindível que as informações sejam disponibilizadas pelos órgãos públicas de forma integral (ou em conteúdo que as sintetize adequadamente), e em tempo razoável para formação da exata compreensão e conscientização da temática e suas repercussões.

ATENÇÃO

Interessante raciocínio é desenvolvido no sentido de que, pela Teoria do Diálogo das Fontes, é possível considerar o cidadão como em situação de vulnerabilidade, ante a sua desinformação, de modo que, aplicando-se o dever-direito de informação nas relações entre particulares (eficácia horizontal do direito fundamental ao meio ambiente), é possível exigir dos particulares que forneça as informações que detém em seu poder, em especial quando vislumbrada uma hipótese de eventual lesão ao meio ambiente, ou mesmo de desconhecimento científico a seu respeito.

9.2. Participação pública

Repise-se, configura-se como um direito-dever do cidadão, sendo que, ao mesmo tempo em que o direito à participação é conferido como um direito a ser assegurado ao cidadão, resguardando-lhe todas as oportunidades possíveis – e necessárias – para que haja a sua participação nos processos decisórios, consiste num dever imposto ao cidadão para que participe da formulação das políticas públicas, bem como monitore e fiscalize os agentes públicos, e, igualmente, toda atividade que se realize junto aos recursos ambientais[26].

---

24. Art. 5º, XIX, da CF/88. Ademais, de se destacar a existência da Lei 12.527/11, que trata do Acesso à Informação (complementando a Lei 10.650/03 que trata de forma específica à seara Ambiental), impondo o dever, a toda entidade pública, de assegurar o acesso à informação. Ainda, vide art. 4º, V, Lei 6.938/81, Lei 12.305/2010.

25. BONAVIDES, Paulo. Curso de direito constitucional. 12ª ed. São Paulo: Malheiros, 2002.

26. De se conferir que o artigo 70, §2º, da Lei 9.605/98 diz que, "qualquer pessoa, constatando infração ambiental, poderá dirigir representação às autoridades relacionadas no parágrafo anterior, para efeito do exercício do

Ademais, considerando a imprescindibilidade dessa oportunidade de participação, a sua desobediência, em especial nos procedimentos administrativos ambientais, deve levar à sua nulidade, ante o desrespeito a este que é um direito fundamental[27].

9.3. Acesso à Justiça

Por fim, completando a tríade dos direitos procedimentais ambientais, dentro, obviamente, do próprio princípio da participação, mas cuja atuação cívica passa pela via judicial, encontra-se o *acesso à justiça*, a respeito do que, especificamente, duas observações merecem ser feitas neste tópico: uma relativa a quais seriam os instrumentos, e, outra, quanto à legitimidade da ação popular.

Relativamente às ferramentas processuais vislumbradas, citem-se os seguintes exemplos: (a) ação popular, (b) ação civil pública, (c) ações de direitos de vizinhança[28], (d) mandado de segurança (individual e coletivo), (e) mandado de injunção (individual e coletivo), (f) controle concentrado de constitucionalidade (ADI, ADC, ADPF), (g) audiência pública judicial, (h) *amicus curiae*, etc.

Neste cenário, veja que, superando uma visão individualista, a imagem do cidadão atuando na defesa do meio ambiente é conduzida à figura do *ator social*, vislumbrando que o cidadão pode ter uma atuação direta (ele pessoalmente ingressando com a ação), como indireta, reportando-se e fornecendo elementos para que alguém ingresse com a ação, a exemplo de uma associação, o próprio Ministério Público, em tom de representação/substituição processual[29].

Nesse sentido, podem ser visualizadas a figura do cidadão propriamente dito, ingressando, por exemplo, com uma ação popular, como também é possível compreender o cumprimento desse direito-dever de acesso à justiça por meio de uma associação ambientalista, uma associação de bairro, o Ministério Público, além dos demais legitimados para ajuizar Ação Civil Pública (Lei 7.347/85), etc.

Sem prejuízo, questão interessante diz respeito à exata dimensão da expressão *cidadão*, habilitado a ingressar em juízo na defesa do meio ambiente por meio de uma ação popular (legitimidade ativa), na medida em que, observando o teor do artigo 225, *caput*, da CF/88, que reconhece como direito e dever de *todos* o direito ao meio ambiente eco-

---

seu poder de polícia". E, quando diz "poderá", na verdade é um poder-dever, pois, na figura de "proprietário" da coisa pública (recursos ambientais), o cidadão deve exercer a fiscalização, reportando-se às autoridades competentes eventuais irregularidades, para que adotem as providências (poder de polícia) cabíveis.

27. Essa nulidade costuma ser abordada pela ausência de cumprimento de *requisito formal essencial* para a validade da licença, uma que nos termos do artigo 2º, §2º, da Resolução CONAMA 9/1987, é dito que a licença não terá validade, caso não observada a necessidade de audiência pública e na hipótese do Órgão Estadual não realizá-la.

28. SARLET, Ingo Wolfgand, e FENSTERSEIFER, Tiago. Op. cit., p. 367. Citadas até mesmo como o embrião das ações processuais voltadas à tutela ecológica, não se menosprezam que sua causa de pedir pode envolver a tutela ecológica, a exemplo de eventual imbróglio envolvendo a existência de chaminé que esteja emitindo poluentes afetando, diretamente, a saúde do vizinho.

29. De se pontuar que, infelizmente, a completa análise da natureza jurídica não tem espaço neste trabalho.

logicamente equilibrado, em razão do que -indaga-se - por que não viabilizar a *todos* esta tutela no âmbito judicial.

Seguindo pela linha tradicional, cidadão representa o sujeito com os direitos políticos preservados, habilitado a votar e ser votado, isto é, o indivíduo nacional que esteja no exercício dos direitos políticos.

Contudo, é de se considerar ter havido uma evolução no significado de cidadania, para corresponder à atuação do sujeito titular de direitos e deveres fundamentais, que, situando-se numa República (*res publica*), deve comportar-se de modo participar relativamente a todos os assuntos de interesse comum, e não apenas quanto aos de direito político.

Daí, reportando-se aos próprios destinatários dos direitos e garantias fundamentais que o são os brasileiros e estrangeiros residentes no País (e sem se limitar aos brasileiros eleitores), considera-se que seriam estas as pessoas físicas[30] legitimadas a ingressar com ação popular - em que pese o teor do artigo 1º, §3º, da Lei 4.717/65. Nada obstante, ainda não houve acolhimento dessa tese pela jurisprudência pátria.

10. SÚMULAS E ORIENTAÇÕES JURISPRUDENCIAIS (STJ E STF)

(STJ - REsp 1.153.500 / DF - DJe 03/02/2011)[31]

AMBIENTAL. AGROTÓXICOS PRODUZIDOS NO EXTERIOR E IMPORTADOS PARA COMERCIALIZAÇÃO NO BRASIL. TRANSFERÊNCIA DE TITULARIDADE DE REGISTRO. NECESSIDADE DE NOVO REGISTRO.

1. Somente as modificações no estatuto ou contrato social das empresas registrantes poderão ser submetidas ao apostilamento, de modo que a transferência de titularidade de registro também deve sujeitar-se ao prévio registro. 2. O poder de polícia deve ser garantido por meio de medidas eficazes, não por meio de mero apostilamento do produto - que inviabiliza a prévia avaliação pelos setores competentes do lançamento no mercado de quantidade considerável de agrotóxicos - até para melhor atender o sistema jurídico de proteção ao meio ambiente, o qual se guia pelos **princípios da prevenção e da precaução**. 3. Recurso especial não provido.

(STF - RE 627189 / SP - Julg. 08.06.2016)[32]

EMENTA Recurso extraordinário. Repercussão geral reconhecida. Direito Constitucional e Ambiental. Acórdão do tribunal de origem que, além de impor normativa alienígena, desprezou norma técnica mundialmente aceita. Conteúdo jurídico do princípio da precaução. Ausência, por ora, de fundamentos fáticos ou jurídicos a obrigar as concessionárias de energia elétrica a reduzir o campo eletromagnético das linhas de transmissão de energia elétrica abaixo do patamar legal. Presunção de constitucionalidade não elidida. Recurso provido. Ações civis públicas julgadas improcedentes.

1. O assunto corresponde ao Tema nº 479 da Gestão por Temas da Repercussão Geral do portal do STF na internet e trata, à luz dos arts. 5º, caput e inciso II, e 225, da Constituição Federal, da possibilidade, ou não, de se impor a concessionária de serviço público de distribuição de energia elétrica, por observância ao **princípio da precaução**, a obrigação de reduzir o campo eletromagnético de suas linhas de transmissão, de acordo com padrões internacionais de segurança, em face de eventuais

30. O STF, pela Súmula 365, já pontuou que pessoa jurídica não tem essa legitimidade.
31. Princípio da prevenção.
32. Princípio da precaução.

efeitos nocivos à saúde da população. 2. O princípio da precaução é um critério de gestão de risco a ser aplicado sempre que existirem incertezas científicas sobre a possibilidade de um produto, evento ou serviço desequilibrar o meio ambiente ou atingir a saúde dos cidadãos, o que exige que o estado analise os riscos, avalie os custos das medidas de prevenção e, ao final, execute as ações necessárias, as quais serão decorrentes de decisões universais, não discriminatórias, motivadas, coerentes e proporcionais. 3. Não há vedação para o controle jurisdicional das políticas públicas sobre a aplicação do princípio da precaução, desde que a decisão judicial não se afaste da análise formal dos limites desses parâmetros e que privilegie a opção democrática das escolhas discricionárias feitas pelo legislador e pela Administração Pública. 4. Por ora, não existem fundamentos fáticos ou jurídicos a obrigar as concessionárias de energia elétrica a reduzir o campo eletromagnético das linhas de transmissão de energia elétrica abaixo do patamar legal fixado. 5. Por força da repercussão geral, é fixada a seguinte tese: **no atual estágio do conhecimento científico, que indica ser incerta a existência de efeitos nocivos da exposição ocupacional e da população em geral a campos elétricos, magnéticos e eletromagnéticos gerados por sistemas de energia elétrica, não existem impedimentos, por ora, a que sejam adotados os parâmetros propostos pela Organização Mundial de Saúde**, conforme estabelece a Lei nº 11.934/2009. 6. Recurso extraordinário provido para o fim de julgar improcedentes ambas as ações civis públicas, sem a fixação de verbas de sucumbência.

(STJ – REsp 1237893 / SP – **DJe 01/10/2013)**[33]

ADMINISTRATIVO E PROCESSUAL CIVIL. AÇÃO CIVIL PÚBLICA. DANOS AMBIENTAIS. ADIANTAMENTO DE DESPESAS PERICIAIS. ART. 18 DA LEI 7.347/1985. ENCARGO DEVIDO À FAZENDA PÚBLICA. DISPOSITIVOS DO CPC. DESCABIMENTO. PRINCÍPIO DA ESPECIALIDADE. INVERSÃO DO ÔNUS DA PROVA. PRINCÍPIO DA PRECAUÇÃO.

1. Segundo jurisprudência firmada pela Primeira Seção, descabe o adiantamento dos honorários periciais pelo autor da ação civil pública, conforme disciplina o art. 18 da Lei 7.347/1985, sendo que o encargo financeiro para a realização da prova pericial deve recair sobre a Fazenda Pública a que o Ministério Público estiver vinculado, por meio da aplicação analógica da Súmula 232/STJ. 2. Diante da disposição específica na Lei das Ações Civis Públicas (art. 18 da Lei 7.347/1985), afasta-se aparente conflito de normas com os dispositivos do Código de Processo Civil sobre o tema, por aplicação do princípio da especialidade. 3. Em ação ambiental, impõe-se a inversão do ônus da prova, cabendo ao empreendedor, no caso concreto o próprio Estado, responder pelo potencial perigo que causa ao meio ambiente, em respeito ao princípio da precaução. Precedentes. 4. Recurso especial não provido.

(STJ – REsp 1285463 / SP – DJe 06/03/2012)

DIREITO AMBIENTAL. AÇÃO CIVIL PÚBLICA. CANA-DE-AÇÚCAR. QUEIMADAS. ART. 21, PARÁGRAFO ÚNICO, DA LEI N. 4771/65. DANO AO MEIO AMBIENTE. PRINCÍPIO DA PRECAUÇÃO. QUEIMA DA PALHA DE CANA. EXISTÊNCIA DE REGRA EXPRESSA PROIBITIVA. EXCEÇÃO EXISTENTE SOMENTE PARA PRESERVAR PECULIARIDADES LOCAIS OU REGIONAIS RELACIONADAS À IDENTIDADE CULTURAL. INAPLICABILIDADE ÀS ATIVIDADES AGRÍCOLAS INDUSTRIAIS.

1. O princípio da precaução, consagrado formalmente pela Conferência das Nações Unidas sobre o Meio Ambiente e o Desenvolvimento – Rio 92 (ratificada pelo Brasil), a ausência de certezas científicas não pode ser argumento utilizado para postergar a adoção de medidas eficazes para a proteção ambiental. Na dúvida, prevalece a defesa do meio ambiente. 2. A situação de tensão entre princípios deve ser resolvida pela ponderação, fundamentada e racional, entre os valores conflitantes. Em face dos princípios democráticos e da Separação dos Poderes, é o Poder Legislativo quem possui a prima-

33. Inversão do ônus da prova como decorrência do princípio da precaução.

zia no processo de ponderação, de modo que o Judiciário deve intervir apenas no caso de ausência ou desproporcionalidade da opção adotada pelo legislador. 3. O legislador brasileiro, atento a essa questão, disciplinou o uso do fogo no processo produtivo agrícola, quando prescreveu no art. 27, parágrafo único da Lei n. 4.771/65 que o Poder Público poderia autoriza-lo em práticas agropastoris ou florestais desde que em razão de peculiaridades locais ou regionais. 4. Buscou-se, com isso, compatibilizar dois valores protegidos na Constituição Federal de 1988, quais sejam, o meio ambiente e a cultura ou o modo de fazer, este quando necessário à sobrevivência dos pequenos produtores que retiram seu sustento da atividade agrícola e que não dispõem de outros métodos para o exercício desta, que não o uso do fogo. 5. A interpretação do art. 27, parágrafo único do Código Florestal não pode conduzir ao entendimento de que estão por ele abrangidas as atividades agroindustriais ou agrícolas organizadas, ou seja, exercidas empresarialmente, pois dispõe de condições financeiras para implantar outros métodos menos ofensivos ao meio ambiente. Precedente: (AgRg nos EDcl no REsp 1094873/SP, Rel. Min. Humberto Martins, Segunda Turma, julgado em 04/08/2009, DJe 17/08/2009). 6. Ademais, ainda que se entenda que é possível à administração pública autorizar a queima da palha da cana de açúcar em atividades agrícolas industriais, a permissão deve ser específica, precedida de estudo de impacto ambiental e licenciamento, com a implementação de medidas que viabilizem amenizar os danos e a recuperar o ambiente, tudo isso em respeito ao art. 10 da Lei n. 6.938/81. Precedente: (EREsp 418.565/SP, Rel. Min. Teori Albino Zavascki, Primeira Seção, julgado em 29/09/2010, DJe 13/10/2010). Recurso especial provido.

(ARE 1121715 / SP – DJe 17.04.2018)

TRECHO DO VOTO DO RELATOR:

"Saliento que a responsabilidade em questões ambientais, conforme o previsto no artigo 14, § 1º, da Lei 6.938/81, recepcionado pelo artigo 225 da Constituição Federal, é objetiva. E ainda, pelo **princípio do poluidor pagador**, todos aqueles que causem lesão ao meio ambiente devem ser responsabilizados penal e administrativamente, independentemente da obrigação de reparar os danos causados."

(STF – ADI 3378 / DF – Julg.: 09.04.2008)[34]

EMENTA: AÇÃO DIRETA DE INCONSTITUCIONALIDADE. ART. 36 E SEUS §§ 1º, 2º E 3º DA LEI Nº 9.985, DE 18 DE JULHO DE 2000. CONSTITUCIONALIDADE DA COMPENSAÇÃO DEVIDA PELA IMPLANTAÇÃO DE EMPREENDIMENTOS DE SIGNIFICATIVO IMPACTO AMBIENTAL. INCONSTITUCIONALIDADE PARCIAL DO § 1º DO ART. 36. 1. O compartilhamento-compensação ambiental de que trata o art. 36 da Lei nº 9.985/2000 não ofende o princípio da legalidade, dado haver sido a própria lei que previu o modo de financiamento dos gastos com as unidades de conservação da natureza. De igual forma, não há violação ao princípio da separação dos Poderes, por não se tratar de delegação do Poder Legislativo para o Executivo impor deveres aos administrados. 2. Compete ao órgão licenciador fixar o quantum da compensação, de acordo com a compostura do impacto ambiental a ser dimensionado no relatório – EIA/RIMA. 3. O art. 36 da Lei nº 9.985/2000 densifica o **princípio usuário-pagador**, este a significar um mecanismo de assunção partilhada da responsabilidade social pelos custos ambientais derivados da atividade econômica. 4. Inexistente desrespeito ao postulado da razoabilidade. Compensação ambiental que se revela como instrumento adequado à defesa e preservação do meio ambiente para as presentes e futuras gerações, não havendo outro meio eficaz para atingir essa finalidade constitucional. Medida amplamente compensada pelos benefícios que sempre resultam de um meio ambiente ecologicamente garantido em sua higidez. 5. Inconstitucionalidade da expressão "não pode ser inferior a meio por cento dos custos totais previstos para a implantação do empreendimento", no § 1º do art. 36 da Lei nº 9.985/2000. O valor da compensação-compartilhamento é de ser fixado proporcionalmente ao impacto ambiental, após estudo em que se assegurem o contraditório e

34. Princípio do usuário pagador.

a ampla defesa. Prescindibilidade da fixação de percentual sobre os custos do empreendimento. 6. Ação parcialmente procedente.

Informativo 538 – STF – ADPF 101[35] (pneus importados) – Trecho do voto da Ministra Camen Lúcia:

"Rejeitou, ainda, o argumento dos interessados de que haveria ofensa ao princípio da livre concorrência e da livre iniciativa, ao fundamento de que, se fosse possível atribuir peso ou valor jurídico a tais princípios relativamente ao da saúde e do meio ambiente ecologicamente equilibrado, preponderaria a proteção destes, cuja cobertura abrange a atual e as futuras gerações. Concluiu que, apesar da complexidade dos interesses e dos direitos envolvidos, a ponderação dos princípios constitucionais revelaria que as decisões que autorizaram a importação de pneus usados ou remoldados teriam afrontado os preceitos constitucionais da saúde e do meio ambiente ecologicamente equilibrado e, especificamente, os princípios que se expressam nos artigos 170, I e VI, e seu parágrafo único, 196 e 225, todos da CF".

(STF – ADI 5016 / BA – DJe 29.10.2018)[36]

CONSTITUCIONAL. FEDERALISMO E RESPEITO ÀS REGRAS DE DISTRIBUIÇÃO DE COMPETÊNCIA. VIOLAÇÃO À COMPETÊNCIA ADMINISTRATIVA EXCLUSIVA DA UNIÃO (CF, ART. 21, XIX). AFRONTA AO ART. 225, §1º, V, DA CONSTITUIÇÃO FEDERAL E AO PRINCÍPIO DEMOCRÁTICO. CONFIRMAÇÃO DA MEDIDA CAUTELAR. PROCEDÊNCIA. 1. As regras de distribuição de competências legislativas são alicerces do federalismo e consagram a fórmula de divisão de centros de poder em um Estado de Direito. Princípio da predominância do interesse. 2. Ao disciplinar regra de dispensa de outorga de direito de uso de recursos hídricos, o art. 18, § 5º, da Lei 11.612/2009 do Estado da Bahia, com a redação dada pela Lei 12.377/2011, usurpa a competência da União, prevista no art. 21, XIX, da Constituição Federal, para definir critérios na matéria. 3. A dispensa de outorga de direito de uso de recursos hídricos para perfuração de poços tubulares afronta a incumbência do poder público de controlar o emprego de técnicas, métodos e substâncias que comportem risco para a vida, a qualidade de vida e o meio ambiente (CF, art. 225, § 1º, V). 4. Os arts. 19, VI, e 46, XI, XVIII e XXI, da lei atacada dispensam a manifestação prévia dos Comitês de Bacia Hidrográfica para a atuação do Conselho Estadual de Recursos Hídricos – CONERH, o que reduz a participação da coletividade na gestão dos recursos hídricos, contrariando o princípio democrático (CF, art. 1º). Da mesma maneira, o art. 21 da lei impugnada suprime condicionantes à outorga preventiva de uso de recursos hídricos, resultantes de participação popular. Ferimento ao princípio democrático e ao princípio da vedação do retrocesso social. 5. Medida Cautelar confirmada. Ação Direta de Inconstitucionalidade julgada procedente.

(STJ – REsp 769753 / SC – DJe 10/06/2011)

PROCESSUAL CIVIL E ADMINISTRATIVO. AMBIENTAL. AÇÃO CIVIL PÚBLICA. RESPONSABILIDADE POR DANO CAUSADO AO MEIO AMBIENTE. ZONA COSTEIRA. LEI 7.661/1988. CONSTRUÇÃO DE HOTEL EM ÁREA DE PROMONTÓRIO. NULIDADE DE AUTORIZAÇÃO OU LICENÇA URBANÍSTICO-AMBIENTAL. OBRA POTENCIALMENTE CAUSADORA DE SIGNIFICATIVA DEGRADAÇÃO DO MEIO AMBIENTE. ESTUDO PRÉVIO DE IMPACTO AMBIENTAL – EPIA E RELATÓRIO DE IMPACTO AMBIENTAL – RIMA. COMPETÊNCIA PARA O LICENCIAMENTO URBANÍSTICO-AMBIENTAL. PRINCÍPIO DO POLUIDOR-PAGADOR (ART. 4°, VII, PRIMEIRA PARTE, DA LEI 6.938/1981). RESPONSABILIDADE OBJETIVA (ART. 14, § 1°, DA LEI 6.938/1981). PRINCÍPIO DA MELHORIA DA QUALIDADE AMBIENTAL (ART. 2°, CAPUT, DA LEI 6.938/1981).

(....)

11. Pacífica a jurisprudência do STJ de que, nos termos do art. 14, § 1°, da Lei 6.938/1981, o degradador, em decorrência do princípio do poluidor-pagador, previsto no art. 4°, VII (primeira parte),

35. Princípio do desenvolvimento sustentável.

36. Princípio da vedação ao retrocesso.

do mesmo estatuto, é obrigado, independentemente da existência de culpa, a reparar – por óbvio que às suas expensas – todos os danos que cause ao meio ambiente e a terceiros afetados por sua atividade, sendo prescindível perquirir acerca do elemento subjetivo, o que, consequentemente, torna irrelevante eventual boa ou má-fé para fins de acertamento da natureza, conteúdo e extensão dos deveres de restauração do *status quo ante* ecológico e de indenização. 12. Ante o princípio da melhoria da qualidade ambiental, adotado no Direito brasileiro (art. 2°, caput, da Lei 6.938/81), inconcebível a proposição de que, se um imóvel, rural ou urbano, encontra-se em região já ecologicamente deteriorada ou comprometida por ação ou omissão de terceiros, dispensável ficaria sua preservação e conservação futuras (e, com maior ênfase, eventual restauração ou recuperação). Tal tese equivaleria, indiretamente, a criar um absurdo cânone de isonomia aplicável a pretenso direito de poluir e degradar: se outros, impunemente, contaminaram, destruíram, ou desmataram o meio ambiente protegido, que a prerrogativa valha para todos e a todos beneficie.

11. LEGISLAÇÃO ESPECÍFICA CORRELATA

- **Constituição Federal de 1988**

Art. 170. A ordem econômica, fundada na valorização do trabalho humano e na livre iniciativa, tem por fim assegurar a todos existência digna, conforme os ditames da justiça social, observados os seguintes princípios:

(...)

III - função social da propriedade;

(...)

VI - defesa do meio ambiente, inclusive mediante tratamento diferenciado conforme o impacto ambiental dos produtos e serviços e de seus processos de elaboração e prestação;

Art. 225. Todos têm direito ao meio ambiente ecologicamente equilibrado, bem de uso comum do povo e essencial à sadia qualidade de vida, impondo-se ao Poder Público e à coletividade o dever de defendê-lo e preservá- lo para as presentes e futuras gerações.

(...)

§ 3º As condutas e atividades consideradas lesivas ao meio ambiente sujeitarão os infratores, pessoas físicas ou jurídicas, a sanções penais e administrativas, independentemente da obrigação de reparar os danos causados.

- **Lei 9.985/00**

Art. 36. Nos casos de licenciamento ambiental de empreendimentos de significativo impacto ambiental, assim considerado pelo órgão ambiental competente, com fundamento em estudo de impacto ambiental e respectivo relatório - EIA/RIMA, o empreendedor é obrigado a apoiar a implantação e manutenção de unidade de conservação do Grupo de Proteção Integral, de acordo com o disposto neste artigo e no regulamento desta Lei.

§ 1º O montante de recursos a ser destinado pelo empreendedor para esta finalidade ~~não~~ pode ser inferior a meio por cento dos custos totais previstos para a implantação do empreendimento, sendo o percentual fixado pelo órgão ambiental licenciador, de acordo com o grau de impacto ambiental causado pelo empreendimento. (Vide ADIN nº 3.378-6, de 2008)

- **Lei 6.938/81**

Art. 2º. A Política Nacional do Meio Ambiente tem por objetivo a preservação, melhoria e recuperação da qualidade ambiental propícia à vida, visando assegurar, no País, condições ao desenvolvimento sócioeconômico, aos interesses da segurança nacional e à proteção da dignidade da vida humana, atendidos os seguintes princípios:

Art. 4º - A Política Nacional do Meio Ambiente visará:

V - à difusão de tecnologias de manejo do meio ambiente, à divulgação de dados e informações ambientais e à formação de uma consciência pública sobre a necessidade de preservação da qualidade ambiental e do equilíbrio ecológico;

(...)

VII - à imposição, ao poluidor e ao predador, da obrigação de recuperar e/ou indenizar os danos causados, e ao usuário, de contribuição pela utilização de recursos ambientais com fins econômicos.

Art. 12. As entidades e órgãos de financiamento e incentivos governamentais condicionarão a aprovação de projetos habilitados a esses benefícios ao licenciamento, na forma desta Lei, e ao cumprimento das normas, dos critérios e dos padrões expedidos pelo CONAMA.

Parágrafo único. As entidades e órgãos referidos no caput deste artigo deverão fazer constar dos projetos a realização de obras e aquisição de equipamentos destinados ao controle de degradação ambiental e a melhoria da qualidade do meio ambiente.

Art. 14 - Sem prejuízo das penalidades definidas pela legislação federal, estadual e municipal, o não cumprimento das medidas necessárias à preservação ou correção dos inconvenientes e danos causados pela degradação da qualidade ambiental sujeitará os transgressores:

(...)

§ 1º Sem obstar a aplicação das penalidades previstas neste artigo, é o poluidor obrigado, independentemente da existência de culpa, a indenizar ou reparar os danos causados ao meio ambiente e a terceiros, afetados por sua atividade. O Ministério Público da União e dos Estados terá legitimidade para propor ação de responsabilidade civil e criminal, por danos causados ao meio ambiente.

- **Lei 12.305/10**

Art. 6º São princípios da Política Nacional de Resíduos Sólidos:

(...)

II - o poluidor-pagador e o protetor-recebedor;

- Lei 12.651/12

Art. 41. É o Poder Executivo federal autorizado a instituir, sem prejuízo do cumprimento da legislação ambiental, programa de apoio e incentivo à conservação do meio ambiente, bem como para adoção de tecnologias e boas práticas que conciliem a produtividade agropecuária e florestal, com redução dos impactos ambientais, como forma de promoção do desenvolvimento ecologicamente sustentável, observados sempre os critérios de progressividade, abrangendo as seguintes categorias e linhas de ação:

I – pagamento ou incentivo a serviços ambientais como retribuição, monetária ou não, às atividades de conservação e melhoria dos ecossistemas e que gerem serviços ambientais, tais como, isolada ou cumulativamente:

- Lei 11.445/07

Art. 3º Os serviços públicos de saneamento básico serão prestados com base nos seguintes princípios fundamentais:

(...)

III – abastecimento de água, esgotamento sanitário, limpeza urbana e manejo dos resíduos sólidos realizados de forma adequada à saúde pública e à proteção do meio ambiente; (Redação dada pela Medida Provisória nº 868, de 2018)

- **Lei 9.605/98**

Art. 70. Considera-se infração administrativa ambiental toda ação ou omissão que viole as regras jurídicas de uso, gozo, promoção, proteção e recuperação do meio ambiente.

(...)

§ 2º Qualquer pessoa, constatando infração ambiental, poderá dirigir representação às autoridades relacionadas no parágrafo anterior, para efeito do exercício do seu poder de polícia.

- Lei 4.717/65

Art. 1º Qualquer cidadão será parte legítima para pleitear a anulação ou a declaração de nulidade de atos lesivos ao patrimônio da União, do Distrito Federal, dos Estados, dos Municípios, de entidades autárquicas, de sociedades de economia mista (Constituição, art. 141, § 38), de sociedades mútuas de seguro nas quais a União represente os segurados ausentes, de empresas públicas, de serviços sociais autônomos, de instituições ou fundações para cuja criação ou custeio o tesouro público haja concorrido ou concorra com mais de cinqüenta por cento do patrimônio ou da receita ânua, de empresas incorporadas ao patrimônio da União, do Distrito Federal, dos Estados e dos Municípios, e de quaisquer pessoas jurídicas ou entidades subvencionadas pelos cofres públicos.

(...)

§ 3º A prova da cidadania, para ingresso em juízo, será feita com o título eleitoral, ou com documento que a ele corresponda.

12. QUESTÕES DE CONCURSO

12.1. Questões

1) **(PGE/AC – Procurador do Estado / 2017)** Considerando os trechos a seguir reproduzidos, identifique o princípio de direito ambiental a que cada um deles se refere.

I – "Sempre que houver perigo da ocorrência de um dano grave ou irreversível, a ausência de certeza cientifica absoluta não deverá ser utilizada como razão para se adiar a adoção de medidas eficazes a fim de impedir a degradação ambiental" (LEITE & AYALA).

II – "Objetiva internalizar nas práticas produtivas (em última instância, no preço dos produtos e serviços) os custos ecológicos, evitando-se que os mesmos sejam suportados de modo indiscriminado (e portanto injusto) por toda a sociedade" (SARLET & FENSTERSEIFER).

III – "Incentiva economicamente quem protege uma área, deixando de utilizar seus recursos, estimulando assim a preservação" (RIBEIRO).

IV – "...apesar de não se encontrar, com nome e sobrenome, consagrado na nossa Constituição, nem em normas infraconstitucionais, e não obstante sua relativa imprecisão – compreensível em institutos de formulação recente e ainda em pleno processo de consolidação –, transformou-se em princípio geral de Direito Ambiental, a ser invocado na avaliação da legitimidade de iniciativas legislativas destinadas a reduzir o patamar de tutela legal do meio ambiente" (BENJAMIN).

V – "visa proteger a quantidade dos bens ambientais, estabelecendo uma consciência ambiental de uso racional dos mesmos, permitindo uma socialização justa e igualitária de seu uso" (RODRIGUES).

Na sequência, faça a devida identificação do princípio explicitado em cada doutrina.

a) Prevenção, usuário-pagador, subsidiariedade, equidade intergeracional e poluidor-pagador.

b) Usuário-pagador, protetor-recebedor, cooperação, vedação de retrocesso ambiental e sustentabilidade.

c) Precaução, usuário-pagador, protetor-recebedor, desenvolvimento sustentável e equidade intergeracional.

d) Precaução, poluidor-pagador, protetor-recebedor, vedação de retrocesso ambiental e usuário-pagador.

e) Precaução, poluidor-pagador, intervenção estatal obrigatória, vedação de retrocesso ambiental.

2) **(TRF-3ª Região – Juiz Federal Substituto / 2018)** A respeito dos princípios que sustentam o direito ambiental brasileiro é CORRETO afirmar que:

a) O princípio do desenvolvimento sustentável envolve a substituição de norma de expansão quantitativa por uma melhoria qualitativa como caminho para o progresso, trazendo a integração entre a proteção ambiental e o desenvolvimento econômico para o benefício das presentes e futuras gerações.

b) O princípio usuário-pagador pressupõe uma prática ilícita daquele que utiliza o recurso ambiental, sendo possível a exigência de pagamento quando houver o cometimento de faltas ou infrações.

c) O princípio da precaução contido no artigo 225 da Constituição Federal impõe ao Poder Público a obrigação de controlar atividades de risco quando importarem ameaças de danos irreversíveis e conhecidos pela ciência, sendo liberada a atividade se não houver prova do prejuízo.

d) A Lei de Política Nacional do Meio Ambiente obriga a reparação dos danos causados pelo poluidor à fauna, à flora e ao meio ambiente, devendo ser demonstrada a culpa em sua conduta, exceto em caso de prejuízo causado pela atividade nuclear.

3) **(TJ/MT – Juiz Substituto / 2018)** A internalização do custo ambiental, transformando a externalidade negativa, ou custo social, num custo privado, visa impedir a socialização do prejuízo e a privatização dos lucros. Este é o objetivo do princípio

a) do poluidor-pagador.

b) da função social da propriedade.

c) da prevenção.

d) da precaução.

e) da cooperação.

4) **(TRF-2ª Região – Juiz Federal Substituto / 2018)** A respeito do princípio da precaução em relação ao Direito Ambiental, é correto afirmar que:

a) o ônus da prova sobre a ocorrência do dano ambiental e sua autoria é do autor da ação civil pública.

b) os riscos são certos e o perigo de dano é concreto.

c) o Poder Público deve comprovar que os riscos existem, e que a pessoa que explora a atividade foi a causadora do dano.

d) ele se confunde com o princípio da prevenção.

e) compete a quem supostamente promoveu o dano ambiental comprovar que não o causou ou que a substância lançada ao meio ambiente não lhe é potencialmente lesiva.

5) **(TRF-1ª Região – Juiz Federal Substituto / 2015)** No direito ambiental, o princípio do poluidor-pagador, em sentido estrito, fundamentado na teoria econômica, pode ser observado, por exemplo, na hipótese de

a) conversão de multa em prestação de serviços de preservação, melhoria e recuperação do meio ambiente, desde que os custos desses serviços não sejam inferiores ao valor da multa convertida.

b) imposição de limitações administrativas à propriedade privada, nos casos em que o proprietário pretenda exercer atividade econômica potencial ou efetivamente poluidora em imóvel rural.

c) imposição ao empreendedor de obrigação de manter investimentos em desenvolvimento científico contínuo, quando houver incertezas científicas sobre a ameaça de danos ambientais graves ou irreversíveis causados pela sua atividade econômica.

d) imposição de multa administrativa pelo órgão ambiental fiscalizador ao responsável por atividade econômica poluidora, de forma a garantir, por meio de compensação pecuniária, o exercício da atividade econômica poluidora.

e) imposição ao empreendedor, pelo órgão competente, de obrigação de arcar com os custos de prevenção, mitigação e compensação de impactos ambientais causados pela atividade econômica, como condição para o licenciamento.

6) **(TJ/SP – Juiz / 2014)** Novamente quanto ao tema dos *princípios* do Direito Ambiental, o que determina que aquele que se utiliza ou usufrui de algum recurso natural deve arcar com os custos necessários para possibilitar tal uso configura o princípio

a) do usuário-pagador.

b) da função socioambiental da propriedade.

c) do poluidor-pagador.

d) do desenvolvimento sustentável.

12.2. Gabarito e comentários

Questão 1:

Gabarito: **letra "d"**

Comentários: Cuida-se de compreensão exata dos princípios abordados.

Questão 2:

Gabarito: **letra "a"**

Comentários: Cuida-se de compreensão adequada do princípio do desenvolvimento sustentável, em razão do qual não mais se prima pelo mero crescimento econômico (quantitativo), mas almejando-se que haja qualidade no desenvolvimento.

Questão 3:

Gabarito: **letra "a"**

Comentários: A descrição da questão é clara o suficiente a denotar que se trata do princípio do poluidor-pagador, que, desde já, deve adotar medidas para absorver os custos ao meio ambiente (externalidades negativas) que sua atividade produz.

Questão 4:

Gabarito: **letra "e"**

Comentários: A questão vai de encontro ao entendimento consolidado no sentido de que uma das consequências que o princípio da precaução gera é exatamente a inversão do ônus da prova.

Questão 5:

Gabarito: **letra "e"**

Comentários: Tal como na questão anterior (nº 3), denota com outras palavras as implicações que o princípio do poluidor-pagador traz ao empreendedor, devendo desde já, no curso de sua atividade, adotar todas as medidas possíveis a contornar a degradação ao meio ambiente que esteja a causar, seja prevenindo que ocorra, ou, em última instância, promovendo compensação.

Questão 6:

Gabarito: **letra "a"**

Comentários: Trata-se de definição do usuário-pagador, em que, veja bem, não se visualiza qualquer resquício de degradação que esteja ocorrendo. Nada obstante, para se buscar uma racionalização do uso, bem como até mesmo para compensar essa privatização do uso de bem coletivo, impõe-se o pagamento para o uso.

Capítulo V

COMPETÊNCIA AMBIENTAL

1. INTRODUÇÃO

COMPETÊNCIA

segue vídeo abaixo:

https://youtu.be/nlpAOT5HRYU

Segundo expresso nos artigos 1º e 18, da CF/88, o Brasil consiste numa República Federativa, formada pela união indissolúvel dos Estados e Municípios e do Distrito Federal, sendo que, até por possuir dimensões continentais, é formatado por um modelo de descentralização administrativa de Estado, com autonomia conferida a cada Ente federativo, materializada por meio da repartição de competências, delineando as atribuições que, com exclusiva ou concorrentemente, cada ente possui para consecução do fundamento com base no qual o Estado foi criado, e ao objetivo fundamental que deve perseguir.

Em outros termos, e amparando-se na tradicional doutrina, a partir do momento em que se constitui de um Estado Federativo, a concessão de autonomia a cada ente implica no reconhecimento de poderes a cada um, representativo da "porção de matérias que a

Constituição distribui entre as entidades e que passam a compor seu campo de atuação governamental, suas áreas de competência", definidas essas como "as diversas modalidades desse poder que se servem os órgãos ou entidades estatais para realizar as suas funções"[1].

Assim sendo, e segmentando o assunto à seara ambiental, as *competências ambientais* são definidas como a "congregação das atribuições juridicamente conferidas a determinado nível de governo visando à emissão das suas decisões no cumprimento do dever de defender e preservar o meio ambiente para as presentes e futuras gerações"[2], isto é, o meio ambiente ecologicamente equilibrado (art. 225, CF/88).

E, analisando o Texto Constitucional, verifica-se que no Título III (mais precisamente do artigo 20 ao artigo 30) cuidou o constituinte de desenhar o quadro de competências que envolvem, dentro da cada ente federativo[3], tanto a atuação do Poder Executivo (competências administrativas) como do Poder Legislativo (competências legislativas), para atuarem de forma exclusiva, concorrente ou de modo comum – o que se refere a todas as áreas do Direito, incluindo a Ambiental.

Assim sendo, neste capítulo será feita a abordagem a respeito desse quadro de repartição de competências, relativamente aos temas envolvendo a tutela ambiental, cuja exposição se segmentará entre as competências Legislativas e Executivas[4], assinalando o que compete a cada ente federativo.

Antes, porém, é de se destacar alguns detalhes, a começar por aquilo que se denominada *federalismo de cooperação* – característica de nossa Federação realçada na seara ambiental –, a denotar o formato como o constituinte procedeu à repartição das competências ambientais, envolvendo, articuladamente, todos os entes na tutela ambiental, que possuem sua parcela de poder para atuarem na defesa do meio ambiente, seja pela competência legislativa concorrente, seja pela competência material comum.

ATENÇÃO

Sob a ótica ambiental, constata-se o Federalismo de cooperação como marca constitucional da repartição de competências, na medida em que prevê, como regra, temas comuns e concorrentes aos Entes federativos, para que, por meio de atuações paralelas e/ou complementares, promovam suas respectivas políticas públicas de tutela ambiental coordenadamente e em sintonia com os demais.

Outro detalhe importante, mais específico à seara ambiental, diz respeito ao princípio geral da *predominância do interesse*, que, de certo modo, foi referência na esquematização

1. SILVA, José Afonsa da. Comentário Contextual à Constituição. 7ª ed. São Paulo: Malheiros, 2010, p. 264.
2. FERREIRA, Heline Sivini. Competências Ambientais. *In:* CANOTILHO, José J. Gomes; LEITE, José Rubens Morato (org.). Direito Constitucional Ambiental Brasileiro. 6ª ed. rev. São Paulo: Saraiva, 2015, p. 243-255.
3. Frise-se que, quanto aos Municípios, a Constituição de 1988 fortaleceu o federalismo brasileiro, alçando o Município à condição de ente da Federação e transferindo-lhe parcela considerável das receitas e competências.
4. Sem prejuízo, vale pontuar a existência de entendimento que segmenta as competências em *legislativa* (referente à atuação legiferante outorgada aos entes federativos), *executiva* (que seria relativo ao estabelecimento e execução de diretrizes, estratégias e políticas), e, por fim, *administrativa* (a versar sobre implementação e fiscalização, sendo, propriamente, o exercício do poder de polícia). FERREIRA, Heline Sivini. Op. cit., p. 245.

das competências, além ainda de ser parâmetro para solução de eventuais conflitos. Por este princípio, será da competência da União caso se trate de interesse predominantemente *nacional* (geral), ao passo que, será do Estado, se o predomínio do interesse seja *regional*, e, por fim, será da competência do Município, quando o interesse for predominantemente *local*.

Por fim, último detalhe a se destacar neste momento é sobre eventual aplicação, no âmbito da distribuição de competências, do *princípio da subsidiariedade*. Segundo se sustenta[5], carregando consigo a ideia de pensar global e agir localmente, e fundamentando-se pela proximidade para com os cidadãos a viabilizar políticas mais democráticas, é lembrado dentro da seara ambiental[6], almejando-se uma repartição das competências a fortalecer a autonomia dos entes regionais e locais (por exemplo, Estados e Municípios), de modo que, tão apenas quando não tiverem condições estruturais para solução dos problemas ambientais[7] é que o ente centralizador (por exemplo, a União) é chamado a atuar.

Contudo, bem analisando nosso ordenamento, em especial o Texto Constitucional, verifica-se que, a despeito da abordagem doutrinária, tal não se concretiza quanto à distribuição de competências. Porém, no âmbito infraconstitucional, considera-se materializada no artigo 15, da Lei Complementar 140/11, ao prever o caráter supletivo dos entes federativos nas ações administrativas de licenciamento e na autorização ambiental, isto é, dentro de competências administrativas.

2. COMPETÊNCIA LEGISLATIVA

Na medida em que, dentre outros, os assuntos "proteção do meio ambiente e controle da poluição" encontram-se arrolados no inciso VI, do artigo 24, da CF/88, resulta evidente que, no âmbito da tutela ambiental, a regra geral consiste em ser competência legislativa concorrente, tal como disciplinado pelo referido artigo[8]. Contudo, existem exceções.

Assim, iniciando-se pela competência legislativa, ingressa-se no seu estudo a partir da regra geral, para, após, abordar as situações que lhe excepcionam.

2.1. Competência concorrente (regra geral) – art. 24, CF/88

Em síntese, a competência legislativa para assuntos ambientais, regra geral, dá-se de forma concorrente, na forma como consta no artigo 24, da CF/88, a respeito do que, analisando o seu §1°, verifica-se competir à União legislar por meio de *normas gerais*, enquanto que ao Estado exercer uma competência *suplementar*, deixando de fazer qualquer menção tanto ao Município como ao Distrito Federal.

5. ZIMMERNMANN, Augusto. Teoria geral do federalismo democrático. 2ª ed. Rio de Janeiro: Lumen Juris, 2005.
6. SARLET, Ingo Wolfgand, e FENSTERSEIFER, Tiago. Op. cit., p. 211.
7. Bem analisando nosso ordenamento, em especial o Texto Constitucional, verifica-se que, a despeito da abordagem doutrinária, tal não se concretiza quanto à distribuição de competência legislativa. Porém, no âmbito infraconstitucional, considera-se materializada no artigo 15, da Lei Complementar 140/11, ao prever o caráter supletivo dos entes federativos nas ações administrativas de licenciamento e na autorização ambiental.
8. Aliás, há doutrina que sustenta que tão apenas referido dispositivo já seria o suficiente para disciplinar a competência em matéria ambiental. Nesse sentido, SARLET, Ingo Wolfgand, e FENSTERSEIFER, Tiago. Op. cit., p. 180.

Contudo, e sem necessidade de maiores ilações, é de rigor sua análise conjuntamente com o artigo 30, CF/88, senão com o próprio artigo 23, VI, da CF/88[9], a se reconhecer que, a despeito da omissão constitucional no artigo 24, o Município também possui competência suplementar, tal como o Distrito Federal - na medida do que dispõe o artigo 32, §1°, da CF/88 - frisando, inclusive, a observância do princípio da predominância do interesse nesse delineamento. Assim sendo, compete à União a formulação de *normas gerais*, enquanto que, aos demais, a *competência suplementar*.

ATENÇÃO

Verifica-se a presença de um condomínio vertical[10] de competências, porém sem qualquer relação de superioridade hierárquica, eis que, no âmbito interno, de relação entre os Entes Federados, lê-se do artigo 18 que a União é tão autônoma quanto os demais entes federados, em posição isonômica.

Normas gerais representam, na linha do que leciona Greco[11], "normas uniformes, isonômicas, aplicáveis a todos os cidadãos e a todos os Estados", isto é, "seria a moldura do quadro a ser pintado pelos Estados e Municípios no âmbito de suas competências"[12], sem ingressar no âmbito de particularidades que a estes competem.

> Normas gerais são declarações principiológicas que cabe à União editar, no uso de sua competência concorrente limitada, restrita ao estabelecimento de diretrizes nacionais sobre certos assuntos, que deverão ser respeitadas pelos Estados-Membros na feitura de suas legislações, por meio de normas específicas e particularizantes que as detalharão, de modo que possam ser aplicadas, direta e imediatamente, às relações e situações concretas a que se destinam, em seus respectivos âmbitos políticos[13].

Nesse sentido, tem-se que, em verdade, a norma geral não pode ser completa, exaustiva do assunto com particularidades, sob o risco da União se imiscuir inconstitucionalmente na *competência suplementar* reservada aos Estados, Municípios e Distrito Federal.

A respeito desse âmbito de atuação legislativa, tem-se que aos referidos entes federados é dado, tal como dizia a Constituição Republicana de 1934 (art. 5°, §3°), legislar

9. Na medida em que se impõe ao Executivo atuar na proteção ao meio ambiente e no combate à poluição, obviamente que, por força do princípio da estrita legalidade que rege a Administração Pública, é inerente que a competência para legislar também o acompanha, sob pena de inviabilizar a imposição do artigo 23, VI, da CF/88.

10. Desenhada dentro de um modelo de federalismo cooperativo ou de integração, a repartição vertical consiste na técnica pela qual dois ou mais entes federativos vão atuar conjunta ou concorrentemente (cumulativa e não cumulativa) para uma mesma matéria. Tendo origem na Constituição Alemã de Weimar de 1919, no Brasil, aparece pela primeira vez na Constituição de 1934, estando, atualmente, devidamente materializada na Constituição Federal de 1988.

11. GRECO, Leonardo. Competências constitucionais em matéria ambiental. Revista dos Tribunais. Vol. 687. P. 29. São Paulo: Revista dos Tribunais, 1993.

12. STF - MC na ADI 927/RS - julg.: 03.11.1993.

13. MOREIRA NETO, Diogo de Figueiredo. Competência Concorrente Limitada. O problema da Conceituação das Normas Gerais, *in* Revista de Informação Legislativa, Brasília, a.25, n° 100, out/dez 1988, p. 133.

atendendo às peculiaridades locais, suprir as lacunas ou deficiências da legislação federal, isto é, legislar para desdobrar ou detalhar o conteúdo da norma geral, bem como para suprir a sua ausência ou omissão, frisando que se suplementa uma norma jurídica não somente para preencher vazios, mas para aperfeiçoá-la ou completá-la[14].

ATENÇÃO

Pela temática ambiental, quando do exercício dessa competência suplementar, há entendimento firme no sentido de que não são admissíveis normas mais flexíveis ou permissivas, senão a criação de formas mais rígidas de controle[15].

Com efeito, para não incorrer num federalismo consentido[16], de rebaixamento dos demais Entes em relação à União, tem-se que *suplementar* implica acrescer algo, aperfeiçoar a norma geral, o que, pela perspectiva do Direito Ambiental, significa um aprimoramento e aumento do padrão normativo da tutela do meio ambiente ecologicamente equilibrado, sendo a norma geral um patamar legislativo mínimo.

Outro detalhe é assinalado por Machado, quando ressalta "que não se pode suplementar um texto legal para descumpri-lo, ou para deturpar sua intenção, isto é, para desviar-se da *mens legis* ambiental federal"[17].

Isso porque, pela leitura do que dispõe o artigo 24, §4º, da CF/88[18], há o entendimento de que a norma suplementar não pode contrariar a norma geral, pois, do contrário, repercute na própria inconstitucionalidade (se a norma geral for prévia), ou suspensão dos efeitos da parte específica (se a norma geral for posterior).

Nada obstante, e até mesmo no intuito de se conferir a maior efetividade possível à norma que prevê o direito fundamental ao meio ambiente ecologicamente equilibrado, há quem considere que a competência suplementar só faz sentido quando dela resultar mais proteção da saúde, ou melhor defesa do meio ambiente, e não menos proteção[19].

---

14. A competência suplementar é gênero do qual são espécies a supletiva e a complementar. A primeira (supletiva) exercita-se na hipótese de inexistência de norma geral (art. 24, §3º, CF/88), viabilizando-se que se legisle de forma plena para atender às peculiaridades locais ou regionais, enquanto que, a segunda (complementar), tendo por premissa a existência da norma geral, surge para lhe detalhar, aperfeiçoar, de acordo com as peculiaridades locais ou regionais (ADI 2.396-9 - julg.: 26-9-2001).
15. ADI n. 1.086-7/SC - julg.: 07.06.2001.
16. MACHADO, Paulo Afonso Leme. Federalismo, amianto e meio ambiente: julgado sobre competência. *In:* CANOTILHO, José J. Gomes; LEITE, José Rubens Morato (org.). Direito Constitucional Ambiental Brasileiro. 6ª ed. rev. São Paulo: Saraiva, 2015, p. 269.
17. MACHADO, Paulo Affonso Leme. Advocacia Ambiental: Segurança Jurídica para Empreender. Coordenadores; Edson de Oliveira Filho, Flávio Ahmed, Luiz Carlos Aceti Jr., Samir Jorge Murad e Werner Grau Neto. Rio de Janeiro: Lúmen Juris Editora, 2009, pp.1-13.
18. Referido dispositivo diz que a superveniência de lei federal sobre normas gerais suspende a eficácia da lei estadual, no que lhe for contrário.
19. MACHADO, Paulo Afonso Leme. Op. cit., p. 267.

E, mais ainda, há doutrina abalizada[20] admitindo, inclusive, que a norma elaborada pela competência suplementar seja divergente, contrária à norma geral da União, para ser mais protetiva em termos ambientais[21].

Prosseguindo, verifica-se que os §§ 3º e 4º, do artigo 22, da CF/88, tratam da hipótese de ausência da norma geral, e seu respectivo aparecimento posterior às legislações estaduais e/ou municipais, que tenham sido elaboradas no âmbito da competência suplementar supletiva.

Quando da ausência da norma geral, o constituinte autoriza que o Estado (e Municípios) legisle, em razão de sua competência suplementar, para atender às peculiaridades a respeito de seu território, o que, dada aquela ausência, implica na própria necessidade de traçar, inclusive, as normas de caráter geral. Daí, assume, inevitavelmente, a atribuição para legislar sobre o assunto de forma plena, elaborando tanto as normas evidentemente peculiares e pormenorizadas, como também normas de caráter geral, ou seja, toda a normatividade.

Sem prejuízo, com o advento da norma geral da União, disciplinou o constituinte que a norma regional e/ou local será suspensa naquilo que tiver avançado sob o aspecto da generalidade, isto é, que seja da atribuição da União, bem como quanto àquilo que lhe contrariar. Mas, frise-se, não se trata de revogar, mas sim de suspender os efeitos[22].

Exaurida a análise da sistemática que envolve o exercício da competência concorrente, vale destacar, então, quais são os assuntos que dizem respeito à tutela ambiental, os quais se encontram no artigo 24, incisos VI, VII e VIII, da CF/88.

No inciso VI, o constituinte previu ser de competência legislativa concorrente legislar sobre florestas, caça, pesca, fauna, conservação da natureza, defesa do solo e dos recursos naturais, proteção do meio ambiente e controle da poluição, o que, conforme já pontuado, poderia se encerrar, tal como englobando os demais incisos, pelas expressões proteção do meio ambiente e controle da poluição, na medida em que sua generalidade seria o suficiente para autorizar a produção de leis sobre a tutela ambiental[23].

Por sua vez, o inciso VII versa sobre a proteção ao patrimônio histórico, cultural, artístico, turístico e paisagístico, a respeito do que é de se recordar o conceito amplo de meio ambiente, abrangendo integralmente os assuntos narrados no dispositivo em questão[24].

Já o inciso VIII diz que é de competência concorrente legislar sobre a responsabilidade por dano ao meio ambiente, ao consumidor, a bens e direitos de valor artístico, estético, histórico, turístico e paisagístico.

---

20. SARLET, Ingo Wolfgand, e FENSTERSEIFER, Tiago. Op. cit., p. 177. Segundo essa doutrina, "a suspensão da eficácia da lei estadual – e o mesmo raciocínio se aplica à lei municipal – não alcança o conteúdo de natureza suplementar, em especial naquilo em que a legislação anterior (estadual ou municipal) tenha estabelecido um patamar normativo de maior proteção ambiental".

21. Contudo, é de se destacar que, para fins de concursos, em especial para provas de primeira fase (objetiva), dificilmente se considerará como correta essa afirmação, pois se tem focado muito nos textos de lei. De qualquer forma, cuida-se de observação que se compreende como necessária para eventual questão dissertativa, e mesmo em prova oral, em que há margem para maiores debates.

22. Observe apenas que, linhas acima, assinalou-se o entendimento de que, caso a norma local e/ou regional seja mais protetiva ao meio ambiente, é discutível se terá sua aplicabilidade suspensa.

23. A Lei 6.938/81, Lei 9.985/00, Lei 11.428/06, Lei 12.651/12, etc., são exemplos de normas gerais que versam sobre os assuntos deste inciso.

24. O Dec. Lei 25/1937, versando sobre Tombamento de bens, serve de exemplo de norma geral.

Contudo, é imperioso ressalvar que, pelo teor do artigo 22, I, da CF/88, que diz ser competência privativa da União legislar sobre direito civil, comercial, penal, processual, eleitoral, agrário, marítimo, aeronáutico, espacial e do trabalho; resulta que, verdadeiramente, de forma suplementar aos entes federados tão apenas é dado legislar sobre a responsabilidade administrativa, mas não a civil e muito menos a penal.

2.2. Competência privativa da União *(exceção) – art. 22*

Excepcionando a regra geral contida no artigo 24, da CF/88, é preciso reconhecer que o artigo 22, da CF/88, ao estipular assuntos que são de competência privativa da União, afasta-os, *a priori*, de possível norma estadual ou municipal. Porém, existem ponderações críticas que merecem destaque.

Em primeiro lugar, é de se observar que, dada a amplitude da tutela ambiental, inclusive com o seu caráter transversal – envolvendo diversos outros campos –, seria possível assinalar muitos dos 29 (vinte e nove) incisos do artigo 22, a exemplo do tema *populações indígenas* – que certamente resvala na tutela ambiental. Nada obstante, e para ser mais objetivo quanto às hipóteses que diretamente veiculam a tutela ambiental, mencionam-se os incisos IV, XII e XXVI, quais sejam: (a) águas, energia, informática, telecomunicações e radiodifusão; (b) jazidas, minas, outros recursos minerais e metalurgia; e (c) atividades nucleares de qualquer natureza.

Sem prejuízo, impõe assinalar que o parágrafo único do artigo 22, da CF/88, consiste numa abertura para o surgimento de eventual norma estadual (e, na seara ambiental, leia-se também municipal – pelas razões já apresentadas), o que vem a ocorrer quando houver uma Lei Complementar da União autorizando a legislar sobre questões específicas das matérias relacionadas no artigo em tela, o que significa a possibilidade de *delegação* de competência.

Ademais, vale trazer a lume a crítica lançada por Antunes, que, em seus dizeres a seguir transcritos, relata um cenário jurisprudencial de tendência centralizadora da competência legislativa, que, na seara ambiental, não tem cabida, em especial pela descentralização operada pela competência concorrente, que almeja uma maior proteção ao meio ambiente ecologicamente equilibrado:

> (...) a lógica que tem sido a prevalente é aquela que considera que as competências privativas da União têm precedência sobre todas as outras formas de competência, quando os assuntos tiverem interseções relevantes. Assim se a matéria é minerária (competência privativa da União), os aspectos ambientais (competência concorrente) não podem se sobrepor ao aspecto material. Na prática, a competência concorrente se esvazia diante da competência privativa[25].

Por fim, merece assinalar que, a despeito de se tratar de competência legislativa privativa da União, compreende-se que, por força da competência material (Executiva) atribuída de forma comum a todos, os temas em questão não fogem da alçada do dever de fiscalização de todos os Entes da Federação, aos quais é imposto o dever de zelar pela proteção do meio ambiente.

---

25. ANTUNES, Paulo Bessa de. Federalismo e competências ambientais no Brasil. Rio de Janeiro: Lumen Juris, 2007, p. 106-107.

Portanto, a despeito de tudo, nota-se a existência de argumentos claros e fundados dando margem para críticas que, eventualmente, podem afastar essa zona de exceção vislumbrada, do ponto de vista literal, à União.

2.3. Competência exclusiva[26] do Estado *(exceção)* – art. 25, §§ 1º e 3º

Analisando o artigo 25, §§ 1º e 3º, da CF/88, nota-se que o constituinte deixa-lhe reservada a competência para legislar sobre aquilo que a Constituição não lhe vedar, sendo que, de forma residual, implica o reconhecimento de lhe competir legislar, inclusive na temática ambiental, aquilo que não for atribuído expressamente à União e aos Municípios[27].

2.4. Competência exclusiva do Município *(exceção) – art. 30, I*

O artigo 30, I, da CF/88, por sua vez, é claro ao reservar ao Município a competência para legislar sobre aquilo que seja de *interesse local*[28], o que, de certo modo, significa um âmbito de competência exclusiva do Município, ao qual União, Estados e demais Municípios não podem se imiscuir[29].

Contudo, é entendimento consolidado que o "Município é competente para legislar sobre o meio ambiente, com União e Estado, no limite de seu interesse local, e desde que tal regramento seja suplementar e harmônico à disciplina estabelecida pelos demais entes federados"[30].

3. COMPETÊNCIA EXECUTIVA (MATERIAL)

Além das competências para que os entes federados legislem sobre a temática ambiental, o constituinte também lhes transfere autonomia acompanhada de atribuições para que o Poder Executivo promova a defesa do meio ambiente e o combate à poluição, isto é, regulando a cooperação entre os entes da Federação, volta-se o Texto Constitucional

26. De se destacar que, diferentemente do que se menciona quando se refere à União (competência *privativa*), aos demais entes federativos é feita menção a uma competência *exclusiva*. A despeito da divergência doutrinária sobre existir, de fato, uma diferença conceitual, pauta-se por fazer uso das expressões distintas, a discriminar que, quando privativa, há a previsão de delegação, ao passo que, quanto às exclusivas, não há tal previsão.

27. Contudo, cuida-se de hipótese de difícil incidência, até mesmo por conta da generalidade com que redigido o artigo 24, VI, da CF/88.

28. Por interesse local compreende-se que não necessariamente deva corresponder a todo o território do Município, podendo referir-se a uma localidade, a um bairro, etc.

29. Resvalando nessa questão de assunto de interesse local, no dia 11 de outubro de 2018 foi julgada, pelo STF, a ADPF 514, cuja procedência proferida resultou na declaração de inconstitucionalidade do art. 1º, da Lei Complementar nº 996/2018, do Município de Santos, bem como do seguinte trecho do art. 3º da mesma lei: "XVII – transportá-los de forma inadequada ao seu bem- estar, como, por exemplo, em gaiolas, veículos, dentre outros;". Em essência, a Suprema Corte, ao apreciar referida legislação local que, a princípio, proíbe o trânsito de veículos transportando cargas vivas nas áreas urbanas e de expansão urbana da cidade, pontuou que, em verdade, houve invasão da competência da União pelo Município de Santos para legislar sobre transporte de animais, sendo matéria exaustivamente disciplinada no âmbito federal. Ademais, também se considerou que o legislador municipal impôs restrição desproporcional – ao invés de trazer ao ordenamento jurídico uma norma mais protetiva (que, teoricamente, aceitaria essa "invasão" de competência).

30. STF – RE 586.224 / SP – (Repercussão Geral Tema 145) – Dje 07.05.2015. Ademais, interessante conferir que, o STF, no ARE 748.206 AgR/SC, julg. 14.03.2017, pontuou que para a assunção e exercício de sua competência, devem os Municípios fazê-lo fundamentadamente.

a proceder à repartição das competências cujo destinatário são os respectivos Poderes Executivos, para a implementação das diretrizes, políticas e preceitos concernentes ao ambiente[31], dentro do que se insere o exercício do poder de polícia[32].

Diferentemente do que ocorre com a competência legislativa, no âmbito da competência material (executiva), em especial pela redação do artigo 23, VI, da CF/88 ("proteger o meio ambiente e combater a poluição em qualquer de suas formas"), considera-se que a regra é ser *comum*, a ser exercida por todos os entes federativos, de forma igualitária, e em solidariedade.

Nada obstante, há também exceções, sedo arguível que todos os entes da Federação, de certo modo, detêm uma reserva de competência exclusiva (sem possibilidade de delegação), nos termos em que se apresentará na sequência. Antes, porém, vejamos a regra geral.

3.1. Competência comum (regra) – artigo 23 e artigo 225, da CF/88

Na Carta Magna está delineado um quadro de repartição de competências materiais, cuja base normativa é o artigo 23, em que, sobre a tutela ambiental, os incisos III, IV, VI, VII, XI versam sobre o tema de forma mais direta – não se desconsiderando ser visualizável a proteção ambiental resvalando em outros incisos, dada a transversalidade do assunto.

Sem prejuízo, também integra o rol *exemplificativo* das competências materiais o artigo 225, §1°, da CF/88, na medida em que, igualmente, arrola uma série de deveres de proteção a serem executadas pelo Poder Público, cujas atribuições são direcionadas a todos os entes federativos indiscriminadamente.

ATENÇÃO

Os artigos 23 e 225, da CF/88, devem ser lidos em conjunto, compondo a regra geral da competência administrativa (material) comum.

Diferentemente do que ocorre com a competência legislativa concorrente (condomínio vertical), na administrativa comum há um condomínio horizontal de atribuições, sendo que não há uma atuação da União a traçar, ainda que de forma genérica (geral), a forma como devem agir os demais entes. Todos, de forma solidária e com isonomia (recorte horizontal), sem discriminação de assuntos, são aclamados a atuarem na proteção do meio ambiente e no combate à poluição.

---

31. Frisando que, neste trabalho, competência administrativa e executiva são tratadas como sinônimos, em que pese haja entendimento em sentido contrário, distinguindo-as.

32. Artigo 78, do Código Tributário Nacional, *in verbis:* Considera-se poder de polícia atividade da administração pública que, limitando ou disciplinando direito, interesse ou liberdade, regula a prática de ato ou abstenção de fato, em razão de interesse público concernente à segurança, à higiene, à ordem, aos costumes, à disciplina da produção e do mercado, ao exercício de atividades econômicas dependentes de concessão ou autorização do Poder Público, à tranquilidade pública ou ao respeito à propriedade e aos direitos individuais ou coletivos.

Nada obstante, como forma de otimizar o serviço público (eficiência), evitando atuações em duplicidade, e, pior, contraditórias, o constituinte previu a necessidade de se sistematizar essa simultaneidade, a *cooperação* entre os entes federativos, a ser feito por meio de Lei Complementar[33], que, segundo contido no art. 23, parágrafo único, da CF/88, deve primar pelo equilíbrio do desenvolvimento e do bem-estar em âmbito nacional.

> (...) os entes federativos não podem atuar autônoma e indistintamente sobre as matérias discriminadas no art. 23 da CF, de modo cumulativo, ou, ainda, pretender sobrepor-se uns aos outros, sob pena de invalidação dos atos que excederem os limites legais[34].

Sem prejuízo, impõe acrescer que, a despeito dessa solidariedade, a nenhum dos entes é dado se eximir de sua responsabilidade - sobre argumento da solidariedade -, isto é, o "encargo não admite demissão unilateral"[35], sendo inviável tanto um *não atuar* como um *atuar de forma insuficiente* sendo de responsabilidade de todos a atuação[36], frisando que, muito embora se trate de exercício do poder de polícia, há uma maior vinculação aos administradores, com redução das hipóteses a serem escolhidas num juízo de conveniência e oportunidade[37].

Aliás, vale desde já adiantar que, em que pese a solidariedade entre os entes federativos, na concretização do artigo 23 da CF/88, o legislador infraconstitucional, por meio da Lei Complementar 140/11, delineando esse equilíbrio entre os entes, que, obviamente, gera segurança jurídica, pautou-se pelo *critério da predominância do interesse*, a priorizar que a atuação do poder de polícia se faça primordialmente por aquela esfera que esteja mais próxima da questão ambiental a ser objeto de proteção ou combate à poluição[38].

Ademais, vale pontuar que, pela redação do artigo 25, §1°, da CF/88, restou estabelecido que a competência dos Estados, via de regra, é *residual*, na medida em que, aqui-

---

33. Nesse sentido, e materializando o denominado de *Federalismo de Cooperação*, foi elaborada a Lei Complementar 140/11, a ser tratada na sequência.
34. MILARÉ. Édis. Op. cit., p. 212.
35. STF - ADI 2.544/RS - *DJ* 17.11.2006.
36. SARLET, Ingo Wolfgand, e FENSTERSEIFER, Tiago. Op. cit., p. 208.
37. "Daí que ao Estado não resta mais do que uma única hipótese de comportamento: (...) optar sempre (...) por aquela menos gravosa ao equilíbrio ecológico". BENJAMIN, Antônio Herman. Constitucionalização do ambiente e ecologização da Constituição brasileira. *In:* CANOTILHO, José J. Gomes; LEITE, José Rubens Morato (org.). Direito Constitucional Ambiental Brasileiro. 6ª ed. rev. São Paulo: Saraiva, 2015, p. 101.
38. Nesse sentido, o artigo 17, da LC 140/11, segundo o qual compete ao órgão responsável pelo licenciamento ou autorização, conforme o caso, de um empreendimento ou atividade, lavrar auto de infração ambiental e instaurar processo administrativo para a apuração de infrações à legislação ambiental cometidas pelo empreendimento ou atividade licenciada ou autorizada. E, em seu parágrafo 3°, há o trecho em que diz que "prevalecendo o auto de infração ambiental lavrado por órgão que detenha atribuição de licenciamento ou autorização a que se refere o caput". Enfim, o artigo 9°, diz que compete ao Município proceder ao licenciamento quando o dano for de dimensão *local*, o art. 7°, fala em competir à União quando o dano atingir 2 ou mais Estados, e o art. 8°, por sua vez, diz competir ao Estado de forma residual. Daí, e sendo o critério de efetivação do exercício do poder de polícia (fiscalizar e autuar - art. 17) quem detenha poder para licenciar, não há dúvidas de que a questão é resolvida pela predominância do interesse envolvido/afetado.

lo que não tiver sido atribuído aos demais, e – por conseguinte – não for vedado, será competência dos Estados[39].

Diante desse contexto, verifica-se que o constituinte, atentou-se para especificar competir ao poder público, a missão ambiental de proteger os documentos, as obras e outros bens de valor histórico, artístico e cultural, os monumentos, as paisagens naturais notáveis e os sítios arqueológicos.

Para tanto, vale salientar dois exemplos de instrumentos previstos em lei, disponibilizados ao Poder Público, quais sejam o tombamento e a própria desapropriação por utilidade pública.

Com efeito, verifica-se que o tombamento[40], com previsão no Dec.-lei 25/1937, tem por propósito a proteção e conservação do patrimônio histórico e artístico nacional, incluindo monumentos naturais, bem como os sítios e paisagens notáveis, por meio do qual são estabelecidas limitações administrativas ao seu uso.

De outro lado, está prevista a hipótese de desapropriação por utilidade pública (art. 5º) exatamente para (alíne *k)* a preservação e conservação dos monumentos históricos e artísticos, (...) e, ainda, a proteção de paisagens e locais particularmente dotados pela natureza; além também de objetivar (alínea *l)* a preservação e a conservação adequada de arquivos, documentos e outros bens móveis de valor histórico ou artístico.

No inciso IV, do art. 23, da CF/88, está expresso como competência administrativa o dever de impedir a evasão, a destruição e a descaracterização de obras de arte e de outros bens de valor histórico, artístico ou cultural.

Ora, de se conferir que, de certo modo, agiu o constituinte com excesso de zelo, uma vez que a previsão no inciso III já abrangeria a proteção assinala por este inciso IV. Nada obstante, vale lembrar menção feita por Silva[41], citando a existência da Convenção da UNESCO de 1970 sobre Medidas a serem Adotadas para Proibir e Impedir a Importação, Exportação e Transferência de Propriedade Ilícita dos Bens Culturais, ratificada no Brasil pelo Decreto 72.312/1973.

Na sequência, abordando a tutela ambiental de forma bem direta há o inciso VI, segundo o qual é competência comum dos entes federativos o dever de *proteger o meio ambiente e combater a poluição em qualquer de suas formas.*

Veja que, em verdade, cuida-se da norma geral da competência material ambiental, cuja redação, por si só, já seria suficiente para impor aos entes federativos seu dever de tutelar o meio ambiente, na sua conceituação ampla (natural, cultural, do trabalho, artificial).

Para tal hipótese constitucional poderiam ser mencionados diversos exemplos, mas, de forma bem evidente, visualiza-se a Lei 6.938/81, que, a despeito de lhe ser prévia, foi

39. Porém, há abordagem de forma distinta, visualizando tal regime como de exclusividade. Contudo, a nosso ver cuida-se de um jogo de linguagem, pois, em verdade, chega a ser de difícil visualização no campo do Direito Ambiental, sendo que, senão pela especificação trazida pela Lei Complementar 140/11, a previsão contida inciso VI, do art. 23, da CF/88, possui uma generalidade a tornar quase inócua a existência de uma situação não prevista como possível aos demais atuarem.

40. ADI 1.076-4/DF – DJ 07.12.2000.

41. SILVA, José Afonsa da. Op. cit., p. 278.

recepcionada e configura a melhor e mais ampla sistematização da organização administrativa para consecução dos fins ambientais constitucionais.

De qualquer forma, vale pontuar que toda atuação administrativa que vier a ser abordada neste trabalho, certamente terá como base, antes de tudo, esta previsão constitucional, atrelada ao que dispõe o artigo 225, da CF/88, cujas atribuições do §1º, em verdade, detalham essa competência material genericamente prevista.

Adiante, o constituinte ainda previu no inciso VII, do art. 23, da CF/88 competir ao Poder Público *preservar as florestas, a fauna e a flora.*

Veja que a expressão *floresta* tem um propósito peculiar, pois, denotando qualquer vegetação que apresente predominância de indivíduos lenhosos, onde as copas das árvores se tocam formando um dossel[42], isto é, uma área com alta densidade de árvores[43], almeja a se impor a proteção à localidade em si, de peculiar característica ambiental, distinguindo-se da tutela que deve ser concedida à fauna e mesmo à flora, que podem muito bem ser encontradas nas floretas, como fora delas[44].

Por fim, pontuou o constituinte, pelo inciso XI, quanto à competência administrativa sobre *registrar, acompanhar e fiscalizar as concessões de direitos de pesquisa e exploração de recursos hídricos e minerais em seus territórios*, tema este de grande relevância para o estudo de direito ambiental.

Com efeito, os recursos hídricos, por exemplo, recebem especial tratamento por meio da Lei 9.433/97, com a inserção de temas interessantes, a exemplo da outorga onerosa pelo uso da água, além de outros pontos a serem trabalhados oportunamente, além ainda de envolver objetos (rios, lagos, etc.) que dão ensejo a "conflitos" de competência, havendo, por exemplo, específica previsão no artigo 20, da CF/88, quanto a constituir bem da União o rio que banhe mais de um Estado (art. 20, III, CF/88), a refletir, por conseguinte, na competência da Justiça Federal, exceto, por exemplo, quando observado que o dano em discussão é de âmbito local[45].

3.2. Competência exclusiva da União (exceção) – artigos 20 e 21, da CF/88

Compreendida a regra geral, e suas respectivas nuances e hipóteses, impõe analisar sobre situações que a excepcionam, a começar por aquelas nas quais competirá exclusi-

42. Inexiste uma definição legal de floresta, contudo, além da menção feita no texto, pode-se assinalar aquela segundo a qual consiste na "formação vegetal espontânea ou produzida, caracterizada pela predominância de árvores e fraca iluminação do sol. Por extensão, uma vasta superfície (...) plantada de árvores em formação cerrada". *Dictcionaire de l'Urbanisme et de l'Aménagement,* Paris: PUF, 1988, p. 304 *apud* ANTUNES, Paulo de Bessa. Direito Ambiental. 11ª ed. Rio de Janeiro: Lumen Juris, 2008, p. 485.

43. No entanto, existem diversas definições, criadas para atender objetivos específicos, como a definição de floresta da FAO (Organização das Nações Unidas para Agricultura e Alimentação) ou da UNFCCC (Convenção Quadro das Nações Unidas sobre Mudanças Climáticas). Disponível em http://www.mma.gov.br/florestas.html, consultado dia 10 de outubro de 2018.

44. Aliás, de se perceber que há distinção, na medida em que o legislador, no artigo 225, §1º, VII, faz referência a fauna e flora, sem pontuar sobre floresta. De qualquer forma, trata-se de questão terminológica, que, em si, não prejudica a compreensão da temática, mas que é bom observar para fins de prova, cujos questionamentos pautando-se, em grande parte, na literalidade das normas.

45. STJ CC 154.859 / SP – *DJe* 29/11/2017.

vamente à União[46] proceder à atuação administrativa, no intuito de tutelar o bem ambiental envolvido.

Nesse sentido, o primeiro contexto que excepciona a regra geral consiste em ser de competência exclusiva da União quando a atuação administrativa, exigida constitucionalmente, envolver um bem arrolado no artigo 20 da CF/88, como, por exemplo, a proteção da floresta (art. 23, VII, da CF/88), daí que será de atribuição da União quando referido recurso ambiental estiver situado em terras tradicionalmente ocupadas pelos índios (art. 20, XI, da CF/88)[47].

Por outro lado, também se justifica a atuação exclusiva da União quando a competência administrativa resvalar dentre aquelas contidas no artigo 21, da CF/88, que também arrola atribuições de cunho administrativo, porém de forma privativa àquele ente federativo, quais sejam: (a) inciso IX, elaborar e executar planos nacionais e regionais de ordenação do território e de desenvolvimento econômico e social; (b) inciso XVIII, planejar e promover a defesa permanente contra as calamidades públicas, especialmente as secas e as inundações; (c) inciso XIX, instituir sistema nacional de gerenciamento de recursos hídricos e definir critérios de outorga de direitos de seu uso; (d) inciso XX, instituir diretrizes para o desenvolvimento urbano, inclusive habitação, saneamento básico e transportes urbanos; (e) inciso XXIII, explorar os serviços e instalações nucleares de qualquer natureza e exercer monopólio estatal sobre a pesquisa, a lavra, o enriquecimento e reprocessamento, a industrialização e o comércio de minérios nucleares e seus derivados, atendidos os seguintes princípios e condições.

3.3. Competência exclusiva do Município (exceção) – artigo 30, CF/88

Referente ao Município, a regra geral é excepcionada, para lhe ser exclusiva a competência material, quando, na redação do artigo 30 da CF/88, for o caso de: (a) inciso VIII – promover, no que couber, adequado ordenamento territorial, mediante planejamento e controle do uso, do parcelamento e da ocupação do solo urbano; (b) inciso IX – promover a proteção do patrimônio histórico-cultural local, observada a legislação e a ação fiscalizadora federal e estadual.

Quanto à primeira situação, é de se perceber que se trata da realização do zoneamento, cuja implementação deve ocorrer no âmbito municipal em razão da predominância do interesse, eis que este é local para a hipótese *in* vertente.

Da mesma forma, a segunda situação é regida pelo interesse local, a demandar efetiva a atuação do Município, sem prejuízo, contudo, da observância da legislação e fiscalização das demais esferas. Porém, predominantemente, o poder de polícia compete ao Município.

4. LEI COMPLEMENTAR 140/11: NORMA DE COOPERAÇÃO

Dando cumprimento ao que dispõe o artigo 23, parágrafo único, da CF/88, na seara ambiental foi elaborada a Lei Complementar 140/11, a disciplinar exatamente a forma

46. A título de exemplo, no âmbito da União podem ser visualizados o Ibama, o Instituto Chico Mendes, como órgãos encarregados da tutela ambiental.

47. O artigo 7º, inciso XIV, da LC 140/11, faz expressa referência a áreas pertencentes à União para assinar ser ela a competente para realização do licenciamento ambiental.

de se proceder à repartição das competências administrativas, o que o faz "a partir da promoção de uma gestão descentralizada das políticas ambientais, mas assegurando, ao mesmo tempo, a uniformidade entre as mesmas por meio da cooperação entre os entes federativos"[48]. E, frise-se, acabou por ampliar e detalhar as competências constitucionalmente previstas.

Referida Lei Complementar é composta de 22 artigos, a respeito dos quais vale destacar o artigo 3º, no qual são listados os *objetivos fundamentais* que justificam a atuação administrativa dos entes federativos: I – proteger, defender e conservar o meio ambiente ecologicamente equilibrado, promovendo gestão descentralizada, democrática e eficiente; II – garantir o equilíbrio do desenvolvimento socioeconômico com a proteção do meio ambiente, observando a dignidade da pessoa humana, a erradicação da pobreza e a redução das desigualdades sociais e regionais; III – harmonizar as políticas e ações administrativas para evitar a sobreposição de atuação entre os entes federativos, de forma a evitar conflitos de atribuições e garantir uma atuação administrativa eficiente; IV – garantir a uniformidade da política ambiental para todo o País, respeitadas as peculiaridades regionais e locais.

Já no artigo 4º estão dispostos, num rol exemplificativo, *instrumentos* de consecução dessa cooperação, isto é, meios de se operacionaliza-la: I – consórcios públicos; II – convênios, acordos de cooperação técnica e outros instrumentos similares com órgãos e entidades do Poder Público, respeitado o art. 241 da Constituição Federal[49]; III – Comissão Tripartite Nacional, Comissões Tripartites Estaduais e Comissão Bipartite do Distrito Federal; IV – fundos públicos e privados e outros instrumentos econômicos; V – delegação de atribuições de um ente federativo a outro, respeitados os requisitos previstos nesta Lei Complementar; VI – delegação da execução de ações administrativas de um ente federativo a outro, respeitados os requisitos previstos nesta Lei Complementar.

Ademais, é importante visualizar que o legislador procedeu a uma listagem das atribuições a que compete a cada ente federativo, tendo feito uso do artigo 7º para dizer o que é da União, artigo 8º para o Estado, art. 9º para o Município, e, no artigo 10, para dizer que ao Distrito Federal são de sua competência todas aquelas atribuições previstas para o Estado (art. 8º) e para o Município (art. 9º).

Sobre toda essa listagem de atribuições, e evitando uma transcrição que afastaria a objetividade do texto, vale mencionar uma situação sobre licenciamento, que bem exemplifica a concatenação que existe entre as competências. Isso porque, o artigo 9º, XIV, alínea "a", diz que compete ao Município proceder ao licenciamento quando o dano for de dimensão *local*, o art. 7º, XIV, alínea "e", remete a competência à União quando o dano atingir 2 ou mais Estados, e o art. 8º, XIV, por sua vez, diz competir ao Estado de forma residual (todas atividades ou empreendimentos utilizadores de recursos ambientais, efetiva ou potencialmente poluidores ou capazes, sob qualquer forma, de causar degradação ambiental, salvo se se enquadrarem na competência da União ou do Município). Assim

48. SARLET, Ingo Wolfgand, e FENSTERSEIFER, Tiago. Op. cit., p. 194.
49. No art. 4º, §1º, LC 140/11, está expresso que, quanto a esses instrumentos do inciso II, podem ser firmados por prazo indeterminado.

sendo, percebe-se que a competência para realização do licenciamento ambiental encontra-se devidamente desenhada, evitando-se que mais um órgão ambiental proceda à sua realização, contrariando tanto a ideia de eficiência da administração pública, como também a segurança jurídica - dado o risco de, de repente, surgir novo licenciamento por outro órgão, ou mesmo, quando em simultaneidade de atuações, surjam decisões contraditórias.

Aliás, referida legislação trouxe ao plano normativo a noção de *unicidade* de competência para os casos de licenciamento ou autorização ambiental, sendo que, em seu art. 13, é expresso quanto à possibilidade de atuação de apenas um único ente federativo (há um único grau de competência).

ATENÇÃO

A despeito dessa repartição de atribuições - feita, inclusive, para todas as atuações preventivas -, não implica tenha havido uma redução de todos os entes federativos quanto ao poder geral de fiscalização - mantido em caráter cumulativo[50].

Ressalte-se que, no artigo 17, *caput* e §3°, da LC 140/11, diz competir ao ente licenciador a lavrar auto de infração ambiental, e demais consectários, quanto a eventual infração cometida pela empresa licenciada (*caput*), o que não impede a atuação fiscalizatória dos demais entes federativos, muito embora prevaleça a autuação da autoridade licenciadora (§3°). Ou seja, preservado o poder de polícia de todos os entes, mas que, caso haja duplicidade de autuação, o critério a definir qual deva prevalecer - afastando a sobreposição (*bis in idem*) - é o de quem tenha atribuição para licenciar a respectiva atividade autuada.

Sem prejuízo, dentro da sistemática da unicidade de competência, a LC 140/11 prevê aquilo que se denomina de competência (atuação) *subsidiária*, consistente na ação do ente da Federação que visa a auxiliar no desempenho das atribuições decorrentes das competências comuns, quando solicitado pelo ente federativo originariamente detentor das atribuições definidas na Lei Complementar (art. 2°, III). Assim, representa um auxílio, quando solicitado, prestado pelos demais entes, por meio de, por exemplo, apoio técnico, científico, administrativo ou financeiro (art. 16), de forma a subsidiar sua atuação, com melhores e/ou mais informações, porém sem força vinculativa.

Ademais, também é prevista a competência (atuação) *supletiva*, a qual é a ação do ente da Federação que se substitui ao ente federativo originariamente detentor das atribuições (art. 2°, II), ou seja, significa outro ente proceder ao licenciamento, em substituição àquele que, legalmente, possui a competência (suprindo sua omissão/insuficiência = supletiva), quando este não possuir órgão ambiental capacitado ou conselho de meio

50. Pontuando que, nos artigos 7°, 8°, 9,° há menção à fiscalização geral a ser exercida por todos, cujo tom é exatamente essa fase posterior à realização do licenciamento, ao passo que, pelo *caput* do art. 17, há a fiscalização específica, continuada e obrigatória a ser exercida sobre todas as atividades licenciadas.

ambiente, ou não emitir a licença/autorização dentro do prazo legal (art. 14, §3º, e art. 15). O detalhe é que essa atuação supletiva é transferida ao ente que lhe seja "superior", isto é, do Município para o Estado, e do Estado para o Município (art. 15), não havendo previsão, por exemplo, sair do Estado para ir para o Município, sair da União para ir para o Município, etc.

5. SÚMULAS E ORIENTAÇÕES JURISPRUDENCIAIS (STJ E STF)

Súmula 91 – Compete à Justiça Federal processar e julgar os crimes praticados contra a fauna. (Súmula 91, TERCEIRA SEÇÃO, julgado em 21/10/1993, DJ 26/10/1993, p. 22629) **SÚMULA CANCELADA:** *A Terceira Seção, na sessão de 08/11/2000, determinou o* ***CANCELAMENTO*** *da Súmula 91 do STJ (DJ 23/11/2000, p. 101).*

(STJ – Conflito de Competência 154859 / SP – DJe 29.11.2017)

CONFLITO NEGATIVO DE COMPETÊNCIA. JUSTIÇA FEDERAL X JUSTIÇA ESTADUAL. AÇÃO PENAL. PESCA, EM LOCAL PROIBIDO DE RIO INTERESTADUAL, COM A UTILIZAÇÃO DE PETRECHOS NÃO PERMITIDOS - ART. 34, PARÁGRAFO ÚNICO, II, DA LEI 9.605/98. PREJUÍZO LOCAL. AUSÊNCIA DE LESÃO A BENS, SERVIÇOS OU INTERESSES DA UNIÃO. COMPETÊNCIA DA JUSTIÇA ESTADUAL.

1. A preservação do meio ambiente é matéria de competência comum da União, dos Estados, do Distrito Federal e dos Municípios, nos termos do art. 23, incisos VI e VII, da Constituição Federal. 2. Com o cancelamento do enunciado n. 91 da Súmula STJ, após a edição da Lei n. 9.605/98, esta Corte tem entendido que a competência federal para julgamento de crimes contra a fauna demanda demonstração de que a ofensa atingiu interesse direto e específico da União, de suas entidades autárquicas ou de empresas públicas federais. Precedentes. 3. Assim sendo, para atrair a competência da Justiça Federal, o dano decorrente de pesca proibida em rio interestadual deveria gerar reflexos em âmbito regional ou nacional, afetando trecho do rio que se alongasse por mais de um Estado da Federação, como ocorreria se ficasse demonstrado que a atividade pesqueira ilegal teria o condão de repercutir negativamente sobre parte significativa da população de peixes ao longo do rio, por exemplo, impedindo ou prejudicando seu período de reprodução sazonal. 4. Tal critério tem por objetivo indicar parâmetros para a verificação da efetiva ou potencial ocorrência de dano que afete diretamente, ainda que de forma potencial, bem ou interesse da União, e não criar critério de definição de competência sem base legal, tanto mais que não se pode depreender da lei ambiental que o dano à União é presumido. 5. Situação em que os danos ambientais afetaram apenas a parte do rio próxima ao Município em que a infração foi verificada, posto que a denúncia informa que os réus foram flagrados pescando a cerca de 1.000 (mil) metros da Usina Hidroelétrica de Marimbondo, localizada em rio interestadual (Rio Grande), utilizando-se de rede de 15mm de 20 metros de comprimento, já tendo apanhado 2 Kg (dois quilos) de pescado da espécie conhecida como "fuzilim", supostamente para consumo próprio. 6. Conflito conhecido, para declarar a competência do Juízo de Direito da Vara Única da Comarca de Nova Granada/SP, o suscitante.

(STF – ADPF 514 / SP – DJe 30.11.2018)

ARGUIÇÕES DE DESCUMPRIMENTO DE PRECEITO FUNDAMENTAL. DIREITO CONSTITUCIONAL. PROBIÇÃO DO TRANSPORTE DE CARGAS VIVAS NO MUNICÍPIOS DE SANTOS. LEI COMPLEMENTAR MUNICIPAL Nº 996/2018. 1. Verifica-se a invasão da competência da União pelo Município de Santos para legislar sobre transporte de animais, matéria exaustivamente disciplinada no âmbito federal. 2. Sob a justificativa de criar mecanismo legislativo de proteção aos animais, o legislador municipal impôs restrição desproporcional. 3. Esta desproporcionalidade fica evidente quando se analisa o arcabouço normativo federal que norteia a matéria, tendo em vista a gama de instrumentos estabelecidos para garantir, de um lado, a qualidade dos produtos destinados ao consumo pela população e, de outro, a existência digna e a ausência de sofrimento dos animais, tanto no transporte quanto no seu abate. 4. Conversão de julgamento do referendo à medida cautelar em decisão de mérito. Arguições de descumprimento de preceito fundamental julgadas procedentes.

(STF – RE 586224 / SP – DJe 08.05.2015)

RECURSO EXTRAORDINÁRIO EM AÇÃO DIRETA DE INCONSTITUCIONALIDADE ESTADUAL. LIMITES DA COMPETÊNCIA MUNICIPAL. LEI MUNICIPAL QUE PROÍBE A QUEIMA DE PALHA DE CANA-DE-AÇÚCAR E O USO DO FOGO EM ATIVIDADES AGRÍCOLAS. LEI MUNICIPAL Nº 1.952, DE 20 DE DEZEMBRO DE 1995, DO MUNICÍPIO DE PAULÍNIA. RECONHECIDA REPERCUSSÃO GERAL. ALEGAÇÃO DE VIOLAÇÃO AOS ARTIGOS 23, CAPUT E PARÁGRAFO ÚNICO, Nº 14, 192, § 1º E 193, XX E XXI, DA CONSTITUIÇÃO DO ESTADO DE SÃO PAULO E ARTIGOS 23, VI E VII, 24, VI E 30, I E II DA CRFB. 1. O Município é competente para legislar sobre meio ambiente com União e Estado, no limite de seu interesse local e desde que tal regramento seja e harmônico com a disciplina estabelecida pelos demais entes federados (art. 24, VI c/c 30, I e II da CRFB). 2. O Judiciário está inserido na sociedade e, por este motivo, deve estar atento também aos seus anseios, no sentido de ter em mente o objetivo de saciar as necessidades, visto que também é um serviço público. 3. In casu, porquanto inegável conteúdo multidisciplinar da matéria de fundo, envolvendo questões sociais, econômicas e políticas, não é permitido a esta Corte se furtar de sua análise para o estabelecimento do alcance de sua decisão. São elas: (i) a relevante diminuição – progressiva e planejada – da utilização da queima de cana-de-açúcar; (ii) a impossibilidade do manejo de máquinas diante da existência de áreas cultiváveis acidentadas; (iii) cultivo de cana em minifúndios; (iv) trabalhadores com baixa escolaridade; (v) e a poluição existente independentemente da opção escolhida. 4. Em que pese a inevitável mecanização total no cultivo da cana, é preciso reduzir ao máximo o seu aspecto negativo. Assim, diante dos valores sopesados, editou-se uma lei estadual que cuida da forma que entende ser devida a execução da necessidade de sua respectiva população. Tal diploma reflete, sem dúvida alguma, uma forma de compatibilização desejável pela sociedade, que, acrescida ao poder concedido diretamente pela Constituição, consolida de sobremaneira seu posicionamento no mundo jurídico estadual como um standard a ser observado e respeitado pelas demais unidades da federação adstritas ao Estado de São Paulo. 5. Sob a perspectiva estritamente jurídica, é interessante observar o ensinamento do eminente doutrinador Hely Lopes Meireles, segundo o qual "se caracteriza pela predominância e não pela exclusividade do interesse para o município, em relação ao do Estado e da União. Isso porque não há assunto municipal que não seja reflexamente de interesse estadual e nacional. A diferença é apenas de grau, e não de substância." (Direito Administrativo Brasileiro. São Paulo: Malheiros Editores, 1996. p. 121.) 6. Função precípua do município, que é atender diretamente o cidadão. Destarte, não é permitida uma interpretação pelo Supremo Tribunal Federal, na qual não se reconheça o interesse do município em fazer com que sua população goze de um meio ambiente equilibrado. 7. Entretanto, impossível identificar interesse local que fundamente a permanência da vigência da lei municipal, pois ambos os diplomas legislativos têm o fito de resolver a mesma necessidade social, que é a manutenção de um meio ambiente equilibrado no que tange especificamente a queima da cana-de-açúcar. 8. Distinção entre a proibição contida na norma questionada e a eliminação progressiva disciplina na legislação estadual, que gera efeitos totalmente diversos e, caso se opte pela sua constitucionalidade, acarretará esvaziamento do comando normativo de quem é competente para regular o assunto, levando ao completo descumprimento do dever deste Supremo Tribunal Federal de guardar a imperatividade da Constituição. 9. Recurso extraordinário conhecido e provido para declarar a inconstitucionalidade da Lei Municipal nº 1.952, de 20 de dezembro de 1995, do Município de Paulínia.

(STF – AgR no RE 901444 / SP – DJe 15.06.2018)

EMENTA: DIREITO CONSTITUCIONAL E AMBIENTAL. AGRAVO INTERNO EM RECURSO EXTRAORDINÁRIO. PROTEÇÃO AO MEIO AMBIENTE. COMPETÊNCIA CONCORRENTE. LEI MUNICIPAL. PROIBIÇÃO DE SACOLAS

PLÁSTICAS EM ESTABELECIMENTOS COMERCIAIS. COMPATIBILIDADE COM A LEGISLAÇÃO ESTADUAL E FEDERAL. 1. A hipótese não se assemelha ao Tema 970 – análise das inconstitucionalidades formal e material de lei municipal que dispõe sobre meio ambiente –, pois a presente lei não exige o uso de sacolas plásticas biodegradáveis ou recicláveis pelos estabelecimentos comerciais e industriais, ao passo que a lei em análise proíbe que sejam usadas sacolas plásticas para transporte de mercadorias adquiridas em estabelecimentos comerciais. 2. O Supremo Tribunal Federal, no julgamento do RE 586.224/SP-RG, Tribunal Pleno, Rel. Min. Luiz Fux, reconheceu aos Municípios a competência para legislar sobre direito ambiental quando se tratar de assunto de interesse predominantemente local (Tema 145). 3. Inaplicável o art. 85, § 11, do CPC/2015, uma vez que não cabe a fixação de honorários. 4. Agravo interno a que se nega provimento.

(STF – RE 729726 AgR / SP – DJe 26.10.2017)

EMENTA Agravo regimental no recurso extraordinário. Direito ambiental. Ação Direta de Inconstitucionalidade. Lei nº 3.977/2009 do Município de Rio Claro/SP que proíbe a utilização, pelos estabelecimentos daquela localidade, de embalagens plásticas à base de polietileno ou de derivados de petróleo. Lei de iniciativa parlamentar. Ausência de vício formal de iniciativa. Inexistência de aumento de despesa. Proteção do meio ambiente. Matéria de interesse local. Competência municipal. Precedentes.

1. A lei impugnada não dispõe sobre nenhuma das matérias sujeitas à iniciativa legislativa reservada do chefe do Poder Executivo previstas no art. 61, § 1º, da Constituição Federal. 2. O diploma impugnado não implica aumento nas despesas do poder público municipal. Ainda que assim não fosse, é da jurisprudência do Supremo Tribunal Federal, inclusive reiterada em sede de repercussão geral (ARE nº 878.911/RJ-RG), que nem toda lei que acarrete aumento de despesa para o Poder Executivo é vedada à iniciativa parlamentar. Para que isso ocorra, é necessário que, cumulativamente, a legislação tenha tratado de alguma das matérias constantes do art. 61, § 1º, da Constituição Federal. 3. A jurisprudência do Supremo Tribunal Federal reconheceu aos municípios a competência para legislar sobre direito ambiental quando se tratar de assunto de interesse predominantemente local (RE nº 586.224/SP-RG, Tribunal Pleno, Relator o Ministro Luiz Fux, DJe de 8/5/15 – Tema 145). 4. O assunto tratado na lei municipal impugnada constitui matéria de interesse do município, por estar relacionada à gestão dos resíduos sólidos produzidos na localidade, especificamente das sacolas plásticas, conforme consta da exposição de motivos ao projeto de lei que deu origem ao diploma combatido. 5. Agravo regimental não provido.

(STF – ADI 2544 / RS – DJ 17.11.2006)

EMENTA: Federação: competência comum: proteção do patrimônio comum, incluído o dos sítios de valor arqueológico (CF, arts. 23, III, e 216, V): encargo que não comporta demissão unilateral.

1. L. est. 11.380, de 1999, do Estado do Rio Grande do Sul, confere aos municípios em que se localizam a proteção, a guarda e a responsabilidade pelos sítios arqueológicos e seus acervos, no Estado, o que vale por excluir, a propósito de tais bens do patrimônio cultural brasileiro (CF, art. 216, V), o dever de proteção e guarda e a conseqüente responsabilidade não apenas do Estado, mas também da própria União, incluídas na competência comum dos entes da Federação, que substantiva incumbência de natureza qualificadamente irrenunciável. 2. A inclusão de determinada função administrativa no âmbito da competência comum não impõe que cada tarefa compreendida no seu domínio, por menos expressiva que seja, haja de ser objeto de ações simultâneas das três entidades federativas: donde, a previsão, no parágrafo único do art. 23 CF, de lei complementar que fixe normas de cooperação (v. sobre monumentos arqueológicos e pré-históricos, a L. 3.924/61), cuja edição, porém, é da competência da União e, de qualquer modo, não abrange o poder de demitirem-se a União ou os Estados dos encargos constitucionais de proteção dos bens de valor arqueológico para descarregá-los ilimitadamente sobre os Municípios. 3. Ação direta de inconstitucionalidade julgada procedente.

(STF - ADI 1575 / SP - DJe 11.06.2010)

EMENTA: ENERGIA NUCLEAR. COMPETÊNCIA LEGISLATIVA DA UNIÃO. ART. 22, XXVI, DA CONSTITUIÇÃO FEDERAL. É inconstitucional norma estadual que dispõe sobre atividades relacionadas ao setor nuclear no âmbito regional, por violação da competência da União para legislar sobre atividades nucleares, na qual se inclui a competência para fiscalizar a execução dessas atividades e legislar sobre a referida fiscalização. Ação direta julgada procedente.

(STF - ADI 5077 / DF - DJe 23.11.2018)

AÇÃO DIRETA DE INCONSTITUCIONALIDADE. CONSTITUCIONAL E AMBIENTAL. FEDERALISMO E RESPEITO ÀS REGRAS DE DISTRIBUIÇÃO DE COMPETÊNCIA LEGISLATIVA. LEI 3.213/2013 DO ESTADO DE RONDÔNIA. MINERAÇÃO E GARIMPAGEM. COMPETÊNCIA LEGISLATIVA PRIVATIVA DA UNIÃO (ART. 22, XII, DA CF). LICENCIAMENTO AMBIENTAL. COMPETÊNCIA CONCORRENTE. PRIMAZIA DA UNIÃO PARA FIXAR NORMAS GERAIS (ART. 24, VI, VII E VII, § 1º, 30, I E II, E 225, § 1º, IV, DA CF). EXERCÍCIO DO PODER DE POLÍCIA AMBIENTAL. SEPARAÇÃO DOS PODERES (ART. 2º DA CF). RESERVA DE ADMINISTRAÇÃO (ART. 2º, 61, § 1º, II, "E", 84, II E VI, "A", DA CF). COBRANÇA DE TAXA PELO EXERCÍCIO DO PODER DE POLÍCIA (ART. 145, II, DA CF), POR MEIO DE LEI DE INICIATIVA DO LEGISLATIVO. POSSIBILIDADE. INEXISTÊNCIA DE INICIATIVA RESERVADA EM MATÉRIA TRIBUTÁRIA. PARCIAL PROCEDÊNCIA. 1. Compete privativamente à União legislar sobre jazidas, minas, outros recursos minerais e metalurgia (CF/1988, art. 22, XII), em razão do que incorre em inconstitucionalidade a norma estadual que, a pretexto de regulamentar o licenciamento ambiental, impede o exercício de atividade garimpeira por pessoas físicas. 2. A diretriz fixada pelo constituinte, de favorecimento da organização da atividade garimpeira em cooperativas (art. 174, § 3º, da CF), não permite o extremo de limitar a prática de garimpagem apenas aos associados a essas entidades, sob pena de violação à garantia constitucional da liberdade de iniciativa e de livre associação (art. 1º, IV, art. 5º, XX, e art. 170, parágrafo único, da CF). 3. A competência legislativa concorrente cria o denominado "**condomínio legislativo**" entre a União e os Estados-Membros, cabendo à primeira a edição de normas gerais sobre as matérias elencadas no art. 24 da Constituição Federal; e aos segundos o exercício da competência complementar — quando já existente norma geral a disciplinar determinada matéria (CF, art. 24, § 2º) — e da competência legislativa plena (supletiva) — quando inexistente norma federal a estabelecer normatização de caráter geral (CF, art. 24, § 3º). 4. O licenciamento para exploração de atividade potencialmente danosa, como é o caso da lavra de recursos minerais, insere-se no Poder de Polícia Ambiental, cujo exercício é atividade administrativa de competência do Poder Executivo e, portanto, submetida à reserva de administração (art. 61, § 1º, II, e, c/c art. 84, II e VI, "a", da CF). 5. A definição do valor cobrado a título de taxa pelo exercício do poder de polícia (art. 145, II, da CF) pode ser estabelecida em sede legislativa, por iniciativa concorrente dos Poderes Executivo e Legislativo, pois não há falar em iniciativa reservada em matéria tributária (ARE 743480, Rel. Min. GILMAR MENDES, Tribunal Pleno, julgado sob o rito da repercussão geral, DJe de 19/11/2013). 6. Medida Cautelar confirmada e Ação Direta julgada parcialmente procedente.

6. LEGISLAÇÃO ESPECÍFICA CORRELATA

- **Constituição Federal de 1988**

Art. 1º A República Federativa do Brasil, formada pela união indissolúvel dos Estados e Municípios e do Distrito Federal, constitui-se em Estado Democrático de Direito e tem como fundamentos:

Art. 18. A organização político-administrativa da República Federativa do Brasil compreende a União, os Estados, o Distrito Federal e os Municípios, todos autônomos, nos termos desta Constituição.

Art. 20. São bens da União:

I - os que atualmente lhe pertencem e os que lhe vierem a ser atribuídos;

II - as terras devolutas indispensáveis à defesa das fronteiras, das fortificações e construções militares, das vias federais de comunicação e à preservação ambiental, definidas em lei;

III - os lagos, rios e quaisquer correntes de água em terrenos de seu domínio, ou que banhem mais de um Estado, sirvam de limites com outros países, ou se estendam a território estrangeiro ou dele provenham, bem como os terrenos marginais e as praias fluviais;

IV as ilhas fluviais e lacustres nas zonas limítrofes com outros países; as praias marítimas; as ilhas oceânicas e as costeiras, excluídas, destas, as que contenham a sede de Municípios, exceto aquelas áreas afetadas ao serviço público e a unidade ambiental federal, e as referidas no art. 26, II; (Redação dada pela Emenda Constitucional nº 46, de 2005)

V - os recursos naturais da plataforma continental e da zona econômica exclusiva;

VI - o mar territorial;

VII - os terrenos de marinha e seus acrescidos;

VIII - os potenciais de energia hidráulica;

IX - os recursos minerais, inclusive os do subsolo;

X - as cavidades naturais subterrâneas e os sítios arqueológicos e pré-históricos;

XI - as terras tradicionalmente ocupadas pelos índios.

Art. 22. Compete privativamente à União legislar sobre:

(...)

IV - águas, energia, informática, telecomunicações e radiodifusão;

(...)

XII - jazidas, minas, outros recursos minerais e metalurgia;

(...)

XXVI - atividades nucleares de qualquer natureza;

(...)

Parágrafo único. Lei complementar poderá autorizar os Estados a legislar sobre questões específicas das matérias relacionadas neste artigo.

Art. 23. É competência comum da União, dos Estados, do Distrito Federal e dos Municípios:

(...)

III - proteger os documentos, as obras e outros bens de valor histórico, artístico e cultural, os monumentos, as paisagens naturais notáveis e os sítios arqueológicos;

IV - impedir a evasão, a destruição e a descaracterização de obras de arte e de outros bens de valor histórico, artístico ou cultural;

(...)

VI - proteger o meio ambiente e combater a poluição em qualquer de suas formas;

VII - preservar as florestas, a fauna e a flora;

(...)

XI - registrar, acompanhar e fiscalizar as concessões de direitos de pesquisa e exploração de recursos hídricos e minerais em seus territórios;

Art. 24. Compete à União, aos Estados e ao Distrito Federal legislar concorrentemente sobre:

(...)

VI - florestas, caça, pesca, fauna, conservação da natureza, defesa do solo e dos recursos naturais, proteção do meio ambiente e controle da poluição;

VII - proteção ao patrimônio histórico, cultural, artístico, turístico e paisagístico;

VIII - responsabilidade por dano ao meio ambiente, ao consumidor, a bens e direitos de valor artístico, estético, histórico, turístico e paisagístico;

(...)

§ 1º No âmbito da legislação concorrente, a competência da União limitar-se-á a estabelecer normas gerais.

§ 2º A competência da União para legislar sobre normas gerais não exclui a competência suplementar dos Estados.

§ 3º Inexistindo lei federal sobre normas gerais, os Estados exercerão a competência legislativa plena, para atender a suas peculiaridades.

§ 4º A superveniência de lei federal sobre normas gerais suspende a eficácia da lei estadual, no que lhe for contrário.

Art. 25. Os Estados organizam-se e regem-se pelas Constituições e leis que adotarem, observados os princípios desta Constituição.

§ 1º São reservadas aos Estados as competências que não lhes sejam vedadas por esta Constituição

(...)

§ 3º Os Estados poderão, mediante lei complementar, instituir regiões metropolitanas, aglomerações urbanas e microrregiões, constituídas por agrupamentos de municípios limítrofes, para integrar a organização, o planejamento e a execução de funções públicas de interesse comum.

Art. 30. Compete aos Municípios:

I – legislar sobre assuntos de interesse local;

II – suplementar a legislação federal e a estadual no que couber;

(...)

VIII – promover, no que couber, adequado ordenamento territorial, mediante planejamento e controle do uso, do parcelamento e da ocupação do solo urbano;

IX – promover a proteção do patrimônio histórico-cultural local, observada a legislação e a ação fiscalizadora federal e estadual.

Art. 32, §1º. Ao Distrito Federal são atribuídas as competências legislativas reservadas aos Estados e Municípios.

- **Lei Complementar 140/11**

Art. 1º Esta Lei Complementar fixa normas, nos termos dos incisos III, VI e VII do *caput* e do parágrafo único do artigo 23 da Constituição Federal, para a cooperação entre a União, os Estados, o Distrito Federal e os Municípios nas ações administrativas decorrentes do exercício da competência comum relativas à proteção das paisagens naturais notáveis, à proteção do meio ambiente, ao combate à poluição em qualquer de suas formas e à preservação das florestas, da fauna e da flora.

Art. 2º Para os fins desta Lei Complementar, consideram-se:

I – licenciamento ambiental: o procedimento administrativo destinado a licenciar atividades ou empreendimentos utilizadores de recursos ambientais, efetiva ou potencialmente poluidores ou capazes, sob qualquer forma, de causar degradação ambiental;

II – atuação supletiva: ação do ente da Federação que se substitui ao ente federativo originariamente detentor das atribuições, nas hipóteses definidas nesta Lei Complementar;

III – atuação subsidiária: ação do ente da Federação que visa a auxiliar no desempenho das atribuições decorrentes das competências comuns, quando solicitado pelo ente federativo originariamente detentor das atribuições definidas nesta Lei Complementar.

Art. 3º Constituem objetivos fundamentais da União, dos Estados, do Distrito Federal e dos Municípios, no exercício da competência comum a que se refere esta Lei Complementar:

I – proteger, defender e conservar o meio ambiente ecologicamente equilibrado, promovendo gestão descentralizada, democrática e eficiente;

II – garantir o equilíbrio do desenvolvimento socioeconômico com a proteção do meio ambiente, observando a dignidade da pessoa humana, a erradicação da pobreza e a redução das desigualdades sociais e regionais;

III – harmonizar as políticas e ações administrativas para evitar a sobreposição de atuação entre os entes federativos, de forma a evitar conflitos de atribuições e garantir uma atuação administrativa eficiente;

IV – garantir a uniformidade da política ambiental para todo o País, respeitadas as peculiaridades regionais e locais.

CAPÍTULO II

DOS INSTRUMENTOS DE COOPERAÇÃO

Art. 4º Os entes federativos podem valer-se, entre outros, dos seguintes instrumentos de cooperação institucional:

I – consórcios públicos, nos termos da legislação em vigor;

II – convênios, acordos de cooperação técnica e outros instrumentos similares com órgãos e entidades do Poder Público, respeitado o art. 241 da Constituição Federal;

III – Comissão Tripartite Nacional, Comissões Tripartites Estaduais e Comissão Bipartite do Distrito Federal;

IV – fundos públicos e privados e outros instrumentos econômicos;

V – delegação de atribuições de um ente federativo a outro, respeitados os requisitos previstos nesta Lei Complementar;

VI – delegação da execução de ações administrativas de um ente federativo a outro, respeitados os requisitos previstos nesta Lei Complementar.

§ 1º Os instrumentos mencionados no inciso II do **caput** podem ser firmados com prazo indeterminado.

§ 2º A Comissão Tripartite Nacional será formada, paritariamente, por representantes dos Poderes Executivos da União, dos Estados, do Distrito Federal e dos Municípios, com o objetivo de fomentar a gestão ambiental compartilhada e descentralizada entre os entes federativos.

§ 3º As Comissões Tripartites Estaduais serão formadas, paritariamente, por representantes dos Poderes Executivos da União, dos Estados e dos Municípios, com o objetivo de fomentar a gestão ambiental compartilhada e descentralizada entre os entes federativos.

§ 4º A Comissão Bipartite do Distrito Federal será formada, paritariamente, por representantes dos Poderes Executivos da União e do Distrito Federal, com o objetivo de fomentar a gestão ambiental compartilhada e descentralizada entre esses entes federativos.

§ 5º As Comissões Tripartites e a Comissão Bipartite do Distrito Federal terão sua organização e funcionamento regidos pelos respectivos regimentos internos.

Art. 5º O ente federativo poderá delegar, mediante convênio, a execução de ações administrativas a ele atribuídas nesta Lei Complementar, desde que o ente destinatário da delegação disponha de órgão ambiental capacitado a executar as ações administrativas a serem delegadas e de conselho de meio ambiente.

Parágrafo único. Considera-se órgão ambiental capacitado, para os efeitos do disposto no **caput**, aquele que possui técnicos próprios ou em consórcio, devidamente habilitados e em número compatível com a demanda das ações administrativas a serem delegadas.

CAPÍTULO III

DAS AÇÕES DE COOPERAÇÃO

Art. 6º As ações de cooperação entre a União, os Estados, o Distrito Federal e os Municípios deverão ser desenvolvidas de modo a atingir os objetivos previstos no art. 3º e a garantir o desenvolvimento sustentável, harmonizando e integrando todas as políticas governamentais.

Art. 7º São ações administrativas da União:

I – formular, executar e fazer cumprir, em âmbito nacional, a Política Nacional do Meio Ambiente;

II – exercer a gestão dos recursos ambientais no âmbito de suas atribuições;

III – promover ações relacionadas à Política Nacional do Meio Ambiente nos âmbitos nacional e internacional;

IV – promover a integração de programas e ações de órgãos e entidades da administração pública da União, dos Estados, do Distrito Federal e dos Municípios, relacionados à proteção e à gestão ambiental;

V – articular a cooperação técnica, científica e financeira, em apoio à Política Nacional do Meio Ambiente;

VI – promover o desenvolvimento de estudos e pesquisas direcionados à proteção e à gestão ambiental, divulgando os resultados obtidos;

VII – promover a articulação da Política Nacional do Meio Ambiente com as de Recursos Hídricos, Desenvolvimento Regional, Ordenamento Territorial e outras;

VIII – organizar e manter, com a colaboração dos órgãos e entidades da administração pública dos Estados, do Distrito Federal e dos Municípios, o Sistema Nacional de Informação sobre Meio Ambiente (Sinima);

IX – elaborar o zoneamento ambiental de âmbito nacional e regional;

X – definir espaços territoriais e seus componentes a serem especialmente protegidos;

XI – promover e orientar a educação ambiental em todos os níveis de ensino e a conscientização pública para a proteção do meio ambiente;

XII – controlar a produção, a comercialização e o emprego de técnicas, métodos e substâncias que comportem risco para a vida, a qualidade de vida e o meio ambiente, na forma da lei;

XIII – exercer o controle e fiscalizar as atividades e empreendimentos cuja atribuição para licenciar ou autorizar, ambientalmente, for cometida à União;

XIV – promover o licenciamento ambiental de empreendimentos e atividades:

a) localizados ou desenvolvidos conjuntamente no Brasil e em país limítrofe;

b) localizados ou desenvolvidos no mar territorial, na plataforma continental ou na zona econômica exclusiva;

c) localizados ou desenvolvidos em terras indígenas;

d) localizados ou desenvolvidos em unidades de conservação instituídas pela União, exceto em Áreas de Proteção Ambiental (APAs);

e) localizados ou desenvolvidos em 2 (dois) ou mais Estados;

f) de caráter militar, excetuando-se do licenciamento ambiental, nos termos de ato do Poder Executivo, aqueles previstos no preparo e emprego das Forças Armadas, conforme disposto na Lei Complementar nº 97, de 9 de junho de 1999;

g) destinados a pesquisar, lavrar, produzir, beneficiar, transportar, armazenar e dispor material radioativo, em qualquer estágio, ou que utilizem energia nuclear em qualquer de suas formas e aplicações, mediante parecer da Comissão Nacional de Energia Nuclear (Cnen); ou

h) que atendam tipologia estabelecida por ato do Poder Executivo, a partir de proposição da Comissão Tripartite Nacional, assegurada a participação de um membro do Conselho Nacional do Meio Ambiente (Conama), e considerados os critérios de porte, potencial poluidor e natureza da atividade ou empreendimento;

XV – aprovar o manejo e a supressão de vegetação, de florestas e formações sucessoras em:

a) florestas públicas federais, terras devolutas federais ou unidades de conservação instituídas pela União, exceto em APAs; e

b) atividades ou empreendimentos licenciados ou autorizados, ambientalmente, pela União;

XVI – elaborar a relação de espécies da fauna e da flora ameaçadas de extinção e de espécies sobre-explotadas no território nacional, mediante laudos e estudos técnico-científicos, fomentando as atividades que conservem essas espécies **in situ**;

XVII – controlar a introdução no País de espécies exóticas potencialmente invasoras que possam ameaçar os ecossistemas, **habitats** e espécies nativas;

XVIII – aprovar a liberação de exemplares de espécie exótica da fauna e da flora em ecossistemas naturais frágeis ou protegidos;

XIX – controlar a exportação de componentes da biodiversidade brasileira na forma de espécimes silvestres da flora, micro-organismos e da fauna, partes ou produtos deles derivados;

XX – controlar a apanha de espécimes da fauna silvestre, ovos e larvas;

XXI – proteger a fauna migratória e as espécies inseridas na relação prevista no inciso XVI;

XXII – exercer o controle ambiental da pesca em âmbito nacional ou regional;

XXIII – gerir o patrimônio genético e o acesso ao conhecimento tradicional associado, respeitadas as atribuições setoriais;

XXIV – exercer o controle ambiental sobre o transporte marítimo de produtos perigosos; e

XXV – exercer o controle ambiental sobre o transporte interestadual, fluvial ou terrestre, de produtos perigosos.

Parágrafo único. O licenciamento dos empreendimentos cuja localização compreenda concomitantemente áreas das faixas terrestre e marítima da zona costeira será de atribuição da União exclusivamente nos casos previstos em tipologia estabelecida por ato do Poder Executivo, a partir de proposição da Comissão Tripartite Nacional, assegurada a participação de um membro do Conselho Nacional do Meio Ambiente (Conama) e considerados os critérios de porte, potencial poluidor e natureza da atividade ou empreendimento. Regulamento

Art. 8º São ações administrativas dos Estados:

I – executar e fazer cumprir, em âmbito estadual, a Política Nacional do Meio Ambiente e demais políticas nacionais relacionadas à proteção ambiental;

II – exercer a gestão dos recursos ambientais no âmbito de suas atribuições;

III – formular, executar e fazer cumprir, em âmbito estadual, a Política Estadual de Meio Ambiente;

IV – promover, no âmbito estadual, a integração de programas e ações de órgãos e entidades da administração pública da União, dos Estados, do Distrito Federal e dos Municípios, relacionados à proteção e à gestão ambiental;

V – articular a cooperação técnica, científica e financeira, em apoio às Políticas Nacional e Estadual de Meio Ambiente;

VI – promover o desenvolvimento de estudos e pesquisas direcionados à proteção e à gestão ambiental, divulgando os resultados obtidos;

VII – organizar e manter, com a colaboração dos órgãos municipais competentes, o Sistema Estadual de Informações sobre Meio Ambiente;

VIII – prestar informações à União para a formação e atualização do Sinima;

IX – elaborar o zoneamento ambiental de âmbito estadual, em conformidade com os zoneamentos de âmbito nacional e regional;

X – definir espaços territoriais e seus componentes a serem especialmente protegidos;

XI - promover e orientar a educação ambiental em todos os níveis de ensino e a conscientização pública para a proteção do meio ambiente;

XII - controlar a produção, a comercialização e o emprego de técnicas, métodos e substâncias que comportem risco para a vida, a qualidade de vida e o meio ambiente, na forma da lei;

XIII - exercer o controle e fiscalizar as atividades e empreendimentos cuja atribuição para licenciar ou autorizar, ambientalmente, for cometida aos Estados;

XIV - promover o licenciamento ambiental de atividades ou empreendimentos utilizadores de recursos ambientais, efetiva ou potencialmente poluidores ou capazes, sob qualquer forma, de causar degradação ambiental, ressalvado o disposto nos arts. 7º e 9º;

XV - promover o licenciamento ambiental de atividades ou empreendimentos localizados ou desenvolvidos em unidades de conservação instituídas pelo Estado, exceto em Áreas de Proteção Ambiental (APAs);

XVI - aprovar o manejo e a supressão de vegetação, de florestas e formações sucessoras em:

a) florestas públicas estaduais ou unidades de conservação do Estado, exceto em Áreas de Proteção Ambiental (APAs);

b) imóveis rurais, observadas as atribuições previstas no inciso XV do art. 7º; e

c) atividades ou empreendimentos licenciados ou autorizados, ambientalmente, pelo Estado;

XVII - elaborar a relação de espécies da fauna e da flora ameaçadas de extinção no respectivo território, mediante laudos e estudos técnico-científicos, fomentando as atividades que conservem essas espécies **in situ**;

XVIII - controlar a apanha de espécimes da fauna silvestre, ovos e larvas destinadas à implantação de criadouros e à pesquisa científica, ressalvado o disposto no inciso XX do art. 7º;

XIX - aprovar o funcionamento de criadouros da fauna silvestre;

XX - exercer o controle ambiental da pesca em âmbito estadual; e

XXI - exercer o controle ambiental do transporte fluvial e terrestre de produtos perigosos, ressalvado o disposto no inciso XXV do art. 7º.

Art. 9º São ações administrativas dos Municípios:

I - executar e fazer cumprir, em âmbito municipal, as Políticas Nacional e Estadual de Meio Ambiente e demais políticas nacionais e estaduais relacionadas à proteção do meio ambiente;

II - exercer a gestão dos recursos ambientais no âmbito de suas atribuições;

III - formular, executar e fazer cumprir a Política Municipal de Meio Ambiente;

IV - promover, no Município, a integração de programas e ações de órgãos e entidades da administração pública federal, estadual e municipal, relacionados à proteção e à gestão ambiental;

V - articular a cooperação técnica, científica e financeira, em apoio às Políticas Nacional, Estadual e Municipal de Meio Ambiente;

VI - promover o desenvolvimento de estudos e pesquisas direcionados à proteção e à gestão ambiental, divulgando os resultados obtidos;

VII - organizar e manter o Sistema Municipal de Informações sobre Meio Ambiente;

VIII - prestar informações aos Estados e à União para a formação e atualização dos Sistemas Estadual e Nacional de Informações sobre Meio Ambiente;

IX - elaborar o Plano Diretor, observando os zoneamentos ambientais;

X - definir espaços territoriais e seus componentes a serem especialmente protegidos;

XI - promover e orientar a educação ambiental em todos os níveis de ensino e a conscientização pública para a proteção do meio ambiente;

XII - controlar a produção, a comercialização e o emprego de técnicas, métodos e substâncias que comportem risco para a vida, a qualidade de vida e o meio ambiente, na forma da lei;

XIII - exercer o controle e fiscalizar as atividades e empreendimentos cuja atribuição para licenciar ou autorizar, ambientalmente, for cometida ao Município;

XIV - observadas as atribuições dos demais entes federativos previstas nesta Lei Complementar, promover o licenciamento ambiental das atividades ou empreendimentos:

a) que causem ou possam causar impacto ambiental de âmbito local, conforme tipologia definida pelos respectivos Conselhos Estaduais de Meio Ambiente, considerados os critérios de porte, potencial poluidor e natureza da atividade; ou

b) localizados em unidades de conservação instituídas pelo Município, exceto em Áreas de Proteção Ambiental (APAs);

XV - observadas as atribuições dos demais entes federativos previstas nesta Lei Complementar, aprovar:

a) a supressão e o manejo de vegetação, de florestas e formações sucessoras em florestas públicas municipais e unidades de conservação instituídas pelo Município, exceto em Áreas de Proteção Ambiental (APAs); e

b) a supressão e o manejo de vegetação, de florestas e formações sucessoras em empreendimentos licenciados ou autorizados, ambientalmente, pelo Município.

Art. 10. São ações administrativas do Distrito Federal as previstas nos arts. 8º e 9º.

Art. 11. A lei poderá estabelecer regras próprias para atribuições relativas à autorização de manejo e supressão de vegetação, considerada a sua caracterização como vegetação primária ou secundária em diferentes estágios de regeneração, assim como a existência de espécies da flora ou da fauna ameaçadas de extinção.

Art. 12. Para fins de licenciamento ambiental de atividades ou empreendimentos utilizadores de recursos ambientais, efetiva ou potencialmente poluidores ou capazes, sob qualquer forma, de causar degradação ambiental, e para autorização de supressão e manejo de vegetação, o critério do ente federativo instituidor da unidade de conservação não será aplicado às Áreas de Proteção Ambiental (APAs).

Parágrafo único. A definição do ente federativo responsável pelo licenciamento e autorização a que se refere o **caput**, no caso das APAs, seguirá os critérios previstos nas alíneas "a", "b", "e", "f" e "h" do inciso XIV do art. 7º, no inciso XIV do art. 8º e na alínea "a" do inciso XIV do art. 9º.

Art. 13. Os empreendimentos e atividades são licenciados ou autorizados, ambientalmente, por um único ente federativo, em conformidade com as atribuições estabelecidas nos termos desta Lei Complementar.

§ 1º Os demais entes federativos interessados podem manifestar-se ao órgão responsável pela licença ou autorização, de maneira não vinculante, respeitados os prazos e procedimentos do licenciamento ambiental.

§ 2º A supressão de vegetação decorrente de licenciamentos ambientais é autorizada pelo ente federativo licenciador.

§ 3º Os valores alusivos às taxas de licenciamento ambiental e outros serviços afins devem guardar relação de proporcionalidade com o custo e a complexidade do serviço prestado pelo ente federativo.

Art. 14. Os órgãos licenciadores devem observar os prazos estabelecidos para tramitação dos processos de licenciamento.

§ 1º As exigências de complementação oriundas da análise do empreendimento ou atividade devem ser comunicadas pela autoridade licenciadora de uma única vez ao empreendedor, ressalvadas aquelas decorrentes de fatos novos.

§ 2º As exigências de complementação de informações, documentos ou estudos feitas pela autoridade licenciadora suspendem o prazo de aprovação, que continua a fluir após o seu atendimento integral pelo empreendedor.

§ 3º O decurso dos prazos de licenciamento, sem a emissão da licença ambiental, não implica emissão tácita nem autoriza a prática de ato que dela dependa ou decorra, mas instaura a competência supletiva referida no art. 15.

§ 4º A renovação de licenças ambientais deve ser requerida com antecedência mínima de 120 (cento e vinte) dias da expiração de seu prazo de validade, fixado na respectiva licença, ficando este automaticamente prorrogado até a manifestação definitiva do órgão ambiental competente.

Art. 15. Os entes federativos devem atuar em caráter supletivo nas ações administrativas de licenciamento e na autorização ambiental, nas seguintes hipóteses:

I – inexistindo órgão ambiental capacitado ou conselho de meio ambiente no Estado ou no Distrito Federal, a União deve desempenhar as ações administrativas estaduais ou distritais até a sua criação;

II – inexistindo órgão ambiental capacitado ou conselho de meio ambiente no Município, o Estado deve desempenhar as ações administrativas municipais até a sua criação; e

III – inexistindo órgão ambiental capacitado ou conselho de meio ambiente no Estado e no Município, a União deve desempenhar as ações administrativas até a sua criação em um daqueles entes federativos.

Art. 16. A ação administrativa subsidiária dos entes federativos dar-se-á por meio de apoio técnico, científico, administrativo ou financeiro, sem prejuízo de outras formas de cooperação.

Parágrafo único. A ação subsidiária deve ser solicitada pelo ente originariamente detentor da atribuição nos termos desta Lei Complementar.

Art. 17. Compete ao órgão responsável pelo licenciamento ou autorização, conforme o caso, de um empreendimento ou atividade, lavrar auto de infração ambiental e instaurar processo administrativo para a apuração de infrações à legislação ambiental cometidas pelo empreendimento ou atividade licenciada ou autorizada.

§ 1º Qualquer pessoa legalmente identificada, ao constatar infração ambiental decorrente de empreendimento ou atividade utilizadores de recursos ambientais, efetiva ou potencialmente poluidores, pode dirigir representação ao órgão a que se refere o **caput**, para efeito do exercício de seu poder de polícia.

§ 2º Nos casos de iminência ou ocorrência de degradação da qualidade ambiental, o ente federativo que tiver conhecimento do fato deverá determinar medidas para evitá-la, fazer cessá-la ou mitigá-la, comunicando imediatamente ao órgão competente para as providências cabíveis.

§ 3º O disposto no **caput** deste artigo não impede o exercício pelos entes federativos da atribuição comum de fiscalização da conformidade de empreendimentos e atividades efetiva ou potencialmente poluidores ou utilizadores de recursos naturais com a legislação ambiental em vigor, prevalecendo o auto de infração ambiental lavrado por órgão que detenha a atribuição de licenciamento ou autorização a que se refere o **caput**.

CAPÍTULO IV

DISPOSIÇÕES FINAIS E TRANSITÓRIAS

Art. 18. Esta Lei Complementar aplica-se apenas aos processos de licenciamento e autorização ambiental iniciados a partir de sua vigência.

§ 1º Na hipótese de que trata a alínea "h" do inciso XIV do art. 7º, a aplicação desta Lei Complementar dar-se-á a partir da entrada em vigor do ato previsto no referido dispositivo.

§ 2º Na hipótese de que trata a alínea "a" do inciso XIV do art. 9º, a aplicação desta Lei Complementar dar-se-á a partir da edição da decisão do respectivo Conselho Estadual.

§ 3º Enquanto não forem estabelecidas as tipologias de que tratam os §§ 1º e 2º deste artigo, os processos de licenciamento e autorização ambiental serão conduzidos conforme a legislação em vigor.

Art. 19. O manejo e a supressão de vegetação em situações ou áreas não previstas nesta Lei Complementar dar-se-ão nos termos da legislação em vigor.

7. QUESTÕES DE CONCURSO

7.1. Questões

1) **(TJ/MT – Juiz Substituto / 2018)** A Constituição Federal de 1988 promove a repartição de competências ambientais pelos mesmos mecanismos da competência em geral entre os entes federativos. Dessa forma, na seara ambiental, no âmbito da competência legislativa e da competência administrativa, é correto afirmar que

a) compete à União, aos Estados, ao Distrito Federal e aos Municípios legislar concorrentemente sobre proteção ao patrimônio histórico, cultural, artístico, turístico e paisagístico.

b) lei complementar poderá autorizar os Estados a legislar sobre questões específicas relacionadas a atividades nucleares de qualquer natureza.

c) compete à União, aos Estados, ao Distrito Federal e aos Municípios legislar concorrentemente sobre educação, cultura, ensino e lazer.

d) a União e os Estados possuem competência administrativa concorrente em matéria ambiental, no que diz respeito a registrar, acompanhar e fiscalizar as concessões de exploração de recursos hídricos e minerais em seus territórios.

e) em relação a matérias de jazidas, minas, outros recursos minerais e metalurgia, Lei complementar não poderá autorizar os Estados a legislar sobre estas questões.

2) **(PGE/SC – Procurador do Estado / 2018)** A competência constitucional sobre o meio ambiente é:

a) material exclusiva da União, e legislativa privativa da União.

b) material exclusiva da União, e legislativa concorrente entre União, Estados, Distrito Federal e Municípios.

c) material comum entre União, Estados, Distrito Federal e Municípios, e legislativa suplementar da União, para legislar sobre florestas, caça, pesca, fauna, conservação da natureza, defesa do solo e dos recursos naturais, proteção do meio ambiente e controle da poluição.

d) material comum entre União, Estados, Distrito Federal e Municípios, e legislativa concorrente, para legislar sobre florestas, caça, pesca, fauna, conservação da natureza, defesa do solo e dos recursos naturais, proteção do meio ambiente e controle da poluição.

e) material comum entre União, Estados, Distrito Federal e Municípios, e legislativa privativa da União, para legislar sobre florestas, caça, pesca, fauna, conservação da natureza, defesa do solo e dos recursos naturais, proteção do meio ambiente e controle da poluição.

3) **(TJ/MG – Juiz de Direito Substituto / 2018)** O município X adotou uma lei definindo como área *"non aedificandi"* uma distância superior à prevista na Lei Federal em relação a curso de água. A lei local

a) é inválida porque a competência legislativa é exclusiva da União.

b) é inválida porque a competência legislativa é exclusiva do Estado.

c) é válida porque o município tem competência legislativa concorrente com a União.

d) é válida porque o município tem competência legislativa suplementar com a União.

4) **(TJ/CE – Juiz Substituto / 2018)** Considerando a disciplina constitucional sobre proteção e repartição de competências em matéria ambiental, assinale a opção correta.

a) A competência para legislar sobre responsabilidade por dano ao meio ambiente pertence, privativamente, à União.

b) A alteração e a supressão de espaços territoriais devem ser feitas por ato administrativo dos órgãos da administração pública responsáveis pela gestão e pelo controle das áreas de preservação permanente e de reserva legal.

c) O combate a qualquer forma de poluição faz parte da competência administrativa comum da União, dos estados, do Distrito Federal e dos municípios.

d) A localização de usina que irá operar com reator nuclear deve ser aprovada pelo Poder Executivo do estado onde será instalada, de acordo com os ditames estabelecidos por lei estadual.

e) A defesa do meio ambiente é princípio que rege a ordem econômica, sendo vedado tratamento diferenciado quanto ao impacto ambiental de produtos e serviços e de seus processos de elaboração e prestação.

5) **(TRF-2ª Região – Juiz Federal Substituto / 2017)** O licenciamento ambiental de atividade de produção de petróleo compete:

a) À União, ao Estado e ao município onde estiver localizada a atividade, pois, pelo art. 23, VI, da Constituição Federal, a competência para proteção do meio ambiente é comum e o múltiplo licenciamento é mais apto a proteger o bioma.

b) Exclusivamente à União, pois se trata de atividade sujeita constitucionalmente a monopólio federal.

c) A resposta depende da localização da atividade. Assim, por exemplo, se a atividade estiver localizada no mar, a competência será sempre da União, se estiver localizada em terra, a competência será sempre do Estado.

d) A resposta depende da localização e da natureza exata da atividade. Assim, por exemplo, se a atividade estiver localizada no mar territorial, a competência será da União. Se a atividade estiver localizada no continente, fora de terras indígenas, parques nacionais, divisas com outros estados ou fronteiras internacionais e não se tratar de unidade de produção de recurso não convencional de petróleo, a competência será do Estado.

e) À União e ao Estado onde estiver localizada a atividade, por força do artigo 10 da Lei 6.938/8 I (Lei da Política Nacional do Meio Ambiente).

6) **(FGV – Exame de Ordem 2018.3 – XXVII)** O Estado Y, bastante conhecido pela exuberância de suas praias, que atraem milhares de turistas todos os anos, edita lei estadual impedindo a pesca de peixes regionais típicos, ameaçados de extinção, e limitando o transporte marítimo de passageiros.

A partir da hipótese narrada, nos termos da Constituição da República Federativa do Brasil, assinale a afirmativa correta.

a) O Estado Y possui competência legislativa concorrente com a União para dispor sobre pesca, mas poderá legislar sobre transporte e navegação marítima, caso Lei Complementar federal o autorize.

b) O Estado Y tem competência comum com os demais entes federados para legislar sobre a matéria; logo, a lei estadual é constitucional.

c) A lei editada pelo Estado Y é inconstitucional, porque compete privativamente à União legislar sobre a proteção do meio ambiente e o controle da poluição.

d) A lei editada pelo Estado Y é inconstitucional, porque trata de pesca e navegação marítima, que são de competência exclusiva da União, apesar de o Estado Y ter competência privativa para legislar sobre meio ambiente.

7.2. Gabarito e comentários

Questão 1:

Gabarito: **letra "b"**

Comentários: Isso porque, a competência para legislar sobre questões relativas a atividades nucleares, a princípio, é da União, sendo, pois, competência privativa, descrita no artigo 22, XXVI, da CF/88, de modo que, pelo que consta no art. 22, parágrafo único, da CF/88, lei complementar poderá autorizar os Estados a legislar sobre questões específicas das matérias relacionadas neste artigo.

Questão 2:

Gabarito: **letra "d"**

Comentários: cuida-se da perfeita descrição da distribuição de competências existente na CF/88, em que, quando material, é comum aos entes federativos, e, quando legislativa, é concorrente, sendo, pois, a literalidade do artigo 23, VI, e 24, VI, ambos da CF/88.

Questão 3:

Gabarito: **letra "d"**

Comentários: está correta a postura do Município pontuando que, além de deter a competência suplementar, implicitamente deve ser observado que, no caso, houve um aumento da tutela ambiental (norma mais protetiva), sem notícias de que tal tenha sido desproporcional ou irrazoável.

Questão 4:

Gabarito: **letra "c"**

Comentários: Literalidade do artigo 23, VI, da CF/88.

Questão 5:

Gabarito: **letra "d"**

Comentários: relativamente ao "petróleo", ainda que haja previsões de monopólio por parte da União quanto, por exemplo, à refinação (art. 177, II, da CF/88), não está previsto como bem pertencente à União, a ensejar uma exceção à regra geral da repartição de competências, primada pelo interesse predominante. Assim, mantida a regra geral, adequada a alternativa "d" que a delineia com exatidão.

Questão 6:

Gabarito: **letra "a"**

Comentários: questão envolvendo competência, em que, sobre pesca, o artigo 24, VI, da CF/88, é claro quanto à competência legislativa concorrente, a viabilizar que o Estado legisle, para atender às peculiaridades de seu interior. E, quanto à navegação marítima, de fato se trata de competência legislativa privativa da União (art. 22, X, CF/88) que, pelo regime jurídico, é viável ao Estado legislar sobre o assunto caso haja Lei Complementar assim autorizando (art. 22, parágrafo único, da CF/88).

Capítulo VI

POLÍTICA NACIONAL DO MEIO AMBIENTE

1. INTRODUÇÃO

A Política Nacional do Meio Ambiente representa uma política pública[1], de orquestração do Poder Público no intuito de atender, especificadamente, ao direito fundamental ao meio ambiente, formatada para uma gestão integrada e harmônica envolvendo todos os entes federativos, sendo a descentralização administrativa de Estado, com autonomia conferida a cada Ente federativo, uma de suas principais características – tal como o é no próprio Texto Constitucional de 1988.

1. "Políticas públicas são conjuntos de programas, ações e atividades desenvolvidas pelo Estado diretamente ou indiretamente, com a participação de entes públicos ou privados, que visam assegurar a cidadania, de forma difusa ou para determinado seguimento social, cultural, étnico ou econômico. [...] As políticas públicas correspondem a direitos assegurados constitucionalmente ou que se afirmam graças ao reconhecimento por parte da sociedade e/ou pelos poderes públicos enquanto novos direitos das pessoas, comunidades, coisas ou outros bens materiais ou imateriais". PEREIRA, José Matias. Manual de gestão pública contemporânea. São Paulo: Atlas, 2012.

Não sem motivo, reconhece-se que um dos principais méritos atribuídos à Lei 6.938/81 – que institui a Política Nacional do Meio Ambiente – é exatamente a descentralização por ela esquematizada, transpondo a gestão ambiental a um novo patamar, concentrando diretrizes gerais com o objetivo de harmonizar e de integrar as políticas públicas de meio ambiente dos entes federativos, tornando-as mais efetivas e eficazes.

Além do mais, é se pontuar que referido diploma legal representou o primeiro a disciplinar de forma sistematizada o meio ambiente, sendo que, superando o viés privatista anterior, tutela-o tal como legítimo direito fundamental de terceira geração que o é, visualizando-o em seu conjunto, como bem pertencente a toda a coletividade (transindividual), de natureza difusa e titularidade indeterminada.

Inclusive, cuida de, já em seu início, apresentar as definições de meio ambiente, degradação da qualidade ambiental[2], poluição[3], poluidor e recursos ambientais, noções estas que servem de referência para todo o regime jurídico da tutela ambiental.

Ademais, a Lei 6.938/81 traça quais são os princípios (mais precisamente metas/ pautas) de atuação a guiarem o Poder Público para os objetivos desta Política Nacional, devidamente desenhada com a apresentação do SISNAMA e CONAMA, arrolando instrumentos para tanto, e, ainda, disciplina a responsabilização civil (objetiva) a quem lesar o meio ambiente.

Portanto, de se reconhecer a extrema importância da Lei mencionada, cuja análise dos elementos mencionados será realizada adiante neste Capítulo – com exceção da responsabilidade, que será abordada de forma autônoma, em Capítulo próprio.

2. PRINCÍPIOS

Conforme se confere do artigo 2º, da Lei 6.938/81, o legislador traçou, em dez incisos, aquilo que denominou de *princípios*, a guiarem o Poder Público na consecução dos objetivos desta Política Nacional: I – ação governamental na manutenção do equilíbrio ecológico, considerando o meio ambiente como um patrimônio público a ser necessariamente assegurado e protegido, tendo em vista o uso coletivo; II – racionalização do uso do solo, do subsolo, da água e do ar; III – planejamento e fiscalização do uso dos recursos ambientais; IV – proteção dos ecossistemas, com a preservação de áreas representativas; V – controle e zoneamento das atividades potencial ou efetivamente poluidoras; VI – incentivos ao estudo e à pesquisa de tecnologias orientadas para o uso racional e a proteção dos recursos ambientais; VII – acompanhamento do estado da qualidade am-

2. Degradação ambiental vem a ser a alteração adversa das características do meio ambiente, sem interferência humana, a exemplo dos efeitos de abalo sísmico, tsunami, erupção de vulcão, etc.

3. Poluição consiste na degradação ambiental causada pelo ser humano, por atividades que, direta ou indiretamente, a) prejudiquem a saúde, a segurança e o bem-estar da população; b) criem condições adversas às atividades sociais e econômicas; c) afetem desfavoravelmente a biota; d) afetem as condições estéticas ou sanitárias do meio ambiente; e) lancem matérias ou energia em desacordo com os padrões ambientais estabelecidos. Contudo, é de se ressalvar que, quanto a esta última hipótese (alínea "e"), é possível que, mesmo que esteja em consonância com os padrões ambientais estabelecidos, ainda assim se configure a poluição, pois não estão excluídas das demais hipóteses.

biental; VIII – recuperação de áreas degradadas; IX – proteção de áreas ameaçadas de degradação; X – educação ambiental a todos os níveis do ensino, inclusive a educação da comunidade, objetivando capacitá-la para participação ativa na defesa do meio ambiente.

Bem analisando, verifica-se que, em verdade, não representam verdadeiros princípios[4], como espécie normativa (comandos de otimização), mas *metas/programas de atuação* a serem executados pelo Poder Público, prevendo a manutenção do equilíbrio ecológico; a racionalização, planejamento e fiscalização do uso; a proteção dos ecossistemas; controle e zoneamento de atividades potencial ou efetivamente poluidoras; incentivos à pesquisa; acompanhamento do estado de qualidade; recuperação de áreas degradadas[5]; proteção das áreas ameaçadas[6] de degradação; e educação ambiental[7].

3. OBJETIVOS

3.1. Objetivo geral (art. 2°, *caput*)

De uma leitura mais detida da lei em comento, verifica-se que art. 2°, *caput*, antes de traçar os princípios (acima trabalhados), verdadeiramente procede a anunciação daquilo que se pode assinalar objetivo geral da Política Nacional.

Isso porque, ali consta que referida Política "tem por objetivo a preservação, melhoria e recuperação da qualidade ambiental propícia à vida, visando assegurar, no País, condições ao desenvolvimento socioeconômico (*sic*), aos interesses da segurança nacional e à proteção da dignidade da vida humana"[8].

Dessa feita, tem-se que, tal como posteriormente veio a ser consagrado no artigo 225, *caput*, da CF/88, a instituição da Política Nacional tem por propósito essencial a tutela do meio ambiente ecologicamente equilibrado, indispensável à dignidade da pessoa humana, tal como é essencial ao desenvolvimento sustentável e à segurança nacional.

3.2. Objetivos específicos (art. 4°)

Mais especificadamente, no artigo 4° o legislador arrolou expressamente aquilo que considera como os objetivos da Política Nacional, quais sejam: I – à compatibilização[9]

---

4. MILARÉ. Édis. Op. cit., p. 920. "(...) a formulação desses princípios resultou muito ambígua, visto que vários itens apresentados como princípios são, na realidade, programas, metas ou modalidades de ação".
5. Em tom de postura a ser adotada repressivamente, denota que se deve, sempre que possível, buscar a total recuperação do meio ambiente, retornando-o *status quo* anterior à degradação ambiental sofrida.
6. Frise-se que a expressão *"ameaçadas"* denota o caráter preventivo da postura que deve ser adotada pelo Poder Público.
7. Sobre educação ambiental vale observar a existência da Lei 9.795/99, dispondo sobre a Política Nacional de Educação Ambiental, cuja essencialidade foi tratada no Capítulo III.
8. A respeito dos termos utilizados, cumpre pontuar que *preservar* implica na manutenção do *status quo*, ao passo que, *melhorar* significa aprimorar as condições que se encontram os bens ambientais, enquanto que, *recuperar*, repita-se, é retornar o bem ambiental ao *status quo ante* – o que representa um dos objetivos mais difíceis de atendimento, haja vista as peculiaridades que o são o dano ambiental, de reversibilidade praticamente impossível.
9. Em outros termos, plena materialização do desenvolvimento sustentável, compatibilizando-se os fatores que o envolve.

do desenvolvimento econômico social com a preservação da qualidade do meio ambiente e do equilíbrio ecológico[10]; II – à definição de áreas prioritárias de ação governamental relativa à qualidade e ao equilíbrio ecológico, atendendo aos interesses da União, dos Estados, do Distrito Federal, dos Territórios e dos Municípios; III – ao estabelecimento de critérios e padrões da qualidade ambiental e de normas relativas ao uso e manejo de recursos ambientais; IV – ao desenvolvimento de pesquisas e de tecnologias[11] nacionais orientadas para o uso racional de recursos ambientais; V – à difusão de tecnologias de manejo do meio ambiente, à divulgação de dados e informações ambientais e à formação de uma consciência pública sobre a necessidade de preservação da qualidade ambiental e do equilíbrio ecológico; VI – à preservação e restauração dos recursos ambientais com vistas à sua utilização racional e disponibilidade permanente, concorrendo para a manutenção do equilíbrio ecológico propício à vida; VII – à imposição, ao poluidor e ao predador, da obrigação de recuperar e/ou indenizar os danos causados, e ao usuário, de contribuição pela utilização de recursos ambientais com fins econômicos[12].

4. INSTRUMENTOS DA POLÍTICA NACIONAL

Para a consecução dessa Política Nacional, o legislador cuidou ainda de traçar 13 (treze) intitulados instrumentos (art. 9º), cuja disposição legal, vale frisar, é alvo de críticas na doutrina, sob o argumento de que teria havido uma imprecisão técnica, por não ter feita a devida discriminação de institutos que, a despeito de serem igualmente instrumentos à Política Nacional, possuem naturezas distintas[13].

---

10. Um detalhe que chama a atenção, inclusive no inciso seguinte, é a distinção realizada quanto à *qualidade do meio ambiente* e *equilíbrio ecológico*, sendo que, enquanto aquela representa "o conjunto de requisitos e condições que atestam a saúde do meio ambiente", este equilíbrio consiste na "permanência dos ecossistemas em suas características próprias e essenciais (...), na capacidade que os ecossistemas possuem de manterem-se iguais a si mesmos apesar de todas as ações e reações que neles se processam". MILARÉ. Édis. Op. cit., p. 927.
11. De se destacar a extrema importância a respeito do aprimoramento do conhecimento e das tecnologias respectivas, ainda mais na forma como delineado pelo legislador, a propiciar uma otimização do processo de produção, inclusive com a redução dos resíduos (externalidades).
12. Cuida-se de previsão que sinaliza o dever de reparação do dano pelo poluidor, o princípio do poluidor-pagador, bem como o princípio do usuário-pagador, viabilizando a cobrança pelo uso de recurso ambiental para fins econômicos.
13. Milaré, por exemplo, diz que, de um lado, existem os instrumentos que seriam *administrativos de gestão ambiental* (a exemplo dos padrões de qualidade, avaliação de impacto ambiental, licenciamento, etc.), que, importando em restrições de direitos por conta da preservação ambiental, possuem como características serem: (a) um rol taxativo, (b) unilaterais, sem necessidade de concordância da parte interessada, (c) típica manifestação do poder de polícia, com sua estrutura de regras e sanções, (d) privilegia a proteção ambiental em claro detrimento da atividade econômica. E, de outro lado, haveriam os instrumentos *econômicos de gestão ambiental* (por exemplo, incentivo a tecnologias limpas, concessão florestal, servidão ambiental, etc.), cujas características seriam: (a) rol exemplificativo, podendo haver outros que não os previstos em lei, se obedecida a finalidade protetiva, (b) bilateral, pressupondo um acordo junto à parte interessada, (c) deixam de lado o caráter do poder de polícia, para envolver institutos de direito privado, com a entrada do Poder Público nesta seara para a obtenção dos resultados pretendidos, (d) privilegia exatamente o desenvolvimento da atividade econômica, como premissa básica para a implementação dos respectivos instrumentos (MILARÉ. Édis. Op. cit., 935-938)
José Afonso da Silva, por sua vez, traz outro tipo de distinção, assim o fazendo de forma a segmentar os instrumentos como sendo de (i) intervenção ambiental (condicionadores das condutas e atividades relacionadas ao

a. Padrões de qualidade ambiental;
b. Zoneamento ambiental;
c. Avaliação de impactos ambientais;
d. Licenciamento (e sua revisão);
e. Promoção de tecnologia limpa;
f. Criação de espaços territoriais especialmente protegidos;
g. Sistema nacional de informações sobre o meio ambiente;
h. Cadastro técnico federal de atividades e instrumento de defesa ambiental;
i. Responsabilidade administrativa ambiental: Penalidades disciplinares ou compensatórias ao não cumprimento das medidas necessárias à preservação ou correção da degradação ambiental;
j. Relatório de Qualidade do Meio Ambiente (IBAMA);
k. Prestação de informações relativas ao Meio Ambiente;
l. Cadastro Técnico Federal de atividades potencialmente poluidoras e/ou utilizadoras dos recursos ambientais;
m. Instrumentos econômicos, como concessão florestal, servidão ambiental, seguro ambiental e outros.

A respeito dessa relação de instrumentos, verificam-se dois detalhes que merecem realce. O primeiro é que se trata de um rol *exemplificativo*, tanto que a última hipótese (instrumentos econômicos) é clara nesse sentido, de modo que aos entes federativos é viável a criação de outros instrumentos. E, como segundo detalhe, destaque-se que alguns dos instrumentos são voltados especificamente à União (Relatório de Qualidade do Meio Ambiente a ser emitido pelo IBAMA, Cadastro Técnico Federal), cujo ponto a norma em tela deixa de ter o caráter nacional (de norma geral), regulando de forma específica questões atinentes à União – sendo, pois, lei federal (e não lei nacional).

4.1. Padrões de qualidade ambiental

Sem ter a pretensão de inibir a atividade econômica, mas adequando-a a outros interesses (por exemplo, saúde humana e meio ambiente), são estipulados legalmente[14] parâmetros objetivos (valores numéricos) e calculáveis de emissão de poluentes, cujo volume o meio ambiente é capaz de absorver sem afetar a integridade do seu equilibro.

meio ambiente – incisos I, II, III, IV e VI do art. 9º da citada Lei), outros mencionados como de (ii) controle ambiental (sendo a fiscalização que pode ser exercida a todo instante – anteriores, simultaneamente ou posteriores à ação em questão – incisos VII, VIII, X e IV do art. 9º da lei citada), e, por fim, (iii) os instrumentos de controle repressivo (medidas sancionatórias – inciso IX). SILVA, José Afonsa da. Op. cit., p. 216-217.

14. É viável por meio de lei em sentido amplo, isto é, norma geral e obrigatória, emanada de qualquer órgão que tenha o poder de legislar, mesmo que não emane do Poder Legislativo (por exemplo, lei ordinária, decreto, resolução, etc.) – distinguindo-se de lei em sentido estrito, que é exclusivamente emanada do Poder Legislativo (por exemplo, lei ordinária e lei complementar).

Interessante anotar que, embora a lei faça menção a padrão de qualidade *ambiental*, impõe salientar que, dada a amplitude do conceito, além de se resguardar a saúde humana e a qualidade do meio ambiente ecologicamente equilibrado, outros interesses também podem ser o propósito da estipulação de padrões (parâmetros), como, por exemplo, a proteção paisagística.

Atualmente, sem excluir a possibilidade de outras novas[15], é possível assinalar a existência das seguintes espécies: a) Água; b) Ar; c) Ruído.

4.1.1. *Padrão de qualidade da água*

O CONAMA disciplina esse padrão de qualidade por meio de algumas Resoluções[16], dentre as quais vale destacar a Res. 357/07 (classificando as águas superficiais em doces, salobras e salinas), Res. 430/11 (complementa a Resolução anterior, tratando da emissão de efluentes em corpos de água receptores[17]), Res. 396/08 (versando sobre águas subterrâneas), Res. 274/00 (classificação da balneabilidade[18] das águas).

Em linhas gerais, sobre essas resoluções é interessante assinalar que, no termos do artigo 11, da Res. 357/05 (e art. 3º, da Res. 430/11), deixa-se em aberto ao "Poder Público" (a todos os entes integrantes da Política Nacional) a possibilidade de *acrescentar* outras condições ou padrões além daqueles já fixados, ou mesmo, sobre os existentes, *torna-los mais restritivos*, tendo em vista as condições locais, mediante fundamentação técnica[19].

Sem prejuízo, no artigo 6º da Res. 430/11 (complementando a Res. 357/05), está expressa a possibilidade de autorizar a emissão de poluentes em desacordo com os padrões estabelecidos na Resolução, de forma excepcional e temporária, e desde que atendidos outros requisitos que estipula[20], quando o relevante interesse público assim o justificar.

Outrossim, vale apontar a existência distinção entre *padrão de qualidade das águas* e *padrão de emissão de efluentes na água*, os quais são tratados nas Resoluções acima men-

---

15. Trata-se de um rol exemplificativo, nada impedindo que surjam outros padrões estabelecidos em lei, a exemplo da pretensa regulação da emissão de gases por veículos automotores.

16. Questão interessante que merece destaque refere-se à compreensão do STF no sentido de que, por se tratar de ato normativo de natureza secundária - que não regula diretamente dispositivo constitucional -, não é discutível por meio de ação direta de inconstitucionalidade (STF - ADI 2.714 - DJ de 27.2.04).

17. Não se aplica quanto à emissão de efluentes no solo.

18. Balneabilidade é a capacidade que um local tem de possibilitar o banho e atividades esportivas em suas águas, ou seja, é a qualidade das águas destinadas à recreação de contato primário.

19. O próprio artigo art. 12, da Res. 357/05, exemplifica uma situação desse naipe, ao prever que o Poder Público poderá estabelecer restrições e medidas adicionais, de caráter excepcional e temporário, quando a vazão do corpo de água estiver abaixo da vazão de referência - sendo este um motivo técnico fundamentado.

20. Excepcionalmente e em caráter temporário, o órgão ambiental competente poderá, mediante análise técnica fundamentada, autorizar o lançamento de efluentes em desacordo com as condições e padrões estabelecidos nesta Resolução, desde que observados os seguintes requisitos: I - comprovação de relevante interesse público, devidamente motivado; II - atendimento ao enquadramento do corpo receptor e às metas intermediárias e finais, progressivas e obrigatórias; III - realização de estudo ambiental tecnicamente adequado, às expensas do empreendedor responsável pelo lançamento; IV - estabelecimento de tratamento e exigências para este lançamento; V - fixação de prazo máximo para o lançamento, prorrogável a critério do órgão ambiental competente, enquanto durar a situação que justificou a excepcionalidade aos limites estabelecidos nesta norma; e VI - estabelecimento de medidas que visem neutralizar os eventuais efeitos do lançamento excepcional (Art. 6º, da Res. 357/05).

cionados, mas que, enquanto o primeiro, abordado pela Res. 357/05, representa a classificação de cada uma das águas (doce, salina e salobra), conforme a qualidade requerida para os seus usos preponderantes, objetivando o resguardo, senão o melhoramento, das condições que se encontram essas águas (da preservação da classificação em que se encontra), o segundo direciona-se a analisar a qualidade dos despejos realizados nos corpos d'água.

ATENÇÃO

Não se pode deixar de considerar a existência de forças sinergéticas[21], em que, envolvendo os dois padrões acima, ainda que ambos estejam dentro dos números adequados, é possível que, pela sua junção, produzam efeitos deletérios acima do admitido. Em razão do que, é possível exercer o poder de polícia, ainda que, aparentemente, as atividades estejam dentro dos parâmetros legais.

4.1.2. Padrão de qualidade do ar

Relativamente ao Ar, visualiza-se o regramento de seu padrão de qualidade delineado pelo CONAMA pela Res. 5/89[22] (que instituiu o Programa Nacional de Controle de Qualidade do Ar – PRONAR), Res. 3/90 (estipulando os padrões de qualidade do ar), Res. 8/90, Res. 264/99, 316,02, 382/06, dentre outras.

Novamente em linhas gerais, vale observar que, pela leitura da Res. 05/89, almeja-se a realização de uma gestão ambiental para proteção da saúde e bem-estar das populações e melhoria da qualidade de vida com o objetivo de permitir o desenvolvimento econômico e social do País de forma ambientalmente segura, pela limitação dos níveis de emissão de poluentes por fontes de poluição atmosférica, com vistas a: a) uma melhoria na qualidade do ar; b) o atendimento aos padrões estabelecidos; c) o não comprometimento da qualidade do ar em áreas consideradas não degradadas.

Sem prejuízo, é importante a compreensão da noção conceitual trazida pelo artigo 1º da Res. 5/89, ao pontuar que padrões de qualidade do ar são as concentrações de poluentes atmosféricos que, ultrapassadas, poderão afetar a saúde, a segurança e o bem-estar da população, bem como ocasionar danos à flora e à fauna, aos materiais e ao meio ambiente em geral. Daí, o padrão de qualidade do ar representa o nível máximo tolerável, sendo que, ultrapassado, trará danos aos bens listados na Resolução.

Poluente atmosférico, por sua vez, representa a matéria ou energia emitida no ar, cuja intensidade e/ou quantidade, concentração, tempo ou características em desacordo com os níveis estabelecidos, e que tornem ou possam tornar o ar (I) impróprio, nocivo

21. Sinergia, resumindo, representa a situação em que o todo (resultado) é maior que a mera soma das partes.
22. Detalhe importante é que, dentro do Programa Nacional de Controle da Poluição do Ar, a fixação de padrões de qualidade do ar é um dos instrumentos, além da fixação de Limites máximos de emissão; PROCONVE – Programa de Controle da Poluição do Ar por Veículos Automotores, criado pela Resolução CONAMA Nº 018/86; PRONACOP – Programa Nacional de Controle da Poluição Industrial; Programa Nacional de Avaliação da Qualidade do Ar; Programa Nacional de Inventário de Fontes Poluidoras do Ar Programas Estaduais de Controle da Poluição do Ar.

ou ofensivo à saúde; (II) inconveniente ao bem-estar público; (III) danoso aos materiais, à fauna e flora; ou (IV) prejudicial à segurança, ao uso e gozo da propriedade e às atividades normais da comunidade.

Interessante observar que, quanto ao padrão de qualidade do ar, há um patamar máximo (*padrão primário*) e um patamar mínimo (*patamar secundário*), sendo que, enquanto aquele é o limite máximo até onde é permitida a emissão, o segundo representa uma meta a ser atingida pela atividade humana em longo prazo, para levar a qualidade do ar a níveis desejados de concentração de poluentes (dever de progressividade).

Tal como na questão da **água**, também no tratamento relativo ao *ar* é prevista a possibilidade de fixação de padrões mais rígidos ("a nível estadual" - Res. 5/89), ou mesmo menos restritivos a serem fixados pelo órgão licenciador (Res. 382/06[23]).

ATENÇÃO

Compete aos Estados o monitoramento da qualidade do Ar – art. 5° Res. 05/89[24].

4.1.3. Padrões de qualidade para ruídos

Regulando a emissão de *ruídos,* pode ser observada a Resolução 1/90, a Res. 2/90 (cria o Programa Nacional de Educação e Controle de Poluição Sonora - SILÊNCIO), a Res. 252/99 (limite de ruídos para veículos automotores), dentre outras.

A seu respeito, importa compreender que tutela-se, essencialmente, o *conforto da comunidade* (saúde e sossego público), cujos parâmetros se complementam por aquilo que estipula por meio de normas da Associação Brasileira de Normas Técnicas - ABNT[25], mas que seu acompanhamento/monitoramento acaba sendo de atribuição do Município, com base no art. 30, I, da CF/88, pois se tratam de questões que atingem, diretamente, o interesse local (da comunidade).

ATENÇÃO

A poluição sonora representa uma questão que supera o mero problema de vizinhança, atingindo a comunidade – e não apenas os vizinhos próximos e identificáveis – razão pela qual o Ministério Público tem legitimidade para ingressar com Ação Civil Pública para discutir e inibir o problema[26].

---

23. Art. 7°, Res. 382/06: As fontes fixas existentes, por já estarem em funcionamento ou com a licença de instalação requerida antes da publicação desta Resolução, deverão ter seus limites de emissão fixados pelo órgão ambiental licenciador, a qualquer momento ou no processo de renovação de licença, mediante decisão fundamentada. § 1° O órgão ambiental licenciador poderá estabelecer valores menos restritivos que os limites máximos de emissão estabelecidos nesta Resolução, considerando as limitações tecnológicas e o impacto nas condições locais, de acordo com o disposto na Resolução CONAMA n° 5, de 15 de junho de 1989.
24. Por exemplo, no Estado de São Paulo quem desempenha essa atribuição é a CETESB, segundo o Decreto Estadual 59.113/13.
25. Por exemplo, NBR-10.152 – Níveis de Ruído para conforto acústico, NBR-10.152 – para áreas habitadas, etc.
26. STJ, REsp 1.051.306/MG – DJe 10.09.2010. Contudo, é válido pontuar que no REsp 94.307/MS, julgado no ano de 2005, compreendeu-se pela ausência de legitimidade do Ministério Público.

4.2. Zoneamento ambiental

Segundo Machado[27], zoneamento (sem a adjetivação *ambiental*) representa proceder a uma divisão do território, em parcelas nas quais são autorizadas determinadas atividades, ou, ao contrário, são vedadas, de modo absoluto ou relativo[28].

Nesse sentido, previsto no artigo 9º, inciso II, da Lei 6.938/81, o zoneamento ambiental representa a inserção da questão ambiental orientando essa divisão territorial, sendo, pois, um planejamento multidisciplinar realizado pelo Poder Público, no exercício do seu poder de polícia, para ordenar o uso e a ocupação do território, incluindo a utilização – a ser racional – dos recursos ambientais, tendo em vista os atributos ambientais e o desenvolvimento de uma região.

Um detalhe a se destacar é que, por si só, não representa apenas a imposição de uma restrição à ocupação e/ou uso, mas, também, significa uma regulação social do uso dos recursos ecológicos (ambientais), viabilizando este uso, motivo pelo qual se apresenta como um instrumento ativo para o desenvolvimento sustentável.

ATENÇÃO

Instrumento de otimização, representando um planejamento para ocupação e uso do espaço, com extremo respeito aos atributos ambientais ali existentes, mas que, da mesma forma que pode vir a impor restrições, pode impulsionar a utilização adequada, tendo um caráter restritivo, porém ativo também.

Da leitura do artigo 1º, do Decreto 4.297/02, verifica-se a regulamentação do zoneamento ambiental ora em análise, que recebeu a denominação ZEE – Zoneamento Econômico-Ecológico[29], voltado para qualquer atividade que, direta ou indiretamente, utilize de recursos naturais (art. 2º c.c. art. 3º).

Contudo, é de se pontuar a existência de outros zoneamentos[30], a exemplo do zoneamento industrial (Lei 6.803/80), que, dentre as suas especificações (zonas de uso estritamente industrial; zonas de uso predominantemente industrial, zonas de uso diversificado, e zonas de reserva ambiental[31]), verifica-se certo tangenciamento com a tutela ambiental, a ponto, inclusive, de se vedar a instalação de empreendimento industrial, ou mesmo

27. MACHADO, Paulo Affonso Leme. Direito ambiental brasileiro. 21ª ed. São Paulo: Malheiros, 2013, p. 239.
28. Ou ainda, nos termos do artigo 2º, inciso XVI, da Lei 9.985/00, e especificando a definição para o âmbito das Unidades de Conservação, tem-se que zoneamento é a definição de setores ou zonas em uma unidade de conservação com objetivos de manejo e normas específicos, com o propósito de proporcionar os meios e as condições para que todos os objetivos da unidade possam ser alcançados de forma harmônica e eficaz.
29. De se ressalvar que há quem sustente tratar-se de relação de gênero e espécie, mas que, acredita-se, não se justifica tratar como temas distintos, e muito menos ingressar na abordagem de outros zoneamentos (por exemplo, zoneamento industrial), pois fugiria da objetividade do presente trabalho.
30. Nada obstante, não se menospreza a existência de outros zoneamentos (socioeconômico-ecológico; agroecológico – lei 8.171/91; agrícola de risco climático; industrial – Lei 6.803/80; urbano; Etnozoneamento – decreto federal nº 7.747/2012). Disponível em http://www.mma.gov.br/informma/item/8188-outros-tipos--de-zoneamento.html. consultado em setembro de 2018.
31. Art. 1º c.c. art. 7º, Lei 6.803/80.

impor a sua *relocalização*[32] (realocação) – quando houver a *pré-ocupação* – em local cuja peculiaridade ambiental mostra-se incompatível com a permanência industrial no local – frisando que não há direito adquirido de poluir.

De qualquer forma, compreende-se que o zoneamento ambiental é materializado essencialmente pelo ZEE, a respeito do qual uma peculiaridade não pode deixar de ser destacada: **não pode reduzir outro espaço de proteção.**

ATENÇÃO

Não pode reduzir outro espaço de proteção: "não poderá reduzir o percentual de reserva legal definido em legislação específica, nem as áreas protegidas, com unidades de conservação ou não".[33]

Sobre o zoneamento ambiental (ZEE), sua competência é fixada de modo que à União compete quando envolver biomas brasileiros[34] ou territórios abrangidos por planos e projetos prioritários estabelecidos pelo Governo Federal (art. 6º, Decreto 4.297/02), ao Município aquilo que recair na premissa do artigo 30, VIII c.c. I, CF/88 (interesse local), e, relativamente aos Estados, o seu confronto com o Decreto 4.297/02 se faz de modo semelhante à competência legislativa concorrente, sendo este Decreto Federal considerado como norma geral, restando aos Estados o espaço suplementar.

4.3. Avaliação de impacto ambiental

ESTUDO DE AVALIAÇÃO
DE IMPACTO AMBIENTAL
segue vídeo abaixo:

https://youtu.be/zpMLgWUfs4c

32. Art. 1º, § 3º, Lei 6.803/80.
33. Art. 19, §3º, Decreto 4.297/02.
34. Por exemplo, Patrimônio Nacional (art. 225, §4º, CF/88).

O terceiro instrumento previsto na Lei de Política Nacional do Meio Ambiente consiste na *avaliação de impactos ambientais*, gênero do qual são espécies o estudo prévio de impacto ambiental, o estudo de impacto na vizinhança[35], o Relatório Ambiental Preliminar (RAP)[36], etc.

Nos termos do artigo 1°, da Res. CONAMA 01/86, impacto ambiental significa qualquer alteração das propriedades físicas, químicas e biológicas do meio ambiente, causada por qualquer forma de matéria ou energia resultante das atividades humanas que, direta ou indiretamente, afetam (I) a saúde, a segurança e o bem-estar da população; (II) as atividades sociais e econômicas; (III) a biota; (IV) as condições estéticas e sanitárias do meio ambiente; e (V) a qualidade dos recursos ambientais[37].

Os estudos mencionados se voltam exatamente a esse objeto (impacto ambiental). Porém, tendo em vista que na maioria dos casos o questionamento é feito quanto ao Estudo Prévio de Impacto Ambiental (EPIA/EIA), até mesmo por possuir expressa previsão constitucional (art. 225, §1°, IV, CF/88), e, de fato, ter mais destaque na atuação do órgão ambiental – no decorrer do licenciamento ambiental –, é de rigor abordá-lo de forma mais direta.

De forma sintética, pode-se apontar que o EPIA/EIA, materializando o princípio da prevenção, consiste em uma exigência procedimental, de natureza complexa, em que, pautando-se sobre uma atividade potencialmente causadora de significativa degradação ambiental, efetua-se um exame de alternativas para afastar a lesão ambiental, ou um plano de mitigação quando a lesão é inevitável, cuja realização concretiza tanto publicidade como participação da coletividade[38], a ponto de conferir um aprimoramento ao processo de decisão, e mesmo garantir transparência aos governos.

Um detalhe a se observar é que o constituinte (art. 225, §1°, III) previu a necessidade do EIA quando o caso envolver potencial risco de significativa degradação ambiental (e assim também consta na Lei 11.284/06 – Florestas Públicas), enquanto que o art. 2° da Res. Conama 01/86 faz menção apenas a "modificadoras do meio ambiente", apresentando um rol de atividades.

Pois bem. A primeira compreensão a respeito disso é no sentido de que, independentemente, tão apenas aquelas atividades que apresentam potencial risco de *significativa degradação ambiental* é que são passíveis de EIA. E, a segunda, consiste na constatação de que aquelas atividades, contidas no rol exemplificativo do art. 2°, da Res. Conama 01/86,

35. Embora não seja propriamente um instrumento de natureza ambiental, tem em sua completude uma análise ambiental, sendo voltado para empreendimentos da área urbana, cujo objetivo principal é exatamente resguardar as questões de vizinhança.

36. Consiste o RAP num estudo mais sucinto e simples, a ser utilizado no Estado de São Paulo quando os impactos ao meio ambiente não forem significativos (Res. 42/94), em que se indicará ao empreendedor qual o estudo ambiental que deverá ser realizado, bem como qual o tipo de informação ou avaliação que deverá ser apresentada.

37. De se atentar quanto à semelhança para a definição de degradação ambiental causada pelo ser humano, isto é, poluição, contida no artigo 2°, da Lei 6.938/81.

38. Aliás, lembre-se que, via de regra, há discricionariedade do órgão licenciador em promover audiência pública, mas que, segundo a regra geral federal, é obrigatória quando houve solicitação do Ministério Público, de 50 (cinquenta) cidadãos, ou de alguma entidade civil. Sem prejuízo, no Estado de São Paulo – repita-se – será sempre obrigatória nas hipóteses em que for realizado EIA.

representam, na verdade, uma presunção[39] de potencial risco de significativa degradação ambiental, de modo que, em ocorrendo algumas daquelas situações, é obrigatória a realização do exame ambiental em tela.

Dessa feita, a identificação de se tratar de *significativo* o provável impacto ambiental passa pela análise da incidência do artigo 2º da Res. Conama 1/86, e, quando ali não estiver prevista, caberá ao Ente licenciador proceder a uma análise objetiva e fundamentada, pautada em estudos ambientais, evidências científicas e outros dados existentes.

Assim sendo, e pela sistemática como ocorrem os fatos, quando o empreendedor, interessado em realizar uma atividade econômica, apresentar junto ao órgão ambiental o seu respectivo projeto, com base no qual a Administração analisa, dentre os diversos pontos, a eventual caracterização de ser uma atividade efetiva ou potencialmente causadora de significativo impacto ambiental, desde já lhe competirá demonstrar que não há essa significância no provável dano – observando que, para a hipótese de não se considera-lo desse jaez, autoriza-se que seja realizado um estudo mais singelo, a exemplo do RAP.

Nada obstante, em verificando pela significância do possível impacto, é determinado ao empreendedor, sob suas custas e ônus, que realize, então, o imprescindível estudo prévio de impacto ambiental, com o intermédio de uma equipe multidisciplinar habilitada.

ATENÇÃO

Constatado que se trata de atividade potencialmente causadora de significativo impacto ambiental, o administrador não possui discricionariedade para proceder – ou não – ao Estudo de Prévio de Impacto Ambiental.

Ademais, quanto ao momento em que deve ser realizado o EIA, é de se observar que a Constituição Federal faz menção a exigi-lo "para instalação" da obra ou atividade, a respeito do que seria possível dizer que seu momento, pelo constituinte, é quando da análise da licença instalação[40]; enquanto que, na Lei 11.284/06[41], há referência à licença-prévia – que é anterior àquela. Assim, em que pese a ausência de pontuação específica doutrinária, compreende-se que o mais adequado, até por força do princípio da prevenção, é que seja realizado no primeiro momento possível, isto é, desde a licença-prévia. Nada obstante, não há tanto problema caso venha a ser realizado no momento da licença-instalação, desde que, obviamente, não tenha repercutido em dano ambiental[42].

39. Na leitura de Milaré, trata-se de uma presunção relativa, podendo ser afastada no caso concreto, mas que, certamente, implica na inversão do ônus da prova, competindo ao empreendedor comprovar a ausência dessa significância do impacto, o que veio a ser materializado na Res. Conama 237/97, art. 3º (MILARÉ. Édis. Op. cit., p. 996). Porém, há entendimento em sentido contrário, pelo reconhecimento como presunção absoluta (MACHADO, Paulo Affonso Leme. Op. cit., p. 275).

40. Em regra, são visualizáveis três licenças, quais sejam a licença prévia, licença instalação e licença operação, respectivamente.

41. Art. 18, §1º, Lei 11.284/06

42. Até mesmo porque, a não realização durante a licença-prévia não gera direito adquirido ao empreendedor, que não possa ser devidamente ajustado na licença-instalação.

De outro lado, para o caso de se verificar que a obra/atividade já esteja em andamento, tal fato não se mostra como obstáculo à realização do EIA, cuja obrigatoriedade está mantida, sendo que, visualizando que ainda é possível contornar uma situação crítica ao meio ambiente, e que a não realização oportuna não tenha ensejado a responsabilidade (administrativa, civil e penal) do empreendedor, é viável ainda realiza-lo[43].

Questiona-se ainda sobre o EIA – e seu respectivo RIMA – ser um documento vinculante à administração. Isto é, se é possível que o administrador adote postura diferente daquela assinalada pelos técnicos. Segundo Antunes, não há essa extrema vinculação, pois ainda assim há uma margem de discricionariedade à Administração, pois, "caberá ao governo realizar um balanço entre todas as opções, consideradas, inclusive, aquelas de natureza socioeconômica"[44]. E, na mesma linha, Milaré e Benjamin[45], que assinalam sobre não ser possível guiar-se pelo monopólio da preocupação ambiental, mas pela solução que concretize uma integração (e não dominação) entre as diversas questões que envolvem o estudo (ecológica, social e econômica).

Aliás, sintetizando, o conteúdo do EIA vem a ser a análise tanto dos (a) impactos como de (b) suas alternativas, além de (c) possíveis medidas de mitigação[46], bem como o (d) delineamento de um programa de monitoramento, tudo consolidado de forma objetiva e acessível a toda coletividade (sem termos técnicos incompreensíveis), pelo (e) Relatório de Impacto ao Meio Ambiente (RIMA), que, a despeito de seu papel de destaque, não deixa de ser um integrante do EPIA, mais precisamente um relatório/resumo seu.

ATENÇÃO

Art. 69-A, Lei 9.605/98 → laudo falso ou enganoso → crime!

Art. 69-A. Elaborar ou apresentar, no licenciamento, concessão florestal ou qualquer outro procedimento administrativo, estudo, laudo ou relatório ambiental total ou parcialmente falso ou enganoso, inclusive por omissão:

Pena – reclusão, de 3 (três) a 6 (seis) anos, e multa. § 1º Se o crime é culposo: Pena – detenção, de 1 (um) a 3 (três) anos.

§ 2º A pena é aumentada de 1/3 (um terço) a 2/3 (dois terços), se há dano significativo ao meio ambiente, em decorrência do uso da informação falsa, incompleta ou enganosa.

Desse conteúdo, é de rigor o destaque ao Relatório de Impacto ao Meio Ambiente (RIMA), sendo que, não se confundindo com o EIA, consiste no relatório resumo de todo o conteúdo deste estudo, cuja redação deve ser objetiva e simples, em linguagem acessí-

---

43. MILARÉ. Édis. Op. cit., p. 998.

44. ANTUNES, Paulo de Bessa. Direito Ambiental. 11ª ed. Rio de Janeiro: Lumen Juris, 2008, p. 291.

45. MILARÉ, Édis; BENJAMIN, Antonio Herman V. Estudo prévio de impacto ambiental: teoria, prática e legislação. São Paulo: Revista dos Tribunais, 1993, p. 68.

46. Compreende-se que essas alternativas, ou mesmo as medidas de mitigação possíveis, devem ser vistas com certa parcimônia, isto é, com razoabilidade e proporcionalidade, de modo que não é dado exigir do empreendedor que implante a tecnologia mais avançada, quando rara ou mesmo de custo extremamente elevado, a ponto mesmo de inviabilizar a própria atividade.

vel ao público (evitando termos técnicos), a permitir que a coletividade em geral tenha condições de compreender seu conteúdo[47].

Cuida-se de imprescindível publicidade que deve ser dado ao EIA, tal como pode vir a ocorrer por meio da audiência pública, cujo propósito consiste em disponibilizar informações sobre o EIA/RIMA, e, bem como, colher sugestões e críticas. Mas, frise-se, sua realização, em regra, é discricionária da Administração, mas será obrigatória quando houver solicitação do Ministério Público, de 50 (cinquenta) cidadãos, ou de alguma entidade civil[48], pontuando que, o desrespeito a essa obrigatoriedade gera a nulidade dos atos administrativos, e, *in casu*, da licença ambiental expedida[49].

Uma vez realizada a audiência pública, que poderá ser repetida em razão da complexidade do caso, ou mesmo em função da localização geográfica dos solicitantes[50], dela será formatada uma Ata, a qual, juntamente com o RIMA, comporá o EIA para subsidiar a decisão a ser tomada pela Administração Pública.

4.4. Licenciamento ambiental

LICENCIAMENTO

segue vídeo abaixo:

https://youtu.be/eWja8z7gms0

Previsto como instrumento à Política Nacional do Meio Ambiente, o licenciamento ambiental é essencial à efetivação da tutela ambiental, sendo que, marcado por seu caráter preventivo, representa um procedimento administrativo destinado a licenciar atividades

47. De se assinalar que, no julgamento – dentre outros – da ADI 1.505 e ADI 3252 MC / RO, o STF pontuou que feriria o princípio da separação dos poderes a imposição de ter que submeter o RIMA ao crivo do Poder Legislativo.
48. No Estado de São Paulo será sempre obrigatória nas hipóteses em que for realizado EIA, por força do que dispõe a Constituição Estadual.
49. Art. 2°, §2°, Res. Conama 9/87.
50. Art. 2°, §5°, Res. Conama 9/87.

ou empreendimentos utilizadores de recursos ambientais, efetiva ou potencialmente poluidores ou capazes, sob qualquer forma, de causar degradação ambiental[51].

Frise-se que, a despeito dessa definição legal mencionar o licenciamento como *procedimento*, há doutrina[52] ressaltando que, verdadeiramente, consiste num *processo* administrativo, por denotar-se como a relação jurídica integrada por algumas pessoas, que nela exercem várias atividades direcionadas para determinada fim, e não, propriamente, o modo pelo qual essas atividades, e seus respectivos atos, relacionam-se.

> (...) o licenciamento ambiental deve ser materializado em um processo aberto pelo órgão ambiental competente a partir de um pedido de licença apresentado pelo empreendedor, no seio do qual serão praticados atos concatenados, que consubstanciam um procedimento levado a efeito por meio de etapas sequenciais, que ensejarão um pronunciamento motivado por parte do Poder Público, culminando com o indeferimento ou deferimento do pleito[53].

O licenciamento ambiental, como exercício do poder de polícia por meio de um controle prévio[54], tem como objetivo primordial materializar a noção de sustentabilidade, isto é, compatibilizando o interesse daqueles que almejam proceder a uma exploração econômica com uso dos recursos ambientais (dimensão econômica), mas respeitado um patamar de proteção dos recursos ambientais (dimensão ecológica), e, ainda, não se esquecendo de eventuais repercussões sociais que essa interferência antrópica possa repercutir (dimensão social), e que mereçam sejam levadas em consideração no processo decisório.

A respeito do ato que se culmina com o licenciamento ambiental, qual seja a licença ambiental, é de se ponderar que, doutrinariamente, há certa divergência quanto à sua natureza jurídica[55], divergindo entre ser uma *autorização* ou uma *licença propriamente dita*, uma vez que, enquanto aquela é marcada por sua precariedade (podendo ser revogada, cancelada, ou modificada por um juízo de discricionariedade), advinda de um ato unilateral, discricionariedade, constitutivo de direito; a licença tem como característica a definitividade (só podendo ser revogada por interesse público ou por violação das normas gerais[56]), firmada por ato unilateral, vinculado, declaratório de direito (sendo um direito do interessado que, cumprido os requisitos, deve-lhe ser concedido o pleito).

Seja como for, é de se observar que, dada a peculiaridade da tutela ambiental, na superveniência de dados que mostrem degradação ambiental efetivada ou potencial, viabi-

51. Art. 2º, I, LC 140/11.
52. MILARÉ. Édis. Op. cit.; e MEDAUAR, Odete. Direito Administrativo Moderno. 18ª ed. São Paulo: Ed. RT, 2014, p. 196.
53. MILARÉ. Édis. Op. cit., p. 1027. Ademais, acresce-se que o reconhecimento como *processo* – e não mero procedimento – traz consigo certos consectários, a exemplo da ampla publicidade, participação popular, acesso aos autos, contraditório e ampla defesa, motivação, dever de decidir, enfim, um *devido processo legal* administrativo.
54. Aplicação concreta do princípio da prevenção, realiza-se um controle prévio, anterior à interferência no meio ambiente, não se esquecendo, porém, que, dada a possibilidade de modificação, suspensão e cancelamento da licença (Res. CONAMA 237/1997), nele pode ser visualizado também um contexto de controle concomitante ao desempenho da atividade. Isto é, um controle que se inicia previamente à atividade, mas que lhe acompanha durante todo o seu tempo de execução.
55. A Lei Complementar 140/11, em seu artigo 13, fala em "licenciamento e autorização", enquanto na Constituição Federal, art. 170, fala em "autorização".
56. STF – RE 106931 / PR – DJ 16.05.1986.

liza-se que a Administração adote providências que visem a sanar essa lesão aos recursos ambientais. Tanto que se visualizam defesas de se tratar de um ato administrativo próprio, justificando-se pelo fato de que o licenciamento ambiental é pautado por princípios específicos (da prevenção, da precaução, do poluidor-pagador, do desenvolvimento sustentável, etc.), impossibilitando de considerar a licença ambiental como definitiva, pois passível de revisão quando o interesse público justifique. Contudo, dentro do prazo da respectiva licença, admitem-se intervenções somente naqueles casos legalmente previstos – afastando-se afirmar que se trata de uma autorização administrativa.

Prosseguindo, é de se observar que o licenciamento tem sua competência, essencialmente, regulada pela *Lei Complementar 140/11*, a qual, a despeito de já ter sido tratada no Capítulo anterior, merece ser repisada para não perder a concatenação das ideias.

Esse regramento consolida que, em licenciamento ambiental, há um único grau de competência (unicidade[57]), isto é, não é possível compreender que mais de um ente federativo seja competente para licenciar – o que trouxe, é fato, uma segurança ao empreendedor, que antes via-se surpreendido com a necessidade de mais de um (duplicidade não é mais cabível)[58].

Dessa feita, há um único órgão ambiental competente para realiza-lo, cuja regra contida na LC 140/11 mescla a regra básica do âmbito de influência do impacto direto[59], com a dominialidade e predominância do interesse, sendo que, será competência:

A. da União[60]:
   a. se o impacto for de âmbito nacional ou afetar 2 (dois) ou mais Estados (regional[61]);
   b. se a atividade envolver terras indígenas, questões militares, ou mesmo nucleares *(em razão da matéria);*
   c. mar territorial, plataforma continental ou zona econômica exclusiva será da União, unidades de conservação instituídas pela União, exceto em Áreas de Proteção Ambiental (APAs)[62] *(critério da localização física do empreendimento);*
   d. que atendam tipologia estabelecida por ato do Poder Executivo, a partir de proposição da Comissão Tripartite Nacional, assegurada a participação de um membro do Conselho Nacional do Meio Ambiente (Conama),

57. Art. 13, LC 140/11.
58. Muito embora há quem critique tal unicidade de competência, pois, sustenta-se, a possibilidade de todos exercerem, ainda que concomitante, este poder de polícia, significaria uma maior amplitude na tutela ambiental, cuja deficiência de um ente, poderia ser suprida pela atuação de outro.
59. MILARÉ. Édis. Op. cit., p. 1047. Destaca o autor que, se fossem considerados os impactos indiretos, que podem alcançar proporções inimagináveis, seria bastante penosa a definição de competência. E, mais, sustenta o autor que, dada a dificuldade em se analisar a própria abrangência do impacto direto, deve preponderar os critérios definidos de forma objetiva, que o são *a localização* e a *tipologia.*
60. Art. 7º, LC 140/11.
61. Art. 1º, IV, Res. Conama 237/97. Impacto Ambiental Regional: é todo e qualquer impacto ambiental que afete diretamente (área de influência direta do projeto), no todo ou em parte, o território de dois ou mais Estados.
62. O artigo 12 da LC 140/11, contudo, cria uma **exceção a essa exceção**, firmando que, "para fins de licenciamento ambiental de atividades ou empreendimentos utilizadores de recursos ambientais, efetiva ou potencialmente poluidores ou capazes, sob qualquer forma, de causar degradação ambiental, e para autorização de supressão e manejo de vegetação, o critério do ente federativo instituidor da unidade de conservação não será aplicado às Áreas de Proteção Ambiental (APAs)". Daí, em sendo APA deve seguir os demais critérios, mais precisamente o âmbito do impacto, ou mesmo a matéria a respeito da qual versa a atividade a ser licenciada.

e considerados os critérios de porte, potencial poluidor e natureza da atividade ou empreendimento *(predominância do interesse)*.

B. dos Municípios:

a. se o impacto for de âmbito local[63];

b. localizados em unidades de conservação instituídas pelo Município, exceto em Áreas de Proteção Ambiental (APAs)[64]

C. dos Estados:

a. residual: se não se enquadrar nas hipóteses previstas à União e aos Municípios;

b. promover o licenciamento ambiental de atividades ou empreendimentos localizados ou desenvolvidos em unidades de conservação instituídas pelo Estado, exceto em Áreas de Proteção Ambiental (APAs).

A respeito dessa repartição de atribuições, vale pontuar entendimento interessante, referente à possiblidade de *convalidação* do licenciamento realizado por ente incompetente. Isso porque, a despeito de toda essa aparente clareza em que fixada a distribuição, o cotidiano apresenta situações limítrofes, passíveis de severas dúvidas a respeito de quem efetivamente deva/possa proceder ao licenciamento, gerando que, por ventura, um ente não competente o faça. Nesse contexto, compreende-se pela leitura do Direito Administrativo a possibilidade de que haja a convalidação, que, seja pela via (i) de consenso entre os órgãos ambientais, seja (ii) por força de lei, seja (iii) por decisão judicial, é de rigor analisar a ausência de lesão ao interesse público ou mesmo a terceiros como autorizadores à sanação do ato realizado pela autoridade incompetente.[65]

Sem prejuízo, previu o legislador duas situações complementares, denominadas de competência supletiva e competência *subsidiária*, sendo que a *supletiva* surge ao ente federativo "maior"[66], quando aquele que é originariamente competente (i) não se encontra devidamente estruturado para realizar o licenciamento (carece de órgão ambiental devidamente implementado - órgão ambiental capacitado ou conselho do meio ambiente), ou, (ii) quando não emite a licença nos prazos legais (6 meses, ou 12 meses - quando tiver sido elaborado EIA ou realizada audiência pública).

ATENÇÃO

A não observância desse prazo para concessão da licença (6 ou 12 meses) não implica emissão tácita nem autoriza a prática de ato que dela dependa ou decorra, mas apenas viabiliza o exercício da competência supletiva (art. 14, §3°).

---

63. A redação do artigo 9°, XIV, alínea "a" (que causem ou possam causar impacto ambiental de âmbito local, conforme tipologia definida pelos respectivos Conselhos Estaduais de Meio Ambiente, considerados os critérios de porte, potencial poluidor e natureza da atividade) é alvo de críticas, uma vez que, em se tratando de questão de âmbito local, a competência advém da própria Constituição Federal (art. 23 c.c. art. 30), não se justificando essa submissão ao entendimento que venha a ser lançado por Conselho Estadual, restringindo norma constitucional.

64. Repita-se: em sendo *APA*, deve seguir os demais critérios, mais precisamente o âmbito do impacto, ou mesmo a matéria a respeito da qual versa a atividade a ser licenciada.

65. A exemplo, art. 55, Lei 9.784/99 (regula processo administrativo no âmbito Federal) e art. 11, Lei Estadual de São Paulo 10.177/98.

66. Do Município para o Estado, e do Estado para a União, e jamais no sentido inverso (por exemplo, do Estado para o Município).

Por outro lado, a competência *subsidiária* não se trata, propriamente, de assunção das atividades de licenciamento, mas sim uma atuação, quando solicitada pelo órgão competente, de auxílio, subsidiando com informações que possam ser úteis ao deslinde do licenciamento ambiental, porém, com caráter não vinculativo.

> A opção do legislador (...) direcionou-se a assegurar a atuação cooperativa dos entes federativos em matéria de licenciamento e autorização ambiental, criando para tanto distintos mecanismos e instrumentos pertinentes, a permitir que as políticas e ações administrativas adotadas por cada um deles apresentem-se harmônicas, não se sobreponham nem conflitem umas com as outras[67].

ATENÇÃO

Peculiarmente, quando envolver atividades que também se submetem à Política Nacional de Resíduos Sólidos, o legislador (art. 24, §2°, Lei 12.305/10) condiciona à oitiva da autoridade municipal competente, quando a competência para o licenciamento for do Estado ou da União. Daí, tem-se uma hipótese *sui generis* de "competência subsidiária", já imposta por força de lei, sem deixar ao crivo da autoridade licenciadora.

A despeito dessas questões que envolvem o licenciamento, é imprescindível a compreensão a respeito das espécies de licenças ambientais que envolvem todo o procedimento do licenciamento ambiental, as quais são sequenciais[68] e com objetivos próprios.

Primeiro há a licença prévia (LP), prevista no artigo 8°, I, da Res. Conama 237/97, cuja análise se volta a aprovar a localização e concepção do empreendimento, atestando sua viabilidade ambiental, sem prejuízo da imposição de condicionantes e requisitos básicos a serem nas próximas fases de sua implementação.

Na sequência, há a licença instalação (LI), que, sem prejuízo da análise da observância das condicionantes e requisitos estipulados na licença anterior, autoriza a instalação do empreendimento ou atividade de acordo com as especificações constantes dos planos, programas e projetos aprovados, incluindo as medidas de controle ambiental e demais condicionantes, da qual constituem motivo determinante.

Por fim, está prevista a Licença de Operação (LO), a qual, atestando o efetivo cumprimento dos requisitos e condicionantes fixados nas licenças anteriores, autoriza a operação da atividade ou empreendimento, com as medidas de controle ambiental e condicionantes determinados para a operação.

Abaixo segue tabela ilustrativa, nela já estando inseridos os respectivos prazos de validade de cada licença, com a particularidade existente no Estado de São Paulo.

---

67. MILARÉ. Édis. Op. cit., p. 1064.

68. Art. 8°, par. único, Resolução Conama 237/97. As licenças ambientais poderão ser expedidas isolada ou sucessivamente, de acordo com a natureza, características e fase do empreendimento ou atividade.

Espécies/Etapas	Objeto/propósito	Prazo	Prazo SP
LP - prévia	Viabilidade ambiental/ Localização e concepção	Não superior a 5 anos	Idem
LI - instalação	Autoriza a instalação	Não superior a 6 anos	Idem
LO - operação	Verifica atendimento às condicionantes anteriores Possibilita a operação	Mínimo: 4 anos Máximo: 10 anos	Mínimo: 2 anos Máximo: 10 anos

De se perceber que, a despeito da compreensão conceitual, é importante ter ciência da existência de prazos para cada licença, principalmente para fins de concurso e provas, cuja metodologia legal é no sentido de estipular prazos máximos, findo os quais, para a continuidade da atividade, é imprescindível que haja pedido de renovação.

E, sobre essa pretensão de renovação, é aconselhável que a parte interessada formule seu pedido com, no mínimo, 120 (cento e vinte) dias de antecedência ao vencimento da licença, pois, se assim o feito, ainda que expirado o prazo da licença, este fica automaticamente prorrogado até a manifestação definitiva do órgão ambiental competente[69].

4.5. Revisão de atividades efetiva ou potencialmente poluidoras

Bem analisando os termos do artigo 9º, da Lei de Política Nacional do Meio Ambiente, verifica-se que a *revisão de atividades efetiva ou potencialmente poluidoras* encontra-se no mesmo inciso IV em que previsto o licenciamento, mas que, por questão didática, compreende-se como adequada a sua análise em tópico a parte.

Essencialmente, consiste na própria revisão do Licenciamento, em que, segundo disposto na Resolução Conama 237/97 (artigo 19), é prevista a possibilidade de modificação, suspensão, cancelamento[70] da licença ambiental expedida.

Relativamente à possibilidade de *modificação*, a doutrina abalizada argumenta a viabilidade de se aplicar analogicamente a teoria da imprevisão, com a cláusula *rebus sic stantibus*[71], reconhecendo, tal como se prevê na Lei 8.666/93 (licitações), que haja a readequação dos termos que permitiriam que a atividade se desenvolva sem prejuízo da incolumidade ambiental - ou mesmo o contrário[72].

69. Art. 14, § 4º, LC 140/11.

70. Diversos autores tratam do tema incluindo outras denominações de alteração, a respeito do que, segundo nosso entendimento, vale inserir as expressões *revogação e anulação*, sendo aquela representativa do cancelamento em decorrência da superveniência de interesse público que assim o exija, enquanto que a segunda, anulação, decorre de um vício de validade.

71. MILARÉ. Édis. Op. cit.. Seriam os requisitos da aplicação da teoria da imprevisão: circunstâncias (i) imprevisíveis quanto à ocorrência ou consequências; (ii) estranha à vontade das partes; (c) inevitáveis; (d) causem desequilíbrio significativo na relação estabelecida (contrato).

72. Tal como nos contratos celebrados com a Administração, em que há um núcleo intangível materializado pelo princípio do equilíbrio econômico-financeiro, pauta-se, aqui, pela preservação do equilíbrio entre os interesses envolvidos, isto é, do princípio do desenvolvimento sustentável, de modo que eventuais intempéries que

Por sua vez, a *suspensão* vem a representar a perda de eficácia temporária da licença concedida, no intuito de que a atividade se readeque[73] (ou mesmo que se adeque) - às imposições de cunho ambiental - quando possível, obviamente. Mas, veja, de certa forma representa na mesma condição da situação de *modificação*, mas cujo contexto apresenta-se pela impossibilidade do imediato ajustamento, demandando a concessão de prazo ao empreendedor.

Já o *cancelamento* implica a perda de eficácia definitiva da licença ambiental, impedindo a própria continuidade da atividade pelo empreendedor, quando constatado um cenário de impossível compatibilização da atividade para com a tutela ambiental - não é possível ajustatr

Para que ocorra uma das situações (efeito) acima descritas, estipulou-se na Resolução do Conama 237/97 três hipóteses (causa)[74], quais sejam: (a) violação ou inadequação de quaisquer condicionantes ou normas legais; (b) omissão ou falsa descrição de informações relevantes que embasaram o licenciamento; e (c) superveniência de graves riscos ambientais e de saúde.

De se atentar que, pela redação do dispositivo (art. 19), não se observa, literalmente, haver uma perfeita vinculação entre uma causa e um respectivo efeito, isto é, o legislador não relacionou cada uma das hipóteses previstas nos incisos a uma das situações de revisão licença assinaladas no *caput*. Nada obstante, impõe seja analisado o caso concreto com razoabilidade e proporcionalidade, de modo a compatibilizar tanto a ideia de que ninguém obtém direito adquirido a empreender em desconformidade com o meio ambiente, como a noção de segurança jurídica, dada a expectativa chancelada pela concessão da licença.

Daí, mister seja buscado ao máximo possível a sustentação da licença ambiental, seja procedendo ao imediato ajuste das condições (*modificação*), seja concedendo um prazo para que o empreendedor possa se enquadrar nos imperativos ambientais (*suspensão*), deixando para última instância o *cancelamento*, a ocorrer tão apenas quando, pelo contexto que se apresentar, verifique-se a impossibilidade de se remediar.

ATENÇÃO

Um detalhe importante diz respeito à exigibilidade de uma indenização, seja pela alteração, perda definitiva ou provisória (suspensão) da possibilidade de uso de recursos ambientais. Diante do confronto entre a inexistência de direito adquirido de utilizar o meio ambiente em desacordo com a sua proteção, e, pelo menos um mínimo, de segurança jurídica, compreende-se que, (i) SIM, o empreendedor faz jus a uma indenização quando o erro for proveniente do órgão licenciador, (ii) NÃO, quando simplesmente se tratar de uma superveniência de fato imprevisível (ou mesmo culpa do empreendedor), pois nesta hipótese a problemática está inserida nos próprios riscos da atividade econômica.

venham a ocorrer não ocasionem o desequilíbrio, pela elevação de um interesse em detrimento do outro, ou mesmo a própria aniquilação de um dos interesses.

73. Por exemplo, para o caso de, até então, não ter atendido a todas as condicionantes estipuladas na licença ambiental, para as quais lhe haviam sido fixados prazos.

74. De se observar que, no âmbito federal (não norma geral), o Decreto 6.514/08, no artigo 18, prevê a possibilidade de, cumulativamente, *suspender* a atividade, e mesmo *cancelar* a licença ambiental, quando constatado o descumprimento total ou parcial de sanção administrativa de embargo.

4.6. Promoção de tecnologia limpa

O legislador previu no inciso VI, do art. 9º, da Lei 6.938/81, *os incentivos à produção e instalação de equipamentos e a criação ou absorção de tecnologia, voltados para a melhoria da qualidade ambiental*, como instrumento à Política Nacional.

Aliás, de forma mais abrangente e condizente ao regime jurídico constitucional da proteção ambiental, de tutela não apenas do meio ambiente em si, mas do meio ambiente qualificado (atento tanto à saúde do ser humano, como à higidez dos recursos ambientais em si), verifica-se no artigo 225, §1º, V, da CF/88, que o constituinte também se atentou para a necessidade de efetivação de tecnologia limpa, assinalando a necessidade do Poder Público *controlar a produção, a comercialização e o emprego de técnicas, métodos e substâncias que comportem risco para a vida, a qualidade de vida e o meio ambiente;*

Dúvidas não há de que representa essencialmente a materialização do princípio do desenvolvimento sustentável, compatibilizando os interesses envolvidos, mas que, de certa forma, almeja-se impor na coletividade o dever de progressividade, de gradualmente alcançar níveis melhores de proteção e respectiva qualidade do meio ambiente.

E, para tanto, é imprescindível o progresso científico em toda a cadeia produtiva[75], propiciando, cada vez mais, melhores equipamentos aptos, por exemplo, a resultar numa menor emissão de poluentes, a gerar menos ruídos, etc.

Neste contexto, visualiza-se a imposição ao Poder Público, para que exerça efetivo controle sobre atividades econômicas, desenvolvendo políticas públicas de estímulo e implementação de tecnologias limpas na cadeia produtiva, isto é, para que haja mudança de atitudes, de uma gestão ambiental mais responsável e com o incremento de inovação tecnológica para aumentar a *ecoeficiência*[76], de modo a, sem que inviabilize a atividade econômica, exigir[77] adoção de tecnologias que sejam menos nocivas tanto ao ser humano como ao meio ambiente.

Um exemplo concreto do que pode ser feito é a concessão de benefício fiscal, tal como se visualiza no Estado do Rio Grande do Sul, em que, pelo Decreto nº 32.144, de 30.12.1985, prevê isenção de IPVA para veículos de força motriz elétrica.

4.7. Criação de espaços territoriais especialmente protegidos

De plano, é de se frisar que este instrumento da Política Nacional do Meio Ambiente, *criação de espaços territoriais especialmente protegidos*, acabou sendo elevado a nível

75. O legislador fala em *criação, produção* e *instalação*, o que, veja bem, envolve desde o início, com o desenvolvimento da tecnologia, que, posteriormente, vem a ser fabricada (produzida), e, ao final, instalada. Daí, envolve todos os empreendedores da cadeia produtiva, abrangendo tanto aqueles que estão no setor de criação da tecnologia, como daqueles que a aplicam e/ou fornecem e mantém contato direto com o fornecedor.

76. A grosso modo, ecoeficiência implica uma produção que consiga produzir mais (aspecto quantitativo) e melhor (aspecto qualitativo), porém com menos recursos ambientais, e, ainda, com menor dispersão de resíduos. Aliás, a própria noção de tecnologia limpa abrange a ideia de lançar menos poluição ao meio ambiente, consumir menos recursos naturais, e, também, gerar menos resíduos sólidos.

77. De se repetir que, contudo, trata-se de uma postura que deve ser vista com razoabilidade e proporcionalidade, pois não é dado exigir do empreendedor que implante a tecnologia mais avançada, quando rara ou mesmo de custo extremamente elevado, a ponto mesmo de inviabilizar a própria atividade.

constitucional pelo constituinte de 1988, na medida em que se prevê, no artigo 225, §1º, III, a incumbência do Poder Público de *definir, em todas as unidades da Federação, espaços territoriais e seus componentes a serem especialmente protegidos (...).*

Daí, repisando ao que já se pontuou no Capítulo III deste trabalho, ao Poder Público, abrangendo todos os entes federativos, é concedido o instrumento em questão, impondo-lhe que, ativamente, delimite espaços que sejam dotados de peculiaridades sob o ponto de vista ambiental, no intuito de imprimir um regime jurídico distinto, capaz de interferir na atuação humana, propiciando a preservação e recuperação de atributos ambientais.

Atente-se que a expressão "espaços territoriais especialmente protegidos" representa, em verdade, gênero do qual podem ser citados como espécies as Unidades de Conservação, as Áreas de Preservação Permanente (Lei 12.651/12), a área de Reserva Legal (Lei 12.651/12), o Bioma Mata Atlântica (Lei 11.428/06), as Áreas de Proteção Especial (art. 13, I, Lei 6.766/79), as Reservas Florestais Legais, etc. (sentido amplo)[78], enfim, todas as áreas consideradas como patrimônio nacional (art. 225, §4º, CF/88), etc.

Tendo em vista que, oportunamente, será feita a abordagem em Capítulos próprios referentes a assuntos que abrangerão os espaços acima mencionados, deixa-se de densificar este tópico, evitando a repetição e a perda da objetividade almejada para o presente trabalho.

4.8. O sistema nacional de informações sobre o meio ambiente

O Sistema Nacional de Informação sobre Meio Ambiente (SINIMA) é um dos instrumentos da Política Nacional do Meio Ambiente, previsto no inciso VII do artigo 9º da Lei nº 6.938/81, que, atualmente, é gerido pelo Ministério do Meio Ambiente, a cargo de sua Secretaria-Executiva, conforme dispõe o Decreto Federal nº 8.975/2017 (Anexo I, artigo 4º, inciso X)[79].

Nos termos da Portaria nº 160 de 19/05/2009, do Ministério do Meio Ambiente, representa uma plataforma conceitual, baseada na integração e compartilhamento de informação entre os diversos sistemas existentes, ou a construir, no âmbito do Sistema Nacional do Meio Ambiente-SISNAMA.

Segundo manifesta o Ministério do Meio Ambiente[80], o SINIMA desenvolve-se com base em três eixos referenciais, quais sejam: a) Desenvolvimento de ferramentas de acesso à informação; b) Integração de bancos de dados e sistemas de informação; c) Fortalecimento do processo de produção, sistematização e análise de estatísticas e indicadores relacionados com as atribuições do MMA.

78. Vale anotar que no âmbito do Estado de São Paulo, por exemplo, a Constituição Estadual arrola como "espaços territoriais especialmente protegidos" (*art. 196*): Mata Atlântica (***é também patrimônio nacional)***; Serra do Mar (***é também patrimônio nacional)***; Zona Costeira (***é também patrimônio nacional)***; Complexo Estuarino Lagunar entre Iguape e Cananeia; Vales dos Rios Paraíba, Ribeira, Tietê e Paranapanema; Unidades de conservação do Estado. E, no *artigo 197*, densifica como sendo áreas de preservação permanente os manguezais; as nascentes, os mananciais e matas ciliares; as áreas que abriguem exemplares raros da fauna e da flora, bem como aquelas que sirvam como local de pouso ou reprodução de migratórios; as áreas estuarinas; as paisagens notáveis; as cavidades naturais subterrâneas.

79. Decreto este que revogou o anterior Decreto 6.101/2007, em razão do qual, dentro do Ministério do Meio Ambiente, ficava a cargo da Secretaria de Articulação Institucional e Cidadania Ambiental – art. 31, do Anexo I.

80. Disponível em: http://www.mma.gov.br/informma/item/8215-sistema-nacional-de-informa%C3%A7%-C3%A3º-sobre-meio-ambiente. Acessado em outubro de 2018.

Assim sendo, coloca-se como instrumento ao Poder Público o Sistema Nacional de Informações sobre o Meio Ambiente-SINIMA, pelo qual se almeja coordenar o intercâmbio de informações entre os órgãos integrantes do SISNAMA[81].

4.9. Cadastro Técnico Federal de Atividades e Instrumento de Defesa Ambiental

Nos termos do artigo 17, I, da Lei 6.938/81, esse cadastro técnico federal tem por finalidade o registro obrigatório de pessoas físicas ou jurídicas que se dedicam (1) à consultoria técnica sobre problemas ecológicos e ambientais, e (2) à indústria e comércio de equipamentos, aparelhos e instrumentos destinados ao controle de atividades efetiva ou potencialmente poluidoras[82].

Previsto como sendo o IBAMA o responsável pela administração, é de se destacar o caráter obrigatório desse registro, sem o qual o exercício da atividade configura infração administrativa, punível com multa[83].

4.10. As penalidades disciplinares ou compensatórias ao não cumprimento das medidas necessárias à preservação ou correção da degradação ambiental

Bem analisando a hipótese *in* vertente, verifica-se que o legislador cuidou de prever, também como instrumento à Política Nacional do Meio Ambiente, a responsabilidade administrativa do poluidor, materializada pela imposição de penalidades disciplinares ou compensatórias.

Em outros termos, realça o dever/direito concedido ao Poder Público, dentre as competências repartidas a cada ente federativo, de exercitar o poder de polícia ambiental diante de irregularidades lesivas ao meio ambiente, de modo a proceder à devida fiscalização e controle, e, se o caso, aplicar penalidades nas situações em que configurada a violação "as regras jurídicas de uso, gozo, promoção, proteção e recuperação do meio ambiente"[84].

Dessa feita, e considerando que oportunamente em Capítulo próprio será feita a abordagem sobre responsabilidade administrativa, passa-se a abordar o próximo instrumento previsto no artigo 9, da Lei 6.938/81.

4.11. Relatório de Qualidade do Meio Ambiente

A Lei 6.938/81, no art. 9º, X, prevê *a instituição* do Relatório de Qualidade do Meio Ambiente, a ser divulgado anualmente pelo Instituto Brasileiro do Meio Ambiente e Recursos Naturais Renováveis – IBAMA, como ferramenta à Política Nacional, cujo objetivo é apresentar o panorama do estado da qualidade ambiental no Brasil.

Sendo de publicação periódica, apresenta-se como uma análise sistematizada e condensada de informações referentes às condições ambientais atuais, narrando tanto as problemáticas existentes, como também as políticas públicas implementadas, a contribuir efetivamente para a gestão dos recursos naturais e conservação dos ecossistemas em nosso país.

81. Art. 11, II, Decreto Federal 99.274/90.
82. Art. 1º, Res. Conama 1/88, também traz descrição semelhante.
83. Art. 17-I, da Lei 6.938/81.
84. Art. 70, da Lei 9.605/98.

Aliás, tendo como público alvo tanto os gestores públicos ambientais como a sociedade em geral, não deixa de ser um importante instrumento que confere publicidade à Política Nacional do Meio Ambiente, possibilidade a participação social, mesmo que pela forma de controle[85].

4.12. Dever de prestar informações relativas ao Meio Ambiente

De forma bastante abrangente, prevê o legislador, também como instrumento da Política Nacional do Meio Ambiente, a obrigatoriedade de o Poder Público proceder à prestação de informações relativas ao Meio Ambiente, a ponto, inclusive, de impor-lhe que sejam produzidas quando inexistentes.

ATENÇÃO

A ausência de documentação não pode servir de empecilho para que a sociedade tenha as devidas informações ambientais a seu dispor.

A bem da verdade, cuida-se de prever o dever ao Poder Público de respeitar o direito à informação (fundamental ao ser humano – art. 5º, XIV, da CF/88), que se encontra previsto em diversas outras passagens no Texto Constitucional (por exemplo art. 225, §1º,IV), bem como em outras normas infraconstitucionais[86], em especial a Lei 10.650/2003, que, ao dispor sobre o acesso público aos dados e informações existentes nos órgãos e entidades integrantes do Sisnama, expressamente determina a obrigatoriedade de permitir o acesso público à toda documentação documentada (documentos, expedientes e processos administrativos), bem como de fornecer todas as informações ambientais que estejam sob sua guarda[87]. Ou seja, claramente expresso o dever de informar e de permitir o acesso à informação.

4.13. Cadastro Técnico Federal de atividades potencialmente poluidoras e/ou utilizadoras dos recursos ambientais (CTF/APP)

Previsto no artigo 9, XII, da Lei 6.938/81, o instrumento em questão é esmiuçado pelo artigo 17, II, do mesmo diploma legal, expressando que o Cadastro Técnico Federal de Atividades Potencialmente Poluidoras ou Utilizadoras de Recursos Ambientais, é de cunho obrigatório às pessoas físicas ou jurídicas que se dedicam a atividades potencialmente poluidoras e/ou à extração, produção, transporte e comercialização de produtos potencialmente perigosos ao meio ambiente, assim como de produtos e subprodutos da fauna e flora.

Daí, envolve quem (a) seja potencialmente poluidor, ou quem (b) realiza extração, produção, transporte e comercialização, (b1) de produtos potencialmente perigosos, (b2) de produtos e subprodutos da fauna e flora.

O Cadastro em questão, também de competência do IBAMA, hoje[88] é regulado, essencialmente, pela Instrução Normativa nº 06/2013, cuja redação do artigo 2º, I, faz referência a

85. Contudo, consigne-se que até o presente momento não há um RQMA apresentado à sociedade pelo IBAMA.

86. No âmbito internacional há clara previsão na Declaração Rio-92 (Princípio 10) e na *Agenda 21* (que destaca a importância das informações para fundamentar as decisões, em especial de âmbito global, bem como as políticas púbicas, de proteção ambiental).

87. Art. 1º, Lei 10.650/03.

88. Inicialmente era regulado pela IN 10/2001, depois IN 96/2006 e IN 97/2006, além de outras Instruções Normativas (IN).

respeito das atividades de obrigatória inserção no Cadastro, quais sejam aquelas listadas no seu Anexo I – representativo daquelas relacionadas no Anexo VIII da Lei 6.938/81 –, bem como de outras que cujo fundamento encontra-se em diversos outros normativos que determinam o controle e fiscalização ambiental de atividades, a exemplo do próprio artigo 10, da Lei 6.938/81[89], como também da Lei 12.651/12[90], Instruções Normativas do IBAMA[91], etc.

De qualquer modo, em linhas gerais (art. 10-B, da IN 06/2013), são obrigadas a se inscrever as pessoas (jurídicas ou físicas) cujas atividades são submetidas a controle e fiscalização ambiental, isto é, quando é imprescindível a realização de licenciamento (LP, LI e LO), ou outras ações de controle e fiscalização (por exemplo, a autorização, a concessão, a permissão, ou outros similares), ou, para aquelas hipóteses em que, a despeito de haver dispensa desse ato aprovativo, exista um condicionamento ao cumprimento de regras específicas pré-determinadas para o exercício da atividade ou funcionamento do empreendimento.

Sem prejuízo, observa-se que a IN 06/2013 traz algumas específicas situações de exceções a esta obrigatoriedade, difíceis de serem sistematizadas dentro da objetividade deste texto – embora haja uma linha de raciocínio de desobrigar quem, a despeito de envolvido com a atividade, não a exercitar de forma direta, sendo dela beneficiário.

A seu respeito, oportuno destacar a exceção contida no artigo 10-E, inserido pela IN 11/2018, a eximir da obrigatoriedade o titular do serviço público, inclusive saneamento básico, quando houver a delegação deste serviço, ressalvando, porém, que a entidade (pública ou privada) que vier a executar o serviço, deve submeter-se ao Cadastro.

ATENÇÃO

O artigo 10-G desta IN 06/2013, até mesmo por cautela, deixa expresso que, ainda que não seja obrigatória a inscrição no CTF/APP, tal condição em nada altera a possibilidade de responsabilização ambiental, inclusive de caráter administrativo, por ato omissivo ou comissivo.

Por fim, vale pontuar uma questão bem interessante: o artigo 17-B, da Lei 6.938/81 prevê a TCFA, que vem a ser a Taxa de Controle e Fiscalização Ambiental, cujo fato gerador é o exercício regular do poder de polícia conferido ao Ibama, para controle e fiscalização das atividades potencialmente poluidoras e utilizadoras de recursos naturais, expressando no artigo 17-C que é sujeito passivo da TCFA todo aquele que exerça as atividades constantes do Anexo VIII desta Lei.

Ocorre que, conforme visto, existem atividades de obrigatória inserção no Cadastro em análise, que não se encontram naquele Anexo VIII da Lei 6.938/81.

Daí, mister trazer a lume recente decisão proferida no âmbito do TRF-4ª Região, pontuando que as atividades constantes do Anexo VIII, da Lei nº 6.938/81, integram um rol exemplificativo (não taxativo e/ou exaustivo), mas que, para que outras sejam incluídas, é imprescindível a previsão em norma legal, cujo contexto jurisprudencial denota como adequada a ampliação trazida no rol das hipóteses 21 e 22 do Anexo I, da IN 06/2013.

89. Por exemplo, Rodovias, ferrovias, hidrovias, metropolitanos – art. 10, Lei nº 6.938/1981.
90. Por exemplo, Armazenamento de produtos florestais – art. 35, § 2º, Lei nº 12.651/2012.
91. Por exemplo, Revenda de animais vivos de fauna silvestre – art. 3º, III, Instrução Normativa IBAMA nº 7/2015.

Contudo, é discutível, pois, na linha do que se pontuou na referida decisão judicial, o sujeito passivo da TCFA é a empresa potencialmente poluidora ou utilizadora de recursos naturais, cuja atividade esteja prevista no Anexo VIII da Lei 6.938/81, sendo o fato gerador o exercício da atividade[92].

	Cadastro Técnico Federal de Atividades e Instrumento de Defesa Ambiental	Cadastro Técnico Federal de atividades potencialmente poluidoras e/ou utilizadoras dos recursos ambientais
Fundamento Legal	**Art. 17, inciso I, Lei 6.938/81.**	**Artigo 17, inciso II, Lei 6.938/81.**
Atividades/empreendimentos envolvidos	**Realizam o controle de atividades efetiva ou potencialmente poluidoras**	**Potencialmente poluidor (pessoas jurídicas ou físicas cujas atividades são submetidas a controle e fiscalização ambiental).**
Atividades/empreendimentos envolvidos	**Consultoria técnica sobre problemas ecológicos e ambientais**	**Realiza extração, produção, transporte e comercialização de produtos potencialmente perigosos.**
Atividades/empreendimentos envolvidos		**Realiza extração, produção, transporte e comercialização de produtos e subprodutos da fauna e flora.**
Repercussão financeira	**Gratuidade**	**Taxa – TCFA**

4.14. Instrumentos econômicos

Por fim, no último inciso do artigo 9º da Lei 6.938/81 estão previstos como ferramentas à Política Nacional os instrumentos econômicos, tal como a concessão florestal, a servidão ambiental e o seguro de responsabilidade civil por dano ambiental, além de outros possíveis, inseridos na Lei 6.983/81 pela Lei 11.284/06, cuja disciplina passou por alterações e incrementos normativos com o advento da Lei 12.651/12 (Código Florestal novo).

Nesse contexto, considerando que se trata de um rol exemplificativo (expressamente diz "e outros"), e, mais, que em síntese a expressão instrumentos econômicos, *in casu*, representa aquelas ferramentas nas quais há a incorporação de aspectos econômicos para fins de se tutelar o meio ambiente[93], há uma amplitude de leque, dentro do qual é possível abranger, por exemplo, a noção de licitação sustentável[94], Cota de Reserva Ambiental–

92. Além do mais, diversos outros pontos são discutíveis, sendo que, embora o STF tenha se posicionado pela constitucionalidade desta Taxa (RE 416.601/DF), argui-se que há inconstitucionalidade, pelo fato de que a TCFA estaria a remunerar o serviço de polícia geral conferido ao IBAMA *uti universi*, isto é, seu fato gerador seria um poder de polícia geral, para o que, nos termos do 145, II, da CF/88, é incorreto, estando configurada a existência de um imposto e não de uma taxa. Ademais, dada a repartição de competências administrativas (LC 140/11), não competiria ao Ibama cobrar taxas cujo poder de polícia é exercido pelos demais entes federativos, mas sim a estes Estados e Municípios instituir cobrança de taxa semelhante quanto aos empreendimentos de sua responsabilidade (de se conferir que no Estado de São Paulo há taxa similar – Taxa de Controle e Fiscalização Ambiental Estadual –, regulada pela Lei 14.626/2011, com regulamentação conferida pelo Decreto 57.547/11). Sem prejuízo, a Lei 6.938/81 prevê em seu artigo 17-P, a possibilidade de compensação ao TCFA quando tiver ocorrido pagamento junto ao Estado ou Município.

93 MILARÉ. Édis. Op. cit., p. 1178-1179.

94 Essencialmente, representa a inserção de aspectos ambientais bem como sociais a serem levados em consideração na análise das propostas da disputa de qual venha a ser a vencedora do certame, a exemplo de se

CRA[95], o Pagamento por Serviços Ambientais – PSA[96], o Fundo de Restauração previsto na Lei 11.428/06[97], os "Princípios do Equador"[98], o Índice de Sustentabilidade Empresarial[99], além mesmo dos tributos cuja extrafiscalidade envolve a temática de tutela ambiental[100], tal como o Imposto de Renda Ecológico[101], o ICMS ecológico[102].

4.14.1. *Concessão florestal*

Antes de tudo, vale pontuar que a noção sobre *concessão* advém da seara Administrativa, representativa do contrato, decorrente de licitação, pelo qual a Administração Pública transfere à pessoa jurídica a capacidade de desempenhar o serviço público assumindo o risco inerente à atividade.

Já no âmbito ambiental, surge a *concessão florestal*, situada num contexto de gestão de floresta pública. Caso esta venha a ser realizada diretamente pelo ente federativo, recebe o nome de gestão direta, a exemplo da Floresta Estadual (espécie de Unidade de Conservação), ou, se realizada pelas comunidades locais, é possível que se faça por meio contrato de concessão de direito real, etc. (a exemplo da reserva extrativista e reserva

---

pontuar quanto às externalidades produzidas durante a cadeia produtiva, ou mesmo os efeitos que o produto e/ou serviço produzem no meio ambiente (por exemplo, o nível de emissão de gases), além de eventuais benefícios que possam ser levados para, por exemplo, erradicar a pobreza, ou mesmo melhorar socialmente a coletividade envolvida pelo ente licitante.

95 Prevista no Código Florestal (Lei 12.651/12), a ser estudada adequadamente no Capítulo próprio, vale pontuar que se trata de título nominativo, representativo de área com vegetação nativa, existente ou em processo de recuperação, a) sob regime de servidão florestal, b) relativo à Reserva Legal excedente ao mínimo legal instituída voluntariamente, c) Reserva Particular do Patrimônio Natural, d) existente em Unidade de Conservação em que, muito embora por sua natureza seja de domínio público, ainda não houve essa incorporação/transferência ao patrimônio público (desapropriada).

96 Como aplicação do princípio do protetor-recebedor, o *pagamento por serviços ambientais-PSA*, consiste na remuneração, direta ou indiretamente, ao agente que, voluntariamente, adotar uma postura benéfica ao meio ambiente, trazendo benefícios efetivos classificáveis como serviços ambientais, dentre os quais podem ser identificados os serviços de *provisão*, "obtidos diretamente pelo uso e manejo sustentável dos ecossistemas, tais como o fornecimento de alimentos, água e matérias-primas", serviços de *suporte e regulação*, mantendo "as condições naturais dos processos físicos, como o controle do clima", serviços de *manutenção*, "como os ciclos de água, nitrogênio, carbono e outros nutrientes, que possibilitam a continuidade da vida vegetal e animal", e, ainda, serviços *culturais*, "tais como os associados ao desfrute estético das belezas cénicas naturais" (MILARÉ. Édis. Op. cit., p. 1166-1167).

97 Art. 41, Lei 11.248/06.

98 Os "Princípios do Equador" consistem num conjunto de diretrizes empregado por instituições financeiras, para mitigar os riscos socioambientais no financiamento de grandes projetos, a exemplo da construção de hidrelétricas e rodovias. De certo modo, representa um condicionamento, pautado no princípio da sustentabilidade, para que se viabiliza a concessão de empréstimo a projeto, deva possuir, pois, Plano de Gestão Ambiental, devendo estar focado na mitigação, planos de ação, monitoramento e gerenciamento de riscos e planejamento. Daí, dúvidas não há de que envolve a temática ambiental, no que concerne a uma operação financeira, de financiamento por parte de Bancos.

99 Pautando-se em eficiência econômica, equilíbrio ambiental, justiça social e governança corporativa, é feita uma análise das empresas inseridas na Bolsa de Valores, com base no que é feita uma categorização de pontos alcançados, a servir de parâmetro para o comportamento dos investidores.

100 MILARÉ. Édis. Op. cit., p. 1176-1179.

101 Ainda em fase de projeto de Lei, seria a concessão de abatimento no valor do Imposto de Renda àquele que venha a, por exemplo, investir em projetos ambientais.

102 Em verdade, impõe pontuar, essa peculiar sistemática inserida no ICMS, consiste na estipulação de um maior repasse de verba ao Município que instituir Unidades de Conservação em seu território, e não um benefício financeiro direto ao titular de área onde, voluntariamente, promove um beneficiamento ambiental.

de desenvolvimento sustentável). E, por fim, caso o ente opte em repassar ao particular a gestão da floresta, receberá, então, o nome de *Concessão Florestal*.

Em síntese, consiste num delegação onerosa a uma pessoa jurídica, como resultado de um procedimento[103] de licitação[104], culminado na celebração de um contrato, cujo propósito essencial vem a ser a produção sustentável sobre uma floresta pública.

Aliás, oportuna a transcrição da definição legal, que, a despeito da omissão do legislador na Lei 6.938/81, é trazida pela Lei 11.284/06, no artigo 3°, VII, segundo o qual a concessão florestal é a "delegação onerosa, feita pelo poder concedente, do direito de praticar manejo florestal sustentável para exploração de produtos e serviços numa unidade de manejo, mediante licitação, à pessoa jurídica (...)".

A respeito da concessão florestal, merecem destaque, dentre outros, os seguintes pontos: (a) a *onerosidade*, sendo inevitável que a transferência se dê de forma remunerada (daí, instrumento econômico); (b) recebedor apenas *pessoa jurídica*; (c) objeto *floresta pública* (grosso modo, floresta situada em propriedade pública)[105], cuja delimitação espacial é denominada de *lote* de concessão florestal[106] (d) atividade a ser exercida deve ser *compatível com a noção de sustentabilidade* (manejo florestal sustentável[107]); (e) por *prazo determinado*[108]-[109]; (f) imprescindibilidade de *audiência pública*.

ATENÇÃO

É imprescindível que se realize audiência pública antes da publicação do edital[110].

Por fim, nos termos da Lei 11.284/06, a concessão extingue-se[111] quando houver uma dentre as seguintes situações: I – esgotamento do prazo contratual; II – rescisão[112]; III

103 No âmbito do Estado de São Paulo é imprescindível a realização de audiência pública, segundo determinado pela Lei Estadual SP 16.260/16 (art. 3°).

104 Segundo o artigo 13, da Lei 11.284/06, a modalidade licitatória será a *concorrência*, sendo vedada a declaração de inexigibilidade prevista no artigo 25, da Lei 8.666/93, que, em linhas gerais, dispensa de licitar quando há singularidade no serviço ou no prestador de serviço.

105 Art. 3°, I, Lei 11.284/06.

106 Art. 3°, IX, Lei 11.284/06.

107 Art. 3°, VI, Lei 11.284/06.

108 Art. 35, *caput* e parágrafo único, Lei 11.284/06. O prazo há de ser, no mínimo, equivalente a um ciclo de colheita ou exploração, e, no máximo, 40 (quarenta) anos. Porém, nos contratos de concessão exclusivos para exploração de serviços florestais será de, no mínimo, 5 (cinco) e, no máximo, 20 (vinte) anos.

109 As Unidades da Federação podem estipular prazos distintos desta norma geral (Lei 11.284/06), como o faz, por exemplo, o Estado de São Paulo, que, pela Lei 16.260/16, coloca como prazo limite o tempo de 30 (trinta) anos.

110 Segundo se depreende dos artigos 8° e 20, §2°, ambos da Lei 11.284/06, é imprescindível que se realize audiência pública antes da publicação do edital. Isto é, considerando que o edital, a iniciar o processo licitatório e que vincula a Administração, materializa exatamente o objeto de cada concessão, definindo os produtos florestais e serviços, cuja exploração será autorizada (art. 15), tão apenas é possível iniciar a licitação com a prévia oitiva da sociedade, por meio de audiência pública. Daí, elaborado o edital, para que seja publicado é necessário que se submeta à opinião pública.

111 Art. 44, da Lei 11.284/06.

112 A Rescisão, em suma, consiste no desligamento unilateral operado pelo ente federativo concedente, fundado nas hipóteses previstas no artigo 44, §1°, e seus respectivos incisos, da Lei 11.284/06, as quais denotam

– anulação; IV – falência ou extinção do concessionário e falecimento ou incapacidade do titular, no caso de empresa individual; V – desistência e devolução, por opção do concessionário, do objeto da concessão.

4.14.2. Servidão ambiental

Outro instrumento econômico é a servidão ambiental[113], cujo conceito legal é trazido pela própria Lei 6.938/81, que em seu art. 9-A assinala que "o proprietário ou possuidor de imóvel, pessoa natural ou jurídica, pode, por instrumento público ou particular ou por termo administrativo firmado perante órgão integrante do Sisnama, limitar o uso de toda a sua propriedade ou de parte dela para preservar, conservar ou recuperar os recursos ambientais existentes, instituindo servidão ambiental".

De se observar consistir, pois, numa delegação (i) *onerosa ou gratuita*, sendo que, instituída pelo (ii) proprietário *particular* de uma determinada propriedade, (iii) pode ter *duração temporária (mínimo 15 anos) ou mesmo perpétua*[114], (iii) sendo necessária sua *averbação* na matrícula do imóvel.

Ademais, impõe atentar-se à vedação contida no artigo 9°, §2°, da Lei 6.938/81, impedindo-se que haja sobreposição a área de preservação permanente (APP) ou de Reserva Legal, isto é, a servidão apenas pode incidir sobre área que não se enquadre como APP ou como Reserva Legal.

Sem prejuízo, de se notar que a servidão recebe um tratamento similar ao concedido à Reserva Legal, na medida em que, para se instituir a servidão, é imprescindível que haja um tamanho mínimo, qual seja aquele definido como porcentagem mínima da Reserva Legal para a localidade[115].

Por sua sistemática, a servidão ambiental está prevista como uma das formas pelas quais é possível se realizar a compensação ambiental[116], permitindo que um proprietário irregular adquira essa servidão para compensar a irregularidade de sua propriedade, mas que, para tanto, o STF[117] decidiu que é imprescindível que o seja entre áreas com *identidade ecológica* – e não a exigência de ser no mesmo bioma contida no artigo 66, §6°, da Lei 12.651/12.

---

contextos de (i) inadimplemento do concessionário, (ii) a alteração do uso (descumprimento das diretrizes do Plano de Manejo), (iii) a transferência a terceiros (art. 27, §4°, da Lei 11.284/06, veda expressamente a subconcessão na concessão florestal), (iv) quando o interesse público justificar (imprescindível lei autorizativa específica), etc.

113 No Estado de São Paulo tem sua previsão na Lei 15.684/15, que, por sua vez, é regulamentada pelo Decreto 61.792/16.

114 Se perpétua, equivale, para fins creditícios, tributários e de acesso aos recursos de fundos públicos, à Reserva Particular do Patrimônio Natural – RPPN, definida no art. 21 da Lei nº 9.985, de 18 de julho de 2000 (art. 9°-B, Lei 6.938/81).

115 Art. 12, I, Lei 12.651/12.

116 Art. 66, §5°, II, da Lei 12.651/12.

117 STF – ADI 4901 – julg.: 28.02.2018.

ATENÇÃO

No Direito Civil encontra-se prevista a forma comum de servidão, no artigo 1.378, do CC/02, consistindo num direito real, voluntariamente[118] imposto a um prédio (serviente) em favor de outro (dominante)[119], em virtude do qual o proprietário do primeiro perde o exercício de seus direitos dominiais sobre o seu prédio, ou tolera que dele se utilize o proprietário do segundo, tornando este mais útil. Mas, frise-se, a servidão segue a lógica de servir à coisa, e não ao dono.

4.14.3. *Seguro de responsabilidade civil por dano ambiental*

Por fim, também está previsto na Lei 6.983/81, art. 9º, XIII, como instrumento econômico, o seguro de responsabilidade civil por dano ambiental, que, basicamente, é uma peculiar espécie de contrato de seguro, voltada exatamente a cobrir eventuais obrigações ambientais, de pagar, que ao segurado venham a ser impostas.

Contudo, por ora trata-se de ferramenta ainda desprovida de devida regulamentação[120], sendo tão apenas prevista de forma genérica (sem concretude), pela Lei de Resíduos Sólidos[121], na parte que trata de resíduos perigosos, sobre o dever/poder ser exigível pelo órgão licenciador[122].

Nada obstante, ainda que não existam normas específicas tratando do seguro dentro da especificidade que se almeja para a temática ambiental, é de se reconhecer sua existência enquanto *seguro*, modalidade contratual devidamente regulada pelo Direito Civil[123] tida como o contrato pelo qual o segurador se obriga, mediante o pagamento do prêmio, a garantir interesse legítimo do segurado, relativo a pessoa ou a coisa, contra riscos predeterminados.

---

118 A despeito de Milaré (MILARÉ. Édis. Op. cit., p. 1157) assinalar que, no direito comum, existiria a servidão legal, vale pontuar que, majoritariamente, não se compreende a sua existência no ordenamento jurídico brasileiro, pois fere o previsto no art. 1.378, CC/02, CC/02, representando, essencialmente numa espécie de contrato, instituído com a declaração expressa dos contratantes.

119 Sob a ótica de Milaré, seria, distintamente, beneficiário da servidão ambiental um sujeito vago, indeterminado, representado pelas presentes e futuras gerações humanas, pois, veja bem, representando a materialização de uma proteção ambiental, a despeito dos benefícios diretos (por exemplo de compensar uma defasagem de reserva legal ou app), toda a coletividade se beneficia desse acréscimo de flora proporcionado pelo seu instituidor (MILARÉ. Édis. Op. cit.).

120 A razão dessa ausência de implantação consiste, talvez, na própria dificuldade de se conciliar os interesses econômicos de empresas seguradoras diante de um cenário cujas indenizações, por diversas vezes, são altíssimas.

121 Art. 40, Lei 12.305/10.

122 No âmbito do Estado de São Paulo possui previsão na Lei 13.577/09, regulamentada pelo Decreto 59.263/13, o qual traz a seguinte definição: "Seguro ambiental: contrato de seguro que contenha cobertura para assegurar a execução de Plano de Intervenção aprovado em sua totalidade e nos prazos estabelecidos, no valor mínimo de 125% (cento e vinte e cinco por cento) do custo estimado". Contudo, ainda assim não se apresenta como regulamentação efetivada dessa ferramenta.

123 Art. 757 e ss. do CC/02.

5. SISNAMA (SISTEMA NACIONAL DO MEIO AMBIENTE): *CONCEITO, ESTRUTURA, COMPOSIÇÃO E COMPETÊNCIAS*

Ainda na devida atenção à lei 6.938/81, verifica-se de seu teor a previsão do Sistema Nacional do Meio Ambiente - SISNAMA, o qual é o sistema, de âmbito nacional, criado exatamente para concretizar a Política Nacional de Meio Ambiente, composto todos os órgãos e entidades da União, dos Estados, do Distrito Federal, dos Territórios e dos Municípios, bem como as fundações instituídas pelo Poder Público, responsáveis pela proteção e melhoria da qualidade ambiental.

Pois bem. Pontuando sua *estrutura, composição e competências,* é se assinalar que, conforme se observa do art. 6º, da Lei em comento, é estruturado de modo a possuir um órgão superior, um órgão consultivo e deliberativo, além ainda de um órgão central, de órgãos executores, órgãos seccionais e órgãos locais, cuja identificação de quem os exerce, e, qual a atribuição/competência de cada um, é assim discriminada:

> I - órgão superior: o Conselho de Governo, com a função de assessorar o Presidente da República na formulação da política nacional e nas diretrizes governamentais para o meio ambiente e os recursos ambientais;
>
> II - órgão consultivo e deliberativo: o Conselho Nacional do Meio Ambiente (CONAMA), com a finalidade de assessorar, estudar e propor ao Conselho de Governo, diretrizes de políticas governamentais para o meio ambiente e os recursos naturais e deliberar, no âmbito de sua competência, sobre normas e padrões compatíveis com o meio ambiente ecologicamente equilibrado e essencial à sadia qualidade de vida;
>
> III - órgão central: a Secretaria do Meio Ambiente da Presidência da República (atualmente Ministério do Meio Ambiente, conforme alteração ocorrida em 1992), com a finalidade de planejar, coordenar, supervisionar e controlar, como órgão federal, a política nacional e as diretrizes governamentais fixadas para o meio ambiente
>
> IV - órgãos executores: o Instituto Brasileiro do Meio Ambiente e dos Recursos Naturais Renováveis - IBAMA e o Instituto Chico Mendes de Conservação da Biodiversidade - Instituto Chico Mendes, com a finalidade de executar e fazer executar a política e as diretrizes governamentais fixadas para o meio ambiente, de acordo com as respectivas competências;
>
> V - Órgãos Seccionais: os órgãos ou entidades estaduais responsáveis pela execução de programas, projetos e pelo controle e fiscalização de atividades capazes de provocar a degradação ambiental;
>
> VI - Órgãos Locais: os órgãos ou entidades municipais, responsáveis pelo controle e fiscalização dessas atividades, nas suas respectivas jurisdições.

6. CONAMA (CONSELHO NACIONAL DO MEIO AMBIENTE): *CONCEITO, ESTRUTURA, COMPOSIÇÃO E COMPETÊNCIAS*

Com previsão, principal, no artigo 8º, da Lei 6.938/81, frise-se que o CONAMA (Conselho Nacional do Meio Ambiente) consiste no órgão **consultivo e deliberativo** dentro do

Sistema Nacional do Meio Ambiente, cuja finalidade é assessorar, estudar e propor ao Conselho de Governo, diretrizes de políticas governamentais para o meio ambiente e os recursos naturais e deliberar, no âmbito de sua competência, sobre normas e padrões compatíveis com o meio ambiente ecologicamente equilibrado e essencial à sadia qualidade de vida.

O CONAMA tem, em sua estrutura, I – Plenário; II – Câmara Especial Recursal; III – Comitê de Integração de Políticas Ambientais; IV – Câmaras Técnicas; V – Grupos de Trabalho; e VI – Grupos Assessores.

O Plenário, por sua vez, é composto pelo I – o Ministro de Estado do Meio Ambiente, que o presidirá; II – o Secretário-Executivo do Ministério do Meio Ambiente, que será o seu Secretário-Executivo; III – um representante do IBAMA e um do Instituto Chico Mendes; IV – um representante da Agência Nacional de Águas-ANA; V – um representante de cada um dos Ministérios, das Secretarias da Presidência da República e dos Comandos Militares do Ministério da Defesa, indicados pelos respectivos titulares; VI – um representante de cada um dos Governos Estaduais e do Distrito Federal, indicados pelos respectivos governadores; VII – oito representantes dos Governos Municipais que possuam órgão ambiental estruturado e Conselho de Meio Ambiente com caráter deliberativo[124], VIII – vinte e um representantes de entidades de trabalhadores e da sociedade civil[125], IX – oito representantes de entidades empresariais; e X – um membro honorário indicado pelo Plenário; e, ainda, (i) um representante do Ministério Público Federal; (ii) um representante dos Ministérios Públicos Estaduais, indicado pelo Conselho Nacional dos Procuradores-Gerais de Justiça; e (iii) um representante da Comissão de Defesa do Consumidor, Meio Ambiente e Minorias da Câmara dos Deputados.

Ademais, a Câmara Especial Recursal, que é a instância administrativa do CONAMA responsável pelo julgamento, em caráter final, das multas e outras penalidades administrativas impostas pelo IBAMA é composta por um representante, titular e suplente, de cada órgão e entidade[126]: I – do Ministério do Meio Ambiente, que a presidirá; II – do Ministério da

124 Assim compõe-se: um representante de cada região geográfica do País; um representante da Associação Nacional de Municípios e Meio Ambiente-ANAMMA; dois representantes de entidades municipalistas de âmbito nacional.

125 Assim compõe-se: dois representantes de entidades ambientalistas de cada uma das Regiões Geográficas do País; um representante de entidade ambientalista de âmbito nacional; três representantes de associações legalmente constituídas para a defesa dos recursos naturais e do combate à poluição, de livre escolha do Presidente da República; um representante de entidades profissionais, de âmbito nacional, com atuação na área ambiental e de saneamento, indicado pela Associação Brasileira de Engenharia Sanitária e Ambiental-ABES; um representante de trabalhadores indicado pelas centrais sindicais e confederações de trabalhadores da área urbana (Central Única dos Trabalhadores-CUT, Força Sindical, Confederação Geral dos Trabalhadores-CGT, Confederação Nacional dos Trabalhadores na Indústria-CNTI e Confederação Nacional dos Trabalhadores no Comércio-CNTC), escolhido em processo coordenado pela CNTI e CNTC; um representante de trabalhadores da área rural, indicado pela Confederação Nacional dos Trabalhadores na Agricultura-CONTAG; um representante de populações tradicionais, escolhido em processo coordenado pelo Centro Nacional de Desenvolvimento Sustentável das Populações Tradicionais-CNPT/IBAMA; um representante da comunidade indígena indicado pelo Conselho de Articulação dos Povos e Organizações Indígenas do Brasil-CAPOIB; um representante da comunidade científica, indicado pela Sociedade Brasileira para o Progresso da Ciência-SBPC; um representante do Conselho Nacional de Comandantes Gerais das Polícias Militares e Corpos de Bombeiros Militares-CNCG; um representante da Fundação Brasileira para a Conservação da Natureza-FBCN;

126 Os representantes serão escolhidos entre profissionais com formação jurídica e experiência na área ambiental, para período de dois anos, renovável por igual prazo.

Justiça; III - do Instituto Chico Mendes; IV - do IBAMA; V - de entidade ambientalista; VI - de entidades empresariais; e VII - de entidades de trabalhadores.

As competências do CONAMA, disciplinadas no artigo 8º, da Lei 6.938/81, são as seguintes:

> I - estabelecer, mediante proposta do IBAMA, normas e critérios para o licenciamento de atividades efetiva ou potencialmente poluidoras, a ser concedido pelos Estados e supervisionado pelo IBAMA;
>
> II - determinar, quando julgar necessário, a realização de estudos das alternativas e das possíveis consequências ambientais de projetos públicos ou privados, requisitando aos órgãos federais, estaduais e municipais, bem assim a entidades privadas, as informações indispensáveis para apreciação dos estudos de impacto ambiental, e respectivos relatórios, no caso de obras ou atividades de significativa degradação ambiental, especialmente nas áreas consideradas patrimônio nacional.
>
> III - determinar, mediante representação do IBAMA, a perda ou restrição de benefícios fiscais concedidos pelo Poder Público, em caráter geral ou condicional, e a perda ou suspensão de participação em linhas de financiamento em estabelecimentos oficiais de crédito;
>
> IV - estabelecer, privativamente, normas e padrões nacionais de controle da poluição por veículos automotores, aeronaves e embarcações, mediante audiência dos Ministérios competentes;
>
> V - estabelecer normas, critérios e padrões relativos ao controle e à manutenção da qualidade do meio ambiente com vistas ao uso racional dos recursos ambientais, principalmente os hídricos.

Sobre o CONAMA é válido destacar a sua presença consolidada no Direito Ambiental, com o incremento de Resoluções que, verdadeiramente, são normas importantíssimas no delineamento do regime jurídico ambiental, a exemplo da Res. 237/97, Res. 357/05, e diversas outras, tratando de padrões de qualidade ambiental, de licenciamento, de estudo de impacto ambiental, de resíduos, etc.

Aliás, é considerado como um parlamento ambiental, com caráter multidisciplinar e multirepresentativo, cuja diversidade em sua composição lhe confere certo caráter democrático, em razão do que é frequente legislador sobre diversos pontos ambientais, embora relacionados aos temas previstos no artigo 8º, da Lei 6.938/81.

7. OUTROS ÓRGÃOS

7.1. Ministério do Meio Ambiente

De acordo com o artigo 6º, III, da Lei 6.938/81, o Ministério do Meio Ambiente, antes rotulado de Secretaria do Meio Ambiente da Presidência da República, consiste no órgão central do SISNAMA, responsável por planejar, coordenar, supervisionar e controlar, como órgão federal, a política nacional e as diretrizes governamentais fixadas para o meio ambiente, executando a tarefa de congregar os vários órgãos e entidades que compõem o SISNAMA, sem prejuízo de gerir a descentralização administrativa operada pela legislação.

7.2. IBAMA

Previsto como órgão executor pelo art. 6°, IV, da Lei multicitada, o Ibama - Instituto Brasileiro do Meio Ambiente e dos Recursos Naturais Renováveis, tem como finalidade executar e fazer executar a política e as diretrizes governamentais fixadas para o meio ambiente, de acordo com as respectivas competências, isto é, formular, coordenar, fiscalizar, controlar, fomentar e executar a Política Nacional do Meio Ambiente e diretrizes governamentais definidas para o meio ambiente.

Frise-se que, a despeito do Ibama (Autarquia Federal), ser órgão federal vinculado ao Ministério do Meio Ambiente (MMA), o IBAMA não tem competência legislativa para criar normas de licenciamento ambiental, mas apenas competência para declarar os tipos ou modalidades de estabelecimentos e atividades que precisam de licença ambiental e realizar licenciamento dentro da atribuição fixada à União (impacto nacional ou em imóvel descrito como bem da União, ou, ainda, quando envolver matérias reservadas à União, por exemplo, nuclear).

7.3. Chico Mendes

Tal como o IBAMA, está previsto na Lei 6.938/81 o Instituto Chico Mendes de Conservação da Biodiversidade - Instituto Chico Mendes (ICMBio), como órgão executor, com a finalidade de executar e fazer executar a política e as diretrizes governamentais fixadas para o meio ambiente, de acordo com as respectivas competências. Isto é, atribuições previstas tal como para o Ibama.

Com sua criação pela 11.516, de 28 de agosto de 2007, o ICMBio, autarquia federal dotada de personalidade jurídica de direito público (ligada ao Ministério do Meio Ambiente), recebeu do Ibama as atribuições relacionadas à gestão das unidades de conservação, educação ambiental e a maioria dos centros especializados.

Contudo, um detalhe diz respeito exatamente às unidades de conservação, em que o artigo 1°, inciso IV e o parágrafo único, da Lei 11.516/07, a despeito de atribuir ao ICMBio a atribuição de exercer o poder de polícia ambiental para a proteção das unidades de conservação instituídas pela União (inciso IV), faz questão de ressaltar no parágrafo único que não está excluído o exercício *supletivo* do poder de polícia ambiental pelo IBAMA.

8. SÚMULAS E ORIENTAÇÕES JURISPRUDENCIAIS (STJ E STF)

(STJ - REsp 1051306 / MG - DJe 10.09.2010)

PROCESSUAL CIVIL. AÇÃO CIVIL PÚBLICA. MEIO AMBIENTE. DIREITO AO SILÊNCIO. POLUIÇÃO SONORA. ART. 3°, III, ALÍNEA "E", DA LEI 6.938/1981. INTERESSE DIFUSO. LEGITIMIDADE AD CAUSAM DO MINISTÉRIO PÚBLICO.

1. Hipótese de Ação Civil Pública ajuizada com o fito de cessar poluição sonora causada por estabelecimento comercial. 2. Embora tenha reconhecido a existência de poluição sonora, o Tribunal de origem asseverou que os interesses envolvidos são individuais, porquanto afetos a apenas uma parcela da população municipal. 3. A poluição sonora, mesmo em área urbana, mostra-se tão nefasta aos seres humanos e ao meio ambiente como outras atividades que atingem a "sadia qualidade de vida", referida no art. 225, caput, da Constituição Federal. 4. O direito ao silêncio é uma das manifestações jurídicas mais atuais da pós-modernidade e da vida em sociedade, inclusive nos grandes centros urbanos. 5. O fato de as cidades, em todo o mundo, serem associadas à ubiqüidade de ruídos de toda ordem e de vivermos no país do carnaval e de inumeráveis manifestações musicais não retira de cada brasileiro o direito de descansar e dormir, duas das expressões do direito ao silêncio, que encontram justificativa não apenas ética, mas sobretudo fisiológica. 6. Nos termos da Lei 6.938/81 (Lei da Política Nacional do Meio Ambiente), também é poluição a atividade que lance, no meio ambiente, "energia em desacordo com os padrões ambientais estabelecidos" (art. 3°, III, alínea "e", grifei), exatamente a hipótese do som e ruídos. Por isso mesmo, inafastável a aplicação do art. 14, § 1°, da mesma Lei, que confere legitimação para agir ao Ministério Público. 7. Tratando-se de poluição sonora, e não de simples incômodo restrito aos lindeiros de parede, a atuação do Ministério Público não se dirige à tutela de direitos individuais de vizinhança, na acepção civilística tradicional, e, sim, à defesa do meio ambiente, da saúde e da tranqüilidade pública, bens de natureza difusa. 8. O Ministério Público possui legitimidade para propor Ação Civil Pública com o fito de prevenir ou cessar qualquer tipo de poluição, inclusive sonora, bem como buscar a reparação pelos danos dela decorrentes. 9. A indeterminação dos sujeitos, considerada ao se fixar a legitimação para agir na Ação Civil Pública, não é incompatível com a existência de vítimas individualizadas ou individualizáveis, bastando que os bens jurídicos afetados sejam, no atacado, associados a valores maiores da sociedade, compartilhados por todos, e a todos igualmente garantidos, pela norma constitucional ou legal, como é o caso do meio ambiente ecologicamente equilibrado e da saúde. 10. Recurso Especial provido.

(STJ - REsp 94307 / MS - DJ 06.06.2005)

RECURSO ESPECIAL. AÇÃO CIVIL PÚBLICA. MINISTÉRIO PÚBLICO. LEGITIMIDADE. INTERESSE DIFUSO. INEXISTÊNCIA.

1. A legitimação do Ministério Público para propositura de ação civil pública está na dependência de que haja interesses transindividuais a serem defendidos, sejam eles coletivos, difusos ou transindividuais homogêneos indisponíveis. 2. Recurso especial conhecido e improvido[127].

(STF - RE 106931 / PR - DJ 16.05.1986)

ADMINISTRATIVO. LICENCA DE CONSTRUÇÃO. A INVALIDADE DO ALVARA CONCEDIDO PELA AUTORIDADE MUNICIPAL, POR AUTORIDADE ESTADUAL, TENDO EM VISTA A SUA ILEGALIDADE, A CONTRARIEDADE AO INTERESSE PÚBLICO E ATÉ POR DESCUMPRIMENTO DO TITULAR NA EXECUÇÃO DA OBRA, RETIRA A SUA PRESUNÇÃO DE DEFINITIVIDADE E O DESQUALIFICA COMO ATO GERADOR DE DIREITO ADQUIRIDO. RECURSO EXTRAORDINÁRIO NÃO CONHECIDO

(STF - ADI 2.714 - DJ 27.02.2004)

ATOS NORMATIVOS DO IBAMA E DO CONAMA. MUTIRÕES AMBIENTAIS. NORMAS DE NATUREZA SECUNDÁRIA. VIOLAÇÃO INDIRETA. IMPOSSIBILIDADE DE EXAME EM SEDE DE CONTROLE CONCENTRADO DE CONSTITUCIONALIDADE. É incabível a ação direta de inconstitucionalidade quando destinada a examinar

127 Resumo estruturado referente ao julgamento em tela, disponibilizado pelo STF: ILEGITIMIDADE ATIVA, MINISTÉRIO PÚBLICO, AJUIZAMENTO, AÇÃO CIVIL PÚBLICA / OBJETIVO, IMPEDIMENTO, POLUIÇÃO SONORA, BAR, RESTAURANTE, LOCALIZAÇÃO, ZONA URBANA MISTA / INEXISTÊNCIA, INTERESSE TRANSINDIVIDUAL; NÃO CARACTERIZAÇÃO, DIREITO INDISPONÍVEL; CARACTERIZAÇÃO, DIREITO INDIVIDUAL

atos normativos de natureza secundária que não regulem diretamente dispositivos constitucionais, mas sim normas legais. Violação indireta que não autoriza a aferição abstrata de conformação constitucional. Precedentes. Ação direta de inconstitucionalidade não conhecida[128].

(STF – AgR ARE 896740 / MG – DJe 16.10.2015)

AGRAVO REGIMENTAL NO RECURSO EXTRAORDINÁRIO COM AGRAVO. TRIBUTÁRIO. **TAXA DE CONTROLE E FISCALIZAÇÃO AMBIENTAL** DO ESTADO DE MINAS GERAIS – TFAMG. LEIS ESTADUAIS Nº 14.940/2003 E 17.608/2008. UTILIZAÇÃO DO PORTE DA EMPRESA, AFERIDO A PARTIR DO SOMATÓRIO DAS RECEITAS BRUTAS DE SEUS ESTABELECIMENTOS, PARA MENSURAR O CUSTO DA FISCALIZAÇÃO ESTATAL. VALIDADE. ALEGADA OFENSA AOS PRINCÍPIOS DA ISONOMIA E DA CAPACIDADE CONTRIBUTIVA. EXAME DE MATÉRIA FÁTICA. IMPOSSIBILIDADE EM SEDE EXTRAORDINÁRIA. INCIDÊNCIA DA SÚMULA Nº 279 DO STF. AGRAVO REGIMENTAL DESPROVIDO.

(STF – AgR-EDv-AgR RE 603513 / MG – Julg.: 10/04/2014)

PROCESSUAL CIVIL. AGRAVO REGIMENTAL NOS EMBARGOS DE DIVERGÊNCIA NO AGRAVO REGIMENTAL NO RECURSO EXTRAORDINÁRIO. INADMISSÃO. AUSÊNCIA DE SIMILITUDE FÁTICA ENTRE OS PRECEDENTES POSTOS A CONFRONTO. TAXA DE CONTROLE E FISCALIZAÇÃO AMBIENTAL. CONSTITUCIONALIDADE. JURISPRUDÊNCIA PACÍFICA. ART. 332 DO RISTF. 1. É pacífico na jurisprudência do Supremo Tribunal Federal o entendimento de que é constitucional a Taxa de Controle e Fiscalização Ambiental instituída pela Lei 10.165/00 (RE 416.601/DF, rel. Min. CARLOS VELLOSO, Pleno, unânime, DJ de 30.9.2005). 2. Agravo regimental a que se nega provimento.

(STF – MC ADI 3252 / RO – DJe 24.10.2008)

EMENTA: Medida cautelar em ação direta de inconstitucionalidade. 2. Lei n° 1.315/2004, do Estado de Rondônia, que exige autorização prévia da Assembléia Legislativa para o licenciamento de atividades utilizadoras de recursos ambientais consideradas efetivas e potencialmente poluidoras, bem como capazes, sob qualquer forma, de causar degradação ambiental. 3. Condicionar a aprovação de licenciamento ambiental à prévia autorização da Assembléia Legislativa implica indevida interferência do Poder Legislativo na atuação do Poder Executivo, não autorizada pelo art. 2° da Constituição. Precedente: ADI n° 1.505. 4. Compete à União legislar sobre normas gerais em matéria de licenciamento ambiental (art. 24, VI, da Constituição. 5. Medida cautelar deferida.

---

128 Trecho do voto do Ministro Maurício Corrêa: "8. Na presente hipótese, a Resolução 03/88 do CONAMA, ao dispor sobre a possibilidade de participação das entidades civis na fiscalização de áreas de proteção e conservação ambiental, atuou conforme autorizado pelo Decreto 88351/83 e tratou de regulamentar tema afeto à sua competência institucional, prevista na Lei 6938/81, especificamente a de deliberar sobre normas e padrões compatíveis com o meio ambiente ecologicamente equilibrado (artigos 4°, 5° e 6°, incisos II e IV). Portanto, eventual extrapolação da atividade regulamentar administrativa implicaria em ilegalidade, insuscetível de controle pela via da ação direta. 9. Dá-se o mesmo com a Instrução Normativa 19/01 do IBAMA, que regulamenta justamente a forma de participação particular no controle das unidades de conservação, autorizada pela Resolução do CONAMA também impugnada e que, como dito, decorre de suas atribuições legais. 10. O ato normativo, por outro lado, cuidou de regulamentar a formalização das denúncias de infração ambiental, feitas por quaisquer cidadãos, conforme autorização dada pelo § 2° do artigo 70 da Lei 9605/98, bem como a cooperação de entidades não-governamentais, organizações privadas e pessoas físicas nas ações de monitoramento, manutenção e outras atividades de gestão das unidades de conservação, tal como previsto no inciso IV do artigo 5° da Lei 9985/00, que instituiu o Sistema Nacional de Unidades de Conservação da Natureza. 11. Como se vê, as normas impugnadas decorrem das atividades administrativas atribuídas às entidades requeridas pelas mencionadas leis, em especial a Lei 6938/81. Conforme asseverou o Procurador-Geral da República, se ofensa pudesse ser constatada, seria apenas de forma indireta, o que, inclusive, inocorre na espécie. Possível excesso desses órgãos em relação à sua competência resultaria do confronto da lei que lhes conferiu tais atribuições, circunstância que impede a admissão de controle abstrato de constitucionalidade desses atos normativos"

(STF – ADI 1505 / ES – DJ 04.03.2005)

AÇÃO DIRETA DE INCONSTITUCIONALIDADE. ART. 187 DA CONSTITUIÇÃO DO ESTADO DO ESPÍRITO SANTO. RELATÓRIO DE IMPACTO AMBIENTAL. APROVAÇÃO PELA ASSEMBLÉIA LEGISLATIVA. VÍCIO MATERIAL. AFRONTA AOS ARTIGOS 58, § 2º, E 225, § 1º, DA CONSTITUIÇÃO DO BRASIL. 1. É inconstitucional preceito da Constituição do Estado do Espírito Santo que submete o Relatório de Impacto Ambiental – RIMA – ao crivo de comissão permanente e específica da Assembléia Legislativa. 2. A concessão de autorização para desenvolvimento de atividade potencialmente danosa ao meio ambiente consubstancia ato do Poder de Polícia --- ato da Administração Pública --- entenda-se ato do Poder Executivo. 3. Ação julgada procedente para declarar inconstitucional o trecho final do artigo § 3º do artigo 187 da Constituição do Estado do Espírito Santo.

9. LEGISLAÇÃO ESPECÍFICA CORRELATA

- **Lei 6.938/81**

Art. 2º. A Política Nacional do Meio Ambiente tem por objetivo a preservação, melhoria e recuperação da qualidade ambiental propícia à vida, visando assegurar, no País, condições ao desenvolvimento sócioeconômico, aos interesses da segurança nacional e à proteção da dignidade da vida humana (...).

Art. 4º - A Política Nacional do Meio Ambiente visará:

I - à compatibilização do desenvolvimento econômico social com a preservação da qualidade do meio ambiente e do equilíbrio ecológico;

II - à definição de áreas prioritárias de ação governamental relativa à qualidade e ao equilíbrio ecológico, atendendo aos interesses da União, dos Estados, do Distrito Federal, do Territórios e dos Municípios;

III - ao estabelecimento de critérios e padrões da qualidade ambiental e de normas relativas ao uso e manejo de recursos ambientais;

IV - ao desenvolvimento de pesquisas e de tecnologia s nacionais orientadas para o uso racional de recursos ambientais;

V - à difusão de tecnologias de manejo do meio ambiente, à divulgação de dados e informações ambientais e à formação de uma consciência pública sobre a necessidade de preservação da qualidade ambiental e do equilíbrio ecológico;

VI - à preservação e restauração dos recursos ambientais com vistas á sua utilização racional e disponibilidade permanente, concorrendo para a manutenção do equilíbrio ecológico propício à vida;

VII - à imposição, ao poluidor e ao predador, da obrigação de recuperar e/ou indenizar os danos causados, e ao usuário, de contribuição pela utilização de recursos ambientais com fins econômicos.

Art. 6º Os órgãos e entidades da União, dos Estados, do Distrito Federal, dos Territórios e dos Municípios, bem como as fundações instituídas pelo Poder Público, responsáveis pela proteção e melhoria da qualidade ambiental, constituirão o Sistema Nacional do Meio Ambiente - SISNAMA, assim estruturado:

(...)

IV - órgãos executores: o Instituto Brasileiro do Meio Ambiente e dos Recursos Naturais Renováveis - IBAMA e o Instituto Chico Mendes de Conservação da Biodiversidade - Instituto Chico Mendes, com a finalidade de executar e fazer executar a política e as diretrizes governamentais fixadas para o meio ambiente, de acordo com as respectivas competências

Art. 8º Compete ao CONAMA:

I - estabelecer, mediante proposta do IBAMA, normas e critérios para o licenciamento de atividades efetiva ou potencialmente poluídoras, a ser concedido pelos Estados e supervisionado pelo IBAMA;

II - determinar, quando julgar necessário, a realização de estudos das alternativas e das possíveis conseqüências ambientais de projetos públicos ou privados, requisitando aos órgãos federais, estaduais e municipais, bem assim a entidades privadas, as informações indispensáveis para apreciação dos estudos de impacto ambiental, e respectivos relatórios, no caso de obras ou atividades de significativa degradação ambiental, especialmente nas áreas consideradas patrimônio nacional.

(...)

V - determinar, mediante representação do IBAMA, a perda ou restrição de benefícios fiscais concedidos pelo Poder Público, em caráter geral ou condicional, e a perda ou suspensão de participação em linhas de financiamento em estabelecimentos oficiais de crédito;

VI - estabelecer, privativamente, normas e padrões nacionais de controle da poluição por veículos automotores, aeronaves e embarcações, mediante audiência dos Ministérios competentes;

VII - estabelecer normas, critérios e padrões relativos ao controle e à manutenção da qualidade do meio ambiente com vistas ao uso racional dos recursos ambientais, principalmente os hídricos.

Art. 9º - São Instrumentos da Política Nacional do Meio Ambiente:

I - o estabelecimento de padrões de qualidade ambiental;

II - o zoneamento ambiental;

III - a avaliação de impactos ambientais;

IV - o licenciamento e a revisão de atividades efetiva ou potencialmente poluidoras;

V - os incentivos à produção e instalação de equipamentos e a criação ou absorção de tecnologia, voltados para a melhoria da qualidade ambiental;

VI - a criação de espaços territoriais especialmente protegidos pelo Poder Público federal, estadual e municipal, tais como áreas de proteção ambiental, de relevante interesse ecológico e reservas extrativistas;

VII - o sistema nacional de informações sobre o meio ambiente;

VIII - o Cadastro Técnico Federal de Atividades e Instrumento de Defesa Ambiental;

IX - as penalidades disciplinares ou compensatórias ao não cumprimento das medidas necessárias à preservação ou correção da degradação ambiental.

X - a instituição do Relatório de Qualidade do Meio Ambiente, a ser divulgado anualmente pelo Instituto Brasileiro do Meio Ambiente e Recursos Naturais Renováveis - IBAMA;

XI - a garantia da prestação de informações relativas ao Meio Ambiente, obrigando-se o Poder Público a produzí-las, quando inexistentes;

XII - o Cadastro Técnico Federal de atividades potencialmente poluidoras e/ou utilizadoras dos recursos ambientais.

XIII - instrumentos econômicos, como concessão florestal, servidão ambiental, seguro ambiental e outros.

Art. 9º-A. O proprietário ou possuidor de imóvel, pessoa natural ou jurídica, pode, por instrumento público ou particular ou por termo administrativo firmado perante órgão integrante do Sisnama, limitar o uso de toda a sua propriedade ou de parte dela para preservar, conservar ou recuperar os recursos ambientais existentes, instituindo servidão ambiental.

§ 1º O instrumento ou termo de instituição da servidão ambiental deve incluir, no mínimo, os seguintes itens:

I - memorial descritivo da área da servidão ambiental, contendo pelo menos um ponto de amarração georreferenciado;

II - objeto da servidão ambiental;

III - direitos e deveres do proprietário ou possuidor instituidor;

IV - prazo durante o qual a área permanecerá como servidão ambiental.

§ 2º A servidão ambiental não se aplica às Áreas de Preservação Permanente e à Reserva Legal mínima exigida.

§ 3º A restrição ao uso ou à exploração da vegetação da área sob servidão ambiental deve ser, no mínimo, a mesma estabelecida para a Reserva Legal.

§ 4º Devem ser objeto de averbação na matrícula do imóvel no registro de imóveis competente:

I - o instrumento ou termo de instituição da servidão ambiental;

II - o contrato de alienação, cessão ou transferência da servidão ambiental.

§ 5º Na hipótese de compensação de Reserva Legal, a servidão ambiental deve ser averbada na matrícula de todos os imóveis envolvidos.

§ 6º É vedada, durante o prazo de vigência da servidão ambiental, a alteração da destinação da área, nos casos de transmissão do imóvel a qualquer título, de desmembramento ou de retificação dos limites do imóvel.

§ 7º As áreas que tenham sido instituídas na forma de servidão florestal, nos termos do art. 44-A da Lei nº 4.771, de 15 de setembro de 1965, passam a ser consideradas, pelo efeito desta Lei, como de servidão ambiental.

Art. 9º-B. A servidão ambiental poderá ser onerosa ou gratuita, temporária ou perpétua.

§ 1º O prazo mínimo da servidão ambiental temporária é de 15 (quinze) anos.

§ 2º A servidão ambiental perpétua equivale, para fins creditícios, tributários e de acesso aos recursos de fundos públicos, à Reserva Particular do Patrimônio Natural - RPPN, definida no art. 21 da Lei nº 9.985, de 18 de julho de 2000.

§ 3º O detentor da servidão ambiental poderá aliená-la, cedê-la ou transferi-la, total ou parcialmente, por prazo determinado ou em caráter definitivo, em favor de outro proprietário ou de entidade pública ou privada que tenha a conservação ambiental como fim social.

Art. 9º-C. O contrato de alienação, cessão ou transferência da servidão ambiental deve ser averbado na matrícula do imóvel.

§ 1º O contrato referido no caput deve conter, no mínimo, os seguintes itens:

I - a delimitação da área submetida a preservação, conservação ou recuperação ambiental;

II - o objeto da servidão ambiental;

III - os direitos e deveres do proprietário instituidor e dos futuros adquirentes ou sucessores;

IV - os direitos e deveres do detentor da servidão ambiental;

V - os benefícios de ordem econômica do instituidor e do detentor da servidão ambiental;

VI - a previsão legal para garantir o seu cumprimento, inclusive medidas judiciais necessárias, em caso de ser descumprido.

§ 2º São deveres do proprietário do imóvel serviente, entre outras obrigações estipuladas no contrato:

I - manter a área sob servidão ambiental;

II - prestar contas ao detentor da servidão ambiental sobre as condições dos recursos naturais ou artificiais;

III - permitir a inspeção e a fiscalização da área pelo detentor da servidão ambiental;

IV - defender a posse da área serviente, por todos os meios em direito admitidos.

§ 3º São deveres do detentor da servidão ambiental, entre outras obrigações estipuladas no contrato:

I - documentar as características ambientais da propriedade;

II - monitorar periodicamente a propriedade para verificar se a servidão ambiental está sendo mantida;

III - prestar informações necessárias a quaisquer interessados na aquisição ou aos sucessores da propriedade;

IV - manter relatórios e arquivos atualizados com as atividades da área objeto da servidão;

V - defender judicialmente a servidão ambiental.

Art. 10. A construção, instalação, ampliação e funcionamento de estabelecimentos e atividades utilizadores de recursos ambientais, efetiva ou potencialmente poluidores ou capazes, sob qualquer forma, de causar degradação ambiental dependerão de prévio licenciamento ambiental.

§ 1º Os pedidos de licenciamento, sua renovação e a respectiva concessão serão publicados no jornal oficial, bem como em periódico regional ou local de grande circulação, ou em meio eletrônico de comunicação mantido pelo órgão ambiental competente.

Art. 17. Fica instituído, sob a administração do Instituto Brasileiro do Meio Ambiente e Recursos Naturais Renováveis - IBAMA:

I - Cadastro Técnico Federal de Atividades e Instrumentos de Defesa Ambiental, para registro obrigatório de pessoas físicas ou jurídicas que se dedicam a consultoria técnica sobre problemas ecológicos e ambientais e à indústria e comércio de equipamentos, aparelhos e instrumentos destinados ao controle de atividades efetiva ou potencialmente poluidoras;

II - Cadastro Técnico Federal de Atividades Potencialmente Poluidoras ou Utilizadoras de Recursos Ambientais, para registro obrigatório de pessoas físicas ou jurídicas que se dedicam a atividades potencialmente poluidoras e/ou à extração, produção, transporte e comercialização de produtos potencialmente perigosos ao meio ambiente, assim como de produtos e subprodutos da fauna e flora.

Art. 17-A. São estabelecidos os preços dos serviços e produtos do Instituto Brasileiro do Meio Ambiente e dos Recursos Naturais Renováveis - Ibama, a serem aplicados em âmbito nacional, conforme Anexo a esta Lei.

Art. 17-B. Fica instituída a Taxa de Controle e Fiscalização Ambiental - TCFA, cujo fato gerador é o exercício regular do poder de polícia conferido ao Instituto Brasileiro do Meio Ambiente e dos Recursos Naturais Renováveis - Ibama para controle e fiscalização das atividades potencialmente poluidoras e utilizadoras de recursos naturais.

Art. 17-C. É sujeito passivo da TCFA todo aquele que exerça as atividades constantes do Anexo VIII desta Lei.

§ 1º O sujeito passivo da TCFA é obrigado a entregar até o dia 31 de março de cada ano relatório das atividades exercidas no ano anterior, cujo modelo será definido pelo Ibama, para o fim de colaborar com os procedimentos de controle e fiscalização.

§ 2º O descumprimento da providência determinada no § 1º sujeita o infrator a multa equivalente a vinte por cento da TCFA devida, sem prejuízo da exigência desta.

- **Lei 11.284/06**

Art. 3º Para os fins do disposto nesta Lei, consideram-se:

I - florestas públicas: florestas, naturais ou plantadas, localizadas nos diversos biomas brasileiros, em bens sob o domínio da União, dos Estados, dos Municípios, do Distrito Federal ou das entidades da administração indireta;

(...)

VI - manejo florestal sustentável: administração da floresta para a obtenção de benefícios econômicos, sociais e ambientais, respeitando-se os mecanismos de sustentação do ecossistema objeto do manejo e considerando-se, cumulativa ou alternativamente, a utilização de múltiplas espécies madeireiras, de múltiplos produtos e subprodutos não madeireiros, bem como a utilização de outros bens e serviços de natureza florestal;

(...)

IX - lote de concessão florestal: conjunto de unidades de manejo a serem licitadas;.

Art. 8º A publicação do edital de licitação de cada lote de concessão florestal deverá ser precedida de audiência pública, por região, realizada pelo órgão gestor, nos termos do regulamento, sem prejuízo de outras formas de consulta pública.

Art. 13. As licitações para concessão florestal observarão os termos desta Lei e, supletivamente, da legislação própria, respeitados os princípios da legalidade, moralidade, publicidade, igualdade, do julgamento por critérios objetivos e da vinculação ao instrumento convocatório.

§ 1º As licitações para concessão florestal serão realizadas na modalidade concorrência e outorgadas a título oneroso.

§ 2º Nas licitações para concessão florestal, é vedada a declaração de inexigibilidade prevista no art. 25 da Lei nº 8.666, de 21 de junho de 1993.

Art. 18. A licença prévia para uso sustentável da unidade de manejo será requerida pelo órgão gestor, mediante a apresentação de relatório ambiental preliminar ao órgão ambiental competente integrante do Sistema Nacional do Meio Ambiente - SISNAMA.

§ 1º Nos casos potencialmente causadores de significativa degradação do meio ambiente, assim considerados, entre outros aspectos, em função da escala e da intensidade do manejo florestal e da peculiaridade dos recursos ambientais, será exigido estudo prévio de impacto ambiental - EIA para a concessão da licença prévia.

Art. 20. O edital de licitação será elaborado pelo poder concedente, observados os critérios e as normas gerais da Lei nº 8.666, de 21 de junho de 1993, e conterá, especialmente:

(....)

§ 2º O edital será submetido a audiência pública previamente ao seu lançamento, nos termos do art. 8º desta Lei.

Art. 35. O prazo dos contratos de concessão florestal será estabelecido de acordo com o ciclo de colheita ou exploração, considerando o produto ou grupo de produtos com ciclo mais longo incluído no objeto da concessão, podendo ser fixado prazo equivalente a, no mínimo, um ciclo e, no máximo, 40 (quarenta) anos.

Parágrafo único. O prazo dos contratos de concessão exclusivos para exploração de serviços florestais será de, no mínimo, 5 (cinco) e, no máximo, 20 (vinte) anos.

- **Lei 12.305/10**

Art. 24. O plano de gerenciamento de resíduos sólidos é parte integrante do processo de licenciamento ambiental do empreendimento ou atividade pelo órgão competente do Sisnama.

§ 1º Nos empreendimentos e atividades não sujeitos a licenciamento ambiental, a aprovação do plano de gerenciamento de resíduos sólidos cabe à autoridade municipal competente.

§ 2º No processo de licenciamento ambiental referido no § 1º a cargo de órgão federal ou estadual do Sisnama, será assegurada oitiva do órgão municipal competente, em especial quanto à disposição final ambientalmente adequada de rejeitos.

Art. 40. No licenciamento ambiental de empreendimentos ou atividades que operem com resíduos perigosos, o órgão licenciador do Sisnama pode exigir a contratação de seguro de responsabilidade civil por danos causados ao meio ambiente ou à saúde pública, observadas as regras sobre cobertura e os limites máximos de contratação fixados em regulamento.

- **Lei 12.305/10**

Art. 757. Pelo contrato de seguro, o segurador se obriga, mediante o pagamento do prêmio, a garantir interesse legítimo do segurado, relativo a pessoa ou a coisa, contra riscos predeterminados.

- **Lei 11.516/07**

Art. 1º Fica criado o Instituto Chico Mendes de Conservação da Biodiversidade - Instituto Chico Mendes, autarquia federal dotada de personalidade jurídica de direito público, autonomia administrativa e financeira, vinculada ao Ministério do Meio Ambiente, com a finalidade de:

- **LC 140/11**

Art. 2º Para os fins desta Lei Complementar, consideram-se:

I - licenciamento ambiental: o procedimento administrativo destinado a licenciar atividades ou empreendimentos utilizadores de recursos ambientais, efetiva ou potencialmente poluidores ou capazes, sob qualquer forma, de causar degradação ambiental;

Art. 12. Para fins de licenciamento ambiental de atividades ou empreendimentos utilizadores de recursos ambientais, efetiva ou potencialmente poluidores ou capazes, sob qualquer forma, de causar degradação ambiental, e para autorização de supressão e manejo de vegetação, o critério do ente federativo instituidor da unidade de conservação não será aplicado às Áreas de Proteção Ambiental (APAs).

Art. 14. Os órgãos licenciadores devem observar os prazos estabelecidos para tramitação dos processos de licenciamento.

(...)

§ 4º A renovação de licenças ambientais deve ser requerida com antecedência mínima de 120 (cento e vinte) dias da expiração de seu prazo de validade, fixado na respectiva licença, ficando este automaticamente prorrogado até a manifestação definitiva do órgão ambiental competente.

- **Lei 9.784/99**

Art. 55. Em decisão na qual se evidencie não acarretarem lesão ao interesse público nem prejuízo a terceiros, os atos que apresentarem defeitos sanáveis poderão ser convalidados pela própria Administração.

Art. 3º Para os fins do disposto nesta Lei, consideram-se:

I - florestas públicas: florestas, naturais ou plantadas, localizadas nos diversos biomas brasileiros, em bens sob o domínio da União, dos Estados, dos Municípios, do Distrito Federal ou das entidades da administração indireta;

II - recursos florestais: elementos ou características de determinada floresta, potencial ou efetivamente geradores de produtos ou serviços florestais;

III - produtos florestais: produtos madeireiros e não madeireiros gerados pelo manejo florestal sustentável;

IV - serviços florestais: turismo e outras ações ou benefícios decorrentes do manejo e conservação da floresta, não caracterizados como produtos florestais;

V - ciclo: período decorrido entre 2 (dois) momentos de colheita de produtos florestais numa mesma área;

VI - manejo florestal sustentável: administração da floresta para a obtenção de benefícios econômicos, sociais e ambientais, respeitando-se os mecanismos de sustentação do ecossistema objeto do manejo e considerando-se, cumulativa ou alternativamente, a utilização de múltiplas espécies madeireiras, de múltiplos produtos e subprodutos não madeireiros, bem como a utilização de outros bens e serviços de natureza florestal;

- **Lei 12.651/12**

Art. 12. Todo imóvel rural deve manter área com cobertura de vegetação nativa, a título de Reserva Legal, sem prejuízo da aplicação das normas sobre as Áreas de Preservação Permanente, observados os seguintes percentuais mínimos em relação à área do imóvel, excetuados os casos previstos no art. 68 desta Lei:

I - localizado na Amazônia Legal:

a) 80% (oitenta por cento), no imóvel situado em área de florestas;

b) 35% (trinta e cinco por cento), no imóvel situado em área de cerrado;

c) 20% (vinte por cento), no imóvel situado em área de campos gerais

Art. 66. O proprietário ou possuidor de imóvel rural que detinha, em 22 de julho de 2008, área de Reserva Legal em extensão inferior ao estabelecido no art. 12, poderá regularizar sua situação, independentemente da adesão ao PRA, adotando as seguintes alternativas, isolada ou conjuntamente:

(...)

§ 5º A compensação de que trata o inciso III do caput deverá ser precedida pela inscrição da propriedade no CAR e poderá ser feita mediante:

(...)

II - arrendamento de área sob regime de servidão ambiental ou Reserva Legal;

- **Lei 10.650/03**

Art. 1º Esta Lei dispõe sobre o acesso público aos dados e informações ambientais existentes nos órgãos e entidades integrantes do Sistema Nacional do Meio Ambiente - Sisnama, instituído pela Lei no6.938, de 31 de agosto de 1981.

Art. 2º Os órgãos e entidades da Administração Pública, direta, indireta e fundacional, integrantes do Sisnama, ficam obrigados a permitir o acesso público aos documentos, expedientes e processos administrativos que tratem de matéria ambiental e a fornecer todas as informações ambientais que estejam sob sua guarda, em meio escrito, visual, sonoro ou eletrônico, (...)

- **Decreto 4.297/02**

Art. 19. A alteração dos produtos do ZEE, bem como mudanças nos limites das zonas e indicação de novas diretrizes gerais e específicas, poderão ser realizadas após decorridos prazo mínimo de dez anos de conclusão do ZEE, ou de sua última modificação, prazo este não exigível na hipótese de ampliação do rigor da proteção ambiental da zona a ser alterada, ou de atualizações decorrentes de aprimoramento técnico-científico.

(...)

§ 3º A alteração do ZEE não poderá reduzir o percentual da reserva legal definido em legislação específica, nem as áreas protegidas, com unidades de conservação ou não.

10. QUESTÕES DE CONCURSO

10.1. Questões

1) **(PGE/SP – Procurador do Estado / 2018)** Sobre *pagamento por serviços ambientais (PSA)*, é correto afirmar:

a) considerada sua natureza contratual, foi instituído no Estado de São Paulo como um Programa, diretamente pela Secretaria do Meio Ambiente, por Resolução do Secretário, com base em autorização expressa contida na Lei da Política Nacional do Meio Ambiente (Lei n° 6.938/1981).

b) é imposição, ao poluidor, da obrigação de indenizar pelos danos causados ao meio ambiente.

c) trata-se de transação voluntária por meio da qual uma atividade desenvolvida por um provedor de serviços ambientais, que conserve ou recupere um serviço ambiental previamente definido, é remunerada por um pagador de serviços ambientais, mediante a comprovação do atendimento das disposições previamente contratadas, nos termos da legislação vigente.

d) trata-se de prestação obrigatória, instituída por lei, com natureza de tributo, prevista como um instrumento da Política Nacional do Meio Ambiente.

e) como corolário do princípio poluidor-pagador, possibilita ao poder público cobrar do usuário pela utilização dos recursos naturais.

2) **(TJ/SC – Juiz Substituto / 2015)** Um pesquisador desenvolveu uma técnica de cultivo de ostra pela qual a produção aumenta em 75%, trazendo, assim, real ganho econômico ao produtor. A nova técnica exaure os recursos naturais necessários ao cultivo da ostra em 30 anos. A nova técnica

a) poderá ser admitida pelo órgão ambiental, independentemente de prévio Estudo de Impacto Ambiental, por representar aumento de produção ao empreendedor.

b) poderá ser admitida pelo órgão ambiental, desde que haja o licenciamento ambiental da atividade.

c) poderá ser admitida pelo órgão ambiental, desde que o licenciamento ambiental seja conduzido por um Estudo de Impacto Ambiental e respectivo Relatório de Impacto Ambiental.

d) não poderá ser admitida pelo órgão ambiental, uma vez que fere o Princípio do Desenvolvimento Sustentável.

e) não poderá ser admitida pelo órgão ambiental por ferir o Princípio da Taxatividade Ambiental.

3) **(TJ/CE – Juiz Substituto / 2018)** Com relação ao estudo de impacto ambiental, à biodiversidade e ao licenciamento ambiental, assinale a opção correta.

a) Apenas empreendimentos com área superior a cinquenta hectares estão obrigados a apresentar estudo prévio de impacto ambiental e relatório de impacto ambiental.

b) No que se refere ao licenciamento ambiental, compete aos municípios aprovar o manejo e a supressão de vegetação e de florestas em imóveis rurais.

c) Atividades que envolvam organismos geneticamente modificados e aquelas relacionadas à manipulação de organismos vivos só podem ser desenvolvidas por entidades de direito público.

d) Depende de prévio licenciamento ambiental a ampliação de estabelecimentos que utilizam recursos ambientais efetiva ou potencialmente poluidores ou capazes de causar degradação ambiental.

e) É permitido a pessoas físicas desenvolver, de forma autônoma e independente, atividade relacionada ao cultivo e à produção de organismo geneticamente modificado, desde que mantenham vínculo empregatício com pessoas jurídicas que manipulem tais organismos.

4) **(TJ/SC – Juiz Substituto / 2018)** Com relação ao SNMA, ao Sistema Nacional de Unidades de Conservação da Natureza e ao zoneamento ambiental, assinale a opção correta.

a) Uma vez que possuem representação no CONAMA, os estados, no âmbito do SNMA, não têm competência para legislar sobre normas relacionadas ao meio ambiente e devem se ater às estabelecidas pelo CONAMA.

b) O IBAMA e o Instituto Chico Mendes de Conservação da Biodiversidade são órgãos que têm por finalidade executar e fazer executar a política e as diretrizes governamentais fixadas para o meio ambiente.

c) As unidades de proteção integral visam à manutenção dos ecossistemas e dos hábitats naturais livres de alterações causadas por interferência humana, sendo vedado o uso direto ou indireto dos seus atributos naturais.

d) O zoneamento ecológico-econômico é o instrumento de organização do espaço urbano, obrigatório na implantação de obras e atividades públicas, por meio do qual a cidade é dividida em áreas sobre as quais incidem diretrizes para uso e ocupação do solo.

e) Um parque nacional pode ser constituído por áreas particulares, caso em que a utilização da terra pelos proprietários deve ser compatibilizada com os recursos naturais da unidade.

5) **(TRF-3ª Região – Juiz Federal Substituto / 2018)** A respeito do licenciamento ambiental, é CORRETO afirmar que:

a) Conforme a Lei Complementar nº 140/2011, os empreendimentos e atividades são licenciados ou autorizados, ambientalmente, apenas pela União, Estados ou Distrito Federal de forma concorrente, tendo em vista a competência prevista no artigo 24 da Constituição Federal.

b) De acordo com a Lei Complementar nº 140/2011 e com a Lei nº 6.938/81, o licenciamento ambiental abrange o estudo de impacto ambiental e a revisão de atividades efetiva ou potencialmente poluidoras.

c) É o procedimento administrativo destinado a licenciar atividades ou empreendimentos utilizadores de recursos ambientais, efetiva ou potencialmente poluidores ou capazes, sob qualquer forma, de causar degradação ambiental.

d) Em face da supremacia da União em determinar os critérios a serem observados quanto à proteção do meio ambiente, apenas a concessão de autorização do Poder Público federal poderá contrariar regra municipal ou estadual que estabeleça zoneamento para determinado espaço territorial.

6) **(TRF-3ª Região – Juiz Federal Substituto / 2018)** De acordo com o artigo 9º da Lei nº 6.938/81, NÃO são instrumentos da Política Nacional do Meio Ambiente:

a) O estabelecimento de padrões de qualidade ambiental, o zoneamento e a avaliação de impactos ambientais.

b) Os órgãos e entidades que constituem o Sistema Nacional do Meio Ambiente – SISNAMA.

c) Os incentivos à criação de tecnologia voltados para a melhoria da qualidade ambiental e os instrumentos econômicos, como concessão florestal, servidão ambiental e seguro ambiental.

d) O sistema nacional de informações sobre o meio ambiente e o Cadastro Técnico Federal de Atividades e Instrumentos de Defesa Ambiental.

7) **(TJ/SP – Juiz Federal Substituto / 2017)** O licenciamento ambiental legalmente deferido ao empreendedor

a) o desonera da responsabilidade administrativa.

b) o desonera de responsabilidade por eventuais danos ambientais, ante a licitude da sua atividade.

c) não desonera, mas mitiga a sua responsabilidade civil pelos danos ambientais, uma vez que sua atividade foi autorizada pela administração pública.

d) o desonera da responsabilidade civil, uma vez que sua atividade foi expressamente autorizada pela Administração Pública, sendo, portanto, lícita.

8) **(TJ/SC – Juiz Substituto / 2017)** Os apontamentos levantados em audiência pública

a) não vinculam o órgão licenciador, que tem o dever, por outro lado, de justificar tecnicamente o não acolhimento das sugestões.

b) vinculam o órgão licenciador, que tem o dever, portanto, de acolher as sugestões.

c) são votados e vinculam o órgão licenciador os que obtiverem maioria simples.

d) são votados e vinculam o órgão licenciador os que obtiverem maioria absoluta.

e) são votados e vinculam o órgão licenciador os que obtiverem quórum de 2/3.

9) **(TJ/PR – Juiz Substituto / 2017)** Com relação à tutela constitucional ao meio ambiente e à PNMA, assinale a opção correta.

a) Compete aos municípios, por intermédio do plano diretor, instituir diretrizes para o desenvolvimento urbano, inclusive habitação, saneamento básico e transportes urbanos.

b) Embora não seja classificada como recurso ambiental devido a sua natureza incompatível com a apropriação, a atmosfera é protegida pelo direito ambiental, assim como a água, o solo e o subsolo.

c) São metas da PNMA o estabelecimento de padrões de qualidade ambiental e o incentivo à criação de tecnologia voltada para a melhoria da qualidade ambiental.

d) A recuperação de áreas degradadas é exigida das mineradoras por previsão constitucional expressa e, sob aspectos gerais, é prevista na lei como um dos princípios da PNMA.

10) (TRF-2ª Região – Juiz Federal Substituto / 2017) Em relação à competência para o licenciamento ambiental é correto afirmar que:

a) O ente que não tem competência para licenciar a atividade tampouco poderá aplicar medidas de polícia sobre ela.

b) Atividades localizadas em faixa de até 50 km da fronteira serão sempre licenciadas pela União.

c) Atividades que captem água de rios federais serão sempre licenciadas pela União.

d) Em regra, o ente competente para o licenciamento de uma atividade será competente para aplicar sanções administrativas ambientais à pessoa responsável pela atividade.

e) O licenciamento ambiental de qualquer atividade conduzida por concessionária de serviço público federal será de competência da União.

11) (TJ/DFT – Juiz / 2016) Com relação à Política Nacional do Meio Ambiente, definida pela Lei n.º 6.938/1981, assinale a opção correta.

a) O detentor que tenha recebido a servidão ambiental, de forma gratuita, em razão do caráter personalíssimo dessa, não poderá aliená-la a título oneroso e em caráter definitivo.

b) O estabelecimento de normas e padrões nacionais de controle da poluição por veículos automotores, aeronaves e embarcações, mediante audiência dos ministérios competentes, é atribuição privativa do IBAMA.

c) A competência para administrar o Cadastro Técnico Federal de Atividades e Instrumentos de Defesa Ambiental e o Cadastro Técnico Federal de Atividades Potencialmente Poluidoras ou Utilizadoras de Recursos Ambientais é do CONAMA.

d) O órgão superior do SISNAMA é o CONAMA, que tem a função de assessorar o presidente da República na formulação da política nacional e nas diretrizes governamentais para o meio ambiente e os recursos ambientais.

e) Como forma de recuperar os danos ambientais existentes, o proprietário ou possuidor de imóvel poderá instituir servidão ambiental por instrumento público, particular ou por termo administrativo, exceto em áreas de preservação permanente e exceto em relação à reserva legal mínima exigida.

12) (TJ/SP – Juiz Substituto / 2015) Nos termos da Resolução CONAMA 001, de 1986, o relatório de impacto ambiental – RIMA deve refletir as conclusões do estudo de impacto ambiental e terá um conteúdo mínimo. A alternativa que **não reflete** a exigência de conteúdo mínimo obrigatório de um RIMA é:

a) a descrição do efeito esperado das medidas mitigadoras previstas em relação aos impactos negativos, mencionando aqueles que não puderem ser evitados e a estimativa de custos para implementação das medidas mitigadoras exigidas.

b) os objetivos e as justificativas do projeto, sua relação e compatibilidade com as políticas setoriais, planos e programas governamentais.

c) a síntese dos resultados dos estudos de diagnósticos ambiental da área de influência do projeto e a descrição dos prováveis impactos ambientais da implantação e operação da atividade.

d) a recomendação quanto à alternativa mais favorável para o empreendimento.

13) (TJ/SP – Juiz Substituto / 2015) Sobre a servidão ambiental instituída pela Lei nº 6.938/81 e alterada pelas Leis nº 7.804/89, nº 11.284/06 e nº 12.651/12, é correto afirmar que

a) a servidão ambiental não pode ser instituída como modo de compensação de Reserva Legal.

b) a servidão ambiental pode ser alienada, cedida ou transferida totalmente durante sua vigência.

c) a servidão deverá ser sempre gratuita e pode ser instituída por instrumento público ou particular.

d) a servidão florestal não se confunde com a servidão ambiental, devendo esta prevalecer sobre aquela quando houver sobreposição.

14) (FGV – Exame de Ordem 2017.1) A sociedade empresária Asfalto Joia S/A, vencedora de licitação realizada pela União, irá construir uma rodovia com quatro pistas de rolamento, ligando cinco estados da Federação.

Sobre o licenciamento ambiental e o estudo de impacto ambiental dessa obra, assinale a afirmativa correta.

a) Em caso de instalação de obra ou atividade potencialmente causadora de significativa degradação do meio ambiente, é exigível a realização de Estudo prévio de Impacto Ambiental (EIA), sem o qual não é possível se licenciar nesta hipótese.

b) O licenciamento ambiental dessa obra é facultativo, podendo ser realizado com outros estudos ambientais diferentes do Estudo prévio de Impacto Ambiental (EIA), visto que ela se realiza em mais de uma unidade da Federação.

c) O Relatório de Impacto Ambiental (RIMA), gerado no âmbito do Estudo prévio de Impacto Ambiental (EIA), deve ser apresentado com rigor científico e linguagem técnica, a fim de permitir, quando da sua divulgação, a informação adequada para o público externo.

d) Qualquer atividade ou obra, para ser instalada, dependerá da realização de Estudo prévio de Impacto Ambiental (EIA), ainda que não seja potencialmente causadora de significativa degradação ambiental.

10.2. Gabarito e comentários

Questão 1:

Gabarito: **letra "c"**

Comentários: correta a alternativa "c", pois, de plano, realça cuidar-se de ferramenta cuja premissa básica é a voluntariedade (sem obrigatoriedade ou mesmo prévio contrato), a se recompensar aquele que tenha promovido beneficiamento ambiental.

Questão 2:

Gabarito: **letra "d"**

Comentários: cuida-se de clara lesão ao princípio do desenvolvimento sustentável, pois ao contrário de instalar uma harmonia entre os diversos interesses envolvidos, primará unicamente pelo viés econômico, e, inclusive, aniquilando com os interesses ambientais envolvidos.

Questão 3:

Gabarito: **letra "d"**

Comentários: no caso, verifica-se clara literalidade do art. 10, da Lei 6.938/81.

Questão 4:

Gabarito: **letra "b"**

Comentários: haja vista que tanto o Ibama como o Instituto Chico Mendes estão alojados como órgãos executores dentro da Política Nacional do Meio Ambiente.

Questão 5:

Gabarito: **letra "c"**

Comentários: tal como na questão anterior (nº 3), no caso, verifica-se clara literalidade do art. 10, da Lei 6.938/81.

Questão 6:

Gabarito: **letra "b"**

Comentários: cuida-se de resposta obtida, principalmente, por exclusão, considerando que as outras alternativas enquadram-se dentre os instrumentos previstos no artigo 9º, da Lei 6.938/81.

Questão 7:

Gabarito: **letra "a"**

Comentários: tal como a anterior, cuida-se de resposta obtida, principalmente, por exclusão, eis que, a um, o licenciamento não repercute, de modo algum, em desonerar de responsabilidade por danos ambientais que venha a produzir (responsabilidade civil ou penal), sendo que, quanto à administrativa, significa que atuou tal como determinado pela Administração, deixando de incorrer em qualquer irregularidade de conduta, que pudesse gerar sua responsabilidade administrativa, que pune, na verdade, condutas contrárias às normas da Administração, e não, propriamente, condutas que repercutam em dano.

Questão 8:

Gabarito: **letra "a"**

Comentários: novamente, cuida-se de resposta obtida, principalmente, por exclusão, pois não há vinculação, muito embora, dentro até mesmo do princípio da informação, publicidade, etc., compete ao administrador justificar a medida adotada, contrariando aquilo que, aparentemente, representaria os interesses da coletividade envolvida.

Questão 9:

Gabarito: **letra "d"**

Comentários: a alternativa "d" coaduna-se exatamente com a questão atinente às mineradoras, pois, dentro do Texto Constitucional (art. 225, §2º), há expressa previsão a respeito da degradação que repercute, o que não é repetido na Lei 6.938/81, mas que, vale frisar, encontra-se incluída pela dicção do artigo 2º, VIII, da Lei 6.938/81, que insere, dentre os princípios da Política Nacional do Meio Ambiente, "a recuperação de áreas degradadas" em geral, independentemente da atividade que ocasionar os danos.

Questão 10:

Gabarito: **letra "d"**

Comentários: cuida-se de questionamento cuja resposta encontra-se na literalidade do artigo 17, *caput,* da LC 140/11, segundo o qual "compete ao órgão responsável pelo licenciamento ou autorização, conforme o caso, de um empreendimento ou atividade, lavrar auto de infração ambiental e instaurar processo administrativo para a apuração de infrações à legislação ambiental cometidas pelo empreendimento ou atividade licenciada ou autorizada".

Questão 11:

Gabarito: **letra "e"**

Comentários: cuida-se de resposta em consonância com a literalidade do artigo 9º-a, *caput,* da Lei 6.938/81, em que consta que o proprietário ou possuidor de imóvel, pessoa natural ou jurídica, pode, por instrumento público ou particular ou por termo administrativo firmado perante órgão integrante do Sisnama, limitar o uso de toda a sua propriedade ou de parte dela para preservar, conservar ou recuperar os recursos ambientais existentes, instituindo servidão ambiental. Ou seja, a instituição de servidão ambiental é vislumbrada como uma das formas pelas quais é dado ao poluidor contornar o passivo ambiental por ele causado.

Questão 12:

Gabarito: **letra "a"**

Comentários: trata-se resposta obtida pela exclusão, pois, de fato, a única alternativa que não consta dentre os requisitos do RIMA, previstos na Res. Conama 01/86. Infelizmente, questão que se torna difícil por exigir seja gravado o teor do da referida Resolução.

Questão 13:

Gabarito: **letra "b"**

Comentários: Literalidade do art. 9º-B, §3º, da Lei 6.938/81 que diz que o detentor da servidão ambiental poderá aliená-la, cedê-la ou transferi-la, total ou parcialmente, por prazo determinado ou em caráter definitivo, em favor de outro proprietário ou de entidade pública ou privada que tenha a conservação ambiental como fim social.

Questão 14:

Gabarito: **letra "a"**

Comentários: com fundamento na própria Constituição Federal, art. 225, IV, em que se estabelece a necessidade de se exigir, na forma da lei, para instalação de obra ou atividade potencialmente causadora de significativa degradação do meio ambiente, estudo prévio de impacto ambiental. Ou ainda, nos termos do artigo 10, *caput,* da Lei 6.938/81, consta que a construção, instalação, ampliação e funcionamento de estabelecimentos e atividades utilizadores de recursos ambientais, efetiva ou potencialmente poluidores ou capazes, sob qualquer forma, de causar degradação ambiental dependerão de prévio licenciamento ambiental. Daí, o licenciamento ambiental é obrigatório, tal como o é o EIA, haja vista tratar-se de obra de significativo impacto ambiental, frisando que, quanto ao RIMA (relatório), este deve ser em linguagem menos técnico possível, em linguagem simples e objetiva, cognoscível pela sociedade em geral.

Capítulo VII

SISTEMA NACIONAL DE UNIDADES DE CONSERVAÇÃO

1. INTRODUÇÃO

O Sistema Nacional de Unidades de Conservação-SNUC é instituído pela Lei 9.985/2010, regulamentada pelo Decreto 4.340/2002, consistindo no conjunto das unidades de conservação federais, estaduais e municipais, atendendo ao comando constitucional do artigo 225, §1°, III, segundo o qual incumbe ao Poder Público definir, em todas as unidades da Federação, espaços territoriais e seus componentes a serem especialmente protegidos.

Com efeito, o SNUC insere-se na noção de federalismo cooperativo que impera em nosso ordenamento jurídico, e, em especial na seara ambiental, seguindo a linha de descentralização administrativa, de modo a representar um sistema de âmbito nacional, nele inserido todos os entes federativos (cada ente no âmbito de sua competência), a gerenciar Unidades de Conservação, seja criando Unidades compatíveis com a categorização contida na Lei 9.985/00, seja criando outras categorias (pelos Estados e Municípios), para atender a eventuais peculiaridades regionais ou locais[1] – isto é, para atingir peculiaridade não prevista na lei.

1 Art. 6°, parágrafo único, Lei 9.985/00.

ATENÇÃO

As Unidades de Conservação, sejam as categorias já existentes (típicas), sejam as que por ventura venham a ser criadas (atípicas), são compreendidas como espaços territoriais especialmente protegidos *strictu sensu*, ao passo que APP, Reserva Legal, áreas de Patrimônio Nacional, e outras, são consideradas como sendo *lato sensu*[2]. Contudo, nenhum sistema protetivo exclui o outro, podendo haver sobreposição.

2. OBJETIVOS

A título de objetivos do SNUC, verifica-se que o legislador arrolou-os em treze incisos no artigo 4º, quais sejam:

> I – contribuir para a manutenção da diversidade biológica e dos recursos genéticos no território nacional e nas águas jurisdicionais;
>
> II – proteger as espécies ameaçadas de extinção no âmbito regional e nacional;
>
> III – contribuir para a preservação e a restauração da diversidade de ecossistemas naturais;
>
> IV – promover o desenvolvimento sustentável a partir dos recursos naturais;
>
> V – promover a utilização dos princípios e práticas de conservação da natureza no processo de desenvolvimento;
>
> VI – proteger paisagens naturais e pouco alteradas de notável beleza cênica;
>
> VII – proteger as características relevantes de natureza geológica, geomorfológica, espeleológica, arqueológica, paleontológica e cultural;
>
> VIII – proteger e recuperar recursos hídricos e edáficos;
>
> IX – recuperar ou restaurar ecossistemas degradados;
>
> X – proporcionar meios e incentivos para atividades de pesquisa científica, estudos e monitoramento ambiental;
>
> XI – valorizar econômica e socialmente a diversidade biológica;
>
> XII – favorecer condições e promover a educação e interpretação ambiental, a recreação em contato com a natureza e o turismo ecológico;
>
> XIII – proteger os recursos naturais necessários à subsistência de populações tradicionais, respeitando e valorizando seu conhecimento e sua cultura e promovendo-as social e economicamente.

É de se perceber que referidas finalidades, ao final das contas, estarão materializadas de forma segmentada nas respectivas unidades de conservação, a exemplo do que, dentre outras, para a finalidade prevista no inciso VI (proteger paisagens naturais e pouco alteradas de notável beleza cênica), verifica-se a existência da categoria de unidade de

2 Como corolário há o entendimento de que a exigência de lei para alteração ou supressão (art. 225, §1, III, CF/88) seria apenas para os espaços *strictu sensu*, isto é, apenas para as unidades de conservação, e não para as demais.

conservação denominada de Monumento Natural[3]; enquanto que, para o objetivo do inciso X (proporcionar meios e incentivos para atividades de pesquisa científica, estudos e monitoramento ambiental), pode ser citado o caso da Reserva de Fauna[4].

Independentemente, a respeito dos objetivos do Sistema Nacional de Unidades de Conservação, deles se destacam, em linhas gerais, o foco quanto ao *desenvolvimento sustentável*, sem deixar de possuir um *rico conteúdo ecológico*[5], de modo que, ao mesmo tempo em que se pontua sobre diversos recursos ambientais, pautando na sua preservação, manutenção, recuperação, restauração, não deixa de conferir como meta a sua compatibilização com diversos outros interesses, em especial aos econômicos e sociais, conforme bem materializa o inciso XI, ao assinalar pela valorização econômica e social da diversidade biológica.

3. DIRETRIZES

Na sequência (art. 5º, Lei 9.985/00) previu o legislador aquilo que denominou de diretrizes, igualmente em treze incisos, a respeito do que, para sua compreensão, pede-se vênia para novamente transcrever o texto legal, *in verbis:*

> I – assegurem que no conjunto das unidades de conservação estejam representadas amostras significativas e ecologicamente viáveis das diferentes populações, habitats e ecossistemas do território nacional e das águas jurisdicionais, salvaguardando o patrimônio biológico existente;
>
> II – assegurem os mecanismos e procedimentos necessários ao envolvimento da sociedade no estabelecimento e na revisão da política nacional de unidades de conservação;
>
> III – assegurem a participação efetiva das populações locais na criação, implantação e gestão das unidades de conservação;
>
> IV – busquem o apoio e a cooperação de organizações não-governamentais, de organizações privadas e pessoas físicas para o desenvolvimento de estudos, pesquisas científicas, práticas de educação ambiental, atividades de lazer e de turismo ecológico, monitoramento, manutenção e outras atividades de gestão das unidades de conservação;
>
> V – incentivem as populações locais e as organizações privadas a estabelecerem e administrarem unidades de conservação dentro do sistema nacional;
>
> VI – assegurem, nos casos possíveis, a sustentabilidade econômica das unidades de conservação;
>
> VII – permitam o uso das unidades de conservação para a conservação *in situ* de populações das variantes genéticas selvagens dos animais e plantas domesticados e recursos genéticos silvestres;
>
> VIII – assegurem que o processo de criação e a gestão das unidades de conservação sejam feitos de forma integrada com as políticas de administração das terras e águas circundantes, considerando as condições e necessidades sociais e econômicas locais;

3 Art. 12, Lei 9.985/00.

4 Art. 19, Lei 9.985/00.

5 Nesse sentido, MILARÉ. Édis. Op. cit..

IX – considerem as condições e necessidades das populações locais no desenvolvimento e adaptação de métodos e técnicas de uso sustentável dos recursos naturais;

X – garantam às populações tradicionais cuja subsistência dependa da utilização de recursos naturais existentes no interior das unidades de conservação meios de subsistência alternativos ou a justa indenização pelos recursos perdidos;

XI – garantam uma alocação adequada dos recursos financeiros necessários para que, uma vez criadas, as unidades de conservação possam ser geridas de forma eficaz e atender aos seus objetivos;

XII – busquem conferir às unidades de conservação, nos casos possíveis e respeitadas as conveniências da administração, autonomia administrativa e financeira; e

XIII – busquem proteger grandes áreas por meio de um conjunto integrado de unidades de conservação de diferentes categorias, próximas ou contíguas, e suas respectivas zonas de amortecimento e corredores ecológicos, integrando as diferentes atividades de preservação da natureza, uso sustentável dos recursos naturais e restauração e recuperação dos ecossistemas.

ATENÇÃO

Tratando-se de tema que, se vier a ser exigido em concurso, assim o fará pela literalidade do dispositivo, é de se atentar para grafia distinta entre os objetivos e as diretrizes, pois, enquanto naqueles os verbos encontram-se na forma original de sua grafia (proteger, recuperar, promover, restaurar, etc.), para estas (diretrizes), os verbos estão conjugados para o imperativo informativo, isto é, em tom de ordem, pedido e/ou súplica (assegurem, busquem proteger, garantam, etc.).

De forma lógica, as diretrizes se formulam no sentido de realçar a importância dos elementos que dão azo à identificação do espaço territorial especialmente protegido, pautando pela efetivação participação das comunidades (e resguardo dos interesses específicos das populações tradicionais), sem menosprezar – repita-se – o intuito de desenvolvimento, que implica a conjugação de diversos fatores, dentre os quais o meio ambiente, a social e o crescimento econômico.

4. ESTRUTURA

Nos termos do artigo 6º, da Lei 9.985/00, tem-se que o SNUC possui, em sua estrutura, o (1) Órgão consultivo e deliberativo, que vem a ser o Conselho Nacional do Meio Ambiente – Conama, cujas atribuições são de acompanhar a implementação do Sistema; (2) o Órgão central, a cargo do Ministério do Meio Ambiente, com a finalidade de coordenar o Sistema; e, por fim, (3) os órgãos executores, quem sejam, no âmbito federal, o Instituto Chico Mendes e o Ibama (em caráter supletivo), além dos órgãos estaduais e municipais, pontuando que sua função consiste em implementar o SNUC, subsidiar as propostas de criação e administrar as unidades de conservação federais, estaduais e municipais, nas respectivas esferas de atuação.

Desse quadro destaca-se o caráter supletivo ao qual foi atribuído ao IBAMA frente à criação do ICMBIO (Lei 11.516/07), competindo àquele atuar quando este for (estiver) omisso quando ao seu dever/poder de exercício do poder de polícia ambiental para com as unidades de conservação (por exemplo, falta de estrutura, de pessoal, etc.).

5. UNIDADES DE CONSERVAÇÃO

UNIDADES DE CONSERVAÇÃO

segue vídeo abaixo:

https://youtu.be/tsfuZZTchlw

Representando o cerne do estudo neste Capítulo, as Unidades de Conservação envolvem diversas questões ao seu redor, sendo que, além para própria identificação das respectivas unidades, existem pontos de grande relevância para a compreensão do assunto, tal como a forma de se criar ou se extinguir uma unidade de conservação, os próprios requisitos necessários para sua implementação, sem menosprezar também os detalhes que se inserem na sua gestão. Acresce-se, ainda, assuntos outros como populações tradicionais, compensação ambiental, cujo cenário denota uma espécie de parte geral do tema Sistema Nacional de Unidades de Conservação.

Contudo, e aqui vale esclarecer, ao invés de se iniciar a exposição por essa "parte geral", pautando por temas que são comuns às categorias de unidades de conservação, será feita uma "inversão", começando pela identificação e compreensão das respectivas unidades de conservação – antes, é claro, verificando seu conceito geral –, permitindo que, quando naquela "parte geral" houver menção a peculiaridade que possa existir – e existe – quanto a uma ou outra categoria, a compreensão se encerre naquele instante, sem necessidade do leitor aguardar o advento da exposição da respectiva unidade de conservação. Até mesmo porque, as peculiaridades, quando existem, justificam-se exatamente em razão de nuances que cada categoria de Unidade possui.

5.1. Conceito

Na linha do que dispõe o artigo 2º, I, da Lei 9.985/00, Unidade de Conservação é o espaço territorial e seus recursos ambientais, incluindo as águas jurisdicionais, com características naturais relevantes, legalmente instituído pelo Poder Público, com objetivos de conservação e limites definidos, sob regime especial de administração, ao qual se aplicam garantias adequadas de proteção.

Basicamente, consistem num espaço territorial e seus recursos ambientais, em que, dadas as suas características naturais relevantes, são delimitados territorialmente, com o objetivo de melhor promover sua conservação, instituindo-se um regime peculiar de eventual uso[6].

5.2. Categorias

O legislador cuidou de segmentar as categorias de Unidade de Conservação em dois grandes grupos: (1) de Proteção Integral e (2) de Uso Sustentável. E, de certo modo, existe um tratamento comum dentro de cada grupo, que permite essa segmentação.

Com efeito, as unidades previstas como sendo de Proteção Integral possuem como traço geral o fato de situar-se unicamente na zona rural[7], tendo o intuito primordial de preservar a natureza, em razão do que é admitido tão apenas o *uso indireto*[8] dos seus recursos naturais, com exceção dos casos previstos em lei.

Por outro lado, as unidades agrupadas como de Uso Sustentável, a respeito das quais não existe restrição em ser urbana e/ou rural, tem afastada a prevalência incondicionada da proteção ambiental em seu intuito, tendo como proposta essencial compatibilizar a conservação da natureza com o *uso sustentável*[9] de parcela dos seus recursos naturais.

PROTEÇÃO INTEGRAL	USO SUSTENTÁVEL
Área rural	Área rural e urbana
Uso indireto (apenas) dos recursos ambientais	Uso sustentável

6. MILARÉ. Édis. Op. cit., p. 1546. O autor assinala a existência dos seguintes elementos que lhe configuram: (a) relevância natural; (b) caráter oficial; (c) delimitação territorial; (d) objetivo conservacionista; (e) regime especial de proteção e administração.
7. Inclusive, a zona de amortecimento deve se situar na zona rural, não se admitindo que haja a sua transformação em zona urbana (art. 49, *caput* e parágrafo único, Lei 9.985/00).
8. Art. 2º, IX, Lei 9.985/00.
9. Art. 2º, XI, Lei 9.985/00.

Sem prejuízo, é de se observar que a relação de categorias de unidade de conservação consiste num rol *taxativo*, porém não exaustivo, uma vez que, tal como disciplinado pelo artigo 6º, parágrafo único, da Lei 9.9885, excepcionalmente e a *critério do Conama*, podem integrar o SNUC unidades de conservação *estaduais* e *municipais* que, concebidas para *atender a peculiaridades regionais ou locais*, possuam objetivos de manejo que não possam ser satisfatoriamente atendidos por nenhuma categoria prevista na Lei e cujas características permitam, em relação a estas, uma clara distinção.

Além do que, caso existam (i) unidades de conservação e áreas protegidas criadas com base nas legislações anteriores, e (ii) que não pertençam às categorias previstas nesta Lei, estas serão *reavaliadas* (no todo ou em parte, no prazo de até dois anos), com o objetivo de definir sua destinação com base na categoria e função para as quais foram criadas, conforme o disposto no regulamento desta Lei.

Ou seja, a despeito de ser um rol taxativo, podem ainda haver consideradas categorias inéditas, decorrentes de novas peculiaridades não abrangidas pelo quadro legal, bem como aquelas preexistentes à edição da Lei 9.985/00[10].

5.2.1. *Unidades de Proteção Integral*

As unidades de Proteção Integral[11], disciplinadas do artigo 9º ao artigo 13, são compostas das seguintes categorias[12]: I - Estação Ecológica; II - Reserva Biológica; III - Parque Nacional; IV - Monumento Natural; V - Refúgio de Vida Silvestre.

A. *Estação ecológica*[13]

A Estação Ecológica tem como objetivo a preservação da natureza e a realização de pesquisas científicas, sendo que, prevista como de posse e domínio públicos, caso incida sobre propriedade particular, é necessário proceder à sua desapropriação.

Havendo uma dose de rigor quanto ao ingresso nesta área, via de regra *proíbe-se*:

a. Visitação pública - exceto para fins educacionais, e se realizada conforme dispuser o plano de manejo;

10. Sobre esse arcabouço de unidades preexistentes, impende assinalar a respeito do tratamento que recebem. Isso porque, impõe distinguir que, quando dessa *reanálise*, dois são os resultados: ou são compatíveis com as categorias criadas pela Lei 9.985/00, ou não. Para a hipótese afirmativa, sem maiores transtornos passa a partir de então (se já não estive em situação similar) a receber o tratamento que a respectiva categoria possui na lei em comento. Por outro lado, para o resultado negativo, compreende-se como adequado fazer uso do raciocínio contido no artigo 6º, parágrafo único, da Lei 9.985/00, visualizando se, de fato, merece o reconhecimento oficial de unidade de conservação, para passar a receber o tratamento da lei, ou se, ao contrário, a despeito de eventual tutela ambiental que os recursos localizados ali devam receber, tal não se enquadraria como unidade de conservação.

11. Vale frisar que, a respeito do regime jurídico das Unidades de Conservação, há uma peculiaridade quanto à de Proteção Integral, contida no artigo 29, da Lei 9.985/00, em que para esse grupo, há expressa determinação de que cada Unidade possua um Conselho Consultivo (presidido pelo órgão responsável por sua administração, e constituído por representantes de órgãos públicos, de organizações da sociedade civil, por proprietários de terras localizadas em Refúgio de Vida Silvestre ou Monumento Natural, quando for o caso, e, na hipótese prevista no § 2º do art. 42, das populações tradicionais residentes).

12. Art. 8º, da Lei 9.985/00.

13. Art. 9º, da Lei 9.985/00.

b. Supressão de vegetação ou alteração do ecossistema – salvo se: (i) visar à restauração do ecossistema; (ii) finalidade de preservar a biodiversidade; (iii) proceder-se de forma a apenas coletar componentes para fins científicos; (iv) pesquisa científica mesmo que o impacto ambiental seja superior caso se procedesse à mera observação ou coleta controlada de componentes, porém desde que respeitada a delimitação de área (no máximo 3% da extensão da unidade, até o limite de 1.000 hectares).

B. *Reserva biológica*[14]

A Reserva Biológica, por sua vez, tem como objetivo a preservação integral da biota e demais atributos naturais existentes em seus limites, sendo que, prevista igualmente como de posse e domínio públicos, se incidir sobre propriedade particular, é necessário proceder à sua desapropriação.

Tal como a anterior, também é dotada de rigor quanto à interferência humana, tendo como regra as seguintes *proibições*:

a. Visitação pública – exceto para fins educacionais, e se realizada conforme dispuser o plano de manejo (regulamento específico);

b. Supressão de vegetação ou alteração do ecossistema – salvo se: (i) visar à recuperação do ecossistema; (ii) tratar-se de ações de manejo necessárias para recuperar e preservar o equilíbrio natural, a diversidade biológica e os processos ecológicos naturais; (iii) pesquisa científica, condicionada à autorização do órgão responsável pela administração, e respeitados os parâmetros que vierem a ser fixados.

C. *Parque nacional*[15]

Na sequência, está previsto como Unidade de Proteção Integral o Parque Nacional (Estadual, ou Municipal, a depender do ente federativo que vier a cria-lo), o qual tem como objetivo básico a preservação de ecossistemas naturais de grande relevância ecológica e beleza cênica, sendo também de posse e domínio públicos, caso incida sobre propriedade particular, é necessário que esta seja desapropriada.

Havendo maior flexibilidade quanto à frequência e permanência humana no local, é de se observar que, ainda que com certo rigor, não se fala exatamente em vedações, mas verifica-se um *estímulo* à realização de pesquisas científicas, além de visitação pública – para o desenvolvimento de atividades de educação e interpretação ambiental, de recreação em contato com a natureza e de turismo ecológico.

Nada obstante, a pesquisa científica é condicionada à prévia autorização do órgão responsável pela administração da unidade, sujeitando-se, ainda, às condições e restrições por este estabelecidas, bem como àquelas previstas em regulamento específico.

E quanto à visitação, diferentemente, não se submete à autorização prévia, porém condiciona-se ao respeito às normas e restrições estabelecidas no Plano de Manejo da

14. Art. 10, da Lei 9.985/00.

15. Art. 11, da Lei 9.985/00.

unidade, às normas estabelecidas pelo órgão responsável por sua administração, e àquelas previstas em regulamento específico.

D. *Monumento natural*[16]

Também Unidade de Conservação de Proteção Integral, o Monumento Natural tem como objetivo básico preservar sítios naturais raros, singulares ou de grande beleza cênica, e, diferentemente das anteriores, pode se constituir por áreas particulares. Porém, para tanto, é necessário (a) compatibilidade entre os objetivos da Unidade com o uso da terra e dos recursos naturais pelo particular, e, (b) haja aquiescência do proprietário às condições propostas pelo órgão responsável pela administração da unidade. Caso contrário, a desapropriação é medida a ser adotada.

Sem haver previsão legal quanto à pesquisa científica[17], disciplina-se que a visitação pública ocorra tal como no Parque Nacional, isto é, sujeita às condições e restrições estabelecidas no Plano de Manejo da unidade, às normas estabelecidas pelo órgão responsável por sua administração e àquelas previstas em regulamento.

E. *Refúgio da vida silvestre*[18]

Por fim, o Refúgio de Vida Silvestre apresenta-se com a precípua finalidade de proteger ambientes naturais onde se asseguram condições para a existência ou reprodução de espécies ou comunidades da flora local e da fauna residente ou migratória, e, tal como Monumento Natural, pode se constituir por áreas particulares. Porém, para tanto, também é necessário (a) compatibilidade entre os objetivos da Unidade com o uso da terra e dos recursos naturais pelo particular, e, (b) haja aquiescência do proprietário às condições propostas pelo órgão responsável pela administração da unidade. Caso contrário, a desapropriação é medida a ser adotada[19].

Igual ao Monumento Natural (e Parque Nacional), a visitação pública é permitida, mas sujeita às condições e restrições estabelecidas no Plano de Manejo da unidade, às normas estabelecidas pelo órgão responsável por sua administração e àquelas previstas em regulamento.

Agora, diferentemente do Monumento Natural, está regrada expressamente a pesquisa científica, que, para se realizar, depende de (i) prévia autorização do órgão responsável pela administração da unidade, (ii) obediência às condições e restrições por este estabelecidas, bem como àquelas previstas em regulamento.

16. Art. 12, da Lei 9.985/00.

17. Contudo, compreende-se que não há motivos para se vedá-la, reconhecendo-se a sua possibilidade, porém, condicionada à (i) prévia autorização do órgão responsável pela administração da unidade, e (ii) à obediência às condições e restrições por este estabelecidas, bem como àquelas previstas em regulamento (MILARÉ. Édis. Op. cit.).

18. Art. 13, da Lei 9.985/00.

19. Aliás, tanto para Monumento Natural, como para Refúgio da Vida Silvestre, em se verificando que as restrições administrativas impossibilitem ou tornem bastante penosa a exploração pelo particular proprietário, é viável que este ingresse em juízo pela via da *desapropriação indireta*.

CATEGORIA	DOMÍNIO	POSSE	VISITAÇÃO	PESQUISA
Estação Ecológica	Público	Pública	Permitida: - fins educacionais + - de acordo com plano de manejo	Permitida: - ainda que haja supressão de vegetação ou alteração do ecossistema (no máximo 3% da unidade e 1000 hectares)
Reserva Biológica	Público	Pública	Permitida: - fins educacionais + - de acordo com plano de manejo	Permitida: - prévia autorização do órgão administrativo + - respeitar parâmetros que vierem a ser fixados
Parque Nacional[20]	Público	Pública	Permitida: - normas do plano de manejo + - normas do órgão administrativo + -normas do regulamento específico	Permitida: - prévia autorização do órgão administrativo + -respeitar parâmetros que vierem a ser fixados + - normas do regulamento específico
Monumento Natural	Público ou Privado - aquiescência do proprietário + Compatibilidade de uso	Pública ou privada	Permitida: - normas do plano de manejo + - normas do órgão administrativo + - normas do regulamento específico	Permitida: - prévia autorização do órgão administrativo + - respeitar parâmetros que vierem a ser fixados + - normas do regulamento específico
Refúgio da Vida Silvestre	Público ou Privado - aquiescência do proprietário + Compatibilidade de uso	Pública ou privada	Permitida: - normas do plano de manejo + - normas do órgão administrativo + - normas do regulamento específico	Permitida: - prévia autorização do órgão administrativo + - respeitar parâmetros que vierem a ser fixados + - normas do regulamento específico

20 Estadual ou Municipal, a depender do ente federativo que criar a Unidade.

5.2.2. *Unidades de Uso Sustentável*

Diferentemente do grupo anterior, as Unidades de Uso Sustentável, como o próprio nome revela, tem como caráter geral um maior envolvimento entre a tutela ambiental e o uso econômico dos recursos ambientais, sendo que além de pesquisa científica e visitação, há um uso mais direto dos referidos recursos, tudo no intuito de manter "a biodiversidade e os demais atributos ecológicos, de forma socialmente justa e economicamente viável"[21], compondo-se das seguintes categorias: I – Área de Proteção Ambienal (APA); II – Área de relevante interesse ecológico; III – Floresta Nacional; IV – Reserva extrativista; V – Reserva de fauna; VI – Reserva de desenvolvimento sustentável; VII – Reserva particular do patrimônio natural.

A. *Área de Proteção Ambiental (APA)*[22]

A Área de Proteção Ambiental é uma área em geral *extensa*, com certo grau de ocupação humana, que, dotada de atributos abióticos, bióticos, estéticos ou culturais especialmente importantes para a qualidade de vida e o bem-estar das populações humanas, possui como objetivos proteger a diversidade biológica, disciplinar o processo de ocupação e assegurar a sustentabilidade do uso dos recursos naturais.

Podendo ser constituída tanto sobre áreas públicas como privadas, admite-se o estabelecimento de normas e restrições para a utilização da propriedade privada, desde que, nos termos da lei[23], sejam respeitados os limites constitucionais, o que pode ser compreendido como impedimento a restrições administrativas que impossibilitem ou tornem bastante penosa a exploração pelo particular proprietário, isto é, que esgotem o direito de propriedade. A sua não observância, certamente viabiliza que o particular ingresse em juízo pela via da desapropriação indireta.

Ademais, sobre a possibilidade de visitação pública e pesquisa científica, estas estão permitidas, desde que respeitadas às condições estabelecidas pelo órgão gestor (se propriedade pública), ou pelo proprietário particular.

B. *Área de relevante interesse ecológico*[24]

Já a Área de Relevante Interesse Ecológico, com características naturais extraordinárias ou que abriga exemplares raros da biota regional, é uma área em geral de *pequena* extensão, com pouca ou nenhuma ocupação humana, e tem como objetivo manter os ecossistemas naturais de importância regional ou local, e regular o uso admissível dessas áreas, de modo a compatibilizá-lo com os objetivos de conservação da natureza.

Tal como a APA, pode ser constituída tanto sobre áreas públicas como privadas[25], admitindo-se o estabelecimento de normas e restrições para a utilização da propriedade privada, desde que, nos termos da lei[26], respeitados os limites constitucionais, o que pode ser compreendido como impedimento a restrições administrativas impossibilitem ou tornem

21. MILARÉ. Édis. Op. cit., p. 1.556.
22. Art. 15, Lei 9.985/00.
23. Art. 15, §2°, Lei 9.985/00.
24. Decreto 89.336/84.
25. Nos termos do art. 8°, do Decreto 89.336/84, poderão ser adquiridas ou arrendadas, no todo ou em parte, pelo Poder Público, se isso assegurar uma proteção mais efetiva das mesmas.
26. Art. 15, §2°, Lei 9.985/00.

bastante penosa a exploração pelo particular proprietário, isto é, que esgotem o direito de propriedade. A sua não observância, certamente viabiliza que o particular ingresse em juízo pela via da desapropriação indireta.

Por fim, embora o legislador tenha sido omisso[27], pode ser entendido que, sobre a possibilidade de visitação pública e pesquisa científica, estas estão permitidas, desde que respeitadas às condições estabelecidas pelo órgão gestor (se propriedade pública), ou pelo proprietário particular – tal como para a APA.

C. *Floresta Nacional*[28]

A Floresta Nacional (Estadual, ou Municipal, a depender do ente federativo que vier a cria-la), conforme prevê o legislador, é uma área com cobertura florestal de espécies predominantemente nativas e tem como objetivo básico o uso múltiplo sustentável dos recursos florestais e a pesquisa científica, com ênfase em métodos para exploração sustentável de florestas nativas.

Prevista como de posse e domínio públicos, se incidir sobre propriedade particular é necessário proceder à sua desapropriação. Inclusive, a seu respeito depreende-se ser vedada a permanência populacional no local (de quem ali habitava), exceto se se tratar de populações tradicionais[29] – em conformidade com o disposto em regulamento e no Plano de Manejo da unidade.

Neste ponto, o assunto tangencia-se ao tema *Gestão de Floresta Pública*, que, a seu respeito, são previstas três formas de se realizar, quais sejam (a) a gestão direta pelo Poder Público (quando recebe o nome de Floresta Nacional, Estadual ou Municipal), (b) a gestão pelas comunidades locais (por exemplo, reserva extrativista, concessão de uso, etc.), e (c) a concessão florestal (que vem a ser um dos instrumentos econômicos da Politica Nacional do Meio Ambiente).

Relativamente à visitação pública, tem-se como permitida, mas sujeita às normas de manejo estabelecidas pelo órgão responsável por sua administração.

E, quanto à pesquisa científica, de se destacar que o legislador foi expresso em afirmar ser ela permitida *e incentivada*, mas que depende de (i) prévia autorização do órgão responsável pela administração da unidade, (ii) obediência às condições e restrições por este estabelecidas, bem como àquelas previstas em regulamento.

D. *Reserva extrativista*[30]

A Reserva Extrativista é uma área utilizada por populações extrativistas[31] *tradicionais*, tendo como objetivos básicos proteger os meios de vida e a cultura dessas populações, e

27. Há, contudo, a Res. Conama 12/89, dispondo serem vedadas práticas que gerem risco para (I) a conservação dos ecossistemas; (II) a proteção especial a espécies de biota localmente raras; e (III) a harmonia da paisagem. Porém, admite expressamente, entre outras atividades não predatórias, o exercício do pastoreio equilibrado e a colheita limitada de produtos naturais, desde que devidamente controlados pelos órgãos supervisores e fiscalizadores.
28. Art. 16, Lei 9.985/00.
29. Conforme veremos, podem ser consideradas como tais, população ribeirinha, seringueiros na Amazônia, indígenas, quilombolas, etc. E, impõe assinalar que essa permanência é regulada, em especial, por meio de *Contrato de concessão de direito real de uso.*
30. Art. 18, Lei 9.985/00.
31. A subsistência dessa população baseia-se no extrativismo e, complementarmente, na agricultura de subsistência e na criação de animais de pequeno porte.

assegurar o uso sustentável dos recursos naturais da unidade. Isto é, trata-se de Unidade de Conservação destinada especificadamente à tutela de populações tradicionais extrativistas.

Sendo de propriedade pública, caso incida sobre propriedade particular, é necessário que esta seja desapropriada. Porém, o "uso" (posse) é realizado pelas populações tradicionais extrativistas, formalizado por contrato de concessão de direito real de uso.

Relativamente à visitação pública, tem-se como permitida, desde que compatível com os interesses locais e de acordo com o disposto no Plano de Manejo da área[32].

E, quanto à pesquisa científica, de se destacar que o legislador foi expresso em afirmar ser ela permitida *e incentivada,* mas que depende de (i) prévia autorização do órgão responsável pela administração da unidade, (ii) obediência às condições e restrições por este estabelecidas, bem como àquelas previstas em regulamento.

Um adendo sobre a Reserva Extrativista consiste na previsão legislativa de que deve ser gerida por um Conselho Deliberativo, presidido pelo órgão responsável por sua administração e constituído por representantes de órgãos públicos, de organizações da sociedade civil e das populações tradicionais residentes na área. E, este Conselho é o responsável, por exemplo, pela *aprovação* do Plano de Manejo.

Além disso, há vedação expressa quanto à exploração de recursos minerais e à caça amadorística ou profissional. Já no que diz respeito à exploração comercial de recursos madeireiros, será admitida apenas se de forma sustentável, e em situações especiais e complementares às demais atividades desenvolvidas na Reserva Extrativista, conforme o disposto em regulamento e no Plano de Manejo da unidade.

E. Reserva de fauna[33]

A Reserva de Fauna é uma área natural com populações animais de espécies nativas, terrestres ou aquáticas, residentes ou migratórias, adequadas para estudos técnicos e científicos sobre o manejo econômico sustentável de recursos faunísticos.

Prevista como de posse e propriedade públicas, caso incida sobre propriedade particular, é necessário que esta seja desapropriada.

A visitação pública é permitida, desde que condizente com o manejo da unidade, e, ainda, se respeitadas as normas do órgão responsável por sua administração.

De outro lado, não há menção legal quanto à viabilidade de se executar pesquisa científica no local. Contudo, acredita-se pela sua possibilidade, porém condicionada à (i) prévia autorização do órgão responsável pela administração da unidade, (ii) obediência às condições e restrições por este estabelecidas, bem como àquelas previstas em regulamento. Até mesmo porque, verifica-se que o legislador cuidou de pontuar sobre a eventual comercialização dos produtos e subprodutos resultantes, exatamente, das pesquisas.

Por fim, frise-se que, em consonância com sua proteção da fauna, é expressamente vedado o exercício da caça (amadorística ou profissional).

32. Aqui há um detalhe importante, pois, conforme se confere, a despeito de ser área pública, é destinada às populações extrativistas tradicionais. Assim, para que a cessão se consolide, é formalizada uma concessão real de uso às populações extrativistas tradicionais.

33. Art. 19, Lei 9.985/00.

F. *Reserva de desenvolvimento sustentável*[34]

A Reserva de Desenvolvimento Sustentável é uma área natural que abriga populações *tradicionais*, cuja existência baseia-se em sistemas sustentáveis de exploração dos recursos naturais, que, de sua parte, desempenham papel fundamental na proteção da natureza e na manutenção da diversidade biológica.

Dessa feita, objetiva-se com a criação desta Unidade de Conservação tanto preservar a natureza, como assegurar as condições e os meios necessários para a reprodução e a melhoria dos modos e da qualidade de vida e exploração dos recursos naturais das populações tradicionais, bem como valorizar, conservar e aperfeiçoar o conhecimento e as técnicas de manejo do ambiente, desenvolvido por estas populações. Isto é, relativamente às populações tradicionais, busca auxiliar na afirmação e no aprimoramento de sua qualidade de vida, e na forma como exploram os recursos naturais, reconhecendo, antes de tudo, que possuem peculiar conhecimento a seu respeito.

Tal como a Reserva Extrativista, é de propriedade pública, de modo que, caso incida sobre propriedade particular, é necessário que esta seja desapropriada[35]. Porém, o "uso" (posse) é realizado pelas populações tradicionais, formalizado por contrato de concessão de direito real de uso.

Ademais, também igual à Reserva Extrativista, deve ser gerida por um Conselho Deliberativo, presidido pelo órgão responsável por sua administração e constituído por representantes de órgãos públicos, de organizações da sociedade civil e das populações tradicionais residentes na área. E, este Conselho é o responsável, por exemplo, pela *aprovação* do Plano de Manejo[36].

Quanto à possibilidade de visitação pública, esta é permitida e *incentivada,* desde que compatível com os interesses locais e de acordo com o disposto no Plano de Manejo da área.

A pesquisa científica também é permitida e *incentivada,* conquanto seja (a) voltada à conservação da natureza, à melhor relação das populações residentes com seu meio e à educação ambiental; (b) haja prévia autorização do órgão responsável pela administração da unidade, (c) sejam observadas as condições e restrições por este estabelecidas, bem como aquelas previstas em regulamento.

---

34. Art. 20, Lei 9.985/00.

35. Contudo, vale anotar que, peculiarmente, o legislador insere uma condicionante à análise de ser o caso de desapropriar, ao pontuar que "áreas particulares incluídas em seus limites devem ser, *quando necessário*, desapropriadas". Isto é, ainda que de dominialidade pública, seria o caso de desapropriar apenas quando houver a necessidade. Ora, cuida-se de dispositivo de redação criticável, a respeito do qual a doutrina sequer formula qualquer análise mais detida. De qualquer forma, aparenta ser, realmente, uma redundância, pois, se se trata de área obrigatoriamente pública, a expressão "quando necessário" é despicienda, pois obviamente que condicionou a necessidade de se desapropriar apenas "quando necessário", muito embora estipule que se trate de domínio público.

36. A despeito de se tratar de Unidade de Conservação de Uso Sustentável, a respeito desse Plano de Manejo é previsto que ele definirá as zonas de proteção integral, de uso sustentável e de amortecimento e corredores ecológicos, e será aprovado pelo Conselho Deliberativo da unidade. Isto é, há em seu interior espaço cujos traços são mais próximos de Unidade de Proteção Integral, do que de uso sustentável, admitindo-se apenas o uso indireto da área e respectivos recursos naturais. Aliás, de se recordar que o art. 7º, §2º, da Lei 9.985/00, acaba por expressar que, ainda que de Uso Sustentável, tal se dá sobre *parcela* dos seus recursos naturais.

Outrossim, às atividades desenvolvidas no local, em geral, deve ser sempre considerado o equilíbrio dinâmico entre o tamanho da população e a conservação, evitando que haja uma demanda de recurso contrária à sustentabilidade do ecossistema.

Nesse sentido, é admitida a exploração de componentes dos ecossistemas naturais em regime de manejo sustentável, e a substituição da cobertura vegetal por espécies cultiváveis, desde que sujeitas ao zoneamento, às limitações legais e ao Plano de Manejo da área.

G. Reserva particular do patrimônio natural[37]

Por fim, a última categoria prevista como Unidade de Conservação de Uso Sustentável, a Reserva Particular do Patrimônio Natural é uma área privada, gravada com perpetuidade[38], com o objetivo de conservar a diversidade biológica[39].

Sendo a única situada *exclusivamente em área privada*[40], permite-se a visitação pública de ecoturismo, recreativa, ou mesmo educacional, além da própria pesquisa científica, sem maiores rigores ou condicionantes.

O detalhe é que, dado o fato de ser propriedade de um particular, ficará ao cargo deste a elaboração de Plano de Manejo ou de Proteção e de Gestão da unidade, a respeito do que previu o legislador que, para tanto, os órgãos integrantes do SNUC, sempre que possível e oportuno, prestarão orientação técnica e científica ao proprietário.

CATEGORIA	DOMÍNIO	POSSE	VISITAÇÃO	PESQUISA
Área de Proteção Ambiental (APA)	Público ou Privado	Pública ou Privada	Permitida: - respeitar condições do órgão gestor ou proprietário particular	Permitida: - respeitar condições do órgão gestor ou proprietário particular
Área de Relevante Interesse Ecológico	Público ou Privado	Pública ou Privada	Permitida: - respeitar condições do órgão gestor ou proprietário particular	Permitida: - respeitar condições do órgão gestor ou proprietário particular
Floresta Nacional[41]	Público	Pública (exceção: permanência de populações tradicionais)	Permitida: - respeitar normas do órgão administrativo	Permitida e *incentivada*: - prévia autorização do órgão administrativo + - respeitar parâmetros que vierem a ser fixados + - normas do regulamento específico

37. Art. 21, Lei 9.985/00.

38. Tal gravame constará de termo de compromisso assinado perante o órgão ambiental, que verificará a existência de interesse público, e será averbado à margem da inscrição no Registro Público de Imóveis.

39. Nos termos do art. 11, do Decreto 1.992/96, gera-se ao proprietário a possibilidade de isenção de Imposto Territorial Rural (ITR).

40. Não há previsão de que tal Unidade de Conservação seja constituída sobre área pública.

41 Repita-se: Estadual ou Municipal, a depender do ente federativo que criar a Unidade.

CATEGORIA	DOMÍNIO	POSSE	VISITAÇÃO	PESQUISA
Reserva Extrativista	Público	Populações tradicionais extrativistas	Permitida: - compatível com os interesses locais + - plano de manejo	Permitida e *incentivada*: - prévia autorização do órgão administrativo + - respeitar parâmetros que vierem a ser fixados + - normas do regulamento específico
Reserva de Fauna	Público	Pública	Permitida: - respeitar normas do órgão administrativo + - plano de manejo	Permitida e *incentivada*: - prévia autorização do órgão administrativo + - respeitar parâmetros que vierem a ser fixados + - normas do regulamento específico
Reserva de Desenvolvimento Sustentável	Público	Populações tradicionais	Permitida e incentivada: - compatível com os interesses locais + - plano de manejo	Permitida e *incentivada*: - prévia autorização do órgão administrativo + - respeitar parâmetros que vierem a ser fixados + - normas do regulamento específico + - *voltada a* (i) conservação da natureza; (ii) melhor relação das populações residentes com seu meio; e (iii) educação ambiental
Reserva Particular do Patrimônio Natural	Privado	Privada	Permitida: - ecoturismo - recreativa - educacional	Permitida (sem condicionantes)

5.3. Criação

O artigo 225, §1º, III, da CF/88, ao tratar da definição, alteração e supressão de espaços territoriais especialmente protegidos, diz que, para estas duas últimas hipóteses, é necessária a utilização de Lei (lei em sentido estrito), sem nada se referir à *definição* (leia-se: criação), diferentemente do teor do *caput* do artigo 22, da Lei 9.985/00, o qual é expresso que as unidades de conservação são criadas por *ato do Poder Público*.

Por esse contexto normativo, e compreendendo-se que se trata de ato privativo do Poder Executivo[42], a criação de Unidades de Conservação (espaços territoriais especialmente protegidos em sentido estrito) ocorre por meio de ato do Poder Público (por exemplo, Decreto).

Sem prejuízo, impõe salientar que, de acordo com o artigo 22 referido, é necessário que o administrador proceda de forma que previamente sejam realizados (i) estudos técnicos e (ii) consulta pública[43], para que sejam devidamente identificados (a) a localidade, (b) a dimensão, e (c) os limites da área que virá a ser considerada especialmente protegida.

Aliás, vale frisar, é imprescindível que se realize tal procedimento, sob pena de nulidade. Porém, há exceção quanto à obrigatoriedade da consulta pública, para criação de Estação Ecológica e Reserva Biológica, hipóteses em que será facultativa[44].

5.3.1. Transformação e ampliação

Além da própria criação, o legislador prevê como possível tanto a transformação como a ampliação de uma Unidade de Conservação, sendo que, enquanto aquela (*transformação*) se concretiza na medida em que uma unidade de conservação de Uso Sustentável se transfigura, total ou parcialmente, para de Proteção Integral (e não o contrário); a *ampliação* ocorre pela expansão espacial da unidade, ampliando-se os seus limites territoriais.

A respeito dessas duas modificações que, teoricamente, ampliam a proteção ambiental, seja pelo maior rigor protetivo da Unidade de Proteção Integral (qualitativo), seja pela maior faixa territorial abrangida pela Unidade (quantitativo), é mister assinalar que, para que venham a ocorrer, também dependem de *ato do Poder Público* – de idêntico nível hierárquico do ato criador –, e, ainda, é obrigatória a consulta pública, tal como no momento da criação.

ATENÇÃO

Em se tratando de *transformação* e *ampliação*, não há exceção (de dispensa de realização da audiência), mesmo em se tratando de Estação Ecológica e Reserva Biológica (STF – MS 24.665/DF). Daí, conclui-se como sendo mais flexível no ato da criação, do que quando da ampliação ou transformação.

---

42. Há interessante entendimento jurisprudencial que, nada obstante não seja dos Tribunais Superiores, convém trazer a lume, em que se afasta a possibilidade de o Judiciário impor ao Estado que este proceda à criação de Unidade de Conservação da categoria Área de Proteção Ambiental – APA (TJ/SP – Apel. 0001318-54.2015.8.26.0111 – julg. 15.03.18).
43. Art. 22, §2°, Lei 9.985/00.
44. Art. 22, §4°, Lei 9.985/00.

5.3.2. *Desafetação ou redução*

Ademais, até mesmo seguindo o que se visualiza no art. 225, §1°, III, CF/88, cuidou o legislador de tratar de outras hipóteses de modificação das Unidades de Conservação, dessa vez, porém, em tom de redução da proteção ambiental sobre o espaço territorial especial e ambientalmente protegido.

Para tanto, o constituinte fez menção a "alteração" e "supressão", enquanto que o legislador infraconstitucional[45] refere-se a "desafetação" ou "redução", o que, de certo modo, pode gerar alguma dúvida[46] sobre as hipóteses em que, realmente, deve ser dado o tratamento mais rigoroso, de *imprescindibilidade de Lei em sentido estrito*.

De qualquer forma, pode se compreender que se está a tratar, ao falar de *desafetação* da Unidade de Conservação, como a extinção por completo da especial proteção sobre aquele dado território, ao passo que, *redução*, implica na redução territorial[47].

A criação, tal como a ampliação e transformação[48], pode ser realizada por *ato do poder público*, isto é, não necessita de lei em sentido estrito[49], ao passo que, para a extinção, desafetação ou mesmo a redução da área, é imprescindível a lei em sentido estrito e específica[50].

5.3.3. *Limitações administrativas provisórias*

Importante ferramenta prevista pelo legislador no artigo 22-A, Lei 9.985/00 (incluído pela Lei 11.132/05[51]), diz respeito às limitações administrativas[52] provisórias[53], em que, almejando o administrador proceder à análise de determinada área como passível de

45. Art. 22, §7°, Lei 9.985/00.
46. MACHADO, Paulo Affonso Leme. Op. cit., p. 974-975.
47. De se observar que há tratamento de hipóteses paralelas, sendo que, à criação está a desafetação (supressão), enquanto que, para a ampliação, a redução (alteração). Porém, não há específico tratamento paralelo quanto à transformação. Isto é, seria possível empreender no caminho contrário, transmudando-se de Proteção Integral para de Uso Sustentável? A despeito da ausência de tratamento doutrinário e legal sobre o assunto, é de se pontuar ser defensável que sim, uma vez que, se pode o mais – que é desafetar (extinguir) –, certamente pode o menos, que é tanto reduzir o tamanho, como reduzir o grau de proteção (de Proteção Integral, para Uso Sustentável), desde que, é claro, enquadrável dentre uma das hipóteses legais – do contrário, é realmente caso de extinguir, e, posteriormente, verificar se não seria o caso de criar uma Unidade atípica, com base no artigo 6°, parágrafo único, Lei 9.985/00 (competência do poder público).
48. É possível que se transforme uma unidade de conservação do tipo uso sustentável para proteção integral, porém não o contrário.
49. Frisando apenas que a ampliação e transformação devem ser por meio de ato de idêntica categoria àquele que criou a unidade de conservação.
50. Art. 22, §7°, Lei 9.985/00. Contudo, no último concurso para Procurador do Estado de São Paulo, cuja prova se realizou em 2018, cobrou-se uma especificidade maior existente naquele Estado, que, regrada a matéria pelo Decreto 60.302/14, exige, para que haja a desafetação, (a) lei específica, (b) que tal medida esteja recomendada no Plano de Manejo aprovado, e (c) que haja consulta pública, (d) oitiva do respectivo conselho e do CONSEMA.
51. Resultado da Medida Provisória 239/05.
52. MEIRELLES, Hely Lopes. Direito Administrativo Brasileiro, 38 ed. São Paulo: Editora Malheiros, 2012, p. 695. Para o autor, *"a limitação administrativa é toda imposição geral, gratuita, unilateral e de ordem pública condicionadora do exercício de direitos ou de atividades particulares às exigências do bem-estar social"*.
53. STF – MS 25.328 e MS 25.329

instituí-la como unidade de conservação, para que tenha plenas condições de realizar os estudos técnicos, viabiliza-se que sejam impostas limitações (restrições) ao exercício de atividades e empreendimentos efetiva ou potencialmente causadores de degradação ambiental, se detectada a existência de *risco de dano grave*.

Com efeito, cuida-se de instrumento que visa à preservação da integridade dos recursos naturais existentes em determinado território, os quais estejam a, eventualmente, a demandar do administrador a definição de uma Unidade de Conservação, permitindo, então, que os estudos necessários sejam realizados em sua plenitude, sem que as referidas atividades impeçam a adequada compreensão da peculiaridade ambiental (recursos naturais, por ventura, relevantes).

Instituíveis por meio de Decreto[54], tais limitações são provisórias por determinação legal, pois possuem o prazo máximo de 7 (sete) meses, sendo que, findo o qual, extinguem-se automaticamente[55]: é *improrrogável*.

Essencialmente, as limitações visam a impedir atos que importem em "exploração a corte raso" da *floresta* e *demais formas de vegetação nativa*, por atividades e empreendimentos efetiva ou potencialmente causadores de degradação ambiental.

Como exceção, previu o legislador que determinadas atividades/empreendimentos não se sujeitam a tais limitações, quais sejam (a) as *atividades agropecuárias,* (b) *as obras públicas licenciadas, e* (c) *outras atividades*[56] *econômicas em andamento licenciadas.*

5.3.4. *Desapropriação e indenização*

Outro ponto crucial na análise do processo de criação das Unidades de Conservação diz respeito à eventual necessidade de ter que se proceder à desapropriação da área afetada, e o valor a ser indenizado o proprietário.

Conforme visto durante a exposição das categorias de Unidades, existem aquelas cuja propriedade obrigatoriamente é pública, a demandar do ente instituidor que promova a desapropriação, caso abranja propriedade particular.

Sem prejuízo, maior celeuma existe sobre a necessidade de indenização, a respeito do que existem duas situações que não podem ser esquecidas: (i) quando houver a desapropriação, o que deve ser abrangido pela indenização; (ii) não sendo caso de desapropriação, mas instituindo-se a Unidade de Conservação, se deve o proprietário ser indenizado.

A princípio, quando há desapropriação gera-se o respectivo direito à indenização, ao passo que, quando não ocorrer a expropriação, o proprietário, nada obstante, fará jus à indenização na medida em que as limitações (ou servidões) administrativas ocasionarem-lhe perda de proveito econômico, o que, se vier a ser total, repercutirá na hipótese de desapropriação indireta.

54. Por exemplo, Decreto nº 54.746/09 do Estado de São Paulo.

55. Art. 22-A, §2º, Lei 9.985/00.

56. Segundo pontuado no âmbito do STJ (REsp 1.122.909), a licença dessas "outras atividades", caso se tratar de Proteção Integral, é invalidada automaticamente. E, se sustentável, haverá análise casuística de eventual compatibilidade.

Em linhas gerais, seja quando vier a desapropriar (direta ou indiretamente), seja quando a propriedade for mantida com o particular, o legislador, no artigo 45, da Lei 9.985/00, estipulou que não devem integrar a indenização, valores relativos (a) às espécies arbóreas declaradas imunes de corte pelo Poder Público; (b) às expectativas de ganhos e lucro cessante; (c) ao resultado de cálculo efetuado mediante a operação de juros compostos; (d) às áreas que não tenham prova de domínio inequívoco e anterior à criação da unidade.

Em outros termos, cuidou o legislador de afastar a imposição de indenização sobre aquilo que não se tenha proveito econômico pelo proprietário, bem como sobre lucro cessante (muito embora não seja um dano hipotético), sobre juros compostos, e, por fim, quando não se souber quem efetivamente seja o proprietário.

5.4. Implantação

5.4.1. Zona de amortecimento

Já num momento posterior à criação, agora de implantação, tem-se um ponto importante a ser tratado, qual seja a zona de amortecimento, que, com definição legal contida no artigo 3º, XVIII, Lei 9.985/00, consiste na área ao redor (no entorno) da Unidade de Conservação, cujo objetivo é minimizar (amortecer) impactos nesta, limitando-se atividades humanas para tanto – ainda que não se trate de área integrante da Unidade de Conservação.

De caráter obrigatório para todas as Unidades de Conservação, à *exceção* da (a) Área de Proteção Ambiental e (b) Reserva Particular do Patrimônio Natural[57], nota-se a inexistência de delimitação legal de seu tamanho ou dimensão, sendo que o legislador[58] deixou para que tal definição ocorra no ato da criação, ou posteriormente[59].

5.4.2. Corredor ecológico

Nos termos do artigo 2º, XIX, da Lei 9985/00, corredores ecológicos são porções de ecossistemas naturais ou seminaturais, *ligando unidades de conservação*, que possibilitam entre elas o fluxo de genes e o movimento da biota, facilitando a dispersão de espécies e a recolonização de áreas degradadas, bem como a manutenção de populações que demandam para sua sobrevivência áreas com extensão maior do que aquela das unidades individuais.

Da leitura do artigo 25 da Lei 9.985/00 verificam-se duas situações: (a) não há que se falar de corredor ecológico quando se tratar de Área de Proteção Ambiental e Reserva Particular do Patrimônio Natural; (b) para as demais unidades, sua existência é condicionada a um juízo de conveniência.

---

57. Art. 25, Lei 9.985/00.

58. Art. 25, §2º, Lei 9.985/00.

59. Essa expressão "posteriormente", ao que tudo indica, refere-se ao próprio plano de manejo, senão outros regulamentos específicos que digam respeito à implantação da Unidade de Conservação. Inclusive, atualmente vige a Res. Conama 428/2010, que, tratando de licenciamento para pretensões em Unidades de Conservação, há a estipulação de metragens a serem observadas quanto aos critérios distintos de licenciamento, caso não sobrevenha a delimitação da zona de amortecimento pelo Poder Público oportunamente (prazo de 5 anos).

Ademais, sua definição pode ser feita no ato da criação da unidade, ou posteriormente[60] (Plano de Manejo, por exemplo), muito embora, especificadamente quanto à Reserva de Desenvolvimento Sustentável, há a previsão de que sua definição se dará pelo Plano de Manejo[61].

5.4.3. Plano de manejo

O plano de manejo, por sua vez, é o documento técnico que define o zoneamento da unidade, bem como o uso da área e o manejo dos recursos naturais (inclusive sobre a implantação de estruturas físicas), contendo, (i) a área da unidade de conservação (inclusive subsolo e espaço aéreo quando estes possuírem influência na estabilidade do ecossistema[62]); (ii) a zona de amortecimento; (iii) corredores ecológicos, se necessários (ligam unidades de conservação); e (iv) medidas (sociais e econômicas) de integração com as comunidades vizinhas.

Dessa feita, é considerando como documento de vital importância, possuindo um caráter *normativo* e *preventivo*, pois, além de condensar as normas que devem presidir o uso da área e manejo dos recursos naturais, sendo o regulamento que disciplina as atividades viáveis dentro da Unidade de Conservação (sua zona de amortecimento e eventual corredor ecológico), também assume o primordial papel de conferir um regime que concretiza uma tutela preventiva dos recursos ambientais.

Realçando ser ele um documento imprescindível, o plano de manejo[63] deve ser elaborado dentro do prazo de 5 (cinco) anos a partir da criação da unidade de conservação[64], sendo responsável por sua elaboração (i) o órgão gestor; (ii) o proprietário (Reserva Particular do Patrimônio Natural); (iii) o Conselho deliberativo da unidade (Reserva extrativista e Reserva de desenvolvimento sustentável) – hipótese em que se faz necessário ser aprovado pelo órgão gestor.

ATENÇÃO

Enquanto não elaborado o Plano de Manejo, relativamente às unidades de Proteção Integral, são admitidas[65] tão apenas aquelas intervenções destinadas a garantir a integridade dos recursos que a Unidade objetiva proteger, sem prejuízo de assegurar às populações tradicionais, por ventura residentes na área, as condições e os meios indispensáveis para a satisfação de suas necessidades materiais, sociais e culturais.

---

60. Art. 25, §2º, Lei 9.985/00.
61. Art. 21, §6º, Lei 9.985/00.
62. Art. 24, Lei 9.985/00.
63. A se destacar a importância do plano de manejo, vale citar que Decreto SP 60.302/14, em seu artigo 16, assinala serem proibidas, nas unidades de conservação, quaisquer alterações, atividades ou modalidades de utilização em desacordo com seus objetivos, Plano de Manejo e regulamento.
64. STJ – REsp 1.163.524 / SC – Dje 12/05/2011. Na ocasião, pontuou-se a aceitação de ser imposta *astreint* à União, forçando-a cumprir com seu dever de repassar verbas ao IBAMA/ICMBio, viabilizando que este "realize todos os procedimentos administrativos necessários à elaboração do plano de gestão(*sic*)".
65. Art. 28, parágrafo único, Lei 9.985/00.

Dito de outra forma, admitem-se apenas medidas que visem à proteção dos recursos naturais, com exceção de intervenções que venham a ser feitas pelas populações tradicionais, condizentes com suas peculiares características - que não deixam de ser, também, objetivo de proteção com a implantação da Unidade de Conservação. Logo, admitem-se apenas medidas condizentes com a tutela ambiental e/ou social almejada.

Sem prejuízo, é válido destacar que, quando da *elaboração, atualização* e *implementação* do Plano de Manejo, e havendo população (tradicional ou não) residente no local, a esta deve ser assegurada ampla participação[66].

Por fim, há uma previsão específica na Lei, relativa aos organismos geneticamente modificados, prevendo que o Plano de Manejo poderá dispor sobre as atividades de liberação planejada e cultivo nas Áreas de Proteção Ambiental e nas zonas de amortecimento das demais categorias de unidade de conservação. Em outros termos, significa que *OGMs apenas podem ser cultivados em APAs, sendo vedado nas demais, onde admite-se apenas em seu entorno, isto é, em suas respectivas zonas de amortecimentos.*

5.4.4. *Mosaico de unidade de conservação*

A situação em que se observa[67] a existência de mais de uma área protegida, ou, nos termos da lei, de unidades de conservação (de categorias diferentes ou não), *próximas, justapostas* ou *sobrepostas*, e outras áreas protegidas (públicas ou privadas), é identificada como um mosaico, denotando a identificação geográfica de diversos segmentos próximos (senão, justados ou sobrepostos), tal como a imagem formada em mosaico na arquitetura.

Para esse contexto, estipula o legislador a necessidade de se realizar uma gestão integrada e participativa, considerando-se os seus distintos objetivos de conservação, compatibilizando a presença da biodiversidade, a valorização da sociodiversidade e o desenvolvimento sustentável no contexto regional.

Em outros termos, impõe-se uma única gestão de todo o conjunto de áreas protegidas, em especial quanto às unidades de conservação, a ser realizada por um Conselho, com função consultiva e de execução da gestão[68].

Segundo disciplina o artigo 11, da Lei 9.885/00, bem como o Decreto 4.340/02[69] (da União), os corredores ecológicos, se também reconhecidos em ato do Ministério do Meio Ambiente, integram os mosaicos para fins de sua gestão. Contudo, se não houver mosaico devidamente reconhecido, o corredor ecológico receberá o mesmo tratamento da zona de amortecimento.

5.5. Gestão

Relativamente à gestão das unidades de conservação, compreende-se ter sua valia a abertura de um tópico a parte, para realçar a importância do ponto, a respeito do que

66. Art. 27, §2°, Lei 9.985/00.
67. Quando envolver Unidade da União, deve ser reconhecido por ato formal do Ministério do Meio Ambiente, a pedido do órgão gestor, enquanto que, se Estadual, à Secretaria do Meio Ambiente. (Decreto 4.340/02, e, por exemplo, Decreto SP 60.302/14).
68. Art. 9°, Decreto 4.340/02.
69. Art. 11, Decreto 4.340/02.

pode se entender esta gestão como sendo um encadeamento de ações, envolvendo recursos humanos, físicos e financeiros, voltados a atingir as finalidades para as quais é instituída a especial proteção sobre determinado espaço territorial.

Em meio a este processo, o plano de manejo assume vital papel, seja representando o documento normativo desta gestão, seja consistindo o próprio ponto de partida para sua consecução, dele iniciando os demais atos e procedimentos que virão.

O gestor personaliza-se no órgão responsável pela administração da unidade de conservação (que não se confunde com os Conselhos Consultivo ou Deliberativo previstos na Lei 9.985/00[70]), ficando *a cargo do órgão ambiental ligado à esfera do poder público que a criou*, isto é, pelo ICMBio (no âmbito da União), enquanto que, nos Municípios e Estados, pelas respectivas Secretarias Ambientais, ou órgãos a elas vinculadas[71]. E, ainda, quando se tratar de unidade de conservação instituída pelo proprietário (por exemplo, Reserva Particular do Patrimônio Natural), este será o responsável pela administração.

Sem prejuízo, de se destacar a possibilidade alvitrada pela Lei, de que esta gestão, *a priori* exercida pelo Poder Público, seja realizada (compartilhada) por entidade civil de direito privado, sem fins lucrativos[72], e que tenha dentre suas finalidades a proteção ambiental e o interesse público, ou, mais especificadamente, (i) defesa, preservação e conservação do meio ambiente e promoção do desenvolvimento sustentável, e (ii) comprove a realização de atividades de proteção do meio ambiente ou desenvolvimento sustentável, preferencialmente na unidade de conservação ou no mesmo bioma[73] (OSCIP – Organizações da Sociedade Civil de Interesse Público[74]).

Contudo, é bom frisar que o poder de polícia não é transferido, permanecendo com a Administração Pública.

5.5.1. *Atividades proibidas nas unidades de conservação*

Mesmo que enquadrável como regime jurídico da própria gestão das unidades de conservação, vale pontuar com destaque quais são as atividades que a Lei 9985/00 veda junto a estes espaços especialmente protegidos, quais sejam:

a. quaisquer alterações, atividades ou modalidades de utilização em desacordo com os seus objetivos, o seu Plano de Manejo e seus regulamentos (art. 28, *caput*)[75];

70. Art. 15, §5°, art. 17, §5°, art. 18, §2°, e art. 29, Lei 9.985/00. Contudo, nos termos do Decreto 4.340/2002, art. 9°, em se tratando de mosaico, a se implantar uma gestão única e integrada das Unidades, esta será exercida por um "conselho de mosaico", com caráter consultivo e a função de atuar como instância de gestão integrada das unidades de conservação que o compõem.
71. No Estado de São Paulo, por exemplo, a responsabilidade pela administração das unidades de conservação é conferida ao Instituto Florestal, órgão vinculado à Secretaria Estadual do Meio Ambiente.
72. Daí, veda-se essa gestão compartilhada, e demais gestões, por pessoa jurídica com finalidade lucrativa às unidades de conservação, com exceção da Reserva Particular do Patrimônio Natural.
73. Art. 22, Decreto 4.340/02
74. Art. 30, Lei 9.985/00, Decreto 4.340/02 e Lei 9.790/99.
75. O art. 16, do Decreto SP 60.302/14, traz redação semelhante.

b. temporariamente, enquanto não elaborado o plano de manejo, no âmbito de unidade de proteção integral são vedadas todas as atividades que não se sejam voltadas a garantir a integridade dos recursos que a unidade objetiva proteger, assegurando-se às populações tradicionais porventura residentes na área as condições e os meios necessários para a satisfação de suas necessidades materiais, sociais e culturais.

c. introdução nas unidades de conservação de espécies não autóctones[76]:

   a. Exceção (leia-se, será permitido):

   i. se se tratar de Áreas de Proteção Ambiental, as Florestas Nacionais, as Reservas Extrativistas e as Reservas de Desenvolvimento Sustentável,

   ii. animais e plantas necessários à administração e às atividades das demais categorias de unidades de conservação, de acordo com o que se dispuser em regulamento e no Plano de Manejo da unidade

   iii. Nas áreas particulares localizadas em Refúgios de Vida Silvestre e Monumentos Naturais podem ser criados animais domésticos e cultivadas plantas considerados compatíveis com as finalidades da unidade, de acordo com o que dispuser o seu Plano de Manejo.

d. vedados a pesquisa e o cultivo de organismos geneticamente modificados nas terras indígenas e áreas de unidades de conservação.

   a. Exceto[77]:

   i. nas Áreas de Proteção Ambiental

   ii. nas zonas de amortecimento das demais categorias de unidade de conservação, observadas as informações contidas na decisão técnica da Comissão Técnica Nacional de Biossegurança – CTNBio

5.5.2. *Exploração de bens e serviços*

Nos termos do artigo 33, da Lei 9.985/00, a exploração comercial de produtos, subprodutos ou serviços obtidos ou desenvolvidos a partir dos recursos naturais, biológicos, cênicos ou culturais ou da exploração da imagem de unidade de conservação, exceto Área de Proteção Ambiental e Reserva Particular do Patrimônio Natural, dependerá de prévia autorização e sujeitará o explorador a pagamento.

Daí, visualiza-se a materialização do princípio do usuário pagador, cujo pagamento não se realiza como indenização a um dano, mas pelo uso econômico de recurso natural.

Ademais, é de se reconhecer que previu o legislador o "direito de imagem" a recursos ambientais, de modo que, afora a situação de exploração econômica de produtos e serviços, institui-se o pagamento, em que, veja bem, esteja a utilizar da "imagem" dos recursos

76. *Não autóctones* significa aquilo que não tenha nascido no território onde se almeja inseri-lo.
77. Art. 24, Lei 9.985/00, e art. 1°, Lei 11.460/07.

ambientais com propósito comercial. Daí, semelhantemente com o que ocorre com os direitos da personalidade da pessoa humana, é viável o pagamento pelo uso de sua imagem, ainda que tal atividade esteja desprovida de finalidade econômica, comercial (lucrativa).

Ainda sobre o assunto, é válido destacar que quanto à administração dos recursos (receitas) recebidos[78], compete ao órgão gestor da unidade, e estes (recursos) serão utilizados exclusivamente na sua implantação, gestão e manutenção.

Porém, quando se tratar de recursos obtidos pelas unidades de conservação do Grupo de Proteção Integral, mediante a cobrança de taxa de visitação e outras rendas decorrentes de arrecadação, serviços e atividades da própria unidade, serão aplicados (i) à implementação, manutenção e gestão da própria unidade; (ii) na regularização fundiária das unidades de conservação do Grupo (proteção integral ou uso sustentável); (iii) na implementação, manutenção e gestão de outras unidades de conservação do Grupo de Proteção Integral.

6. RESERVA DA BIOSFERA

Paralelamente às Unidades de Conservação, a Lei 9.985/00 faz expressa previsão da Reserva da Biosfera, incorporando ao ordenamento jurídico interno brasileiro[79] a ideia lançada pela UNESCO desde 1968 - quando surge o conceito em meio a "Conferência sobre a Biosfera" - mas, efetivamente, lançado em 1971, pelo "Programa Homem e Biosfera" (em inglês, MAB ou *Man and Biosphere Programme*), que teve como objetivo exatamente organizar uma rede de áreas protegidas mundiais, designadas Reservas da Biosfera.

Essencialmente, consiste num modelo de gestão integrada, participativa e sustentável dos recursos naturais, com os objetivos básicos de preservação da diversidade biológica, o desenvolvimento de atividades de pesquisa, o monitoramento ambiental, a educação ambiental, o desenvolvimento sustentável e a melhoria da qualidade de vida das populações[80].

ATENÇÃO

A Reserva da Biosfera não se confunde com as Unidades de Conservação, podendo aquela ser integrada por estas, bem como por áreas de domínio público ou privado.

Interessante destacar que a Reserva privilegia o uso sustentável dos recursos naturais nas áreas assim protegidas e tem por objetivo promover o conhecimento, a prática e os valores humanos para implementar as relações entre as populações e o meio ambiente em todo o planeta.

78. Artigo 34, Lei 9.985/00.
79. Atualmente, há 7 Reservas da Biosfera no território brasileiro os remanescentes da Mata Atlântica (1992), Cinturão Verde de São Paulo (1993), Cerrado (2001), Pantanal (2000), Caatinga (2001), Amazônia Central (2001) e Serra do Espinhaço (2005).
80. Art. 41, *caput*, Lei 9.985/00.

A seu respeito, impõe assinalar ser a Reserva da Biosfera composta de: (a) uma ou várias áreas-núcleo, destinadas à proteção integral da natureza; (b) uma ou várias *zonas de amortecimento*, onde só são admitidas atividades que não resultem em dano para as áreas-núcleo; e (c) uma ou várias *zonas de transição*, sem limites rígidos, onde o processo de ocupação e o manejo dos recursos naturais são planejados e conduzidos de modo participativo e em bases sustentáveis.

É a Reserva da Biosfera gerida por um Conselho Deliberativo, formado por representantes de instituições públicas, de organizações da sociedade civil e da população residente, conforme se dispuser em regulamento e no ato de constituição da unidade.

7. POPULAÇÕES TRADICIONAIS

Com referência na Lei 11.428/06 (bioma mata atlântica), *populações tradicionais* são delineadas[81] como sendo aqueles agrupamentos humanos que vivem em estreita relação com o meio ambiente natural, dependendo de seus recursos naturais para a sua reprodução sociocultural, por meio de atividades de baixo impacto ambiental[82].

Em outros termos, é aquela comunidade que se desenvolve sócio e culturalmente com uso direto de recursos naturais, em caráter de satisfação da própria subsistência, a exemplo de população ribeirinha, seringueiros na Amazônia, indígenas, quilombolas, etc.

No âmbito da Lei 9.985/00, estão previstas as unidades Reserva extrativista e Reserva de Desenvolvimento sustentável, criadas e destinadas exatamente às populações tradicionais, cuja permanência ou ocupação é formalizada por meio de contrato de concessão de direito real de uso[83].

ATENÇÃO

Ainda que não tenha a finalidade envolvida com essas populações, admite-se a sua <u>permanência</u> em Floresta Nacional (Estadual ou Municipal).

8. COMPENSAÇÃO AMBIENTAL

Importante ponto da Lei do Sistema Nacional das Unidades de Conservação consiste na *compensação ambiental,* prevista no artigo 36, em que, nos casos de licenciamento

81. Art. 3º, II, Lei 11.428/06.

82. Há outra definição legal (talvez melhor), contida no art. 3º, I, Decreto 6.040/07, onde está assim expresso: "grupos culturalmente diferenciados e que se reconhecem como tais, que possuem formas próprias de organização social, que ocupam e usam territórios e recursos naturais como condição para sua reprodução cultural, social, religiosa, ancestral e econômica, utilizando conhecimentos, inovações e práticas gerados e transmitidos pela tradição".

83. Outrossim, ainda que não direcionada especificamente às populações tradicionais, é de se alertar que, além dessas unidades, admite-se a permanência em Floresta Nacional.

ambiental de empreendimentos de significativo impacto ambiental, o empreendedor é obrigado a apoiar a implantação e manutenção de unidade de conservação do Grupo de Proteção Integral, o que o faz por meio de repasse de recursos, cujo montante é proporcional ao dano causado.

Detalhe é que, originariamente, o legislador estipulou um valor mínimo de 0,5% do custo total do empreendimento, mas que, pelo teor do julgamento do STF na ADI 3378-6, afastou-se esse patamar mínimo, passando a ser proporcional ao dano causado, até mesmo porque, a depender da proporção do investimento realizado pela Empresa licenciada, é possível que o dano seja de valoração inferior a 0,5% do custo do empreendimento, e, pois, manter aquele valor mínimo deturparia a própria natureza jurídica dessa ferramenta.

Com efeito, segundo entendimento consolidado na jurisprudência, mais precisamente pelo julgamento proferido no âmbito do Superior Tribunal de Justiça do REsp 896.863[84], esse valor possui natureza jurídica de reparação ambiental/indenização, razão pela qual não há como se imaginar a fixação de uma indenização superior ao próprio dano, sem a exata correspondência.

ATENÇÃO

Este mesmo dano – devidamente identificado no específico Estudo de Impacto Ambiental (EIA/RIMA) – não pode ensejar posterior responsabilização civil, pois consistiria um *bis in idem*[85].

De outro lado, importante compreender qual a destinação a ser feita a essa verba, sendo que, pelo teor do *caput* do art. 36, há um direcionamento preferencial ***à*** unidade de conservação do Grupo de Proteção Integral.

E, em complemento, dispõe o §2º, do art. 36, sobre a possibilidade dessa verba ser destinada para unidade de conservação já existente, ou para eventualmente criar uma nova, cuja escolha será feita pelo órgão licenciador quando do EIA/RIMA.

Sem prejuízo, como exceção também se admite seja beneficiária uma unidade pertencente ao grupo de Uso Sustentável. Isso porque, da leitura do §3º tem-se que, caso o empreendimento afete diretamente uma unidade de conservação ou sua zona de amortecimento, esta deverá ser uma das beneficiárias da compensação[86]. Logo, via de regra destina-se a grupo de Proteção integral, exceto no caso de Unidade de Uso Sustentável (ou sua zona de amortecimento) vier a ser atingida.

84. STJ – REsp 896.863 – *DJe* 02.06.2011.

85. Frise-se que se trata de aplicação dos princípios do usuário pagador, e poluidor pagador.

86. Um detalhe importante diz respeito ao fato de que esta eventual incidência/afetação tão apenas pode ocorrer em unidade de conservação do grupo Uso Sustentável, pois, em se tratando de unidade de Proteção Integral, é vedada qualquer atividade que possa repercutir em significativo impacto ambiental – fato que resulta na compensação ambiental.

Ademais, em tom de novidade legislativa, Lei nº 13.668/18 inclui um novo parágrafo (§4º) ao art. 36, assinalando que também em razão do interesse público envolvido (e não apenas pela afetação direta), o direcionamento pode ser feito a uma unidade de conservação do grupo de Uso Sustentável – desde que de posse e domínio públicos –, "especialmente"[87] as localizadas na Amazônia Legal, isto é, há uma certa preferência a estas.

ATENÇÃO

Destinação do valor da compensação ambiental:

- **Regra: Unidade de Proteção Integral (já existente ou para criar)**
- **Exceção: Unidade de Uso Sustentável**
  - **Afetada (ou)**
  - **Por motivo de interesse público (seguintes requisitos)**
  - **Posse e domínio públicos**
  - **Especialmente situada na Amazônia Legal.**

9. SÚMULAS E ORIENTAÇÕES JURISPRUDENCIAIS (STJ E STF)

(STF – MS 24665 / DF – DJ 06.10.2006)

EMENTA: MEIO AMBIENTE. Unidade de conservação. Estação ecológica. Ampliação dos limites originais na medida do acréscimo, mediante decreto do Presidente da República. Inadmissibilidade. Falta de estudos técnicos e de consulta pública. Requisitos prévios não satisfeitos. Nulidade do ato pronunciada. Ofensa a direito líquido e certo. Concessão do mandado de segurança. Inteligência do art. 66, §§ 2º e 6º, da Lei nº 9.985/2000. Votos vencidos. A ampliação dos limites de estação ecológica, sem alteração dos limites originais, exceto pelo acréscimo proposto, não pode ser feita sem observância dos requisitos prévios de estudos técnicos e consulta pública.

(STJ – REsp 1122909 / SC – DJe 07/12/2009)

AMBIENTAL E ADMINISTRATIVO. MANDADO DE SEGURANÇA. INEXISTÊNCIA DE

VIOLAÇÃO DO ART. 535, II, DO CPC. PARQUE NACIONAL DAS ARAUCÁRIAS. INVALIDAÇÃO DE LICENÇAS AMBIENTAIS PARA O APROVEITAMENTO DE ÁRVORES CAÍDAS, SECAS OU MORTAS, PELO DECRETO INSTITUIDOR DO PARQUE. POSSIBILIDADE. DEBATE QUE NÃO SE RESUME À TRANSFERÊNCIA DA PROPRIEDADE PARTICULAR PARA O DOMÍNIO PÚBLICO. DEGRADAÇÃO AMBIENTAL IMINENTE. DESNECESSIDADE DE ATO FORMAL PARA QUE A PROTEÇÃO A FAUNA, FLORA, BELEZAS NATURAIS E O EQUILÍBRIO ECOLÓGICO SEJA IMPLEMENTADA.

1. Inexiste a alegada violação do art. 535, II, pois a prestação jurisdicional foi dada na medida da pretensão deduzida, como se depreende da análise do acórdão recorrido. 2. Qualquer alteração

87. Cuida-se de dispositivo incluído pela Lei nº 13.668/18, oriunda da Conversão da Medida Provisória nº 809, de 2017, cuja exposição de motivos é desprovida de qualquer apontamento sobre essa destinação "especialmente" à Amazônia Legal. Sem prejuízo, é possível compreender que a expressão "especialmente" tenha a conotação de *preferencialmente*, até porque não faria sentido esse específico apontamento.

danosa ou potencialmente danosa ao ecossistema deve ser combatida pelo Poder Público, sendo a criação de Parque Nacional mais um dos inúmeros instrumentos oferecidos pelo ordenamento jurídico à sociedade – para a preservação do meio ambiente. 3. A criação de Parque Nacional não muda a essência ecológica da área em questão; autoriza sim a alteração da natureza da propriedade, ou seja, não é a criação de tal Unidade de Conservação de Proteção Integral, ou a desapropriação em si, que vai garantir proteção ao ecossistema, pois esta proteção lhe é inerente e independe da criação de qualquer Unidade de Conservação ou de qualquer formalização pelo Poder Público, sendo essencialmente pautada na concepção fática da relevância ambiental da área, seja pública ou particular. Caso contrário, a defesa do meio ambiente somente poderia ocorrer em áreas públicas. 4. A formalização de qualquer das modalidades de Unidade de Conservação invalida as licenças ambientais anteriormente concedidas. Além disso, é patente, in casu, que a extração pretendida é danosa ao ecossistema do Parque, o que impede a concessão de novas licenças. Recurso especial provido.

(STJ – REsp 1163524 / SC – DJe 12/05/2011)

DIREITO AMBIENTAL E PROCESSUAL CIVIL. AUSÊNCIA DE VIOLAÇÃO DO ART. 535 DO CPC. ÁREA DE PROTEÇÃO AMBIENTAL DA BALEIA FRANCA. ELABORAÇÃO DO PLANO DE MANEJO E GESTÃO. ASPECTO POSITIVO DO DEVER FUNDAMENTAL DE PROTEÇÃO. DETERMINAÇÃO PARA QUE A UNIÃO TOME PROVIDÊNCIAS NO ÂMBITO DE SUA COMPETÊNCIA. LEGITIMIDADE PASSIVA. ASTREINTES. POSSIBILIDADE DE COMINAÇÃO CONTRA A FAZENDA PÚBLICA. VALOR FIXADO. SÚMULA 7/STJ.

1. Inexistente a alegada violação do art. 535 do CPC, pois a prestação jurisdicional foi dada na medida da pretensão deduzida, como se depreende da análise do acórdão recorrido. O Tribunal de origem, inclusive, acolheu em parte os embargos de declaração para complementar o acórdão no que diz respeito ao exame da remessa necessária. 2. Nos termos do art. 225 da CF, o Poder Público tem o dever de preservar o meio ambiente. Trata-se de um dever fundamental, que não se resume apenas em um mandamento de ordem negativa, consistente na não degradação, mas possui também uma disposição de cunho positivo que impõe a todos – Poder Público e coletividade – a prática de atos tendentes a recuperar, restaurar e defender o ambiente ecologicamente equilibrado. 3. Nesse sentido, a elaboração do plano de manejo é essencial para a preservação da Unidade de Conservação, pois é nele que se estabelecem as normas que devem presidir o uso da área e o manejo dos recursos naturais, inclusive a implantação das estruturas físicas necessárias à gestão da unidade (art. 2º, XVII, da Lei n. 9.985/2000). 4. Portanto, a omissão do Poder Público na elaboração do plano de manejo e gestão da APA da Baleia Franca coloca em risco a própria integridade da unidade de conservação, e constitui-se em violação do dever fundamental de proteção do meio ambiente. 5. Ademais, a instância ordinária determinou apenas que a União tome providência no âmbito de sua competência, mais precisamente, no repasse de verbas, para que o IBAMA/ICMBio realize todos os procedimentos administrativos necessários à elaboração do plano de gestão da APA da Baleia Franca, criada em área que integra o patrimônio público federal (art. 20, inciso VII, da CF). Portanto, não há que se falar em ilegitimidade da União para figurar no pólo passivo da presente demanda. 6. É pacífico na jurisprudência desta Corte Superior a possibilidade do cabimento de cominação de multa diária – astreintes – contra a Fazenda Pública, como meio coercitivo para cumprimento de obrigação de fazer. 7. No caso concreto, a fixação das astreintes não se mostra desarrazoada à primeira vista, motivo pelo qual, não há como rever o entendimento da instância ordinária, em razão do óbice imposto pela Súmula 7/STJ. Recurso especial do IBAMA e o da UNIÃO improvidos.

(STF – ADI 3378 / DF – DJe 20.06.2008)

EMENTA: AÇÃO DIRETA DE INCONSTITUCIONALIDADE. ART. 36 E SEUS §§ 1º, 2º E 3º DA LEI Nº 9.985, DE 18 DE JULHO DE 2000. CONSTITUCIONALIDADE DA COMPENSAÇÃO DEVIDA PELA IMPLANTAÇÃO DE EMPREENDIMENTOS DE SIGNIFICATIVO IMPACTO AMBIENTAL. INCONSTITUCIONALIDADE PARCIAL DO § 1º DO ART. 36. 1. O compartilhamento-compensação ambiental de que trata o art. 36 da Lei nº 9.985/2000 não ofende o princípio da legalidade, dado haver sido a própria lei que previu o modo de financiamento dos gastos com as unidades de conservação da natureza. De igual forma, não há violação ao princípio da separação dos Poderes, por não se tratar de delegação do Poder Legislativo para o Executivo impor deveres aos administrados. 2. Compete ao órgão licenciador fixar o quantum da compensação, de acordo com a compostura do impacto ambiental a ser dimensionado no relatório - EIA/RIMA. 3. O art. 36 da Lei nº 9.985/2000 densifica o princípio usuário-pagador, este a significar um mecanismo de assunção partilhada da responsabilidade social pelos custos ambientais derivados da atividade econômica. 4. Inexistente desrespeito ao postulado da razoabilidade. Compensação ambiental que se revela como instrumento adequado à defesa e preservação do meio ambiente para as presentes e futuras gerações, não havendo outro meio eficaz para atingir essa finalidade constitucional. Medida amplamente compensada pelos benefícios que sempre resultam de um meio ambiente ecologicamente garantido em sua higidez. 5. Inconstitucionalidade da expressão "não pode ser inferior a meio por cento dos custos totais previstos para a implantação do empreendimento", no § 1º do art. 36 da Lei nº 9.985/2000. O valor da compensação-compartilhamento é de ser fixado proporcionalmente ao impacto ambiental, após estudo em que se assegurem o contraditório e a ampla defesa. Prescindibilidade da fixação de percentual sobre os custos do empreendimento. 6. Ação parcialmente procedente.

(STJ - REsp 896863 / DF - DJe 02.06.2011)

PROCESSO CIVIL E AMBIENTAL. VIOLAÇÃO DO ART. 535, II, DO CPC. OMISSÃO NÃO CONFIGURADA. COMPENSAÇÃO AMBIENTAL. ART. 36 DA LEI Nº 9.985/2000.

1. Não há violação do art. 535 do CPC quando o Tribunal de origem resolve a controvérsia de maneira sólida e fundamentada. 2. O artigo 36 da Lei n.º 9.985/2000 prevê o instituto de compensação ambiental com base em conclusão de EIA/RIMA, de que o empreendimento teria significativo impacto ambiental e mensuração do dano previsível e indispensável a sua realização. 3. A compensação tem conteúdo reparatório, em que o empreendedor destina parte considerável de seus esforços em ações que sirvam para contrabalançar o uso de recursos naturais indispensáveis à realização do empreendimento previsto no estudo de impacto ambiental e devidamente autorizados pelo órgão competente. 4. O montante da compensação deve ater-se àqueles danos inevitáveis e imprescindíveis ao empreendimento previsto no EIA/RIMA, não se incluindo aqueles que possam ser objeto de medidas mitigadoras ou preventivas. 5. A indenização por dano ambiental, por seu turno, tem assento no artigo 225, § 3º, da Carta da República, que cuida de hipótese de dano já ocorrido em que o autor terá obrigação de repará-lo ou indenizar a coletividade. Não há como se incluir nesse contexto aquele foi previsto e autorizado pelos órgãos ambientais já devidamente compensado. 6. Os dois institutos têm natureza distinta, **não havendo bis in idem** na cobrança de indenização, desde que nela não se inclua a compensação anteriormente realizada ainda na fase de implantação do projeto. 7. O pleito de compensação por meio do oferecimento de gleba feito previamente pelo Governo do Distrito Federal como meio de reparar a construção da estrada em área de conservação não pode ser acolhido, seja pela inexistência de EIA/RIMA - requisito para aplicação do artigo 36 da Lei nº 9.985/2000-, seja pela existência de danos que não foram identificados nos relatórios técnicos que justificaram a dispensa do estudo. 8. A indenização fixada em R$ 116.532,00 (cento e dezesseis mil, quinhentos e trinta e dois reais) já se justificaria pela existência dos danos ambientais gerados pela obra que não foram contemplados por medidas que os minorassem ou evitassem. O simples fato de o Governo do Distrito Federal gravar determinado espaço como área de conservação ambiental não lhe permite degradar como melhor lhe aprouver outra extensão da mesma unidade sem observar os princípios estabelecidos na Carta da República. 9. Recursos especiais não providos.

10. LEGISLAÇÃO ESPECÍFICA CORRELATA

- **Lei 9.985/00**

Art. 1º Esta Lei institui o Sistema Nacional de Unidades de Conservação da Natureza – SNUC, estabelece critérios e normas para a criação, implantação e gestão das unidades de conservação.

Art. 2º Para os fins previstos nesta Lei, entende-se por:

I – unidade de conservação: espaço territorial e seus recursos ambientais, incluindo as águas jurisdicionais, com características naturais relevantes, legalmente instituído pelo Poder Público, com objetivos de conservação e limites definidos, sob regime especial de administração, ao qual se aplicam garantias adequadas de proteção;

(...)

IX – uso indireto: aquele que não envolve consumo, coleta, dano ou destruição dos recursos naturais;

(...)

XI – uso sustentável: exploração do ambiente de maneira a garantir a perenidade dos recursos ambientais renováveis e dos processos ecológicos, mantendo a biodiversidade e os demais atributos ecológicos, de forma socialmente justa e economicamente viável;

Art. 3º O Sistema Nacional de Unidades de Conservação da Natureza – SNUC é constituído pelo conjunto das unidades de conservação federais, estaduais e municipais, de acordo com o disposto nesta Lei.

Art. 4º O SNUC tem os seguintes objetivos:

I – contribuir para a manutenção da diversidade biológica e dos recursos genéticos no território nacional e nas águas jurisdicionais;

II – proteger as espécies ameaçadas de extinção no âmbito regional e nacional;

III – contribuir para a preservação e a restauração da diversidade de ecossistemas naturais;

IV – promover o desenvolvimento sustentável a partir dos recursos naturais;

V – promover a utilização dos princípios e práticas de conservação da natureza no processo de desenvolvimento;

VI – proteger paisagens naturais e pouco alteradas de notável beleza cênica;

VII – proteger as características relevantes de natureza geológica, geomorfológica, espeleológica, arqueológica, paleontológica e cultural;

VIII – proteger e recuperar recursos hídricos e edáficos;

IX – recuperar ou restaurar ecossistemas degradados;

X – proporcionar meios e incentivos para atividades de pesquisa científica, estudos e monitoramento ambiental;

XI – valorizar econômica e socialmente a diversidade biológica;

XII – favorecer condições e promover a educação e interpretação ambiental, a recreação em contato com a natureza e o turismo ecológico;

XIII – proteger os recursos naturais necessários à subsistência de populações tradicionais, respeitando e valorizando seu conhecimento e sua cultura e promovendo-as social e economicamente.

Art. 5º O SNUC será regido por diretrizes que:

I – assegurem que no conjunto das unidades de conservação estejam representadas amostras significativas e ecologicamente viáveis das diferentes populações, habitats e ecossistemas do território nacional e das águas jurisdicionais, salvaguardando o patrimônio biológico existente;

II – assegurem os mecanismos e procedimentos necessários ao envolvimento da sociedade no estabelecimento e na revisão da política nacional de unidades de conservação;

III – assegurem a participação efetiva das populações locais na criação, implantação e gestão das unidades de conservação;

IV – busquem o apoio e a cooperação de organizações não-governamentais, de organizações privadas e pessoas físicas para o desenvolvimento de estudos, pesquisas científicas, práticas de educação ambiental, atividades de lazer e de turismo ecológico, monitoramento, manutenção e outras atividades de gestão das unidades de conservação;

V – incentivem as populações locais e as organizações privadas a estabelecerem e administrarem unidades de conservação dentro do sistema nacional;

VI – assegurem, nos casos possíveis, a sustentabilidade econômica das unidades de conservação;

VII – permitam o uso das unidades de conservação para a conservação *in situ* de populações das variantes genéticas selvagens dos animais e plantas domesticados e recursos genéticos silvestres;

VIII – assegurem que o processo de criação e a gestão das unidades de conservação sejam feitos de forma integrada com as políticas de administração das terras e águas circundantes, considerando as condições e necessidades sociais e econômicas locais;

IX – considerem as condições e necessidades das populações locais no desenvolvimento e adaptação de métodos e técnicas de uso sustentável dos recursos naturais;

X – garantam às populações tradicionais cuja subsistência dependa da utilização de recursos naturais existentes no interior das unidades de conservação meios de subsistência alternativos ou a justa indenização pelos recursos perdidos;

XI – garantam uma alocação adequada dos recursos financeiros necessários para que, uma vez criadas, as unidades de conservação possam ser geridas de forma eficaz e atender aos seus objetivos;

XII – busquem conferir às unidades de conservação, nos casos possíveis e respeitadas as conveniências da administração, autonomia administrativa e financeira; e

XIII – busquem proteger grandes áreas por meio de um conjunto integrado de unidades de conservação de diferentes categorias, próximas ou contíguas, e suas respectivas zonas de amortecimento e corredores ecológicos, integrando as diferentes atividades de preservação da natureza, uso sustentável dos recursos naturais e restauração e recuperação dos ecossistemas.

Art. 6º O SNUC será gerido pelos seguintes órgãos, com as respectivas atribuições:

I – Órgão consultivo e deliberativo: o Conselho Nacional do Meio Ambiente – Conama, com as atribuições de acompanhar a implementação do Sistema;

II – Órgão central: o Ministério do Meio Ambiente, com a finalidade de coordenar o Sistema; e

III – órgãos executores: o Instituto Chico Mendes e o Ibama, em caráter supletivo, os órgãos estaduais e municipais, com a função de implementar o SNUC, subsidiar as propostas de criação e administrar as unidades de conservação federais, estaduais e municipais, nas respectivas esferas de atuação.

Parágrafo único. Podem integrar o SNUC, excepcionalmente e a critério do Conama, unidades de conservação estaduais e municipais que, concebidas para atender a peculiaridades regionais ou locais, possuam objetivos de manejo que não possam ser satisfatoriamente atendidos por nenhuma categoria prevista nesta Lei e cujas características permitam, em relação a estas, uma clara distinção.

Art. 7º As unidades de conservação integrantes do SNUC dividem-se em dois grupos, com características específicas:

I – Unidades de Proteção Integral;

II – Unidades de Uso Sustentável.

§ 1º O objetivo básico das Unidades de Proteção Integral é preservar a natureza, sendo admitido apenas o uso indireto dos seus recursos naturais, com exceção dos casos previstos nesta Lei.

§ 2º O objetivo básico das Unidades de Uso Sustentável é compatibilizar a conservação da natureza com o uso sustentável de parcela dos seus recursos naturais.

Art. 8º O grupo das Unidades de Proteção Integral é composto pelas seguintes categorias de unidade de conservação:

I – Estação Ecológica;

II – Reserva Biológica;

III – Parque Nacional;

IV – Monumento Natural;

V – Refúgio de Vida Silvestre.

Art. 9º A Estação Ecológica tem como objetivo a preservação da natureza e a realização de pesquisas científicas.

§ 1º A Estação Ecológica é de posse e domínio públicos, sendo que as áreas particulares incluídas em seus limites serão desapropriadas, de acordo com o que dispõe a lei.

§ 2º É proibida a visitação pública, exceto quando com objetivo educacional, de acordo com o que dispuser o Plano de Manejo da unidade ou regulamento específico.

§ 3º A pesquisa científica depende de autorização prévia do órgão responsável pela administração da unidade e está sujeita às condições e restrições por este estabelecidas, bem como àquelas previstas em regulamento.

§ 4º Na Estação Ecológica só podem ser permitidas alterações dos ecossistemas no caso de:

I – medidas que visem a restauração de ecossistemas modificados;

II – manejo de espécies com o fim de preservar a diversidade biológica;

III – coleta de componentes dos ecossistemas com finalidades científicas;

IV – pesquisas científicas cujo impacto sobre o ambiente seja maior do que aquele causado pela simples observação ou pela coleta controlada de componentes dos ecossistemas, em uma área correspondente a no máximo três por cento da extensão total da unidade e até o limite de um mil e quinhentos hectares.

Art. 10. A Reserva Biológica tem como objetivo a preservação integral da biota e demais atributos naturais existentes em seus limites, sem interferência humana direta ou modificações ambientais, excetuando-se as medidas de recuperação de seus ecossistemas alterados e as ações de manejo necessárias para recuperar e preservar o equilíbrio natural, a diversidade biológica e os processos ecológicos naturais.

§ 1º A Reserva Biológica é de posse e domínio públicos, sendo que as áreas particulares incluídas em seus limites serão desapropriadas, de acordo com o que dispõe a lei.

§ 2º É proibida a visitação pública, exceto aquela com objetivo educacional, de acordo com regulamento específico.

§ 3º A pesquisa científica depende de autorização prévia do órgão responsável pela administração da unidade e está sujeita às condições e restrições por este estabelecidas, bem como àquelas previstas em regulamento.

Art. 11. O Parque Nacional tem como objetivo básico a preservação de ecossistemas naturais de grande relevância ecológica e beleza cênica, possibilitando a realização de pesquisas científicas e o desenvolvimento de atividades de educação e interpretação ambiental, de recreação em contato com a natureza e de turismo ecológico.

§ 1º O Parque Nacional é de posse e domínio públicos, sendo que as áreas particulares incluídas em seus limites serão desapropriadas, de acordo com o que dispõe a lei.

§ 2º A visitação pública está sujeita às normas e restrições estabelecidas no Plano de Manejo da unidade, às normas estabelecidas pelo órgão responsável por sua administração, e àquelas previstas em regulamento.

§ 3º A pesquisa científica depende de autorização prévia do órgão responsável pela administração da unidade e está sujeita às condições e restrições por este estabelecidas, bem como àquelas previstas em regulamento.

§ 4º As unidades dessa categoria, quando criadas pelo Estado ou Município, serão denominadas, respectivamente, Parque Estadual e Parque Natural Municipal.

Art. 12. O Monumento Natural tem como objetivo básico preservar sítios naturais raros, singulares ou de grande beleza cênica.

§ 1º O Monumento Natural pode ser constituído por áreas particulares, desde que seja possível compatibilizar os objetivos da unidade com a utilização da terra e dos recursos naturais do local pelos proprietários.

§ 2º Havendo incompatibilidade entre os objetivos da área e as atividades privadas ou não havendo aquiescência do proprietário às condições propostas pelo órgão responsável pela administração da unidade para a coexistência do Monumento Natural com o uso da propriedade, a área deve ser desapropriada, de acordo com o que dispõe a lei.

§ 3º A visitação pública está sujeita às condições e restrições estabelecidas no Plano de Manejo da unidade, às normas estabelecidas pelo órgão responsável por sua administração e àquelas previstas em regulamento.

Art. 13. O Refúgio de Vida Silvestre tem como objetivo proteger ambientes naturais onde se asseguram condições para a existência ou reprodução de espécies ou comunidades da flora local e da fauna residente ou migratória.

§ 1º O Refúgio de Vida Silvestre pode ser constituído por áreas particulares, desde que seja possível compatibilizar os objetivos da unidade com a utilização da terra e dos recursos naturais do local pelos proprietários.

§ 2º Havendo incompatibilidade entre os objetivos da área e as atividades privadas ou não havendo aquiescência do proprietário às condições propostas pelo órgão responsável pela administração da unidade para a coexistência do Refúgio de Vida Silvestre com o uso da propriedade, a área deve ser desapropriada, de acordo com o que dispõe a lei.

§ 3º A visitação pública está sujeita às normas e restrições estabelecidas no Plano de Manejo da unidade, às normas estabelecidas pelo órgão responsável por sua administração, e àquelas previstas em regulamento.

§ 4º A pesquisa científica depende de autorização prévia do órgão responsável pela administração da unidade e está sujeita às condições e restrições por este estabelecidas, bem como àquelas previstas em regulamento.

Art. 14. Constituem o Grupo das Unidades de Uso Sustentável as seguintes categorias de unidade de conservação:

I – Área de Proteção Ambiental;

II – Área de Relevante Interesse Ecológico;

III – Floresta Nacional;

IV – Reserva Extrativista;

V – Reserva de Fauna;

VI - Reserva de Desenvolvimento Sustentável; e

VII - Reserva Particular do Patrimônio Natural.

Art. 15. A Área de Proteção Ambiental é uma área em geral extensa, com um certo grau de ocupação humana, dotada de atributos abióticos, bióticos, estéticos ou culturais especialmente importantes para a qualidade de vida e o bem-estar das populações humanas, e tem como objetivos básicos proteger a diversidade biológica, disciplinar o processo de ocupação e assegurar a sustentabilidade do uso dos recursos naturais.

§ 1º A Área de Proteção Ambiental é constituída por terras públicas ou privadas.

§ 2º Respeitados os limites constitucionais, podem ser estabelecidas normas e restrições para a utilização de uma propriedade privada localizada em uma Área de Proteção Ambiental.

§ 3º As condições para a realização de pesquisa científica e visitação pública nas áreas sob domínio público serão estabelecidas pelo órgão gestor da unidade.

§ 4º Nas áreas sob propriedade privada, cabe ao proprietário estabelecer as condições para pesquisa e visitação pelo público, observadas as exigências e restrições legais.

§ 5º A Área de Proteção Ambiental disporá de um Conselho presidido pelo órgão responsável por sua administração e constituído por representantes dos órgãos públicos, de organizações da sociedade civil e da população residente, conforme se dispuser no regulamento desta Lei.

Art. 16. A Área de Relevante Interesse Ecológico é uma área em geral de pequena extensão, com pouca ou nenhuma ocupação humana, com características naturais extraordinárias ou que abriga exemplares raros da biota regional, e tem como objetivo manter os ecossistemas naturais de importância regional ou local e regular o uso admissível dessas áreas, de modo a compatibilizá-lo com os objetivos de conservação da natureza.

§ 1º A Área de Relevante Interesse Ecológico é constituída por terras públicas ou privadas.

§ 2º Respeitados os limites constitucionais, podem ser estabelecidas normas e restrições para a utilização de uma propriedade privada localizada em uma Área de Relevante Interesse Ecológico.

Art. 17. A Floresta Nacional é uma área com cobertura florestal de espécies predominantemente nativas e tem como objetivo básico o uso múltiplo sustentável dos recursos florestais e a pesquisa científica, com ênfase em métodos para exploração sustentável de florestas nativas.

§ 1º A Floresta Nacional é de posse e domínio públicos, sendo que as áreas particulares incluídas em seus limites devem ser desapropriadas de acordo com o que dispõe a lei.

§ 2º Nas Florestas Nacionais é admitida a permanência de populações tradicionais que a habitam quando de sua criação, em conformidade com o disposto em regulamento e no Plano de Manejo da unidade.

§ 3º A visitação pública é permitida, condicionada às normas estabelecidas para o manejo da unidade pelo órgão responsável por sua administração.

§ 4º A pesquisa é permitida e incentivada, sujeitando-se à prévia autorização do órgão responsável pela administração da unidade, às condições e restrições por este estabelecidas e àquelas previstas em regulamento.

§ 5º A Floresta Nacional disporá de um Conselho Consultivo, presidido pelo órgão responsável por sua administração e constituído por representantes de órgãos públicos, de organizações da sociedade civil e, quando for o caso, das populações tradicionais residentes.

§ 6º A unidade desta categoria, quando criada pelo Estado ou Município, será denominada, respectivamente, Floresta Estadual e Floresta Municipal.

Art. 18. A Reserva Extrativista é uma área utilizada por populações extrativistas tradicionais, cuja subsistência baseia-se no extrativismo e, complementarmente, na agricultura de subsistência e na criação de animais de pequeno porte, e tem como objetivos básicos proteger os meios de vida e a cultura dessas populações, e assegurar o uso sustentável dos recursos naturais da unidade.

§ 1º A Reserva Extrativista é de domínio público, com uso concedido às populações extrativistas tradicionais conforme o disposto no art. 23 desta Lei e em regulamentação específica, sendo que as áreas particulares incluídas em seus limites devem ser desapropriadas, de acordo com o que dispõe a lei.

§ 2º A Reserva Extrativista será gerida por um Conselho Deliberativo, presidido pelo órgão responsável por sua administração e constituído por representantes de órgãos públicos, de organizações da sociedade civil e das populações tradicionais residentes na área, conforme se dispuser em regulamento e no ato de criação da unidade.

§ 3º A visitação pública é permitida, desde que compatível com os interesses locais e de acordo com o disposto no Plano de Manejo da área.

§ 4º A pesquisa científica é permitida e incentivada, sujeitando-se à prévia autorização do órgão responsável pela administração da unidade, às condições e restrições por este estabelecidas e às normas previstas em regulamento.

§ 5º O Plano de Manejo da unidade será aprovado pelo seu Conselho Deliberativo.

§ 6º São proibidas a exploração de recursos minerais e a caça amadorística ou profissional.

§ 7º A exploração comercial de recursos madeireiros só será admitida em bases sustentáveis e em situações especiais e complementares às demais atividades desenvolvidas na Reserva Extrativista, conforme o disposto em regulamento e no Plano de Manejo da unidade.

Art. 19. A Reserva de Fauna é uma área natural com populações animais de espécies nativas, terrestres ou aquáticas, residentes ou migratórias, adequadas para estudos técnico-científicos sobre o manejo econômico sustentável de recursos faunísticos.

§ 1º A Reserva de Fauna é de posse e domínio públicos, sendo que as áreas particulares incluídas em seus limites devem ser desapropriadas de acordo com o que dispõe a lei.

§ 2º A visitação pública pode ser permitida, desde que compatível com o manejo da unidade e de acordo com as normas estabelecidas pelo órgão responsável por sua administração.

§ 3º É proibido o exercício da caça amadorística ou profissional.

§ 4º A comercialização dos produtos e subprodutos resultantes das pesquisas obedecerá ao disposto nas leis sobre fauna e regulamentos.

Art. 20. A Reserva de Desenvolvimento Sustentável é uma área natural que abriga populações tradicionais, cuja existência baseia-se em sistemas sustentáveis de exploração dos recursos naturais, desenvolvidos ao longo de gerações e adaptados às condições ecológicas locais e que desempenham um papel fundamental na proteção da natureza e na manutenção da diversidade biológica.

§ 1º A Reserva de Desenvolvimento Sustentável tem como objetivo básico preservar a natureza e, ao mesmo tempo, assegurar as condições e os meios necessários para a reprodução e a melhoria dos modos e da qualidade de vida e exploração dos recursos naturais das populações tradicionais, bem como valorizar, conservar e aperfeiçoar o conhecimento e as técnicas de manejo do ambiente, desenvolvido por estas populações.

§ 2º A Reserva de Desenvolvimento Sustentável é de domínio público, sendo que as áreas particulares incluídas em seus limites devem ser, quando necessário, desapropriadas, de acordo com o que dispõe a lei.

§ 3º O uso das áreas ocupadas pelas populações tradicionais será regulado de acordo com o disposto no art. 23 desta Lei e em regulamentação específica.

§ 4º A Reserva de Desenvolvimento Sustentável será gerida por um Conselho Deliberativo, presidido pelo órgão responsável por sua administração e constituído por representantes de órgãos públicos, de organizações da sociedade civil e das populações tradicionais residentes na área, conforme se dispuser em regulamento e no ato de criação da unidade.

§ 5º As atividades desenvolvidas na Reserva de Desenvolvimento Sustentável obedecerão às seguintes condições:

I – é permitida e incentivada a visitação pública, desde que compatível com os interesses locais e de acordo com o disposto no Plano de Manejo da área;

II – é permitida e incentivada a pesquisa científica voltada à conservação da natureza, à melhor relação das populações residentes com seu meio e à educação ambiental, sujeitando-se à prévia autorização do órgão responsável pela administração da unidade, às condições e restrições por este estabelecidas e às normas previstas em regulamento;

III – deve ser sempre considerado o equilíbrio dinâmico entre o tamanho da população e a conservação; e

IV – é admitida a exploração de componentes dos ecossistemas naturais em regime de manejo sustentável e a substituição da cobertura vegetal por espécies cultiváveis, desde que sujeitas ao zoneamento, às limitações legais e ao Plano de Manejo da área.

§ 6º O Plano de Manejo da Reserva de Desenvolvimento Sustentável definirá as zonas de proteção integral, de uso sustentável e de amortecimento e corredores ecológicos, e será aprovado pelo Conselho Deliberativo da unidade.

Art. 21. A Reserva Particular do Patrimônio Natural é uma área privada, gravada com perpetuidade, com o objetivo de conservar a diversidade biológica.

§ 1º O gravame de que trata este artigo constará de termo de compromisso assinado perante o órgão ambiental, que verificará a existência de interesse público, e será averbado à margem da inscrição no Registro Público de Imóveis.

§ 2º Só poderá ser permitida, na Reserva Particular do Patrimônio Natural, conforme se dispuser em regulamento:

I – a pesquisa científica;

II - a visitação com objetivos turísticos, recreativos e educacionais;

III - (VETADO)

§ 3º Os órgãos integrantes do SNUC, sempre que possível e oportuno, prestarão orientação técnica e científica ao proprietário de Reserva Particular do Patrimônio Natural para a elaboração de um Plano de Manejo ou de Proteção e de Gestão da unidade

Art. 22. As unidades de conservação são criadas por ato do Poder Público.

(...)

§ 2º A criação de uma unidade de conservação deve ser precedida de estudos técnicos e de consulta pública que permitam identificar a localização, a dimensão e os limites mais adequados para a unidade, conforme se dispuser em regulamento.

§ 3º No processo de consulta de que trata o § 2º, o Poder Público é obrigado a fornecer informações adequadas e inteligíveis à população local e a outras partes interessadas.

§ 4º Na criação de Estação Ecológica ou Reserva Biológica não é obrigatória a consulta de que trata o § 2º deste artigo.

§ 5º As unidades de conservação do grupo de Uso Sustentável podem ser transformadas total ou parcialmente em unidades do grupo de Proteção Integral, por instrumento normativo do mesmo nível hierárquico do que criou a unidade, desde que obedecidos os procedimentos de consulta estabelecidos no § 2º deste artigo.

§ 6º A ampliação dos limites de uma unidade de conservação, sem modificação dos seus limites originais, exceto pelo acréscimo proposto, pode ser feita por instrumento normativo do mesmo nível hierárquico do que criou a unidade, desde que obedecidos os procedimentos de consulta estabelecidos no § 2º deste artigo.

§ 7º A desafetação ou redução dos limites de uma unidade de conservação só pode ser feita mediante lei específica.

Art. 22-A. O Poder Público poderá, ressalvadas as atividades agropecuárias e outras atividades econômicas em andamento e obras públicas licenciadas, na forma da lei, decretar limitações administrativas provisórias ao exercício de atividades e empreendimentos efetiva ou potencialmente causadores de degradação ambiental, para a realização de estudos com vistas na criação de Unidade de Conservação, quando, a critério do órgão ambiental competente, houver risco de dano grave aos recursos naturais ali existentes.

§ 1º Sem prejuízo da restrição e observada a ressalva constante do caput, na área submetida a limitações administrativas, não serão permitidas atividades que importem em exploração a corte raso da floresta e demais formas de vegetação nativa.

§ 2º A destinação final da área submetida ao disposto neste artigo será definida no prazo de 7 (sete) meses, improrrogáveis, findo o qual fica extinta a limitação administrativa

Art. 24. O subsolo e o espaço aéreo, sempre que influírem na estabilidade do ecossistema, integram os limites das unidades de conservação.

Art. 25. As unidades de conservação, exceto Área de Proteção Ambiental e Reserva Particular do Patrimônio Natural, devem possuir uma zona de amortecimento e, quando conveniente, corredores ecológicos.

§ 1º O órgão responsável pela administração da unidade estabelecerá normas específicas regulamentando a ocupação e o uso dos recursos da zona de amortecimento e dos corredores ecológicos de uma unidade de conservação.

§ 2º Os limites da zona de amortecimento e dos corredores ecológicos e as respectivas normas de que trata o § 1º poderão ser definidas no ato de criação da unidade ou posteriormente.

Art. 27. As unidades de conservação devem dispor de um Plano de Manejo.

§ 1º O Plano de Manejo deve abranger a área da unidade de conservação, sua zona de amortecimento e os corredores ecológicos, incluindo medidas com o fim de promover sua integração à vida econômica e social das comunidades vizinhas.

§ 2º Na elaboração, atualização e implementação do Plano de Manejo das Reservas Extrativistas, das Reservas de Desenvolvimento Sustentável, das Áreas de Proteção Ambiental e, quando couber, das Florestas Nacionais e das Áreas de Relevante Interesse Ecológico, será assegurada a ampla participação da população residente.

§ 3º O Plano de Manejo de uma unidade de conservação deve ser elaborado no prazo de cinco anos a partir da data de sua criação.

§ 4º O Plano de Manejo poderá dispor sobre as atividades de liberação planejada e cultivo de organismos geneticamente modificados nas Áreas de Proteção Ambiental e nas zonas de amortecimento das demais categorias de unidade de conservação, observadas as informações contidas na decisão técnica da Comissão Técnica Nacional de Biossegurança - CTNBio sobre

I - o registro de ocorrência de ancestrais diretos e parentes silvestres;

II - as características de reprodução, dispersão e sobrevivência do organismo geneticamente modificado;

III - o isolamento reprodutivo do organismo geneticamente modificado em relação aos seus ancestrais diretos e parentes silvestres; e

IV - situações de risco do organismo geneticamente modificado à biodiversidade.

Art. 28. São proibidas, nas unidades de conservação, quaisquer alterações, atividades ou modalidades de utilização em desacordo com os seus objetivos, o seu Plano de Manejo e seus regulamentos.

Parágrafo único. Até que seja elaborado o Plano de Manejo, todas as atividades e obras desenvolvidas nas unidades de conservação de proteção integral devem se limitar àquelas destinadas a garantir a integridade dos recursos que a unidade objetiva proteger, assegurando-se às populações tradicionais porventura residentes na área as condições e os meios necessários para a satisfação de suas necessidades materiais, sociais e culturais.

Art. 29. Cada unidade de conservação do grupo de Proteção Integral disporá de um Conselho Consultivo, presidido pelo órgão responsável por sua administração e constituído por representantes de órgãos públicos, de organizações da sociedade civil, por proprietários de terras localizadas em Refúgio de Vida Silvestre ou Monumento Natural, quando for o caso, e, na hipótese prevista no § 2º do art. 42, das populações tradicionais residentes, conforme se dispuser em regulamento e no ato de criação da unidade

Art. 30. As unidades de conservação podem ser geridas por organizações da sociedade civil de interesse público com objetivos afins aos da unidade, mediante instrumento a ser firmado com o órgão responsável por sua gestão

Art. 34. Os órgãos responsáveis pela administração das unidades de conservação podem receber recursos ou doações de qualquer natureza, nacionais ou internacionais, com ou sem encargos, provenientes de organizações privadas ou públicas ou de pessoas físicas que desejarem colaborar com a sua conservação.

Parágrafo único. A administração dos recursos obtidos cabe ao órgão gestor da unidade, e estes serão utilizados exclusivamente na sua implantação, gestão e manutenção.

Art. 36. Nos casos de licenciamento ambiental de empreendimentos de significativo impacto ambiental, assim considerado pelo órgão ambiental competente, com fundamento em estudo de impacto ambiental e respectivo relatório - EIA/RIMA, o empreendedor é obrigado a apoiar a implantação e manutenção de unidade de conservação do Grupo de Proteção Integral, de acordo com o disposto neste artigo e no regulamento desta Lei.

§ 1º O montante de recursos a ser destinado pelo empreendedor para esta finalidade não pode ser inferior a meio por cento dos custos totais previstos para a implantação do empreendimento, sendo o percentual fixado pelo órgão ambiental licenciador, de acordo com o grau de impacto ambiental causado pelo empreendimento.

§ 2º Ao órgão ambiental licenciador compete definir as unidades de conservação a serem beneficiadas, considerando as propostas apresentadas no EIA/RIMA e ouvido o empreendedor, podendo inclusive ser contemplada a criação de novas unidades de conservação.

§ 3º Quando o empreendimento afetar unidade de conservação específica ou sua zona de amortecimento, o licenciamento a que se refere o *caput* deste artigo só poderá ser concedido mediante autorização do órgão responsável por sua administração, e a unidade afetada, mesmo que não pertencente ao Grupo de Proteção Integral, deverá ser uma das beneficiárias da compensação definida neste artigo.

§ 4º A obrigação de que trata o **caput** deste artigo poderá, em virtude do interesse público, ser cumprida em unidades de conservação de posse e domínio públicos do grupo de Uso Sustentável, especialmente as localizadas na Amazônia Legal.

Art. 41. A Reserva da Biosfera é um modelo, adotado internacionalmente, de gestão integrada, participativa e sustentável dos recursos naturais, com os objetivos básicos de preservação da diversidade biológica, o desenvolvimento de atividades de pesquisa, o monitoramento ambiental, a educação ambiental, o desenvolvimento sustentável e a melhoria da qualidade de vida das populações.

Art. 42. As populações tradicionais residentes em unidades de conservação nas quais sua permanência não seja permitida serão indenizadas ou compensadas pelas benfeitorias existentes e devidamente realocadas pelo Poder Público, em local e condições acordados entre as partes.

§ 1º O Poder Público, por meio do órgão competente, priorizará o reassentamento das populações tradicionais a serem realocadas.

§ 2º Até que seja possível efetuar o reassentamento de que trata este artigo, serão estabelecidas normas e ações específicas destinadas a compatibilizar a presença das populações tradicionais residentes com os objetivos da unidade, sem prejuízo dos modos de vida, das fontes de subsistência e dos locais de moradia destas populações, assegurando-se a sua participação na elaboração das referidas normas e ações.

- **Decreto 1.992/1996**

(Dispõe sobre o reconhecimento das Reservas Particulares do Patrimônio Natural, e dá outras providências)

Art. 11. O proprietário poderá requerer ao Instituto Nacional de Colonização e Reforma Agrária - INCRA, a isenção do Imposto sobre a Propriedade Territorial Rural - ITR, para a área reconhecida como Reserva Particular do Patrimônio Natural, conforme prevê o parágrafo único do art. 104, da Lei n° 8.171/91

- **Decreto 89.336/1984**

(Dispõe sobre as Reservas Econômicas e Áreas de Relevante Interesse Ecológico, e dá outras providencias)

Art 8° As Áreas de Relevante Interesse Ecológico poderão ser adquiridas ou arrendadas, no todo ou em parte, pelo Poder Público, se isso assegurar uma proteção mais efetiva das mesmas.

- **Decreto 4.340/2002**

(Regulamenta artigos da Lei nº 9.985, de 18 de julho de 2000, que dispõe sobre o Sistema Nacional de Unidades de Conservação da Natureza - SNUC, e dá outras providências)

Art. 9° O mosaico deverá dispor de um conselho de mosaico, com caráter consultivo e a função de atuar como instância de gestão integrada das unidades de conservação que o compõem

Art. 22. Poderá gerir unidade de conservação a OSCIP que preencha os seguintes requisitos:

I - tenha dentre seus objetivos institucionais a proteção do meio ambiente ou a promoção do desenvolvimento sustentável; e

II - comprove a realização de atividades de proteção do meio ambiente ou desenvolvimento sustentável, preferencialmente na unidade de conservação ou no mesmo bioma.

- **Decreto 6.040/2007**

(Institui a Política Nacional de Desenvolvimento Sustentável dos Povos e Comunidades Tradicionais)

Art. 3° Para os fins deste Decreto e do seu Anexo compreende-se por:

I - Povos e Comunidades Tradicionais: grupos culturalmente diferenciados e que se reconhecem como tais, que possuem formas próprias de organização social, que ocupam e usam territórios e recursos naturais como condição para sua reprodução cultural, social, religiosa, ancestral e econômica, utilizando conhecimentos, inovações e práticas gerados e transmitidos pela tradição;

- **Decreto SP 60.302/2014**

(Institui o Sistema de Informação e Gestão de Áreas Protegidas e de Interesse Ambiental do Estado de São Paulo - SIGAP e dá providências correlatas)

Artigo 3° - O gerenciamento das áreas integrantes do SIGAP deve atender às seguintes prioridades: I - ação coordenada de seus órgãos e entidades executores no processo de elaboração e implantação de planos de manejo.

- **Lei 11.460/2007**

(Dispõe sobre o plantio de organismos geneticamente modificados em unidades de conservação)

Art. 1° Ficam vedados a pesquisa e o cultivo de organismos geneticamente modificados nas terras indígenas e áreas de unidades de conservação, exceto nas Áreas de Proteção Ambiental.

- **Lei 11.428/2006**

(Dispõe sobre a utilização e proteção da vegetação nativa do Bioma Mata Atlântica, e dá outras providências)

Art. 3° Consideram-se para os efeitos desta Lei:

I - pequeno produtor rural: aquele que, residindo na zona rural, detenha a posse de gleba rural não superior a 50 (cinqüenta) hectares, explorando-a mediante o trabalho pessoal e de sua família, admitida a ajuda eventual de terceiros, bem como as posses coletivas de terra considerando-se a fração individual não superior a 50 (cinqüenta) hectares, cuja renda bruta seja proveniente de atividades ou usos agrícolas, pecuários ou silviculturais ou do extrativismo rural em 80% (oitenta por cento) no mínimo;

II - população tradicional: população vivendo em estreita relação com o ambiente natural, dependendo de seus recursos naturais para a sua reprodução sociocultural, por meio de atividades de baixo impacto ambiental.

11. QUESTÕES DE CONCURSO

11.1. Questões

1) **(TJ/RS – Juiz de Direito Substituto / 2018)** No que tange às unidades de conservação, assinale a alternativa correta.

a) A Reserva Biológica tem como objetivo a preservação da natureza e a realização de pesquisas científicas.

b) O Refúgio de Vida Silvestre tem como objetivo a preservação de ecossistemas naturais de grande relevância ecológica e beleza cênica.

c) Na Estação Ecológica não podem ser permitidas alterações dos ecossistemas.

d) O objetivo básico das Unidades de Uso Sustentável é preservar a natureza, sendo admitido apenas o uso indireto dos seus recursos naturais.

e) A Floresta Nacional é uma área com cobertura florestal de espécies predominantemente nativas e tem como objetivo básico o uso múltiplo sustentável dos recursos florestais e a pesquisa científica.

2) **(TRF-5ª Região – Juiz Federal Substituto / 2017)** Uma área em geral extensa, com certo grau de ocupação humana, dotada de atributos abióticos, bióticos, estéticos ou culturais especialmente importantes para a qualidade de vida e o bem-estar das populações humanas, e que tem como objetivos básicos proteger a diversidade biológica, disciplinar o processo de ocupação e assegurar a sustentabilidade do uso dos recursos naturais é considerada, pela legislação do Sistema Nacional de Unidades de Conservação da Natureza,

a) unidade de uso sustentável da categoria área de relevante interesse ecológico.

b) unidade de uso sustentável da categoria reserva de desenvolvimento sustentável.

c) unidade de proteção integral da categoria área de relevante interesse ecológico.

d) unidade de proteção integral da categoria área de proteção ambiental.

e) unidade de uso sustentável da categoria área de proteção ambiental.

3) **(TRF-5ª Região – Juiz Federal Substituto / 2017)** A Lei que instituiu o Sistema Nacional de Unidades de Conservação da Natureza (Lei n.º 9.985/2000), em seu art. 36, estabelece a seguinte modalidade de compensação ambiental: nos casos de licenciamento ambiental de empreendimentos de significativo impacto ambiental, o empreendedor é obrigado a apoiar a implantação e a manutenção de unidade de conservação do grupo de proteção integral.

Considerando essa informação, assinale a opção que apresenta o princípio que embasa tal previsão legal, conforme a jurisprudência do Supremo Tribunal Federal (STF).

a) função social da propriedade

b) usuário-pagador

c) preponderância do interesse público

d) solidariedade intergeracional

e) precaução

4) **(TJ/SC – Juiz Substituto / 2017)** O proprietário de uma Reserva Particular do Patrimônio Natural – RPPN

a) não pode receber recursos advindos da compensação ambiental.

b) pode receber recursos advindos da compensação ambiental desde que em conjunto com o Município.

c) pode receber recursos advindos da compensação ambiental desde que o proprietário seja fiscalizado pelo Município.

d) pode receber recursos advindos da compensação ambiental, visto que a Reserva Particular do Patrimônio Natural – RPPN é uma unidade de conservação da natureza de proteção integral.

e) pode receber recursos advindos da compensação ambiental desde que sua unidade de conservação tenha sido afetada por um empreendimento de significativo impacto ambiental.

5) **(TJ/PR – Juiz Substituto / 2017) Com base na Lei n.º 9.985/2000, que instituiu o SNUC, assinale a opção correta, acerca do Parque Nacional do Iguaçu, unidade de conservação localizada no extremo oeste do estado do Paraná.**

a) Eventual redução dos limites originais do referido parque só poderá ser feita mediante lei específica.

b) Por ser unidade de conservação já constituída como parque nacional por ato do poder público, o parque em apreço não pode integrar reserva da biosfera.

c) O parque em apreço classifica-se como unidade de uso sustentável.

d) Áreas particulares dentro do perímetro do parque em consideração podem ser exploradas economicamente, desde que se observe o plano de manejo da unidade.

6) **(TRF-2ª Região – Juiz Federal Substituto / 2017)** Em relação às Unidades de Conservação é correto afirmar que:

a) O licenciamento de atividade desenvolvida em área de proteção ambiental federal é sempre de competência da União.

b) O resultado das consultas públicas prévias à criação de unidades de conservação só vincula o Poder Executivo quando houver participação da maioria da população diretamente interessada e desde que a consulta seja feita com acompanhamento do Tribunal Regional Eleitoral.

c) A zona de amortecimento de uma unidade de conservação deve ter seus limites definidos, seja no ato de criação da unidade ou posteriormente.

d) Nas unidades de conservação de proteção integral não são permitidas atividades com finalidades lucrativas.

e) Nas Reservas de Desenvolvimento Sustentável só são admitidas visitas de parentes dos residentes que façam parte da população tradicional abrigada pela reserva.

7) **(TRF-4ª Região – Juiz Federal Substituto / 2016)** Dadas as assertivas abaixo, assinale a alternativa correta. Acerca da Lei Federal nº 9.985/00, que instituiu o Sistema Nacional de Unidades de Conservação da Natureza:

I – O Sistema Nacional de Unidades de Conservação da Natureza é composto pelas Unidades de Conservação Federais, Estaduais e Municipais.

II – As Unidades de Conservação podem ser divididas entre Proteção Integral e de Uso Sustentável, e, em todas as situações, haverá a transferência do título de propriedade ao ente federativo que a instituiu.

III – O Sistema Nacional de Unidades de Conservação é composto por um órgão consultivo, o Conama; um órgão Central, o Ministério do Meio Ambiente; e um órgão executivo, que, para as Unidades de Conservação Federais, pode ser o Instituto Chico Mendes ou o Ibama.

IV – Todas as unidades de conservação instituídas legalmente possuem zona de amortecimento, que tem como objetivo minimizar os impactos negativos da atividade humana sobre a unidade.

V – É permitida a ocupação das Unidades de Conservação para fins de pesquisa científica, independentemente de autorização do órgão gestor respectivo.

a) Estão corretas apenas as assertivas I e II.

b) Estão corretas apenas as assertivas I e III.

c) Estão corretas apenas as assertivas II e IV.

d) Estão corretas apenas as assertivas III e IV.

e) Estão corretas apenas as assertivas III e V.

8) **(TJ/DFT – Juiz / 2016)** De acordo com a Lei n.º 9.985/2000, que instituiu o Sistema Nacional de Unidades de Conservação (SNUC), assinale a opção correta.

a) Pode haver área particular localizada em unidade de conservação designada como Monumento Natural; nessas áreas, no entanto, não pode haver criação de animais domésticos nem plantio de qualquer espécie, sendo vedada essa autorização, se houver, no plano de manejo.

b) O parque nacional, a reserva de fauna, a estação ecológica e o refúgio de vida silvestre constituem exemplos, nos termos da lei, de unidades de proteção integral.

c) A presença de habitantes é inadmissível na floresta nacional, área com cobertura florestal de espécies predominantemente nativas e de posse e domínio públicos.

d) As pesquisas científicas, realizadas em estação ecológica, que gerem impacto superior à simples observação ou à coleta controlada de componentes dos ecossistemas devem ocorrer em área correspondente a, no máximo, 3% da extensão total da unidade e até o limite de 1.500 hectares.

e) O subsolo e o espaço aéreo também integram os limites das unidades de conservação, e se consideram incluídos na proteção ambiental conferida à unidade, ainda que não constem no ato de criação ou no plano de manejo.

9) **(TJ/PI – Juiz Substituto / 2015)** Sobre um mesmo território, I. foi criada uma unidade de conservção, diante de seus atributos naturais, eII. incide tombamento federal, em razão da existência de importante sítio arqueológico. Tal situação

a) faz prevalecer o tombamento, ficando a unidade de conservação suspensa até eventual revogação do tombamento.

b) não é possível, devendo prevalecer o instrumento jurídico que traz maior proteção ao bem: unidade de conservação ou tombamento.

c) traz a dupla afetação ao território, que será regrado por apenas um diploma normativo.

d) traz a dupla afetação ao território, que será regrado pelas normas decorrentes da unidade de conservação e do tombamento.

e) faz prevalecer a unidade de conservação, decaindo o tombamento.

11.2. Gabarito e comentários

Questão 1:

Gabarito: **letra "e"**

Comentários: Literalidade do artigo 17, *caput*, da Lei 9.985/00, que diz que a Floresta Nacional é uma área com cobertura florestal de espécies predominantemente nativas e tem como objetivo básico o uso múltiplo sustentável dos recursos florestais e a pesquisa científica, com ênfase em métodos para exploração sustentável de florestas nativas.

Questão 2:

Gabarito: **letra "e"**

Comentários: tal como a anterior, cuida-se de questionamento cuja resposta está na literalidade de texto legal, sendo que, neste caso, o enunciado da questão transcreve o teor do artigo 16, *caput*, da Lei 9.985/00, cuja transcrição aqui seria desnecessária.

Questão 3:

Gabarito: **letra "b"**

Comentários: no julgamento da constitucionalidade do artigo 36, §1°, da Lei 9.9885/00, que trata da compensação ambiental, o STF, na ADI 3378 / DF, assim pontuou: "o art. 36 da Lei n° 9.985/2000 densifica o princípio usuário-pagador, este a significar um mecanismo de assunção partilhada da responsabilidade social pelos custos ambientais derivados da atividade econômica". Dessa feita, a despeito de eventual crítica a tal entendimento, verifica-se que nesta questão o examinador pautou-se na jurisprudência.

Questão 4:

Gabarito: **letra "e"**

Comentários: cuida-se da hipótese que foge à regra segundo à qual, os recursos advindos de compensação devem ser direcionados às Unidades do tipo de Proteção Integral, salvo quando a conduta lesiva atingir unidade de Uso Sustentável, tal como o é a Reserva Particular do Patrimônio Natural, sendo tudo regrado no artigo art. 36, §3°, da Lei 9.985/00.

Questão 5:

Gabarito: **letra "a"**

Comentários: cuida-se de exigência contida no artigo 22, §7°, da Lei 9.985/00, segundo o qual, a desafetação ou redução dos limites de uma unidade de conservação só pode ser feita mediante lei específica.

Questão 6:

Gabarito: **letra "c"**

Comentários: novamente texto de lei, sendo, neste caso, o teor do artigo 25, §2°, da Lei 9.985/00, em que se estipula que os limites da zona de amortecimento e dos corredores ecológicos e as respectivas normas de que trata o § 1° poderão ser definidas no ato de criação da unidade ou posteriormente.

Questão 7:

Gabarito: **letra "b"**

Comentários: está correta a alternativa "b", na medida em que as assertivas a que se refere demonstram-se pelo teor do artigo 3°, ***caput, segundo o qual o*** Sistema Nacional de Unidades de Conservação da Natureza - SNUC é constituído pelo conjunto das unidades de conservação federais, estaduais e municipais, de acordo com o disposto nesta Lei; e, ainda, pelo conteúdo do artigo 6º, que dispõe sobre órgãos integrantes do SNUC.

Questão 8:

Gabarito: **letra "d"**

Comentários: cuida-se de literalidade do artigo 9º, §4º, IV, da Lei 9.985/00, cuja "pegadinha", ao nosso ver, é que o dispositivo legal apresenta os números por extenso, e não numericamente como cobrado pela questão ("IV – pesquisas científicas cujo impacto sobre o ambiente seja maior do que aquele causado pela simples observação ou pela coleta controlada de componentes dos ecossistemas, em uma área correspondente a no máximo três por cento da extensão total da unidade e até o limite de um mil e quinhentos hectares").

Questão 9:

Gabarito: **letra "d"**

Comentários: Cuida-se de questão, aparentemente intuitiva, mas que, em verdade, deve ser compreendida como plenamente possível, haja vista que não se visualiza qualquer incompatibilidade entre a proteção advinda do tombamento, em relação à obtida com a criação da unidade de conservação, pontuando que, pelo teor do enunciado denota cuidar-se de unidade de conservação cuja dominialidade é perfeitamente preservada junto ao particular.

Capítulo VIII

CÓDIGO FLORESTAL

1. INTRODUÇÃO

Do ponto de vista histórico, impõe assinalar que, pelo Decreto 23.793/1934 foi instituído o primeiro "Código Florestal", o qual, reconhecendo as florestas como bem de interesse comum, inseriu uma tutela peculiar sobre essas áreas, com limitações ao direito de propriedade, sendo marcante pela ruptura de seu regime privatista.

Posteriormente, adveio a Lei 4.771/65, que, revogando aquele Decreto, manteve o rótulo de (novo) Código Florestal, e, mais, preservou o sistema protetivo, porém com o incremento de peculiaridades, a exemplo da instituição das florestas de preservação permanente.

A despeito das diversas alterações[1] feitas na lei supramencionada, foi expressamente revogada[2] pela Lei 12.651/12, que, muito embora não mantenha a denominação de

1. Por exemplo, Lei 7.511/86, Lei 7.803/89, mas, a que maior alteração adveio da MP 2.166-67, de 2001.
2. A princípio, o artigo 83, da Lei 12.651/12, seria expresso quanto à revogação da Lei 4.771/65, Lei 7.754/89, e MP 2.166-67 de 2001. Nada obstante, Consultando a legislação pelo *site* oficial do Planalto do Governo (http://www.planalto.gov.br), verifica-se que, muito embora não haja qualquer rasura ou anotação quanto à

"Código Florestal"[3], é comumente assim chamada, até por ser a Lei que dá sequência ao regime jurídico do assunto, inclusive recepcionando diversos pontos da legislação anterior, a exemplo da noção de área de preservação permanente, bem como inovando com a inserção de outros, tais como áreas consolidadas, cadastro ambiental rural, programa de regularização ambiental, pagamento por serviços ambientais, etc.

Sem prejuízo, ainda sobre o aspecto legislativo é de se observar que o regime jurídico da proteção das florestas, essencialmente disposto na Lei 12.651/12, também é complementado por outras normas em vigência, tais como a Lei 11.284/06 (que disciplina a gestão de florestas públicas), a Lei 11.428/06 (versando sobre o Bioma Mata Atlântica[4]), a própria Lei Complementar 140/11 (distribuindo as competências administrativas ambientais), a Lei 9.605/98 (responsabilidade criminal e administrativa), etc.

A respeito da Lei 12.651/12, introdutoriamente vale assinalar ainda que, segundo anuncia em seu 1º-A[5], representa a norma geral sobre (a) proteção da vegetação, (b) áreas de Preservação Permanente, (c) áreas de Reserva Legal, (d) exploração florestal, (e) suprimento de matéria-prima florestal, (f) controle da origem dos produtos florestais, (g) controle e prevenção dos incêndios florestais; além, ainda, de prever instrumentos econômicos e financeiros para o alcance de seus objetivos.

De se recordar, aliás, que a Área de Preservação Permanente e a de Reserva Legal materializam a determinação constitucional contida no artigo 225, §1º, III, da CF/88, sendo que, paralelamente às Unidades de Conservação, são consideradas como espaços territoriais especialmente protegidos *lato sensu*, enquanto que estas últimas seriam *stricto sensu*.

Essencialmente, o objetivo perseguido pela legislação em voga é o *desenvolvimento sustentável*, procedendo de forma a traçar um regime jurídico a disciplinar a forma como o ser humano possa se relacionar junto aos recursos naturais, destes obtendo o maior proveito possível (e quando possível), mas preservando o equilíbrio do meio ambiente, tanto para as presentes como para as futuras gerações.

> **Há de se coibir práticas que possam significar a aniquilação de bens ambientais, por meio de intervenções que retirem da natureza sua capacidade de se renovar e se manter em equilíbrio, mas isso não significa que a proteção exige a imutabilidade do ambiente[6].**

Em linhas gerais ainda, vale salientar que o artigo 2º, §2º, da Lei 12.651/12 deixa bastante claro que as *obrigações* advindas da lei em comento têm *natureza real* (*propter rem*), sendo, pois, transmitidas ao sucessor, de qualquer natureza, no caso de transferência de domínio ou posse do imóvel rural.

---

vigência do referido dispositivo (art. 83), nesse mesmo portal eletrônico, ao consultar a Lei 12.727/12, nesta constaria que tal dispositivo estaria vetado – em que pese, nas razões expostas ao veto, não se referir quanto à compatibilidade e/ou permanência da legislação anterior.

3. Refere-se como dispondo sobre a proteção da vegetação nativa, além de alterar e revogar as leis que menciona.
4. Inclusive, esta norma (Lei 11.428/06) traz maiores especificidades, em tom mais restritivo, quanto às hipóteses excepcionais em que se permite corte e supressão de vegetação, a respeito do que, por ser norma mais especial, aplica-se quando a discussão envolver área situada no referido bioma.
5. De se esclarecer que o originário art. 1º foi vetado, iniciando-se a legislação pelo então artigo 1º-A.
6. MILARÉ. Édis. Op. cit., p. 1653.

2. PRINCÍPIOS GERAIS

No intuito de se efetivar o seu objetivo, qual seja o desenvolvimento sustentável, no artigo 1º-A, parágrafo único, o legislador arrola, em seis incisos, aquilo que menciona como sendo *princípios*, mas que, bem observados, tratam-se nitidamente de pautas de atuação, metas de ação a serem adotadas pela Administração (sem se confundir com a noção de princípios gerais de direito).

Com efeito, são estes os princípios arrolados pelo legislador: a) afirmação do compromisso soberano do Brasil com a preservação de suas florestas e demais formas de vegetação; b) reafirmação da função estratégica da agropecuária e do papel das florestas e demais formas de vegetação, na sustentabilidade, no crescimento econômico, na melhoria da qualidade de vida da população brasileira e na presença do País nos mercados nacional e internacional de alimentos e bioenergia; c) ação governamental de proteção e uso de florestas; d) responsabilidade comum dos Entes, em colaboração com a sociedade civil, na criação de políticas para a preservação e restauração da vegetação nativa e de suas funções ecológicas e sociais nas áreas urbanas e rurais; e) fomento à pesquisa científica e tecnológica; f) criação e mobilização de incentivos econômicos para fomentar a preservação e a recuperação da vegetação nativa e para promover o desenvolvimento de atividades produtivas sustentáveis.

Seja como for, verifica-se que o legislador propõe – senão determina –, que o Poder Público assuma sua responsabilidade constitucional de tutelar o meio ambiente ecologicamente equilibrado, sendo que, sem deixar de levar em consideração o proveito econômico que se pode obter junto ao meio ambiente, devem ser adotadas posturas protetivas às diversas formas de vegetação, seja diretamente, seja indiretamente por meio de fomento de pesquisa para se aprimorar o conhecimento científico e técnico, bem como por meio de incentivos econômicos.

3. ÁREA DE PRESERVAÇÃO PERMANENTE

ÁREA DE PRESERVAÇÃO PERMANENTE
segue vídeo abaixo:

https://youtu.be/c6GizzVGcX8

3.1. Introdução e definição

A expressão área de preservação permanente (APP) representa uma denominação surgida com a MP 2.166-67 de 2001, que, ao alterar a Lei 4.771/65, além de ajustar a denominação (antes era mencionado como *florestas de preservação permanente*[7]), ainda incrementa algumas outras funções antes não previstas, tais como: preservar e proteger: recursos hídricos, paisagem, estabilidade ecológica, biodiversidade, fluxo gênico de fauna e flora, solo, assegurar o bem estar das populações humanas.

Com o advento da Lei 12.651/12, verifica-se que, essencialmente, foi mantido o regime jurídico referente à APP até então vigente, que, com seu conceito legal trazido pelo artigo 3º, II, pode ser apontada como sendo a área rural ou urbana, coberta ou não por vegetação nativa, protegida para resguardar ao menos uma dentre as funções ambientais de *preservar* os recursos hídricos, a paisagem, a estabilidade geológica e a biodiversidade, *facilitar* o fluxo gênico de fauna e flora, *proteger* o solo e *assegurar* o bem-estar das populações humanas.

Como destaque, pode-se apontar que as APPs tem grande finalidade em proteger os solos, em especial as matas ciliares, dada a essencial função que cumprem como evitar assoreamentos sobre rios e reservatórios, ou mesmo sobre leitos d'água, além ainda de evitar maiores prejuízos ao abastecimento dos lençóis freáticos bem como à vida aquática.

Nesse sentido, independentemente de ser zona rural ou urbana, eleva-se determinada área à categoria de APP, dada a intenção de preservar algumas das funções ambientais descritas[8].

Sem prejuízo, um detalhe interessante é que não se tutela exclusivamente a vegetação em si, pois, além da própria menção de ser área coberta ou não por vegetação nativa, impende que aquele dado território traga consigo uma função ambiental, tanto que, no artigo 4º, para se identificar quais áreas são consideradas como APP, adota-se como critério o geográfico, senão o topográfico, em razão de sua localização (por exemplo, margens de curso d'água), inclusive em lugares de acidentes topográficos (por exemplo, topos de morro).

ATENÇÃO

Importam as características físicas do local, para que, determinado espaço territorial, do ponto de vista legal, seja identificado como sendo APP (APP legal).

Por fim, vale trazer a lume que há certa discussão a respeito da natureza jurídica da APP, sendo que existem quatro apontamentos: (a) limitação administrativa, (b) obrigação real[9], (c) elemento integrante da função socioambiental da propriedade, (d) espaço territorial especialmente protegido.

---

7. Ao menos teoricamente, *preservação permanente* estaria a significar que, dadas as suas funções ambientais, a área e sua vegetação não poderiam ser suprimidas.
8. De se recordar que, antes de tudo, a criação de espaço territorialmente protegido ambientalmente decorre de determinação constitucional contida no artigo 225,
9. Por essência, a APP representaria verdadeiramente uma obrigação de caráter real que recai sobre a propriedade (STJ – REsp 343.741-PR, 04/06/2002).

Bem analisando, verifica-se que tais indicações não são excludentes à análise da APP, haja vista que, de fato, apresentam-se como limitação ao direito de propriedade e manifestam a noção da função socioambiental da propriedade. Além disso, enquadram-se na definição constitucional de espaços territoriais especialmente protegidos, expressa no inciso III do §1° do art. 225 da Constituição da República Federativa do Brasil, o qual proíbe a utilização destas áreas quando comprometer a integridade dos atributos que justificam a sua proteção, ou seja, resultam na imposição de obrigações ao proprietário.

3.2. Modalidades

O legislador cuidou de traçar, como já o fazia na Lei 4.771/65, uma série de hipóteses que, por si só, são consideradas como área de preservação permanente, também rotuladas de APPs Legais, em contrapartida à APP de interesse social, a ter sua origem em ato do Poder Executivo, pautado dentre as situações tidas como de interesse social.

Assim, neste momento importa trazer a lume a exata identificação das referidas áreas – e suas respectivas dimensões –, sendo que, quanto a eventual peculiaridade que exista quanto a manejo e intervenção antrópica, será feita posteriormente sua análise.

3.2.1. Legal

O artigo 4° da Lei 12.651/12 arrola diversos espaços, cuja peculiaridade ambiental, independentemente de serem em zona rural ou urbana, caracterizando-os como APP, a respeito dos quais convém seja feita sua abordagem, inclusive com referência às nuances incrementadas pelo julgamento das Ações versando sobre a constitucionalidade da Lei[10].

a) As faixas marginais de qualquer curso d'água natural perene e intermitente, excluídos os efêmeros[11]:

A APP será delimitada com largura mínima variando de 30 a 500 metros, desde a borda da calha do leito regular[12], cuja variação tem como referência a largura dos cursos d'água.

Interessante observar, inclusive com ajuste feito pelo Supremo Tribunal Federal para os casos a seguir abordados, a existência de uma lógica de se considerar as situações de perenidade e intermitência, e deixar de lado quando se trata de contexto efêmero. Ou seja, leva-se em consideração quando há água o ano todo (*perene) e quando escoam durante as estações de chuva e secam nas de estiagem (intermitente).*

b) As áreas no entorno dos lagos e lagoas naturais[13]:

Se em zona urbana: a APP será terá a largura de 30 metros.

10. ADC 42, ADI 4901, ADI 4902, ADI 4903, e ADI 4937.
11. Art. 4°. I, Lei 12.651/12.
12. Art. 3°, XIX, Lei 12.651/12 – leito regular: a calha por onde correm regularmente as águas do curso d'água durante o ano. De se observar que inicia a medida a partir da calha regular, isto é, o canal por onde correm regularmente as águas do curso d'água durante o ano dos rios; e não mais, como era no Código anterior, a partir do leito maior, consistente na largura do rio ao considerar o seu nível mais alto, qual seja o nível alcançado por ocasião da cheia sazonal. Daí, ignorando as épocas de cheias dos rios, repercute em significativa redução das APPs às suas margens, o que acabou sendo objeto de grande discussão.
13. Art. 4°, II, Lei 12.651/12.

Se em zona rural: a APP será de 100 metros, ou, 50 metros, caso o corpo d'água possua até 20 hectares de superfície

Importante: excepcionalmente, não será exigido o resguardo de APP quando se tratar de acumulações de água com superfície inferior a 1 (um) hectare[14].

> c) *As áreas no entorno dos reservatórios d'água artificiais, decorrentes de barramento ou represamento de cursos d'água naturais, na faixa definida na licença ambiental do empreendimento*[15].

Note-se que se trata de *APP superveniente*, na medida em que decorre de uma intervenção humana procedendo a barramento ou represamento de curso d'água natural, isto é, não é decorrência natural das interações dos elementos ecológicos.

A respeito dessa área de APP, três detalhes merecem atenção:

(i) Cuida-se de represamento de curso d'água natural: se o represamento se der sobre cursos d'água *artificial*, não há que se falar em APP, isto é, não será exigida[16];

(ii) A lei apenas fixa os limites mínimos e máximos, mas sua real extensão é relegada à autoridade licenciadora;

(iii) Se esse reservatório for destinado à geração de energia ou abastecimento público, "exige" a lei que o empreendedor adquira, desaproprie ou institua servidão administrativa dessa área, ora APP[17], de modo a se imprimir o exato regime jurídico sobre a área em questão, inibindo eventuais atividades humanas em desconformidade legal.

Tal como na hipótese anterior, excepcionalmente, não será exigido o resguardo de APP quando se tratar de acumulações de água com superfície inferior a 1 (um) hectare[18].

> d) *As áreas no entorno das nascentes*[19] *e dos olhos d'água*[20] *perenes [e intermitentes (ADI 4903)], qualquer que seja sua situação topográfica*[21], *raio mínimo de 50 metros.*

---

14. Art. 4º, §4º, Lei 12.651/12. De se frisar, contudo, que tal permissibilidade não autoriza ao proprietário realizar nova supressão de vegetação nativa, a não ser quando permitido pela autoridade competente.
15. Art. 4º. III, Lei 12.651/12.
16. Art. 4º, §1º, Lei 12.651/12.
17. Trata-se de previsão contida no art. 5º, da Lei 12.651/12, dispositivo este recheado de críticas, pois, a um, é difícil imaginar como obrigar um particular vender sua propriedade a outro particular (para que haja a aquisição por parte do empreendedor - quando este for particular), a dois, deve restringir a imposição de desapropriação apenas quando se tratar de concessão de serviço público, e, três, a instituição de servidão *administrativa* talvez esteja na contramão do próprio texto normativo completo, que regulamenta com maior precisão a servidão *ambiental*.
18. Art. 4º, §4º, Lei 12.651/12. De se frisar, contudo, que tal permissibilidade não autoriza ao proprietário realizar nova supressão de vegetação nativa, a não ser quando autorizado pela permitido competente.
19. Art. 3º, XVII, Lei 12.651/12 - nascente: afloramento natural do lençol freático que apresenta perenidade e dá início a um curso d'água.
20. Art. 3º, XVIII, Lei 12.651/12 - olho d'água: afloramento natural do lençol freático, mesmo que intermitente (ADI 4903, por interpretação conforme, devem ser acrescentados intermitentes).
21. Releva-se de suma importância essa APP, na medida em que, de certo modo, toda nascente e olhos d'água representam transbordamento do lençol freático, constituindo em pontos de rebaixamento forçado do nível freático.

A respeito dessa APP importa destacar que o legislador foi bastante enfático quanto à sua dimensão em ser um raio mínimo de 50 metros[22], dentro do qual são vedadas quaisquer atividades humanas.

Ademais, há um incremento importante trazido pelo STF que, no julgamento da ADI 4903, por meio da técnica de se conferir uma *interpretação conforme* à Constituição, decidiu que se incluem na categoria de APP não apenas aquelas situações de perenidade, mas *também* quando *intermitentes*, deixando de fora apenas quando efêmeros.

> *e) As encostas[23] ou partes destas com declividade superior a 45°, equivalente a 100% na linha de maior declive.*

A despeito do critério bastante técnico para definição desta APP, importa assinalar que, caso esta declividade seja inferior a 45°, porém superior a 25°, a área será considerada como de *uso restrito*[24].

Daí, quando se trata de encosta, mesmo que com declividade inferior a 45°, não se deixa de imprimir a cautela necessária à ocupação ou supressão da vegetação nativa, pois esta é de extrema importância para diminuir o risco – que já é grande – de deslizamentos cujas repercussões são catastróficas.

> *f) As restingas[25], como fixadoras de dunas ou estabilizadoras de mangues.*

Aqui impende destacar que, a despeito da concepção lançada no artigo 3°, inciso XVI, da Lei 12.651/12, tão apenas se considera como APP a restinga que tiver como função ambiental a fixação de duna ou a estabilização de mangue – e não toda e qualquer restinga[26].

Isso porque, frise-se, a concepção de restinga é bastante discutida[27], sendo que o Conama, por diversas vezes, já traçou distintas definições (Resoluções 4/85, 1/93, 7/96, 261/99 e 303/02), inclusive havendo acolhimento pelo Superior Tribunal de Justiça[28] sobre essa competência do órgão ambiental de delinear a noção do que vem a ser restinga[29], mesmo que repercuta como criação de hipótese de APP não prevista na lei.

---

22. Em que pese a terminologia utilizada, diferente das demais, em mencionar um raio "mínimo" de 50 metros, não se tem notícia de alguma situação em que tenha sido imposto a ampliação dessa largura da APP – em que pese, aparentemente, estaria o legislador a deixar em aberto essa possibilidade.
23. A respeito das Encostas, frise-se a importância de manutenção da vegetação nativa, pois contribuem significativamente para evitar os grandes desastres ambientais nestas áreas, em geral, frágeis e sujeitas a desbarrancamentos e deslizamentos de solo ou rochas.
24. Outro tipo de área que a Lei 12.651/12 traz um regime jurídico peculiar, e que será abordada mais a frente, mas que, vale adiantar, neste local será permitido o manejo florestal sustentável, o exercício de atividades agrossivilpastoris, bem como a manutenção da infraestrutura física.
25. Art. 3°, XVI, Lei 12.651/12. Entende-se como restinga, o depósito arenoso paralelo à linha da costa, de forma geralmente alongada, produzido por processos de sedimentação, onde se encontram diferentes comunidades que recebem influência marinha, com cobertura vegetal em mosaico, encontrada em praias, cordões arenosos, dunas e depressões, apresentando, de acordo com o estágio sucessional, estrato herbáceo, arbustivo e arbóreo, este último mais interiorizado.
26. *Informativo* 459 do STJ: "Não só a vegetação fixadora de dunas está sujeita à proteção ambiental, pois é certo que as próprias dunas, ao cabo, estão acolhidas no objetivo protetor da legislação".
27. ANTUNES, Paulo de Bessa. Direito Ambiental. 11ª ed. Rio de Janeiro: Lumen Juris, 2008, p. 118-122.
28. STJ – Embargos de Declaração no REsp 994.881 – DJe 15/12/2010.
29. Contudo, Milaré (MILARÉ. Édis. Op. cit., p. 1660) entende ser inconstitucional, suma vez que, em razão do princípio da legalidade (art. 5°, II, CF/88), somente a lei em sentido estrito pode limitar direito ou criar

g) Os manguezais[30], em toda a sua extensão.

Diferentemente da hipótese anterior, o manguezal, por si só, é considerado APP, sem necessidade de se analisar sua localização, e muito menos suas condições topográficas.

h) As bordas dos tabuleiros ou chapadas, até a linha de ruptura do relevo.

A Área de Preservação Permanente nesta hipótese refere-se ao ambiente de superfícies que, embora estejam em morros, são bastante planas, cuja declividade é consideravelmente baixa, e que terminam de forma abrupta (onde se considera, então, a linha de ruptura), com rampas com inclinação de 45° ou superior – também denominadas de *escarpas*[31].

Dessa feita, e tendo em vista a expressa previsão de ser "em faixa nunca inferior a 100 (cem) metros em projeções horizontais", é APP a faixa de 100 metros a contar da linha de ruptura para dentro desta superfície plana no topo, que, embora se fala em "faixa nunca inferior", não se tem notícia de que haja alguma norma ampliando-a, em que pese pareça ser possível.

i) No topo de morros[32], montes, montanhas[33] e serras, com altura mínima de 100 (cem) metros e inclinação média maior que 25°.

Em complemento à definição da APP, identifica-se pelas "áreas delimitadas a partir da curva de nível correspondente a 2/3 (dois terços) da altura mínima da elevação sempre em relação à base, sendo esta definida pelo plano horizontal determinado por planície ou espelho d'água adjacente ou, nos relevos ondulados, pela cota do ponto de sela mais próximo da elevação"[34].

Daí, consideram-se: (a) altura mínima: superior a cem metros; (b) inclinação: média maior que 25°; (c) áreas delimitadas por curvas de nível correspondente a 2/3 (dois terços) da altura mínima.

---

obrigações. Contudo, tal entendimento, a nosso ver, parece não coadunar com a previsão constitucional da possibilidade do Poder Público, por ato administrativo, criar espaços territoriais especialmente protegidos que não apenas as unidades de conservação.

30. Art. 3°, XIII, Lei 12.651/12 – manguezal: ecossistema litorâneo que ocorre em terrenos baixos, sujeitos à ação das marés, formado por vasas lodosas recentes ou arenosas, às quais se associa, predominantemente, a vegetação natural conhecida como mangue, com influência fluviomarinha, típica de solos limosos de regiões estuarinas e com dispersão descontínua ao longo da costa brasileira, entre os Estados do Amapá e de Santa Catarina.

31. MILARÉ. Édis. Op. cit.. Segundo definição trazida pelo autor em seu *Dicionário*, consideram-se *chapadas* as "formas topográficas que se assemelham a planaltos, com declividade média inferior a 10% (aproximadamente 6°) e extensão superior a 10 (dez) hectares, terminadas de forma abrupta. A chapada se caracteriza por grandes superfícies a mais de 600 (seiscentos) metros de altitude". Quando da abordagem de *tabuleiros*, o autor o faz praticamente reiterando a definição de chapadas, dando a entender a inexistência de efetiva distinção. Inclusive, a Res. Conama 303/02, tratam dos temas como sendo sinônimos.

32. Res. Conama 303/02: morro: elevação do terreno com cota do topo em relação a base entre cinquenta e trezentos metros e encostas com declividade superior a trinta por cento (aproximadamente dezessete graus) na linha de maior declividade;

33. Res. Conama 303/02: montanha: elevação do terreno com cota em relação a base superior a trezentos metros;

34. Há uma distinção entre os critérios adotados pela Res. Conama 303/02, e os parâmetros ora fornecidos na Lei 12.651/12, sendo discutível, por conseguinte, se estes novos critérios não extinguiriam as APPs de topo de morro, uma vez que, tais condições impostas pelo novo código florestal, relacionadas à variação altimétrica maior que 100, em relação ao ponto de sela mais próximo e declividade média maior que 25°, raramente ocorrem na natureza em território brasileiro.

j) As áreas em altitude superior a 1.800 (mil e oitocentos) metros, qualquer que seja a vegetação.

De se observar que, independentemente da vegetação existente no local (sem menosprezar que a Lei 12.651/12 não exige a presença de vegetação nativa de antemão), fato é que qualquer situação cuja altitude supere a 1.800 metros, será APP.

ATENÇÃO:

Tem que ser mais alto que 1.800 metros, isto é, superar esta marca.

k) Em veredas

Conforme dita o legislador, compreende a faixa marginal com largura mínima de 50 (cinquenta) metros, a partir do espaço permanentemente brejoso e encharcado.

Para os fins de se compreender exatamente o que vem a ser as *veredas*, além da própria conceituação lançada pelo legislador[35], é possível assinala-las como sendo um terreno cuja característica marcante é ser alagadiço ou brejo, normalmente localizado perto da encosta de um rio e encoberto por uma vegetação rasteira. Ou, dito de outro modo, terrenos caracterizados por uma topografia amena e úmida, mantendo parte da umidade em estratos de solo superficial e garantindo a umidade mesmo em períodos de seca, tornando-se um refúgio da fauna e flora, assim como local de abastecimento hídrico para os animais, sendo que – acresce-se – recebem este nome por serem caminho para a fauna.

Neste contexto, será APP a faixa de 50 metros, que margear a zona permanentemente úmida, que, de certo modo, abarcará tanto área marcadamente úmida (embora não o ano todo), como aquela vegetação que lhe é vizinha, e que tem, dentre suas funções ambientais, a de auxiliar na preservação daquela.

3.2.2. Ato do Executivo (interesse social)

De outro lado, além das hipóteses expressamente previstas em lei, há uma abertura fixada no artigo 6º da Lei 12.651/12, segundo o qual o Poder Executivo[36] pode, quando reconhecido o interesse social sobre a vegetação contida em determinada área, institui-la como APP, assim o fazendo para atender às seguintes *finalidades*: (a) conter a erosão do solo e mitigar riscos de enchentes e deslizamentos de terra e de rocha; (b) proteger as restingas, veredas, várzeas, e sítios de excepcional beleza ou de valor científico, cultural ou

35. Art. 3º, XII, Lei 12.651/12 – Vereda é definida como a fitofisionomia de savana, encontrada em solos hidromórficos, usualmente com a palmeira arbórea Mauritia flexuosa – buriti emergente, sem formar dossel, em meio a agrupamentos de espécies arbustivo-herbáceas.

36. Inclusive, por se tratar de competência material comum, relativa à preservação do meio ambiente, é plenamente viável que todos os entes federativos criem novas áreas de preservação permanente. Porém, não há como admitir que, dentro dessa competência, sejam estipulados limites menos protetivos do que a norma geral.

histórico; (c) abrigar exemplares da fauna ou da flora ameaçados de extinção; (d) formar faixas de proteção ao longo de rodovias e ferrovias; (e) assegurar condições de bem-estar público; (f) auxiliar a defesa do território nacional, a critério das autoridades militares; (g) proteger áreas úmidas[37], especialmente as de importância internacional (ex. pantanal).

Nesse contexto, confere-se ao Poder Executivo (União, Estados e Municípios) a competência de, por meio de Decreto, criar[38] Área de Preservação Permanente, levando em consideração o interesse social[39] ali existente, materializado dentre as finalidades ambientais arroladas pelo legislador.

ATENÇÃO

Segundo decidido pelo STJ[40] – embora sobre a legislação anterior – o CONAMA detém autorização legal para editar resoluções que visem à tutela ambiental, inclusive a ponto de definição de APP, como o fez pela Resolução 303/2002[41].

Sem prejuízo, a respeito da natureza jurídica desse ato administrativo, há entendimento[42] de consistir em ato do exercício do poder administrativo discricionário, mais especificadamente uma *limitação administrativa*[43], cabendo à Administração decidir motivadamente acerca da conveniência e oportunidade, sem que, inclusive, possa o Judiciário impor que adote as providências para tanto[44].

---

37. Art. 3º, XXV, Lei 12.651/12 – áreas úmidas: pantanais e superfícies terrestres cobertas de forma periódica por águas, cobertas originalmente por florestas ou outras formas de vegetação adaptadas à inundação.

38. MILARÉ. Édis. Op. cit., p. 1.661. Segundo o autor, não se trata de uma hipótese em que se permite ao Administrador *criar* uma APP, mas sim apenas identificar, demarcar e *declarar*. Isto é, representa mais um ato de reconhecimento, do que propriamente criação.

39. A despeito de enfrentamento específico na doutrina, é de se destacar que a legislação anterior, cujo dispositivo paralelo seria o Art. 3º, da Lei 4.771/65, não fazia menção a "interesse social". Sem prejuízo, cuidou-se de um realce acrescido pelo legislador para frisar que, quanto às hipóteses listadas no atual art. 6º, da Lei 12.651/12, não apenas pura proteção ambiental incide sobre elas, mas também um interesse de caráter social (tutela socioambiental), tanto que prevê, no inciso VII, estar para "assegurar condições de bem-estar público".

40. STJ – REsp 994.811/SC – DJ 16.12.2008

41. A exemplo, a Resolução prevê como APP "as dunas", de modo que, com a chancela jurisprudencial (*Informativo* 459 do STJ), já se pontuou que as dunas, por si só, merecem a sua proteção, independentemente da tutela direcionada à vegetação fixadora das dunas.

42. Enunciado 07 das Súmulas de Entendimento do Conselho Superior do Ministério Público do Estado de São Paulo.

43. Segundo se sustenta doutrinariamente, a limitação administrativa apresenta-se como uma imposição geral, gratuita, unilateral e de ordem pública, que condiciona o exercício de direitos ou de atividades particulares às exigências do bem-estar social (MEIRELLES, Hely Lopes. Direito Administrativo Brasileiro, 38 ed. São Paulo: Editora Malheiros, 2012).

44. Aliás, compreende-se que esse cenário de, em sendo o caso, instituir uma APP, inclusive com prévia desapropriação, representa um exercício do poder administrativo discricionário, impedindo que o Judiciário imponha ao Poder Executivo que o faça, conforme se confere da decisão proferida no âmbito do TJ/SP, Apelação nº 1000576-75.2016.8.26.0596, cuja data de julgamento é de 25 de outubro de 2018.

Um ponto que, desde já, merece abordagem, refere-se à obrigação do Poder Público em *indenizar* o proprietário quando se institui a APP administrativa. Isso porque, compreende-se que, quanto à APP legal, cuja previsão legal já traça um regime jurídico que formata o próprio direito de propriedade, não há que se falar em indenização[45]. Porém, a APP a ser instituída pelo Poder Público, essencialmente, acaba por ter contornos de uma limitação ao direito de propriedade, aniquilando-o, ainda que parcialmente, dada a impossibilidade de exploração normal, afetando o conteúdo econômico do direito de propriedade, razão pela qual seria caso de se indenizar o proprietário[46].

Ainda mais quando se observa que os limites impostos às propriedades têm origem em ato discricionário do Poder Público, que atinge um único imóvel ou um grupo de imóveis determinados, não estando presente a característica da generalidade, denotando assim, sob um ponto de vista, uma limitação diferenciada a um específico proprietário, e, sob outro olhar, uma limitação administrativa mais extensa que as já existentes, a gerar, portanto, o direito à indenização[47].

Contudo, é possível sustentar no sentido de não ser o caso de indenizar, uma vez que, antes de tudo, as florestas são patrimônio nacional e bens de interesse comum a todos os habitantes do país. Ou mesmo, quando se verificar o Decreto administrativo com contornos claramente genéricos, materializando o texto legal.

De qualquer forma, Antunes[48] salienta a importância de que a declaração de interesse social sobre determinada área, para declará-la como apta a tornar-se uma APP, deve ser precedida de fundamentação técnica e jurídica, para que essa instituição casuística de APP atenda exclusivamente aos interesses ambientais, e nos seus exatos limites, alertando o referido doutrinador que, a depender do grau de limitação, os proprietários deverão ser indenizados.

Milaré[49], por sua vez, assinala que, em se tratando de situação enquadrável no artigo 6º, da Lei 12.651/12, cumpre ao Poder Público proceder à desapropriação do imóvel, mediante justa e prévia indenização em dinheiro.

45. Contudo, detidamente é possível visualizar nuances que ensejaram entendimentos diversos na jurisprudência: i) as áreas de preservação permanente delimitadas no próprio código não são passíveis de indenização, uma vez que os limites impostos ao direito de propriedade atingem todas as propriedades que possuem as características apontadas pela legislação; trata-se de limitação administrativa de caráter genérico (STJ - Agravo Regimental no Agravo em REsp 155.302 - DJE de 20/11/2012); ii) no entanto, quando verificado o esvaziamento do conteúdo essencial do direito de propriedade de determinado imóvel, o proprietário tem direito à indenização, conquanto a limitação administrativa se transmuta no sacrifício do próprio direito. (TJ/SC. Apel. 2012.056073-0 - DJE de 03/12/2013). Ademais, também se indeniza quando a limitação atingir de modo diferenciado determinado imóvel (TJ/SC. Apelação Cível nº 2012.056073-0 - DJE de 03/12/2013), mas, como exceção, não se indeniza quando a limitação já existia no momento em que o autor da ação adquiriu o imóvel (STF - AI 526272 AgR / SP - DJe 22.02.2011). portanto, é preciso avaliar a situação de toda a propriedade, ou seja, como é feita a exploração econômica, se foi atingida integralmente ou apenas em parte, e se a limitação é genérica ou dirigida apenas a determinada propriedade ou conjunto de propriedades, e se é preexistente à alteração dominial.
46. STF - RE 677.582 AgR / SP - DJe 26.09.2012.
47. STJ - AgRg no Ag 1220762 - Dje 20.09.2010.
48. ANTUNES, Paulo de Bessa. Comentários ao novo código florestal. 2ª ed. São Paulo: Atlas, 2014, p. 133.
49. MILARÉ. Édis. Op. cit., p. 1.661-1.662. Aliás, fundamenta-se o doutrinador no sentido de que, inclusive, houve alteração de regime jurídico com o novo Código Florestal, a partir do momento em que se prevê uma

3.3. Regime de Proteção das APPs (Intervenção e supressão de vegetação)

3.3.1. Regra geral

Essencialmente, a Área de Preservação Permanente se denota como uma área marcada pela *intocabilidade*, em cujo espaço é vedado ao ser humano proceder a intervenções. E, acresce-se, a expressão "permanente" traduz a ideia de perpetuidade de sua proteção, isto é, via de regra, jamais será possível interferir nesta área especialmente protegida.

Trata-se de uma obrigação *propter rem*, inerente à coisa, imposta[50] ao proprietário, possuidor ou ocupante a qualquer título, sendo que, de maneira bastante abrangente, fixa-se a obrigação de intocabilidade da APP a todos que dela se aproximarem, e, em especial, àqueles que com ela possuam algum título.

Contudo, da leitura da Lei 12.651/12, verifica-se que, com maior destaque, encontram-se as situações excepcionais que viabilizam a intervenção e/ou supressão de vegetação em APP, a respeito do que, passa-se a expor.

3.3.2. Hipóteses excepcionais

Em linhas gerais, as hipóteses excepcionais, que autorizam a intervenção e/ou supressão de vegetação em APPs (legais e administrativas), enquadram-se em três contextos legais, quais sejam (a) de utilidade pública, (b) de interesse social, e (c) de baixo impacto ambiental[51].

ATENÇÃO (EXCEÇÃO DA EXCEÇÃO)

Impõe ressalvar que, para o caso de supressão de vegetação nativa protetora de nascentes, dunas e restingas, somente poderá ser autorizada em caso de utilidade pública (não incidem as exceções de interesse social ou de baixo impacto ambiental)[52].

Uma questão que merece atenção diz respeito à *competência para definição* de hipótese excepcional, a se ampliar o leque expressamente prevista na Lei 12.651/12, quanto às situações que se enquadram como de utilidade pública, interesse social, ou mesmo de baixo impacto ambiental.

Isso porque, diferentemente do que se observava no Código Florestal anterior – que concedia tal autoridade ao Conama em todas as hipóteses – a Lei 12.651/12 de forma

declaração especial (de *interesse social*), e não mera declaração genérica como era na lei anterior, razão pela qual, subtende-se, seria semelhante ao regime da desapropriação propriamente dita, fundamentada exatamente no interesse social – embora, aqui, não seja para fins de reforma agrária.

50. Artigo 7º, Lei 12.651/12.

51. Art. 8º, *caput*, Lei 12.651/12.

52. Art. 8º, §1º, da Lei 12.651/12.

expressa habilita esse incremento de novas situações, no que diz respeito aos casos de utilidade pública[53] e interesse social[54], apenas ao Chefe do Poder Executivo federal[55], sendo que tão apenas para as situações tipificadas como eventuais e/ou de baixo impacto ambiental[56] atribui-se tal competência ao Conselho Nacional do Meio Ambiente - CONAMA ou dos Conselhos Estaduais de Meio Ambiente. Por assim ser, tem-se compreendido[57] que apenas para esta última categoria o Conama tem competência.

Contudo, é imperioso assinalar que essa competência é distinta daquela referente a quem possa autorizar a supressão de vegetação em APP, a respeito do que é mister ter ciência para a compreensão do tema, em especial ao se verificar no artigo 8°, §3°, da Lei 12.651/12, que esta autorização é dispensada quando almejar-se a execução, em caráter de urgência, de atividades de segurança nacional e obras de interesse da defesa civil destinadas à prevenção e mitigação de acidentes em áreas urbanas.

Ainda em termos gerais sobre as hipóteses de exceção, importa observar que, quando do julgamento das ADIs e ADC que analisaram a constitucionalidade da Lei 12.651/12 em diversos dispositivos, restou expressamente pontuado, senão propriamente incrementado, por conta da técnica de *interpretação conforme* à Constituição, que, para *todas* as hipóteses de utilidade pública e de interesse social, é imprescindível que haja o reconhecimento formal quanto à *inexistência de alternativas técnica e locacional*. Ou seja, para todas as atividades que se postulam por sua execução em área de preservação permanente, rotuladas de utilidade pública ou interesse social, além da demonstração quanto a essas excepcionais condições permissivas, é necessário demonstrar que inexistem outros locais e mesmo outras técnicas viáveis para a consecução do empreendimento[58].

3.3.2.1. Utilidade pública

As atividades consideradas de utilidade pública estão assim arroladas, de forma exemplificativa[59]:

a) As atividades de segurança nacional e proteção sanitária;

---

53. Art. 3°, VIII, Lei 12.651/12.
54. Art. 3°, IX, alínea "g", Lei 12.651/12.
55. De certo modo, há um pouco de impropriedade em delimitar ao âmbito *federal*. Contudo, corrigida essa questão, verifica-se que foi manifesta a intenção do legislador em restringir ao Chefe do Executivo, sem que haja delegação a outros órgãos.
56. Art. 3°, X, alínea "k", Lei 12.651/12.
57. MILARÉ. Édis. Op. cit., p. 1.662-3.
58. Contudo, impõe seja feita uma análise com proporcionalidade e razoabilidade, de que modo a se levar em consideração a *melhor tecnologia disponível*, sem exigir por custos excessivos, ou mesmo por tecnologias que, a despeito de existentes, mostram-se inacessíveis seja por seus custos, seja pela própria inviabilidade fática. Da mesma forma, a exigência quanto à localização não pode ser feita por uma análise desarrazoada, devendo vigorar a lógica daquilo que se enquadra *dentro do possível, e viável*. Até mesmo porque, pensar diferente significa a própria vedação da iniciativa empreendedora permitida pela Lei 12.651/12, bem como pela própria Constituição, no contexto de busca pelo desenvolvimento sustentável.
59. É exemplificativo o rol, pois, bem observando a última alínea do artigo 3°, VIII, conclui-se servir de norma de abertura para outras hipóteses que venham a surgir.

b) As obras de infraestrutura destinadas às concessões e aos serviços públicos de transporte, sistema viário, inclusive aquele necessário aos parcelamentos de solo urbano aprovados pelos Municípios, saneamento, ~~gestão de resíduos,~~ energia, telecomunicações, radiodifusão, ~~instalações necessárias à realização de competições esportivas estaduais, nacionais ou internacionais~~, bem como mineração, exceto, neste último caso, a extração de areia, argila, saibro e cascalho[60]*;*

c) Atividades e obras de defesa civil;

d) Atividades que proporcionem melhorias na proteção das funções ambientais;

e) Outras atividades similares devidamente caracterizadas e motivadas em procedimento administrativo próprio, quando inexistir alternativa técnica e locacional ao empreendimento proposto, definidas em ato do Chefe do Poder Executivo federal;

Veja que a norma de encerramento representa uma cláusula aberta para que outras situações similares sejam consideradas de utilidade pública, a se permitir a supressão de vegetação em APP, porém, desde que inexista alternativa técnica e locacional ao empreendimento proposto – tal como para as demais hipóteses.

3.3.2.2. Interesse social

De outra banda, também há abertura de exceção à regra geral, quando se tratar de contexto fático de interesse social, este configurado nas seguintes hipóteses:

a) atividades imprescindíveis à proteção da integridade da vegetação nativa, tais como prevenção, combate e controle do fogo;

b) exploração agroflorestal sustentável praticada na pequena propriedade ou posse rural familiar ou por povos e comunidades tradicionais, desde que não descaracterize a cobertura vegetal existente e não prejudique a função ambiental da área;

c) a implantação de infraestrutura pública destinada a esportes, lazer e atividades educacionais e culturais ao ar livre em áreas urbanas e rurais consolidadas;

d) a regularização fundiária de assentamentos humanos ocupados predominantemente por população de baixa renda em áreas urbanas consolidadas

e) implantação de instalações necessárias à captação e condução de água e de efluentes tratados para projetos cujos recursos hídricos são partes integrantes e essenciais da atividade;

f) as atividades de pesquisa e extração de areia, argila, saibro e cascalho, outorgadas pela autoridade competente;

60. As situações sublinhadas foram declaradas inconstitucionais quando do julgamento, em 28/02/2018, da ADC 42, de modo que, em tais hipóteses, não se considera como presentes peculiaridades excepcionais de utilidade pública, a se habilitar a supressão de vegetação.

g) outras atividades similares devidamente caracterizadas e motivadas em procedimento administrativo próprio, quando inexistir alternativa técnica e locacional ao empreendimento proposto, definidas em ato do Chefe do Poder Executivo federal;

Sem necessidade de maiores comentários às hipóteses excepcionais, é de se pontuar que, novamente, o legislador fez uso do expediente de inserir uma cláusula aberta na norma de encerramento, cujo requisito de inexistência de alternativa técnica e locacional ao empreendimento proposto, também é estendido às demais alíneas, nos termos do que restou julgado pelo STF no dia 28/02/2018, por meio de interpretação conforme.

3.3.2.3. Baixo impacto ambiental

Por fim, há uma série ainda de casos excepcionando o regime de vedação da APP, agora sob o rótulo de atividades de baixo impacto ambiental, arroladas no artigo 3º, X, quais sejam:

a) abertura de pequenas vias de acesso interno (curso d'água, ao acesso de pessoas e animais) para a obtenção de água ou à retirada de produtos (...);

b) instalações necessárias à captação e condução de água e efluentes tratados, desde que comprovada a outorga do direito de uso da água (...);

c) implantação de trilhas para o desenvolvimento do ecoturismo;

d) construção de rampa de lançamento de barcos e pequeno ancoradouro;

e) construção de moradia de agricultores familiares, remanescentes de comunidades quilombolas e outras populações extrativistas e tradicionais em áreas rurais, onde o abastecimento de água se dê pelo esforço próprio dos moradores;

f) construção e manutenção de cercas na propriedade;

g) pesquisa científica relativa a recursos ambientais (...);

h) coleta de produtos não madeireiros para fins de subsistência e produção de mudas (...);

i) plantio de espécies nativas produtoras de frutos, (...) e outros produtos vegetais, desde que não implique supressão da vegetação existente nem prejudique a função ambiental da área;

j) exploração agroflorestal e manejo florestal sustentável, comunitário e familiar, incluindo a extração de produtos florestais não madeireiros, desde que não descaracterizem a cobertura vegetal nativa existente nem prejudiquem a função ambiental da área;

k) outras ações ou atividades similares, reconhecidas como eventuais e de baixo impacto ambiental em ato do Conselho Nacional do Meio Ambiente – CONAMA ou dos Conselhos Estaduais de Meio Ambiente.

Enfim, neste caso, são pequenas intervenções feitas onde se situa APP, em que são sopesados o pouco ou insignificante impacto ambiental, em contrapartida a um uso por questões, por exemplo, de moradia, de uso comunitário, de ecoturismo, de pequenas vias de acesso ao recurso hídrico existente, etc.

E, novamente, veja que o legislador insere uma norma de encerramento como cláusula aberta, habilitando – e aqui merece observação – o Conselho Estadual do Meio Ambiente (Consema), juntamente com o Conama, a reconhecerem outras atividades similares como de baixo impacto ambiental, a se permitir a interferência na APP.

Sem prejuízo, ainda dentro do contexto de atividades eventuais ou de baixo impacto, há um detalhe inserido pelo artigo 52, da Lei 12.651/12 (tanto para APP como para Reserva Legal), segundo o qual, caso a intervenção e a supressão[61] (1) envolva imóvel qualificado como pequena propriedade ou posse rural familiar (art. 3°, V), e, (2) esteja o imóvel devidamente inscrito no CAR, a autorização será simplificada[62], formalizada por simples declaração ao órgão ambiental competente. Ou seja, não se está a representar nova situação excepcional, mas de procedimento simplificado para se conceder a autorização.

3.3.2.4. Outras situações excepcionais

Além daquelas hipóteses excepcionais, é de se observar que, pontualmente, a lei traz algumas outras situações que não se enquadram especificadamente nas exceções categorizadas como de utilidade pública, interesse social, ou baixo impacto ambiental.

A um, verifica-se que referente às APPs legais previstas nos incisos I e II, do artigo 4°, quais sejam (i) *as faixas marginais de qualquer curso d'água natural perene e intermitente*, e (ii) *as* **áreas no entorno dos lagos e lagoas naturais**, é admitida a prática de aquicultura[63] e a instauração de infraestrutura física diretamente a ela associada, desde que preenchidos os seguintes requisitos:

(a) imóvel rural com até 15 módulos fiscais;

(b) sejam adotadas práticas sustentáveis de manejo de solo e água e de recursos hídricos, garantindo sua qualidade e quantidade, de acordo com norma dos Conselhos Estaduais de Meio Ambiente;

(c) esteja de acordo com os respectivos planos de bacia ou planos de gestão de recursos hídricos;

(d) seja realizado o licenciamento pelo órgão ambiental competente;

(e) o imóvel esteja inscrito no Cadastro Ambiental Rural - CAR;

(f) não implique novas supressões de vegetação nativa.

61. Esse regime peculiar de simplificação da autorização não se aplica quando se tratar de (i) *instalações necessárias à captação e condução de água e efluentes tratados, desde que comprovada a outorga do direito de uso da água (...)* (alíena b); ou (ii) *pesquisa científica relativa a recursos ambientais (...)* (alínea g).

62. De se atentar que não se está a falar de um licenciamento ambiental simplificado, pois aqui envolve apenas autorização, algo bem distinto da licença ambiental.

63. Art. 2°, II, Lei 11.959/09: "aquicultura: a atividade de cultivo de organismos cujo ciclo de vida em condições naturais se dá total ou parcialmente em meio aquático, implicando a propriedade do estoque sob cultivo".

A dois, referindo-se às APPs (i) *as áreas no entorno dos lagos e lagoas naturais,* (ii) *as áreas no entorno dos reservatórios d'água artificiais, decorrentes de barramento ou represamento de cursos d'água naturais,* diz o legislador que, se a acumulação de água tiver superfície inferior a 1 (um) hectare, fica dispensada a reserva da faixa de APP.

Nesse contexto, pelo que dita o legislador[64], ainda assim é vedada a realização de nova supressão de áreas de vegetação nativa, salvo se houver autorização do órgão ambiental competente do Sistema Nacional do Meio Ambiente - Sisnama. Ou seja, havendo esta específica autorização, resta consolidada mais uma situação excepcional ao regime geral da APP.

A três, há outra situação excepcional, voltada a *todas* as hipóteses de Área de Preservação Permanente, em que, reconhecido como sendo espaço caracterizado como pequena propriedade ou posse rural familiar[65], será admitido o plantio de culturas temporárias e sazonais de vazante de ciclo curto na faixa de terra que fica exposta no período de vazante dos rios ou lagos, desde que (i) não implique supressão de novas áreas de vegetação nativa, (ii) seja conservada a qualidade da água e do solo e (iii) seja protegida a fauna silvestre.

A quatro, verifica-se da leitura do artigo 8°, §2°, da Lei 12.651/12, que, para as hipóteses de APPs legais (i) *restingas, como fixadoras de dunas ou estabilizadoras de mangues,* e (ii) *manguezais, em toda a sua extensão,* poderá ser autorizada a supressão de vegetação para execução de obras habitacionais e de urbanização, desde que:

(a) seja local onde a função ecológica do manguezal esteja comprometida;

(b) referidas obras estejam inseridas em projetos de regularização fundiária de interesse social;

(c) consista em áreas urbanas consolidadas ocupadas por população de baixa renda.

3.4. Acesso de pessoas e animais

Não se tratando especificadamente de supressão e/ou intervenção em APP, mas por ser uma área teoricamente intocável, cuidou o legislador de delinear sobre o acesso de pessoas[66] e animais[67], assim o fazendo de modo a permitir, de forma excepcional, desde que *(a)* para obtenção de água, ou *(b)* para execução de atividades de baixo impacto ambiental.

---

64. Art. 4°, §4°, Lei 12.651/12.

65. Art. 3°, V, Lei 12.651/12 - pequena propriedade ou posse rural familiar: aquela explorada mediante o trabalho pessoal do agricultor familiar e empreendedor familiar rural, incluindo os assentamentos e projetos de reforma agrária, e que atenda ao disposto no art. 3° da Lei n° 11.326, de 24 de julho de 2006.

66. A respeito desse ponto, cumpre reconhecer que a análise do cenário de *captação de água* deve ser feita em consonância com o que dispõe a Lei 9.433/97, dentre as hipóteses de uso insignificante do recurso hídrico (pequenas captações), que dispensa procedimento de outorga; enquanto que, para se compreender o que representa *baixo impacto ambiental,* deve ser examinado com olhos ao que dispõe o artigo 3°, X, da Lei 12.651/12.

67. Quanto ao acesso de animais, frise-se que o Decreto Federal 6.514/08 dispõe sobre a apreensão de animais (exóticos ou domésticos) em APP, impondo-se penalidade administrativa a quem for identificado como seu proprietário. Nada obstante, enquadrando-se na hipótese permissiva do art. 9°, da Lei 12.651/12, certamente estará afastada a ilicitude, e, por conseguinte, e possibilidade de imposição de penalidade administrativa.

3.5. Áreas consolidadas em APP

De forma geral, cuidou o legislador de traçar um regime peculiar para aquelas situações tipificadas como área rural consolidada, denotando um contexto, delimitado *a priori* à zona rural[68], com ocupação antrópica *preexistente a* (até antes de) 22 de julho de 2008[69], em razão da qual foram realizadas edificações, benfeitorias ou atividades agrossilvipastoris, que, teoricamente, seriam inadmissíveis pelo regime protetivo fixado pela Lei 12.651/12.

De se perceber que, considerar como área consolidada, tem exatamente por objetivo compatibilizar essas situações que se materializaram há muito tempo, a permitir, como exceção, a sua permanência, inclusive quando visualizado o período de pousio[70] no tocante às atividades agrossilvipastoris[71], isto é, mesmo que esteja durante o intervalo natural para possibilitar a recuperação da capacidade de uso ou da estrutura física do solo, tal lapso temporal não seja compreendido como ausência da atividade humana no local.

Afora esse regime teoricamente geral, especificadamente à APP previu o legislador no artigo 61-A a "continuidade das atividades agrossilvipastoris, de ecoturismo e de turismo rural em áreas rurais consolidadas *até* 22 de julho de 2008".

Analisando, então, o que é *permitido*, percebe-se que, mais do que o contido no artigo 3º, IV, da Lei 12.651/12, viabilizou o legislador em considerar como área consolidada em APP tanto as atividades agrossilvipastoris, como também aquelas de ecoturismo e de turismo rural - a denotar um rol mais amplo de atividades[72]-, mas ressalvada, pelo legislador[73], a necessidade de serem observados critérios técnicos de conservação do solo e da água indicados no PRA previsto na Lei 12.651/12, inclusive sendo vedada a conversão de novas áreas para uso alternativo do solo nesses locais[74].

Outrossim, caso se trate de área consolidada em APPs específicas (i. as encostas ou partes destas com declividade superior a 45°, ii. as bordas dos tabuleiros ou chapadas, iii. no topo de morros, montes, montanhas e serras, iv. áreas em altitude superior a 1.800

68. No tópico próprio será abordada essa questão no ambiente *urbano*.
69. A menção a 22 de julho de 2008 é motivada pelo fato de que, naquela data, entrou em vigor o Decreto 6.514/2008, criando diversas obrigações aos proprietários rurais, inclusive a averbação das áreas de reserva legal.
70. Art. 3º, XXIV, Lei 12.651/12 - pousio: prática de interrupção temporária de atividades ou usos agrícolas, pecuários ou silviculturais, por no máximo 5 (cinco) anos, para possibilitar a recuperação da capacidade de uso ou da estrutura física do solo.
71. Detalhe importante é a admissão do regime de *pousio* para esta atividade, significando uma interrupção temporária de até 5 (cinco) anos. O que implica dizer que, ainda que atividade esteja interrompida, não significa que ela não esteja apta a ser reconhecida como consolidação, a se permitir a sua continuidade.
72. A princípio, apresenta-se como um rol exaustivo de atividades (exclusivamente), até mesmo porque não se pode interpretar uma norma de exceção senão de forma restritiva. Nada obstante, da leitura do §9º do artigo 61-A, da Lei 12.651/12, há quem compreenda que seja uma abertura para outras hipóteses de reconhecimento de área consolidada (ANTUNES, Paulo de Bessa. Op. cit.).
73. Art. 61-A, §11, da Lei 12.651/12.
74. Ora, essa vedação de conversão de novas áreas para uso alternativo do solo nesses locais nada mais significa do que o impedimento ao proprietário/possuidor de se aproveitar da benesse legal, para ampliar o horizonte da área efetivamente reconhecível como sendo de situação consolidada.

metros), será admitida a manutenção de atividades florestais, culturas de espécies lenhosas, perenes ou de ciclo longo, bem como da infraestrutura física associada ao desenvolvimento de atividades agrossilvipastoris[75], vedada a conversão de novas áreas para uso alternativo do solo[76] – mas, independentemente, tudo é condicionado à adoção de práticas conservacionistas do solo e da água indicadas pelos órgãos de assistência técnica rural.

ATENÇÃO

Está expressamente permitida a manutenção de residências e da infraestrutura associada às atividades agrossilvipastoris, de ecoturismo e de turismo rural, inclusive o acesso a essas atividades. Porém, tal permissão apenas ocorre se constatado que na área inexista risco à vida ou à integridade física das pessoas[77].

De outro lado, da literalidade do artigo 3º, IV verifica-se que, ao estipular as condições *preexistentes* a 22 de julho de 2018, destoa o próprio legislador ao mencionar as condições *até* dia 22 de julho de 2018, a repercutir na dúvida sobre o dia 22 estar ou não incluído na análise do contexto fático envolvendo a questão.

Ora, confrontando os dois dispositivos (art. 3º, IV, e art. 61-A, *caput*), pode-se compreender que a configuração como área consolidada é regida pelo artigo 3º, IV, a exigir que a ocupação antrópica seja anterior a 22 de julho de 2008, ao passo que, quanto às atividades que o artigo 61-A, *caput*, especifica para conceder o regime diferenciado em APP, devem estar presentes até o dia 22 de julho de 2008.

Independentemente disso tudo, impõe salientar que o reconhecimento como área consolidada em APP não implica na exclusão da necessidade de recomposição da vegetação do local. O que ocorre é que o legislador *(a)* concede uma autorização a continuidade das atividades que assinala, inclusive com as estruturas edificadas, e, *(b)* estruturou um regime diferenciado de recomposição, menos rigoroso[78], porém de obrigatória realização – conforme se analisará em tópico próprio.

75. Sem prejuízo, importa destacar que o legislador, ainda admite, nas Áreas de Preservação Permanente, previstas no inciso VIII do art. 4º (bordas dos tabuleiros ou chapadas), dos imóveis rurais de até 4 (quatro) módulos fiscais, no âmbito do PRA, a partir de boas práticas agronômicas e de conservação do solo e da água, mediante deliberação dos Conselhos Estaduais de Meio Ambiente ou órgãos colegiados estaduais equivalentes, a consolidação de outras atividades agrossilvipastoris, ressalvadas as situações de risco de vida.

76. Detalhe, o pastoreio extensivo nos locais referidos no caput deverá ficar restrito às áreas de vegetação campestre natural ou já convertidas para vegetação campestre, admitindo-se o consórcio com vegetação lenhosa perene ou de ciclo longo.

77. Art. 61-A, §12, Lei 12.651/12.

78. Não busca o legislador que haja o exato retorno ao *status quo* anterior a intervenção humana, mas sim almeja conciliar essa interrelação entre homem e natureza, abrindo mão do rigor protetivo do meio ambiente, em prol, em verdade, do desenvolvimento sustentável, permitindo que sejam mantidas as atividades relacionadas, sem prejuízo de se efetuar a recomposição em patamar aceitável – e não o ideal do ponto de vista puramente ambiental. Inclusive, no tópico próprio será examinada detidamente essa disciplina peculiar de exigência de recomposição.

3.5.1. Áreas consolidadas: aplicação da teoria do fato consumado?

Questão que muito provavelmente será discutida e cobrada em concursos diz respeito à aplicação da teoria do fato consumado no direito ambiental, em especial confrontando com a ideia de área consolidada, admitida na Lei 12.651/12, que, inclusive, foi *chancelada* pelo Supremo Tribunal Federal, quando do julgamento da constitucionalidade da referida Lei, em diversos dispositivos.

Tomando como referências princípios de envergadura constitucional, em especial a segurança jurídica, argumenta-se a respeito da teoria do fato consumado, para preservar os interesses do particular, mesmo que tenha por base uma irregularidade, a despeito de sua aparente legalidade[79].

Aliás, tem-se considerado que essa aparente legalidade estaria presente em duas situações. A primeira, quando inicialmente válida por conta de uma decisão judicial precária, que, posteriormente (e muito tempo depois), foi cassada/revogada, por uma nova decisão judicial[80]. O decurso do tempo entre essas decisões conflitantes, cujo gozo de efeitos estaria o interessado de boa-fé, faz com que se discutem os efeitos que esta nova decisão produzirá, mais propriamente se terá efeitos *ex nunc*[81].

> A união dos aspectos material e metodológico parece apta a fornecer o conceito de situação de fato consolidada. Ao contrário do que sua denominação leva a crer, o fato consumado não é a constatação da ocorrência de um fato jurídico, mas a convalidação judicial da prática de ato jurídico em sentido amplo - um ato ilícito - autorizada em liminar. A concepção jurisprudencial traduzida pelo adjetivo consumado destoa dos modernos conceitos utilizados para designar o fenômeno da subsunção de fatos à norma jurídica. (...) O fato consumado é o tópico jurisprudencial pretensamente a serviço da equidade por meio do qual o Judiciário, em sentença, ratifica a liminar autorizadora da prática de ato ilícito, apenas porque, no momento de apreciar o mérito da causa, o detentor do provimento cautelar ilegal já desenvolveu, de fato, a atividade que lhe interessava[82].

Ademais, uma segunda situação que se visualiza essa problemática é de seara administrativa, tendo por origem um ato administrativo irregular (por exemplo uma contratação sem concurso válido), cuja anulação do ato deve ter seus efeitos analisados com razoabilidade, na medida em que a desconstituição dos efeitos de atos administrativos já realizados há vários anos, inevitavelmente fere aquela sensação de imutabilidade que se cristalizou[83].

---

79. STJ - REsp 650.728 / SC - DJ 02.12.2009.
80. STF - MC 2.900-RS; STJ - REsp 709.934/RJ, DJ 29.06.2007.
81. Inclusive, a modulação dos efeitos regrada pela Lei 9.868/99 representa um exemplo concreto da tentativa de conciliar essa situação.
82. FERREIRA, Odim Brandão. Fato Consumado. História e crítica de uma orientação da jurisprudência federal. Porto Alegre: Fabris, 2002, p. 114-115.
83. Um exemplo desse cenário consiste a compreensão da *teoria do funcionário de fato*, contratado de forma irregular, mas cuja irregularidade apenas se reconheceu (administrativa ou judicialmente) passado considerável tempo, em razão do que, a despeito de não ser possível afastar a norma constitucional que exige concurso pú-

Assim sendo, e sem ter espaço para alongar no instigante assunto, pode-se afirmar que a teoria do fato consumado toma para si os argumentos de sustentar-se (a) na expectativa de direito dos administrados em função dos atos administrativos, (b) na segurança jurídica, (c) na própria boa-fé objetiva e, dentre outros, (d) na razoabilidade.

Em síntese, trata-se de um mecanismo interpretativo que prestigia a confiança na juridicidade e/ou na conduta (ativa ou omissiva) do administrador público, daquilo que ocorreu em detrimento, muitas vezes, do exato teor da lei.

Ocorre que, a respeito da aplicação desta teoria do Fato Consumado no âmbito do Direito Ambiental, a jurisprudência apresenta-se de modo enfática ao pontuar a sua *inaplicabilidade*, conforme se confere da S. 613 do STJ, quando expressa que *"não se admite a aplicação da teoria do fato consumado em tema de Direito Ambiental"*.

E, tal inaplicabilidade, segundo se observa do entendimento jurisprudencial consolidado[84] – que embasou referido entendimento sumulado –, sustenta-se na compreensão de (i) ser impossível perpetuar ou perenizar um alegado direito de poluir, (ii) não haver direito adquirido de poluir ou degradar o meio ambiente, (iii) a omissão do Poder Público – que não é o proprietário do patrimônio ambiental – não repercute na aquisição de direito pelo particular, etc.

Com efeito, materializa-se a compreensão de que não se pode reconhecer um direito a situações que causam danos ao meio ambiente sob a alegação que os efeitos de uma eventual degradação já estavam consolidados no tempo, ressaltando que a aceitação da teoria equivaleria a perpetuar o suposto direito de poluir, de degradar, indo de encontro ao postulado do meio ambiente equilibrado, bem de uso comum do povo essencial à qualidade sadia de vida, até mesmo porque, de certo modo, poluir representa um apossamento irregular de um bem coletivo por um particular que agiu inadequadamente, furtando a coletividade de usufruir o bem que lhe pertence.

Ocorre que, nada obstante, é possível visualizar que a noção de área consolidada, prevista na Lei 12.651/12, representaria a inserção da teoria do fato consumado no ordenamento jurídico, na medida em que, a grosso modo, as áreas consolidadas significam a admissão de atuação – e sua permanência – que, a rigor, são vedadas pelo ordenamento jurídico.

A respeito desse cenário, perfeito o entendimento lançado na doutrina, segundo o qual "não é possível tolerar extremismos (fundamentalismos) ecológicos ou mesmo compreensões 'maniqueístas' do fenômeno ambiental, de modo a não se admitir uma tutela ecológica que desconsidere as mazelas sociais que estão, conforme já se assinalou anteriormente, na base de qualquer projeto político-econômico-jurídico que mereça a qualificação de sustentável"[85].

De fato, considerando que, antes de tudo, o próprio Direito Ambiental tem por meta o desenvolvimento sustentável, cumpre reiterar a ideia já lançada, no sentido de que,

blico, não será permitida a permanência no serviço público, mas, ao mesmo tempo, não será exigível qualquer restituição de valores desse indivíduo que, de boa-fé, prestou seus serviços, sendo que, pensar ao contrário representaria – no mínimo – um locupletamento indevido pelo Poder Público.

84. Nesse sentido, STJ – AgRg no REsp 1.491.027/PB – *DJe* 20/10/2015; STF – AgR no RE 609.748 – *DJe* 13-09-2011.

85. SARLET, Ingo Wolfgand, e FENSTERSEIFER, Tiago. Op. cit., p. 63.

sendo composto de preocupação quanto ao fator econômico, sem prejuízo das questões ambientais e sociais, um não pode ser levado a efeito, de modo a aniquilar o outro. Isto é, a tutela ambiental não pode ser vista com tanto rigor, a ponto de inibir completamente os demais elementos que formatam o desenvolvimento sustentável.

Inclusive, bem observadas as hipóteses admissíveis de área consolidada[86], dúvidas não há de que se busca a materialização da atenção tanto a fatores econômicos, como sociais, viabilizando, por exemplo, a continuidade de atividade de ecoturismo, tal como permitindo a regularização da moradia daqueles que se encontram em situação precária, mesmo que dentro de APP.

> (...) de nada adianta – porque isso igualmente afasta os preceitos de nossa Constituição Federal – que nossos atos e normas se voltem a assegurar que o ambiente natural se mantenha "intocável", se isso não for economicamente viável e socialmente justo[87].

3.5.2. APP em unidade de conservação

Abre-se o presente tópico para conferir o devido destaque à peculiaridade existente quando se tratar de APP situada em Unidade de Conservação de Proteção Integral, em que, como *regra,* não é possível reconhecer a situação de área consolidada, se a Unidade[88] tiver sido criada anteriormente à publicação da Lei 12.651/12.

Porém, será viável pensar em área consolidada em APP se (1) houver disposição peculiar em sentido contrário no Plano de Manejo, e, (2) o proprietário, possuidor ou ocupante atender a todas as medidas ali indicadas[89].

Por fim, frise-se que, quanto às unidades de conservação de Uso Sustentável não há qualquer peculiaridade à parte, sendo que seu regime jurídico em nada interfere quanto às regras de área consolidada em APP.

3.5.3. APP em área urbana

A princípio, de rigor destacar que, longe de qualquer dúvida, o legislador de 2012 foi expresso quanto ao reconhecimento da existência de APP em área urbana, ao dispor no artigo 4°, *caput*, ao delimitar as áreas de preservação permanente, incluindo as zonas urbanas indistintamente às áreas rurais.

Aliás, mais do que isso, é de realçar a própria aplicabilidade da Lei 12.651/12 sobre as áreas urbanas, e, em conjunto, a inaplicabilidade da teoria do fato consumado (S. 613

86. Art. 61-A, Lei 12.651/12.
87. MILARÉ. Édis. Op. cit., p. 1.644.
88. Lembre-se que, segundo artigo 8°, da Lei 9.885/00, são Unidades de Conservação de Proteção Integral, a Estação Ecológica, a Reserva Biológica, o Parque Nacional (Estadual ou Municipal), o Monumento Natural e o Refúgio de Vida Silvestre.
89. Art. 61-A, §16, Lei 12.651/12.

– STJ), bem como se afastando eventuais argumentos de direito adquirido à manutenção de situação que gere prejuízo ao meio ambiente[90].

Superado esse ponto, cumpre verificar sobre a possibilidade de reconhecimento de área consolidada em ambiente de APP urbana, com a concretização de respectivo regime diferenciado de manutenção de interferência humana, bem como da necessidade afrouxada de recomposição.

Ainda que a normatividade, a princípio, volta-se ao contexto *rural*[91], impende verificar que o artigo 3º, IX, alínea "d", ao tratar das hipóteses que excepcionam a vedação de intervenção em APP sob o rótulo de interesse social, possibilita-a quando o for para regularização fundiária de assentamentos humanos ocupados predominantemente por população de baixa renda em áreas urbanas consolidadas, observadas as condições estabelecidas na Lei nº 11.977, de 7 de julho de 2009 (que dispõe sobre o Programa Minha Casa Minha Vida).

Inclusive, referida Lei 11.977/09 trazia[92] em seu seio expressa definição de área urbana consolidada, que seria a parcela de área urbana, com densidade demográfica superior a 50 (cinquenta) habitantes por hectare e malha viária implantada e que tenha, no mínimo, 2 (dois) dentre os seguintes equipamentos de infraestrutura urbana implantados: a) drenagem de águas pluviais urbanas; b) esgotamento sanitário; c) abastecimento de água potável; d) distribuição de energia elétrica; ou e) limpeza urbana, coleta e manejo de resíduos sólidos.

Nada obstante, tendo referido dispositivo sido revogado, e renovada a disciplina referente aos casos de regularização fundiária, especificadamente os artigos 64 e 65 da Lei 12.651/12, com redação dada pela Lei 13.465/17[93], direcionam-se a reger, respectivamente, os casos de *Regularização Fundiária Urbana de interesse social (Reurb-S)*[94] e *de interesse específico (Reurb-E)*, e, embora não façam mais menção à expressão "área urbana de ocupação consolidada"[95], tem por proposta regularizar ocupações informais consolidadas nas áreas urbanas, de moradias em condições e em locais precários.

Com efeito, segundo expresso no artigo 9º da Lei 13.465/17, proceder à Regularização Fundiária implica na adoção de medidas jurídicas, urbanísticas, ambientais e sociais destinadas à incorporação dos núcleos urbanos informais[96] ao ordenamento territorial urbano e à titulação de seus ocupantes.

---

90. STJ – AgInt no AgInt no AgInt no AREsp 747.515 / SC – *DJe* 15/10/2018.
91. Art. 3º, IV, da Lei 12.651/12 é expresso quanto à área *rural* consolidada.
92. A definição em questão estava disposta no artigo 47, II, da Lei 11.977/09, que veio a ser expressamente revogado pela Medida Provisória 759/16, e, de forma definitiva, pela Lei 13.465/17.
93. Essencialmente, esta Lei 13.465/17 dispõe sobre a regularização fundiária rural e urbana.
94. Anote-se que a Lei 13.465/17 também dispõe de regularização fundiária rural, e, como outra modalidade de regularização fundiária urbana, há a *de interesse específico (Reurb-E)*
95. Assim era na redação originária, mas que foi alterada com o advento da Lei 13.465/17. Aliás, é de se observar que, ao que tudo indica, houve uma imprecisão por parte do legislador, pois sua interferência na Lei 13.240/15 (art. 8º, §1º, II) e na Lei 11.952/09 (art. 22, §2º, "áreas com ocupações para fins urbanos já consolidadas"), ambas de aplicação apenas no âmbito da União, ocorreu de forma a ser preservada a expressão "área urbana consolidada" ou similar.
96. Art. 11, II, Lei 13.465/17 – núcleos urbanos informais: aquele clandestino, irregular ou no qual não foi possível realizar, por qualquer modo, a titulação de seus ocupantes, ainda que atendida a legislação vigente

ATENÇÃO

A regularização fundiária exige para além da consolidação, um piso mínimo de segurança e salubridade habitacional e, por isso, em áreas de risco ou áreas insalubres, despidas de nível adequado de habitabilidade, não pode haver regularização alguma, enquanto perdurar a situação de insegurança ou insalubridade[97].

De tudo isso, verifica-se que, no âmbito *urbano*, há o devido cuidado para com as situações de ocupação consolidada, a respeito do que, mesmo que se trate de Área de Preservação Permanente, há o seu reconhecimento pelo Direito, observando que, pelo teor dos artigos 64 e 65, da Lei 12.61/12, é imprescindível conciliar tanto as questões de regularização territorial, como os fatores sociais e ambientais, na medida em que é sempre necessária a existência, no processo de regularização, de estudo técnico que demonstre a melhoria das condições ambientais em relação à situação anterior[98], inclusive por meio de compensações ambientais, se for o caso[99].

Inclusive, essa mesma exigência ocorre se o núcleo informal estiver situado, total ou parcialmente, em área de unidade de conservação de uso sustentável[100] ou de proteção de mananciais

Contudo, quando se tratar de APP administrativa criada, com fulcro no art. 6º, VIII, da Lei 12.651/12, para auxiliar a *defesa do território nacional*, não será possível proceder à regularização fundiária, isto é, conferir o tratamento de área consolidada em APP – admitindo-se sua permanência –, haja vista que a Lei 13.465/17 expressamente exclui de seu campo de aplicação os casos cujos núcleos urbanos informais estejam situados em áreas indispensáveis à segurança nacional ou de interesse da defesa, assim reconhecidas em decreto do Poder Executivo federal[101].

Um detalhe a ainda acrescer diz respeito ao contexto em que a regularização imobiliária envolver ocupação situada às margens de reservatórios artificiais de água destinados à geração de energia ou ao abastecimento público, em que, segundo expressamente disciplinou o legislador[102], a faixa da área de preservação permanente consistirá na dis-

---

à época de sua implantação ou regularização. É de se assinalar que, no inciso III, o legislador faz distinção, referindo-se a núcleos urbanos informais *consolidados*, que seriam aqueles de difícil reversão, considerados o tempo da ocupação, a natureza das edificações, a localização das vias de circulação e a presença de equipamentos públicos, entre outras circunstâncias a serem avaliadas pelo Município.

97. Vide http://anpur.org.br/app-urbana-2014/anais/ARQUIVOS/GT3-31-37-20140518162100.pdf. – consultado em 31 de outubro de 2018.

98. Art. 64, §1º, e art. 65, §1º, ambos da Lei 12.651/12.

99. Art. 11, §2º, Lei 13.465/17.

100. Para esta hipótese de situar-se em Unidade de Uso Sustentável, impõe acrescer que será exigida também a anuência do órgão gestor da unidade.

101. Art. 11, §5º, Lei 13.465/17.

102. Art. 11, §4º, Lei 13.465/17.

tância entre o nível máximo operativo normal e a cota máxima *maximorum*[103] – e não os parâmetros regulares, qual seja a faixa mínima de 15 (quinze) metros e máxima de 30 (trinta) metros por ser área urbana.

Frise-se que, segundo se compreende, no cenário urbano as APPs tem essencial papel de proteção da biodiversidade, com suas funções ambientais, como também de, inclusive, promover a própria segurança da população.

Com efeito, basta verificar o teor das próprias funções ou serviços ambientais, dentre os quais destacam-se: *(a)* a proteção do solo prevenindo a ocorrência de desastres associados ao uso e ocupação inadequados de encostas e topos de morro; *(b)* a proteção dos corpos d'água, evitando enchentes, poluição das águas e assoreamento dos rios; *(c)* a manutenção da permeabilidade do solo e do regime hídrico, prevenindo contra inundações e enxurradas, colaborando com a recarga de aquíferos e evitando o comprometimento do abastecimento público de água em qualidade e em quantidade; *(d)* a função ecológica de refúgio para a fauna e de corredores ecológicos que facilitam o fluxo gênico de fauna e flora, especialmente entre áreas verdes situadas no perímetro urbano e nas suas proximidades; *(e)* a atenuação de desequilíbrios climáticos intra-urbanos, tais como o excesso de aridez, o desconforto térmico e ambiental e o efeito "ilha de calor"[104].

Por fim, uma questão terminológica merece atenção qual seja o *uso alternativo do solo*. A princípio, e com viés claramente rural, o uso alternativo do solo representa a substituição da vegetação nativa por uma atividade antrópica, em especial as agropecuárias. Nada obstante, o mesmo dispositivo que traz a definição de uso alternativo do solo[105] não se esquece de mencionar, dentre os exemplos que arrola, (a) os assentamentos urbanos e (b) outras formas de ocupação humana, que, sem delimitar, com exatidão, qual a tipologia destas ocupações, o que demonstra uma abertura legislativa para variadas hipóteses de intervenção, em razão do que é possível assinalar a existência de duas situações relacionadas ao ambiente urbano.

3.6. Recomposição de APPs

Antes de tudo, é imperioso compreender que, tendo em vista essas situações excepcionais que pairam sobre as áreas de preservação permanente, como consequência também existem exceções quanto à regra geral de sua recomposição, em razão do que passa-se a

---

103. A cota máxima maximorum é a cota máxima operacional (distinguindo-se da cota máxima normal de operação do reservatório, sendo, pois, o maior nível possível, após o qual as comportas necessitam ser abertas para dar vazão à água). Tal como rege o artigo 62, da Lei 12.651/17, para os casos de concessão celebrados antes da Medida Provisória 2.166-67/2001. Mas, vale registrar, nos termos do art. 5°, da Lei 12.651/17, em condições normais, na implantação de reservatório d'água artificial destinado a geração de energia ou abastecimento público, observar-se-á a faixa mínima de 30 (trinta) metros e máxima de 100 (cem) metros em área rural, e a faixa mínima de 15 (quinze) metros e máxima de 30 (trinta) metros em área urbana.

104. Vide http://www.mma.gov.br/cidades-sustentaveis/areas-verdes-urbanas/%C3%A1reas-de-prote%C3%A7%-C3%A3°-permanente.html, consultado em 22 de outubro de 2018.

105. Art. 3°, VI, Lei 12.651/12 – uso alternativo do solo: substituição de vegetação nativa e formações sucessoras por outras coberturas do solo, como atividades agropecuárias, industriais, de geração e transmissão de energia, de mineração e de transporte, assentamentos urbanos ou outras formas de ocupação humana.

abordar o tema de forma segmentada, tratando inicialmente da regra geral, para, após, analisar as situações legais excepcionais.

3.6.1. *Regra geral*

Basicamente, a regra geral está insculpida no artigo 7º, da Lei 12.651/12, impondo-se a necessidade de que a vegetação seja permanentemente mantida em seu estado natural, sendo que, caso venha a ocorrer a supressão, o proprietário da área, o possuidor ou o ocupante, solidariamente, possuem a obrigação de recompor a vegetação, tornando-a ao às sua composição originária e natural.

Detalhe realçado no §2º, do artigo 7º, é no sentido de que se trata de obrigação *propter rem*, vinculado à coisa, de tal modo que se transmite ao sucessor da propriedade ou posse[106].

Portanto, a regra básica é a obrigação de recompor a vegetação ao seu *status quo ante* - não se esquecendo de que, em área de APP, a regra é a impossibilidade de intervenção humana.

3.6.2. *Em área consolidada*

Excepcionando a regra geral, verificam-se as hipóteses que envolvem exatamente o reconhecimento de área consolidada em APP, que, tal como já afirmado anteriormente, a despeito de se admitir a presença/atividade humana onde não seria possível, exige-se - sim - a recomposição da vegetação, muito embora de forma menos rigorosa - cenário este em que surgem as exceções à regra geral.

Antes da exposição quanto às respectivas hipóteses de exceção à regra, é imperioso assinalar que sobre elas há um regime geral, a se iniciar pela própria exigência de que a área esteja configurada como consolidada em 22 de julho de 2008[107], sendo, aliás, imprescindível que essa informação esteja assinalada no CAR (Cadastro Ambiental Rural), exigência esta acompanhada da necessidade de técnicas de conservação do solo e da água que visem à mitigação dos eventuais impactos[108], sem prejuízo de adoção de boas práticas agronômicas[109].

Cuidou o legislador de traçar os métodos a serem utilizados, isolada ou conjuntamente, para a recomposição da APP com áreas consolidadas, quais sejam (a) a condução de regeneração natural de espécies nativas; (b) o plantio de espécies nativas; (c) o plantio de espécies nativas conjugado com a condução da regeneração natural de espécies nativas; (d) o plantio intercalado de espécies lenhosas, perenes ou de ciclo longo, exóticas com nativas de ocorrência regional, em até 50% (cinquenta por cento) da área total a ser

106. A lei não fala em transmissão de ocupação, até porque esta se mostra irregular, não havendo como pensar, de forma legal, que esta se transmita.

107. Art. 61-A, §8º, Lei 12.651/12.

108. Art. 61-A, §9º, Lei 12.651/12.

109. Art. 61-A, §10, Lei 12.651/12.

recomposta, no caso dos imóveis a que se refere o inciso V do caput do art. 3º (pequena propriedade ou posse rural familiar).

Conforme será observado, para cada situação específica foi delineada uma metragem de APP a ser recomposta, mas que, a despeito de já ser um parâmetro legalmente fixado e de forma mais branda, o legislador prevê que em *bacias hidrográficas* consideradas críticas, conforme previsto em legislação específica, o Chefe do Poder Executivo poderá, em ato próprio, estabelecer metas e diretrizes de recuperação ou conservação da vegetação nativa *superiores*, como projeto prioritário, ouvidos o Comitê de Bacia Hidrográfica e o Conselho Estadual de Meio Ambiente. Isto é, a despeito da previsão de situação mais branda, é possível fixar a faixa de APP a ser recomposta em metragem maior, se se situar em bacia *hidrográfica* considerada crítica[110].

Ademais, por mais que as exigências de recomposição a cada APP especificada já sejam brandas, o legislador previu uma situação capaz de amenizar ainda mais o rigor protetivo, sendo que, caso os proprietários e possuidores detivessem, em 22 de julho de 2008, (a) até 10 (dez) módulos fiscais e (b) desenvolvessem atividades agrossilvipastoris nas áreas consolidadas em Áreas de Preservação Permanente, admite-se, somando-se todas as Áreas de Preservação Permanente do imóvel (inclusive aquelas sobre as quais não se reconhece como áreas consolidadas), que a recomposição seja feita até atingir as seguintes metas: (I) 10% (dez por cento) da área total do imóvel, para imóveis rurais com área de até 2 (dois) módulos fiscais, e (II) 20% (vinte por cento) da área total do imóvel, para imóveis rurais com área superior a 2 (dois) e de até 4 (quatro) módulos fiscais.

Ainda, quando se tratar de assentamentos de Programa de Reforma Agrária, a área do imóvel a ser levada em consideração, que diretamente repercute nos respectivos espaços a serem recomposição, será aquela demarcada individualmente, objeto de contrato de concessão de uso, até a titulação por parte do Instituto Nacional de Colonização e Reforma Agrária (Incra), quando se tratar de APP ao longo ou no entorno de cursos d'água, lagos e lagoas naturais.

3.6.2.1. *Áreas consolidadas em Áreas de Preservação Permanente ao longo de cursos d'água naturais*

A primeira exceção[111] diz respeito aos imóveis rurais com área de até 1 (um) módulo fiscal, em que, quanto às áreas consolidadas em Áreas de Preservação Permanente ao longo de cursos d'água naturais, será obrigatória a recomposição das respectivas faixas marginais em 5 (cinco) metros, contados da borda da calha do leito regular, independentemente da largura do curso d´água.

Na sequencia, impõe o legislador que, na mesma situação, porém cuja dimensão do imóvel rural seja superior a 1 (um) módulo fiscal e de até 2 (dois) módulos fiscais, constando-se a presença de áreas consolidadas em Áreas de Preservação Permanente ao longo

110. Art. 61-A, §17, Lei 12.651/12.

111. Art. 61-A, §1º, Lei 12.651/12.

de cursos d'água naturais, será obrigatória a recomposição das respectivas faixas marginais em 8 (oito) metros, contados da borda da calha do leito regular, independentemente da largura do curso d´água.

Prosseguindo no mesmo cenário, mas com área superior a 2 (dois) módulos fiscais e de até 4 (quatro) módulos fiscais, a existência de áreas consolidadas em Áreas de Preservação Permanente ao longo de cursos d'água naturais, faz com que a exigência de recomposição seja das respectivas faixas marginais em 15 (quinze) metros, contados da borda da calha do leito regular, independentemente da largura do curso d'água.

Ainda sobre a existência de áreas consolidadas em Áreas de Preservação Permanente ao longo de cursos d'água naturais, em se tratando de imóvel rural com área superior a 4 (quatro) módulos fiscais, será obrigatória a recomposição da faixa de mínimo de 20 (vinte) e o máximo de 100 (cem) metros, contados da borda da calha do leito regular, conforme determinação do PRA (Programa de Regularização Ambiental).

Com efeito, quando se trata de APP consistente em vegetação ao longo de cursos d'água naturais, enquanto que a regra contida no artigo 4º, I, assinala por uma medida mínima de 30 metros até chegar a 500 metros – a depender da largura do curso d'água –, o legislador excepciona no sentido de, em havendo área consolidada, estas medidas alteram-se, exigindo-se a recomposição de 5 cinco metros, 8 metros, 15 metros, ou 20 a 100 metros, cujo critério é a dimensão da área rural (e não da APP), frisando que, quanto à última (entre 20 e 100 metros), a variação depende daquilo que estiver estipulado no Programa de Regularização Ambiental (PRA).

ATENÇÃO

Distinguem-se nos seguintes pontos:

a. Presença de área consolidada;

b. Faixas de APP a serem recompostas;

c. Critério para dimensionar o tanto a ser recomposto;

- **i. Regra geral: considera-se a dimensão do curso d'água**
- **ii. Exceção: considera-se o tamanho da propriedade rural**

3.6.2.2. *Áreas consolidadas em Áreas de Preservação Permanente no entorno de nascentes e olhos d'água perenes [e intermitentes]*[112]

Diz o legislador que, a despeito de se admitir a manutenção de atividades agrossilvipastoris, de ecoturismo ou de turismo rural, nas áreas rurais consolidadas em Áreas de

112. De se salientar que, em que pese o STF, no julgamento das ADIs e da ADC, não tenha feito expressa manifestação quanto a esse dispositivo legal, pela lógica como aquela Suprema Corte se posicionou na ADI 4.903 no que diz respeito ao artigo 3º, XVII e art. 4º, IV, dúvidas não há de que devem ser consideradas também as situações de intermitência, restando afastadas do regime de APP apenas os casos de efemeridade.

Preservação Permanente no entorno de nascentes e olhos d'água perenes, será obrigatória a recomposição do raio mínimo de 15 (quinze) metros[113] - diferentemente do que se exige dentro da regra geral, de obediência ao raio mínimo de 50 metros.

3.6.2.3. *Áreas consolidadas em Áreas de Preservação Permanente no entorno de lagos e lagoas naturais*

Relativamente às APPs existentes no entorno de lagos e lagoas naturais, onde, configurada a situação de área consolidada, admite-se - inclusive - a manutenção de atividades agrossilvipastoris, de ecoturismo ou de turismo rural, o legislador não deixou de exigir a recomposição da área, porém o fez de forma mais branda, exigindo que haja a largura mínima:

I - 5 (cinco) metros, para imóveis rurais com área de até 1 (um) módulo fiscal;

II - 8 (oito) metros, para imóveis rurais com área superior a 1 (um) módulo fiscal e de até 2 (dois) módulos fiscais;

III - 15 (quinze) metros, para imóveis rurais com área superior a 2 (dois) módulos fiscais e de até 4 (quatro) módulos fiscais; e

IV - 30 (trinta) metros, para imóveis rurais com área superior a 4 (quatro) módulos fiscais.

De se perceber que se trata de seguir a mesma lógica implantada para os casos de área consolidada em APP ao *longo de cursos d'água naturais*, cujo critério para definição da faixa a ser recomposta é condizente com o tamanho da propriedade, e não em relação à peculiaridade ambiental em relação a qual a APP desempenha sua função ambiental.

3.6.2.4. *Áreas rurais consolidadas em Veredas*

Relembrando, a regra geral (sem área consolidada) impõe a observância de uma faixa de 50 metros a título de APP, que margear a zona permanentemente úmida, que, de certo modo, abarcará tanto área marcadamente úmida (embora não o ano todo), como aquela vegetação que lhe é vizinha, e que tem, dentre suas funções ambientais, a de auxiliar na preservação daquela.

Nada obstante, entendeu por bem o legislador em relativizar essa regra quando se tratar de área rural consolidada, prevendo que essa faixa, em projeção horizontal seja de:

I - 30 (trinta) metros, para imóveis rurais com área de até 4 (quatro) módulos fiscais; e

II - 50 (cinquenta) metros, para imóveis rurais com área superior a 4 (quatro) módulos fiscais.

Daí, a princípio a diferença apresenta-se, então, quando se tratar de imóvel rural com até 4 módulos fiscais, sendo que, maior do que isso, mantém-se a necessidade de observância de 50 metros.

---

113. Art. 61-A, §5º, Lei 12.651/12.

Contudo, há uma peculiaridade: o legislador, para a regra geral, estipulou que os 50 metros devem ser levados em consideração a partir do espaço *permanentemente* brejoso e encharcado, enquanto que, para as áreas rurais consolidadas, é a partir do espaço brejoso e encharcado. Ou seja, não se repetiu a expressão "permanentemente".

Bem analisando, compreende-se que aquele lugar *permanentemente* brejoso e encharcado encontra-se mais para o interior da área a respeito da qual a APP exerce sua função ambiental, de modo que, ao contrário, isto é, onde não é permanentemente representa uma faixa mais ampla. Daí, se levado ao pé da letra, o marco para a APP com área consolidada seria mais amplo do que a regra geral, a distorcer a proposta de uma recomposição mais ampla.

Por conta disso, entende-se que a não repetição da expressão *permanentemente* não deve ser lida ao pé da letra, mas como mero erro material do legislador, cuja omissão não deve levar a intepretação de um marco distinto daquele fixado para a regra geral.

3.6.2.5. APP urbana

Além de tudo, é importante atentar-se ao fato de que o legislador previu que, para os casos de regularização ambiental de imóveis urbanos com situação de áreas consolidadas, ao longo dos rios ou de qualquer curso d'água, será mantida faixa não edificável com largura mínima de 15 (quinze) metros de cada lado.

Sem prejuízo, se se tratar de áreas urbanas tombadas como patrimônio histórico e cultural, a faixa não edificável acima mencionada poderá ser redefinida de maneira a atender aos parâmetros do ato do tombamento.

3.7. Indenizabilidade

O presente tópico é aberto para se discutir se o reconhecimento[114] de um espaço como área de preservação permanente em uma propriedade – e seus corolários – é motivo para se indenizar o proprietário, que, de certo modo, acaba por ter reduzido o espaço de exercício do seu direito de propriedade, em especial de aproveitamento econômico sobre a sua área.

Com efeito, um entendimento que se mostra bastante majoritário é no sentido de que, a despeito da possível redução do potencial de utilização destas áreas pelo proprietário/possuidor, considera-se que esta proibição de uso e gozo integra a própria essência da

114. Questão distinta do que se está a debater neste momento, diz respeito às desapropriações, em especial à quantificação da indenização que deve ser paga ao proprietário expropriado, cuja discussão gira entorno da inclusão das APPs nesse *quantum*. E, aproveitando o ensejo, há um entendimento consolidado no sentido de que as não devem ser objeto de indenização, haja vista que a sua perda pelo proprietário, economicamente, não repercute em um decréscimo no patrimônio, sendo que, ausente de proveito econômico, não há embasamento para ser indenizado (STJ- REsp 1.090.607). Nada obstante, há entendimento no sentido contrário, sob o argumento de que a limitação legal não elimina o valor econômico das matas protegidas (TJRS. Apelação Cível Nº 70045502788, DJe de 06/05/2013), tal como existe aquela corrente que, *a priori*, afasta a indenização, exceto de demonstrada a exploração econômica anteriormente aos atos de expropriação e se comprovada a viabilidade de exploração da mata nativa (STJ – REsp 1395597 – *DJe* 13.11.2013)

propriedade – na linha do que ocorre em relação ao princípio da função social da propriedade, conforme já pontuado no Capítulo III[115].

De outro lado, aborda-se a problemática também pela seara do Direito Administrativo, visualizando que a existência de uma Área de Preservação Permanente (tal como uma Reserva Legal) advém de uma limitação de caráter geral a todos os proprietários[116], tal como uma típica limitação administrativa, definida na doutrina toda imposição geral, gratuita, unilateral e de ordem pública condicionadora do exercício de direitos ou de atividades particulares às exigências do bem-estar social[117]. Daí, cuida-se de imposição que não gera direito à indenização[118].

Contudo, existem algumas situações peculiares que levam à conclusão diversa, a exemplo do contexto fático cujo reconhecimento do espaço ambientalmente protegido repercute num significativo impedimento do exercício dos direitos inerentes ao proprietário, com o esvaziamento do próprio conteúdo do direito de propriedade, seja eliminando por completo o seu uso econômico ou, mesmo, as oportunidades de alienação[119].

Ademais, também se argumenta em prol da obrigação de se indenizar quando, a despeito da limitação ter contornos genéricos, acaba por atingir determinada propriedade de forma diferenciada, rompendo com a isonomia perante as demais propriedades[120].

Inclusive, especificadamente à APP instituída pelo Poder Público (art. 6º, Lei 12.651/12), há doutrina que[121] a distingue da APP legal, apontando que esta seria uma limitação administrativa com todas as suas características (restrição genérica, abstrata, aplicável a todos na mesma situação), enquanto que aquela não, deixando de ter exatamente a marca da gratuidade, a repercutir, na sua essência, na necessidade da própria desapropriação do bem[122], cuja conclusão advém da observância de que, enquanto a legislação anterior (Lei 4.771/65) falava em "declaradas pelo Poder Público", a atual norma (Lei 12.651/12) fala em "declaradas de interesse social", a impor o mesmo tratamento dado à desapropriação por interesse social.

Enfim, a despeito das variações de julgamentos que podem ser visualizados na jurisprudência[123] – inclusive – das Cortes Superiores, há uma linha de raciocínio que pode

---

115. O direito ao meio ambiente ecologicamente equilibrado compõe a própria estrutura do direito à propriedade, trazendo consigo, portanto, a obrigação de proteção do meio ambiente, bem como de combater a poluição.
116. FILHO, José dos Santos Carvalho. Manual de direito administrativo. 25ª ed. São Paulo: Atlas S.A., 2012. Na jurisprudência: STJ. Agravo Regimental no Agravo em Recurso Especial nº 155.302 – *DJE* de 20.11.2012.
117. MEIRELLES, Hely Lopes. Op. cit..
118. STJ – REsp 1.241.630 / PR – *DJe* 19/04/2017.
119. TJ/SC – Apelação Cível nº 2012.056073-0 – *DJe* de 03/12/2013. Porém, em sentido contrário, STJ. Agravo Regimental no Recurso Especial 1.361.025/MG – *DJe* 29/04/2013.
120. TJSC. Apelação Cível nº 2012.056073-0 – *DJe* de 03/12/2013
121. MILARÉ. Édis. Op. cit., p. 1.661-1.662.
122. MACHADO, Paulo Afonso Leme. *In:* MACHADO, Paulo Afonso Leme; MILARÉ. Édis (org.). Novo Código Florestal. 2ª ed. São Paulo: Revista dos Tribunais, 2013, p. 176.
123. STJ – Resp. nº 1.237.071 – *DJe* de 11-5-2011. Fixou-se a obrigação de indenizar quando resultar em ser proprietário obrigado a preservar a cobertura vegetal nativa, ou se não existente, for obrigado a promover o reflorestamento.

ser identificada, qual seja a regra da não indenizabilidade das áreas de preservação permanente, exceto se ocasionar o esvaziamento econômico da propriedade[124], ou mesmo se resultar num tratamento desigual a um determinado proprietário.

Sem prejuízo, ainda que vislumbrado como possível o pleito indenizatório, impende considerar que, se quando da aquisição do imóvel já existia a limitação sobre o bem, não há motivos para o adquirente insurgir-se, posteriormente, postulando por indenização[125], haja vista que, quando adquiriu, certamente o valor pago já envolveu toda essa repercussão que a limitação administrativa impôs à propriedade.

Ou, ainda que admitido o direito à indenização, é de rigor atentar-se para o fato de que este pode deixar de ser postulável caso transcorrido lapso prescricional, cujo prazo, segundo a atual jurisprudência, é de 10 (dez) anos, seguindo o parâmetro fixado pelo Código Civil de 2002, reduziu o prazo do usucapião extraordinário para 10 (dez) anos (art. 1.238, parágrafo único)[126].

4. RESERVA LEGAL

4.1. Introdução e definição

A Área de Reserva Legal é regida, essencialmente, nos artigos 12 ao 24, da Lei 12.651/12, sem prejuízo de sua definição legal lançada no artigo 3°, III, da Lei 12.651/12, segundo o qual Reserva Legal consiste na área localizada no interior de uma propriedade ou posse rural, com a função de assegurar o uso econômico de modo sustentável dos recursos naturais do imóvel rural, auxiliar a conservação e a reabilitação dos processos ecológicos e promover a conservação da biodiversidade, bem como o abrigo e a proteção de fauna silvestre e da flora nativa.

Visualizada essa definição legal, a seu respeito algumas considerações merecem ser feitas de plano, a se iniciar pela exclusividade de localizar-se apenas em área rural[127], distinguindo-se das áreas de preservação permanente.

124. Hipótese que gera ao proprietário o direito de demandar a respectiva indenização por meio de desapropriação indireta.

125. STJ - Agravo Regimental no Recurso Especial n° 769.405/SP - DJe de 26/06/2010; STJ - AgInt no REsp 1.713.268 / SC - DJe 15/08/2018. Considera-se que é indevido o direito à indenização se o imóvel foi adquirido após a imposição de limitação administrativa, porque se supõe que as restrições de uso e gozo da propriedade já foram consideradas na fixação do preço.

126. STJ - REsp 1654965 / SP - DJe 27/04/2017. Este julgamento deixa claro que o teor da Súmula 119 do STJ não mais subsiste, pois não é mais de 20 (vinte) anos o prazo para a usucapião extraordinária, e, por conseguinte, o prazo prescricional para postular indenização por desapropriação indireta - frisando que esta toma aquela como referência de prazo.

127. Sem prejuízo, nota-se que no cenário de Áreas Verdes Urbanas (art. 25, Lei 12.651/12), é dado ao Poder Público Municipal, quando da ocorrência de expansões urbanas, aproveitar aqueles espaços originariamente Reservas Legais, como áreas verdes urbanas, essenciais na concepção de uma cidade sustentável.

ATENÇÃO

Não é possível sua localização área urbana, sendo que, no caso da expansão da área urbana, haverá a extinção da reserva legal. Mas, frise-se, a obrigação de reserva legal só se extingue (automaticamente), quando do registro do parcelamento do solo (nos termos da Lei 6.766/79), sendo que, a mera edição da Lei municipal não desobriga ainda.

Ademais, chama a atenção materializar diretamente a concepção de desenvolvimento sustentável, na medida em que não é regida pela intocabilidade (da APP), mas, nesta vegetação resguardada, a despeito da obrigatoriedade de manutenção de vegetação nativa, admite-se o seu manejo sustentável, inclusive para fins comerciais[128].

Aliás, pela leitura da sua definição legal, verifica-se que a Área de Reserva Legal tem sua razão de existir pautada nas seguintes *funções ambientais*, quais sejam: (i) Assegurar o uso econômico de modo sustentável dos recursos naturais; (ii) Auxiliar a conservação e reabilitação dos processos ecológicos; (iii) Promover a conservação da biodiversidade; (iv) Promover o abrigo e a proteção da fauna silvestre e da flora nativa.

E, tendo em vista os referidos objetivos, a doutrina[129] assinala que a Reserva Legal não tem vínculo com a vegetação existente no local, sendo que o tipo de vegetação (cerrado, floresta, etc.) tem sua relevância apenas para a definição da fixação do percentual mínimo que deve ser obedecido pelo proprietário – cujas delimitações serão vistas a seguir.

Ainda, enquanto na legislação anterior vedava-se o cômputo de APP para fins de reserva legal, a nova norma admite expressamente, embora sob o rigor de alguns requisitos, os quais serão analisados a seguir.

Enfim, não custa lembrar que a Reserva Legal consiste numa *obrigação* que recai diretamente sobre a propriedade, pois ligada à própria coisa (*propter rem*), de resguardar parcela da área total da propriedade para manutenção de vegetação, que, segundo dispõe o artigo 17, *caput*, da Lei 12.651/12, recai sobre o proprietário, possuidor ou ocupante a qualquer título. Ou seja, o resguardo de vegetação é responsabilidade que incide sobre todos aqueles que venham a manusear a propriedade.

Aliás, importa destacar que, a respeito de sua natureza jurídica, similarmente à APP[130], a Reserva Legal é considerada como uma *limitação administrativa*[131], formatada por normas de ordem pública de caráter geral, incidindo sobre toda e qualquer propriedade rural, marcada, ainda, pela gratuidade[132].

---

128. O que será melhor analisado ainda neste Capítulo, mas em tópico próprio, embora cumpre já pontuar que, se tiver realmente fins comerciais, dependerá de autorização do órgão competente.

129. MILARÉ. Édis. Op. cit., pág. 1.678.

130. Inclusive são aproveitáveis à Reserva Legal as discussões, por exemplo, de indenizabilidade.

131. STJ – REsp 1.179.316/SP; STJ – REsp 1.240.122 – julg.: 28.06.2011

132. MILARÉ. Édis. Op. cit., p. 1.681-1.682

4.2. Localização

Conforme pontuado introdutoriamente, a área de Reserva Legal possui localização apenas na *zona rural*, mas que, para a sua devida definição de local no interior da propriedade, devem ser levados em consideração alguns estudos e critérios[133], quais sejam: (i) o plano de bacia hidrográfica; (ii) o Zoneamento Ecológico-Econômico; (iii) a formação de corredores ecológicos com outra Reserva Legal, com Área de Preservação Permanente, com Unidade de Conservação ou com outra área legalmente protegida; (iv) as áreas de maior importância para a conservação da biodiversidade; e (v) as áreas de maior fragilidade ambiental.

Assim, o local onde deverá ser preservada a vegetação no interior da propriedade rural não é de livre escolha do proprietário, mas sim fixado com base em parâmetros fixados na lei, condizentes com as próprias finalidades da Reserva Legal, com base nos quais o proprietário apresentará sua proposta ao órgão ambiental *estadual* competente, lançando-a no Cadastro Ambiental Rural (CAR), por meio do qual será feita a análise e respectiva aprovação da localização[134].

ATENÇÃO

Da leitura do §°2, do artigo 14, combinada com o artigo 55 do Decreto Fedeal 6.51474/08, verifica-se ser passível de punição administrativa o proprietário ou possuidor que deixar de atender à sua obrigação de lançar no CAR a reserva legal de sua propriedade rural, ou de onde exerce a posse rural[135].

Uma questão interessante prevista no Código Florestal[136] refere-se à possibilidade de Reserva Legal *em regime de condomínio* ou *coletiva* entre propriedades rurais, permitindo que os proprietários ou possuidores, ao invés de recompor a Área de Reserva Legal no interior de sua propriedade que demanda a regularização, adquiram em conjunto uma área, para instituição em condomínio[137], de modo a, individualmente, respeitarem os seus respectivos limites legais[138].

133. Art. 14, Lei 12.651/12.

134. Art. 14, §1°, Lei 12.651/12.

135. Observe-se que o art. 55, do Decreto federal 6.514/08, que regula a responsabilidade administrativa no âmbito Federal, diz que "deixar de averbar a reserva legal" é infração administrativa, passível de respectiva penalidade.

136. Art. 16, Lei 12.651/12. Ainda que diga respeito mais propriamente às formas de recomposição da vegetação eventualmente danificada em Reserva Legal, não deixa de ser uma identificação de sua localização, mais propriamente fora da propriedade que demanda a regularização do resguardo de reserva legal.

137. Aliás, quebra a regra geral anunciada no artigo 12, da Lei 12.651/12, segundo a qual todo imóvel deve manter (em seu interior) área com cobertura de vegetação nativa, podendo, pois, fazer vale a regra de porcentagem a ser respeitada, utilizando-se de vegetação contida em propriedade/espaço alheio.

138. O artigo 16, parágrafo único, da Lei 12.651/12, inclusive, já arrola uma situação de exemplo de possibilidade de se efetivar esse condomínio sobre Reserva Legal, qual seja a hipótese de parcelamento de imóvel rural, quando os adquirentes poderão instituir a Reserva Legal de forma agrupada. Inclusive, nessa linha de racio-

4.3. Delimitação (percentual)

4.3.1. Regra geral

A despeito da identificação exata de onde deve situar a Área de Reserva Legal, o legislador ainda traça em seu regime delimitando qual o percentual deve ser resguardado pelo proprietário ou possuidor, sendo que, para tanto, toma como parâmetros a *localização do imóvel* no território nacional, e, mais, a *espécie de vegetação* envolvida.

Nesse sentido, na (1) Amazônia legal[139] é fixado o porcentual de (1.a) 80% da propriedade, quando em área de floresta; (1.b) 35%, quando em área de cerrado; e, (1.c) 20% para área em campos gerais (dentro, ainda, da Amazônia legal), e, também, (2) 20% para as demais regiões do Brasil (por exemplo, Estado de São Paulo), não inseridas na Amazônia legal.

- Amazônia legal
  - Em área de floresta → 80%
  - Em área de cerrado → 35%
  - Em área de campos gerais → 20%
- Demais regiões → 20%

Uma exigência rigorosa encontra-se prevista no artigo 12, §2°, segundo o qual, visualizando a possibilidade de um imóvel situado dentro da Amazônia legal constituir-se dos diversos tipos de vegetação (florestas, cerrado e campos gerais), o cômputo de Reserva Legal deve ser feito levando em consideração, separadamente, cada tipo de vegetação, inibindo que, sobre o pretexto de possuir florestas e campos gerais, o proprietário leve em consideração apenas esta última vegetação, resguardando apenas 20% (vinte por cento) de Reserva Legal.

4.3.2. Hipóteses excepcionais

4.3.2.1. Afastamento da obrigatoriedade

A despeito da regra geral acima assinalada, importa destacar também as hipóteses excepcionais, que afastam a obrigatoriedade, reduzem ou aumentam o percentual exigido.

Sob o aspecto do afastamento da obrigatoriedade, é possível apontar as seguintes situações previstas legalmente: a) os empreendimentos de *abastecimento público* de água e *tratamento de esgoto* não estão sujeitos à constituição de Reserva Legal[140]; b) em áreas

cínio, o legislador ainda prevê que em caso de fracionamento do imóvel rural, a qualquer título, inclusive para assentamentos pelo Programa de Reforma Agrária, será considerada, para atingir o percentual referente à Reserva Legal, a área do imóvel antes do fracionamento.

139. Art. 3°, I, Lei 12.651/12 - Amazônia Legal: os Estados do Acre, Pará, Amazonas, Roraima, Rondônia, Amapá e Mato Grosso e as regiões situadas ao norte do paralelo 13° S, dos Estados de Tocantins e Goiás, e ao oeste do meridiano de 44° W, do Estado do Maranhão;

140. Art. 12, §6°, Lei 12.651/12.

adquiridas ou desapropriadas por detentor de concessão, permissão ou autorização para exploração de potencial de energia hidráulica, nas quais funcionem empreendimentos de geração de *energia elétrica*, subestações ou sejam instaladas linhas de transmissão e de distribuição de energia elétrica[141]-[142]; c) em áreas adquiridas ou desapropriadas com o objetivo de *implantação e ampliação de capacidade de rodovias e ferrovias*[143].

ATENÇÃO

NÃO obrigatório

- **Abastecimento público (água, energia elétrica, esgoto) – art. 12, §6° §7°;**
- **Implantação e ampliação de rodovias e ferrovias (art. 12, §8°).**

4.3.2.2. Abrandamento da obrigatoriedade

De outro lado, identificam-se contextos em relação aos quais o legislador entendeu por bem *diminuir o percentual* de espaço a ser resguardado a título de Reserva Legal, cujas hipóteses passam a ser analisadas.

Uma primeira exceção pode ser vista na permissão legal de, na hipótese de imóvel situado em área de floresta (na Amazônia Legal), reduzir para 50% (e não mais 80%), quando o imóvel situar-se em Município onde houver mais de 50% (cinquenta por cento) de sua área ocupada por unidades de conservação da natureza de domínio público e por terras indígenas homologadas[144].

Frise-se, contudo, que não se trata de um abrandamento *a priori* para que o proprietário simplesmente proceda à supressão da vegetação em Reserva Legal. Isso porque, em verdade, cuida-se de um abrandamento viabilizado pelo legislador, assinalado para o momento em que o Poder Público vier a exigir do proprietário (ou possuidor) a recomposição de Reserva Legal.

Dessa feita, não se está a permitir que o proprietário proceda à supressão da vegetação contida em Reserva Legal, o que, inclusive, é passível de punição, ao menos, administrativa. Mas tão apenas consiste numa exigência mais branda de recomposição – e nada mais.

Ademais, admite o legislador, *sem* assinalar que se trata de contexto de recomposição, a redução da Reserva Legal para 50% (e não mais 80%), quando identificado que se trata de área florestal no interior de Amazônia Legal, em cujo Estado (e não Município) tenha (i) Zoneamento Ecológico-Econômico aprovado e (ii) mais de 65% do seu territó-

141. Art. 12, §7°, Lei 12.651/12.

142. Pelas duas hipóteses excepcionais, podem ser resumidas em áreas envolvidas em empreendimentos relativos ao *serviço de abastecimento público* de água, energia elétrica e *esgoto*.

143. Art. 12, §8°, Lei 12.651/12

144. Art. 12, §4°, Lei 12.651/12.

rio ocupado por unidades de conservação da natureza de domínio público (devidamente regularizadas), **e** por terras indígenas homologadas[145].

Sem prejuízo, mas agora retornando a um cenário *exclusivamente* voltado à *regularização* (recomposição, regeneração ou compensação), quando houver a indicação no Zoneamento Ecológico-Econômico realizado segundo metodologia unificada, o poder público *federal* poderá reduzir a Reserva Legal de imóveis com área rural consolidada, situados em área de floresta localizada na Amazônia Legal, para até 50% (cinquenta por cento) da propriedade. Contudo, esta benesse não incluem as áreas prioritárias para conservação (i) da biodiversidade e (ii) dos recursos hídricos e (iii) os corredores ecológicos[146].

Ainda, há um permissivo para o contexto de áreas rurais consolidadas até 22 de julho de 2008, sendo que, tratando-se de imóvel rural cuja área seja de até 4 (quatro) módulos fiscais[147], não se exige do proprietário ou possuidor que proceda à recomposição da vegetação para se atingir os percentuais da regra geral, senão que seja mantida aquela vegetação nativa remanescente, pois vedadas novas conversões para uso alternativo do solo.

ATENÇÃO

A expressão remanescente gera controvérsia, pois, por uma análise literal do dispositivo legal, afastaria aquelas situações em que constada a ausência de vegetação de reserva legal (déficit total ou área zero de reserva legal), admitindo-se apenas quando constatada a presença de um fragmento mínimo, capaz de estar cumprindo com as funções da Reserva Legal.[148]

De outro lado, mas ainda em contexto de situações consolidadas[149], há uma peculiar permissão legal, consagrando o direito adquirido e o ato jurídico perfeito[150], em que se

145. De se observar que não se tratam de requisitos alternativos, pois é necessário tanto que haja unidades de conservação de domínio público em 65% do território, e que, nelas, seja observada a presença de terras indígenas homologadas. Ademais, cumpre compreender que terras indígenas *homologadas* são aquelas que já foram demarcadas e tiveram seus limites homologados pelo Presidente da República, faltando apenas os registros, isto é, dentro do procedimento administrativo de *demarcação de terras indígenas*, pelo qual se garante ao indígena o direito à terra, formalizando sua posse e estabelecendo a extensão da área de usufruto dos índios e os limites territoriais de maior proteção, impedindo, inclusive, a ocupação por quem não seja índio.

146. Art. 13, § 1º, Lei 12.651/12. No caso previsto no inciso I do caput, o proprietário ou possuidor de imóvel rural que mantiver Reserva Legal conservada e averbada em área superior aos percentuais exigidos no referido inciso poderá instituir servidão ambiental sobre a área excedente, nos termos da Lei nº 6.938, de 31 de agosto de 1981, e Cota de Reserva Ambiental.

147. Trata-se de definição semelhante ao conceito de pequena propriedade, contido no artigo 3º, parágrafo único, da Lei 12.651/12, de modo que, as hipóteses previstas neste dispositivo são permissivas da consolidação da irregularidade, viabilizando-se sua permanência a exemplo das atividades agrossilvipastoris, de terras indígenas (não mais necessitando serem demarcadas - STF - ADI 4903), e demais áreas de povos e comunidades tradicionais (não mais necessitando serem tituladas - STF - ADI 4903).

148. Nesse sentido, é o Parecer emitido no âmbito da PGE/SP, para valer à Administração Estadual de SP.

149. O art. 68, §1º, da Lei 12.651/12, arrola exemplos de como se comprovar como consolidada a situação, a exemplo de dados agropecuários da atividade, contratos e documentos bancários, etc.

150. Mas que, veja bem, não implica no direito adquirido a poluir, pois este ninguém adquire.

permite a manutenção da Reserva Legal em percentual inferior ao ora exigido pela Lei 12.651/12, caso este percentual esteja em consonância com a legislação anterior[151], em nítida situação de *tempus regit actum (*aplicação da lei no tempo)[152].

4.3.2.3. Ampliação da obrigatoriedade

Ainda em caráter excepcional, permite o legislador que o Poder Público *Federal* proceda ao *aumento do percentual* de espaço a ser resguardado a título de Reserva Legal, ampliando em até 50% dos percentuais previstos na Lei[153], cuja *finalidade* é expressa no sentido de o ser para (i) cumprimento de metas nacionais de proteção à biodiversidade, ou (ii) cumprimento de metas nacionais de redução de gases de efeito estufa[154].

4.3.2.4. Cômputo em APP

Conforme já se pontuou, enquanto na legislação anterior vedava-se o cômputo de APP para fins de reserva legal, a nova norma admite expressamente[155], embora sob o rigor de alguns requisitos.

Com efeito, para que venha a se concretizar esse aproveitamento da Área de Preservação Permanente para fins de se atingir o percentual de Reserva Legal, exige o legislador o respeito ao regime jurídico da APP, e, em especial: que (i) não implique a conversão de novas áreas para o uso alternativo do solo; (ii) a área a ser computada esteja conservada ou em processo de recuperação, conforme comprovação do proprietário ao órgão *estadual*[156] integrante do Sisnama; (iii) o proprietário ou possuidor tenha requerido inclusão do imóvel no Cadastro Ambiental Rural - CAR.

Veja que o legislador, ao exigir que o regime jurídico da APP se mantenha inalterado, significa que, especificamente naquela área, é mantida a obrigação de *intocabilidade*, diferentemente do restante de vegetação que se identifique tão apenas como reserva legal.

---

151. Lei 4.771/65 possuía percentuais distintos, mas que se evita a sua menção aqui, para não confundir, bastando saber qual é a lei anterior, e que nela existiam percentuais diversos dos atuais.

152. Não apenas, o legislador previu também um beneficiamento aos proprietários ou possuidores de imóveis rurais na Amazônia Legal, com percentual de reserva legal *maior que 50% de cobertura florestal* e que não realizaram supressão para se enquadrar nos termos da legislação anterior, poderão utilizar a área excedente (considerando o percentual da legislação anterior), para constituir servidão ambiental, Cota de Reserva Ambiental - CRA, e outros instrumentos congêneres - reconhecendo que, à época, realizou voluntariamente um serviço ambiental, tal como aquele que atualmente possui Reserva além do percentual mínimo. Em outros termos, é a lei retroagindo para beneficiar.

153. Obviamente que tal regra, ao pontuar pela majoração em até 50%, viabiliza um ajuste que, por ventura, seja necessário de ser feito, a exemplo do que ocorre com a propriedade localizada na Amazônia Legal, situada em área de florestas, pois, já sendo-lhe exigido o percentual de 80%, acrescer-lhe 50%, repercutiria em 120% da propriedade, ultrapassando os limites territoriais

154. Guardando sintonia com aquilo que o Estado Brasileiro se comprometeu quando do *Protocolo de Kyoto* e *Acordo de Paris,* etc.

155. Art. 15, da Lei 12.651/12.

156. Destaca-se em itálico, quanto ao órgão competente, uma vez que, para fins de concurso, a questão da competência é algo sempre cobrado, e, visualizando a fixação de competências que não se amoldam perfeitamente no regime disciplinado pela LC 140/11, é importante que o leitor se atente para esse detalhe.

Esmiuçando as peculiaridades dessa sobreposição de áreas, nota-se que o legislador permite esta manobra, mesmo que o espaço a então ser considerado como Reserva Legal, supere o percentual mínimo, hipótese que expressamente se viabiliza ao proprietário (e possuidor) constituir (a) servidão legal, (b) Cota de Reserva Ambiental, e (c) outros instrumentos congêneres previstos nesta lei; que, em verdade, representa uma via aberta ao proprietário de negociar, e obter um retorno financeiro sobre a área que desempenha proveito ambiental voluntário[157].

Aliás, oportuno assinalar que esse aproveitamento da APP pode vir a ocorrer em todo o momento que o proprietário e possuidor vier a ter que constituir a Reserva Legal, ou seja, abrange a regeneração, a recomposição e a compensação.

Por fim, o legislador deixa de exigir que, para que haja esse cômputo, o seja de forma a não implicar a conversão de novas áreas para o uso alternativo do solo, quando as Áreas de Preservação Permanente conservadas ou em processo de recuperação, somadas às demais florestas e outras formas de vegetação nativa existentes em imóvel, ultrapassarem 80% (oitenta por cento) do imóvel rural localizado em áreas de floresta na Amazônia Legal. Veja que se trata de previsão legal óbvia, pois, atingido o percentual máximo de 80%, certamente não há motivo de se vedar o aproveitamento econômico do restante da propriedade.

4.4. Regime de Proteção[158]

A princípio, estipula o legislador que a Reserva Legal deve ser conservada com a cobertura de vegetação nativa, sem prejuízo de se admitir a exploração econômica por meio de *manejo sustentável*[159], previamente aprovado pelo órgão ambiental competente do Sisnama, e, ainda, em consonância com as modalidades legalmente previstas.

ATENÇÃO

Tratando-se de pequena propriedade ou posse rural familiar, é imperiosa a existência de procedimentos simplificados de elaboração, análise e aprovação de tais planos de manejo.

---

157. Inclusive, cuida-se de contexto fático que enquadra o proprietário e possuidor a receberem pagamento pelos serviços ambientais – *PSA*.

158. Arts. 17 a 24, da Lei 12.651/12.

159. Destoando um pouco daquilo que significa o manejo ecológico (vide Cap. III), representa o manuseio, uso, adequado dos recursos naturais (florestais – flora), com atenção não apenas voltada ao aspecto ecológico, mas visando a uma interferência antrópica que, sem se descuidar dos deveres da proteção ambiental, tenham também por finalidade o próprio proveito econômico, que, se efetivamente sustentável, concretiza-se de forma a se obter o referido proveito, sem prejuízo da manutenção do equilíbrio ambiental, com a permanência dos recursos ambientais para as próprias gerações futuras. Ou, ainda, na linha do que dispõe o art. 3º, VI, Lei 11.284/06, onde consta que o manejo florestal sustentável é administração da floresta para a obtenção de benefícios econômicos, sociais e ambientais, respeitando-se os mecanismos de sustentação do ecossistema objeto do manejo e considerando-se, cumulativa ou alternativamente, a utilização de múltiplas espécies madeireiras, de múltiplos produtos e subprodutos não madeireiros, bem como a utilização de outros bens e serviços de natureza florestal.

Especificamente quanto ao manejo sustentável, cumpre pontuar que, exemplificativamente, materializa-se tanto por meio de práticas de (i) exploração seletiva sem propósito comercial para consumo na propriedade e (ii) exploração florestal com propósito comercial.

A respeito da hipótese desprovida de propósito comercial, verifica-se que o legislador permite a intervenção antrópica, colocando como *livre a coleta* de produtos florestais *não madeireiros*, tais como frutos, cipós, folhas e sementes.

Porém, devem ser observados: I - os períodos de coleta e volumes fixados em regulamentos específicos, quando houver; II - a época de maturação dos frutos e sementes; III - técnicas que não coloquem em risco a sobrevivência de indivíduos e da espécie coletada no caso de coleta de flores, folhas, cascas, óleos, resinas, cipós, bulbos, bambus e raízes.

Detalhe: **não precisa** de autorização dos órgãos competentes[160] este manejo sustentável para exploração florestal eventual *sem* propósito comercial, para consumo no próprio imóvel.

De outro lado, em se tratando de exploração florestal *com* propósito comercial, é imprescindível a autorização do órgão competente, sem prejuízo da necessidade de serem observadas as seguintes diretrizes e orientações: I - não descaracterizar a cobertura vegetal e não prejudicar a conservação da vegetação nativa da área; II - assegurar a manutenção da diversidade das espécies; III - conduzir o manejo de espécies exóticas com a adoção de medidas que favoreçam a regeneração de espécies nativas[161].

Diferentemente do que se impunha pela legislação anterior, não mais se exige do proprietário[162] que proceda à averbação da Reserva Legal junto ao Registro de Imóveis (embora não esteja proibida essa averbação[163]), sendo que, com a Lei 12.651/12, passou-se a exigir seja registrada no órgão ambiental competente por meio de inscrição no CAR[164].

---

160. Contudo, e até mesmo para fins de controle, exige o legislador apenas que sejam declarados previamente ao órgão ambiental a *motivação da exploração* e o *volume explorado*, limitada a exploração anual a 20 (vinte) metros cúbicos.

161. O legislador claramente autoriza o aproveitamento econômico da Reserva Legal, sem prejuízo da imperiosa proteção ambiental que lhe recai.

162. Nos termos do artigo 17, § 2º, da Lei 12.651/12, em se tratando de posse a área de Reserva Legal, é assegurada por *termo de compromisso* firmado pelo possuidor com o órgão competente do Sisnama, com força de título executivo extrajudicial, que explicite, no mínimo, a localização da área de Reserva Legal e as obrigações assumidas pelo possuidor por força do previsto nesta Lei. Inclusive, a transferência da posse implica a sub-rogação das obrigações assumidas no termo de compromisso referido.

163. Aliás, é possível ainda vislumbrar que a averbação como providência ainda recomendável - embora não obrigatória -, haja vista ainda ser a forma de visualização mais fácil no meio social.

164. A bem da verdade, depreende-se das diversas passagens legais remetendo à necessidade de inserção no CAR, que o legislador busca de todas as formas amarrar as situações, em especial de benefício ao proprietário e possuidor, para que estes, mais propriamente o proprietário, proceda com o registro de sua propriedade no CAR, o qual, como veremos, tem por objetivo condensar eletronicamente todas as informações de todas as propriedades rurais do país. Inclusive, o Art. 12 § 3º, da Lei 12.651/12, é expresso ao definir que, após a implantação do CAR, a supressão de novas áreas de floresta ou outras formas de vegetação nativa apenas será autorizada pelo órgão ambiental estadual integrante do Sisnama se o imóvel estiver inserido no mencionado cadastro.

ATENÇÃO

Nos termos do art. 30, da Lei 12.651/12, para os casos em que a Reserva Legal já tenha sido averbada na matrícula do imóvel (inclusive, identificando-se o perímetro e a localização da reserva), o proprietário não necessita fornecer ao órgão ambiental as informações relativas à Reserva Legal previstas no inciso III do § 1º do art. 29, da Lei 12.651/12. Porém, **atente-se, continua obrigado a cadastrar-se no CAR.**

Prosseguindo, a despeito da possibilidade de manejo florestal, é expressamente *vedada a alteração da destinação da Reserva Legal*, nos casos de transmissão, a qualquer título, ou de desmembramento, muito embora existam exceções. Isto é, eventuais alterações na propriedade, tal como a transmissão ou mesmo o desdobramento não podem repercutir, junto às "novas" propriedades, em brecha para alterar a própria destinação da Reserva Legal.

4.4.1. Regime de Agricultura Familiar

Dentro do cenário descrito no artigo 3º, V, da Lei 12.651/12, o legislador relativiza o rigor quanto ao regime das Áreas de Preservação Permanente, como também para as de Reserva Legal, sendo que, mais especificadamente quanto a estas últimas, cumpre tecer algumas considerações neste momento.

Isso porque, admite-se que, para atingir o percentual mínimo de Reserva Legal, sejam computados os plantios de árvores frutíferas, ornamentais ou industriais, compostos por espécies exóticas, cultivadas em sistema intercalar ou em consórcio com espécies nativas da região em sistemas agroflorestais. Inclusive ao Poder Público é imposto o dever de prestar apoio técnico[165].

Ademais, para os casos de manejo sustentável da Reserva Legal para exploração florestal eventual, sem propósito comercial direto ou indireto, para consumo no próprio imóvel[166], independe de autorização dos órgãos ambientais competentes, limitada a retirada anual de material lenhoso a 2 (dois) metros cúbicos por hectare[167]. Contudo, não poderá comprometer mais de 15% (quinze por cento) da biomassa da Reserva Legal nem ser superior a 15 (quinze) metros cúbicos de lenha para uso doméstico e uso energético, por propriedade ou posse rural, por ano[168].

De outro lado, se há propósito comercial (direto ou indireto), depende de autorização - ainda que simplificada - do órgão ambiental competente.

165. Art. 54, da Lei 12.651/12.

166. Art. 56, §3º, da Lei 12.651/12. Consiste no suprimento, para uso no próprio imóvel, de lenha ou madeira serrada, destinada a benfeitorias e uso energético nas propriedades e posses rurais

167. Contudo, nos termos do § 4º, do artigo 56, da Lei 12.651/12, no caso de posse coletiva de populações tradicionais ou de agricultura familiar, os limites serão adotados por unidade familiar - e não por hectare.

168. Art. 56, §2º, da Lei 12.651/12.

Por fim, merece ser observado que, nos termos do parágrafo único do art. 3º, da Lei 12.651/12, o tratamento dispensado aos imóveis a que se refere o inciso V deste artigo estende-se às propriedades e posses rurais com até 4 (quatro) módulos fiscais que desenvolvam atividades agrossilvipastoris, bem como às terras indígenas demarcadas e às demais áreas tituladas de povos e comunidades tradicionais que façam uso coletivo do seu território[169].

4.5. Regularização de déficit de Reserva Legal

4.5.1. Regime geral

A despeito das regras e suas exceções quanto ao percentual mínimo que deve existir em cada propriedade, referente à área com cobertura de vegetação nativa, a título de Reserva Legal, neste tópico impende assinalar quanto à necessidade de reflorestamento em cada propriedade, a atingir referidos percentuais nas propriedades que apresentem déficits.

Nesse sentido, em sendo exigido um percentual de área com cobertura de vegetação nativa, logicamente a regra geral, para o acertamento consiste em proceder à *recomposição*[170] da vegetação nativa, que, de certo modo, representa uma expressão de caráter genérico, a abranger os diversos modos[171] pelos quais se pode realizar o reflorestamento da área, para atingir o percentual mínimo.

A Lei 12.651/12, para o contexto geral (*casos de supressão posterior a 22 de julho de 2008*), não delineou uma regra disciplinando essa recomposição, assim o fazendo especificadamente quando tratou das áreas consolidadas em Área de Reserva Legal[172] (*supressão ocorrida até o dia 22 de julho de 2008*), cuja disciplina, a grosso modo, repete a regra (antes geral) do anterior Código Florestal[173], de viabilizar ao proprietário ou possuidor que adotem as seguintes alternativas, isolada ou conjuntamente: I – recompor a Reserva Legal (redação anterior idêntica): II – permitir a regeneração natural da vegetação na área de Reserva Legal (conduzir a regeneração natural da reserva legal); III – compensar a Reserva Legal (redação anterior idêntica).

Por outro lado, quando o legislador (art. 68, Lei 12.651/12)[174] expressou sobre a desnecessidade de ajustar o percentual de vegetação nos termos da atual legislação (mas

169. Tendo em vista o julgamento pelo STF na ADC 42, e ADI 4.903, não é necessário o reconhecimento formal tanto das terras indígenas (*demarcadas*) como das populações tradicionais (*tituladas*)

170. STJ – AgRg no AREsp 231.561/MG – DJe 03/02/2015. Nesta decisão, fala-se tanto em recuperação como restauração.

171. Frisando que a Lei 11.284/06 disciplina a *recuperação* como a restituição de um ecossistema ou de uma população silvestre degradada a uma condição não degradada, que pode ser diferente de sua condição original; enquanto que, *restauração,* significa a restituição de um ecossistema ou de uma população silvestre degradada o mais próximo possível da sua condição original.

172. Art. 66, da Lei 12.651/12.

173. Art. 44, da Lei 4.771/65 (revogado).

174. Cumpre observar que, a despeito de estar presente na Seção III (Das Áreas Consolidadas em Áreas de Reserva Legal), do Capítulo XIII (Disposições Transitórias), referida norma não faz referência apenas aos casos de área consolidada, isto é, de irregularidade visualizada até 22 de julho de 2008, a torná-la aplicável de forma irrestrita.

que estava de acordo com a anterior), fez uso das expressões *recomposição, compensação* e *regeneração*.

Contudo, da sistemática observada, compreende-se que o legislador, para as situações irregulares posteriores a 22 de julho de 2008, regulamenta a problemática impondo que o ajuste do déficit ocorra no interior da propriedade, razão pela qual, estaria excluída a opção de compensação, competindo ao proprietário ou possuidor proceder à *recomposição* da área (postura ativa de reflorestar – recuperar ou restaurar), ou mesmo permitir a *regeneração natural* (postura passiva de apenas cercar evitando que empecilhos ocorram à natural regeneração da área – abandono supervisionado).

Sem prejuízo, cumpre pontuar uma maior rigidez estabelecida pelo Legislador, quando assinala que, obrigatoriamente, deve haver a *imediata suspensão das atividades nesta área desmatada irregularmente*[175], e, sem prejuízo, o processo de *recomposição deve ser iniciado em até 2 (dois) anos a contar da publicação da Lei* 12.651/12, cujo prazo de conclusão seguirá aquilo que for estabelecido pelo Programa de Regularização Ambiental – PRA[176]. Ou seja, exige-se: (i) imediata suspensão das atividades, (ii) início em até 2 (dois) anos, (iii) adesão ao PRA, e (iv) *modus operandi*: recomposição.

4.5.2. Áreas consolidadas em Reserva Legal[177]

Como exceção à regra, prevê um regime peculiar quanto às situações de irregularidades ocorridas até o dia 22 de julho de 2008, sendo que, sendo um pouco mais brando, *não exige a adesão ao PRA para que se proceda à sua regularização, que, isolada ou cumulativamente, pode o infrator (a) recompor a Reserva Legal; (b) permitir a regeneração natural da vegetação na área de Reserva Legal; e/ou (c) compensar a Reserva Legal.*

Relativamente à *recomposição, prevê o legislador a necessidade de ser concluída em até 20 (vinte) anos, mas que, a cada 2 (dois) anos, deve atingir a meta mínima de 1/10 do total a ser reflorestado, tudo dentro dos critérios a serem estipulados pelo órgão competente do Sisnama*[178].

Ademais, permite-se que a recomposição se efetive por meio de plantio intercalado[179] de espécies nativas com exóticas ou frutíferas[180], porém respeitando que o plantio de espécies exóticas seja combinado com as espécies nativas de ocorrência regional, e, ainda,

175. Art. 17, §3°, da Lei 12.651/12.

176. Art. 17, §4°, da Lei 12.651/12.

177. Bem observando a Lei 12.651/12, acredita-se como despiciendo abrir um tópico a parte apenas para abordar a visualização de área rural consolidada em Reserva Legal, pois representaria certa repetição ao que se expôs quando da abordagem em APP, sendo que, no tocante à Reserva Legal, essencialmente, a área consolidada repercute em uma peculiaridade quanto à exigência de recomposição da área, a justificar seu estudo neste momento da exposição.

178. Art. 66, §2°, da Lei 12.651/12.

179. ANTUNES, Paulo de Bessa. Op. cit., p. 331. O autor critica veemente essa opção, pois, segundo sustenta, desnatura o conceito de Reserva Legal, "cuja finalidade é a manutenção de uma parcela relevante de vegetação nativa nos imóveis destinados a outros fins rurais".

180. Art. 66, §3°, da Lei 12.651/12.

que a área recomposta com espécies exóticas não exceda a 50% (cinquenta por cento) da área total a ser recuperada[181].

Um detalhe permissivo lançado pelo legislador consiste na liberação de exploração econômica ao proprietário ou possuidor que proceder à recomposição tal como acima discriminado, isto é, viabiliza-se que haja o devido proveito econômico sobre essa vegetação exótica[182].

De outra banda, sem nada dispor sobre a *regeneração natural, disciplina o legislador a forma pela qual é possível que o poluidor proceda à compensação para suprir a irregularidade em sua área.*

Segundo a doutrina, "a compensação é a utilização de instrumentos jurídicos, especialmente a servidão ambiental, com vistas a instituir a área que será serviente, tendo como prédio dominante o imóvel em favor do qual a compensação esteja sendo feita"[183]. Em outros termos, é o uso de instrumentos previstos pelo Direito Ambiental, para regularizar o passivo ambiental, fazendo uso de vegetação contida em outra propriedade – que não aquela onde se encontra o déficit de Reserva Legal[184].

Conforme preceitua o legislador[185], é imprescindível a prévia inscrição da propriedade no Cadastro Ambiental Rural[186], para que se concretize a compensação, dentre as seguintes formas:

I – aquisição de Cota de Reserva Ambiental – CRA[187], em razão do que restou decidido no julgamento das ADIs 4901 e 4.937, apenas será possível esta compensação caso as áreas envolvidas possuam a mesma "identidade ecológica"[188];

II – arrendamento de área sob regime de servidão ambiental[189] ou Reserva Legal;

181. Frise-se que, ao mencionar *"da área total a ser recuperada"*, não necessariamente representa o total de área de Reserva Legal.

182. Art. 66, §4°, da Lei 12.651/12.

183. ANTUNES, Paulo de Bessa. Op. cit., p. 331.

184. MILARÉ. Édis. Op. cit., p. 1.691. O autor ainda distingue o tema em compensação *direta*, como sendo aquela que se realiza em área de propriedade ou posse do mesmo proprietário ou possuidor da área irregular; enquanto que, *indireta*, quando a compensação se faz sobre vegetação contida em propriedade de terceiros.

185. Art. 66, §5°, da Lei 12.651/12.

186. Tendo em vista as formas pelas quais é possível realizar a compensação, certamente o imóvel que servirá para a compensação deverá estar cadastro no CAR, sendo este, pois, imprescindível para se emitir a Cota de Reserva Ambiental (art. 45, *caput*, da Lei 12.651/12) e para constituir o arrendamento (15, §2°, da Lei 12.651/12).

187. Art. 44, *caput*, da Lei 12.651/12. É título nominativo representativo de área com vegetação nativa, existente ou em processo de recuperação.

188. Art. 48, §2°, da Lei 12.651/12. Aliás, a despeito da falta de precisão técnica quanto à expressão "identidade ecológica", é possível compreendê-la como um *plus* à exigência de necessitar ser do mesmo bioma, pois, mais do que exigir, por exemplo, que ambas as propriedades estejam inseridas no Bioma Mata Atlântica, impõe-se que haja similares condições ecológicas da região, incluindo a compatibilidade com a vegetação.

189. Trata-se de uma delegação (i) *onerosa ou gratuita*, instituída pelo (ii) proprietário *particular* de uma determinada propriedade, que, (iii) podendo ter *duração temporária (mínimo 15 anos) ou mesmo perpétua*, (iii) é necessária sua *averbação* na matrícula do imóvel. Ademais, deve abranger vegetação sobressalente à APP e à Reserva Legal existente na propriedade, mas em percentual mínimo tal como o é o da Reserva Legal para a localidade.

III - doação[190] ao poder público de área[191] localizada no interior de Unidade de Conservação de domínio público pendente de regularização fundiária[192];

IV - cadastramento de outra área equivalente e excedente à Reserva Legal, em imóvel de mesma titularidade ou adquirida em imóvel de terceiro, com vegetação nativa estabelecida, em regeneração ou recomposição, desde que localizada no mesmo bioma.

V - instituição[193] de Reserva Legal *em regime de condomínio* ou *coletiva* entre propriedades rurais, permitindo que os proprietários ou possuidores, ao invés de recompor a Área de Reserva Legal no interior de sua propriedade que demanda a regularização, adquiram em conjunto uma área, para instituição em condomínio, de modo a, individualmente, respeitarem os seus respectivos limites legais[194].

Independentemente da forma a se realizar a compensação, é importante verificar que, para que efetiva possa ocorrer, o legislador estipulou os seguintes requisitos:

(a) ser equivalentes em extensão à área da Reserva Legal a ser compensada;

(b) estar localizadas no mesmo bioma da área de Reserva Legal a ser compensada[195];

(c) se fora do Estado, estar localizadas em áreas identificadas como prioritárias[196] pela União ou pelos Estados.

E, por fim[197], deixa o legislador devidamente pontuado que todas as medidas de compensação *não podem ser utilizadas como forma de viabilizar a conversão de novas áreas*

190. Art. 66, § 8°, da Lei 12.651/12. De se perceber que, tendo em vista a possibilidade do proprietário deficitário ser uma pessoa jurídica de direito púbico, disciplina-se a possibilidade de ocorrer a compensação mediante *concessão de direito real de uso* ou *doação* ao órgão público responsável pela Unidade de Conservação envolvida.

191. MILARÉ. Édis. Op. cit., p. 1.692. Reporta o autor a entendimento doutrinário interessante, no sentido de que essa doação deve ser para integralização de Unidade de Conservação cujo regime de proteção seja de igual ou maior rigidez do que o é a disciplina sobre Reserva Legal, sob pena de desnaturar sua proteção.

192. Por ser novidade legislativa, vale pontuar que no Estado de São Paulo acaba de ser publicada a Resolução SMA 165/2018, regulando exatamente o procedimento de doação quando o donatário for o Estado Paulista. Sem prejuízo, cumpre pontuar que estar "pendente de regularização fundiária" denota aquele contexto no qual, pela categoria da Unidade de Conservação, é imprescindível que o Poder Público proceda à desapropriação das áreas particulares nela inseridas, ou seja, pendente de regularização é sinônimo de pendente de desapropriação.

193. Art. 16, da Lei 12.651/12.

194. O artigo 16, parágrafo único, da Lei 12.651/12, inclusive, já arrola uma situação de exemplo de possibilidade de se efetivar esse condomínio sobre Reserva Legal, qual seja a hipótese de parcelamento de imóvel rural, quando os adquirentes poderão instituir a Reserva Legal de forma agrupada. Inclusive, nessa linha de raciocínio, o legislador ainda prevê que em caso de fracionamento do imóvel rural, a qualquer título, inclusive para assentamentos pelo Programa de Reforma Agrária, será considerada, para atingir o percentual referente à Reserva Legal, a área do imóvel antes do fracionamento.

195. De se reiterar que, quanto à compensação por meio de Cota de Reserva Ambiental, dada a interpretação conforme delineada pelo STF no julgamento das ADIs 4.903 e 4.937, excepcionalmente se exige que também haja *identidade ecológica.*

196. Nos termos do § 7°, do artigo 68, da Lei 12.651/12, a definição de áreas prioritárias buscará favorecer, entre outros, a recuperação de bacias hidrográficas excessivamente desmatadas, a criação de corredores ecológicos, a conservação de grandes áreas protegidas e a conservação ou recuperação de ecossistemas ou espécies ameaçados.

197. Lembre-se ainda que, conforme diz o artigo 68, §2°, da Lei 12.651/12, os proprietários ou possuidores de imóveis rurais na Amazônia Legal, e seus herdeiros necessários, que possuam índice de Reserva Legal maior

para uso alternativo do solo[198] – preocupação, aliás, constante em todo o texto da Lei 12.651/12.

4.5.3. *Regime de Agricultura Familiar*

Além das formas excepcionais acima trazidas de recuperação da vegetação em Reserva Legal, cumpre pontuar que o artigo 56, §5°, da Lei 12.651/12, regendo sobre o cenário de Agricultura Familiar[199], dispõe que as pequenas propriedades ou posses rurais familiares (art. 3°, V) são desobrigadas da reposição florestal se a matéria-prima florestal tiver sido utilizada para consumo próprio.

Por fim, repise-se que, nos termos do parágrafo único do art. 3°, da Lei 12.651/12, o tratamento dispensado aos imóveis a que se refere o inciso V deste artigo estende-se às propriedades e posses rurais com até 4 (quatro) módulos fiscais que desenvolvam atividades agrossilvipastoris, bem como às terras indígenas <u>demarcadas</u> e às demais áreas <u>tituladas</u> de povos e comunidades tradicionais que façam uso coletivo do seu território[200].

4.5.4. *A existência de um TAC celebrado na vigência da lei anterior*

Uma grande questão que pode muito bem vir a ser cobrada em Concurso envolve o questionamento sobre os casos em que, no intuito de respeitar a legislação anterior, havia sido firmado um TAC (termo de ajustamento de conduta), em que o proprietário se comprometeu a recuperar a vegetação da Reserva Legal, nos moldes que determinava a lei (semelhantemente ao percentual de hoje). Isto é, poderia o proprietário, diante dessa benesse da área consolidada, buscar afastar a legalidade ou mesmo eficácia do TAC firmado?

A despeito da discussão, a resposta é negativa, tal como já posicionado pelo STJ, quando do julgamento do AgRg no Resp 1.434.797/PR, cujo trecho se transcreve:

> "o novo Código Florestal não pode retroagir para atingir o ato jurídico perfeito, os direitos ambientais adquiridos e a coisa julgada, tampouco para reduzir de tal modo e sem as necessárias compensações ambientais o patamar de proteção de ecossistemas frágeis ou espécies ameaçadas de extinção, a ponto de transgredir o limite constitucional intocável e intransponível da 'incumbência' do Estado de garantir a preservação e a restauração dos processos ecológicos essenciais (art. 225, § 1°, I)"

---

que 50% (cinquenta por cento) de cobertura florestal e não realizaram a supressão da vegetação nos percentuais previstos pela legislação em vigor à época poderão utilizar a área excedente de Reserva Legal também para fins de constituição de servidão ambiental, Cota de Reserva Ambiental – CRA e outros instrumentos congêneres previstos nesta Lei.

198. Art. 68, §9°, da Lei 12.651/12.

199. Art. 3°, V, da Lei 12.651/12 – aquela explorada mediante o trabalho pessoal do agricultor familiar e empreendedor familiar rural, incluindo os assentamentos e projetos de reforma agrária, e que atenda ao disposto no art. 3° da Lei n° 11.326, de 24 de julho de 2006.

200. Repise-se que, tendo em vista o julgamento pelo STF na ADC 42, e ADI 4.903, não necessita do reconhecimento formal tanto das terras indígenas (*demarcadas*) como das populações tradicionais (*tituladas*).

Ou, ainda, no âmbito do Tribunal de Justiça do Estado de São Paulo já ser firmou entendimento nesse mesmo sentido:

> "Embargos à execução – termo de ajustamento de conduta (TAC) descumprido – Constituição e averbação de reserva legal – descumprimento verificado – possibilidade de adequação do TAC ao novo Código Florestal – precedentes das Câmaras Reservadas ao Meio Ambiente – Não verificação de retrocesso ambiental e de inconstitucionalidade – Desnecessidade da averbação da área no CRI diante da criação do Cadastro Ambiental Rural (CAR) – Multa pelo descumprimento do TAC, contudo, devida (...)"
>
> (Tribunal de Justiça de São Paulo – Apel. 0002198-73.2013.8.26.0060)

5. ÁREAS DE USO RESTRITO

Além das Áreas de Preservação Permanente e de Reserva Legal, é imperioso assinalar que o legislador prevê outras áreas imprimindo-lhes regime diferenciado de tutela ambiental, embora sem o rigor daquelas, que o uso é restrito.

5.1. Áreas úmidas[201]

Segundo dita o legislador[202], áreas úmidas consistem nos pantanais e superfícies terrestres cobertas de forma periódica por águas, sendo que, originalmente, são cobertas por florestas ou outras formas de vegetação adaptadas à inundação.

Em síntese, é permitida a exploração ecologicamente sustentável, mas que, para tanto, devem ser consideradas as recomendações técnicas dos órgãos oficiais de pesquisa, ficando novas supressões de vegetação nativa para uso alternativo do solo condicionadas à autorização do órgão *estadual* do meio ambiente[203], bem como àquelas recomendações.

5.2. Áreas de inclinação superior a 25° e inferior a 45°

Representando um "degrau inferior" à APP prevista no art. 4°, V[204], estipula o legislador que, em áreas de inclinação entre 25° e 45°, serão permitidos o manejo florestal sustentável e o exercício de atividades agrossilvipastoris, bem como a manutenção da infraestrutura física associada ao desenvolvimento das atividades, observadas boas práti-

201. A respeito do tema, vale lembrar a Convenção de Ramsar, estabelecida em fevereiro de 1971, na cidade iraniana de Ramsar, a Convenção sobre Zonas Úmidas de Importância Internacional, incorporada plenamente ao arcabouço legal do Brasil em 1996, pela promulgação do Decreto n° 1.905/96, preocupa-se com todas as áreas úmidas (e não apenas mais os habitats aquáticos importantes para a conservação de aves migratórias), de modo a promover sua conservação e uso sustentável, bem como o bem-estar das populações humanas que delas dependem.

202. Art. 3°, XXV, da Lei 12.651/12

203. Art. 10, da Lei 12.651/12.

204. Quando a inclinação é superior a 45°.

cas agronômicas, sendo vedada a conversão de novas áreas, excetuadas as hipóteses de utilidade pública e interesse social.

De se destacar que a norma permite, então, que novas áreas – além da continuidade das atividades agrossilvipastoris – submetam-se ao exercício de atividades de manejo florestal sustentável, e, que em caso de utilidade pública e interesse social[205], haja conversão de novas áreas exatamente para essas atividades, com padrões de boas práticas agronômicas[206].

5.3. Apicuns[207] e Salgados[208]

Em verdade, cuida-se de uma atenção especial voltada às atividades de carcinicultura (criação de crustáceos, camarões) e salinas, mas que, como fundamento basilar, encontra-se a preocupação em conferir a adequada proteção à Zona Costeira, que é patrimônio nacional (art. 225, §4º, CF/88), regulando de forma a se impor que sua ocupação e exploração deem-se de modo ecologicamente sustentável[209].

Com efeito, considerando que os apicuns e salgados integram exatamente a zona costeira, e, no intuito proposto, admite-se que nestas áreas sejam realizadas as atividades de carcinicultura e salinas, desde que observados os seguintes requisitos:

I – área total ocupada em cada Estado não superior a 10% (dez por cento) dessa modalidade de fitofisionomia no bioma amazônico e a 35% (trinta e cinco por cento) no restante do País, excluídas as ocupações consolidadas que atendam ao disposto no § 6º deste artigo[210];

II – salvaguarda da absoluta integridade dos manguezais arbustivos e dos processos ecológicos essenciais a eles associados, bem como da sua produtividade biológica e condição de berçário de recursos pesqueiros;

III – licenciamento da atividade e das instalações pelo órgão ambiental estadual, cientificado o Instituto Brasileiro do Meio Ambiente e dos Recursos Naturais Renováveis – IBAMA e, no caso de uso de terrenos de marinha ou outros bens da União, realizada regularização prévia da titulação perante a União;

---

205. De se observar que não há menção a atividades eventuais ou de baixo impacto ambiental.

206. MILARÉ. Édis. Op. cit., p. 1.695. Boas práticas agronômicas são aquelas capazes de conciliar a produtividade agropecuária e florestal com a redução dos impactos ambientais.

207. Art. 3º, XV, da Lei 12.651/12 – apicum: áreas de solos hipersalinos situadas nas regiões entremarés superiores, inundadas apenas pelas marés de sizígias, que apresentam salinidade superior a 150 (cento e cinquenta) partes por 1.000 (mil), desprovidas de vegetação vascular.

208. Art. 3º, XIV, da Lei 12.651/12 – salgado ou marismas tropicais hipersalinos: áreas situadas em regiões com frequências de inundações intermediárias entre marés de sizígias e de quadratura, com solos cuja salinidade varia entre 100 (cem) e 150 (cento e cinquenta) partes por 1.000 (mil), onde pode ocorrer a presença de vegetação herbácea específica.

209. Art. 11-A, *caput*, da Lei 12.651/12.

210. Art. 11-A, § 6º, da Lei 12.651/12. É assegurada a regularização das atividades e empreendimentos de carcinicultura e salinas cuja ocupação e implantação tenham ocorrido antes de 22 de julho de 2008, desde que o empreendedor, pessoa física ou jurídica, comprove sua localização em apicum ou salgado e se obrigue, por termo de compromisso, a proteger a integridade dos manguezais arbustivos adjacentes.

IV – recolhimento, tratamento e disposição adequados dos efluentes e resíduos;

V – garantia da manutenção da qualidade da água e do solo, respeitadas as Áreas de Preservação Permanente; e

VI – respeito às atividades tradicionais de sobrevivência das comunidades locais.

6. CADASTRO AMBIENTAL RURAL

Com previsão no artigo 29 da Lei 12.651/12, o *cadastro ambiental rural* (CAR) consiste num registro público eletrônico, de âmbito nacional (Sistema Nacional de Informação sobre Meio Ambiente – SINIMA), obrigatório para todos os imóveis rurais, com a *finalidade* de integrar as informações ambientais das propriedades e posses rurais, compondo base de dados para controle, monitoramento, planejamento ambiental e econômico e combate ao desmatamento.

Aliás, tratando-se de ferramenta de informatização, que pode ser enquadrada dentre aquelas medidas que, de certo modo, são compensatórias ao próprio abrandamento do rigor da tutela, serviu de embasamento para reconhecer que o princípio da vedação do retrocesso ambiental não é absoluto.

De se observar que, inicialmente, a inscrição – que é obrigatória – teve como termo final o dia 31 de dezembro de 2017, mas que, após duas prorrogações, restou firmado o dia 31 de dezembro de 2018[211], sendo que, a não observância do referido prazo implica, dentre outras consequências, na restrição ao acesso a financiamentos bancários[212], impossibilidade em aderir aos Programas de Regularização Ambiental[213], perda do benefício de conversão/suspensão de multas ambientais, referentes às infrações de supressão irregular de vegetação em áreas de preservação permanente, de reserva legal e de uso restrito, nos termos da instrução normativa 12/14 do IBAMA.

ATENÇÃO[214]

Para que seja possível proceder à supressão de vegetação para uso alternativo do solo, é imprescindível tanto a prévia autorização do órgão estadual competente, como também, o cadastro do imóvel no CAR.

Ademais, não custa salientar que a inscrição no CAR não implica em reconhecimento do direito de propriedade ou posse[215], tampouco elimina a necessidade de, em conformi-

211. Frise-se que até o presente momento não houve alteração deste termo final para se proceder ao cadastro no CAR, sendo mister atentar-se ao fato de que a Medida Provisória 867/2018, publicada no Diário Oficial da União do dia 27/12/2018, alterou o prazo para solicitação de adesão ao Programa de Regularização Ambiental (até 31/12/2019), mas não para cadastro no CAR.

212. Art. 47, da Lei 12.651/12

213. Art. 59, §2º, da Lei 12.651/12.

214. Art. 26, da Lei 12.651/12.

215. Contudo, obviamente que essa inscrição no CAR pode servir como elemento de prova a auxiliar no contexto probatório para eventual pedido de usucapião.

dade com o determinado pela Lei 5.868/72[216] (com redação dada pelo art. 2º da Lei nº 10.267/01), proceder à atualização cadastral sempre que houver alteração quanto à área ou titularidade, bem como nos casos de preservação, conservação e proteção de recursos naturais (por exemplo, ajuste de APP ou Reserva Legal).

7. COTA DE RESERVA AMBIENTAL

Tema interessante contido na Lei 12.651/12 diz respeito à *Cota de Reserva Ambiental*[217] consistente em um título nominativo representativo de área com vegetação nativa, existente ou em processo de recuperação, (I) sob regime de servidão ambiental, instituída na forma do art. 9º-A da Lei nº 6.938, de 31 de agosto de 1981; (II) correspondente à área de Reserva Legal instituída voluntariamente sobre a vegetação que exceder os percentuais exigidos no art. 12 desta Lei[218]; (III) protegida na forma de Reserva Particular do Patrimônio Natural – RPPN, nos termos do art. 21 da Lei nº 9.985, de 18 de julho de 2000; (IV) existente em propriedade rural particular localizada no interior de Unidade de Conservação de domínio público, que ainda não tenha sido desapropriada.

Cada CRA é equivalente a 1 (um) hectare de área com vegetação nativa primária ou com vegetação secundária em qualquer estágio de regeneração ou recomposição; ou de áreas de recomposição mediante reflorestamento com espécies nativas.

ATENÇÃO

A CRA não poderá ser emitida pelo órgão ambiental competente quando a regeneração ou recomposição da área forem improváveis ou inviáveis.

Enfim, cuida-se de um instrumento econômico de materialização de um benefício ambiental procedido pelo particular, viabilizando que haja fluxo e giro econômico, como forma, inclusive, de ser recompensado economicamente por isso (princípio do protetor recebedor)[219].

Impende destacar que o beneficiário da CRA é apenas o *proprietário* (exclui o possuidor desse benefício) do imóvel incluído no Cadastro Ambiental Rural (imprescindível).

Por fim, é possível o cancelamento da Cota (CRA), (i) por solicitação do proprietário rural[220]; (ii) automaticamente pelo término do prazo da servidão ambiental; ou, ainda,

216. Cria o Sistema Nacional de Cadastro Rural.

217. Prevista no artigo 44 e seguintes da Lei 12.651/12.

218. Contudo, repise-se que a CRA só pode ser utilizada para compensar Reserva Legal de imóvel rural situado no mesmo bioma da área à qual o título está vinculado, e, mais, nos termos em que decidido no julgamento das ADIs 4901 e 4.937, apenas será possível esta compensação caso as áreas envolvidas possuam a mesma "identidade ecológica".

219. Trata-se de título que pode ser transferido ao bel prazer de seu titular (gratuita ou onerosamente, a pessoa física ou jurídica, de direito público ou privado)

220. Apenas aos casos de servidão ambiental e excedente de reserva legal – para as demais o legislador não previu essa possibilidade (art. 50, I, da Lei 12.651/12).

(iii) por decisão do órgão competente do Sisnama, no caso de degradação da vegetação nativa da área vinculada à CRA[221] cujos custos e prazo de recuperação ambiental inviabilizem a continuidade do vínculo entre a área e o título[222].

Inclusive, quando a CRA estiver sendo utilizada com a finalidade de compensação de Reserva Legal, só poderá ser cancelada caso a área para a qual estiver beneficiando já se apresentar se assegurada Reserva Legal para o imóvel no qual a compensação foi aplicada.

8. PROGRAMA DE REGULARIZAÇÃO AMBIENTAL

O Programa de Regularização Ambiental (PRA), previsto nas disposições transitórias da Lei 12.651/12[223], pode ser compreendido como um *modus operandi*, a ser devidamente implantado por cada ente federativo[224] no prazo de 1 (um) ano, visando corrigir irregularidades em posses e propriedades rurais, e adequando-as aos termos do novo Código Florestal.

Como norma geral, o Código Florestal disciplina o PRA inserindo-o numa sistemática[225] que, para que a ele seja possível aderir, faz-se necessária, obrigatória e previamente, a inserção do imóvel no Cadastro Ambiental Rural (CAR)[226], habilitando-se à assinatura de eventual termo de ajustamento de conduta (TAC). Isto é, o legislador, pretenso de que haja a inserção no cadastro informatizado (CAR) de todas as propriedades rurais do Brasil, impulsiona-o colocando como requisito imprescindível para que o proprietário, em condição irregular, possa aderir a um Programa de Regularização Ambiental, cuja formalização acabará por se dar por meio de um TAC.

O Programa de Regularização Ambiental envolve-se numas das maiores discussões travadas a respeito da Constitucionalidade do novo Código Florestal, na medida em que,

---

221. O cancelamento da CRA independe de eventuais sanções administrativas ou penais a esta poluição ocorrida.

222. Desse rol de possibilidades (art. 50, da Lei 12.651/12), verifica-se a inexistência de previsão de cancelamento para os casos em que a CRA envolver a vegetação protegida em Unidade de Conservação de Reserva Particular do Patrimônio Natural – RPPN, ou de Unidade de Conservação de domínio público pendente de desapropriação (não há o retorno da disponibilidade ao particular).

223. Artigos 59 e 60, da Lei 12.651/12.

224. Assim deixado a cada ente "em razão de suas peculiaridades territoriais, climáticas, históricas, culturais, econômicas e sociais" (artigo 59, §1°, da Lei 12.651/12). Inclusive, no âmbito do Estado de São Paulo foi instituído pela Lei n° 15.684, de 14 de janeiro de 2015, regulamentada pelo Decreto 61.792/16, cujo cenário, *a priori*, encontra-se suspenso – ao menos teoricamente – por força de liminar proferida em sede de ADI que contesta a Lei estadual (ADI-estadual – proc. n° 2100850-72.2016.8.26.0000), manejada pelo Ministério Público do Estado de São Paulo, sob fundamento de lesão ao princípio da vedação de retrocesso, e, mais, pela *não previsão de participação popular na discussão da lei*. De plano, foi deferida a liminar, suspendendo os efeitos da Lei estadual, cujo contexto assim persiste até o presente momento, em especial pelo fato de, no início de fevereiro de 2018, ter sido suspensa a ação, sobre a compreensão de que o julgamento das ADI's e ADC sobre o Código Florestal apresentar-se-ia como matéria prejudicial (prejudicialidade externa). E, mesmo já tendo sido proferida a decisão pelo STF (em 28/02/18), ainda não houve decisão – conforme consulta realizada no dia 28 de dezembro de 2018.

225. Com a edição da Medida Provisória 867/2018, publicada no Diário Oficial da União no dia 27/12/2018, alterou-se o prazo para solicitação de adesão ao Programa de Regularização Ambiental, estando, agora, prorrogado até o dia 31 de dezembro de 2019.

226. Importante observar que, para o CAR está mantido o prazo (já prorrogado) até o dia 31 de dezembro de 2018 – distinguindo-se do prazo para adesão a PRA.

nos termos do art. 59, §4°, entre a sua implantação e – uma vez implantado – realizada a adesão pelo interessado (tudo atento aos prazos abertos para tais finalidades), considera-se que, enquanto estiver sendo cumprido o termo de compromisso, o proprietário ou possuidor não poderá ser autuado por infrações administrativas[227] cometidas *antes* de 22 de julho de 2008, relativas à supressão irregular de vegetação em Áreas de Preservação Permanente, de Reserva Legal e de uso restrito.

Isto é, o proprietário ou possuidor que aderir adequadamente ao PRA para sanar[228] aquelas condições consolidadas até o dia 22 de julho de 2008, e enquanto estiver cumprindo com as condições que lhe foram impostas no TAC, não poderá ser autuado pelas irregularidades cometidas anteriormente àquela data.

Debatido o ponto quanto à sua constitucionalidade (ADI 4.937, 4902 e ADC 42), restou conferida uma interpretação conforme, de modo a afastar, no decurso da execução dos termos de compromissos subscritos nos programas de regularização ambiental, o risco de decadência ou prescrição, seja dos ilícitos ambientais praticados antes de 22.7.2008, seja das sanções deles decorrentes, aplicando-se extensivamente o disposto no § 1° do art. 60 da Lei 12.651/2012, segundo o qual *"a prescrição ficará interrompida durante o período de suspensão da pretensão punitiva"*[229].

Mais ainda, no parágrafo seguinte do artigo 59, previu o legislador que a partir da assinatura do termo de compromisso, serão suspensas as sanções decorrentes das infrações mencionadas no § 4° deste artigo e, cumpridas as obrigações estabelecidas no PRA ou no termo de compromisso para a regularização ambiental das exigências desta Lei, nos prazos e condições neles estabelecidos, as *multas* referidas neste artigo serão consideradas como *convertidas em serviços* de preservação, melhoria e recuperação da qualidade do meio ambiente, regularizando o uso de áreas rurais consolidadas conforme definido no PRA[230].

Finalmente, cumpridas todas as exigências firmadas no TAC, extingue-se a punibilidade, em especial para fins de responsabilidade penal[231].

ATENÇÃO

Feita a adesão ao PRA, não será possível autuar por infrações administrativas ambientais em APP, Reserva Legal ou áreas de uso restrito cometidas até o dia 22/07/08. Se já houve a autuação, o procedimento ficará suspenso, sendo que, cumpridos os termos do TAC, as multas serão convertidas.

---

227. Inicia-se a repercussão na seara criminal tão apenas após a celebração do TAC, sendo que, uma vez firmado, suspende a punibilidade, que restará extinta com o cumprimento das obrigações ali firmadas.

228. Lembre-se que, por si só, há exigência de recomposição, via de regra, é mais branda para esse cenário de áreas consolidadas até o dia 22/07/2008.

229. Pelo que se observa, a maioria dos Ministros entendeu que não há anistia, mas forma legítima de se incentivar o proprietário a regularizar as áreas necessárias, contribuindo, dessa forma, com a preservação do meio ambiente quanto com o desenvolvimento econômico da atividade desenvolvida, isto é, primando pelo desenvolvimento sustentável.

230. Igualmente, "a prescrição ficará interrompida durante o período de suspensão da pretensão punitiva", nos termos da interpretação conforme realizada pelo STF no julgamento das ADIs 4902 e 4937, e ADC 42)

231. Art. 60, §2°, da Lei 12.651/12.

9. CONSTITUCIONALIDADE ANALISADA PELO STF: DISPOSITIVOS QUE SOFRERAM ALTERAÇÃO

Sem prejuízo das remissões já feitas no decorrer do texto, é válido reunir num tópico os pontos que foram discutidos no âmbito do STF quando do julgamento da Constitucionalidade de diversos dispositivos do novo Código Florestal, por meio da ADC 42, e das ADIS 4.901, 4.902, 4.903 e 4.937, em especial aqueles dispositivos que sofreram alterações.

Antes, porém, vale pontuar que o julgamento em questão é de extrema importância para a compreensão do Direito Ambiental, sendo paradigma com a afirmação de que não é adequado desqualificar determinada regra legal como contrária ao comando constitucional de defesa do meio ambiente (CF, art. 225), ou mesmo sob o genérico e subjetivo rótulo de "retrocesso ambiental", ignorando as diversas nuances que permeiam o processo decisório do legislador, democraticamente investido da função de apaziguar interesses conflitantes por meio de regras gerais e objetivas. Não se deve desprezar que a mesma Constituição que protege o meio ambiente também exorta o Estado brasileiro a garantir a livre iniciativa (CF, artigos 1º, IV, e 170) e o desenvolvimento nacional (CF, art. 3º, II), a erradicar a pobreza e a marginalização, e a reduzir as desigualdades sociais e regionais (CF, artigos 3º, III, e 170, VII), a proteger a propriedade (CF, artigos 5º, "caput" e XXII, e 170, II), a buscar o pleno emprego (CF, artigos 170, VIII, e 6º) e a defender o consumidor (CF, artigos 5º, XXXII, e 170, V).

Aliás, e assim se assinalou, o princípio da vedação ao retrocesso não se sobrepõe ao princípio democrático, no afã de transferir ao Judiciário funções inerentes aos Poderes Legislativo e Executivo, e nem justifica afastar arranjos legais mais eficientes para o desenvolvimento sustentável do país como um todo, na linha do que decidido no RE 586.224/SP

Enfim, percebe-se que representa firme entendimento sobre a forma como deve ser compreendido o Direito Ambiental, sendo que, a despeito das críticas sofridas, denota uma postura sem contradições, seguindo uma linha de, não se menosprezando lesões ao meio ambiente, almejar olhar para frente.

Pois bem. Nos termos em que constou no Informativo 892 do STF, no julgamento ocorrido em 28/02/2018 ficaram assim decididas as ações de constitucionalidades.

ADC 42:

1. inconstitucionalidade das expressões "gestão de resíduos" e "instalações necessárias à realização de competições esportivas estaduais, nacionais ou internacionais", contidas no art. 3º, VIII;
2. dar interpretação conforme a Constituição ao art. 3º, VIII e IX, de modo a se condicionar a intervenção excepcional em APP, por interesse social ou utilidade pública, à inexistência de alternativa técnica e/ou locacional à atividade proposta;
3. a inconstitucionalidade das expressões "demarcadas" e "tituladas", contidas no art. 3º, parágrafo único;
4. dar interpretação conforme ao art. 4º, IV, para fixar a interpretação de que os entornos das nascentes e dos olhos d'água intermitentes configuram área de preservação ambiental;

5. dar interpretação conforme a Constituição ao art. 48, § 2º, para permitir compensação apenas entre áreas com identidade ecológica;
6. dar interpretação conforme a Constituição ao art. 59, §4º, de modo a afastar, no decurso da execução dos termos de compromissos subscritos nos programas de regularização ambiental, o risco de decadência ou prescrição, seja dos ilícitos ambientais praticados antes de 22.7.2008, seja das sanções deles decorrentes, aplicando-se extensivamente o disposto no § 1º do art. 60 da Lei 12.651/2012, segundo o qual "a prescrição ficará interrompida durante o período de suspensão da pretensão punitiva";
7. dar interpretação conforme a Constituição ao art. 59, § 5º, de modo a afastar, no decurso da execução dos termos de compromissos subscritos nos programas de regularização ambiental, o risco de decadência ou prescrição, seja dos ilícitos ambientais praticados antes de 22.7.2008, seja das sanções deles decorrentes, aplicando-se extensivamente o disposto no § 1º do art. 60 da Lei 12.651/2012, segundo o qual "a prescrição ficará interrompida durante o período de suspensão da pretensão punitiva".

ADI 4901:

1. dar interpretação conforme a Constituição ao art. 48, § 2º, para permitir compensação apenas entre áreas com identidade ecológica.

ADI 4902:

1. deu interpretação conforme a Constituição ao art. 59, §4º, de modo a afastar, no decurso da execução dos termos de compromissos subscritos nos programas de regularização ambiental, o risco de decadência ou prescrição, seja dos ilícitos ambientais praticados antes de 22.7.2008, seja das sanções deles decorrentes, aplicando-se extensivamente o disposto no § 1º do art. 60 da Lei 12.651/2012, segundo o qual "a prescrição ficará interrompida durante o período de suspensão da pretensão punitiva";
2. deu interpretação conforme a Constituição ao art. 59, § 5º, de modo a afastar, no decurso da execução dos termos de compromissos subscritos nos programas de regularização ambiental, o risco de decadência ou prescrição, seja dos ilícitos ambientais praticados antes de 22.7.2008, seja das sanções deles decorrentes, aplicando-se extensivamente o disposto no § 1º do art. 60 da Lei 12.651/2012, segundo o qual "a prescrição ficará interrompida durante o período de suspensão da pretensão punitiva".

ADI 4903:

1. inconstitucionalidade das expressões "gestão de resíduos" e "instalações necessárias à realização de competições esportivas estaduais, nacionais ou internacionais", contidas no art. 3º, VIII;
2. dar interpretação conforme a Constituição ao art. 3º, VIII e IX, de modo a se condicionar a intervenção excepcional em APP, por interesse social ou

utilidade pública, à inexistência de alternativa técnica e/ou locacional à atividade proposta;

3. dar interpretação conforme a Constituição ao art. 3º, XVII, para fixar a interpretação de que os entornos das nascentes e dos olhos d´água intermitentes configuram área de preservação permanente;
4. declarar a inconstitucionalidade das expressões "demarcadas" e "tituladas", contidas no art. 3º, parágrafo único;
5. dar interpretação conforme ao art. 4º, IV, para fixar a interpretação de que os entornos das nascentes e dos olhos d'água intermitentes configuram área de preservação ambiental.

ADI 4937:

1. declarar a inconstitucionalidade das expressões "gestão de resíduos" e "instalações necessárias à realização de competições esportivas estaduais, nacionais ou internacionais", contidas no art. 3º, VIII;
2. dar interpretação conforme a Constituição ao art. 48, § 2º, para permitir compensação apenas entre áreas com identidade ecológica;
3. dar interpretação conforme a Constituição ao art. 59, §4º, de modo a afastar, no decurso da execução dos termos de compromissos subscritos nos programas de regularização ambiental, o risco de decadência ou prescrição, seja dos ilícitos ambientais praticados antes de 22.7.2008, seja das sanções deles decorrentes, aplicando-se extensivamente o disposto no § 1º do art. 60 da Lei 12.651/2012, segundo o qual "a prescrição ficará interrompida durante o período de suspensão da pretensão punitiva";
4. dar interpretação conforme a Constituição ao art. 59, § 5º, de modo a afastar, no decurso da execução dos termos de compromissos subscritos nos programas de regularização ambiental, o risco de decadência ou prescrição, seja dos ilícitos ambientais praticados antes de 22.7.2008, seja das sanções deles decorrentes, aplicando-se extensivamente o disposto no § 1º do art. 60 da Lei 12.651/2012, segundo o qual "a prescrição ficará interrompida durante o período de suspensão da pretensão punitiva".

10. SÚMULAS E ORIENTAÇÕES JURISPRUDENCIAIS (STJ E STF)

STJ – Súmula 613 – Não se admite a aplicação da teoria do fato consumado em tema de Direito Ambiental. (Súmula 613, PRIMEIRA SEÇÃO, julgado em 09/05/2018, DJe 14/05/2018).

(STJ – REsp 343741 / PR – DJ 07.10.2002)

RECURSO ESPECIAL. FAIXA CILIAR. ÁREA DE PRESERVAÇÃO PERMANENTE. RESERVA LEGAL. TERRENO ADQUIRIDO PELO RECORRENTE JÁ DESMATADO. IMPOSSIBILIDADE DE EXPLORAÇÃO ECONÔMICA. RESPONSABILIDADE OBJETIVA. OBRIGAÇÃO PROPTER REM. AUSÊNCIA DE PREQUESTIONAMENTO. DIVERGÊNCIA JURISPRUDENCIAL NÃO CONFIGURADA. As questões relativas à aplicação dos artigos 1º e 6º da LICC, e, bem assim, à possibilidade de aplicação da responsabilidade objetiva em ação civil pública, não foram enxergadas, sequer vislumbradas, pelo acórdão recorrido. Tanto a faixa ciliar quanto a reserva legal, em qualquer propriedade, incluída a da recorrente, não podem ser objeto de exploração econômica, de maneira que, ainda que se não dê o reflorestamento imediato, referidas zonas não podem servir como pastagens. Não há cogitar, pois, de ausência de nexo causal, visto que aquele que perpetua a lesão ao meio ambiente cometida por outrem está, ele mesmo, praticando o ilícito. A obrigação de conservação é automaticamente transferida do alienante ao adquirente, independentemente deste último ter responsabilidade pelo dano ambiental. Recurso especial não conhecido.

(STJ – EDcl no REsp 994.881 / SC – Dje 15.12.2010)[232]

PROCESSUAL CIVIL E DIREITO AMBIENTAL. EMBARGOS DECLARATÓRIOS NO RECURSO ESPECIAL. MANDADO DE SEGURANÇA. OBRA EMBARGADA PELO IBAMA, COM FUNDAMENTO NA RESOLUÇÃO DO CONAMA N. 303/2002. ÁREA DE PRESERVAÇÃO PERMANENTE. EXCESSO REGULAMENTAR. NÃO OCORRÊNCIA. ART. 2°, ALÍNEA F, DO CÓDIGO FLORESTAL NÃO VIOLADO. LOCAL DA ÁREA EMBARGADA. PRETENSÃO DE ANÁLISE DE MATÉRIA FÁTICO-PROBATÓRIA. INCIDÊNCIA DA SÚMULA 7 DO STJ. CONTRADIÇÃO NO JULGADO. OCORRÊNCIA. NECESSIDADE DE ALTERAÇÃO DO DISPOSITIVO. DEMAIS OMISSÕES NÃO CONFIGURADAS. PRETENSÃO DE REJULGAMENTO DA CAUSA. IMPOSSIBILIDADE. 1. Embargos de declaração calcados no argumento de que não se está a tratar de revolvimento de fatos e provas constante dos autos, nem tampouco da competência normativa da Administração Pública, mas sim da falta de legitimidade do Conama para instituir, por intermédio de Resolução, uma área de preservação permanente de restinga não prevista em lei.

(...)

3. Sob esse enfoque, os presentes embargos declaratórios merecem parcial acolhimento, porquanto o acórdão embargado, embora tenha considerado válida a Resolução do Conama n. 303/2002 e, por conseguinte, afastado a alegada contrariedade à Lei 4.771/65 (Código Florestal), não conheceu do recurso especial como um todo, sendo que, em verdade, o que demanda dilação probatória dos autos é apenas a verificação da existência de restingas relacionadas a mangues ou dunas nos lotes embargados, argumento alternativo do recorrente.

4. Sendo assim, os aclaratórios hão de ser acolhidos quanto a esse ponto, para corrigir contradição no julgado, de modo que o dispositivo do acórdão passará a ter a seguinte redação: Recurso especial parcialmente conhecido e, nessa extensão, não provido.

5. No tocante às demais alegações, não se evidencia a ocorrência de nenhum dos vícios previstos no artigo 535 do CPC, máxime porque o decisum embargado de forma clara e fundamentada expressamente afastou a alegação da recorrente de excesso regulamentar da Resolução do Conama n. 303/2002, decidindo pela validade jurídica dos autos de embargo e de infração emitidos com esteio nos limites traçados pela referida norma regulamentadora. (...)

(STJ – REsp 1357263 / PR – DJe 17.11.2016)

ADMINISTRATIVO. INFRAÇÃO AMBIENTAL. MULTA. ÁREA DE PRESERVAÇÃO PERMANENTE. LIMITAÇÃO ADMINISTRATIVA. FUNÇÃO ECOLÓGICA DA PROPRIEDADE. DEVE DE REFLORESTAMENTO. OBRIGAÇÃO PROPTER REM. ART.

18, § 1°, DO CÓDIGO FLORESTAL DE 1965. REGRA DE TRANSIÇÃO. INEXISTÊNCIA DE DIREITO ADQUIRIDO DE DESTRUIR, DESMATAR E POLUIR O AMBIENTE, OU RETER BENEFÍCIOS, ECONÔMICOS OU NÃO, DA DEGRADAÇÃO. NÃO OCORRÊNCIA DE DESAPROPRIAÇÃO INDIRETA. DESCABIMENTO DE INDENIZAÇÃO PARA QUE O INFRATOR DEIXE DE DEGRADAR O MEIO AMBIENTE. VIOLAÇÃO AO ART. 535 DO CPC. FUNDAMENTAÇÃO DEFICIENTE. SÚMULA 284/STF. AUSÊNCIA DE PREQUESTIONAMENTO. SÚMULA 211/STJ.

232. Trechos da ementa.

1. Cuida-se, originariamente, de Ação Ordinária com o fito de anular o auto de infração e o embargo promovido sobre parte do imóvel rural, em decorrência de utilização econômica de Área de Preservação Permanente. 2. Não se conhece de Recurso Especial em relação à ofensa ao art. 535 do CPC quando a parte não aponta, de forma clara, o vício em que teria incorrido o acórdão impugnado. Aplicação, por analogia, da Súmula 284/STF. 3. O acórdão recorrido decidiu com enfoque diferente do alegado em Recurso Especial. É assente no STJ o entendimento de que é condição sine qua non para que se conheça do Especial que tenham sido mencionados, no contexto do acórdão objurgado, os dispositivos legais indicados como malferidos. Incidência da Súmula 282/STF: "É inadmissível o recurso extraordinário, quando não ventilada, na decisão recorrida, a questão federal suscitada". 4. No mérito, discutem-se matérias pacificadas no STJ tanto no que se refere à natureza propter rem das obrigações ambientais quanto à aplicação do art. 18, § 1º, do Código Florestal de 1965. «Em se tratando de reserva florestal, com limitação imposta por lei, o novo proprietário, ao adquirir a área, assume o ônus de manter a preservação, tornando-se responsável pela reposição, mesmo que não tenha contribuído para devastá-la» (REsp 282.781/PR, Rel. Ministra Eliana Calmon, Segunda Turma, DJ 27.5.2002). "A obrigação de reparação dos danos ambientais é propter rem" (REsp 1.090.968/SP, Rel. Min. Luiz Fux, Primeira Turma, DJe 3.8.2010). O "novo proprietário assume o ônus de manter a preservação, tornando-se responsável pela reposição, mesmo que não tenha contribuído para o desmatamento. Precedentes" (REsp 926.750/MG, Rel. Min. Castro Meira, Segunda Turma, DJ 4.10.2007; em igual sentido, entre outros, REsp 343.741/PR, Rel. Min. Franciulli Netto, Segunda Turma, DJ 7.10.2002; REsp 843.036/PR, Rel. Min. José Delgado, Primeira Turma, DJ 9.11.2006; EDcl no Ag 1.224.056/SP, Rel. Min. Mauro Campbell Marques, Segunda Turma, DJe 6.8.2010; AgRg no REsp 1.206.484/SP, Rel. Min. Humberto Martins, Segunda Turma, DJe 29.3.2011; AgRg nos EDcl no REsp 1.203.101/SP, Rel. Min. Hamilton Carvalhido, Primeira Turma, DJe 18.2.2011). 5. Na linha de precedentes do STJ, a instituição de Reserva Legal e de Áreas de Preservação Permanente decorre diretamente da função ecológica da propriedade, limite intrínseco ou interno ao próprio direito e, portanto, pressuposto inafastável para seu reconhecimento pela ordem jurídica, donde impróprio alegar desapropriação indireta, pois o legislador e o administrador, ao discipliná-las, nada retiram do dono do imóvel, na medida em que, à luz da Constituição de 1988, a ninguém se faculta arrogar-se senhor absoluto dos bens ambientais, com menor razão ainda se recursos planetários. Inexiste direito adquirido de destruir, desmatar e poluir o ambiente, ou reter benefícios, econômicos ou não, da degradação. 6. Caracteriza irracionalidade pretender indenização para cumprir obrigação legal exigida de todos. A ser diferente, o degradador ambiental acabaria por ser duplamente beneficiado – com o lucro econômico derivado da atividade ilícita adicionado a pagamento para reparar danos causados ou para abandonar o estado de delinquência –, enquanto a sociedade sofreria ao triplo, seja pelo enfraquecimento da força obrigatória e dissuasória da lei (= padecimento remoto), seja pelo impacto de prejuízos materiais e morais da infração, além do dispêndio de escassos recursos financeiros estatais para comprar bom comportamento de quem se rebela contra sábias prescrições do legislador, inclusive do constitucional (= padecimento próximo). Traduzida em miúdo, essa expectativa, tão despropositada como infelizmente comum, realça ao extremo a perversa e antirrepublicana prática de apropriação privada dos benefícios dos recursos ambientais e a socialização, com a coletividade e as gerações futuras, dos ônus, custos e externalidades negativas da exploração predatória, empobrecimento e contaminação da Natureza. 7. "O § 1º do art. 18 do Código Florestal quando dispôs que, 'se tais áreas estiverem sendo utilizadas com culturas, de seu valor deverá ser indenizado o proprietário', apenas criou uma regra de transição para proprietários ou possuidores que, à época da criação da limitação administrativa, ainda possuíam culturas nessas áreas" (REsp 1.237.071/PR, Rel. Min. Humberto Martins, Segunda Turma, DJe 11.5.2011). 8. Recurso Especial não provido.

(STJ – AgInt no AREsp 1319376 / SP – DJe 11.12.2018)

PROCESSUAL CIVIL. AGRAVO INTERNO NO AGRAVO EM RECURSO ESPECIAL. DIREITO AMBIENTAL. ENUNCIADO ADMINISTRATIVO 3/STJ. APLICAÇÃO RETROATIVA DO NOVO CÓDIGO FLORESTAL. DESCABIMENTO. AGRAVO INTERNO NÃO PROVIDO.

1. É de ser mantida a decisão que reformou o acórdão recorrido, pois "O novo Código Florestal não pode retroagir para atingir o ato jurídico perfeito, os direitos ambientais adquiridos e a coisa julgada, tampouco para reduzir de tal modo e sem as necessárias compensações ambientais o patamar de proteção de ecossistemas frágeis ou espécies ameaçadas de extinção, a ponto de transgredir o limite constitucional intocável e intransponível da 'incumbência' do Estado de garantir a preservação e a restauração dos processos ecológicos essenciais (art. 225, § 1º, I)" (AgRg no REsp 1.434.797/PR, Rel. Ministro Humberto Martins, Segunda Turma, DJe 07/06/2016). Assim, a realização da perícia ordenada nos autos deve ocorrer com base na legislação em vigor à época dos fatos que deram ensejo à propositura da ação civil pública. 2. Agravo interno não provido.

(STJ - Agravo Regimental no Agravo em REsp nº 155.302 / RJ - DJe 20.11.2012)

ADMINISTRATIVO E PROCESSUAL CIVIL. DESAPROPRIAÇÃO INDIRETA. NÃO CONFIGURAÇÃO. NECESSIDADE DO EFETIVO APOSSAMENTO E DA IRREVERSIBILIDADE DA SITUAÇÃO. NORMAS AMBIENTAIS. LIMITAÇÃO ADMINISTRATIVA. ESVAZIAMENTO ECONÔMICO DA PROPRIEDADE. AÇÃO DE DIREITO PESSOAL. PRESCRIÇÃO QUINQUENAL. 1. A criação de áreas especiais de proteção ambiental - salvo quando tratar-se de algumas unidades de conservação de proteção integral e de uso sustentável em que a lei impõe que o domínio seja público - configura limitação administrativa, que se distingue da desapropriação. Nesta, há transferência da propriedade individual para o domínio do expropriante com integral indenização; naquela, há apenas restrição ao uso da propriedade imposta genericamente a todos os proprietários, sem qualquer indenização. 2. Se a restrição ao uso da propriedade esvaziar o seu valor econômico, deixará de ser limitação para ser interdição de uso da propriedade, e, neste caso, o Poder Público ficará obrigado a indenizar a restrição que aniquilou o direito dominial e suprimiu o valor econômico do bem. (Hely Lopes Meirelles. Direito Administrativo Brasileiro. São Paulo: Malheiros, 2009. 35ª ed., págs. 645/646.) 3. Esta indenização, todavia, não se fundará na existência de desapropriação indireta, pois, para que esta ocorra é necessário que haja o efetivo apossamento da propriedade pelo Poder Público. Desse modo, as restrições ao direito de propriedade, impostas por normas ambientais, ainda que esvaziem o conteúdo econômico, não se constituem desapropriação indireta. 4. Assim, ainda que ocorrido danos aos agravados, em face de eventual esvaziamento econômico de propriedade, tais devem ser indenizados pelo Estado, por meio de ação de direito pessoal fundada na responsabilidade aquiliana, cujo prazo prescricional é de 5 anos, nos termos do art. 10, parágrafo único, do Decreto-Lei n. 3.365/41. 5. No caso dos autos, como bem esclarece a sentença, mantida pelo acórdão, o ato administrativo municipal ocorreu em março de 1993, e a demanda só foi proposta em 18.5.2007, depois de esgotado, portanto, o lapso prescricional. Agravo regimental improvido.

(TRF-4 - AC 7007 PR 0000540-15.2009.404.707 - D.E. 14.04.2010)

ADMINISTRATIVO. DIREITO AMBIENTAL. ÁREA DE PRESERVAÇÃO PERMANENTE - APP. RIO SANTO ANTÔNIO. LIMITAÇÃO ADMINISTRATIVA. INEXISTÊNCIA DE DIREITO À INDENIZAÇÃO. DANOS AMBIENTAIS. OBRIGAÇÃO PROPTER REM. PRAZO PRESCRICIONAL. VACATIO LEGIS NÃO SE PRESUME.

1. Restrição de uso decorrente da legislação ambiental é simples limitação administrativa, e não se confunde com o desapossamento típico da desapropriação indireta. Dessa forma não enseja ao proprietário direito à indenização, mais ainda quando o imóvel foi adquirido após a entrada em vigência da norma de proteção do meio ambiente, o que afasta qualquer pretensão de boa-fé objetiva do atual titular do domínio: AgRg nos EDcl no REsp 1.417.632/MG, Rel. Ministro Mauro Campbell Marques, Segunda Turma, DJe 11.2.2014; AgRg nos EDcl no REsp 1.334.228/MG, Rel. Ministro Mauro Campbell Marques, Segunda Turma, DJe 11.12.2013, e REsp 1.394.025/MS, Rel. Ministra Eliana Calmon, Segunda Turma, DJe 18.10.2013. 2. A obrigação de reparação dos danos ambientais é propter rem, sem prejuízo da solidariedade entre os vários causadores do dano, descabendo falar em direito adquirido à degradação. O novo proprietário assume o ônus de manter a integridade do ecossistema protegido, tornando-se responsável pela recuperação, mesmo que não tenha contribuído para o desmatamento ou destruição: AgRg no REsp 1.367.968/SP, Rel. Ministro Humberto Martins, Segunda

Turma, DJe 12.3.2014, e REsp 1.251.697/PR, Rel. Ministro Mauro Campbell Marques, Segunda Turma, DJe 17.4.2012. 3. O prazo prescricional é quinquenal, conforme dispõe o art. 10, parágrafo único, do DL 3.365/1941, e se inicia com o advento da norma que criou a restrição ambiental (REsp 1.239.948/ PR, Rel. Ministra Eliana Calmon, Segunda Turma, DJe 14.10.2013). 4. Vacatio legis não se presume, devendo constar expressamente do texto legal. Assim, se o legislador estabelece obrigação ambiental sem fixar termo inicial ou prazo para seu cumprimento, pressupõe-se que sua incidência e sua exigibilidade são imediatas. 5. Recurso Especial não provido.

(TJSC. Apelação Cível nº 2012.056073-0 – DJE de 03/12/2013)[233]

APELAÇÃO CÍVEL E REEXAME NECESSÁRIO. DESAPROPRIAÇÃO INDIRETA. AUSÊNCIA DE ALEGAÇÕES FINAIS. PREJUÍZO NÃO COMPROVADO. PRELIMINAR DE NULIDADE AFASTADA. AÇÃO INDENIZATÓRIA MOVIDA CONTRA MUNICÍPIO. IMÓVEL EM ÁREA DE PRESERVAÇÃO PERMANENTE. IMPOSSIBILIDADE TOTAL DE EDIFICAÇÃO INSTITUÍDA POR LEI COMPLEMENTAR E DECRETO MUNICIPAIS. AQUISIÇÃO DO BEM ANTERIOR À RESTRIÇÃO. ESVAZIAMENTO DO CONTEÚDO ECONÔMICO DO IMÓVEL VERIFICADO. INDENIZAÇÃO DEVIDA. PRESCRIÇÃO QUINQUENAL. INAPLICABILIDADE. SÚMULA 119 DO SUPERIOR TRIBUNAL DE JUSTIÇA. JUROS COMPENSATÓRIOS: TAXA DE 6% AO ANO DE 6.3.2001 A 13.9.2001 E DE 12% AO ANO A PARTIR DE 14.9.2001 ATÉ O TRÂNSITO EM JULGADO DA SENTENÇA. JUROS MORATÓRIOS NOS TERMOS DO ART. 15-B DO DECRETO-LEI N. 3.365/1941. CORREÇÃO MONETÁRIA DEVIDA DESDE A JUNTADA DO LAUDO PERICIAL. HONORÁRIOS ADVOCATÍCIOS. REDUÇÃO AO PATAMAR DE 5% PREVISTO NO ART. 27 DO DECRETO-LEI N. 3.365/1941. RECURSO PARCIALMENTE PROVIDO. REMESSA DESPROVIDA. I. (...). II. Quando, a pretexto de limitar o uso de determinado bem, as limitações administrativas inviabilizam por completo o exercício do direito de propriedade, como no caso concreto, mercê de lei e decreto municipais que elasteceram as retrições impostas pelo Código Florestal, esvaziando o conteúdo econômico do imóvel, resta caracterizada a desapropriação indireta, ensejando direito de reparação ao proprietário. III. O prazo prescricional em sede de ação desapropriatória indireta é vintenário, tal como enuncia a Súmula 119 do Superior Tribunal de Justiça, não incidindo sobre a matéria a prescrição quinquenal disposta no art. 9° do Decreto n. 20.910/32. IV. Os juros compensatórios incidem desde a data da imissão na posse do imóvel, em quantum que deve observar o estatuído pelo art. 15-A do Decreto-lei n. 3.365/41, sendo de 6% (seis por cento) ao ano até 13.9.2001, data em que a eficácia da redação que lhe foi emprestada pela Medida Provisória n. 1.577/97 restou suspensa e, daí em diante, a taxa a ser observada é de 12% (doze por cento) ao ano, a teor da Súmula 618 da Suprema Corte. Já a correção monetária incide a partir do laudo pericial. Os juros de mora, por sua vez, incidem nos termos do art. 15-B do Decreto-lei n. 3.365/41, sendo devidos à razão de 6% (seis por cento) ao ano, a partir de 1° de janeiro do exercício seguinte àquele em que o pagamento deveria ser feito, na senda do art. 100 da Constituição Federal.

(TJSC. Apelação Cível nº 2012.056073-0 – DJE de 03/12/2013)[234]

DIREITO ADMINISTRATIVO – ALAGAMENTO DE ÁREA PARA A CONSTRUÇÃO DA REPRESA DE PONTE NOVA/ MG – SURGIMENTO DE ÁREA DE PRESERVAÇÃO PERMANENTE – APOSSAMENTO ADMINISTRATIVO COM LIMITAÇÃO QUE ESVASIA O DIREITO DE PROPRIEDADE – IMPOSSIBILIDADE DE EXPLORAÇÃO ECONÔMICA DA ÁREA – OCORRÊNCIA DE VERDADEIRA DESAPROPRIAÇÃO INDIRETA – PRESCRIÇÃO VINTENÁRIA – SENTENÇA ANULADA. A limitação administrativa, de natureza ambiental, oriunda de criação de área de preservação permanente, em razão de alagamento para construção de lago artificial, equivale a

233. Conforme se confere, em determinadas circunstâncias, é possível que a limitação administrativa impeça de maneira significativa o exercício dos direitos inerentes ao proprietário, de modo a implicar no esvaziamento do próprio conteúdo do direito de propriedade e na eliminação de seu uso econômico ou do direito de alienação.

234. Dever de indenizar quando, embora a limitação administrativa tenha sido criada como imposição geral, atinge de maneira diferenciada determinado imóvel.

verdadeira desapropriação indireta, pois que esvazia o direito de propriedade, impedindo a exploração econômica da área. Diante da natureza real da ação de indenização por desapropriação indireta, o prazo para ajuizá-la prescreve em 20 (vinte) anos, nos termos da Súmula nº 119 do eg. STJ. No caso dos autos, extrai-se da inicial, que o pedido indenizatório baseou-se na ocorrência de verdadeiro esbulho possessório, em virtude do surgimento da área de preservação permanente, após a construção do lago artificial pela apelada, porquanto criadas severas restrições ao direito de propriedade dos apelantes, em razão do cumprimento das normas de proteção ambiental. Com efeito, há verdadeira desapropriação indireta, em face das severas restrições ao uso e ao gozo do imóvel do apelante, que, praticamente, esvazia o direito de propriedade, já que, em razão das limitações de natureza ambiental, o dono fica impossibilitado de explorar economicamente o imóvel.

(STJ – REsp 1.654.965 / SP – **DJe 27.04.2017)**[235]

RECURSO ESPECIAL. DESAPROPRIAÇÃO INDIRETA. PRESCRIÇÃO. DIREITO REAL. PRESCRIÇÃO VINTENÁRIA. SÚMULA 119/STJ. CÓDIGO CIVIL DE 2002. ART. 1.238, PARÁGRAFO ÚNICO. PRESCRIÇÃO DECENAL. REDUÇÃO DO PRAZO. REGRA DE TRANSIÇÃO.

1. Descabida a tese de que o prazo prescricional teria início na data do decreto expropriatório, pois não se trata de desapropriação direta, mas indireta. Isso porque apesar de ter sido inicialmente observado o processo de desapropriação, a indenização não foi paga, nos termos do pactuado entre expropriante e expropriado, de modo que o acordo não se aperfeiçoou assim como a desapropriação direta que se convolou em indireta. 2. O prazo de cinco anos de que trata o art. 10 do Decreto 3.365/1941 dirige-se ao expropriante, cabendo a ele ajuizar a ação ou efetivar acordo dentro do prazo qüinqüenal, o que não se confunde com o prazo de que dispõe o expropriado para intentar ação de desapropriação indireta. 3. Com fundamento no art. 550 do Código Civil de 1916, o STJ firmou a orientação de que "a ação de desapropriação indireta prescreve em 20 anos" (Súmula 119/STJ). 4. O Código Civil de 2002 reduziu o prazo da usucapião extraordinária para 10 (dez) anos (art. 1.238, parágrafo único), devendo-se, a partir de então, observar as regras de transição previstas no Codex (art. 2.028), adotando-o nas expropriatórias indiretas. Precedentes: REsp 1.300.442/SC, Rel. Ministro Herman Benjamin, Segunda Turma, DJe 26/6/2013; REsp 944.351/PI, Rel. Ministro Castro Meira, Segunda Turma, DJe 15/4/2013. 5. Especificamente na hipótese dos autos, levando-se em conta que o recorrente o recorrente está na posse do imóvel desde desde 9.3.1998 e que não decorreu mais da metade do prazo vintenário do código revogado, consoante a regra de transição prevista no art. 2.028 do CC/02, incide o prazo decenal do atual Codex, a partir de sua entrada em vigor 11.1.2003. 6. Assim, tendo em vista que a ação foi proposta em 26.2.2010, consoante consta do acórdão recorrido, antes do transcurso de 10 (dez) anos da vigência do Código Civil de 2002, não se configurou a prescrição. 7. Recurso Especial não provido.

(STJ – REsp 747.515/SC, julg.: 09.10.2018)[236]

PROCESSUAL CIVIL. AMBIENTAL. AGRAVO INTERNO NO AGRAVO INTERNO NO AGRAVO INTERNO NO AGRAVO EM RECURSO ESPECIAL. CÓDIGO DE PROCESSO CIVIL DE 2015. APLICABILIDADE. MANDADO DE SEGURANÇA. EXPEDIÇÃO DE ALVARÁ PARA REGULARIZAÇÃO DE OBRA. ÁREA NÃO EDIFICANTE PRÓXIMA A CURSO D'ÁGUA. PERÍMETRO URBANO. APLICABILIDADE DO CÓDIGO FLORESTAL. DIREITO ADQUIRIDO À MANUTENÇÃO DE SITUAÇÃO QUE GERE RISCO AO MEIO AMBIENTE. INEXISTÊNCIA. PRECEDENTES DESTA CORTE. TEORIA DO FATO CONSUMADO. NÃO INCIDÊNCIA. SÚMULA N. 613/STJ. ARGUMENTOS INSUFICIENTES PARA DESCONSTITUIR A DECISÃO ATACADA. APLICAÇÃO DE MULTA. ART. 1.021, § 4º, DO CÓDIGO DE PROCESSO CIVIL DE 2015. DESCABIMENTO.

---

235. Jurisprudência importante quanto ao prazo de prescrição nos casos de desapropriação indireta.

236. Trechos da ementa.

(...)

III - Esta Corte tem entendimento consolidado segundo o qual a proteção ao meio ambiente não difere entre área urbana ou rural, uma vez que ambos merecem a atenção em favor da garantia da qualidade de vida proporcionada pelo texto constitucional, pelo Código Florestal e pelas demais normas legais sobre o tema.

IV - No caso, o tribunal de origem afastou a incidência da legislação ambiental aplicável, sob a justificativa de tratar-se de área urbana de ocupação consolidada, afastando-se da orientação do Superior Tribunal de Justiça no sentido de que não há falar em direito adquirido à manutenção de situação que gere prejuízo ao meio ambiente. Ademais, também não se admite a aplicação da teoria do fato consumado em tema de Direito Ambiental, nos termos da Súmula n. 613/STJ.

(STJ - REsp 1.179.316/SP - DJe 29.06.2010)

LIMITAÇÃO ADMINISTRATIVA - RESERVA LEGAL ADMINISTRATIVO. MEIO AMBIENTE. ÁREA DE RESERVA LEGAL EM PROPRIEDADES RURAIS: DEMARCAÇÃO, AVERBAÇÃO E RESTAURAÇÃO. LIMITAÇÃO ADMINISTRATIVA. OBRIGAÇÃO EX LEGE E PROPTER REM, IMEDIATAMENTE EXIGÍVEL DO PROPRIETÁRIO ATUAL.

1. Em nosso sistema normativo (Código Florestal - Lei 4.771/65, art. 16 e parágrafos; Lei 8.171/91, art. 99), a obrigação de demarcar, averbar e restaurar a área de reserva legal nas propriedades rurais constitui (a) limitação administrativa ao uso da propriedade privada destinada a tutelar o meio ambiente, que deve ser defendido e preservado "para as presentes e futuras gerações" (CF, art. 225). Por ter como fonte a própria lei e por incidir sobre as propriedades em si, (b) configura dever jurídico (obrigação ex lege) que se transfere automaticamente com a transferência do domínio (obrigação propter rem), podendo, em consequência, ser imediatamente exigível do proprietário atual, independentemente de qualquer indagação a respeito de boa-fé do adquirente ou de outro nexo causal que não o que se estabelece pela titularidade do domínio. 2. O percentual de reserva legal de que trata o art. 16 da Lei 4.771/65 (Código Florestal) é calculado levando em consideração a totalidade da área rural. 3. Recurso parcialmente conhecido e, nessa parte, improvido.

(STJ - AgRg no AREsp 155302 / RJ - DJe 20.11.2012)

ADMINISTRATIVO E PROCESSUAL CIVIL. DESAPROPRIAÇÃO INDIRETA. NÃO CONFIGURAÇÃO. NECESSIDADE DO EFETIVO APOSSAMENTO E DA IRREVERSIBILIDADE DA SITUAÇÃO. NORMAS AMBIENTAIS. LIMITAÇÃO ADMINISTRATIVA. ESVAZIAMENTO ECONÔMICO DA PROPRIEDADE. AÇÃO DE DIREITO PESSOAL. PRESCRIÇÃO QUINQUENAL.

1. A criação de áreas especiais de proteção ambiental - salvo quando tratar-se de algumas unidades de conservação de proteção integral e de uso sustentável em que a lei impõe que o domínio seja público - configura limitação administrativa, que se distingue da desapropriação. Nesta, há transferência da propriedade individual para o domínio do expropriante com integral indenização; naquela, há apenas restrição ao uso da propriedade imposta genericamente a todos os proprietários, sem qualquer indenização. 2. Se a restrição ao uso da propriedade esvaziar o seu valor econômico, deixará de ser limitação para ser interdição de uso da propriedade, e, neste caso, o Poder Público ficará obrigado a indenizar a restrição que aniquilou o direito dominial e suprimiu o valor econômico do bem. (Hely Lopes Meirelles. Direito Administrativo Brasileiro. São Paulo: Malheiros, 2009. 35ª ed., págs. 645/646.) 3. Esta indenização, todavia, não se fundará na existência de desapropriação indireta, pois, para que esta ocorra é necessário que haja o efetivo apossamento da propriedade pelo Poder Público. Desse modo, as restrições ao direito de propriedade, impostas por normas ambientais, ainda que esvaziem o conteúdo econômico, não se constituem desapropriação indireta. 4. Assim, ainda que ocorrido danos aos agravados, em face de eventual esvaziamento econômico de propriedade, tais devem ser indenizados pelo Estado, por meio de ação de direito pessoal fundada na responsabilidade aquiliana, cujo prazo prescricional é de 5 anos, nos termos do art. 10, parágrafo único, do Decreto-Lei

n. 3.365/41. 5. No caso dos autos, como bem esclarece a sentença, mantida pelo acórdão, o ato administrativo municipal ocorreu em março de 1993, e a demanda só foi proposta em 18.5.2007, depois de esgotado, portanto, o lapso prescricional. Agravo regimental improvido.

(STJ - AgRg nos EDcl no REsp 1417632 / MG - DJe 11.02.2014)

DIREITO ADMINISTRATIVO. PROCESSUAL CIVIL. RECURSO ESPECIAL. DESAPROPRIAÇÃO. PARCELA DE IMÓVEL. CRIAÇÃO. LAGO ARTIFICIAL. USINA HIDRELÉTRICA. INDENIZAÇÃO PAGA. PRETENSÃO. REPARAÇÃO. PARCELA IMOBILIÁRIA DIVERSA. IMPOSSIBILIDADE DE USO. CULTIVO AGRÍCOLA. CRIAÇÃO. ÁREA DE PRESERVAÇÃO PERMANENTE. MERA LIMITAÇÃO ADMINISTRATIVA. PRESCRIÇÃO QUINQUENAL. OCORRÊNCIA. INAPLICAÇÃO. SÚMULAS 39/STJ E 119/STJ. PEDIDO. LUCROS CESSANTES. PREJUDICADO.

1. A desapropriação indireta somente se dá com o efetivo desapossamento do imóvel em favor do ente expropriante, tal não ocorrendo com a simples limitação decorrente da criação de área de preservação permanente, situação em que o proprietário mantém o domínio da gleba mas com restrições impostas por norma de direito ambiental. 2. Essa situação, por caracterizar-se como limitação administrativa, autoriza seja o proprietário indenizado, limitada a sua pretensão, no entanto, ao prazo prescricional quinquenal de que trata o art. 10 do Decreto-Lei 3.365/1941, disposição de regência específica da matéria. 3. Precedente idêntico: AgRg no REsp 1.361.025/MG (Rel. Ministro Humberto Martins, Segunda Turma, julgado em 18/04/2013, DJe 29/04/2013). 4. Agravo regimental não provido.

(STJ - AgRg no REsp 136.1025 / MG - DJe 29.04.2013)

ADMINISTRATIVO. CEMIG DISTRIBUIÇÃO S/A. DESAPROPRIAÇÃO INDIRETA. NÃO CONFIGURAÇÃO. NECESSIDADE DO EFETIVO DE APOSSAMENTO E DA IRREVERSIBILIDADE DA SITUAÇÃO. NORMAS AMBIENTAIS. LIMITAÇÃO ADMINISTRATIVA. ESVAZIAMENTO ECONÔMICO DA PROPRIEDADE. AÇÃO DE DIREITO PESSOAL. PRESCRIÇÃO QUINQUENAL.

1. Não há desapropriação indireta sem que haja o efetivo apossamento da propriedade pelo Poder Público. Desse modo, as restrições ao direito de propriedade, impostas por normas ambientais, ainda que esvaziem o conteúdo econômico, não se constituem desapropriação indireta. 2. O que ocorre com a edição de leis ambientais que restringem o uso da propriedade é a limitação administrativa, cujos prejuízos causados devem ser indenizados por meio de uma ação de direito pessoal, e não de direito real, como é o caso da ação em face de desapropriação indireta. 3. Assim, ainda que tenha havido danos aos agravantes, em face de eventual esvaziamento econômico de propriedade, devem ser indenizados pelo Estado, por meio de ação de direito pessoal, cujo prazo prescricional é de 5 anos, nos termos do art. 10, parágrafo único, do Decreto-Lei n. 3.365/41. Agravo regimental improvido.

(STJ - EREsp 901.319 / SC - DJe 03.08.2009)

ADMINISTRATIVO. LIMITAÇÃO ADMINISTRATIVA OU DESAPROPRIAÇÃO INDIRETA - PROIBIÇÃO DO CORTE, DA EXPLORAÇÃO E DA SUPRESSÃO DE VEGETAÇÃO PRIMÁRIA OU NOS ESTÁGIOS AVANÇADO E MÉDIO DE REGENERAÇÃO DA MATA ATLÂNTICA. DECRETO ESTADUAL 750/93.

1. A jurisprudência do STJ é unânime, sem divergências, de que as limitações administrativas à propriedade geral obrigação de não fazer ao proprietário, podendo ensejar direito à indenização, o que não se confunde com a desapropriação. 2. A desapropriação indireta exige, para a sua configuração, o desapossamento da propriedade, de forma direta pela perda da posse ou de forma indireta pelo esvaziamento econômico da propriedade. 3. A proibição do corte, da exploração e da supressão de vegetação primária ou nos estágios avançado e médio de regeneração da mata atlântica (Decreto 750/93) não significa esvaziar-se o conteúdo econômico. 4. Discussão quanto aos institutos que se mostra imprescindível quando se discute o prazo prescricional. 5. Na limitação administrativa a prescrição da pretensão indenizatória segue o disposto no art. 1° do Dec. 20.910/32, enquanto a desapropriação indireta tem o prazo prescricional de vinte anos. 6. Embargos de divergência não providos.

(STJ – RE 677.582 AgR / SP – DJe 26.09.2012)

AGRAVO REGIMENTAL NO RECURSO EXTRAORDINÁRIO. PARQUE ESTADUAL SERRA DO MAR. INDENIZAÇÃO. ARTIGO 5º, XXII E XXIV, DA CONSTITUIÇÃO FEDERAL. OCORRÊNCIA DE PREJUÍZO. MATÉRIA INFRA-CONSTITUCIONAL. REEXAME DE FATOS E PROVAS. SÚMULA N. 279 DO SUPREMO TRIBUNAL FEDERAL. INVIABILIDADE DO RECURSO EXTRAORDINÁRIO. 1. As restrições ao direito de propriedade impostas pelo Poder Público, em virtude de criação de reservas florestais, não exonera o Estado de indenizar o proprietário do imóvel (RE n. 134.297, Relator o Ministro Celso de Mello, 1ª Turma, DJ de 22.09.05) 2. Essa orientação não se aplica ao caso sub judice, porquanto entendimento diverso do adotado pelo Tribunal a quo – como deseja o recorrente – quanto ao alegado "esvaziamento do conteúdo econômico" da propriedade a ensejar a referida indenização, implicaria a análise da legislação infraconstitucional que disciplina a espécie (Decreto n. 10.251/77 e 4.771/65), bem como o reexame do contexto fático-probatório engendrado nos autos, o que inviabiliza o extraordinário, a teor do Enunciado da Súmula n. 279 do Supremo Tribunal Federal, que interdita a esta Corte, em sede de recurso extraordinário, sindicar matéria fática. (Precedentes: AI n. 456.027-AgR, Relator o Ministro Joaquim Barbosa, 2ª Turma, DJe de 01.10.10; AI n. 487.705-AgR, Relatora a Ministra Ellen Gracie, DJe de 25.06.10; RE n. 569.836-AgR, Relatora a Ministra Ellen Gracie, 2º Turma, DJe de 20.08.10; RE n. 444.514, Relator o Ministro Dias Toffoli, DJe de 12.02.10; RE n. 571.402, Relator o Ministro Ayres Britto, DJe de 05.08.09, entre outros). 3. In casu, o acórdão originariamente recorrido assentou: "Indenização – Parque Estadual da Serra do Mar – Inexistência de apossamento administrativo – Simples limitação administrativa – Ação julgada improcedente – Inexistência de cerceamento de defesa – Irregularidade no título de domínio que não prejudica o ato – Recursos improvidos, prejudicados os agravos retidos." 4. Agravo regimental a que se nega provimento.

(STJ – RE 290.950 AgR / SP – DJe 02.02.2015)

EMENTA Agravo regimental no recurso extraordinário. Administrativo. Desapropriação. Área de preservação permanente. Cobertura vegetal. Plena indenizabilidade das matas e revestimentos florestais que recobrem áreas dominiais privadas, objeto de apossamento estatal ou sujeitas às restrições administrativas ao direito de propriedade. Mantida a decisão com que se reconheceu que o acórdão atacado pelo recurso extraordinário violou precedentes da Corte. Precedentes. Agravo regimental não provido.

(STJ – AgRg no Ag 1.220.762 / RJ – DJe 20.09.2010)

ADMINISTRATIVO. DESAPROPRIAÇÃO. INDENIZAÇÃO. ÁREA DE PRESERVAÇÃO PERMANENTE. ESVAZIAMENTO DO CONTEÚDO ECONÔMICO DA PROPRIEDADE. LIMITAÇÕES ADMINISTRATIVAS ESPECÍFICAS MAIS AMPLAS QUE AS DE CARÁTER GERAL. MATÉRIA PACIFICADA NO ÂMBITO DA PRIMEIRA SEÇÃO. DECISÃO MONOCRÁTICA FUNDAMENTADA EM JURISPRUDÊNCIA DO STJ. AGRAVO REGIMENTAL NÃO PROVIDO.

1. Esta Corte Superior entende que é indevida qualquer indenização em favor dos proprietários dos terrenos em área de preservação permanente, salvo se comprovada limitação administrativa mais extensa que as já existentes. 2. In casu, o Tribunal a quo fixou expressamente que foram os decretos municipais os atos que realmente esvaziaram o conteúdo econômico da propriedade. Portanto, comprovada limitação administrativa mais extensa que as já existentes, cabe a indenização em favor dos proprietários dos terrenos em área de preservação permanente. 3. A decisão monocrática ora agravada baseou-se em jurisprudência do STJ, razão pela qual não merece reforma. 4. Agravo regimental não provido.

(STJ – REsp 650.728 / SC – DJe 02.12.2009)

PROCESSUAL CIVIL E AMBIENTAL. NATUREZA JURÍDICA DOS MANGUEZAIS E MARISMAS. TERRENOS DE MARINHA. ÁREA DE PRESERVAÇÃO PERMANENTE. ATERRO ILEGAL DE LIXO. DANO AMBIENTAL. RESPONSABILIDADE CIVIL OBJETIVA. OBRIGAÇÃO PROPTER REM. NEXO DE CAUSALIDADE. AUSÊNCIA DE PREQUESTIONAMENTO. PAPEL DO JUIZ NA IMPLEMENTAÇÃO DA LEGISLAÇÃO AMBIENTAL. ATIVISMO

JUDICIAL. MUDANÇAS CLIMÁTICAS. DESAFETAÇÃO OU DESCLASSIFICAÇÃO JURÍDICA TÁCITA. SÚMULA 282/STF. VIOLAÇÃO DO ART. 397 DO CPC NÃO CONFIGURADA. ART. 14, § 1°, DA LEI 6.938/1981.

1. Como regra, não viola o art. 397 do CPC a decisão que indefere a juntada de documentos que não se referem a fatos novos ou não foram apresentados no momento processual oportuno, ou seja, logo após a intimação da parte para se manifestar sobre o laudo pericial por ela impugnado. 2. Por séculos prevaleceu entre nós a concepção cultural distorcida que enxergava nos manguezais lato sensu (= manguezais stricto sensu e marismas) o modelo consumado do feio, do fétido e do insalubre, uma modalidade de patinho-feio dos ecossistemas ou antítese do Jardim do Éden. 3. Ecossistema-transição entre o ambiente marinho, fluvial e terrestre, os manguezais foram menosprezados, popular e juridicamente, e por isso mesmo considerados terra improdutiva e de ninguém, associados à procriação de mosquitos transmissores de doenças graves, como a malária e a febre amarela. Um ambiente desprezível, tanto que ocupado pela população mais humilde, na forma de palafitas, e sinônimo de pobreza, sujeira e párias sociais (como zonas de prostituição e outras atividades ilícitas). 4. Dar cabo dos manguezais, sobretudo os urbanos em época de epidemias, era favor prestado pelos particulares e dever do Estado, percepção incorporada tanto no sentimento do povo como em leis sanitárias promulgadas nos vários níveis de governo. 5. Benfeitor-modernizador, o adversário do manguezal era incentivado pela Administração e contava com a leniência do Judiciário, pois ninguém haveria de obstaculizar a ação de quem era socialmente abraçado como exemplo do empreendedor a serviço da urbanização civilizadora e do saneamento purificador do corpo e do espírito. 6. Destruir manguezal impunha-se como recuperação e cura de uma anomalia da Natureza, convertendo a aberração natural "Pela humanização, saneamento e expurgo de suas características ecológicas" no Jardim do Éden de que nunca fizera parte. 7. No Brasil, ao contrário de outros países, o juiz não cria obrigações de proteção do meio ambiente. Elas jorram da lei, após terem passado pelo crivo do Poder Legislativo. Daí não precisarmos de juízes ativistas, pois o ativismo é da lei e do texto constitucional. Felizmente nosso Judiciário não é assombrado por um oceano de lacunas ou um festival de meias-palavras legislativas. Se lacuna existe, não é por falta de lei, nem mesmo por defeito na lei; é por ausência ou deficiência de implementação administrativa e judicial dos inequívocos deveres ambientais estabelecidos pelo legislador. 8. A legislação brasileira atual reflete a transformação científica, ética, política e jurídica que reposicionou os manguezais, levando-os da condição de risco à saúde pública ao patamar de ecossistema criticamente ameaçado. Objetivando resguardar suas funções ecológicas, econômicas e sociais, o legislador atribuiu-lhes o regime jurídico de Área de Preservação Permanente. 9. É dever de todos, proprietários ou não, zelar pela preservação dos manguezais, necessidade cada vez maior, sobretudo em época de mudanças climáticas e aumento do nível do mar. Destruí-los para uso econômico direto, sob o permanente incentivo do lucro fácil e de benefícios de curto prazo, drená-los ou aterrá-los para a especulação imobiliária ou exploração do solo, ou transformá-los em depósito de lixo caracterizam ofensa grave ao meio ambiente ecologicamente equilibrado e ao bem-estar da coletividade, comportamento que deve ser pronta e energicamente coibido e apenado pela Administração e pelo Judiciário. 10. Na forma do art. 225, caput, da Constituição de 1988, o manguezal é bem de uso comum do povo, marcado pela imprescritibilidade e inalienabilidade. Logo, o resultado de aterramento, drenagem e degradação ilegais de manguezal não se equipara ao instituto do acrescido a terreno de marinha, previsto no art. 20, inciso VII, do texto constitucional. 11. É incompatível com o Direito brasileiro a chamada desafetação ou desclassificação jurídica tácita em razão do fato consumado. 12. As obrigações ambientais derivadas do depósito ilegal de lixo ou resíduos no solo são de natureza propter rem, o que significa dizer que aderem ao título e se transferem ao futuro proprietário, prescindindo-se de debate sobre a boa ou má-fé do adquirente, pois não se está no âmbito da responsabilidade subjetiva, baseada em culpa. 13. Para o fim de apuração do nexo de causalidade no dano ambiental, equiparam-se quem faz, quem não faz quando deveria fazer, quem deixa fazer, quem não se importa que façam, quem financia para que façam, e quem se beneficia quando outros fazem. 14. Constatado o nexo causal entre a ação e a omissão das recorrentes com o dano ambiental em questão, surge, objetivamente, o dever de promover a recuperação da área

afetada e indenizar eventuais danos remanescentes, na forma do art. 14, § 1°, da Lei 6.938/81. 15. Descabe ao STJ rever o entendimento do Tribunal de origem, lastreado na prova dos autos, de que a responsabilidade dos recorrentes ficou configurada, tanto na forma comissiva (aterro), quanto na omissiva (deixar de impedir depósito de lixo na área). Óbice da Súmula 7/STJ. 16. Recurso Especial parcialmente conhecido e, nessa parte, não provido.

(STJ - REsp 709.934/RJ - DJ 29.06.2007)[237]

EMENTA:

(...) 4. Se impõe a aplicação da Teoria do Fato Consumado, segundo a qual as situações jurídicas consolidadas pelo decurso do tempo, amparadas por decisão judicial, não devem ser desconstituídas, em razão do princípio da segurança jurídica e da estabilidade das relações sociais.

(STJ - AgRg no REsp 149.1027 / PB - DJe 20.10.2015)

PROCESSUAL CIVIL E AMBIENTAL. MATÉRIA DEVIDAMENTE PREQUESTIONADA. OBRIGAÇÃO DE FAZER. DEMOLIÇÃO DE IMÓVEL. ALIENAÇÃO POSTERIOR À PROPOSITURA DA AÇÃO. EFEITOS SUBJETIVOS DA COISA JULGADA INALTERADOS. PRECEDENTES. FATO CONSUMADO. MATÉRIA AMBIENTAL. INEXISTÊNCIA.

1. Cuida-se de ação civil pública na qual a parte ora recorrente foi condenada a demolir casa que edificou em área de preservação permanente correspondente a manguezal e a margem de curso d´água, a remover os escombros daí resultantes e a recuperar a vegetação nativa do local. 2. O imóvel em questão foi alienado. Entretanto, a alienação promovida em momento posterior à propositura da Ação Civil Pública pela empreendedora não tem o condão de alterar os efeitos subjetivos da coisa julgada, conforme disposto no art. 42, § 3°, do CPC, pois é dever do adquirente revestir-se das cautelas necessárias quanto às demandas existentes sobre o bem litigioso. Em razão do exposto, o não cumprimento da determinação contida no art. 167, I, 21, da Lei 6.015/73, o qual afirma a necessidade de averbação das citações de ações reais ou pessoais reipersecutórias relativas a imóveis não altera a conclusão do presente julgado. 3. Cumpre asseverar que a possibilidade do terceiro ter adquirido o imóvel de boa-fé não é capaz, por si só, de afastar a aplicação do art. 42, § 3°, do CPC; para que fosse afastada, seria necessário que, quando da alienação do imóvel, não houvesse sido interposta a presente ação civil pública. O que não é o caso. 4. Por fim, cumpre esclarecer que, em tema de direito ambiental, não se admite a incidência da teoria do fato consumado. Precedentes. Agravo regimental improvido.

(STJ - RE 609.748 AgR / RJ - DJe 13.09.2011)

AGRAVO REGIMENTAL NO RECURSO EXTRAORDINÁRIO. DIREITO AMBIENTAL. MANDADO DE SEGURANÇA. AUSÊNCIA DE LICENÇA AMBIENTAL. MATÉRIA INFRACONSTITUCIONAL. REEXAME DE FATOS E PROVAS. INAPLICABILIDADE DA TEORIA DO FATO CONSUMADO. 1. A competência do IBAMA para fiscalizar eventuais infrações ambientais está disciplinada em lei infraconstitucional (Lei 9.605/98), eventual violação à Constituição é indireta, o que não desafia o apelo extremo. Precedentes: AI 662.168, Rel. Min. Joaquim Barbosa, DJe de 23/11/2010, e o RE 567.681-AgR, Rel. Min. Cármen Lúcia, 1ª Turma, DJe de 08/05/2009. 2. In casu, o Tribunal de origem asseverou não ter a recorrente trazido prova pré-constituída da desnecessidade de licenciamento ambiental; para dissentir-se desse entendimento seria necessário o reexame fatos e provas, providência vedada nesta instância mercê o óbice da Súmula n. 279 do Supremo Tribunal Federal, verbis: "Para simples reexame de prova não cabe recurso extraordinário." 3. A teoria do fato consumado não pode ser invocada para conceder direito inexistente sob a alegação de consolidação da situação fática pelo decurso do tempo. Esse é o entendimento consolidado por ambas as turmas desta Suprema Corte. Precedentes: RE 275.159,

237. Trecho da ementa.

Rel. Min. Ellen Gracie, Segunda Turma, DJ 11.10.2001; RMS 23.593-DF, Rel. Min. MOREIRA ALVES, Primeira Turma, DJ de 02/02/01; e RMS 23.544-AgR, Rel. Min. Celso de Mello, Segunda Turma, DJ 21.6.2002. 4. Agravo regimental a que se nega provimento.

(STJ – AgInt no AgInt no AgInt no AREsp 747.515 / SC – DJe 15.10.2018)[238]

PROCESSUAL CIVIL. AMBIENTAL. AGRAVO INTERNO NO AGRAVO INTERNO NO AGRAVO INTERNO NO AGRAVO EM RECURSO ESPECIAL. CÓDIGO DE PROCESSO CIVIL DE 2015. APLICABILIDADE. MANDADO DE SEGURANÇA. EXPEDIÇÃO DE ALVARÁ PARA REGULARIZAÇÃO DE OBRA. ÁREA NÃO EDIFICANTE PRÓXIMA A CURSO D'ÁGUA. PERÍMETRO URBANO. APLICABILIDADE DO CÓDIGO FLORESTAL. DIREITO ADQUIRIDO À MANUTENÇÃO DE SITUAÇÃO QUE GERE RISCO AO MEIO AMBIENTE. INEXISTÊNCIA. PRECEDENTES DESTA CORTE. TEORIA DO FATO CONSUMADO. NÃO INCIDÊNCIA. SÚMULA N. 613/STJ. ARGUMENTOS INSUFICIENTES PARA DESCONSTITUIR A DECISÃO ATACADA. APLICAÇÃO DE MULTA. ART. 1.021, § 4º, DO CÓDIGO DE PROCESSO CIVIL DE 2015. DESCABIMENTO.

(...)

III – Esta Corte tem entendimento consolidado segundo o qual a proteção ao meio ambiente não difere entre área urbana ou rural, uma vez que ambos merecem a atenção em favor da garantia da qualidade de vida proporcionada pelo texto constitucional, pelo Código Florestal e pelas demais normas legais sobre o tema. IV – No caso, o tribunal de origem afastou a incidência da legislação ambiental aplicável, sob a justificativa de tratar-se de área urbana de ocupação consolidada, afastando-se da orientação do Superior Tribunal de Justiça no sentido de que não há falar em direito adquirido à manutenção de situação que gere prejuízo ao meio ambiente. Ademais, também não se admite a aplicação da teoria do fato consumado em tema de Direito Ambiental, nos termos da Súmula n. 613/STJ. (...)

(REsp 1.237.071 / PR – DJe 11.05.2011)

AMBIENTAL E PROCESSUAL CIVIL. ÁREA DE PRESERVAÇÃO PERMANENTE. POSSIBILIDADE DE REFLORESTAMENTO POR PARTE DO PODER PÚBLICO SEM DESAPROPRIAÇÃO. TRANSFERÊNCIA DOS CUSTOS AO PROPRIETÁRIO. OBRIGAÇÃO PROPTER REM. INDENIZAÇÃO DO ART. 18, § 1º, DO CÓDIGO FLORESTAL. REGRA DE TRANSIÇÃO. CULTIVOS APÓS A CRIAÇÃO DA APP. CONDUTA ILÍCITA NÃO INDENIZÁVEL. DISCUSSÃO SOBRE A PRESCRIÇÃO PREJUDICADA.

1. O Código Florestal, em seu art. 18, determina que, nas terras de propriedade privada onde seja necessário o florestamento ou o reflorestamento de preservação permanente, o Poder Público Federal poderá fazê-lo sem desapropriá-las, se não o fizer o proprietário. 2. Com isso, não está o art. 18 da Lei n. 4.771/65 retirando do particular a obrigação de recuperar a área desmatada, mas apenas autorizando ao Poder Público que se adiante no processo de recuperação, com a transferência dos custos ao proprietário, que nunca deixou de ser o obrigado principal. 3. Tal obrigação, aliás, independe do fato de ter sido o proprietário o autor da degradação ambiental, mas decorre de obrigação propter rem, que adere ao título de domínio ou posse. Precedente: (AgRg no REsp 1206484/SP, Rel. Min. Humberto Martins, Segunda Turma, julgado em 17.3.2011, DJe 29.3.2011). 4. O § 1º do art. 18 do Código Florestal quando dispôs que, "se tais áreas estiverem sendo utilizadas com culturas, de seu valor deverá ser indenizado o proprietário", apenas criou uma regra de transição para proprietários ou possuidores que, à época da criação da limitação administrativa, ainda possuíam culturas nessas áreas. 5. Aqueles que, como no caso do recorrente, cultivaram em área de preservação permanente, após a entrada em vigor da norma restritiva, praticaram conduta ilícita, exploraram economicamente quando deveriam recuperar a vegetação. Obviamente que, em tais situações, não há que se falar em indenização. 6. A conclusão de que inexiste direito à reparação dos danos torna inócua qualquer discussão a respeito da ocorrência ou não da prescrição da pretensão indenizatória. Recurso especial improvido.

238. Trechos da ementa.

(STJ – REsp 1.654.965 / SP – DJe 27.04.2017)

RECURSO ESPECIAL. DESAPROPRIAÇÃO INDIRETA. PRESCRIÇÃO. DIREITO REAL. PRESCRIÇÃO VINTENÁRIA. SÚMULA 119/STJ. CÓDIGO CIVIL DE 2002. ART. 1.238, PARÁGRAFO ÚNICO. PRESCRIÇÃO DECENAL. REDUÇÃO DO PRAZO. REGRA DE TRANSIÇÃO.

1. Descabida a tese de que o prazo prescricional teria início na data do decreto expropriatório, pois não se trata de desapropriação direta, mas indireta. Isso porque apesar de ter sido inicialmente observado o processo de desapropriação, a indenização não foi paga, nos termos do pactuado entre expropriante e expropriado, de modo que o acordo não se aperfeiçoou assim como a desapropriação direta que se convolou em indireta. 2. O prazo de cinco anos de que trata o art. 10 do Decreto 3.365/1941 dirige-se ao expropriante, cabendo a ele ajuizar a ação ou efetivar acordo dentro do prazo qüinqüenal, o que não se confunde com o prazo de que dispõe o expropriado para intentar ação de desapropriação indireta. 3. Com fundamento no art. 550 do Código Civil de 1916, o STJ firmou a orientação de que "a ação de desapropriação indireta prescreve em 20 anos" (Súmula 119/ STJ). 4. O Código Civil de 2002 reduziu o prazo do usucapião extraordinário para 10 (dez) anos (art. 1.238, parágrafo único), devendo-se, a partir de então, observar as regras de transição previstas no Codex (art. 2.028), adotando-o nas expropriatórias indiretas. Precedentes: REsp 1.300.442/SC, Rel. Ministro Herman Benjamin, Segunda Turma, DJe 26/6/2013; REsp 944.351/PI, Rel. Ministro Castro Meira, Segunda Turma, DJe 15/4/2013. 5. Especificamente na hipótese dos autos, levando-se em conta que o recorrente o recorrente está na posse do imóvel desde desde 9.3.1998 e que não decorreu mais da metade do prazo vintenário do código revogado, consoante a regra de transição prevista no art. 2.028 do CC/02, incide o prazo decenal do atual Codex, a partir de sua entrada em vigor 11.1.2003. 6. Assim, tendo em vista que a ação foi proposta em 26.2.2010, consoante consta do acórdão recorrido, antes do transcurso de 10 (dez) anos da vigência do Código Civil de 2002, não se configurou a prescrição. 7. Recurso Especial não provido.

(STJ – REsp 1.179.316 / SP – DJe 29.06.2010)

ADMINISTRATIVO. MEIO AMBIENTE. ÁREA DE RESERVA LEGAL EM PROPRIEDADES RURAIS: DEMARCAÇÃO, AVERBAÇÃO E RESTAURAÇÃO. LIMITAÇÃO ADMINISTRATIVA. OBRIGAÇÃO EX LEGE E PROPTER REM, IMEDIATAMENTE EXIGÍVEL DO PROPRIETÁRIO ATUAL.

1. Em nosso sistema normativo (Código Florestal – Lei 4.771/65, art. 16 e parágrafos; Lei 8.171/91, art. 99), a obrigação de demarcar, averbar e restaurar a área de reserva legal nas propriedades rurais constitui (a) limitação administrativa ao uso da propriedade privada destinada a tutelar o meio ambiente, que deve ser defendido e preservado "para as presentes e futuras gerações" (CF, art. 225). Por ter como fonte a própria lei e por incidir sobre as propriedades em si, (b) configura dever jurídico (obrigação ex lege) que se transfere automaticamente com a transferência do domínio (obrigação propter rem), podendo, em consequência, ser imediatamente exigível do proprietário atual, independentemente de qualquer indagação a respeito de boa-fé do adquirente ou de outro nexo causal que não o que se estabelece pela titularidade do domínio. 2. O percentual de reserva legal de que trata o art. 16 da Lei 4.771/65 (Código Florestal) é calculado levando em consideração a totalidade da área rural. 3. Recurso parcialmente conhecido e, nessa parte, improvido.

(STJ – AgRg no AREsp 231.561 / MG – DJe 03.02.2015)

ADMINISTRATIVO. AÇÃO CIVIL PÚBLICA. INSTITUIÇÃO DE RESERVA FLORESTAL. DEVER DE OBEDIÊNCIA. OBRIGAÇÃO DO PROPRIETÁRIO OU POSSUIDOR DO IMÓVEL RURAL. OMISSÃO. INEXISTÊNCIA. AUSÊNCIA DE PREQUESTIONAMENTO. SÚMULA 211/STJ. ALEGAÇÃO DE QUE HOUVE CONSTITUIÇÃO DE RESERVA FLORESTAL E DE QUE NÃO OCORREU DEGRADAÇÃO AMBIENTAL. NECESSIDADE DE REEXAME DO CONTEXTO FÁTICO. SÚMULA 7/STJ.

1. Na hipótese em exame, o Tribunal de origem decidiu o ponto relativo à constituição da Reserva Legal de forma cabal e hialina. Portanto, não se configura ofensa ao art. 535 do Código de Processo

Civil, uma vez que o Sodalício a quo julgou integralmente a lide e solucionou a controvérsia, tal como lhe foi apresentada. 2. O entendimento da Corte originária (fls. 536-540/STJ) está em conformidade com a orientação do STJ, de que a delimitação e a averbação da Reserva Legal configuram dever do proprietário ou adquirente do imóvel rural, independentemente da existência de florestas ou outras formas de vegetação nativa na gleba. Outrossim, constitui obrigação do proprietário ou adquirente tomar as providências necessárias à restauração ou à recuperação das formas de vegetação nativa para se adequar aos limites percentuais previstos nos incisos do art. 16 do Código Florestal. (EREsp 218.781/PR, Rel. Ministro Herman Benjamin, Primeira Seção, DJe 23/2/2012; no mesmo sentido, RMS 21.830/MG, Rel. Min. Castro Meira, DJ 1º/12/2008; RMS 22.391/MG, Rel. Min. Denise Arruda, DJe 3/12/2008; REsp 973.225/MG, Rel. Min. Eliana Calmon, DJe 3/9/2009, REsp 821.083/MG, Rel. Min. Luiz Fux, DJe 9/4/2008; REsp 1.087.370/PR, Rel. Ministra Denise Arruda, Primeira Turma, DJe 27/11/2009; EDcl no Ag 1.224.056/SP, Rel. Ministro Mauro Campbell Marques, Segunda Turma, DJe 6/8/2010). 3. Em matéria ambiental, a adoção do princípio tempus regit actum impõe obediência à lei em vigor quando da ocorrência do fato ilícito. (AgRg no REsp 1.367.968/SP, Rel. Ministro Humberto Martins, Segunda Turma, DJe 12/3/2014; REsp 1.090.968/SP, Rel. Ministro Luiz Fux, Primeira Turma, DJe 3/8/2010; REsp 625.024/RO, Rel. Ministro Herman Benjamin, Segunda Turma, DJe 4/5/2011). 4. Agravo Regimental não provido.

11. LEGISLAÇÃO ESPECÍFICA CORRELATA

- **Lei 12.651/12**

(Dispõe sobre a proteção da vegetação nativa) – "Código Florestal novo"

Art. 1º-A. Esta Lei estabelece normas gerais sobre a proteção da vegetação, áreas de Preservação Permanente e as áreas de Reserva Legal; a exploração florestal, o suprimento de matéria-prima florestal, o controle da origem dos produtos florestais e o controle e prevenção dos incêndios florestais, e prevê instrumentos econômicos e financeiros para o alcance de seus objetivos.

Parágrafo único. Tendo como objetivo o desenvolvimento sustentável, esta Lei atenderá aos seguintes princípios:

I – afirmação do compromisso soberano do Brasil com a preservação das suas florestas e demais formas de vegetação nativa, bem como da biodiversidade, do solo, dos recursos hídricos e da integridade do sistema climático, para o bem estar das gerações presentes e futuras;

II – reafirmação da importância da função estratégica da atividade agropecuária e do papel das florestas e demais formas de vegetação nativa na sustentabilidade, no crescimento econômico, na melhoria da qualidade de vida da população brasileira e na presença do País nos mercados nacional e internacional de alimentos e bioenergia;

III – ação governamental de proteção e uso sustentável de florestas, consagrando o compromisso do País com a compatibilização e harmonização entre o uso produtivo da terra e a preservação da água, do solo e da vegetação

IV – responsabilidade comum da União, Estados, Distrito Federal e Municípios, em colaboração com a sociedade civil, na criação de políticas para a preservação e restauração da vegetação nativa e de suas funções ecológicas e sociais nas áreas urbanas e rurais;

V – fomento à pesquisa científica e tecnológica na busca da inovação para o uso sustentável do solo e da água, a recuperação e a preservação das florestas e demais formas de vegetação nativa;

I – criação e mobilização de incentivos econômicos para fomentar a preservação e a recuperação da vegetação nativa e para promover o desenvolvimento de atividades produtivas sustentáveis.

Art. 2º As florestas existentes no território nacional e as demais formas de vegetação nativa, reconhecidas de utilidade às terras que revestem, são bens de interesse comum a todos os habitantes do País, exercendo-se os direitos de propriedade com as limitações que a legislação em geral e especialmente esta Lei estabelecem.

§ 1º Na utilização e exploração da vegetação, as ações ou omissões contrárias às disposições desta Lei são consideradas uso irregular da propriedade, aplicando-se o procedimento sumário previsto no inciso II do art. 275 da Lei nº 5.869, de 11 de janeiro de 1973 – Código de Processo Civil, sem prejuízo da responsabilidade civil, nos termos do § 1º do art. 14 da Lei nº 6.938, de 31 de agosto de 1981, e das sanções administrativas, civis e penais.

§ 2º As obrigações previstas nesta Lei têm natureza real e são transmitidas ao sucessor, de qualquer natureza, no caso de transferência de domínio ou posse do imóvel rural.

Art. 3º Para os efeitos desta Lei, entende-se por:

I – Amazônia Legal: os Estados do Acre, Pará, Amazonas, Roraima, Rondônia, Amapá e Mato Grosso e as regiões situadas ao norte do paralelo 13° S, dos Estados de Tocantins e Goiás, e ao oeste do meridiano de 44° W, do Estado do Maranhão;

II – Área de Preservação Permanente – APP: área protegida, coberta ou não por vegetação nativa, com a função ambiental de preservar os recursos hídricos, a paisagem, a estabilidade geológica e a biodiversidade, facilitar o fluxo gênico de fauna e flora, proteger o solo e assegurar o bem-estar das populações humanas;

III – Reserva Legal: área localizada no interior de uma propriedade ou posse rural, delimitada nos termos do art. 12, com a função de assegurar o uso econômico de modo sustentável dos recursos naturais do imóvel rural, auxiliar a conservação e a reabilitação dos processos ecológicos e promover a conservação da biodiversidade, bem como o abrigo e a proteção de fauna silvestre e da flora nativa;

IV – área rural consolidada: área de imóvel rural com ocupação antrópica preexistente a 22 de julho de 2008, com edificações, benfeitorias ou atividades agrossilvipastoris, admitida, neste último caso, a adoção do regime de pousio;

V – pequena propriedade ou posse rural familiar: aquela explorada mediante o trabalho pessoal do agricultor familiar e empreendedor familiar rural, incluindo os assentamentos e projetos de reforma agrária, e que atenda ao disposto no art. 3º da Lei nº 11.326, de 24 de julho de 2006;

VI – uso alternativo do solo: substituição de vegetação nativa e formações sucessoras por outras coberturas do solo, como atividades agropecuárias, industriais, de geração e transmissão de energia, de mineração e de transporte, assentamentos urbanos ou outras formas de ocupação humana;

VII – manejo sustentável: administração da vegetação natural para a obtenção de benefícios econômicos, sociais e ambientais, respeitando-se os mecanismos de sustentação do ecossistema objeto do manejo e considerando-se, cumulativa ou alternativamente, a utilização de múltiplas espécies madeireiras ou não, de múltiplos produtos e subprodutos da flora, bem como a utilização de outros bens e serviços;

VIII – utilidade pública:

a) as atividades de segurança nacional e proteção sanitária;

b) as obras de infraestrutura destinadas às concessões e aos serviços públicos de transporte, sistema viário, inclusive aquele necessário aos parcelamentos de solo urbano aprovados pelos Municípios, saneamento, gestão de resíduos, energia, telecomunicações, radiodifusão, instalações necessárias à realização de competições esportivas estaduais, nacionais ou internacionais, bem como mineração, exceto, neste último caso, a extração de areia, argila, saibro e cascalho; (Vide ADC Nº 42) (Vide ADIN Nº 4.903) (Vide ADIN Nº 4.937)

c) atividades e obras de defesa civil;

d) atividades que comprovadamente proporcionem melhorias na proteção das funções ambientais referidas no inciso II deste artigo;

e) outras atividades similares devidamente caracterizadas e motivadas em procedimento administrativo próprio, quando inexistir alternativa técnica e locacional ao empreendimento proposto, definidas em ato do Chefe do Poder Executivo federal;

IX – interesse social: (Vide ADIN Nº 4.903)

a) as atividades imprescindíveis à proteção da integridade da vegetação nativa, tais como prevenção, combate e controle do fogo, controle da erosão, erradicação de invasoras e proteção de plantios com espécies nativas;

b) a exploração agroflorestal sustentável praticada na pequena propriedade ou posse rural familiar ou por povos e comunidades tradicionais, desde que não descaracterize a cobertura vegetal existente e não prejudique a função ambiental da área;

c) a implantação de infraestrutura pública destinada a esportes, lazer e atividades educacionais e culturais ao ar livre em áreas urbanas e rurais consolidadas, observadas as condições estabelecidas nesta Lei;

d) a regularização fundiária de assentamentos humanos ocupados predominantemente por população de baixa renda em áreas urbanas consolidadas, observadas as condições estabelecidas na Lei nº 11.977, de 7 de julho de 2009;

e) implantação de instalações necessárias à captação e condução de água e de efluentes tratados para projetos cujos recursos hídricos são partes integrantes e essenciais da atividade;

f) as atividades de pesquisa e extração de areia, argila, saibro e cascalho, outorgadas pela autoridade competente;

g) outras atividades similares devidamente caracterizadas e motivadas em procedimento administrativo próprio, quando inexistir alternativa técnica e locacional à atividade proposta, definidas em ato do Chefe do Poder Executivo federal;

X – atividades eventuais ou de baixo impacto ambiental:

a) abertura de pequenas vias de acesso interno e suas pontes e pontilhões, quando necessárias à travessia de um curso d'água, ao acesso de pessoas e animais para a obtenção de água ou à retirada de produtos oriundos das atividades de manejo agroflorestal sustentável;

b) implantação de instalações necessárias à captação e condução de água e efluentes tratados, desde que comprovada a outorga do direito de uso da água, quando couber;

c) implantação de trilhas para o desenvolvimento do ecoturismo;

d) construção de rampa de lançamento de barcos e pequeno ancoradouro;

e) construção de moradia de agricultores familiares, remanescentes de comunidades quilombolas e outras populações extrativistas e tradicionais em áreas rurais, onde o abastecimento de água se dê pelo esforço próprio dos moradores;

f) construção e manutenção de cercas na propriedade;

g) pesquisa científica relativa a recursos ambientais, respeitados outros requisitos previstos na legislação aplicável;

h) coleta de produtos não madeireiros para fins de subsistência e produção de mudas, como sementes, castanhas e frutos, respeitada a legislação específica de acesso a recursos genéticos;

i) plantio de espécies nativas produtoras de frutos, sementes, castanhas e outros produtos vegetais, desde que não implique supressão da vegetação existente nem prejudique a função ambiental da área;

j) exploração agroflorestal e manejo florestal sustentável, comunitário e familiar, incluindo a extração de produtos florestais não madeireiros, desde que não descaracterizem a cobertura vegetal nativa existente nem prejudiquem a função ambiental da área;

k) outras ações ou atividades similares, reconhecidas como eventuais e de baixo impacto ambiental em ato do Conselho Nacional do Meio Ambiente - CONAMA ou dos Conselhos Estaduais de Meio Ambiente;

XI - (VETADO);

XII - vereda: fitofisionomia de savana, encontrada em solos hidromórficos, usualmente com a palmeira arbórea Mauritia flexuosa - buriti emergente, sem formar dossel, em meio a agrupamentos de espécies arbustivo-herbáceas;

XIII - manguezal: ecossistema litorâneo que ocorre em terrenos baixos, sujeitos à ação das marés, formado por vasas lodosas recentes ou arenosas, às quais se associa, predominantemente, a vegetação natural conhecida como mangue, com influência fluviomarinha, típica de solos limosos de regiões estuarinas e com dispersão descontínua ao longo da costa brasileira, entre os Estados do Amapá e de Santa Catarina;

XIV - salgado ou marismas tropicais hipersalinos: áreas situadas em regiões com frequências de inundações intermediárias entre marés de sizígias e de quadratura, com solos cuja salinidade varia entre 100 (cem) e 150 (cento e cinquenta) partes por 1.000 (mil), onde pode ocorrer a presença de vegetação herbácea específica;

XV - apicum: áreas de solos hipersalinos situadas nas regiões entremarés superiores, inundadas apenas pelas marés de sizígias, que apresentam salinidade superior a 150 (cento e cinquenta) partes por 1.000 (mil), desprovidas de vegetação vascular;

XVI - restinga: depósito arenoso paralelo à linha da costa, de forma geralmente alongada, produzido por processos de sedimentação, onde se encontram diferentes comunidades que recebem influência marinha, com cobertura vegetal em mosaico, encontrada em praias, cordões arenosos, dunas e depressões, apresentando, de acordo com o estágio sucessional, estrato herbáceo, arbustivo e arbóreo, este último mais interiorizado;

XVII - nascente: afloramento natural do lençol freático que apresenta perenidade e dá início a um curso d'água;

XVIII - olho d'água: afloramento natural do lençol freático, mesmo que intermitente; (Vide ADIN Nº 4.903)

XIX - leito regular: a calha por onde correm regularmente as águas do curso d'água durante o ano; (Vide ADC Nº 42) (Vide ADIN Nº 4.903)

XX - área verde urbana: espaços, públicos ou privados, com predomínio de vegetação, preferencialmente nativa, natural ou recuperada, previstos no Plano Diretor, nas Leis de Zoneamento Urbano e Uso do Solo do Município, indisponíveis para construção de moradias, destinados aos propósitos de recreação, lazer, melhoria da qualidade ambiental urbana, proteção dos recursos hídricos, manutenção ou melhoria paisagística, proteção de bens e manifestações culturais;

XXI - várzea de inundação ou planície de inundação: áreas marginais a cursos d'água sujeitas a enchentes e inundações periódicas;

XXII - faixa de passagem de inundação: área de várzea ou planície de inundação adjacente a cursos d'água que permite o escoamento da enchente;

XXIII - relevo ondulado: expressão geomorfológica usada para designar área caracterizada por movimentações do terreno que geram depressões, cuja intensidade permite sua classificação como relevo suave ondulado, ondulado, fortemente ondulado e montanhoso.

XXIV - pousio: prática de interrupção temporária de atividades ou usos agrícolas, pecuários ou silviculturais, por no máximo 5 (cinco) anos, para possibilitar a recuperação da capacidade de uso ou da estrutura física do solo;

XXV - áreas úmidas: pantanais e superfícies terrestres cobertas de forma periódica por águas, cobertas originalmente por florestas ou outras formas de vegetação adaptadas à inundação;

XXVI - área urbana consolidada: aquela de que trata o inciso II do caput do art. 47 da Lei nº 11.977, de 7 de julho de 2009; e

XXVII - crédito de carbono: título de direito sobre bem intangível e incorpóreo transacionável.

Parágrafo único. Para os fins desta Lei, estende-se o tratamento dispensado aos imóveis a que se refere o inciso V deste artigo às propriedades e posses rurais com até 4 (quatro) módulos fiscais que desenvolvam atividades agrossilvipastoris, bem como às terras indígenas demarcadas e às demais áreas tituladas de povos e comunidades tradicionais que façam uso coletivo do seu território. (Vide ADC Nº 42) (Vide ADIN Nº 4.903)

CAPÍTULO II
DAS ÁREAS DE PRESERVAÇÃO PERMANENTE

Seção I
Da Delimitação das Áreas de Preservação Permanente

Art. 4º Considera-se Área de Preservação Permanente, em zonas rurais ou urbanas, para os efeitos desta Lei:

I - as faixas marginais de qualquer curso d'água natural perene e intermitente, excluídos os efêmeros, desde a borda da calha do leito regular, em largura mínima de: (Vide ADIN Nº 4.903)

a) 30 (trinta) metros, para os cursos d'água de menos de 10 (dez) metros de largura;

b) 50 (cinquenta) metros, para os cursos d'água que tenham de 10 (dez) a 50 (cinquenta) metros de largura;

c) 100 (cem) metros, para os cursos d'água que tenham de 50 (cinquenta) a 200 (duzentos) metros de largura;

d) 200 (duzentos) metros, para os cursos d'água que tenham de 200 (duzentos) a 600 (seiscentos) metros de largura;

e) 500 (quinhentos) metros, para os cursos d'água que tenham largura superior a 600 (seiscentos) metros;

II - as áreas no entorno dos lagos e lagoas naturais, em faixa com largura mínima de:

a) 100 (cem) metros, em zonas rurais, exceto para o corpo d'água com até 20 (vinte) hectares de superfície, cuja faixa marginal será de 50 (cinquenta) metros;

b) 30 (trinta) metros, em zonas urbanas;

III - as áreas no entorno dos reservatórios d'água artificiais, decorrentes de barramento ou represamento de cursos d'água naturais, na faixa definida na licença ambiental do empreendimento; (Vide ADC Nº 42) (Vide ADIN Nº 4.903)

IV - as áreas no entorno das nascentes e dos olhos d'água perenes, qualquer que seja sua situação topográfica, no raio mínimo de 50 (cinquenta) metros; (Vide ADIN Nº 4.903)

V - as encostas ou partes destas com declividade superior a 45°, equivalente a 100% (cem por cento) na linha de maior declive;

VI - as restingas, como fixadoras de dunas ou estabilizadoras de mangues;

VII - os manguezais, em toda a sua extensão;

VIII - as bordas dos tabuleiros ou chapadas, até a linha de ruptura do relevo, em faixa nunca inferior a 100 (cem) metros em projeções horizontais;

IX - no topo de morros, montes, montanhas e serras, com altura mínima de 100 (cem) metros e inclinação média maior que 25°, as áreas delimitadas a partir da curva de nível correspondente a 2/3 (dois terços) da altura mínima da elevação sempre em relação à base, sendo esta definida pelo plano horizontal determinado por planície ou espelho d'água adjacente ou, nos relevos ondulados, pela cota do ponto de sela mais próximo da elevação;

X - as áreas em altitude superior a 1.800 (mil e oitocentos) metros, qualquer que seja a vegetação;

XI - em veredas, a faixa marginal, em projeção horizontal, com largura mínima de 50 (cinquenta) metros, a partir do espaço permanentemente brejoso e encharcado.

§ 1º Não será exigida Área de Preservação Permanente no entorno de reservatórios artificiais de água que não decorram de barramento ou represamento de cursos d'água naturais. (Vide ADC Nº 42) (Vide ADIN Nº 4.903)

§ 2º (Revogado).

§ 3º (VETADO).

§ 4º Nas acumulações naturais ou artificiais de água com superfície inferior a 1 (um) hectare, fica dispensada a reserva da faixa de proteção prevista nos incisos II e III do caput, vedada nova supressão de áreas de vegetação nativa, salvo autorização do órgão ambiental competente do Sistema Nacional do Meio Ambiente - Sisnama. (Vide ADC Nº 42) (Vide ADIN Nº 4.903)

§ 5º É admitido, para a pequena propriedade ou posse rural familiar, de que trata o inciso V do art. 3º desta Lei, o plantio de culturas temporárias e sazonais de vazante de ciclo curto na faixa de terra que fica exposta no período de vazante dos rios ou lagos, desde que não implique supressão de novas áreas de vegetação nativa, seja conservada a qualidade da água e do solo e seja protegida a fauna silvestre. (Vide ADC Nº 42) (Vide ADIN Nº 4.903)

§ 6º Nos imóveis rurais com até 15 (quinze) módulos fiscais, é admitida, nas áreas de que tratam os incisos I e II do caput deste artigo, a prática da aquicultura e a infraestrutura física diretamente a ela associada, desde que: (Vide ADC Nº 42) (Vide ADIN Nº 4.903)

I - sejam adotadas práticas sustentáveis de manejo de solo e água e de recursos hídricos, garantindo sua qualidade e quantidade, de acordo com norma dos Conselhos Estaduais de Meio Ambiente;

II - esteja de acordo com os respectivos planos de bacia ou planos de gestão de recursos hídricos;

III - seja realizado o licenciamento pelo órgão ambiental competente;

IV - o imóvel esteja inscrito no Cadastro Ambiental Rural - CAR.

V - não implique novas supressões de vegetação nativa.

§ 7º (VETADO).

§ 8º (VETADO).

§ 9º (VETADO).

Art. 5º Na implantação de reservatório d'água artificial destinado a geração de energia ou abastecimento público, é obrigatória a aquisição, desapropriação ou instituição de servidão administrativa pelo empreendedor das Áreas de Preservação Permanente criadas em seu entorno, conforme estabelecido no licenciamento ambiental, observando-se a faixa mínima de 30 (trinta) metros e máxima de 100 (cem) metros em área rural, e a faixa mínima de 15 (quinze) metros e máxima de 30 (trinta) metros em área urbana. (Vide ADC Nº 42)

§ 1º Na implantação de reservatórios d'água artificiais de que trata o caput, o empreendedor, no âmbito do licenciamento ambiental, elaborará Plano Ambiental de Conservação e Uso do Entorno do Reservatório, em conformidade com termo de referência expedido pelo órgão competente do Sistema Nacional do Meio Ambiente - Sisnama, não podendo o uso exceder a 10% (dez por cento) do total da Área de Preservação Permanente. (Vide ADC Nº 42)

§ 2º O Plano Ambiental de Conservação e Uso do Entorno de Reservatório Artificial, para os empreendimentos licitados a partir da vigência desta Lei, deverá ser apresentado ao órgão ambiental concomitantemente com o Plano Básico Ambiental e aprovado até o início da operação do empreendimento, não constituindo a sua ausência impedimento para a expedição da licença de instalação. (Vide ADC Nº 42)

§ 3º (VETADO).

Art. 6º Consideram-se, ainda, de preservação permanente, quando declaradas de interesse social por ato do Chefe do Poder Executivo, as áreas cobertas com florestas ou outras formas de vegetação destinadas a uma ou mais das seguintes finalidades:

I - conter a erosão do solo e mitigar riscos de enchentes e deslizamentos de terra e de rocha;

II - proteger as restingas ou veredas;

III - proteger várzeas;

IV - abrigar exemplares da fauna ou da flora ameaçados de extinção;

V - proteger sítios de excepcional beleza ou de valor científico, cultural ou histórico;

VI - formar faixas de proteção ao longo de rodovias e ferrovias;

VII - assegurar condições de bem-estar público;

VIII - auxiliar a defesa do território nacional, a critério das autoridades militares.

IX - proteger áreas úmidas, especialmente as de importância internacional.

Seção II
Do Regime de Proteção das Áreas
de Preservação Permanente

Art. 7º A vegetação situada em Área de Preservação Permanente deverá ser mantida pelo proprietário da área, possuidor ou ocupante a qualquer título, pessoa física ou jurídica, de direito público ou privado.

§ 1º Tendo ocorrido supressão de vegetação situada em Área de Preservação Permanente, o proprietário da área, possuidor ou ocupante a qualquer título é obrigado a promover a recomposição da vegetação, ressalvados os usos autorizados previstos nesta Lei.

§ 2º A obrigação prevista no § 1º tem natureza real e é transmitida ao sucessor no caso de transferência de domínio ou posse do imóvel rural.

§ 3º No caso de supressão não autorizada de vegetação realizada após 22 de julho de 2008, é vedada a concessão de novas autorizações de supressão de vegetação enquanto não cumpridas as obrigações previstas no § 1º. (Vide ADIN Nº 4.937) (Vide ADC Nº 42) (Vide ADIN Nº 4.902) (Vide ADIN Nº 4.903)

Art. 8º A intervenção ou a supressão de vegetação nativa em Área de Preservação Permanente somente ocorrerá nas hipóteses de utilidade pública, de interesse social ou de baixo impacto ambiental previstas nesta Lei.

§ 1º A supressão de vegetação nativa protetora de nascentes, dunas e restingas somente poderá ser autorizada em caso de utilidade pública.

§ 2º A intervenção ou a supressão de vegetação nativa em Área de Preservação Permanente de que tratam os incisos VI e VII do caput do art. 4º poderá ser autorizada, excepcionalmente, em locais onde a função ecológica do manguezal esteja comprometida, para execução de obras habitacionais e de urbanização, inseridas em projetos de regularização fundiária de interesse social, em áreas urbanas consolidadas ocupadas por população de baixa renda. (Vide ADC Nº 42) (Vide ADIN Nº 4.903)

§ 3º É dispensada a autorização do órgão ambiental competente para a execução, em caráter de urgência, de atividades de segurança nacional e obras de interesse da defesa civil destinadas à prevenção e mitigação de acidentes em áreas urbanas.

§ 4º Não haverá, em qualquer hipótese, direito à regularização de futuras intervenções ou supressões de vegetação nativa, além das previstas nesta Lei.

Art. 9º É permitido o acesso de pessoas e animais às Áreas de Preservação Permanente para obtenção de água e para realização de atividades de baixo impacto ambiental.

CAPÍTULO III
DAS ÁREAS DE USO RESTRITO

Art. 10. Nos pantanais e planícies pantaneiras, é permitida a exploração ecologicamente sustentável, devendo-se considerar as recomendações técnicas dos órgãos oficiais de pesquisa, ficando novas supressões de vegetação nativa para uso alternativo do solo condicionadas à autorização do órgão estadual do meio ambiente, com base nas recomendações mencionadas neste artigo.

Art. 11. Em áreas de inclinação entre 25° e 45°, serão permitidos o manejo florestal sustentável e o exercício de atividades agrossilvipastoris, bem como a manutenção da infraestrutura física associada ao desenvolvimento das atividades, observadas boas práticas agronômicas, sendo vedada a conversão de novas áreas, excetuadas as hipóteses de utilidade pública e interesse social.

CAPÍTULO III-A

DO USO ECOLOGICAMENTE SUSTENTÁVEL
DOS APICUNS E SALGADOS

Art. 11-A. A Zona Costeira é patrimônio nacional, nos termos do § 4º do art. 225 da Constituição Federal, devendo sua ocupação e exploração dar-se de modo ecologicamente sustentável.

§ 1º Os apicuns e salgados podem ser utilizados em atividades de carcinicultura e salinas, desde que observados os seguintes requisitos:

I – área total ocupada em cada Estado não superior a 10% (dez por cento) dessa modalidade de fitofisionomia no bioma amazônico e a 35% (trinta e cinco por cento) no restante do País, excluídas as ocupações consolidadas que atendam ao disposto no § 6º deste artigo;

II – salvaguarda da absoluta integridade dos manguezais arbustivos e dos processos ecológicos essenciais a eles associados, bem como da sua produtividade biológica e condição de berçário de recursos pesqueiros;

III – licenciamento da atividade e das instalações pelo órgão ambiental estadual, cientificado o Instituto Brasileiro do Meio Ambiente e dos Recursos Naturais Renováveis – IBAMA e, no caso de uso de terrenos de marinha ou outros bens da União, realizada regularização prévia da titulação perante a União;

IV – recolhimento, tratamento e disposição adequados dos efluentes e resíduos;

V – garantia da manutenção da qualidade da água e do solo, respeitadas as Áreas de Preservação Permanente; e

VI – respeito às atividades tradicionais de sobrevivência das comunidades locais.

§ 2º A licença ambiental, na hipótese deste artigo, será de 5 (cinco) anos, renovável apenas se o empreendedor cumprir as exigências da legislação ambiental e do próprio licenciamento, mediante comprovação anual, inclusive por mídia fotográfica.

§ 3º São sujeitos à apresentação de Estudo Prévio de Impacto Ambiental – EPIA e Relatório de Impacto Ambiental – RIMA os novos empreendimentos:

I – com área superior a 50 (cinquenta) hectares, vedada a fragmentação do projeto para ocultar ou camuflar seu porte;

II – com área de até 50 (cinquenta) hectares, se potencialmente causadores de significativa degradação do meio ambiente; ou

III – localizados em região com adensamento de empreendimentos de carcinicultura ou salinas cujo impacto afete áreas comuns.

§ 4º O órgão licenciador competente, mediante decisão motivada, poderá, sem prejuízo das sanções administrativas, cíveis e penais cabíveis, bem como do dever de recuperar os danos ambientais causados, alterar as condicionantes e as medidas de controle e adequação, quando ocorrer:

I – descumprimento ou cumprimento inadequado das condicionantes ou medidas de controle previstas no licenciamento, ou desobediência às normas aplicáveis;

II – fornecimento de informação falsa, dúbia ou enganosa, inclusive por omissão, em qualquer fase do licenciamento ou período de validade da licença; ou

III – superveniência de informações sobre riscos ao meio ambiente ou à saúde pública.

§ 5º A ampliação da ocupação de apicuns e salgados respeitará o Zoneamento Ecológico-Econômico da Zona Costeira – ZEEZOC, com a individualização das áreas ainda passíveis de uso, em escala mínima de 1:10.000, que deverá ser concluído por cada Estado no prazo máximo de 1 (um) ano a partir da data da publicação desta Lei.

§ 6º É assegurada a regularização das atividades e empreendimentos de carcinicultura e salinas cuja ocupação e implantação tenham ocorrido antes de 22 de julho de 2008, desde que o empreendedor, pessoa física ou jurídica, comprove sua localização em apicum ou salgado e se obrigue, por termo de compromisso, a proteger a integridade dos manguezais arbustivos adjacentes.

§ 7º É vedada a manutenção, licenciamento ou regularização, em qualquer hipótese ou forma, de ocupação ou exploração irregular em apicum ou salgado, ressalvadas as exceções previstas neste artigo.

CAPÍTULO IV
DA ÁREA DE RESERVA LEGAL

Seção I
Da Delimitação da Área de Reserva Legal

Art. 12. Todo imóvel rural deve manter área com cobertura de vegetação nativa, a título de Reserva Legal, sem prejuízo da aplicação das normas sobre as Áreas de Preservação Permanente, observados os seguintes percentuais mínimos em relação à área do imóvel, excetuados os casos previstos no art. 68 desta Lei:

I - localizado na Amazônia Legal:

a) 80% (oitenta por cento), no imóvel situado em área de florestas;

b) 35% (trinta e cinco por cento), no imóvel situado em área de cerrado;

c) 20% (vinte por cento), no imóvel situado em área de campos gerais;

II - localizado nas demais regiões do País: 20% (vinte por cento).

§ 1º Em caso de fracionamento do imóvel rural, a qualquer título, inclusive para assentamentos pelo Programa de Reforma Agrária, será considerada, para fins do disposto do caput, a área do imóvel antes do fracionamento.

§ 2º O percentual de Reserva Legal em imóvel situado em área de formações florestais, de cerrado ou de campos gerais na Amazônia Legal será definido considerando separadamente os índices contidos nas alíneas *a*, *b* e *c* do inciso I do caput.

§ 3º Após a implantação do CAR, a supressão de novas áreas de floresta ou outras formas de vegetação nativa apenas será autorizada pelo órgão ambiental estadual integrante do Sisnama se o imóvel estiver inserido no mencionado cadastro, ressalvado o previsto no art. 30.

§ 4º Nos casos da alínea *a* do inciso I, o poder público poderá reduzir a Reserva Legal para até 50% (cinquenta por cento), para fins de recomposição, quando o Município tiver mais de 50% (cinquenta por cento) da área ocupada por unidades de conservação da natureza de domínio público e por terras indígenas homologadas. (Vide ADC Nº 42) (Vide ADIN Nº 4.901)

§ 5º Nos casos da alínea *a* do inciso I, o poder público estadual, ouvido o Conselho Estadual de Meio Ambiente, poderá reduzir a Reserva Legal para até 50% (cinquenta por cento), quando o Estado tiver Zoneamento Ecológico-Econômico aprovado e mais de 65% (sessenta e cinco por cento) do seu território ocupado por unidades de conservação da natureza de domínio público, devidamente regularizadas, e por terras indígenas homologadas. (Vide ADC Nº 42) (Vide ADIN Nº 4.901)

§ 6º Os empreendimentos de abastecimento público de água e tratamento de esgoto não estão sujeitos à constituição de Reserva Legal. (Vide ADC Nº 42) (Vide ADIN Nº 4.901)

§ 7º Não será exigido Reserva Legal relativa às áreas adquiridas ou desapropriadas por detentor de concessão, permissão ou autorização para exploração de potencial de energia hidráulica, nas quais funcionem empreendimentos de geração de energia elétrica, subestações ou sejam instaladas linhas de transmissão e de distribuição de energia elétrica. (Vide ADC Nº 42) (Vide ADIN Nº 4.901)

§ 8º Não será exigido Reserva Legal relativa às áreas adquiridas ou desapropriadas com o objetivo de implantação e ampliação de capacidade de rodovias e ferrovias. (Vide ADC Nº 42) (Vide ADIN Nº 4.901)

Art. 13. Quando indicado pelo Zoneamento Ecológico-Econômico - ZEE estadual, realizado segundo metodologia unificada, o poder público federal poderá:

I - reduzir, exclusivamente para fins de regularização, mediante recomposição, regeneração ou compensação da Reserva Legal de imóveis com área rural consolidada, situados em área de floresta localizada na Amazônia Legal, para até 50% (cinquenta por cento) da propriedade, excluídas as áreas prioritárias para conservação da biodiversidade e dos recursos hídricos e os corredores ecológicos;

II - ampliar as áreas de Reserva Legal em até 50% (cinquenta por cento) dos percentuais previstos nesta Lei, para cumprimento de metas nacionais de proteção à biodiversidade ou de redução de emissão de gases de efeito estufa.

§ 1º No caso previsto no inciso I do caput, o proprietário ou possuidor de imóvel rural que mantiver Reserva Legal conservada e averbada em área superior aos percentuais exigidos no referido inciso poderá instituir servidão ambiental sobre a área excedente, nos termos da Lei nº 6.938, de 31 de agosto de 1981, e Cota de Reserva Ambiental. (Vide ADIN Nº 4.937) (Vide ADC Nº 42) (Vide ADIN Nº 4.901)

§ 2º Os Estados que não possuem seus Zoneamentos Ecológico-Econômicos - ZEEs segundo a metodologia unificada, estabelecida em norma federal, terão o prazo de 5 (cinco) anos, a partir da data da publicação desta Lei, para a sua elaboração e aprovação.

Art. 14. A localização da área de Reserva Legal no imóvel rural deverá levar em consideração os seguintes estudos e critérios:

I - o plano de bacia hidrográfica;

II - o Zoneamento Ecológico-Econômico

III - a formação de corredores ecológicos com outra Reserva Legal, com Área de Preservação Permanente, com Unidade de Conservação ou com outra área legalmente protegida;

IV - as áreas de maior importância para a conservação da biodiversidade; e

V - as áreas de maior fragilidade ambiental.

§ 1º O órgão estadual integrante do Sisnama ou instituição por ele habilitada deverá aprovar a localização da Reserva Legal após a inclusão do imóvel no CAR, conforme o art. 29 desta Lei.

§ 2º Protocolada a documentação exigida para a análise da localização da área de Reserva Legal, ao proprietário ou possuidor rural não poderá ser imputada sanção administrativa, inclusive restrição a direitos, por qualquer órgão ambiental competente integrante do Sisnama, em razão da não formalização da área de Reserva Legal.

Art. 15. Será admitido o cômputo das Áreas de Preservação Permanente no cálculo do percentual da Reserva Legal do imóvel, desde que: (Vide ADC Nº 42) (Vide ADIN Nº 4.901)

I - o benefício previsto neste artigo não implique a conversão de novas áreas para o uso alternativo do solo;

II - a área a ser computada esteja conservada ou em processo de recuperação, conforme comprovação do proprietário ao órgão estadual integrante do Sisnama; e

III - o proprietário ou possuidor tenha requerido inclusão do imóvel no Cadastro Ambiental Rural - CAR, nos termos desta Lei.

§ 1º O regime de proteção da Área de Preservação Permanente não se altera na hipótese prevista neste artigo.

§ 2º O proprietário ou possuidor de imóvel com Reserva Legal conservada e inscrita no Cadastro Ambiental Rural - CAR de que trata o art. 29, cuja área ultrapasse o mínimo exigido por esta Lei, poderá utilizar a área excedente para fins de constituição de servidão ambiental, Cota de Reserva Ambiental e outros instrumentos congêneres previstos nesta Lei.

§ 3º O cômputo de que trata o caput aplica-se a todas as modalidades de cumprimento da Reserva Legal, abrangendo a regeneração, a recomposição e a compensação.

§ 4º É dispensada a aplicação do inciso I do caput deste artigo, quando as Áreas de Preservação Permanente conservadas ou em processo de recuperação, somadas às demais florestas e outras formas de vegetação nativa existentes em imóvel, ultrapassarem:

I - 80% (oitenta por cento) do imóvel rural localizado em áreas de floresta na Amazônia Legal; e

II - (VETADO).

Art. 16. Poderá ser instituído Reserva Legal em regime de condomínio ou coletiva entre propriedades rurais, respeitado o percentual previsto no art. 12 em relação a cada imóvel.

Parágrafo único. No parcelamento de imóveis rurais, a área de Reserva Legal poderá ser agrupada em regime de condomínio entre os adquirentes.

Seção II
Do Regime de Proteção da Reserva Legal

Art. 17. A Reserva Legal deve ser conservada com cobertura de vegetação nativa pelo proprietário do imóvel rural, possuidor ou ocupante a qualquer título, pessoa física ou jurídica, de direito público ou privado.

§ 1º Admite-se a exploração econômica da Reserva Legal mediante manejo sustentável, previamente aprovado pelo órgão competente do Sisnama, de acordo com as modalidades previstas no art. 20.

§ 2º Para fins de manejo de Reserva Legal na pequena propriedade ou posse rural familiar, os órgãos integrantes do Sisnama deverão estabelecer procedimentos simplificados de elaboração, análise e aprovação de tais planos de manejo.

§ 3º É obrigatória a suspensão imediata das atividades em área de Reserva Legal desmatada irregularmente após 22 de julho de 2008. (Vide ADC Nº 42) (Vide ADIN Nº 4.902) (Vide ADIN Nº 4.903)

§ 4º Sem prejuízo das sanções administrativas, cíveis e penais cabíveis, deverá ser iniciado, nas áreas de que trata o § 3º deste artigo, o processo de recomposição da Reserva Legal em até 2 (dois) anos contados a partir da data da publicação desta Lei, devendo tal processo ser concluído nos prazos estabelecidos pelo Programa de Regularização Ambiental - PRA, de que trata o art. 59.

Art. 18. A área de Reserva Legal deverá ser registrada no órgão ambiental competente por meio de inscrição no CAR de que trata o art. 29, sendo vedada a alteração de sua destinação, nos casos de transmissão, a qualquer título, ou de desmembramento, com as exceções previstas nesta Lei.

§ 1º A inscrição da Reserva Legal no CAR será feita mediante a apresentação de planta e memorial descritivo, contendo a indicação das coordenadas geográficas com pelo menos um ponto de amarração, conforme ato do Chefe do Poder Executivo.

§ 2º Na posse, a área de Reserva Legal é assegurada por termo de compromisso firmado pelo possuidor com o órgão competente do Sisnama, com força de título executivo extrajudicial, que explicite, no mínimo, a localização da área de Reserva Legal e as obrigações assumidas pelo possuidor por força do previsto nesta Lei.

§ 3º A transferência da posse implica a sub-rogação das obrigações assumidas no termo de compromisso de que trata o § 2º.

§ 4º O registro da Reserva Legal no CAR desobriga a averbação no Cartório de Registro de Imóveis, sendo que, no período entre a data da publicação desta Lei e o registro no CAR, o proprietário ou possuidor rural que desejar fazer a averbação terá direito à gratuidade deste ato.

Art. 19. A inserção do imóvel rural em perímetro urbano definido mediante lei municipal não desobriga o proprietário ou posseiro da manutenção da área de Reserva Legal, que só será extinta concomitantemente ao registro do parcelamento do solo para fins urbanos aprovado segundo a legislação específica e consoante as diretrizes do plano diretor de que trata o § 1º do art. 182 da Constituição Federal.

Art. 20. No manejo sustentável da vegetação florestal da Reserva Legal, serão adotadas práticas de exploração seletiva nas modalidades de manejo sustentável sem propósito comercial para consumo na propriedade e manejo sustentável para exploração florestal com propósito comercial.

Art. 21. É livre a coleta de produtos florestais não madeireiros, tais como frutos, cipós, folhas e sementes, devendo-se observar:

I – os períodos de coleta e volumes fixados em regulamentos específicos, quando houver;

II – a época de maturação dos frutos e sementes;

III – técnicas que não coloquem em risco a sobrevivência de indivíduos e da espécie coletada no caso de coleta de flores, folhas, cascas, óleos, resinas, cipós, bulbos, bambus e raízes.

Art. 22. O manejo florestal sustentável da vegetação da Reserva Legal com propósito comercial depende de autorização do órgão competente e deverá atender as seguintes diretrizes e orientações:

I – não descaracterizar a cobertura vegetal e não prejudicar a conservação da vegetação nativa da área;

II – assegurar a manutenção da diversidade das espécies;

III – conduzir o manejo de espécies exóticas com a adoção de medidas que favoreçam a regeneração de espécies nativas.

Art. 23. O manejo sustentável para exploração florestal eventual sem propósito comercial, para consumo no próprio imóvel, independe de autorização dos órgãos competentes, devendo apenas ser declarados previamente ao órgão ambiental a motivação da exploração e o volume explorado, limitada a exploração anual a 20 (vinte) metros cúbicos.

Art. 24. No manejo florestal nas áreas fora de Reserva Legal, aplica-se igualmente o disposto nos arts. 21, 22 e 23.

Seção III
Do Regime de Proteção das Áreas Verdes Urbanas

Art. 25. O poder público municipal contará, para o estabelecimento de áreas verdes urbanas, com os seguintes instrumentos:

I – o exercício do direito de preempção para aquisição de remanescentes florestais relevantes, conforme dispõe a Lei nº 10.257, de 10 de julho de 2001;

II – a transformação das Reservas Legais em áreas verdes nas expansões urbanas

III – o estabelecimento de exigência de áreas verdes nos loteamentos, empreendimentos comerciais e na implantação de infraestrutura; e

IV – aplicação em áreas verdes de recursos oriundos da compensação ambiental.

CAPÍTULO V
DA SUPRESSÃO DE VEGETAÇÃO PARA USO ALTERNATIVO DO SOLO

Art. 26. A supressão de vegetação nativa para uso alternativo do solo, tanto de domínio público como de domínio privado, dependerá do cadastramento do imóvel no CAR, de que trata o art. 29, e de prévia autorização do órgão estadual competente do Sisnama.

§ 1º (VETADO).

§ 2º (VETADO).

§ 3º No caso de reposição florestal, deverão ser priorizados projetos que contemplem a utilização de espécies nativas do mesmo bioma onde ocorreu a supressão.

§ 4º O requerimento de autorização de supressão de que trata o caput conterá, no mínimo, as seguintes informações:

I - a localização do imóvel, das Áreas de Preservação Permanente, da Reserva Legal e das áreas de uso restrito, por coordenada geográfica, com pelo menos um ponto de amarração do perímetro do imóvel;

II - a reposição ou compensação florestal, nos termos do § 4º do art. 33;

III - a utilização efetiva e sustentável das áreas já convertidas;

IV - o uso alternativo da área a ser desmatada.

Art. 27. Nas áreas passíveis de uso alternativo do solo, a supressão de vegetação que abrigue espécie da flora ou da fauna ameaçada de extinção, segundo lista oficial publicada pelos órgãos federal ou estadual ou municipal do Sisnama, ou espécies migratórias, dependerá da adoção de medidas compensatórias e mitigadoras que assegurem a conservação da espécie.

Art. 28. Não é permitida a conversão de vegetação nativa para uso alternativo do solo no imóvel rural que possuir área abandonada. (Vide ADIN Nº 4.901)

CAPÍTULO VI
DO CADASTRO AMBIENTAL RURAL

Art. 29. É criado o Cadastro Ambiental Rural - CAR, no âmbito do Sistema Nacional de Informação sobre Meio Ambiente - SINIMA, registro público eletrônico de âmbito nacional, obrigatório para todos os imóveis rurais, com a finalidade de integrar as informações ambientais das propriedades e posses rurais, compondo base de dados para controle, monitoramento, planejamento ambiental e econômico e combate ao desmatamento.

§ 1º A inscrição do imóvel rural no CAR deverá ser feita, preferencialmente, no órgão ambiental municipal ou estadual, que, nos termos do regulamento, exigirá do proprietário ou possuidor rural:

I - identificação do proprietário ou possuidor rural;

II - comprovação da propriedade ou posse;

III - identificação do imóvel por meio de planta e memorial descritivo, contendo a indicação das coordenadas geográficas com pelo menos um ponto de amarração do perímetro do imóvel, informando a localização dos remanescentes de vegetação nativa, das Áreas de Preservação Permanente, das Áreas de Uso Restrito, das áreas consolidadas e, caso existente, também da localização da Reserva Legal.

§ 2º O cadastramento não será considerado título para fins de reconhecimento do direito de propriedade ou posse, tampouco elimina a necessidade de cumprimento do disposto no art. 2º da Lei nº 10.267, de 28 de agosto de 2001.

§ 3º A inscrição no CAR será obrigatória para todas as propriedades e posses rurais, devendo ser requerida até 31 de dezembro de 2017, prorrogável por mais 1 (um) ano por ato do Chefe do Poder Executivo.

Art. 30. Nos casos em que a Reserva Legal já tenha sido averbada na matrícula do imóvel e em que essa averbação identifique o perímetro e a localização da reserva, o proprietário não será obrigado a fornecer ao órgão ambiental as informações relativas à Reserva Legal previstas no inciso III do § 1º do art. 29.

Parágrafo único. Para que o proprietário se desobrigue nos termos do caput, deverá apresentar ao órgão ambiental competente a certidão de registro de imóveis onde conste a averbação da Reserva Legal ou termo de compromisso já firmado nos casos de posse.

CAPÍTULO VII
DA EXPLORAÇÃO FLORESTAL

Art. 31. A exploração de florestas nativas e formações sucessoras, de domínio público ou privado, ressalvados os casos previstos nos arts. 21, 23 e 24, dependerá de licenciamento pelo órgão competente do Sisnama, mediante aprovação prévia de Plano de Manejo Florestal Sustentável - PMFS que contemple técnicas de condução, exploração, reposição florestal e manejo compatíveis com os variados ecossistemas que a cobertura arbórea forme.

§ 1º O PMFS atenderá os seguintes fundamentos técnicos e científicos:

I - caracterização dos meios físico e biológico;

II - determinação do estoque existente;

III - intensidade de exploração compatível com a capacidade de suporte ambiental da floresta;

IV - ciclo de corte compatível com o tempo de restabelecimento do volume de produto extraído da floresta;

V - promoção da regeneração natural da floresta;

VI - adoção de sistema silvicultural adequado;

VII - adoção de sistema de exploração adequado;

VIII - monitoramento do desenvolvimento da floresta remanescente;

IX - adoção de medidas mitigadoras dos impactos ambientais e sociais.

§ 2º A aprovação do PMFS pelo órgão competente do Sisnama confere ao seu detentor a licença ambiental para a prática do manejo florestal sustentável, não se aplicando outras etapas de licenciamento ambiental.

§ 3º O detentor do PMFS encaminhará relatório anual ao órgão ambiental competente com as informações sobre toda a área de manejo florestal sustentável e a descrição das atividades realizadas.

§ 4º O PMFS será submetido a vistorias técnicas para fiscalizar as operações e atividades desenvolvidas na área de manejo.

§ 5º Respeitado o disposto neste artigo, serão estabelecidas em ato do Chefe do Poder Executivo disposições diferenciadas sobre os PMFS em escala empresarial, de pequena escala e comunitário.

§ 6º Para fins de manejo florestal na pequena propriedade ou posse rural familiar, os órgãos do Sisnama deverão estabelecer procedimentos simplificados de elaboração, análise e aprovação dos referidos PMFS.

§ 7º Compete ao órgão federal de meio ambiente a aprovação de PMFS incidentes em florestas públicas de domínio da União.

Art. 32. São isentos de PMFS:

I – a supressão de florestas e formações sucessoras para uso alternativo do solo;

II – o manejo e a exploração de florestas plantadas localizadas fora das Áreas de Preservação Permanente e de Reserva Legal;

III – a exploração florestal não comercial realizada nas propriedades rurais a que se refere o inciso V do art. 3º ou por populações tradicionais.

Art. 33. As pessoas físicas ou jurídicas que utilizam matéria-prima florestal em suas atividades devem suprir-se de recursos oriundos de:

I – florestas plantadas;

II – PMFS de floresta nativa aprovado pelo órgão competente do Sisnama;

III – supressão de vegetação nativa autorizada pelo órgão competente do Sisnama;

IV – outras formas de biomassa florestal definidas pelo órgão competente do Sisnama.

§ 1º São obrigadas à reposição florestal as pessoas físicas ou jurídicas que utilizam matéria-prima florestal oriunda de supressão de vegetação nativa ou que detenham autorização para supressão de vegetação nativa.

§ 2º É isento da obrigatoriedade da reposição florestal aquele que utilize:

I – costaneiras, aparas, cavacos ou outros resíduos provenientes da atividade industrial

II – matéria-prima florestal:

a) oriunda de PMFS;

b) oriunda de floresta plantada;

c) não madeireira.

§ 3º A isenção da obrigatoriedade da reposição florestal não desobriga o interessado da comprovação perante a autoridade competente da origem do recurso florestal utilizado.

§ 4º A reposição florestal será efetivada no Estado de origem da matéria-prima utilizada, mediante o plantio de espécies preferencialmente nativas, conforme determinações do órgão competente do Sisnama.

Art. 34. As empresas industriais que utilizam grande quantidade de matéria-prima florestal são obrigadas a elaborar e implementar Plano de Suprimento Sustentável – PSS, a ser submetido à aprovação do órgão competente do Sisnama.

§ 1º O PSS assegurará produção equivalente ao consumo de matéria-prima florestal pela atividade industrial.

§ 2º O PSS incluirá, no mínimo:

I – programação de suprimento de matéria-prima florestal

II – indicação das áreas de origem da matéria-prima florestal georreferenciadas;

III – cópia do contrato entre os particulares envolvidos, quando o PSS incluir suprimento de matéria-prima florestal oriunda de terras pertencentes a terceiros.

§ 3º Admite-se o suprimento mediante matéria-prima em oferta no mercado:

I – na fase inicial de instalação da atividade industrial, nas condições e durante o período, não superior a 10 (dez) anos, previstos no PSS, ressalvados os contratos de suprimento mencionados no inciso III do § 2º;

II – no caso de aquisição de produtos provenientes do plantio de florestas exóticas, licenciadas por órgão competente do Sisnama, o suprimento será comprovado posteriormente mediante relatório anual em que conste a localização da floresta e as quantidades produzidas.

§ 4º O PSS de empresas siderúrgicas, metalúrgicas ou outras que consumam grandes quantidades de carvão vegetal ou lenha estabelecerá a utilização exclusiva de matéria-prima oriunda de florestas plantadas ou de PMFS e será parte integrante do processo de licenciamento ambiental do empreendimento.

§ 5º Serão estabelecidos, em ato do Chefe do Poder Executivo, os parâmetros de utilização de matéria-prima florestal para fins de enquadramento das empresas industriais no disposto no caput.

CAPÍTULO VIII
DO CONTROLE DA ORIGEM DOS PRODUTOS FLORESTAIS

Art. 35. O controle da origem da madeira, do carvão e de outros produtos ou subprodutos florestais incluirá sistema nacional que integre os dados dos diferentes entes federativos, coordenado, fiscalizado e regulamentado pelo órgão federal competente do Sisnama.

§ 1º O plantio ou reflorestamento com espécies florestais nativas ou exóticas independem de autorização prévia, desde que observadas as limitações e condições previstas nesta Lei, devendo ser informados ao órgão competente, no prazo de até 1 (um) ano, para fins de controle de origem.

§ 2º É livre a extração de lenha e demais produtos de florestas plantadas nas áreas não consideradas Áreas de Preservação Permanente e Reserva Legal.

§ 3º O corte ou a exploração de espécies nativas plantadas em área de uso alternativo do solo serão permitidos independentemente de autorização prévia, devendo o plantio ou reflorestamento estar previamente cadastrado no órgão ambiental competente e a exploração ser previamente declarada nele para fins de controle de origem.

§ 4º Os dados do sistema referido no caput serão disponibilizados para acesso público por meio da rede mundial de computadores, cabendo ao órgão federal coordenador do sistema fornecer os programas de informática a serem utilizados e definir o prazo para integração dos dados e as informações que deverão ser aportadas ao sistema nacional.

§ 5º O órgão federal coordenador do sistema nacional poderá bloquear a emissão de Documento de Origem Florestal - DOF dos entes federativos não integrados ao sistema e fiscalizar os dados e relatórios respectivos.

Art. 36. O transporte, por qualquer meio, e o armazenamento de madeira, lenha, carvão e outros produtos ou subprodutos florestais oriundos de florestas de espécies nativas, para fins comerciais ou industriais, requerem licença do órgão competente do Sisnama, observado o disposto no art. 35.

§ 1º A licença prevista no caput será formalizada por meio da emissão do DOF, que deverá acompanhar o material até o beneficiamento final.

§ 2º Para a emissão do DOF, a pessoa física ou jurídica responsável deverá estar registrada no Cadastro Técnico Federal de Atividades Potencialmente Poluidoras ou Utilizadoras de Recursos Ambientais, previsto no art. 17 da Lei nº 6.938, de 31 de agosto de 1981.

§ 3º Todo aquele que recebe ou adquire, para fins comerciais ou industriais, madeira, lenha, carvão e outros produtos ou subprodutos de florestas de espécies nativas é obrigado a exigir a apresentação do DOF e munir-se da via que deverá acompanhar o material até o beneficiamento final.

§ 4º No DOF deverão constar a especificação do material, sua volumetria e dados sobre sua origem e destino.

§ 5º O órgão ambiental federal do Sisnama regulamentará os casos de dispensa da licença prevista no caput.

Art. 37. O comércio de plantas vivas e outros produtos oriundos da flora nativa dependerá de licença do órgão estadual competente do Sisnama e de registro no Cadastro Técnico Federal de Atividades Potencialmente Poluidoras ou Utilizadoras de Recursos Ambientais, previsto no art. 17 da Lei nº 6.938, de 31 de agosto de 1981, sem prejuízo de outras exigências cabíveis.

Parágrafo único. A exportação de plantas vivas e outros produtos da flora dependerá de licença do órgão federal competente do Sisnama, observadas as condições estabelecidas no caput.

CAPÍTULO IX
DA PROIBIÇÃO DO USO DE FOGO
E DO CONTROLE DOS INCÊNDIOS

Art. 38. É proibido o uso de fogo na vegetação, exceto nas seguintes situações:

I - em locais ou regiões cujas peculiaridades justifiquem o emprego do fogo em práticas agropastoris ou florestais, mediante prévia aprovação do órgão estadual ambiental competente do Sisnama, para cada imóvel rural ou de forma regionalizada, que estabelecerá os critérios de monitoramento e controle;

II - emprego da queima controlada em Unidades de Conservação, em conformidade com o respectivo plano de manejo e mediante prévia aprovação do órgão gestor da Unidade de Conservação, visando ao manejo conservacionista da vegetação nativa, cujas características ecológicas estejam associadas evolutivamente à ocorrência do fogo;

III - atividades de pesquisa científica vinculada a projeto de pesquisa devidamente aprovado pelos órgãos competentes e realizada por instituição de pesquisa reconhecida, mediante prévia aprovação do órgão ambiental competente do Sisnama.

§ 1º Na situação prevista no inciso I, o órgão estadual ambiental competente do Sisnama exigirá que os estudos demandados para o licenciamento da atividade rural contenham planejamento específico sobre o emprego do fogo e o controle dos incêndios.

§ 2º Excetuam-se da proibição constante no caput as práticas de prevenção e combate aos incêndios e as de agricultura de subsistência exercidas pelas populações tradicionais e indígenas.

§ 3º Na apuração da responsabilidade pelo uso irregular do fogo em terras públicas ou particulares, a autoridade competente para fiscalização e autuação deverá comprovar o nexo de causalidade entre a ação do proprietário ou qualquer preposto e o dano efetivamente causado.

§ 4º É necessário o estabelecimento de nexo causal na verificação das responsabilidades por infração pelo uso irregular do fogo em terras públicas ou particulares.

Art. 39. Os órgãos ambientais do Sisnama, bem como todo e qualquer órgão público ou privado responsável pela gestão de áreas com vegetação nativa ou plantios florestais, deverão elaborar, atualizar e implantar planos de contingência para o combate aos incêndios florestais.

Art. 40. O Governo Federal deverá estabelecer uma Política Nacional de Manejo e Controle de Queimadas, Prevenção e Combate aos Incêndios Florestais, que promova a articulação institucional com vistas na substituição do uso do fogo no meio rural, no controle de queimadas, na prevenção e no combate aos incêndios florestais e no manejo do fogo em áreas naturais protegidas.

§ 1º A Política mencionada neste artigo deverá prever instrumentos para a análise dos impactos das queimadas sobre mudanças climáticas e mudanças no uso da terra, conservação dos ecossistemas, saúde pública e fauna, para subsidiar planos estratégicos de prevenção de incêndios florestais.

§ 2º A Política mencionada neste artigo deverá observar cenários de mudanças climáticas e potenciais aumentos de risco de ocorrência de incêndios florestais.

CAPÍTULO X

DO PROGRAMA DE APOIO E INCENTIVO À PRESERVAÇÃO E RECUPERAÇÃO DO MEIO AMBIENTE

Art. 41. É o Poder Executivo federal autorizado a instituir, sem prejuízo do cumprimento da legislação ambiental, programa de apoio e incentivo à conservação do meio ambiente, bem como para adoção de tecnologias e boas práticas que conciliem a produtividade agropecuária e florestal, com redução dos impactos ambientais, como forma de promoção do desenvolvimento ecologicamente sustentável, observados sempre os critérios de progressividade, abrangendo as seguintes categorias e linhas de ação:

I – pagamento ou incentivo a serviços ambientais como retribuição, monetária ou não, às atividades de conservação e melhoria dos ecossistemas e que gerem serviços ambientais, tais como, isolada ou cumulativamente:

a) o sequestro, a conservação, a manutenção e o aumento do estoque e a diminuição do fluxo de carbono;

b) a conservação da beleza cênica natural;

c) a conservação da biodiversidade;

d) a conservação das águas e dos serviços hídricos;

e) a regulação do clima;

f) a valorização cultural e do conhecimento tradicional ecossistêmico;

g) a conservação e o melhoramento do solo;

h) a manutenção de Áreas de Preservação Permanente, de Reserva Legal e de uso restrito;

II – compensação pelas medidas de conservação ambiental necessárias para o cumprimento dos objetivos desta Lei, utilizando-se dos seguintes instrumentos, dentre outros:

a) obtenção de crédito agrícola, em todas as suas modalidades, com taxas de juros menores, bem como limites e prazos maiores que os praticados no mercado;

b) contratação do seguro agrícola em condições melhores que as praticadas no mercado;

c) dedução das Áreas de Preservação Permanente, de Reserva Legal e de uso restrito da base de cálculo do Imposto sobre a Propriedade Territorial Rural – ITR, gerando créditos tributários;

d) destinação de parte dos recursos arrecadados com a cobrança pelo uso da água, na forma da Lei nº 9.433, de 8 de janeiro de 1997, para a manutenção, recuperação ou recomposição das Áreas de Preservação Permanente, de Reserva Legal e de uso restrito na bacia de geração da receita;

e) linhas de financiamento para atender iniciativas de preservação voluntária de vegetação nativa, proteção de espécies da flora nativa ameaçadas de extinção, manejo florestal e agroflorestal sustentável realizados na propriedade ou posse rural, ou recuperação de áreas degradadas;

f) isenção de impostos para os principais insumos e equipamentos, tais como: fios de arame, postes de madeira tratada, bombas d'água, trado de perfuração de solo, dentre outros utilizados para os processos de recuperação e manutenção das Áreas de Preservação Permanente, de Reserva Legal e de uso restrito;

III - incentivos para comercialização, inovação e aceleração das ações de recuperação, conservação e uso sustentável das florestas e demais formas de vegetação nativa, tais como:

a) participação preferencial nos programas de apoio à comercialização da produção agrícola;

b) destinação de recursos para a pesquisa científica e tecnológica e a extensão rural relacionadas à melhoria da qualidade ambiental.

§ 1º Para financiar as atividades necessárias à regularização ambiental das propriedades rurais, o programa poderá prever:

I - destinação de recursos para a pesquisa científica e tecnológica e a extensão rural relacionadas à melhoria da qualidade ambiental;

II - dedução da base de cálculo do imposto de renda do proprietário ou possuidor de imóvel rural, pessoa física ou jurídica, de parte dos gastos efetuados com a recomposição das Áreas de Preservação Permanente, de Reserva Legal e de uso restrito cujo desmatamento seja anterior a 22 de julho de 2008;

III - utilização de fundos públicos para concessão de créditos reembolsáveis e não reembolsáveis destinados à compensação, recuperação ou recomposição das Áreas de Preservação Permanente, de Reserva Legal e de uso restrito cujo desmatamento seja anterior a 22 de julho de 2008.

§ 2º O programa previsto no caput poderá, ainda, estabelecer diferenciação tributária para empresas que industrializem ou comercializem produtos originários de propriedades ou posses rurais que cumpram os padrões e limites estabelecidos nos arts. 4º, 6º, 11 e 12 desta Lei, ou que estejam em processo de cumpri-los.

§ 3º Os proprietários ou possuidores de imóveis rurais inscritos no CAR, inadimplentes em relação ao cumprimento do termo de compromisso ou PRA ou que estejam sujeitos a sanções por infrações ao disposto nesta Lei, exceto aquelas suspensas em virtude do disposto no Capítulo XIII, não são elegíveis para os incentivos previstos nas alíneas a a e do inciso II do caput deste artigo até que as referidas sanções sejam extintas.

§ 4º As atividades de manutenção das Áreas de Preservação Permanente, de Reserva Legal e de uso restrito são elegíveis para quaisquer pagamentos ou incentivos por serviços ambientais, configurando adicionalidade para fins de mercados nacionais e internacionais de reduções de emissões certificadas de gases de efeito estufa.

§ 5º O programa relativo a serviços ambientais previsto no inciso I do caput deste artigo deverá integrar os sistemas em âmbito nacional e estadual, objetivando a criação de um mercado de serviços ambientais.

§ 6º Os proprietários localizados nas zonas de amortecimento de Unidades de Conservação de Proteção Integral são elegíveis para receber apoio técnico-financeiro da compensação prevista no art. 36 da Lei nº 9.985, de 18 de julho de 2000, com a finalidade de recuperação e manutenção de áreas prioritárias para a gestão da unidade.

§ 7º O pagamento ou incentivo a serviços ambientais a que se refere o inciso I deste artigo serão prioritariamente destinados aos agricultores familiares como definidos no inciso V do art. 3º desta Lei.

Art. 42. O Governo Federal implantará programa para conversão da multa prevista no art. 50 do Decreto nº 6.514, de 22 de julho de 2008, destinado a imóveis rurais, referente a autuações vinculadas a desmatamentos em áreas onde não era vedada a supressão, que foram promovidos sem autorização ou licença, em data anterior a 22 de julho de 2008.

Art. 43. (VETADO).

Art. 44. É instituída a Cota de Reserva Ambiental - CRA, título nominativo representativo de área com vegetação nativa, existente ou em processo de recuperação: (Vide ADIN Nº 4.937) (Vide ADC Nº 42)

I - sob regime de servidão ambiental, instituída na forma do art. 9º-A da Lei nº 6.938, de 31 de agosto de 1981;

II - correspondente à área de Reserva Legal instituída voluntariamente sobre a vegetação que exceder os percentuais exigidos no art. 12 desta Lei;

III - protegida na forma de Reserva Particular do Patrimônio Natural - RPPN, nos termos do art. 21 da Lei nº 9.985, de 18 de julho de 2000;

IV - existente em propriedade rural localizada no interior de Unidade de Conservação de domínio público que ainda não tenha sido desapropriada.

§ 1º A emissão de CRA será feita mediante requerimento do proprietário, após inclusão do imóvel no CAR e laudo comprobatório emitido pelo próprio órgão ambiental ou por entidade credenciada, assegurado o controle do órgão federal competente do Sisnama, na forma de ato do Chefe do Poder Executivo.

§ 2º A CRA não pode ser emitida com base em vegetação nativa localizada em área de RPPN instituída em sobreposição à Reserva Legal do imóvel.

§ 3º A Cota de Reserva Florestal - CRF emitida nos termos do art. 44-B da Lei nº 4.771, de 15 de setembro de 1965, passa a ser considerada, pelo efeito desta Lei, como Cota de Reserva Ambiental.

§ 4º Poderá ser instituída CRA da vegetação nativa que integra a Reserva Legal dos imóveis a que se refere o inciso V do art. 3º desta Lei.

Art. 45. A CRA será emitida pelo órgão competente do Sisnama em favor de proprietário de imóvel incluído no CAR que mantenha área nas condições previstas no art. 44.

§ 1º O proprietário interessado na emissão da CRA deve apresentar ao órgão referido no caput proposta acompanhada de:

I - certidão atualizada da matrícula do imóvel expedida pelo registro de imóveis competente;

II - cédula de identidade do proprietário, quando se tratar de pessoa física;

III - ato de designação de responsável, quando se tratar de pessoa jurídica;

IV - certidão negativa de débitos do Imposto sobre a Propriedade Territorial Rural - ITR;

V - memorial descritivo do imóvel, com a indicação da área a ser vinculada ao título, contendo pelo menos um ponto de amarração georreferenciado relativo ao perímetro do imóvel e um ponto de amarração georreferenciado relativo à Reserva Legal.

§ 2º Aprovada a proposta, o órgão referido no caput emitirá a CRA correspondente, identificando:

I - o número da CRA no sistema único de controle;

II - o nome do proprietário rural da área vinculada ao título;

III - a dimensão e a localização exata da área vinculada ao título, com memorial descritivo contendo pelo menos um ponto de amarração georreferenciado;

IV - o bioma correspondente à área vinculada ao título;

V - a classificação da área em uma das condições previstas no art. 46.

§ 3º O vínculo de área à CRA será averbado na matrícula do respectivo imóvel no registro de imóveis competente.

§ 4º O órgão federal referido no caput pode delegar ao órgão estadual competente atribuições para emissão, cancelamento e transferência da CRA, assegurada a implementação de sistema único de controle.

Art. 46. Cada CRA corresponderá a 1 (um) hectare:

I - de área com vegetação nativa primária ou com vegetação secundária em qualquer estágio de regeneração ou recomposição;

II - de áreas de recomposição mediante reflorestamento com espécies nativas.

§ 1º O estágio sucessional ou o tempo de recomposição ou regeneração da vegetação nativa será avaliado pelo órgão ambiental estadual competente com base em declaração do proprietário e vistoria de campo.

§ 2º A CRA não poderá ser emitida pelo órgão ambiental competente quando a regeneração ou recomposição da área forem improváveis ou inviáveis.

Art. 47. É obrigatório o registro da CRA pelo órgão emitente, no prazo de 30 (trinta) dias, contado da data da sua emissão, em bolsas de mercadorias de âmbito nacional ou em sistemas de registro e de liquidação financeira de ativos autorizados pelo Banco Central do Brasil.

Art. 48. A CRA pode ser transferida, onerosa ou gratuitamente, a pessoa física ou a pessoa jurídica de direito público ou privado, mediante termo assinado pelo titular da CRA e pelo adquirente.

§ 1º A transferência da CRA só produz efeito uma vez registrado o termo previsto no caput no sistema único de controle.

§ 2º A CRA só pode ser utilizada para compensar Reserva Legal de imóvel rural situado no mesmo bioma da área à qual o título está vinculado. (Vide ADIN Nº 4.937) (Vide ADC Nº 42) (Vide ADIN Nº 4.901)

§ 3º A CRA só pode ser utilizada para fins de compensação de Reserva Legal se respeitados os requisitos estabelecidos no § 6º do art. 66.

§ 4º A utilização de CRA para compensação da Reserva Legal será averbada na matrícula do imóvel no qual se situa a área vinculada ao título e na do imóvel beneficiário da compensação.

Art. 49. Cabe ao proprietário do imóvel rural em que se situa a área vinculada à CRA a responsabilidade plena pela manutenção das condições de conservação da vegetação nativa da área que deu origem ao título.

§ 1º A área vinculada à emissão da CRA com base nos incisos I, II e III do art. 44 desta Lei poderá ser utilizada conforme PMFS.

§ 2º A transmissão inter vivos ou causa mortis do imóvel não elimina nem altera o vínculo de área contida no imóvel à CRA.

Art. 50. A CRA somente poderá ser cancelada nos seguintes casos:

I - por solicitação do proprietário rural, em caso de desistência de manter áreas nas condições previstas nos incisos I e II do art. 44;

II - automaticamente, em razão de término do prazo da servidão ambiental;

III - por decisão do órgão competente do Sisnama, no caso de degradação da vegetação nativa da área vinculada à CRA cujos custos e prazo de recuperação ambiental inviabilizem a continuidade do vínculo entre a área e o título.

§ 1º O cancelamento da CRA utilizada para fins de compensação de Reserva Legal só pode ser efetivado se assegurada Reserva Legal para o imóvel no qual a compensação foi aplicada.

§ 2º O cancelamento da CRA nos termos do inciso III do caput independe da aplicação das devidas sanções administrativas e penais decorrentes de infração à legislação ambiental, nos termos da Lei no9.605, de 12 de fevereiro de 1998.

§ 3º O cancelamento da CRA deve ser averbado na matrícula do imóvel no qual se situa a área vinculada ao título e do imóvel no qual a compensação foi aplicada.

CAPÍTULO XI
DO CONTROLE DO DESMATAMENTO

Art. 51. O órgão ambiental competente, ao tomar conhecimento do desmatamento em desacordo com o disposto nesta Lei, deverá embargar a obra ou atividade que deu causa ao uso alternativo do solo, como medida administrativa voltada a impedir a continuidade do dano ambiental, propiciar a regeneração do meio ambiente e dar viabilidade à recuperação da área degradada.

§ 1º O embargo restringe-se aos locais onde efetivamente ocorreu o desmatamento ilegal, não alcançando as atividades de subsistência ou as demais atividades realizadas no imóvel não relacionadas com a infração.

§ 2º O órgão ambiental responsável deverá disponibilizar publicamente as informações sobre o imóvel embargado, inclusive por meio da rede mundial de computadores, resguardados os dados protegidos por legislação específica, caracterizando o exato local da área embargada e informando em que estágio se encontra o respectivo procedimento administrativo.

§ 3º A pedido do interessado, o órgão ambiental responsável emitirá certidão em que conste a atividade, a obra e a parte da área do imóvel que são objetos do embargo, conforme o caso.

CAPÍTULO XII
DA AGRICULTURA FAMILIAR

Art. 52. A intervenção e a supressão de vegetação em Áreas de Preservação Permanente e de Reserva Legal para as atividades eventuais ou de baixo impacto ambiental, previstas no inciso X do art. 3º, excetuadas as alíneas *b* e *g*, quando desenvolvidas nos imóveis a que se refere o inciso V do art. 3º, dependerão de simples declaração ao órgão ambiental competente, desde que esteja o imóvel devidamente inscrito no CAR.

Art. 53. Para o registro no CAR da Reserva Legal, nos imóveis a que se refere o inciso V do art. 3º, o proprietário ou possuidor apresentará os dados identificando a área proposta de Reserva Legal, cabendo aos órgãos competentes integrantes do Sisnama, ou instituição por ele habilitada, realizar a captação das respectivas coordenadas geográficas.

Parágrafo único. O registro da Reserva Legal nos imóveis a que se refere o inciso V do art. 3º é gratuito, devendo o poder público prestar apoio técnico e jurídico.

Art. 54. Para cumprimento da manutenção da área de reserva legal nos imóveis a que se refere o inciso V do art. 3º, poderão ser computados os plantios de árvores frutíferas, ornamentais ou industriais, compostos por espécies exóticas, cultivadas em sistema intercalar ou em consórcio com espécies nativas da região em sistemas agroflorestais.

Parágrafo único. O poder público estadual deverá prestar apoio técnico para a recomposição da vegetação da Reserva Legal nos imóveis a que se refere o inciso V do art. 3º.

Art. 55. A inscrição no CAR dos imóveis a que se refere o inciso V do art. 3º observará procedimento simplificado no qual será obrigatória apenas a apresentação dos documentos mencionados nos incisos I e II do § 1º do art. 29 e de croqui indicando o perímetro do imóvel, as Áreas de Preservação Permanente e os remanescentes que formam a Reserva Legal.

Art. 56. O licenciamento ambiental de PMFS comercial nos imóveis a que se refere o inciso V do art. 3º se beneficiará de procedimento simplificado de licenciamento ambiental.

§ 1º O manejo sustentável da Reserva Legal para exploração florestal eventual, sem propósito comercial direto ou indireto, para consumo no próprio imóvel a que se refere o inciso V do art. 3º, independe de autorização dos órgãos ambientais competentes, limitada a retirada anual de material lenhoso a 2 (dois) metros cúbicos por hectare.

§ 2º O manejo previsto no § 1º não poderá comprometer mais de 15% (quinze por cento) da biomassa da Reserva Legal nem ser superior a 15 (quinze) metros cúbicos de lenha para uso doméstico e uso energético, por propriedade ou posse rural, por ano.

§ 3º Para os fins desta Lei, entende-se por manejo eventual, sem propósito comercial, o suprimento, para uso no próprio imóvel, de lenha ou madeira serrada destinada a benfeitorias e uso energético nas propriedades e posses rurais, em quantidade não superior ao estipulado no § 1º deste artigo.

§ 4º Os limites para utilização previstos no § 1º deste artigo no caso de posse coletiva de populações tradicionais ou de agricultura familiar serão adotados por unidade familiar.

§ 5º As propriedades a que se refere o inciso V do art. 3º são desobrigadas da reposição florestal se a matéria-prima florestal for utilizada para consumo próprio.

Art. 57. Nos imóveis a que se refere o inciso V do art. 3º, o manejo florestal madeireiro sustentável da Reserva Legal com propósito comercial direto ou indireto depende de autorização simplificada do órgão ambiental competente, devendo o interessado apresentar, no mínimo, as seguintes informações:

I - dados do proprietário ou possuidor rural;

II - dados da propriedade ou posse rural, incluindo cópia da matrícula do imóvel no Registro Geral do Cartório de Registro de Imóveis ou comprovante de posse;

III - croqui da área do imóvel com indicação da área a ser objeto do manejo seletivo, estimativa do volume de produtos e subprodutos florestais a serem obtidos com o manejo seletivo, indicação da sua destinação e cronograma de execução previsto.

Art. 58. Assegurado o controle e a fiscalização dos órgãos ambientais competentes dos respectivos planos ou projetos, assim como as obrigações do detentor do imóvel, o poder público poderá instituir programa de apoio técnico e incentivos financeiros, podendo incluir medidas indutoras e linhas de financiamento para atender, prioritariamente, os imóveis a que se refere o inciso V do caput do art. 3º, nas iniciativas de:

I - preservação voluntária de vegetação nativa acima dos limites estabelecidos no art. 12;

II - proteção de espécies da flora nativa ameaçadas de extinção;

III - implantação de sistemas agroflorestal e agrossilvipastoril;

IV - recuperação ambiental de Áreas de Preservação Permanente e de Reserva Legal;

V - recuperação de áreas degradadas;

VI - promoção de assistência técnica para regularização ambiental e recuperação de áreas degradadas;

VII - produção de mudas e sementes;

VIII - pagamento por serviços ambientais.

CAPÍTULO XIII
DISPOSIÇÕES TRANSITÓRIAS

Seção I
Disposições Gerais

Art. 59. A União, os Estados e o Distrito Federal deverão, no prazo de 1 (um) ano, contado a partir da data da publicação desta Lei, prorrogável por uma única vez, por igual período, por ato do Chefe do Poder Executivo, implantar Programas de Regularização Ambiental - PRAs de posses e propriedades rurais, com o objetivo de adequá-las aos termos deste Capítulo. (Vide ADC Nº 42) (Vide ADIN Nº 4.902)

§ 1º Na regulamentação dos PRAs, a União estabelecerá, em até 180 (cento e oitenta) dias a partir da data da publicação desta Lei, sem prejuízo do prazo definido no caput, normas de caráter geral, incumbindo-se aos Estados e ao Distrito Federal o detalhamento por meio da edição de normas de caráter específico, em razão de suas peculiaridades territoriais, climáticas, históricas, culturais, econômicas e sociais, conforme preceitua o art. 24 da Constituição Federal.

§ 2º A inscrição do imóvel rural no CAR é condição obrigatória para a adesão ao PRA, devendo essa adesão ser requerida até 31 de dezembro de 2019, permitida a prorrogação por mais um ano por ato do Chefe do Poder Executivo. (Redação dada pela Medida provisória nº 867, de 2018)

§ 3º Com base no requerimento de adesão ao PRA, o órgão competente integrante do Sisnama convocará o proprietário ou possuidor para assinar o termo de compromisso, que constituirá título executivo extrajudicial.

§ 4º No período entre a publicação desta Lei e a implantação do PRA em cada Estado e no Distrito Federal, bem como após a adesão do interessado ao PRA e enquanto estiver sendo cumprido o termo de compromisso, o proprietário ou possuidor não poderá ser autuado por infrações cometidas antes de 22 de julho de 2008, relativas à supressão irregular de vegetação em Áreas de Preservação Permanente, de Reserva Legal e de uso restrito. (Vide ADIN Nº 4.937) (Vide ADC Nº 42) (Vide ADIN Nº 4.902)

§ 5º A partir da assinatura do termo de compromisso, serão suspensas as sanções decorrentes das infrações mencionadas no § 4º deste artigo e, cumpridas as obrigações estabelecidas no PRA ou no termo de compromisso para a regularização ambiental das exigências desta Lei, nos prazos e condições neles estabelecidos, as multas referidas neste artigo serão consideradas como convertidas em serviços de preservação, melhoria e recuperação da qualidade do meio ambiente, regularizando o uso de áreas rurais consolidadas conforme definido no PRA. (Vide ADIN Nº 4.937) (Vide ADC Nº 42) (Vide ADIN Nº 4.902)

§ 6º (VETADO).

Art. 60. A assinatura de termo de compromisso para regularização de imóvel ou posse rural perante o órgão ambiental competente, mencionado no art. 59, suspenderá a punibilidade dos crimes previstos nos arts. 38, 39 e 48 da Lei nº 9.605, de 12 de fevereiro de 1998, enquanto o termo estiver sendo cumprido. (Vide ADIN Nº 4.937) (Vide ADC Nº 42) (Vide ADIN Nº 4.902)

§ 1º A prescrição ficará interrompida durante o período de suspensão da pretensão punitiva. (Vide ADIN Nº 4.937) (Vide ADIN Nº 4.902)

§ 2º Extingue-se a punibilidade com a efetiva regularização prevista nesta Lei.

Seção II
Das Áreas Consolidadas em Áreas de Preservação Permanente

Art. 61. (VETADO).

Art. 61-A. Nas Áreas de Preservação Permanente, é autorizada, exclusivamente, a continuidade das atividades agrossilvipastoris, de ecoturismo e de turismo rural em áreas rurais consolidadas até 22 de julho de 2008. (Vide ADIN Nº 4.937) (Vide ADC Nº 42) (Vide ADIN Nº 4.902)

§ 1º Para os imóveis rurais com área de até 1 (um) módulo fiscal que possuam áreas consolidadas em Áreas de Preservação Permanente ao longo de cursos d'água naturais, será obrigatória a recomposição das respectivas faixas marginais em 5 (cinco) metros, contados da borda da calha do leito regular, independentemente da largura do curso d´água.

§ 2º Para os imóveis rurais com área superior a 1 (um) módulo fiscal e de até 2 (dois) módulos fiscais que possuam áreas consolidadas em Áreas de Preservação Permanente ao longo de cursos d'água naturais, será obrigatória a recomposição das respectivas faixas marginais em 8 (oito) metros, contados da borda da calha do leito regular, independentemente da largura do curso d´água.

§ 3º Para os imóveis rurais com área superior a 2 (dois) módulos fiscais e de até 4 (quatro) módulos fiscais que possuam áreas consolidadas em Áreas de Preservação Permanente ao longo de cursos d'água naturais, será obrigatória a recomposição das respectivas faixas marginais em 15 (quinze) metros, contados da borda da calha do leito regular, independentemente da largura do curso d'água.

§ 4º Para os imóveis rurais com área superior a 4 (quatro) módulos fiscais que possuam áreas consolidadas em Áreas de Preservação Permanente ao longo de cursos d'água naturais, será obrigatória a recomposição das respectivas faixas marginais:

I - (VETADO); e

II - nos demais casos, conforme determinação do PRA, observado o mínimo de 20 (vinte) e o máximo de 100 (cem) metros, contados da borda da calha do leito regular.

§ 5º Nos casos de áreas rurais consolidadas em Áreas de Preservação Permanente no entorno de nascentes e olhos d'água perenes, será admitida a manutenção de atividades agrossilvipastoris, de ecoturismo ou de turismo rural, sendo obrigatória a recomposição do raio mínimo de 15 (quinze) metros.

§ 6º Para os imóveis rurais que possuam áreas consolidadas em Áreas de Preservação Permanente no entorno de lagos e lagoas naturais, será admitida a manutenção de atividades agrossilvipastoris, de ecoturismo ou de turismo rural, sendo obrigatória a recomposição de faixa marginal com largura mínima de:

I - 5 (cinco) metros, para imóveis rurais com área de até 1 (um) módulo fiscal;

II - 8 (oito) metros, para imóveis rurais com área superior a 1 (um) módulo fiscal e de até 2 (dois) módulos fiscais;

III - 15 (quinze) metros, para imóveis rurais com área superior a 2 (dois) módulos fiscais e de até 4 (quatro) módulos fiscais; e

IV - 30 (trinta) metros, para imóveis rurais com área superior a 4 (quatro) módulos fiscais.

§ 7º Nos casos de áreas rurais consolidadas em veredas, será obrigatória a recomposição das faixas marginais, em projeção horizontal, delimitadas a partir do espaço brejoso e encharcado, de largura mínima de:

I - 30 (trinta) metros, para imóveis rurais com área de até 4 (quatro) módulos fiscais; e

II - 50 (cinquenta) metros, para imóveis rurais com área superior a 4 (quatro) módulos fiscais.

§ 8º Será considerada, para os fins do disposto no caput e nos §§ 1º a 7º, a área detida pelo imóvel rural em 22 de julho de 2008.

§ 9º A existência das situações previstas no caput deverá ser informada no CAR para fins de monitoramento, sendo exigida, nesses casos, a adoção de técnicas de conservação do solo e da água que visem à mitigação dos eventuais impactos.

§ 10. Antes mesmo da disponibilização do CAR, no caso das intervenções já existentes, é o proprietário ou possuidor rural responsável pela conservação do solo e da água, por meio de adoção de boas práticas agronômicas.

§ 11. A realização das atividades previstas no caput observará critérios técnicos de conservação do solo e da água indicados no PRA previsto nesta Lei, sendo vedada a conversão de novas áreas para uso alternativo do solo nesses locais.

§ 12. Será admitida a manutenção de residências e da infraestrutura associada às atividades agrossilvipastoris, de ecoturismo e de turismo rural, inclusive o acesso a essas atividades, independentemente das determinações contidas no caput e nos §§ 1° a 7°, desde que não estejam em área que ofereça risco à vida ou à integridade física das pessoas.

§ 13. A recomposição de que trata este artigo poderá ser feita, isolada ou conjuntamente, pelos seguintes métodos:

I - condução de regeneração natural de espécies nativas;

II - plantio de espécies nativas;

III - plantio de espécies nativas conjugado com a condução da regeneração natural de espécies nativas;

IV - plantio intercalado de espécies lenhosas, perenes ou de ciclo longo, exóticas com nativas de ocorrência regional, em até 50% (cinquenta por cento) da área total a ser recomposta, no caso dos imóveis a que se refere o inciso V do caput do art. 3°;

V - (VETADO).

§ 14. Em todos os casos previstos neste artigo, o poder público, verificada a existência de risco de agravamento de processos erosivos ou de inundações, determinará a adoção de medidas mitigadoras que garantam a estabilidade das margens e a qualidade da água, após deliberação do Conselho Estadual de Meio Ambiente ou de órgão colegiado estadual equivalente.

§ 15. A partir da data da publicação desta Lei e até o término do prazo de adesão ao PRA de que trata o § 2° do art. 59, é autorizada a continuidade das atividades desenvolvidas nas áreas de que trata o caput, as quais deverão ser informadas no CAR para fins de monitoramento, sendo exigida a adoção de medidas de conservação do solo e da água.

§ 16. As Áreas de Preservação Permanente localizadas em imóveis inseridos nos limites de Unidades de Conservação de Proteção Integral criadas por ato do poder público até a data de publicação desta Lei não são passíveis de ter quaisquer atividades consideradas como consolidadas nos termos do caput e dos §§ 1° a 15, ressalvado o que dispuser o Plano de Manejo elaborado e aprovado de acordo com as orientações emitidas pelo órgão competente do Sisnama, nos termos do que dispuser regulamento do Chefe do Poder Executivo, devendo o proprietário, possuidor rural ou ocupante a qualquer título adotar todas as medidas indicadas.

§ 17. Em bacias hidrográficas consideradas críticas, conforme previsto em legislação específica, o Chefe do Poder Executivo poderá, em ato próprio, estabelecer metas e diretrizes de recuperação ou conservação da vegetação nativa superiores às definidas no caput e nos §§ 1° a 7°, como projeto prioritário, ouvidos o Comitê de Bacia Hidrográfica e o Conselho Estadual de Meio Ambiente.

§ 18. (VETADO).

Art. 61-B. Aos proprietários e possuidores dos imóveis rurais que, em 22 de julho de 2008, detinham até 10 (dez) módulos fiscais e desenvolviam atividades agrossilvipastoris nas áreas consolidadas em Áreas de Preservação Permanente é garantido que a exigência de recomposição, nos termos desta Lei, somadas todas as Áreas de Preservação Permanente do imóvel, não ultrapassará: (Vide ADIN N° 4.937) (Vide ADC N° 42) (Vide ADIN N° 4.902)

I - 10% (dez por cento) da área total do imóvel, para imóveis rurais com área de até 2 (dois) módulos fiscais;

II - 20% (vinte por cento) da área total do imóvel, para imóveis rurais com área superior a 2 (dois) e de até 4 (quatro) módulos fiscais;

III - (VETADO).

Art. 61-C. Para os assentamentos do Programa de Reforma Agrária, a recomposição de áreas consolidadas em Áreas de Preservação Permanente ao longo ou no entorno de cursos d'água, lagos e lagoas naturais observará as exigências estabelecidas no art. 61-A, observados os limites de cada área demarcada individualmente, objeto de contrato de concessão de uso, até a titulação por parte do Instituto Nacional de Colonização e Reforma Agrária - Incra. (Vide ADIN N° 4.937) (Vide ADC N° 42) (Vide ADIN N° 4.902)

Art. 62. Para os reservatórios artificiais de água destinados a geração de energia ou abastecimento público que foram registrados ou tiveram seus contratos de concessão ou autorização assinados anteriormente à Medida Provisória n° 2.166-67, de 24 de agosto de 2001, a faixa da Área de Preservação Permanente será a distância entre o nível máximo operativo normal e a cota máxima maximorum. (Vide ADC N° 42)

Art. 63. Nas áreas rurais consolidadas nos locais de que tratam os incisos V, VIII, IX e X do art. 4°, será admitida a manutenção de atividades florestais, culturas de espécies lenhosas, perenes ou de ciclo longo, bem como da infraestrutura física associada ao desenvolvimento de atividades agrossilvipastoris, vedada a conversão de novas áreas para uso alternativo do solo. (Vide ADC Nº 42)

§ 1º O pastoreio extensivo nos locais referidos no caput deverá ficar restrito às áreas de vegetação campestre natural ou já convertidas para vegetação campestre, admitindo-se o consórcio com vegetação lenhosa perene ou de ciclo longo.

§ 2º A manutenção das culturas e da infraestrutura de que trata o caput é condicionada à adoção de práticas conservacionistas do solo e da água indicadas pelos órgãos de assistência técnica rural.

§ 3º Admite-se, nas Áreas de Preservação Permanente, previstas no inciso VIII do art. 4º, dos imóveis rurais de até 4 (quatro) módulos fiscais, no âmbito do PRA, a partir de boas práticas agronômicas e de conservação do solo e da água, mediante deliberação dos Conselhos Estaduais de Meio Ambiente ou órgãos colegiados estaduais equivalentes, a consolidação de outras atividades agrossilvipastoris, ressalvadas as situações de risco de vida.

Art. 64. Na Reurb-S dos núcleos urbanos informais que ocupam Áreas de Preservação Permanente, a regularização fundiária será admitida por meio da aprovação do projeto de regularização fundiária, na forma da lei específica de regularização fundiária urbana.

§ 1º O projeto de regularização fundiária de interesse social deverá incluir estudo técnico que demonstre a melhoria das condições ambientais em relação à situação anterior com a adoção das medidas nele preconizadas.

§ 2º O estudo técnico mencionado no § 1º deverá conter, no mínimo, os seguintes elementos:

I - caracterização da situação ambiental da área a ser regularizada;

II - especificação dos sistemas de saneamento básico;

III - proposição de intervenções para a prevenção e o controle de riscos geotécnicos e de inundações;

IV - recuperação de áreas degradadas e daquelas não passíveis de regularização;

V - comprovação da melhoria das condições de sustentabilidade urbano-ambiental, considerados o uso adequado dos recursos hídricos, a não ocupação das áreas de risco e a proteção das unidades de conservação, quando for o caso;

VI - comprovação da melhoria da habitabilidade dos moradores propiciada pela regularização proposta; e

VII - garantia de acesso público às praias e aos corpos d'água.

Art. 65. Na Reurb-E dos núcleos urbanos informais que ocupam Áreas de Preservação Permanente não identificadas como áreas de risco, a regularização fundiária será admitida por meio da aprovação do projeto de regularização fundiária, na forma da lei específica de regularização fundiária urbana.

§ 1º O processo de regularização fundiária de interesse específico deverá incluir estudo técnico que demonstre a melhoria das condições ambientais em relação à situação anterior e ser instruído com os seguintes elementos:

I - a caracterização físico-ambiental, social, cultural e econômica da área;

II - a identificação dos recursos ambientais, dos passivos e fragilidades ambientais e das restrições e potencialidades da área;

III - a especificação e a avaliação dos sistemas de infraestrutura urbana e de saneamento básico implantados, outros serviços e equipamentos públicos;

IV - a identificação das unidades de conservação e das áreas de proteção de mananciais na área de influência direta da ocupação, sejam elas águas superficiais ou subterrâneas;

V - a especificação da ocupação consolidada existente na área;

VI - a identificação das áreas consideradas de risco de inundações e de movimentos de massa rochosa, tais como deslizamento, queda e rolamento de blocos, corrida de lama e outras definidas como risco geotécnico;

VII - a indicação das faixas ou áreas em que devem ser resguardadas as características típicas da Área de Preservação Permanente com a devida proposta de recuperação de áreas degradadas e daquelas não passíveis de regularização;

VIII - a avaliação dos riscos ambientais;

IX - a comprovação da melhoria das condições de sustentabilidade urbano-ambiental e de habitabilidade dos moradores a partir da regularização; e

X - a demonstração de garantia de acesso livre e gratuito pela população às praias e aos corpos d'água, quando couber.

§ 2º Para fins da regularização ambiental prevista no caput, ao longo dos rios ou de qualquer curso d'água, será mantida faixa não edificável com largura mínima de 15 (quinze) metros de cada lado.

§ 3º Em áreas urbanas tombadas como patrimônio histórico e cultural, a faixa não edificável de que trata o § 2º poderá ser redefinida de maneira a atender aos parâmetros do ato do tombamento.

Seção III
Das Áreas Consolidadas em Áreas de Reserva Legal

Art. 66. O proprietário ou possuidor de imóvel rural que detinha, em 22 de julho de 2008, área de Reserva Legal em extensão inferior ao estabelecido no art. 12, poderá regularizar sua situação, independentemente da adesão ao PRA, adotando as seguintes alternativas, isolada ou conjuntamente:

I - recompor a Reserva Legal;

II - permitir a regeneração natural da vegetação na área de Reserva Legal;

III - compensar a Reserva Legal.

§ 1º A obrigação prevista no caput tem natureza real e é transmitida ao sucessor no caso de transferência de domínio ou posse do imóvel rural.

§ 2º A recomposição de que trata o inciso I do caput deverá atender os critérios estipulados pelo órgão competente do Sisnama e ser concluída em até 20 (vinte) anos, abrangendo, a cada 2 (dois) anos, no mínimo 1/10 (um décimo) da área total necessária à sua complementação.

§ 3º A recomposição de que trata o inciso I do caput poderá ser realizada mediante o plantio intercalado de espécies nativas com exóticas ou frutíferas, em sistema agroflorestal, observados os seguintes parâmetros: (Vide ADC Nº 42) (Vide ADIN Nº 4.901)

I - o plantio de espécies exóticas deverá ser combinado com as espécies nativas de ocorrência regional;

II - a área recomposta com espécies exóticas não poderá exceder a 50% (cinquenta por cento) da área total a ser recuperada.

§ 4º Os proprietários ou possuidores do imóvel que optarem por recompor a Reserva Legal na forma dos §§ 2º e 3º terão direito à sua exploração econômica, nos termos desta Lei.

§ 5º A compensação de que trata o inciso III do caput deverá ser precedida pela inscrição da propriedade no CAR e poderá ser feita mediante: (Vide ADC Nº 42) (Vide ADIN Nº 4.901)

I - aquisição de Cota de Reserva Ambiental - CRA;

II - arrendamento de área sob regime de servidão ambiental ou Reserva Legal;

III - doação ao poder público de área localizada no interior de Unidade de Conservação de domínio público pendente de regularização fundiária;

IV - cadastramento de outra área equivalente e excedente à Reserva Legal, em imóvel de mesma titularidade ou adquirida em imóvel de terceiro, com vegetação nativa estabelecida, em regeneração ou recomposição, desde que localizada no mesmo bioma.

§ 6º As áreas a serem utilizadas para compensação na forma do § 5º deverão: (Vide ADC Nº 42) (Vide ADIN Nº 4.901)

I - ser equivalentes em extensão à área da Reserva Legal a ser compensada;

II - estar localizadas no mesmo bioma da área de Reserva Legal a ser compensada;

III - se fora do Estado, estar localizadas em áreas identificadas como prioritárias pela União ou pelos Estados.

§ 7º A definição de áreas prioritárias de que trata o § 6º buscará favorecer, entre outros, a recuperação de bacias hidrográficas excessivamente desmatadas, a criação de corredores ecológicos, a conservação de grandes áreas protegidas e a conservação ou recuperação de ecossistemas ou espécies ameaçados.

§ 8º Quando se tratar de imóveis públicos, a compensação de que trata o inciso III do caput poderá ser feita mediante concessão de direito real de uso ou doação, por parte da pessoa jurídica de direito público proprietária de imóvel rural que não detém Reserva Legal em extensão suficiente, ao órgão público responsável pela Unidade de Conservação de área localizada no interior de Unidade de Conservação de domínio público, a ser criada ou pendente de regularização fundiária.

§ 9º As medidas de compensação previstas neste artigo não poderão ser utilizadas como forma de viabilizar a conversão de novas áreas para uso alternativo do solo.

Art. 67. Nos imóveis rurais que detinham, em 22 de julho de 2008, área de até 4 (quatro) módulos fiscais e que possuam remanescente de vegetação nativa em percentuais inferiores ao previsto no art. 12, a Reserva Legal será constituída com a área ocupada com a vegetação nativa existente em 22 de julho de 2008, vedadas novas conversões para uso alternativo do solo. (Vide ADC Nº 42) (Vide ADIN Nº 4.901)

Art. 68. Os proprietários ou possuidores de imóveis rurais que realizaram supressão de vegetação nativa respeitando os percentuais de Reserva Legal previstos pela legislação em vigor à época em que ocorreu a supressão são dispensados de promover a recomposição, compensação ou regeneração para os percentuais exigidos nesta Lei. (Vide ADC Nº 42) (Vide ADIN Nº 4.901)

§ 1º Os proprietários ou possuidores de imóveis rurais poderão provar essas situações consolidadas por documentos tais como a descrição de fatos históricos de ocupação da região, registros de comercialização, dados agropecuários da atividade, contratos e documentos bancários relativos à produção, e por todos os outros meios de prova em direito admitidos.

§ 2º Os proprietários ou possuidores de imóveis rurais, na Amazônia Legal, e seus herdeiros necessários que possuam índice de Reserva Legal maior que 50% (cinquenta por cento) de cobertura florestal e não realizaram a supressão da vegetação nos percentuais previstos pela legislação em vigor à época poderão utilizar a área excedente de Reserva Legal também para fins de constituição de servidão ambiental, Cota de Reserva Ambiental - CRA e outros instrumentos congêneres previstos nesta Lei.

CAPÍTULO XIV
DISPOSIÇÕES COMPLEMENTARES E FINAIS

Art. 69. São obrigados a registro no órgão federal competente do Sisnama os estabelecimentos comerciais responsáveis pela comercialização de motosserras, bem como aqueles que as adquirirem.

§ 1º A licença para o porte e uso de motosserras será renovada a cada 2 (dois) anos.

§ 2º Os fabricantes de motosserras são obrigados a imprimir, em local visível do equipamento, numeração cuja sequência será encaminhada ao órgão federal competente do Sisnama e constará nas correspondentes notas fiscais.

Art. 70. Além do disposto nesta Lei e sem prejuízo da criação de unidades de conservação da natureza, na forma da Lei nº 9.985, de 18 de julho de 2000, e de outras ações cabíveis voltadas à proteção das florestas e outras formas de vegetação, o poder público federal, estadual ou municipal poderá:

I - proibir ou limitar o corte das espécies da flora raras, endêmicas, em perigo ou ameaçadas de extinção, bem como das espécies necessárias à subsistência das populações tradicionais, delimitando as áreas compreendidas no ato, fazendo depender de autorização prévia, nessas áreas, o corte de outras espécies;

II - declarar qualquer árvore imune de corte, por motivo de sua localização, raridade, beleza ou condição de porta-sementes;

III - estabelecer exigências administrativas sobre o registro e outras formas de controle de pessoas físicas ou jurídicas que se dedicam à extração, indústria ou comércio de produtos ou subprodutos florestais.

Art. 71. A União, em conjunto com os Estados, o Distrito Federal e os Municípios, realizará o Inventário Florestal Nacional, para subsidiar a análise da existência e qualidade das florestas do País, em imóveis privados e terras públicas.

Parágrafo único. A União estabelecerá critérios e mecanismos para uniformizar a coleta, a manutenção e a atualização das informações do Inventário Florestal Nacional.

Art. 72. Para efeitos desta Lei, a atividade de silvicultura, quando realizada em área apta ao uso alternativo do solo, é equiparada à atividade agrícola, nos termos da Lei nº 8.171, de 17 de janeiro de 1991, que "dispõe sobre a política agrícola".

Art. 73. Os órgãos centrais e executores do Sisnama criarão e implementarão, com a participação dos órgãos estaduais, indicadores de sustentabilidade, a serem publicados semestralmente, com vistas em aferir a evolução dos componentes do sistema abrangidos por disposições desta Lei.

Art. 74. A Câmara de Comércio Exterior - CAMEX, de que trata o art. 20-B da Lei nº 9.649, de 27 de maio de 1998, com a redação dada pela Medida Provisória nº 2.216-37, de 31 de agosto de 2001, é autorizada a adotar medidas de restrição às importações de bens de origem agropecuária ou florestal produzidos em países que não observem normas e padrões de proteção do meio ambiente compatíveis com as estabelecidas pela legislação brasileira.

Art. 75. Os PRAs instituídos pela União, Estados e Distrito Federal deverão incluir mecanismo que permita o acompanhamento de sua implementação, considerando os objetivos e metas nacionais para florestas, especialmente a implementação dos instrumentos previstos nesta Lei, a adesão cadastral dos proprietários e possuidores de imóvel rural, a evolução da regularização das propriedades e posses rurais, o grau de regularidade do uso de matéria-prima florestal e o controle e prevenção de incêndios florestais.

- **Lei 11.959/09**

(Dispõe sobre a Política Nacional de Desenvolvimento Sustentável da Aquicultura e da Pesca)

Art. 2º Para os efeitos desta Lei, consideram-se:

(...)

II - aquicultura: a atividade de cultivo de organismos cujo ciclo de vida em condições naturais se dá total ou parcialmente em meio aquático, implicando a propriedade do estoque sob cultivo, equiparada à atividade agropecuária e classificada nos termos do art. 20 desta Lei;

- **Lei 11.326/06**

(Estabelece as diretrizes para a formulação da Política Nacional da Agricultura Familiar e Empreendimentos Familiares Rurais)

Art. 3º Para os efeitos desta Lei, considera-se agricultor familiar e empreendedor familiar rural aquele que pratica atividades no meio rural, atendendo, simultaneamente, aos seguintes requisitos:

I - não detenha, a qualquer título, área maior do que 4 (quatro) módulos fiscais;

II - utilize predominantemente mão-de-obra da própria família nas atividades econômicas do seu estabelecimento ou empreendimento;

III - tenha percentual mínimo da renda familiar originada de atividades econômicas do seu estabelecimento ou empreendimento, na forma definida pelo Poder Executivo;

IV - dirija seu estabelecimento ou empreendimento com sua família.

§ 1º O disposto no inciso I do caput deste artigo não se aplica quando se tratar de condomínio rural ou outras formas coletivas de propriedade, desde que a fração ideal por proprietário não ultrapasse 4 (quatro) módulos fiscais.

§ 2º São também beneficiários desta Lei:

I - silvicultores que atendam simultaneamente a todos os requisitos de que trata o caput deste artigo, cultivem florestas nativas ou exóticas e que promovam o manejo sustentável daqueles ambientes;

II - aqüicultores que atendam simultaneamente a todos os requisitos de que trata o caput deste artigo e explorem reservatórios hídricos com superfície total de até 2ha (dois hectares) ou ocupem até 500m³ (quinhentos metros cúbicos) de água, quando a exploração se efetivar em tanques-rede;

III - extrativistas que atendam simultaneamente aos requisitos previstos nos incisos II, III e IV do caput deste artigo e exerçam essa atividade artesanalmente no meio rural, excluídos os garimpeiros e faiscadores;

IV - pescadores que atendam simultaneamente aos requisitos previstos nos incisos I, II, III e IV do caput deste artigo e exerçam a atividade pesqueira artesanalmente;

V - povos indígenas que atendam simultaneamente aos requisitos previstos nos incisos II, III e IV do caput do art. 3º;

VI - integrantes de comunidades remanescentes de quilombos rurais e demais povos e comunidades tradicionais que atendam simultaneamente aos incisos II, III e IV do caput do art. 3º.

- **Lei 13.240/15**

(Dispõe sobre a administração, a alienação, a transferência de gestão de imóveis da União)

Art. 8º O Ministro de Estado do Planejamento, Desenvolvimento e Gestão, permitida a delegação, editará portaria com a lista de áreas ou imóveis sujeitos à alienação nos termos desta Lei.

§ 1º Os terrenos de marinha e acrescidos alienados na forma desta Lei:

I - não incluirão:

a) áreas de preservação permanente, na forma do inciso II do caput do art. 3º da Lei nº 12.651, de 25 de maio de 2012; ou

b) áreas em que seja vedado o parcelamento do solo, na forma do art. 3º e do inciso I do caput do art. 13 da Lei nº 6.766, de 19 de dezembro de 1979;

II - deverão estar situados em área urbana consolidada.

- **Lei 11.952/09**

(Dispõe sobre a regularização fundiária das ocupações incidentes em terras situadas em áreas da União, no âmbito da Amazônia Legal)

Art. 22. Constitui requisito para que o Município seja beneficiário da doação ou da concessão de direito real de uso previstas no art. 21 desta Lei ordenamento territorial urbano que abranja a área a ser regularizada, observados os elementos exigidos no inciso VII do art. 2º desta Lei.

§ 1º Os elementos do ordenamento territorial das áreas urbanas, de expansão urbana ou de urbanização específica constarão no plano diretor, em lei municipal específica para a área ou áreas objeto de regularização ou em outra lei municipal.

§ 2º Em áreas com ocupações para fins urbanos já consolidadas ou com equipamentos públicos urbanos ou comunitários a serem implantados, nos termos estabelecidos em regulamento, a transferência da União para o Município poderá ser feita independentemente da existência da lei municipal referida no § 1º deste artigo.

- **Lei 13.465/17**

(Dispõe sobre a regularização fundiária rural e urbana, sobre a liquidação de créditos concedidos aos assentados da reforma agrária e sobre a regularização fundiária no âmbito da Amazônia Legal)

Art. 9º Ficam instituídas no território nacional normas gerais e procedimentos aplicáveis à Regularização Fundiária Urbana (Reurb), a qual abrange medidas jurídicas, urbanísticas, ambientais e sociais destinadas à incorporação dos núcleos urbanos informais ao ordenamento territorial urbano e à titulação de seus ocupantes.

§ 1º Os poderes públicos formularão e desenvolverão no espaço urbano as políticas de suas competências de acordo com os princípios de sustentabilidade econômica, social e ambiental e ordenação territorial, buscando a ocupação do solo de maneira eficiente, combinando seu uso de forma funcional.

§ 2° A Reurb promovida mediante legitimação fundiária somente poderá ser aplicada para os núcleos urbanos informais comprovadamente existentes, na forma desta Lei, até 22 de dezembro de 2016.

Art. 11. Para fins desta Lei, consideram-se:

(....)

§ 2° Constatada a existência de núcleo urbano informal situado, total ou parcialmente, em área de preservação permanente ou em área de unidade de conservação de uso sustentável ou de proteção de mananciais definidas pela União, Estados ou Municípios, a Reurb observará, também, o disposto nos arts. 64 e 65 da Lei n° 12.651, de 25 de maio de 2012, hipótese na qual se torna obrigatória a elaboração de estudos técnicos, no âmbito da Reurb, que justifiquem as melhorias ambientais em relação à situação de ocupação informal anterior, inclusive por meio de compensações ambientais, quando for o caso.

§ 3° No caso de a Reurb abranger área de unidade de conservação de uso sustentável que, nos termos da Lei n° 9.985, de 18 de julho de 2000, admita regularização, será exigida também a anuência do órgão gestor da unidade, desde que estudo técnico comprove que essas intervenções de regularização fundiária implicam a melhoria das condições ambientais em relação à situação de ocupação informal anterior.

§ 4° Na Reurb cuja ocupação tenha ocorrido às margens de reservatórios artificiais de água destinados à geração de energia ou ao abastecimento público, a faixa da área de preservação permanente consistirá na distância entre o nível máximo operativo normal e a cota máxima maximorum.

§ 5° Esta Lei não se aplica aos núcleos urbanos informais situados em áreas indispensáveis à segurança nacional ou de interesse da defesa, assim reconhecidas em decreto do Poder Executivo federal.

- **Lei 11.284/06**

(Dispõe sobre a gestão de florestas públicas para a produção sustentável)

Art. 3° Para os fins do disposto nesta Lei, consideram-se:

(...)

VI – manejo florestal sustentável: administração da floresta para a obtenção de benefícios econômicos, sociais e ambientais, respeitando-se os mecanismos de sustentação do ecossistema objeto do manejo e considerando-se, cumulativa ou alternativamente, a utilização de múltiplas espécies madeireiras, de múltiplos produtos e subprodutos não madeireiros, bem como a utilização de outros bens e serviços de natureza florestal.

- **Decreto 6.514/08**

(Dispõe sobre as *infrações e sanções administrativas ao meio ambiente, estabelece o processo administrativo federal para apuração destas infrações)*

Art. 55. Deixar de averbar a reserva legal:

Penalidade de advertência e multa diária de R$ 50,00 (cinqüenta reais) a R$ 500,00 (quinhentos reais) por hectare ou fração da área de reserva legal.

§ 1° O autuado será advertido para que, no prazo de cento e oitenta dias, apresente termo de compromisso de regularização da reserva legal na forma das alternativas previstas na Lei n° 4.771, de 15 de setembro de 1965.

§ 2° Durante o período previsto no § 1°, a multa diária será suspensa.

§ 3° Caso o autuado não apresente o termo de compromisso previsto no § 1° nos cento e vinte dias assinalados, deverá a autoridade ambiental cobrar a multa diária desde o dia da lavratura do auto de infração, na forma estipulada neste Decreto.

§ 4° As sanções previstas neste artigo não serão aplicadas quando o prazo previsto não for cumprido por culpa imputável exclusivamente ao órgão ambiental.

§ 5° O proprietário ou possuidor terá prazo de cento e vinte dias para averbar a localização, compensação ou desoneração da reserva legal, contados da emissão dos documentos por parte do órgão ambiental competente ou instituição habilitada.

§ 6° No prazo a que se refere o § 5°, as sanções previstas neste artigo não serão aplicadas

12. QUESTÕES DE CONCURSO

12.1. Questões

1) **(MPE/PR – Promotor de Justiça / 2013)** Assinale a alternativa **correta:** Nos termos da Lei n.º 12.651/12, considera-se Área de Preservação Permanente, em zonas rurais ou urbanas:

a) No topo de morros, montes, montanhas e serras, com altura mínima de 200 (duzentos) metros e inclinação média maior que 35º, as áreas delimitadas a partir da curva de nível correspondente a 2/3 (dois terços) da altura mínima da elevação sempre em relação à base, sendo esta definida pelo plano horizontal determinado por planície ou espelho d'água adjacente ou, nos relevos ondulados, pela cota do ponto de sela mais próximo da elevação;

b) As áreas no entorno dos reservatórios d'água artificiais, decorrentes de barramento ou represamento de cursos d'água naturais, na faixa definida na licença ambiental do empreendimento;

c) As áreas no entorno das nascentes e dos olhos de água perenes, qualquer que seja sua situação topográfica, no raio mínimo de 150 metros;

d) As faixas marginais de qualquer curso de água artificial, perene e intermitente, incluídos os efêmeros, desde a borda da calha do leito regular, em largura mínima de 50 metros, para os cursos de água de menos de 15 metros de largura;

e) Em veredas, a faixa marginal, em projeção horizontal, com largura mínima de 100 (cem) metros, a partir do espaço permanentemente brejoso e encharcado.

2) **(TJ/PB – Juiz Substituto / 2015)** A componente ambiental da definição de função social da propriedade é um dos elementos fundamentais da sua configuração. No entanto, atualmente, a expressão mais adequada seria função socioambiental da propriedade. A esse respeito, tendo como base as normas jurídicas aplicáveis e a jurisprudência dos tribunais superiores, assinale a opção correta.

a) Para que novo adquirente de propriedade seja responsabilizado por danos causados nessa propriedade pelo antigo proprietário, é necessário que se demonstre o nexo de causalidade entre o causador do dano e o dano em si.

b) A área de propriedade com reserva legal, conservada e inscrita no cadastro ambiental rural, que exceder o mínimo legal exigido deverá constituir servidão ambiental, implementada por meio de cota de reserva ambiental.

c) Conforme disposto no Código Florestal, os proprietários de imóveis rurais e urbanos em que seja instituída uma reserva legal devem conservar o meio ambiente na área determinada pela lei.

d) O STF, ao interpretar a função social da propriedade, garante a preponderância dos critérios sociais e ambientais sobre o critério econômico no que concerne à desapropriação de imóveis rurais para fins de reforma agrária.

e) A função socioambiental da propriedade está prevista no Código Civil como um limite às faculdades do proprietário.

3) **(TRF-2ª Região – Juiz Federal Substituto / 2018)** Todo imóvel rural deve manter área com cobertura de vegetação nativa, a título de Reserva Legal, sem prejuízo da aplicação das normas sobre as Áreas de Preservação Permanente, observado o seguinte percentual mínimo em relação à área do imóvel situado em Cerrado:

a) 20%.

b) 35%.

c) 45%.

d) 50%

e) 80%.

4) **(TRF-2ª Região – Juiz Federal Substituto / 2018)** O Direito Ambiental revela mecanismos compensatórios que buscam a substituição de um bem ambiental por outro de valor equivalente e, em tal dimensão, é possível cogitar de uma compensação ambiental *lato sensu*. Dentre as espécies de compensação ambiental admitidas no Direito brasileiro há a compensação de Reserva Legal que consiste:

a) na supressão da vegetação em área de preservação permanente, autorizada em caso de utilidade pública ou de interesse social, quando não houver alternativa técnica ao empreendimento proposto.

b) na compensação da reserva legal por outra área equivalente em importância ecológica e extensão, pertencente ao mesmo ecossistema e localizada na mesma microbacia em conformidade com os critérios previstos em regulamento.

c) na restauração natural do dano ambiental em área distinta da área degradada, com a finalidade de assegurar a conservação das funções ecológicas equivalentes.

d) na destinação de área equivalente à extensão da área desmatada, na mesma bacia hidrográfica do Bioma Mata Atlântica, em áreas localizadas no mesmo Município ou região metropolitana.

e) no apoio à implantação e manutenção de unidades de conservação do Grupo de Proteção Integral como meio de compensar a instalação de empreendimentos causadores de significativo impacto ambiental.

5) **(TJ/CE – Juiz Substituto / 2018)** Com base no Código Florestal – Lei n.º 12.651/2012 –, assinale a opção correta.

a) Para que uma área protegida seja considerada área de preservação permanente é necessário que ela seja totalmente coberta de vegetação nativa e que esteja localizada no interior de uma propriedade ou de uma posse rural.

b) A exploração econômica de recursos naturais em área de reserva legal é expressamente proibida.

c) Os projetos de reforma agrária não estão contemplados no conceito de pequena propriedade rural familiar, caracterizada pela exploração da terra mediante o trabalho pessoal do agricultor familiar.

d) Todo imóvel rural localizado na Amazônia Legal deve manter área correspondente a 80% da extensão total do imóvel, com cobertura de vegetação nativa, a título de reserva legal.

e) Uma área coberta de florestas e que exerce a função de proteger várzeas pode ser considerada de preservação permanente se declarada de interesse social por ato do chefe do Poder Executivo.

6) **(TRF-3ª Região – Juiz Federal Substituto / 2018)** Recentemente o Supremo Tribunal Federal concluiu o julgamento das Ações Diretas de Constitucionalidade 4901, 4902, 4903, 4937 e da Ação Declaratória de Constitucionalidade 42, as quais tratavam de diversos dispositivos da Lei nº 12.651/2012, denominada Código Florestal. De acordo com referido julgamento, é CORRETO afirmar que:

a) O Supremo Tribunal Federal decidiu pela inconstitucionalidade da anistia concedida a todo aquele que tenha praticado a supressão de vegetação em área de preservação permanente, reserva legal ou de uso restrito anteriores a 22 de julho de 2008, nos termos do artigo 59 da Lei nº 12.651/2012.

b) Ao declarar a inconstitucionalidade das expressões *"gestão de resíduos"* e *"instalações necessárias à realização de competições esportivas"*, contidas no artigo 3º, VIII, alínea b, da Lei nº 12.651/2012, o Supremo Tribunal Federal reduziu as hipóteses em que se permite o desmatamento de área de preservação permanente por motivo de utilidade pública.

c) O Supremo Tribunal Federal considerou constitucional o mecanismo da Cota de Reserva Ambiental (CRA) que permite a compensação da Reserva Legal de imóvel rural, afastando, porém, a exigência prevista no Código Florestal de que referida compensação somente poderia ser realizada em áreas pertencentes ao mesmo bioma e que mantivessem identidade ecológica.

d) Embora tenha reconhecido a constitucionalidade da maior parte dos dispositivos do Código Florestal, o Supremo Tribunal Federal também admitiu que a redução da área de reserva legal prevista na norma estabeleceu um padrão de proteção ambiental inferior ao que existia antes de sua vigência, em afronta ao princípio da vedação ao retrocesso e em contrariedade ao artigo 225 da Constituição Federal.

7) **(TRF-5ª Região – Juiz Federal Substituto / 2017)** A supressão de vegetação nativa fora de área de preservação permanente (APP)

a) poderá ser autorizada caso a vegetação abrigue espécie da flora ameaçada de extinção, segundo lista oficial, independentemente da adoção de medidas compensatórias.

b) poderá ser realizada pelo proprietário rural independentemente de autorização prévia, conforme as finalidades econômicas da propriedade.

c) depende de prévia autorização do órgão ambiental competente, qualquer que seja sua localização

d) depende de prévia autorização do órgão ambiental competente apenas se integrar reserva legal ou unidade de conservação.

e) poderá ser autorizada ao proprietário rural cujo imóvel tenha registro no Cadastro Ambiental Rural (CAR), ainda que haja áreas abandonadas na propriedade.

8) **(TRF-4ª Região - Juiz Federal Substituto / 2016)** Dadas as assertivas abaixo, assinale a alternativa correta.

As áreas de preservação permanente:

I - Admitem a regularização fundiária de interesse social.

II - Podem-se situar tanto em zonas rurais quanto em urbanas.

III - Permitem o acesso de pessoas e de animais para a obtenção de água e para a realização de atividades de baixo impacto ambiental.

a) Estão corretas apenas as assertivas I e II.

b) Estão corretas apenas as assertivas I e III.

c) Estão corretas apenas as assertivas II e III.

d) Estão corretas todas as assertivas.

e) Nenhuma assertiva está correta.

9) **(TRF-3ª Região - Juiz Federal Substituto / 2016)** Dadas as assertivas abaixo, assinale a alternativa incorreta.

Com base no disposto na Lei nº 12.651/2012 e suas alterações posteriores, é possível afirmar sobre a Reserva Legal:

a) Todo imóvel rural deve manter área com cobertura de vegetação nativa, a título de Reserva Legal, sem prejuízo da aplicação das normas sobre as Áreas de Preservação Permanente, observados os seguintes percentuais mínimos em relação à área do imóvel caso os imóveis estejam situados na Amazônia Legal, excetuados os casos previstos no art. 68 da referida Lei: 80% (oitenta por cento), no imóvel situado em área de florestas; 35% (trinta e cinco por cento), no imóvel situado em área de cerrado; 20% (vinte por cento), no imóvel situado em área de campos gerais. Para os imóveis situados nas demais regiões do país, o percentual é de 20% (vinte por cento).

b) Em caso de fracionamento do imóvel rural, a qualquer título, inclusive para assentamentos pelo Programa de Reforma Agrária, será considerada, para fins do disposto do caput, a área do imóvel antes do fracionamento.

c) Nos casos de imóvel situado em área de florestas na Amazônia Legal, o poder público poderá reduzir a Reserva Legal para até 50% (cinquenta por cento), para fins de recomposição, quando o Município tiver mais de 80% (oitenta por cento) da área ocupada por unidades de conservação da natureza de domínio público e por terras indígenas homologadas. Nas mesmas hipóteses o poder público estadual, ouvido o Conselho Estadual de Meio Ambiente, poderá reduzir a Reserva Legal para até 50% (cinquenta por cento), quando o Estado tiver Zoneamento Ecológico-Econômico aprovado e mais de 75% (setenta e cinco por cento) do seu território ocupado por unidades de conservação da natureza de domínio público, devidamente regularizadas, e por terras indígenas homologadas.

d) Os empreendimentos de abastecimento público de água e tratamento de esgoto não estão sujeitos à constituição de Reserva Legal. Também não será exigido Reserva Legal relativa às áreas adquiridas ou desapropriadas por detentor de concessão, permissão ou autorização para exploração de potencial de energia hidráulica, nas quais funcionem empreendimentos de geração de energia elétrica, subestações ou sejam instaladas linhas de transmissão e de distribuição de energia elétrica. Também não será exigido Reserva Legal relativa às áreas adquiridas ou desapropriadas com o objetivo de implantação e ampliação de capacidade de rodovias e ferrovias.

10) **(TJ/AL - Juiz Substituto / 2015)** Determinado curso d'água natural, perene e intermitente, com 8 metros de largura, possui como área de preservação permanente suas faixas marginais com 30 metros de largura. Ao ingressar na zona urbana do Município, esta área de preservação permanente

a) poderá ter sua largura reduzida por ato do chefe do poder executivo municipal.

b) poderá ou não existir, de acordo com o plano diretor do Município.

c) não sofrerá alteração.

d) sofrerá uma redução de 50%, passando a ter 15 metros de largura.

e) deixará de existir.

11) **(TRF-2ª Região - Juiz Federal Substituto / 2014)** A Lei nº 12.651/12, chamada de novo Código Florestal, conceitua o instituto da "reserva legal". Assinale a opção correta:

a) Trata-se de reserva destinada a proteger espécies de fauna especialmente ameaçados.

b) Trata-se de unidade de conservação, instituída obrigatoriamente por lei, com a finalidade de proteger paisagens naturais de rara beleza cênica.

c) Trata-se de um tipo de área de preservação permanente, instituída por lei para a defesa de aves migratórias.

d) Trata-se de instituto, criado exatamente pelo Código Florestal, segundo o qual um determinado percentual de terrenos localizados em área urbana deve ter sua vegetação preservada, independentemente da área.

e) Trata-se de área localizada no interior de propriedade ou posse rural, correspondente, em geral, a 20% da área total do terreno, com a função, dentre outras, de assegurar o uso econômico de modo sustentável dos recursos naturais, auxiliar a conservação e a reabilitação dos processos ecológicos e promover a conservação da biodiversidade.

12) **(FGV – Exame de Ordem 2018.2 – XXVI)** Gabriela, pequena produtora rural que desenvolve atividade pecuária, é avisada por seu vizinho sobre necessidade de registrar seu imóvel rural no Cadastro Ambiental Rural (CAR), sob pena de perder a propriedade do bem.

Sobre a hipótese, assinale a afirmativa correta.

a) Gabriela não tem a obrigação de registrar o imóvel no CAR por ser pequena produtora rural.

b) Gabriela tem a obrigação de registrar o imóvel no CAR, sob pena de perder a propriedade do bem, que apenas poderá ser reavida por ação judicial.

c) Gabriela tem a obrigação de registrar o imóvel no CAR; o registro não será considerado título para fins de reconhecimento do direito de propriedade ou posse.

d) Gabriela tem a obrigação de registrar o imóvel no CAR; o registro autoriza procedimento simplificado para concessão de licença ambiental.

12.2. Gabarito e comentários

Questão 1:

Gabarito: **letra "b"**

Comentários: **literalidade do artigo 4°,** III, da Lei 12.651/12, segundo o qual considera-se área de preservação permanente "as áreas no entorno dos reservatórios d'água artificiais, decorrentes de barramento ou represamento de cursos d'água naturais, na faixa definida na licença ambiental do empreendimento"

Questão 2:

Gabarito: **letra "e"**

Comentários: Literalidade do artigo 1.228, §1°, do Código Civil de 2002.

Questão 3:

Gabarito: **letra "b"**

Comentários: literalidade do artigo 12, I, alínea "b", da Lei 12.651/12.

Questão 4:

Gabarito: **letra "b"**

Comentários: Cuida-se de resposta que, também, é pautada na literalidade da Lei 12.651/12. Porém, de forma mais complexa, pois necessita a compreensão mais ampla do artigo 66 da referida Lei, necessitando lembrar do art. 66, III, §5° e §6°.

Questão 5:

Gabarito: **letra "e"**

Comentários: Literalidade do artigo 6°, III, da Lei 12.651/12, em que se prevê a possibilidade de instituição de APP por ato do Poder Público, quando devidamente reconhecido o interesse social, relativo a área cuja finalidade ambiental seja exatamente "proteger várzeas".

Questão 6:

Gabarito: **letra "b"**

Comentários: questão que não há muitos argumentos a se debater, pois, essencialmente, um dos pontos julgados inconstitucionais repercutiu no afastamento do ordenamento jurídico das expressões *"gestão de resíduos"* e *"instalações necessárias à realização de competições esportivas"*, até então contidas no artigo 3°, VIII, alínea b, da Lei n° 12.651/2012, como hipóteses de utilidade pública para fins de reconhecimento de situação excepcional a se admitir interferência em APP.

Questão 7:

Gabarito: **letra "c"**

Comentários: A resposta encontra-se no art. 26, *caput*, da Lei 12.651/12, segundo o qual a supressão de vegetação nativa para uso alternativo do solo, tanto de domínio público como de domínio privado, dependerá do cadastramento do imóvel no CAR, de que trata o art. 29, e de prévia autorização do órgão estadual competente do Sisnama - independentemente de se tratar de APP.

Questão 8:

Gabarito: **letra "d"**

Comentários: Todas assertivas estão corretas, na medida que, sim, admite-se a regularização fundiária de interesse social (art. 3º, IX, alínea "d"; art. 8º, §2º), podem-se situar tanto em zonas rurais quanto em urbanas (art. 4º, *caput*), e o acesso de pessoas e de animais para a obtenção de água e para a realização de atividades de baixo impacto ambiental (art. 9º).

Questão 9:

Gabarito: **letra "c"**

Comentários: a alternativa "c" é a incorreta, pois não se exige, para reduzir a Reserva Legal para até 50%, que o Município tenha mais de ***80% (oitenta por cento)*** da área ocupada por unidades de conservação da natureza de domínio público e por terras indígenas homologadas. Mas sim, exige-se que seja 50%. Ademais, posteriormente à época da prova, afastou-se a necessidade de serem homologadas as terras indígenas.

Questão 10:

Gabarito: **letra "c"**

Comentários: A fixação da referida área de preservação permanente não se altera por ser espaço urbano, pois o legislador não trouxe a diferenciação narrada no enunciado da questão.

Questão 11:

Gabarito: **letra "e"**

Comentários: a alternativa "e" vai de encontro, embora não na exata integralidade, à definição trazida pelo art. 3º, III, da Lei 12.651/12, em que se define a reserva Legal como sendo a área localizada no interior de uma propriedade ou posse rural, delimitada nos termos do art. 12, com a função de assegurar o uso econômico de modo sustentável dos recursos naturais do imóvel rural, auxiliar a conservação e a reabilitação dos processos ecológicos e promover a conservação da biodiversidade, bem como o abrigo e a proteção de fauna silvestre e da flora nativa.

Questão 12:

Gabarito: **letra "c"**

Comentários: Nos termos do artigo 29 da Lei 12.651/12, o CAR é obrigatório para todos os imóveis rurais, sendo que a sua não observância implica, dentre outras consequências, na restrição ao acesso a financiamentos bancários, impossibilidade em aderir aos Programas de Regularização Ambiental, perda do benefício de conversão/suspensão de multas ambientais; porém, não gera a perda da propriedade, da mesma forma que a inscrição no CAR não implica em reconhecimento do direito de propriedade ou posse. Ainda, anote-se que não há previsão legal de que a inscrição CAR viabilize um procedimento simplificado de licenciamento ambiental.

Capítulo IX

GESTÃO DE FLORESTAS PÚBLICAS

SUMÁRIO: 1. Introdução; 2. Princípios; 3. Formatos de gestão; 3.1. Gestão Direta; 3.2. Gestão indireta: destinação às comunidades locais; 3.3. Gestão indireta: concessão florestal; 4. Concessão florestal; 4.1. Aspectos procedimentais; 4.1.1. Disposições gerais; 4.1.2. Plano anual de outorga florestal (PAOF); 4.1.3. Processo de outorga; 4.1.4. Licitação; 4.1.4.1. Edital; 4.1.4.2. Habilitação; 4.1.4.3. Critérios de seleção; 4.2. Licenciamento ambiental; 4.3. Contrato de concessão; 4.3.1. Aspectos gerais; 4.3.2. Prazo; 4.3.3. Equilíbrio econômico financeiro (preços florestais); 4.3.4. Auditorias florestais; 4.4. Extinção da Concessão; 5. Órgãos responsáveis pela gestão e fiscalização; 5.1. Poder Concedente; 5.2. Controle e fiscalização; 5.3. Órgão consultivo; 5.4. Órgão Gestor; 6. Súmulas e orientações jurisprudenciais (STJ e STF); 7. Legislação específica correlata; 8. Questões de concurso; 8.1. Questões; 8.2. Gabarito e comentários

1. INTRODUÇÃO

GESTÃO DE FLORESTAS PÚBLICAS

segue vídeo abaixo:

https://youtu.be/OtsDYLCBD6A

A *Gestão de Florestas Públicas para produção sustentável* é essencialmente disciplinada pela Lei 11.284/06[1], norma esta que também institui o Serviço Florestal Brasileiro – SFB,

1. Inclusive, é de rigor alertar o leitor de que, a despeito de considerações de caráter teórico, a apresentação deste Capítulo pauta-se essencialmente na abordagem da Lei 11.284/06, cuja sequência seguirá a forma como ali disposto, porém com certos ajustes (a sair da ordem dos artigos), compreendendo como forma mais prática de se compreender o tema.

na estrutura do Ministério do Meio Ambiente, e cria o Fundo Nacional de Desenvolvimento Florestal - FNDF.

Florestas públicas[2], como bem define o artigo 3°, I, da Lei 11.284/06, abrange as florestas, naturais ou plantadas, localizadas nos diversos biomas brasileiros, em bens sob o domínio da União, dos Estados, dos Municípios, do Distrito Federal ou das entidades da administração indireta.

Daí, tendo como objetivo imprimir um *manuseio sustentável* sobre essas áreas especiais, disciplina a lei 11.284/06 a forma pela qual se realiza a sua gestão, dentro de uma concepção de maior eficácia, a se realizar diretamente pelo Poder Público, ou destinando-se às Comunidades Locais, senão concedendo a uma pessoa jurídica, sob o modo de concessão florestal.

Aliás, cuida-se de norma de caráter geral (art. 24, §2°, CF/88), bem como de delineamento da postura do órgão gestor de âmbito federal (Serviço Florestal Brasileiro - SFB - art. 54, Lei 11.284/06), não se excluindo tanto a atuação legislativa suplementar e complementar dos Estados (e Município), e muito menos a sua competência Executiva (material)[3].

2. PRINCÍPIOS

Em que pese mencionar como princípios, o legislador apresenta, em oito incisos (art. 2°), *objetivos* que se almeja com a concretização do regime jurídico de gestão de florestas públicas, quais sejam:

> I. A proteção dos ecossistemas, do solo, da água, da biodiversidade e valores culturais associados, bem como do patrimônio público;
>
> II. O estabelecimento de atividades que promovam o uso eficiente e racional das florestas e que contribuam para o cumprimento das metas do desenvolvimento sustentável local, regional e de todo o País;
>
> III. O respeito ao direito da população, em especial das comunidades locais, de acesso às florestas públicas e aos benefícios decorrentes de seu uso e conservação;
>
> IV. A promoção do processamento local e o incentivo ao incremento da agregação de valor aos produtos e serviços da floresta, bem como à diversificação industrial, ao desenvolvimento tecnológico, à utilização e à capacitação de empreendedores locais e da mão-de-obra regional;
>
> V. O acesso livre de qualquer indivíduo às informações referentes à gestão de florestas públicas, nos termos da Lei n° 10.650, de 16 de abril de 2003;
>
> VI. A promoção e difusão da pesquisa florestal, faunística e edáfica, relacionada à conservação, à recuperação e ao uso sustentável das florestas;

2. De se notar que a legislação, em verdade, não define o que seja *floresta*, mas se remete a delinear o motivo de se rotulá-la de *pública*, em razão, essencialmente de sua dominialidade. Sem prejuízo, vale pontuar que, quanto à floresta, não se verifica a existência de uma definição uníssona, senão aquela que, de forma mais vaga, a aponta como sendo uma área com alta densidade de árvores ou outra vegetação que produz madeira, onde as copas se tocam formando um teto verde. Nesse sentido, de se observar o *site* <https://www.oeco.org.br/dicionario-ambiental/29004-o-que-e-uma-floresta/>, acessado em 10 de dezembro de 2018.
3. Art. 2°, §2°, da Lei 11.284/06.

VII. O fomento ao conhecimento e a promoção da conscientização da população sobre a importância da conservação, da recuperação e do manejo sustentável dos recursos florestais;

VIII. A garantia de condições estáveis e seguras que estimulem investimentos de longo prazo no manejo, na conservação e na recuperação das florestas.

De se perceber, numa leitura geral, a proposta de proteção do meio ambiente ecologicamente equilibrado, sem afastar a possibilidade de realização de atividades na localidade, inclusive de cunho econômico, em especial pelas comunidades locais, promovendo, num ambiente de informações, conhecimento e conscientização, o melhor relacionamento possível entre os recursos naturais e o ser humano.

3. FORMATOS DE GESTÃO

Nos moldes em que disposto no artigo 4º, a gestão de florestas públicas para produção sustentável compreende: (a) a criação de florestas nacionais, estaduais e municipais (Unidades de Conservação), a ser geridas diretamente pelo Poder Público, que manterá a posse e o domínio da área; (b) a destinação de florestas públicas às comunidades locais; (c) a concessão florestal, incluindo florestas naturais ou plantadas e as unidades de manejo das áreas protegidas como Florestas nacionais, estaduais ou municipais (Unidades de Conservação).

Dessa feita, o presente tópico terá como proposta abordar essas três formas de gerir as florestas públicas, com destaque maior à *concessão florestal*, cujo tema se prolonga em diversas questões que giram ao redor de sua concretização.

3.1. Gestão Direta

A gestão direta, como bem anuncia o nome, é realizada pelo próprio Poder Público no que toca às florestas públicas, mas que, para tanto, as transforma em Unidades de Conservação, denominadas de Florestas Nacionais, estaduais ou municipais, a depender do ente instituidor da especial proteção ambiental. Em outros termos, significa ser a criação de unidades de conservação a essência dessa gestão direta de florestas públicas, em que o próprio Poder Público elabora e executa o manejo sustentável.

Interessante atentar-se ao fato de que, nada obstante a gestão seja realizada pelo Poder Público, a ele é facultado, **para execução de atividades subsidiárias**, firmar convênios, termos de parceria, contratos ou instrumentos similares com terceiros, observados os procedimentos licitatórios e demais exigências legais pertinentes.

Essa "terceirização" das atividades subsidiárias terá seus contratos ou instrumentos similares limitados a 120 (cento e vinte) meses, cuja seleção terá por critério o preço, além de também poder ser considerado o critério da melhor técnica previsto no inciso II do caput do art. 26 da Lei 11.284/06.

Frise-se que são contratos secundários, sobre as "atividades-meios" com particulares ou contratos de cooperação entre entes públicos que permitam ao titular da floresta pública (um Município, por exemplo) exercer o manejo florestal sustentável, isto é, são parcerias que habilitam o ente público a melhor desempenhar a sua gestão direta, não se confundindo com a transferência da própria gestão – tanto que tais contratos têm prazo de duração próprio e restrito a 120 meses (art. 5º, §1º da LGF), distinto daqueles aplicáveis à concessão.

3.2. Gestão indireta: destinação às comunidades locais

A primeira forma de gestão indireta, realizada por particulares, dá-se por meio da gestão comunitária, em que o Poder Público transfere o manejo sustentável de florestas públicas a comunidades locais[4], promovendo **(a)** a *criação de reservas* extrativistas e reservas de desenvolvimento sustentável - Unidades de Conservação que, essencialmente, são criadas e destinadas às populações tradicionais[5]; **(b)** *concessão de uso*[6], por meio de projetos de assentamento florestal[7], de desenvolvimento sustentável[8], agroextrativistas[9] ou outros similares, nos termos do art. 189 da Constituição Federal e das diretrizes do Programa Nacional de Reforma Agrária; **(c)** *outras formas previstas em lei.*

Aliás, prevê[10] o legislador que o Poder Público poderá, por meio de *concessão de direito real de uso*[11] ou outra forma admitida em lei - dispensada a licitação -, regularizar posses de comunidades locais sobre as áreas por elas tradicionalmente ocupadas ou utilizadas, áreas estas imprescindíveis à conservação dos recursos ambientais, que, por sua vez, são essenciais para à reprodução física e cultural dessas comunidades.

Prima-se que, em se tratando de florestas públicas ocupadas ou utilizadas por comunidades locais, assim devidamente identificadas, tenham sua gestão transferida, preferen-

---

4. Art. 3º, X, da Lei 11.284/06 - comunidades locais: populações tradicionais e outros grupos humanos, organizados por gerações sucessivas, com estilo de vida relevante à conservação e à utilização sustentável da diversidade biológica;
5. Será por meio de contrato de concessão de direito real de uso, segundo dispõe o artigo 23, §2º, III, da Lei 9.885/00.
6. Sob a sigla de CCU, o Contrato de Concessão de Uso, emitido gratuitamente, é o instrumento que transfere, em caráter provisório, o imóvel rural ao beneficiário da reforma agrária, assegurando ao beneficiário acesso à terra, créditos (como habitação, fomento e infraestrutura) e a outros programas do Governo Federal. Ao assinar o documento, o assentado se compromete a residir no lote e explorá-lo economicamente, respeitando o meio ambiente (www.incra.gov.br).
7. Art. 10, parágrafo único, inciso III, Decreto 9.311/18. Projeto de Assentamento Florestal - PAF - projeto destinado ao manejo de recursos florestais em áreas com aptidão para a produção florestal familiar comunitária e sustentável, especialmente aplicável ao bioma Amazônia.
8. Art. 10, parágrafo único, inciso II, Decreto 9.311/18. Projeto de Desenvolvimento Sustentável - PDS - projeto de interesse social e ecológico destinado às populações que baseiam sua subsistência no extrativismo, na agricultura familiar e outras atividades de baixo impacto ambiental.
9. Art. 10, parágrafo único, inciso I, Decreto 9.311/18. Projeto de Assentamento Agroextrativista - PAE - projeto destinado à exploração de áreas dotadas de riquezas extrativas, mediante atividades economicamente viáveis, socialmente justas e ecologicamente sustentáveis, a serem executadas pelas populações que ocupem tradicionalmente a respectiva área;
10. Art. 6º, §3º, da Lei 11.284/06.
11. Da leitura do art. 18, da Lei 8.629/93 (dispõe sobre a regulamentação dos dispositivos constitucionais relativos à reforma agrária), verifica-se que há uma diferenciação entre (a) títulos de domínio, (b) concessão de uso e (c) concessão de direito real de uso - CDRU, sendo este último, ora em análise, instituído pelo art. 7º do Decreto-Lei nº 271, de 28 de fevereiro de 1967 (atualmente com redação dada pela Lei 11.481/07), significando, portanto, a forma pela qual é instituída a concessão de uso de terrenos públicos ou particulares remunerada ou gratuita, por tempo certo ou indeterminado, como direito real resolúvel, para fins específicos de regularização fundiária de interesse social, urbanização, industrialização, edificação, cultivo da terra, aproveitamento sustentável das várzeas, preservação das comunidades tradicionais e seus meios de subsistência ou outras modalidades de interesse social em áreas urbanas. De fato, assemelha-se à concessão de uso, por ser um contrato administrativo, porém, em acréscimo, confere direito real sobre coisa alheia, com todas as características dos direitos reais (por exemplo, oponíveis *erga omnes*, transferência por sucessão legítima ou testamentária, ou até mesmo por ato negocial, *inter* vivos - salvo disposição contratual em contrário).

cialmente, a essas comunidades[12], cuja destinação deve ser feita de forma não onerosa para o beneficiário e efetuada em ato administrativo próprio[13].

Um detalhe a se assinalar consiste na ressalva feita pelo legislador[14], viabilizando que, a despeito dessa forma de gestão comunitária, as comunidades locais também poderão participar das licitações visando assumir a gestão por meio de *concessão florestal*, bastando que constituam uma pessoa jurídica para tanto, a exemplo de associações comunitárias, cooperativas ou outras pessoas jurídicas admitidas em lei.

ATENÇÃO

Portanto, a Comunidade Local pode assumir a gestão de uma floresta pública tanto por meio de contrato de concessão de direito real de uso (para reservas extrativistas e reservas de desenvolvimento sustentável), contrato de cessão de uso (projetos de assentamentos ambientalmente diferenciados), como também por contrato de concessão florestal (participando regularmente do procedimento licitatório por intermédio de uma pessoa jurídica).

3.3. Gestão indireta: concessão florestal

Configurando igualmente uma gestão privatizada, transferida ao particular, encontra-se a *concessão florestal*, a respeito da qual se verifica uma maior densidade normativa na Lei 11.284/06, a justificar sua abordagem em tópico próprio (o seguinte).

Sem prejuízo, vale destacar que, diferentemente das anteriores, consiste numa concessão *onerosa*, formalizada por contrato, para o qual se impõe um prévio procedimento licitatório, para cuja escolha do vencedor, necessariamente pessoa jurídica, passa por critérios não apenas econômicos, mas inclusive de qualidade ambiental.

4. CONCESSÃO FLORESTAL

Nos termos do artigo 3º, VII, da Lei 11.284/06, cuja transcrição convém seja feita, a concessão florestal consiste na delegação onerosa, feita pelo poder concedente[15], do direito de praticar manejo florestal sustentável para exploração de produtos e serviços numa unidade de manejo, mediante licitação, à pessoa jurídica, em consórcio ou não, que atenda às exigências do respectivo edital de licitação e demonstre capacidade para seu desempenho, por sua conta e risco e por prazo determinado[16].

12. Art. 6º, *caput*, Lei 11.284/06. Com efeito, estipula-se um regime de preferência, inclusive em detrimento da *concessão florestal* – esta, pois, vem a ser secundária nessa ordem.

13. Via de regra, é por meio de contrato de *concessão de direito real de uso*.

14. Art. 6º, §2º, Lei 11.284/06.

15. STF – STA 235 – DJe 12.05.08. Na ocasião, o Supremo Tribunal consolidou o entendimento de ser desnecessária a aquiescência do Congresso Nacional (Poder Legislativo).

16. Apenas para dimensionar quão expressiva é uma concessão florestal, no dia 11 de dezembro de 2018, no Estado de São Paulo, foi publicado no Diário Oficial o edital de concorrência do Parque Estadual da Cantareira, localizado na zona sul da capital paulista, com investimento mínimo no valor de mais de R$ 5 milhões, pelo

Dúvidas não há, portanto, de que a própria gestão é transferida, isto é, o manejo florestal sustentável para exploração de produtos[17] e serviços[18] no interior de uma floresta pública, cuja precisa delimitação territorial (pois certamente não abrange toda a floresta) é identificada como unidade de manejo[19].

Representa a concessão florestal uma forma de desonerar os cofres públicos e, ao mesmo tempo, viabilizar a prestação de serviço especializado, envolvendo profissionais com conhecimento técnico mais apurado nas respectivas áreas de atuação.

Ademais, sobre essa conceituação legal impõe destacar a natureza jurídica *contratual*, sendo que, do outro lado, pode receber a gestão apenas *pessoa jurídica* (ainda que sob o regime de consórcio), cuja seleção é realizada por meio de certame licitatório.

É de se frisar, antes de tudo, que a concessão florestal é considerada como *instrumento econômico*, ao lado da servidão ambiental e seguro ambiental, pela Lei 6.938/81.

Como *objeto*, a concessão florestal transfere o *direito* de praticar manejo florestal sustentável para exploração de produtos e serviços numa unidade de manejo, isto é, transfere o direito de desempenhar atividade econômica sustentável, explorando produtos e serviços, no interior de uma unidade de manejo – representativa do exato espaço territorial no interior de uma floresta pública.

Dito de outra forma[20], a concessão florestal terá como objeto, *a ser devidamente fixado no edital da licitação*[21], a exploração de produtos e serviços florestais, contratualmente especificados, em unidade de manejo de floresta pública, com perímetro georreferenciado, registrada no respectivo cadastro de florestas públicas e incluída no lote de concessão florestal.

Ainda sobre o objeto, a lei expressamente assinala que apenas se transferem direitos previstos no contrato[22], e, de outro lado, veda que a concessão resulte na transferência de direito versando sobre: I – titularidade imobiliária ou preferência em sua aquisição; II – acesso ao patrimônio genético para fins de pesquisa e desenvolvimento, bioprospecção ou constituição de coleções; III – uso dos recursos hídricos acima do especificado como insignificante (nos termos da Lei nº 9.433, de 8 de janeiro de 1997); IV – exploração dos recursos minerais; V – exploração de recursos pesqueiros ou da fauna silvestre; VI – comercialização de créditos decorrentes da emissão evitada de carbono em florestas naturais[23].

---

prazo de 20 anos, tendo como objetivo principal, segundo a Secretaria do Meio Ambiente, conceder a exploração do ecoturismo e serviços correlatos na área de uso público do parque. Disponível em www.ambiente.sp.gov.br, consultado dia 13 de dezembro de 2018.

17. Art. 3º, III, da Lei 11.284/06 – produtos florestais: produtos madeireiros e não madeireiros gerados pelo manejo florestal sustentável
18. Art. 3º, IV, da Lei 11.284/06 – serviços florestais: turismo e outras ações ou benefícios decorrentes do manejo e conservação da floresta, não caracterizados como produtos florestais.
19. Art. 3º, VIII, da Lei 11.284/06 – unidade de manejo: perímetro definido a partir de critérios técnicos, socioculturais, econômicos e ambientais, localizado em florestas públicas, objeto de um Plano de Manejo Florestal Sustentável – PMFS, podendo conter áreas degradadas para fins de recuperação por meio de plantios florestais.
20. Art. 14, *caput*, da Lei 11.284/06.
21. Art. 15, da Lei 11.284/06.
22. Ao assim fazer, evitam-se interpretações que pudesse visualizar uma hipótese de transferência *tácita* de supostos direitos, não previstos expressamente no contrato.
23. Art. 16, §1º, da Lei 11.284/06.

Ademais, também há vedação de transferência quanto a produtos relacionados às comunidades locais, sendo que, os produtos de uso tradicional e de subsistência para as comunidades locais serão excluídos do objeto da concessão e explicitados no edital, juntamente com a definição das restrições e da responsabilidade pelo manejo das espécies das quais derivam esses produtos, bem como por eventuais prejuízos ao meio ambiente e ao poder concedente[24].

Por fim, impende destacar que, a título *reserva absoluta*, determina o legislador[25] que, no mínimo, 5% (cinco por cento) do total da área concedida, cujo espaço seja representativo dos ecossistemas florestais manejados, deverá ser resguardado, isto é, não poderá ser objeto de qualquer tipo de exploração econômica pelo concessionário, objetivando a conservação da biodiversidade e avaliação e monitoramento dos impactos do manejo florestal.

Essa área a ser reservada, delineada no Plano de Manejo Florestal Sustentável, inclusive com a possibilidade de sua definição ser feita pelo órgão gestor previamente à elaboração do PMFS, **não** pode abranger área de preservação permanente. Isto é, cuida-se de um resguardo, além daquele que deve existir para as áreas de preservação permanente, eis que estas não serão computadas[26].

ATENÇÃO

É vedada a concessão de atividades que impliquem exercício do poder de polícia ou coloquem em risco a integridade dos ecossistemas.

4.1. Aspectos procedimentais

4.1.1. Disposições gerais

A concessão florestal, seguindo à risca o fato de ser um contrato administrativo, necessita, antes de tudo, de um ato do poder concedente autorizando-a, para, na sequência, ser realizado o procedimento licitatório, apto a escolher a pessoa jurídica com melhor oferta para a consecução dessa gestão descentralizada da floresta pública.

Em linhas gerais, a ser melhor esmiuçado na sequência, esta autorização está consolidada no que se denomina de Plano anual de outorga florestal, onde se encontra a descrição de todas as florestas públicas a serem submetidas a processos de concessão no ano em que vigorar, sendo, pois, um primeiro estágio de análise.

Após, caminha-se a realizar, então, o processo de outorga, materializado em licitação, cuja finalização se concretiza pela assinatura do respectivo contrato de concessão de uso.

24. Art. 17, da Lei 11.284/06.
25. Art. 32, da Lei 11.284/06.
26. Frise-se que não há a ressalva de possibilidade de cômputo tal como feito pelo novo Código Florestal no que diz às áreas de Reserva Legal.

4.1.2. *Plano anual de outorga florestal (PAOF)*

Na linha do que já se anunciou, o Plano anual de outorga florestal (PAOF), que é proposto pelo órgão gestor (órgão integrante do Pode concedente) e definido pelo poder concedente, conterá a descrição de todas as florestas públicas a serem submetidas a processos de concessão no ano em que vigorar.

Dessa feita, consiste no próprio planejamento, de cunho anual, sobre quais áreas poderão, naquele ano que se inicia, ser objeto de concessão florestal, sendo que, para sua criteriosa elaboração, são considerados diversos pontos, quais sejam:

I - as políticas e o planejamento para o setor florestal, a reforma agrária, a regularização fundiária, a agricultura, o meio ambiente, os recursos hídricos, o ordenamento territorial e o desenvolvimento regional;

II - o Zoneamento Ecológico-Econômico - ZEE nacional e estadual e demais instrumentos que disciplinam o uso, a ocupação e a exploração dos recursos ambientais;

III - a exclusão das unidades de conservação de proteção integral, das reservas de desenvolvimento sustentável, das reservas extrativistas, das reservas de fauna e das áreas de relevante interesse ecológico, salvo quanto a atividades expressamente admitidas no plano de manejo da unidade de conservação;

IV - a exclusão das terras indígenas, das áreas ocupadas por comunidades locais e das áreas de interesse para a criação de unidades de conservação de proteção integral;

V - as áreas de convergência com as concessões de outros setores, conforme regulamento;

VI - as normas e as diretrizes governamentais relativas à faixa de fronteira e outras áreas consideradas indispensáveis para a defesa do território nacional;

VII - as políticas públicas dos Estados, dos Municípios e do Distrito Federal.

Ademais, os próprios Planos (PAOFs) que eventualmente os demais entes federativos possuam sobre a área devem ser levados em consideração, tal como é necessário que se prevejam zonas de uso restrito destinadas às comunidades locais.

4.1.3. *Processo de outorga*

O processo de outorga, como bem diz o nome, consiste em todo o procedimento administrativo necessário para que, ao final, esteja o particular exercendo a gestão da floresta pública.

E, previamente ao edital de licitação, mas já inserido num contexto de processo de outorga, é imprescindível que o poder concedente publique ato justificando a conveniência da concessão florestal, caracterizando seu objeto e a unidade de manejo[27].

27. Veja que, a despeito de se tratar de ato discricionário, impõe-se ao administrador que lance seus motivos de conveniência - e oportunidade - quanto à proposta de transferir a gestão de floresta pública por meio de concessão.

Tal como qualquer procedimento licitatório, é inafastável a obediência aos os princípios da legalidade, moralidade, publicidade, igualdade, do julgamento por critérios objetivos e da vinculação ao instrumento convocatório, frisando que a Lei 11.284/06 regula diretamente a concessão florestal, sem prejuízo de aplicação *supletiva* de legislação própria (por exemplo, a Lei 8.666/93).

ATENÇÃO

Antes de se publicar o edital do processo de licitação, é obrigatória a realização de audiência pública, por região, realizada pelo órgão gestor, sem prejuízo de outras formas de consulta pública[28].

É de se pontuar que o legislador foi claro quanto à obrigatoriedade[29] do procedimento licitatório, sendo que, inclusive, deixou especificada a sua modalidade *concorrência*[30], cuja *outorga será a título oneroso.*

4.1.4. *Licitação*

4.1.4.1. *Edital*

O edital, precedido - lembre-se - de realização de consulta pública (por exemplo, audiência pública), versará sobre o lote de concessão florestal, isto é, sobre o conjunto de unidades de manejo a serem licitadas, as quais, frise-se, obrigatoriamente devem estar previstas no Plano Anual de Outorga Florestal.

O artigo 20, da Lei 11.284/06 traz uma relação completa do conteúdo a ser discriminado pelo edital, dentre os quais destacam-se (inciso I) o objeto, com a descrição dos produtos e dos serviços a serem explorados; (inciso II) a delimitação da unidade de manejo; (inciso IV) o prazo da concessão e as condições de prorrogação; (inciso VII) a descrição das condições necessárias à exploração sustentável dos produtos e serviços florestais; (inciso VIII) os prazos para recebimento das propostas, julgamento da licitação e assinatura do contrato; (inciso XI) os critérios, os indicadores, as fórmulas e parâmetros a serem utilizados no julgamento da proposta; (inciso XII) o preço mínimo da concessão

28. Art. 8º, da Lei 11.284/06.
29. Tamanho é o rigor, que o legislador veda a declaração de inexigibilidade prevista no art. 25 da Lei nº 8.666, de 21 de junho de 1993.
30. Nos termos do artigo 22, §1º, da Lei 8.666/93, a *concorrência* é a modalidade de licitação entre quaisquer interessados que, na fase inicial de habilitação preliminar, comprovem possuir os requisitos mínimos de qualificação exigidos no edital para execução de seu objeto. Ademais, é cabível, qualquer que seja o valor de seu objeto, tanto na compra ou alienação de bens imóveis, ressalvado o disposto no art. 19 da Lei 8.66/93, como nas *concessões de direito real de uso* e nas licitações internacionais, admitindo-se neste último caso, observados os limites deste artigo, a tomada de preços, quando o órgão ou entidade dispuser de cadastro internacional de fornecedores ou o convite, quando não houver fornecedor do bem ou serviço no País (art. 23, §3º, Lei 8.666/93).

e os critérios de reajuste e revisão; (inciso XIII) a descrição das garantias financeiras e dos seguros exigidos; (inciso XIV) as características dos bens reversíveis; (inciso XV) as condições de liderança da empresa ou pessoa jurídica responsável, na hipótese em que for permitida a participação de consórcio; (inciso XVI) a minuta do respectivo contrato; (inciso XVII) as condições de extinção do contrato de concessão.

De se perceber a exigência da previsão de *garantias*[31] as quais deverão incluir a cobertura de eventuais danos causados ao meio ambiente, ao erário e a terceiros, bem como, poderão ser incluídas também a cobertura do desempenho do concessionário em termos de produção florestal. De qualquer forma, é imprescindível que o poder concedente exija garantias suficientes e compatíveis com os ônus e riscos envolvidos nos contratos de concessão florestal.

Inclusive, o legislador arrola como possíveis as seguintes modalidades de garantia: I - caução em dinheiro; II - títulos da dívida pública; III - seguro-garantia; IV - fiança bancária; V - outras admitidas em lei. Sem prejuízo, prevê-se[32] que, para pessoa jurídica de pequeno porte, microempresas e associações de comunidades locais, é viável a fixação de um mecanismo diferente de garantias.

Um detalhe interessante é que, quanto aos estudos, levantamentos, projetos, obras, despesas ou investimentos *já efetuados na unidade de manejo* **e** *vinculados ao processo de licitação para concessão*, realizados pelo poder concedente ou com a sua autorização, serão ressarcidos pelo vencedor da licitação - exceto se se tratar de pessoa jurídica de pequeno porte, microempresas e associações de comunidades locais. Em outros, à exceção das pessoas jurídicas mencionadas, os custos realizados para que, ao final, concretize-se a concessão, ficam a cargo da empresa vencedora[33].

4.1.4.2. Habilitação

Note que, alterando a ordem como exposta na lei, a habilitação, que, de certo modo, é um momento posterior à existência do Edital (a justificar a ordem aqui explanada), é regrada pelo artigo 19, da Lei 11.284/06, segundo o qual, além das exigências regulares contidas na Lei 8.666/93[34](idoneidade jurídica, financeira, trabalhista, técnica, etc.), exige-se também, pode-se chamar, **idoneidade ambiental**, demonstrando a ausência de débito inscrito em dívida ativa relativo a infração administrativa, bem como ausência de condenação, transitada em julgada, por crime ambiental (ou crime contra a ordem tributária, ou a crime previdenciário)[35].

---

31. Art. 21, da Lei 11.284/06.
32. Art. 21, §3°, da Lei 11.284/06.
33. Inclusive, nos termos do artigo 18, §3°, da Lei 11.284/06, os custos do relatório ambiental preliminar e do EIA também serão ressarcidos pelo concessionário ganhador da licitação.
34. Vide art. 27, da Lei 8.666/93, segundo o qual exige-se idoneidade jurídica, financeira, técnica, conforme explicitado em seus incisos, assim discriminados: I – habilitação jurídica; II – qualificação técnica; III – qualificação econômico-financeira; IV – regularidade fiscal e trabalhista (...).
35. Para essa hipótese, coadunando-se com a aplicação do artigo 93 do Código Penal, admite-se que o condenado por esses crimes venha a se habilitar tão apenas após o transcurso do período de 2 (dois) anos após a extinção da pena (Art. 19, II, Lei 11.284/06, *in fine*).

Ademais, cuidou o legislador de exigir também que, para obter a habilitação, é imprescindível que se tratem de empresas constituídas sob as leis brasileiras, e que tenham sede e administração no País[36].

4.1.4.3. Critérios de seleção

Não se menosprezando a especificidade desta concessão de uso, opta o legislador[37] por conjugar tanto critérios financeiros-econômicos como técnicos para selecionar a empresa vencedora, os quais

Com efeito, de um lado levará em consideração o *maior preço* ofertado como pagamento ao poder concedente pela outorga da concessão florestal. E, de outro, também será observada a *melhor técnica*, analisada com base: (a) no menor impacto ambiental; (b) nos maiores benefícios sociais diretos; (c) na maior eficiência; (d) na maior agregação de valor ao produto ou serviço florestal na região da concessão.

Por derradeiro, vale assinalar que as propostas manifestamente inexequíveis ou financeiramente incompatíveis com os objetivos da licitação serão peremptoriamente recusadas.

Sem prejuízo, cumpre lembrar que o legislador veda a declaração de inexigibilidade prevista no art. 25 da Lei nº 8.666, de 21 de junho de 1993, que seriam os casos de exclusividade de fornecedor (interessado), de serviço de natureza singular a quem possua notória especialização, ou, ainda, ao profissional consagrado pela crítica especializada ou pela opinião pública.

4.2. Licenciamento ambiental

Ainda sem seguir rigorosamente a ordem delineada pela Lei 11.284/06, há expressa previsão quanto à exigência de licenciamento ambiental[38], obrigatório para se proceder ao uso sustentável da unidade de manejo, compreendo a *licença prévia* e a *licença de operação*, dispensando-se a licença de instalação.

Sem necessidade de se retomar o assunto na profundidade em que abordado no Capítulo VI, cumpre pontuar que, especificamente ao assunto aqui versado, é por intermédio da licença prévia que se *autoriza* (i) a elaboração do Plano de Manejo Florestal Sustentável (PMFS), e (ii) a licitação para a concessão florestal - no caso de unidade de manejo inserida no Plano anual de outorga florestal (Paof).

Sintetizando, com a ideia de se realizar o uso sustentável em unidade de manejo, isto é, caso se almeje promover a utilização de floresta pública nos termos da Lei 11.284/06, é imprescindível que se proceda ao licenciamento ambiental, a se iniciar pela licença prévia, a qual, de certo modo, representará a exata autorização de caráter técnico para que seja possível, então, realizar atividade em floresta pública.

Dessa feita, compete ao órgão gestor requerer a licença prévia, mediante a apresentação de relatório ambiental preliminar ao órgão ambiental competente integrante do

36. Art. 19, §1°, da Lei 11.284/06.
37. Art. 26, da Lei 11.284/06.
38. Art. 18, da Lei 11.284/06.

Sistema Nacional do Meio Ambiente - SISNAMA[39]. Aliás, em se verificando que se trata de caso potencialmente causador de significativa degradação ambiental, torna-se imprescindível a realização de Estudo Prévio de Impacto Ambiental (EPIA).

Observe que o legislador permite que tanto o relatório ambiental preliminar como o EIA, que, essencialmente, dão sustentação à licença prévia a ser expedida, abranjam diferentes unidades de manejo integrantes de um mesmo lote de concessão florestal, desde que as unidades se situem no mesmo ecossistema e no mesmo Estado[40].

Portanto, alcançada a licença prévia, verifica-se aberta a possibilidade de se proceder à concessão florestal, nos trâmites processuais vistos nos tópicos superiores. Porém, o início das atividades florestais na unidade de manejo somente poderá ser efetivado com a aprovação do respectivo PMFS pelo órgão competente do Sisnama e a consequente obtenção da licença de operação pelo concessionário. Ou seja, além de tudo, ao término do processo licitatório, competirá ao vencedor obter a licença de operação[41].

Um detalhe derradeiro consiste na viabilidade posta pelo legislador de, em se tratando de Unidade de Conservação da categoria Floresta Nacional (Estadual ou Municipal, a depender do ente federativo instituidor), a aprovação de seu respectivo plano de manejo[42] substitui a necessidade de se proceder obter a licença prévia, sem prejuízo de, em sendo o caso, ter que ser realizado o Estudo de Impacto Ambiental prévio.

Isso porque, vale lembrar, o plano de manejo representa o documento técnico que define o zoneamento da unidade, bem como o uso da área e o manejo dos recursos naturais (inclusive sobre a implantação de estruturas físicas), contendo, (i) a área da unidade de conservação (inclusive subsolo e espaço aéreo quando estes possuírem influência na estabilidade do ecossistema[43]); (ii) a zona de amortecimento; (iii) corredores ecológicos, se necessários (ligam unidades de conservação); e (iv) medidas (sociais e econômicas) de integração com as comunidades vizinhas. Isto é, compreende um documento técnico completo de informações, a tornar desnecessária a própria licença prévia.

4.3. Contrato de concessão

4.3.1. Aspectos gerais

Superadas todas as fases procedimentais delineadas até então, e concluído o procedimento licitatório, junto ao vencedor será celebrada a concessão, formalizada com um

39. Atentando-se que, conforme será melhor analisado na sequência, o órgão gestor não se confunde com o órgão do ente competente para fiscalização e controle do respectivo espaço territorial ambientalmente protegido.

40. Embora não esteja justificado, verifica-se que se mostra como clara situação de aproveitamento de atos, em economia à Administração, sendo que, verificado que se tratam de mesmas peculiaridades ambientais (ecossistema), e no mesmo Estado (preservada a competência), otimiza-se a máquina pública (art. 18, §2°, da Lei 11.284/06).

41. Art. 18, §5°, da Lei 11.284/06.

42. Art. 2°, XVII, Lei 9.885/00, diz que plano de manejo é o documento técnico mediante o qual, com fundamento nos objetivos gerais de uma unidade de conservação, se estabelece o seu zoneamento e as normas que devem presidir o uso da área e o manejo dos recursos naturais, inclusive a implantação das estruturas físicas necessárias à gestão da unidade;

43. Art. 24, da Lei 9.985/00.

contrato para cada unidade de manejo licitada, com exclusividade para um único concessionário[44].

ATENÇÃO

Buscando impedir uma *concentração econômica,* I – em cada lote de concessão florestal, não poderão ser outorgados a cada concessionário, individualmente ou em consórcio, mais de 2 (dois) contratos; e, ainda, II – cada concessionário, individualmente ou em consórcio, terá um limite[45] percentual máximo de área de concessão florestal, definido no Paof.

Com a assunção do objeto contratado, o concessionário assume a responsabilidade por todas as obrigações contratuais, além de responder pelos prejuízos causados ao poder concedente, ao meio ambiente ou a terceiros, não sendo possível ao concessionário buscar delas se eximir (excluir ou atenuar) sobre o pretexto de estar sendo fiscalizado pelos órgãos competentes[46].

Sem prejuízo, é dado ao concessionário, sob sua responsabilidade, contratar terceiros para o desenvolvimento de atividades inerentes ou subsidiárias ao manejo florestal sustentável dos produtos e à exploração dos serviços florestais concedidos, tudo regulado pelo direito privado, sem que haja qualquer implicação ao poder concedente.

Porém, **não se admite a** subconcessão na concessão florestal. Isto é, permite-se que o concessionário contrate serviços para lhe auxiliar na consecução do objeto contratado, mas que isto não resulte, essencialmente, na própria transferência do objeto contratado a terceiro.

Tanto é assim que a lei veda que haja a transferência do controle societário do concessionário sem prévia anuência[47] do poder concedente, sendo que, caso assim ocorra, implicará na rescisão do contrato e a aplicação das sanções contratuais, sem prejuízo da execução das garantias oferecidas.

Aliás, nessa mesma linha de rigor, admite-se que a empresa concessionária ofereça em garantia os direitos emergentes da concessão, porém até o limite que não comprometa a operacionalização e a continuidade da execução do contrato de concessão, cuja limitação será definida pelo órgão gestor.

Ainda sobre o contrato em si, prevê o legislador uma série de *cláusulas essenciais*, de obrigatória previsão, a respeito das quais, para melhor compreensão, pede-se vênia para se transcrever, compreendendo como a forma mais adequada de sua análise:

---

44. Ainda que haja um lote de unidades de manejo licitadas, é um contrato para cada unidade, e, repise-se, não se admite mais de uma pessoa jurídica contratada, exceto quando formalizada a união de empresas em consórcio.
45. Art. 34, parágrafo único, da Lei 11.284/06. Esse limite será aplicado sobre o total da área destinada à concessão florestal pelo Paof e pelos planos anuais de outorga em execução aprovados nos anos anteriores.
46. Art. 27, da Lei 11.284/06.
47. Para se obter essa anuência, que é possível, cumprirá ao interessado (I) demonstrar que atende às exigências da habilitação estabelecidas para o concessionário, e (II) comprometer-se a cumprir todas as cláusulas do contrato em vigor. (art. 28, parágrafo único, da Lei 11.284/06).

I - ao objeto, com a descrição dos produtos e dos serviços a serem explorados e da unidade de manejo;

II - ao prazo da concessão;

III - ao prazo máximo para o concessionário iniciar a execução do PMFS;

IV - ao modo, à forma, às condições e aos prazos da realização das auditorias florestais;

V - ao modo, à forma e às condições de exploração de serviços e prática do manejo florestal;

VI - aos critérios, aos indicadores, às fórmulas e aos parâmetros definidores da qualidade do meio ambiente;

VII - aos critérios máximos e mínimos de aproveitamento dos recursos florestais;

VIII - às ações de melhoria e recuperação ambiental na área da concessão e seu entorno assumidas pelo concessionário;

IX - às ações voltadas ao benefício da comunidade local assumidas pelo concessionário;

X - aos preços e aos critérios e procedimentos para reajuste e revisão;

XI - aos direitos e às obrigações do poder concedente e do concessionário, inclusive os relacionados a necessidades de alterações futuras e modernização, aperfeiçoamento e ampliação dos equipamentos, infra-estrutura e instalações;

XII - às garantias oferecidas pelo concessionário;

XIII - à forma de monitoramento e avaliação das instalações, dos equipamentos, dos métodos e práticas de execução do manejo florestal sustentável e exploração de serviços;

XIV - às penalidades contratuais e administrativas a que se sujeita o concessionário e sua forma de aplicação;

XV - aos casos de extinção do contrato de concessão;

XVI - aos bens reversíveis;

XVII - às condições para revisão e prorrogação;

XVIII - à obrigatoriedade, à forma e à periodicidade da prestação de contas do concessionário ao poder concedente;

XIX - aos critérios de bonificação para o concessionário que atingir melhores índices de desempenho socioambiental que os previstos no contrato, conforme regulamento;

XX - ao foro e ao modo amigável de solução das divergências contratuais.

ATENÇÃO

Nos termos do artigo 68, da Lei 9.605/98, constitui *Crime contra a Administração Ambiental,* deixar, aquele que tiver o dever legal ou contratual de fazê-lo, de cumprir obrigação de relevante interesse ambiental, cuja relevância, nos termos do artigo 30, §4°, da Lei 11.284/06, está nas obrigações assinaladas nos incisos V e IX acima descritos.

Assumida a concessão, obtida a *licença de operação*, e, ainda, estando o Plano de Manejo Florestal Sustentável *(PMFS) aprovado* junto ao órgão competente do Sisnama (requisito indispensável[48]), ao concessionário é dado, portanto, desempenhar as atividades em razão das quais se lançou no certame licitatório, a despeito do que, entendeu por bem o legislador em arrolar aquilo que se compreende de sua incumbência, dentre do que, citam-se alguns exemplos, tal como: I – elaborar, executar e monitorar a execução do PMFS; II – evitar ações ou omissões passíveis de gerar danos ao ecossistema ou a qualquer de seus elementos; III – informar imediatamente a autoridade competente no caso de ações ou omissões próprias ou de terceiros ou fatos que acarretem danos ao ecossistema, a qualquer de seus elementos ou às comunidades locais; IV – recuperar as áreas degradadas, quando identificado o nexo de causalidade entre suas ações ou omissões e os danos ocorridos; V – cumprir e fazer cumprir as normas de manejo florestal, as regras de exploração de serviços e as cláusulas contratuais da concessão; VI – garantir a execução do ciclo contínuo, iniciada dentro do prazo máximo fixado no edital; VII – buscar o uso múltiplo da floresta, nos limites contratualmente definidos e observadas as restrições aplicáveis às áreas de preservação permanente e as demais exigências da legislação ambiental; VIII – realizar as benfeitorias necessárias na unidade de manejo; IX – executar as atividades necessárias à manutenção da unidade de manejo e da infra-estrutura; X – comercializar o produto florestal auferido do manejo; XI – executar medidas de prevenção e controle de incêndios; XII – zelar pela integridade dos bens e benfeitorias vinculados à unidade de manejo concedida; XIV – manter atualizado o inventário e o registro dos bens vinculados à concessão; XV – elaborar e disponibilizar o relatório anual sobre a gestão dos recursos florestais ao órgão gestor, nos termos definidos no contrato; XVI – permitir amplo e irrestrito acesso aos encarregados da fiscalização e auditoria, a qualquer momento, às obras, aos equipamentos e às instalações da unidade de manejo, bem como à documentação necessária para o exercício da fiscalização; XVII – realizar os investimentos ambientais e sociais definidos no contrato de concessão.

4.3.2. Prazo

Ainda no tocante ao contrato, há peculiaridade típica das concessões florestal relativa aos seus prazos, pois houve por bem o legislador conferir um tratamento distinto se se tratar de concessão cujo objeto seja *produto florestal* ou *serviço florestal* exclusivamente.

Com efeito, caso se trate de concessão para *produto ou grupo de produtos*, o prazo contratual será estabelecido de acordo com o ciclo de colheita ou exploração, considerando o produto ou grupo de produtos com ciclo mais longo incluído no objeto da concessão, podendo ser fixado prazo equivalente a, no mínimo, um ciclo e, no máximo, 40 (quarenta) anos.

De outro lado, se se cuidar de contrato de concessão exclusivo para *exploração de serviços florestais* será de, no mínimo, 5 (cinco) e, no máximo, 20 (vinte) anos[49].

48. Art. 30, §2°, da Lei 11.284/06.

49. Atenção: no Estado de São Paulo, a Lei 16.260/16, que autoriza a Fazenda do Estado a conceder a exploração de serviços ou o uso, total ou parcial, de áreas em próprios estaduais que especifica e dá outras providências correlatas, diz, em seu artigo 1°, que fica a Fazenda do Estado autorizada a conceder a exploração dos ser-

□□□ ATENÇÃO	Prazo mínimo	Prazo máximo
Produto Florestal	Um ciclo[50]	40 anos
Serviço Florestal	5 anos	20 anos

4.3.3. *Equilíbrio econômico-financeiro (preços florestais)*

Ponto nodal de toda e qualquer contratação pública consiste no (por alguns denominado de princípio do) equilíbrio econômico financeiro, que, essencialmente, visa garantir a relação de custo e benefício desde o início fixada, ou, em outras palavras, manter a proporção entre os encargos imprescindíveis à execução da avença e a contraprestação ou remuneração pactuada, sem que, no decorrer do contrato, haja um oneração excessiva sobre as partes, ou mesmo um benefício financeiro além do razoavelmente previsto no contrato.

Sem menosprezar a importância do tema, mas cuja abordagem não é possível de ser feita neste trabalho, cumpre visualizar que, por meio daquilo que a lei denominou de *preços florestais*, o legislador esclarece ao possível (pois previsto desde o edital de licitação) concessionário quais serão os valores que terá que arcar com a concessão, concretizados (I) pelo pagamento de preço calculado sobre os custos de realização do edital de licitação da concessão florestal da unidade de manejo; (II) pelo pagamento de preço calculado em função da quantidade de produto ou serviço auferido do objeto da concessão ou do faturamento líquido ou bruto[51]; (III) pela responsabilidade do concessionário de realizar outros investimentos previstos no edital e no contrato; e (IV) pela indisponibilidade, pelo concessionário, salvo disposição contratual, dos bens considerados reversíveis.

4.3.4. *Auditorias florestais*

Um ponto que não pode deixar de ser visto diz respeito às auditorias florestais de caráter independente, às quais devem ser submetidas as concessões em prazo não superior a 3 (três) anos, sem prejuízo das ações de fiscalização ordinárias.

A princípio, os custos dessas auditorias florestais independentes (AFIs) são de responsabilidade do concessionário, mas, em casos excepcionais – e com previsão no edital de licitação –, em que a escala da atividade florestal torne inviável o pagamento dos custos das auditorias florestais pelo concessionário, o órgão gestor adotará formas alternativas de realização das auditorias.

viços ou o uso de áreas, ou parte de áreas, inerentes ao ecoturismo e à exploração comercial madeireira ou de subprodutos florestais, pelo prazo de até *30 (trinta) anos*, dos próprios estaduais constantes do Anexo da referida Lei paulista.

50 Se houver mais de um produto previsto no contrato (logo, grupo de produtos), considerar-se-á, obviamente, o ciclo daquele produto que for o mais longo, pois, do contrário, acabaria por excluir o seu aproveitamento econômico.

51. Frise-se que este preço compreende: (i) o valor estabelecido no contrato de concessão; e (ii) os valores resultantes da aplicação dos critérios de revisão ou de reajuste, nas condições do respectivo contrato, definidos em ato específico do órgão gestor.

Em síntese, tais auditorias devem avaliar e qualificar as atividades florestais e obrigações econômicas, sociais e ambientais assumidas no processo de licitação e firmadas no contrato de concessão florestal, a apontar, essencialmente, uma dentre as seguintes conclusões: I – constatação de regular cumprimento do contrato de concessão, a ser devidamente validada pelo órgão gestor; II – constatação de deficiências sanáveis, que condiciona a manutenção contratual ao saneamento de todos os vícios e irregularidades verificados, no prazo máximo de 6 (seis) meses; III – constatação de descumprimento, que, devidamente validada, implica a aplicação de sanções segundo sua gravidade, incluindo a rescisão contratual, conforme esta Lei.

Além do mais, buscando promover a participação popular no acompanhamento e fiscalização das concessões, assinala o legislador que qualquer pessoa física ou jurídica, de forma justificada e devidamente assistida por profissionais habilitados, poderá fazer visitas de comprovação às operações florestais de campo, sem obstar o regular desenvolvimento das atividades, mas que, para tanto deve preencher os seguintes requisitos: I – prévia obtenção de licença de visita no órgão gestor; e II – programação prévia com o concessionário.

4.4. Extinção da Concessão

Nos termos do artigo 44, da Lei 11.284/06, a concessão florestal extingue-se em razão de: I – esgotamento do prazo contratual; II – rescisão; III – anulação; IV – falência ou extinção do concessionário e falecimento ou incapacidade do titular, no caso de empresa individual; V – desistência e devolução, por opção do concessionário, do objeto da concessão.

Pois bem. Quanto ao esgotamento do prazo, não se exigem maiores ilações. Porém, relativamente à rescisão, unilateral por parte da Administração (Poder Concedente), advém de algumas hipóteses, previstas pelo legislador, que, essencialmente, representam a inexecução total ou parcial do contrato, em razão do que é dado ao Poder Concedente agir com seu poder de autotutela.

Com efeito, e respeitando o devido processo legal, cuja densificação na hipótese legal se dá, em primeiro lugar, pela notificação do concessionário de sua inadimplência (com fixação de prazo para correção das falhas e transgressões apontadas), mas, infrutífera, seguirá para a instauração do processo administrativo, em que, assegurado o direito de ampla defesa e contraditório, caso comprovada a inadimplência, a rescisão será efetuada por ato do poder concedente, sem prejuízo da responsabilização administrativa, civil e penal[52].

Na dicção da lei, consideram-se hipóteses a justificar a rescisão contratual, nas seguintes hipóteses:

> I – o concessionário descumprir cláusulas contratuais ou disposições legais e regulamentares concernentes à concessão;

52. Ademais (art. 44, § 5º, da Lei 11.284/06) diz o legislador que, rescindido o contrato de concessão, não resultará para o órgão gestor qualquer espécie de responsabilidade em relação aos encargos, ônus, obrigações ou compromissos com terceiros ou com empregados do concessionário. Isto é, cuida-se de norma que busca evitar a imposição ao poder concedente de custos e encargos tal como ocorre em uma típica terceirização de serviço público (que não é o que ocorre no caso da concessão).

II - o concessionário descumprir o PMFS, de forma que afete elementos essenciais de proteção do meio ambiente e a sustentabilidade da atividade;

III - o concessionário paralisar a execução do PMFS por prazo maior que o previsto em contrato, ressalvadas as hipóteses decorrentes de caso fortuito ou força maior, ou as que, com anuência do órgão gestor, visem à proteção ambiental;

IV - descumprimento, total ou parcial, da obrigação de pagamento dos preços florestais;

V - o concessionário perder as condições econômicas, técnicas ou operacionais para manter a regular execução do PMFS;

VI - o concessionário não cumprir as penalidades impostas por infrações, nos devidos prazos;

VII - o concessionário não atender a notificação do órgão gestor no sentido de regularizar o exercício de suas atividades;

VIII - o concessionário for condenado em sentença transitada em julgado por crime contra o meio ambiente ou a ordem tributária, ou por crime previdenciário;

IX - ocorrer fato superveniente de relevante interesse público que justifique a rescisão, mediante lei autorizativa específica, com indenização das parcelas de investimento ainda não amortizadas vinculadas aos bens reversíveis que tenham sido realizados[53];

X - o concessionário submeter trabalhadores a condições degradantes de trabalho ou análogas à de escravo ou explorar o trabalho de crianças e adolescentes.

Veja que, em geral, são hipóteses de descumprimento contratual por parte do concessionário, desrespeitando os estritos termos quanto à execução do contrato, como também, por violar questões outras, a exemplo de submeter trabalhadores a condições degradantes de trabalho, a denotas situações de lesões graves tanto de ordem ambiental como social, além, propriamente, das econômicas do contrato.

Contudo, é de se observar que também é cabível ao poder concedente extinguir o contrato unilateralmente em razão da superveniência de interesse público (inciso IX), hipótese na qual competirá ao Poder Concedente indenizar o concessionário quanto às parcelas de investimento ainda não amortizadas vinculadas aos bens reversíveis que tenham sido realizados.

De outro lado, destaca o legislador a hipótese de rescisão contratual quando advier desistência por parte do concessionário, isto é, quando formula ato formal, irrevogável e irretratável pelo qual o concessionário manifesta seu desinteresse pela continuidade da concessão.

Interessante que, a despeito do teor de uma desistência, o legislador a regula de forma a ser condicionada à aceitação expressa do poder concedente, inclusive a depender de

53. Aliás, nos termos do art. 45, § 6°, da Lei 11.284/06, quanto a esta hipótese, prevê-se a possibilidade do Poder Público instituir seguro para cobertura da indenização referida.

avaliação prévia do órgão competente para determinar o cumprimento ou não do PMFS, devendo assumir o desistente o custo dessa avaliação e, conforme o caso, as obrigações emergentes[54].

Sem prejuízo, não deixa o legislador de reconhecer a possibilidade de inadimplência por parte da própria administração (poder concedente), hipótese em que poderá o concessionário buscar a rescisão do contrato, mas que, segundo reza o artigo 47, Lei 11.284/06, apenas é viável por meio de ação judicial especialmente intentada para esse fim. Isto é, não há previsão de qualquer procedimento administrativo que possa ser manejado quando o descumprimento contratual advém do poder concedente.

A despeito de todas essas hipóteses e implicações, deve ser lembrado que, finda a concessão, as benfeitorias *permanentes* reverterão *sem* ônus ao titular da área ao final do contrato de concessão, ressalvados os casos previstos no edital de licitação e no contrato de concessão[55].

E, como não poderia ser diferente, ao término do contrato, o concessionário fica obrigado a devolver a unidade de manejo ao poder concedente nas condições previstas no contrato de concessão, sob pena de aplicação das devidas sanções contratuais e administrativas, bem como da responsabilização nas esferas penal e civil, inclusive a decorrente da Lei nº 6.938, de 31 de agosto de 1981[56].

5. ÓRGÃOS RESPONSÁVEIS PELA GESTÃO E FISCALIZAÇÃO

No Título III da Lei 11.284/06, cuidou o legislador de apresentar quem são os órgãos e suas respectivas atribuições no desempenho da *Gestão das Florestas Públicas*, apresentando, inicialmente, (a) o poder concedente, (b) os órgãos responsáveis pelo controle e fiscalização, (c) o órgão consultivo, (d) o órgão gestor, e, com destaque, (e) o serviço florestal brasileiro. E, sobre a análise e apresentação dessa estrutura o presente tópico se debruçará.

5.1. Poder Concedente

O poder concedente, em verdade, é representativo do ente federativo que detém a dominialidade da floresta pública, porém exercitado, como é o caso da União, pelo Ministério do Meio Ambiente[57].

---

54. Em verdade, cuida-se de uma precaução para que não haja uma inadimplência por parte do concessionário disfarçada de desistência, pois a inadimplência, frise-se, pode certamente repercutir em responsabilização de ordem civil, administrativa e/ou penal – o que dificilmente ocorre quando de uma desistência, cuja premissa básica é que ainda não houve qualquer descumprimento. Independentemente, a desistência não desonerará o concessionário de suas obrigações com terceiros.

55. Art. 31 §1º, da Lei 11.284/06.

56. Art. 31 §3º, da Lei 11.284/06.

57. No Estado de São Paulo é a Secretaria do Meio Ambiente (Lei 16.260/16 e Decreto 51.453/06), que representa o órgão central do Sistema estadual (SIEFLOR), apoiado no órgão consultivo e deliberativo (CONSEMA) e nos órgãos executores (Fundação para a Conservação e a Produção Florestal do Estado de São Paulo e o Instituto Florestal).

Em linhas gerais, compete ao poder concedente, sempre respaldado no órgão consultivo, (I) definir o Paof; (II) definir as áreas a serem submetidas à concessão florestal; (III) estabelecer os termos de licitação e os critérios de seleção; (IV) - publicar editais, julgar licitações, promover os demais procedimentos licitatórios, definir os critérios para formalização dos contratos para o manejo florestal sustentável e celebrar os contratos de concessão florestal; e (V) planejar ações voltadas à disciplina do mercado no setor florestal, quando couber.

Quanto a estas duas últimas atribuições, permite-se que o poder concedente delegue ao órgão gestor tanto a operacionalização dos procedimentos licitatórios, como a celebração de contratos.

5.2. Controle e fiscalização

Relativamente ao controle e fiscalização, o legislador optou por remeter às atribuições e competências disciplinadas no âmbito do Sisnama, para que o exerçam em suas respectivas jurisdições.

Momento, assinala pela necessidade de (I) fiscalizar e garantir a proteção das florestas públicas; (II) efetuar em qualquer momento, de ofício, por solicitação da parte ou por denúncia de terceiros, fiscalização da unidade de manejo, independentemente de prévia notificação; (III) aplicar as devidas sanções administrativas em caso de infração ambiental; (IV) expedir a licença prévia para uso sustentável da unidade de manejo das respectivas florestas públicas e outras licenças de sua competência; e, por fim, (V) aprovar e monitorar o PMFS da unidade de manejo das respectivas florestas públicas.

Não sem motivo, prevê o legislador que no âmbito federal esse poder fiscalizatório será exercitado pelo Ibama, que, inclusive, pode receber em delegação dos órgãos seccionais ou locais, mediante convenio ou acordo de cooperação, as funções de aprovação e o monitoramento do PMFS das unidades de manejo das florestas públicas estaduais ou municipais e outras atribuições.

5.3. Órgão consultivo

De viés mais de norma federal, do que nacional, no artigo 51 da Lei 11.284/06 fala-se sobre o órgão consultivo, que no âmbito federal[58] se desenvolve pela então instituída Comissão de Gestão de Florestas Públicas (compondo o Ministério do Meio Ambiente), em que, sem prejuízo das atribuições do CONAMA (Conselho Nacional do Meio Ambiente), exercerá as funções de natureza consultiva, compreendendo, em especial, (a) assessorar, avaliar e propor diretrizes para gestão de florestas públicas da União; (b) manifestar-se sobre o Paof da União; (c) exercer as atribuições de órgão consultivo do SFB.

Um detalhe é que este órgão consultivo federal é de composição paritária, integrando-o representantes do Poder Público, dos empresários, dos trabalhadores, da comunidade científica, dos movimentos sociais e das organizações não governamentais, e terá sua

58. No Estado de São Paulo, quem desempenha essa função consultiva é o CONSEMA.

composição e seu funcionamento definidos em regulamento. Mas, frise-se, os membros dessa Comissão exercem função não remunerada de interesse público relevante.

5.4. Órgão Gestor

De essencial papel no regime jurídico e concretização da gestão das florestas públicas, encontra-se o órgão gestor, cujas atribuições estão arroladas em 23 incisos no artigo 53, da Lei 11.284/06, sem prejuízo de outras que podem ser visualizadas em outras passagens do texto legal, tal como no próprio art. 53, §1°, da Lei 11.284/06.

Evitando a simples transcrição de texto legal, pode-se dizer que as principais responsabilidades do órgão gestor se concentram em (a) elaborar o PAOF, (b) disciplinar, operacionalizar e fiscalizar as concessões florestais, e (c) realizar todos os procedimentos de licitação e contratação de concessões florestais por delegação do poder concedente.

Ademais, interessante pontuar ser o órgão gestor responsável pela guarda das florestas públicas durante o período de pousio entre uma concessão e outra ou, quando por qualquer motivo, houver extinção do contrato de concessão[59].

E, ainda, dentro do contexto de fiscalização que se imprime às concessões florestais, é imposto ao órgão gestor encaminhar ao poder concede, ao Poder Legislativo e ao conselho do meio ambiente, nas respectivas esferas de governo, *relatório anual* sobre as concessões outorgadas, o valor dos preços florestais, a situação de adimplemento dos concessionários, os PMFS e seu estado de execução, as vistorias e auditorias florestais realizadas e os respectivos resultados, assim como as demais *informações relevantes* sobre o efetivo cumprimento dos objetivos da gestão de florestas públicas.

No âmbito federal é criado pela própria Lei 11.284/06 o *Serviço Florestal Brasileiro*, órgão inserido na estrutura do Ministério do Meio Ambiente, justamente para exercer a função de órgão gestor daquela seara federativa, seja com as atribuições acima mencionadas, seja com atribuições de gestor do Fundo Nacional de Desenvolvimento Florestal[60].

Sem ingressar em maiores delongas, de se pontuar que o legislador, em consonância com o artigo 37, §8°, da CF/88, prevê a possibilidade de ampliar a autonomia administrativa e financeira, no grau conveniente ao exercício de suas atribuições, mediante a celebração de contrato de gestão e de desempenho, negociado e firmado entre o Ministério do Meio Ambiente e o Conselho Diretor, cujo conteúdo deverá estabelecer, nos programas anuais de trabalho, indicadores que permitam quantificar, de forma objetiva, a avaliação

59. Art. 53, §1°, da Lei 11.284/06.

60. Disciplinado também pela Lei 11.284/06, em seu artigo 41, possuindo natureza contábil, representa num Fundo voltado a promover o desenvolvimento de atividades sustentáveis de base florestal no Brasil e a promover a inovação tecnológica do setor, primando por investir em projetos relacionados a: I – pesquisa e desenvolvimento tecnológico em manejo florestal; II – assistência técnica e extensão florestal; III – recuperação de áreas degradadas com espécies nativas; IV – aproveitamento econômico racional e sustentável dos recursos florestais; V – controle e monitoramento das atividades florestais e desmatamentos; VI – capacitação em manejo florestal e formação de agentes multiplicadores em atividades florestais; VII – educação ambiental; VIII – proteção ao meio ambiente e conservação dos recursos naturais.

do SFB. Inclusive, referido contrato será avaliado periodicamente e, se necessário, revisado por ocasião da renovação parcial da diretoria do SFB[61].

6. SÚMULAS E ORIENTAÇÕES JURISPRUDENCIAIS (STJ E STF)

(INFORMATIVO Nº 505 STF – STA – 235)

Questão Constitucional: Concessão de Floresta Pública e Autorização Prévia do Congresso Nacional (Transcrições) **STA** 235/RO – RELATOR: MIN. GILMAR MENDES DECISÃO: Trata-se de suspensão de tutela antecipada, com pedido de medida liminar, ajuizada pela União, contra decisão proferida pela Des. Selene Maria de Almeida, do Tribunal Regional Federal da 1ª Região – TRF da 1ª Região, nos autos do Agravo de Instrumento n° 2008.01.00.004474-1/RO. (...) O processo de licitação para a concessão florestal está disciplinado pela Lei n° 11.284, de 2 de março de 2006, a qual **não exige** a submissão do Plano Anual de Outorga Florestal – PAOF à **prévia aprovação do Congresso Nacional.** Ao contrário, conforme descreve a União, o § 4º do art. 10, "que determinava a submissão prévia do PAOF à apreciação do Congresso Nacional (nas hipóteses de concessões de florestas públicas com área superior a 2.500 hectares), foi vetado pelo Presidente da República, sob a justificativa de que 'o texto aprovado pelo Congresso Nacional se contrapõe ao princípio apontado no inciso VIII do art. 2º – que diz: 'a garantia de condições estáveis e seguras que estimulem investimentos de longo prazo no manejo, na conservação e na recuperação das florestas'; uma vez que determina sistemática de submeter o Plano Anual de Outorga Florestal ao Congresso Nacional, o que vincula sua aprovação, inclusive, a contingências políticas de curto prazo, além de criar novos processos administrativos para a tramitação da matéria". Ressalte-se que a questão relacionada à eventual inconstitucionalidade da referida lei em relação ao art. 49, inciso VII, da Constituição da República, é objeto da ADI n° 3.989/DF, Rel. Min. Eros Grau, e deverá ser apreciada, no momento oportuno, por esta Corte. Ademais, também está presente a probabilidade de concretização do denominado "efeito multiplicador" (SS 1.836-AgR/RJ, rel. Min. Carlos Velloso, Plenário, unânime, DJ 11.10.2001), ante a possibilidade de multiplicação de medidas liminares em demandas que contenham o mesmo objeto. Ante o exposto, defiro o pedido para suspender a execução da decisão proferida pela Des. Selene Maria de Almeida, do Tribunal Regional Federal da 1ª Região – TRF da 1ª Região, nos autos do Agravo de Instrumento nº 2008.01.00.004474-1/RO. DJE de 12.5.2008 INOVAÇÕES LEGISLATIVAS 5 a 9 de maio de 2008 Súmula vinculante nº 4 – Salvo nos casos previstos na Constituição, o salário mínimo não pode ser usado como indexador de base de cálculo de vantagem de servidor público ou de empregado, nem ser substituído por decisão judicial. Publicada no DOU de 9/5/2008, Seção 1, p.1.

---

61. Tudo em consonância com o que dispõe o artigo 37, §8º, da CF/88, que exige a fixação de: I – o prazo de duração do contrato; II – os controles e critérios de avaliação de desempenho, direitos, obrigações e responsabilidade dos dirigentes; III – a remuneração do pessoal.

7. LEGISLAÇÃO ESPECÍFICA CORRELATA

- **Lei 11.284/06**

(Dispõe sobre a gestão de florestas públicas para a produção sustentável)

Art. 1º Esta Lei dispõe sobre a gestão de florestas públicas para produção sustentável, institui o Serviço Florestal Brasileiro - SFB, na estrutura do Ministério do Meio Ambiente, e cria o Fundo Nacional de Desenvolvimento Florestal - FNDF.

Art. 2º Constituem princípios da gestão de florestas públicas:

I - a proteção dos ecossistemas, do solo, da água, da biodiversidade e valores culturais associados, bem como do patrimônio público;

II - o estabelecimento de atividades que promovam o uso eficiente e racional das florestas e que contribuam para o cumprimento das metas do desenvolvimento sustentável local, regional e de todo o País;

III - o respeito ao direito da população, em especial das comunidades locais, de acesso às florestas públicas e aos benefícios decorrentes de seu uso e conservação;

IV - a promoção do processamento local e o incentivo ao incremento da agregação de valor aos produtos e serviços da floresta, bem como à diversificação industrial, ao desenvolvimento tecnológico, à utilização e à capacitação de empreendedores locais e da mão-de-obra regional;

V - o acesso livre de qualquer indivíduo às informações referentes à gestão de florestas públicas, nos termos da Lei nº 10.650, de 16 de abril de 2003;

VI - a promoção e difusão da pesquisa florestal, faunística e edáfica, relacionada à conservação, à recuperação e ao uso sustentável das florestas;

VII - o fomento ao conhecimento e a promoção da conscientização da população sobre a importância da conservação, da recuperação e do manejo sustentável dos recursos florestais;

VIII - a garantia de condições estáveis e seguras que estimulem investimentos de longo prazo no manejo, na conservação e na recuperação das florestas.

§ 1º Os Estados, o Distrito Federal e os Municípios promoverão as adaptações necessárias de sua legislação às prescrições desta Lei, buscando atender às peculiaridades das diversas modalidades de gestão de florestas públicas.

§ 2º Os Estados, o Distrito Federal e os Municípios, na esfera de sua competência e em relação às florestas públicas sob sua jurisdição, poderão elaborar normas supletivas e complementares e estabelecer padrões relacionados à gestão florestal.

Art. 3º Para os fins do disposto nesta Lei, consideram-se:

I - florestas públicas: florestas, naturais ou plantadas, localizadas nos diversos biomas brasileiros, em bens sob o domínio da União, dos Estados, dos Municípios, do Distrito Federal ou das entidades da administração indireta;

II - recursos florestais: elementos ou características de determinada floresta, potencial ou efetivamente geradores de produtos ou serviços florestais;

III - produtos florestais: produtos madeireiros e não madeireiros gerados pelo manejo florestal sustentável;

IV - serviços florestais: turismo e outras ações ou benefícios decorrentes do manejo e conservação da floresta, não caracterizados como produtos florestais;

V - ciclo: período decorrido entre 2 (dois) momentos de colheita de produtos florestais numa mesma área;

VI - manejo florestal sustentável: administração da floresta para a obtenção de benefícios econômicos, sociais e ambientais, respeitando-se os mecanismos de sustentação do ecossistema objeto do manejo e considerando-se, cumulativa ou alternativamente, a utilização de múltiplas espécies madeireiras, de múltiplos produtos e subprodutos não madeireiros, bem como a utilização de outros bens e serviços de natureza florestal;

VII - concessão florestal: delegação onerosa, feita pelo poder concedente, do direito de praticar manejo florestal sustentável para exploração de produtos e serviços numa unidade de manejo, mediante licitação, à pessoa jurídica, em consórcio ou não, que atenda às exigências do respectivo edital de licitação e demonstre capacidade para seu desempenho, por sua conta e risco e por prazo determinado;

VIII - unidade de manejo: perímetro definido a partir de critérios técnicos, socioculturais, econômicos e ambientais, localizado em florestas públicas, objeto de um Plano de Manejo Florestal Sustentável - PMFS, podendo conter áreas degradadas para fins de recuperação por meio de plantios florestais;

IX - lote de concessão florestal: conjunto de unidades de manejo a serem licitadas;

X - comunidades locais: populações tradicionais e outros grupos humanos, organizados por gerações sucessivas, com estilo de vida relevante à conservação e à utilização sustentável da diversidade biológica;

XI – auditoria florestal: ato de avaliação independente e qualificada de atividades florestais e obrigações econômicas, sociais e ambientais assumidas de acordo com o PMFS e o contrato de concessão florestal, executada por entidade reconhecida pelo órgão gestor, mediante procedimento administrativo específico;

XII – inventário amostral: levantamento de informações qualitativas e quantitativas sobre determinada floresta, utilizando-se processo de amostragem;

XIII – órgão gestor: órgão ou entidade do poder concedente com a competência de disciplinar e conduzir o processo de outorga da concessão florestal;

XIV – órgão consultivo: órgão com representação do Poder Público e da sociedade civil, com a finalidade de assessorar, avaliar e propor diretrizes para a gestão de florestas públicas;

XV – poder concedente: União, Estado, Distrito Federal ou Município.

TÍTULO II
DA GESTÃO DE FLORESTAS PÚBLICAS
PARA PRODUÇÃO SUSTENTÁVEL

CAPÍTULO I
DISPOSIÇÕES GERAIS

Art. 4º A gestão de florestas públicas para produção sustentável compreende:

I – a criação de florestas nacionais, estaduais e municipais, nos termos do art. 17 da Lei nº 9.985, de 18 de julho de 2000, e sua gestão direta;

II – a destinação de florestas públicas às comunidades locais, nos termos do art. 6º desta Lei;

III – a concessão florestal, incluindo florestas naturais ou plantadas e as unidades de manejo das áreas protegidas referidas no inciso I do caput deste artigo.

CAPÍTULO II
DA GESTÃO DIRETA

Art. 5º O Poder Público poderá exercer diretamente a gestão de florestas nacionais, estaduais e municipais criadas nos termos do art. 17 da Lei nº 9.985, de 18 de julho de 2000, sendo-lhe facultado, para execução de atividades subsidiárias, firmar convênios, termos de parceria, contratos ou instrumentos similares com terceiros, observados os procedimentos licitatórios e demais exigências legais pertinentes.

§ 1º A duração dos contratos e instrumentos similares a que se refere o caput deste artigo fica limitada a 120 (cento e vinte) meses.

§ 2º Nas licitações para as contratações de que trata este artigo, além do preço, poderá ser considerado o critério da melhor técnica previsto no inciso II do caput do art. 26 desta Lei.

CAPÍTULO III
DA DESTINAÇÃO ÀS COMUNIDADES LOCAIS

Art. 6º Antes da realização das concessões florestais, as florestas públicas ocupadas ou utilizadas por comunidades locais serão identificadas para a destinação, pelos órgãos competentes, por meio de:

I – criação de reservas extrativistas e reservas de desenvolvimento sustentável, observados os requisitos previstos da Lei nº 9.985, de 18 de julho de 2000;

II – concessão de uso, por meio de projetos de assentamento florestal, de desenvolvimento sustentável, agroextrativistas ou outros similares, nos termos do art. 189 da Constituição Federal e das diretrizes do Programa Nacional de Reforma Agrária;

III – outras formas previstas em lei.

§ 1º A destinação de que trata o caput deste artigo será feita de forma não onerosa para o beneficiário e efetuada em ato administrativo próprio, conforme previsto em legislação específica.

§ 2º Sem prejuízo das formas de destinação previstas no caput deste artigo, as comunidades locais poderão participar das licitações previstas no Capítulo IV deste Título, por meio de associações comunitárias, cooperativas ou outras pessoas jurídicas admitidas em lei.

§ 3º O Poder Público poderá, com base em condicionantes socioambientais definidas em regulamento, regularizar posses de comunidades locais sobre as áreas por elas tradicionalmente ocupadas ou utilizadas, que sejam imprescindíveis à conservação dos recursos ambientais essenciais para sua reprodução física e cultural, por meio de concessão de direito real de uso ou outra forma admitida em lei, dispensada licitação.

CAPÍTULO IV
DAS CONCESSÕES FLORESTAIS

Seção I
Disposições Gerais

Art. 7º A concessão florestal será autorizada em ato do poder concedente e formalizada mediante contrato, que deverá observar os termos desta Lei, das normas pertinentes e do edital de licitação.

Parágrafo único. Os relatórios ambientais preliminares, licenças ambientais, relatórios de impacto ambiental, contratos, relatórios de fiscalização e de auditorias e outros documentos relevantes do processo de concessão florestal serão disponibilizados por meio da Rede Mundial de Computadores, sem prejuízo do disposto no art. 25 desta Lei.

Art. 8º A publicação do edital de licitação de cada lote de concessão florestal deverá ser precedida de audiência pública, por região, realizada pelo órgão gestor, nos termos do regulamento, sem prejuízo de outras formas de consulta pública.

Art. 9º São elegíveis para fins de concessão as unidades de manejo previstas no Plano Anual de Outorga Florestal.

Seção II
Do Plano Anual de Outorga Florestal

Art. 10. O Plano Anual de Outorga Florestal – PAOF, proposto pelo órgão gestor e definido pelo poder concedente, conterá a descrição de todas as florestas públicas a serem submetidas a processos de concessão no ano em que vigorar.

§ 1º O Paof será submetido pelo órgão gestor à manifestação do órgão consultivo da respectiva esfera de governo.

§ 2º A inclusão de áreas de florestas públicas sob o domínio da União no Paof requer manifestação prévia da Secretaria de Patrimônio da União do Ministério do Planejamento, Orçamento e Gestão.

§ 3º O Paof deverá ser previamente apreciado pelo Conselho de Defesa Nacional quando estiverem incluídas áreas situadas na faixa de fronteira definida no § 2º do art. 20 da Constituição Federal.

§ 4º (VETADO)

Art. 11. O Paof para concessão florestal considerará:

I – as políticas e o planejamento para o setor florestal, a reforma agrária, a regularização fundiária, a agricultura, o meio ambiente, os recursos hídricos, o ordenamento territorial e o desenvolvimento regional;

II – o Zoneamento Ecológico-Econômico – ZEE nacional e estadual e demais instrumentos que disciplinam o uso, a ocupação e a exploração dos recursos ambientais;

III – a exclusão das unidades de conservação de proteção integral, das reservas de desenvolvimento sustentável, das reservas extrativistas, das reservas de fauna e das áreas de relevante interesse ecológico, salvo quanto a atividades expressamente admitidas no plano de manejo da unidade de conservação;

IV – a exclusão das terras indígenas, das áreas ocupadas por comunidades locais e das áreas de interesse para a criação de unidades de conservação de proteção integral;

V – as áreas de convergência com as concessões de outros setores, conforme regulamento;

VI – as normas e as diretrizes governamentais relativas à faixa de fronteira e outras áreas consideradas indispensáveis para a defesa do território nacional;

VII – as políticas públicas dos Estados, dos Municípios e do Distrito Federal.

§ 1º Além do disposto no caput deste artigo, o Paof da União considerará os Paofs dos Estados, dos Municípios e do Distrito Federal.

§ 2º O Paof deverá prever zonas de uso restrito destinadas às comunidades locais.

§ 3º O Paof deve conter disposições relativas ao planejamento do monitoramento e fiscalização ambiental a cargo dos órgãos do Sistema Nacional do Meio Ambiente – SISNAMA, incluindo a estimativa dos recursos humanos e financeiros necessários para essas atividades.

Seção III
Do Processo de Outorga

Art. 12. O poder concedente publicará, previamente ao edital de licitação, ato justificando a conveniência da concessão florestal, caracterizando seu objeto e a unidade de manejo.

Art. 13. As licitações para concessão florestal observarão os termos desta Lei e, supletivamente, da legislação própria, respeitados os princípios da legalidade, moralidade, publicidade, igualdade, do julgamento por critérios objetivos e da vinculação ao instrumento convocatório.

§ 1º As licitações para concessão florestal serão realizadas na modalidade concorrência e outorgadas a título oneroso.

§ 2º Nas licitações para concessão florestal, é vedada a declaração de inexigibilidade prevista no art. 25 da Lei nº 8.666, de 21 de junho de 1993.

Seção IV
Do Objeto da Concessão

Art. 14. A concessão florestal terá como objeto a exploração de produtos e serviços florestais, contratualmente especificados, em unidade de manejo de floresta pública, com perímetro georreferenciado, registrada no respectivo cadastro de florestas públicas e incluída no lote de concessão florestal.

Parágrafo único. Fica instituído o Cadastro Nacional de Florestas Públicas, interligado ao Sistema Nacional de Cadastro Rural e integrado:

I – pelo Cadastro-Geral de Florestas Públicas da União;

II – pelos cadastros de florestas públicas dos Estados, do Distrito Federal e dos Municípios.

Art. 15. O objeto de cada concessão será fixado no edital, que definirá os produtos florestais e serviços cuja exploração será autorizada.

Art. 16. A concessão florestal confere ao concessionário somente os direitos expressamente previstos no contrato de concessão.

§ 1º É vedada a outorga de qualquer dos seguintes direitos no âmbito da concessão florestal:

I - titularidade imobiliária ou preferência em sua aquisição;

II - acesso ao patrimônio genético para fins de pesquisa e desenvolvimento, bioprospecção ou constituição de coleções;

III - uso dos recursos hídricos acima do especificado como insignificante, nos termos da Lei nº 9.433, de 8 de janeiro de 1997;

IV - exploração dos recursos minerais;

V - exploração de recursos pesqueiros ou da fauna silvestre;

VI - comercialização de créditos decorrentes da emissão evitada de carbono em florestas naturais.

§ 2º No caso de reflorestamento de áreas degradadas ou convertidas para uso alternativo do solo, o direito de comercializar créditos de carbono poderá ser incluído no objeto da concessão, nos termos de regulamento.

§ 3º O manejo da fauna silvestre pelas comunidades locais observará a legislação específica.

Art. 17. Os produtos de uso tradicional e de subsistência para as comunidades locais serão excluídos do objeto da concessão e explicitados no edital, juntamente com a definição das restrições e da responsabilidade pelo manejo das espécies das quais derivam esses produtos, bem como por eventuais prejuízos ao meio ambiente e ao poder concedente.

Seção V
Do Licenciamento Ambiental

Art. 18. A licença prévia para uso sustentável da unidade de manejo será requerida pelo órgão gestor, mediante a apresentação de relatório ambiental preliminar ao órgão ambiental competente integrante do Sistema Nacional do Meio Ambiente - SISNAMA.

§ 1º Nos casos potencialmente causadores de significativa degradação do meio ambiente, assim considerados, entre outros aspectos, em função da escala e da intensidade do manejo florestal e da peculiaridade dos recursos ambientais, será exigido estudo prévio de impacto ambiental - EIA para a concessão da licença prévia.

§ 2º O órgão ambiental licenciador poderá optar pela realização de relatório ambiental preliminar e EIA que abranjam diferentes unidades de manejo integrantes de um mesmo lote de concessão florestal, desde que as unidades se situem no mesmo ecossistema e no mesmo Estado.

§ 3º Os custos do relatório ambiental preliminar e do EIA serão ressarcidos pelo concessionário ganhador da licitação, na forma do art. 24 desta Lei.

§ 4º A licença prévia autoriza a elaboração do PMFS e, no caso de unidade de manejo inserida no Paof, a licitação para a concessão florestal.

§ 5º O início das atividades florestais na unidade de manejo somente poderá ser efetivado com a aprovação do respectivo PMFS pelo órgão competente do Sisnama e a conseqüente obtenção da licença de operação pelo concessionário.

§ 6º O processo de licenciamento ambiental para uso sustentável da unidade de manejo compreende a licença prévia e a licença de operação, não se lhe aplicando a exigência de licença de instalação.

§ 7º Os conteúdos mínimos do relatório ambiental preliminar e do EIA relativos ao manejo florestal serão definidos em ato normativo específico.

§ 8º A aprovação do plano de manejo da unidade de conservação referida no inciso I do art. 4º desta Lei, nos termos da Lei nº 9.985, de 18 de julho de 2000, substitui a licença prévia prevista no caput deste artigo, sem prejuízo da elaboração de EIA nos casos previstos no § 1º deste artigo e da observância de outros requisitos do licenciamento ambiental.

Seção VI
Da Habilitação

Art. 19. Além de outros requisitos previstos na Lei nº 8.666, de 21 de junho de 1993, exige-se para habilitação nas licitações de concessão florestal a comprovação de ausência de:

I - débitos inscritos na dívida ativa relativos a infração ambiental nos órgãos competentes integrantes do Sisnama;

II - decisões condenatórias, com trânsito em julgado, em ações penais relativas a crime contra o meio ambiente ou a ordem tributária ou a crime previdenciário, observada a reabilitação de que trata o art. 93 do Decreto-Lei nº 2.848, de 7 de dezembro de 1940 - Código Penal.

§ 1º Somente poderão ser habilitadas nas licitações para concessão florestal empresas ou outras pessoas jurídicas constituídas sob as leis brasileiras e que tenham sede e administração no País.

§ 2º Os órgãos do Sisnama organizarão sistema de informações unificado, tendo em vista assegurar a emissão do comprovante requerido no inciso I do caput deste artigo.

Seção VII
Do Edital de Licitação

Art. 20. O edital de licitação será elaborado pelo poder concedente, observados os critérios e as normas gerais da Lei nº 8.666, de 21 de junho de 1993, e conterá, especialmente:

I - o objeto, com a descrição dos produtos e dos serviços a serem explorados;

II - a delimitação da unidade de manejo, com localização e topografia, além de mapas e imagens de satélite e das informações públicas disponíveis sobre a unidade;

III - os resultados do inventário amostral;

IV - o prazo da concessão e as condições de prorrogação;

V - a descrição da infra-estrutura disponível;

VI - as condições e datas para a realização de visitas de reconhecimento das unidades de manejo e levantamento de dados adicionais;

VII - a descrição das condições necessárias à exploração sustentável dos produtos e serviços florestais;

VIII - os prazos para recebimento das propostas, julgamento da licitação e assinatura do contrato;

IX - o período, com data de abertura e encerramento, o local e o horário em que serão fornecidos aos interessados os dados, estudos e projetos necessários à elaboração dos orçamentos e apresentação das propostas;

X - os critérios e a relação dos documentos exigidos para a aferição da capacidade técnica, da idoneidade financeira e da regularidade jurídica e fiscal;

XI - os critérios, os indicadores, as fórmulas e parâmetros a serem utilizados no julgamento da proposta;

XII - o preço mínimo da concessão e os critérios de reajuste e revisão;

XIII - a descrição das garantias financeiras e dos seguros exigidos;

XIV - as características dos bens reversíveis, incluindo as condições em que se encontram aqueles já existentes;

XV - as condições de liderança da empresa ou pessoa jurídica responsável, na hipótese em que for permitida a participação de consórcio;

XVI - a minuta do respectivo contrato, que conterá as cláusulas essenciais referidas no art. 30 desta Lei;

XVII - as condições de extinção do contrato de concessão.

§ 1º As exigências previstas nos incisos II e III do caput deste artigo serão adaptadas à escala da unidade de manejo florestal, caso não se justifique a exigência do detalhamento.

§ 2º O edital será submetido a audiência pública previamente ao seu lançamento, nos termos do art. 8º desta Lei.

Art. 21. As garantias previstas no inciso XIII do art. 20 desta Lei:

I - incluirão a cobertura de eventuais danos causados ao meio ambiente, ao erário e a terceiros;

II - poderão incluir, nos termos de regulamento, a cobertura do desempenho do concessionário em termos de produção florestal.

§ 1º O poder concedente exigirá garantias suficientes e compatíveis com os ônus e riscos envolvidos nos contratos de concessão florestal.

§ 2º São modalidades de garantia:

I - caução em dinheiro;

II - títulos da dívida pública emitidos sob a forma escritural, mediante registro em sistema centralizado de liquidação e de custódia autorizado pelo Banco Central do Brasil, e avaliados pelos seus valores econômicos, conforme definido pelo Ministério da Fazenda;

III - seguro-garantia;

IV - fiança bancária;

V - outras admitidas em lei.

§ 3º Para concessão florestal a pessoa jurídica de pequeno porte, microempresas e associações de comunidades locais, serão previstas em regulamento formas alternativas de fixação de garantias e preços florestais.

Art. 22. Quando permitida na licitação a participação de pessoa jurídica em consórcio, observar-se-ão, adicionalmente aos requisitos referidos no art. 19 desta Lei, os seguintes requisitos:

I - comprovação de compromisso, público ou particular, de constituição de consórcio, subscrito pelas consorciadas;

II - indicação da empresa-líder, que deverá atender às condições de liderança estipuladas no edital e será a representante das consorciadas perante o poder concedente;

III - apresentação dos documentos de que trata o inciso X do caput do art. 20 desta Lei, por parte de cada consorciada;

IV - comprovação de cumprimento da exigência constante do inciso XV do caput do art. 20 desta Lei;

V - impedimento de participação de empresas consorciadas na mesma licitação, por intermédio de mais de 1 (um) consórcio ou isoladamente.

§ 1º O licitante vencedor ficará obrigado a promover, antes da celebração do contrato, a constituição e registro do consórcio, nos termos do compromisso referido no inciso I do caput deste artigo.

§ 2º A pessoa jurídica líder do consórcio é responsável pelo cumprimento do contrato de concessão perante o poder concedente, sem prejuízo da responsabilidade solidária das demais consorciadas.

§ 3º As alterações na constituição dos consórcios deverão ser submetidas previamente ao poder concedente para a verificação da manutenção das condições de habilitação, sob pena de rescisão do contrato de concessão.

Art. 23. É facultado ao poder concedente, desde que previsto no edital, determinar que o licitante vencedor, no caso de consórcio, constitua-se em empresa antes da celebração do contrato.

Art. 24. Os estudos, levantamentos, projetos, obras, despesas ou investimentos já efetuados na unidade de manejo e vinculados ao processo de licitação para concessão, realizados pelo poder concedente ou com a sua autorização, estarão à disposição dos interessados.

§ 1º O edital de licitação indicará os itens, entre os especificados no caput deste artigo, e seus respectivos valores, que serão ressarcidos pelo vencedor da licitação.

§ 2º As empresas de pequeno porte, microempresas e associações de comunidades locais ficarão dispensadas do ressarcimento previsto no § 1º deste artigo.

Art. 25. É assegurado a qualquer pessoa o acesso aos contratos, decisões ou pareceres relativos à licitação ou às próprias concessões.

Seção VIII
Dos Critérios de Seleção

Art. 26. No julgamento da licitação, a melhor proposta será considerada em razão da combinação dos seguintes critérios:

I - o maior preço ofertado como pagamento ao poder concedente pela outorga da concessão florestal;

II - a melhor técnica, considerando:

a) o menor impacto ambiental;

b) os maiores benefícios sociais diretos;

c) a maior eficiência;

d) a maior agregação de valor ao produto ou serviço florestal na região da concessão.

§ 1º A aplicação dos critérios descritos nos incisos I e II do caput deste artigo será previamente estabelecida no edital de licitação, com regras e fórmulas precisas para avaliação ambiental, econômica, social e financeira.

§ 2º Para fins de aplicação do disposto no inciso II do caput deste artigo, o edital de licitação conterá parâmetros e exigências para formulação de propostas técnicas.

§ 3º O poder concedente recusará propostas manifestamente inexeqüíveis ou financeiramente incompatíveis com os objetivos da licitação.

Seção IX
Do Contrato de Concessão

Art. 27. Para cada unidade de manejo licitada, será assinado um contrato de concessão exclusivo com um único concessionário, que será responsável por todas as obrigações nele previstas, além de responder pelos prejuízos causados ao poder concedente, ao meio ambiente ou a terceiros, sem que a fiscalização exercida pelos órgãos competentes exclua ou atenue essa responsabilidade.

§ 1º Sem prejuízo da responsabilidade a que se refere o caput deste artigo, o concessionário poderá contratar terceiros para o desenvolvimento de atividades inerentes ou subsidiárias ao manejo florestal sustentável dos produtos e à exploração dos serviços florestais concedidos.

§ 2º As contratações, inclusive de mão-de-obra, feitas pelo concessionário serão regidas pelo direito privado, não se estabelecendo qualquer relação jurídica entre os terceiros contratados pelo concessionário e o poder concedente.

§ 3º A execução das atividades contratadas com terceiros pressupõe o cumprimento das normas regulamentares relacionadas a essas atividades.

§ 4º É vedada a subconcessão na concessão florestal.

Art. 28. A transferência do controle societário do concessionário sem prévia anuência do poder concedente implicará a rescisão do contrato e a aplicação das sanções contratuais, sem prejuízo da execução das garantias oferecidas.

Parágrafo único. Para fins de obtenção da anuência referida no caput deste artigo, o pretendente deverá:

I - atender às exigências da habilitação estabelecidas para o concessionário;

II - comprometer-se a cumprir todas as cláusulas do contrato em vigor.

Art. 29. Nos contratos de financiamento, os concessionários poderão oferecer em garantia os direitos emergentes da concessão, até o limite que não comprometa a operacionalização e a continuidade da execução, pelo concessionário, do PMFS ou das demais atividades florestais.

Parágrafo único. O limite previsto no caput deste artigo será definido pelo órgão gestor.

Art. 30. São cláusulas essenciais do contrato de concessão as relativas:

I - ao objeto, com a descrição dos produtos e dos serviços a serem explorados e da unidade de manejo;

II - ao prazo da concessão;

III - ao prazo máximo para o concessionário iniciar a execução do PMFS;

IV - ao modo, à forma, às condições e aos prazos da realização das auditorias florestais;

V - ao modo, à forma e às condições de exploração de serviços e prática do manejo florestal;

VI - aos critérios, aos indicadores, às fórmulas e aos parâmetros definidores da qualidade do meio ambiente;

VII - aos critérios máximos e mínimos de aproveitamento dos recursos florestais;

VIII - às ações de melhoria e recuperação ambiental na área da concessão e seu entorno assumidas pelo concessionário;

IX - às ações voltadas ao benefício da comunidade local assumidas pelo concessionário;

X - aos preços e aos critérios e procedimentos para reajuste e revisão;

XI - aos direitos e às obrigações do poder concedente e do concessionário, inclusive os relacionados a necessidades de alterações futuras e modernização, aperfeiçoamento e ampliação dos equipamentos, infra-estrutura e instalações;

XII - às garantias oferecidas pelo concessionário;

XIII - à forma de monitoramento e avaliação das instalações, dos equipamentos, dos métodos e práticas de execução do manejo florestal sustentável e exploração de serviços;

XIV - às penalidades contratuais e administrativas a que se sujeita o concessionário e sua forma de aplicação;

XV - aos casos de extinção do contrato de concessão;

XVI - aos bens reversíveis;

XVII - às condições para revisão e prorrogação;

XVIII - à obrigatoriedade, à forma e à periodicidade da prestação de contas do concessionário ao poder concedente;

XIX - aos critérios de bonificação para o concessionário que atingir melhores índices de desempenho socioambiental que os previstos no contrato, conforme regulamento;

XX - ao foro e ao modo amigável de solução das divergências contratuais.

§ 1º No exercício da fiscalização, o órgão gestor terá acesso aos dados relativos à administração, contabilidade, recursos técnicos, econômicos e financeiros do concessionário, respeitando-se os limites do sigilo legal ou constitucionalmente previsto.

§ 2º Sem prejuízo das atribuições dos órgãos do Sisnama responsáveis pelo controle e fiscalização ambiental, o órgão gestor poderá suspender a execução de atividades desenvolvidas em desacordo com o contrato de concessão, devendo, nessa hipótese, determinar a imediata correção das irregularidades identificadas.

§ 3º A suspensão de que trata o § 2º deste artigo não isenta o concessionário do cumprimento das demais obrigações contratuais.

§ 4º As obrigações previstas nos incisos V a IX do caput deste artigo são de relevante interesse ambiental, para os efeitos do art. 68 da Lei nº 9.605, de 12 de fevereiro de 1998.

Art. 31. Incumbe ao concessionário:

I - elaborar e executar o PMFS, conforme previsto nas normas técnicas aplicáveis e especificações do contrato;

II - evitar ações ou omissões passíveis de gerar danos ao ecossistema ou a qualquer de seus elementos;

III - informar imediatamente a autoridade competente no caso de ações ou omissões próprias ou de terceiros ou fatos que acarretem danos ao ecossistema, a qualquer de seus elementos ou às comunidades locais;

IV - recuperar as áreas degradadas, quando identificado o nexo de causalidade entre suas ações ou omissões e os danos ocorridos, independentemente de culpa ou dolo, sem prejuízo das responsabilidades contratuais, administrativas, civis ou penais;

V - cumprir e fazer cumprir as normas de manejo florestal, as regras de exploração de serviços e as cláusulas contratuais da concessão;

VI - garantir a execução do ciclo contínuo, iniciada dentro do prazo máximo fixado no edital;

VII - buscar o uso múltiplo da floresta, nos limites contratualmente definidos e observadas as restrições aplicáveis às áreas de preservação permanente e as demais exigências da legislação ambiental;

VIII - realizar as benfeitorias necessárias na unidade de manejo;

IX - executar as atividades necessárias à manutenção da unidade de manejo e da infra-estrutura;

X - comercializar o produto florestal auferido do manejo;

XI - executar medidas de prevenção e controle de incêndios;

XII - monitorar a execução do PMFS;

XIII - zelar pela integridade dos bens e benfeitorias vinculados à unidade de manejo concedida;

XIV - manter atualizado o inventário e o registro dos bens vinculados à concessão;

XV - elaborar e disponibilizar o relatório anual sobre a gestão dos recursos florestais ao órgão gestor, nos termos definidos no contrato;

XVI - permitir amplo e irrestrito acesso aos encarregados da fiscalização e auditoria, a qualquer momento, às obras, aos equipamentos e às instalações da unidade de manejo, bem como à documentação necessária para o exercício da fiscalização;

XVII - realizar os investimentos ambientais e sociais definidos no contrato de concessão.

§ 1º As benfeitorias permanentes reverterão sem ônus ao titular da área ao final do contrato de concessão, ressalvados os casos previstos no edital de licitação e no contrato de concessão.

§ 2º Como requisito indispensável para o início das operações de exploração de produtos e serviços florestais, o concessionário deverá contar com o PMFS aprovado pelo órgão competente do Sisnama.

§ 3º Findo o contrato de concessão, o concessionário fica obrigado a devolver a unidade de manejo ao poder concedente nas condições previstas no contrato de concessão, sob pena de aplicação das devidas sanções contratuais e administrativas, bem como da responsabilização nas esferas penal e civil, inclusive a decorrente da Lei nº 6.938, de 31 de agosto de 1981.

Art. 32. O PMFS deverá apresentar área geograficamente delimitada destinada à reserva absoluta, representativa dos ecossistemas florestais manejados, equivalente a, no mínimo, 5% (cinco por cento) do total da área concedida, para conservação da biodiversidade e avaliação e monitoramento dos impactos do manejo florestal.

§ 1º Para efeito do cálculo do percentual previsto no caput deste artigo, não serão computadas as áreas de preservação permanente.

§ 2º A área de reserva absoluta não poderá ser objeto de qualquer tipo de exploração econômica.

§ 3º A área de reserva absoluta poderá ser definida pelo órgão gestor previamente à elaboração do PMFS.

Art. 33. Para fins de garantir o direito de acesso às concessões florestais por pessoas jurídicas de pequeno porte, micro e médias empresas, serão definidos no Paof, nos termos de regulamento, lotes de concessão, contendo várias unidades de manejo de tamanhos diversos, estabelecidos com base em critérios técnicos, que deverão considerar as condições e as necessidades do setor florestal, as peculiaridades regionais, a estrutura das cadeias produtivas, as infra-estruturas locais e o acesso aos mercados.

Art. 34. Sem prejuízo da legislação pertinente à proteção da concorrência e de outros requisitos estabelecidos em regulamento, deverão ser observadas as seguintes salvaguardas para evitar a concentração econômica:

I - em cada lote de concessão florestal, não poderão ser outorgados a cada concessionário, individualmente ou em consórcio, mais de 2 (dois) contratos;

II - cada concessionário, individualmente ou em consórcio, terá um limite percentual máximo de área de concessão florestal, definido no Paof.

Parágrafo único. O limite previsto no inciso II do caput deste artigo será aplicado sobre o total da área destinada à concessão florestal pelo Paof e pelos planos anuais de outorga em execução aprovados nos anos anteriores.

Art. 35. O prazo dos contratos de concessão florestal será estabelecido de acordo com o ciclo de colheita ou exploração, considerando o produto ou grupo de produtos com ciclo mais longo incluído no objeto da concessão, podendo ser fixado prazo equivalente a, no mínimo, um ciclo e, no máximo, 40 (quarenta) anos.

Parágrafo único. O prazo dos contratos de concessão exclusivos para exploração de serviços florestais será de, no mínimo, 5 (cinco) e, no máximo, 20 (vinte) anos.

Seção X
Dos Preços Florestais

Art. 36. O regime econômico e financeiro da concessão florestal, conforme estabelecido no respectivo contrato, compreende:

I - o pagamento de preço calculado sobre os custos de realização do edital de licitação da concessão florestal da unidade de manejo;

II - o pagamento de preço, não inferior ao mínimo definido no edital de licitação, calculado em função da quantidade de produto ou serviço auferido do objeto da concessão ou do faturamento líquido ou bruto;

III - a responsabilidade do concessionário de realizar outros investimentos previstos no edital e no contrato;

IV - a indisponibilidade, pelo concessionário, salvo disposição contratual, dos bens considerados reversíveis.

§ 1º O preço referido no inciso I do caput deste artigo será definido no edital de licitação e poderá ser parcelado em até 1 (um) ano, com base em critérios técnicos e levando-se em consideração as peculiaridades locais.

§ 2º A definição do preço mínimo no edital deverá considerar:

I - o estímulo à competição e à concorrência;

II - a garantia de condições de competição do manejo em terras privadas;

III - a cobertura dos custos do sistema de outorga;

IV - a geração de benefícios para a sociedade, aferidos inclusive pela renda gerada;

V - o estímulo ao uso múltiplo da floresta;

VI - a manutenção e a ampliação da competitividade da atividade de base florestal;

VII - as referências internacionais aplicáveis.

§ 3º Será fixado, nos termos de regulamento, valor mínimo a ser exigido anualmente do concessionário, independentemente da produção ou dos valores por ele auferidos com a exploração do objeto da concessão.

§ 4º O valor mínimo previsto no § 3º deste artigo integrará os pagamentos anuais devidos pelo concessionário para efeito do pagamento do preço referido no inciso II do caput deste artigo.

§ 5º A soma dos valores pagos com base no § 3º deste artigo não poderá ser superior a 30% (trinta por cento) do preço referido no inciso II do caput deste artigo.

Art. 37. O preço referido no inciso II do caput do art. 36 desta Lei compreende:

I - o valor estabelecido no contrato de concessão;

II - os valores resultantes da aplicação dos critérios de revisão ou de reajuste, nas condições do respectivo contrato, definidos em ato específico do órgão gestor.

Parágrafo único. A divulgação do ato a que se refere o inciso II do caput deste artigo deverá preceder a data de pagamento do preço em, no mínimo, 30 (trinta) dias.

Art. 38. O contrato de concessão referido no art. 27 desta Lei poderá prever o compromisso de investimento mínimo anual do concessionário, destinado à modernização da execução dos PMFS, com vistas na sua sustentabilidade.

Art. 39. Os recursos financeiros oriundos dos preços da concessão florestal de unidades localizadas em áreas de domínio da União serão distribuídos da seguinte forma:

I - o valor referido no § 3º do art. 36 desta Lei será destinado:

a) 70% (setenta por cento) ao órgão gestor para a execução de suas atividades;

b) 30% (trinta por cento) ao Instituto Brasileiro do Meio Ambiente e dos Recursos Naturais Renováveis - IBAMA, para utilização restrita em atividades de controle e fiscalização ambiental de atividades florestais, de unidades de conservação e do desmatamento;

II - o preço pago, excluído o valor mencionado no inciso I do caput deste artigo, terá a seguinte destinação:

a) Estados: 30% (trinta por cento), destinados proporcionalmente à distribuição da floresta pública outorgada em suas respectivas jurisdições, para o apoio e promoção da utilização sustentável dos recursos florestais, sempre que o ente beneficiário cumprir com a finalidade deste aporte;

b) Municípios: 30% (trinta por cento), destinados proporcionalmente à distribuição da floresta pública outorgada em suas respectivas jurisdições, para o apoio e promoção da utilização sustentável dos recursos florestais, sempre que o ente beneficiário cumprir com a finalidade deste aporte;

c) Fundo Nacional de Desenvolvimento Florestal - FNDF: 40% (quarenta por cento).

§ 1º Quando os recursos financeiros forem oriundos dos preços da concessão florestal de unidades localizadas em florestas nacionais criadas pela União nos termos do art. 17 da Lei nº 9.985, de 18 de julho de 2000, serão distribuídos da seguinte forma:

I - o valor referido no § 3º do art. 36 desta Lei será destinado ao órgão gestor para a execução de suas atividades;

II - o preço pago, excluído o valor mencionado no inciso I do caput deste artigo, terá a seguinte destinação:

a) Instituto Chico Mendes: 40% (quarenta por cento), para utilização restrita na gestão das unidades de conservação de uso sustentável;

b) Estados: 20% (vinte por cento), destinados proporcionalmente à distribuição da floresta pública outorgada em suas respectivas jurisdições, para o apoio e promoção da utilização sustentável dos recursos florestais, sempre que o ente beneficiário cumprir com a finalidade deste aporte;

c) Municípios: 20% (vinte por cento), destinados proporcionalmente à distribuição da floresta pública outorgada em suas respectivas jurisdições, para o apoio e promoção da utilização sustentável dos recursos florestais, sempre que o ente beneficiário cumprir com a finalidade deste aporte;

d) FNDF: 20% (vinte por cento).

§ 2º (VETADO)

§ 3º O repasse dos recursos a Estados e Municípios previsto neste artigo será condicionado à instituição de conselho de meio ambiente pelo respectivo ente federativo, com participação social, e à aprovação, por este conselho:

I - do cumprimento das metas relativas à aplicação desses recursos referentes ao ano anterior;

II - da programação da aplicação dos recursos do ano em curso.

Art. 40. Os recursos financeiros oriundos dos preços de cada concessão florestal da União serão depositados e movimentados exclusivamente por intermédio dos mecanismos da conta única do Tesouro Nacional, na forma do regulamento.

§ 1º O Tesouro Nacional, trimestralmente, repassará aos Estados e Municípios os recursos recebidos de acordo com o previsto nas alíneas a e b do inciso II do caput e nas alíneas b e c do inciso II do § 1º, ambos do art. 39 desta Lei.

§ 2º O Órgão Central de Contabilidade da União editará as normas gerais relativas à consolidação das contas públicas aplicáveis aos recursos financeiros oriundos da concessão florestal e à sua distribuição.

Seção XI
Do Fundo Nacional de Desenvolvimento Florestal

Art. 41. Fica criado o Fundo Nacional de Desenvolvimento Florestal - FNDF, de natureza contábil, gerido pelo órgão gestor federal, destinado a fomentar o desenvolvimento de atividades sustentáveis de base florestal no Brasil e a promover a inovação tecnológica do setor.

§ 1º Os recursos do FNDF serão aplicados prioritariamente em projetos nas seguintes áreas:

I - pesquisa e desenvolvimento tecnológico em manejo florestal;

II - assistência técnica e extensão florestal;

III - recuperação de áreas degradadas com espécies nativas;

IV - aproveitamento econômico racional e sustentável dos recursos florestais;

V - controle e monitoramento das atividades florestais e desmatamentos;

VI - capacitação em manejo florestal e formação de agentes multiplicadores em atividades florestais;

VII - educação ambiental;

VIII - proteção ao meio ambiente e conservação dos recursos naturais.

§ 2º O FNDF contará com um conselho consultivo, com participação dos entes federativos e da sociedade civil, com a função de opinar sobre a distribuição dos seus recursos e a avaliação de sua aplicação.

§ 3º Aplicam-se aos membros do conselho de que trata o § 2º deste artigo as restrições previstas no art. 59 desta Lei.

§ 4º Adicionalmente aos recursos previstos na alínea c do inciso II do caput e na alínea d do inciso II do § 1º, ambos do art. 39 desta Lei, constituem recursos do FNDF a reversão dos saldos anuais não aplicados, doações realizadas por entidades nacionais ou internacionais, públicas ou privadas, e outras fontes de recursos que lhe forem especificamente destinadas, inclusive orçamentos compartilhados com outros entes da Federação.

§ 5º É vedada ao FNDF a prestação de garantias.

§ 6º Será elaborado plano anual de aplicação regionalizada dos recursos do FNDF, devendo o relatório de sua execução integrar o relatório anual de que trata o § 2º do art. 53 desta Lei, no âmbito da União.

§ 7º Os recursos do FNDF somente poderão ser destinados a projetos de órgãos e entidades públicas, ou de entidades privadas sem fins lucrativos.

§ 8º A aplicação dos recursos do FNDF nos projetos de que trata o inciso I do § 1º deste artigo será feita prioritariamente em entidades públicas de pesquisa.

§ 9º A aplicação dos recursos do FNDF nos projetos de que trata o § 1º deste artigo poderá abranger comunidades indígenas, sem prejuízo do atendimento de comunidades locais e outros beneficiários e observado o disposto no § 7º deste artigo.

Seção XII
Das Auditorias Florestais

Art. 42. Sem prejuízo das ações de fiscalização ordinárias, as concessões serão submetidas a auditorias florestais, de caráter independente, em prazos não superiores a 3 (três) anos, cujos custos serão de responsabilidade do concessionário.

§ 1º Em casos excepcionais, previstos no edital de licitação, nos quais a escala da atividade florestal torne inviável o pagamento dos custos das auditorias florestais pelo concessionário, o órgão gestor adotará formas alternativas de realização das auditorias, conforme regulamento.

§ 2º As auditorias apresentarão suas conclusões em um dos seguintes termos:

I - constatação de regular cumprimento do contrato de concessão, a ser devidamente validada pelo órgão gestor;

II - constatação de deficiências sanáveis, que condiciona a manutenção contratual ao saneamento de todos os vícios e irregularidades verificados, no prazo máximo de 6 (seis) meses;

III - constatação de descumprimento, que, devidamente validada, implica a aplicação de sanções segundo sua gravidade, incluindo a rescisão contratual, conforme esta Lei.

§ 3º As entidades que poderão realizar auditorias florestais serão reconhecidas em ato administrativo do órgão gestor.

Art. 43. Qualquer pessoa física ou jurídica, de forma justificada e devidamente assistida por profissionais habilitados, poderá fazer visitas de comprovação às operações florestais de campo, sem obstar o regular desenvolvimento das atividades, observados os seguintes requisitos:

I - prévia obtenção de licença de visita no órgão gestor;

II - programação prévia com o concessionário.

Seção XIII

Da Extinção da Concessão

Art. 44. Extingue-se a concessão florestal por qualquer das seguintes causas:

I - esgotamento do prazo contratual;

II - rescisão;

III - anulação;

IV - falência ou extinção do concessionário e falecimento ou incapacidade do titular, no caso de empresa individual;

V - desistência e devolução, por opção do concessionário, do objeto da concessão.

§ 1º Extinta a concessão, retornam ao titular da floresta pública todos os bens reversíveis, direitos e privilégios transferidos ao concessionário, conforme previsto no edital e estabelecido em contrato.

§ 2º A extinção da concessão autoriza, independentemente de notificação prévia, a ocupação das instalações e a utilização, pelo titular da floresta pública, de todos os bens reversíveis.

§ 3º A extinção da concessão pelas causas previstas nos incisos II, IV e V do caput deste artigo autoriza o poder concedente a executar as garantias contratuais, sem prejuízo da responsabilidade civil por danos ambientais prevista na Lei nº 6.938, de 31 de agosto de 1981.

§ 4º A devolução de áreas não implicará ônus para o poder concedente, nem conferirá ao concessionário qualquer direito de indenização pelos bens reversíveis, os quais passarão à propriedade do poder concedente.

§ 5º Em qualquer caso de extinção da concessão, o concessionário fará, por sua conta exclusiva, a remoção dos equipamentos e bens que não sejam objetos de reversão, ficando obrigado a reparar ou indenizar os danos decorrentes de suas atividades e praticar os atos de recuperação ambiental determinados pelos órgãos competentes.

Art. 45. A inexecução total ou parcial do contrato acarretará, a critério do poder concedente, a rescisão da concessão, a aplicação das sanções contratuais e a execução das garantias, sem prejuízo da responsabilidade civil por danos ambientais prevista na Lei nº 6.938, de 31 de agosto de 1981, e das devidas sanções nas esferas administrativa e penal.

§ 1º A rescisão da concessão poderá ser efetuada unilateralmente pelo poder concedente, quando:

I - o concessionário descumprir cláusulas contratuais ou disposições legais e regulamentares concernentes à concessão;

II - o concessionário descumprir o PMFS, de forma que afete elementos essenciais de proteção do meio ambiente e a sustentabilidade da atividade;

III - o concessionário paralisar a execução do PMFS por prazo maior que o previsto em contrato, ressalvadas as hipóteses decorrentes de caso fortuito ou força maior, ou as que, com anuência do órgão gestor, visem à proteção ambiental;

IV - descumprimento, total ou parcial, da obrigação de pagamento dos preços florestais;

V - o concessionário perder as condições econômicas, técnicas ou operacionais para manter a regular execução do PMFS;

VI - o concessionário não cumprir as penalidades impostas por infrações, nos devidos prazos;

VII - o concessionário não atender a notificação do órgão gestor no sentido de regularizar o exercício de suas atividades;

VIII - o concessionário for condenado em sentença transitada em julgado por crime contra o meio ambiente ou a ordem tributária, ou por crime previdenciário;

IX - ocorrer fato superveniente de relevante interesse público que justifique a rescisão, mediante lei autorizativa específica, com indenização das parcelas de investimento ainda não amortizadas vinculadas aos bens reversíveis que tenham sido realizados;

X - o concessionário submeter trabalhadores a condições degradantes de trabalho ou análogas à de escravo ou explorar o trabalho de crianças e adolescentes.

§ 2º A rescisão do contrato de concessão deverá ser precedida da verificação de processo administrativo, assegurado o direito de ampla defesa.

§ 3º Não será instaurado processo administrativo de inadimplência antes da notificação do concessionário e a fixação de prazo para correção das falhas e transgressões apontadas.

§ 4º Instaurado o processo administrativo e comprovada a inadimplência, a rescisão será efetuada por ato do poder concedente, sem prejuízo da responsabilização administrativa, civil e penal.

§ 5º Rescindido o contrato de concessão, não resultará para o órgão gestor qualquer espécie de responsabilidade em relação aos encargos, ônus, obrigações ou compromissos com terceiros ou com empregados do concessionário.

§ 6º O Poder Público poderá instituir seguro para cobertura da indenização prevista no inciso IX do § 1º deste artigo.

Art. 46. Desistência é o ato formal, irrevogável e irretratável pelo qual o concessionário manifesta seu desinteresse pela continuidade da concessão.

§ 1º A desistência é condicionada à aceitação expressa do poder concedente, e dependerá de avaliação prévia do órgão competente para determinar o cumprimento ou não do PMFS, devendo assumir o desistente o custo dessa avaliação e, conforme o caso, as obrigações emergentes.

§ 2º A desistência não desonerará o concessionário de suas obrigações com terceiros.

Art. 47. O contrato de concessão poderá ser rescindido por iniciativa do concessionário, no caso de descumprimento das normas contratuais pelo poder concedente, mediante ação judicial especialmente intentada para esse fim.

Seção XIV

Das Florestas Nacionais, Estaduais e Municipais

Art. 48. As concessões em florestas nacionais, estaduais e municipais devem observar o disposto nesta Lei, na Lei nº 9.985, de 18 de julho de 2000, e no plano de manejo da unidade de conservação.

§ 1º A inserção de unidades de manejo das florestas nacionais, estaduais e municipais no Paof requer prévia autorização do órgão gestor da unidade de conservação.

§ 2º Os recursos florestais das unidades de manejo de florestas nacionais, estaduais e municipais somente serão objeto de concessão após aprovação do plano de manejo da unidade de conservação, nos termos da Lei nº 9.985, de 18 de julho de 2000.

§ 3º Para a elaboração do edital e do contrato de concessão florestal das unidades de manejo em florestas nacionais, estaduais e municipais, ouvir-se-á o respectivo conselho consultivo, constituído nos termos do art. 17, § 5º, da Lei nº 9.985, de 18 de julho de 2000, o qual acompanhará todas as etapas do processo de outorga.

TÍTULO III

DOS ÓRGÃOS RESPONSÁVEIS PELA GESTÃO E FISCALIZAÇÃO

CAPÍTULO I

DO PODER CONCEDENTE

Art. 49. Cabe ao poder concedente, no âmbito de sua competência, formular as estratégias, políticas, planos e programas para a gestão de florestas públicas e, especialmente:

I - definir o Paof;

II - ouvir o órgão consultivo sobre a adoção de ações de gestão de florestas públicas, bem como sobre o Paof;

III - definir as áreas a serem submetidas à concessão florestal;

IV - estabelecer os termos de licitação e os critérios de seleção;

V - publicar editais, julgar licitações, promover os demais procedimentos licitatórios, definir os critérios para formalização dos contratos para o manejo florestal sustentável e celebrar os contratos de concessão florestal;

VI – planejar ações voltadas à disciplina do mercado no setor florestal, quando couber.

§ 1º No exercício da competência referida nos incisos IV e V do caput deste artigo, o poder concedente poderá delegar ao órgão gestor a operacionalização dos procedimentos licitatórios e a celebração de contratos, nos termos do regulamento.

§ 2º No âmbito federal, o Ministério do Meio Ambiente exercerá as competências definidas neste artigo.

CAPÍTULO II
DOS ÓRGÃOS DO SISNAMA RESPONSÁVEIS PELO CONTROLE E FISCALIZAÇÃO AMBIENTAL

Art. 50. Caberá aos órgãos do Sisnama responsáveis pelo controle e fiscalização ambiental das atividades florestais em suas respectivas jurisdições:

I – fiscalizar e garantir a proteção das florestas públicas;

II – efetuar em qualquer momento, de ofício, por solicitação da parte ou por denúncia de terceiros, fiscalização da unidade de manejo, independentemente de prévia notificação;

III – aplicar as devidas sanções administrativas em caso de infração ambiental;

IV – expedir a licença prévia para uso sustentável da unidade de manejo das respectivas florestas públicas e outras licenças de sua competência;

V – aprovar e monitorar o PMFS da unidade de manejo das respectivas florestas públicas.

§ 1º Em âmbito federal, o Ibama exercerá as atribuições previstas neste artigo.

§ 2º O Ibama deve estruturar formas de atuação conjunta com os órgãos seccionais e locais do Sisnama para a fiscalização e proteção das florestas públicas, podendo firmar convênios ou acordos de cooperação.

§ 3º Os órgãos seccionais e locais podem delegar ao IBAMA, mediante convênio ou acordo de cooperação, a aprovação e o monitoramento do PMFS das unidades de manejo das florestas públicas estaduais ou municipais e outras atribuições.

CAPÍTULO III
DO ÓRGÃO CONSULTIVO

Art. 51. Sem prejuízo das atribuições do Conselho Nacional do Meio Ambiente – CONAMA, fica instituída a Comissão de Gestão de Florestas Públicas, no âmbito do Ministério do Meio Ambiente, de natureza consultiva, com as funções de exercer, na esfera federal, as atribuições de órgão consultivo previstas por esta Lei e, especialmente:

I – assessorar, avaliar e propor diretrizes para gestão de florestas públicas da União;

II – manifestar-se sobre o Paof da União;

III – exercer as atribuições de órgão consultivo do SFB.

Parágrafo único. Os Estados, o Distrito Federal e os Municípios disporão sobre o órgão competente para exercer as atribuições de que trata este Capítulo nas respectivas esferas de atuação.

Art. 52. A Comissão de Gestão de Florestas Públicas será composta por representantes do Poder Público, dos empresários, dos trabalhadores, da comunidade científica, dos movimentos sociais e das organizações não governamentais, e terá sua composição e seu funcionamento definidos em regulamento.

Parágrafo único. Os membros da Comissão de Gestão de Florestas Públicas exercem função não remunerada de interesse público relevante, com precedência, na esfera federal, sobre quaisquer cargos públicos de que sejam titulares e, quando convocados, farão jus a transporte e diárias.

CAPÍTULO IV
DO ÓRGÃO GESTOR

Art. 53. Caberá aos órgãos gestores federal, estaduais e municipais, no âmbito de suas competências:

I – elaborar proposta de Paof, a ser submetida ao poder concedente;

II – disciplinar a operacionalização da concessão florestal;

III – solicitar ao órgão ambiental competente a licença prévia prevista no art. 18 desta Lei;

IV – elaborar inventário amostral, relatório ambiental preliminar e outros estudos;

V – publicar editais, julgar licitações, promover os demais procedimentos licitatórios, inclusive audiência e consulta pública, definir os critérios para formalização dos contratos e celebrá-los com concessionários de manejo florestal sustentável, quando delegado pelo poder concedente;

VI – gerir e fiscalizar os contratos de concessão florestal;

VII – dirimir, no âmbito administrativo, as divergências entre concessionários, produtores independentes e comunidades locais;

VIII – controlar e cobrar o cumprimento das metas fixadas no contrato de concessão;

IX - fixar os critérios para cálculo dos preços de que trata o art. 36 desta Lei e proceder à sua revisão e reajuste na forma desta Lei, das normas pertinentes e do contrato;

X - cobrar e verificar o pagamento dos preços florestais e distribuí-los de acordo com esta Lei;

XI - acompanhar e intervir na execução do PMFS, nos casos e condições previstos nesta Lei;

XII - fixar e aplicar as penalidades administrativas e contratuais impostas aos concessionários, sem prejuízo das atribuições dos órgãos do Sisnama responsáveis pelo controle e fiscalização ambiental;

XIII - indicar ao poder concedente a necessidade de extinção da concessão, nos casos previstos nesta Lei e no contrato;

XIV - estimular o aumento da qualidade, produtividade, rendimento e conservação do meio ambiente nas áreas sob concessão florestal;

XV - dispor sobre a realização de auditorias florestais independentes, conhecer seus resultados e adotar as medidas cabíveis, conforme o resultado;

XVI - disciplinar o acesso às unidades de manejo;

XVII - atuar em estreita cooperação com os órgãos de defesa da concorrência, com vistas em impedir a concentração econômica nos serviços e produtos florestais e na promoção da concorrência;

XVIII - incentivar a competitividade e zelar pelo cumprimento da legislação de defesa da concorrência, monitorando e acompanhando as práticas de mercado dos agentes do setor florestal;

XIX - efetuar o controle prévio e a posteriori de atos e negócios jurídicos a serem celebrados entre concessionários, impondo-lhes restrições à mútua constituição de direitos e obrigações, especialmente comerciais, incluindo a abstenção do próprio ato ou contrato ilegal;

XX - conhecer e julgar recursos em procedimentos administrativos;

XXI - promover ações para a disciplina dos mercados de produtos florestais e seus derivados, em especial para controlar a competição de produtos florestais de origem não sustentável;

XXII - reconhecer em ato administrativo as entidades que poderão realizar auditorias florestais;

XXIII - estimular a agregação de valor ao produto florestal na região em que for explorado.

§ 1º Compete ao órgão gestor a guarda das florestas públicas durante o período de pousio entre uma concessão e outra ou, quando por qualquer motivo, houver extinção do contrato de concessão.

§ 2º O órgão gestor deverá encaminhar ao poder concedente, ao Poder Legislativo e ao conselho de meio ambiente, nas respectivas esferas de governo, relatório anual sobre as concessões outorgadas, o valor dos preços florestais, a situação de adimplemento dos concessionários, os PMFS e seu estado de execução, as vistorias e auditorias florestais realizadas e os respectivos resultados, assim como as demais informações relevantes sobre o efetivo cumprimento dos objetivos da gestão de florestas públicas.

§ 3º O relatório previsto no § 2º deste artigo relativo às concessões florestais da União deverá ser encaminhado ao Conama e ao Congresso Nacional até 31 de março de cada ano.

§ 4º Caberá ao Conama, considerando as informações contidas no relatório referido no § 3º deste artigo, manifestar-se sobre a adequação do sistema de concessões florestais e de seu monitoramento e sugerir os aperfeiçoamentos necessários.

§ 5º Os Estados, o Distrito Federal e os Municípios disporão sobre o órgão competente para exercer as atribuições de que trata este Capítulo nas respectivas esferas de atuação.

TÍTULO IV
DO SERVIÇO FLORESTAL BRASILEIRO

CAPÍTULO I
DA CRIAÇÃO DO SERVIÇO FLORESTAL BRASILEIRO

Art. 54. Fica criado, na estrutura básica do Ministério do Meio Ambiente, o Serviço Florestal Brasileiro - SFB.

Art. 55. O SFB atua exclusivamente na gestão das florestas públicas e tem por competência:

I - exercer a função de órgão gestor prevista no art. 53 desta Lei, no âmbito federal, bem como de órgão gestor do FNDF;

II - apoiar a criação e gestão de programas de treinamento, capacitação, pesquisa e assistência técnica para a implementação de atividades florestais, incluindo manejo florestal, processamento de produtos florestais e exploração de serviços florestais;

III - estimular e fomentar a prática de atividades florestais sustentáveis madeireira, não madeireira e de serviços;

IV - promover estudos de mercado para produtos e serviços gerados pelas florestas;

V - propor planos de produção florestal sustentável de forma compatível com as demandas da sociedade;

VI - criar e manter o Sistema Nacional de Informações Florestais integrado ao Sistema Nacional de Informações sobre o Meio Ambiente;

VII - gerenciar o Cadastro Nacional de Florestas Públicas, exercendo as seguintes funções:

a) organizar e manter atualizado o Cadastro-Geral de Florestas Públicas da União;

b) adotar as providências necessárias para interligar os cadastros estaduais e municipais ao Cadastro Nacional;

VIII - apoiar e atuar em parceria com os seus congêneres estaduais e municipais.

§ 1º No exercício de suas atribuições, o SFB promoverá a articulação com os Estados, o Distrito Federal e os Municípios, para a execução de suas atividades de forma compatível com as diretrizes nacionais de planejamento para o setor florestal e com a Política Nacional do Meio Ambiente.

§ 2º Para a concessão das florestas públicas sob a titularidade dos outros entes da Federação, de órgãos e empresas públicas e de associações de comunidades locais, poderão ser firmados convênios com o Ministério do Meio Ambiente, representado pelo SFB.

§ 3º As atribuições previstas nos incisos II a V do caput deste artigo serão exercidas sem prejuízo de atividades desenvolvidas por outros órgãos e entidades da Administração Pública federal que atuem no setor.

CAPÍTULO II
DA ESTRUTURA ORGANIZACIONAL E GESTÃO DO SERVIÇO FLORESTAL BRASILEIRO

Seção I
Do Conselho Diretor

Art. 56. O Poder Executivo disporá sobre a estrutura organizacional e funcionamento do SFB, observado o disposto neste artigo.

§ 1º O SFB será dirigido por um Conselho Diretor, composto por um Diretor-Geral e 4 (quatro) diretores, em regime de colegiado, ao qual caberá:

I - exercer a administração do SFB;

II - examinar, decidir e executar ações necessárias ao cumprimento das competências do SFB;

III - editar normas sobre matérias de competência do SFB;

IV - aprovar o regimento interno do SFB, a organização, a estrutura e o âmbito decisório de cada diretoria;

V - elaborar e divulgar relatórios sobre as atividades do SFB;

VI - conhecer e julgar pedidos de reconsideração de decisões de componentes das diretorias do SFB.

§ 2º As decisões relativas às atribuições do SFB são tomadas pelo Conselho Diretor, por maioria absoluta de votos.

Art. 57. O SFB terá, em sua estrutura, unidade de assessoramento jurídico, observada a legislação pertinente.

Art. 58. O Diretor-Geral e os demais membros do Conselho Diretor do SFB serão brasileiros, de reputação ilibada, experiência comprovada e elevado conceito no campo de especialidade dos cargos para os quais serão nomeados.

§ 1º (VETADO)

§ 2º O regulamento do SFB disciplinará a substituição do Diretor-Geral e os demais membros do Conselho Diretor em seus impedimentos ou afastamentos regulamentares e ainda no período de vacância que anteceder à nomeação de novo diretor.

Art. 59. Está impedido de exercer cargo de direção no SFB quem mantiver, ou tiver mantido nos 24 (vinte e quatro) meses anteriores à nomeação, os seguintes vínculos com qualquer pessoa jurídica concessionária ou com produtor florestal independente:

I - acionista ou sócio com participação individual direta superior a 1% (um por cento) no capital social ou superior a 2% (dois por cento) no capital social de empresa controladora;

II - membro do conselho de administração, fiscal ou de diretoria executiva;

III - empregado, mesmo com o contrato de trabalho suspenso, inclusive das empresas controladoras ou das fundações de previdência de que sejam patrocinadoras.

Parágrafo único. Também está impedido de exercer cargo de direção no SFB membro do conselho ou diretoria de associação ou sindicato, regional ou nacional, representativo de interesses dos agentes mencionados no caput deste artigo, ou de categoria profissional de empregados desses agentes.

Art. 60. O ex-dirigente do SFB, durante os 12 (doze) meses seguintes ao seu desligamento do cargo, estará impedido de prestar, direta ou indiretamente, independentemente da forma ou natureza do contrato, qualquer tipo de serviço às pessoas jurídicas concessionárias, sob regulamentação ou fiscalização do SFB, inclusive controladas, coligadas ou subsidiárias.

Parágrafo único. Incorre na prática de advocacia administrativa, sujeitando-se o infrator às penas previstas no art. 321 do Decreto-Lei nº 2.848, de 7 de dezembro de 1940 – Código Penal, o ex-dirigente do SFB que descumprir o disposto no caput deste artigo.

Art. 61. Os cargos em comissão e funções gratificadas do SFB deverão ser exercidos, preferencialmente, por servidores do seu quadro efetivo, aplicando-se-lhes as restrições do art. 59 desta Lei.

Seção II
Da Ouvidoria

Art. 62. O SFB contará com uma Ouvidoria, à qual competirá:

I - receber pedidos de informação e esclarecimento, acompanhar o processo interno de apuração das denúncias e reclamações afetas ao SFB e responder diretamente aos interessados, que serão cientificados, em até 30 (trinta) dias, das providências tomadas;

II - zelar pela qualidade dos serviços prestados pelo SFB e acompanhar o processo interno de apuração das denúncias e reclamações dos usuários, seja contra a atuação do SFB, seja contra a atuação dos concessionários;

III - produzir, semestralmente e quando julgar oportuno:

a) relatório circunstanciado de suas atividades e encaminhá-lo à Diretoria-Geral do SFB e ao Ministro de Estado do Meio Ambiente;

b) apreciações sobre a atuação do SFB, encaminhando-as ao Conselho Diretor, à Comissão de Gestão de Florestas Públicas, aos Ministros de Estado do Meio Ambiente, da Fazenda, do Planejamento, Orçamento e Gestão e Chefe da Casa Civil da Presidência da República, bem como às comissões de fiscalização e controle da Câmara dos Deputados e do Senado Federal, publicando-as para conhecimento geral.

§ 1º O Ouvidor atuará junto ao Conselho Diretor do SFB, sem subordinação hierárquica, e exercerá as suas atribuições sem acumulação com outras funções.

§ 2º O Ouvidor será nomeado pelo Presidente da República para mandato de 3 (três) anos, sem direito a recondução.

§ 3º O Ouvidor somente poderá perder o mandato em caso de renúncia, condenação judicial transitada em julgado ou condenação em processo administrativo disciplinar.

§ 4º O processo administrativo contra o Ouvidor somente poderá ser instaurado pelo Ministro de Estado do Meio Ambiente.

§ 5º O Ouvidor terá acesso a todos os assuntos e contará com o apoio administrativo de que necessitar.

§ 6º Aplica-se ao ex-Ouvidor o disposto no art. 60 desta Lei.

Seção III
Do Conselho Gestor

Art. 63. (VETADO)

Seção IV
Dos Servidores do SFB

Art. 64. O SFB constituirá quadro de pessoal, por meio da realização de concurso público de provas, ou de provas e títulos, ou da redistribuição de servidores de órgãos e entidades da administração federal direta, autárquica ou fundacional.

Art. 65. O SFB poderá requisitar, independentemente da designação para cargo em comissão ou função de confiança, e sem prejuízo dos vencimentos e vantagens a que façam jus no órgão de origem, servidores de órgãos e entidades integrantes da administração pública federal direta, autárquica e fundacional, observado o quantitativo máximo estabelecido em ato conjunto dos Ministros de Estado do Planejamento, Orçamento e Gestão e do Meio Ambiente.

Parágrafo único. No caso de requisição ao Ibama, ela deverá ser precedida de autorização do órgão.

Art. 66. Ficam criados 49 (quarenta e nove) cargos do Grupo Direção e Assessoramento Superiores – DAS, no âmbito do Poder Executivo Federal, para reestruturação do Ministério do Meio Ambiente, com a finalidade de integrar a estrutura do SFB, assim distribuídos:

I - 1 (um) DAS-6;

II - 4 (quatro) DAS-5;

III - 17 (dezessete) DAS-4;

IV - 10 (dez) DAS-3;

V - 9 (nove) DAS-2;

VI - 8 (oito) DAS-1.

Seção V
Da Autonomia Administrativa do SFB

Art. 67. O Poder Executivo poderá assegurar ao SFB autonomia administrativa e financeira, no grau conveniente ao exercício de suas atribuições, mediante a celebração de contrato de gestão e de desempenho, nos termos do § 8º do art. 37 da Constituição Federal, negociado e firmado entre o Ministério do Meio Ambiente e o Conselho Diretor.

§ 1º O contrato de gestão e de desempenho será o instrumento de controle da atuação administrativa do SFB e da avaliação do seu desempenho, bem como elemento integrante da sua prestação de contas, bem como do Ministério do Meio Ambiente, aplicado o disposto no art. 9º da Lei nº 8.443, de 16 de julho de 1992, sendo sua inexistência considerada falta de natureza formal, conforme disposto no inciso II do art. 16 da mesma Lei.

§ 2º O contrato de gestão e de desempenho deve estabelecer, nos programas anuais de trabalho, indicadores que permitam quantificar, de forma objetiva, a avaliação do SFB.

§ 3º O contrato de gestão e de desempenho será avaliado periodicamente e, se necessário, revisado por ocasião da renovação parcial da diretoria do SFB.

Seção VI
Da Receita e do Acervo do Serviço
Florestal Brasileiro

Art. 68. Constituem receitas do SFB:

I – recursos oriundos da cobrança dos preços de concessão florestal, conforme destinação prevista na alínea *a* do inciso I do caput e no inciso I do § 1º, ambos do art. 39 desta Lei, além de outros referentes ao contrato de concessão, incluindo os relativos aos custos do edital de licitação e os recursos advindos de aplicação de penalidades contratuais;

II – recursos ordinários do Tesouro Nacional, consignados no Orçamento Fiscal da União e em seus créditos adicionais, transferências e repasses que lhe forem conferidos;

III – produto da venda de publicações, material técnico, dados e informações, inclusive para fins de licitação pública, e de emolumentos administrativos;

IV – recursos provenientes de convênios ou acordos celebrados com entidades, organismos ou empresas públicas, ou contratos celebrados com empresas privadas;

V – doações, legados, subvenções e outros recursos que lhe forem destinados.

TÍTULO V
DISPOSIÇÕES TRANSITÓRIAS E FINAIS

Art. 69. Sem prejuízo do disposto nos incisos VI e VII do art. 23 da Constituição Federal, a execução das atividades relacionadas às concessões florestais poderá ser delegada pelos Estados, Distrito Federal e Municípios à União, bem como pela União aos demais entes federados, mediante convênio firmado com o órgão gestor competente.

Parágrafo único. É vedado ao órgão gestor conveniado exigir do concessionário sob sua ação complementar de regulação, controle e fiscalização obrigação não prevista previamente em contrato.

Art. 70. As unidades de manejo em florestas públicas com PMFS aprovados e em execução até a data de publicação desta Lei serão vistoriadas:

I – pelo órgão competente do Sisnama, para averiguar o andamento do manejo florestal;

II – pelo órgão fundiário competente, para averiguar a situação da ocupação, de acordo com os parâmetros estabelecidos na legislação específica.

§ 1º As vistorias realizadas pelo órgão fundiário competente serão acompanhadas por representante do Poder Público local.

§ 2º Nas unidades de manejo onde não for verificado o correto andamento do manejo florestal, os detentores do PMFS serão notificados para apresentar correções, no prazo estabelecido pelo órgão competente do Sisnama.

§ 3º Caso não sejam atendidas as exigências da notificação mencionada no § 2º deste artigo, o PMFS será cancelado e a área correspondente deverá ser desocupada sem ônus para o Poder Público e sem prejuízo das demais penalidades previstas em lei.

§ 4º As unidades de manejo onde o correto andamento do manejo florestal for verificado ou saneado nos termos do § 2º deste artigo serão submetidas a processo licitatório, no prazo de até 24 (vinte e quatro) meses a partir da data da manifestação dos órgãos a respeito da vistoria prevista no caput deste artigo, desde que não seja constatado conflito com comunidades locais pela ocupação do território e uso dos recursos florestais.

§ 5º Será dada a destinação prevista no art. 6º desta Lei às unidades de manejo onde o correto andamento do manejo florestal for verificado e os detentores dos PMFS forem comunidades locais.

§ 6º Até que sejam submetidas ao processo licitatório, as unidades de manejo mencionadas no § 4º deste artigo permanecerão sob a responsabilidade do detentor do PMFS, que poderá dar continuidade às atividades de manejo mediante assinatura de contrato com o poder concedente.

§ 7º O contrato previsto no § 6º deste artigo terá vigência limitada à assinatura do contrato de concessão resultante do processo licitatório.

§ 8º Findo o processo licitatório, o detentor do PMFS que der continuidade à sua execução, nos termos deste artigo, pagará ao órgão gestor competente valor proporcional ao preço da concessão florestal definido na licitação, calculado com base no período decorrido desde a verificação pelo órgão competente do Sisnama até a adjudicação do vencedor na licitação.

Art. 71. A licitação para a concessão florestal das unidades de manejo mencionadas no § 4º do art. 70 desta Lei, além de observar os termos desta Lei, deverá seguir as seguintes determinações:

I - o vencedor da licitação, após firmar o contrato de concessão, deverá seguir o PMFS em execução, podendo revisá-lo nas condições previstas em regulamento;

II - o edital de licitação deverá conter os valores de ressarcimento das benfeitorias e investimentos já realizados na área a serem pagos ao detentor do PMFS pelo vencedor do processo de licitação, descontado o valor da produção auferida previamente à licitação nos termos do § 8º do art. 70 desta Lei.

Art. 72. As florestas públicas não destinadas a manejo florestal ou unidades de conservação ficam impossibilitadas de conversão para uso alternativo do solo, até que sua classificação de acordo com o ZEE esteja oficializada e a conversão seja plenamente justificada.

Art. 73. As áreas públicas já ocupadas e convertidas para uso alternativo do solo na data de publicação desta Lei estarão excluídas das concessões florestais, desde que confirmada a sua vocação para o uso atual por meio do ZEE aprovado de acordo com a legislação pertinente.

§ 1º Nos remanescentes das áreas previstas no caput deste artigo, o Poder Público poderá autorizar novos Planos de Manejo Florestal Sustentável, observada a legislação vigente.

§ 2º Fica garantido o direito de continuidade das atividades econômicas realizadas, em conformidade com a lei, pelos atuais ocupantes em áreas de até 2.500ha (dois mil e quinhentos hectares), pelo prazo de 5 (cinco) anos a partir da data de publicação desta Lei.

Art. 74. Os parâmetros para definição dos tamanhos das unidades de manejo a serem concedidas às pessoas jurídicas de pequeno porte, micro e médias empresas, na forma do art. 33 desta Lei, serão definidos em regulamento, previamente à aprovação do primeiro Paof.

Art. 75. Após 5 (cinco) anos da implantação do primeiro Paof, será feita avaliação sobre os aspectos técnicos, econômicos, sociais e ambientais da aplicação desta Lei, a que se dará publicidade.

Art. 76. Em 10 (dez) anos contados da data de publicação desta Lei, a área total com concessões florestais da União não poderá ultrapassar 20% (vinte por cento) do total de área de suas florestas públicas disponíveis para a concessão, com exceção das unidades de manejo localizadas em florestas nacionais criadas nos termos do art. 17 da Lei nº 9.985, de 18 de julho de 2000.

Art. 77. Ao final dos 10 (dez) primeiros anos contados da data de publicação desta Lei, cada concessionário, individualmente ou em consórcio, não poderá concentrar mais de 10% (dez por cento) do total da área das florestas públicas disponíveis para a concessão em cada esfera de governo.

Art. 78. Até a aprovação do primeiro Paof, fica o poder concedente autorizado a realizar concessões florestais em:

I - unidades de manejo em áreas públicas que, somadas, não ultrapassem 750.000ha (setecentos e cinqüenta mil hectares), localizadas numa faixa de até 100Km (cem quilômetros) ao longo da rodovia BR-163;

II - florestas nacionais ou estaduais criadas nos termos do art. 17 da Lei nº 9.985, de 18 de julho de 2000, observados os seguintes requisitos:

a) autorização prévia do órgão gestor da unidade de conservação;

b) aprovação prévia do plano de manejo da unidade de conservação nos termos da Lei nº 9.985, de 18 de julho de 2000;

c) oitiva do conselho consultivo da unidade de conservação, nos termos do § 3º do art. 48 desta Lei;

d) previsão de zonas de uso restrito destinadas às comunidades locais.

Parágrafo único. As concessões de que tratam os incisos I e II do caput deste artigo devem ser objeto de licitação e obedecer às normas previstas nos arts. 8º e 12 a 47 desta Lei.

Art. 79. As associações civis que venham a participar, de qualquer forma, das concessões florestais ou da gestão direta das florestas públicas deverão ser constituídas sob as leis brasileiras e ter sede e administração no País.

- **Lei 8.629/93**

(Dispõe sobre a regulamentação dos dispositivos constitucionais relativos à reforma agrária)

Art. 18. A distribuição de imóveis rurais pela reforma agrária far-se-á por meio de títulos de domínio, concessão de uso ou concessão de direito real de uso - CDRU instituído pelo art. 7º do Decreto-Lei nº 271, de 28 de fevereiro de 1967.

- **Decreto-Lei 271/67**

(Dispõe sobre loteamento urbano, responsabilidade do loteador concessão de uso e espaço aéreo)

Art. 7º É instituída a concessão de uso de terrenos públicos ou particulares remunerada ou gratuita, por tempo certo ou indeterminado, como direito real resolúvel, para fins específicos de regularização fundiária de interesse social, urbanização, industrialização, edificação, cultivo da terra, aproveitamento sustentável das várzeas, preservação das comunidades tradicionais e seus meios de subsistência ou outras modalidades de interesse social em áreas urbanas.

§ 1º A concessão de uso poderá ser contratada, por instrumento público ou particular, ou por simples têrmo administrativo, e será inscrita e cancelada em livro especial.

§ 2º Desde a inscrição da concessão de uso, o concessionário fruirá plenamente do terreno para os fins estabelecidos no contrato e responderá por todos os encargos civis, administrativos e tributários que venham a incidir sôbre o imóvel e suas rendas.

§ 3º Resolve-se a concessão antes de seu têrmo, desde que o concessionário dê ao imóvel destinação diversa da estabelecida no contrato ou têrmo, ou descumpra cláusula resolutória do ajuste, perdendo, neste caso, as benfeitorias de qualquer natureza.

§ 4º A concessão de uso, salvo disposição contratual em contrário, transfere-se por ato inter vivos, ou por sucessão legítima ou testamentária, como os demais direitos reais sôbre coisas alheias, registrando-se a transferência.

- **Lei 8.666/93**

(Regulamenta o art. 37, inciso XXI, da Constituição Federal, institui normas para licitações e contratos da Administração Pública)

Art. 22. São modalidades de licitação:

I - concorrência;

(...)

§ 1º Concorrência é a modalidade de licitação entre quaisquer interessados que, na fase inicial de habilitação preliminar, comprovem possuir os requisitos mínimos de qualificação exigidos no edital para execução de seu objeto.

Art. 23. As modalidades de licitação a que se referem os incisos I a III do artigo anterior serão determinadas em função dos seguintes limites, tendo em vista o valor estimado da contratação:

(...)

§ 3º A concorrência é a modalidade de licitação cabível, qualquer que seja o valor de seu objeto, tanto na compra ou alienação de bens imóveis, ressalvado o disposto no art. 19, como nas concessões de direito real de uso e nas licitações internacionais, admitindo-se neste último caso, observados os limites deste artigo, a tomada de preços, quando o órgão ou entidade dispuser de cadastro internacional de fornecedores ou o convite, quando não houver fornecedor do bem ou serviço no País.

Art. 25. É inexigível a licitação quando houver inviabilidade de competição, em especial:

I - para aquisição de materiais, equipamentos, ou gêneros que só possam ser fornecidos por produtor, empresa ou representante comercial exclusivo, vedada a preferência de marca, devendo a comprovação de exclusividade ser feita através de atestado fornecido pelo órgão de registro do comércio do local em que se realizaria a licitação ou a obra ou o serviço, pelo Sindicato, Federação ou Confederação Patronal, ou, ainda, pelas entidades equivalentes;

II - para a contratação de serviços técnicos enumerados no art. 13 desta Lei, de natureza singular, com profissionais ou empresas de notória especialização, vedada a inexigibilidade para serviços de publicidade e divulgação;

III - para contratação de profissional de qualquer setor artístico, diretamente ou através de empresário exclusivo, desde que consagrado pela crítica especializada ou pela opinião pública.

Art. 27. Para a habilitação nas licitações exigir-se-á dos interessados, exclusivamente, documentação relativa a:

I - habilitação jurídica;

II - qualificação técnica;

III - qualificação econômico-financeira;

IV - regularidade fiscal e trabalhista;

V - cumprimento do disposto no inciso XXXIII do art. 7º da Constituição Federal.

- **Constituição Federal de 1988**

Art. 37. A administração pública direta e indireta de qualquer dos Poderes da União, dos Estados, do Distrito Federal e dos Municípios obedecerá aos princípios de legalidade, impessoalidade, moralidade, publicidade e eficiência e, também, ao seguinte:

(...)

§ 8º A autonomia gerencial, orçamentária e financeira dos órgãos e entidades da administração direta e indireta poderá ser ampliada mediante contrato, a ser firmado entre seus administradores e o poder público, que tenha por objeto a fixação de metas de desempenho para o órgão ou entidade, cabendo à lei dispor sobre:

I - o prazo de duração do contrato;

II - os controles e critérios de avaliação de desempenho, direitos, obrigações e responsabilidade dos dirigentes;

III - a remuneração do pessoal.

- **Código Penal (Decreto-Lei 2.848/1940)**

Art. 93 - A reabilitação alcança quaisquer penas aplicadas em sentença definitiva, assegurando ao condenado o sigilo dos registros sobre o seu processo e condenação.

Parágrafo único - A reabilitação poderá, também, atingir os efeitos da condenação, previstos no art. 92 deste Código, vedada reintegração na situação anterior, nos casos dos incisos I e II do mesmo artigo.

Art. 94 - A reabilitação poderá ser requerida, decorridos 2 (dois) anos do dia em que for extinta, de qualquer modo, a pena ou terminar sua execução, computando-se o período de prova da suspensão e o do livramento condicional, se não sobrevier revogação, desde que o condenado:

I - tenha tido domicílio no País no prazo acima referido

II - tenha dado, durante esse tempo, demonstração efetiva e constante de bom comportamento público e privado;

III - tenha ressarcido o dano causado pelo crime ou demonstre a absoluta impossibilidade de o fazer, até o dia do pedido, ou exiba documento que comprove a renúncia da vítima ou novação da dívida

- **Lei 9.605/98**

(Dispõe sobre as sanções penais e administrativas derivadas de condutas e atividades lesivas ao meio ambiente)

Art. 68. Deixar, aquele que tiver o dever legal ou contratual de fazê-lo, de cumprir obrigação de relevante interesse ambiental:

Pena - detenção, de um a três anos, e multa.

- **Decreto 9.311/2018**

(Regulamenta a Lei nº 8.629, de 25 de fevereiro de 1993, e a Lei nº 13.001, de 20 de junho de 2014, para dispor sobre o processo de seleção, permanência e titulação das famílias beneficiárias do Programa Nacional de Reforma Agrária)

Art. 10. Nos projetos de assentamentos ambientalmente diferenciados, o processo de seleção será restrito às famílias que já residam na área, observadas as vedações constantes do art. 7º.

Parágrafo único. Serão consideradas ambientalmente diferenciadas as seguintes modalidades de projetos:

I - Projeto de Assentamento Agroextrativista - PAE - projeto destinado à exploração de áreas dotadas de riquezas extrativas, mediante atividades economicamente viáveis, socialmente justas e ecologicamente sustentáveis, a serem executadas pelas populações que ocupem tradicionalmente a respectiva área;

II - Projeto de Desenvolvimento Sustentável - PDS - projeto de interesse social e ecológico destinado às populações que baseiam sua subsistência no extrativismo, na agricultura familiar e outras atividades de baixo impacto ambiental; e

III - Projeto de Assentamento Florestal - PAF - projeto destinado ao manejo de recursos florestais em áreas com aptidão para a produção florestal familiar comunitária e sustentável, especialmente aplicável ao bioma Amazônia.

- **Lei Estadual SP 16.260/2016**

(Autoriza a Fazenda do Estado a conceder a exploração de serviços ou o uso, total ou parcial, de áreas em próprios estaduais que especifica)

Artigo 1º - Fica a Fazenda do Estado autorizada a conceder a exploração dos serviços ou o uso de áreas, ou parte de áreas, inerentes ao ecoturismo e à exploração comercial madeireira ou de subprodutos florestais, pelo prazo de até 30 (trinta) anos, dos próprios estaduais constantes do Anexo desta lei.

8. QUESTÕES DE CONCURSO

8.1. Questões

1) **(TJ/AP – Juiz / 2014)** Uma das formas de utilização de bem público por particular é a "concessão florestal". Trata-se de

a) ato unilateral que outorga a título precário e gratuito, o uso de área florestal a comunidades locais, por meio de projetos de assentamento florestal, de desenvolvimento sustentável, agroextrativistas ou outros similares, nos termos do art. 189 da Constituição Federal e das diretrizes do Programa Nacional de Reforma Agrária.

b) ato unilateral que outorga a título precário e gratuito o uso de área florestal à população tradicional, cuja subsistência baseia-se no extrativismo e tem como objetivos básicos proteger os meios de vida e a cultura dessas populações, e assegurar o uso sustentável dos recursos naturais da unidade.

c) contrato de gestão, celebrado por prazo determinado e mediante dispensa de licitação, entre o Ministério do Meio Ambiente e a organização social, para delegação da gestão de unidade de conservação da categoria Floresta Nacional, admitida a exploração sustentável de serviços florestais, tais como a pesquisa e o turismo, tão somente para custeio dos projetos relacionados ao manejo da unidade.

d) contrato de parceria público-privada, celebrado por prazo determinado e após prévia licitação, no qual a Administração pública contrata a execução de obras públicas e/ou instalação de equipamentos, bem como a prestação de serviços necessários à gestão de unidade de conservação de proteção integral, remunerando o parceiro privado por meio de contraprestação pecuniária, ao longo do prazo da concessão.

e) contrato celebrado por prazo determinado e após prévia licitação, que outorga delegação onerosa do direito de praticar manejo florestal sustentável para exploração de produtos e serviços numa unidade de manejo, à pessoa jurídica, em consórcio ou não, que atenda às exigências do respectivo edital de licitação e demonstre capacidade para seu desempenho, por sua conta e risco.

2) **(TRF-1ª Região – Juiz Federal Substituto / 2013)** No que concerne a proteção florestal e gestão de florestas, assinale a opção correta.

a) A destinação de florestas públicas a comunidades locais é incompatível com os princípios constitucionais da impessoalidade e da isonomia.

b) As concessões florestais são formalizadas mediante contratos administrativos, precedidos de licitação, salvo nas hipóteses de declaração de inexigibilidade.

c) As florestas naturais, bem como as plantadas, localizadas nos diversos biomas, em bens da União, dos estados, do DF, dos municípios ou de entidades da administração indireta são consideradas florestas públicas.

d) A gestão do patrimônio florestal brasileiro, em especial das florestas públicas, é disciplinada em lei ordinária, comumente chamada de Código Florestal.

e) É vedado ao poder público delegar o direito de praticar manejo florestal sustentável a consórcio de pessoas jurídicas.

3) **(TRF-1ª Região – Juiz Federal Substituto / 2011)** Com base na legislação vigente a respeito da proteção às florestas, assinale a opção correta.

a) Em matéria de proteção às florestas, a competência de legislar dos estados é suplementar.

b) O Código Florestal proíbe que o poder público realize reflorestamento de preservação permanente em áreas de propriedade privada.

c) A fiscalização ambiental das atividades florestais deve ser realizada pelo Instituto Brasileiro do Meio Ambiente e dos Recursos Naturais Renováveis (IBAMA), em caráter exclusivo, quando se tratar de florestas públicas.

d) Na estrutura do Ministério do Meio Ambiente, o Serviço Florestal Brasileiro atua exclusivamente na gestão das florestas públicas, com competência para exercer a função de órgão gestor.

e) A concessão florestal consiste em delegação onerosa do direito de realizar manejo florestal sustentável a pessoa física ou jurídica, mediante licitação.

4) **(TJ/GO – Juiz / 2009)** As licitações para concessões florestais são realizadas na modalidade

a) que o administrador entender mais conveniente e oportuna, desde que não vedada pela Lei nº 8.666/93.

b) tomada de preços, obrigatoriamente.

c) pregão ou concurso, obrigatoriamente.

d) leilão, obrigatoriamente.

e) concorrência, obrigatoriamente.

8.2. Gabarito e comentários

Questão 1:

Gabarito: **letra "e"**

Comentários: **de plano, a identificação de ser um contrato, por si só, já descarta todas as demais alternativas. Art. 7º, Lei 11.284/06.**

Questão 2:

Gabarito: **letra "c"**

Comentários: Cuida-se de alternativa que se encontra em consonância com o que dispõe o artigo 3º, I, da Lei 11.284/06, que diz que as florestas públicas consistem em florestas, naturais ou plantadas, localizadas nos diversos biomas brasileiros, em bens sob o domínio da União, dos Estados, dos Municípios, do Distrito Federal ou das entidades da administração indireta.

Questão 3:

Gabarito: **letra "d"**

Comentários: vide artigo 54 e 55, da Lei 11.284/06.

Questão 4:

Gabarito: **letra "e"**

Comentários: art. 13, §1º, da Lei 11.284/06, valendo pontuar, inclusive, que não se admitem as hipóteses de inexigibilidade de licitação contidas na Lei 8.666/93 (art. 13, §2º, da Lei 11.284/06).

Capítulo X

BIOMA MATA ATLÂNTICA

SUMÁRIO: 1. Introdução; 2. Objetivos e princípios; 3. Regime jurídico (área rural); 3.1. Vegetação primária; 3.2. Vegetação secundária em estágio avançado de regeneração; 3.3. Vegetação secundária em estágio médio de regeneração; 3.4. Vegetação secundária em estágio inicial de regeneração; 3.5. Áreas urbanas e regiões metropolitanas; 3.5.1. Vegetação primária; 3.5.2. Vegetação secundária em estágio avançado; 3.5.3. Vegetação secundária em estágio médio de regeneração; 4. Atividades minerárias; 5. Súmulas e orientações jurisprudenciais (STJ e STF); 6. Legislação específica correlata; 7. Questões de concurso; 7.1. Questões; 7.2. Gabarito e comentários

1. INTRODUÇÃO

BIOMA MATA ATLÂNTICA

segue vídeo abaixo:

https://youtu.be/q3OenusqPLs

Dando concretude ao comando constitucional contido no artigo art. 225, §4º, CF/88, segundo o qual, dentre outras áreas de especial proteção, a Mata Atlântica consiste em patrimônio nacional, e sua utilização far-se-á, na forma da lei, dentro de condições que assegurem a preservação do meio ambiente, inclusive quanto ao uso dos recursos naturais, vem o legislador, por meio da Lei 11.428/06[1], disciplinar exatamente a forma pela qual é

1. Regulamentada pelo Decreto 6.660/08, que, inclusive, revogou o anterior Decreto 750/1993, a respeito do qual se formou jurisprudência, pontuando tão apenas estabeleceu limitação administrativa para proteger o bioma Mata Atlântica, de modo que, sem retirar do proprietário os poderes inerentes ao domínio, resta inviabilizada qualquer pretensão de indenização (STJ – REsp 752232 / PR – DJe 19/06/2012).

possível proceder diante do remanescente de vegetação nativa do Bioma Mata Atlântica, que, frise-se, situa-se em 17 (dezessete) Estados brasileiros.

Com efeito, com disciplina trazida pela Lei 11.428/06, nota-se, pelo teor do artigo 2°, parágrafo único, qual o seu *objeto* de regulação, ao estipular que "somente os remanescentes de vegetação nativa no estágio primário e nos estágios secundário inicial, médio e avançado de regeneração na área de abrangência definida no caput deste artigo terão seu uso e conservação regulados por esta Lei"[2].

Assim, dentre a flora que integra o Bioma Mata Atlântica[3], a norma direciona-se aos remanescentes de vegetação nos estágios mencionados, não buscando, em verdade, o replantio e/ou recuperação de toda a vegetação que um dia compôs a Mata Atlântica.

Porém, não se descarta haja o enriquecimento ecológico, isto é, que sejam realizadas atividades técnica e cientificamente fundamentadas que visem à recuperação da diversidade biológica em áreas de vegetação nativa, por meio da reintrodução de espécies nativas.

Até mesmo porque, é imposto ao poder público fomentar[4] o enriquecimento ecológico da vegetação do Bioma Mata Atlântica, bem como o plantio e o reflorestamento com espécies nativas, em especial as iniciativas voluntárias de proprietários rurais.

Não sem razão observa-se a norma contida na Lei 11.428/06 (art. 35) estimulando a conservação de vegetação do Bioma Mata Atlântica, sendo que, considerando tal prática como da própria função e de interesse público, viabiliza ao proprietário, a seu critério, que as áreas sujeitas às restrições específicas da Lei sejam computadas para efeito da Reserva Legal e seu excedente utilizado para fins de compensação ambiental ou instituição de Cota de Reserva Ambiental - CRA.

Sem prejuízo, frise-se que, em linhas gerais, a Lei não impõe uma vedação geral para corte ou supressão da vegetação, mas estipula condições, que podem ser mais ou menos rigorosas, a depender exatamente da natureza da vegetação (primária ou secundária) e de seu estágio de recuperação (inicial, intermediário ou avançado), conforme será visto na sequência.

O legislador atribui como *competência*[5] do CONAMA (Conselho Nacional do Meio Ambiente) a atribuição para definição da vegetação, bem como qual o seu estágio regenerativo, sem prejuízo de, para tanto, fornecer quais são os parâmetros básicos, como a (I)

---

2. Desse modo, busca-se não interferir em áreas já legalmente ocupadas com agricultura, cidades, pastagens e florestas plantadas ou outras áreas desprovidas de vegetação nativa.

3. Art. 2°, da Lei 11.428/06. Para os efeitos desta Lei, consideram-se integrantes do Bioma Mata Atlântica as seguintes formações florestais nativas e ecossistemas associados, com as respectivas delimitações estabelecidas em mapa do Instituto Brasileiro de Geografia e Estatística - IBGE, conforme regulamento: Floresta Ombrófila Densa; Floresta Ombrófila Mista, também denominada de Mata de Araucárias; Floresta Ombrófila Aberta; Floresta Estacional Semidecidual; e Floresta Estacional Decidual, bem como os manguezais, as vegetações de restingas, campos de altitude, brejos interioranos e encraves florestais do Nordeste.

4. Porém, é de se convir que nesta questão o legislador não foi tão incisivo como o foi ao definir seu objeto (art. 1°, parágrafo único), quais sejam os remanescentes. Daí, nítido que volta-se a olhar para o presente e para o futuro, primando-se por não mais se deteriorar, sendo que, quanto ao passado, que exige a recomposição ("enriquecimento ecológico"), deve apoiar práticas que o façam, porém não lhe é dada a determinação de obrigar que o faça - a exemplo das determinações contidas quanto às irregularidades de APP e Reserva Legal na Lei 12.651/12.

5. De se ressalvar que, contudo, esta *competência* não afeta a distribuição de competência fixada pela Constituição Federal, e complementada pela Lei Complementar 140/11, em destaque para os casos de qual vem a ser o ente federativo competente para autorizar o corte e supressão de vegetação. Inclusive, lembre-se que o simples fato de constituir-se em Patrimônio Nacional não transfere a competência para União automaticamente.

fisionomia; (II) estratos predominantes; (III) distribuição diamétrica e altura; (IV) existência, diversidade e quantidade de epífitas; (V) existência, diversidade e quantidade de trepadeiras; (VI) presença, ausência e características da serapilheira; (VII) sub-bosque; (VIII) diversidade e dominância de espécies; (IX) espécies vegetais indicadoras.

ATENÇÃO

A vegetação primária ou a vegetação secundária em qualquer estágio de regeneração do Bioma Mata Atlântica não perderão esta classificação nos casos de incêndio, desmatamento ou qualquer outro tipo de intervenção não autorizada ou não licenciada. Isto é, previne-se de se beneficiar aquele que age com torpeza.

2. OBJETIVOS E PRINCÍPIOS

Antes, porém, é necessário salientar que o legislador fez questão de destacar que o *objetivo geral* da norma é, como não poderia deixar de ser, o desenvolvimento sustentável. E, como *objetivos específicos,* visa à salvaguarda da biodiversidade, da saúde humana, dos valores paisagísticos, estéticos e turísticos, do regime hídrico e da estabilidade social.

Com efeito – e densificando referidos objetivos específicos –, propõe-se a assegurar:

> I – a manutenção e a recuperação da biodiversidade, vegetação, fauna e regime hídrico do Bioma Mata Atlântica para as presentes e futuras gerações;
>
> II – o estímulo à pesquisa, à difusão de tecnologias de manejo sustentável da vegetação e à formação de uma consciência pública sobre a necessidade de recuperação e manutenção dos ecossistemas;
>
> III – o fomento de atividades públicas e privadas compatíveis com a manutenção do equilíbrio ecológico;
>
> IV – o disciplinamento da ocupação rural e urbana, de forma a harmonizar o crescimento econômico com a manutenção do equilíbrio ecológico.

E, para tanto, ressalta-se que essa proteção regulada ao Bioma Mata Atlântica é guiada pela obediência aos *princípios* (a) da função socioambiental da propriedade, (b) da equidade intergeracional, (c) da prevenção, (d) da precaução, (e) do usuário-pagador, (f) da transparência das informações e atos, (g) da gestão democrática, (h) da celeridade procedimental, (i) da gratuidade dos serviços administrativos prestados ao pequeno produtor rural e às populações tradicionais e (j) do respeito ao direito de propriedade.

3. REGIME JURÍDICO (ÁREA RURAL)

Antes de tudo cumpre ressaltar ao leitor de que o legislador optou por traçar aquilo que denominou de *regime jurídico geral* e *regime jurídico especial,* sendo que, enquanto que para aquele, a despeito de avisar que há diferenciação quanto às espécies de vegetação, e seu nível de regeneração, traça normas de caráter geral – praticamente a todas as situações –, no segundo regime cuidou de lançar peculiaridades específicas relativas a cada vegetação e, dentro de cada uma, conforme o quadro regenerativo. Contudo, no intuito de ser o mais conciso, porém sem perder conteúdo, não se seguirá à risca esse desenho legal.

Nada obstante, é de se pontuar que, pela própria leitura do artigo 8º, da Lei 11.428/06, que inaugura a apresentação do regime jurídico (geral), verifica-se que o foco do legislador realmente é disciplinar o corte, a supressão e a exploração da vegetação do Bioma Mata Atlântica, seja lançando normas que vedam, restringem, ou, ou, ainda, abrandem – porém sem total liberdade do particular.

De plano, cumpre consignar que o legislador foi expresso que, relativamente aos novos empreendimentos, que impliquem o corte ou a supressão de vegetação do Bioma Mata Atlântica, deverão ser implantados preferencialmente em áreas já substancialmente alteradas ou degradadas – evitando-se novas lesões[6].

Sem prejuízo, no contexto proposto, a iniciar-se pelo maior rigor, verifica-se que o legislador expressamente **veda** qualquer corte ou supressão a vegetação que (a) abrigar espécies da flora e da fauna silvestres ameaçadas de extinção, e a intervenção ou o parcelamento puserem em risco a sobrevivência dessas espécies; (b) exercer a função de proteção de mananciais ou de prevenção e controle de erosão; (c) formar corredores entre remanescentes de vegetação primária ou secundária em estágio avançado de regeneração; (d) proteger o entorno das unidades de conservação; ou (e) possuir excepcional valor paisagístico, reconhecido pelos órgãos executivos competentes do Sistema Nacional do Meio Ambiente – SISNAMA.

Ademais, o legislador também **veda** a alteração do ecossistema caso se trate de proprietário ou posseiro que não esteja cumprindo os dispositivos da legislação ambiental, em especial as exigências da Lei 12.651/12[7], no que respeita às Áreas de Preservação Permanente e à Reserva Legal.

Além disso, e até mesmo como premissa básica, é vedada qualquer intervenção dentro do Bioma Mata Atlântica, enquanto o CONAMA – a quem foi fixado o prazo de 180 (cento e oitenta) dias para assim fazer – não proceder à exata definição categoria da vegetação, e seu estado de regeneração. Como exceção, se identificado que a vegetação esteja em estágio inicial de regeneração, deverão ser seguidas as regras normais de eventual autorização para que ocorra[8].

No lado oposto, deixou o legislador um regime mais **brando** no que diz respeito à possibilidade de corte, supressão ou exploração junto ao Bioma Mata Atlântica, quando se tratar de exploração eventual[9], sem propósito comercial direto ou indireto, de espécies da flora nativa, para consumo nas propriedades ou posses das populações tradicionais ou

6. Art. 12, da Lei 11.428/06.

7. Muito embora o legislador faça referência à Lei nº 4.771, de 15 de setembro de 1965, deve ser atualizada essa análise, para o atual Código Florestal (Lei 12.651/12).

8. O art. 4º § 1º, da Lei 11.428/06 estipula um prazo de 180 (cento e oitenta) dias para que o Conselho Nacional do Meio Ambiente, órgão competente para definição da vegetação (se primária ou secundária, e o seu nível de regeneração), sendo, pois, uma premissa básica e imprescindível para que seja autorizada qualquer intervenção antrópica, conforme o respectivo regime jurídico.

9. Nos termos do Art. 2º, § 1o, do Decreto 6.660/08, considera-se *exploração eventual* sem propósito comercial direto ou indireto: I – quando se tratar de lenha para uso doméstico: a) a retirada não superior a quinze metros cúbicos por ano por propriedade ou posse; e b) a exploração preferencial de espécies pioneiras definidas de acordo com o § 2º do art. 35; II – quando se tratar de madeira para construção de benfeitorias e utensílios na posse ou propriedade rural: a) a retirada não superior a vinte metros cúbicos por propriedade ou posse, a cada período de três anos; e b) a manutenção de exemplares da flora nativa, vivos ou mortos, que tenham função relevante na alimentação, reprodução e abrigo da fauna silvestre.

de pequenos produtores rurais, hipótese em que, para efetivamente ocorrer, independe de autorização dos órgãos competentes[10].

Para as hipóteses em que não se configura como de exploração eventual, sem propósito comercial direto ou indireto, certamente será necessário que tanto as populações tradicionais como os pequenos produtores rurais obtenham autorização para interferirem neste específico Bioma, sendo que, tendo em vista a peculiaridade desses grupos sociais, impõe o legislador que existam normas e procedimentos especiais, ainda assim mais **brandas**, (i) a facilitar o acesso junto à autoridade administrativa (por exemplo, em local próximo ao seu lugar de moradia), (ii) que os procedimentos sejam gratuitos, céleres e simplificados, compatíveis com o seu nível de instrução, e, ainda, (iii) que a análise e o julgamento dos pedidos se deem de forma prioritários.

Também haverá um procedimento simplificado, em típica situação que se **abranda** o rigor legal, quando, no intuito de se realizar o enriquecimento ecológico, for necessária a supressão de espécies nativas que gerem produtos ou subprodutos comercializáveis[11].

Outrossim, há um **abrandamento** também no que diz respeito à coleta de subprodutos florestais tais como frutos, folhas ou sementes, bem como às atividades de uso indireto, em que é concedida total liberdade para assim ser feito, *desde que* não coloquem em risco as espécies da fauna e flora, observando-se as limitações legais específicas e em particular as relativas ao acesso ao patrimônio genético, à proteção e ao acesso ao conhecimento tradicional associado e de biossegurança. Em outros termos, há grande liberdade, porém restringida a não deteriorar o meio ambiente.

Dessa feita, assim se mostram as normas gerais que vedam o corte, supressão ou exploração do Bioma Mata Atlântica, ou, ao contrário, que abrandam o rigor existente – e regulado pela Lei em análise, rigor este que será devidamente exposto de forma individualizado quanto a cada categoria de vegetação, e seu respectivo estado de regeneração.

Antes, porém, é necessário salientar que, na hipótese de obra ou atividade potencialmente causadora de significativa degradação do meio ambiente, o órgão competente exigirá a elaboração de Estudo Prévio de Impacto Ambiental, ao qual se dará publicidade, assegurada a participação pública[12]. Isto é, o legislador apenas repete o que a Lei 6.938/81 já regula.

ATENÇÃO

Nos termos do Artigo 38-A, da Lei 9.605/98, considera-se *crime contra a flora*, "destruir ou danificar vegetação primária ou secundária, em estágio avançado ou médio de regeneração, do Bioma Mata Atlântica, ou utilizá-la com infringência das normas de proteção".

(pena – detenção, de 1 (um) a 3 (três) anos, ou multa, ou ambas as penas cumulativamente. Mas, se o crime for culposo, a pena será reduzida à metade)[13]

10. Apenas de se ressaltar que, para tais casos, o legislador assinala ao poder público (órgãos competentes) que promovam assistência às populações tradicionais e aos pequenos produtores no manejo e exploração sustentáveis das espécies da flora nativa. Isto é, pontua-se pela necessidade de ser realizado um acompanhamento, compatibilizando as práticas usuais desses grupos de pessoas, com técnicas de sustentabilidade.
11. Art. 10, §1º, da Lei 11.428/06.
12. Art. 15, da Lei 11.428/06.
13. STJ – AgRg no REsp 1601921 / SC – DJe 16.09.2016.

3.1. Vegetação primária

Nos termos da Resolução Conama nº 1 de 1994, considera-se vegetação primária aquela vegetação de máxima expressão local, com grande diversidade biológica, sendo os efeitos das ações antrópicas mínimos, a ponto de não afetar significativamente suas características originais de estrutura e de espécie. Em outros termos, é aquela que não sofreu degradação e que, portanto, não necessita de regeneração[14].

E, a respeito dessa vegetação, o legislador *viabiliza* que se proceda a corte e supressão tão apenas nas seguintes hipóteses:

a) Realização de obras, projetos ou atividades de utilidade pública[15].

- Consideram-se situações de *utilidade pública:*
  i. Atividades de segurança nacional e proteção sanitária;
  ii. As obras essenciais de infraestrutura de interesse nacional destinadas aos serviços públicos de transporte, saneamento e energia, declaradas pelo poder público federal ou dos Estados.
- Imprescindível proceda-se à realização de Estudo Prévio de Impacto Ambiental/Relatório de Impacto Ambiental – EIA/RIMA[16].
- Imprescindível que se comprove inexistir alternativa técnica e locacional ao empreendimento proposto.
- Depende de autorização do órgão ambiental estadual competente, com anuência prévia, quando couber, do órgão federal ou municipal de meio ambiente.

b) Pesquisas científicas.

c) Práticas preservacionistas[17].

ATENÇÃO

Veja que as hipóteses de utilidade pública – tal como as de interesse social – são em número reduzido (e restritivo) em comparação com as previstas pela Lei 12.651/12 (novo Código Florestal), sendo esta considerada como *norma geral*, ao passo que a Lei 11.428/06 é *norma especial*. Daí, compondo um regime protetivo especial e mais rigoroso (princípio da norma mais protetiva), não havendo que se falar tenha sofrido qualquer alteração pela novo Código Florestal, de modo que, caso se trate de pretensão de supressão de vegetação em área da Mata Atlântica, deve ser aplicada a regra da Lei 11.428/06.

14. MACHADO, Paulo Affonso Leme. Op. cit., p. 928.
15. Utilidade pública é delineada pelo artigo 3º, VII, da Lei 11.428/06.
16. Art. 20, parágrafo único, da Lei 11.428/06.
17. Nos termos do artigo 19, da Lei 11.428/06, o *corte eventual* de vegetação primária, para fins de práticas preservacionistas e de pesquisa científica, será devidamente regulamentado pelo Conselho Nacional do Meio Ambiente e autorizado pelo órgão competente do Sisnama.

Preenchida uma das hipóteses em que se permite proceder ao corte ou supressão da vegetação primária, o legislador ainda condiciona à efetivação de uma *compensação ambiental*, a ser feita por meio de destinação de área equivalente à extensão da área desmatada, com as mesmas características ecológicas, na mesma bacia hidrográfica[18], e, sempre que possível, na mesma microbacia hidrográfica[19].

Contudo, caso não seja possível realizar a compensação nestes exatos termos, subsidiariamente será exigida a reposição florestal[20], com espécies nativas, em área equivalente à desmatada, na mesma bacia hidrográfica, sempre que possível na mesma microbacia hidrográfica.

ATENÇÃO

Esta compensação não é cabível para casos de corte ou supressão ilegais[21], isto é, não tem ela o propósito de recuperar algo que ocorreu no passado, mas de, desde já, se compensar por aquilo que será realizado.

3.2. Vegetação secundária em estágio avançado de regeneração

Na linha do que dispõe o artigo 2°, III, da Resolução Conama 423/2010, considera-se como *vegetação Secundária* (ou em Regeneração) aquela resultante dos processos naturais de sucessão, após supressão total ou parcial da vegetação primária por ações antrópicas ou causas naturais, podendo ocorrer espécies remanescentes da vegetação primária.

Por sua vez, *estágio avançado* de regeneração, nos termos da Resolução Conama 34/1994, abrange analisar: a) fisionomia arbórea, dominante sobre as demais, formando

18. Em linhas gerais, a *bacia hidrográfica* ou bacia de drenagem de um curso d›água é a área onde, devido ao relevo e geografia, a água da chuva escorre para um rio principal e seus afluentes. A forma das terras na região da bacia fazem com que a água corra por riachos e rios menores para um mesmo rio principal, localizado num ponto mais baixo da paisagem. Disponível em: <https://www.oeco.org.br/dicionario-ambiental/29097-o-que-e-uma-bacia-hidrografica/>. Consultado dia 10 de dezembro de 2018. Inclusive, no mesmo endereço eletrônico é mencionado que a área de domínio da Mata Atlântica compreende oito bacias hidrográficas, responsáveis pelo abastecimento de 70% da população brasileira, sendo estão os rios Paraná, Uruguai, São Francisco, Parnaíba, as bacias do Atlântico Sudeste, Atlântica Sul, Atlântico Leste, Atlântico Nordeste Oriental, e o Aquífero Guarani.
19. *Microbacia Hidrográfica* é uma área geográfica delimitada por divisores de água (espigões), drenada por um rio ou córrego, para onde escorre a água da chuva, sendo, pois, um recorte que se faz dentro da própria bacia hidrográfica, a se considerar determinado critério de identificação. Ou ainda, a microbacia deve abranger uma área suficientemente grande, para que se possam identificar as inter-relações existentes entre os diversos elementos do quadro sócio-ambiental que a caracteriza, e pequena o suficiente para estar compatível com os recursos disponíveis, respondendo positivamente à relação custo/benefício, cuja definição encontra-se em: BOTELHO, Rosangela Garrido Machado. Planejamento Ambiental em Microbacia Hidrográfica. In: GUERRA, Antonio Teixeira; SILVA, Antonio Soares; BOTELHO, Rosangela Garrido Machado (Orgs.). Erosão e conservação dos solos: conceitos, temas e aplicações. Rio de Janeiro: Bertrand Brasil, 1999.
20. Nos termos do art. 26, §2°, do Decreto Federal 6.660/08, a execução da reposição florestal deverá seguir as diretrizes definidas em projeto técnico, elaborado por profissional habilitado e previamente aprovado pelo órgão ambiental competente, contemplando metodologia que garanta o restabelecimento de índices de diversidade florística compatíveis com os estágios de regeneração da área desmatada.
21. Art. 17, §2°, da Lei 11.428/06.

um dossel fechado e relativamente uniforme no porte, podendo apresentar árvores emergentes; b) espécies emergentes, ocorrendo com diferentes graus de intensidade; c) copas superiores, horizontalmente amplas; d) distribuição diamétrica de grande amplitude; e) epífitas, presentes em grande número de espécies e com grande abundância, principalmente na floresta ombrófila; f) trepadeiras, geralmente lenhosas, sendo mais abundantes e ricas em espécies na floresta estacional; g) serapilheira abundante; h) diversidade biológica muito grande devido à complexidade estrutural; i) estratos herbáceo, arbustivo e um notadamente arbóreo; j) florestas neste estágio podem apresentar fisionomia semelhante à vegetação primária; l) sub-bosque normalmente menos expressivo do que no estágio médio; m) dependendo da formação florestal, pode haver espécies dominantes

Diante do que delineia o legislador[22], conferindo um tratamento similar ao disposto para vegetação primária, é possível proceder ao corte, supressão e *exploração* da vegetação secundária em estágio avançado de recuperação, nas seguintes hipóteses:

a) Realização de obras, projetos ou atividades de utilidade pública.
    - Consideram-se situações de *utilidade pública:*
        i. Atividades de segurança nacional e proteção sanitária;
        ii. As obras essenciais de infraestrutura de interesse nacional destinadas aos serviços públicos de transporte, saneamento e energia, declaradas pelo poder público federal ou dos Estados.
    - Imprescindível proceda-se à realização de Estudo Prévio de Impacto Ambiental/Relatório de Impacto Ambiental - EIA/RIMA[23].
    - Imprescindível que se comprove inexistir alternativa técnica e locacional ao empreendimento proposto.
    - Depende de autorização do órgão ambiental estadual competente, com anuência prévia, quando couber, do órgão federal ou municipal de meio ambiente.

b) Pesquisas científicas.

c) Práticas preservacionistas[24].

Tal como previsto para o caso de vegetação primária, o legislador ainda condiciona à efetivação de uma *compensação ambiental*[25], a ser feita por meio de destinação de área equivalente à extensão da área desmatada, com as mesmas características ecológicas, na mesma bacia hidrográfica, e, sempre que possível, na mesma microbacia hidrográfica.

22. Art. 21, da Lei 11.428/06.
23. Art. 20, parágrafo único, da Lei 11.428/06.
24. Repise-se que, nos termos do artigo 19, da Lei 11.428/06, o *corte eventual*, para fins de práticas preservacionistas e de pesquisa científica, será devidamente regulamentado pelo Conselho Nacional do Meio Ambiente e autorizado pelo órgão competente do Sisnama.
25. Atente-se, em reiteração, que essa ferramenta não é aplicável para os casos de supressões e cortes irregulares.

Contudo, caso não seja possível realizar a compensação nestes exatos termos, subsidiariamente será exigida a reposição florestal, tal como delineada no tópico anterior, com espécies nativas, em área equivalente à desmatada, na mesma bacia hidrográfica, sempre que possível na mesma microbacia hidrográfica, ou, ainda, no mesmo Município ou região metropolitana – se se tratar de vegetação situada nesses espaços urbanos.

3.3. Vegetação secundária em estágio médio de regeneração

De sua parte, *estágio médio* de regeneração, nos termos da Resolução Conama 34/1994, abrange analisar: a) fisionomia arbórea e/ou arbustiva, predominando sobre a herbácea, podendo constituir estratos diferenciados; b) cobertura arbórea, variando de aberta a fechada, com a ocorrência eventual de indivíduos emergentes; c) distribuição diamétrica apresentando amplitude moderada, com predomínio de pequenos diâmetros; d) epífitas aparecendo com maior número de indivíduos e espécies em relação ao estágio inicial, sendo mais abundantes na floresta ombrófila; e) trepadeiras, quando presentes são predominantemente lenhosas; f) serapilheira presente, variando de espessura de acordo com as estações do ano e a localização; g) diversidade biológica significativa; h) sub-bosque presente.

A respeito desse estágio de regeneração da vegetação secundária, assinala o legislador[26] que é possível, igualmente, realizar o corte supressão e *exploração*, nas seguintes hipóteses:

a) Realização de obras, projetos ou atividades de utilidade pública ou *interesse social*[27].

- Consideram-se situações de *utilidade pública:*

  i. Atividades de segurança nacional e proteção sanitária;

  ii. As obras essenciais de infraestrutura de interesse nacional destinadas aos serviços públicos de transporte, saneamento e energia, declaradas pelo poder público federal ou dos Estados.

- Ademais, consideram-se hipóteses de *interesse social*:

  i. as atividades imprescindíveis à proteção da integridade da vegetação nativa, tais como: prevenção, combate e controle do fogo, controle da erosão, erradicação de invasoras e proteção de plantios com espécies nativas, conforme resolução do Conselho Nacional do Meio Ambiente – CONAMA;

26. Art. 22, da Lei 11.428/06.

27. Nos termos do artigo 3°, VIII, da Lei 11.428/06, consideram-se hipóteses de interesse social: a) as atividades imprescindíveis à proteção da integridade da vegetação nativa, tais como: prevenção, combate e controle do fogo, controle da erosão, erradicação de invasoras e proteção de plantios com espécies nativas, conforme resolução do Conselho Nacional do Meio Ambiente – CONAMA; b) as atividades de manejo agroflorestal sustentável praticadas na pequena propriedade ou posse rural familiar que não descaracterizem a cobertura vegetal e não prejudiquem a função ambiental da área; c) demais obras, planos, atividades ou projetos definidos em resolução do Conselho Nacional do Meio Ambiente.

ii. as atividades de manejo agroflorestal sustentável praticadas na pequena propriedade ou posse rural familiar que não descaracterizem a cobertura vegetal e não prejudiquem a função ambiental da área;

iii. demais obras, planos, atividades ou projetos definidos em resolução do Conselho Nacional do Meio Ambiente.

- Imprescindível proceda-se à realização de Estudo Prévio de Impacto Ambiental/Relatório de Impacto Ambiental - EIA/RIMA[28].
- Imprescindível que se comprove inexistir alternativa técnica e locacional ao empreendimento proposto.
- Depende de autorização do órgão ambiental estadual competente, com anuência prévia, quando couber, do órgão federal ou municipal de meio ambiente.

b) Pesquisas científicas.

c) Práticas preservacionistas[29].

d) Por pequeno produtor rural e populações tradicionais para o exercício de atividades ou usos agrícolas, pecuários ou silviculturais imprescindíveis à sua subsistência e de sua família[30].

ATENÇÃO

Para esta hipótese, compete ao órgão *estadual* autorizar a interferência antrópica desejada (corte, supressão ou exploração), sem prejuízo de informar ao Ibama[31].

e) Em caso de áreas urbanas e metropolitanas, para fins de loteamento ou edificação, desde que respeitado percentual mínimo de vegetação nativa de 30% ou 50%[32] da área total coberta por esta vegetação (§§ 1º e 2º do art. 31 desta Lei)

f) Sob o rótulo de *exploração seletiva*[33], admite-se tanto corte, a supressão e o manejo de espécies arbóreas pioneiras nativas em fragmentos, cuja presença

28. Art. 20, parágrafo único, da Lei 11.428/06.
29. Novamente, nos termos do artigo 19, da Lei 11.428/06, o *corte eventual*, para fins de práticas preservacionistas e de pesquisa científica, será devidamente regulamentado pelo Conselho Nacional do Meio Ambiente e autorizado pelo órgão competente do Sisnama.
30. Não se descuida o legislador de ressalvar que, a despeito desse permissivo, devem ser respeitadas eventuais implicações por conta da presença de Área de Preservação Permanente ou de Reserva Legal, regidas pela Lei 12.651/12.
31. Art. 24, parágrafo único, da Lei 11.428/06.
32. A depender se o perímetro urbano foi delimitado antes ou posteriormente ao início da vigência da Lei Bioma Mata Atlântica.
33. Nos termos da Res. Conama 12/94, significa a extração de espécies ou produtos de origem vegetal previamente determinados.

for superior a 60% (sessenta por cento) em relação às demais espécies – cuja autorização compete ao órgão estadual competente – observando, ainda, o disposto na Lei 12.651/12, em especial no que diz respeito a área de preservação permanente e de reserva legal[34].

Novamente, o legislador condiciona à efetivação de uma *compensação ambiental*[35], a ser feita por meio de destinação de área equivalente à extensão da área desmatada, com as mesmas características ecológicas, na mesma bacia hidrográfica, e, sempre que possível, na mesma microbacia hidrográfica.

Contudo, caso não seja possível realizar a compensação nestes exatos termos, subsidiariamente será exigida a reposição florestal, com espécies nativas, em área equivalente à desmatada, na mesma bacia hidrográfica, sempre que possível na mesma microbacia hidrográfica, ou, ainda, no mesmo Município ou região metropolitana – se se tratar de vegetação situada nesses espaços urbanos.

3.4. Vegetação secundária em estágio inicial de regeneração

Por fim, *estágio inicial* de regeneração, nos termos da Resolução Conama 34/1994, abrange analisar: a) fisionomia herbáceo/arbustiva de porte baixo, com cobertura vegetal variando de fechada a aberta; b) espécies lenhosas com distribuição diamétrica de pequena amplitude; c) epífitas, se existentes, são representadas principalmente por líquenes, briófitas e pteridófitas, com baixa diversidade; d) trepadeiras, se presentes, são geralmente herbáceas; e) serapilheira, quando existente, forma uma camada fina pouco decomposta, contínua ou não; f) diversidade biológica variável com poucas espécies arbóreas ou arborescentes, podendo apresentar plântulas de espécies características de outros estágios; g) espécies pioneiras abundantes; h) ausência de sub-bosque[36].

Pela regra disciplinada pelo artigo 25 da Lei 11.428/06, compete ao órgão estadual autorizar corte, supressão e *exploração* de vegetação secundária em estágio inicial de recuperação.

a. Se no Estado houver menos do que 5% de vegetação primária e secundária remanescente do Bioma Mata Atlântica, segue o mesmo regime de Vegetação secundária em estágio médio de recuperação[37].
    i. Realização de obras, projetos ou atividades de utilidade pública ou *interesse social.*
    ii. Pesquisas científicas.
    iii. Práticas preservacionistas.

---

34. Art. 28, da Lei 11.428/06.
35. Repise-se que essa ferramenta não é aplicável para os casos de supressões e cortes irregulares.
36. Resolução Conama 34/94.
37. Tendo em vista que foram vetados os artigos 27 e 29, os que permitiam esse regime diferenciado quando se tratasse de estágios avançados e iniciais de regeneração, não há como compreender que, seguindo o mesmo regime de estágio médio de recuperação, seja possível implementar essa "exploração seletiva".

iv. Pequeno produtor rural e populações tradicionais para o exercício de atividades ou usos agrícolas, pecuários ou silviculturais imprescindíveis à sua subsistência e de sua família.

v. Em caso de áreas urbanas e metropolitanas, para fins de loteamento ou edificação, desde que respeitado percentual mínimo de vegetação nativa de 30% ou 50% da área total coberta por esta vegetação (§§ 1º e 2º do art. 31 desta Lei)

b. Caso não seja inferior, a Lei não trouxe qualquer critério/condição.

Especificadamente a este nível inicial de regeneração da vegetação secundária o legislador foi expresso quanto a se admitir a prática agrícola de pousio, para os Estados onde tal procedimento é utilizado tradicionalmente.

Daí, admite-se o pousio, que é considerada[38] a prática que prevê a interrupção de atividades ou usos agrícolas, pecuários ou silviculturais do solo por até dez anos para possibilitar a recuperação de sua fertilidade, podendo ocorrer quando já for procedimento *comprovadamente* tradicional no âmbito estadual (onde situa o órgão competente para autorizar)

3.5. Áreas urbanas e regiões metropolitanas

Sem prejuízo do que se já observou quanto à cada espécie de vegetação, vale abrir um tópico para pontuar a especificidade atinente ao fato da vegetação do Bioma Mata Atlântica situar-se no perímetro urbano (área urbana ou região metropolitana), eis que há um tratamento distinto – em que pese já anunciado linhas acima.

3.5.1. Vegetação primária

Com efeito, no que toca à vegetação *primária*, é expressamente vedada a sua supressão para fins de loteamento ou edificação, nas regiões metropolitanas e áreas urbanas consideradas como tal em lei específica.

3.5.2. Vegetação secundária em estágio avançado

De outro lado, no que diz respeito à supressão da vegetação *secundária* em estágio avançado de regeneração, via de regra também é vedada. Exceto se o perímetro urbano tiver sido aprovado até a data de início de vigência da Lei.

Daí, devem ser preenchidos os seguintes requisitos:

- perímetro urbano tiver sido aprovado até a data de início de vigência da Lei;
- prévia autorização do órgão ambiental estadual;
- para fins de loteamento ou edificação;

38. Art. 22, caput e parágrafo único, do Decreto 6.660/08.

- deve o empreendimento que garantir a preservação de vegetação nativa em estágio avançado de regeneração em no mínimo 50% (cinqüenta por cento) da área total coberta por esta vegetação;
- atendimento ao disposto no Plano Diretor do Município e demais normas urbanísticas e ambientais aplicáveis;
- deve haver uma preferência para se instalar em área já degradada ou substancialmente desmatada[39];
- efetuar compensação ambiental, nos termos do artigo 17, da Lei 11.428/06;
- não enquadramento nas vedações contidas no artigo 11 da Lei 11.428/06 (por exemplo, vegetação que proteja entorno de unidade de conservação, abrigar animais ameaçados de extinção, APP, Reserva Legal, etc.)

3.5.3. *Vegetação secundária em estágio médio de regeneração*

Igualmente, há uma distinção caso o perímetro urbano tenha sido aprovado até a vigência da Lei 11.428/06, ou posterior a ela, porém sem o mesmo rigor visto no tópico superior.

Com efeito, caso a aprovação tenha ocorrido até a data do início da vigência, permite-se a supressão da vegetação, atendidos os seguintes requisitos:

- prévia autorização do órgão ambiental estadual;
- para fins de loteamento ou edificação;
- deve o empreendimento que garantir a preservação de vegetação nativa em estágio médio de regeneração em no mínimo 30% (trinta por cento) da área total coberta por esta vegetação;
- atendimento ao disposto no Plano Diretor do Município e demais normas urbanísticas e ambientais aplicáveis;
- deve haver uma preferência para se instalar em área já degradada ou substancialmente desmatada;
- efetuar compensação ambiental, nos termos do artigo 17, da Lei 11.428/06;
- não enquadramento nas vedações contidas no artigo 11 da Lei 11.428/06 (por exemplo, vegetação que proteja entorno de unidade de conservação, abrigar animais ameaçados de extinção, APP, Reserva Legal, etc.)

Por outro lado, caso a aprovação tenha ocorrido após a data do início da vigência, permite-se a supressão da vegetação, atendidos os mesmos requisitos, com uma única mudança (porcentagem de preservação de 50% de vegetação em estágio médio de regeneração), conforme se confere:

- prévia autorização do órgão ambiental estadual;
- para fins de loteamento ou edificação;

39. Art. 31 c.c. art. 12, da Lei 11.428/06, o que se aplica para a mesma situação de estágio médio de regeneração, inclusive para a hipótese de porcentagem de preservação de 50%.

- deve o empreendimento que garantir a preservação de vegetação nativa em estágio médio de regeneração em no mínimo 50% (cinquenta por cento) da área total coberta por esta vegetação;
- atendimento ao disposto no Plano Diretor do Município e demais normas urbanísticas e ambientais aplicáveis;
- deve haver uma preferência para se instalar em área já degradada ou substancialmente desmatada;
- efetuar compensação ambiental, nos termos do artigo 17, da Lei 11.428/06;
- não enquadramento nas vedações contidas no artigo 11 da Lei 11.428/06 (por exemplo, vegetação que proteja entorno de unidade de conservação, abrigar animais ameaçados de extinção, APP, Reserva Legal, etc.)

Sem prejuízo, o artigo 14, §2°, da Lei 11.428/06, ainda estipula a necessidade de uma autorização pelo órgão Municipal, para o caso de supressão de vegetação no estágio médio de regeneração situada em área urbana, desde que o município possua conselho de meio ambiente, com caráter deliberativo e plano diretor, mediante anuência prévia do órgão ambiental estadual competente fundamentada em parecer técnico.

4. ATIVIDADES MINERÁRIAS

Pelo que se observa da Lei 11.428/06[40], admite-se a supressão de vegetação secundária, em estágios avançado ou médio de regeneração, para fins de atividades minerárias, ou, em outros termos, veda-se quando for vegetação primária ou secundária em estágio inicial.

E, quando admitida, necessita de (a) licenciamento ambiental[41], condicionado a (a1) realização de EIA/RIMA, e (a2) inexistência de alternativa técnica e locacional; (b) compensação ambiental disciplinada no artigo 17, da Lei 11.428/06 – não se descartando a necessidade da compensação ambiental prevista no artigo 36, da Lei 9.985/00[42].

5. SÚMULAS E ORIENTAÇÕES JURISPRUDENCIAIS (STJ E STF)

(STJ – AgRg no REsp 1601921 / SC – DJe 16.09.2016)

AGRAVO REGIMENTAL EM RECURSO ESPECIAL. DIREITO PENAL. CRIME AMBIENTAL. MATERIALIDADE. LAUDO PERICIAL. PROVA SUPRIDA POR OUTROS MEIOS. AUTORIA. RESPONSABILIDADE PENAL DO SÓCIO ADMINISTRADOR.

40. Art. 32, da Lei 11.428/06.
41. STJ – REsp 1.645.577 / SC – DJe 19.12.2017.
42. Daí, considerando que, por si só, trata-se de empreendimento de significativo impacto ambiental, competirá ao empreendedor proceder à compensação ambiental por meio de destinação de área de equivalente extensão a que será desmatada (ou proceder à recuperação florestal de idêntica extensão); e apoiar financeiramente a implantação e manutenção de unidade de conservação do Grupo de Proteção Integral, de acordo com a Lei 9.885/00. Isto é, impõe-se desde já a obrigação de fazer e a obrigação de pagar, por meio de institutos jurídicos distintos, embora ambos denominados de *compensação ambiental*.

1. Resta suficientemente demonstrada a materialidade delitiva com base na notícia de infração penal ambiental, no auto de infração ambiental, no termo de embargo, no levantamento fotográfico, no auto de constatação, bem como nos depoimentos dos policiais militares que evidenciam o corte de arvores nativas do Bioma Mata Atlântica em estágio médio de regeneração, sendo dispensável a elaboração de laudo por perito oficial mormente se os autores provocaram incêndio na floresta para a limpeza do local, comprometendo assim os vestígios deixados pelo delito e impossibilitando ou dificultando a perícia. 2. A responsabilidade penal do sócio-administrador e da pessoa jurídica resta regularmente demonstrada na hipótese em que este concorre para a realização do crime ordenando a limpeza do terreno e mais, sabendo da prática da conduta típica descrita no artigo 38A da Lei nº 9.605/98 pelo seu preposto, deixou de agir quando podia e devia para evitá-la. 3. Agravo regimental improvido.

(STJ - RHC 64124 / MS - DJe 30.03.2016)[43]

PROCESSUAL PENAL. RECURSO ORDINÁRIO EM HABEAS CORPUS. ART. 38 DA LEI N. 9.605/1998. CRIME AMBIENTAL. OBRIGAÇÃO DE CONSERVAÇÃO TRANSFERIDA DO ALIENANTE/ARRENDANTE AO ADQUIRENTE/ ARRENDATÁRIO DO IMÓVEL. ESTABELECIMENTO, SEGUNDO O TRIBUNAL DE ORIGEM, DE ELO MÍNIMO ENTRE A CONDUTA DO ORA RECORRENTE E A SUPOSTAMENTE PRATICADA. AUSÊNCIA DE ILEGITIMIDADE PASSIVA AD CAUSA. NECESSIDADE DE REEXAME DO CONJUNTO FÁTICO-PROBATÓRIO. INADEQUAÇÃO DA VIA ELEITA.

(....) 9. Portanto, o art. 38 da supramencionada Lei visa a punir tanto aquele que causa o dano ambiental (destruir ou danificar floresta considerada de preservação permanente, mesmo que em formação, ou vegetação primária ou secundária em estágio avançado ou médio de regeneração), quanto quem utiliza tal bioma com infringência das normas de proteção. 10. Isso porque a obrigação de conservação é transferida do alienante/arrendante ao adquirente/arrendatário do imóvel, independentemente de este último ter responsabilidade pelo dano ambiental inicial. Precedente desta Corte Superior de Justiça. 11. Tal entendimento está em perfeita harmonia com a tutela constitucional do meio ambiente (artigo 225 da Carta Maga), que impõe ao Poder Público e à coletividade o dever de protegê-lo e preservá-lo para as presentes e futuras gerações. (...)

(STJ - REsp 1.645.577 / SC - DJe 19.12.2017)

AMBIENTAL. MATA ATLÂNTICA. MINERAÇÃO. LICENCIAMENTO DE SUPRESSÃO DE VEGETAÇÃO. INCOMPETÊNCIA DO MUNICÍPIO. SAIBRO EXPRESSAMENTE EXCLUÍDO DAS ATIVIDADES DE UTILIDADE PÚBLICA. NECESSIDADE DE EIA/RIMA. INEXISTÊNCIA DE ESTUDO E RELATÓRIO. IMPOSSIBILIDADE DE LICENÇA.

1. Cuida-se de inconformismo contra o acórdão do Tribunal de origem que reconheceu que o Município possui legitimidade para conceder as autorizações de corte de vegetação no bioma Mata Atlântica e que, para a concessão de licença para extração de saibro por escavação a céu aberto, não se exige a apresentação de EIA-RIMA, mas apenas o Estudo Ambiental Simplificado. 2. A concessão de licença pela municipalidade para supressão da vegetação em tela (secundária em estágio avançado de regeneração do Bioma Mata Atlântica), para fins de posterior instalação de atividade de mineração, possui vício de incompetência, de modo a ensejar a nulidade das AuCs 14 e 52, por afronta aos arts. 14, § 1º, e 24, parágrafo único, da Lei 11.428/2006. 3. Constata-se que a área objeto das licenças ambientais discutidas nos autos possui vegetação secundária em estágio avançado de regeneração (fls. 1.051). Assim, para que fosse possível a concessão de licença para supressão da vegetação, necessário que a empresa recorrente se enquadrasse nas hipóteses taxativas do art. 21 da Lei 11.428/2006, o que não se verifica no caso dos autos. 4. Faz-se imprescindível licenciamento ambiental, condicionado à apresentação de Estudo Prévio de Impacto Ambiental/Relatório de Impacto Ambiental - EIA/RIMA pelo empreendedor. 5. Recurso Especial a que se dá provimento.

---

43. Trechos da ementa.

(STJ - REsp 752.232 / PR - DJe 19.06.2012)

ADMINISTRATIVO E AMBIENTAL. DECRETO Nº 750/93. LIMITAÇÃO ADMINISTRATIVA. DESAPROPRIAÇÃO INDIRETA. NÃO OCORRÊNCIA. INDENIZAÇÃO INDEVIDA. AUSÊNCIA DE SUPRESSÃO DOS PODERES INERENTES AO DOMÍNIO.

1. O recurso especial combateu de forma eficaz o fundamento do aresto, não busca a análise dos fatos da causa e não depende da interposição de recurso extraordinário, ultrapassando os óbices das Súmulas 7/STJ, 283/STF e 126/STJ. 2. O Decreto nº 750/93 estabeleceu limitação administrativa para proteger o bioma Mata Atlântica e não retirou do proprietário os poderes inerentes ao domínio, o que inviabiliza a pretendida indenização. Precedentes: EREsp 901.319/SC, Rel. Min. Eliana Calmon, Primeira Seção, DJe 03/08/2009 e EREsp 922.786/SC, Rel. Min. Benedito Gonçalves, Primeira Seção, DJe 15/09/2009. 3. Recurso especial provido.

(STJ - REsp 1.109.778 / SC - DJe 04.05.2011)

PROCESSUAL CIVIL E ADMINISTRATIVO. AUSÊNCIA DE PREQUESTIONAMENTO. SÚMULA 211/STJ. MATA ATLÂNTICA. DECRETO 750/1993. LIMITAÇÃO ADMINISTRATIVA. PRESCRIÇÃO QÜINQÜENAL. ART. 1.228, CAPUT E PARÁGRAFO ÚNICO, DO CÓDIGO CIVIL DE 2002.

1. É inadmissível Recurso Especial quanto a questão que, a despeito da oposição de Embargos Declaratórios, não foi apreciada pelo Tribunal de origem. Incidência da Súmula 211/STJ. 2. Ressalte-se, inicialmente, que a hipótese dos autos não se refere a pleito de indenização pela criação de Unidades de Conservação (Parque Nacional ou Estadual, p.ex.), mas em decorrência da edição de ato normativo stricto sensu (Decreto Federal), de observância universal para todos os proprietários rurais inseridos no Bioma da Mata Atlântica. 3. As restrições ao aproveitamento da vegetação da Mata Atlântica, trazidas pelo Decreto 750/93, caracterizam, por conta de sua generalidade e aplicabilidade a todos os imóveis incluídos no bioma, limitação administrativa, o que justifica o prazo prescricional de cinco anos, nos moldes do Decreto 20.910/1932. Precedentes do STJ. 4. Hipótese em que a Ação foi ajuizada somente em 21.3.2007, decorridos mais de dez anos do ato do qual originou o suposto dano (Decreto 750/1993), o que configura a prescrição do pleito do recorrente. 5. Assegurada no Código Civil de 2002 (art. 1.228, caput), a faculdade de "usar, gozar e dispor da coisa", núcleo econômico do direito de propriedade, está condicionada à estrita observância, pelo proprietário atual, da obrigação propter rem de proteger a flora, a fauna, as belezas naturais, o equilíbrio ecológico e o patrimônio histórico e artístico, bem como evitar a poluição do ar e das águas (parágrafo único do referido artigo). 6. Os recursos naturais do Bioma Mata Atlântica podem ser explorados, desde que respeitadas as prescrições da legislação, necessárias à salvaguarda da vegetação nativa, na qual se encontram várias espécies da flora e fauna ameaçadas de extinção. 7. Nos regimes jurídicos contemporâneos, os imóveis - rurais ou urbanos - transportam finalidades múltiplas (privadas e públicas, inclusive ecológicas), o que faz com que sua utilidade econômica não se esgote em um único uso, no melhor uso e, muito menos, no mais lucrativo uso. A ordem constitucional-legal brasileira não garante ao proprietário e ao empresário o máximo retorno financeiro possível dos bens privados e das atividades exercidas. 8. Exigências de sustentabilidade ecológica na ocupação e utilização de bens econômicos privados não evidenciam apossamento, esvaziamento ou injustificada intervenção pública. Prescrever que indivíduos cumpram certas cautelas ambientais na exploração de seus pertences não é atitude discriminatória, tampouco rompe com o princípio da isonomia, mormente porque ninguém é confiscado do que não lhe cabe no título ou senhorio. 9. Se o proprietário ou possuidor sujeita-se à função social e à função ecológica da propriedade, despropositado alegar perda indevida daquilo que, no regime constitucional e legal vigente, nunca deteve, isto é, a possibilidade de utilização completa, absoluta, ao estilo da terra arrasada, da coisa e de suas virtudes naturais. Ao revés, quem assim proceder estará se apoderando ilicitamente (uso nocivo ou anormal da propriedade) de atributos públicos do patrimônio privado (serviços e processos ecológicos essenciais), que são "bem de uso comum do povo", nos termos do art. 225, caput, da Constituição de 1988. 10. Finalmente, observe-se que há notícia de decisão judicial transitada em julgado, em Ação Civil Pública, que também impõe limites e condições à exploração de certas espécies da Mata Atlântica, consideradas ameaçadas de extinção. 11. Recurso Especial parcialmente conhecido e não provido

6. LEGISLAÇÃO ESPECÍFICA CORRELATA

- **Lei 11.428/06**

(Dispõe sobre a utilização e proteção da vegetação nativa do Bioma Mata Atlântica)

Art. 1º A conservação, a proteção, a regeneração e a utilização do Bioma Mata Atlântica, patrimônio nacional, observarão o que estabelece esta Lei, bem como a legislação ambiental vigente, em especial a Lei nº 4.771, de 15 de setembro de 1965.

CAPÍTULO I
DAS DEFINIÇÕES

Art. 2º Para os efeitos desta Lei, consideram-se integrantes do Bioma Mata Atlântica as seguintes formações florestais nativas e ecossistemas associados, com as respectivas delimitações estabelecidas em mapa do Instituto Brasileiro de Geografia e Estatística - IBGE, conforme regulamento: Floresta Ombrófila Densa; Floresta Ombrófila Mista, também denominada de Mata de Araucárias; Floresta Ombrófila Aberta; Floresta Estacional Semidecidual; e Floresta Estacional Decidual, bem como os manguezais, as vegetações de restingas, campos de altitude, brejos interioranos e encraves florestais do Nordeste. (Vide Decreto nº 6.660, de 2008)

Parágrafo único. Somente os remanescentes de vegetação nativa no estágio primário e nos estágios secundário inicial, médio e avançado de regeneração na área de abrangência definida no caput deste artigo terão seu uso e conservação regulados por esta Lei.

Art. 3º Consideram-se para os efeitos desta Lei:

I - pequeno produtor rural: aquele que, residindo na zona rural, detenha a posse de gleba rural não superior a 50 (cinqüenta) hectares, explorando-a mediante o trabalho pessoal e de sua família, admitida a ajuda eventual de terceiros, bem como as posses coletivas de terra considerando-se a fração individual não superior a 50 (cinqüenta) hectares, cuja renda bruta seja proveniente de atividades ou usos agrícolas, pecuários ou silviculturais ou do extrativismo rural em 80% (oitenta por cento) no mínimo;

II - população tradicional: população vivendo em estreita relação com o ambiente natural, dependendo de seus recursos naturais para a sua reprodução sociocultural, por meio de atividades de baixo impacto ambiental;

III - pousio: prática que prevê a interrupção de atividades ou usos agrícolas, pecuários ou silviculturais do solo por até 10 (dez) anos para possibilitar a recuperação de sua fertilidade;

IV - prática preservacionista: atividade técnica e cientificamente fundamentada, imprescindível à proteção da integridade da vegetação nativa, tal como controle de fogo, erosão, espécies exóticas e invasoras;

V - exploração sustentável: exploração do ambiente de maneira a garantir a perenidade dos recursos ambientais renováveis e dos processos ecológicos, mantendo a biodiversidade e os demais atributos ecológicos, de forma socialmente justa e economicamente viável;

VI - enriquecimento ecológico: atividade técnica e cientificamente fundamentada que vise à recuperação da diversidade biológica em áreas de vegetação nativa, por meio da reintrodução de espécies nativas;

VII - utilidade pública:

a) atividades de segurança nacional e proteção sanitária;

b) as obras essenciais de infra-estrutura de interesse nacional destinadas aos serviços públicos de transporte, saneamento e energia, declaradas pelo poder público federal ou dos Estados;

VIII - interesse social:

a) as atividades imprescindíveis à proteção da integridade da vegetação nativa, tais como: prevenção, combate e controle do fogo, controle da erosão, erradicação de invasoras e proteção de plantios com espécies nativas, conforme resolução do Conselho Nacional do Meio Ambiente - CONAMA;

b) as atividades de manejo agroflorestal sustentável praticadas na pequena propriedade ou posse rural familiar que não descaracterizem a cobertura vegetal e não prejudiquem a função ambiental da área;

c) demais obras, planos, atividades ou projetos definidos em resolução do Conselho Nacional do Meio Ambiente.

Art. 4º A definição de vegetação primária e de vegetação secundária nos estágios avançado, médio e inicial de regeneração do Bioma Mata Atlântica, nas hipóteses de vegetação nativa localizada, será de iniciativa do Conselho Nacional do Meio Ambiente.

§ 1º O Conselho Nacional do Meio Ambiente terá prazo de 180 (cento e oitenta) dias para estabelecer o que dispõe o caput deste artigo, sendo que qualquer intervenção na vegetação primária ou secundária nos estágios avançado e médio de regeneração somente poderá ocorrer após atendido o disposto neste artigo.

§ 2º Na definição referida no caput deste artigo, serão observados os seguintes parâmetros básicos:

I - fisionomia;

II - estratos predominantes;

III - distribuição diamétrica e altura;

IV - existência, diversidade e quantidade de epífitas;

V - existência, diversidade e quantidade de trepadeiras;

VI - presença, ausência e características da serapilheira;

VII - sub-bosque;

VIII - diversidade e dominância de espécies;

IX - espécies vegetais indicadoras.

Art. 5º A vegetação primária ou a vegetação secundária em qualquer estágio de regeneração do Bioma Mata Atlântica não perderão esta classificação nos casos de incêndio, desmatamento ou qualquer outro tipo de intervenção não autorizada ou não licenciada.

CAPÍTULO II
DOS OBJETIVOS E PRINCÍPIOS DO REGIME JURÍDICO DO BIOMA MATA ATLÂNTICA

Art. 6º A proteção e a utilização do Bioma Mata Atlântica têm por objetivo geral o desenvolvimento sustentável e, por objetivos específicos, a salvaguarda da biodiversidade, da saúde humana, dos valores paisagísticos, estéticos e turísticos, do regime hídrico e da estabilidade social.

Parágrafo único. Na proteção e na utilização do Bioma Mata Atlântica, serão observados os princípios da função socioambiental da propriedade, da eqüidade intergeracional, da prevenção, da precaução, do usuário-pagador, da transparência das informações e atos, da gestão democrática, da celeridade procedimental, da gratuidade dos serviços administrativos prestados ao pequeno produtor rural e às populações tradicionais e do respeito ao direito de propriedade.

Art. 7º A proteção e a utilização do Bioma Mata Atlântica far-se-ão dentro de condições que assegurem:

I - a manutenção e a recuperação da biodiversidade, vegetação, fauna e regime hídrico do Bioma Mata Atlântica para as presentes e futuras gerações;

II - o estímulo à pesquisa, à difusão de tecnologias de manejo sustentável da vegetação e à formação de uma consciência pública sobre a necessidade de recuperação e manutenção dos ecossistemas;

III - o fomento de atividades públicas e privadas compatíveis com a manutenção do equilíbrio ecológico;

IV - o disciplinamento da ocupação rural e urbana, de forma a harmonizar o crescimento econômico com a manutenção do equilíbrio ecológico.

TÍTULO II
DO REGIME JURÍDICO GERAL DO BIOMA MATA ATLÂNTICA

Art. 8º O corte, a supressão e a exploração da vegetação do Bioma Mata Atlântica far-se-ão de maneira diferenciada, conforme se trate de vegetação primária ou secundária, nesta última levando-se em conta o estágio de regeneração.

Art. 9º A exploração eventual, sem propósito comercial direto ou indireto, de espécies da flora nativa, para consumo nas propriedades ou posses das populações tradicionais ou de pequenos produtores rurais, independe de autorização dos órgãos competentes, conforme regulamento.

Parágrafo único. Os órgãos competentes, sem prejuízo do disposto no caput deste artigo, deverão assistir as populações tradicionais e os pequenos produtores no manejo e exploração sustentáveis das espécies da flora nativa.

Art. 10. O poder público fomentará o enriquecimento ecológico da vegetação do Bioma Mata Atlântica, bem como o plantio e o reflorestamento com espécies nativas, em especial as iniciativas voluntárias de proprietários rurais.

§ 1º Nos casos em que o enriquecimento ecológico exigir a supressão de espécies nativas que gerem produtos ou subprodutos comercializáveis, será exigida a autorização do órgão estadual ou federal competente, mediante procedimento simplificado.

§ 2º Visando a controlar o efeito de borda nas áreas de entorno de fragmentos de vegetação nativa, o poder público fomentará o plantio de espécies florestais, nativas ou exóticas.

Art. 11. O corte e a supressão de vegetação primária ou nos estágios avançado e médio de regeneração do Bioma Mata Atlântica ficam vedados quando:

I - a vegetação:

a) abrigar espécies da flora e da fauna silvestres ameaçadas de extinção, em território nacional ou em âmbito estadual, assim declaradas pela União ou pelos Estados, e a intervenção ou o parcelamento puserem em risco a sobrevivência dessas espécies;

b) exercer a função de proteção de mananciais ou de prevenção e controle de erosão;

c) formar corredores entre remanescentes de vegetação primária ou secundária em estágio avançado de regeneração;

d) proteger o entorno das unidades de conservação; ou

e) possuir excepcional valor paisagístico, reconhecido pelos órgãos executivos competentes do Sistema Nacional do Meio Ambiente – SISNAMA;

II – o proprietário ou posseiro não cumprir os dispositivos da legislação ambiental, em especial as exigências da Lei nº 4.771, de 15 de setembro de 1965, no que respeita às Áreas de Preservação Permanente e à Reserva Legal.

Parágrafo único. Verificada a ocorrência do previsto na alínea a do inciso I deste artigo, os órgãos competentes do Poder Executivo adotarão as medidas necessárias para proteger as espécies da flora e da fauna silvestres ameaçadas de extinção caso existam fatores que o exijam, ou fomentarão e apoiarão as ações e os proprietários de áreas que estejam mantendo ou sustentando a sobrevivência dessas espécies.

Art. 12. Os novos empreendimentos que impliquem o corte ou a supressão de vegetação do Bioma Mata Atlântica deverão ser implantados preferencialmente em áreas já substancialmente alteradas ou degradadas.

Art. 13. Os órgãos competentes do Poder Executivo adotarão normas e procedimentos especiais para assegurar ao pequeno produtor e às populações tradicionais, nos pedidos de autorização de que trata esta Lei:

I – acesso fácil à autoridade administrativa, em local próximo ao seu lugar de moradia;

II – procedimentos gratuitos, céleres e simplificados, compatíveis com o seu nível de instrução;

III – análise e julgamento prioritários dos pedidos.

Art. 14. A supressão de vegetação primária e secundária no estágio avançado de regeneração somente poderá ser autorizada em caso de utilidade pública, sendo que a vegetação secundária em estágio médio de regeneração poderá ser suprimida nos casos de utilidade pública e interesse social, em todos os casos devidamente caracterizados e motivados em procedimento administrativo próprio, quando inexistir alternativa técnica e locacional ao empreendimento proposto, ressalvado o disposto no inciso I do art. 30 e nos §§ 1º e 2º do art. 31 desta Lei.

§ 1º A supressão de que trata o caput deste artigo dependerá de autorização do órgão ambiental estadual competente, com anuência prévia, quando couber, do órgão federal ou municipal de meio ambiente, ressalvado o disposto no § 2º deste artigo.

§ 2º A supressão de vegetação no estágio médio de regeneração situada em área urbana dependerá de autorização do órgão ambiental municipal competente, desde que o município possua conselho de meio ambiente, com caráter deliberativo e plano diretor, mediante anuência prévia do órgão ambiental estadual competente fundamentada em parecer técnico.

§ 3º Na proposta de declaração de utilidade pública disposta na alínea *b* do inciso VII do art. 3º desta Lei, caberá ao proponente indicar de forma detalhada a alta relevância e o interesse nacional.

Art. 15. Na hipótese de obra ou atividade potencialmente causadora de significativa degradação do meio ambiente, o órgão competente exigirá a elaboração de Estudo Prévio de Impacto Ambiental, ao qual se dará publicidade, assegurada a participação pública.

Art. 16. Na regulamentação desta Lei, deverão ser adotadas normas e procedimentos especiais, simplificados e céleres, para os casos de reutilização das áreas agrícolas submetidas ao pousio.

Art. 17. O corte ou a supressão de vegetação primária ou secundária nos estágios médio ou avançado de regeneração do Bioma Mata Atlântica, autorizados por esta Lei, ficam condicionados à compensação ambiental, na forma da destinação de área equivalente à extensão da área desmatada, com as mesmas características ecológicas, na mesma bacia hidrográfica, sempre que possível na mesma microbacia hidrográfica, e, nos casos previstos nos arts. 30 e 31, ambos desta Lei, em áreas localizadas no mesmo Município ou região metropolitana.

§ 1º Verificada pelo órgão ambiental a impossibilidade da compensação ambiental prevista no caput deste artigo, será exigida a reposição florestal, com espécies nativas, em área equivalente à desmatada, na mesma bacia hidrográfica, sempre que possível na mesma microbacia hidrográfica.

§ 2º A compensação ambiental a que se refere este artigo não se aplica aos casos previstos no inciso III do art. 23 desta Lei ou de corte ou supressão ilegais.

Art. 18. No Bioma Mata Atlântica, é livre a coleta de subprodutos florestais tais como frutos, folhas ou sementes, bem como as atividades de uso indireto, desde que não coloquem em risco as espécies da fauna e flora, observando-se as limitações legais específicas e em particular as relativas ao acesso ao patrimônio genético, à proteção e ao acesso ao conhecimento tradicional associado e de biossegurança.

Art. 19. O corte eventual de vegetação primária ou secundária nos estágios médio e avançado de regeneração do Bioma Mata Atlântica, para fins de práticas preservacionistas e de pesquisa científica, será devidamente regulamentado pelo Conselho Nacional do Meio Ambiente e autorizado pelo órgão competente do Sisnama.

TÍTULO III
DO REGIME JURÍDICO ESPECIAL
DO BIOMA MATA ATLÂNTICA

CAPÍTULO I
DA PROTEÇÃO DA VEGETAÇÃO PRIMÁRIA

Art. 20. O corte e a supressão da vegetação primária do Bioma Mata Atlântica somente serão autorizados em caráter excepcional, quando necessários à realização de obras, projetos ou atividades de utilidade pública, pesquisas científicas e práticas preservacionistas.

Parágrafo único. O corte e a supressão de vegetação, no caso de utilidade pública, obedecerão ao disposto no art. 14 desta Lei, além da realização de Estudo Prévio de Impacto Ambiental/Relatório de Impacto Ambiental - EIA/RIMA.

CAPÍTULO II
DA PROTEÇÃO DA VEGETAÇÃO SECUNDÁRIA EM ESTÁGIO AVANÇADO DE REGENERAÇÃO

Art. 21. O corte, a supressão e a exploração da vegetação secundária em estágio avançado de regeneração do Bioma Mata Atlântica somente serão autorizados:

I - em caráter excepcional, quando necessários à execução de obras, atividades ou projetos de utilidade pública, pesquisa científica e práticas preservacionistas;

II - (VETADO)

III - nos casos previstos no inciso I do art. 30 desta Lei.

Art. 22. O corte e a supressão previstos no inciso I do art. 21 desta Lei no caso de utilidade pública serão realizados na forma do art. 14 desta Lei, além da realização de Estudo Prévio de Impacto Ambiental, bem como na forma do art. 19 desta Lei para os casos de práticas preservacionistas e pesquisas científicas.

CAPÍTULO III
DA PROTEÇÃO DA VEGETAÇÃO SECUNDÁRIA EM ESTÁGIO MÉDIO DE REGENERAÇÃO

Art. 23. O corte, a supressão e a exploração da vegetação secundária em estágio médio de regeneração do Bioma Mata Atlântica somente serão autorizados:

I - em caráter excepcional, quando necessários à execução de obras, atividades ou projetos de utilidade pública ou de interesse social, pesquisa científica e práticas preservacionistas;

II - (VETADO)

III - quando necessários ao pequeno produtor rural e populações tradicionais para o exercício de atividades ou usos agrícolas, pecuários ou silviculturais imprescindíveis à sua subsistência e de sua família, ressalvadas as áreas de preservação permanente e, quando for o caso, após averbação da reserva legal, nos termos da Lei nº 4.771, de 15 de setembro de 1965;

IV - nos casos previstos nos §§ 1º e 2º do art. 31 desta Lei.

Art. 24. O corte e a supressão da vegetação em estágio médio de regeneração, de que trata o inciso I do art. 23 desta Lei, nos casos de utilidade pública ou interesse social, obedecerão ao disposto no art. 14 desta Lei.

Parágrafo único. Na hipótese do inciso III do art. 23 desta Lei, a autorização é de competência do órgão estadual competente, informando-se ao Ibama, na forma da regulamentação desta Lei.

CAPÍTULO IV
DA PROTEÇÃO DA VEGETAÇÃO SECUNDÁRIA EM ESTÁGIO INICIAL DE REGENERAÇÃO

Art. 25. O corte, a supressão e a exploração da vegetação secundária em estágio inicial de regeneração do Bioma Mata Atlântica serão autorizados pelo órgão estadual competente.

Parágrafo único. O corte, a supressão e a exploração de que trata este artigo, nos Estados em que a vegetação primária e secundária remanescente do Bioma Mata Atlântica for inferior a 5% (cinco por cento) da área original, submeter-se-ão ao regime jurídico aplicável à vegetação secundária em estágio médio de regeneração, ressalvadas as áreas urbanas e regiões metropolitanas.

Art. 26. Será admitida a prática agrícola do pousio nos Estados da Federação onde tal procedimento é utilizado tradicionalmente.

CAPÍTULO V
DA EXPLORAÇÃO SELETIVA DE VEGETAÇÃO SECUNDÁRIA EM ESTÁGIOS AVANÇADO, MÉDIO E INICIAL DE REGENERAÇÃO

Art. 27. (VETADO)

Art. 28. O corte, a supressão e o manejo de espécies arbóreas pioneiras nativas em fragmentos florestais em estágio médio de regeneração, em que sua presença for superior a 60% (sessenta por cento) em relação às demais espécies, poderão ser autorizados pelo órgão estadual competente, observado o disposto na Lei nº 4.771, de 15 de setembro de 1965.

Art. 29. (VETADO)

CAPÍTULO VI
DA PROTEÇÃO DO BIOMA MATA ATLÂNTICA NAS ÁREAS URBANAS E REGIÕES METROPOLITANAS

Art. 30. É vedada a supressão de vegetação primária do Bioma Mata Atlântica, para fins de loteamento ou edificação, nas regiões metropolitanas e áreas urbanas consideradas como tal em lei específica, aplicando-se à supressão da vegetação secundária em estágio avançado de regeneração as seguintes restrições:

I – nos perímetros urbanos aprovados até a data de início de vigência desta Lei, a supressão de vegetação secundária em estágio avançado de regeneração dependerá de prévia autorização do órgão estadual competente e somente será admitida, para fins de loteamento ou edificação, no caso de empreendimentos que garantam a preservação de vegetação nativa em estágio avançado de regeneração em no mínimo 50% (cinqüenta por cento) da área total coberta por esta vegetação, ressalvado o disposto nos arts. 11, 12 e 17 desta Lei e atendido o disposto no Plano Diretor do Município e demais normas urbanísticas e ambientais aplicáveis;

II – nos perímetros urbanos aprovados após a data de início de vigência desta Lei, é vedada a supressão de vegetação secundária em estágio avançado de regeneração do Bioma Mata Atlântica para fins de loteamento ou edificação.

Art. 31. Nas regiões metropolitanas e áreas urbanas, assim consideradas em lei, o parcelamento do solo para fins de loteamento ou qualquer edificação em área de vegetação secundária, em estágio médio de regeneração, do Bioma Mata Atlântica, devem obedecer ao disposto no Plano Diretor do Município e demais normas aplicáveis, e dependerão de prévia autorização do órgão estadual competente, ressalvado o disposto nos arts. 11, 12 e 17 desta Lei.

§ 1º Nos perímetros urbanos aprovados até a data de início de vigência desta Lei, a supressão de vegetação secundária em estágio médio de regeneração somente será admitida, para fins de loteamento ou edificação, no caso de empreendimentos que garantam a preservação de vegetação nativa em estágio médio de regeneração em no mínimo 30% (trinta por cento) da área total coberta por esta vegetação.

§ 2º Nos perímetros urbanos delimitados após a data de início de vigência desta Lei, a supressão de vegetação secundária em estágio médio de regeneração fica condicionada à manutenção de vegetação em estágio médio de regeneração em no mínimo 50% (cinqüenta por cento) da área total coberta por esta vegetação.

CAPÍTULO VII
DAS ATIVIDADES MINERÁRIAS EM ÁREAS DE VEGETAÇÃO SECUNDÁRIA EM ESTÁGIO AVANÇADO E MÉDIO DE REGENERAÇÃO

Art. 32. A supressão de vegetação secundária em estágio avançado e médio de regeneração para fins de atividades minerárias somente será admitida mediante:

I – licenciamento ambiental, condicionado à apresentação de Estudo Prévio de Impacto Ambiental/Relatório de Impacto Ambiental – EIA/RIMA, pelo empreendedor, e desde que demonstrada a inexistência de alternativa técnica e locacional ao empreendimento proposto;

II – adoção de medida compensatória que inclua a recuperação de área equivalente à área do empreendimento, com as mesmas características ecológicas, na mesma bacia hidrográfica e sempre que possível na mesma microbacia hidrográfica, independentemente do disposto no art. 36 da Lei nº 9.985, de 18 de julho de 2000.

TÍTULO IV
DOS INCENTIVOS ECONÔMICOS

Art. 33. O poder público, sem prejuízo das obrigações dos proprietários e posseiros estabelecidas na legislação ambiental, estimulará, com incentivos econômicos, a proteção e o uso sustentável do Bioma Mata Atlântica.

§ 1º Na regulamentação dos incentivos econômicos ambientais, serão observadas as seguintes características da área beneficiada:

I – a importância e representatividade ambientais do ecossistema e da gleba;

II – a existência de espécies da fauna e flora ameaçadas de extinção;

III – a relevância dos recursos hídricos;

IV – o valor paisagístico, estético e turístico;

V – o respeito às obrigações impostas pela legislação ambiental;

VI – a capacidade de uso real e sua produtividade atual.

§ 2º Os incentivos de que trata este Título não excluem ou restringem outros benefícios, abatimentos e deduções em vigor, em especial as doações a entidades de utilidade pública efetuadas por pessoas físicas ou jurídicas.

Art. 34. As infrações dos dispositivos que regem os benefícios econômicos ambientais, sem prejuízo das sanções penais e administrativas cabíveis, sujeitarão os responsáveis a multa civil de 3 (três) vezes o valor atualizado recebido, ou do imposto devido em relação a cada exercício financeiro, além das penalidades e demais acréscimos previstos na legislação fiscal.

§ 1º Para os efeitos deste artigo, considera-se solidariamente responsável por inadimplência ou irregularidade a pessoa física ou jurídica doadora ou propositora de projeto ou proposta de benefício.

§ 2º A existência de pendências ou irregularidades na execução de projetos de proponentes no órgão competente do Sisnama suspenderá a análise ou concessão de novos incentivos, até a efetiva regularização.

Art. 35. A conservação, em imóvel rural ou urbano, da vegetação primária ou da vegetação secundária em qualquer estágio de regeneração do Bioma Mata Atlântica cumpre função social e é de interesse público, podendo, a critério do proprietário, as áreas sujeitas à restrição de que trata esta Lei ser computadas para efeito da Reserva Legal e seu excedente utilizado para fins de compensação ambiental ou instituição de Cota de Reserva Ambiental - CRA. (Redação dada pela Lei nº 12.651, de 2012).

Parágrafo único. Ressalvadas as hipóteses previstas em lei, as áreas de preservação permanente não integrarão a reserva legal.

CAPÍTULO I
DO FUNDO DE RESTAURAÇÃO DO BIOMA MATA ATLÂNTICA

Art. 36. Fica instituído o Fundo de Restauração do Bioma Mata Atlântica destinado ao financiamento de projetos de restauração ambiental e de pesquisa científica.

§ 1º (VETADO)

§ 2º (VETADO)

§ 3º (VETADO)

Art. 37. Constituirão recursos do Fundo de que trata o art. 36 desta Lei:

I - dotações orçamentárias da União;

II - recursos resultantes de doações, contribuições em dinheiro, valores, bens móveis e imóveis, que venha a receber de pessoas físicas e jurídicas, nacionais ou internacionais;

III - rendimentos de qualquer natureza, que venha a auferir como remuneração decorrente de aplicações do seu patrimônio;

IV - outros, destinados em lei.

Art. 38. Serão beneficiados com recursos do Fundo de Restauração do Bioma Mata Atlântica os projetos que envolvam conservação de remanescentes de vegetação nativa, pesquisa científica ou áreas a serem restauradas, implementados em Municípios que possuam plano municipal de conservação e recuperação da Mata Atlântica, devidamente aprovado pelo Conselho Municipal de Meio Ambiente.

§ 1º Terão prioridade de apoio os projetos destinados à conservação e recuperação das áreas de preservação permanente, reservas legais, reservas particulares do patrimônio natural e áreas do entorno de unidades de conservação.

§ 2º Os projetos poderão beneficiar áreas públicas e privadas e serão executados por órgãos públicos, instituições acadêmicas públicas e organizações da sociedade civil de interesse público que atuem na conservação, restauração ou pesquisa científica no Bioma Mata Atlântica.

CAPÍTULO II
DA SERVIDÃO AMBIENTAL

Art. 39. (VETADO)

Art. 40. (VETADO)

CAPÍTULO III
DOS INCENTIVOS CREDITÍCIOS

Art. 41. O proprietário ou posseiro que tenha vegetação primária ou secundária em estágios avançado e médio de regeneração do Bioma Mata Atlântica receberá das instituições financeiras benefícios creditícios, entre os quais:

I - prioridade na concessão de crédito agrícola, para os pequenos produtores rurais e populações tradicionais;

II - (VETADO)

III - (VETADO)

Parágrafo único. Os critérios, condições e mecanismos de controle dos benefícios referidos neste artigo serão definidos, anualmente, sob pena de responsabilidade, pelo órgão competente do Poder Executivo, após anuência do órgão competente do Ministério da Fazenda.

TÍTULO V
DAS PENALIDADES

Art. 42. A ação ou omissão das pessoas físicas ou jurídicas que importem inobservância aos preceitos desta Lei e a seus regulamentos ou resultem em dano à flora, à fauna e aos demais atributos naturais sujeitam os infratores às sanções previstas em lei, em especial as dispostas na Lei nº 9.605, de 12 de fevereiro de 1998, e seus decretos regulamentadores.

Art. 43. A Lei nº 9.605, de 12 de fevereiro de 1998, passa a vigorar acrescida do seguinte art. 38-A:

"Art. 38-A. Destruir ou danificar vegetação primária ou secundária, em estágio avançado ou médio de regeneração, do Bioma Mata Atlântica, ou utilizá-la com infringência das normas de proteção:

Pena - detenção, de 1 (um) a 3 (três) anos, ou multa, ou ambas as penas cumulativamente.

Parágrafo único. Se o crime for culposo, a pena será reduzida à metade."

Art. 44. (VETADO)

TÍTULO VI
DISPOSIÇÕES FINAIS

Art. 45. (VETADO)

Art. 46. Os órgãos competentes adotarão as providências necessárias para o rigoroso e fiel cumprimento desta Lei, e estimularão estudos técnicos e científicos visando à conservação e ao manejo racional do Bioma Mata Atlântica e de sua biodiversidade.

Art. 47. Para os efeitos do inciso I do caput do art. 3º desta Lei, somente serão consideradas as propriedades rurais com área de até 50 (cinqüenta) hectares, registradas em cartório até a data de início de vigência desta Lei, ressalvados os casos de fracionamento por transmissão causa mortis.

- **Lei 9.605/98**

(Dispõe sobre as sanções penais e administrativas derivadas de condutas e atividades lesivas ao meio ambiente)

Art. 38-A. Destruir ou danificar vegetação primária ou secundária, em estágio avançado ou médio de regeneração, do Bioma Mata Atlântica, ou utilizá-la com infringência das normas de proteção:

Pena – detenção, de 1 (um) a 3 (três) anos, ou multa, ou ambas as penas cumulativamente.

Parágrafo único. Se o crime for culposo, a pena será reduzida à metade

- **Decreto 6.660/08**

(Regulamenta dispositivos da Lei nº 11.428, de 22 de dezembro de 2006, que dispõe sobre a utilização e proteção da vegetação nativa do Bioma Mata Atlântica)

Art. 2º A exploração eventual, sem propósito comercial direto ou indireto, de espécies da flora nativa provenientes de formações naturais, para consumo nas propriedades rurais, posses das populações tradicionais ou de pequenos produtores rurais, de que trata o art. 9º da Lei nº 11.428, de 2006, independe de autorização dos órgãos competentes.

§ 1º Considera-se exploração eventual sem propósito comercial direto ou indireto:

I – quando se tratar de lenha para uso doméstico:

a) a retirada não superior a quinze metros cúbicos por ano por propriedade ou posse; e

b) a exploração preferencial de espécies pioneiras definidas de acordo com o § 2º do art. 35;

II – quando se tratar de madeira para construção de benfeitorias e utensílios na posse ou propriedade rural:

a) a retirada não superior a vinte metros cúbicos por propriedade ou posse, a cada período de três anos; e

b) a manutenção de exemplares da flora nativa, vivos ou mortos, que tenham função relevante na alimentação, reprodução e abrigo da fauna silvestre.

§ 2º Para os efeitos do que dispõe o art. 8º da Lei 11.428, de 2006, a exploração prevista no caput fica limitada às áreas de vegetação secundária nos estágios inicial, médio e avançado de regeneração e à exploração ou corte de árvores nativas isoladas provenientes de formações naturais.

§ 3º Os limites para a exploração prevista no caput, no caso de posse coletiva de populações tradicionais ou de pequenos produtores rurais, serão adotados por unidade familiar.

Art. 22. Considera-se pousio a prática que prevê a interrupção de atividades ou usos agrícolas, pecuários ou silviculturais do solo por até dez anos para possibilitar a recuperação de sua fertilidade.

Parágrafo único. A supressão da vegetação secundária em estágio inicial de regeneração da área submetida a pousio somente poderá ser autorizada pelo órgão ambiental competente nos imóveis onde, comprovadamente, essa prática vem sendo utilizada tradicionalmente.

Art. 26. Para fins de cumprimento do disposto nos arts. 17 e 32, inciso II, da Lei nº 11.428, de 2006, o empreendedor deverá:

I – destinar área equivalente à extensão da área desmatada, para conservação, com as mesmas características ecológicas, na mesma bacia hidrográfica, sempre que possível na mesma microbacia hidrográfica e, nos casos previstos nos arts. 30 e 31 da Lei nº 11.428, de 2006, em áreas localizadas no mesmo Município ou região metropolitana; ou

II – destinar, mediante doação ao Poder Público, área equivalente no interior de unidade de conservação de domínio público, pendente de regularização fundiária, localizada na mesma bacia hidrográfica, no mesmo Estado e, sempre que possível, na mesma microbacia hidrográfica.

§ 1º Verificada pelo órgão ambiental a inexistência de área que atenda aos requisitos previstos nos incisos I e II, o empreendedor deverá efetuar a reposição florestal, com espécies nativas, em área equivalente à desmatada, na mesma bacia hidrográfica, sempre que possível na mesma microbacia hidrográfica.

§ 2º A execução da reposição florestal de que trata o § 1º deverá seguir as diretrizes definidas em projeto técnico, elaborado por profissional habilitado e previamente aprovado pelo órgão ambiental competente, contemplando metodologia que garanta o restabelecimento de índices de diversidade florística compatíveis com os estágios de regeneração da área desmatada.

7. QUESTÕES DE CONCURSO

7.1. Questões

1) **(PGE/SP - Procurador do Estado / 2018)** A respeito das competências para autorização de supressão e manejo de vegetação, assinale a alternativa correta.

a) Compete aos Municípios, dentre outras atribuições, aprovar a supressão e o manejo de vegetação, de florestas e formações sucessoras em florestas públicas municipais e unidades de conservação instituídas pelo Município, exceto em Áreas de Proteção Ambiental.

b) A aprovação da supressão de vegetação em unidade de conservação será sempre do ente instituidor da unidade, exceto para Áreas de Proteção Ambiental, Reservas Particulares do Patrimônio Natural e Reserva de Desenvolvimento Sustentável, cuja competência será da União.

c) A Lei complementar n° 140/2011, buscando solucionar conflitos de competência, previu que as autorizações para supressão de vegetação serão sempre concedidas pelo ente federativo licenciador, vedando, em qualquer hipótese, o estabelecimento de regras próprias e diferenciadas para atribuições relativas à autorização de manejo e supressão de vegetação.

d) A Lei n° 11.428/2006, que dispõe sobre a utilização e proteção da vegetação nativa do bioma mata atlântica, confere competência para concessão de autorização para supressão de vegetação no bioma mata atlântica indistintamente aos Estados, cabendo oitiva prévia do órgão municipal quando a vegetação estiver localizada em área urbana.

e) A Lei complementar n° 140/2011, buscando solucionar conflitos de competência, previu que as autorizações para supressão de vegetação serão sempre concedidas pelo ente federativo licenciador, entretanto, previu exceção para supressão de vegetação em situações específicas, conforme ato do Conselho Nacional do Meio Ambiente, após oitiva da Comissão Tripartite Nacional.

7.2. Gabarito e comentários

Questão 1:

Gabarito: **letra "a"**

Comentários: Em que pese a abordagem neste tópico, verifica-se que a resposta encontra-se na Lei 140/11, art. 9º, XV, alínea "a", que literalmente prevê como competência do Município aprovar a supressão e o manejo de vegetação, de florestas e formações sucessoras em florestas públicas municipais e unidades de conservação instituídas pelo Município, exceto em Áreas de Proteção Ambiental (APAs).

Capítulo XI

POLÍTICA NACIONAL DOS RECURSOS HÍDRICOS

1. INTRODUÇÃO

"Recursos hídricos" ou "águas", termos utilizados de forma indistinta para tratar do mesmo tema, tem sua regulação legislativa inaugurada essencialmente pelo Decreto 24.643 de 10 de julho de 1934 – *ainda em vigor* –, de lavra do Chefe do Governo Provisório da República dos Estados Unidos do Brasil, propondo-se a permitir ao Poder Público controlar e incentivar o aproveitamento industrial das águas, não se esquecendo do papel vital que o é a própria geração de energia hidráulica.

Sobre o Código de Águas (Decreto 24.643/34), vale pontuar ser ele dividido em duas partes, uma tratando sobre águas em geral e seu domínio, e, a segunda, sobre o seu aproveitamento, em especial para a questão de energia elétrica, apresentando uma feição eminentemente econômica.

Sem prejuízo, pode-se dizer que o Código Civil de 1916[1], ainda que numa concepção privatista, abordava o assunto, na seara de direito de vizinhança, dispondo sobre a necessidade de uso da água sem comprometimento de suas qualidades naturais, sob pena de indenização ao eventual prejudicado.

1. Tal como no atual Código de 2002, também existem passagens, no campo do direito de vizinhança, sobre águas. Mas, é de ressalvar, são na mesma linha de raciocínio privatista, buscando solucionar questões que afetem interesses privados dos envolvidos.

Ademais, desde então surgiram outras normas que, de certo modo, resvalaram no assunto do tratamento jurídico da água, a exemplo do Decreto 49.974/61 (Código Nacional de Saúde, abordando recursos hídricos), Decreto 50.877/61 (abordando sobre resíduos e seu lançamento em águas), a Lei 4.771/65 (Código Florestal), Resolução Conama 20/1986 (sobre categorização dos cursos d'água), a Lei 9.605/998 (crimes ambientais).

Inclusive, a própria Lei 6.938/81 tem seu significativo papel na tutela jurídica dos recursos hídricos, sendo que, superando um critério de gestão unicamente quantitativo, passa a impor a necessidade de um olhar qualitativo sobre o uso das águas, impondo ao CONAMA[2] que promova uma política pública de controle e manutenção de sua qualidade.

Seja como for, a tutela jurídica das águas (ou recursos hídricos) é composta, portanto, atual e essencialmente da Lei 9.433/97, complementada pela Lei 9.984/2000 (que dispõe sobre a criação da Agência Nacional de Águas, pela Lei 11.445/07 (Lei de Saneamento Básico, que repercute diretamente na questão hídrica), além do próprio Decreto 24.643/34 (Código de Águas, embora existam diversos dispositivos já revogados, e, outros, incompatíveis[3]).

A Lei 9.433/97, que será a base da explanação a ser feita neste Capítulo, acaba por, de certo modo, irromper com a tradicional visão privatista até então legislada, inaugurando um novo modelo de concepção sobre o tratamento a ser concedido aos recursos hídricos, pautando-se em novos fundamentos, objetivos e diretrizes gerais de ação, trazidos em seu bojo.

Antes, porém, cumpre ressaltar que a Lei em comento insere-se num cenário de preocupação quanto à evidente irracionalidade no uso da água, em verdadeiro *abuso*, visualizando-se desperdícios, usos não prioritários, aproveitamento aquém das capacidades hídricas, a se exigir, inclusive, o que alguns chamam de uma *nova cultura da água*[4], sob pena subtrair das gerações futuras a capacidade e o direito de usufruir desse importantíssimo recurso ambiental.

Aliás, como premissa básica impende reconhecer a existência de um *uso múltiplo das águas*, pois envolto a necessidades múltiplas que delas se satisfazem, sejam de ordem social, econômica, cultural, além, propriamente, ambiental – com sua função no próprio ecossistema – além de outras (por exemplo, até mesmo de cunho religioso)[5].

Nessa toada, prima-se então por uma gestão *múltipla e integrada*, de modo que, reconhecendo o valor múltiplo das águas, a gestão pública deve integrar e envolver todos os

2. Art. 8º, VII, da Lei 6.938/81.

3. Voltado a uma tutela propriamente da propriedade, o Código de Águas dispunha sobre águas públicas (comuns ou dominicais, nos termos dos artigos 1º ao artigo 6º, do Decreto 24.643/34), comuns (águas correntes navegáveis) e privadas. Porém, atualmente, não há mais essa distinção, pois, todas as águas são públicas (*bem de uso comum do povo,* ou *a água é um bem de domínio público*), integrantes do meio ambiente, pertencentes a toda a coletividade.

4. AYALA, Patrick de Araújo. Deveres ecológicos e regulamentação da atividade econômica na Constituição Brasileira. *In* CANOTILHO, José J. Gomes; LEITE, José Rubens Morato (org.). Direito Constitucional Ambiental Brasileiro. 6ª ed. rev. São Paulo: Saraiva, 2015, p. 335.

5. Ibidem, pág. 338. Tanto é assim que reconheceu o Comitê das Nações Unidas sobre Direitos Econômicos, Sociais e Culturais, que a água deve ser tratada como um bem social e cultural, e não como uma *commodity* econômica.

objetivos pretendidos (por vezes, inclusive, conflitivos), exigindo dos entes federativos uma gestão pública, não como proprietários, mas como responsáveis institucionais pela gestão deste bem que é pertencente à coletividade (bem público de uso comum a toda a coletividade).

Aliás, a despeito de se mencionar as águas como pertencentes à União (art. 20, III, CF/88) ou aos Estados (26, I, CF/88)[6], é mister compreender que, verdadeiramente, não há transferência de propriedade a tais entes federativos, senão a fixação de responsabilidade pela gestão, da competência sobre os respectivos recursos hídricos devidamente identificados, lembrando que se trata de bem de domínio público[7], ou, na dicção do artigo 225, *caput,* da CF/88, de bem de uso comum do povo, de titularidade coletiva, não apropriável.

Outrossim, é de se destacar que a gestão ambiental *integrada* à gestão dos recursos hídricos imposta pelo legislador[8], passa a representar tanto a necessidade de todas as facetas que envolvem os recursos hídricos (múltiplos valores), sem prejuízo de exigir que haja uma sintonia com as políticas públicas de saneamento básico, de uso e ocupação do solo, de resíduos perigosos, de urbanização ou ambientais, num modelo de gestão integrada e democrática. E, ainda, prima-se por uma gestão também descentralizada e colegiada, na medida em que adota como unidade territorial de gestão a bacia hidrográfica (e não o critério de unidades político-administrativas, a exemplo dos Municípios, Estados e regiões), e, ainda, estabelece como efetivo gestor o Comitê de Bacia Hidrográfica (de composição paritária).

Assim, e atendendo ao comando constitucional que impôs à União o dever de instituir sistema nacional de gerenciamento de recursos hídricos e definir critérios de outorga de direitos de seu uso, surge a Lei 9.433/97, cuja análise pormenorizada inicia-se na sequência, a se iniciar por seus fundamentos.

2. FUNDAMENTOS

Na linha do que pretendeu o legislador de plano delinear, a Política Nacional de Recursos Hídricos, instituída pela Lei 9.433/97, baseia-se nos seguintes fundamentos:

I – a água é um bem de domínio público;

Sem ter a pretensão de ser repetitivo, cuida-se de dispositivo que perfeitamente se coaduna com o artigo 225 da Constituição Federal, de modo que, extirpando a distinção que o Código de Águas fazia, não há mais como se compreender a existência de águas públicas e águas privadas, e, mais, muito menos que as águas públicas pertençam aos entes federativos, os quais apenas possuem as respectivas competências na gestão de tais bens que, em verdade, são bens de titularidade coletiva, pertencentes a toda coletividade, inapropriáveis.

II – a água é um recurso natural limitado, dotado de valor econômico.

Cuida-se de premissa básica na formatação do regime jurídico das águas considera-las como bem não renovável, sendo finito e vulnerável, de modo que, na linha do que

6. Frise-se que não há menção específica aos Municípios no Texto Constitucional.

7. Art. 1º, I, da Lei 9.433/97.

8. Artigos 29 e 30, da Lei 9.433/97.

se observa pela concretização do *princípio do usuário pagador*, no intuito de se evitar a escassez decorrente de uma hiperexploração dos recursos ambientais – e, *in casu*, dos recursos hídricos –, oriunda da sensação de custo zero ao empreendedor, é realizada uma valoração econômica, a ponto, inclusive, de se impor uma contribuição financeira àquele que faz uso para *fins econômicos*, tal como previsto no art. 4º, VII, Lei 6.938/81, e, em especial, na Lei 9.433/97 (art. 5º, IV)[9].

III – em situações de escassez, o uso prioritário dos recursos hídricos é o consumo humano e a dessedentação de animais;

Em continuidade ao fundamento anterior, fundamenta-se o regime jurídico de forma a priorizar, em contexto de escassez, o consumo humano (para suas necessidades básicas) e o uso por animais – essencialmente para saciar sua sede (hidratação de animais).

Aliás, a respeito desse uso prioritário (consumo humano e dessedentação de animais), quando houver a necessidade de atende-lo, é viável, senão imposto, que haja a suspenção, total ou parcial, da outorga de uso de recursos hídricos[10].

IV – a gestão dos recursos hídricos deve sempre proporcionar o uso múltiplo das águas;

Sem prejuízo do que já se destacou introdutoriamente, é de rigor pontuar mais uma vez que as águas possuem um valor múltiplo, dada a sua aptidão de dirigir-se a usos múltiplos, sendo primordial no atendimento, igualmente, de múltiplas necessidades (econômica, cultural, ambiental, social, etc.).

Daí, quando o legislador define a necessidade de "sempre proporcionar o uso múltiplo das águas" significa que a gestão deve buscar atender o máximo possível a todas as necessidades – e respectivas pretensões –, evitando tratamentos privilegiados a um setor ou outro, ou mesmo que um específico uso elimine a possibilidade de outros usos[11]. Ou seja, a outorga de uso dos recursos hídricos deverá preservar o uso múltiplo destes[12].

Não sem motivo, a Lei 9.984/00[13], que cria a Agência Nacional de Águas – ANA, entidade federal de implementação da Política Nacional de Recursos Hídricos, estipula, dentre as suas competências, exatamente o dever de definir e fiscalizar as condições de operação de reservatórios por agentes públicos e privados, visando a garantir o uso múltiplo dos recursos hídricos.

V – a bacia hidrográfica é a unidade territorial para implementação da Política Nacional de Recursos Hídricos e atuação do Sistema Nacional de Gerenciamento de Recursos Hídricos;

Considerada por alguns[14] como a "grande e radical inovação" trazida pela Lei 9.433/97, na mesma proporção do desafio que representa, a definição da unidade territorial pelo re-

9. Contudo, não chega a ser considerado como *produto* para fins de incidência de ICMS (STJ AgRg no REsp 1.014.113/RJ – DJe 23.06.2008).
10. Art. 15, V, da Lei 9.433/97.
11. A exemplo, a outorga de uso para geração de energia elétrica deve compatibilizar-se o máximo possível com os interesses dos ribeirinhos, que se sustentam e se movimentam financeiramente a partir da pesca.
12. Art. 13, parágrafo único, da Lei 9.433/97.
13. Art. 4º, XII, da Lei 9.433/97.
14. MILARÉ. Édis. Op. cit., p. 1205.

conhecimento da bacia hidrográfica, é recebida com aplausos, considerando que se trata da área onde, devido ao relevo e geografia, a água da chuva escorre para um rio principal e seus afluentes, sendo que, a forma das terras na região da bacia fazem com que a água corra por riachos e rios menores para um mesmo rio principal, localizado num ponto mais baixo da paisagem[15].

Com efeito, cuida-se de conferir um tratamento mais apropriado à localidade, com as especificidades que possui, cujo critério da bacia hidrográfica representa exatamente um denominador comum no que toca as peculiaridades dos recursos hídricos de uma dada região.

E, nessa linha de raciocínio, a Lei 11.284/06 (Bioma Mata Atlântica – onde possui oito bacias hidrográficas reconhecidas) estipula que, para a consecução do instituto por ela previsto denominado de *compensação ambiental,* a destinar área equivalente à desmatada, ou mesmo proceder à recomposição florestal de idêntica extensão territorial, que seja feito dentro da mesma bacia hidrográfica, e, sempre que possível, na mesma microbacia hidrográfica[16]. Ou seja, seria algo como dizer o mesmo "ecossistema hídrico".

Daí, reconhecendo-se as peculiaridades de cada bacia hidrográfica, permite-se que haja uma gestão devidamente condizente com tais caracteres, e ali já realizando o necessário equilíbrio ecológico.

VI – a gestão dos recursos hídricos deve ser descentralizada e contar com a participação do Poder Público, dos usuários e das comunidades.

Haja vista tal fundamento da Lei em comento, ao serem previstos os integrantes do Sistema Nacional de Gerenciamento de Recursos Hídricos, previu-se que tanto o Conselho Nacional como os Estaduais de Recursos Hídricos, além ainda dos Comitês de Bacia Hidrográfica, e das Agências de Água, possuem composição *paritária*, prevendo a participação dos órgãos públicos, das partes interessadas diretamente, bem como da própria sociedade civil, justamente para que seja possível proceder a uma gestão democrática, com a efetiva participação cidadã, garantindo-se, vale lembrar, o direito à informação prévio.

E, ademais, tal organização do Sistema Nacional denota que a gestão não se centraliza no poder público, em especial na figura da União, mas envolvendo todos os entes federativos, os usuários, bem como entidades civis[17].

---

15. Disponível em: <https://www.oeco.org.br/dicionario-ambiental/29097-o-que-e-uma-bacia-hidrografica/>. Consultado dia 10 de dezembro de 2018.

16. Microbacia Hidrográfica é uma área geográfica delimitada por divisores de água (espigões), drenada por um rio ou córrego, para onde escorre a água da chuva, sendo, pois, um recorte que se faz dentro da própria bacia hidrográfica, a se considerar determinado critério de identificação. Ou ainda, a microbacia deve abranger uma área suficientemente grande, para que se possam identificar as inter-relações existentes entre os diversos elementos do quadro sócio-ambiental que a caracteriza, e pequena o suficiente para estar compatível com os recursos disponíveis, respondendo positivamente à relação custo/benefício, cuja definição encontra-se em: BOTELHO, Rosangela Garrido Machado. Planejamento Ambiental em Microbacia Hidrográfica. In: GUERRA, Antonio Teixeira; SILVA, Antonio Soares; BOTELHO, Rosangela Garrido Machado (Orgs.). Erosão e conservação dos solos: conceitos, temas e aplicações. Rio de Janeiro: Bertrand Brasil, 1999.

17. A se observar a própria composição do Comitê de Bacia Hidrográfica, disciplinada no artigo 39, da Lei 9.433/97.

3. OBJETIVOS

De outra banda, o legislador cuidou de traçar objetivos específicos à Política Nacional de Recursos Hídricos, sendo que, sem prejuízo do proposito essencial que é o desenvolvimento sustentável, porém pautado nos fundamentos que dão sustentação à Lei 9.433/97, cumpre sempre visar: I – assegurar à atual e às futuras gerações a necessária disponibilidade de água, em padrões de qualidade adequados aos respectivos usos; II – a utilização racional e integrada dos recursos hídricos, incluindo o transporte aquaviário, com vistas ao desenvolvimento sustentável; III – a prevenção e a defesa contra eventos hidrológicos críticos de origem natural ou decorrentes do uso inadequado dos recursos naturais; IV – incentivar e promover a captação, a preservação e o aproveitamento de águas pluviais.

Sem se vislumbrar a necessidade de tecer comentários individualizados como feito no tópico anterior, é de se observar que tais objetivos materializam a essência do princípio constitucional do desenvolvimento sustentável, que permeia todo o Direito Ambiental, salientando a necessidade de resguardo às gerações futuras de recursos hídricos em quantidade e qualidade tal como disponíveis às atuais gerações[18].

Ademais, considerando que o desenvolvimento sustentável, antes de tudo, compreende a integração de diversos fatores (econômicos, sociais, ambientais, culturais, etc.), não sem motivo o legislador estipula ser de rigor que a utilização dos recursos hídricos seja racional e integrada – incluindo o transporte aquaviário, que consigo carrega viés econômico, social, ambiental, etc.

De outro lado, a necessidade de prevenção e defesa contra eventos hidrológicos críticos, sejam eles de origem natural ou mesmo pela intervenção antrópica inadequada, constitui foco de atenção a ser priorizada pela Política Nacional, considerando que no Brasil, por suas características de geologia e de clima, ocorrem desastres naturais, em especial inundações, secas e deslizamentos de encostas, cuja repercussão é por demais severa, tanto ao meio ambiente, como à saúde e vida das pessoas, não se desprezando também a própria repercussão social que acarretam, com eventual desalojamento de pessoas que, de repente, perdem o local onde habitavam.

Daí, considerando as repercussões drásticas, com grandes danos ao desenvolvimento humano, é imperioso que a gestão das águas se realize de forma a evitar que tais eventos críticos ocorram e, se inevitável sua ocorrência, que haja a absorção para repercutir da forma menos danosa possível a todos.

E, por fim, a se considerar a finitude do recurso hídrico, e, em contrapartida, a possibilidade da água pluvial ser suficiente a satisfazer diversas das necessidades sobre as águas, não há motivos para continuar desprezando a importância da captação – e respectiva utilização – dessas águas. Ainda mais quando pode servir para suprir problemas de uso prioritário em regiões onde a seca dura por boa parte do ano.

18. Aliás, pensando num atual entendimento sobre o princípio da vedação ao regresso, ou, mais do que isso, na imposição de um dever de progressividade, é de se começar a pincelar considerações de que, essencialmente, seja possível sustentar a obrigação de melhora da qualidade dos recursos hídricos, e não apenas visar a manutenção do *status* hoje vivenciado.

4. DIRETRIZES GERAIS

Compreendidos os fundamentos e objetivos da Lei, apresentam-se como decorrência lógica as *diretrizes gerais* traçadas pelo legislador[19], segundo o qual, para a implementação da Política Nacional de Recursos Hídricos, deve haver:

I – a gestão sistemática dos recursos hídricos, sem dissociação dos aspectos de quantidade e qualidade;

II – a adequação da gestão de recursos hídricos às diversidades físicas, bióticas, demográficas, econômicas, sociais e culturais das diversas regiões do País;

III – a integração da gestão de recursos hídricos com a gestão ambiental;

IV – a articulação do planejamento de recursos hídricos com o dos setores usuários e com os planejamentos regional, estadual e nacional;

V – a articulação da gestão de recursos hídricos com a do uso do solo;

VI – a integração da gestão das bacias hidrográficas com a dos sistemas estuarinos e zonas costeiras.

Enfim, para adequada gestão dos recursos hídricos, deve considerar a necessidade de imprimir uma tutela tanto quantitativa como qualitativa, articulando-se com as diversidades existentes em todo o território nacional, inclusive entre os diversos entes envolvidos com suas respectivas políticas e planejamentos, coadunando-se com a gestão ambiental, e, em específico, dos solos, dos sistemas estuarinos e zonas costeiras.

5. INSTRUMENTOS DA POLÍTICA NACIONAL DE RECURSOS HÍDRICOS

Propondo-se a atingir os objetivos e cumprir com os fundamentos definidos pelo legislador, são traçados os seguintes mecanismos, ou ditos instrumentos[20], da Política Nacional de Recursos Hídricos: I – os Planos de Recursos Hídricos; II – o enquadramento dos corpos de água em classes, segundo os usos preponderantes da água; III – a outorga dos direitos de uso de recursos hídricos; IV – a cobrança pelo uso de recursos hídricos; V – a compensação a municípios; VI – o Sistema de Informações sobre Recursos Hídricos. Assim, passa-se a abordar cada instrumento de forma individualizada.

5.1. Planos de Recursos Hídricos[21]

De forma bem clara dispõe o legislador que tal instrumento consiste em planos diretores que visam a fundamentar e orientar a implementação da Política Nacional de Recursos Hídricos e o gerenciamento dos recursos hídricos.

Dentro da proposta de gestão descentralizada, impõe-se que tais Planos sejam elaborados tanto no âmbito de cada Bacia Hidrográfica, como também por cada Estado, sendo

---

19. Art. 3°, da Lei 9.433/97.
20. Art. 5°, da Lei 9.433/97.
21. Artigos 6°, 7° e 8°, todos da Lei 9.433/97.

que, voltados a um planejamento de longo prazo, devem conter (imprescindível), como conteúdo mínimo, (a) diagnóstico da situação atual dos recursos hídricos; (b) análise de alternativas de crescimento demográfico, de evolução de atividades produtivas e de modificações dos padrões de ocupação do solo; (c) balanço entre disponibilidades e demandas futuras dos recursos hídricos, em quantidade e qualidade, com identificação de conflitos potenciais; (d) metas de racionalização de uso, aumento da quantidade e melhoria[22] da qualidade dos recursos hídricos disponíveis; (e) medidas a serem tomadas, programas a serem desenvolvidos e projetos a serem implantados, para o atendimento das metas previstas; (f) prioridades para outorga de direitos de uso de recursos hídricos; (g) diretrizes e critérios para a cobrança pelo uso dos recursos hídricos; (h) propostas para a criação de áreas sujeitas a restrição de uso, com vistas à proteção dos recursos hídricos.

Enfim, é o documento formal que ditará o modo pelo qual serão desenvolvidas atividades junto aos recursos hídricos daquela determinada Bacia Hidrográfica, contendo informações que dizem respeito ao seu atual estágio, bem como do que está inevitavelmente a ocorrer, fazendo um cotejamento entre as possibilidades viáveis e adequadas ao uso múltiplo dos recursos hídricos, estipulando metas, medidas e prioridades a atender um uso racional, bem como as diretrizes a serem obedecidas em processos de outorgas de uso.

5.2. Enquadramento dos corpos de água em classes

De cunho essencialmente preventivo, prevê o legislador, como instrumento, o enquadramento dos corpos de água em classes[23], o que implica numa categorização das águas, identificando em suas características a sua capacidade de absorção das atividades humanas.

Com efeito, esse enquadramento, pautado nos usos preponderantes da água, visa a assegurar às águas qualidade compatível com os usos mais exigentes a que forem destinadas, e, ainda, diminuir os custos de combate à poluição das águas, mediante ações preventivas permanentes.

Com efeito, a partir do momento em que se tem a exata compreensão da capacidade de absorção das interferências antrópicas, é delineado um encaminhamento específico de quais corpos poderão alocar determinada prática humana, o que, por si só, representa uma ação preventiva de tutela ambiental.

5.3. Outorga dos direitos de uso de recursos hídricos

A outorga do direito de uso de recurso hídrico, juntamente com a possibilidade de sua cobrança, representam os assuntos dentre aqueles de maior interesse nos concursos no que diz respeito à Política Nacional de Recursos Hídricos, pois representam essenciais ferramentas da tutela ambiental específicas dessa seara ambiental.

22. Tal como dito acima, verifica-se a existência de fundamento jurídico para, mais do que exigir a preservação da qualidade ambiental, que haja uma melhora a seu respeito, como claro dever de progresso ambiental.

23. O CONAMA possui as Resoluções 357/05 e 396/08, mas cujo assunto foi mais aprofundado quando do estudo dos instrumentos da Política Nacional do Meio Ambiente.

Em linhas gerais, é importante ressaltar que a outorga não implica a alienação parcial das águas, que são inalienáveis, e muito menos o direito de poluir, mas simplesmente o direito de seu uso[24].

No que diz respeito à *natureza jurídica*, enquanto o Código de Águas tratava como concessão administrativa quando se tratava de outorga em caso de utilidade pública, e autorização administrativa para os demais casos, tradicionalmente[25], sempre foi visto como ato discricionário da administração, podendo, inclusive, revoga-lo a qualquer instante independentemente de indenização. Contudo, considerando que se trata de um bem comum de todos, e, logo, todos possuem o direito subjetivo ao seu uso, discute-se se realmente seria uma autorização ou mero reconhecimento de direito ao uso, embora limitado a certo tempo[26].

Nada obstante, a conclusão que nos parece mais adequada é aquela segundo a qual, "mais útil e claro seria denominar o instituto simplesmente como outorga de direito de uso de recursos hídricos, sem a preocupação de enquadrá-la em institutos outros que, de resto, já ensejam uma conceituação tormentosa"[27].

Além do mais, a outorga deverá sempre primar pela preservação do uso múltiplo das águas, até mesmo por ser este uns dos fundamentos da própria Política Nacional de Recursos Hídricos, pontuando que, ainda nessa linha de raciocínio, toda outorga estará condicionada às prioridades de uso estabelecidas nos Planos de Recursos Hídricos, respeitando, inclusive, a classe em que o corpo de água estiver enquadrado (Res. Conama 357/05) e a manutenção de condições adequadas ao transporte aquaviário, quando for o caso.

Relativamente à competência no que diz respeito à outorga do uso de água, remete o legislador à União e aos Estados e Distrito Federal, incluindo a possibilidade da União delegar a estes a competência para conceder outorga de direito de uso de recurso hídrico de seu domínio[28].

Dessa feita, a *competência é regida*, basicamente, em razão do *domínio*, o qual encontra-se disciplinado pela Constituição Federal, que, no artigo 20, prevê, como bens da União, entre outros, (inciso II) – os lagos, rios e quaisquer correntes de água em terrenos de seu domínio, ou que banhem mais de um Estado, sirvam de limites com outros países, ou se estendam a território estrangeiro ou dele provenham, bem como os terrenos marginais e as praias fluviais; (inciso V) os recursos naturais da plataforma continental e da zona econômica exclusiva; e (inciso VI) o mar territorial. Já no que diz respeito aos Estados, diz o artigo 26, inciso I, pertencerem-lhes as águas superficiais ou subterrâneas,

---

24. Art. 18, da Lei 9.433/97.
25. MILARÉ. Édis. Op. cit., p. 1.209-1.210.
26. O Ministério do Meio Ambiente, por meio da IN n. 4, de 21 de junho de 2002, dispõe ser: "(...) ato administrativo, de autorização, mediante o qual o Poder Público outorgante faculta ao outorgado o direito de uso de recurso hídrico, por prazo determinado, nos termos e nas condições expressas no respectivo ato".
27. GRANZIERA, Maria Luzia Machado. Outorga de direito de uso da água: aspectos legais. Revista de direito ambiental. São Paulo: RT, nº 26, 2002.
28. Detalhe importante diz respeito ao fato de não poder o Judiciário se imiscuir nessa função, impondo que o Executivo providencie a outorga, ainda quando inerte, havendo espaço tão apenas para fixar prazo exigindo uma resposta do Executivo ao interessado (STJ – RMS 20765/MG – DJ 20.06.2007).

fluentes, emergentes e em depósito (ressalvadas, neste caso, na forma da lei, as decorrentes de obras da União).

Daí, inexistindo competência aos Municípios (pois não há previsão de dominialidade constitucional a eles), será de competência da União, ou dos Estados e Distritos Federais, a depender do domínio constitucionalmente previsto.

Ainda em termos gerais, é imperioso assinalar que o legislador foi expresso que a toda outorga há o *prazo* máximo[29] de 35 (trinta e cinco) anos[30], porém renovável[31] - mas, frise-se, tão apenas é possível a renovação caso postulada enquanto vigente o prazo antes fixado, pois, se extinta, não é mais possível pleitear por uma renovação de algo que não mais subsiste[32].

ATENÇÃO

Nos casos em que é necessário proceder ao licenciamento ambiental, nos termos da Res. Conama 237/97, a outorga deve ser obtida previamente ao licenciamento ambiental (aquela é condição para este), cujo contexto resulta que, a despeito da obtenção da outorga, ainda será necessário aguardar pela licença ambiental.

5.3.1. *Hipóteses de obrigatoriedade de outorga*

Objetivando assegurar o controle quantitativo e qualitativo dos usos da água e o efetivo exercício dos direitos de acesso à água, o legislador obriga à obtenção de outorga os seguintes usos[33] de recursos hídricos:

29. Compreende-se que se trata de uma discricionariedade do administrador conceder a fixação do prazo, considerando que o legislador previu apenas o prazo máximo possível, mas não o exato prazo a ser concedido. Nesse sentido, MILARÉ. Édis. Op. cit., p. 1.213.
30. A Lei 9.984/00, de âmbito federal (e não Nacional - não é regra geral para os demais entes federativos), que dispõe sobre a criação da Agência Nacional de Águas - ANA, assinala um detalhamento maior em razão dos propósitos das respectivas outorgas de uso de água, pontuando que seus prazos serão: I - *até dois anos*, para início da implantação do empreendimento objeto da outorga; II - *até seis anos*, para conclusão da implantação do empreendimento projetado; III - *até trinta e cinco anos*, para vigência da outorga de direito de uso. Mas, essencialmente, a última hipótese é que está a ser aqui tratada, referente à outorga propriamente dita, cujo prazo, também na legislação federal - como não poderia deixar de ser - consiste em ser em até 35 anos, havendo apenas a peculiaridade, sem efetiva repercussão, de mencionar que se trata de *prorrogação*, e não *renovação*.
31. Sem prejuízo, vale pontuar haver doutrina que aborda essa questão assinalando que *renovar* é algo distinto de *prorrogar*, pois enquanto naquele contexto concede-se outorga ao mesmo outorgado, prorrogar é simplesmente estender o prazo antes fixado. MACHADO, Paulo Affonso Leme. *Recursos hídricos*: direito brasileiro e internacional. São Paulo: Malheiros, 2002.
32. MILARÉ. Édis. Op. cit., p. 1.213.
33. Vale destacar que "uso" não implica necessariamente a retirada da água, a exemplo do que pode ser visto com o barramento, ou mesmo o lançamento de efluentes. Representando, em síntese, qualquer utilização que altere seu regime ou suas condições quantitativas e/ou qualitativas.

I – Derivação ou captação de parcela da água existente em um corpo de água para consumo final, inclusive abastecimento público, ou insumo de processo produtivo;

A respeito desta hipótese, cumpre salientar que era a única prevista no Código de Águas com sujeita à outorga, representando a captação tradicional de águas de cursos d'água, seja para consumo próprio, como para servir de insumo à atividade econômica.

Além do mais, cuidou o legislador de não afastar a obrigatoriedade no caso de abastecimento público, de modo que, "as atividades de captação de água e lançamento de efluentes resultantes das estações de tratamento de água e esgoto público, realizadas pelos órgãos estaduais responsáveis pelo abastecimento público"[34], necessitam de obtenção de outorga.

Mas, frise-se desde já, não haverá essa necessidade quando a repercussão for considerada insignificante (art. 12, §1°, Lei 9.433/97).

II – Extração de água de aquífero subterrâneo para consumo final ou insumo de processo produtivo;

Sem haver distinção quanto à hipótese anterior no que diz respeito ao uso em si, o legislador teve o cuidado de prever essa situação à parte, até mesmo com o intuito de fazer expressa referência quanto às águas subterrâneas, pois anteriormente estavam sob o regime de jazidas minerárias.

Vale lembrar que, considerando o disposto no artigo 26, I, da CF/88, segundo o qual as águas superficiais ou subterrâneas, fluentes, emergentes e em depósito, ressalvadas, neste caso, na forma da lei, as decorrentes de obras da União, constituem "bens dos Estados", a competência para expedição da outorga será do ente estadual, a exemplo de nascentes ou poços.

Aliás, destaca-se a necessidade de obtenção de outorga àquele que pretenda captar água através de poços (artesianos)[35], e não apenas quando envolver rios e lagoas.

III – Lançamento em corpo de água de esgotos e demais resíduos líquidos ou gasosos, tratados ou não, com o fim de sua diluição, transporte ou disposição final;

Sobre essa hipótese, convém pontuar que quando o legislador fez referência a "tratados ou não", não traduz, simplesmente, uma permissão para que sejam lançados poluentes nas águas, apenas por ter sido obtida a outorga. Na verdade, pretendeu deixar claro que qualquer uso, caracterizado pelo lançamento em corpo de água de esgotos e demais resíduos, *mesmo quando já passado por processo de tratamento*, deve submeter-se ao procedimento de obtenção de outorga de uso.

Além do que, ainda que obtida a outorga, não se descarta da necessidade de se adequar aos padrões de qualidade impostos pelo Conama, tal como disposto na Resolução 357/05.

34. MILARÉ. Édis. Op. cit., p. 1.210.

35. Nos termos em que decidido no Superior Tribunal de Justiça (REsp 994120 / RS - DJe 27/04/2011), o Município tem competência para fiscalizar a exploração de recursos hídricos, superficiais e subterrâneos, em seu território, o que lhe permite, por certo, também coibir a perfuração e exploração de poços artesianos, no exercício legítimo de seu poder de polícia urbanístico, ambiental, sanitário e de consumo.

IV – Aproveitamento dos potenciais hidrelétricos;

Por sua vez, a inserção desse caso de aproveitamento dos potenciais hidroelétricos, que, em síntese, diz respeito à geração de energia elétrica, justifica-se pela premissa básica da Política Nacional de Recursos Hídricos de considerar os *usos múltiplos das águas*, e, mais, para deixar claro que, mesmo envolvendo o setor de Energia, é necessário que a gestão envolva-se com a tutela dos recursos hídricos, bens estes diretamente afetados, sem prejuízo da observância do regime jurídico setorial[36]

V – Outros usos que alterem o regime, a quantidade ou a qualidade da água existente em um corpo de água.

Por fim, usou o legislador dessa norma de encerramento, deixando claro que se trata de um rol exemplificativo, sendo que, caso se enquadre dentre as hipóteses anteriores, é obrigatória a obtenção de outorga, tal como será quando constatado que o uso da água a ser pretendido repercutirá na alteração do regime, da quantidade e/ou qualidade da água objetivada.

5.3.2. Desnecessidade de outorga

A despeito das hipóteses acima tratadas, que, listadas pelo legislador, são situações de obrigatória obtenção de outorga para que seja possível fazer o pretendido uso da água, a lei prevê situações excepcionais, nas quais está o pretendente dispensado de obter a outorga, quais sejam:

I – o uso de recursos hídricos para a satisfação das necessidades de pequenos núcleos populacionais, distribuídos no meio rural;

II – As derivações, captações e lançamentos considerados insignificantes;

III – As acumulações de volumes de água consideradas insignificantes.

Dessa feita, nota-se que o legislador, essencialmente, dispensou da obrigatoriedade todos aqueles casos em que, nada obstante pudessem se inserir nas hipóteses antes arroladas, possuem *repercussão insignificante*, isto é, sejam porque as derivações, captações ou lançamentos sejam insignificantes, como as próprias acumulações geradas também assim podem ser consideradas.

E, ainda, especificadamente para a satisfação das necessidades de pequenos núcleos populacionais, distribuídos no meio rural, subtendeu o legislador, por si só, que há uma questão social a ser sanada, e, em contrapartida, também não gera uma repercussão significativa, razão pela qual está dispensada a outorga também para esta específica hipótese.

A doutrina[37] ainda levanta uma hipótese, qual seja para o "abastecimento de populações carentes", considerando, precipuamente, o próprio direito à vida, constitucionalmente previsto no artigo 5°, *caput*, da CF/88.

---

36. Art. 12, §2°, da Lei 9.433/97.
37. MILARÉ. Édis. Op. cit., p. 1.212.

5.3.3. *Suspensão e extinção da outorga*

Segundo disposto pelo legislador, a outorga pode ser *suspensa*, total ou parcialmente, e, mais, em definitivo (*extinta*) ou por prazo determinado, em algumas hipóteses previstas no artigo 15, da Lei 9.433/97, sem prejuízo de se considerar a própria expiração do prazo fixado – e sem que haja renovação – para advir a sua extinção[38].

Com efeito, foram previstas as seguintes situações:

I – não cumprimento pelo outorgado dos termos da outorga.

Como bem se observa, cuida-se de uma punição ao outorgado que não atender aos termos da outorga que lhe fora concedida, e, mais, que se justifica quando, em geral, não atender aos próprios deveres ambientais, a exemplo de não obedecer aos padrões de qualidade do Conama (Res. 357/05), até mesmo porque, a despeito das obrigações específicas fixadas nos termos da outorga, nela subentendem-se as demais obrigações da própria legislação ambiental.

Sem prejuízo, é de se considerar que, por ser uma medida punitiva, é imprescindível a instauração e respectivo trâmite de procedimento administrativo, resguardando-se o contraditório e a ampla defesa.

II – ausência de uso por três anos consecutivos.

Tendo em vista o desuso, abandono, viabiliza-se à Administração formalmente cessar a outorga, viabilizando que novas sejam concedidas caso existam pretendentes, buscando atender aos múltiplos usos possíveis, sem que um, inicialmente resguardado, prejudique os demais.

III – necessidade premente de água para atender a situações de calamidade, inclusive as decorrentes de condições climáticas adversas.

Compreende-se que esta hipótese condiz com o advento de situações cuja quantidade de água deve ser preservada para atendimentos prioritários, permitindo-se, assim, que se imponha, por exemplo, racionamento.

IV – necessidade de se prevenir ou reverter grave degradação ambiental.

Diferentemente da hipótese anterior, aqui está a se referir sobre a hipótese de suspender ou extinguir uma outorga concedida diante de uma questão atinente à *qualidade* das águas, seja para prevenir que ocorra, seja para remediar uma situação de degradação já observada.

Contudo, de se frisar que, tanto na hipótese anterior como nesta, a irregularidade ambiental não diz respeito à atividade desempenhada pelo outorgado, uma vez que, do contrário, seria uma irregularidade de sua parte, a justificar o encerramento ou suspensão com base no inciso I.

38. Ademais, a extinção da pessoa outorgada (falecimento da pessoa física ou falência da pessoa jurídica) também é causa de extinção, caso não ocorra a "habilitação" do sucessor.

V – necessidade de se atender a usos prioritários, de interesse coletivo, para os quais não se disponha de fontes alternativas.

Obviamente que se trata de situação que surge no decorrer da outorga concedida, pois, do contrário, sequer poderia ter sido concedida, sendo que, dada a escassez do recurso ambiental, e a ausência, mesmo que momentânea de outras fontes de água, impende seja suspensa, senão extinta, a outorga concedida, para viabilizar o uso múltiplo, e, principalmente, atender à demanda prioritária (necessidades humanas, e dessedentação animal[39]).

VI – necessidade de serem mantidas as características de navegabilidade do corpo de água.

De certa maneira, já estaria tal hipótese contida na anterior, no intuito de se resguardar os usos múltiplos que vem a perder alternativas, mas que, conforme se nota, o legislador preferiu dar um destaque individualizado à navegabilidade do corpo da água.

Antes de encerrar o tópico, mister pontuar que, referente à possível indagação sobre *indenização* em razão da suspensão e/ou extinção da outorga, compreende-se que, efetivamente, não é devido indenização quando de sua ocorrência, uma vez que, bem analisando as hipóteses que ensejam essa interrupção, verifica-se que decorrem ou de circunstância atribuída ao próprio outorgado, ou em razão da superveniência do interesse público.

Daí, sabendo o outorgado que quando lhe foi conferida a outorga, a despeito da expectativa criada, é antes de tudo fundamentada na ideia de que a água deve servir aos usos múltiplos da sociedade (atender às necessidades múltiplas), não sendo possível que a autorização concedida ao particular tenha o condão de inibir, agora, que o interesse público "proprietário" desse recurso ambiental, diante de uma situação crítica, ainda tenha que indenizar o particular, a quem foi permitido realizar um uso particularizado.

5.4. Cobrança pelo uso de recursos hídricos

> A raridade da água impôs ao direito "uma obrigação de reagir". Norteado nos fundamentos jurídicos, utiliza os instrumentos econômico-financeiros com o objetivo de atingir o interesse hidrossocial[40].

Essencialmente, diante da finitude do recurso hídrico, e, mais, de sua escassez (esgotamento), sem desconsiderar o contexto crítico vivenciado de aumento de seu consumo, de degradação e desperdício, e da própria urbanização, enfim, de um mau uso progressivo, é exigido atuação por parte do Poder Público, para intervir assegurando o direito da coletividade, em especial no direito à igualdade de acesso, inclusive intergeracional.

Dessa feita, e chamando para a dominialidade pública, assume o poder público um importantíssimo papel de gestor, que, na regulação do uso deste recurso ambiental, habilita-lhe a fazer uso de instrumentos como a *cobrança pelo uso da água*, fixando-se à água um *preço hídrico.*

39. Art. 1º, III, da Lei 9.433/97.

40. D'ISEP, Clarissa Ferreira Macedo. Água juridicamente sustentável. São Paulo: Revista dos Tribunais, 2010. Pág. 255.

Com efeito, e materializando o princípio do usuário-pagador, objetiva-se evitar a escassez decorrente de uma hiperexploração dos recursos ambientais, oriunda da sensação de custo zero ao empreendedor, de modo que, para tanto, é realizada uma valoração econômica dos recursos ambientais, impondo uma contribuição financeira, isto é, na linha do que se firmou no julgamento da ADI 3378, significa (o princípio usuário-pagador) um mecanismo de assunção partilhada da responsabilidade social pelos custos ambientais derivados da atividade econômica.

Nessa esteira, surge a cobrança pelo uso de recursos hídricos, cujo preço, segundo se entende[41], tem natureza jurídica de *preço público*, "pago pelo uso de um bem público, no interesse particular, como ocorre, por exemplo, com o estacionamento em vias públicas de intenso tráfego"[42].

Seja como for, foi claro o legislador que a cobrança pelo uso de recursos hídricos objetiva: I – reconhecer a água como bem econômico e dar ao usuário uma indicação de seu real valor; II – incentivar a racionalização do uso da água; e, III – obter recursos financeiros para o financiamento dos programas e intervenções contemplados nos planos de recursos hídricos.

Essencialmente, a cobrança é viabilizada na medida em que se realiza a outorga de uso de água, cujo preço a ser fixado levará em consideração (i) *o volume retirado e seu regime de variação* (quando for hipótese de derivações, captações e extrações de água; (ii) *volume lançado e seu regime de variação* e as características físico-químicas, biológicas e de toxidade do afluente (quando se tratar de lançamentos de esgotos e demais resíduos líquidos ou gasosos).

Por fim, é de se pontuar que os valores arrecadados serão aplicados prioritariamente – e não exclusivamente[43] – na bacia hidrográfica em que foram gerados, a serem utilizados (inciso I) no financiamento de estudos, programas, projetos e obras incluídos nos Planos de Recursos Hídricos ou (inciso II) no pagamento de despesas de implantação e custeio administrativo dos órgãos e entidades integrantes do Sistema Nacional de Gerenciamento de Recursos Hídricos[44].

5.5. Compensação a municípios

Em que pese tenha o artigo 5º arrolada a Compensação a Municípios como instrumento da Política Nacional de Recursos Hídricos – e por isso está aberto um tópico a seu respeito – fato é que dispositivo regulador ***(art. 24) foi vetado***, de modo que, efetivamente, ainda carece de eficácia[45].

41. MILARÉ. Édis. Op. cit., p. 1215.
42. Ibidem. Ibidem.
43. Aliás, o próprio legislador, no art. 22, §2º, da Lei 9.433/97, dispõe que, ao invés de se direcionar à mesma Bacia Hidrográfica, que os valores arrecadados, sejam aplicados a fundo perdido, em projetos e obras que alterem, de modo considerado *benéfico à coletividade*, a qualidade, a quantidade e o regime de vazão de um corpo de água.
44. Para esta específica hipótese, o legislador previu um teto máximo, limitando essa aplicação a 7,5% do total arrecadado (art. 22, §1º, da Lei 9.433/97).
45. Sem prejuízo, é de se pontuar que foi sancionada pelo presidente Michel Temer no dia 8 de maio, a Lei 13.661/18 que altera as parcelas do produto da Compensação Financeira pela Utilização de Recursos Hídricos

5.6. Sistema de Informações sobre Recursos Hídricos

Basicamente, este instrumento consiste num sistema de coleta, tratamento, armazenamento e recuperação de informações sobre recursos hídricos e fatores intervenientes em sua gestão. Isto é, sistema de gerenciamento das informações relativas aos recursos hídricos.

Sem prejuízo, de forma mais específica, o legislador assinala que tem por propósito:

I - reunir, dar consistência e divulgar os dados e informações sobre a situação qualitativa e quantitativa dos recursos hídricos no Brasil;

II - atualizar permanentemente as informações sobre disponibilidade e demanda de recursos hídricos em todo o território nacional;

III - fornecer subsídios para a elaboração dos Planos de Recursos Hídricos.

De outro lado, referido sistema é regulado, em especial, pelos princípios básicos arrolados pelo legislador[46], quais sejam:

I - descentralização da obtenção e produção de dados e informações;

II - coordenação unificada do sistema;

III - acesso aos dados e informações garantido à toda a sociedade.

Assim sendo, cuida-se de um sistema de gerenciamento de todas as informações possíveis que envolvam os recursos hídricos, não se desprezando a descentralização administrativa sedimentada, e, muito menos, o respeito ao direito de acesso à informação constitucionalmente garantido a qualquer cidadão.

6. COMPETÊNCIAS

Delineando as atribuições dos entes federativos - e respectivos órgãos - no interior da Política Nacional de Recursos Hídricos, o legislador estipula que, ao Poder Executivo Federal, compete:

> I - tomar as providências necessárias à implementação e ao funcionamento do Sistema Nacional de Gerenciamento de Recursos Hídricos;
>
> II - outorgar os direitos de uso de recursos hídricos[47], e regulamentar e fiscalizar os usos, na sua esfera de competência;
>
> III - implantar e gerir o Sistema de Informações sobre Recursos Hídricos, em âmbito nacional;

(CFURH) distribuídas a estados e municípios com áreas alagadas pela construção de usinas hidrelétricas, sendo, pois, uma hipótese a parte de compensação a Municípios, neste caso em razão de energia elétrica, a se beneficiar o ente federativo em cujo território se localizarem instalações destinadas à produção de energia elétrica, ou que tenham áreas invadidas por águas dos respectivos reservatórios, e a órgãos da administração direta da União.

46. Art. 26, da Lei 9.433/97.

47. Para tanto, dispõe o artigo 29, parágrafo único, da Lei 9.433/97, que o Poder Executivo Federal indicará, por decreto, a autoridade responsável pela efetivação de outorgas de direito de uso dos recursos hídricos sob domínio da União.

IV – promover a integração da gestão de recursos hídricos com a gestão ambiental.

Por outro lado, às autoridades Estaduais e do Distrito federal, na sua esfera de competência, cabe:

I – outorgar os direitos de uso de recursos hídricos e regulamentar e fiscalizar os seus usos;

II – realizar o controle técnico das obras de oferta hídrica;

III – implantar e gerir o Sistema de Informações sobre Recursos Hídricos, em âmbito estadual e do Distrito Federal;

IV – promover a integração da gestão de recursos hídricos com a gestão ambiental.

Relativamente aos Municípios (bem como o Distrito Federal – quando visualizado nesta condição), não lhes é atribuída competência, até mesmo porque, conforme já visto, as águas possuem seus domínios públicos atribuídos apenas à União e aos Estados (e Distrito Federal nessa condição). Nada obstante, impõe-se aos Municípios que promovam a integração das políticas locais de saneamento básico, de uso, ocupação e conservação do solo e de meio ambiente com as políticas federal e estaduais de recursos hídricos[48].

7. SISTEMA NACIONAL DE GERENCIAMENTO DE RECURSOS HÍDRICOS

Em síntese, o Sistema Nacional de Gerenciamento de Recursos Hídricos é o desenho de instituições às quais compete a implementação da Política Nacional de Recursos Hídricos, isto é, a Lei 9.433/97, que tanto institui essa Política, cria o referido Sistema, pelo qual se concretizará aquela, assim o fazendo assinalando quais instituições possuem em seu mister exatamente o atingimento dos fundamentos, objetivos e diretrizes gerais antes já abordados.

7.1. Objetivos

Melhor especificando o dito no parágrafo acima, o Sistema Nacional de Gerenciamento de Recursos Hídricos possui os seguintes objetivos:

I – coordenar a gestão integrada das águas;

II – arbitrar administrativamente os conflitos relacionados com os recursos hídricos;

III – implementar a Política Nacional de Recursos Hídricos;

IV – planejar, regular e controlar o uso, a preservação e a recuperação dos recursos hídricos;

V – promover a cobrança pelo uso de recursos hídricos.

48. Art. 31, da Lei 9.433/97.

7.2. Integrantes

Assim sendo, cumpre analisar quais sejam os integrantes desse Sistema, e respectivas atribuições, sendo eles o Conselho Nacional de Recursos Hídricos, a Agência Nacional de Águas, os Conselhos de Recursos Hídricos dos Estados e do Distrito Federal, os Comitês de Bacia Hidrográfica, os Órgãos dos poderes públicos federal, estaduais, do Distrito Federal e municipais cujas competências se relacionem com a gestão de recursos hídricos, as Agências de Água, e, por fim, as Organizações civis de recursos hídricos

7.2.1. Conselho Nacional de Recursos Hídricos

O Conselho Nacional de Recursos Hídricos, de composição paritária[49], em que nele figuram como integrantes representantes (a) dos Ministérios e Secretarias da Presidência da República com atuação no gerenciamento ou no uso de recursos hídricos, (b) indicados pelos Conselhos Estaduais de Recursos Hídricos, (c) dos usuários dos recursos hídricos, (d) das organizações civis de recursos hídricos.

No que diz respeito às competências deste Conselho Nacional, estas consistem em I - promover a articulação do planejamento de recursos hídricos com os planejamentos nacional, regional, estaduais e dos setores usuários; II - arbitrar, em última instância administrativa, os conflitos existentes entre Conselhos Estaduais de Recursos Hídricos; III - deliberar sobre os projetos de aproveitamento de recursos hídricos cujas repercussões extrapolem o âmbito dos Estados em que serão implantados; IV - deliberar sobre as questões que lhe tenham sido encaminhadas pelos Conselhos Estaduais de Recursos Hídricos ou pelos Comitês de Bacia Hidrográfica; V - analisar propostas de alteração da legislação pertinente a recursos hídricos e à Política Nacional de Recursos Hídricos; VI - estabelecer diretrizes complementares para implementação da Política Nacional de Recursos Hídricos, aplicação de seus instrumentos e atuação do Sistema Nacional de Gerenciamento de Recursos Hídricos; VII - aprovar propostas de instituição dos Comitês de Bacia Hidrográfica e estabelecer critérios gerais para a elaboração de seus regimentos; VIII - acompanhar a execução e aprovar o Plano Nacional de Recursos Hídricos e determinar as providências necessárias ao cumprimento de suas metas; IX - estabelecer critérios gerais para a outorga de direitos de uso de recursos hídricos e para a cobrança por seu uso; X - zelar pela implementação da Política Nacional de Segurança de Barragens (PNSB); XI - estabelecer diretrizes para implementação da PNSB, aplicação de seus instrumentos e atuação do Sistema Nacional de Informações sobre Segurança de Barragens (SNISB); XII - apreciar o Relatório de Segurança de Barragens, fazendo, se necessário, recomendações para melhoria da segurança das obras, bem como encaminhá-lo ao Congresso Nacional[50].

---

49. Art. 34, da Lei 9.433/97. Contudo, frise-se que o número de representantes do Poder Executivo Federal não poderá exceder à metade mais um do total dos membros do Conselho Nacional de Recursos Hídricos (parágrafo único). E, ainda, nos termos do artigo 36, da Lei 9.433/97, será gerido por um Presidente, que será o Ministro titular do Ministério do Meio Ambiente, dos Recursos Hídricos e da Amazônia Legal, e por um Secretário Executivo, que será o titular do órgão integrante da estrutura do Ministério do Meio Ambiente, responsável pela gestão dos recursos hídricos.

50. Cumpre salientar que as três últimas competências foram incluídas pela Lei 12.334/10, a qual versa sobre a Política Nacional de Segurança de Barragens.

7.2.2. *Agência Nacional de Águas*

Arrolada como integrante do Sistema Nacional de Gerenciamento de Recursos Hídricos em razão do advento da Lei 9.984/00, a Agência Nacional de Águas - ANA, possui a natureza jurídica de autarquia sob regime especial, com autonomia administrativa e financeira, vinculada ao Ministério do Meio Ambiente, com a finalidade de implementar, em sua esfera de atribuições, a Política Nacional de Recursos Hídricos[51].

Dessa feita, diferentemente dos demais integrantes da Política Nacional de Recursos Hídricos, suas competências e demais especificações encontram-se discriminadas na Lei 9.984/00.

Na linha do que com precisão expõe Milaré[52], enquanto ao Conselho Nacional são atribuídas competências de "*arquitetura* das grandes linhas de ação, isto é, a formulação de políticas e a articulação de planejamento", à ANA foram fixadas atribuições de *engenharia* de ações, sendo mais atinentes à operacionalização, implementação e execução das políticas[53].

Com efeito, à Agência Nacional de Águas, são atribuídas as seguintes competências: I - supervisionar, controlar e avaliar as ações e atividades decorrentes do cumprimento da legislação federal pertinente aos recursos hídricos; II - disciplinar, em caráter normativo, a implementação, a operacionalização, o controle e a avaliação dos instrumentos da Política Nacional de Recursos Hídricos; III - outorgar, por intermédio de autorização, o direito de uso de recursos hídricos em corpos de água de domínio da União; IV - fiscalizar os usos de recursos hídricos nos corpos de água de domínio da União; VI - elaborar estudos técnicos para subsidiar a definição, pelo Conselho Nacional de Recursos Hídricos, dos valores a serem cobrados pelo uso de recursos hídricos de domínio da União, com base nos mecanismos e quantitativos sugeridos pelos Comitês de Bacia Hidrográfica, na forma do inciso VI do art. 38 da Lei nº 9.433, de 1997; VI - estimular e apoiar as iniciativas voltadas para a criação de Comitês de Bacia Hidrográfica; VII - implementar, em articulação com os Comitês de Bacia Hidrográfica, a cobrança pelo uso de recursos hídricos de domínio da União; VIII - arrecadar, distribuir e aplicar receitas auferidas por intermédio da cobrança pelo uso de recursos hídricos de domínio da União, na forma do disposto no art. 22 da Lei nº 9.433, de 1997; IX - planejar e promover ações destinadas a prevenir ou minimizar os efeitos de secas e inundações, no âmbito do Sistema Nacional de Gerenciamento de Recursos Hídricos, em articulação com o órgão central do Sistema Nacional de Defesa Civil, em apoio aos Estados e Municípios; X - promover a elaboração de estudos para subsidiar a aplicação de recursos financeiros da União em obras e serviços de regularização de cursos de água, de alocação e distribuição de água, e de controle da poluição hídrica, em consonância com o estabelecido nos planos de recursos hídricos; XI - definir e fiscalizar as condições de operação de reservatórios por agentes públicos e privados, visando a garantir o uso múltiplo dos recursos hídricos, conforme estabelecido nos planos

51. Art. 3º, *caput*, Lei 9.984/00.
52. MILARÉ. Édis. Op. cit., p. 1.220.
53. Art. 4º, da Lei 9.984/00.

de recursos hídricos das respectivas bacias hidrográficas; XII – promover a coordenação das atividades desenvolvidas no âmbito da rede hidrometeorológica nacional, em articulação com órgãos e entidades públicas ou privadas que a integram, ou que dela sejam usuárias; XIII – organizar, implantar e gerir o Sistema Nacional de Informações sobre Recursos Hídricos; XIV – estimular a pesquisa e a capacitação de recursos humanos para a gestão de recursos hídricos; XV – prestar apoio aos Estados na criação de órgãos gestores de recursos hídricos; XVI – propor ao Conselho Nacional de Recursos Hídricos o estabelecimento de incentivos, inclusive financeiros, à conservação qualitativa e quantitativa de recursos hídricos, XVII – participar da elaboração do Plano Nacional de Recursos Hídricos e supervisionar a sua implementação; XVIII – regular e fiscalizar, quando envolverem corpos d'água de domínio da União, a prestação dos serviços públicos de irrigação, se em regime de concessão, e adução de água bruta, cabendo-lhe, inclusive, a disciplina, em caráter normativo, da prestação desses serviços, bem como a fixação de padrões de eficiência e o estabelecimento de tarifa, quando cabíveis, e a gestão e auditagem de todos os aspectos dos respectivos contratos de concessão, quando existentes; XIX – organizar, implantar e gerir o Sistema Nacional de Informações sobre Segurança de Barragens (SNISB); XX – promover a articulação entre os órgãos fiscalizadores de barragens; XXI – coordenar a elaboração do Relatório de Segurança de Barragens e encaminhá-lo, anualmente, ao Conselho Nacional de Recursos Hídricos (CNRH), de forma consolidada.

Em suma, é de se observar que à Agência Nacional de Águas são atribuídas funções que ora lhe dão o caráter de órgão nacional na organização das Políticas Nacionais de Recursos Hídricos (por exemplo, disciplinar, em caráter normativo, a implementação, a operacionalização, o controle e a avaliação dos instrumentos da Política Nacional de Recursos Hídricos), e, ora no papel de órgão de âmbito federal, fazendo-se presente como representante da União (por exemplo, implementar, em articulação com os Comitês de Bacia Hidrográfica, a cobrança pelo uso de recursos hídricos de domínio da União) – à semelhança dos órgãos estaduais.

7.2.3. *Conselhos de Recursos Hídricos dos Estados e do Distrito Federal*

A Lei 9.433/97 não traça de forma tão detalhada e condensada em um Capítulo específico quais são as competências dos Conselhos Estaduais, relegando tal definição às respectivas legislações locais, tal como a Lei 9.984/00 o fez para a Agência Nacional de Águas – ANA[54].

Sem prejuízo, perfeitamente identificável que aos Conselhos Estaduais compete: (a) indagar e encaminhar questões ao Conselho Nacional de Recursos Hídricos[55]; (b) analisar proposta de isenção da obrigatoriedade de outorga de direitos de uso de recursos hídricos, de acordo com os domínios destes, formulada pelos Comitês de Bacia Hidrográfica, em razão de acumulações, derivações, captações e lançamentos de pouca expressão[56]; (c)

54. A título de exemplo, no Estado de São Paulo a temática é disciplinada pele Lei 7.663/1991, tendo passado por algumas alterações desde então, sendo a última pela Lei 16.337/16.
55. Art. 35, IV, da Lei 9.433/97.
56. Art. 38, V, da Lei 9.433/97.

analisar recursos das decisões dos Comitês de Bacia Hidrográfica, de acordo com sua esfera de competência[57]; (d) autorizar criação das Agências de Água, mediante solicitação de um ou mais Comitês de Bacia Hidrográfica; (e) analisar proposta de enquadramento dos corpos de água nas classes de uso, quando de seu domínio, elaborada pelas Agências de Água e encampadas pelo respectivo Comitê de Bacia Hidrográfica.

7.2.4. *Comitês de Bacia Hidrográfica*

Na linha do que dispõe o artigo 37, parágrafo único, da Lei 9.433/97, compete ao Presidente da República a instituição de Comitês de Bacia Hidrográfica em rios de domínio da União, o que, segundo entende a doutrina[58], implicitamente remete a competência ao Governador do Estado, quando for de domínio estadual.

Também possui uma composição paritária, com representantes da União[59]; dos Estados e do Distrito Federal cujos territórios se situem, ainda que parcialmente, em suas respectivas áreas de atuação; dos Municípios situados, no todo ou em parte, em sua área de atuação; dos usuários das águas de sua área de atuação; das entidades civis de recursos hídricos com atuação comprovada na bacia[60]-[61].

E, como competência, são atribuídas ao Comitê incumbências que, em linhas gerais, denotam um perfil importantíssimo, a ele competindo tomar as principais decisões políticas sobre a utilização das águas de âmbito local - da específica bacia hidrográfica[62] - à qual está vinculado.

Com efeito, aos Comitês compete: I - promover o debate das questões relacionadas a recursos hídricos e articular a atuação das entidades intervenientes; II - arbitrar, em primeira instância administrativa, os conflitos relacionados aos recursos hídricos; III - aprovar o Plano de Recursos Hídricos da bacia; IV - acompanhar a execução do Plano de Recursos Hídricos da bacia e sugerir as providências necessárias ao cumprimento de suas metas; V - propor ao Conselho Nacional e aos Conselhos Estaduais de Recursos Hídricos as acumulações, derivações, captações e lançamentos de pouca expressão, para efeito de isenção da obrigatoriedade de outorga de direitos de uso de recursos hídricos, de acordo com os domínios destes; VI - estabelecer os mecanismos de cobrança pelo uso de recursos hídricos e sugerir os valores a serem cobrados; VII - estabelecer critérios e promover o rateio de custo das obras de uso múltiplo, de interesse comum ou coletivo.

---

57. Art. 38, parágrafo único, da Lei 9433/97.
58. MILARÉ. Édis. Op. cit., p. 1.222.
59. Na linha do que dispõe o art. 39, §4º, da Lei 9.433/97, a participação da União nos Comitês de Bacia Hidrográfica com área de atuação restrita a bacias de rios sob domínio estadual, dar-se-á na forma estabelecida nos respectivos regimentos.
60. Art. 39, da Lei 9.433/97.
61. Ademais, nos Comitês de Bacia Hidrográfica de bacias cujos territórios abranjam terras indígenas devem ser incluídos representantes: I - da Fundação Nacional do Índio - FUNAI, como parte da representação da União; II - das comunidades indígenas ali residentes ou com interesses na bacia (art. 39, parágrafo único, da Lei 9.433/97).
62. Ou mesmo sub-bacia hidrográfica de tributário do curso de água principal da bacia, ou de tributário desse tributário; ou III - grupo de bacias ou sub-bacias hidrográficas contíguas (art. 37, da Lei 9.433/97).

7.2.5. Órgãos dos poderes públicos federal, estaduais, do Distrito Federal e municipais cujas competências se relacionem com a gestão de recursos hídricos

A despeito de assim previsto pelo Legislador no inciso IV, da Lei 9.433/97, não há um Capítulo ou alguma referência específica na Lei que delineie com exatidão quais sejam tais órgãos, e, muito menos, suas respectivas atribuições.

Nesse contexto, trata-se de uma proposta do legislador de não formular um leque exaustivo, mas deixar em aberto para inserir-se na Política Nacional de Recursos Hídricos todos os órgãos que venham a ser criados pelos respectivos entes federativos, com atribuições atinentes ao assunto, de modo a vinculá-los desde já à normativa geral, e, de outro lado, inseri-los para participar com atribuições que já são previstas ao Poder Público em geral, devendo a elas obediência como patamar mínimo[63].

7.2.6. Agências de Água

Por sua vez, as Agências de Águas representam o órgão com função executiva dentro do Comitê de Bacia Hidrográfica, podendo estar vinculada a apenas um Comitê, ou a mais[64].

Diante da omissão legislativa, compreende-se[65] que deve constituir-se com personalidade jurídica própria, e de direito privado[66], preferencialmente na forma de entidades não governamentais autorizadas a executar funções públicas (por exemplo, Organização Social-OS, Organização da Sociedade Civil de Interesse Público-OSCIP, etc.), havendo como condição à sua criação a prévia existência do respectivo Comitê de Bacia Hidrográfica, e, também, viabilidade financeira (assegurada pela cobrança do uso dos recursos hídricos em sua área de atuação)[67].

Na linha do que se visualiza do artigo 44, suas competências ora são típicas de órgão de apoio técnico, ora como auxiliares na cobrança pelo uso da água – e, propriamente, da gestão financeira –, conforme se confere: I – manter balanço atualizado da disponibilidade de recursos hídricos em sua área de atuação; II – manter o cadastro de usuários de recursos hídricos; III – efetuar, mediante delegação do outorgante, a cobrança pelo uso de recursos hídricos; IV – analisar e emitir pareceres sobre os projetos e obras a serem financiados com recursos gerados pela cobrança pelo uso de Recursos Hídricos e encaminhá-los à instituição financeira responsável pela administração desses recursos; V – acompanhar a administração financeira dos recursos arrecadados com a cobrança pelo uso de recursos hídricos em sua área de atuação; VI – gerir o Sistema de Informações sobre Recursos Hídricos em sua área de atuação; VII – celebrar convênios e contratar financiamentos e serviços para a execução de suas competências; VIII – elaborar a sua proposta orçamentá-

63. Artigo 31, da Lei 9.433/97.
64. Art. 41, da Lei 9.433/97.
65. MILARÉ. Édis. Op. cit., p. 1.224-1.225.
66. Pois é vinculada ao Comitê de Bacia Hidrográfica, e não a qualquer ente federativo.
67. Art. 43, da Lei 9.433/97.

ria e submetê-la à apreciação do respectivo ou respectivos Comitês de Bacia Hidrográfica; IX - promover os estudos necessários para a gestão dos recursos hídricos em sua área de atuação; X - elaborar o Plano de Recursos Hídricos para apreciação do respectivo Comitê de Bacia Hidrográfica; XI - propor ao respectivo ou respectivos Comitês de Bacia Hidrográfica: a) o enquadramento dos corpos de água nas classes de uso, para encaminhamento ao respectivo Conselho Nacional ou Conselhos Estaduais de Recursos Hídricos, de acordo com o domínio destes; b) os valores a serem cobrados pelo uso de recursos hídricos; c) o plano de aplicação dos recursos arrecadados com a cobrança pelo uso de recursos hídricos; d) o rateio de custo das obras de uso múltiplo, de interesse comum ou coletivo.

7.2.7. *Organizações civis de recursos hídricos*

Por fim, o legislador ainda arrolou como integrante da Política Nacional de Recursos Hídricos as organizações civis de recursos hídricos, sendo que, desde que legalmente constituídas, podem assim ser consideradas: I - consórcios e associações intermunicipais de bacias hidrográficas; II - associações regionais, locais ou setoriais de usuários de recursos hídricos; III - organizações técnicas e de ensino e pesquisa com interesse na área de recursos hídricos; IV - organizações não-governamentais com objetivos de defesa de interesses difusos e coletivos da sociedade; V - outras organizações reconhecidas pelo Conselho Nacional ou pelos Conselhos Estaduais de Recursos Hídricos[68].

8. INFRAÇÕES ADMINISTRATIVAS

Antes de se encerrar a parte expositiva do presente Capítulo, vale trazer à lume o fato do legislador, no artigo 49 da Lei 9.433/97, ter feita uma relação específica de situações que constituem infrações administrativas, que, em essência, representam o desrespeito à legislação em comento.

Com efeito, constituem infrações (administrativas):

I - derivar ou utilizar recursos hídricos para qualquer finalidade, sem a respectiva outorga de direito de uso;

II - iniciar a implantação ou implantar empreendimento relacionado com a derivação ou a utilização de recursos hídricos, superficiais ou subterrâneos, que implique alterações no regime, quantidade ou qualidade dos mesmos, sem autorização dos órgãos ou entidades competentes;

III - utilizar-se dos recursos hídricos ou executar obras ou serviços relacionados com os mesmos em desacordo com as condições estabelecidas na outorga;

IV - perfurar poços para extração de água subterrânea ou operá-los sem a devida autorização;

V - fraudar as medições dos volumes de água utilizados ou declarar valores diferentes dos medidos;

68. Artigos 47 e 48, da Lei 9.433/97.

VI - infringir normas estabelecidas no regulamento desta Lei e nos regulamentos administrativos, compreendendo instruções e procedimentos fixados pelos órgãos ou entidades competentes[69];

VII - obstar ou dificultar a ação fiscalizadora das autoridades competentes no exercício de suas funções.

E, uma vez configurada uma das violações acima relacionadas, ao infrator são cabíveis, como penalidades: (a) advertência por escrito; (b) multa (simples ou diária); (c) embargo provisório (com tempo fixado para se readequar); (d) embargo definitivo, revogando-se a outorga (quando não há como readequar-se).

Em linhas gerais, a imposição de penalidade não afeta eventual responsabilização civil, e, quanto à multa, (i) se houve reincidência esta será aplicada em dobro, ou (ii) se resultar prejuízo a serviço público de abastecimento de água, riscos à saúde ou à vida, perecimento de bens ou animais, ou prejuízos de qualquer natureza a terceiros, a multa a ser aplicada nunca será inferior à metade do valor máximo cominado em abstrato (ou seja, nunca inferior a R$ 5 mil reais).

9. SÚMULAS E ORIENTAÇÕES JURISPRUDENCIAIS (STJ E STF)

(STJ - REsp 1014113 - DJ 09.04.2008)

TRIBUTÁRIO. ICMS. FORNECIMENTO DE ÁGUA POTÁVEL CANALIZADA. NÃO-INCIDÊNCIA. SERVIÇO DE CARÁTER PÚBLICO E ESSENCIAL. ADI 2.224/DF.

1. Trata-se de recurso especial interposto em face de acórdão que entendeu ser possível a incidência de ICMS sobre as operações com água canalizada, pois caracterizada como mercadoria. 2. O fornecimento de água potável não constitui hipótese de tributação, visto que o serviço prestado se reveste de caráter público e essencial. Precedentes: ADI n. 2.224/DF, Rel. Min. Néri da Silveira, e REsp n. 794.984/RJ, desta Relatoria, Primeira Turma, DJ de 02.10.2006. 3. Recurso especial provido

(STJ - REsp 994120 / RS - DJe 27.04.2011)

ADMINISTRATIVO. POÇO ARTESIANO IRREGULAR. FISCALIZAÇÃO. OBJETIVOS E PRINCÍPIOS DA LEI DA POLÍTICA NACIONAL DE RECURSOS HÍDRICOS (LEI 9.433/97). COMPETÊNCIA COMUM DO MUNICÍPIO.

1. Hipótese em que se discutem os limites da competência fiscalizatória municipal relacionada à perfuração de poço artesiano e sua exploração por particular. 2. O Município autuou o recorrido e lacrou seu poço artesiano, por inexistência de autorização e descumprimento da legislação estadual que veda a exploração dos recursos hídricos, pelo particular, naquela área. 3. O Tribunal de origem entendeu que a competência do Município para fiscalizar refere-se, exclusivamente, à proteção da saúde pública. Ocorre que a lacração do poço não decorreu dessa competência (a água é comprovadamente potável, sem risco para a saúde), mas sim por conta de descumprimento das normas que regem a exploração dos recursos hídricos, editadas pelo Estado. 4. Não há controvérsia quanto à legislação local, que, segundo o Ministério Público Estadual, veda a perfuração e a exploração de poço artesiano

69. De se atentar que esta técnica legislativa, de se reportar genericamente a violação a normas fixadas em outros regulamentos é dita como *norma em branco*, mais criticada quando envolve tipificação de responsabilidade penal. Sem prejuízo, tem sido aceito, até mesmo para atender às peculiaridades no âmbito de cada ente federativo quanto à esfera de responsabilização administrativa.

da área. 5. O acórdão recorrido fundamenta-se nas competências fixadas pela Lei da Política Nacional de Recursos Hídricos (Lei 9.433/97), ainda que interpretada à luz dos arts. 21, XIX, e 26, I, da Constituição Federal, o que atrai a competência do STJ. 6. A Lei 9.433/97, adotada pelo Tribunal de Justiça em suas razões de decidir, aponta claramente a competência dos Municípios para a gestão dos recursos hídricos (art. 1º, VI) e para a "integração das políticas locais de saneamento básico, de uso, ocupação e conservação do solo e de meio ambiente com as políticas federais e estaduais de recursos hídricos" (art. 31). 7. Os arts. 1º, VI, e 31 da Lei da Política Nacional de Recursos Hídricos devem ser interpretados sob o prisma constitucional, que fixa a competência comum dos Municípios, relativa à proteção do meio ambiente e à fiscalização da exploração dos recursos hídricos (art. 23, VI e XI, da Constituição). 8. A Lei da Política Nacional de Recursos Hídricos significou notável avanço na proteção das águas no Brasil e deve ser interpretada segundo seus objetivos e princípios. 9. Três são os objetivos dorsais da Lei 9.4433/97, todos eles com repercussão na solução da presente demanda: a preservação da disponibilidade quantitativa e qualitativa de água, para as presentes e futuras gerações; a sustentabilidade dos usos da água, admitidos somente os de cunho racional; e a proteção das pessoas e do meio ambiente contra os eventos hidrológicos críticos, desiderato que ganha maior dimensão em época de mudanças climáticas. 10. Além disso, a Lei da Política Nacional de Recursos Hídricos apoia-se em uma série de princípios fundamentais, cabendo citar, entre os que incidem diretamente no litígio, o princípio da dominialidade pública (a água, dispõe a lei expressamente, é bem de domínio público), o princípio da finitude (a água é recurso natural limitado) e o princípio da gestão descentralizada e democrática. 11. As águas subterrâneas são "recurso ambiental", nos exatos termos do art. 3º, V, da Lei da Política Nacional do Meio Ambiente (Lei 6.938/81), o que obriga o intérprete, na solução de litígios associados à gestão de recursos hídricos, a fazer uma leitura conjunta dos dois textos legais, em genuíno exercício de diálogo das fontes. 12. É evidente que a perfuração indiscriminada e desordenada de poços artesianos tem impacto direto no meio ambiente e na disponibilidade de recursos hídricos para o restante da população, de hoje e de amanhã. Feita sem controle, também põe em risco a saúde pública, por ausência de tratamento, quando for de rigor. 13. Em síntese, o Município tem competência para fiscalizar a exploração de recursos hídricos, superficiais e subterrâneos, em seu território, o que lhe permite, por certo, também coibir a perfuração e exploração de poços artesianos, no exercício legítimo de seu poder de polícia urbanístico, ambiental, sanitário e de consumo. 14. Recurso Especial provido.

(STJ – RMS 20765/MG – DJ 20.06.2007)

PROCESSUAL CIVIL – ADMINISTRATIVO – MANDADO DE SEGURANÇA – CAPTAÇÃO DE RECURSOS HÍDRICOS – OUTORGA – NÃO COMPROVAÇÃO – FALTA DE PROVA PRÉ-CONSTITUÍDA – ATRIBUIÇÃO DO PODER EXECUTIVO – DILAÇÃO PROBATÓRIA – DESCABIMENTO.

1. A Lei 9.433/97, que institui a Política Nacional de Recursos Hídricos, estipula que a exploração de recursos hídricos está sujeita a outorga pelo Poder Público (art. 12), de modo que somente se legitima a questionar judicialmente, em mandado de segurança, ato da autoridade pública que visa impedir a captação de água, quem é detentor de outorga do Poder Público para a referida exploração. 2. A inexistência de comprovação, no ato da impetração, da referida outorga impede o exame de eventual direito líquido e certo do impetrante à captação de recursos hídricos, uma vez que o mandado de segurança pressupõe a juntada aos autos de prova pré-constituída do direito alegado, não podendo haver dilação probatória, nessa via. 3. A concessão da outorga não pode ser conferida pelo Poder Judiciário, em sede de mandado de segurança, pois, nos termos do art. 14 da citada Lei, a competência de tal ato é atribuída exclusivamente a autoridade do Poder Executivo Federal, Estadual ou Distrital. Ademais, os requisitos para essa concessão não podem ser aferidos nesta seara processual, que sequer admite dilação probatória. 4. Recurso especial improvido.

10. LEGISLAÇÃO ESPECÍFICA CORRELATA

- **Lei 9.433/97**

(Institui a Política Nacional de Recursos Hídricos, cria o Sistema Nacional de Gerenciamento de Recursos Hídricos)

Art. 1º A Política Nacional de Recursos Hídricos baseia-se nos seguintes fundamentos:

I - a água é um bem de domínio público;

II - a água é um recurso natural limitado, dotado de valor econômico;

III - em situações de escassez, o uso prioritário dos recursos hídricos é o consumo humano e a dessedentação de animais;

IV - a gestão dos recursos hídricos deve sempre proporcionar o uso múltiplo das águas;

V - a bacia hidrográfica é a unidade territorial para implementação da Política Nacional de Recursos Hídricos e atuação do Sistema Nacional de Gerenciamento de Recursos Hídricos;

VI - a gestão dos recursos hídricos deve ser descentralizada e contar com a participação do Poder Público, dos usuários e das comunidades.

CAPÍTULO II
DOS OBJETIVOS

Art. 2º São objetivos da Política Nacional de Recursos Hídricos:

I - assegurar à atual e às futuras gerações a necessária disponibilidade de água, em padrões de qualidade adequados aos respectivos usos;

II - a utilização racional e integrada dos recursos hídricos, incluindo o transporte aquaviário, com vistas ao desenvolvimento sustentável;

III - a prevenção e a defesa contra eventos hidrológicos críticos de origem natural ou decorrentes do uso inadequado dos recursos naturais.

IV - incentivar e promover a captação, a preservação e o aproveitamento de águas pluviais

CAPÍTULO III
DAS DIRETRIZES GERAIS DE AÇÃO

Art. 3º Constituem diretrizes gerais de ação para implementação da Política Nacional de Recursos Hídricos:

I - a gestão sistemática dos recursos hídricos, sem dissociação dos aspectos de quantidade e qualidade;

II - a adequação da gestão de recursos hídricos às diversidades físicas, bióticas, demográficas, econômicas, sociais e culturais das diversas regiões do País;

III - a integração da gestão de recursos hídricos com a gestão ambiental;

IV - a articulação do planejamento de recursos hídricos com o dos setores usuários e com os planejamentos regional, estadual e nacional;

V - a articulação da gestão de recursos hídricos com a do uso do solo;

VI - a integração da gestão das bacias hidrográficas com a dos sistemas estuarinos e zonas costeiras.

Art. 4º A União articular-se-á com os Estados tendo em vista o gerenciamento dos recursos hídricos de interesse comum.

CAPÍTULO IV
DOS INSTRUMENTOS

Art. 5º São instrumentos da Política Nacional de Recursos Hídricos:

I - os Planos de Recursos Hídricos;

II - o enquadramento dos corpos de água em classes, segundo os usos preponderantes da água;

III - a outorga dos direitos de uso de recursos hídricos;

IV - a cobrança pelo uso de recursos hídricos;

V - a compensação a municípios;

VI - o Sistema de Informações sobre Recursos Hídricos.

SEÇÃO I
DOS PLANOS DE RECURSOS HÍDRICOS

Art. 6º Os Planos de Recursos Hídricos são planos diretores que visam a fundamentar e orientar a implementação da Política Nacional de Recursos Hídricos e o gerenciamento dos recursos hídricos.

Art. 7º Os Planos de Recursos Hídricos são planos de longo prazo, com horizonte de planejamento compatível com o período de implantação de seus programas e projetos e terão o seguinte conteúdo mínimo:

I - diagnóstico da situação atual dos recursos hídricos;

II - análise de alternativas de crescimento demográfico, de evolução de atividades produtivas e de modificações dos padrões de ocupação do solo;

III - balanço entre disponibilidades e demandas futuras dos recursos hídricos, em quantidade e qualidade, com identificação de conflitos potenciais;

IV - metas de racionalização de uso, aumento da quantidade e melhoria da qualidade dos recursos hídricos disponíveis;

V - medidas a serem tomadas, programas a serem desenvolvidos e projetos a serem implantados, para o atendimento das metas previstas;

VI - (VETADO)

VII - (VETADO)

VIII - prioridades para outorga de direitos de uso de recursos hídricos;

IX - diretrizes e critérios para a cobrança pelo uso dos recursos hídricos;

X - propostas para a criação de áreas sujeitas a restrição de uso, com vistas à proteção dos recursos hídricos.

Art. 8º Os Planos de Recursos Hídricos serão elaborados por bacia hidrográfica, por Estado e para o País.

SEÇÃO II
DO ENQUADRAMENTO DOS CORPOS DE ÁGUA EM CLASSES, SEGUNDO OS USOS PREPONDERANTES DA ÁGUA

Art. 9º O enquadramento dos corpos de água em classes, segundo os usos preponderantes da água, visa a:

I - assegurar às águas qualidade compatível com os usos mais exigentes a que forem destinadas;

II - diminuir os custos de combate à poluição das águas, mediante ações preventivas permanentes.

Art. 10. As classes de corpos de água serão estabelecidas pela legislação ambiental.

SEÇÃO III
DA OUTORGA DE DIREITOS DE USO DE RECURSOS HÍDRICOS

Art. 11. O regime de outorga de direitos de uso de recursos hídricos tem como objetivos assegurar o controle quantitativo e qualitativo dos usos da água e o efetivo exercício dos direitos de acesso à água.

Art. 12. Estão sujeitos a outorga pelo Poder Público os direitos dos seguintes usos de recursos hídricos:

I - derivação ou captação de parcela da água existente em um corpo de água para consumo final, inclusive abastecimento público, ou insumo de processo produtivo;

II - extração de água de aqüífero subterrâneo para consumo final ou insumo de processo produtivo;

III - lançamento em corpo de água de esgotos e demais resíduos líquidos ou gasosos, tratados ou não, com o fim de sua diluição, transporte ou disposição final;

IV - aproveitamento dos potenciais hidrelétricos;

V - outros usos que alterem o regime, a quantidade ou a qualidade da água existente em um corpo de água.

§ 1º Independem de outorga pelo Poder Público, conforme definido em regulamento:

I - o uso de recursos hídricos para a satisfação das necessidades de pequenos núcleos populacionais, distribuídos no meio rural;

II - as derivações, captações e lançamentos considerados insignificantes;

III - as acumulações de volumes de água consideradas insignificantes.

§ 2º A outorga e a utilização de recursos hídricos para fins de geração de energia elétrica estará subordinada ao Plano Nacional de Recursos Hídricos, aprovado na forma do disposto no inciso VIII do art. 35 desta Lei, obedecida a disciplina da legislação setorial específica.

Art. 13. Toda outorga estará condicionada às prioridades de uso estabelecidas nos Planos de Recursos Hídricos e deverá respeitar a classe em que o corpo de água estiver enquadrado e a manutenção de condições adequadas ao transporte aquaviário, quando for o caso.

Parágrafo único. A outorga de uso dos recursos hídricos deverá preservar o uso múltiplo destes.

Art. 14. A outorga efetivar-se-á por ato da autoridade competente do Poder Executivo Federal, dos Estados ou do Distrito Federal.

§ 1º O Poder Executivo Federal poderá delegar aos Estados e ao Distrito Federal competência para conceder outorga de direito de uso de recurso hídrico de domínio da União.

§ 2º (VETADO)

Art. 15. A outorga de direito de uso de recursos hídricos poderá ser suspensa parcial ou totalmente, em definitivo ou por prazo determinado, nas seguintes circunstâncias:

I - não cumprimento pelo outorgado dos termos da outorga;

II - ausência de uso por três anos consecutivos;

III - necessidade premente de água para atender a situações de calamidade, inclusive as decorrentes de condições climáticas adversas;

IV - necessidade de se prevenir ou reverter grave degradação ambiental;

V - necessidade de se atender a usos prioritários, de interesse coletivo, para os quais não se disponha de fontes alternativas;

VI - necessidade de serem mantidas as características de navegabilidade do corpo de água.

Art. 16. Toda outorga de direitos de uso de recursos hídricos far-se-á por prazo não excedente a trinta e cinco anos, renovável.

Art. 17. (VETADO)

Art. 18. A outorga não implica a alienação parcial das águas, que são inalienáveis, mas o simples direito de seu uso.

SEÇÃO IV
DA COBRANÇA DO USO DE RECURSOS HÍDRICOS

Art. 19. A cobrança pelo uso de recursos hídricos objetiva:

I - reconhecer a água como bem econômico e dar ao usuário uma indicação de seu real valor;

II - incentivar a racionalização do uso da água;

III - obter recursos financeiros para o financiamento dos programas e intervenções contemplados nos planos de recursos hídricos.

Art. 20. Serão cobrados os usos de recursos hídricos sujeitos a outorga, nos termos do art. 12 desta Lei.

Parágrafo único. (VETADO)

Art. 21. Na fixação dos valores a serem cobrados pelo uso dos recursos hídricos devem ser observados, dentre outros:

I - nas derivações, captações e extrações de água, o volume retirado e seu regime de variação;

II - nos lançamentos de esgotos e demais resíduos líquidos ou gasosos, o volume lançado e seu regime de variação e as características físico-químicas, biológicas e de toxidade do afluente.

Art. 22. Os valores arrecadados com a cobrança pelo uso de recursos hídricos serão aplicados prioritariamente na bacia hidrográfica em que foram gerados e serão utilizados:

I - no financiamento de estudos, programas, projetos e obras incluídos nos Planos de Recursos Hídricos;

II - no pagamento de despesas de implantação e custeio administrativo dos órgãos e entidades integrantes do Sistema Nacional de Gerenciamento de Recursos Hídricos.

§ 1º A aplicação nas despesas previstas no inciso II deste artigo é limitada a sete e meio por cento do total arrecadado.

§ 2º Os valores previstos no *caput* deste artigo poderão ser aplicados a fundo perdido em projetos e obras que alterem, de modo considerado benéfico à coletividade, a qualidade, a quantidade e o regime de vazão de um corpo de água.

§ 3º (VETADO)

Art. 23. (VETADO)

SEÇÃO V
DA COMPENSAÇÃO A MUNICÍPIOS

Art. 24. (VETADO)

SEÇÃO VI
DO SISTEMA DE INFORMAÇÕES SOBRE RECURSOS HÍDRICOS

Art. 25. O Sistema de Informações sobre Recursos Hídricos é um sistema de coleta, tratamento, armazenamento e recuperação de informações sobre recursos hídricos e fatores intervenientes em sua gestão.

Parágrafo único. Os dados gerados pelos órgãos integrantes do Sistema Nacional de Gerenciamento de Recursos Hídricos serão incorporados ao Sistema Nacional de Informações sobre Recursos Hídricos.

Art. 26. São princípios básicos para o funcionamento do Sistema de Informações sobre Recursos Hídricos:

I - descentralização da obtenção e produção de dados e informações;

II - coordenação unificada do sistema;

III - acesso aos dados e informações garantido à toda a sociedade.

Art. 27. São objetivos do Sistema Nacional de Informações sobre Recursos Hídricos:

I - reunir, dar consistência e divulgar os dados e informações sobre a situação qualitativa e quantitativa dos recursos hídricos no Brasil;

II - atualizar permanentemente as informações sobre disponibilidade e demanda de recursos hídricos em todo o território nacional;

III - fornecer subsídios para a elaboração dos Planos de Recursos Hídricos.

CAPÍTULO V
DO RATEIO DE CUSTOS DAS OBRAS DE USO MÚLTIPLO, DE INTERESSE COMUM OU COLETIVO

Art. 28. (VETADO)

CAPÍTULO VI
DA AÇÃO DO PODER PÚBLICO

Art. 29. Na implementação da Política Nacional de Recursos Hídricos, compete ao Poder Executivo Federal:

I - tomar as providências necessárias à implementação e ao funcionamento do Sistema Nacional de Gerenciamento de Recursos Hídricos;

II – outorgar os direitos de uso de recursos hídricos, e regulamentar e fiscalizar os usos, na sua esfera de competência;

III – implantar e gerir o Sistema de Informações sobre Recursos Hídricos, em âmbito nacional;

IV – promover a integração da gestão de recursos hídricos com a gestão ambiental.

Parágrafo único. O Poder Executivo Federal indicará, por decreto, a autoridade responsável pela efetivação de outorgas de direito de uso dos recursos hídricos sob domínio da União.

Art. 30. Na implementação da Política Nacional de Recursos Hídricos, cabe aos Poderes Executivos Estaduais e do Distrito Federal, na sua esfera de competência:

I – outorgar os direitos de uso de recursos hídricos e regulamentar e fiscalizar os seus usos;

II – realizar o controle técnico das obras de oferta hídrica;

III – implantar e gerir o Sistema de Informações sobre Recursos Hídricos, em âmbito estadual e do Distrito Federal;

IV – promover a integração da gestão de recursos hídricos com a gestão ambiental.

Art. 31. Na implementação da Política Nacional de Recursos Hídricos, os Poderes Executivos do Distrito Federal e dos municípios promoverão a integração das políticas locais de saneamento básico, de uso, ocupação e conservação do solo e de meio ambiente com as políticas federal e estaduais de recursos hídricos.

TÍTULO II
DO SISTEMA NACIONAL DE GERENCIAMENTO DE RECURSOS HÍDRICOS

CAPÍTULO I
DOS OBJETIVOS E DA COMPOSIÇÃO

Art. 32. Fica criado o Sistema Nacional de Gerenciamento de Recursos Hídricos, com os seguintes objetivos:

I – coordenar a gestão integrada das águas;

II – arbitrar administrativamente os conflitos relacionados com os recursos hídricos;

III – implementar a Política Nacional de Recursos Hídricos;

IV – planejar, regular e controlar o uso, a preservação e a recuperação dos recursos hídricos;

V – promover a cobrança pelo uso de recursos hídricos.

Art. 33. Integram o Sistema Nacional de Gerenciamento de Recursos Hídricos:

I – o Conselho Nacional de Recursos Hídricos;

I-A. – a Agência Nacional de Águas;

II – os Conselhos de Recursos Hídricos dos Estados e do Distrito Federal;

III – os Comitês de Bacia Hidrográfica;

IV – os órgãos dos poderes públicos federal, estaduais, do Distrito Federal e municipais cujas competências se relacionem com a gestão de recursos hídricos;

V – as Agências de Água.

CAPÍTULO II
DO CONSELHO NACIONAL DE RECURSOS HÍDRICOS

Art. 34. O Conselho Nacional de Recursos Hídricos é composto por:

I – representantes dos Ministérios e Secretarias da Presidência da República com atuação no gerenciamento ou no uso de recursos hídricos;

II – representantes indicados pelos Conselhos Estaduais de Recursos Hídricos;

III – representantes dos usuários dos recursos hídricos;

IV – representantes das organizações civis de recursos hídricos.

Parágrafo único. O número de representantes do Poder Executivo Federal não poderá exceder à metade mais um do total dos membros do Conselho Nacional de Recursos Hídricos.

Art. 35. Compete ao Conselho Nacional de Recursos Hídricos:

I – promover a articulação do planejamento de recursos hídricos com os planejamentos nacional, regional, estaduais e dos setores usuários;

II – arbitrar, em última instância administrativa, os conflitos existentes entre Conselhos Estaduais de Recursos Hídricos;

III – deliberar sobre os projetos de aproveitamento de recursos hídricos cujas repercussões extrapolem o âmbito dos Estados em que serão implantados;

IV – deliberar sobre as questões que lhe tenham sido encaminhadas pelos Conselhos Estaduais de Recursos Hídricos ou pelos Comitês de Bacia Hidrográfica;

V – analisar propostas de alteração da legislação pertinente a recursos hídricos e à Política Nacional de Recursos Hídricos;

VI - estabelecer diretrizes complementares para implementação da Política Nacional de Recursos Hídricos, aplicação de seus instrumentos e atuação do Sistema Nacional de Gerenciamento de Recursos Hídricos;

VII - aprovar propostas de instituição dos Comitês de Bacia Hidrográfica e estabelecer critérios gerais para a elaboração de seus regimentos;

VIII - (VETADO)

IX - acompanhar a execução e aprovar o Plano Nacional de Recursos Hídricos e determinar as providências necessárias ao cumprimento de suas metas;

X - estabelecer critérios gerais para a outorga de direitos de uso de recursos hídricos e para a cobrança por seu uso.

XI - zelar pela implementação da Política Nacional de Segurança de Barragens (PNSB

XII - estabelecer diretrizes para implementação da PNSB, aplicação de seus instrumentos e atuação do Sistema Nacional de Informações sobre Segurança de Barragens (SNISB;

XIII - apreciar o Relatório de Segurança de Barragens, fazendo, se necessário, recomendações para melhoria da segurança das obras, bem como encaminhá-lo ao Congresso Nacional.

Art. 36. O Conselho Nacional de Recursos Hídricos será gerido por:

I - um Presidente, que será o Ministro de Estado do Desenvolvimento Regional; (Redação dada pela Medida Provisória nº 870, de 2019)

II - um Secretário-Executivo, que será o titular do órgão integrante da estrutura do Ministério do Desenvolvimento Regional responsável pela gestão dos recursos hídricos. (Redação dada pela Medida Provisória nº 870, de 2019)

CAPÍTULO III
DOS COMITÊS DE BACIA HIDROGRÁFICA

Art. 37. Os Comitês de Bacia Hidrográfica terão como área de atuação:

I - a totalidade de uma bacia hidrográfica;

II - sub-bacia hidrográfica de tributário do curso de água principal da bacia, ou de tributário desse tributário; ou

III - grupo de bacias ou sub-bacias hidrográficas contíguas.

Parágrafo único. A instituição de Comitês de Bacia Hidrográfica em rios de domínio da União será efetivada por ato do Presidente da República.

Art. 38. Compete aos Comitês de Bacia Hidrográfica, no âmbito de sua área de atuação:

I - promover o debate das questões relacionadas a recursos hídricos e articular a atuação das entidades intervenientes;

II - arbitrar, em primeira instância administrativa, os conflitos relacionados aos recursos hídricos;

III - aprovar o Plano de Recursos Hídricos da bacia;

IV - acompanhar a execução do Plano de Recursos Hídricos da bacia e sugerir as providências necessárias ao cumprimento de suas metas;

V - propor ao Conselho Nacional e aos Conselhos Estaduais de Recursos Hídricos as acumulações, derivações, captações e lançamentos de pouca expressão, para efeito de isenção da obrigatoriedade de outorga de direitos de uso de recursos hídricos, de acordo com os domínios destes;

VI - estabelecer os mecanismos de cobrança pelo uso de recursos hídricos e sugerir os valores a serem cobrados;

VII - (VETADO)

VIII - (VETADO)

IX - estabelecer critérios e promover o rateio de custo das obras de uso múltiplo, de interesse comum ou coletivo.

Parágrafo único. Das decisões dos Comitês de Bacia Hidrográfica caberá recurso ao Conselho Nacional ou aos Conselhos Estaduais de Recursos Hídricos, de acordo com sua esfera de competência.

Art. 39. Os Comitês de Bacia Hidrográfica são compostos por representantes:

I - da União;

II - dos Estados e do Distrito Federal cujos territórios se situem, ainda que parcialmente, em suas respectivas áreas de atuação;

III - dos Municípios situados, no todo ou em parte, em sua área de atuação;

IV - dos usuários das águas de sua área de atuação;

V - das entidades civis de recursos hídricos com atuação comprovada na bacia.

§ 1º O número de representantes de cada setor mencionado neste artigo, bem como os critérios para sua indicação, serão estabelecidos nos regimentos dos comitês, limitada a representação dos poderes executivos da União, Estados, Distrito Federal e Municípios à metade do total de membros.

§ 2º Nos Comitês de Bacia Hidrográfica de bacias de rios fronteiriços e transfronteiriços de gestão compartilhada, a representação da União deverá incluir um representante do Ministério das Relações Exteriores.

§ 3º Nos Comitês de Bacia Hidrográfica de bacias cujos territórios abranjam terras indígenas devem ser incluídos representantes:

I – da Fundação Nacional do Índio – FUNAI, como parte da representação da União;

II – das comunidades indígenas ali residentes ou com interesses na bacia.

§ 4º A participação da União nos Comitês de Bacia Hidrográfica com área de atuação restrita a bacias de rios sob domínio estadual, dar-se-á na forma estabelecida nos respectivos regimentos.

Art. 40. Os Comitês de Bacia Hidrográfica serão dirigidos por um Presidente e um Secretário, eleitos dentre seus membros.

CAPÍTULO IV
DAS AGÊNCIAS DE ÁGUA

Art. 41. As Agências de Água exercerão a função de secretaria executiva do respectivo ou respectivos Comitês de Bacia Hidrográfica.

Art. 42. As Agências de Água terão a mesma área de atuação de um ou mais Comitês de Bacia Hidrográfica.

Parágrafo único. A criação das Agências de Água será autorizada pelo Conselho Nacional de Recursos Hídricos ou pelos Conselhos Estaduais de Recursos Hídricos mediante solicitação de um ou mais Comitês de Bacia Hidrográfica.

Art. 43. A criação de uma Agência de Água é condicionada ao atendimento dos seguintes requisitos:

I – prévia existência do respectivo ou respectivos Comitês de Bacia Hidrográfica;

II – viabilidade financeira assegurada pela cobrança do uso dos recursos hídricos em sua área de atuação.

Art. 44. Compete às Agências de Água, no âmbito de sua área de atuação:

I – manter balanço atualizado da disponibilidade de recursos hídricos em sua área de atuação;

II – manter o cadastro de usuários de recursos hídricos;

III – efetuar, mediante delegação do outorgante, a cobrança pelo uso de recursos hídricos;

IV – analisar e emitir pareceres sobre os projetos e obras a serem financiados com recursos gerados pela cobrança pelo uso de Recursos Hídricos e encaminhá-los à instituição financeira responsável pela administração desses recursos;

V – acompanhar a administração financeira dos recursos arrecadados com a cobrança pelo uso de recursos hídricos em sua área de atuação;

VI – gerir o Sistema de Informações sobre Recursos Hídricos em sua área de atuação;

VII – celebrar convênios e contratar financiamentos e serviços para a execução de suas competências;

VIII – elaborar a sua proposta orçamentária e submetê-la à apreciação do respectivo ou respectivos Comitês de Bacia Hidrográfica;

IX – promover os estudos necessários para a gestão dos recursos hídricos em sua área de atuação;

X – elaborar o Plano de Recursos Hídricos para apreciação do respectivo Comitê de Bacia Hidrográfica;

XI – propor ao respectivo ou respectivos Comitês de Bacia Hidrográfica:

a) o enquadramento dos corpos de água nas classes de uso, para encaminhamento ao respectivo Conselho Nacional ou Conselhos Estaduais de Recursos Hídricos, de acordo com o domínio destes;

b) os valores a serem cobrados pelo uso de recursos hídricos;

c) o plano de aplicação dos recursos arrecadados com a cobrança pelo uso de recursos hídricos;

d) o rateio de custo das obras de uso múltiplo, de interesse comum ou coletivo.

CAPÍTULO V
DA SECRETARIA EXECUTIVA DO CONSELHO NACIONAL DE RECURSOS HÍDRICOS

Art. 45. A Secretaria-Executiva do Conselho Nacional de Recursos Hídricos será exercida pelo órgão integrante da estrutura do Ministério do Desenvolvimento Regional responsável pela gestão dos recursos hídricos. (Redação dada pela Medida Provisória nº 870, de 2019)

Art. 46. Compete à Secretaria Executiva do Conselho Nacional de Recursos Hídricos:

I – prestar apoio administrativo, técnico e financeiro ao Conselho Nacional de Recursos Hídricos;

II – revogado;

III – instruir os expedientes provenientes dos Conselhos Estaduais de Recursos Hídricos e dos Comitês de Bacia Hidrográfica;"

IV – revogado;"

V – elaborar seu programa de trabalho e respectiva proposta orçamentária anual e submetê-los à aprovação do Conselho Nacional de Recursos Hídricos.

CAPÍTULO VI
DAS ORGANIZAÇÕES CIVIS DE RECURSOS HÍDRICOS

Art. 47. São consideradas, para os efeitos desta Lei, organizações civis de recursos hídricos:

I - consórcios e associações intermunicipais de bacias hidrográficas;

II - associações regionais, locais ou setoriais de usuários de recursos hídricos;

III - organizações técnicas e de ensino e pesquisa com interesse na área de recursos hídricos;

IV - organizações não-governamentais com objetivos de defesa de interesses difusos e coletivos da sociedade;

V - outras organizações reconhecidas pelo Conselho Nacional ou pelos Conselhos Estaduais de Recursos Hídricos.

Art. 48. Para integrar o Sistema Nacional de Recursos Hídricos, as organizações civis de recursos hídricos devem ser legalmente constituídas.

TÍTULO III
DAS INFRAÇÕES E PENALIDADES

Art. 49. Constitui infração das normas de utilização de recursos hídricos superficiais ou subterrâneos:

I - derivar ou utilizar recursos hídricos para qualquer finalidade, sem a respectiva outorga de direito de uso;

II - iniciar a implantação ou implantar empreendimento relacionado com a derivação ou a utilização de recursos hídricos, superficiais ou subterrâneos, que implique alterações no regime, quantidade ou qualidade dos mesmos, sem autorização dos órgãos ou entidades competentes;

III - (VETADO)

IV - utilizar-se dos recursos hídricos ou executar obras ou serviços relacionados com os mesmos em desacordo com as condições estabelecidas na outorga;

V - perfurar poços para extração de água subterrânea ou operá-los sem a devida autorização;

VI - fraudar as medições dos volumes de água utilizados ou declarar valores diferentes dos medidos;

VII - infringir normas estabelecidas no regulamento desta Lei e nos regulamentos administrativos, compreendendo instruções e procedimentos fixados pelos órgãos ou entidades competentes;

VIII - obstar ou dificultar a ação fiscalizadora das autoridades competentes no exercício de suas funções.

Art. 50. Por infração de qualquer disposição legal ou regulamentar referentes à execução de obras e serviços hidráulicos, derivação ou utilização de recursos hídricos de domínio ou administração da União, ou pelo não atendimento das solicitações feitas, o infrator, a critério da autoridade competente, ficará sujeito às seguintes penalidades, independentemente de sua ordem de enumeração:

I - advertência por escrito, na qual serão estabelecidos prazos para correção das irregularidades;

II - multa, simples ou diária, proporcional à gravidade da infração, de R$ 100,00 (cem reais) a R$ 10.000,00 (dez mil reais);

III - embargo provisório, por prazo determinado, para execução de serviços e obras necessárias ao efetivo cumprimento das condições de outorga ou para o cumprimento de normas referentes ao uso, controle, conservação e proteção dos recursos hídricos;

IV - embargo definitivo, com revogação da outorga, se for o caso, para repor incontinenti, no seu antigo estado, os recursos hídricos, leitos e margens, nos termos dos arts. 58 e 59 do Código de Águas ou tamponar os poços de extração de água subterrânea.

§ 1º Sempre que da infração cometida resultar prejuízo a serviço público de abastecimento de água, riscos à saúde ou à vida, perecimento de bens ou animais, ou prejuízos de qualquer natureza a terceiros, a multa a ser aplicada nunca será inferior à metade do valor máximo cominado em abstrato.

§ 2º No caso dos incisos III e IV, independentemente da pena de multa, serão cobradas do infrator as despesas em que incorrer a Administração para tornar efetivas as medidas previstas nos citados incisos, na forma dos arts. 36, 53, 56 e 58 do Código de Águas, sem prejuízo de responder pela indenização dos danos a que der causa.

§ 3º Da aplicação das sanções previstas neste título caberá recurso à autoridade administrativa competente, nos termos do regulamento.

§ 4º Em caso de reincidência, a multa será aplicada em dobro.

TÍTULO IV
DAS DISPOSIÇÕES GERAIS E TRANSITÓRIAS

Art. 51. O Conselho Nacional de Recursos Hídricos e os Conselhos Estaduais de Recursos Hídricos poderão delegar a organizações sem fins lucrativos relacionadas no art. 47 desta Lei, por prazo determinado, o exercício de funções de competência das Agências de Água, enquanto esses organismos não estiverem constituídos

Art. 52. Enquanto não estiver aprovado e regulamentado o Plano Nacional de Recursos Hídricos, a utilização dos potenciais hidráulicos para fins de geração de energia elétrica continuará subordinada à disciplina da legislação setorial específica.

Art. 53. O Poder Executivo, no prazo de cento e vinte dias a partir da publicação desta Lei, encaminhará ao Congresso Nacional projeto de lei dispondo sobre a criação das Agências de Água.

- **Lei 9.984/00**

(Dispõe sobre a criação da Agência Nacional de Águas – ANA)

Art. 3º Fica criada a Agência Nacional de Águas - ANA, autarquia sob regime especial, com autonomia administrativa e financeira, vinculada ao Ministério do Desenvolvimento Regional, com a finalidade de implementar, em sua esfera de atribuições, a Política Nacional de Recursos Hídricos, integrante do Sistema Nacional de Gerenciamento de Recursos Hídricos.

Art. 4º A atuação da ANA obedecerá aos fundamentos, objetivos, diretrizes e instrumentos da Política Nacional de Recursos Hídricos e será desenvolvida em articulação com órgãos e entidades públicas e privadas integrantes do Sistema Nacional de Gerenciamento de Recursos Hídricos, cabendo-lhe:

I – supervisionar, controlar e avaliar as ações e atividades decorrentes do cumprimento da legislação federal pertinente aos recursos hídricos;

II – disciplinar, em caráter normativo, a implementação, a operacionalização, o controle e a avaliação dos instrumentos da Política Nacional de Recursos Hídricos;

III – (VETADO)

IV – outorgar, por intermédio de autorização, o direito de uso de recursos hídricos em corpos de água de domínio da União, observado o disposto nos arts. 5o, 6o, 7º e 8o;

V – fiscalizar os usos de recursos hídricos nos corpos de água de domínio da União;

VI – elaborar estudos técnicos para subsidiar a definição, pelo Conselho Nacional de Recursos Hídricos, dos valores a serem cobrados pelo uso de recursos hídricos de domínio da União, com base nos mecanismos e quantitativos sugeridos pelos Comitês de Bacia Hidrográfica, na forma do inciso VI do art. 38 da Lei nº 9.433, de 1997;

VII – estimular e apoiar as iniciativas voltadas para a criação de Comitês de Bacia Hidrográfica;

VIII – implementar, em articulação com os Comitês de Bacia Hidrográfica, a cobrança pelo uso de recursos hídricos de domínio da União;

IX – arrecadar, distribuir e aplicar receitas auferidas por intermédio da cobrança pelo uso de recursos hídricos de domínio da União, na forma do disposto no art. 22 da Lei nº 9.433, de 1997;

X – planejar e promover ações destinadas a prevenir ou minimizar os efeitos de secas e inundações, no âmbito do Sistema Nacional de Gerenciamento de Recursos Hídricos, em articulação com o órgão central do Sistema Nacional de Defesa Civil, em apoio aos Estados e Municípios;

XI – promover a elaboração de estudos para subsidiar a aplicação de recursos financeiros da União em obras e serviços de regularização de cursos de água, de alocação e distribuição de água, e de controle da poluição hídrica, em consonância com o estabelecido nos planos de recursos hídricos;

XII – definir e fiscalizar as condições de operação de reservatórios por agentes públicos e privados, visando a garantir o uso múltiplo dos recursos hídricos, conforme estabelecido nos planos de recursos hídricos das respectivas bacias hidrográficas;

XIII – promover a coordenação das atividades desenvolvidas no âmbito da rede hidrometeorológica nacional, em articulação com órgãos e entidades públicas ou privadas que a integram, ou que dela sejam usuárias;

XIV – organizar, implantar e gerir o Sistema Nacional de Informações sobre Recursos Hídricos;

XV – estimular a pesquisa e a capacitação de recursos humanos para a gestão de recursos hídricos;

XVI – prestar apoio aos Estados na criação de órgãos gestores de recursos hídricos;

XVII – propor ao Conselho Nacional de Recursos Hídricos o estabelecimento de incentivos, inclusive financeiros, à conservação qualitativa e quantitativa de recursos hídricos.

XVIII – participar da elaboração do Plano Nacional de Recursos Hídricos e supervisionar a sua implementação.

XIX – regular e fiscalizar, quando envolverem corpos d'água de domínio da União, a prestação dos serviços públicos de irrigação, se em regime de concessão, e adução de água bruta, cabendo-lhe, inclusive, a disciplina, em caráter normativo, da prestação desses serviços, bem como a fixação de padrões de eficiência e o estabelecimento de tarifa, quando cabíveis, e a gestão e auditagem de todos os aspectos dos respectivos contratos de concessão, quando existentes.

XX – organizar, implantar e gerir o Sistema Nacional de Informações sobre Segurança de Barragens (SNISB);

XXI – promover a articulação entre os órgãos fiscalizadores de barragens;

XXII - coordenar a elaboração do Relatório de Segurança de Barragens e encaminhá-lo, anualmente, ao Conselho Nacional de Recursos Hídricos (CNRH), de forma consolidada.

XXIII-A - declarar a situação crítica de escassez quantitativa ou qualitativa de recursos hídricos nos corpos hídricos que impactem o atendimento aos usos múltiplos localizados em rios de domínio da União por prazo determinado, com base em estudos e dados de monitoramento, observados os critérios estabelecidos pelo Conselho Nacional de Recursos Hídricos, quando houver; e

XXIV -A - estabelecer e fiscalizar o cumprimento de regras de uso da água a fim de assegurar os usos múltiplos durante a vigência da declaração de situação crítica de escassez de recursos hídricos a que se refere o inciso XXIII-A.

§ 1º Na execução das competências a que se refere o inciso II deste artigo, serão considerados, nos casos de bacias hidrográficas compartilhadas com outros países, os respectivos acordos e tratados.

(...)

§ 3º Para os fins do disposto no inciso XII deste artigo, a definição das condições de operação de reservatórios de aproveitamentos hidrelétricos será efetuada em articulação com o Operador Nacional do Sistema Elétrico - ONS.

§ 4º A ANA poderá delegar ou atribuir a agências de água ou de bacia hidrográfica a execução de atividades de sua competência, nos termos do art. 44 da Lei nº 9.433, de 1997, e demais dispositivos legais aplicáveis.

§ 5º (VETADO)

§ 6º A aplicação das receitas de que trata o inciso IX será feita de forma descentralizada, por meio das agências de que trata o Capítulo IV do Título II da Lei nº 9.433, de 1997, e, na ausência ou impedimento destas, por outras entidades pertencentes ao Sistema Nacional de Gerenciamento de Recursos Hídricos.

§ 7º Nos atos administrativos de outorga de direito de uso de recursos hídricos de cursos de água que banham o semi-árido nordestino, expedidos nos termos do inciso IV deste artigo, deverão constar, explicitamente, as restrições decorrentes dos incisos III e V do art. 15 da Lei nº 9.433, de 1997.

§ 8º No exercício das competências referidas no inciso XIX deste artigo, a ANA zelará pela prestação do serviço adequado ao pleno atendimento dos usuários, em observância aos princípios da regularidade, continuidade, eficiência, segurança, atualidade, generalidade, cortesia, modicidade tarifária e utilização racional dos recursos hídricos

§ 9º-A As regras a que se refere o inciso XXIV-A do caput serão aplicadas aos corpos hídricos abrangidos pela declaração de situação crítica de escassez de recursos hídricos a que se refere o inciso XXIII-A do caput.

§ 10-A. A ANA poderá delegar as competências estabelecidas nos incisos V e XII do caput, por meio de convênio ou de outro instrumento, a outros órgãos e entidades da administração pública federal, estadual e distrital.

11. QUESTÕES DE CONCURSO

11.1. Questões

1) **(TRF-2ª Região – Juiz Federal Substituto / 2018)** De acordo a Lei n. 9.433/97, são instrumentos da Política Nacional de Recursos Hídricos:

a) a compensação a Estados membros da Federação.

b) a outorga dos direitos de disposição de recursos hídricos.

c) a cessão gratuita pelo uso de recursos hídricos.

d) a gestão centralizada dos recursos hídricos.

e) os Planos de Recursos Hídricos.

2) **(TJ/RS – Juiz de Direito Substituto / 2018)** No tocante às águas, nos termos da Constituição Federal e da Lei das Águas, assinale a alternativa correta.

a) Toda outorga de direitos de uso de recursos hídricos far-se-á por prazo não inferior a vinte e cinco anos, renovável.

b) Os planos de Recursos Hídricos são elaborados por bacia hidrográfica, por Município e por Estado.

c) São bens da União todas as águas superficiais ou subterrâneas, fluentes, emergentes e em depósito.

d) Os valores arrecadados com a cobrança pelo uso de recursos hídricos serão aplicados exclusivamente na bacia hidrográfica em que foram gerados.

e) A União tem competência privativa para legislar sobre águas.

3) **(TRF-2ª Região – Juiz Federal Substituto / 2017)** Assinale a opção correta:

a) O Estado membro possui competência concorrente para legislar sobre a proteção do meio ambiente e sobre a defesa dos recursos naturais e, nessa linha, pode regular as condições de utilização das águas subterrâneas, que são bens dos Estados.

b) A competência para legislar sobre águas e sobre o meio ambiente é privativa da União.

c) O Estado membro pode disciplinar o uso de águas subterrâneas apenas se a União não tiver lei específica sobre o tema.

d) Apenas mediante autorização prevista em Lei Complementar, o Estado membro pode disciplinar o uso de águas subterrâneas.

e) Como compete à União dispor sobre o sistema nacional de gerenciamento de recursos hídricos, é vedado aos Estados disciplinar o uso de águas subterrâneas.

4) **(TRF-5ª Região – Juiz Federal Substituto / 2017)** Os comitês de bacias hidrográficas são

a) competentes para implantar e gerir o Sistema Nacional de Informações sobre Segurança de Barragens.

b) competentes para outorgar o direito de uso de recursos hídricos em corpos de água de domínio da União, mediante permissão.

c) incompetentes para aprovar o Plano de Recursos Hídricos da bacia.

d) incompetentes para arbitrar administrativamente conflitos relacionados a recursos hídricos.

e) incompetentes para o exercício do poder de polícia.

5) **(TRF-2ª Região – Juiz Federal Substituto / 2017)** Quanto à outorga de direito de uso de recursos hídricos, assinale a opção correta:

a) A outorga é de competência exclusiva da Agência Nacional de Águas.

b) Em situações de escassez, o uso prioritário dos recursos hídricos deve ser destinado ao consumo humano e à dessedentação de animais e, em seguida, às prioridades de uso estabelecidas no Plano de Recursos Hídricos aplicável a cada corpo hídrico.

c) A outorga só será suspensa nos casos de não cumprimento, pelo outorgado, dos termos estabelecidos ou de necessidade premente de água para atender a situações de calamidade, sempre mediante processo administrativo em que se assegure ampla defesa.

d) A outorga deverá observar o uso específico para o qual o corpo hídrico tiver sido destinado, vedado o seu uso múltiplo.

e) Desde que respeite a classe em que o corpo de água estiver enquadrado, a outorga não fica condicionada às prioridades de uso.

6) **(TRF-4ª Região – Juiz Federal Substituto / 2016)** Assinale a alternativa correta.

A respeito da Política Nacional de Recursos Hídricos, prevista na Lei nº 9.433/97:

a) O regime de outorga de direitos de uso de recursos hídricos é aplicável aos aquíferos subterrâneos destinados a consumidor final ou como insumo de processo produtivo, como também para aproveitamento de potenciais hidrelétricos.

b) Depende de outorga do Poder Público o uso de córregos, rios e aquíferos subterrâneos para suprimento de necessidade de pequenos núcleos populacionais em meio rural e acumulações de água consideradas insignificantes.

c) O Poder Executivo Federal não poderá delegar a competência para conceder outorga de direito de uso de recurso hídrico de domínio da União.

d) A Agência Nacional de Águas não compõe o Sistema Nacional de Gerenciamento de Recursos Hídricos, embora atue paralelamente com a missão de regular o acesso e o uso sustentável da água.

e) Nenhuma das alternativas anteriores está correta.

7) **(TJ/AM – Juiz Substituto / 2016) Com relação aos recursos hídricos, assinale a opção correta.**

a) Compete ao Comitê Nacional de Recursos Hídricos organizar, implantar e gerir o Sistema Nacional de Informações sobre Segurança de Barragens.

b) Além do representante da FUNAI, os comitês de bacias hidrográficas de rios que abranjam terras indígenas incluirão representante das comunidades indígenas.

c) Conforme a localização dos corpos d'água, seu domínio divide-se entre a União, os estados (e por analogia o DF) e os municípios.

d) As competências dos comitês de bacias hidrográficas incluem o exercício do poder de polícia.

e) Cabe à Agência Nacional de Águas, outorgar, mediante permissão, o direito de uso de recursos hídricos em corpos de água de domínio da União, dos estados e do DF.

8) **(TJ/RR – Juiz de Direito Substituto / 2008)**

NÃO está compreendido entre os objetivos da cobrança pelo uso de recursos hídricos:

a) dar ao usuário indicação do real valor da água.

b) incentivar a racionalidade no consumo de recursos hídricos.

c) desestimular o lançamento de esgotos nos corpos d´água.

d) obter recursos financeiros para programas previstos nos planos de recursos hídricos.

e) financiar obras de saneamento básico.

9) **(TRF-4ª Região – Juiz Federal Substituto / 2014)** Assinale a alternativa correta.

Sobre a gestão de recursos hídricos:

a) A outorga de direito de uso de recursos hídricos é o ato administrativo mediante o qual a autoridade competente do Poder Executivo da União, dos Estados, do Distrito Federal e dos Municípios, faculta ao outorgado o direito de uso de recursos hídricos, pelo prazo não excedente a 30 (trinta) anos, renovável.

b) A orientação predominante do Superior Tribunal de Justiça é no sentido de que, sendo as águas subterrâneas bens da União, a outorga de extração de água de poços artesianos, nas localidades atendidas pela rede pública de saneamento, deve ser emitida pela autoridade federal competente.

c) A outorga deve ser emitida pelo Comitê de Bacia Hidrográfica nos casos de rios e corpos de água situados nas fronteiras internacionais.

d) A Agência Nacional de Águas – ANA é a responsável pela emissão de outorgas de direito de uso de recursos hídricos em corpos hídricos de domínio da União.

e) Os serviços de saneamento, nos casos dos municípios integrantes de regiões metropolitanas, são de titularidade dos Estados e compreendem o abastecimento básico de água potável, o esgotamento sanitário, a limpeza urbana e o manejo de resíduos sólidos e de águas pluviais.

10) **(FGV – Exame de Ordem 2018.3 – XXVII)** A União edita o Decreto nº 123, que fixa as regras pelas quais serão outorgados direitos de uso dos recursos hídricos existentes em seu território, garantindo que seja assegurado o controle quantitativo e qualitativo dos usos da água.

Determinada sociedade empresária, especializada nos serviços de saneamento básico, interessada na outorga dos recursos hídricos, consulta seu advogado para analisar a possibilidade de assumir a prestação do serviço.

Desse modo, de acordo com a Lei da Política Nacional de Recursos Hídricos, assinale a opção que indica o uso de recursos hídricos que pode ser objeto da referida outorga pela União.

a) O lançamento de esgotos em corpo de água que separe dois Estados da Federação, com o fim de sua diluição.

b) A captação da água de um lago localizado em terreno municipal.

c) A extração da água de um rio que banhe apenas um Estado.

d) O uso de recursos hídricos para a satisfação das necessidades de pequenos núcleos populacionais, distribuídos pelo meio rural.

11.2. Gabarito e comentários

Questão 1:

Gabarito: **letra "e"**

Comentários: **literalidade do art. 5º, I, da Lei 9.433/94.**

Questão 2:

Gabarito: **letra "e"**

Comentários: literalidade do artigo 22, IV, da CF/88, que prevê expressamente que a União tem competência privativa para legislar sobre águas.

Questão 3:

Gabarito: **letra "a"**

Comentários: Cuida-se de interpretação da Constituição Federal, em que no artigo 24, VI, prevê a competência concorrente para legislar sobre a proteção ao meio ambiente, e, de outro lado, a questão das águas subterrâneas, é de se conferir que o artigo 26, I, da CF/88, aloca as águas superficiais ou subterrâneas, como bens dos Estados. Lembrando que o Município é desprovido de norma de igual viés, que lhe arrolasse alguns bens.

Questão 4:

Gabarito: **letra "e"**

Comentários: Os comitês de bacias hidrográficas, conforme se confere do artigo 37 e 38, da Lei 9.433/97, possui composição paritária, com representantes de todas as searas sociais, e, especificamente quanto às suas competências, não lhe foram transferidas quaisquer atribuições de fiscalização.

Questão 5:

Gabarito: **letra "b"**

Comentários: **literalidade do artigo 1º, III, da Lei 9.433/97.**

Questão 6:

Gabarito: **letra "a"**

Comentários: literalidade do artigo 12, que em seus incisos prevê que estão sujeitos a outorga pelo Poder Público os direitos dos seguintes usos de recursos hídricos: I – derivação ou captação de parcela da água existente em um corpo de água para consumo final, inclusive abastecimento público, ou insumo de processo produtivo; II – extração de água de aqüífero subterrâneo para consumo final ou insumo de processo produtivo; (...) IV – aproveitamento dos potenciais hidrelétricos (...).

Questão 7:

Gabarito: **letra "b"**

Comentários: Literalidade do artigo 39, §3º, incisos I e II, da Lei 9.433/97.

Questão 8:

Gabarito: **letra "e"**

Comentários: Alternativa "e", pois não se enquadra dentre os objetivos traçados no artigo 19, da Lei 9.433/97.

Questão 9:

Gabarito: **letra "d"**

Comentários: artigo 29, parágrafo único, da Lei 9.433/97, conjugado com o art. 4º, IV, da Lei 9.984/00.

Questão 10:

Gabarito: **letra "a"**

Comentários: a despeito da inserção da temática *recursos hídricos,* para esta questão é necessário apenas ter noção de competência ambiental administrativa, mais precisamente quando, dentro da competência comum, será atribuição da União. E, para o caso, pautando-se pela regra do predomínio do interesse, em especial pela *dominialidade*, verifica-se que na alternativa "a" encontra-se bem arrolado como pertencente à União (art. 20, III, da CF/88), qual seja o corpo d'água (rio) que separe dois Estados da Federação.

Capítulo XII

POLÍTICA NACIONAL DE RESÍDUOS SÓLIDOS

1. INTRODUÇÃO

O presente trabalho, como já anunciado diversas vezes, tem por propósito contribuir para o aprendizado daqueles que estejam se graduando, e, em especial, para auxiliar nos estudos preparatórios para concursos e provas de OAB, em razão do que, sem ter a pretensão de exaurir todos os temas que envolvem o Direito Ambiental, almeja-se abordar aqueles que possuem maior destaque, e na profundidade suficiente a ter uma ótima compreensão.

Nesse sentido, analisando contexto jurídico no âmbito internacional, ingressou-se no estudo da normativa constitucional do meio ambiente, inclusive com uma posterior apresentação sobre princípios, para, após, ingressar na legislação infraconstitucional, dentre aquelas leis que assumem importante papel na formatação do regime jurídico da tutela ambiental.

E, nessa seara, ao lado da Lei de Política Nacional do Meio Ambiente (Lei 6.938/81), da Lei de Unidades de Conservação (Lei 9.985/00), da Lei 12.651/12 (Código Florestal) – acompanhada da Lei de Gestão de Florestas Públicas (Lei 11.284/06) e da Lei Bioma Mata Atlântica (Lei 11.428/06) –, da Lei 9.433/97 (Política Nacional de Recursos Hídricos), exsurge a Lei 12.305/10, disciplinando a Política Nacional de Resíduos Sólidos, traçando um regime jurídico peculiar ao tema, paralelamente ao que fora feita de forma específica aos demais.

Enquanto, por exemplo, a Política Nacional de Recursos Hídricos advém em um cenário preocupado essencialmente com a forma como tem ocorrido o consumo da água, em especial pelos empreendimentos econômicos (a justificar, assim, a imposição de uma cobrança a partir de uma indispensável outorga de uso), a Política Nacional de Resíduos Sólidos tem como cenário o reconhecimento de que os resíduos, em especial os sólidos, tem sido um grande fator a contribuir com o aumento da degradação ambiental numa reconhecida sociedade de consumo desenfreado[1], aliás, sentido com significativa intensidade nos centros urbanos (resíduos urbanos).

E, com o propósito de evitar o resíduo sólido, ou ao menos conduzir a uma disposição/ destinação final ambientalmente adequada, surge a Lei 12.305/10, instituindo a Política Nacional de Resíduos Sólidos, trazendo em seu bojo a apresentação de definições que auxiliam na compreensão dos diversos pontos de que trata, inclusive de resíduos sólidos – aos quais ainda é feita uma classificação –, além de arrolar uma série de instrumentos, para seguir seus princípios e atingir seus objetivos, firmando ainda uma sistemática inédita de responsabilidade (*compartilhada*), realçando até mesmo a função que deve desempenhar o próprio consumidor[2].

Em essência, propõe o legislador a formular uma gestão integrada e um gerenciamento ambientalmente adequado de resíduos sólidos[3] (incluídos os perigosos), além das responsabilidades dos geradores e do poder público, sendo expresso que devem obediência à Lei 12.305/10 as pessoas físicas ou jurídicas, de direito público ou privado, responsáveis, direta ou indiretamente, pela geração de resíduos sólidos e as que desenvolvam ações relacionadas à gestão integrada ou ao gerenciamento de resíduos sólidos.

Por assim ser, e propondo-se a traçar as definições no decorrer do texto, inicialmente passa-se a abordar especificadamente *resíduos sólidos*.

2. RESÍDUOS SÓLIDOS

2.1. Definição

Do ponto de vista legal, o artigo 3º, dentre as definições que arrola, no inciso XVI diz que resíduos sólidos devem ser considerados da seguinte maneira: "material, substância, objeto ou bem descartado resultante de atividades humanas em sociedade, a cuja destinação final se procede, se propõe proceder ou se está obrigado a proceder, nos estados sólido ou semissólido, bem como gases contidos em recipientes e líquidos cujas particularidades tornem inviável o seu lançamento na rede pública de esgotos ou em corpos d'água, ou exijam para isso soluções técnica ou economicamente inviáveis em face da melhor tecnologia disponível".

---

1. GUERRA, Sidney. Resíduos Sólidos. Rio de Janeiro: Forense, 2012.
2. Tudo isso, é claro, além do outros pontos que merecerão destaque no discorrer do tema, a exemplo de expressas vedações que a lei traz, bem como de uma responsabilidade peculiar no que diz respeito às áreas consideradas pelo legislador como órfãs.
3. Nos termos do artigo 1º, §2º, da Lei 12.305/12, esta não se aplica aos rejeitos radioativos, que são regulados por legislação específica, que, no caso, vem a ser a Lei 10.308/2001.

A respeito dessa definição, vale destacar que, em que pese a menção como *sólidos*, são abrangidos também "gases contidos em recipientes" e "líquidos cujas particularidades tornem [praticamente] inviável o seu lançamento na rede pública de esgotos ou em corpos d'água".

Sem prejuízo, a expressão *descartado* é da essência que dita a noção de resíduos sólidos, pois volta-se a todo material, substância ou objeto descartado, advindo da atividade humana, isto é, que esteve sob a posse humana, encerrada com o descarte.

Contudo, impende observar que não é sinônimo de *rejeito*. Isso porque, correspondendo *resíduo* a tudo aquilo descartado, é o gênero do qual *rejeito* é espécie, na medida em que este representa os resíduos que não apresentem outra possibilidade que não a disposição final ambientalmente adequada (isto é, não é mais reutilizável).

2.2. Classificação

No que diz respeito à classificação dos resíduos sólidos, optou o legislador[4] em segmenta-los de acordo com sua *origem*, ou conforme à periculosidade (riscos associados ao manejo e à disposição final).

2.2.1. Quanto à origem

a) Resíduos domiciliares: os originários de atividades domésticas em residências urbanas;

b) Resíduos de limpeza urbana: os originários da varrição, limpeza de logradouros e vias públicas e outros serviços de limpeza urbana;

c) Resíduos sólidos urbanos: os englobados nas alíneas "a" e "b";

d) Resíduos de estabelecimentos comerciais e prestadores de serviços: os gerados nessas atividades, excetuados os referidos nas alíneas "b", "e", "g", "h" e "j";

e) Resíduos dos serviços públicos de saneamento básico: os gerados nessas atividades, excetuados os referidos na alínea "c";

f) Resíduos industriais: os gerados nos processos produtivos e instalações industriais;

g) Resíduos de serviços de saúde: os gerados nos serviços de saúde, conforme definido em regulamento ou em normas estabelecidas pelos órgãos do Sisnama e do SNVS;

h) Resíduos da construção civil: os gerados nas construções, reformas, reparos e demolições de obras de construção civil, incluídos os resultantes da preparação e escavação de terrenos para obras civis;

4. GUERRA, Sidney. Op. cit., p. 87-88. O autor acrescenta um outro critério de classificação, considerando *a composição química* dos resíduos, para classifica-los em (i) *orgânicos* os biodegradáveis, "ou seja, aqueles que possuem a característica de se degradar por meio de reações químicas naturais", e, de outro lado, os (ii) *inorgânicos*, a abranger "os resíduos que se decompõem lentamente em razão de suas características químicas.

i) Resíduos agrossilvopastoris: os gerados nas atividades agropecuárias e silviculturais, incluídos os relacionados a insumos utilizados nessas atividades;

j) Resíduos de serviços de transportes: os originários de portos, aeroportos, terminais alfandegários, rodoviários e ferroviários e passagens de fronteira;

k) Resíduos de mineração: os gerados na atividade de pesquisa, extração ou beneficiamento de minérios;

Acreditando ser despicienda a abordagem individualizada de cada um, eis que, de certo modo, o dispositivo legal apresenta-se como autoexplicativo, vale pontuar quanto à possibilidade do Município considerar como resíduo domiciliar (conferir tratamento equiparado), em que pese proveniente de estabelecimentos comerciais e de prestação de serviços, os resíduos caracterizados como *não perigosos*[5], em razão de sua natureza, composição ou volume[6].

Aliás, a consideração do resíduo como domiciliar traz consigo algumas implicações, principalmente quanto à limitação da responsabilidade do seu gerador - cessada com a disponibilização adequada para coleta ou com a devolução[7].

2.2.2. *Quanto à periculosidade*

a) Resíduos perigosos: aqueles que, em razão de suas características de inflamabilidade, corrosividade, reatividade, toxicidade, patogenicidade, carcinogenicidade, teratogenicidade e mutagenicidade, apresentam significativo risco à saúde pública ou à qualidade ambiental, de acordo com lei, regulamento ou norma técnica;

b) Resíduos não perigosos[8]: aqueles não enquadrados na alínea "a".

Como não poderia deixar ser diferente, não perigosos são identificados por exclusão, considerando que os perigosos, dentro de uma apresentação não exaustiva de seus elementos, denotam os resíduos que, basicamente, apresentam significativo risco à saúde pública ou à qualidade ambiental, seja no momento do seu manejo, seja quando de sua disposição/destinação final.

Aliás, tamanha a importância do tratamento a ser conferido aos resíduos perigosos, que o legislador cuidou de destinar-lhes um Capítulo próprio na Lei 12.305/10, com questões específicas às instalações e funcionamentos dos empreendimentos e atividades

---

5. Atente-se que não há discricionariedade ao Poder Municipal dizer se é ou não perigoso - isso a lei já regula. O seu campo de discricionariedade é pautada na análise da natureza, composição ou volume do resíduo.

6. Vale anotar a existência de uma impropriedade técnica do Legislador, pois no artigo 13, parágrafo único, da Lei 12.305/10, faz referência à *inexistente* alínea "d" do artigo 20, inciso I, sendo perceptível que sua pretensão seria referir-se à alínea "b".

7. Art. 28, da Lei 12.305/10.

8. GUERRA, Sidney. Op. cit., p. 87. O Autor, dentre os resíduos não perigosos, apresenta uma subclassificação, rotulando de *inertes* "os resíduos que não alteram sua essência quando submetidos ao contato dinâmico ou estático com outra substância, ou os resíduos que se alteram sem extrapolar os padrões admitidos pela lei", e, de *não inertes*, aqueles "não contemplados nas classificações anteriores (perigosos e inertes), bem como aqueles caracterizados pelas propriedades da biodegradabilidade, da combustibilidade ou da solubilidade em água".

que envolvam tais resíduos, inclusive com a necessidade de que as pessoas jurídicas se submetam a um Cadastro Nacional além de terem que elaborar um plano de gerenciamento de resíduos perigosos e submetê-lo ao órgão competente do Sisnama e, se couber, do SNVS. Ainda, há tratamento peculiar quanto ao licenciamento ambiental a se submeter.

Com efeito, e de certa forma óbvia, diz a lei que a instalação e o funcionamento de empreendimento ou atividade que gere ou opere com resíduos perigosos somente podem ser autorizados ou licenciados pelas autoridades competentes se o responsável comprovar, no mínimo, capacidade técnica e econômica, além de condições para prover os cuidados necessários ao gerenciamento desses resíduos. Isto é, exige-se algo a mais, tanto estrutural, como um conhecimento específico demonstrado, a se manusear tais resíduos.

Ademais, as pessoas jurídicas que operam com resíduos perigosos, em qualquer fase do seu gerenciamento, são obrigadas a se cadastrar no Cadastro Nacional de Operadores de Resíduos Perigosos, sendo imprescindível, para tanto, contar com responsável técnico pelo gerenciamento dos resíduos perigosos, de seu próprio quadro de funcionários ou contratado, devidamente habilitado.

Sem prejuízo, essas pessoas jurídicas são obrigadas a elaborar plano de gerenciamento de resíduos perigosos e submetê-lo ao órgão competente do Sisnama e, se couber, do SNVS (Sistema Nacional de Vigilância Sanitária), cujas informações devem ser periodicamente atualizadas, incluindo eventuais acidentes/intercorrências que surjam, o que, também, não impede que haja o (assegurado) acesso para inspeção das instalações e dos procedimentos relacionados à implementação e à operacionalização do plano de gerenciamento de resíduos perigosos.

No que diz respeito ao licenciamento ambiental, há específica norma quando se está diante de resíduos perigosos, podendo o órgão licenciador exigir a contratação de seguro de responsabilidade civil por danos causados ao meio ambiente ou à saúde pública, observadas as regras sobre cobertura e os limites máximos de contratação fixados em regulamento (no qual, ainda, deverá ser considerado o porte da empresa).

3. DIRETRIZES

As diretrizes lançadas pelo legislador, a bem da verdade, servem de base para o desenho normativo da Lei 12.305/10, sendo que, inclusive atreladas à noção de sustentabilidade, ditam uma ordem de preferência a ser obedecida no desenvolvimento da gestão e gerenciamento dos resíduos sólidos.

Nesse sentido, impõe o legislador, respectivamente – e em ordem de prioridade –, a não geração, a redução, a reutilização, a reciclagem, o tratamento dos resíduos sólidos e a disposição final ambientalmente adequada dos rejeitos.

Em outros termos, almeja-se o máximo possível de aproveitamento dos resíduos, reinserindo-o na cadeia produtiva por meio de *destinação* final ambientalmente adequada, dentre eles a reutilização e a reciclagem, situando-se a *disposição*[9] final ambientalmente

9. Na linha do que dispõe o artigo 54, da Lei 12.305/10, a disposição final ambientalmente adequada dos rejeitos deverá ser implantada em até 4 (quatro) anos após a data de publicação da Lei (publicada no DOU de 03.08.2010).

adequada tão apenas para a hipótese de rejeitos, isto é, de resíduos de inviável reinserção na cadeia produtiva, logo, em caráter secundário.

Afasta-se a condição de rejeitos, visando à recuperação energética dos resíduos sólidos urbanos[10], caso comprovada a viabilidade técnica e ambiental de tecnologia, e, ainda, que ocorra a implantação de programa de monitoramento de emissão de gases tóxicos aprovado pelo órgão ambiental.

Ademais, em tom de diretrizes gerais, a norma delineia as *competências* dos entes federativos, prevendo a existência de Políticas Estaduais e Municiais de Resíduos Sólidos, além desta de caráter nacional, a qual deve ser tida como a norma geral, e a ela serem compatíveis as normas de âmbito local (Municipal ou Estadual).

Contudo, houve por bem o legislador em pontuar que aos Municípios (e ao Distrito Federal paralelamente) incumbe a *gestão integrada* dos resíduos sólidos gerados nos respectivos territórios, o que não afasta as competências de controle e fiscalização dos órgãos federais e estaduais do Sisnama, do SNVS e do Suasa, bem como da responsabilidade do gerador pelo gerenciamento de resíduos, consoante o estabelecido nesta Lei.

E, de outro lado, há específica pontuação quanto aos Estados, competindo-lhes: I – promover a integração da organização, do planejamento e da execução das funções públicas de interesse comum relacionadas à gestão dos resíduos sólidos nas regiões metropolitanas, aglomerações urbanas e microrregiões, nos termos da lei complementar estadual prevista no § 3º do art. 25 da Constituição Federal; II – controlar e fiscalizar as atividades dos geradores sujeitas a licenciamento ambiental pelo órgão estadual do Sisnama.

Mas, especificadamente, ousou o legislador em criar uma atípica norma de exceção, no caso à competência estadual, determinando que haja o respeito (apoiar e priorizar) por parte do Estado a iniciativas do Município de soluções consorciadas ou compartilhadas entre 2 (dois) ou mais Municípios. Até mesmo porque, ainda que extrapole a competência do Município dada a amplitude regional da questão, fato é que a solução alcançada localmente, e de forma similar nos Municípios, representa uma isonomia na região, atinente às próprias peculiaridades do local.

Por fim, cumpre ressaltar que o legislador deixa expresso que o poder público, o setor empresarial e a coletividade são responsáveis pela efetividade das ações voltadas para assegurar a observância da Política Nacional de Resíduos Sólidos e das diretrizes e demais determinações estabelecidas nesta Lei e em seu regulamento.

Assim, a despeito das atribuições que competem a cada ente federativo, está clara a importância de todos que, em qualquer momento, tenham contato com produtos durante o seu integral ciclo de vida.

Inclusive, como forma de não pairar dúvidas de quem sejam esses responsáveis, distingue-se *geração* de resíduos (a abranger as pessoas físicas ou jurídicas, de direito público

---

10. Tal previsão vem a regular pretensões inovadoras e alternativas de gerenciamentos adequados dos resíduos que estão sendo elaboradas em conjunto com a geração de energia, a exemplo do que tem sido observado em processos de incineração, visto como uma alternativa que reduz o volume dos resíduos e permite a recuperação energética.

ou privado, que geram resíduos sólidos por meio de suas atividades, nelas incluído o consumo) de *gerenciamento (*abrangendo envolvidos no conjunto de ações exercidas, direta ou indiretamente, nas etapas de coleta, transporte, transbordo, tratamento e destinação final ambientalmente adequada dos resíduos sólidos e disposição final ambientalmente adequada dos rejeitos), frisando que todos são responsáveis.

Sem prejuízo, discrimina-se que, quanto aos serviços públicos de limpeza urbana e de manejo de resíduos sólidos, o seu titular (Municipalidade) é responsável pela organização e prestação direta ou indireta desses serviços, observados o respectivo plano municipal de gestão integrada de resíduos sólidos, a Lei nº 11.445, de 2007, e as disposições desta Lei e seu regulamento (Decreto 7.404/10).

4. PRINCÍPIOS

Considerando que se trata de norma recente, e com ideais atualizados sobre Direito Ambiental, houve por bem o legislador em arrolar quais são os princípios da Política Nacional de Resíduos Sólidos, seja para reiterar princípios já previstos expressamente no ordenamento, ou mesmo para expressar outros implícitos, ou, ainda, para despontar alguma novidade (a exemplo da noção sobre responsabilidade compartilhada).

I – A prevenção e a precaução

Tratando-se de princípios próprios de todo o Direito Ambiental, a respeito dos quais já houve abordagem específica no Capítulo IV, vale apenas frisar que se tratam de ideias de tutela preventivas, demandando posturas a serem adotadas seja em razão da existência de conhecimento científico suficiente sobre todos os riscos da atividade sobre o meio ambiente (prevenção), ou, mesmo, diante de seu desconhecimento, impondo neste caso, antes de tudo, uma inação.

II – O poluidor-pagador e o protetor-recebedor

Tal como a previsão anterior, cuidam-se de princípios que dizem respeito ao Direito Ambiental em geral, impondo-se, em essência, que haja a internalização das externalidades negativas junto à cadeia produtiva, evitando que o empreendedor deteriore o meio ambiente, às custas da sociedade. Tudo, obviamente, sem afetar eventuais responsabilidades (civil, administrativa e penal), mas delineando que, desde já, deve o poluidor arcar com os custos da poluição – e não repassá-los à sociedade.

E, quanto ao princípio do protetor recebedor, cuida-se de entendimento principiológico de certo modo recente, também previsto no art. 41 da Lei 12.651/12, pelo qual propõe-se a beneficiar financeiramente (econômico, fiscal e tributário) aquele que desempenha um papel protetivo do meio ambiente de maneira voluntária, instrumentalizado, por exemplo, pelo *pagamento por serviços ambientais (PSA)*.

Aliás, interessante é a ponderação feita por Guerra, realçando que o princípio do protetor-pagador surge num cenário de observância da ineficácia do princípio do poluidor-pagador, pois apresentar-se ao empreendedor como mais "compensador" (obviamente, do ponto de vista de retorno financeiro) arcar com os custos deste, do que realizar a proteção ambiental[11].

III – A visão sistêmica, na gestão dos resíduos sólidos, que considere as variáveis ambiental, social, cultural, econômica, tecnológica e de saúde pública.

Trata-se, em verdade, de algo que deve reger toda gestão pública, em especial na temática ambiental, cuja pormenorização leva o legislador a prever de forma específica que a gestão dos resíduos sólidos deve ser sistêmica, levando em consideração todas as variáveis possíveis, que não apenas a ambiental, denotando o seu caráter multidisciplinar.

Aliás, não custa lembrar, a questão "resíduos sólidos", a despeito de sua atenção inserida no Direito Ambiental, possui repercussão em todas as áreas do conhecimento, refletindo em todos os segmentos sociais e atividades humanas, de modo que uma gestão pública, para ser realmente efetiva, necessita de uma atenção multidisciplinar, por uma visão sistêmica.

IV – O desenvolvimento sustentável

Por sua vez, o princípio do desenvolvimento sustentável implica no delineamento jurídico de que as decisões a serem adotadas no âmbito de resíduos sólidos devem levar em consideração, sem que um aniquile o outro, tanto os aspectos econômicos, como ambientais, sociais e culturais, tal como o é para todo o Direito Ambiental.

V – A ecoeficiência

O princípio da ecoeficiência vem traçado pelo próprio legislador como a identificação de um estágio ótimo, mediante a compatibilização entre o fornecimento, a preços competitivos, de bens e serviços qualificados que satisfaçam as necessidades humanas e tragam qualidade de vida e a redução do impacto ambiental e do consumo de recursos naturais a um nível, no mínimo, equivalente à capacidade de sustentação estimada do planeta.

Trata-se de um desdobramento do próprio princípio administrativo da eficiência, em que, trazendo-se para a seara ambiental, almeja-se igualmente a busca pelos melhores resultados possíveis, porém com o menor dispêndio possível. Mas, frise-se, diferentemente da seara administrativa, aqui seu sujeito não se limita ao agente público, mas a todos que se envolvam com o meio ambiente, ou, mais especificamente, com o gerenciamento e gestão de resíduos sólidos, abrangendo todos os segmentos da sociedade (inclusive o poder público).

VI – A cooperação entre as diferentes esferas do poder público, o setor empresarial e demais segmentos da sociedade

Cuida-se do princípio da cooperação, que, segundo a doutrina[12], "exprime a imprescindibilidade de internalizar na consciência dos atores integrantes dessas diferentes esferas de poder [incluindo o poder público, empresas e sociedade civil] a percepção da

11. GUERRA, Sidney. Op. cit., p. 105. Bem observa o autor que o "princípio do protetor-recebedor foi introduzido no direito ambiental brasileiro após a percepção de um novo panorama, configurado nas situações em que o assentimento das sanções ambientais se demonstrava suportável quando comparado aos ganhos econômicos provenientes de determinadas atividades, ocasião que a aplicação do princípio do poluidor-pagador não se demonstrava ineficaz".

12. Ibidem, p. 109.

necessária participação no processo de criação de uma nova política pública de gestão e gerenciamento de resíduos sólidos".

Aliás, deixando de ser apenas um ato decorrente do dever/poder de cidadania, o trato para com os resíduos sólidos, inclusive pelos consumidores finais, assume o caráter de obrigação de cunho legal, dentro da ótica do princípio da responsabilidade compartilhada.

Daí, o legislador convoca a todos para participar da tutela dos resíduos sólidos, para que exerçam suas respectivas funções na sociedade, sendo de vital importância a participação de todos, apresentando ideias, participando de audiências públicas, exercendo controle social (inclusive por meio de ações judiciais, a exemplo da ação popular), e, também, de individualmente proceder ao devido descarte dos resíduos sólidos.

VII – A responsabilidade compartilhada pelo ciclo de vida dos produtos.

Até mesmo como decorrência da necessidade de efetiva participação de todos, para a consecução e êxito da Política Nacional de Resíduos Sólidos, delineia-se uma *responsabilidade compartilhada*, estando todos – inclusive os consumidores finais – responsáveis pelo ciclo de vida dos produtos, cujo deslinde é a existência de um resíduo a ser destinado da forma mais adequada do ponto de vista ambiental.

Sem prejuízo do estudo a ser feito de forma mais aprofundada na sequência, vale trazer a lume a definição legal de responsabilidade compartilhada, descrita como sendo o conjunto de atribuições individualizadas e encadeadas dos fabricantes, importadores, distribuidores e comerciantes, dos consumidores e dos titulares dos serviços públicos de limpeza urbana e de manejo dos resíduos sólidos, para minimizar o volume de resíduos sólidos e rejeitos gerados, bem como para reduzir os impactos causados à saúde humana e à qualidade ambiental decorrentes do ciclo de vida dos produtos, nos termos desta Lei[13].

VIII – O reconhecimento do resíduo sólido reutilizável e reciclável como um bem econômico e de valor social, gerador de trabalho e renda e promotor de cidadania.

De especial importância, realça-se que o resíduo sólido, antes de tudo, pode – e deve – ter uma adequada destinação, pois ao seu redor há uma grande geração de trabalho e renda, possuindo exatamente um valor econômico, e, mais do que isso, um valor social.

De uma forma mais específica, visualiza-se nos resíduos sólidos reutilizáveis e recicláveis uma perspectiva econômica, na medida em que são concretizados incentivos econômicos aos atores envolvidos nestes processamentos, e, ainda, não deixa de ser uma fonte de matéria-prima a ser inserida na economia.

Ademais, é atribuído valor social pois vislumbra-se o espaço aberto para a formação de uma coletividade organizada (por exemplo, de catadores), formando-se um grupo e fomentando-o de forma valorizar uma nova postura social, um comportamento social desejável em razão da reciclagem e reutilização de bens, lembrando os perfis tão criticadas de uma sociedade altamente consumerista e marcadamente efêmera.

De outro lado, e talvez o mais visível a "olho nu", tratou o legislador de salientar o reconhecimento de que a atividade de reciclar e reutilizar os resíduos sólidos representa

13. Art. 3º, XVII, da Lei 12.305/10.

um nicho de mercado de trabalho, ocupado por muitas pessoas, até então desempregadas, servindo de essencial fonte de renda para muitas famílias.

Por fim, o reconhecimento do resíduo sólido reutilizável e reciclável como promotor de cidadania tem sua especial importância, na medida em que ousa o legislador a ingressar numa seara pouco expressa em legislação, mas que denota a essência da noção de cidadania.

Com efeito, a despeito das diversas compreensões a respeito do tema, é possível visualizar a cidadania como sendo, essencialmente, participação em sociedade, cuidando da *coisa pública* (República), envolvendo-se com os interesses da coletividade, em razão do que mostra-se perfeita a colocação do legislador, na medida em que a atividade de promover a reutilização e reciclagem, mesmo que por catadores, traz diversos benefícios e valores acima vistos, além ainda de, por si só, importar num cuidado para com o interesse da coletividade, e, mais, incutir a conscientização na sociedade.

IX – O respeito às diversidades locais e regionais.

O princípio em tela encontra-se em sintonia com a própria noção de federalismo de cooperação desenhado pelo constituinte, em que, a despeito do tratamento genérico (norma geral) a ser proposto para todo o território nacional, não podem ser descartadas – senão, devem ser estimuladas – posturas e medidas que se atentem para as diversidades de cada local/região, até mesmo por questão de eficácia da própria proposta de gestão e gerenciamento de resíduos[14].

X – O direito da sociedade à informação e ao controle social.

O princípio da informação, que sustenta o exercício de cidadania materializado pelo controle social, denota a exigência de que haja plena publicidade[15] e disponibilização das informações essenciais que envolve as atividades junto ao meio ambiente, sem o que, além de desrespeitar o direito fundamental à informação, ainda inviabiliza o próprio exercício da cidadania, apenas possível quando o cidadão está devidamente informado.

Assim, concretiza-se no âmbito infraconstitucional aquilo que se encontra sedimentado no nível constitucional, devendo ser assegurada a disponibilização e a acessibilidade de informações, premissa básica para o exercício de cidadania, em específico o controle social[16].

14. Não será, efetivamente, executável – e muito menos acolhida na sociedade – uma gestão que não esteja em consonância com as características locais.

15. Sem prejuízo de se resguardar situações de sigilo, a exemplo de sigilo comercial, industrial, financeiro, ou mesmo aqueles casos cujo sigilo seja imprescindível à segurança da sociedade e do Estado, assim previsto na própria Constituição (art. 5º, XXXIII, CF/88).

16. Não custa lembrar que, na seara ambiental, há a Lei 10.650/03, que dispõe sobre o acesso público aos dados e informações ambientais existentes nos órgãos e entidades integrantes do Sistema Nacional do Meio Ambiente – Sisnama, os quais ficam obrigados a permitir o acesso público aos documentos, expedientes e processos administrativos que tratem de matéria ambiental e a fornecer todas as informações ambientais que estejam sob sua guarda, em meio escrito, visual, sonoro ou eletrônico, especialmente as relativas a: I – qualidade do meio ambiente; II – políticas, planos e programas potencialmente causadores de impacto ambiental; III – resultados de monitoramento e auditoria nos sistemas de controle de poluição e de atividades potencialmente poluidoras, bem como de planos e ações de recuperação de áreas degradadas; IV – acidentes, situações de risco ou de emergência ambientais; V – emissões de efluentes líquidos e gasosos, e produção de resíduos

XI – A razoabilidade e a proporcionalidade.

A despeito de diversas análises que possam ser feitas sobre o princípio da razoabilidade e da proporcionalidade, inclusive sobre suas exatas compreensões, ou mesmo se são – ou não – sinônimos[17], a sua previsão expressa no texto legal possui sua importância não apenas por deixar explícito aquilo que na CF/88 é implícito, mas para não pairar dúvidas de que a gestão e o gerenciamento de resíduos sólidos devem concretizar-se com as medidas mais adequadas possíveis.

Com efeito, postula-se para que todos os envolvidos, atuem de forma comedida, evitando excessos ou insuficiências, e, ainda, que as medidas sejam proporcionais ao fim que se almeja, suficientes para atingir os objetivos traçados pelo legislador.

Em outros termos, significa a institucionalização do *bom senso*, para a escolha de medidas proporcionais ao fim a que se propõe, e, ainda, que sua aplicação não o seja em excesso ou mesmo aquém do necessário, sob pena de infrutífera.

5. OBJETIVOS

Na linha do formato legislativo materializado em diversas Leis, a exemplo da Lei de Política Nacional de Recursos Hídricos, a Lei 12.305/10 (resíduos sólidos) também arrola os *objetivos* da Política Nacional de Resíduos Sólidos, cuja previsão é clara quanto aos seus conteúdos, não se exigindo profundos comentários sobre cada um. Porém, de rigor sua apresentação:

I – proteção da saúde pública e da qualidade ambiental.

Como não poderia deixar de ser diferente, materializando a essência da tutela ambiental, a Política Nacional de Resíduos Sólidos volta-se a proteger a saúde humana e a qualidade ambiental, tal como já é imposto por força da Constituição Federal, que exige a preservação do meio ambiente ecologicamente equilibrado, imprescindível à sadia qualidade de vida, seja do ponto de vista individual, seja coletiva (saúde pública).

II – não geração, redução, reutilização, reciclagem e tratamento dos resíduos sólidos, bem como disposição final ambientalmente adequada dos rejeitos.

Questão já prevista como ordem preferencial[18], de prioridade, ao fim a que devem ser encaminhados os resíduos sólidos, sendo apenas em última instância admitida a disposi-

---

sólidos; VI – substâncias tóxicas e perigosas; VII – diversidade biológica; VIII – organismos geneticamente modificados.

17. ÁVILA, Humberto. Teoria dos princípios: da definição à aplicação dos princípios jurídicos. 2ª ed. São Paulo: Malheiros, 2003. A título de exemplo, Humberto Ávila, cuja doutrina é referência no estudo de princípios, visualiza serem distintos a razoabilidade e proporcionalidade, sendo que, enquanto esta representa um juízo sobre a relação entre meio e fim, isto é, se o meio é proporcional ao fim almejado, aquela (razoabilidade) diz respeito a perquirir a suficiência da medida, ou seja, se há excesso (ou insuficiência) no caso concreto, levando-se em consideração a situação pessoal do sujeito envolvido.

18. Assim já assinalado quando da análise das Diretrizes Gerais da Lei 12.305/10, onde se estipula a ordem preferencial.

ção final ambientalmente adequada dos rejeitos, feita por meio de distribuição ordenada de rejeitos em aterros.

III – estímulo à adoção de padrões sustentáveis de produção e consumo de bens e serviços;

Expressa o legislador[19] que padrões sustentáveis de produção e consumo se concretizam quando estão a atender as necessidades das atuais gerações e permitir melhores condições de vida, sem comprometer a qualidade ambiental e o atendimento das necessidades das gerações futuras.

Dessa feita, mais do que direcionar-se ao empreendedor, impondo-lhe a adoção de novas posturas sustentáveis, há um especial direcionamento ao consumidor, até mesmo porque se subentende que é a sociedade de consumo[20] que desenha o volume e os padrões utilizados nos processos produtivos, e esta sociedade tem-se encaminhado a um perfil que prima pelo descarte, pela imediaticidade na satisfação pelo consumo, na efemeridade e instabilidade[21].

Cuida-se da visão mais atualizada do princípio do desenvolvimento sustentável, que, num primeiro momento, direcionou-se à atividade econômica em si (produção), impondo--lhe limites, delineando-a para que, em seu desenvolver, estejam sopesadas as questões de ordem ambiental, social e cultural.

Nada obstante, com o tempo percebe-se a necessidade de dar um passo adiante, inserindo a obrigação de ser sustentável em toda a cadeia produtiva[22], e, mais, na própria fase do consumo e pós-consumo, o que significa fazer uso de modelos de produção que, ao longo da cadeia produtiva, não poluem o meio ambiente, evitam geração de resíduos, apresentam alternativas de reaproveitamento, além ainda de inserir a reciclagem de tal forma que permita a reinserção de resíduos na cadeia de consumo, alocando ao próprio consumidor uma responsabilidade antes não existente.

IV – Adoção, desenvolvimento e aprimoramento de tecnologias limpas como forma de minimizar impactos ambientais;

Na linha do que se analisou quanto aos instrumentos da Política Nacional do Meio Ambiente, a promoção à tecnologia limpa é um grande foco a ser repensado na seara ambiental, tal como se observa da própria redação do o artigo 225, §1°, V, da CF/88, em que o constituinte também se atentou para a necessidade de efetivação de tecnologia limpa, assinalando a necessidade do Poder Público *controlar a produção, a comercialização e o emprego de técnicas, métodos e substâncias que comportem risco para a vida, a qualidade de vida e o meio ambiente;*

Dúvidas não há de que representa essencialmente a materialização do princípio do desenvolvimento sustentável, compatibilizando os interesses envolvidos, mas que, de cer-

19. Art. 3°, XIII, da Lei 12.305/10.
20. PORTILHO, Fátima. Op. cit.
21. BAUMAN, Zygmunt. Modernidade Líquida. Trad.: Plínio Dentzien. Rio de Janeiro: Zahar, 2001.
22. SIMÃO FILHO, Adalberto, e PEREIRA, Sérgio Luiz. A Empresa Ética em Ambiente Ecoeconômico: a contribuição da empresa e da tecnologia da automação para um desenvolvimento sustentável inclusivo. São Paulo: Quartier Latin, 2014.

ta forma, almeja-se impor na coletividade o dever de progressividade, de gradualmente alcançar níveis melhores de proteção e respectiva qualidade do meio ambiente.

E, para tanto, é imprescindível o progresso científico em toda a cadeia produtiva[23], propiciando, cada vez mais, melhores equipamentos aptos, por exemplo, a resultar numa menor emissão de poluentes, a gerar menos barulho, etc.

Neste contexto, visualiza-se a imposição ao Poder Público, que exerça efetivo controle sobre atividades econômicas, desenvolvendo políticas públicas de estímulo e implementação de tecnologias limpas na cadeia produtiva, isto é, para que haja mudança de atitudes, de uma gestão ambiental mais responsável e com o incremento de inovação tecnológica para aumentar a *ecoeficiência*[24], de modo que, sem que inviabilize a atividade econômica, exigir[25] adoção de tecnologias que sejam menos nocivas tanto ao ser humano como ao meio ambiente.

V – Redução do volume e da periculosidade dos resíduos perigosos.

Conforme visto no artigo 13, são considerados, segundo à periculosidade, perigosos os resíduos que, em razão de suas características de inflamabilidade, corrosividade, reatividade, toxicidade, patogenicidade, carcinogenicidade, teratogenicidade e mutagenicidade, apresentam significativo risco à saúde pública ou à qualidade ambiental, de acordo com lei, regulamento ou norma técnica.

Dessa feita, quando o legislador traça como meta a redução do volume e da periculosidade, define a obrigação de uma redução quantitativa de resíduos resultantes dos processos de produção, e, mais, que quanto aos que ainda existirem, que haja uma redução qualitativa dos riscos que traz à saúde pública ou à qualidade ambiental, isto é, reduzindo a capacidade contaminante, com a diminuição da taxa de reatividade, toxidade, etc.

VI – Incentivo à indústria da reciclagem, tendo em vista fomentar o uso de matérias-primas e insumos derivados de materiais recicláveis e reciclados.

A reinserção de resíduos na cadeia produtiva é uma das principais prioridades da Política Nacional de Resíduos Sólidos, sendo que, fora a situação mais desejável de não geração de resíduos, o seu retorno é medida que se impõe, eliminando essa externalidade negativa não acolhida tempestivamente pela própria atividade de produção.

---

23. Haja vista que o legislador fala em *criação, produção* e *instalação*, o que, veja bem, envolve desde o início, com o desenvolvimento da tecnologia, que, posteriormente, vem a ser fabricada (produzida), e, ao final, instalada. Daí, envolve todos os empreendedores da cadeia produtiva, o que abrange tanto aqueles que estão no setor de criação da tecnologia, como daqueles que a aplicam e/ou fornecem e mantém contato direto com o fornecedor.

24. A grosso modo, ecoeficiência implica uma produção que consiga produzir mais (aspecto quantitativo) e melhor (aspecto qualitativo), porém com menos recursos ambientais, e, ainda, com menor dispersão de resíduos. Aliás, a própria noção de tecnologia limpa abrange a ideia de lançar menos poluição ao meio ambiente, consumir menos recursos naturais, e, também, gerar menos resíduos sólidos.

25. Compreende-se, contudo, que se trata de uma postura que deve ser vista com certa parcimônia, isto é, com razoabilidade e proporcionalidade, pois não é dado exigir do empreendedor que implante a tecnologia mais avançada, quando rara ou mesmo de custo extremamente elevado, a ponto mesmo de inviabilizar a própria atividade.

Além do que, conforme já visto, a atividade daqueles que se envolvem na indústria da reciclagem implica numa série de benefícios econômicos, sociais, culturais, além propriamente de ambientais. Daí, entrelaçando as propostas que definem essa Política Nacional, nada mais condizente do que primar em incentivar essa atividade.

ATENÇÃO

Lei, 8.666/93, artigo 24, XXVII: é dispensável a licitação quando o for para contratação da coleta, processamento e comercialização de resíduos sólidos urbanos recicláveis ou reutilizáveis, em áreas com sistema de coleta seletiva de lixo, efetuados por associações ou cooperativas formadas exclusivamente por pessoas físicas de baixa renda reconhecidas pelo poder público como catadores de materiais recicláveis, com o uso de equipamentos compatíveis com as normas técnicas, ambientais e de saúde pública.

VII – Gestão integrada de resíduos sólidos

Segundo o próprio legislador assinala[26], gestão integrada de resíduos sólidos é o conjunto de ações voltadas para a busca de soluções para os resíduos sólidos, de forma a considerar as dimensões política, econômica, ambiental, cultural e social, com controle social e sob a premissa do desenvolvimento sustentável.

VIII – Articulação entre as diferentes esferas do poder público, e destas com o setor empresarial, com vistas à cooperação técnica e financeira para a gestão integrada de resíduos sólidos.

IX – Capacitação técnica continuada na área de resíduos sólidos.

Paralelamente ao propósito de incremento de tecnologias limpas, é importante que haja um aprimoramento do ponto de visto pessoal, razão pela qual é imprescindível o melhoramento dos envolvidos por meio de capacitação técnica, tudo a se almejar, em essência, a própria progressividade da qualidade ambiental.

X – Regularidade, continuidade, funcionalidade e universalização da prestação dos serviços públicos de limpeza urbana e de manejo de resíduos sólidos, com adoção de mecanismos gerenciais e econômicos que assegurem a recuperação dos custos dos serviços prestados, como forma de garantir sua sustentabilidade operacional e financeira, observada a Lei nº 11.445, de 2007.

O artigo 3º, XIX, da Lei 12.305/10, faz remição ao art. 7º da Lei nº 11.445/07, para considerar que o serviço público de limpeza urbana e de manejo de resíduos sólidos urbanos é composto pelas seguintes atividades: (a) de coleta, transbordo e transporte dos resíduos domiciliares e dos resíduos de limpeza urbanas; (b) de triagem, para fins de reuso ou reciclagem, de tratamento, inclusive por compostagem, e de disposição final dos resíduos domiciliares e dos resíduos de limpeza urbanas; (c) de varrição, capina e poda

26. Art. 3º, XI, da Lei 12.305/10.

de árvores em vias e logradouros públicos e outros eventuais serviços pertinentes à limpeza pública urbana.

Com efeito, cuida-se de ponto que resvala no tema Saneamento Básico, regulado pela Lei 11.445/07, que, por sua vez, sofreu significativa alteração com o advento da Medida Provisória 868 de 27 de dezembro de 2018.

XI – Prioridade, nas aquisições e contratações governamentais, para:

a) produtos reciclados e recicláveis;

b) bens, serviços e obras que considerem critérios compatíveis com padrões de consumo social e ambientalmente sustentáveis;

O objetivo em tela insere-se na noção de *licitações sustentáveis*, em que são inseridos critérios relacionados à tutela ambiental, e que, ainda, atentem a questões sociais sobre as quais possam ser produzidos efeitos dessa contratação pública.

Na linha do que o próprio Conselho Nacional de Justiça delineia, trata-se de selecionar fornecedores não só pelos requisitos convencionais, previstos na legislação específica, mas também por critérios que privilegiam produtos ou serviços que geram menos impactos negativos ao meio ambiente, tendo em vista todo o seu ciclo de vida, cujos critérios a serem utilizados devem estar relacionados à menor utilização de recursos naturais em seus processos produtivos, menor presença de materiais perigosos ou tóxicos, maior vida útil, possibilidade de reutilização ou reciclagem, geração de menor volume de resíduos[27].

XII – Integração dos catadores de materiais reutilizáveis e recicláveis nas ações que envolvam a responsabilidade compartilhada pelo ciclo de vida dos produtos.

A responsabilidade compartilhada, a ser analisada mais a frente, implica a distribuição de responsabilidade entre todos os que tenham o contato com o produto/serviço, inclusive o consumidor, que, quando existente sistema de coleta, deve proceder para que haja a adequada destinação do produto/resíduo[28].

XIII – Estímulo à implementação da avaliação do ciclo de vida do produto;

XIV – Incentivo ao desenvolvimento de sistemas de gestão ambiental e empresarial voltados para a melhoria dos processos produtivos e ao reaproveitamento dos resíduos sólidos, incluídos a recuperação e o aproveitamento energético;

XV – Estímulo à rotulagem ambiental e ao consumo sustentável.

Os objetivos traçados acima nada mais significam do que as nuances daquilo que já se observou e assinalou em diversas passagens do texto, de modo que debater individualmente cada uma implica numa repetição que contraria a objetividade do presente trabalho.

---

27. Disponível em *http://www.cnj.jus.br/programas-e-acoes/pj-gestao-socioambiental/melhore-o-planeta/licitacao-sustentavel*. Consultado dia 02 de janeiro de 2019.

28. No âmbito da União há o Decreto 7.404/2010, dispondo, por exemplo, sobre coleta seletiva e logística reversa, além de um Capítulo próprio para os catadores de materiais reutilizáveis e recicláveis, salientando seu mister papel para a consecução desses dois sistemas (logística reversa e coleta seletiva), prevendo, ainda, formas pelas quais o poder público impulsione esse setor da economia, a exemplo de instituir linhas de financiamento para implantação de infraestrutura de cooperativas (art. 42, III, da Lei 12.305/10).

Sem prejuízo, vale destacar que neste último objetivo, a despeito de já ter sido tratado o consumo sustentável, cumpre analisar o que se propõe quando se aponta como objetivo o estímulo à *rotulagem ambiental*.

Criada em 1947, a *International Organization for Standardization-ISO (organização internacional de padronização)* consiste numa confederação internacional de órgãos nacionais, cujo principal objetivo é o desenvolvimento de normas internacionais padronizadas de qualidade, que expressem valores a operações em diversos campos técnicos, tanto por parte dos Governos, como pelas empresas.

Nesse contexto, surge, por exemplo, a *ISO 14020* estabelecendo a rotulagem ambiental, cujo objetivo é trazer informações relevantes para os consumidores, disponibilizando-as nos rótulos dos produtos.

Daí, e concretizando o dever de disponibilização de informação ao consumidor, estimula-se a inserção nos rótulos de informações relacionadas ao meio ambiente, à sua possibilidade de reciclagem e retorno ("retornável") à cadeia produtiva, além de outros dados como a origem, modo em que processado, etc., tudo de forma a viabilizar que o consumidor possa adquirir um produto compatibilizando-se com questões sociais e ambientais.

6. INSTRUMENTOS DA POLÍTICA NACIONAL DE RESÍDUOS SÓLIDOS

Da leitura do artigo 8º, da Lei 12.305/10, verifica-se que o legislador arrola uma série de instrumentos, aptos a efetivação da Política Nacional de Resíduos Sólidos, a respeito dos quais, sem prejuízo de sua menção abaixo, haverá a abordagem pormenorizada de alguns em tópicos próprios.

> *I – os planos de resíduos sólidos;*
>
> *II – os inventários e o sistema declaratório anual de resíduos sólidos;*
>
> *III – a coleta seletiva, os sistemas de logística reversa e outras ferramentas relacionadas à implementação da responsabilidade compartilhada pelo ciclo de vida dos produtos;*
>
> *IV – o incentivo à criação e ao desenvolvimento de cooperativas ou de outras formas de associação de catadores de materiais reutilizáveis e recicláveis;*
>
> *V – o monitoramento e a fiscalização ambiental, sanitária e agropecuária;*
>
> *VI – a cooperação técnica e financeira entre os setores público e privado para o desenvolvimento de pesquisas de novos produtos, métodos, processos e tecnologias de gestão, reciclagem, reutilização, tratamento de resíduos e disposição final ambientalmente adequada de rejeitos;*
>
> *VII – a pesquisa científica e tecnológica;*
>
> *VIII – a educação ambiental;*
>
> *IX – os incentivos fiscais, financeiros e creditícios;*
>
> *X – o Fundo Nacional do Meio Ambiente e o Fundo Nacional de Desenvolvimento Científico e Tecnológico;*

> *XI – o Sistema Nacional de Informações sobre a Gestão dos Resíduos Sólidos (Sinir);*
>
> *XII – o Sistema Nacional de Informações em Saneamento Básico (Sinisa);*
>
> *XIII – os conselhos de meio ambiente e, no que couber, os de saúde;*
>
> *XIV – os órgãos colegiados municipais destinados ao controle social dos serviços de resíduos sólidos urbanos;*
>
> *XV – o Cadastro Nacional de Operadores de Resíduos Perigosos;*
>
> *XVI – os acordos setoriais;*
>
> *XVII – no que couber, os instrumentos da Política Nacional de Meio Ambiente, entre eles:*
>
> *a) os padrões de qualidade ambiental;*
>
> *b) o Cadastro Técnico Federal de Atividades Potencialmente Poluidoras ou Utilizadoras de Recursos Ambientais;*
>
> *c) o Cadastro Técnico Federal de Atividades e Instrumentos de Defesa Ambiental;*
>
> *d) a avaliação de impactos ambientais;*
>
> *e) o Sistema Nacional de Informação sobre Meio Ambiente (Sinima);*
>
> *f) o licenciamento e a revisão de atividades efetiva ou potencialmente poluidoras;*
>
> *XVIII – os termos de compromisso e os termos de ajustamento de conduta;*
>
> *XIX – o incentivo à adoção de consórcios ou de outras formas de cooperação entre os entes federados, com vistas à elevação das escalas de aproveitamento e à redução dos custos envolvidos.*

Conforme se observa, o legislador apresenta instrumentos inéditos, a exemplo da coleta seletiva, porém não desconsidera o uso de outras ferramentas já existentes, como exemplo os padrões de qualidade, os termos de ajustamento de conduta, a própria pesquisa científica, etc.

6.1. Planos de Resíduos Sólidos

Como um dos principais instrumentos da Política Nacional de Resíduos Sólidos, estão os Planos de Resíduos Sólidos, quais sejam: (I) o plano nacional; (II) os planos estaduais; (III) os planos microrregionais e os de regiões metropolitanas ou aglomerações urbanas; (IV) os planos intermunicipais; (V) os planos municipais; (VI) e os planos de gerenciamento de resíduos sólidos.

Em linhas gerais, cuida-se de um documento formal, de caráter vinculativo[29], devendo ser assegurada ampla publicidade ao conteúdo dos planos de resíduos sólidos, bem como controle social em sua formulação, implementação e operacionalização[30], observado o disposto na Lei nº 10.650/03 (direito de acesso às informações junto aos órgãos do Sisna-

29. GUERRA, Sidney. Op. cit., p. 137.
30. Art. 14, parágrafo único, da Lei 12.305/10.

ma), e no art. 47 da Lei nº 11.445, de 2007 (que trata do controle social a ser exercido no âmbito da Política Nacional de Saneamento Básico).

6.1.1. Plano Nacional

Segundo determina o legislador, é imposto à União, após imprescindível processo com mobilização e participação social - incluindo a realização de audiência pública e outras consultas públicas possíveis -, elaborar o Plano Nacional de Resíduos Sólidos, cujo *prazo* a ser estipulado é indeterminado porém num horizonte de 20 (vinte) anos, e ser atualizado a cada 4 (quatro anos)[31].

Sem prejuízo de outras questões que possam ser inseridas no seu teor, deverá, minimamente, conter: I - diagnóstico da situação atual dos resíduos sólidos; II - proposição de cenários, incluindo tendências internacionais e macroeconômicas; III - metas de redução, reutilização, reciclagem, entre outras, com vistas a reduzir a quantidade de resíduos e rejeitos encaminhados para disposição final ambientalmente adequada; IV - metas para o aproveitamento energético dos gases gerados nas unidades de disposição final de resíduos sólidos; V - metas para a eliminação e recuperação de lixões, associadas à inclusão social e à emancipação econômica de catadores de materiais reutilizáveis e recicláveis; VI - programas, projetos e ações para o atendimento das metas previstas; VII - normas e condicionantes técnicas para o acesso a recursos da União, para a obtenção de seu aval ou para o acesso a recursos administrados, direta ou indiretamente, por entidade federal, quando destinados a ações e programas de interesse dos resíduos sólidos; VIII - medidas para incentivar e viabilizar a gestão regionalizada dos resíduos sólidos; IX - diretrizes para o planejamento e demais atividades de gestão de resíduos sólidos das regiões integradas de desenvolvimento instituídas por lei complementar, bem como para as áreas de especial interesse turístico; X - normas e diretrizes para a disposição final de rejeitos e, quando couber, de resíduos; XI - meios a serem utilizados para o controle e a fiscalização, no âmbito nacional, de sua implementação e operacionalização, assegurado o controle social.

6.1.2. Planos Estaduais

Da análise dos planos de resíduos sólidos verifica-se que, no âmbito estadual, são visualizáveis três planos, quais sejam os planos estaduais, os planos microrregionais e os de regiões metropolitanas ou aglomerações urbanas[32].

---

31. Regulado pelo Decreto 7.404/10, consta em seu artigo 47 o procedimento a ser percorrido para a elaboração do Plano Nacional, qual seja, (I) formulação e divulgação da proposta preliminar em até cento e oitenta dias, contados a partir da publicação deste Decreto, acompanhada dos estudos que a fundamentam; (II) submissão da proposta à consulta pública, pelo prazo mínimo de sessenta dias, contados da data da sua divulgação; (III) realização de, no mínimo, uma audiência pública em cada região geográfica do País e uma audiência pública de âmbito nacional, no Distrito Federal, simultaneamente ao período de consulta pública referido no inciso II; (IV) apresentação da proposta daquele Plano, incorporadas as contribuições advindas da consulta e das audiências públicas, para apreciação dos Conselhos Nacionais de Meio Ambiente, das Cidades, de Recursos Hídricos, de Saúde e de Política Agrícola; e (V) encaminhamento pelo Ministro de Estado do Meio Ambiente ao Presidente da República da proposta de decreto que aprova aquele Plano.

32. Quanto a esses planos de microrregiões, de regiões metropolitanas ou aglomerações urbanas, é obrigatória a participação dos Municípios envolvidos, frisando que tais planos são incapazes de excluírem ou substituírem as competências destes entes federativos (art. 17, §2º, da Lei 12.305/10).

Relativamente aos planos estaduais – a abranger todo o território do ente federativo –, desde logo o legislador situou sua elaboração como condição[33] para os Estados terem acesso a recursos da União, ou por ela controlados, destinados a empreendimentos e serviços relacionados à gestão de resíduos sólidos, ou para serem beneficiados por incentivos ou financiamentos de entidades federais de crédito ou fomento para tal finalidade[34]. Isto é, todo repasse de verba que possa existir da União para os Estados, dentro da temática de resíduos sólidos, tão apenas será possível de ocorrer caso o respectivo Estado tenha elaborado o seu plano.

Em adendo, por meio de estabelecimento de prioridade no repasse de verbas, fomenta-se a criação pelos Estados de *microrregiões* para integrar a organização, o planejamento e a execução das ações a cargo de Municípios limítrofes na gestão dos resíduos sólidos, cujas atividades envolvam coleta seletiva, recuperação e reciclagem, tratamento e destinação final dos resíduos sólidos urbanos, a gestão de resíduos de construção civil, de serviços de transporte, de serviços de saúde, agrossilvopastoris ou outros resíduos, de acordo com as peculiaridades microrregionais. E, mais, é imprescindível que este o plano microrregional de resíduos sólidos atenda ao previsto para o plano estadual e estabelecer soluções integradas[35].

ATENÇÃO

Da leitura do dispositivo legal (art. 16, §1°, Lei 12.305/10), fala-se em priorizar quando instituída *microrregião*. Contudo, o artigo 25, §3°, da CF/88 – a que faz referência o legislador – prevê três situações distintas, quais sejam (a) regiões metropolitanas, (b) aglomerações urbanas, e (c) microrregiões. Dessa feita, ainda que todas sejam constituídas por agrupamentos de municípios limítrofes, para integrar a organização, o planejamento e a execução de funções públicas de interesse comum, existem diferenças, em razão do que, de forma objetiva, é de se compreender que o tratamento prioritário foi concedido tão apenas[36] quando se tratar de microrregião[37].

33. No artigo 55, da Lei 12.305/10, o legislador deu uma margem de 2 (dois) anos para começar a valer esta condição, prevendo que a regra entra em vigor 2 (dois) anos após a data de publicação da Lei.
34. Art. 16, da Lei 12.305/10.
35. Art. 17, §3°, da Lei 12.305/10.
36. Aliás, considerando que no artigo 17, §1° e §2°, da Lei 12.305/10, o legislador faz expressa referência a regiões metropolitanas e aglomerações urbanas, além das microrregiões, certamente cuida-se de um silêncio eloquente, pretendendo que haja o tratamento prioritário no repasse de verbas apenas quando envolver a espécie *microrregião*.
37. TAVARES, André Ramos. Curso de direito constitucional. São Paulo: Saraiva, 2003, p. 829. O autor pontua que *região metropolitana* distingue-se por sempre haver um município referência, com maior importância (por exemplo, região metropolitana de São Paulo), em que pese a continuidade urbana, de contínua construção, sendo densamente povoada; enquanto que *microrregião* não há essa predominância de relevo entre os Municípios, cabendo à Lei complementar apenas definir qual será a cidade sede; e, por fim, os *aglomerados urbanos* se assemelha à anterior, porém sem que exista uma cidade predominante, e muito menos uma cidade sede, representando uma área com continuidade urbana e densamente povoada, mas algo informal.

Nos termos da lei, os Planos Estaduais terão vigência por *prazo* indeterminado, "com horizonte de atuação de 20 (vinte) anos e revisões a cada 4 (quatro) anos", tal como previsto para União, mas com a diferença de que não se coloca como imprescindível passar pelo crivo da sociedade por meio de um procedimento público e com efetiva participação social.

ATENÇÃO

O prazo de 2 (dois) anos previsto no artigo 55 (das disposições transitórias) não é prazo fatal e obrigatório para que os Estados e os Municípios elaborem seus respectivos Planos. Trata-se tão apenas de suspensão do início a partir de quando a existência do Plano é condição para recebimento de repasse de verbas advindas da União.

Por outro lado, também houve por bem prever um conteúdo mínimo, de caráter obrigatório, assim elencados: I – diagnóstico, incluída a identificação dos principais fluxos de resíduos no Estado e seus impactos socioeconômicos e ambientais; II – proposição de cenários; III – metas de redução, reutilização, reciclagem, entre outras, com vistas a reduzir a quantidade de resíduos e rejeitos encaminhados para disposição final ambientalmente adequada; IV – metas para o aproveitamento energético dos gases gerados nas unidades de disposição final de resíduos sólidos; V – metas para a eliminação e recuperação de lixões, associadas à inclusão social e à emancipação econômica de catadores de materiais reutilizáveis e recicláveis; VI – programas, projetos e ações para o atendimento das metas previstas; VII – normas e condicionantes técnicas para o acesso a recursos do Estado, para a obtenção de seu aval ou para o acesso de recursos administrados, direta ou indiretamente, por entidade estadual, quando destinados às ações e programas de interesse dos resíduos sólidos; VIII – medidas para incentivar e viabilizar a gestão consorciada ou compartilhada dos resíduos sólidos; IX – diretrizes para o planejamento e demais atividades de gestão de resíduos sólidos de regiões metropolitanas, aglomerações urbanas e microrregiões; X – normas e diretrizes para a disposição final de rejeitos e, quando couber, de resíduos, respeitadas as disposições estabelecidas em âmbito nacional; XI – previsão, em conformidade com os demais instrumentos de planejamento territorial, especialmente o zoneamento ecológico-econômico e o zoneamento costeiro, de: a) zonas favoráveis para a localização de unidades de tratamento de resíduos sólidos ou de disposição final de rejeitos; b) áreas degradadas em razão de disposição inadequada de resíduos sólidos ou rejeitos a serem objeto de recuperação ambiental; XII – meios a serem utilizados para o controle e a fiscalização, no âmbito estadual, de sua implementação e operacionalização, assegurado o controle social.

6.1.3. Planos Municipais (de gestão integrada)

No âmbito municipal, por sua vez, são visualizáveis dois tipos de Planos, quais sejam os *planos municipais de gestão integrada* e os *planos intermunicipais de resíduos sólidos.*

No que diz respeito aos Planos Municipais de gestão integrada, cuja base territorial é a extensão do Município, a sua elaboração é, igualmente, condição para que o Município ou mesmo o Distrito Federal tenham acesso a recursos da União, ou por ela controlados, destinados a empreendimentos e serviços relacionados à gestão de resíduos sólidos, ou para serem beneficiados por incentivos ou financiamentos de entidades federais de crédito ou fomento para tal finalidade[38]. Isto é, todo repasse de verba que possa existir da União para tais entes federativos, dentro da temática de resíduos sólidos, tão apenas será possível de ocorrer caso tenha sido elaborado o plano municipal.

Seguindo a linha de raciocínio, o legislador[39] estabeleceu um caminho de prioridade para esse recebimento de verbas, aos Municípios que: I – optarem por soluções consorciadas intermunicipais para a gestão dos resíduos sólidos, incluída a elaboração e implementação de plano intermunicipal, ou que se inserirem de forma voluntária nos planos microrregionais de resíduos sólidos referidos no § 1° do art. 16; **ou** II – implantarem a coleta seletiva com a participação de cooperativas ou outras formas de associação de catadores de materiais reutilizáveis e recicláveis formadas por pessoas físicas de baixa renda.

Diferentemente das situações anteriores, não há previsão legal quanto ao prazo dos Planos Municipais, muito embora, conforme se verá abaixo, dentre os itens obrigatórios de seu conteúdo ser estipulada a periodicidade de sua revisão, observado prioritariamente o período de vigência do plano plurianual municipal.

Nada obstante, deve conter, minimamente, os seguintes itens[40]: I – diagnóstico da situação dos resíduos sólidos gerados no respectivo território, contendo a origem, o volume, a caracterização dos resíduos e as formas de destinação e disposição final adotadas; II – identificação de áreas favoráveis para disposição final ambientalmente adequada de rejeitos, observado o plano diretor de que trata o § 1° do art. 182 da Constituição Federal e o zoneamento ambiental, se houver; III – identificação das possibilidades de implantação de soluções consorciadas ou compartilhadas com outros Municípios, considerando, nos critérios de economia de escala, a proximidade dos locais estabelecidos e as formas de prevenção dos riscos ambientais; IV – identificação dos resíduos sólidos e dos geradores sujeitos a plano de gerenciamento específico nos termos do art. 20 ou a sistema de logística reversa na forma do art. 33, observadas as disposições desta Lei e de seu regulamento, bem como as normas estabelecidas pelos órgãos do Sisnama e do SNVS; V – procedimentos operacionais e especificações mínimas a serem adotados nos serviços públicos de limpeza urbana e de manejo de resíduos sólidos, incluída a disposição final ambientalmente adequada dos rejeitos e observada a Lei n° 11.445, de 2007; VI – indicadores de desempenho operacional e ambiental dos serviços públicos de limpeza urbana e de manejo de resíduos sólidos; VII – regras para o transporte e outras etapas do gerenciamento de resíduos sólidos de que trata o art. 20, observadas as normas estabele-

38. Art. 16, da Lei 12.305/10.

39. Art. 18, da Lei 12.305/10. De se frisar que, pela dicção do legislador, não se exige o atendimento cumulativo ao inciso I e ao II, bastando se enquadrar em um deles.

40. Nos termos do artigo 19, §7°, da Lei 12.305/10, deve o conteúdo do plano municipal de gestão integrada de resíduos sólidos será disponibilizado para o Sinir.

cidas pelos órgãos do Sisnama e do SNVS e demais disposições pertinentes da legislação federal e estadual; VIII – definição das responsabilidades quanto à sua implementação e operacionalização, incluídas as etapas do plano de gerenciamento de resíduos sólidos a que se refere o art. 20 a cargo do poder público; IX – programas e ações de capacitação técnica voltados para sua implementação e operacionalização; X – programas e ações de educação ambiental que promovam a não geração, a redução, a reutilização e a reciclagem de resíduos sólidos; XI – programas e ações para a participação dos grupos interessados, em especial das cooperativas ou outras formas de associação de catadores de materiais reutilizáveis e recicláveis formadas por pessoas físicas de baixa renda, se houver; XII – mecanismos para a criação de fontes de negócios, emprego e renda, mediante a valorização dos resíduos sólidos; XIII – sistema de cálculo dos custos da prestação dos serviços públicos de limpeza urbana e de manejo de resíduos sólidos, bem como a forma de cobrança desses serviços, observada a Lei nº 11.445, de 2007; XIV – metas de redução, reutilização, coleta seletiva e reciclagem, entre outras, com vistas a reduzir a quantidade de rejeitos encaminhados para disposição final ambientalmente adequada; XV – descrição das formas e dos limites da participação do poder público local na coleta seletiva e na logística reversa, respeitado o disposto no art. 33, e de outras ações relativas à responsabilidade compartilhada pelo ciclo de vida dos produtos; XVI – meios a serem utilizados para o controle e a fiscalização, no âmbito local, da implementação e operacionalização dos planos de gerenciamento de resíduos sólidos de que trata o art. 20 e dos sistemas de logística reversa previstos no art. 33; XVII – ações preventivas e corretivas a serem praticadas, incluindo programa de monitoramento; XVIII – identificação dos passivos ambientais relacionados aos resíduos sólidos, incluindo áreas contaminadas, e respectivas medidas saneadoras; XIX – periodicidade de sua revisão, observado prioritariamente o período de vigência do plano plurianual municipal.

Contudo, caso se trate de Município com menos de 20.000 (vinte mil) habitantes, o legislador viabiliza que este Plano Municipal de gestão integrada tenha um conteúdo simplificado, fazendo remissão a um "regulamento"[41].

Nada obstante, esta exceção não se aplica aos Municípios: I – integrantes de áreas de especial interesse turístico; II – inseridos na área de influência de empreendimentos ou atividades com significativo impacto ambiental de âmbito regional ou nacional; ou III – cujo território abranja, total ou parcialmente, Unidades de Conservação.

Independentemente, estipula o legislador que o plano municipal de gestão integrada de resíduos sólidos contemplará ações específicas a serem desenvolvidas no âmbito dos órgãos da administração pública, com vistas à utilização racional dos recursos ambientais, ao combate a todas as formas de desperdício e à minimização da geração de resíduos sólidos, sendo, pois, a essência da preocupação almejada.

Outrossim, mais do que admitir um conteúdo simplificado, o legislador *dispensa* da elaboração do Plano Municipal de gestão integrada quando o Município optar por soluções

41. Tal regulamento, atualmente, é concretizado pelo Decreto 7.404/2010, em especial pelas regras contidas no seu art. 51, §1º, incisos I e XIV.

consorciadas intermunicipais para a gestão dos resíduos sólidos, e o plano intermunicipal preencha o conteúdo do Plano Municipal[42].

ATENÇÃO

A inexistência do plano municipal de gestão integrada de resíduos sólidos não pode ser utilizada para impedir a instalação ou a operação de empreendimentos ou atividades, devidamente licenciados pelos órgãos competentes.[43]

6.1.4. Plano de Gerenciamento de Resíduos Sólidos

Além dos Planos acima tratados, o legislador ainda cuidou de traçar a necessidade de elaboração de plano de gerenciamento de resíduos sólidos, a ser elaborado pelo **setor privado**.

Com efeito, devem[44] elaborá-lo, obrigatoriamente: (I) os empreendimentos que gerem (a) resíduos dos serviços públicos de saneamento básico, (b) resíduos industriais, (c) resíduos de serviços de saúde, e (d) resíduos de mineração; (II) os estabelecimentos comerciais e de prestação de serviços que gerem resíduos (a) perigosos, ou (b) que, mesmo caracterizados como não perigosos, por sua natureza, composição ou volume, não sejam equiparados aos resíduos domiciliares pelo poder público municipal; (III) as empresas de construção civil; (IV) os responsáveis pelos terminais ou instalações de transportes (portos, aeroportos, terminais alfandegários, rodoviários e ferroviários e passagens de fronteira), e, se couber, do SNVS, as empresas de transporte; (V) os responsáveis por atividades agrossilvopastoris, se exigido pelo órgão competente do Sisnama, do SNVS ou do Suasa.

ATENÇÃO

Não apenas elaborar, mas as pessoas acima mencionadas são responsáveis também pela implementação e operacionalização integral do plano de gerenciamento de resíduos sólidos[45]**.**

---

42. Em que pese o legislador tenha assinalado que esta dispensa ocorrerá "nos termos do regulamento" (art. 19, §9°, Lei 12.305/10), o regulamento existente (Decreto 7.404/10) simplesmente condiciona que o plano intermunicipal atenda ao conteúdo mínimo previsto para o Plano Municipal de gestão integrada, sem acrescentar outras exigências.

43. Art. 19, §8°, da Lei 12.305/10.

44. O Decreto 7.404/10, em seu artigo 55, viabiliza a apresentação do referido plano de forma coletiva e integrada, na hipótese em que os empreendimentos sujeitos à elaboração de plano de gerenciamento de resíduos sólidos forem (I) localizados em um mesmo condomínio, Município, microrregião, região metropolitana ou aglomeração urbana, (II) que exerçam atividades características de um mesmo setor produtivo e (III) que possuam mecanismos formalizados de governança coletiva ou de cooperação em atividades de interesse comum. Contudo, ainda assim deverá conter a indicação individualizada das atividades e dos resíduos sólidos gerados, bem como as ações e responsabilidades atribuídas a cada um dos geradores.

45. Art. 27, da Lei 12.305/10.

Seguindo a mesma lógica, previu o legislador um conteúdo mínimo, a abranger: I – descrição do empreendimento ou atividade; II – diagnóstico dos resíduos sólidos gerados ou administrados, contendo a origem, o volume e a caracterização dos resíduos, incluindo os passivos ambientais a eles relacionados; III – observadas as normas estabelecidas pelos órgãos do Sisnama, do SNVS e do Suasa e, se houver, o plano municipal de gestão integrada de resíduos sólidos: a) explicitação dos responsáveis por cada etapa do gerenciamento de resíduos sólidos; b) definição dos procedimentos operacionais relativos às etapas do gerenciamento de resíduos sólidos sob responsabilidade do gerador; IV – identificação das soluções consorciadas ou compartilhadas com outros geradores; V – ações preventivas e corretivas a serem executadas em situações de gerenciamento incorreto ou acidentes; VI – metas e procedimentos relacionados à minimização da geração de resíduos sólidos e, observadas as normas estabelecidas pelos órgãos do Sisnama, do SNVS e do Suasa, à reutilização e reciclagem; VII – se couber, ações relativas à responsabilidade compartilhada pelo ciclo de vida dos produtos, na forma do art. 31; VIII – medidas saneadoras dos passivos ambientais relacionados aos resíduos sólidos; IX – periodicidade de sua revisão, observado, se couber, o prazo de vigência da respectiva licença de operação a cargo dos órgãos do Sisnama.

Aliás, vale anotar ser obrigatória a designação de um responsável técnico devidamente habilitado, para a elaboração, implementação, operacionalização e monitoramento de todas as etapas do plano de gerenciamento de resíduos sólidos, nelas incluído o controle da disposição final ambientalmente adequada dos rejeitos.

A princípio, o plano de gerenciamento de resíduos sólidos atenderá ao disposto no plano municipal de gestão integrada de resíduos sólidos do respectivo Município. Porém, a inexistência deste não obsta a elaboração, a implementação ou a operacionalização do plano de gerenciamento de resíduos sólidos, isto é, não pode o particular buscar eximir-se de ter que elaborá-lo diante da inércia do poder público.

Concretizando o comando legislativo[46], quando deixou em aberto ao Poder Público, por meio de regulamento, a possibilidade de adoção de critérios e procedimentos simplificados para apresentação dos planos de gerenciamento de resíduos sólidos para microempresas e empresas de pequeno porte, desde que as atividades por elas desenvolvidas não gerem resíduos perigosos, o Decreto 7.404/10 *dispensa*[47] de apresentar o plano, aquelas que gerem apenas resíduos sólidos domiciliares ou equiparados pelo poder público municipal. Em outros termos, não basta a ausência de resíduo perigoso, dispensando-se apenas quando domiciliares ou equiparados[48].

46. Art. 21, §3º, da Lei 12.305/10.
47. Art. 60, do Decreto 7.404/10.
48. Contudo, caso não se enquadre nessa situação de dispensa, ainda assim admite-se um trâmite mais simplificado, permitindo-se que seja inserido no plano de gerenciamento de empresas com as quais operam de forma integrada, desde que estejam localizadas na área de abrangência da mesma autoridade de licenciamento ambiental, devendo, contudo, serem individualizadas suas atividades e os resíduos sólidos gerados, bem como as ações e responsabilidades atribuídas a cada um dos empreendimentos – tal como o plano apresentado coletivamente, acima anunciado.

Na própria dicção legislativa[49], o plano de gerenciamento de resíduos sólidos é parte integrante do processo de licenciamento ambiental do empreendimento ou atividade pelo órgão competente do Sisnama. Ou seja, a exemplo do EIA/RIMA, trata-se de mais um requisito a ser considerado para que o interessado obtenha a licença ambiental por ele pretendida.

Caso o empreendimento e/ou atividade não necessitem submeter-se a licenciamento ambiental, a aprovação do plano de gerenciamento de resíduos sólidos cabe à autoridade municipal competente.

Contudo, se for hipótese de licenciamento, ainda que seja de competência da União ou do Estado, é obrigatória a oitiva do órgão municipal competente, em especial quanto à disposição final ambientalmente adequada de rejeitos[50].

Por fim, aquele que esteja obrigado a elaborar o plano de gerenciamento, deve, também, I – manter registro atualizado e facilmente acessível de todos os procedimentos relacionados à implementação e à operacionalização do plano; II – informar anualmente ao órgão competente do Sisnama e, se couber, do SNVS, sobre a quantidade, a natureza e a destinação temporária ou final dos resíduos sob sua responsabilidade; III – adotar medidas destinadas a reduzir o volume e a periculosidade dos resíduos sob sua responsabilidade, bem como a aperfeiçoar seu gerenciamento; IV – informar imediatamente aos órgãos competentes sobre a ocorrência de acidentes ou outros sinistros relacionados aos resíduos perigosos.

ATENÇÃO

Tais obrigações são consideradas relevante interesse ambiental para efeitos do art. 68 da Lei nº 9.605, de 1998, o que significa dizer que o seu desrespeito configure o ilícito penal ambiental, de "crime contra a administração ambiental", na modalidade de deixar de cumprir obrigação de relevante interesse ambiental, cuja repercussão é a pena de detenção de um a três anos, e multa (se culposo, a pena é de três meses a um ano, sem prejuízo da multa)[51]

6.2. Coleta seletiva

Analisados os planos de resíduos sólidos, cumpre analisar outro instrumento importantíssimo à Política Nacional de Resíduos Sólidos, qual seja a *coleta seletiva*, definida legalmente como a coleta de resíduos sólidos previamente segregados conforme sua cons-

49. Art. 24, *caput*, da Lei 12.305/10.

50. Art. 24, §2º, da Lei 12.305/10.

51. Aliás, também incide neste tipo penal quem desrespeitar o artigo art. 23, da Lei 12.305/10, que determina que os responsáveis por plano de gerenciamento de resíduos sólidos manterão atualizadas e disponíveis ao órgão municipal competente, ao órgão licenciador do Sisnama e a outras autoridades, informações completas sobre a implementação e a operacionalização do plano sob sua responsabilidade.

tituição ou composição[52], o que, em verdade, viabiliza o reaproveitamento de resíduos, reduzindo o volume de rejeitos.

O Ministério do Meio Ambiente define a coleta seletiva como sendo, portanto, a coleta diferenciada de resíduos que foram previamente separados segundo a sua constituição ou composição, de modo que, resíduos com características similares são selecionados pelo gerador (que pode ser o cidadão, uma empresa ou outra instituição) e disponibilizados para a coleta separadamente.

Inclusive, oportuna a colocação da doutrina, quando observa que a importância da coleta seletiva transborda os aspectos jurídicos, conforme se confere:

> (...) a instituição do sistema de coleta seletiva estimulou um lado social da temática dos resíduos sólidos configurado por duas mudanças paradigmáticas do quadro atual, a saber: elevação do consumidor como personagem protagonista do sistema de coleta seletiva e consagração formal do papel dos catadores na materialização desse sistema[53].

A respeito da coleta seletiva, dois pontos merecem atenção: de quem é a competência para a sua implantação, e, uma vez efetivada, quem são os atores envolvidos.

Da leitura da Lei 12.305/10, conclui-se que a *competência* material de implantação da coleta seletiva é do Município, sendo sua previsão conteúdo mínimo obrigatório do plano municipal de gestão integrada[54].

Nesse sentido, é de se conferir ter sido o legislador expresso quanto ao dever do titular[55] dos serviços públicos de limpeza urbana e de manejo de resíduos sólidos, no âmbito da responsabilidade compartilhada pelo ciclo de vida dos produtos, de estabelecer sistema de coleta seletiva.

Em acréscimo, veja que, tendo por propósito fomentá-la, estipula o legislador que haverá a prioridade no repasse de verbas da União ao Município que implantar a coleta seletiva com a participação de cooperativas ou outras formas de associação de catadores de materiais reutilizáveis e recicláveis formadas por pessoas físicas de baixa renda[56].

Por outro lado, quanto aos *atores envolvidos*, destaca-se de plano a importância atribuída ao consumidor, impondo-lhe, caso implantada a coleta seletiva[57]: I – acondicionar adequadamente e de forma diferenciada os resíduos sólidos gerados; II – disponibilizar adequadamente os resíduos sólidos reutilizáveis e recicláveis para coleta ou devolução[58].

---

52. Art. 3º, V, da Lei 12.305/10.
53. GUERRA, Sidney. Op. cit., p. 58.
54. Art. 19, XIV, da Lei 12.305/10.
55. A despeito de inexistir expressa e direta menção na Lei 12.305/10, compreende-se que este *titular* seja o *Município*, tal como se observa da Legislação paulista (Lei 12.300/06), que fixa serem os Municípios os responsáveis pelo planejamento e execução com regularidade e continuidade, dos serviços de limpeza, exercendo a titularidade dos serviços em seus respectivos territórios.
56. Art. 18, §1º, II, da Lei 12.305/10.
57. De se notar que se condiciona ao Município efetivar a implantação da coleta seletiva.
58. Art. 35, da Lei 12.305/10.

Ademais, dentro da sistemática de logística reversa, cumpre aos consumidores[59] efetuar a devolução[60] após o uso, aos comerciantes ou distribuidores, referentes a (I) agrotóxicos, seus resíduos e embalagens, assim como outros produtos cuja embalagem, após o uso, constitua resíduo perigoso; (II) pilhas e baterias; (III) pneus; (IV) óleos lubrificantes, seus resíduos e embalagens; (V) lâmpadas fluorescentes, de vapor de sódio e mercúrio e de luz mista; (VI) produtos eletroeletrônicos e seus componentes; e (VII) de outros produtos ou embalagens objeto de logística reversa[61].

Sem prejuízo, envolvem-se as cooperativas (ou de outras formas de associação) de catadores de materiais reutilizáveis e recicláveis constituídas por pessoas físicas de baixa renda, como, também, o poder público, o setor empresarial e a coletividade[62].

ATENÇÃO

Decreto 6.514/08 – Infração Administrativa

Subseção III

Das Infrações Relativas à Poluição e outras Infrações Ambientais

Art. 61. Causar poluição de qualquer natureza em níveis tais que resultem ou possam resultar em danos à saúde humana, ou que provoquem a mortandade de animais ou a destruição significativa da biodiversidade:

Multa de R$ 5.000,00 (cinco mil reais) a R$ 50.000.000,00 (cinqüenta milhões de reais).

Art. 62. Incorre nas mesmas multas do art. 61 quem:

(...)

XIII – deixar de segregar resíduos sólidos na forma estabelecida para a coleta seletiva, quando a referida coleta for instituída pelo titular do serviço público de limpeza urbana e manejo de resíduos sólidos.

---

59. Sem prejuízo, prevê o legislador uma específica hipótese de *Pagamento por Serviços Ambientais*, prevendo (art. 35 parágrafo único, da Lei 12.305/10) a possibilidade do poder público municipal instituir incentivos econômicos aos consumidores que participam do sistema de coleta seletiva. Mas, lembre-se, essencialmente, é da natureza do *PSA* a voluntariedade daquele que age em benefício ambiental, o que, *in casu*, demanda uma maior cautela quando aponta-la, pois se cuida de uma obrigação legal estipulada numa sistemática de reponsabilidade compartilhada.

60. Contudo, é de se destacar que, a bem da verdade, não se trata de coleta seletiva propriamente dita. Porém, dada a similaridade, tal conduta é apresentada em conjunto neste momento. Aliás, sequer há a necessidade de alguma postura do Município para que permaneça íntegra a obrigação de devolução dos produtos e/ou embalagens listados.

61. De acordo com o artigo 28, da Lei 12.305/10, o gerador de resíduos sólidos domiciliares (por exemplo, o consumidor) tem cessada sua responsabilidade pelos resíduos com a disponibilização adequada para a coleta seletiva, ou quando providenciada a devolução pela sistemática da logística reversa.

62. Ainda que de forma mais genérica, e não voltada especificadamente à coleta seletiva, expressa o legislador que o poder público, o setor empresarial e a coletividade são responsáveis pela efetividade das ações voltadas para assegurar a observância da Política Nacional de Resíduos Sólidos e das diretrizes e demais determinações estabelecidas nesta Lei e em seu regulamento (art. 25, da Lei 12.305/10).

6.3. Logística reversa

Outro instrumento importantíssimo, e peculiar à Política Nacional de Resíduos Sólidos, consiste na logística reversa, definida pelo legislador como sendo um instrumento de desenvolvimento econômico e social caracterizado por um conjunto de ações, procedimentos e meios destinados a viabilizar a coleta e a restituição dos resíduos sólidos ao setor empresarial, para reaproveitamento, em seu ciclo ou em outros ciclos produtivos, ou outra destinação final ambientalmente adequada[63].

Inserida dentro da sistemática de responsabilidade compartilhada, a logística reversa concretiza-se com a devolução, após o uso, dos produtos e embalagens pelo consumidor aos comerciantes e distribuidores, e, sequencialmente, compete a estes remeter aos fabricantes ou importadores, aos quais compete dar a destinação ambientalmente adequada aos produtos e às embalagens reunidos ou devolvidos, sendo os rejeitos[64] encaminhados para a disposição final ambientalmente adequada, na forma estabelecida pelo órgão competente do Sisnama e, se houver, pelo plano municipal de gestão integrada de resíduos sólidos.

Excepcionalmente, é possível que o titular do serviço público de limpeza urbana e de manejo de resíduos sólidos, por acordo setorial ou termo de compromisso firmado com o setor empresarial, assuma a responsabilidade dos fabricantes, importadores, distribuidores e comerciantes nos sistemas de logística reversa. Mas se assim o fizer, as ações do poder público serão devidamente remuneradas, na forma previamente acordada entre as partes[65].

Contudo, como regra, são obrigados a submeter-se à logística reversa, independentemente do serviço público de limpeza urbana e de manejo dos resíduos sólidos[66], os fabricantes, importadores, distribuidores e comerciantes de: I – agrotóxicos, seus resíduos e embalagens, assim como outros produtos cuja embalagem, após o uso, constitua resíduo perigoso; II – pilhas e baterias; III – pneus; IV – óleos lubrificantes, seus resíduos e embalagens; V – lâmpadas fluorescentes, de vapor de sódio e mercúrio e de luz mista; VI – produtos eletroeletrônicos e seus componentes[67].

Contudo, não se trata de um rol exaustivo de produtos, sendo que, seja por meio de regulamento ou em acordos setoriais[68] e termos de compromissos firmados entre o poder público e o setor empresarial, é possível estender a logística reversa a produtos comer-

63. Art. 3º, XII, da Lei 12.305/10.

64. Repise-se que o art. 3º, XV, da Lei 12.305/10 dispõe que rejeitos são resíduos sólidos que, depois de esgotadas todas as possibilidades de tratamento e recuperação por processos tecnológicos disponíveis e economicamente viáveis, não apresentem outra possibilidade que não a disposição final ambientalmente adequada.

65. Art. 33, §7º, da Lei 12.305/10.

66. Diferentemente do sistema de coleta seletiva, a logística reversa independe do serviço público, devendo ser realizada *ex legis*, independentemente de implantação de política pública ou próprio serviço de limpeza urbana.

67. Nos termos do art. 56, da Lei 12.305/10, a logística reversa, relativa aos produtos de que tratam os incisos V e VI, será implementada progressivamente segundo cronograma estabelecido em regulamento – a respeito do que ainda não houve a regulação.

68. Art. 3º, I, da Lei 12.305/10 – acordo setorial: ato de natureza contratual firmado entre o poder público e fabricantes, importadores, distribuidores ou comerciantes, tendo em vista a implantação da responsabilidade compartilhada pelo ciclo de vida do produto.

cializados em embalagens plásticas, metálicas ou de vidro, e aos demais produtos e embalagens, considerando, prioritariamente, o grau e a extensão do impacto à saúde pública e ao meio ambiente dos resíduos gerados[69].

ATENÇÃO

É possível a existência de acordos setoriais ou termos de compromisso com abrangência nacional, regional, estadual ou municipal, prevalecendo em caso de conflito, aqueles de maior abrangência (nacional sobre os demais, e estadual sobre o municipal). Aliás, os acordos firmados com menor abrangência geográfica podem ampliar, mas não abrandar, as medidas de proteção ambiental constantes nos acordos setoriais e termos de compromisso firmados com maior abrangência geográfica.

Na sua realização, a logística reversa demanda dos fabricantes, importadores, distribuidores e comerciantes dos produtos, a adoção de todas as medidas necessárias para assegurar a implementação e operacionalização do sistema de logística reversa sob seu encargo, podendo, entre outras medidas: I – implantar procedimentos de compra de produtos ou embalagens usados; II – disponibilizar postos de entrega de resíduos reutilizáveis e recicláveis; III – atuar em parceria com cooperativas ou outras formas de associação de catadores de materiais reutilizáveis e recicláveis.

Ademais, à exceção do consumidor, todos os participantes dos sistemas de logística reversa manterão atualizadas e disponíveis ao órgão municipal competente e a outras autoridades informações completas sobre a realização das ações sob sua responsabilidade.

Compreendida a logística reversa, vale pontuar que, em sua essência, representa a materialização do princípio do poluidor-pagador, impondo-se ao empreendedor que assuma a responsabilidade pelas externalidades de seus produtos e/ou serviços, adotando medidas, às suas custas, tendentes a conferir a adequada destinação de seus resíduos, seja reutilização, reciclagem, ou mesmo a disposição final (quando caracterizado como rejeito).

6.4. Educação ambiental

O legislador houve por bem arrolar a educação ambiental como instrumento à Política Nacional de Resíduos Sólidos, conferindo a devida importância que o tema merece ser tratado, a respeito do que já há a Lei 9.795/99, prevendo a Política Nacional de Educação Ambiental, com a qual deve ser articulada.

Especificamente, a Lei 12.305/10 faz referência à educação ambiental, além de arrolá-la como instrumento, quando insere-a como conteúdo mínimo a ser observado no Plano

69. Nos termos do artigo 33, § 2o, da Lei 12.305/10, essa adição de produtos e embalagens considerará a viabilidade técnica e econômica da logística reversa, bem como o grau e a extensão do impacto à saúde pública e ao meio ambiente dos resíduos gerados. Logo, percebe-se a concretização do princípio da proporcionalidade e razoabilidade, já abordados linhas acima.

Municipal de gestão integrada, que deve conter programas e ações de educação ambiental que promovam a não geração, a redução, a reutilização e a reciclagem de resíduos sólidos[70].

Sem prejuízo, o Decreto 7.404/10 adentra um pouco mais na temática, assinalando que o objetivo da educação ambiental, antes de tudo, é o aprimoramento do conhecimento, dos valores, dos comportamentos e do estilo de vida relacionados com a gestão e o gerenciamento ambientalmente adequado dos resíduos sólidos. Isto é, como fator de amadurecimento social, e de incremento de conscientização ao cidadão, para que sua postura seja mais condizente com a importância do adequado destino ambiental a que deve ser dado aos resíduos sólidos.

Para tanto, além de outras medidas, deve o Poder Público: I – incentivar atividades de caráter educativo e pedagógico, em colaboração com entidades do setor empresarial e da sociedade civil organizada; II – promover a articulação da educação ambiental na gestão dos resíduos sólidos com a Política Nacional de Educação Ambiental; III – realizar ações educativas voltadas aos fabricantes, importadores, comerciantes e distribuidores, com enfoque diferenciado para os agentes envolvidos direta e indiretamente com os sistemas de coleta seletiva e logística reversa; IV – desenvolver ações educativas voltadas à conscientização dos consumidores com relação ao consumo sustentável e às suas responsabilidades no âmbito da responsabilidade compartilhada de que trata a Lei nº 12.305, de 2010; V – apoiar as pesquisas realizadas por órgãos oficiais, pelas universidades, por organizações não governamentais e por setores empresariais, bem como a elaboração de estudos, a coleta de dados e de informações sobre o comportamento do consumidor brasileiro; VI – elaborar e implementar planos de produção e consumo sustentável; VII – promover a capacitação dos gestores públicos para que atuem como multiplicadores nos diversos aspectos da gestão integrada dos resíduos sólidos; e VIII – divulgar os conceitos relacionados com a coleta seletiva, com a logística reversa, com o consumo consciente e com a minimização da geração de resíduos sólidos.

ATENÇÃO

A atuação do Poder Público, promovendo as medidas acima listadas, não exime o dever dos fornecedores de informar o consumidor para o cumprimento dos sistemas de logística reversa e coleta seletiva instituídos.

6.5. Incentivos fiscais, financeiros e creditícios

Também se observa a previsão de incentivos de caráter pecuniário (fiscais, financeiros e creditícios) como aptos a auxiliar na implementação da Política Nacional de Resíduos Sólidos, sendo que, sob a ótica do legislador[71], a instituição de medidas indutoras

70. Art. 19, X, da Lei 12.305/10.

71. Art. 42, da Lei 12.305/10.

e linhas de financiamento são para atender, prioritariamente: I – prevenção e redução da geração de resíduos sólidos no processo produtivo; II – desenvolvimento de produtos com menores impactos à saúde humana e à qualidade ambiental em seu ciclo de vida; III – implantação de infraestrutura física e aquisição de equipamentos para cooperativas ou outras formas de associação de catadores de materiais reutilizáveis e recicláveis formadas por pessoas físicas de baixa renda; IV – desenvolvimento de projetos de gestão dos resíduos sólidos de caráter intermunicipal ou regional; V – estruturação de sistemas de coleta seletiva e de logística reversa; VI – descontaminação de áreas contaminadas, incluindo as áreas órfãs; VII – desenvolvimento de pesquisas voltadas para tecnologias limpas aplicáveis aos resíduos sólidos; VIII – desenvolvimento de sistemas de gestão ambiental e empresarial voltados para a melhoria dos processos produtivos e ao reaproveitamento dos resíduos.

Conforme se observa, cuida-se de um rol de objetivos que se almeja induzir ou instigar à sua realização, sem prejuízo do que, autoriza-se também a concessão de incentivos econômicos (fiscais, financeiros e creditícios) em razão da própria atividade desenvolvida[72], quais sejam: I – indústrias e entidades dedicadas à reutilização, ao tratamento e à reciclagem de resíduos sólidos produzidos no território nacional; II – projetos relacionados à responsabilidade pelo ciclo de vida dos produtos, prioritariamente em parceria com cooperativas ou outras formas de associação de catadores de materiais reutilizáveis e recicláveis formadas por pessoas físicas de baixa renda; III – empresas dedicadas à limpeza urbana e a atividades a ela relacionadas.

Outrossim, ainda que referido como "incentivo econômico", o legislador viabiliza que o poder público municipal institua incentivos econômicos aos consumidores que participam do sistema de coleta seletiva[73].

6.6. Sistema Nacional de Informações sobre a Gestão dos Resíduos Sólidos (SINIR)

Previsto no inciso XI, do artigo 8º, da Lei 12.305/10, também como ferramenta à Política Nacional de Resíduos Sólidos, a seu respeito cumpre destacar que neste Sistema Nacional de Informações estão envolvidos todos os entes federativos, sendo que a União, os Estados, o Distrito Federal e os Municípios devem organizá-lo e mantê-lo de forma conjunta, articulado com o Sinisa e o Sinima, em que pese seja atribuído ao órgão federal a responsabilidade de sua coordenação, a quem devem ser remetidas, pelos demais entes federativos[74], todas as informações necessárias sobre os resíduos sob sua esfera de competência, na forma e na periodicidade estabelecidas em regulamento[75].

72. Art. 44, da Lei 12.305/10.
73. Art. 35, parágrafo único, da Lei 12.305/10.
74. A exemplo, nos termos do artigo 19, §7º, da Lei 12.305/10, consta que o conteúdo do plano municipal de gestão integrada de resíduos sólidos será disponibilizado para o Sinir.
75. Aliás, o Decreto 7.404/10 regula o SINIR, estabelecendo, inclusive, que haveria de ser implementado no prazo máximo de dois anos a contar da publicação do referido Decreto.

6.7. Cadastro Nacional de Operadores de Resíduos Perigosos

Outro instrumento a se destacar consiste no Cadastro Nacional de Operadores de Resíduos Perigosos, que, previsto no artigo 8º, XV, da Lei 12.305/10, será igualmente ao anterior implantado de forma conjunta pelas autoridades federais, estaduais e municipais, mas coordenado pelo órgão federal competente do Sisnama[76].

Cuida-se de um Cadastro de caráter obrigatório às pessoas jurídicas que operam (em qualquer fase do seu gerenciamento) resíduos perigosos, sendo que, para o cadastramento, estipula o legislador como imprescindível à pessoa jurídica que contenha a figura do responsável técnico pelo gerenciamento dos resíduos perigosos, de seu próprio quadro de funcionários ou contratado, devidamente habilitado, cujos dados serão mantidos atualizados no cadastro.

Trata-se de uma atenção especial voltada àqueles que desenvolvam suas atividades junto a produtos considerados perigosos, impondo-lhes maior rigor de controle e fiscalização, tanto que se exige, dessas pessoas, que elaborem plano de gerenciamento de resíduos perigosos, sem prejuízo de terem que I - manter registro atualizado e facilmente acessível de todos os procedimentos relacionados à implementação e à operacionalização do plano retro mencionado; II - informar anualmente ao órgão competente do Sisnama e, se couber, do SNVS, sobre a quantidade, a natureza e a destinação temporária ou final dos resíduos sob sua responsabilidade; III - adotar medidas destinadas a reduzir o volume e a periculosidade dos resíduos sob sua responsabilidade, bem como a aperfeiçoar seu gerenciamento; IV - informar imediatamente aos órgãos competentes sobre a ocorrência de acidentes ou outros sinistros relacionados aos resíduos perigosos.

Aliás, dada a preocupação quanto aos danos ambientais que dessem produtos podem surgir, prevê o legislador que no licenciamento ambiental de empreendimentos ou atividades que operem com resíduos perigosos, o órgão licenciador do Sisnama pode exigir a contratação de seguro[77] de responsabilidade civil por danos causados ao meio ambiente ou à saúde pública.

7. RESPONSABILIDADE

Um dos principais pontos trazidos pelo legislador quando da elaboração da Lei 12.305/10 consiste na inserção de uma sistemática peculiar de responsabilidade, que, voltando-se a conferir maior efetividade à Política Nacional de Resíduos Sólidos, articula o máximo possível todos os envolvidos com os resíduos sólidos, por todo o ciclo de vida dos produtos[78].

Relativamente à parte de atribuições e competências, no decorrer do texto já foram feitas as abordagens pertinentes, de modo que, neste momento, prima-se para tratar especificadamente quanto à identificação da responsabilidade por eventuais danos que

76. Art. 38, da Lei 12.305/10.
77. Contudo, cuida-se de Instrumento da Política Nacional do Meio Ambiente ainda não regulado.
78. Art. 3º, IV, da Lei 12.305/10 - ciclo de vida do produto: série de etapas que envolvem o desenvolvimento do produto, a obtenção de matérias-primas e insumos, o processo produtivo, o consumo e a disposição final.

venha a decorrer em razão do desrespeito, em linhas gerais, da Política Nacional de Resíduos Sólidos.

Nesse sentido, o legislador, em consonância com o artigo 225, §3º, da CF/88, foi expresso quanto à *tríplice responsabilidade* a que se submetem as pessoas físicas ou jurídicas quando atuarem em desrespeito à Política Nacional de Resíduos Sólidos, em especial com o advento de dano, sendo que, sem prejuízo da obrigação de, independentemente da existência de culpa, reparar os danos causados (responsabilidade civil objetiva), a ação ou omissão das pessoas físicas ou jurídicas que importe inobservância aos preceitos desta Lei ou de seu regulamento sujeita os infratores às sanções previstas em lei, em especial às fixadas na Lei nº 9.605, de 12 de fevereiro de 1998 (que dispõe sobre as sanções penais e administrativas derivadas de condutas e atividades lesivas ao meio ambiente, e dá outras providências), e em seu regulamento[79].

Devidamente identificadas no decorrer do texto, destacaram-se as pessoas físicas ou jurídicas (setor privado) responsáveis pela elaboração, implementação e operacionalização integral do plano de gerenciamento de resíduos sólidos, sendo que, respondendo, portanto, pelo advento de eventual irregularidade, não se eximirão da responsabilidade por danos que vierem a ser provocados pelo gerenciamento inadequado dos respectivos resíduos ou rejeitos, ainda que realizem a contratação de serviços de coleta, armazenamento, transporte, transbordo, tratamento ou destinação final de resíduos sólidos, ou de disposição final de rejeitos[80].

Outro detalhe interessante da lei refere-se ao gerador de resíduos sólidos domiciliares (resíduos originários de atividades domésticas em residências urbanas) – onde se situa, principalmente, o consumidor comum –, em que a lei é expressa quanto à sua responsabilidade pela adequada destinação dos resíduos do produto por ele consumido, seja adequando-se ao sistema de *coleta seletiva* (acondicionando adequadamente e de forma diferenciada os resíduos sólidos gerados; ou disponibilizando adequadamente os resíduos sólidos reutilizáveis e recicláveis para coleta ou devolução), seja promovendo a regular devolução de produtos que se insere na sistemática da *logística reversa*.

A seu respeito, considera-se ser ele (consumidor) responsável por este resíduo desde o primeiro momento que assumiu a posse, até o exato momento em que providenciou a regular destinação, quando considera-se cessada a sua responsabilidade. Do contrário, caso atue irregularmente neste interstício, ou mesmo não adote as providências que lhe incumbe de coleta seletiva, ou não realize a adequada devolução, certamente poderá ser acionado, em especial se de sua ilicitude advier algum dano concreto.

Ademais, há ainda uma peculiar responsabilidade atribuída ao Poder Público, dita como *subsidiária*, sendo que, dada a importância do tema, e a repercussão dos danos, determina o legislador que cabe ao poder público atuar, subsidiariamente, com vistas a minimizar ou cessar o dano, logo que tome conhecimento de evento lesivo ao meio ambiente ou à saúde pública relacionado ao gerenciamento de resíduos sólidos[81].

79. Art. 51, da Lei 12.305/10.
80. Art. 27, da Lei 12.305/10.
81. Art. 29, da Lei 12.305/10.

Assim, tal responsabilidade surge quando houver irregularidade gerenciamento (e não da geração) de resíduos sólidos, isto é, nas etapas de coleta, transporte, transbordo, tratamento e destinação final ambientalmente adequada dos resíduos sólidos e disposição final ambientalmente adequada dos rejeitos, a exemplo de se detectar o vazamento de navio, acidente de caminhão em rodovia, interrupção de serviços de coleta de lixo[82], etc.

Diz-se subsidiária, uma vez que, até por força da lei, ao Poder Público é imposto atuar quando o empreendedor que incorrer na irregularidade comportar-se de forma omissa ou ineficiente para cessar ou minimizar o dano ao meio ambiente ou à saúde pública.

Sem prejuízo, e até por questão lógica, é assegurado ao Poder Público o direito de regresso contra os responsáveis, referentes aos gastos decorrentes das ações empreendidas.

7.1. Responsabilidade compartilhada[83]

Prevista desde o início como um princípio da Política Nacional de Resíduos Sólidos[84], institui-se a responsabilidade compartilhada pelo ciclo de vida dos produtos, a ser implementada de forma individualizada e encadeada, abrangendo os fabricantes, importadores, distribuidores e comerciantes, os consumidores e os titulares dos serviços públicos de limpeza urbana e de manejo de resíduos sólidos[85].

Aliás, o próprio legislador teve o cuidado, para não pairarem dúvidas, de definir que responsabilidade compartilhada é o conjunto de atribuições individualizadas e encadeadas dos fabricantes, importadores, distribuidores e comerciantes, dos consumidores e dos titulares dos serviços públicos de limpeza urbana e de manejo dos resíduos sólidos, para minimizar o volume de resíduos sólidos e rejeitos gerados, bem como para reduzir os impactos causados à saúde humana e à qualidade ambiental decorrentes do ciclo de vida dos produtos.

A bem da verdade, a fixação de responsabilidade compartilhada representa um melhor detalhamento da responsabilidade inaugurada pelo legislador quando da elaboração do Código de Defesa do Consumidor, porém agora com um certo aprimoramento, trazendo a temática, inclusive, para o campo preventivo, conforme se nota de seus objetivos, quais sejam: I – compatibilizar interesses entre os agentes econômicos e sociais e os processos de gestão empresarial e mercadológica com os de gestão ambiental, desenvolvendo estratégias sustentáveis; II – promover o aproveitamento de resíduos sólidos, direcionando-os para a sua cadeia produtiva ou para outras cadeias produtivas; III – reduzir a geração

82. A exemplo, no julgamento pelo TJ/SP na apelação 0004156-29.2009.8.26.0224 (Dje 28/08/2013) verifica-se um exemplo no qual pautou-se pelo dispositivo em tela, para impor ao Município de Guarulhos que dê continuidade no serviço de coleta de lixo hospitalar, sendo que, por conta da falha da empresa contratada, a descontinuidade na prestação do serviço implicaria em dano à saúde pública.

83. Cumpre esclarecer que não se trata, exatamente, de uma abordagem referente à responsabilidade a ser imposta pela irregularidade de comportamentos, mas uma análise da própria definição das competências que são distribuídas durante o ciclo de vida do produto, de modo que, cada envolvido deve responder pela parte da contribuição que lhe compete.

84. Art. 6º, VII, da Lei 12.305/10.

85. Art. 30, da Lei 12.305/10.

de resíduos sólidos, o desperdício de materiais, a poluição e os danos ambientais; IV – incentivar a utilização de insumos de menor agressividade ao meio ambiente e de maior sustentabilidade; V – estimular o desenvolvimento de mercado, a produção e o consumo de produtos derivados de materiais reciclados e recicláveis; VI – propiciar que as atividades produtivas alcancem eficiência e sustentabilidade; VII – incentivar as boas práticas de responsabilidade socioambiental.

Tamanha a preocupação que o legislador fixou que, no mínimo, devem os fabricantes, importadores, distribuidores e comerciantes, promover: I – investimento no desenvolvimento, na fabricação e na colocação no mercado de produtos: a) que sejam aptos, após o uso pelo consumidor, à reutilização, à reciclagem ou a outra forma de destinação ambientalmente adequada; b) cuja fabricação e uso gerem a menor quantidade de resíduos sólidos possível; II – divulgação de informações relativas às formas de evitar, reciclar e eliminar os resíduos sólidos associados a seus respectivos produtos; III – recolhimento dos produtos e dos resíduos remanescentes após o uso, assim como sua subsequente destinação final ambientalmente adequada, no caso de produtos objeto de sistema de logística reversa na forma do art. 33; IV – compromisso de, quando firmados acordos ou termos de compromisso com o Município, participar das ações previstas no plano municipal de gestão integrada de resíduos sólidos, no caso de produtos ainda não inclusos no sistema de logística reversa.

As próprias embalagens dos produtos devem[86] ser fabricadas com materiais que propiciem a reutilização ou a reciclagem, sem prejuízo de serem: I – restritas em volume e peso às dimensões requeridas à proteção do conteúdo e à comercialização do produto; II – projetadas de forma a serem reutilizadas de maneira tecnicamente viável e compatível com as exigências aplicáveis ao produto que contêm; III – recicladas, se a reutilização não for possível.

Cuida-se, portanto, de uma clara aplicação do princípio do poluidor-pagador, impondo obrigações no decorrer da cadeia produtiva, que, de cunho tutela preventiva, busca-se, ao menos, reduzir a produção de resíduos sólidos, e, se produzidos, que haja prioritariamente a sua reinserção na produção.

Aliás, ressalta-se ser dentro da sistemática de responsabilidade compartilhada que se materializam as ferramentas *logística reversa* e *coleta seletiva*, com as definições de responsabilidades (atribuições) de cada ator envolvido.

Ademais, há uma atenção específica quanto aos serviços públicos de *limpeza urbana e de manejo de resíduos sólidos*, sendo que, no âmbito da responsabilidade compartilhada pelo ciclo de vida dos produtos, cabe ao seu titular, sem prejuízo do respeito ao plano municipal de gestão integrada de resíduos sólidos, promover as seguintes providências: I – adotar procedimentos para reaproveitar os resíduos sólidos reutilizáveis e recicláveis oriundos dos serviços públicos de limpeza urbana e de manejo de resíduos sólidos; II –

86. Cuida-se de uma obrigação que envolve tanto aquele que (I) manufatura embalagens ou fornece materiais para a fabricação de embalagens; como também aquele que (II) coloca em circulação embalagens, materiais para a fabricação de embalagens ou produtos embalados, em qualquer fase da cadeia de comércio.

estabelecer sistema de coleta seletiva; III – articular com os agentes econômicos e sociais medidas para viabilizar o retorno ao ciclo produtivo dos resíduos sólidos reutilizáveis e recicláveis oriundos dos serviços de limpeza urbana e de manejo de resíduos sólidos; IV – realizar as atividades definidas por acordo setorial ou termo de compromisso, mediante a devida remuneração pelo setor empresarial; V – implantar sistema de compostagem para resíduos sólidos orgânicos e articular com os agentes econômicos e sociais formas de utilização do composto produzido; VI – dar disposição final ambientalmente adequada aos resíduos e rejeitos oriundos dos serviços públicos de limpeza urbana e de manejo de resíduos sólidos.

Aliás, atento à visão sistêmica na gestão de resíduos, bem como em reconhece-los como um bem econômico e de valor social, gerador de trabalho e renda e promotor de cidadania, determina o legislador que, nessa seara, seja priorizada a organização e o funcionamento de cooperativas ou de outras formas de associação de catadores de materiais reutilizáveis e recicláveis formadas por pessoas físicas de baixa renda, bem como sua contratação (é dispensável de licitação, nos termos do art. 24, XXVII, Lei 8.666/93).

7.2. Proibições legais

Ainda na temática de responsabilidades, além de tudo, houve por bem o legislador em expressamente vedar[87], dentre as diversas formas de destinação ou disposição final de resíduos sólidos ou rejeitos:

I – lançamento em praias, no mar ou em quaisquer corpos hídricos;

Quanto à esta primeira hipótese de vedação, há uma exceção, consiste em não ser considerada, como corpo hídrico, as bacias de decantação de resíduos ou rejeitos industriais ou de mineração, devidamente licenciadas pelo órgão competente do Sisnama, desde que devidamente impermeabilizadas.

II – lançamento *in natura* a céu aberto, excetuados os resíduos de mineração;

III – queima a céu aberto ou em recipientes, instalações e equipamentos não licenciados para essa finalidade;

Para esta hipótese, há exceção quando for decretada emergência sanitária, hipótese em que a queima de resíduos a céu aberto pode ser realizada, desde que autorizada e acompanhada pelos órgãos competentes do Sisnama, do SNVS e, quando couber, do Suasa[88].

IV – outras formas vedadas pelo poder público[89].

Ademais, há vedação legal também quanto a eventuais atividades que se buscam fazer nas áreas de disposição final de resíduos ou rejeitos, vedando-se: I – utilização dos rejeitos dispostos como alimentação; II – catação, observado o disposto no inciso V do

87. Art.47, da Lei 12.305/10.
88. Art. 47, §1°, da Lei 12.305/10.
89. Frise-se consistir, pois, num rol exemplificativo.

art. 17[90]; III – criação de animais domésticos; IV – fixação de habitações temporárias ou permanentes; V – outras atividades vedadas pelo poder público.

Assim, nos locais onde é permitida a disposição de resíduos ou rejeitos, tradicionais *lixões*, preocupa-se o legislador quanto à presença de pessoas que para ali se deslocam no intuito de buscar alimentos, fixarem habitação, etc.

Por fim, há expressa proibição legal quanto à importação de resíduos sólidos perigosos e rejeitos, bem como de resíduos sólidos cujas características causem dano ao meio ambiente, à saúde pública e animal e à sanidade vegetal, ainda que para tratamento, reforma, reúso, reutilização ou recuperação[91].

7.3. Responsabilidade por áreas órfãs

Por fim, e dada a peculiaridade do ponto, é mister abordar o tratamento jurídico dispensado pelo legislador às áreas, por ele denominadas, como áreas órfãs, que, na definição legal, consistem em locais contaminados cujos responsáveis por esta irregularidade (disposição) não sejam identificáveis ou individualizáveis[92].

Com efeito, cuida-se da área contaminada (local onde há contaminação causada pela disposição, regular ou irregular, de quaisquer substâncias ou resíduos), mas que se desconhece, com precisão, quem seja o responsável pela disposição do material.

Nessa esteira, assim é considerada quando a degradação adveio da conduta de alguém que seja desconhecido, ou, de várias pessoas que, a despeito de sabidas, não é possível precisar a contribuição de cada um.

É bem verdade que cuida-se de um argumento furtivo diversas vezes utilizados por proprietários quando acionados por irregularidades ambientais em sua propriedade, sob o argumento de que seriam desconhecidos realizando o despejo (disposição) de materiais.

Contudo, pela definição do sentido de "área órfã", bem como considerando o tratamento disciplinado tanto pelo artigo 41, como pelo 42, ambos da Lei 12.305/10, percebe-se que, neste momento, a atenção do legislador é exatamente quanto à disposição, e, mais, com a descontaminação da área.

Daí, prima-se para que, sem prejuízo das iniciativas de outras esferas governamentais, o Governo Federal se estruture e mantenha instrumentos e atividades voltados para pro-

---

90. De se observar que tal previsão vai de encontro com a necessária concretização das metas, previstas no plano estadual de resíduos sólidos, para a eliminação e recuperação de lixões, associadas à inclusão social e à emancipação econômica de catadores de materiais reutilizáveis e recicláveis.

91. Cuida-se de vedação em perfeita sintonia com a decisão proferida pelo STF, ao apreciar a ADPF 101 (cujo julgamento, proferido em 24 de junho de 2009, é anterior à edição da Lei 12.305/10), vedando-se importações de pneus usados, ainda que oriunda do Mercosul. Frise-se que referida ADPF teve por propósito apreciar essa questão (importação de pneus usados), com a declaração de constitucionalidade de diversas normas até então existentes no país (de vários Estados), que, igualmente, traziam tal vedação, mas que frequentemente eram questionadas, sendo que, ainda, alcançou a coisa julgada de anteriores decisões judiciais, com efeitos ainda não exauridos, para que não mais produzissem seus efeitos, em especial de liberar a importação.

92. Art. 3º III, da Lei 12.305/10.

mover a descontaminação de áreas órfãs. E, mais, se, após a descontaminação realizada com recursos do Governo Federal ou de outro ente da Federação, forem identificados os responsáveis pela contaminação, estes ressarcirão integralmente o valor empregado ao poder público (direito de regresso).

Em arremate, frise-se que o legislador prevê expressamente a possibilidade de o poder público instituir medidas indutoras e linhas de financiamento para atender, prioritariamente, às iniciativas de descontaminação de áreas contaminadas, incluindo as áreas órfãs, de modo a tomar o auxilio do particular para tanto.

8. SÚMULAS E ORIENTAÇÕES JURISPRUDENCIAIS (STJ E STF)

(STF – ADI 4066 / DF – Julg.: 24.08.2017)

EMENTA AÇÃO DIRETA DE INCONSTITUCIONALIDADE. ART. 2º, CAPUT E PARÁGRAFO ÚNICO, DA LEI Nº 9.055/1995. EXTRAÇÃO, INDUSTRIALIZAÇÃO, UTILIZAÇÃO, COMERCIALIZAÇÃO E TRANSPORTE DO ASBESTO/AMIANTO E DOS PRODUTOS QUE O CONTENHAM. AMIANTO CRISOTILA. LESIVIDADE À SAÚDE HUMANA. ALEGADA INEXISTÊNCIA DE NÍVEIS SEGUROS DE EXPOSIÇÃO. LEGITIMIDADE ATIVA AD CAUSAM. ASSOCIAÇÃO NACIONAL DOS PROCURADORES DO TRABALHO – ANPT. ASSOCIAÇÃO NACIONAL DOS MAGISTRADOS DA JUSTIÇA DO TRABALHO – ANAMATRA. ART. 103, IX, DA CONSTITUIÇÃO DA REPÚBLICA. REPRESENTATIVIDADE NACIONAL. PERTINÊNCIA TEMÁTICA. MÉRITO. AMIANTO. VARIEDADE CRISOTILA (ASBESTO BRANCO). FIBRA MINERAL. CONSENSO MÉDICO ATUAL NO SENTIDO DE QUE A EXPOSIÇÃO AO AMIANTO TEM, COMO EFEITO DIRETO, A CONTRAÇÃO DE DIVERSAS E GRAVES MORBIDADES. RELAÇÃO DE CAUSALIDADE. RECONHECIMENTO OFICIAL. PORTARIA Nº 1.339/1999 DO MINISTÉRIO DA SAÚDE. POSIÇÃO DA ORGANIZAÇÃO MUNDIAL DA SAÚDE – OMS. RISCO CARCINOGÊNICO DO ASBESTO CRISOTILA. INEXISTÊNCIA DE NÍVEIS SEGUROS DE EXPOSIÇÃO. LIMITES DA COGNIÇÃO JURISDICIONAL. QUESTÃO JURÍDICO-NORMATIVA E QUESTÕES DE FATO. ANÁLISE DA JURISPRUDÊNCIA. ART. 2º DA LEI Nº 9.055/1995. FONTE POSITIVA DA AUTORIZAÇÃO PARA EXPLORAÇÃO ECONÔMICA DO ASBESTO CRISOTILA. LEI Nº 9.976/2000. LEGISLAÇÃO FEDERAL ESPECÍFICA E POSTERIOR. INDÚSTRIA DE CLORO. USO RESIDUAL. TRANSIÇÃO TECNOLÓGICA. SITUAÇÃO ESPECÍFICA NÃO ALCANÇADA PELA PRESENTE IMPUGNAÇÃO. TOLERÂNCIA AO USO DO AMIANTO CRISOTILA NO ART. 2º DA LEI Nº 9.055/1995. EQUACIONAMENTO. LIVRE INICIATIVA. DIGNIDADE DA PESSOA HUMANA. VALOR SOCIAL DO TRABALHO. DIREITO À SAÚDE. DIREITO AO MEIO AMBIENTE ECOLOGICAMENTE EQUILIBRADO. DESENVOLVIMENTO ECONÔMICO, PROGRESSO SOCIAL E BEM-ESTAR COLETIVO. LIMITES DOS DIREITOS FUNDAMENTAIS. COMPATIBILIZAÇÃO. ARTS. 1º, IV, 170, CAPUT, 196 E 225, CAPUT E § 1º, V, DA CF. AUDIÊNCIA PÚBLICA (ADI 3.937/SP) E AMICI CURIAE. CONTRIBUIÇÕES AO DEBATE. JURISPRUDÊNCIA DO ÓRGÃO DE APELAÇÃO DA ORGANIZAÇÃO INTERNACIONAL DO COMÉRCIO – OMC. PROIBIÇÃO À IMPORTAÇÃO DE ASBESTO. MEDIDA JUSTIFICADA. ART. XX DO ACORDO GERAL SOBRE TARIFAS E COMÉRCIO – GATT. PROTEÇÃO DA VIDA E DA SAÚDE HUMANA. CONVENÇÕES NºS 139 E 162 DA OIT. CONVENÇÃO DE BASILEIA SOBRE O CONTROLE DE MOVIMENTOS TRANSFRONTEIRIÇOS DE RESÍDUOS PERIGOSOS E SEU DEPÓSITO. REGIMES PROTETIVOS DE DIREITOS FUNDAMENTAIS. SUPRALEGALIDADE. COMPROMISSOS INTERNACIONAIS. INOBSERVÂNCIA. ART. 2º DA LEI Nº 9.055/1995. PROTEÇÃO INSUFICIENTE. ARTS. 6º, 7º, XXII, 196 E 225 DA CONSTITUIÇÃO DA REPÚBLICA. QUÓRUM CONSTITUÍDO POR NOVE MINISTROS, CONSIDERADOS OS IMPEDIMENTOS. CINCO VOTOS PELA PROCEDÊNCIA E QUATRO VOTOS PELA IMPROCEDÊNCIA. ART. 97 DA CONSTITUIÇÃO DA REPÚBLICA. ART. 23 DA LEI Nº 9.868/1999. NÃO ATINGIDO O QUÓRUM PARA PRONÚNCIA DA INCONSTITUCIONALIDADE DO ART. 2º DA LEI Nº 9.055/1995. 1. Evidenciada a representatividade nacional das entidades de classe autoras, nos moldes do art. 103, IX, da Constituição da República e do art. 2º, IX, da Lei nº 9.868/1999. Atendido o requisito da pertinência temática, presente a correlação entre a norma impugnada e as finalidades institucionais das associações autoras. Discussão envolvendo matéria ínsita ao campo de atuação institucional tanto da magistratura do trabalho quanto dos membros do Ministério Público do Trabalho, a saber, a alegada existência de consenso médico-científico no tocante ao efeito prejudicial da exploração do amianto crisotila para a saúde dos trabalhadores da indústria e da mineração, questão de saúde, higiene e segurança do trabalho. Precedente: ADI 5458 (Relator Ministro Luiz Fux, Tribunal Pleno, DJe 02.8.2017). Preliminar de ilegitimidade ativa ad causam rejeitada. 2. O consenso médico atual identifica, para além de qualquer dúvida razoável, a contração de diversas doenças graves como efeito direto da exposição ao amianto. A Portaria nº 1.339/1999 do Ministério da Saúde imprime reconhecimento oficial à relação de causalidade entre a exposição ao asbesto ou amianto, inclusive da variedade crisotila, e as seguintes doenças: neoplasia maligna do estômago, neoplasia maligna da laringe, neoplasia maligna dos brônquios e do pulmão, mesotelioma da pleura, mesotelioma do peritônio, mesotelioma do pericárdio, placas epicárdicas ou pericárdicas, asbestose, derrame pleural e placas pleurais. 3. Posição oficial da Organização Mundial da Saúde – OMS no sentido de que: (a) todos os tipos de amianto causam câncer no ser humano, não tendo sido identificado limite algum para o risco carcinogênico do crisotila; (b) o aumento do risco de desenvolvimento de câncer tem sido observado mesmo em populações submetidas a níveis muito baixos de exposição; (c) o meio mais eficiente de eliminar as doenças relacionadas ao mineral é eliminar o uso de todos os tipos de asbesto. 4. Risco significativo de exposição presente não apenas na cadeia produtiva do amianto, mas também para familiares que vivem com trabalhadores desse setor, para a população nas proximidades de minas e indústrias de amianto, para a população consumidora de produtos finais contendo amianto na composição e para pessoas expostas a rejeitos ou descartes de materiais contendo amianto. Quadro justificador da adoção de instrumentos normativos, nos planos doméstico e internacional, voltados ao controle e eliminação progressiva do uso do amianto. 5. Limites da cognição jurisdicional. Residem fora da alçada do Supremo Tribunal Federal os juízos de natureza técnico-científica sobre questões de fato, acessíveis pela investigação técnica e científica, como a nocividade ou o nível de nocividade da exposição ao amianto crisotila e a viabilidade da sua exploração econômica segura. A tarefa da Corte – de caráter normativo – há de se fazer inescapavelmente embasada nas conclusões da comunidade científica – de natureza descritiva. Questão jurídica a decidir: se, em face do que afirma o consenso médico e científico atual, a exploração do amianto crisotila, na forma como autorizada pela Lei nº 9.055/1995, é compatível com a escolha política, efetuada pelo Poder Constituinte, de assegurar, a todos os brasileiros, os direitos à saúde e à fruição de um meio ambiente ecologicamente equilibrado. Precedente: ADPF 101 (Relatora Ministra Cármen Lúcia, Tribunal Pleno, DJe 24.6.2009). 6. Análise da jurisprudência: ADI 2.396/MS, Relatora Ministra Ellen Gracie, Tribunal Pleno, DJ 01.8.2003; ADI 2.656/SP, Relator Ministro Maurício Corrêa, Tribunal Pleno, DJ 01.8.2003; ADI 3.937-MC/SP, Relator Ministro Marco Aurélio, Tribunal Pleno, DJ 10.10.2008. Art. 2º da Lei nº 9.055/1995 como fonte positiva da autorização para a extração, a industrialização, a comercialização e a utilização do asbesto/amianto da variedade crisotila (asbesto branco). 7. O uso residual e transitório do amianto crisotila na indústria química para a obtenção de cloro pelo processo de eletrólise com diafragma de amianto é disciplinado em legislação específica e posterior à Lei nº 9.055/1995 (Lei nº 9.976/2000), não objeto da presente impugnação. 8. Legitimidade constitucional da tolerância ao uso do amianto crisotila, como estampada no preceito impugnado, equacionada à luz da livre iniciativa, da dignidade da pessoa humana, do valor social do trabalho, do direito à saúde e do direito ao meio ambiente ecologicamente equilibrado. Desenvolvimento econômico, progresso social e bem-estar coletivo. A Constituição autoriza a imposição de limites aos direitos fundamentais quando necessários à conformação com outros direitos fundamentais igualmente protegidos. O direito fundamental à liberdade de iniciativa (arts. 1º, IV, e 170, caput, da CF) há de ser compatibilizado com a proteção da saúde e a preservação do meio ambiente. Precedente: AC 1.657, Tribunal Pleno, Relator Ministro Cezar Peluso, DJe 30.8.2007. Dever estatal de agir positivamente quanto à regulação da utilização, na indústria, de matérias-primas comprovadamente nocivas à saúde humana. A cláusula constitucional da proteção à saúde constrange e ampara o legislador – Federal, Estadual, Distrital e Municipal – ao excluir previamente certos arranjos normativos, com ela incompatíveis, do leque de escolhas políticas possíveis, ao mesmo tempo em que cria uma esfera de legitimação para intervenções político-normativas que, democraticamente legitimadas, traduzem inferências autorizadas pelo preceito constitucional. 9. O art. 225, § 1º, V, da CF (a) legitima medidas de controle da produção, da comercialização e do emprego de técnicas, métodos e substâncias que comportam risco para a vida, a qualidade de vida e o meio ambiente, sempre que necessárias, adequadas e suficientes para assegurar a efetividade do direito fundamental ao meio ambiente ecologicamente equilibrado; (b) deslegitima, por insuficientes, medidas incapazes de aliviar satisfatoriamente o risco gerado para a vida, para a qualidade de vida e para o meio ambiente; e (c) ampara eventual vedação, banimento ou proibição dirigida a técnicas, métodos e substâncias, quando nenhuma outra medida de controle se mostrar efetiva. 10. Contribuições ao debate trazidas em audiência pública (ADI 3.937/SP) e por amici curiae. Estado da arte da pesquisa médico-científica. Dados e subsídios técnicos a referendar, no seu conjunto, a conclusão de que, no estágio atual, o conhecimento científico acumulado permite afirmar, para além da dúvida razoável, a nocividade do amianto crisotila à saúde humana e ao meio ambiente. Consenso técnico e científico hoje estabelecido, no tocante às premissas fáticas de que (i) todos os tipos de amianto provocam câncer, não tendo sido identificado nenhum limite para o risco carcinogênico do crisotila, e (ii) a sua substituição, para os usos regulados pela Lei nº 9.055/1995, se mostra absolutamente viável sob o aspecto econômico. 11. Convenção nº 139 da OIT, sobre a Prevenção e o Controle de Riscos Profissionais causados pelas Substâncias ou Agentes Cancerígenos. Convenção nº 162 da OIT, sobre o uso do asbesto. Resolução da OIT sobre o Asbesto (2006). Convenção de Basileia sobre o Controle de Movimentos Transfronteiriços de Resíduos Perigosos e seu Depósito. Status de supralegalidade dos regimes protetivos de direitos fundamentais. Inobservância das obrigações, assumidas no plano internacional, de (i) promover a redução dos níveis de exposição de forma consistente e progressiva, (ii) substituir, sempre que possível, o uso do amianto crisotila por materiais menos perigosos e (iii) reduzir a geração de resíduos perigosos ao mínimo possível. 12. A jurisprudência do Órgão de Apelação da Organização Internacional do Comércio – OMC é no sentido de que a proibição à importação de asbesto e de produtos que o contenham, em legislação doméstica, é consistente com acordos celebrados no âmbito da OMC, não configura discriminação arbitrária nem injustificada, tampouco restrição disfarçada ao comércio internacional, e tem amparo no Artigo XX do Acordo Geral sobre Tarifas e Comércio – GATT, que autoriza medidas restritivas ao comércio que sejam necessárias para proteger a vida ou a saúde humana, no Acordo sobre a Aplicação de Medidas Sanitárias e Fitossanitárias e no Acordo Sobre Barreiras Técnicas ao Comércio. 13. À luz do conhecimento científico acumulado sobre a extensão dos efeitos nocivos do amianto para a saúde e o meio ambiente e à evidência da ineficácia das medidas de controle nela contempladas, a tolerância ao uso do amianto crisotila, tal como positivada no art. 2º da Lei nº 9.055/1995, não protege adequada e suficientemente os direitos fundamentais à saúde e ao meio ambiente equilibrado (arts. 6º, 7º, XXII, 196, e 225 da CF), tampouco se alinha aos compromissos internacionais de caráter supralegal assumidos pelo Brasil e que moldaram o conteúdo desses direitos, especialmente as Convenções nºs 139 e 162 da OIT e a Convenção de Basileia. Juízo de procedência da ação no voto da Relatora. 14. Quórum de julgamento constituído por nove Ministros, considerados os impedimentos. Cinco votos pela procedência da ação direta, a fim de declarar a inconstitucionalidade, por proteção deficiente, da tolerância ao uso do amianto crisotila, da forma como encartada no art. 2º da Lei nº 9.055/1995, em face dos arts. 7º, XXII, 196 e 225 da Constituição da República. Quatro votos pela improcedência. Não atingido o quórum de seis votos (art. 23 da Lei nº 9.868/1999), maioria absoluta (art. 97 da Constituição da República), para proclamação da constitucionalidade ou inconstitucionalidade do dispositivo impugnado, a destituir de eficácia vinculante o julgado. 15. Ação direta de inconstitucionalidade conhecida e, no mérito, não atingido o quórum exigido pelo art. 97 da Constituição da República para a pronúncia da inconstitucionalidade do art. 2º da Lei nº 9.055/1995.

(STF- ADPF 101 / DF – Julg.: 24/06/2009)

EMENTA: ARGÜIÇÃO DE DESCUMPRIMENTO DE PRECEITO FUNDAMENTAL: ADEQUAÇÃO. OBSERVÂNCIA DO PRINCÍPIO DA SUBSIDIARIEDADE. ARTS. 170, 196 E 225 DA CONSTITUIÇÃO DA REPÚBLICA. CONSTITUCIONALIDADE DE ATOS NORMATIVOS PROIBITIVOS DA IMPORTAÇÃO DE PNEUS USADOS. RECICLAGEM DE PNEUS USADOS: AUSÊNCIA DE ELIMINAÇÃO TOTAL DE SEUS EFEITOS NOCIVOS À SAÚDE E AO MEIO AMBIENTE EQUILIBRADO. AFRONTA AOS PRINCÍPIOS CONSTITUCIONAIS DA SAÚDE E DO MEIO AMBIENTE ECOLOGICAMENTE EQUILIBRADO. COISA JULGADA COM CONTEÚDO EXECUTADO OU EXAURIDO: IMPOSSIBILIDADE DE ALTERAÇÃO. DECISÕES JUDICIAIS COM CONTEÚDO INDETERMINADO NO TEMPO: PROIBIÇÃO DE NOVOS EFEITOS A PARTIR DO JULGAMENTO. ARGUIÇÃO JULGADA PARCIALMENTE PROCEDENTE. 1. Adequação da arguição pela correta indicação de preceitos fundamentais atingidos, a saber, o direito à saúde, direito ao meio ambiente ecologicamente equilibrado (arts. 196 e 225 da Constituição Brasileira) e a busca de desenvolvimento econômico sustentável: princípios constitucionais da livre iniciativa e da liberdade de comércio interpretados e aplicados em harmonia com o do desenvolvimento social saudável. Multiplicidade de ações judiciais, nos diversos graus de jurisdição, nas quais se têm interpretações e decisões divergentes sobre a matéria: situação de insegurança jurídica acrescida da ausência de outro meio processual hábil para solucionar a polêmica pendente: observância do princípio da subsidiariedade. Cabimento da presente ação. 2. Argüição de descumprimento dos preceitos fundamentais constitucionalmente estabelecidos: decisões judiciais nacionais permitindo a importação de pneus usados de Países que não compõem o Mercosul: objeto de contencioso na Organização Mundial do Comércio – OMC, a partir de 20.6.2005, pela Solicitação de Consulta da União Europeia ao Brasil. 3. Crescente aumento da frota de veículos no mundo a acarretar também aumento de pneus novos e, consequentemente, necessidade de sua substituição em decorrência do seu desgaste. Necessidade de destinação ecologicamente correta dos pneus usados para submissão dos procedimentos às normas constitucionais e legais vigentes. Ausência de eliminação total dos efeitos nocivos da destinação dos pneus usados, com malefícios ao meio ambiente: demonstração pelos dados. 4. Princípios constitucionais (art. 225) a) do desenvolvimento sustentável e b) da equidade e responsabilidade intergeracional. Meio ambiente ecologicamente equilibrado: preservação para a geração atual e para as gerações futuras. Desenvolvimento sustentável: crescimento econômico com garantia paralela e superiormente respeitada da saúde da população, cujos direitos devem ser observados em face das necessidades atuais e daquelas previsíveis e a serem prevenidas para garantia e respeito às gerações futuras. Atendimento ao princípio da precaução, acolhido constitucionalmente, harmonizado com os demais princípios da ordem social e econômica. 5. Direito à saúde: o depósito de pneus ao ar livre, inexorável com a falta de utilização dos pneus inservíveis, fomentado pela importação é fator de disseminação de doenças tropicais. Legitimidade e razoabilidade da atuação estatal preventiva, prudente e precavida, na adoção de políticas públicas que evitem causas do aumento de doenças graves ou contagiosas. Direito à saúde: bem não patrimonial, cuja tutela se impõe de forma inibitória, preventiva, impedindo-se atos de importação de pneususados, idêntico procedimento adotado pelos Estados desenvolvidos, que deles se livram. 6. Recurso Extraordinário n. 202.313, Relator o Ministro Carlos Velloso, Plenário, DJ 19.12.1996, e Recurso Extraordinário n. 203.954, Relator o Ministro Ilmar Galvão, Plenário, DJ 7.2.1997: Portarias emitidas pelo Departamento de Comércio Exterior do Ministério do Desenvolvimento, Indústria e Comércio Exterior – Decex harmonizadas com o princípio da legalidade; fundamento direto no art. 237 da Constituição da República. 7. Autorização para importação de remoldados provenientes de Estados integrantes do Mercosul limitados ao produto final, pneu, e não às carcaças: determinação do Tribunal ad hoc, à qual teve de se submeter o Brasil em decorrência dos acordos firmados pelo bloco econômico: ausência de tratamento discriminatório nas relações comerciais firmadas pelo Brasil. 8. Demonstração de que: a) os elementos que compõem o pneus, dando-lhe durabilidade, é responsável pela demora na sua decomposição quando descartado em aterros; b) a dificuldade de seu armazenamento impele a sua queima, o que libera substâncias tóxicas e cancerígenas no ar; c) quando compactados inteiros, os pneus tendem a voltar à sua forma original e retornam à superfície, ocupando espaços que são escassos e de grande valia, em especial nas grandes cidades; d) pneus inservíveis e descartados a céu aberto são criadouros de insetos e outros transmissores de doenças; e) o alto índice calorífico dos pneus, interessante para as indústrias cimenteiras, quando queimados a céu aberto se tornam focos de incêndio difíceis de extinguir, podendo durar dias, meses e até anos; f) o Brasil produz pneus usados em quantitativo suficiente para abastecer as fábricas de remoldagem de pneus, do que decorre não faltar matéria-prima a impedir a atividade econômica. Ponderação dos princípios constitucionais: demonstração de que a importação de pneus usados ou remoldados afronta os preceitos constitucionais de saúde e do meio ambiente ecologicamente equilibrado (arts. 170, inc. I e VI e seu parágrafo único, 196 e 225 da Constituição do Brasil). 9. Decisões judiciais com trânsito em julgado, cujo conteúdo já tenha sido executado e exaurido o seu objeto não são desfeitas: efeitos acabados. Efeitos cessados de decisões judiciais pretéritas, com indeterminação temporal quanto à autorização concedida para importação de pneus: proibição a partir deste julgamento por submissão ao que decidido nesta arguição. 10. Arguição de Descumprimento de Preceito Fundamental julgada parcialmente procedente.

9. LEGISLAÇÃO ESPECÍFICA CORRELATA

- **Lei 12.305/2010**

(Institui a Política Nacional de Resíduos Sólidos)

Art. 1º Esta Lei institui a Política Nacional de Resíduos Sólidos, dispondo sobre seus princípios, objetivos e instrumentos, bem como sobre as diretrizes relativas à gestão integrada e ao gerenciamento de resíduos sólidos, incluídos os perigosos, às responsabilidades dos geradores e do poder público e aos instrumentos econômicos aplicáveis.

§ 1º Estão sujeitas à observância desta Lei as pessoas físicas ou jurídicas, de direito público ou privado, responsáveis, direta ou indiretamente, pela geração de resíduos sólidos e as que desenvolvam ações relacionadas à gestão integrada ou ao gerenciamento de resíduos sólidos.

§ 2º Esta Lei não se aplica aos rejeitos radioativos, que são regulados por legislação específica.

Art. 2º Aplicam-se aos resíduos sólidos, além do disposto nesta Lei, nas Leis nos 11.445, de 5 de janeiro de 2007, 9.974, de 6 de junho de 2000, e 9.966, de 28 de abril de 2000, as normas estabelecidas pelos órgãos do Sistema Nacional do Meio Ambiente (Sisnama), do Sistema Nacional de Vigilância Sanitária (SNVS), do Sistema Unificado de Atenção à Sanidade Agropecuária (Suasa) e do Sistema Nacional de Metrologia, Normalização e Qualidade Industrial (Sinmetro).

CAPÍTULO II
DEFINIÇÕES

Art. 3º Para os efeitos desta Lei, entende-se por:

I - acordo setorial: ato de natureza contratual firmado entre o poder público e fabricantes, importadores, distribuidores ou comerciantes, tendo em vista a implantação da responsabilidade compartilhada pelo ciclo de vida do produto;

II - área contaminada: local onde há contaminação causada pela disposição, regular ou irregular, de quaisquer substâncias ou resíduos;

III - área órfã contaminada: área contaminada cujos responsáveis pela disposição não sejam identificáveis ou individualizáveis;

IV - ciclo de vida do produto: série de etapas que envolvem o desenvolvimento do produto, a obtenção de matérias-primas e insumos, o processo produtivo, o consumo e a disposição final;

V - coleta seletiva: coleta de resíduos sólidos previamente segregados conforme sua constituição ou composição;

VI - controle social: conjunto de mecanismos e procedimentos que garantam à sociedade informações e participação nos processos de formulação, implementação e avaliação das políticas públicas relacionadas aos resíduos sólidos;

VII - destinação final ambientalmente adequada: destinação de resíduos que inclui a reutilização, a reciclagem, a compostagem, a recuperação e o aproveitamento energético ou outras destinações admitidas pelos órgãos competentes do Sisnama, do SNVS e do Suasa, entre elas a disposição final, observando normas operacionais específicas de modo a evitar danos ou riscos à saúde pública e à segurança e a minimizar os impactos ambientais adversos;

VIII - disposição final ambientalmente adequada: distribuição ordenada de rejeitos em aterros, observando normas operacionais específicas de modo a evitar danos ou riscos à saúde pública e à segurança e a minimizar os impactos ambientais adversos;

IX - geradores de resíduos sólidos: pessoas físicas ou jurídicas, de direito público ou privado, que geram resíduos sólidos por meio de suas atividades, nelas incluído o consumo;

X - gerenciamento de resíduos sólidos: conjunto de ações exercidas, direta ou indiretamente, nas etapas de coleta, transporte, transbordo, tratamento e destinação final ambientalmente adequada dos resíduos sólidos e disposição final ambientalmente adequada dos rejeitos, de acordo com plano municipal de gestão integrada de resíduos sólidos ou com plano de gerenciamento de resíduos sólidos, exigidos na forma desta Lei;

XI - gestão integrada de resíduos sólidos: conjunto de ações voltadas para a busca de soluções para os resíduos sólidos, de forma a considerar as dimensões política, econômica, ambiental, cultural e social, com controle social e sob a premissa do desenvolvimento sustentável;

XII - logística reversa: instrumento de desenvolvimento econômico e social caracterizado por um conjunto de ações, procedimentos e meios destinados a viabilizar a coleta e a restituição dos resíduos sólidos ao setor empresarial, para reaproveitamento, em seu ciclo ou em outros ciclos produtivos, ou outra destinação final ambientalmente adequada;

XIII - padrões sustentáveis de produção e consumo: produção e consumo de bens e serviços de forma a atender as necessidades das atuais gerações e permitir melhores condições de vida, sem comprometer a qualidade ambiental e o atendimento das necessidades das gerações futuras;

XIV - reciclagem: processo de transformação dos resíduos sólidos que envolve a alteração de suas propriedades físicas, físico-químicas ou biológicas, com vistas à transformação em insumos ou novos produtos, observadas as condições e os padrões estabelecidos pelos órgãos competentes do Sisnama e, se couber, do SNVS e do Suasa;

XV – rejeitos: resíduos sólidos que, depois de esgotadas todas as possibilidades de tratamento e recuperação por processos tecnológicos disponíveis e economicamente viáveis, não apresentem outra possibilidade que não a disposição final ambientalmente adequada;

XVI – resíduos sólidos: material, substância, objeto ou bem descartado resultante de atividades humanas em sociedade, a cuja destinação final se procede, se propõe proceder ou se está obrigado a proceder, nos estados sólido ou semissólido, bem como gases contidos em recipientes e líquidos cujas particularidades tornem inviável o seu lançamento na rede pública de esgotos ou em corpos d'água, ou exijam para isso soluções técnica ou economicamente inviáveis em face da melhor tecnologia disponível;

XVII – responsabilidade compartilhada pelo ciclo de vida dos produtos: conjunto de atribuições individualizadas e encadeadas dos fabricantes, importadores, distribuidores e comerciantes, dos consumidores e dos titulares dos serviços públicos de limpeza urbana e de manejo dos resíduos sólidos, para minimizar o volume de resíduos sólidos e rejeitos gerados, bem como para reduzir os impactos causados à saúde humana e à qualidade ambiental decorrentes do ciclo de vida dos produtos, nos termos desta Lei;

XVIII – reutilização: processo de aproveitamento dos resíduos sólidos sem sua transformação biológica, física ou físico-química, observadas as condições e os padrões estabelecidos pelos órgãos competentes do Sisnama e, se couber, do SNVS e do Suasa;

XIX – serviço público de limpeza urbana e de manejo de resíduos sólidos: conjunto de atividades previstas no art. 7º da Lei nº 11.445, de 2007.

TÍTULO II
DA POLÍTICA NACIONAL DE RESÍDUOS SÓLIDOS

CAPÍTULO I
DISPOSIÇÕES GERAIS

Art. 4º A Política Nacional de Resíduos Sólidos reúne o conjunto de princípios, objetivos, instrumentos, diretrizes, metas e ações adotados pelo Governo Federal, isoladamente ou em regime de cooperação com Estados, Distrito Federal, Municípios ou particulares, com vistas à gestão integrada e ao gerenciamento ambientalmente adequado dos resíduos sólidos.

Art. 5º A Política Nacional de Resíduos Sólidos integra a Política Nacional do Meio Ambiente e articula-se com a Política Nacional de Educação Ambiental, regulada pela Lei nº 9.795, de 27 de abril de 1999, com a Política Federal de Saneamento Básico, regulada pela Lei nº 11.445, de 2007, e com a Lei nº 11.107, de 6 de abril de 2005.

CAPÍTULO II
DOS PRINCÍPIOS E OBJETIVOS

Art. 6º São princípios da Política Nacional de Resíduos Sólidos:

I – a prevenção e a precaução;

II – o poluidor-pagador e o protetor-recebedor;

III – a visão sistêmica, na gestão dos resíduos sólidos, que considere as variáveis ambiental, social, cultural, econômica, tecnológica e de saúde pública;

IV – o desenvolvimento sustentável;

V – a ecoeficiência, mediante a compatibilização entre o fornecimento, a preços competitivos, de bens e serviços qualificados que satisfaçam as necessidades humanas e tragam qualidade de vida e a redução do impacto ambiental e do consumo de recursos naturais a um nível, no mínimo, equivalente à capacidade de sustentação estimada do planeta;

VI – a cooperação entre as diferentes esferas do poder público, o setor empresarial e demais segmentos da sociedade;

VII – a responsabilidade compartilhada pelo ciclo de vida dos produtos;

VIII – o reconhecimento do resíduo sólido reutilizável e reciclável como um bem econômico e de valor social, gerador de trabalho e renda e promotor de cidadania;

IX – o respeito às diversidades locais e regionais;

X – o direito da sociedade à informação e ao controle social;

XI – a razoabilidade e a proporcionalidade.

Art. 7º São objetivos da Política Nacional de Resíduos Sólidos:

I – proteção da saúde pública e da qualidade ambiental;

II – não geração, redução, reutilização, reciclagem e tratamento dos resíduos sólidos, bem como disposição final ambientalmente adequada dos rejeitos;

III – estímulo à adoção de padrões sustentáveis de produção e consumo de bens e serviços;

IV – adoção, desenvolvimento e aprimoramento de tecnologias limpas como forma de minimizar impactos ambientais;

V - redução do volume e da periculosidade dos resíduos perigosos;

VI - incentivo à indústria da reciclagem, tendo em vista fomentar o uso de matérias-primas e insumos derivados de materiais recicláveis e reciclados;

VII - gestão integrada de resíduos sólidos;

VIII - articulação entre as diferentes esferas do poder público, e destas com o setor empresarial, com vistas à cooperação técnica e financeira para a gestão integrada de resíduos sólidos;

IX - capacitação técnica continuada na área de resíduos sólidos;

X - regularidade, continuidade, funcionalidade e universalização da prestação dos serviços públicos de limpeza urbana e de manejo de resíduos sólidos, com adoção de mecanismos gerenciais e econômicos que assegurem a recuperação dos custos dos serviços prestados, como forma de garantir sua sustentabilidade operacional e financeira, observada a Lei nº 11.445, de 2007;

XI - prioridade, nas aquisições e contratações governamentais, para:

a) produtos reciclados e recicláveis;

b) bens, serviços e obras que considerem critérios compatíveis com padrões de consumo social e ambientalmente sustentáveis;

XII - integração dos catadores de materiais reutilizáveis e recicláveis nas ações que envolvam a responsabilidade compartilhada pelo ciclo de vida dos produtos;

XIII - estímulo à implementação da avaliação do ciclo de vida do produto;

XIV - incentivo ao desenvolvimento de sistemas de gestão ambiental e empresarial voltados para a melhoria dos processos produtivos e ao reaproveitamento dos resíduos sólidos, incluídos a recuperação e o aproveitamento energético;

XV - estímulo à rotulagem ambiental e ao consumo sustentável.

CAPÍTULO III
DOS INSTRUMENTOS

Art. 8º São instrumentos da Política Nacional de Resíduos Sólidos, entre outros:

I - os planos de resíduos sólidos;

II - os inventários e o sistema declaratório anual de resíduos sólidos;

III - a coleta seletiva, os sistemas de logística reversa e outras ferramentas relacionadas à implementação da responsabilidade compartilhada pelo ciclo de vida dos produtos;

IV - o incentivo à criação e ao desenvolvimento de cooperativas ou de outras formas de associação de catadores de materiais reutilizáveis e recicláveis;

V - o monitoramento e a fiscalização ambiental, sanitária e agropecuária;

VI - a cooperação técnica e financeira entre os setores público e privado para o desenvolvimento de pesquisas de novos produtos, métodos, processos e tecnologias de gestão, reciclagem, reutilização, tratamento de resíduos e disposição final ambientalmente adequada de rejeitos;

VII - a pesquisa científica e tecnológica;

VIII - a educação ambiental;

IX - os incentivos fiscais, financeiros e creditícios;

X - o Fundo Nacional do Meio Ambiente e o Fundo Nacional de Desenvolvimento Científico e Tecnológico;

XI - o Sistema Nacional de Informações sobre a Gestão dos Resíduos Sólidos (Sinir);

XII - o Sistema Nacional de Informações em Saneamento Básico (Sinisa);

XIII - os conselhos de meio ambiente e, no que couber, os de saúde;

XIV - os órgãos colegiados municipais destinados ao controle social dos serviços de resíduos sólidos urbanos;

XV - o Cadastro Nacional de Operadores de Resíduos Perigosos;

XVI - os acordos setoriais;

XVII - no que couber, os instrumentos da Política Nacional de Meio Ambiente, entre eles: a) os padrões de qualidade ambiental;

b) o Cadastro Técnico Federal de Atividades Potencialmente Poluidoras ou Utilizadoras de Recursos Ambientais;

c) o Cadastro Técnico Federal de Atividades e Instrumentos de Defesa Ambiental;

d) a avaliação de impactos ambientais;

e) o Sistema Nacional de Informação sobre Meio Ambiente (Sinima);

f) o licenciamento e a revisão de atividades efetiva ou potencialmente poluidoras;

XVIII - os termos de compromisso e os termos de ajustamento de conduta; XIX - o incentivo à adoção de consórcios ou de outras formas de cooperação entre os entes federados, com vistas à elevação das escalas de aproveitamento e à redução dos custos envolvidos.

TÍTULO III
DAS DIRETRIZES APLICÁVEIS AOS RESÍDUOS SÓLIDOS

CAPÍTULO I
DISPOSIÇÕES PRELIMINARES

Art. 9º Na gestão e gerenciamento de resíduos sólidos, deve ser observada a seguinte ordem de prioridade: não geração, redução, reutilização, reciclagem, tratamento dos resíduos sólidos e disposição final ambientalmente adequada dos rejeitos.

§ 1º Poderão ser utilizadas tecnologias visando à recuperação energética dos resíduos sólidos urbanos, desde que tenha sido comprovada sua viabilidade técnica e ambiental e com a implantação de programa de monitoramento de emissão de gases tóxicos aprovado pelo órgão ambiental.

§ 2º A Política Nacional de Resíduos Sólidos e as Políticas de Resíduos Sólidos dos Estados, do Distrito Federal e dos Municípios serão compatíveis com o disposto no **caput** e no § 1º deste artigo e com as demais diretrizes estabelecidas nesta Lei.

Art. 10. Incumbe ao Distrito Federal e aos Municípios a gestão integrada dos resíduos sólidos gerados nos respectivos territórios, sem prejuízo das competências de controle e fiscalização dos órgãos federais e estaduais do Sisnama, do SNVS e do Suasa, bem como da responsabilidade do gerador pelo gerenciamento de resíduos, consoante o estabelecido nesta Lei.

Art. 11. Observadas as diretrizes e demais determinações estabelecidas nesta Lei e em seu regulamento, incumbe aos Estados:

I - promover a integração da organização, do planejamento e da execução das funções públicas de interesse comum relacionadas à gestão dos resíduos sólidos nas regiões metropolitanas, aglomerações urbanas e microrregiões, nos termos da lei complementar estadual prevista no § 3º do art. 25 da Constituição Federal;

II - controlar e fiscalizar as atividades dos geradores sujeitas a licenciamento ambiental pelo órgão estadual do Sisnama.

Parágrafo único. A atuação do Estado na forma do **caput** deve apoiar e priorizar as iniciativas do Município de soluções consorciadas ou compartilhadas entre 2 (dois) ou mais Municípios.

Art. 12. A União, os Estados, o Distrito Federal e os Municípios organizarão e manterão, de forma conjunta, o Sistema Nacional de Informações sobre a Gestão dos Resíduos Sólidos (Sinir), articulado com o Sinisa e o Sinima.

Parágrafo único. Incumbe aos Estados, ao Distrito Federal e aos Municípios fornecer ao órgão federal responsável pela coordenação do Sinir todas as informações necessárias sobre os resíduos sob sua esfera de competência, na forma e na periodicidade estabelecidas em regulamento.

Art. 13. Para os efeitos desta Lei, os resíduos sólidos têm a seguinte classificação:

I - quanto à origem:

a) resíduos domiciliares: os originários de atividades domésticas em residências urbanas;

b) resíduos de limpeza urbana: os originários da varrição, limpeza de logradouros e vias públicas e outros serviços de limpeza urbana;

c) resíduos sólidos urbanos: os englobados nas alíneas "a" e "b";

d) resíduos de estabelecimentos comerciais e prestadores de serviços: os gerados nessas atividades, excetuados os referidos nas alíneas "b", "e", "g", "h" e "j";

e) resíduos dos serviços públicos de saneamento básico: os gerados nessas atividades, excetuados os referidos na alínea "c";

f) resíduos industriais: os gerados nos processos produtivos e instalações industriais;

g) resíduos de serviços de saúde: os gerados nos serviços de saúde, conforme definido em regulamento ou em normas estabelecidas pelos órgãos do Sisnama e do SNVS;

h) resíduos da construção civil: os gerados nas construções, reformas, reparos e demolições de obras de construção civil, incluídos os resultantes da preparação e escavação de terrenos para obras civis;

i) resíduos agrossilvopastoris: os gerados nas atividades agropecuárias e silviculturais, incluídos os relacionados a insumos utilizados nessas atividades;

j) resíduos de serviços de transportes: os originários de portos, aeroportos, terminais alfandegários, rodoviários e ferroviários e passagens de fronteira;

k) resíduos de mineração: os gerados na atividade de pesquisa, extração ou beneficiamento de minérios;

II - quanto à periculosidade:

a) resíduos perigosos: aqueles que, em razão de suas características de inflamabilidade, corrosividade, reatividade, toxicidade, patogenicidade, carcinogenicidade, teratogenicidade e mutagenicidade, apresentam significativo risco à saúde pública ou à qualidade ambiental, de acordo com lei, regulamento ou norma técnica;

b) resíduos não perigosos: aqueles não enquadrados na alínea "a".

Parágrafo único. Respeitado o disposto no art. 20, os resíduos referidos na alínea "d" do inciso I do **caput**, se caracterizados como não perigosos, podem, em razão de sua natureza, composição ou volume, ser equiparados aos resíduos domiciliares pelo poder público municipal.

CAPÍTULO II
DOS PLANOS DE RESÍDUOS SÓLIDOS

Seção I
Disposições Gerais

Art. 14. São planos de resíduos sólidos:

I - o Plano Nacional de Resíduos Sólidos;

II - os planos estaduais de resíduos sólidos;

III - os planos microrregionais de resíduos sólidos e os planos de resíduos sólidos de regiões metropolitanas ou aglomerações urbanas;

IV - os planos intermunicipais de resíduos sólidos;

V - os planos municipais de gestão integrada de resíduos sólidos;

VI - os planos de gerenciamento de resíduos sólidos.

Parágrafo único. É assegurada ampla publicidade ao conteúdo dos planos de resíduos sólidos, bem como controle social em sua formulação, implementação e operacionalização, observado o disposto na Lei nº 10.650, de 16 de abril de 2003, e no art. 47 da Lei nº 11.445, de 2007.

Seção II
Do Plano Nacional de Resíduos Sólidos

Art. 15. A União elaborará, sob a coordenação do Ministério do Meio Ambiente, o Plano Nacional de Resíduos Sólidos, com vigência por prazo indeterminado e horizonte de 20 (vinte) anos, a ser atualizado a cada 4 (quatro) anos, tendo como conteúdo mínimo:

I - diagnóstico da situação atual dos resíduos sólidos;

II - proposição de cenários, incluindo tendências internacionais e macroeconômicas;

III - metas de redução, reutilização, reciclagem, entre outras, com vistas a reduzir a quantidade de resíduos e rejeitos encaminhados para disposição final ambientalmente adequada;

IV - metas para o aproveitamento energético dos gases gerados nas unidades de disposição final de resíduos sólidos;

V - metas para a eliminação e recuperação de lixões, associadas à inclusão social e à emancipação econômica de catadores de materiais reutilizáveis e recicláveis;

VI - programas, projetos e ações para o atendimento das metas previstas;

VII - normas e condicionantes técnicas para o acesso a recursos da União, para a obtenção de seu aval ou para o acesso a recursos administrados, direta ou indiretamente, por entidade federal, quando destinados a ações e programas de interesse dos resíduos sólidos;

VIII - medidas para incentivar e viabilizar a gestão regionalizada dos resíduos sólidos;

IX - diretrizes para o planejamento e demais atividades de gestão de resíduos sólidos das regiões integradas de desenvolvimento instituídas por lei complementar, bem como para as áreas de especial interesse turístico;

X - normas e diretrizes para a disposição final de rejeitos e, quando couber, de resíduos;

XI - meios a serem utilizados para o controle e a fiscalização, no âmbito nacional, de sua implementação e operacionalização, assegurado o controle social.

Parágrafo único. O Plano Nacional de Resíduos Sólidos será elaborado mediante processo de mobilização e participação social, incluindo a realização de audiências e consultas públicas.

Seção III
Dos Planos Estaduais de Resíduos Sólidos

Art. 16. A elaboração de plano estadual de resíduos sólidos, nos termos previstos por esta Lei, é condição para os Estados terem acesso a recursos da União, ou por ela controlados, destinados a empreendimentos e serviços relacionados à gestão de resíduos sólidos, ou para serem beneficiados por incentivos ou financiamentos de entidades federais de crédito ou fomento para tal finalidade.

§ 1º Serão priorizados no acesso aos recursos da União referidos no **caput** os Estados que instituírem microrregiões, consoante o § 3º do art. 25 da Constituição Federal, para integrar a organização, o planejamento e a execução das ações a cargo de Municípios limítrofes na gestão dos resíduos sólidos.

§ 2º Serão estabelecidas em regulamento normas complementares sobre o acesso aos recursos da União na forma deste artigo.

§ 3º Respeitada a responsabilidade dos geradores nos termos desta Lei, as microrregiões instituídas conforme previsto no § 1º abrangem atividades de coleta seletiva, recuperação e reciclagem, tratamento e destinação final dos resíduos sólidos urbanos, a gestão de resíduos de construção civil, de serviços de transporte, de serviços de saúde, agrossilvopastoris ou outros resíduos, de acordo com as peculiaridades microrregionais.

Art. 17. O plano estadual de resíduos sólidos será elaborado para vigência por prazo indeterminado, abrangendo todo o território do Estado, com horizonte de atuação de 20 (vinte) anos e revisões a cada 4 (quatro) anos, e tendo como conteúdo mínimo:

I - diagnóstico, incluída a identificação dos principais fluxos de resíduos no Estado e seus impactos socioeconômicos e ambientais;

II - proposição de cenários;

III - metas de redução, reutilização, reciclagem, entre outras, com vistas a reduzir a quantidade de resíduos e rejeitos encaminhados para disposição final ambientalmente adequada;

IV - metas para o aproveitamento energético dos gases gerados nas unidades de disposição final de resíduos sólidos;

V - metas para a eliminação e recuperação de lixões, associadas à inclusão social e à emancipação econômica de catadores de materiais reutilizáveis e recicláveis;

VI - programas, projetos e ações para o atendimento das metas previstas;

VII - normas e condicionantes técnicas para o acesso a recursos do Estado, para a obtenção de seu aval ou para o acesso de recursos administrados, direta ou indiretamente, por entidade estadual, quando destinados às ações e programas de interesse dos resíduos sólidos;

VIII - medidas para incentivar e viabilizar a gestão consorciada ou compartilhada dos resíduos sólidos;

IX - diretrizes para o planejamento e demais atividades de gestão de resíduos sólidos de regiões metropolitanas, aglomerações urbanas e microrregiões;

X - normas e diretrizes para a disposição final de rejeitos e, quando couber, de resíduos, respeitadas as disposições estabelecidas em âmbito nacional;

XI - previsão, em conformidade com os demais instrumentos de planejamento territorial, especialmente o zoneamento ecológico-econômico e o zoneamento costeiro, de:

a) zonas favoráveis para a localização de unidades de tratamento de resíduos sólidos ou de disposição final de rejeitos;

b) áreas degradadas em razão de disposição inadequada de resíduos sólidos ou rejeitos a serem objeto de recuperação ambiental;

XII - meios a serem utilizados para o controle e a fiscalização, no âmbito estadual, de sua implementação e operacionalização, assegurado o controle social.

§ 1º Além do plano estadual de resíduos sólidos, os Estados poderão elaborar planos microrregionais de resíduos sólidos, bem como planos específicos direcionados às regiões metropolitanas ou às aglomerações urbanas.

§ 2º A elaboração e a implementação pelos Estados de planos microrregionais de resíduos sólidos, ou de planos de regiões metropolitanas ou aglomerações urbanas, em consonância com o previsto no § 1o, dar-se-ão obrigatoriamente com a participação dos Municípios envolvidos e não excluem nem substituem qualquer das prerrogativas a cargo dos Municípios previstas por esta Lei.

§ 3º Respeitada a responsabilidade dos geradores nos termos desta Lei, o plano microrregional de resíduos sólidos deve atender ao previsto para o plano estadual e estabelecer soluções integradas para a coleta seletiva, a recuperação e a reciclagem, o tratamento e a destinação final dos resíduos sólidos urbanos e, consideradas as peculiaridades microrregionais, outros tipos de resíduos.

Seção IV
Dos Planos Municipais de
Gestão Integrada de Resíduos Sólidos

Art. 18. A elaboração de plano municipal de gestão integrada de resíduos sólidos, nos termos previstos por esta Lei, é condição para o Distrito Federal e os Municípios terem acesso a recursos da União, ou por ela controlados, destinados a empreendimentos e serviços relacionados à limpeza urbana e ao manejo de resíduos sólidos, ou para serem beneficiados por incentivos ou financiamentos de entidades federais de crédito ou fomento para tal finalidade.

§ 1º Serão priorizados no acesso aos recursos da União referidos no **caput** os Municípios que:

I - optarem por soluções consorciadas intermunicipais para a gestão dos resíduos sólidos, incluída a elaboração e implementação de plano intermunicipal, ou que se inserirem de forma voluntária nos planos microrregionais de resíduos sólidos referidos no § 1º do art. 16;

II - implantarem a coleta seletiva com a participação de cooperativas ou outras formas de associação de catadores de materiais reutilizáveis e recicláveis formadas por pessoas físicas de baixa renda.

§ 2º Serão estabelecidas em regulamento normas complementares sobre o acesso aos recursos da União na forma deste artigo.

Art. 19. O plano municipal de gestão integrada de resíduos sólidos tem o seguinte conteúdo mínimo:

I - diagnóstico da situação dos resíduos sólidos gerados no respectivo território, contendo a origem, o volume, a caracterização dos resíduos e as formas de destinação e disposição final adotadas;

II - identificação de áreas favoráveis para disposição final ambientalmente adequada de rejeitos, observado o plano diretor de que trata o § 1º do art. 182 da Constituição Federal e o zoneamento ambiental, se houver;

III - identificação das possibilidades de implantação de soluções consorciadas ou compartilhadas com outros Municípios, considerando, nos critérios de economia de escala, a proximidade dos locais estabelecidos e as formas de prevenção dos riscos ambientais;

IV - identificação dos resíduos sólidos e dos geradores sujeitos a plano de gerenciamento específico nos termos do art. 20 ou a sistema de logística reversa na forma do art. 33, observadas as disposições desta Lei e de seu regulamento, bem como as normas estabelecidas pelos órgãos do Sisnama e do SNVS;

V - procedimentos operacionais e especificações mínimas a serem adotados nos serviços públicos de limpeza urbana e de manejo de resíduos sólidos, incluída a disposição final ambientalmente adequada dos rejeitos e observada a Lei nº 11.445, de 2007;

VI - indicadores de desempenho operacional e ambiental dos serviços públicos de limpeza urbana e de manejo de resíduos sólidos;

VII - regras para o transporte e outras etapas do gerenciamento de resíduos sólidos de que trata o art. 20, observadas as normas estabelecidas pelos órgãos do Sisnama e do SNVS e demais disposições pertinentes da legislação federal e estadual;

VIII - definição das responsabilidades quanto à sua implementação e operacionalização, incluídas as etapas do plano de gerenciamento de resíduos sólidos a que se refere o art. 20 a cargo do poder público;

IX - programas e ações de capacitação técnica voltados para sua implementação e operacionalização;

X - programas e ações de educação ambiental que promovam a não geração, a redução, a reutilização e a reciclagem de resíduos sólidos;

XI - programas e ações para a participação dos grupos interessados, em especial das cooperativas ou outras formas de associação de catadores de materiais reutilizáveis e recicláveis formadas por pessoas físicas de baixa renda, se houver;

XII - mecanismos para a criação de fontes de negócios, emprego e renda, mediante a valorização dos resíduos sólidos;

XIII - sistema de cálculo dos custos da prestação dos serviços públicos de limpeza urbana e de manejo de resíduos sólidos, bem como a forma de cobrança desses serviços, observada a Lei nº 11.445, de 2007;

XIV - metas de redução, reutilização, coleta seletiva e reciclagem, entre outras, com vistas a reduzir a quantidade de rejeitos encaminhados para disposição final ambientalmente adequada;

XV - descrição das formas e dos limites da participação do poder público local na coleta seletiva e na logística reversa, respeitado o disposto no art. 33, e de outras ações relativas à responsabilidade compartilhada pelo ciclo de vida dos produtos;

XVI - meios a serem utilizados para o controle e a fiscalização, no âmbito local, da implementação e operacionalização dos planos de gerenciamento de resíduos sólidos de que trata o art. 20 e dos sistemas de logística reversa previstos no art. 33;

XVII - ações preventivas e corretivas a serem praticadas, incluindo programa de monitoramento;

XVIII - identificação dos passivos ambientais relacionados aos resíduos sólidos, incluindo áreas contaminadas, e respectivas medidas saneadoras;

XIX - periodicidade de sua revisão, observado prioritariamente o período de vigência do plano plurianual municipal.

§ 1º O plano municipal de gestão integrada de resíduos sólidos pode estar inserido no plano de saneamento básico previsto no art. 19 da Lei nº 11.445, de 2007, respeitado o conteúdo mínimo previsto nos incisos do **caput** e observado o disposto no § 2o, todos deste artigo.

§ 2º Para Municípios com menos de 20.000 (vinte mil) habitantes, o plano municipal de gestão integrada de resíduos sólidos terá conteúdo simplificado, na forma do regulamento.

§ 3º O disposto no § 2º não se aplica a Municípios:

I - integrantes de áreas de especial interesse turístico;

II - inseridos na área de influência de empreendimentos ou atividades com significativo impacto ambiental de âmbito regional ou nacional;

III - cujo território abranja, total ou parcialmente, Unidades de Conservação.

§ 4º A existência de plano municipal de gestão integrada de resíduos sólidos não exime o Município ou o Distrito Federal do licenciamento ambiental de aterros sanitários e de outras infraestruturas e instalações operacionais integrantes do serviço público de limpeza urbana e de manejo de resíduos sólidos pelo órgão competente do Sisnama.

§ 5º Na definição de responsabilidades na forma do inciso VIII do **caput** deste artigo, é vedado atribuir ao serviço público de limpeza urbana e de manejo de resíduos sólidos a realização de etapas do gerenciamento dos resíduos a que se refere o art. 20 em desacordo com a respectiva licença ambiental ou com normas estabelecidas pelos órgãos do Sisnama e, se couber, do SNVS.

§ 6º Além do disposto nos incisos I a XIX do **caput** deste artigo, o plano municipal de gestão integrada de resíduos sólidos contemplará ações específicas a serem desenvolvidas no âmbito dos órgãos da administração pública, com vistas à utilização racional dos recursos ambientais, ao combate a todas as formas de desperdício e à minimização da geração de resíduos sólidos.

§ 7º O conteúdo do plano municipal de gestão integrada de resíduos sólidos será disponibilizado para o Sinir, na forma do regulamento.

§ 8º A inexistência do plano municipal de gestão integrada de resíduos sólidos não pode ser utilizada para impedir a instalação ou a operação de empreendimentos ou atividades devidamente licenciados pelos órgãos competentes.

§ 9º Nos termos do regulamento, o Município que optar por soluções consorciadas intermunicipais para a gestão dos resíduos sólidos, assegurado que o plano intermunicipal preencha os requisitos estabelecidos nos incisos I a XIX do **caput** deste artigo, pode ser dispensado da elaboração de plano municipal de gestão integrada de resíduos sólidos.

Seção V
Do Plano de Gerenciamento de Resíduos Sólidos

Art. 20. Estão sujeitos à elaboração de plano de gerenciamento de resíduos sólidos:

I – os geradores de resíduos sólidos previstos nas alíneas "e", "f", "g" e "k" do inciso I do art. 13;

II – os estabelecimentos comerciais e de prestação de serviços que:

a) gerem resíduos perigosos;

b) gerem resíduos que, mesmo caracterizados como não perigosos, por sua natureza, composição ou volume, não sejam equiparados aos resíduos domiciliares pelo poder público municipal;

III – as empresas de construção civil, nos termos do regulamento ou de normas estabelecidas pelos órgãos do Sisnama;

IV – os responsáveis pelos terminais e outras instalações referidas na alínea "j" do inciso I do art. 13 e, nos termos do regulamento ou de normas estabelecidas pelos órgãos do Sisnama e, se couber, do SNVS, as empresas de transporte;

V – os responsáveis por atividades agrossilvopastoris, se exigido pelo órgão competente do Sisnama, do SNVS ou do Suasa.

Parágrafo único. Observado o disposto no Capítulo IV deste Título, serão estabelecidas por regulamento exigências específicas relativas ao plano de gerenciamento de resíduos perigosos.

Art. 21. O plano de gerenciamento de resíduos sólidos tem o seguinte conteúdo mínimo:

I – descrição do empreendimento ou atividade;

II – diagnóstico dos resíduos sólidos gerados ou administrados, contendo a origem, o volume e a caracterização dos resíduos, incluindo os passivos ambientais a eles relacionados;

III – observadas as normas estabelecidas pelos órgãos do Sisnama, do SNVS e do Suasa e, se houver, o plano municipal de gestão integrada de resíduos sólidos:

a) explicitação dos responsáveis por cada etapa do gerenciamento de resíduos sólidos;

b) definição dos procedimentos operacionais relativos às etapas do gerenciamento de resíduos sólidos sob responsabilidade do gerador;

IV – identificação das soluções consorciadas ou compartilhadas com outros geradores;

V – ações preventivas e corretivas a serem executadas em situações de gerenciamento incorreto ou acidentes;

VI – metas e procedimentos relacionados à minimização da geração de resíduos sólidos e, observadas as normas estabelecidas pelos órgãos do Sisnama, do SNVS e do Suasa, à reutilização e reciclagem;

VII – se couber, ações relativas à responsabilidade compartilhada pelo ciclo de vida dos produtos, na forma do art. 31;

VIII – medidas saneadoras dos passivos ambientais relacionados aos resíduos sólidos;

IX – periodicidade de sua revisão, observado, se couber, o prazo de vigência da respectiva licença de operação a cargo dos órgãos do Sisnama.

§ 1º O plano de gerenciamento de resíduos sólidos atenderá ao disposto no plano municipal de gestão integrada de resíduos sólidos do respectivo Município, sem prejuízo das normas estabelecidas pelos órgãos do Sisnama, do SNVS e do Suasa.

§ 2º A inexistência do plano municipal de gestão integrada de resíduos sólidos não obsta a elaboração, a implementação ou a operacionalização do plano de gerenciamento de resíduos sólidos.

§ 3º Serão estabelecidos em regulamento:

I – normas sobre a exigibilidade e o conteúdo do plano de gerenciamento de resíduos sólidos relativo à atuação de cooperativas ou de outras formas de associação de catadores de materiais reutilizáveis e recicláveis;

II – critérios e procedimentos simplificados para apresentação dos planos de gerenciamento de resíduos sólidos para microempresas e empresas de pequeno porte, assim consideradas as definidas nos incisos I e II do art. 3º da Lei Complementar nº 123, de 14 de dezembro de 2006, desde que as atividades por elas desenvolvidas não gerem resíduos perigosos.

Art. 22. Para a elaboração, implementação, operacionalização e monitoramento de todas as etapas do plano de gerenciamento de resíduos sólidos, nelas incluído o controle da disposição final ambientalmente adequada dos rejeitos, será designado responsável técnico devidamente habilitado.

Art. 23. Os responsáveis por plano de gerenciamento de resíduos sólidos manterão atualizadas e disponíveis ao órgão municipal competente, ao órgão licenciador do Sisnama e a outras autoridades, informações completas sobre a implementação e a operacionalização do plano sob sua responsabilidade.

§ 1º Para a consecução do disposto no **caput**, sem prejuízo de outras exigências cabíveis por parte das autoridades, será implementado sistema declaratório com periodicidade, no mínimo, anual, na forma do regulamento.

§ 2º As informações referidas no **caput** serão repassadas pelos órgãos públicos ao Sinir, na forma do regulamento.

Art. 24. O plano de gerenciamento de resíduos sólidos é parte integrante do processo de licenciamento ambiental do empreendimento ou atividade pelo órgão competente do Sisnama.

§ 1º Nos empreendimentos e atividades não sujeitos a licenciamento ambiental, a aprovação do plano de gerenciamento de resíduos sólidos cabe à autoridade municipal competente.

§ 2º No processo de licenciamento ambiental referido no § 1º a cargo de órgão federal ou estadual do Sisnama, será assegurada oitiva do órgão municipal competente, em especial quanto à disposição final ambientalmente adequada de rejeitos.

CAPÍTULO III
DAS RESPONSABILIDADES DOS GERADORES E DO PODER PÚBLICO

Seção I
Disposições Gerais

Art. 25. O poder público, o setor empresarial e a coletividade são responsáveis pela efetividade das ações voltadas para assegurar a observância da Política Nacional de Resíduos Sólidos e das diretrizes e demais determinações estabelecidas nesta Lei e em seu regulamento.

Art. 26. O titular dos serviços públicos de limpeza urbana e de manejo de resíduos sólidos é responsável pela organização e prestação direta ou indireta desses serviços, observados o respectivo plano municipal de gestão integrada de resíduos sólidos, a Lei nº 11.445, de 2007, e as disposições desta Lei e seu regulamento.

Art. 27. As pessoas físicas ou jurídicas referidas no art. 20 são responsáveis pela implementação e operacionalização integral do plano de gerenciamento de resíduos sólidos aprovado pelo órgão competente na forma do art. 24.

§ 1º A contratação de serviços de coleta, armazenamento, transporte, transbordo, tratamento ou destinação final de resíduos sólidos, ou de disposição final de rejeitos, não isenta as pessoas físicas ou jurídicas referidas no art. 20 da responsabilidade por danos que vierem a ser provocados pelo gerenciamento inadequado dos respectivos resíduos ou rejeitos.

§ 2º Nos casos abrangidos pelo art. 20, as etapas sob responsabilidade do gerador que forem realizadas pelo poder público serão devidamente remuneradas pelas pessoas físicas ou jurídicas responsáveis, observado o disposto no § 5º do art. 19.

Art. 28. O gerador de resíduos sólidos domiciliares tem cessada sua responsabilidade pelos resíduos com a disponibilização adequada para a coleta ou, nos casos abrangidos pelo art. 33, com a devolução.

Art. 29. Cabe ao poder público atuar, subsidiariamente, com vistas a minimizar ou cessar o dano, logo que tome conhecimento de evento lesivo ao meio ambiente ou à saúde pública relacionado ao gerenciamento de resíduos sólidos.

Parágrafo único. Os responsáveis pelo dano ressarcirão integralmente o poder público pelos gastos decorrentes das ações empreendidas na forma do **caput**.

Seção II
Da Responsabilidade Compartilhada

Art. 30. É instituída a responsabilidade compartilhada pelo ciclo de vida dos produtos, a ser implementada de forma individualizada e encadeada, abrangendo os fabricantes, importadores, distribuidores e comerciantes, os consumidores e os titulares dos serviços públicos de limpeza urbana e de manejo de resíduos sólidos, consoante as atribuições e procedimentos previstos nesta Seção.

Parágrafo único. A responsabilidade compartilhada pelo ciclo de vida dos produtos tem por objetivo:

I - compatibilizar interesses entre os agentes econômicos e sociais e os processos de gestão empresarial e mercadológica com os de gestão ambiental, desenvolvendo estratégias sustentáveis;

II - promover o aproveitamento de resíduos sólidos, direcionando-os para a sua cadeia produtiva ou para outras cadeias produtivas;

III - reduzir a geração de resíduos sólidos, o desperdício de materiais, a poluição e os danos ambientais;

IV - incentivar a utilização de insumos de menor agressividade ao meio ambiente e de maior sustentabilidade;

V - estimular o desenvolvimento de mercado, a produção e o consumo de produtos derivados de materiais reciclados e recicláveis;

VI - propiciar que as atividades produtivas alcancem eficiência e sustentabilidade;

VII - incentivar as boas práticas de responsabilidade socioambiental.

Art. 31. Sem prejuízo das obrigações estabelecidas no plano de gerenciamento de resíduos sólidos e com vistas a fortalecer a responsabilidade compartilhada e seus objetivos, os fabricantes, importadores, distribuidores e comerciantes têm responsabilidade que abrange:

I - investimento no desenvolvimento, na fabricação e na colocação no mercado de produtos:

a) que sejam aptos, após o uso pelo consumidor, à reutilização, à reciclagem ou a outra forma de destinação ambientalmente adequada;

b) cuja fabricação e uso gerem a menor quantidade de resíduos sólidos possível;

II - divulgação de informações relativas às formas de evitar, reciclar e eliminar os resíduos sólidos associados a seus respectivos produtos;

III - recolhimento dos produtos e dos resíduos remanescentes após o uso, assim como sua subsequente destinação final ambientalmente adequada, no caso de produtos objeto de sistema de logística reversa na forma do art. 33;

IV - compromisso de, quando firmados acordos ou termos de compromisso com o Município, participar das ações previstas no plano municipal de gestão integrada de resíduos sólidos, no caso de produtos ainda não inclusos no sistema de logística reversa.

Art. 32. As embalagens devem ser fabricadas com materiais que propiciem a reutilização ou a reciclagem.

§ 1º Cabe aos respectivos responsáveis assegurar que as embalagens sejam:

I - restritas em volume e peso às dimensões requeridas à proteção do conteúdo e à comercialização do produto;

II - projetadas de forma a serem reutilizadas de maneira tecnicamente viável e compatível com as exigências aplicáveis ao produto que contêm;

III - recicladas, se a reutilização não for possível.

§ 2º O regulamento disporá sobre os casos em que, por razões de ordem técnica ou econômica, não seja viável a aplicação do disposto no **caput**.

§ 3º É responsável pelo atendimento do disposto neste artigo todo aquele que:

I - manufatura embalagens ou fornece materiais para a fabricação de embalagens;

II - coloca em circulação embalagens, materiais para a fabricação de embalagens ou produtos embalados, em qualquer fase da cadeia de comércio.

Art. 33. São obrigados a estruturar e implementar sistemas de logística reversa, mediante retorno dos produtos após o uso pelo consumidor, de forma independente do serviço público de limpeza urbana e de manejo dos resíduos sólidos, os fabricantes, importadores, distribuidores e comerciantes de:

I - agrotóxicos, seus resíduos e embalagens, assim como outros produtos cuja embalagem, após o uso, constitua resíduo perigoso, observadas as regras de gerenciamento de resíduos perigosos previstas em lei ou regulamento, em normas estabelecidas pelos órgãos do Sisnama, do SNVS e do Suasa, ou em normas técnicas;

II - pilhas e baterias;

III - pneus;

IV - óleos lubrificantes, seus resíduos e embalagens;

V - lâmpadas fluorescentes, de vapor de sódio e mercúrio e de luz mista;

VI - produtos eletroeletrônicos e seus componentes.

§ 1º Na forma do disposto em regulamento ou em acordos setoriais e termos de compromisso firmados entre o poder público e o setor empresarial, os sistemas previstos no **caput** serão estendidos a produtos comercializados em embalagens plásticas, metálicas ou de vidro, e aos demais produtos e embalagens, considerando, prioritariamente, o grau e a extensão do impacto à saúde pública e ao meio ambiente dos resíduos gerados.

§ 2º A definição dos produtos e embalagens a que se refere o § 1º considerará a viabilidade técnica e econômica da logística reversa, bem como o grau e a extensão do impacto à saúde pública e ao meio ambiente dos resíduos gerados.

§ 3º Sem prejuízo de exigências específicas fixadas em lei ou regulamento, em normas estabelecidas pelos órgãos do Sisnama e do SNVS, ou em acordos setoriais e termos de compromisso firmados entre o poder público e o setor empresarial, cabe aos fabricantes, importadores, distribuidores e comerciantes dos produtos a que se referem os incisos II, III, V e VI ou dos produtos e embalagens a que se referem os incisos I e IV do **caput** e o § 1º tomar todas as medidas necessárias para assegurar a implementação e operacionalização do sistema de logística reversa sob seu encargo, consoante o estabelecido neste artigo, podendo, entre outras medidas:

I – implantar procedimentos de compra de produtos ou embalagens usados;

II – disponibilizar postos de entrega de resíduos reutilizáveis e recicláveis;

III – atuar em parceria com cooperativas ou outras formas de associação de catadores de materiais reutilizáveis e recicláveis, nos casos de que trata o § 1o.

§ 4º Os consumidores deverão efetuar a devolução após o uso, aos comerciantes ou distribuidores, dos produtos e das embalagens a que se referem os incisos I a VI do **caput**, e de outros produtos ou embalagens objeto de logística reversa, na forma do § 1o.

§ 5º Os comerciantes e distribuidores deverão efetuar a devolução aos fabricantes ou aos importadores dos produtos e embalagens reunidos ou devolvidos na forma dos §§ 3º e 4o.

§ 6º Os fabricantes e os importadores darão destinação ambientalmente adequada aos produtos e às embalagens reunidos ou devolvidos, sendo o rejeito encaminhado para a disposição final ambientalmente adequada, na forma estabelecida pelo órgão competente do Sisnama e, se houver, pelo plano municipal de gestão integrada de resíduos sólidos.

§ 7º Se o titular do serviço público de limpeza urbana e de manejo de resíduos sólidos, por acordo setorial ou termo de compromisso firmado com o setor empresarial, encarregar-se de atividades de responsabilidade dos fabricantes, importadores, distribuidores e comerciantes nos sistemas de logística reversa dos produtos e embalagens a que se refere este artigo, as ações do poder público serão devidamente remuneradas, na forma previamente acordada entre as partes.

§ 8º Com exceção dos consumidores, todos os participantes dos sistemas de logística reversa manterão atualizadas e disponíveis ao órgão municipal competente e a outras autoridades informações completas sobre a realização das ações sob sua responsabilidade.

Art. 34. Os acordos setoriais ou termos de compromisso referidos no inciso IV do **caput** do art. 31 e no § 1º do art. 33 podem ter abrangência nacional, regional, estadual ou municipal.

§ 1º Os acordos setoriais e termos de compromisso firmados em âmbito nacional têm prevalência sobre os firmados em âmbito regional ou estadual, e estes sobre os firmados em âmbito municipal.

§ 2º Na aplicação de regras concorrentes consoante o § 1o, os acordos firmados com menor abrangência geográfica podem ampliar, mas não abrandar, as medidas de proteção ambiental constantes nos acordos setoriais e termos de compromisso firmados com maior abrangência geográfica.

Art. 35. Sempre que estabelecido sistema de coleta seletiva pelo plano municipal de gestão integrada de resíduos sólidos e na aplicação do art. 33, os consumidores são obrigados a:

I – acondicionar adequadamente e de forma diferenciada os resíduos sólidos gerados;

II – disponibilizar adequadamente os resíduos sólidos reutilizáveis e recicláveis para coleta ou devolução.

Parágrafo único. O poder público municipal pode instituir incentivos econômicos aos consumidores que participam do sistema de coleta seletiva referido no **caput**, na forma de lei municipal.

Art. 36. No âmbito da responsabilidade compartilhada pelo ciclo de vida dos produtos, cabe ao titular dos serviços públicos de limpeza urbana e de manejo de resíduos sólidos, observado, se houver, o plano municipal de gestão integrada de resíduos sólidos:

I – adotar procedimentos para reaproveitar os resíduos sólidos reutilizáveis e recicláveis oriundos dos serviços públicos de limpeza urbana e de manejo de resíduos sólidos;

II – estabelecer sistema de coleta seletiva;

III – articular com os agentes econômicos e sociais medidas para viabilizar o retorno ao ciclo produtivo dos resíduos sólidos reutilizáveis e recicláveis oriundos dos serviços de limpeza urbana e de manejo de resíduos sólidos;

IV - realizar as atividades definidas por acordo setorial ou termo de compromisso na forma do § 7º do art. 33, mediante a devida remuneração pelo setor empresarial;

V - implantar sistema de compostagem para resíduos sólidos orgânicos e articular com os agentes econômicos e sociais formas de utilização do composto produzido;

VI - dar disposição final ambientalmente adequada aos resíduos e rejeitos oriundos dos serviços públicos de limpeza urbana e de manejo de resíduos sólidos.

§ 1º Para o cumprimento do disposto nos incisos I a IV do **caput**, o titular dos serviços públicos de limpeza urbana e de manejo de resíduos sólidos priorizará a organização e o funcionamento de cooperativas ou de outras formas de associação de catadores de materiais reutilizáveis e recicláveis formadas por pessoas físicas de baixa renda, bem como sua contratação.

§ 2º A contratação prevista no § 1º é dispensável de licitação, nos termos do inciso XXVII do art. 24 da Lei nº 8.666, de 21 de junho de 1993.

CAPÍTULO IV
DOS RESÍDUOS PERIGOSOS

Art. 37. A instalação e o funcionamento de empreendimento ou atividade que gere ou opere com resíduos perigosos somente podem ser autorizados ou licenciados pelas autoridades competentes se o responsável comprovar, no mínimo, capacidade técnica e econômica, além de condições para prover os cuidados necessários ao gerenciamento desses resíduos.

Art. 38. As pessoas jurídicas que operam com resíduos perigosos, em qualquer fase do seu gerenciamento, são obrigadas a se cadastrar no Cadastro Nacional de Operadores de Resíduos Perigosos.

§ 1º O cadastro previsto no **caput** será coordenado pelo órgão federal competente do Sisnama e implantado de forma conjunta pelas autoridades federais, estaduais e municipais.

§ 2º Para o cadastramento, as pessoas jurídicas referidas no **caput** necessitam contar com responsável técnico pelo gerenciamento dos resíduos perigosos, de seu próprio quadro de funcionários ou contratado, devidamente habilitado, cujos dados serão mantidos atualizados no cadastro.

§ 3º O cadastro a que se refere o **caput** é parte integrante do Cadastro Técnico Federal de Atividades Potencialmente Poluidoras ou Utilizadoras de Recursos Ambientais e do Sistema de Informações previsto no art. 12.

Art. 39. As pessoas jurídicas referidas no art. 38 são obrigadas a elaborar plano de gerenciamento de resíduos perigosos e submetê-lo ao órgão competente do Sisnama e, se couber, do SNVS, observado o conteúdo mínimo estabelecido no art. 21 e demais exigências previstas em regulamento ou em normas técnicas.

§ 1º O plano de gerenciamento de resíduos perigosos a que se refere o **caput** poderá estar inserido no plano de gerenciamento de resíduos a que se refere o art. 20.

§ 2º Cabe às pessoas jurídicas referidas no art. 38:

I - manter registro atualizado e facilmente acessível de todos os procedimentos relacionados à implementação e à operacionalização do plano previsto no **caput**;

II - informar anualmente ao órgão competente do Sisnama e, se couber, do SNVS, sobre a quantidade, a natureza e a destinação temporária ou final dos resíduos sob sua responsabilidade;

III - adotar medidas destinadas a reduzir o volume e a periculosidade dos resíduos sob sua responsabilidade, bem como a aperfeiçoar seu gerenciamento;

IV - informar imediatamente aos órgãos competentes sobre a ocorrência de acidentes ou outros sinistros relacionados aos resíduos perigosos.

§ 3º Sempre que solicitado pelos órgãos competentes do Sisnama e do SNVS, será assegurado acesso para inspeção das instalações e dos procedimentos relacionados à implementação e à operacionalização do plano de gerenciamento de resíduos perigosos.

§ 4º No caso de controle a cargo de órgão federal ou estadual do Sisnama e do SNVS, as informações sobre o conteúdo, a implementação e a operacionalização do plano previsto no **caput** serão repassadas ao poder público municipal, na forma do regulamento.

Art. 40. No licenciamento ambiental de empreendimentos ou atividades que operem com resíduos perigosos, o órgão licenciador do Sisnama pode exigir a contratação de seguro de responsabilidade civil por danos causados ao meio ambiente ou à saúde pública, observadas as regras sobre cobertura e os limites máximos de contratação fixados em regulamento.

Parágrafo único. O disposto no **caput** considerará o porte da empresa, conforme regulamento.

Art. 41. Sem prejuízo das iniciativas de outras esferas governamentais, o Governo Federal deve estruturar e manter instrumentos e atividades voltados para promover a descontaminação de áreas órfãs.

Parágrafo único. Se, após descontaminação de sítio órfão realizada com recursos do Governo Federal ou de outro ente da Federação, forem identificados os responsáveis pela contaminação, estes ressarcirão integralmente o valor empregado ao poder público.

CAPÍTULO V
DOS INSTRUMENTOS ECONÔMICOS

Art. 42. O poder público poderá instituir medidas indutoras e linhas de financiamento para atender, prioritariamente, às iniciativas de:

I - prevenção e redução da geração de resíduos sólidos no processo produtivo;

II - desenvolvimento de produtos com menores impactos à saúde humana e à qualidade ambiental em seu ciclo de vida;

III - implantação de infraestrutura física e aquisição de equipamentos para cooperativas ou outras formas de associação de catadores de materiais reutilizáveis e recicláveis formadas por pessoas físicas de baixa renda;

IV - desenvolvimento de projetos de gestão dos resíduos sólidos de caráter intermunicipal ou, nos termos do inciso I do **caput** do art. 11, regional;

V - estruturação de sistemas de coleta seletiva e de logística reversa;

VI - descontaminação de áreas contaminadas, incluindo as áreas órfãs;

VII - desenvolvimento de pesquisas voltadas para tecnologias limpas aplicáveis aos resíduos sólidos;

VIII - desenvolvimento de sistemas de gestão ambiental e empresarial voltados para a melhoria dos processos produtivos e ao reaproveitamento dos resíduos.

Art. 43. No fomento ou na concessão de incentivos creditícios destinados a atender diretrizes desta Lei, as instituições oficiais de crédito podem estabelecer critérios diferenciados de acesso dos beneficiários aos créditos do Sistema Financeiro Nacional para investimentos produtivos.

Art. 44. A União, os Estados, o Distrito Federal e os Municípios, no âmbito de suas competências, poderão instituir normas com o objetivo de conceder incentivos fiscais, financeiros ou creditícios, respeitadas as limitações da Lei Complementar nº 101, de 4 de maio de 2000 (Lei de Responsabilidade Fiscal), a:

I - indústrias e entidades dedicadas à reutilização, ao tratamento e à reciclagem de resíduos sólidos produzidos no território nacional;

II - projetos relacionados à responsabilidade pelo ciclo de vida dos produtos, prioritariamente em parceria com cooperativas ou outras formas de associação de catadores de materiais reutilizáveis e recicláveis formadas por pessoas físicas de baixa renda;

III - empresas dedicadas à limpeza urbana e a atividades a ela relacionadas.

Art. 45. Os consórcios públicos constituídos, nos termos da Lei nº 11.107, de 2005, com o objetivo de viabilizar a descentralização e a prestação de serviços públicos que envolvam resíduos sólidos, têm prioridade na obtenção dos incentivos instituídos pelo Governo Federal.

Art. 46. O atendimento ao disposto neste Capítulo será efetivado em consonância com a Lei Complementar nº 101, de 2000 (Lei de Responsabilidade Fiscal), bem como com as diretrizes e objetivos do respectivo plano plurianual, as metas e as prioridades fixadas pelas leis de diretrizes orçamentárias e no limite das disponibilidades propiciadas pelas leis orçamentárias anuais.

CAPÍTULO VI
DAS PROIBIÇÕES

Art. 47. São proibidas as seguintes formas de destinação ou disposição final de resíduos sólidos ou rejeitos:

I - lançamento em praias, no mar ou em quaisquer corpos hídricos;

II - lançamento **in natura** a céu aberto, excetuados os resíduos de mineração;

III - queima a céu aberto ou em recipientes, instalações e equipamentos não licenciados para essa finalidade;

IV - outras formas vedadas pelo poder público.

§ 1º Quando decretada emergência sanitária, a queima de resíduos a céu aberto pode ser realizada, desde que autorizada e acompanhada pelos órgãos competentes do Sisnama, do SNVS e, quando couber, do Suasa.

§ 2º Assegurada a devida impermeabilização, as bacias de decantação de resíduos ou rejeitos industriais ou de mineração, devidamente licenciadas pelo órgão competente do Sisnama, não são consideradas corpos hídricos para efeitos do disposto no inciso I do **caput**.

Art. 48. São proibidas, nas áreas de disposição final de resíduos ou rejeitos, as seguintes atividades:

I - utilização dos rejeitos dispostos como alimentação;

II - catação, observado o disposto no inciso V do art. 17;

III - criação de animais domésticos;

IV - fixação de habitações temporárias ou permanentes;

V - outras atividades vedadas pelo poder público.

Art. 49. É proibida a importação de resíduos sólidos perigosos e rejeitos, bem como de resíduos sólidos cujas características causem dano ao meio ambiente, à saúde pública e animal e à sanidade vegetal, ainda que para tratamento, reforma, reúso, reutilização ou recuperação.

TÍTULO IV
DISPOSIÇÕES TRANSITÓRIAS E FINAIS

Art. 50. A inexistência do regulamento previsto no § 3º do art. 21 não obsta a atuação, nos termos desta Lei, das cooperativas ou outras formas de associação de catadores de materiais reutilizáveis e recicláveis.

Art. 51. Sem prejuízo da obrigação de, independentemente da existência de culpa, reparar os danos causados, a ação ou omissão das pessoas físicas ou jurídicas que importe inobservância aos preceitos desta Lei ou de seu regulamento sujeita os infratores às sanções previstas em lei, em especial às fixadas na Lei nº 9.605, de 12 de fevereiro de 1998, que "dispõe sobre as sanções penais e administrativas derivadas de condutas e atividades lesivas ao meio ambiente, e dá outras providências", e em seu regulamento.

Art. 52. A observância do disposto no **caput** do art. 23 e no § 2º do art. 39 desta Lei é considerada obrigação de relevante interesse ambiental para efeitos do art. 68 da Lei nº 9.605, de 1998, sem prejuízo da aplicação de outras sanções cabíveis nas esferas penal e administrativa.

Art. 53. O § 1º do art. 56 da Lei nº 9.605, de 12 de fevereiro de 1998, passa a vigorar com a seguinte redação:

"Art. 56. ....

§ 1º Nas mesmas penas incorre quem:

I - abandona os produtos ou substâncias referidos no **caput** ou os utiliza em desacordo com as normas ambientais ou de segurança;

II - manipula, acondiciona, armazena, coleta, transporta, reutiliza, recicla ou dá destinação final a resíduos perigosos de forma diversa da estabelecida em lei ou regulamento.

...." (NR)

Art. 54. A disposição final ambientalmente adequada dos rejeitos, observado o disposto no § 1º do art. 9o, deverá ser implantada em até 4 (quatro) anos após a data de publicação desta Lei.

Art. 55. O disposto nos arts. 16 e 18 entra em vigor 2 (dois) anos após a data de publicação desta Lei.

Art. 56. A logística reversa relativa aos produtos de que tratam os incisos V e VI do **caput** do art. 33 será implementada progressivamente segundo cronograma estabelecido em regulamento.

Art. 57. Esta Lei entra em vigor na data de sua publicação.

- **Constituição Federal de 1988**

Art. 5º Todos são iguais perante a lei, sem distinção de qualquer natureza, garantindo-se aos brasileiros e aos estrangeiros residentes no País a inviolabilidade do direito à vida, à liberdade, à igualdade, à segurança e à propriedade, nos termos seguintes:

(...)

XXXIII - todos têm direito a receber dos órgãos públicos informações de seu interesse particular, ou de interesse coletivo ou geral, que serão prestadas no prazo da lei, sob pena de responsabilidade, ressalvadas aquelas cujo sigilo seja imprescindível à segurança da sociedade e do Estado;

- **Lei 10.650/2003**

(Dispõe sobre o acesso público aos dados e informações existentes nos órgãos e entidades integrantes do Sisnama)

Art. 1º Esta Lei dispõe sobre o acesso público aos dados e informações ambientais existentes nos órgãos e entidades integrantes do Sistema Nacional do Meio Ambiente - Sisnama, instituído pela Lei no6.938, de 31 de agosto de 1981.

Art. 2º Os órgãos e entidades da Administração Pública, direta, indireta e fundacional, integrantes do Sisnama, ficam obrigados a permitir o acesso público aos documentos, expedientes e processos administrativos que tratem de matéria ambiental e a fornecer todas as informações ambientais que estejam sob sua guarda, em meio escrito, visual, sonoro ou eletrônico, especialmente as relativas a:

I - qualidade do meio ambiente;

II - políticas, planos e programas potencialmente causadores de impacto ambiental;

III - resultados de monitoramento e auditoria nos sistemas de controle de poluição e de atividades potencialmente poluidoras, bem como de planos e ações de recuperação de áreas degradadas;

IV - acidentes, situações de risco ou de emergência ambientais;

V – emissões de efluentes líquidos e gasosos, e produção de resíduos sólidos;

VI – substâncias tóxicas e perigosas;

VII – diversidade biológica;

VIII – organismos geneticamente modificados.

§ 1º Qualquer indivíduo, independentemente da comprovação de interesse específico, terá acesso às informações de que trata esta Lei, mediante requerimento escrito, no qual assumirá a obrigação de não utilizar as informações colhidas para fins comerciais, sob as penas da lei civil, penal, de direito autoral e de propriedade industrial, assim como de citar as fontes, caso, por qualquer meio, venha a divulgar os aludidos dados.

§ 2º É assegurado o sigilo comercial, industrial, financeiro ou qualquer outro sigilo protegido por lei, bem como o relativo às comunicações internas dos órgãos e entidades governamentais.

§ 3º A fim de que seja resguardado o sigilo a que se refere o § 2o, as pessoas físicas ou jurídicas que fornecerem informações de caráter sigiloso à Administração Pública deverão indicar essa circunstância, de forma expressa e fundamentada.

§ 4º Em caso de pedido de vista de processo administrativo, a consulta será feita, no horário de expediente, no próprio órgão ou entidade e na presença do servidor público responsável pela guarda dos autos.

§ 5º No prazo de trinta dias, contado da data do pedido, deverá ser prestada a informação ou facultada a consulta, nos termos deste artigo.

Art. 3º Para o atendimento do disposto nesta Lei, as autoridades públicas poderão exigir a prestação periódica de qualquer tipo de informação por parte das entidades privadas, mediante sistema específico a ser implementado por todos os órgãos do Sisnama, sobre os impactos ambientais potenciais e efetivos de suas atividades, independentemente da existência ou necessidade de instauração de qualquer processo administrativo.

Art. 4º Deverão ser publicados em Diário Oficial e ficar disponíveis, no respectivo órgão, em local de fácil acesso ao público, listagens e relações contendo os dados referentes aos seguintes assuntos:

I – pedidos de licenciamento, sua renovação e a respectiva concessão;

II – pedidos e licenças para supressão de vegetação;

III – autos de infrações e respectivas penalidades impostas pelos órgãos ambientais;

IV – lavratura de termos de compromisso de ajustamento de conduta;

V – reincidências em infrações ambientais;

VI – recursos interpostos em processo administrativo ambiental e respectivas decisões;

VII – registro de apresentação de estudos de impacto ambiental e sua aprovação ou rejeição.

Parágrafo único. As relações contendo os dados referidos neste artigo deverão estar disponíveis para o público trinta dias após a publicação dos atos a que se referem.

Art. 5º O indeferimento de pedido de informações ou consulta a processos administrativos deverá ser motivado, sujeitando-se a recurso hierárquico, no prazo de quinze dias, contado da ciência da decisão, dada diretamente nos autos ou por meio de carta com aviso de recebimento, ou em caso de devolução pelo Correio, por publicação em Diário Oficial.

Art. 6º (VETADO)

Art. 7º (VETADO)

Art. 8º Os órgãos ambientais competentes integrantes do Sisnama deverão elaborar e divulgar relatórios anuais relativos à qualidade do ar e da água e, na forma da regulamentação, outros elementos ambientais.

Art. 9º As informações de que trata esta Lei serão prestadas mediante o recolhimento de valor correspondente ao ressarcimento dos recursos despendidos para o seu fornecimento, observadas as normas e tabelas específicas, fixadas pelo órgão competente em nível federal, estadual ou municipal.

Art. 10. Esta Lei entra em vigor quarenta e cinco dias após a data de sua publicação

- **Decreto 7.404/2010**

(Regulamenta a Lei nº 12.305, de 2 de agosto de 2010, que institui a Política Nacional de Resíduos Sólidos)

Art. 47. A elaboração do Plano Nacional de Resíduos Sólidos deverá ser feita de acordo com o seguinte procedimento:

I – formulação e divulgação da proposta preliminar em até cento e oitenta dias, contados a partir da publicação deste Decreto, acompanhada dos estudos que a fundamentam;

II – submissão da proposta à consulta pública, pelo prazo mínimo de sessenta dias, contados da data da sua divulgação;

III - realização de, no mínimo, uma audiência pública em cada região geográfica do País e uma audiência pública de âmbito nacional, no Distrito Federal, simultaneamente ao período de consulta pública referido no inciso II;

IV - apresentação da proposta daquele Plano, incorporadas as contribuições advindas da consulta e das audiências públicas, para apreciação dos Conselhos Nacionais de Meio Ambiente, das Cidades, de Recursos Hídricos, de Saúde e de Política Agrícola; e

V - encaminhamento pelo Ministro de Estado do Meio Ambiente ao Presidente da República da proposta de decreto que aprova aquele Plano

Art. 51. Os Municípios com população total inferior a vinte mil habitantes, apurada com base nos dados demográficos do censo mais recente da Fundação Instituto Brasileiro de Geografia Estatística - IBGE, poderão adotar planos municipais simplificados de gestão integrada de resíduos sólidos.

§ 1º Os planos municipais simplificados de gestão integrada de resíduos sólidos referidos no **caput** deverão conter:

I - diagnóstico da situação dos resíduos sólidos gerados no respectivo território, com a indicação da origem, do volume e da massa, a caracterização dos resíduos e as formas de destinação e disposição final adotadas;

II - identificação das áreas favoráveis para disposição final ambientalmente adequada de rejeitos, observado o plano diretor de que trata o § 1º do art. 182 da Constituição e o zoneamento ambiental, quando houver;

III - identificação da possibilidade de implantação de soluções consorciadas ou compartilhadas com outros Municípios, considerando a economia de escala, a proximidade dos locais estabelecidos e as formas de prevenção dos riscos ambientais;

IV - identificação dos resíduos sólidos e dos geradores sujeitos ao plano de gerenciamento ou ao sistema de logística reversa, conforme os arts. 20 e 33 da Lei nº 12.305, de 2010, observadas as disposições deste Decreto e as normas editadas pelos órgãos do SISNAMA e do SNVS;

V - procedimentos operacionais e especificações mínimas a serem adotadas nos serviços públicos de limpeza urbana e de manejo de resíduos sólidos, incluída a disposição final ambientalmente adequada de rejeitos, em consonância com o disposto na Lei nº 11.445, de 2007, e no Decreto nº 7.217, de 21 de junho de 2010;

VI - regras para transporte e outras etapas do gerenciamento de resíduos sólidos de que trata o art. 20 da Lei nº 12.305, de 2010, observadas as normas editadas pelos órgãos do SISNAMA e do SNVS, bem como as demais disposições previstas na legislação federal e estadual;

VII - definição das responsabilidades quanto à sua implementação e operacionalização pelo Poder Público, incluídas as etapas do plano de gerenciamento de resíduos sólidos;

VIII - programas e ações de educação ambiental que promovam a não geração, a redução, a reutilização, a coleta seletiva e a reciclagem de resíduos sólidos;

IX - programas e ações voltadas à participação de cooperativas e associações de catadores de materiais reutilizáveis e recicláveis formadas por pessoas físicas de baixa renda, quando houver;

X - sistema de cálculo dos custos da prestação dos serviços públicos de limpeza urbana e de manejo de resíduos sólidos, bem como a forma de cobrança desses serviços, observado o disposto na Lei nº 11.445, de 2007;

XI - metas de coleta seletiva e reciclagem dos resíduos;

XII - descrição das formas e dos limites da participação do Poder Público local na coleta seletiva e na logística reversa, respeitado o disposto no art. 33 da Lei nº 12.305, de 2010, e de outras ações relativas à responsabilidade compartilhada pelo ciclo de vida dos produtos;

XIII - identificação de áreas de disposição inadequada de resíduos e áreas contaminadas e respectivas medidas saneadoras; e

XIV - periodicidade de sua revisão.

Art. 55. Os empreendimentos sujeitos à elaboração de plano de gerenciamento de resíduos sólidos localizados em um mesmo condomínio, Município, microrregião, região metropolitana ou aglomeração urbana, que exerçam atividades características de um mesmo setor produtivo e que possuam mecanismos formalizados de governança coletiva ou de cooperação em atividades de interesse comum, poderão optar pela apresentação do referido plano de forma coletiva e integrada.

Parágrafo único. O plano de gerenciamento de resíduos sólidos apresentado na forma do **caput** deverá conter a indicação individualizada das atividades e dos resíduos sólidos gerados, bem como as ações e responsabilidades atribuídas a cada um dos geradores.

Art. 60. As microempresas e empresas de pequeno porte, assim consideradas as referidas nos incisos I e II do art. 3º da Lei Complementar nº 123, de 14 de dezembro de 2006, que gerem apenas resíduos sólidos domiciliares ou equiparados pelo poder público municipal, nos termos do parágrafo único do art. 13 da Lei nº 12.305, de 2010, estão dispensadas de apresentar o plano de gerenciamento de resíduos sólidos.

- **Decreto 6.514/08**

(Dispõe sobre as infrações e sanções administrativas ao meio ambiente, estabelece o processo administrativo federal para apuração destas infrações)

Art. 61. Causar poluição de qualquer natureza em níveis tais que resultem ou possam resultar em danos à saúde humana, ou que provoquem a mortandade de animais ou a destruição significativa da biodiversidade:

Multa de R$ 5.000,00 (cinco mil reais) a R$ 50.000.000,00 (cinqüenta milhões de reais).

Parágrafo único. As multas e demais penalidades de que trata o caput serão aplicadas após laudo técnico elaborado pelo órgão ambiental competente, identificando a dimensão do dano decorrente da infração e em conformidade com a gradação do impacto.

Art. 62. Incorre nas mesmas multas do art. 61 quem:

(...)

IX - lançar resíduos sólidos ou rejeitos em praias, no mar ou quaisquer recursos hídricos;

X - lançar resíduos sólidos ou rejeitos **in natura** a céu aberto, excetuados os resíduos de mineração;

XI - queimar resíduos sólidos ou rejeitos a céu aberto ou em recipientes, instalações e equipamentos não licenciados para a atividade;

XII - descumprir obrigação prevista no sistema de logística reversa implantado nos termos da Lei nº 12.305, de 2010, consoante as responsabilidades específicas estabelecidas para o referido sistema;

XIII - deixar de segregar resíduos sólidos na forma estabelecida para a coleta seletiva, quando a referida coleta for instituída pelo titular do serviço público de limpeza urbana e manejo de resíduos sólidos;

XIV - destinar resíduos sólidos urbanos à recuperação energética em desconformidade com o § 1º do art. 9º da Lei nº 12.305, de 2010, e respectivo regulamento;

XV - deixar de manter atualizadas e disponíveis ao órgão municipal competente e a outras autoridades informações completas sobre a realização das ações do sistema de logística reversa sobre sua responsabilidade;

XVI - não manter atualizadas e disponíveis ao órgão municipal competente, ao órgão licenciador do SISNAMA e a outras autoridades, informações completas sobre a implementação e a operacionalização do plano de gerenciamento de resíduos sólidos sob sua responsabilidade; e

XVII - deixar de atender às regras sobre registro, gerenciamento e informação previstos no § 2º do art. 39 da Lei nº 12.305, de 2010.

§ 1º As multas de que tratam os incisos I a XI deste artigo serão aplicadas após laudo de constatação.

§ 2º Os consumidores que descumprirem as respectivas obrigações previstas nos sistemas de logística reversa e de coleta seletiva estarão sujeitos à penalidade de advertência.

§ 3º No caso de reincidência no cometimento da infração prevista no § 2o, poderá ser aplicada a penalidade de multa, no valor de R$ 50,00 (cinquenta reais) a R$ 500,00 (quinhentos reais).

§ 4º A multa simples a que se refere o § 3º pode ser convertida em serviços de preservação, melhoria e recuperação da qualidade do meio ambiente.

§ 5º Não estão compreendidas na infração do inciso IX as atividades de deslocamento de material do leito de corpos d'água por meio de dragagem, devidamente licenciado ou aprovado.

§ 6º As bacias de decantação de resíduos ou rejeitos industriais ou de mineração, devidamente licenciadas pelo órgão competente do SISNAMA, não são consideradas corpos hídricos para efeitos do disposto no inciso IX.

10. QUESTÕES DE CONCURSO

10.1. Questões

1) **(PGR – Procurador da República / 2017) ASSINALE, AO FINAL, A ALTERNATIVA QUE CORRESPONDE ÀS AFIRMATIVAS ABAIXO QUE ESTÃO CORRETAS:**

I – A destinação dos rejeitos radioativos está sujeita a licenciamento municipal, estadual ou federal, a depender da titularidade dos terrenos selecionados para depósitos finais.

II – Embora cada Município tenha responsabilidade pela gestão integrada dos resíduos sólidos gerados no respectivo território, é recomendável a criação de consórcios entre Municípios.

III – O rejeito pode ser um material, substância, objeto ou bem descartado, resultante de atividades humanas em sociedade, cuja destinação final é o tratamento e recuperação por processos tecnológicos disponíveis e viáveis economicamente.

IV – Para que um Município consiga prioridade na captação de recursos federais destinados a empreendimentos e serviços relacionados à limpeza urbana e ao manejo de resíduos sólidos, deve oferecer assistência social aos catadores e suas famílias.

a) Somente I e II estão corretas.

b) Somente II está correta.

c) Somente II e IV estão corretas.

d) Somente III está correta.

2) **(TRF-3ª Região – Juiz Federal Substituto / 2018)** De acordo com a Política Nacional de Resíduos Sólidos prevista na Lei nº 12.305/2010, é CORRETO afirmar que:

a) A Política Nacional de Resíduos Sólidos reúne o conjunto de princípios, objetivos, instrumentos, diretrizes, metas e ações a serem seguidos pela União, Estados, Distrito Federal e Municípios, de maneira independente e concorrente, nos termos do artigo 4º da lei.

b) O princípio do protetor-recebedor, também denominado princípio da visão sistêmica, implica a observância das variáveis ambiental, social e cultural na gestão dos resíduos sólidos, além do respeito às diversidades locais e regionais.

c) Não há distinção entre resíduos sólidos e rejeitos, eis que ambos, na definição legal, são os materiais, objetos ou substâncias resultantes de atividades humanas em sociedade a cuja destinação final se procede.

d) São instrumentos da Política Nacional de Resíduos Sólidos a coleta seletiva, os inventários e o sistema declaratório anual de resíduos sólidos, entre outros.

3) **(TRF-2ª Região – Juiz Federal Substituto / 2017)** Quanto à ordem de prioridade a ser observada nas políticas de gestão e de gerenciamento de resíduos sólidos:

a) A disposição final ambientalmente adequada dos rejeitos é o objetivo maior da Política Nacional de Resíduos Sólidos.

b) A ordem de prioridade é reciclagem, não geração e, por fim, uso como fonte de energia.

c) A ordem de prioridade se inicia com a tentativa de não geração e segue com a redução, reutilização, reciclagem, tratamento dos resíduos sólidos e disposição final ambientalmente adequada dos rejeitos.

d) A ordem de prioridade é reciclar, reutilizar e, se for possível, não gerar.

e) Segundo o princípio do poluidor pagador, a prioridade é a não geração, a taxação daqueles que geram mais e, quanto aos resíduos gerados, a disposição final efetuada em consonância com a política de saneamento básico.

4) **(TJ/SP – Juiz Substituto / 2015)** Com relação à gestão de resíduos sólidos instituída pela Lei nº 12.305/10, é correto afirmar que

a) o titular do serviço público de limpeza urbana e de manejo de resíduos sólidos pode, mediante termo de compromisso firmado com o setor empresarial, encarregar-se de atividades de responsabilidade destes nos sistemas de logística reversa, vedada a cobrança por essas atividades.

b) a lei instituiu a obrigação de estruturar e implementar sistemas de logística reversa dividindo a responsabilidade entre os fabricantes e os comerciantes de produtos como pilhas e baterias, agrotóxicos, pneus, equipamentos e componentes eletrônicos e lâmpadas, entre outros.

c) a Lei de Resíduos Sólidos permite a incineração de resíduos sólidos desde que realizada com emprego de equipamentos devidamente licenciados pela autoridade ambiental competente.

d) não estão sujeitos à elaboração de plano de gerenciamento de resíduos sólidos os estabelecimentos comerciais cujos resíduos gerados em suas atividades sejam caracterizados, por sua natureza, composição ou volume, como não perigosos.

5) **(TJ/PA – Juiz Substituto / 2014)** Nos termos da Lei n.º 12.305/2010, a logística reversa como instrumento de desenvolvimento econômico e social, caracterizado por um conjunto de ações, procedimentos e meios destinados a viabilizar a coleta e a restituição dos resíduos sólidos ao setor empresarial, para reaproveitamento, em seu ciclo ou em outros ciclos produtivos, ou outra destinação ambientalmente adequada, aplica-se aos fabricantes, importadores, distribuidores e comerciantes, entre outros, de

a) agrotóxicos, produtos eletroeletrônicos e lâmpadas em geral.

b) produtos eletroeletrônicos e seus componentes, lâmpadas em geral, pilhas e baterias.

c) produtos eletroeletrônicos e seus componentes, pneus, pilhas e baterias.

d) veículos, óleos lubrificantes e agrotóxicos, seus resíduos e embalagens.

e) agrotóxicos, veículos, pilhas e baterias.

6) **(TJ/RJ – Juiz Substituto / 2014)** Quanto à responsabilidade decorrente dos resíduos sólidos pós-consumo, é correto afirmar que

a) o compromisso dos fabricantes e importadores, comerciantes e distribuidores é de, quando firmados acordos ou termos de compromisso com o Município, participar das ações previstas no plano municipal de gestão integrada de resíduos sólidos no caso de produtos incluídos no sistema de logística reversa.

b) as embalagens devem ser fabricadas com materiais que propiciem a reutilização ou a reciclagem, sendo responsável todo aquele que manufatura embalagens ou fornece materiais para a fabricação de embalagens, coloca em circulação embalagens, materiais para a fabricação de embalagens ou produtos embalados, em qualquer fase da cadeia de comércio.

c) para fortalecer a responsabilidade compartilhada e seus objetivos, a responsabilidade dos fabricantes, importadores, distribuidores e comerciantes abrange o compromisso de recolhimento somente dos resíduos e das embalagens remanescentes após o uso, bem como a sua destinação ambientalmente adequada, no caso dos produtos sujeitos à logística reversa.

d) a responsabilidade compartilhada pelo ciclo de vida dos produtos, a ser implementada de forma individualizada e encadeada, abrange distribuidores e comerciantes, consumidores e titulares de serviços públicos de limpeza urbana, bem como fabricantes e importadores, cabendo a todos o desenvolvimento de produtos que gerem, gradativamente, nos termos da lei, menos resíduos.

7) **(TJ/PE – Juiz / 2013)** Considere as afirmações abaixo acerca da política nacional de resíduos sólidos, tal como instituída pela Lei nº 12.305/2010.

I. No gerenciamento de resíduos sólidos, a não geração e a redução de resíduos são objetivos preferíveis à reciclagem e ao seu tratamento adequado.

II. Os fabricantes de produtos em geral têm o dever de implementar sistemas de logística reversa.

III. Os consumidores têm responsabilidade compartilhada pelo ciclo de vida de quaisquer produtos adquiridos.

Está correto o que se afirma em

a) I, II e III.

b) I e III, apenas.

c) II e III, apenas.

d) I e II, apenas.

e) I, apenas.

8) **(FGV – Exame de Ordem 2017.2 – XXIII)** O Município de Fernandópolis, que já possui aterro sanitário, passa por uma grave crise econômica. Diante disso, o prefeito solicita auxílio financeiro do Governo Federal para implantar a coleta seletiva de resíduos sólidos, que contará com a participação de associação de catadores de materiais recicláveis.

Sobre o auxílio financeiro tratado, assinale a afirmativa correta.

a) Não será possível o auxílio financeiro, sob pena de violação ao princípio da isonomia com relação aos demais entes da Federação.

b) Não será possível o auxílio financeiro, uma vez que a coleta seletiva de resíduos sólidos do Município de Fernandópolis está sendo realizada parcialmente por associação privada.

c) O auxílio financeiro é possível, desde que o Município possua até 20 mil habitantes ou seja integrante de área de especial interesse turístico.

d) O auxílio financeiro é possível, desde que o Município elabore plano municipal de gestão integrada de resíduos sólidos.

9) **(FGV – Exame de Ordem 2018.1)** Os Municípios ABC e XYZ estabeleceram uma solução consorciada intermunicipal para a gestão de resíduos sólidos. Nesse sentido, celebraram um consórcio para estabelecer as obrigações e os procedimentos operacionais relativos aos resíduos sólidos de serviços de saúde, gerados por ambos os municípios.

Sobre a validade do plano intermunicipal de resíduos sólidos, assinale a afirmativa correta.

a) Não é válido, uma vez que os resíduos de serviços de saúde não fazem parte da Política Nacional de Resíduos Sólidos, sendo disciplinados por lei específica.

b) É válido, sendo que os Municípios ABC e XYZ terão prioridade em financiamentos de entidades federais de crédito para o manejo dos resíduos sólidos.

c) É válido, devendo o consórcio ser formalizado por meio de sociedade de propósito específico com a forma de sociedade anônima.

d) É válido, tendo como conteúdo mínimo a aplicação de 1% (um por cento) da receita corrente líquida de cada município consorciado.

10) **(FGV – Exame de Ordem 2017 – XXIV)** Bolão Ltda., sociedade empresária, pretende iniciar atividade de distribuição de pneus no mercado brasileiro. Para isso, contrata uma consultoria para, dentre outros elementos, avaliar sua responsabilidade pela destinação final dos pneus que pretende comercializar.

Sobre o caso, assinale a afirmativa correta.

a) A destinação final dos pneus será de responsabilidade do consumidor final, no âmbito do serviço de regular limpeza urbana.

b) A sociedade empresária será responsável pelo retorno dos produtos após o uso pelo consumidor, de forma independente do serviço público de limpeza urbana.

c) A destinação final dos pneus, de responsabilidade solidária do distribuidor e do consumidor final, se dará no âmbito do serviço público de limpeza urbana.

d) Previamente à distribuição de pneus, a sociedade empresária deve celebrar convênio com o produtor, para estabelecer, proporcionalmente, as responsabilidades na destinação final dos pneus.

10.2. Gabarito e comentários

Questão 1:

Gabarito **letra "b"**

Comentários: No que diz respeito às assertivas, a (I) está incorreta, pois, quanto a rejeitos radioativos, a sua destinação está condicionada a critérios estipulados pela Comissão Nacional de Energia Nuclear – CNEN (criada pela Lei 10.308/01), que procederá ao licenciamento, cujo lugar de destino final será precedido de desapropriação por parte da União. Isto é, sem qualquer envolvimento por parte dos Estados e Municípios. A assertiva (II) está correta, pois denota a preferência do legislador de que haja o consórcio entre os Municípios, até mesmo como critério para repasse priorizado de verbas advindas da União. A assertiva (III) está errada, pois rejeito é quando não há mais qualquer possibilidade de reaproveitamento, tratamento ou recuperação. Por fim, a assertiva (IV) equivoca-se pois, para receber prioritariamente as verbas de repasse da União, não é requisito que ofereça assistência social aos catadores e suas famílias, mas sim que implante coleta seletiva, inserindo tal camada social (art. 18, Lei 12.305/10).

Questão 2:

Gabarito: **letra "d"**

Comentários: a despeito dos equívocos que incorre as demais alternativas, a opção "d" é a correta, pois condizente com a previsão contida no artigo 8º, da Lei 12.305/10, que arrola uma série de instrumentos, dentre os quais aqueles mencionados pelo examinador.

Questão 3:

Gabarito: **letra "c"**

Comentários: a resposta está na literalidade do artigo 9º, da Lei 12.305/10, em que consta expressamente que na gestão e gerenciamento de resíduos sólidos, deve ser observada a seguinte ordem de prioridade: não geração, redução, reutilização, reciclagem, tratamento dos resíduos sólidos e disposição final ambientalmente adequada dos rejeitos.

Questão 4:

Gabarito **letra "c"**

Comentários: a alternativa "a" está errada pois é possível realizar a cobrança por aquelas atividades que descreve; a "b" erra pois esquece dos importadores e distribuidores quanto à sua idêntica responsabilidade; a "d" também está errada, pois inclusive aqueles que manuseiam resíduos não perigosos também deve proceder à elaboração do plano de gerenciamento, conforme diz o artigo 20, II, alínea "b". Daí, correta é alternativa "c", pois, embora não descreva integralmente a situação que a viabiliza, deixa claro que, a despeito de qualquer coisa, há a possibilidade de queima de rejeitos.

Questão 5:

Gabarito: **letra "c"**

Comentários: cuida-se de resposta em consonância com a literalidade do artigo 33, da Lei 12.305/10, cujos incisos arrolam os itens mencionados na questão.

Questão 6:

Gabarito: **letra "b"**

Comentários: a resposta está na literalidade do artigo 32, em especial no seu §3º, da Lei 12.305/10.

Questão 7:

Gabarito **letra "b"**

Comentários: a assertiva (I) está correta, pois condizente com a ordem de prioridade estipulada pelo legislador (art. 9º, Lei 12.305/10); a assertiva (II) está errada, na medida em que não há a obrigatoriedade de implantar logística reversa para produtos em geral, mas àqueles assinalados na Lei 12.305/10; a assertiva (III) está correta, pois, na verdade, a responsabilidade compartilhada do consumidor eclode na medida em que esteja implantada a logística reversa e, principalmente, a coleta seletiva.

Questão 8:

Gabarito: **letra "d"**

Comentários: Nos termos do artigo 18, *caput, da Lei 12.305/12, a* elaboração de plano municipal de gestão integrada de resíduos sólidos, nos termos previstos por esta Lei, é condição para o Distrito Federal e os Municípios terem acesso a recursos da União, ou por ela controlados, destinados a empreendimentos e serviços relacionados à limpeza urbana e ao manejo de resíduos sólidos, ou para serem beneficiados por incentivos ou financiamentos de entidades federais de crédito ou fomento para tal finalidade.

Questão 9:

Gabarito: **letra "b"**

Comentários: além de sua previsão no artigo 4º, I, da LC 140/11, como instrumento de cooperação, verifica-se da Lei 12.305/10 que a adoção de consórcios públicos é incentivada, a ponto de ser expresso no artigo 45 que os consórcios públicos constituídos, nos termos da Lei nº 11.107/05 (Lei que trata dos consórcios públicos), com o objetivo de viabilizar a descentralização e a prestação de serviços públicos que envolvam resíduos sólidos, têm prioridade na obtenção dos incentivos instituídos pelo Governo Federal.

Questão 10:

Gabarito: **letra "b"**

Comentários: Nos termos do artigo 33, III, da Lei 12.305/10, a logística reversa, imposta aos fabricantes, importadores, distribuidores e comerciantes de pneus, deve ser concretizada independentemente do serviço público de limpeza.

Capítulo XIII

RESPONSABILIDADE PELO DANO AMBIENTAL

1. INTRODUÇÃO

A responsabilidade pelo dano ambiental tem seu fundamento constitucionalmente previsto no artigo 225, §3º, CF/88, cuja redação é importante ser transcrita – embora já antes o feito.

> § 3º As condutas e atividades consideradas lesivas ao meio ambiente sujeitarão os infratores, pessoas físicas ou jurídicas, a sanções penais e administrativas, independentemente da obrigação de reparar os danos causados.

De se perceber que o constituinte prevê a possibilidade de uma *tríplice*[1] responsabilidade ao infrator ambiental, eis que, de um ato lesivo ao meio ambiente, pode resultar, independentemente uma da outra[2], na responsabilidade tanto de ordem civil, como administrativa e criminal, inclusive à pessoa jurídica.

E, no plano infraconstitucional, é possível apontar que, essencialmente, essa tríplice responsabilização ambiental encontra amparo legal na Lei 6.938/81[3] e Lei 9.605/98, sem prejuízo de outras previsões legais, inclusive de cunho local[4] – principalmente, no que diz respeito à responsabilidade administrativa.

Na busca por uma didática mais simples e objetiva, o tema será abordado com tópicos separados para cada espécie de responsabilidade, mas que, para sua exata compreensão, antes inaugura-se um tópico a parte, para analisar o dano ambiental, cuja peculiaridade, é fato, justifica a importância e especificidade da responsabilidade ambiental, inclusive com previsão constitucional.

2. DANO AMBIENTAL

2.1. Noções Gerais

Da análise do artigo 225, §3°, CF/88 percebe-se que o constituinte fez referência às "*condutas e atividades consideradas lesivas ao meio ambiente*" como causas de sujeição dos infratores à responsabilização ambiental, ao passo que o legislador (art. 14, §1°, Lei 6.938/81) menciona que "*o não cumprimento das medidas* necessárias à preservação ou correção dos inconvenientes *e danos causados pela degradação* da qualidade ambiental sujeitará os transgressores" à tríplice responsabilidade.

Dessa feita, nota-se que a responsabilização advém em razão de condutas lesivas ao meio ambiente, abrangendo tanto condutas que não se prestam à preservação ou correção de inconvenientes, bem como quando gerado o dano[5].

Assim, sem prejuízo das condutas que por si só geram responsabilidade, em especial de ordem administrativa e penal, exsurge a importância da compreensão sobre este dano, a ser considerado para fins de responsabilidade ambiental (com destaque a repercutir nas três esferas), sendo que, na doutrina, dentre outras definições[6], é conceituado como sendo

---

1. Considera-se que, assim se efetivando, materializa-se o princípio da responsabilidade integral do degradador, sujeitando-o a sanções repressivas e reparatórias.
2. Em outros termos, são searas independentes de responsabilização, razão pela qual, via de regra, uma não afeta a outra – tal como também prevê o artigo 935 do Código Civil.
3. Art. 14, §1°, da Lei 6.938/81.
4. Por exemplo, citem-se o Decreto Federal 6.514/08, o Decreto Estadual SP 60.342/2014 (e sua Res. SMA 48/2014), etc.
5. Contudo, segundo nossa compreensão, ainda que se busque uma definição mais ideal possível, que fugiria (aprofundaria) das noções de degradação ambiental e de poluição, acredita-se que sejam aptas a servir de parâmetro para o estudo da responsabilidade ambiental (art. 3°, II e III, da Lei 6.938/81), atentando-se, inclusive, que no artigo 4°, VII, da Lei 6.938/81, impõe-se ao poluidor (ou predador – expressões utilizadas de forma indistinta) a obrigação de recuperar e/ou indenizar os danos causados.
6. MORATO LEITE, José Rubens, "Dano Ambiental: do individual ao coletivo extrapatrimonial" 2ª ed. São Paulo: Editora Revista dos Tribunais, 2003, p. 276. Nesta obra, o autor define dano ambiental como sendo "toda

"toda interferência antrópica infligida ao patrimônio ambiental (natural, cultural, artificial) capaz de desencadear, imediata ou potencialmente, perturbações desfavoráveis (*in pejus*) ao equilíbrio ecológico, à sadia qualidade de vida, ou a quaisquer outros valores coletivos ou de pessoas"[7].

Por esse definição, Milaré compreende que (a) afasta-se o denominado *fortuito externo* (imprevisível e inevitável, advindo da própria natureza), pois sem qualquer vinculação com alguma ação humana[8]; (b) reconhece-se a abrangência e complexidade do bem tutelado (não limitado aos recursos naturais, mas a todo o patrimônio ambiental); (c) na relação causal, nem sempre a causa é próxima (podendo ser remota, e, ainda, não apenas uma, porém algumas encadeadas), e, os efeitos, não necessariamente imediatos (podendo ser futuros); (d) basta qualquer interferência antrópica prejudicial (e não apenas as interferências graves).

Contudo, dentro desta última repercussão da definição trazida, é importante distinguir *impacto* de *dano*, frisando que, para fins de responsabilidade, alterações insignificantes, absorvidas rapidamente pelo próprio meio ambiente (e seus elementos) e sem lesão, não devem ser levadas em consideração. Daí, tem-se que o *dano* ambiental é a lesão às normas ambientais, com prejuízo ao meio ambiente, a ser reparado e/ou coibido; e, *impacto*, vem a ser as intercorrências (positivas ou negativas) que são aceitas, mas que devem ser gerenciadas, a exemplo do que se faz por meio de licenciamento ambiental e EIA.

2.2. Características

Além da compreensão sobre o dano moral, importa analisar suas características, que, peculiares, também são motivos para a especialidade da responsabilidade ambiental.

Uma primeira característica diz respeito à própria *dificuldade na identificação da fonte lesiva*, sendo que o dano, por vezes, é percebido como decorrência de situações perpetradas durante longo tempo (poluição histórica), inclusive de fontes desconhecidas[9]. Ou, ainda, a própria lesividade ambiental advinda de autoria difusa, a exemplo do que ocorre com a poluição pelo uso de veículos automotores.

Ademais, também é peculiar da responsabilidade ambiental a característica da *ampla dispersão das vítimas*, sendo que, seja considerando o titular do bem ambiental (coletividade), ou mesmo a se raciocinar sobre quem seja efetivamente atingido[10], é difícil di-

lesão intolerável causado por qualquer ação humana (culposa ou não) ao meio ambiente, diretamente como macrobem de interesse da coletividade, em uma concepção totalizante, e indiretamente, a terceiros, tendo em vista interesses próprios e individualizáveis e que refletem no macrobem".

7. MILARÉ. Édis. Op. cit., p.. 323.

8. Contudo, é mister ter cautela quanto a essa compreensão de exclusão de responsabilidade assinalada pelo doutrinador Milaré, poi,s ao menos no âmbito da responsabilidade civil, considerada objetiva e informada pela teoria do risco integral, é entendido – conforme se abordará na sequência – como sendo inafastável a responsabilidade, ainda que advindo de fortuito externo.

9. Daí um dos motivos pelos quais incrementa-se como sendo a obrigação de reparação ambiental de natureza solidária *propter rem* e solidária, sob pena de inviabilizar a própria responsabilização.

10. Por exemplo, quando um rio é contaminado em toda a sua extensão, acidentes nucleares, contaminação de águas nas praias, etc. Certamente é muito difícil identificar quem venha a sofrer os efeitos destes danos ambientais.

mensionar quem sejam as vítimas, que podem, ainda, ser tanto presentes como futuras (*dano transtemporal*), como também situadas num mesmo território, ou em mais de um, transpondo-se a outros Estados (*transfronteiriço*)[11].

É marcante ainda a *dificuldade da reparação*, observando que é praticamente impossível, após o advento de um dano ambiental, promover o retorno *ao status quo ante*, isto é, retornar às exatas condições anteriores ao evento lesivo.

Da mesma forma, é o dano ambiental de *difícil valoração*, sendo que, além de se considerar como improvável o retorno às condições anteriores, tem-se como extremamente complicado dar um valor que possa ser representativo do dano causado, sendo que, para compreender essa característica, basta se perguntar quanto valeria, em termos econômicos, o prejuízo à Bacia do Rio Doce (completamente prejudicada), 19 (dezenove) pessoas mortas, e, dentre outros danos, a destruição (ao menos parcial) de vários Distritos - a exemplo de Bento Rodrigues (vinculado à cidade de Mariana/MG)-, tudo causado pelo rompimento da barragem da empresa Samarco em novembro de 2015[12].

Outrossim, pode-se apontar como peculiaridade a *perpetuidade*, sendo que, além da própria dificuldade - e, por vezes, impossibilidade - de restituição ao *status quo ante*, a inação dificilmente resulta na recuperação/regeneração dos recursos ambientais, senão acaba apenas por manter a irregularidade ambiental, razão pela qual compreende-se como perpétuo dada a sua persistência no tempo[13].

2.3. Classificação

Seguindo na compreensão do dano moral, vale destacar a existência de diversas classificações a seu respeito, mas que, para os fins deste trabalho pauta-se em abordar que, (i) quanto aos sujeitos afetados, pode ser visualizado como dano coletivo ou individual; (ii) quanto ao interesse lesado, é distinguível entre dano patrimonial e extrapatrimonial; ou, ainda (iii) quanto à sua extensão, pode ser dito como local, microrregional, regional ou nacional.

---

11. Basta considerar a existência de rios que abrangem, em sua extensão, mais de um Estado.

12. Aliás, como forma de bem ilustrar o ponto, é de se destacar outro infeliz episódio envolvendo rompimento de barreiras, dessa vez ocorrido no dia 25 de janeiro de 2019 na cidade de Brumadinho/MG, em que, ainda sem a exata dimensão dos danos, na data do dia 07 de fevereiro de 2019, informações atualizadas diziam que já haviam 157 pessoas mortas, além de 182 desaparecidos. De qualquer forma, tão apenas pelas características do dano, cujas notícias são de que foram liberados cerca de 12 milhões de metros cúbicos de rejeitos, a afetar solo, águas, enfim, todo o ecossistema, repercutirá muito além das mortes contabilizadas até o momento, mas um prejuízo material e moral imensurável a todos afetados (direta ou indiretamente) por este desastre ambiental, pontuando, inclusive, que o município de Brumadinho tem sua principal base econômica sustentada pela atividade da mineração, sobretudo pela atuação da Vale S.A., ora comprometendo toda a economia do local. Enfim, são imensuráveis as repercussões dos danos.

13. Daí, e como especial singularidade da tutela ambiental, tem-se que a obrigatoriedade de se reparar esse dano também persiste, sem prescrever, sendo que, ainda que transferida por diversas vezes a propriedade, o novo proprietário passa a ser mais um responsável pela obrigação de recuperar o bem ambiental (obrigação *propter rem*).

Daí, numa primeira análise, é de se distinguir, de um lado, o dano *coletivo*[14] que é próprio dano ambiental, em seu sentido amplo, atingindo o patrimônio ambiental de titularidade difusa e transindividual (macrobem – o direito ao meio ambiente ecologicamente equilibrado, contido no artigo 225, *caput*, da CF/88), e, de outro, o dano *individual*, que, na verdade, é a repercussão patrimonial material ou imaterial de cada sujeito afetado com a lesão ao meio ambiente (por exemplo: o pescador individual que, em decorrência da contaminação no rio, não está conseguindo realizar sua profissão), sendo, pois, um típico dano ricochete (reflexo)[15].

ATENÇÃO

Considera-se que, mesmo no tocante ao dano individual, a insurgência do lesado contra o agente responsável pelo dano será pautada pela teoria objetiva da responsabilidade ambiental[16].

Na sequência, e com interesse mais ao campo da responsabilidade ambiental civil, compreende-se que a lesão pode ser tanto *patrimonial*, considerando-se o dano materialmente experimentado (dano a algum dos elementos que compõem todo o patrimônio ambiental), como também *extrapatrimonial* (dano moral)[17], que vem a ser o sentimento psicológico negativo[18] experimentado pela coletividade (ou pelo individuo)[19] ou mesmo pela simples violação do bem tutelado, advindo da mera lesão ao direito ao meio ambiente ecologicamente equilibrado (quase que um dano *in re ipsa*).

Ainda, outra classificação importante diz respeito à extensão do dano ambiental, segmentado em dano local, microrregional, regional e nacional, cuja análise repercute, inclusive, em definição de competência de Foro ou mesmo juízo[20].

---

14. Sem prejuízo, cumpre destacar que nesta compreensão são abrangidas as concepções, quanto aos direitos afetados, de direitos difusos e coletivos em sentido estrito, ambos marcados pela indivisibilidade e transindividualidade.
15. Mas, vale esclarecer que, por vezes, o STJ rotula o dano coletivo como *dano ambiental público*, e, o individual (ricochete), como *dano ambiental privado*. Vide: STJ – AgRg no AgRg no AREsp n. 153.797/SP, 4ª T., j. 05.06.2014; STJ – AREsp 1.147.620 – Dje 15.03/2018.
16. Em que pese já adiantando ponto a ser abordado mais a frente, compreende como importante deixar consignado desde já.
17. Independentemente dos afetados, isto é, de ser individual ou coletivo, embora, a maior discussão doutrinária e jurisprudencial tenha sido sobre a indenizabilidade do dano ambiental coletivo moral.
18. A exemplo, quando uma cidade tem drasticamente reduzidos os anseios (perspectivas) da coletividade em razão de alta poluição, com céu plenamente coberto de cinzas, por decorrência de resíduos lançados na atmosfera, ou mesmo o sentimento de tristeza que se espalha por toda a comunidade em razão de um acidente ecológico ocorrido em seu território (como o caso de Mariana/MG).
19. STJ REsp 1.367.923/RJ – *DJe* 06.09.2013; STJ, REsp n. 1.269.494/MG – DJe. 30.09.2013.
20. STJ – Conflito de Competência 154859 / SP – DJe 29.11.2017. No caso, nada obstante se trate de rio considerado da União, a competência foi mantida na Justiça Estadual da Comarca onde ocorreu o dano, pois considerou-se que a lesão é de âmbito estritamente local, sem repercutir em lesão a bens, serviços ou interesses da União de forma efetiva.

Nesse sentido, dano *local* é considerado aquele que se limita à circunscrição de um Município, ao passo que, *microrregional*, é o dano que abrange mais de um Município, porém dentro de um mesmo Estado, diferenciando-se de *regional*, quando afetado mais de um Estado, e, por fim, há ainda o *nacional*, assim reconhecido em razão do dano afetar praticamente todo o País.

2.4. Formas de reparação

Sem prejuízo da dificuldade quanto à reparação do dano ambiental – o que lhe é bem marcante –, pela leitura do ordenamento jurídico[21] vislumbram-se três formas de "reparação"[22] ao dano ambiental, quais sejam[23]: (a) a restauração natural (*in specie*); (b) a compensação por equivalente ecológico; e (c) indenização pecuniária. Aliás, trata-se, esta sequência, da ordem preferencial que deve ser considerada na análise à sua aplicação, muito embora possam, a depender do caso, ser cumulativas e simultaneamente aplicadas – o que não configura um *bis in idem*[24].

> A reparação ambiental deve ser feita da forma mais completa possível, de modo que a condenação a recuperar a área lesionada não exclui o dever de indenizar, sobretudo pelo dano que permanece entre a sua ocorrência e o pleno restabelecimento do meio ambiente afetado (= dano interino ou intermediário), bem como pelo dano moral coletivo e pelo dano residual (= degradação ambiental que subsiste, não obstante todos os esforços de restauração).
>
> 5. A cumulação de obrigação de fazer, não fazer e pagar não configura bis in idem, porquanto a indenização não é para o dano especificamente já reparado, mas para os seus efeitos remanescentes, reflexos ou transitórios, com destaque para a privação temporária da fruição do bem de uso comum do povo, até sua efetiva e completa recomposição, assim como o retorno ao patrimônio público dos benefícios econômicos ilegalmente auferidos.[25]

Aliás, embora pautado doutrinariamente na parte reservada ao estudo da responsabilidade ambiental civil[26], acredita-se como oportuno destacar, desde já, o princípio da *reparação integral*, segundo o qual se prima pela reparação plena do dano ambiental, a ser buscada por todas as formas possíveis, dentro do atual conhecimento científico.

---

21. Em especial art. 4º, VII, da Lei 6.938/81.
22. Coloca-se a expressão reparação entre parênteses, pois, em verdade, não há como considerar que a indenização pecuniária consista numa forma efetiva de reparação, mas, sim, uma compensação financeira à coletividade, pelo dano ambiental experimentado.
23. Vale lembrar que na Lei do Bioma Mata Atlântica (Lei 11.428/06) prevê uma *compensação ambiental* àquele que for autorizado a realizar corte e supressão de vegetação primária ou secundária nos estágios médio ou avançado de regeneração. De se ressaltar que, a despeito das formas como se concretiza essa compensação (destinação de área equivalente à extensão da área desmatada ou, subsidiariamente, será exigida a reposição florestal com espécies nativas), cuida-se daquilo que se pontuou como sendo impacto ambiental, sem o caráter de restauração a ser imposta pelo regime de responsabilidade ambiental, posterior à ocorrência do dano.
24. STJ – REsp 1.198.727/MG – julg.. 14.08.2012; STJ – REsp 1.145.083/MG – DJe 04.09.2012.
25. STJ – REsp 1.180.078 / MG – DJe 28.02.2012
26. MILARÉ. Édis. Op. cit., p. 438-439.

ATENÇÃO

É entendimento consolidado no STJ a possibilidade de cumulação de indenização com a obrigação de fazer. Porém, não é obrigatória, e, ainda, em sendo possível a plena recuperação do ecossistema **agredido, tem-se como inviabilizada a fixação de indenização pleiteada[27].**

De importante, e diferenciando da sistemática tradicional do Direito Civil, fundamentando-se no fato de que o Direito Ambiental, antes de tudo, objetiva essencialmente o restabelecimento do equilíbrio ecológico (direito fundamental), mais do que representar o pagamento integral do dano perpetrado, o princípio da reparação integral impõe o dever de se buscar a reparação do dano ambiental de forma a se restabelecer o equilíbrio ecológico a se concretizar, portanto, primeiro pelas providências que atinjam o *status quo ante*, ou, por segundo, a compensação por equivalente ecológico (restauração *ex situ*).

2.4.1. *Restauração natural (***in specie***)*

Representa ela a completa recuperação do meio ambiente lesado, nela compreendendo tanto a imposição da cessação da atividade sobre o patrimônio ambiental, como também da fixação de obrigação de fazer, cujo resultado seja a reversão ao estado em que as coisas se encontravam antes da interferência antrópica.

Frise-se que, para a sua suficiência, é imprescindível tanto que a obrigação de fazer a ser imposta tenha a capacidade de recuperar, como também que os elementos ambientais, incluindo o próprio equilíbrio ambiental, sejam capazes de se autorregenerar. Ou seja, para se considerar tão apenas a fixação de obrigação que envolva a reapuração natural, deve devidamente analisada a capacidade de êxito dessa medida, seja sob o aspecto da potencialidade da obrigação de fazer, seja pela característica dos elementos ambientais afetados de se regenerarem. Do contrário, certamente justificará a aplicação conjunta ou alternativa de uma das outras duas formas de "reparação" a serem analisadas na sequência.

2.4.2. *Compensação por equivalente ecológico*

Esta compensação, na verdade, consiste na restauração natural, porém substituindo o bem afetado por outro que possua similar funcionalidade ambiental (equivalente importância ecológica), de modo que, embora se trate de outro componente ambiental, consiga atingir a mesma qualidade ambiental antes existente no local.

2.4.3. *Indenização pecuniária*

Cuida-se do tradicional desfecho na seara do Direito Civil, porém subsidiária na seara ambiental, sendo invocada dada a impossibilidade e/ou insuficiência das hipóteses anteriores (*dano irreversível* total ou parcialmente), impondo-se ao infrator a obrigação de pa-

27. STJ – AgRg no Ag 1.365.693 / MG – DJe 10.10.2016.

gar quantia certa, para compensar os danos que causou ao meio ambiente (meio indireto de reparação) – frisando que, por regra, tais valores vão para um Fundo[28], cujo enfoque é sua utilização para proteção ambiental (bem lesado).

Além deste seu caráter residual, consequência da inviabilidade das formas anteriores, a indenização traz consigo a enorme dificuldade na sua quantificação, haja vista, conforme já pontuado, a quase impossibilidade de se quantificar um dano ambiental. Nada obstante, considera-se a necessidade de se analisar com proporcionalidade e razoabilidade, visualizando nesta indenização não apenas uma forma de compensar o dano, mas também, em sua fixação, ter como serventia o caráter pedagógico, a educar e a desestimular a sua reiteração, voltando-se, portanto, ao infrator e à coletividade – principalmente no sentido de que se mostra mais compensador ao empreendedor (financeiramente) prevenir do que reparar, isto é, que reparar seja mais caro do que prevenir.

3. RESPONSABILIDADE CIVIL

3.1. Introdução

Opta-se por escolher falar em primeiro lugar da responsabilidade civil, por compreender que exista uma similitude entre as responsabilidades administrativas e penais (ambas repressivas), a justificar sua análise de forma mais próxima, em continuidade uma da outra.

Pois bem. Não obstante a previsão constitucional feita no artigo 225, §3°, da CF/88, desde 1981 já se previa, especificadamente ao Direito Ambiental, a possibilidade de responsabilizar civilmente alguém que venha a causar um dano ao meio ambiente, segundo se observa do artigo 14, §1°, da Lei 6.938/81.

Aliás, a despeito das definições trazidas em doutrina do que venha a ser dano ambiental, a, eventualmente, não se subsumir com exatidão à figura legal do poluidor como seu causador, fato é que, visualizando que o artigo 4°, VII, da Lei 6.938/81 utiliza-se da expressão *poluidor*[29] para identificar quem deva promover a recuperação e/ou indenização dos danos causados, este trabalho tomará como referência este sujeito (*poluidor*) para identificação do responsável civil pelo dano ambiental.

Inclusive, tendo em vista a definição legal de poluidor[30], a considerar "a pessoa física ou jurídica, de direito público ou privado, responsável, direta ou indiretamente, por atividade causadora de degradação ambiental", nota-se uma amplitude significativa da expressão "poluidor", abarcando tanto o poluidor *direto* – aquele que diretamente fere o bem ambiental (por exemplo, aquele que manuseou a motosserra), como também o poluidor *indireto*, sendo o sujeito que, sem atingir diretamente, colaborou para o surgimento deste dano (por exemplo, quem emprestou motosserra)[31] – respondendo os dois de forma solidária.

---

28. Art. 13, *caput*, da Lei 7.347/85.

29. Ressalte-se que, muito embora haja menção a *predador*, é possível compreender como expressão sinônima, sendo que, tanto poluidor como predador encerram a noção de poluição, da qual exsurge a responsabilidade para recuperar e/ou reparar o dano.

30. Artigo 3°, IV, da Lei 6.938/81.

31. Há uma discussão a respeito da responsabilidade da Instituição Financeira que, eventualmente, financie a atividade poluidora, sendo que, como regra, admite-se, sim, a sua inserção como responsável havendo discussão quanto aos requisitos dessa responsabilidade, sendo que para alguns a Instituição é responsável

Além do que, considerando que o dano ambiental se perpetua no tempo enquanto não cessada a lesividade, e recuperado o bem ambiental, o proprietário, independentemente de ter sido o efetivo causador do dano, é responsável por si só (poluidor[32]), podendo, eventualmente, ressarcir-se junto ao anterior proprietário (ação regressiva), pelos custos que tiver para honrar com sua obrigação.

ATENÇÃO

Eventual cláusula contratual entre as partes, por exemplo, eximindo-se o atual proprietário de ter que ressarcir danos ambientais anteriores à aquisição, ou mesmo (também comum) eximindo-se o proprietário dos danos que o possuidor causar no exercício da posse[33], não tem o condão de inibir a responsabilização, pois são solidários, permitindo-se, no máximo, a ação de regresso entre os particulares – sendo inclusive, litisconsórcio passivo *facultativo*, mesmo havendo múltiplos agentes poluidores.

3.2. Natureza Jurídica

Fugindo da teoria aplicada ao Direito Civil (teoria subjetiva, via de regra), no âmbito do Direito Ambiental, para fins de responsabilidade civil, compreende-se como sendo adotada a *Teoria Objetiva*, uma vez que, expressamente, deixou consignado o legislador que a obrigação de reparar e/ou indenizar os danos causados ao meio ambiente e a terceiros independe de culpa.

Em outros termos, para que o poluidor seja responsabilizado por um dano ambiental, não é necessário perquirir a sua subjetividade na conduta (culpa ou dolo), bastando a identificação da conduta, dano e nexo de causalidade.

Além disso, importa considerar que a licitude (ou ilicitude) não interfere na responsabilização, podendo ser acionada a empresa por danos ambientais, ainda que esteja atuando nos estritos termos para os quais obteve licença (ou autorização) ambiental.

E, na base desta teoria objetiva, sustenta-se ser ela informada pela *teoria do risco integral*[34], em razão da qual se considera a equivalência das condições, sendo que se equipara

---

apenas quando deixar de condicionar o empréstimo à comprovação de licenciamento ambiental e demais autorizações necessárias.

32. Aliás, pode, perfeitamente, ser considerado como poluidor direto, em razão da lesão ambiental ser diretamente relacionada à sua inação, isto é, de um comportamento (ainda que omissivo) de sua parte.

33. No Estado de São Paulo é o clássico exemplo do proprietário que arrenda a propriedade para plantio de cana-de-açúcar, ou mesmo que contrata um terceiro para transportá-la, etc. Todos podem/devem ser acionados, quando devidamente identificados.

34. Que se distingue da teoria do risco criado, que, pautada na causalidade adequada, implica em analisar e identificar a exata causa que resultou no dano, admitindo-se, perfeitamente, as excludentes típicas de responsabilidade (força maior e caso fortuito).

à causa a simples existência da atividade no local do dano[35], cujo corolário é limitar ao poluidor defender-se sob o argumento de negativa de atividade ou de ausência de dano.

> Outra consequência identificável no sistema diz com a inaplicabilidade de excludentes de causalidade (caso fortuito ou força maior, ação exclusiva da vítima, fato de terceiro e os riscos do desenvolvimento), como exonerativas de composição do prejuízo infligido ao ambiente[36].

Ademais, repise-se que esta responsabilidade é *solidária*, sendo que todos os envolvidos (poluidores diretos e indiretos[37]) podem ser acionados em conjunto ou individualmente, sendo ineficaz qualquer argumento no sentido de que não seja o real poluidor, pois sua responsabilidade permanece íntegra, restando-lhe apenas voltar-se ao poluidor por meio de ação de regresso – porém num momento posterior a já ter sido responsabilizado civilmente.

Inclusive, também já pontuando antes, cuida-se de uma responsabilidade que recai sobre uma obrigação *propter rem*, de modo que poderá ser acionado quem esteja ligado atualmente à propriedade do imóvel, mesmo que o dano lhe seja preexistente[38].

O Direito Ambiental, essencialmente, prima pela prevenção do dano haja vista as suas peculiaridades, mas que, uma vez advindo, imprime um forte rigor no regime jurídico da responsabilidade, dentro do que se incluem essas facilidades como não necessitar perquirir a culpa e muito menos a exata causa do dano, e mesmo de acionar qualquer um envolvido com o bem lesado. Daí, ainda que não efetiva a prevenção, pelo menos a reparação tem que ser, ao menos teoricamente, a mais breve e eficaz possível.

Em arremate a este tópico, impende ressaltar que, na medida em que o artigo 14, §1°, da Lei 6.938/81 expressamente refere-se a "indenizar ou reparar os danos causados ao meio ambiente e a terceiros", considera-se que tal regime jurídico de responsabilidade aplica-se integralmente mesmo quando discutida no âmbito de uma ação judicial individual, manejada por um sujeito lesado na sua individualidade, dado o dano reflexo que lhe houve por conta da lesão ambiental ocorrida.

3.3. Responsabilidade do Poder Público (por sua omissão)

Um ponto peculiar dentro dessa responsabilidade civil diz respeito à responsabilidade do Poder Público quando a situação danosa envolve uma conduta *omissiva*[39] de sua parte

35. STJ – REsp 1.374.284 / MG – *DJe* 05/09/2014; STJ – REsp 1.114.398/PR – *DJe* 16.02.2012 (julgado como repetitivo); STJ – REsp 1.175.907/MG – *DJe* 25.09.2014.
36. MILARÉ. Édis. Op. cit., p. 453.
37. Inclusive, encaixam-se nessa situação os entes públicos, a exemplo do Município ser acionado em casos envolvendo parcelamento ou loteamento urbano por ele aprovado, mas que se detecta a existência de lesão ao meio ambiente. Nesse sentido: STJ – REsp 295.797/SP, *DJ 12.11.2001; STJ* – REsp 843.978 / SP – DJe 09.03.2012.
38. Aliás, sequer é possível *denunciação da lide* (STJ – REsp 232.187, DJ 08.05.2000).
39. No que diz respeito à eventual responsabilidade por ato comissivo, não há qualquer discussão, sendo que não se distingue em nada de qualquer outro poluidor, tanto que na definição legal de poluidor (art. 3°, IV, Lei 6.938/81) está expresso abarcar tanto pessoa jurídica de direito público como de direito privado.

(omitindo-se no seu exercício de poder de polícia). Isto é, se há essa responsabilidade, e, mais, em havendo, sobre qual teoria ela se fundamenta (se objetiva ou subjetiva).

Quanto à sua responsabilização, está consolidado que, sim, responde quando for omisso no exercício do poder de polícia, inclusive pelo regime da solidariedade, havendo grande divergência, porém, no que se refere à qual teoria deve ser aplicada.

Tal divergência se justifica porque, especificadamente ao Poder Público, a um tratamento peculiar no que diz respeito ao regime jurídico de sua responsabilidade civil, pois, como regra, responde de forma objetiva pelos atos (comissivos) que seus agentes perpetrarem, mas, quando o dano decorre de uma omissão, a regra é a aplicação da teoria subjetiva.

Dessa feita, argumenta-se tratar-se de norma específica referente ao Poder Público, a se aplicar, pelo critério da especificidade, frente ao regime geral de responsabilidade civil do Direito Ambiental.

Contudo, repise-se, trata-se de entendimento não consolidado tanto na doutrina como na jurisprudência, a se visualizar no âmbito do Superior Tribunal de Justiça (STJ) entendimento distinto entre as suas Turmas, sendo que, da leitura do REsp 647.493 e do REsp 1.071.741, visualiza-se que aquela Corte já se posicionou tanto como sendo subjetiva, como também sendo objetiva.

Sem prejuízo, fato é que está consolidado o entendimento de que, em sendo o Estado condenado solidariamente com os demais envolvidos, a Administração Pública goza de *ordem preferencial na fase de execução*/cumprimento de sentença, cabendo a sua convocação tão apenas em caráter subsidiário[40], quando o devedor principal (poluidor direto) não tiver condições técnicas ou financeiras de satisfazer a obrigação firmada judicialmente.

ATENÇÃO

Portanto, quanto ao Poder Público há uma responsabilidade solidária, mas de execução subsidiária, sendo que, nas palavras do Ministro Herman Benjamin, "o compromisso do legislador é com as vítimas, não com os degradadores"[41].

3.4. Situação excepcional: responsabilidade na geração e gerenciamento de agrotóxicos

Uma situação particular merecedora de abordagem à parte, diz respeito à responsabilidade civil por danos advindos da geração e gerenciamento de agrotóxicos, sendo que, mesmo que dentro da seara ambiental, o artigo 14, da Lei 7.802/99, na hipótese "a)" refere-se à responsabilidade do profissional (responsável pela fabricação), quando comprovada receita errada, displicente ou indevida, e, na situação arrolada na "d", refere-se

40. STJ – AgRg no REsp 1.001.780 / PR – DJe 04.10.2011.

41. STJ, REsp 1.071.741/SP – *DJe* 16.12.2010.

ao registrante que, por dolo ou por culpa, omitir informações ou fornecer informações incorretas. Logo, haveria que se pontuar pela responsabilidade subjetiva, pois, dada a referência a *dolo, culpa, displicência*, denota-se que, às hipóteses ali tratadas, que envolvem exatamente a geração e o gerenciamento de agrotóxicos no curso da cadeia produtiva, vigora a responsabilidade civil *subjetiva*.

Porém, afora aquelas situações excepcionais, resta plenamente preservada – e sem discussão – a regra geral (teoria objetiva) da responsabilidade civil ambiental[42], a exemplo do que ocorre ao consumidor propriamente dito, ou mesmo ao produtor que manuseia agrotóxico, por si ou por seus prepostos (funcionários), etc.

3.5. Prescrição

Por fim, frise-se que, em matéria de responsabilidade civil ambiental, é entendido que a ação civil pública visando à recuperação/reparação ao dano ambiental é imprescritível, haja vista a solidariedade firmada entre as presentes e futuras gerações (intergeracional).

Além do mais, a própria perpetuidade do dano, faz com que se considere que a ninguém é dado o direito adquirido de poluir, podendo a todo instante ser acionado para sanar a irregularidade ambiental, pelas formas de reparação visualizadas no âmbito da reparação civil.

Porém, tem sido feita uma distinção, no intuito de se compatibilizar os princípios da integral reparação do dano ambiental e com a própria segurança jurídica (que justifica o instituto da prescrição), dentro do que se compreende que, quando se tratar de pretensão quanto ao dano ambiental propriamente dito, de dimensão coletiva (lesando o macrobem ambiental), não incidiria o instituto da prescrição[43], enquanto que, se a discussão for de ordem individual, em razão dos danos experimentados individualmente (dano ricochete – afetando o microbem ambiental), aplicar-se-ia a prescrição – e, um dos principais motivos quanto a essa distinção refere-se à identificação dos lesados, da titularidade do direito violado.

ATENÇÃO

Referente à ação individual, o prazo prescricional começa a contar da ciência inequívoca dos efeitos decorrentes do ato lesivo. Porém, o ajuizamento da ação coletiva suspende a prescrição das ações individuais[44].

Sem prejuízo, embora o tema parecesse pacífico ao menos quanto à imprescritibilidade do dano ambiental que afete o direito fundamental ao equilíbrio ecológico, em junho de 2018 o Supremo Tribunal Federal entendeu por bem, ao receber o Recurso Extraordinário

42. Até mesmo porque, vale lembrar, normas que excepcionam devem ser interpretadas restritivamente.
43. STJ – REsp 1.120.117 / AC – *DJe* 19.11.2009.
44. STJ – REsp 1.641.167 / RS – *DJe* 20/03/2018

654.833, reconhecer como caso de repercussão geral a questão acerca da imprescritibilidade da pretensão de reparação civil do dano ambiental, avocando para quando de seu julgamento a consolidação do entendimento jurisprudencial sobre o assunto.

4. RESPONSABILIDADE ADMINISTRATIVA

4.1. Introdução

Tal como já anunciado, a prática de ato lesivo ao meio ambiente pode repercutir numa tríplice responsabilidade a quem assim se comportar, sendo que, além da responsabilidade civil vista acima, cumpre verificar a segunda seara pela qual pode advir essa responsabilização, qual seja a administrativa.

A despeito da previsão constitucional do artigo 225, §3º, CF/88, efetivamente houve a devida regulação do tema pela Lei 9.605/98, a qual, muito embora seja comumente assinalada como a lei de crimes ambientais, também é a que disciplina a responsabilidade tanto administrativa como penal[45].

Nada obstante, não se pode esquecer que, segundo previsto no artigo 22, VIII, da CF/88, é concorrente entre todos os entes federativos a competência para legislar sobre responsabilidade por dano ao meio ambiente, ao passo que, pela dicção do artigo 22, I, CF/88, é competência exclusiva da União editar normas sobre direito civil e penal. Daí, enquanto para estas duas últimas as Leis a regularem a responsabilidade advém exclusivamente da União, no que se refere à responsabilidade administrativa ambiental, vige a *competência concorrente*, cabendo à União a edição da norma geral (Lei 9.605/98), sem prejuízo do espaço dos demais entes federativos de editarem suas normas para tratar tanto de infrações administrativas, como do respectivo procedimento administrativo para sua apuração[46].

Além do que, a responsabilidade administrativa ambiental decorre do próprio exercício do *poder de polícia*, para proteger o meio ambiente e combater a poluição em qualquer de suas formas, tal como o constituinte[47] delineou – em caráter de competência administrativa comum[48].

Aproveitando o ensejo, não custa lembrar que a noção de poder de polícia tem seu norte conceitual contido no artigo 78 do Código Tributário Nacional, segundo o qual se

---

45. Na descrição feita pelo próprio legislador, a Lei 9.605/98 dispõe sobre as sanções penais e administrativas derivadas de condutas e atividades lesivas ao meio ambiente, e dá outras providências.

46. No âmbito federal, inclusive, houve a edição do Decreto 6.514/08, e, por exemplo, no Estado de São Paulo, o assunto é concentrado principalmente no Decreto estadual nº 60.342/2014, e na Resolução SMA nº 48/2014. Aliás, para uma compreensão mais abrangente do tema, porém ser descer às minúcias que cada unidade federativa possui, a apresentação do tema seguirá pela Lei 9.605/98, porém com os detalhamentos contidos no Decreto Federal 6.514/08, além de exemplos que possam ser visualizados na legislação estadual – mais propriamente a exemplificar as peculiaridades que cada ente federativo pode ter em seu regramento.

47. Art. 23, VI, CF/88.

48. Daí, por si só não seria condizente com a própria fundamentação da responsabilidade ambiental administrativa, inibir os entes federados de produzirem suas respectivas normas, de acordo com suas peculiaridades, pois, do contrário, estaria a negar aplicação ao próprio artigo 23, VI, CF/88, isto é, lesaria a norma que diz tratar-se de competência comum.

considera como poder de polícia a "atividade da administração pública que, limitando ou disciplinando direito, interesse ou liberdade, regula a prática de ato ou abstenção de fato, em razão de interesse público concernente à segurança, à higiene, à ordem, aos costumes, à disciplina da produção e do mercado, ao exercício de atividades econômicas dependentes de concessão ou autorização do Poder Público, à tranquilidade pública ou ao respeito à propriedade e aos direitos individuais ou coletivos".

Sob o viés ambiental, visualiza-se a seguinte definição doutrinária de poder de polícia ambiental:

> (...) a atividade da Administração Pública que limita ou disciplina direito, interesse ou liberdade, regula a prática de ato ou a abstenção de fato em razão de interesse\público concernente à saúde da população, à conservação dos ecossistemas, à disciplina da produção e do mercado, ao exercício de atividade econômica ou de outras atividades dependentes de concessão, autorização/premissão ou licença do Poder Público de cujas atividades possam decorrer poluição ou agressão à natureza[49].

Sem prejuízo, sobre o poder de polícia vale lembrar serem considerados como atributos[50] seus a *coercibilidade* (que significa a possibilidade da Administração aplicar sanções e impor medidas em razão do descumprimento das regras, podendo se valer, inclusive, de força pública) e a *autoexecutoriedade* (viabilizando-se que a Administração atue, decida e execute seu poder diretamente e independente da autorização de terceiros ou de ter que se socorrer ao Judiciário).

Por outro lado, é mister assinalar que, quanto à competência, isto é, relativamente à definição de quem seja o ente federativo responsável pelos atos que envolvem a materialização desse poder de polícia ambiental (por exemplo, lavratura de auto de infração, inauguração do procedimento administrativo, fiscalização e aplicação de penas administrativas em matéria ambiental, etc.), o desenho foi traçado pelo artigo 17, da Lei Complementar 140/11, de forma que será competente[51] o mesmo ente federativo (órgão) a quem é atribuída a competência para o licenciamento[52].

Não se pode esquecer que, embora haja uma solidariedade entre os entes federativos na concretização do artigo 23 da CF/88, o legislador infraconstitucional, por meio da Lei

49. MACHADO, Paulo Affonso Leme. Op. cit., p. 385.

50. Há certo debate sobre ser também atributo da responsabilidade ambiental administrativa a *discricionariedade*. Contudo, considera-se como não sendo um atributo, na medida em que a Administração não age de acordo com a oportunidade e conveniência em relação ao caso concreto, tanto que, pela literalidade do artigo 70, §3°, Lei 9.605/98, a autoridade ambiental que tiver conhecimento de infração ambiental é obrigada a promover a sua apuração imediata, mediante processo administrativo próprio, sob pena de co-responsabilidade. Isto é, independentemente de ser o ente federativo competente, não é dado um juízo de oportunidade ou conveniência, senão a imposição de, imediatamente, promover a apuração do ocorrido.

51. Ressalva-se, porém, que, pela forma como redigido o 70, §3°, Lei 9.605/98, vislumbra-se como possível - e recomendável - a atuação da autoridade ambiental, que, tomando ciência de infração ambiental, é obrigada a promover a sua apuração imediata, mediante processo administrativo próprio, sob pena de corresponsabilidade.

52. STJ - REsp 1.057.292/PR - DJe 18.08.2008.

Complementar 140/11, delineando esse equilíbrio entre os entes, que, obviamente, gera segurança jurídica, pautou-se pelo *critério da predominância do interesse*, a priorizar que a atuação do poder de polícia se faça primordialmente por aquela esfera que esteja mais próxima da questão ambiental a ser objeto de proteção ou combate à poluição[53].

Ainda em linhas introdutórias, e sem prejuízo de sua pormenorização mais a frente, vale destacar desde já o sentido de *infração administrativa*, sobre a qual se concretiza a responsabilidade ambiental administrativa, que, na linha do que disciplinou o legislador[54], *define-se* como sendo "toda ação ou omissão que viole as regras jurídicas de uso, gozo, promoção, proteção e recuperação do meio ambiente"[55], cuja fórmula legal genérica abre passagem para definição de infrações por meio de Resoluções ou Decretos pelos respectivos entes federativos, no âmbito de suas respectivas competências (legislativa e material)

ATENÇÃO

Não há violação ao princípio da legalidade estrita a definição (tipificação) de infrações ambientais administrativas por meio de Resoluções ou Decretos (pelos respectivos entes federativos no âmbito de suas competências), uma vez que a Lei assim autoriza, conforme se observa da leitura do art. 70 Lei 9.605/70 c.c. art. 8º, VII, Lei nº 6.938/81[56].

4.2. Natureza Jurídica

Grande questão a respeito da responsabilidade ambiental administrativa, e talvez ainda sem entendimento consolidado com exatidão, refere-se a compreender qual seja a sua natureza jurídica no ordenamento jurídico brasileiro, isto é, se objetiva ou subjetiva.

Não há dúvidas, de que a responsabilidade civil é objetiva, e, a criminal, subjetiva, dependendo ou não da comprovação de culpa ou dolo. Porém, tal certeza não se instala no âmbito administrativo.

---

53. Nesse sentido, o artigo 17, da LC 140/11, segundo o qual compete ao órgão responsável pelo licenciamento ou autorização, conforme o caso, de um empreendimento ou atividade, lavrar auto de infração ambiental e instaurar processo administrativo para a apuração de infrações à legislação ambiental cometidas pelo empreendimento ou atividade licenciada ou autorizada. E, em seu parágrafo 3º, há o trecho em que diz que "prevalecendo o auto de infração ambiental lavrado por órgão que detenha atribuição de licenciamento ou autorização a que se refere o caput". Enfim, o artigo 9º, diz que compete ao Município proceder ao licenciamento quando o dano for de dimensão *local*, o art. 7º, fala em competir à União quando o dano atingir 2 ou mais Estados, e o art. 8º, por sua vez, diz competir ao Estado de forma residual. Daí, e sendo o critério de efetivação do exercício do poder de polícia (fiscalizar e autuar - art. 17) quem detenha poder para licenciar, não há dúvidas de que a questão é resolvida pela predominância do interesse envolvido/afetado.

54. Art. 70, *caput*, da Lei 9.605/98

55. Tal definição é repetida na Resolução SMA nº 48/2014 - a qual pode ser considerada, atualmente, como a base legal das hipóteses de infrações administrativas no Estado de São Paulo - onde também estão listadas as diversas tipificações de infrações administrativas (Seção X, do Capítulo I), quais sejam as infrações contra a fauna, contra a flora, praticadas em unidades de conservação, além de outras normas peculiares.

56. STJ - REsp 985.174 - DJe 12/03/2009.

Ainda mais porque, não bastasse a própria ausência de solução legal, o legislador, especificadamente no artigo 72, §3º, da Lei 9.605/98, diz que "a multa simples será aplicada sempre que o agente, por negligência ou dolo", sem qualquer menção desse naipe para as demais sanções, dando margem à discussão, em que se argumenta que, para as demais espécies de sanção, não seria necessária a demonstração da culpa ou dolo, aplicando-se a regra geral contida no artigo 14, §1º, da Lei 6.938/1981.

Nesse limbo, são formadas três correntes, sendo que, a primeira[57], defende ser objetiva a responsabilidade administrativa ambiental, prescindindo da análise e presença da culpa (*lato sensu*), fundamentando-se na literalidade do artigo 70, *caput*, da Lei 9.605/98, cuja redação não faz exigir a culpa para a responsabilização, seguindo-se, pois, a regra geral. Frise-se, contudo, que esta corrente, até por lógica ao seu fundamento, reconhece uma exceção à regra, para os casos de multa simples, em que expressamente o legislador faz menção à negligência ou dolo[58].

Nada obstante, diametralmente oposta, está a corrente[59] que sustenta ser subjetiva essa responsabilidade, a exigir, dentre os seus pressupostos, a presença da culpa ou dolo, sendo que, para tanto, argui-se tratar-se de decorrência lógica dos direitos fundamentais ao contraditório e ampla defesa, bem como da presunção de inocência[60].

Por fim, exsurge uma terceira corrente[61], visualizando na seara administrativa uma espécie híbrida de responsabilidade ambiental, sendo ela subjetiva, porém pautando-se numa culpa presumida. Isso porque, quem assim sustenta ser a forma de se conciliar o interesse público (de efetivar a punição para tutela do meio ambiente) com o interesse particular (de resguardo da individualidade do sujeito), de modo que, sem inibir a eficácia da tutela ambiental, não afasta do sujeito a possibilidade de se defender comprovando a ausência de culpa de sua parte, configurando, pois, a inversão do ônus da prova como a fórmula mágica conciliadora aventada por essa corrente.

Na jurisprudência, o Superior Tribunal de Justiça ainda não consolidou seu entendimento, sendo que, no REsp 1.401.500 (*DJe* 13/09/2016), fazendo remissão ao REsp 1.251.697, a segunda Turma pontuou que "a aplicação de penalidades administrativas não obedece à lógica da responsabilidade objetiva da esfera cível (para reparação dos danos causados), mas deve obedecer à sistemática da teoria da culpabilidade, ou seja, a conduta deve ser cometida pelo alegado transgressor, com demonstração de seu elemento subjetivo, e com demonstração do nexo causal entre a conduta e o dano".

De outra banda, a primeira Turma do STJ, no julgamento do REsp 1.318.051 (*Dje* 12/05/2015), assentou que "a responsabilidade administrativa ambiental é objetiva. Deveras, esse preceito foi expressamente inserido no nosso ordenamento com a edição da Lei

57. Dentre os autores, cite-se: MACHADO, Paulo Affonso Leme. Op. cit., p. 318

58. Artigo 72, 3º, da Lei 9.605/98.

59. Dentre os autores, cite-se: Oliveira, Regis Fernando de. Infrações e sanções administrativas. 3ª ed. São Paulo: Revista dos Tribunais, 2012.

60. MILARÉ. Édis. Op. cit., p. 357.

61. Perfilhada, por exemplo, por Milaré (MILARÉ. Édis. Op. cit.).

de Política Nacional do Meio Ambiente (Lei n. 6.938/1981). Tanto é assim, que o § 1º do art. 14 do diploma em foco define que o poluidor é obrigado, sem que haja a exclusão das penalidades, a indenizar ou reparar os danos, independentemente da existência de culpa. Precedente: REsp 467.212/RJ, Relator Ministro Luiz Fux, Primeira Turma, DJ 15/12/2003.".

Inclusive, deixa expressamente assinalado na referida decisão que "a penalidade de advertência a que alude o art. 72, § 3º, I, da Lei n. 9.605/1998 tão somente tem aplicação nas infrações de menor potencial ofensivo, justamente porque ostenta caráter preventivo e pedagógico", a justificar, portanto, a necessidade de culpa ou dolo na sua imposição.

Neste contexto, unânime é que, para o advento da responsabilidade administrativa ambiental, sejam visualizados: (a) conduta ilícita, (b) dano, e (c) nexo de causalidade. Sendo que, quanto à (d) culpabilidade, condiciona-se quanto à tese a ser aderida.

De qualquer forma, sobre esta conduta ilícita[62], é de se considerá-la como o comportamento, comissivo ou omissivo, contrário às normas administrativas de proteção ambiental, assim tipificado em Lei (Decreto e Resolução também), frisando que, podendo ser imputada inclusive à pessoa jurídica, advém de uma postura praticada pessoalmente ou por meio de preposto.

Quanto ao dano, importa destacar que, antes de tudo, a responsabilidade administrativa pauta-se na violação às normas de conduta[63], focando a punir quem se comporta contrariamente às normas administrativas, muito embora das condutas vedadas possam – obviamente – advir dano ao meio ambiente[64].

Relativamente ao nexo de causalidade, verificando-se que não há, em geral, a busca por um dano efetivamente produzido, a análise desse nexo envolve verificar se a violação em si decorre ou não da postura do agente a que se imputa a responsabilidade, podendo, obviamente, insurgir-se pelas defensivas de culpa exclusiva de terceiro, caso fortuito, força maior.

> Na esfera administrativa, porém, a infração é caracterizada não pela ocorrência de um dano, mas pela inobservância de regras jurídicas, de que podem ou não resultar consequências prejudiciais ao ambiente[65].

Por fim, a culpabilidade, conforme pontuado, depende antes de tudo da teoria adotada, mas que, em se adotando a teoria intermediária (subjetiva, porém com culpa pre-

62. Resolução SMA/SP 48/2014: Art. 3º – Considera-se sujeito ativo da infração administrativa ambiental, qualquer pessoa física ou jurídica, de direito público ou privado, que tenha concorrido, por ação ou omissão, para a prática da infração. §1º As penalidades incidirão sobre os autores diretos e indiretos, alcançando, na sua ausência e impossibilidade de identificação, proprietários do imóvel, arrendatários, parceiros, posseiros, gerentes, administradores, diretores, promitentes compradores, bem como, de modo compartilhado, autoridades que se omitirem ou facilitarem na prática do ato, na forma prevista nesta Resolução e demais legislação em vigor.
63. A exemplo da infração prevista no artigo 54, do Decreto Federal 6.514/08, segundo o qual é infração contra a flora "adquirir, intermediar, transportar ou comercializar produto ou subproduto de origem animal ou vegetal produzido sobre área objeto de embargo".
64. Mas, frise-se, nem sempre este dano ocorrerá, e, se vier a ocorrer, não necessariamente será imediato, situando-se no campo da potencialidade do dano.
65. MILARÉ. Édis. Op. cit., p. 373.

sumida), repercutirá numa presunção de responsabilidade, a ser afastada caso o autuado demonstre que não incorreu em culpa (*lato sensu*), dentro de uma sistemática de *inversão do ônus da prova*.

Assim, para este ponto específico, resulta que não há um entendimento consolidado tanto na doutrina como na jurisprudência, a demandar do estudioso, e candidato a concurso, que tenha conhecimento da celeuma em si, com os fundamentos de cada vertente.

4.3. Infrações

Definida, então, como "como toda ação ou omissão que viole as regras jurídicas de uso, gozo, promoção, proteção e recuperação do meio ambiente"[66] a infração ambiental administrativa representa o nível de intolerância quanto às condutas desrespeitosas às normas administrativas de proteção ao meio ambiente e combate à poluição em qualquer de suas formas, a justificar a imposição de penalidades ao infrator – mas de natureza distinta das imposições de responsabilidade civil e penal.

ATENÇÃO

É possível que uma mesma conduta repercuta na responsabilização em todas as searas, inclusive com a aplicação de multa tanto na esfera administrativa como na penal, o que não é considerado como *bis in idem*, eis que são de regimes jurídicos distintos.

Nesse contexto, e tratando-se da própria materialização da competência material comum que possuem todos os entes federativos[67], as infrações podem ser previstas em todas essas esferas, sem prejuízo, obviamente, de um respeito à norma geral – que é a Lei 9.605/98.

E, na linha do que disciplina a norma geral, além da própria tipificação das infrações ambientais administrativas[68], para haja a responsabilização de quem quer que seja – e respectiva aplicação de sanção –, é imprescindível a apuração em processo administrativo próprio, assegurado o contraditório e a ampla defesa, devidamente delineados pela legislação.

No que se refere especificadamente às infrações, a Lei 9.605/98 deixou de arrolar qualquer tipo administrativo, sendo tal tarefa desempenhada, por exemplo, pelo Decreto Federal 6.514/08, pelo Decreto Estadual de São Paulo 60.342/2014 (complementado pela Resolução SMA nº 48/2014), etc.

Sem ter a pretensão de analisar cada infração administrativa, mesmo que da norma federal – pois ultrapassaria os limites da proposta do presente trabalho –, vale salientar

66. Art. 70, *caput*, Lei 9.605/98.

67. Art. 23, VI, CF/88.

68. MILARÉ. Édis. Op. cit., p. 374. Em razão do teor do artigo 70, *caput*, da Lei 9.605/98, o autor considera dispensável a tipificação específica das infrações ambientais administrativas, vislumbrando-se como suficiente "a só violação de comando genérico do ordenamento jurídico-ambiental".

que, em geral, segmentam-se, minimamente, em infrações contra a fauna, infrações contra a flora, infrações contra a administração ambiental, infrações cometidas em unidades de conservação, sem prejuízo de outras especificidades[69].

De outra banda, na sequência serão tratadas as medidas sancionatórias, e, em linhas gerais, o procedimento administrativo delineado pelo legislador federal[70].

4.4. SANÇÕES

De modo expresso[71], estão previstas as seguintes sanções administrativas:

> I. Advertência;
>
> II. Multa simples;
>
> III. Multa diária;
>
> IV. Apreensão dos animais, produtos e subprodutos da fauna e flora e demais produtos e subprodutos objeto da infração, instrumentos, petrechos, equipamentos ou veículos de qualquer natureza utilizados na infração;
>
> V. Destruição ou inutilização do produto;
>
> VI. Suspensão de venda e fabricação do produto;
>
> VII. Embargo de obra ou atividade e suas respectivas áreas;
>
> VIII. Demolição de obra;
>
> IX. Suspensão parcial ou total da atividade;
>
> X. Restritiva de direitos.

Sob os aspectos gerais das sanções – indistintamente[72] –, prevê o legislador[73] que se o infrator cometer, simultaneamente, duas ou mais infrações, ser-lhe-ão aplicadas, cumulativamente, as sanções a elas cominadas. Isto é, aplica-se uma sanção para cada infração, mesmo que houverem mais de uma na mesma hipótese fática.

Sem prejuízo, vale assinalar que no âmbito federal[74] está previsto, por exemplo, que para fins de imposição e gradação da penalidade, a autoridade competente (no momento da lavratura do auto de infração) deverá levar consideração: I – a gravidade do fato, tendo em vista os motivos da infração e suas consequências para a saúde pública e para o meio ambiente; II – os antecedentes do infrator quanto ao cumprimento da legislação de interesse ambiental; III – a situação econômica do infrator, no caso de multa.

---

69. O Decreto Federal 6.514/08, por exemplo, ainda trata de "Das Infrações Relativas à Poluição e outras Infrações Ambientais, Das Infrações Contra o Ordenamento Urbano e o Patrimônio Cultural".
70. Lei 9.605/98 c.c. Decreto 6.514/10.
71. Art. 72, da Lei 9.605/98, assim repetidas na no Estado de São Paulo (art. 5°, da Resolução SMA 48/2014), e pela União (art. 3°, do Decreto 6.514/08).
72. As demais regras trazidas na Lei 9.605/98 são de ordem específica a cada sanção.
73. Art. 72, §1°, da Lei 9.605/98.
74. Art. 4°, do Decreto 6.514/08.

4.4.1. *Advertência*

Relativamente as específicas sanções, tem-se a primeira que é a *advertência*, a qual poderá ser imposta ao infrator diante das infrações administrativas de menor lesividade ao meio ambiente, o que, sob a ótica do Decreto Federal 6.514/08, representam as infrações em que a multa máxima cominada não ultrapasse o valor de R$ 1.000,00 (mil reais), ou que, no caso de multa por unidade de medida, a multa aplicável não exceda o valor referido[75].

A respeito dessa penalidade, destacam-se as seguintes peculiaridades: a) a imposição de advertência não exclui que outra penalidade administrativa seja imposta (ou mesmo a fixação de prazo para que o infrator sane eventuais irregularidades observados pelo agente autuante), b) inviável para reincidente, cujo período de reincidência é de 3 (três) anos contados do julgamento da defesa da última advertência ou de outra penalidade aplicada[76].

ATENÇÃO

Não precisa, antes, ser aplicada a advertência, podendo ir direto à Multa, se houver gravidade (REsp 1.318.051-RJ, Rel. Min. Benedito Gonçalves, julgado em 17/3/2015, DJe 12/5/2015).

4.4.2. *Multa (simples e diária)*

Sendo viável a sua abordagem em conjunto, prevê o legislador duas hipóteses de multa: quais sejam a multa simples e a multa diária, ambas com o caráter de sanção.

75. Esta norma está repetida na Resolução SMA/SP 48/2014.

76. Peculiarmente no Estado de São Paulo, podem ser acrescentados dois pontos: 1) Caso a reincidência venha a ser descoberta posteriormente, será anulada a advertência, aplicando-se a multa simples – o que não está previsto na Lei Federal; 2) conta-se do julgamento da defesa ou do recurso, mas que, inexistindo estes atos defensivos, a contagem é da data do atendimento ambiental, o qual devidamente disciplinado pela Resolução 48/14, como também pelo Decreto estadual nº 60.342/2014, é uma peculiaridade do procedimento administrativo de imposição de penalidade administrativa, sendo que nele serão consolidadas as infrações e as penalidades cabíveis, bem como propostas as medidas para a regularização da atividade objeto da autuação, observadas as circunstâncias agravantes e atenuantes a que se referem à Lei federal nº 9.605, de 12 de fevereiro de 1998, e o Decreto federal nº 6.514, de 22 de julho de 2008, na forma estabelecida em resolução do Secretário do Meio Ambiente.

Dada a sua importância para o procedimento administrativo, aproveita-se o ensejo e se estende nesta nota de rodapé para serem traçados alguns pontos que merecem atenção a seu respeito, como o fato de que, em verdade, é um primeiro momento entre a autoridade competente e o autuado, para eventuais ponderações sobre o ocorrido, a ser realizado, via de regra, no período entre 10 (dez) a 40 (quarenta) após a intimação da lavratura do Auto de Infração Ambiental (AIA).

Trata-se de oportunidade em que, não estando ela vinculada a penalidade *sugerida* pelo agente autuante, poderá optar por outras penalidades, e, por exemplo, no caso da multa, poderá reduzi-la, mantê-la ou mesmo majorá-la.

Consolidada a penalidade, a ser publicada, em 10 (dez) dias, no Diário Oficial, caberá defesa no prazo de 20 (vinte) dias, a qual suspende a exigibilidade do pagamento de multa. E, da decisão a ser proferida (pelo Diretor do Centro Técnico de Fiscalização), caberá, ainda, recurso no prazo de 20 (vinte) dias, frisando que, dentro de 5 (cinco) dias, este recurso gera a possibilidade de retratação.

Nesse quadro, a *multa simples* será sempre imposta quando a infração estiver sendo cometida ou já estiver consumada, ou, ainda, sempre que o agente, por negligência ou dolo (a) deixar de sanar as irregularidades sobre as quais fora advertido, ou (b) opuser embaraço à fiscalização dos órgãos do SISNAMA ou da Capitania dos Portos, do Ministério da Marinha. Por outro lado, a *multa diária,* diferentemente, será aplicada sempre que o cometimento da infração se prolongar no tempo[77].

Ponto interessante, e bastante trabalhado pelos entes federativos, diz respeito à possibilidade de, quanto à multa simples, proceder à sua conversão em serviços de preservação, melhoria e recuperação da qualidade do meio ambiente[78].

No que se refere à quantificação da multa, diz a Lei 9.605/98 que terá por base a unidade, hectare, metro cúbico, quilograma ou outra medida pertinente, de acordo com o objeto jurídico lesado[79]. E, ainda, será revertida a um Fundo, conforme dispuser o órgão arrecadador[80].

Repise-se que, conforme já destacado anteriormente, é possível que uma mesma conduta repercuta na responsabilização em todas as searas, inclusive com a aplicação de multa tanto na esfera administrativa como na penal, o que não é considerado como *bis in idem*, eis que são de regimes jurídicos distintos.

ATENÇÃO

Tendo em vista o critério da unicidade implementado pela Lei Complementar 140/11, em que há tão apenas uma única autoridade competente para licenciar, e, pois, para autuar agente infrator, resulta ter perdido sua eficácia a regra do artigo 76, da Lei 9.605/98 – que buscava contornar eventual *bis in idem* nas situações de duplicidade de autuação.

4.4.3. *Apreensão dos animais, produtos e subprodutos da fauna e flora, instrumentos, petrechos, equipamentos ou veículos de qualquer natureza utilizados na infração*

Interessante assinalar que, para esta sanção, o legislador remeter à disciplina do artigo 25, da Lei 9.605/98, tratando de forma indistinta a apreensão do produto ou do

77. Art. 11, do Decreto 6.514/08. Peculiarmente à esfera federal, prevê o legislador que o cometimento de nova infração ambiental pelo mesmo infrator, no período de cinco anos, contados da lavratura de auto de infração anterior, implica: I – aplicação da multa em triplo, no caso de cometimento da mesma infração (reincidência específica); ou II – aplicação da multa em dobro, no caso de cometimento de infração distinta (reincidência).
78. Art. 72, §4°, da Lei 9.605/98. No âmbito federal está regrado pelo Decreto 6.514/08 (art. 62, §4°, art. 139 e ss, com regulação pormenorizada trazida pelo Decreto 9.179/2017).
79. De forma um pouco mais detalhada, o Decreto 6.514/08 (art. 8°) diz que a multa terá por base a unidade, hectare, metro cúbico, quilograma, metro de carvão-mdc, estéreo, metro quadrado, dúzia, estipe, cento, milheiros ou outra medida pertinente, de acordo com o objeto jurídico lesado
80. Art. 73, da Lei 9.605/98.

instrumento, seja infração administrativa, seja infração criminal, com regulação quanto à sua destinação atualizada pela Lei 13.052/14, que deu nova redação aos parágrafos daquele dispositivo legal.

Nesse contexto, importa destacar a existência de uma ordem de preferência quanto ao encaminhamento dos animais[81], sendo que, prioritariamente, serão libertados em seu habitat ou, sendo tal medida inviável ou não recomendável por questões sanitárias, entregues a jardins zoológicos, fundações ou entidades assemelhadas[82], para guarda e cuidados sob a responsabilidade de técnicos habilitados[83].

Por outro lado, caso se trate de: (I) produto perecível ou madeira, serão avaliados e doados a instituições científicas, hospitalares, penais e outras com fins beneficentes.; (II) produto e subproduto da fauna não perecível, serão destruídos ou doados a instituições científicas, culturais ou educacionais; (III) instrumentos utilizados na prática da infração, estes serão vendidos, garantida a sua descaracterização por meio da reciclagem[84].

---

81. O Decreto 6.514/08 traz norma detalhando um pouco mais esta destinação, distinguindo caso se trate de animais silvestres, domésticos ou exóticos, sendo que, (art. 107, inciso I) os animais da fauna silvestre serão libertados em seu hábitat ou entregues a jardins zoológicos, fundações, entidades de caráter cientifico, centros de triagem, criadouros regulares ou entidades assemelhadas, desde que fiquem sob a responsabilidade de técnicos habilitados, podendo ainda, respeitados os regulamentos vigentes, serem entregues em guarda doméstica provisória; enquanto que, (art. 107, inciso II), os animais domésticos ou exóticos (encontrados no interior de unidade de conservação de proteção integral, ou encontrados em área de preservação permanente ou quando impedirem a regeneração natural de vegetação em área cujo corte não tenha sido autorizado, desde que, em todos os casos, tenha havido prévio embargo) poderão ser vendidos.

82. De se frisar que, até que os animais sejam entregues às instituições mencionadas, o órgão autuante zelará para que eles sejam mantidos em condições adequadas de acondicionamento e transporte que garantam o seu bem-estar físico.

83. No âmbito do Estado de São Paulo considera-se que o ato de apreensão (custódia) se encerrará quando findo o processo administrativo e não havendo a celebração de Termo de Compromisso de Recuperação Ambiental – TCRA, momento no qual se passa a se estudar a viabilidade de aproveitamento dos objetos pela própria administração (art. 93, §1°, da Res. 48/14), ou mesmo sua remessa a leilão (art. 93, §3°, da Res. 48/14), sendo que, como última opção, surge a medida de destruição e inutilização dos referidos objetos, a serem concretizadas quando: I – for necessário evitar seu uso ou aproveitamento indevido, incluindo a hipótese de modificação de objeto comum para adaptá-lo à prática de infração ambiental; II – seu transporte ou guarda for impossível ou excessivamente oneroso; III – o instrumento da infração expuser o meio ambiente a riscos significativos ou comprometer a segurança ou a saúde humana.

Aliás, um tema recorrente diz respeito a apreensões que a Polícia Militar Ambiental (agente fiscalizador e autuante do Estado) realiza de animais silvestres (por exemplo, papagaio – nome científico *Amazona Aestiva*), em razão do que, os autuados ingressam buscando a anulação da autuação, ou, no mínimo, o direito a ficar com referidos animais (guarda), haja vista serem já domesticados há anos. Via de regra, quando da apreensão destes animais, em ordem de preferência, é dado à autoridade autuante proceder à imediata soltura do animal, encaminhá-lo a estabelecimento dotado de técnico habilitado, e, em último caso, destiná-lo à guarda doméstica provisória. (vide art. 89, Res. SMA 48/14). Nada obstante, ainda assim, tem-se consolidada a jurisprudência de se consentir com a guarda definitiva dessa situação corriqueira no cenário nacional ("ter um papagaio em casa"), haja vista os laços afetivos consolidados, bem como a própria ausência de risco de lesão ao ecossistema ou às espécies (extinção) – vide TJ/SP – Apel. 1007173-88.2014.8.26.0577; e STJ – AgRg no AREsp 345.926 – DJe 15.04.2014.

84. No que diz respeito a esta alienação, dispõe o artigo 25, §5° (era o §4°, mas foi renumerado pela Lei 13.052/14) os instrumentos utilizados na prática da infração serão vendidos, sem assinalar outra alternativa. Contudo, na linha do que regia o revogado Decreto 3.179/99 (art. 2°, §6°, VIII), diz o Decreto 6.514/08, em seu artigo 105, que, excepcionalmente, esses bens apreendidos, até o julgamento do processo administrativo,

4.4.4. *Destruição ou inutilização de produto*

Tendo em vista o teor do artigo 72, §6º, da Lei 9.605/98, esta penalidade tem seu regime traçado igualmente pelo artigo 25 da mesma Lei, da mesma forma que a sanção anterior.

A despeito de maiores detalhes na Lei geral, cumpre pontuar que, pelo Decreto Federal 6.514/08, será caso de destruição ou inutilização do produto (incluindo madeiras, subprodutos e instrumentos utilizados na prática da infração), quando: I – a medida for necessária para evitar o seu uso e aproveitamento indevidos nas situações em que o transporte e a guarda forem inviáveis em face das circunstâncias; ou II – possam expor o meio ambiente a riscos significativos ou comprometer a segurança da população e dos agentes públicos envolvidos na fiscalização.

Em outros termos, tendo em vista as circunstâncias fáticas, tanto o transporte como a guarda se mostram inviáveis, o que repercutirá em uso ou aproveitamento inadequados. Ou, ainda, quando a existência, por si só, possa manter o meio ambiente a riscos significativos ou comprometer a segurança da população e dos agentes públicos envolvidos na fiscalização.

Sem prejuízo, mostra-se imprescindível a lavratura de termo de destruição ou inutilização, a ser instruído com os elementos que identifiquem as condições anteriores e posteriores à ação, bem como a avaliação dos bens destruídos, tudo de forma a conferir a devida transparência à Administração Pública.

4.4.5. *Suspensão de venda e fabricação de produto*

Medida sancionatória típica das políticas sanitárias, aplica-se quando o produto não estiver em conformidade com as exigências legais, isto é, não estiver obedecendo às prescrições legais ou regulamentares[85].

Nos termos do Decreto 6.514/08, a suspensão de venda ou fabricação de produto constitui medida que visa a evitar a colocação no mercado de produtos e subprodutos oriundos de infração administrativa ao meio ambiente ou que tenha como objetivo interromper o uso contínuo de matéria-prima e subprodutos de origem ilegal. Dessa feita, cuida-se de sanção cujo enfoque seja o produto advindo direta ou indiretamente de infrações ao meio ambiente.

4.4.6. *Embargo de obra ou atividade*

Nesta hipótese, similar à anterior, a obra ou a atividade é que não se apresentam obedecendo às prescrições legais ou regulamentares[86].

E, conforme disciplinou o legislador federal, esta sanção, cujo objeto são a "obra", "atividade" e "suas respectivas áreas", tem por objetivo (a) impedir a continuidade do

---

podem ser confiados a fiel depositário, inclusive a assim figurar o próprio autuado, desde que a posse dos bens ou animais não traga risco de utilização em novas infrações. Tal situação é plenamente admitida jurisprudencialmente, conforme assentado no STJ – REsp 1.133.965-BA – *DJe* 11.05.2018 (Tema 405).

85. Art. 72, §7º, da Lei 9.605/98.

86. Art. 72, §7º, da Lei 9.605/98.

dano ambiental, (b) propiciar a regeneração do meio ambiente e (c) dar viabilidade à recuperação da área degradada. Porém, ressalvou o legislador que deve restringir-se exclusivamente ao local onde verificou-se a prática do ilícito.

Assim o embargo deverá ser restrito ao local onde efetivamente se caracterizou a infração ambiental, não alcançando as demais atividades realizadas em áreas não embargadas da propriedade ou posse ou não correlacionadas com a infração[87].

4.4.7. *Demolição de obra*

Na linha do que dispõe o legislador, a demolição de obra tem por premissa básica o desrespeito às prescrições legais ou regulamentares, que, de forma mais detalhada, materializa-se quando: I – verificada a construção de obra em área ambientalmente protegida em desacordo com a legislação ambiental; ou II – quando a obra ou construção realizada não atenda às condicionantes da legislação ambiental e não seja passível de regularização.

Assim, em linhas gerais, é medida que se impõe apenas em última instância, em razão de ser irregularidade insanável, cujo perigo seja grave à saúde, ao meio ambiente ou à segurança.

Interessante que o legislador cuidou de resguardar a Administração, impondo que as despesas para a realização da demolição correrão às custas do infrator, que será notificado para realizá-la ou para reembolsar aos cofres públicos os gastos que tenham sido efetuados pela administração[88].

Como regra, é imprescindível a observância do contraditório e ampla defesa, em procedimento administrativo, após o julgamento do auto de infração. Porém, excepcionalmente, admite-se que, tão logo no ato da fiscalização (autuação), proceda-se à demolição (da obra, edificação ou construção), desde que: (a) não habitada e utilizada diretamente para a infração ambiental; (b) constatar que a ausência da demolição importa em iminente risco de agravamento do dano ambiental ou de graves riscos à saúde[89]; (c) não se trate de edificação residencial.

ATENÇÃO

Ainda que seja caso de demolição, esta não se realizará quando, mediante laudo técnico, for comprovado que o desfazimento poderá trazer piores impactos ambientais que sua manutenção[90].

---

87. Vale pontuar que, segundo dispõe o artigo 18, do Decreto 6.514/08, o descumprimento total ou parcial de embargo, ensejará a aplicação cumulativa das seguintes sanções: I – suspensão da atividade que originou a infração e da venda de produtos ou subprodutos criados ou produzidos na área ou local objeto do embargo infringido; e II – cancelamento de registros, licenças ou autorizações de funcionamento da atividade econômica junto aos órgãos ambientais e de fiscalização. Além do mais, por si só, constitui infração administrativa (art. 79), punível com multa de R$ 10.000,00 (dez mil reais) a R$ 1.000.000,00 (um milhão de reais). E, no âmbito do Estado de São Paulo há norma similar, traçada pelo artigo 17, I e II, da Res. SMA 48/2014.
88. Art. 19 e 112, §2º, ambos do Decreto Federal 6.514/08.
89. Art. 112, *caput, do* Decreto Federal 6.514/08.
90. Porém, obviamente que, quando assim for, a autoridade ambiental, mediante decisão fundamentada, deverá, sem prejuízo das demais sanções cabíveis, impor as medidas necessárias à cessação e mitigação do dano ambiental, observada a legislação em vigor.

4.4.8. *Suspensão parcial ou total de atividades*

Sem maiores detalhes contidos na Lei 9.605/98, nos termos do Decreto 6.514/08[91], a suspensão parcial ou total de atividades constitui medida que visa a impedir a continuidade de processos produtivos em desacordo com a legislação ambiental[92].

4.4.9. *Restritiva de direitos*

Última penalidade prevista pelo legislador ordinário (art. 72, XI, Lei 9.605/98), a pena restritiva de direitos materializam-se de 5 (cinco) formas, quais sejam: a) suspensão de registro, licença ou autorização; b) cancelamento de registro, licença ou autorização; c) perda ou restrição de incentivos e benefícios fiscais; d) perda ou suspensão da participação em linhas de financiamento em estabelecimentos oficiais de crédito; e) proibição de contratar com a administração pública[93].

Segundo disposto no Decreto Federal 6.514/08, a "proibição de contratar com a administração pública" terá prazo máximo de 3 (três) anos, enquanto que, para as demais, o prazo é de até 1 (um) ano de duração[94].

Ademais, a despeito da possibilidade de serem aplicadas isoladas ou cumulativamente, inclusive com outras sanções, a extinção da sanção fica condicionada à regularização da conduta que deu origem ao auto de infração.

4.5. Procedimento administrativo: linhas gerais

Sem ter a pretensão de esmiuçar um desenho de procedimento administrativo para o caso de infrações administrativas ambientais, até mesmo porque não há propriamente um formato geral a todos por uma norma específica, senão um arcabouço legislativo composto tanto pela Constituição Federal (art. 5º, LV), como pela Lei 9.605/98, Decreto 6.514/08, Lei 9.784/1999 (lei que regula o procedimento administrativo em geral no âmbito da

---

91. Art. 110, do Decreto 6.514/08.

92. No âmbito do Estado de São Paulo, tal medida está discriminada, ao que nos parece, de forma mais apropriada, no sentido de vir a ser aplicada quando verificada operação em desacordo com a licença ou autorização obtida, ou por fazer uso da mesma para fins ilícitos. E, mais, para sopesar a extensão da medida, dispôs o legislador paulista que a suspensão da atividade considerará, em regra, o conjunto dos objetos fiscalizados; excepcionalmente, se o conjunto decorrer de cumulação de licenças ou autorizações e se for possível diferenciá-las e segregar o objeto da infração, a suspensão poderá ser parcial, alcançando apenas as atividades em desacordo com a licença ou autorização obtida (art. 21-A, Res. SMA/SP 48/2014).

93. Sobre a necessidade de trânsito em julgado para efetivação da penalidade, valor destacar o teor do REsp 1.523.385 / PE – DJe 07/10/2016, em que o STJ pontuou no sentido de que, para a imposição das sanções de perda da função pública e de suspensão de direitos políticos, apenas é possível após o advento do trânsito em julgado da sentença condenatória. Porém, em relação às penalidades de ressarcimento ao erário, multa civil e proibição de contratar com o Poder Público ou receber benefícios ou incentivos fiscais ou creditícios, não existe na Lei de Improbidade Administrativa a mesma previsão. Daí via de regra, não necessita aguardar o trânsito em julgado para tais situações, salvo em hipóteses excepcionais, cujo recurso foi provido de efeito suspensivo.

94. Art. Assim repetido na legislação paulista (Res. SMA 48/2014).

União), Leis estaduais (São Paulo: Lei 10.177/1998, Goiás: Lei 18.102/2012, Bahia: Lei 12.209/2011, etc.), além de Leis locais.

De qualquer forma, importa destacar que, em linhas gerais, todo e qualquer procedimento administrativo voltado a apurar infração administrativa ambiental deve respeito aos princípios da legalidade, finalidade, motivação, razoabilidade, proporcionalidade, moralidade, ampla defesa, contraditório, segurança jurídica, interesse público e eficiência.

Além do mais, destacam-se o princípio da pessoalidade da sanção, devendo "o comportamento ser imputado a pessoa certa, com demonstração de seu elemento subjetivo, e de que é ilícita a luz do ordenamento posto"[95], não podendo a penalidade ir além do transgressor, o que, aliás, inibe o instituto da solidariedade no campo da responsabilidade administrativa.

Questão frequente, ainda, diz respeito ao *princípio da insignificância*, em que se compreende[96], tal como na seara penal, a sua aplicação no campo administrativo, não justificando a aplicação de penalidade diante de situações de menor relevância material, quando pouco ou nenhum agravo houver no bem jurídico tutelado.

Ademais, do ponto de vista procedimental, este se desenvolve iniciando-se pelo *auto de infração*, a respeito do que, é dado o prazo máximo de 20 (vinte) dias para o infrator oferecer defesa ou impugnação contra o auto de infração, contados da data da ciência da autuação[97]. Posteriormente, é visualizável[98] a fase de instrução, onde novamente será garantido, dentre outros, o respeito ao contraditório e à ampla defesa, a culminar com a decisão da autoridade competente, de cuja decisão haverá o prazo máximo de 30 (trinta) dias recorrer da decisão condenatória à instância superior do Sistema Nacional do Meio Ambiente - SISNAMA, ou à Diretoria de Portos e Costas, do Ministério da Marinha, de acordo com o tipo de autuação.

4.6. Prescrição

Outro ponto importante sobre a responsabilidade administrativa, que merece abordagem neste trabalho, consiste no entendimento sobre a prescrição para a Administração.

Em âmbito federal, o assunto é regulado pelo Decreto Federal 6.514/08, em seus artigos 21 a 23, sendo que, no artigo 21, consta que "prescreve em cinco anos a ação da administração objetivando apurar a prática de infrações contra o meio ambiente, contada da data da prática do ato, ou, no caso de infração permanente ou continuada, do dia em que esta tiver cessado".

95. MILARÉ. Édis. Op. cit., p. 411.
96. Ibidem., p. 415.
97. Art. 71, I, da Lei 9.605/98.
98. Observe-se que o artigo 71, II, da Lei 9.605/98 diz que, na sequência da defesa ofertada, seguirá para decisão pela autoridade competente, que terá o prazo máximo de 30 (trinta) dias para tanto, isto é, concede-se o prazo de 30 (trinta) dias para a autoridade competente julgar o auto de infração, contados da data da sua lavratura, apresentada ou não a defesa ou impugnação. Contudo, não se pode afastar a possibilidade de eventual instrução a ser realizada com maior tempo, a tornar em diligência (instrução) e suspender esse prazo à autoridade administrativa.

Nada obstante, e aqui vale destacar não apenas em nota de rodapé, segundo entendimento firmado no âmbito da Procuradoria Geral do Estado de São Paulo, pelo Parecer 127/11, da Procuradoria Administrativa, reiterando a compreensão lançada no PA 138/09, referido Decreto Federal não é aplicável ao Estado de São Paulo, pois se trata de questão atinente ao âmbito de *competência do Estado*, conforme se confere:

> "Esta Especializada, ao afastar a aplicação do indigitado Decreto Federal, no Parecer PA *138/2009*, não proclamou a imprescritibilidade da persecução da infração ambiental, mas afirmou que o Administrador Público Estadual não pode deixar de aplicar a penalidade administrativa de natureza ambiental com fundamento em decadência ou prescrição, enquanto não for editada lei que estabeleça o prazo para a perempção do exercício da ação punitiva pelo Estado".

E, especificamente quanto ao *prazo para ajuizamento de ação que vise a cobrar pela multa imposta administrativa*, tem-se entendimento que esta prescreve em 5 (cinco) anos, a contar do término administrativo[99], na linha do que restou consolidado pelo STJ, quando editou a Súmula 467 (datada de 13/10/2010), segundo a qual "prescreve em cinco anos, contados do término do processo administrativo, a pretensão da Administração Pública de promover a execução da multa por infração ambiental".

Assim, no âmbito federal, prescreve em 5 (cinco) anos o prazo para a Administração apurar a prática de infrações contra o meio ambiente, e, no mesmo prazo, para promover a execução da multa.

5. RESPONSABILIDADE PENAL

5.1. Introdução

Dentro da sistemática da tríplice responsabilidade a que se submete o infrator ambiental, a previsão constitucional do artigo 225, §3º, CF/88, é clara o suficiente quanto à possibilidade de responsabilização, inclusive, de cunho penal.

E, diferentemente da seara administrativa, no âmbito repressivo penal a competência legislativa é exclusiva da União, competindo apenas a ela editar normas tipificando condutas consideradas como crime ambiental (lei em sentido estrito), assim o fazendo essencialmente por meio da Lei 9.605/98[100].

É fato que, conforme será devidamente pontuado, uma das peculiaridades dos tipos penais ambientais é o uso de *norma penal em branco*, cuja complementação, de certo, acaba por vir de normas regulamentares dada a própria multidisciplinariedade que envolve as questões relativas ao meio ambiente.

---

99. Artigos 42 e 43, do Decreto Estadual SP 60.342/14. Em suma, referidos dispositivos estipulam como prazo prescricional de 5 (cinco) anos, contados do término do procedimento administrativo, à pretensão da administração pública de promover a execução da multa por infração ambiental.

100. A qual, conforme já visto, não trata apenas dos crimes ambientais (embora assim seja conhecida), sendo que, na descrição feita pelo próprio legislador, a Lei 9.605/98 dispõe sobre as sanções penais e administrativas derivadas de condutas e atividades lesivas ao meio ambiente, e dá outras providências.

Aliás, vale pontuar que, mesmo como última instância a ser convocada para sanar irregularidade ao ordenamento jurídico, o bem jurídico tutelado também o é o equilíbrio ambiental (dentro da concepção ampla do meio ambiental, e não apenas ecológico)

Assim, delimitado o âmbito legislativo de análise, impõe esclarecer que não se tem a pretensão de ingressar numa análise profunda dos crimes ambientais, mas abordá-los de forma a compreender a responsabilidade penal ambiental.

5.2. Natureza Jurídica

Na linha do que vem sendo feito quanto às outras duas searas de responsabilidade, é mister analisar qual seja a natureza jurídica dessa responsabilidade ambiental, representativa de um dos principais pontos que as distingue.

Com efeito, superada a objetividade da responsabilidade civil, bem como a discussão em ser objetiva ou subjetiva (inclusive, se de culpabilidade presumida ou não), resta verificar como é encarada a responsabilidade penal.

Pois bem. Como não poderia deixar de ser, cuida-se de uma responsabilidade subjetiva, pautada na culpabilidade do sujeito ativo (culpa e dolo[101]), cuja análise, inclusive, é feita para a punição de pessoa jurídica – expressamente aceita nesta específica seara penal.

Aliás, como forma de evitar suposta arguição de responsabilidade objetiva, o artigo 2°, *caput*, da Lei 9.605/98 teve o cuidado de prever que, na forma omissiva, as pessoas físicas relacionadas às pessoas jurídicas (diretor, o administrador, o membro de conselho e de órgão técnico, o auditor, o gerente, o preposto ou mandatário) apenas respondem se souberem da conduta criminosa de outrem, e deixarem de impedir a sua prática, quando podiam agir para evitá-la.

5.3. Competência para julgamento

Interessa abrir o presente tópico, uma vez que, diferentemente da seara administrativa, a imposição da reprimenda necessariamente passará pelo crivo do Judiciário, a quem competirá dizer se se trata, ou não de crime ambiental, e, mais, qual a pena a ser aplicada ao caso concreto. Daí, vale compreender a quem compete julgar o crime ambiental.

A regra é disciplinada pela própria Constituição Federal, de modo a ser da Justiça Federal a competência para julgar os crimes detrimento de bens, serviços ou interesse da União ou de suas entidades autárquicas ou empresas públicas (art. 109, IV), ou, ainda, os crimes previstos em tratado ou convenção internacional, quando, iniciada a execução no País, e o resultado tenha ou devesse ter ocorrido no estrangeiro, ou reciprocamente (art. 109, V) – "crime à distância". E, residualmente, será da competência da Justiça Estadual todas as infrações que não se enquadrem nestas hipóteses, bem como quando se tratar de contravenção penal.

101. Ainda que, sob o que dispõe o artigo 18, parágrafo único, do Código Penal, a modalidade culposa seja exceção, admitida apenas quando expressamente prevista pela Lei, no caso da Lei 9.605/98, por diversas vezes, observa-se menção à modalidade culposa, a exemplo dos artigos 38, 40, 41, 49 67, 68, 69-A, etc.

ATENÇÃO (1)

É sempre importante destacar que as áreas consideradas como de Patrimônio Nacional não significam serem, necessariamente, bens da União; de modo que, por si só, não atraem a competência para a Justiça Federal.

ATENÇÃO (2)

Está pacificado no Superior Tribunal de Justiça que, nada obstante o crime tenha sido praticado em rio que banhe mais de dois Estados (bem da União), o fato de ser PREJUÍZO LOCAL – e sem repercutir em reflexos em âmbito regional ou nacional, afetando trecho do rio que se alongasse por mais de um Estado da Federação –, faz com que a competência seja da Justiça Estadual, da Comarca onde houve o crime[102] (interesse genérico).

5.4. Peculiaridades

5.4.1. Normas penais em branco

Identificação feita, inicialmente, por Karl Binding (*blankettstrafgesetze*), refere-se às normas que possuem sanções previstas, mas cuja incriminação depende da existência de outra norma. Ou, conforme definido na doutrina[103], "são aquelas em que há uma necessidade de complementação para que se possa compreender o âmbito de aplicação", sendo que, sem o complemento extraível de outro diploma (Lei ou normas infralegais, a exemplo de Decretos, Resoluções, etc.), torna-se impossível a aplicação da norma[104].

Ainda que se trate de responsabilidade penal ambiental, certamente não se desassocia do poder de polícia que se emplaca na seara ambiental, materializado por normas administrativas que dão o seu efetivo contorno. E, ainda, é de se observar que a questão ambiental carrega consigo a marca de ser técnica, multidisciplinar e complexa.

Dessa feita, para que se compreenda o exato bem jurídico tutelado, ou mesmo a tutela ambiental almejada, resulta como necessária a utilização desse artefato admitido pelo ordenamento jurídico, sem que configure lesão ao princípio da legalidade, porém, desde que o núcleo essencial da conduta esteja devidamente previsto no tipo penal "em branco".

Nesse contexto, tem-se, então, como admitido o uso de norma penal em branco, o que, aliás, é corriqueiro no campo da responsabilidade penal ambiental, a exemplo dos dois tipos penais a seguir transcritos (todos da Lei 9.605/98):

---

102. STJ – CC 150.604-SP – *DJe 10/08/2018;* STJ – CC 154.859-SP – *DJe 29/11/2017.*

103. GRECO, Rogério. Curso de Direito Penal. 8ª ed. Rio de Janeiro: Impetus, 2007, p. 22.

104. Ibidem, p. 26. Além de diversas classificações feitas a respeito do assunto, vale destacar uma em que é formulada a divisão entre norma penal em branco *heterogênea* e *homogênea*, sendo que, enquanto nesta o complemento advém da lei (mesmo diploma legal), aquela é complementada por normas de outro naipe, a exemplo de Portaria, Resoluções. E, a respeito da *heterogênea* haveria certa resistência em ser reconhecer sua validade, frente ao princípio da legalidade, mas que prevalece o entendimento de respeito à legalidade, contanto que o núcleo essencial da conduta esteja devidamente previsto no tipo penal "em branco".

(i) *"Art. 34. Pescar em período no qual a pesca seja proibida ou em lugares interditados por órgão competente".*

É de se observar que a definição do período ou mesmo o lugar em que é proibida à caça não estão previstos na Lei, vindo a ser encontrado em normas de âmbito administrativo.

(ii) *"Art. 50. Destruir ou danificar florestas nativas ou plantadas ou vegetação fixadora de dunas, protetora de mangues, objeto de especial preservação".*

Ora, certamente a definição de vegetação "fixadora de dunas, protetora de mangues" não pode ser obtida senão por meio de critérios técnicos, delineados por normas administrativas

5.4.2. Sujeito Ativo

Diz o artigo 225, §3°, da CF/88 que "as condutas e atividades consideradas lesivas ao meio ambiente sujeitarão os infratores, pessoas físicas ou jurídicas, a sanções penais e administrativas (...)", isto é, são passíveis de punição, ainda que criminal, tanto pessoas físicas como jurídicas, o que representou uma virada no ordenamento jurídico.

Inclusive, o artigo 3° da Lei 9.605/98 também faz expressa menção a essa ambplitude da responsabilidade, inclusive, penal, dispondo que "as pessoas jurídicas serão responsabilizadas administrativa, civil e penalmente conforme o disposto nesta Lei, nos casos em que a infração seja cometida por decisão de seu representante legal ou contratual, ou de seu órgão colegiado, no interesse ou benefício da sua entidade".

Pois bem. Entendendo que seja mais adequado à compreensão, segmenta-se a abordagem dessas pessoas responsáveis, a se analisar detidamente as peculiaridades de cada uma.

5.4.2.1. Pessoa física

Sem qualquer distinção dentro da seara penal, mesmo que se tratando da especificidade ambiental, exige-se para que a pessoa física possa ser responsabilizada a sua *imputabilidade*, isto é, que a ela possa ser atribuída o fato típico e ilícito.

Daí, para que se viabilize a responsabilidade da pessoa física, basta que, no momento da conduta, esteja ela no pleno gozo de suas capacidades de compreender a ilicitude de sua conduta, e, bem como, de agir em conformidade com essa sua compreensão – o que é afastado quando (i) existente uma doença mental ou desenvolvimento mental incompleto ou retardado, resultante numa absoluta incapacidade de compreender a ilicitude ou de determinar-se de acordo com esse entendimento[105]; e (ii) quando, ao tempo da conduta, o agente ainda não possuía 18 (dezoito) anos completos[106].

Um detalhe interessante, que não custa reiterar, diz respeito àqueles mencionados na lei[107], quais sejam o diretor, o administrador, o membro de conselho e de órgão técnico,

105. Art. 26, do Código Penal (critério biopsicológico).

106. Art. 228, CF/88 e art. 27, do Código Penal.

107. Art. 2°, da Lei 9.605/98.

o auditor, o gerente, o preposto ou mandatário de pessoa jurídica, cuja omissão também será punível quando (a) tiverem conhecimento da conduta criminosa de outrem, (b) deixarem de impedir a sua prática, muito embora pudessem agir para evitá-la. Isto é, claro dever jurídico de agir para evitar danos ambientais, cuja inobservância repercute na responsabilização das pessoas elencadas.

5.4.2.2. Pessoa jurídica

Por outro lado, grande ponto trazido pela Constituição Federal, e assim seguido pela na Lei 9.605/98, refere-se à possibilidade de se sancionar criminalmente a pessoa jurídica, diante de irregularidade lesiva ao meio ambiente ecologicamente equilibrado.

Contudo, vale ressaltar que a responsabilidade das pessoas jurídicas não exclui a das pessoas físicas, autoras, co-autoras ou partícipes do mesmo fato. Isto é, plenamente possível que, em razão do mesmo contexto fático, sejam punidas tanto pessoas físicas como pessoas jurídicas, ou apenas aquelas, ou apenas estas.

Aliás, relevante destacar que a responsabilização criminal ambiental não exige *dupla imputação*, o que, em outros termos, implica assinalar que, para efetivamente responsabilizar a pessoa jurídica, não necessariamente deverá ser punida uma pessoa física, ou, melhor ainda, para imputar determinado fato ilícito à pessoa jurídica, não necessita que haja a mesma imputação à pessoa física (não é imprescindível a denúncia da pessoa física)[108] - podendo, pois, ser responsabilizada de forma individual e isolada.

Em verdade, para exsurgir a responsabilidade da pessoa jurídica, impõe sejam observados os seguintes *requisitos*: (a) a infração seja cometida por decisão de seu representante legal ou contratual, ou de seu órgão colegiado, (b) no interesse ou benefício da sua entidade.

De uma forma mais completa, a doutrina explicita quais são os requisitos:

> Assim, a responsabilização penal da pessoa jurídica dar-se-ia segundo dupla categoria de critérios. A primeira, relacionada a critérios explícitos da lei, exige que: a) violação à norma ambiental decorra da deliberação do ente coletivo; b) o autor material do delito seja vinculado à sociedade; e c) a infração seja praticada no interesse da pessoa jurídica. A segunda relacionada com os critérios implícitos do dispositivo que diz que: a) o autor tem que ter agido com o beneplácito da pessoa jurídica; b) que a ação ocorra no âmbito de atividades da empresa.

Outrossim, um detalhe que chama a atenção, embora não muito enfrentado, refere-se à impossibilidade da pessoa jurídica ser responsabilizada por crime na modalidade culposa,

---

108. Num primeiro momento o STJ julgou como imprescindível a dupla imputação (STJ - REsp 564.960/SC - *DJe* 30.10.2014). Porém, mais recentemente, visualizam-se decisões tanto do STJ (RMS 56073 / ES - DJe 03/10/2018), como do próprio STF (RE 548181 / PR - DJe 30.10.2014) reconhecendo a desnecessidade de também se imputar a responsabilidade a uma pessoa jurídica, para que se viabilize a responsabilização da pessoa jurídica.

uma vez que, segundo se entende[109], os requisitos da responsabilidade penal da pessoa jurídica denotam claramente que tão apenas é possível puni-la quando houver dolo na atuação que lhe diga respeito, isto é, que a violação decorra de deliberação do ente coletivo, e a ação seja em benefício e/ou interesse da empresa, no âmbito de suas atividades.

Em outros termos, cuidam-se de exigências de imputação, que afastam a possibilidade de se vislumbrar uma punição em decorrência de um crime culposo.

Ainda sobre a pessoa jurídica, é imperioso assinalar a impossibilidade de se punir, penalmente, a pessoa jurídica de direito público. Ainda que o legislador não tenha feito expressa ressalva a seu respeito, certamente não há como raciocinar a prática de conduta delituosa do ponto de vista penal por uma pessoa jurídica, em decorrência de decisão deliberada de sua parte, eis que, certamente, um crime jamais poderia lhe beneficiar, e, ainda, a própria pena seria inócua, senão prejudicial à própria coletividade.

Com efeito, sendo-lhe de sua natureza perseguir o interesse público, as pessoas jurídicas de Direito Público não podem cometer ilícito penal no seu interesse ou benefício[110].

Contudo, é bom frisar, isto não afasta a possibilidade de responsabilização penal do agente público, na sua pessoa física, quando praticar crimes ambientais, e, ademais, pessoas jurídicas configuradas como de Direito Privado, inclusive aquelas com certa ligação com o Poder Público (por exemplo, fundações de direito privado e as empresas públicas, etc.), também podem ser penalizadas[111].

5.4.3. *Sujeito Passivo*

Do outro lado do crime, encontra-se o sujeito passivo, aquele que pode ser considerado como vítima, por ser o lesado pela conduta infratora, titular do bem jurídico tutelado.

Dada a peculiaridade da seara ambiental, em que o bem jurídico tutelado é o meio ambiente (ecologicamente) equilibrado, de titularidade coletiva e difusa, considera-se que o sujeito passivo é exatamente a coletividade. Nada obstante, pertinente se mostra a distinção entre sujeito passivo principal, para referir-se a coletividade, enquanto que, secundário (ou por via reflexa), o eventual sujeito individualmente lesado, isso porque, a despeito do objeto jurídico – sempre o meio ambiente –, há a figura do objeto material atingido (coisa sobre a qual recai a conduta infratora), que pode ser público ou particular[112].

5.4.4. *Desconsideração da personalidade jurídica*

Seguindo na análise de pontos importantes sobre a responsabilidade penal ambiental, cumpre pontuar a respeito do instituto da desconsideração da personalidade jurídica (*dis-*

109. MILARÉ. Édis. Op. cit..

110. FREITAS, Vladimir Passos de, FREITAS, Gilberto Passos de. Crimes contra a natureza. 9ª ed. São Paulo: Revista dos Tribunais, 2006.

111. MILARÉ. Édis. Op. cit., p. 495.

112. Ibidem, p. 496.

regard doctrine), que, prevista na Lei 9.605/98[113], é viabilizada sempre que for obstáculo ao ressarcimento de prejuízos causados à qualidade do meio ambiente.

Nesse sentido, e adotando-se a *teoria menor* da desconsideração da personalidade jurídica, admite-se a retirada desse "véu", para atingir os patrimônios individuais dos sócios, independentemente de qualquer demonstração de abuso na condução da empresa, ou mesmo confusão patrimonial, etc., bastando que não tenha fundos suficientes no nome da pessoa jurídica, isto é, contentando-se com a mera insolvência.

A despeito da simplicidade como tratado o tema no artigo 4°, da Lei 9.605/98, impende assinalar que a seu respeito existe considerável discussão. Isso porque, a sua previsão está contida na Lei de crimes e infrações administrativas, porém mais precisamente na parte voltada à seara criminal.

Nada obstante, compreende-se plenamente aplicável no campo da responsabilidade civil. Porém, especificadamente à responsabilidade penal (e mesmo à seara administrativa), discute-se se realmente seria possível, em razão do princípio da pessoalidade da pena (intranscendência), que não pode ultrapassar os limites da pessoa responsabilizada[114]-[115]. Para nós, a despeito de toda a discussão existente, é necessário considerar que, se se admite a desconsideração da personalidade jurídica em razão do cometimento de ato que repercuta na infração civil, certamente há de se admiti-la quando frente a um ato criminoso, de maior gravidade ao interesse público.

5.4.5. *Excludentes de Ilicitude*

A lei penal geral, que é o Código Penal, possui aplicação subsidiária à Lei de Crimes Ambientais (Lei 9.605/98[116]), e, de sua parte, dispõe que restará excluída a ilicitude da conduta (não haverá crime), quando o agente estiver em: I – em estado de necessidade; II – em legítima defesa; III – em estrito cumprimento de dever legal ou no exercício regular de direito[117].

113. Art. 4°, da Lei 9.605/98.

114. NUCCI, Guilherme de Souza. Leis penais e processuais penais comentadas. 2. ed. São Paulo: RT, 2007; ARAÚJO, Aldem Johnston Barbosa. A desconsideração da personalidade jurídica no novo Código de Processo Civil. Revista dos Tribunais, 2016. RT VOL.967 (MAIO 2016). Numa síntese, o pensamento dos autores é no sentido de que, quando as infrações às normas penais e administrativas contra o meio ambiente derem azo apenas a sanções de natureza pecuniária e não ao ressarcimento decorrente de responsabilidade civil, não há de se cogitar em levantar o véu corporativo da pessoa jurídica. Daí, admite-se apenas se a pessoa jurídica, em razão do ilícito penal, ficar obrigada a reparar o dano civilmente, voltando-se a cobrança aos sócios, conforme o caso.

115. Admitindo a desconsideração da personalidade jurídica da pessoa jurídica, mesmo em caso de infração penal, encontra-se Milaré, segundo quem: "ameaça de uma sanção penal dirigida à inescrupulosa madeireira que dilapida as florestas do Pará não tem a necessária eficácia dissuasiva. O problema está, pelo contrário, em individuar e golear as pessoas físicas (diretores, administradores, acionista, etc.), que escondem sua atividade delituosa atrás do biombo protetor da pessoa jurídica". MILARÉ, Édis. Direito do Ambiente: doutrina, jurisprudência, glossário, 3ª ed. rev., atual. e ampl. São Paulo: Revista dos Tribunais, 2004, p. 783.

116. Art. 79, da Lei 9.605/98.

117. Art. 23, do Código Penal.

Referidas causas são, portanto, plenamente aplicáveis no âmbito da responsabilidade penal ambiental, sendo que, inclusive, algumas situações que a exemplificam já foram previstas expressamente pelo legislador especial, a exemplo do artigo 37, da Lei 9.605/98, descriminalizando a *caça famélica* (estado de necessidade), da mesma forma que, no artigo 50-A, §1º, da Lei 9.605/98, admite o desmatamento, a exploração econômica ou degradação de floresta, plantada ou nativa, em terras de domínio público ou devolutas, mesmo que sem autorização do órgão competente, quando assim o fizer como forma de obter a subsistência imediata pessoal do agente ou de sua família.

5.4.6. *Princípio da insignificância*

O princípio da insignificância representa, essencialmente, um juízo de proporcionalidade feito pelo julgador, a compreender com exatidão se a reprimenda é condizente com a lesividade causada pelo infrator, de modo que, visualizando que esta foi inexpressiva (insignificante), afasta-se a possibilidade de responsabilização, uma vez que o fato enquadra-se como irrelevante, fugindo da alçada do Direito Penal que se atém aos fatos relevantes – dentro da própria noção de subsidiariedade[118].

Admitido, em caráter geral, pelo STF, este delineia como sendo seus vetores de análise: (i) a mínima ofensividade da conduta do agente, (ii) a nenhuma periculosidade social da ação, (iii) o reduzido grau de reprovabilidade do comportamento e (iv) a inexpressividade da lesão jurídica provocada.

Tendo em vista o bem jurídico tutelado qual seja o meio ambiente equilibrado, de titularidade difusa, além ainda, como bem alerta Milaré, dos efeitos advindos das propriedades cumulativas e sinergéticas que marcam as agressões ao meio ambiente, é necessário, no mínimo, analisar com parcimônia o reconhecimento do principio da insignificância no caso concreto.

Aliás, nesse sentido já se posicionou o STJ, a não reconhecer a aplicação da insignificância diante de contexto de apreensão de 15 kg de peixes de diferentes espécies, além de petrechos proibidos, pontuou-se que, além das questões jurídicas e da dimensão econômica da conduta, é imprescindível cotejar com o equilíbrio ecológico que propicia as condições de vida no planeta[119].

Independentemente, fato é que se admite a aplicação do princípio da insignificância, mesmo em se tratando de crime ambiental, porém condicionada aos pontos acima trazidos[120], além ainda, da necessidade de se sopesarem questões como a sinergia e os efeitos cumulativos de uma lesão ambiental, não percebida, por vezes, imediatamente.

Contudo, uma ressalva merece ser feita. É consolidado[121] o entendimento no Superior Tribunal de Justiça, por meio do Enunciado 599[122] de sua Súmula, no sentido de inaplica-

118. GRECO, Rogério. Op. cit.

119. STJ – AgRg no AREsp 1246720 / PR – DJe 06/12/2018; STJ – AgRg no REsp 1574617 / SP – DJe 06/04/2017.

120. STJ – HC 178.208/SP – julg.: 20.06.2013; STJ – HC 143.208/SC – julg.: 25.05.2010.

121. Embora com decisões do próprio STJ em sentido contrário (RHC 85.272).

122. S. 599, STJ: "o princípio da insignificância é inaplicável aos crimes contra a Administração Pública".

bilidade do princípio da insignificância quando se tratar de crime contra a Administração Pública.

Por assim ser, é condizente eventual sustentação de que, especificamente quanto aos crimes contra a administração ambiental (do art. 66 ao art. 69-A), seria inaplicável o princípio da insignificância – a respeito do que não há entendimento devidamente sinalizado.

5.5. Crimes

Em síntese, e embora de forma superficial (devido aos propósitos deste trabalho), para o tópico cumpre apresentar que a Lei 9.605/98 segmenta os crimes ambientais da seguinte forma:

I. Crimes contra a fauna (art. 29 ao art. 37);

II. Crimes contra a flora (art. 38 ao art. 53);

III. Da poluição e outros crimes ambientais (art. 54 ao art. 61);

IV. Dos crimes contra o ordenamento urbano e o patrimônio cultural (art. 62 ao art. 65);

V. Dos crimes contra a administração ambiental (art. 66 ao art. 69-A).

5.6. Sanções

Tendo em vista as peculiaridades que envolvem, em especial, a responsabilização da pessoa jurídica, houve por bem o legislador em segmentar as penas que lhes são aplicáveis, daquelas aplicáveis às pessoas físicas[123], em razão do que, passa-se a expor de forma separada.

5.6.1. Aplicáveis às pessoas jurídicas

Relativamente às pessoas jurídicas, foi claro o legislador quanto a ser possível penalizá-las por meio de: I – multa; II – restritivas de direitos; III – prestação de serviços à comunidade; "IV – liquidação forçada".

No que diz respeito à *multa*, não houve tratamento pormenorizado na Lei 9.605/98, de modo que o julgador deverá se socorrer das regras contidas no Código Penal. Nada obstante, se ainda assim a multa se revelar ineficaz, mesmo que aplicada no valor máximo, poderá ser aumentada até três vezes, tendo em vista o valor da vantagem econômica auferida[124] – independentemente da condição financeira do réu.

123. Art. 21 ao art. 24, da Lei 9.605/98.

124. Art. 18, da Lei 9.605/98. É possível tomar como referência, para tanto, as conclusões obtidas por meio da "perícia de constatação do dano ambiental", a qual, sempre que possível, fixará o montante do prejuízo causado para efeitos de prestação de fiança e cálculo de multa. Inclusive, a perícia produzida no inquérito civil ou no juízo cível poderá ser aproveitada no processo penal, instaurando-se, sem prejuízo de conferir as devidas oportunidades para observância do contraditório e da ampla defesa (art. 19, da Lei 9.605/18).

Por outro lado, encontram-se as *penas restritivas de direitos*, que compreendem: I - suspensão parcial ou total de atividades; II - interdição temporária de estabelecimento, obra ou atividade; III - proibição de contratar com o Poder Público, bem como dele obter subsídios, subvenções ou doações.

Nesse quadro, a primeira, suspensão de atividades, será aplicada quando estas não estiverem obedecendo às disposições legais ou regulamentares, relativas à proteção do meio ambiente. Já a segunda, a interdição, será aplicada quando o estabelecimento, obra ou atividade estiver funcionando sem a devida autorização, ou em desacordo com a concedida, ou com violação de disposição legal ou regulamentar.

E, como terceira, está prevista a própria proibição de contratar com o Poder Público e dele obter subsídios, subvenções ou doações, cujo prazo não poderá exceder a 10 (dez) anos.

Na sequência, tem-se a *prestação de serviços à comunidade*, cuja penalidade consistirá em: I - custeio de programas e de projetos ambientais; II - execução de obras de recuperação de áreas degradadas; III - manutenção de espaços públicos; IV - contribuições a entidades ambientais ou culturais públicas. Em outros termos, o legislador viabiliza que a prestação de serviços seja feito de forma direta ou indireta, mas sempre às custas da pessoa jurídica penalizada.

Por fim, mencionada como uma "quarta" penalidade cabível à pessoa jurídica, prevê o legislador a sua *liquidação forçada*, que, em termos mais simples, significa a sua própria morte, com o encerramento da suas atividades e término à sua existência.

Cuida-se de medida extrema prevista, para a situação em que comprovado que a pessoa jurídica foi constituída ou utilizada, preponderantemente, com o fim de permitir, facilitar ou ocultar a prática de crime definido na Lei 9.605/98, em razão do que terá decretada sua liquidação forçada, sendo o seu patrimônio considerado instrumento do crime e, como tal, perdido em favor do Fundo Penitenciário Nacional[125].

Contudo, considera-se que esta pena extrema deve ser vista com todas as cautelas, pois possui repercussões que vão além da própria atividade empresarial, a afetar, por exemplo, empregados e demais agentes econômicos (consumidores e fornecedores) envolvidos na cadeia produtiva.

5.6.2. *Aplicáveis às pessoas físicas*

De outro lado, quanto às pessoas físicas, a estas são cabíveis as penas (a) privativas de liberdade, (b) restritivas de direito, e (c) multa, na linha do que se visualiza no próprio regime geral do Direito Penal, cuja especificidade da seara ambiental não afeta.

Previstas cada qual nos respectivos tipos penais, vale pontuar que, sobre as *privativas de liberdade*, estas se materializam em detenção ou reclusão - a depender do tipo penal -, bem como em prisão simples, para o caso de se visualizar a ocorrência de contravenção penal[126].

125. NUCCI, Guilherme de Souza. Op. cit., p. 866. O autor considera como sendo uma "autêntica pena acessória", em razão do que depende de expresso pedido do Ministério Público na denúncia.

126. Por exemplo, artigo 42, do Decreto-Lei 3.688/1941, que prevê a contravenção penal de "poluição sonora".

ATENÇÃO

Cabível a suspensão condicional da pena, esta apenas pode ser aplicada nos casos de condenação a pena privativa de liberdade não superior a três anos[127].

De outro lado, no que diz respeito às *restritivas de direito*, houve por bem o legislador lista-las, compreendendo: I - prestação de serviços à comunidade; II - interdição temporária de direitos; III - suspensão parcial ou total de atividades; IV - prestação pecuniária; V - recolhimento domiciliar.

Bem na linha do que dispõe o legislador, a prestação de serviços à comunidade consiste na atribuição ao condenado de tarefas gratuitas junto a parques e jardins públicos e unidades de conservação, e, no caso de dano da coisa particular, pública ou tombada, na restauração desta, se possível[128].

Já as penas de interdição temporária de direito, estas são a proibição de o condenado contratar com o Poder Público, de receber incentivos fiscais ou quaisquer outros benefícios, bem como de participar de licitações, pelo prazo de cinco anos, no caso de crimes dolosos, e de três anos, no de crimes culposos.

Por sua vez, a suspensão (parcial ou total) das atividades tem sua razão de ser quando não estiverem obedecendo às prescrições legais, a persistirem enquanto não sanadas as irregularidades (delito vinculado, no sentido de que a atividade fora direcionada ao dano ambiental).

Há, ainda, a prestação pecuniária consistente no pagamento em dinheiro à vítima ou à entidade pública ou privada com fim social, de importância, fixada pelo juiz, não inferior a um salário mínimo nem superior a trezentos e sessenta salários mínimos. Frise-se que, ainda que de regimes jurídicos diversos, ressalva o legislador que o valor pago a título de prestação pecuniária será deduzido do montante de eventual reparação civil a que for condenado o infrator.

Bem analisando, cuida-se uma previsão legal de inserção da reparação civil no próprio bojo da sentença condenatória penal, tal como o faz o artigo 45, §1°, do Código Penal, de modo que, se ainda não for suficiente, pode abater no valor a ser fixado na seara cível (caráter de antecipação de eventual indenização civil).

A última modalidade de pena restritiva de direito consiste no recolhimento domiciliar[129], que, baseando-se na autodisciplina e senso de responsabilidade do condenado, deverá ele,

127. Aliás, como regra, no primeiro ano do prazo de suspensão, deverá o condenado prestar serviços à comunidade ou submeter-se à limitação de fim de semana. Porém, estas restrições poderão ser substituídas por outras cumulativas (proibição de frequentar determinados lugares, proibição de ausentar-se da comarca onde reside, sem autorização do juiz; comparecimento pessoal e obrigatório a juízo, mensalmente, para informar e justificar suas atividades), mas relacionadas com a proteção ao meio ambiente, contudo, desde que houver sido reparado o dano ambiental (apurado mediante laudo de reparação do dano ambiental). De se conferir o art. 17, da Lei 9.605/98 c.c. art. 78, do Código Penal.

128. Art. 9°, da Lei 9.605/98

129. Pela disciplina geral do Código Penal, ao invés de ser uma pena restritiva de direito, consiste em pena privativa de liberdade.

sem vigilância, trabalhar, frequentar curso ou exercer atividade autorizada, permanecendo recolhido nos dias e horários de folga em residência ou em qualquer local destinado a sua moradia habitual, conforme estabelecido na sentença condenatória.

Impende destacar que as penas são autônomas e substituem as privativas de liberdade, pela mesma duração desta substituída quando: I – tratar-se de crime culposo ou for aplicada a pena privativa de liberdade inferior a quatro anos; ou II – a culpabilidade, os antecedentes, a conduta social e a personalidade do condenado, bem como os motivos e as circunstâncias do crime indicarem que a substituição seja suficiente para efeitos de reprovação e prevenção do crime.

Por fim, quanto à *multa*, o seu regime jurídico não difere por se direcionar à pessoa física, sendo que, tal como para a pessoa jurídica, não houve tratamento pormenorizado na Lei 9.605/98, de modo que o julgador deverá se socorrer das regras contidas no Código Penal. Nada obstante, se ainda assim a multa se revelar ineficaz, mesmo que aplicada no valor máximo, poderá ser aumentada até três vezes, tendo em vista o valor da vantagem econômica auferida.

5.6.3. *Atenuantes*

Ainda que de forma simples, mas dada a peculiaridade inserindo a temática ambiental, vale destacar que o legislador cuidou se traçar as circunstâncias que atenuam a pena, quais sejam:

i. Baixo grau de instrução ou escolaridade do agente;
ii. Arrependimento do infrator, manifestado pela espontânea reparação do dano, ou limitação significativa da degradação ambiental causada;
iii. Comunicação prévia pelo agente do perigo iminente de degradação ambiental;
iv. Colaboração com os agentes encarregados da vigilância e do controle ambiental.

5.6.4. *Agravantes*

Por outro lado, também houve por bem arrolar uma série de situações que, se não constituem ou mesmo qualificam o crime[130], devem ser vistas como agravantes da pena:

i. Reincidência nos crimes de natureza ambiental;
ii. Ter o agente cometido a infração:
    a. para obter vantagem pecuniária;
    b. coagindo outrem para a execução material da infração;
    c. afetando ou expondo a perigo, de maneira grave, a saúde pública ou o meio ambiente;

130. Isso porque, do contrário incorreria lesão ao princípio do *non bis in idem*

d. concorrendo para danos à propriedade alheia;
e. atingindo áreas de unidades de conservação ou áreas sujeitas, por ato do Poder Público, a regime especial de uso;
f. atingindo áreas urbanas ou quaisquer assentamentos humanos;
g. em período de defeso à fauna;
h. em domingos ou feriados;
i. à noite;
j. em épocas de seca ou inundações;
k. no interior do espaço territorial especialmente protegido;
l. com o emprego de métodos cruéis para abate ou captura de animais;
m. mediante fraude ou abuso de confiança;
n. mediante abuso do direito de licença, permissão ou autorização ambiental;
o. no interesse de pessoa jurídica mantida, total ou parcialmente, por verbas públicas ou beneficiada por incentivos fiscais;
p. atingindo espécies ameaçadas, listadas em relatórios oficiais das autoridades competentes;
q. facilitada por funcionário público no exercício de suas funções.

5.6.5. Causas de aumento

A título de exemplo, no âmbito da *Seção III – Da Poluição e outros Crimes Ambientais*, e de forma específica aos crimes dolosos ali previstos (art. 54 ao art. 61, da Lei 9.605/98[131]), prevê o legislador que as penas serão aumentadas: I – de um sexto a um terço, se resulta dano irreversível à flora ou ao meio ambiente em geral; II – de um terço até a metade, se resulta lesão corporal de natureza grave em outrem; III – até o dobro, se resultar a morte de outrem[132].

De se observar que, em verdade, o legislador cuidou de traçar causas de aumento de forma específica certos tipos penais ambientais, sendo que, sem prejuízo do acima mencionado, assim se observa, por exemplo, no artigo 69-A, §2°, artigo 53, artigo 32, §2°, etc.

5.7. Da ação penal e do processo penal

Apenas em linhas gerais, impõe salientar que, sem exceção, para os casos de infrações tipificados na Lei 9.605/98, a ação penal é pública e incondicionada, não dependendo de qualquer postura de eventuais vítimas.

131. MILARÉ. Édis. Op. cit., p. 515 (*in* nota de rodapé).

132. Contudo, essas causas de aumento somente serão aplicadas se, do fato, não resultar crime mais grave, tal como disciplinado pelo art. 58, parágrafo único, da Lei 9.605/98.

De outro lado, tendo em vista a aplicação subsidiária da legislação comum, seja o Código Penal, ou mesmo a Lei 9.099/95 (Lei do Juizado Especial Cível e Criminal), considera-se como aplicação a *transação penal* para os casos em que a infração ambiental for considerada de menor potencial ofensivo (pena máxima cominada não for superior a 2 anos).

Porém, para tanto, além dos requisitos estipulados pela Lei 9.099/95[133], é imprescindível que tenha havido a prévia composição do dano ambiental[134], o que não significa a plena satisfação da quantia pecuniária fixada a título de responsabilidade civil, mas sim o acordo homologado para que seja feita, isto é, o compromisso formal de reparar o dano (por exemplo, assinar TAC junto ao Ministério Público).

Contudo, tal exigência (de formalização de acordo) deixará de existir se comprovada a sua impossibilidade, a qual, prevista de forma geral, não se limita a um impedimento de ordem técnica, mas ampla o suficiente a abarcar todas as situações possíveis que inviabilizam pensar em uma composição para o caso concreto.

Por fim, fazendo uso da Lei 9.099/95, admite o legislador especial a *suspensão condicional do processo*[135], pelo regime jurídico daquela Lei, porém com incrementos setoriais, cujas peculiaridades convém sejam trazidas.

Em geral, nos crimes em que a pena mínima cominada for igual ou inferior a um ano, o Ministério Público, ao oferecer a denúncia, poderá propor a suspensão do processo, por dois a quatro anos, desde que (i) o acusado não esteja sendo processado ou (ii) não tenha sido condenado por outro crime, presentes os demais requisitos que autorizariam a suspensão condicional da pena[136].

Pois bem. Aceita a proposta por parte do acusado, este será submetido ao período de prova, quando deverá: (I) proceder à reparação do dano, salvo impossibilidade de fazê-lo; (II) não de frequentar determinados lugares (estará proibido); (III) não se ausentar da comarca onde reside, sem autorização do Juiz; (IV) comparecer, pessoal e obrigatoriamente a juízo, de forma mensal, para informar e justificar suas atividades. Tudo isso, sem prejuízo de outras condições pormenorizadas, que podem ser fixadas pelo juiz.

Transcorrido o período de prova, e inexistindo qualquer irregularidade – tendo o acusado cumprido com suas obrigações –, isto é, expirado o prazo sem revogação, o juiz declarará extinta a punibilidade. Contudo, como peculiaridade da seara ambiental, esta declaração de extinção da punibilidade tão apenas será possível se houver laudo de constatação atestando ter havido a reparação do dano ambiental, ressalvada a impossibilidade.

E, caso o laudo referido ateste que não houve a devida e suficiente reparação, o prazo de suspensão do processo será prorrogado[137], até o período máximo de 4 (quatro) anos, acrescido de mais um ano, com suspensão do prazo da prescrição.

---

133. Art. 76, §2°, da Lei 9.099/95.
134. Art. 27, da Lei 9.605/98.
135. Art. 28, da Lei 9.605/98.
136. Art. 89, da Lei 9.099/95.
137. Neste período de prorrogação, não se aplicarão as demais condições da suspensão condicional do processo, senão apenas a obrigação de reparação do dano.

Terminado este prazo de prorrogação, proceder-se-á à lavratura de novo laudo de constatação de reparação do dano ambiental, podendo, conforme seu resultado, ser novamente prorrogado o período de suspensão, até o máximo de 4 (quatro) anos[138].

Finalmente, esgotado o prazo máximo de prorrogação, a declaração de extinção de punibilidade dependerá de laudo de constatação que comprove ter o acusado tomado as providências necessárias à reparação integral do dano, sendo que, se mesmo assim não o fez, revoga-se a suspensão condicional do processo, e a ação penal deve ser retomada.

5.8. Prescrição

A prescrição representa a conciliação entre o princípio da segurança jurídica (estabilidade) e o interesse do lesado em buscar a satisfação de seu direito em juízo, que, no caso do crime ambiental, materializa o interesse público de da incolumidade dos bens difusos e coletivos. E, nesse sentido, é a forma pela se evita que a *espada de Têmis* perdure e ameace infinitamente sobre os ombros do possível responsável pela infração.

Tal como nas demais searas de responsabilização, na penal também há divergência sobre qual vem a ser o prazo prescricional, ainda mais porque envolve a peculiaridade de ser possível punir uma pessoa jurídica, inatingível por penas privativas de liberdade, que são o tradicional parâmetro na fixação do prazo prescricional.

A Lei 9.605/98 não traz em seu bojo qualquer dispositivo que verse sobre a prescrição, deixando a questão, portanto, a ser resolvido à luz do regramento geral, contido no Código Penal[139].

Por assim ser, a prescrição, antes de transitar em julgado a sentença final, regula-se pelo máximo da pena privativa de liberdade cominada ao crime, verificando-se: I – em vinte anos, se o máximo da pena é superior a doze; II – em dezesseis anos, se o máximo da pena é superior a oito anos e não excede a doze; III – em doze anos, se o máximo da pena é superior a quatro anos e não excede a oito; IV – em oito anos, se o máximo da pena é superior a dois anos e não excede a quatro; V – em quatro anos, se o máximo da pena é igual a um ano ou, sendo superior, não excede a dois; VI – em 3 (três) anos, se o máximo da pena é inferior a 1 (um) ano.

Contudo, para a hipótese de se tratar de pena restritiva de direito, aplicam-se os mesmos prazos previstos para as privativas de liberdade.

Dessa feita, dentro de um panorama geral, para as pessoas físicas, que cometerem, por exemplo, o crime do artigo 29, da Lei 9.605/98, cuja pena prevista é de detenção de 6 meses a um ano, além de multa, a prescrição é de 4 (quatro) anos. Ou seja, a princípio, sem nenhum problema.

Nada obstante, surge a discussão, principalmente, em razão do raciocínio a ser transferido para análise da responsabilidade da pessoa jurídica.

---

138. Igualmente, neste período de prorrogação, não se aplicarão as demais condições da suspensão condicional do processo, senão apenas a obrigação de reparação do dano.

139. Art. 109, do Código Penal.

De um lado, e assim o foi num primeiro momento no âmbito da jurisprudência do STJ, sob o fulcro de que a ausência de previsão legal deve repercutir na busca pelo fundamento mais benéfico ao réu, aventou-se que a prescrição ocorre em dois anos, sendo aplicado o prazo previsto para a pena de multa do Código Penal[140].

De outra banda, e sendo este o entendimento mais recente do STJ – e, ao que tudo indica, consolidado[141] e com apoio do STF[142] –, considera-se que a prescrição para os casos de incriminação da pessoa jurídica rege-se pelo disposto no artigo 109, parágrafo único, do Código Penal, de modo que, por essencialmente consistir em pena restritiva de direito, aplicam-se os mesmos prazos previstos para as privativas de liberdade.

6. TERMO DE AJUSTAMENTO DE CONDUTA

6.1. Noções gerais

Antes de tudo, cumpre esclarecer que, muito embora pudesse a abordagem do *termo de ajustamento de conduta (TAC)* ser feita em Capítulo próprio, ou mesmo dentro daquele em que se busca analisar as medidas judiciais – pois possui sua estreita ligação com a ação civil pública –, opta-se por inseri-la aqui, tendo em vista que, na sua essência, está intimamente ligado à tríplice responsabilidade, com as três searas de responsabilização vistas[143], de modo que, compreende-se como oportuno para aproveitar o embalo da discussão.

Essencialmente, sua previsão legal surge no bojo da Lei 7.347/85 (Lei de Ação Civil Pública – art. 5º, §6º – incluído pela Lei 8.078/90), viabilizando que os órgãos públicos legitimados a ingressar com ação civil pública tomem dos interessados compromisso de ajustamento de sua conduta às exigências legais, mediante cominações, que terá eficácia de título executivo extrajudicial.

Sem prejuízo, a Lei 9.605/98 (com redação dada pela Medida Provisória 2.163-41 de 2001) traz detalhamentos específicos ao TAC para toda a seara ambiental (e não apenas a questões afetas a responsabilidade penal e administrativa).

Em linhas gerais, Termo de Ajustamento de Conduta Ambiental consiste numa transação (acordo extrajudicial) envolvendo direitos difusos (interesses metaindividuais), em que, a despeito da impossibilidade de se dispor, propriamente, dos interesses difusos, são ajustadas formas (prazo, modo, etc.) pelas quais haverá no caso específico a reparação do dano causado ao meio ambiente ecologicamente equilibrado[144].

---

140. Art. 114, I, do Código Penal. E, nesse sentido, STJ – EDcl no AgRg no REsp 1.230.099/AM – julg.: 20.08.2013.

141. STJ – AgRg no REsp 1.589.299/SP – julg.: 23.05.2017; STJ – AgRg no RMS 56158 / PA – DJe 29.06.2018; STJ – AgRg no REsp 1.712.991 / SP – DJe 28.09.2018

142. STF – ARE 944034 AgR / PR – *DJe* 20.10.2016.

143. Inclusive, possui expressa previsão legal no artigo 79-A, da Lei 9.605/98.

144. Contudo, é mister destacar que, excepcionalmente, quando impossível o retorno ao *status quo ante*, na hipótese de direitos difusos já se admitiu que, nas obrigações de fazer ou não fazer, seja dada a melhor solução na composição do dano, em especial a optar por aquela que se mostrar menos onerosa possível ao próprio bem ambiental (STJ – REsp 299.400). Inclusive, considerando que as providências que venham a ser adotadas tão apenas se legitimam quando resultarem num ganho qualitativo (de recuperação ou compensação) ao meio

6.2. Natureza Jurídica

Muito se discute a respeito de natureza jurídica do Termo de Ajustamento de Conduta, sendo que, a um, há quem[145] diga tratar-se de um ato jurídico unilateral (dada a manifestação volitiva ditada apenas por um dos lados) e, ao mesmo tempo, bilateral (pois sua formalização depende da concordância de todas as partes); a dois, também se sustenta[146] tratar-se de um negócio jurídico bilateral (um acordo, porém *sui generis*), havendo efetiva manifestação de vontade da parte interessada – e não mera aceitação de comprometer-se –, porém sem concessões mútuas de direito material; e, a três, se não seria um ato administrativo negocial[147].

Independentemente, fato é que o legitimado não pode impor que o particular adira ao Termo por ele proposto, tal como não é dado ao particular exigir que o Poder Público legitimado lhe ofereça um TAC ou mesmo que aceite o que esteja ofertando, isto é, da mesma forma que não pode obrigar qualquer pessoa física ou jurídica a assinar termo de cessação de conduta, também não é obrigado a aceitar a proposta de ajustamento formulada pelo particular, inexistindo direito subjetivo do particular[148].

Seja como for, há que se ressaltar sua eficácia (natureza) de título executivo extrajudicial, habilitando aquele que o firmou (legitimado) a ingressar, posteriormente, já com incidente de execução, sem necessidade de passar pela fase de conhecimento.

6.3. Legitimidade

Tendo em vista a existência de peculiaridade quanto à seara ambiental, mister seja feita essa análise de forma apartada, para conferir o destaque que o ponto merece.

Isso porque, pelo regramento geral contido na Lei 7.347/85, possuem legitimidade para formalizar um TAC junto àquele que lesar o meio ambiente, os órgãos públicos legitimados a ingressar com ação civil pública, abrangendo, portanto: I – o Ministério Público; II – a Defensoria Pública; III – a Administração Direta e Indireta[149].

---

ambiente, é possível se admitir que a irregularidade permaneça, caso a as providências para sua regularização resultem em prejuízo maior ainda.

145. CARVALHO, José dos Santos. Ação civil pública: comentários por artigo (Lei 7.347/85, de 24.07.1985). 8ª ed. Rio de Janeiro: Lumen Juris, 2011.

146. MILARÉ. Édis. Op. cit., p. 588-589. Ainda, PIZZOL, Patrícia Miranda. Op. cit., p. 149-153. "(...) o compromisso de ajustamento de conduta teria natureza de transação, porquanto haveria concessões mútuas entre os celebrantes do ajuste, sendo, contudo, vedado ao órgão público legitimado a renúncia a direitos transindividuais, o que tornaria o compromisso de ajustamento de conduta figura peculiar de transação".

147. Enfim, trata-se de questão que, eventualmente, possa vir a cair numa fase discursiva (oral ou escrita), mas dificilmente numa primeira fase.

148. STJ – REsp 596.764 / MG – *DJe* 23.05.2012.

149. Conforme se observa, restam excluídas as associações dessa legitimidade. Aliás, dentre as pessoas que compõe a Administração Indireta, é de se reconhecer como legítimas as empresas públicas, sociedades de economia mista e assemelhados, quando sua atuação for de prestação ou exploração de serviços públicos. Mas, ao contrário, caso estejam agindo no desenvolvimento de atividade econômica, em condições empresariais, não estarão autorizados a fazê-lo.

ATENÇÃO

Não se exige a intervenção (referendo) do Ministério Público[150] quando este não estiver envolvido, uma vez que o artigo 5º, §1º, da Lei 7.347/85 é expresso quanto a essa obrigatória intervenção quando se tratar de "processo" judicial.

Nada obstante, impende destacar uma grande peculiaridade na seara ambiental, que, além daqueles órgãos públicos legitimados a ingressar com Ação Civil Pública (art. 5º, §6º, LACP), confere legitimidade também aos órgãos ambientais integrantes do SISNAMA (*pertinência temática*), responsáveis pela execução de programas e projetos e pelo controle e fiscalização[151]. E, frise-se, objetiva-se celebrar o compromisso com as pessoas físicas ou jurídicas responsáveis pela construção, instalação, ampliação e funcionamento de estabelecimentos e atividades utilizadores de recursos ambientais, considerados efetiva ou potencialmente poluidores.

6.4. Repercussões na seara ambiental

Antes mesmo de se compreender as repercussões que o TAC produz nas três responsabilidades ambientais, é mister destacar que se trata de uma ferramenta que, a despeito da possibilidade concedida a diversos órgãos, reconhecidamente é mais utilizada pelo Ministério Público, essencial instituição na perseguição daqueles que lesão os direitos difusos e coletivos, inclusive de ordem ambiental.

Daí, importa salientar que, segundo firmado pelo Conselho Nacional do Ministério Público, por meio da Resolução 179/2017, a *eficácia* do compromisso de ajustamento de conduta inicia-se a partir de sua celebração, não ficando condicionado à homologação pelo Órgão Superior da instituição ministerial.

Sem prejuízo, quanto aos efeitos que possa produzir quanto à consecução das responsabilidades advindas em razão da lesão ao meio ambiente, cumpre pontuar que, no que se refere à *esfera civil*, prevê o Código de Processo Civil[152] que a existência de título executivo extrajudicial não impede a parte de optar pelo processo de conhecimento, a fim de obter título executivo judicial. Isto é, por esse dispositivo, a existência de um TAC celebrado pouco estaria a repercutir na prática – o que, de certo modo, refere-se com maior incidência a órbita do interesse particular lesado de forma reflexo, cujo prejuízo dificilmente estará amparado pelo TAC, pensado sob o aspecto da titularidade difuso e de objeto indivisível.

150. Muito embora, cumpre pontuar, haja entendimento diverso pautado numa interpretação extensiva do artigo 5º, §1º, da Lei 7.347/85, a exigir a participação do MP em todas as situações nas quais este não seja parte, "pois cabe-lhe, de acordo com a Constituição Federal, zelar pelos interesses sociais e individuais indisponíveis (art. 127, *caput*), no que se inclui a tutela dos interesses difusos e coletivos". VIEIRA, Fernando Grella. A transação na esfera da tutela dos interesses difusos e coletivos: compromisso de ajustamento de conduta. Em MILARÉ, Édis (coord.) *Ação civil pública após 30 anos*. São Paulo: Revista dos Tribunais, 2015, p. 297.

151. Art. 79-A, da Lei 9.605/98.

152. Art. 785, do Código de Processo Civil.

Nada obstante, é firme o entendimento[153] no sentido de que, enquanto vigente o TAC, acaba por afastar o interesse de agir para ajuizamento de ação civil pública, quando observado que se está a versar do mesmo objeto, ou, que este objeto esteja contido no TAC (mais amplo).

De outra banda, quanto aos seus efeitos na seara administrativa, há interessante ponderação doutrinária no sentido de que, não sendo a penalidade um fim em si mesmo, mas uma forma de se buscar um bem maior, acaba por restar afastada a sua necessidade quando "o infrator demonstra concretamente o seu interesse em regularizar uma desconformidade, a exemplo do que ocorre durante o período de negociações para a formalização de um termo de ajustamento de conduta, bem como ao longo do prazo de sua vigência, enquanto houver o integral cumprimento de suas cláusulas"[154]. Em outros termos, cuida-se de reconhecer que o TAC, no âmbito da responsabilidade administrativa, inibiria a aplicação da penalidade.

Contudo, é de se ressalvar que, pela análise do regime jurídico delineado para que ocorra a *conversão da multa administrativa simples em serviços de preservação, melhoria e recuperação da qualidade do meio ambiente*, que, em essência, é o resultado de um TAC firmado entre a autoridade fiscalizadora e o indivíduo surpreendido irregularmente, não há qualquer hipótese em que a penalidade da multa esteja afastada por completo[155].

Seja como for, no bojo da Lei 9.605/98, vale pontuar outras peculiaridades suas (após a edição da Medida Provisória 2.163-41/2001): 1) se se tratar de empreendimentos em curso até o dia 30 de março de 1998, a assinatura do termo de compromisso deverá ser requerida pelas pessoas físicas e jurídicas interessadas, até o dia 31 de dezembro de 1998, mediante requerimento escrito protocolizado junto aos órgãos competentes do SISNAMA, devendo ser firmado pelo dirigente máximo do estabelecimento. E, se enquadrada a situação nesse contexto, da data da protocolização do requerimento, e enquanto perdurar a vigência do correspondente termo de compromisso, ficarão suspensas, em relação aos fatos que deram causa à celebração do instrumento, a aplicação de sanções administrativas contra a pessoa física ou jurídica que o houver firmado.

Nada obstante, essa celebração do termo de compromisso não impede a execução de eventuais multas aplicadas antes da protocolização do requerimento.

De outra banda, o Código Florestal novo (lei 12.651/12) também traz peculiaridades ao regime geral do Termo de Ajustamento de Conduta, atrelando-o ao Cadastro Ambiental Rural (CAR), bem como ao Programa de Regularização Ambiental (PRA).

Como se percebe da proposta da Lei 12.651/12, a despeito de alguns afrouxamentos dos limites da tutela ambiental, em contrapartida foram trazidas aquilo que se denominou de "medidas compensatórias" no julgamento das ADIs e ADC que julgou a constitucionalidade da Lei, compensando e mantendo o equilíbrio da proteção ao meio ambiente.

153. MILARÉ. Édis. Op. cit., p. 596; e MAZZILLI, Hugo Nigro. A defesa dos interesses difusos e coletivos em juízo: meio ambiente, consumidor e outros interesses. 29ª ed. São Paulo: Saraiva, 2016.

154. MILARÉ. Édis. Op. cit., p. 596.

155. Nesse sentido, o art. 143, §2º, do Decreto Federal 6.514/98 e, no âmbito do Estado de São Paulo, Res. SMA 51/2016, art. 7º (até 90%).

E, dentre essas medidas, nota-se uma atenção no sentido de se promover o Cadastro Ambiental Rural, obrigatório para todos os imóveis rurais, com a finalidade de integrar as informações ambientais das propriedades e posses rurais, compondo base de dados para controle, monitoramento, planejamento ambiental e econômico e combate ao desmatamento.

No que diz respeito ao Termo de Ajustamento de Conduta, é ele previsto no intuito de resolver pendência que exista como decorrência de intervenções e desmatamentos irregulares, sendo que, tendo realizada a inserção da propriedade no sistema eletrônico, isto é, realizado o Cadastro Ambiental Rural (CAR), é dado ao interessado, então, aderir a programa de regularização ambiental (PRA).

Preenchidas essas condicionantes (CAR e PRA), e, enfim, celebrado o TAC, como decorrência tem-se que, se a irregularidade (supressão irregular de vegetação em áreas de preservação permanente, de reserva legal e de uso restrito) é anterior a 22 de julho de 2008, não poderá o interessado celebrante ser autuado, enquanto estiver cumprindo com o respectivo termo de ajustamento. Porém, se já houve autuação, o resultado prático é a suspensão de todas as sanções administrativas[156]-[157].

Por fim, relativamente à *esfera penal*, o termo de ajustamento de conduta - enquanto estiver sendo cumprido - suspenderá a punibilidade quanto aos crimes previstos nos artigos 38, 39 e 48, da Lei 9.605/98, ficando, ademais, interrompida a prescrição. E, se cumpridas finalmente todas as obrigações, a punibilidade resta extinta.

Aliás, discute-se se não seria o caso de reconhecer a *ausência de justa causa* para a instauração de ação penal por crime ambiental. Porém, ainda que existam fortes entendimentos nesse sentido[158], nota-se da jurisprudência recente e consolidada do STJ que a assinatura de termo de ajustamento de conduta, firmado na esfera administrativa, não impede a persecução criminal, diante da independência das instâncias, podendo, quando muito, repercutir apenas na dosimetria de eventual pena cominada ao autor do ilícito[159].

6.5. Advento do novo Código Florestal: revisão de TAC celebrado anteriormente

Ponto interessante envolve o questionamento sobre os casos em que, no intuito de respeitar a legislação anterior, havia sido firmado um TAC, tendo o celebrante se comprometido a recuperar a vegetação da Reserva Legal, nos moldes que determinava a lei

156. De se destacar que no dia 28/02/18, quando do julgamento das ADIs e ADC sobre o Còdigo Florestal, restou assentado em conferir *interpretação conforme* a Constituição ao art. 59, § 5°, da Lei 12.651/12, de modo a afastar, no decurso da execução dos termos de compromissos subscritos nos programas de regularização ambiental, o risco de decadência ou prescrição, seja dos ilícitos ambientais praticados antes de 22.7.2008, seja das sanções deles decorrentes, aplicando-se extensivamente o disposto no § 1º do art. 60 da Lei 12.651/2012, segundo o qual "a prescrição ficará interrompida durante o período de suspensão da pretensão punitiva"

157. Cumpridas as obrigações, a multa que lhe havia sido aplicada será revertida (convertida) em serviços de preservação, melhoria e recuperação da qualidade do meio ambiente (art. 59, §5°).

158. MILARÉ. Édis. Op. cit., p. 599. Também nesse sentido, TJ/MG - Apel. 1.0000.03.400377-2/000 - *DOMG* 20.02.2008

159. STJ - AgRg no AREsp 984920 / BA - DJe 31.08.2017; STJ - REsp 1154405 / MG - DJe 25.05.2017.

(semelhantemente ao percentual de hoje), mas que, com a nova Lei, vislumbra nela uma norma mais favorável, a exemplo do reconhecimento de área consolidada, ou mesmo a redução de porcentagens a serem resguardadas.

Daí, a questão é exatamente sobre a possibilidade do compromissário, diante dessa condição mais favorável (por exemplo, benesse da área consolidada), buscar afastar a legalidade ou mesmo eficácia do TAC firmado?

Entendimento que tem sido observado é pela negativa, tal como já posicionado pelo STJ[160], e, a exemplo, o Tribunal de Justiça do Estado de São Paulo[161] **já ser firmou entendimento nesse mesmo sentido.**

7. SÚMULAS E ORIENTAÇÕES JURISPRUDENCIAIS (STJ E STF)

STJ – Súmula 467 – Prescreve em cinco anos, contados do término do processo administrativo, a pretensão da Administração Pública de promover a execução da multa por infração ambiental.

(Súmula 467, PRIMEIRA SEÇÃO, julgado em 13/10/2010, DJe 25/10/2010).

STJ – Súmula 618 – A inversão do ônus da prova aplica-se às ações de degradação ambiental.

(Súmula 618, CORTE ESPECIAL, julgado em 24/10/2018, DJe 30/10/2018).

STJ – Súmula 623 – As obrigações ambientais possuem natureza propter rem, sendo admissível cobrá-las do proprietário ou possuidor atual e/ou dos anteriores, à escolha do credor.

(Súmula 623, PRIMEIRA SEÇÃO, julgado em 12/12/2018, DJe 17/12/2018).

STJ – Súmula 629 – Quanto ao dano ambiental, é admitida a condenação do réu à obrigação de fazer ou à de não fazer cumulada com a de indenizar.

(Súmula 629, PRIMEIRA SEÇÃO, julgado em 12/12/2018, DJe 17/12/2018).

(STJ – AgRg no AgRg no AREsp 153.797/SP – DJe 16/06/2014)

AGRAVO REGIMENTAL NO AGRAVO REGIMENTAL NO AGRAVO (ART. 544 DO CPC) – NA ORIGEM, TRATA-SE DE AGRAVO DE INSTRUMENTO NO BOJO DE AÇÃO DE INDENIZAÇÃO POR DANOS DECORRENTES DE CONTAMINAÇÃO PROVENIENTE DO DESCARTE DE MATERIAL DE LIMPEZA DE TANQUES DA PETROBRÁS NO MUNICÍPIO DE SÃO SEBASTIÃO (SP) – DECISÃO MONOCRÁTICA QUE CONHECEU DO AGRAVO PARA DAR PARCIAL PROVIMENTO AO RECURSO ESPECIAL A FIM DE AFASTAR A OBRIGAÇÃO PELO ADIANTAMENTO DOS HONORÁRIOS PERICIAIS DECORRENTE DA INVERSÃO DO ÔNUS PROBATÓRIO. IRRESIGNAÇÃO DA EMPRESA PETROLÍFERA.

1. Responsabilidade civil por lesão individual causada, supostamente, por contaminação do solo (descarte impróprio de material poluente). Alegada inexistência de conduta ilícita imputável à sociedade petrolífera ré. A responsabilidade civil por dano ambiental (público ou privado) é objetiva, fundada na teoria do risco integral, à luz do disposto no artigo 14, § 1º, da Lei nº 6.938/81. Assim, "sendo o nexo de causalidade o fator aglutinante que permite que o risco se integre na unidade do ato", revela-se "descabida a invocação, pela empresa responsável pelo dano ambiental, de excludentes de responsabilidade civil para afastar a sua obrigação de indenizar" (REsp 1354536/SE, Rel. Ministro

160. STJ – AgRg no Resp 1.434.797/PR

161. TJ/SP – Apel. 0002198-73.2013.8.26.0060 – *DJe* 13.03.2018.

LUIS FELIPE SALOMÃO, SEGUNDA SEÇÃO, julgado em 26/03/2014, DJe 05/05/2014, sob o rito dos recursos repetitivos) 2. Inversão do ônus

da prova no âmbito de ação de indenização por dano ambiental. Acórdão estadual que, corroborando a decisão saneadora, considerou cabida a inversão do ônus probatório, ante a constatação da verossimilhança do direito alegado (tendo em vista a responsabilidade objetiva decorrente do risco da atividade econômica empreendida e a notoriedade do acidente ambiental), bem assim a hipossuficiência técnica e financeira da vítima/autor. Incidência da súmula 7/STJ. 3. Responsabilidade pelo adiantamento dos honorários do perito. Não é lícito obrigar a parte contra quem o ônus da prova foi invertido a custear os honorários do perito, porque lhe assiste a faculdade de não produzir a prova pericial e arcar com as consequências processuais da omissão. Precedentes. 4. O recurso apresentado às fls. 656-662 não é admissível em razão da violação ao princípio da unirrecorribilidade, a ensejar a aplicação do óbice da preclusão consumativa. 5. Agravo regimental desprovido e petitório de fls. 656-662 não conhecido.

(RESP Nº 1.269.494 – MG – DJe em 30/09/2013)[162]

AMBIENTAL, ADMINISTRATIVO E PROCESSUAL CIVIL. AÇÃO CIVIL PÚBLICA. PROTEÇÃO E PRESERVAÇÃO DO MEIO AMBIENTE. COMPLEXO PARQUE DO SABIÁ. OFENSA AO ART. 535, II, DO CPC NÃO CONFIGURADA. CUMULAÇÃO DE OBRIGAÇÕES DE FAZER COM INDENIZAÇÃO PECUNIÁRIA. ART. 3º DA LEI 7.347/1985. POSSIBILIDADE. DANOS MORAIS COLETIVOS. CABIMENTO.

1. Não ocorre ofensa ao art. 535 do CPC, se o Tribunal de origem decide, fundamentadamente, as questões essenciais ao julgamento da lide. 2. Segundo a jurisprudência do STJ, a logicidade hermenêutica do art. 3º da Lei 7.347/1985 permite a cumulação das condenações em obrigações de fazer ou não fazer e indenização pecuniária em sede de ação civil pública, a fim de possibilitar a concreta e cabal reparação do dano ambiental pretérito, já consumado. Microssistema de tutela coletiva. 3. O dano ao meio ambiente, por ser bem público, gera repercussão geral, impondo conscientização coletiva à sua reparação, a fim de resguardar o direito das futuras gerações a um meio ambiente ecologicamente equilibrado. 4. O dano moral coletivo ambiental atinge direitos de personalidade do grupo massificado, sendo desnecessária a demonstração de que a coletividade sinta a dor, a repulsa, a indignação, tal qual fosse um indivíduo isolado. 5. Recurso especial provido, para reconhecer, em tese, a possibilidade de cumulação de indenização pecuniária com as obrigações de fazer, bem como a condenação em **danos morais coletivos**, com a devolução dos autos ao Tribunal de origem para que verifique se, no caso, há dano indenizável e fixação do eventual quantum debeatur.

(STJ – REsp 1198727 / MG – DJe 09/05/2013)

ADMINISTRATIVO. AMBIENTAL. AÇÃO CIVIL PÚBLICA. DESMATAMENTO DE VEGETAÇÃO NATIVA (CERRADO) SEM AUTORIZAÇÃO DA AUTORIDADE AMBIENTAL. DANOS CAUSADOS À BIOTA. INTERPRETAÇÃO DOS ARTS. 4º, VII, E 14, § 1º, DA LEI 6.938/1981, E DO ART. 3º DA LEI 7.347/85. PRINCÍPIOS DA REPARAÇÃO INTEGRAL, DO POLUIDOR-PAGADOR E DO USUÁRIO-PAGADOR. POSSIBILIDADE DE CUMULAÇÃO DE OBRIGAÇÃO DE FAZER (REPARAÇÃO DA ÁREA DEGRADADA) E DE PAGAR QUANTIA CERTA (INDENIZAÇÃO). REDUCTION AD PRISTINUM STATUM. DANO AMBIENTAL INTERMEDIÁRIO, RESIDUAL E MORAL COLETIVO. ART. 5º DA LEI DE INTRODUÇÃO AO CÓDIGO CIVIL. INTERPRETAÇÃO IN DUBIO PRO NATURA DA NORMA AMBIENTAL.

1. Cuidam os autos de ação civil pública proposta com o fito de obter responsabilização por danos ambientais causados pelo desmatamento de vegetação nativa (Cerrado). O juiz de primeiro grau e o Tribunal de Justiça de Minas Gerais consideraram provado o dano ambiental e condenaram o réu a

162. Sobre a viabilidade de se pleitear por dano moral coletivo em decorrência de lesão ao meio ambiente ecologicamente equilibrado.

repará-lo; porém, julgaram improcedente o pedido indenizatório pelo dano ecológico pretérito e residual. 2. A legislação de amparo dos sujeitos vulneráveis e dos interesses difusos e coletivos deve ser interpretada da maneira que lhes seja mais favorável e melhor possa viabilizar, no plano da eficácia, a prestação jurisdicional e a ratio essendi da norma. A hermenêutica jurídico-ambiental rege-se pelo princípio in dubio pro natura. 3. Ao responsabilizar-se civilmente o infrator ambiental, não se deve confundir prioridade da recuperação in natura do bem degradado com impossibilidade de cumulação simultânea dos deveres de repristinação natural (obrigação de fazer), compensação ambiental e indenização em dinheiro (obrigação de dar), e abstenção de uso e de nova lesão (obrigação de não fazer). 4. De acordo com a tradição do Direito brasileiro, imputar responsabilidade civil ao agente causador de degradação ambiental difere de fazê-lo administrativa ou penalmente. Logo, eventual absolvição no processo criminal ou perante a Administração Pública não influi, como regra, na responsabilização civil, tirantes as exceções em numerus clausus do sistema legal, como a inequívoca negativa do fato ilícito (não ocorrência de degradação ambiental, p. ex.) ou da autoria (direta ou indireta), nos termos do art. 935 do Código Civil. 5. Nas demandas ambientais, por força dos princípios do poluidor-pagador e da reparação in integrum, admite-se a condenação do réu, simultânea e agregadamente, em obrigação de fazer, não fazer e indenizar. Aí se encontra típica obrigação cumulativa ou conjuntiva. Assim, na interpretação dos arts. 4º, VII, e 14, § 1º, da Lei da Política Nacional do Meio Ambiente (Lei 6.938/81), e do art. 3º da Lei 7.347/85, a conjunção "ou" opera com valor aditivo, não introduz alternativa excludente. Essa posição jurisprudencial leva em conta que o dano ambiental é multifacetário (ética, temporal, ecológica e patrimonialmente falando, sensível ainda à diversidade do vasto universo de vítimas, que vão do indivíduo isolado à coletividade, às gerações futuras e aos próprios processos ecológicos em si mesmos considerados). 6. Se o bem ambiental lesado for imediata e completamente restaurado ao status quo ante (reductio ad pristinum statum, isto é, restabelecimento à condição original), não há falar, ordinariamente, em indenização. Contudo, a possibilidade técnica, no futuro (= prestação jurisdicional prospectiva), de restauração in natura nem sempre se mostra suficiente para reverter ou recompor integralmente, no terreno da responsabilidade civil, as várias dimensões do dano ambiental causado; por isso não exaure os deveres associados aos princípios do poluidor-pagador e da reparação in integrum. 7. A recusa de aplicação ou aplicação parcial dos princípios do poluidor-pagador e da reparação in integrum arrisca projetar, moral e socialmente, a nociva impressão de que o ilícito ambiental compensa. Daí a resposta administrativa e judicial não passar de aceitável e gerenciável "risco ou custo do negócio", acarretando o enfraquecimento do caráter dissuasório da proteção legal, verdadeiro estímulo para que outros, inspirados no exemplo de impunidade de fato, mesmo que não de direito, do infrator premiado, imitem ou repitam seu comportamento deletério. 8. A responsabilidade civil ambiental deve ser compreendida o mais amplamente possível, de modo que a condenação a recuperar a área prejudicada não exclua o dever de indenizar – juízos retrospectivo e prospectivo. 9. A cumulação de obrigação de fazer, não fazer e pagar não configura bis in idem, porquanto a indenização, em vez de considerar lesão específica já ecologicamente restaurada ou a ser restaurada, põe o foco em parcela do dano que, embora causada pelo mesmo comportamento pretérito do agente, apresenta efeitos deletérios de cunho futuro, irreparável ou intangível. 10. Essa degradação transitória, remanescente ou reflexa do meio ambiente inclui: a) o prejuízo ecológico que medeia, temporalmente, o instante da ação ou omissão danosa e o pleno restabelecimento ou recomposição da biota, vale dizer, o hiato passadiço de deterioração, total ou parcial, na fruição do bem de uso comum do povo (= dano interino ou intermediário), algo frequente na hipótese, p. ex., em que o comando judicial, restritivamente, se satisfaz com a exclusiva regeneração natural e a perder de vista da flora ilegalmente suprimida, b) a ruína ambiental que subsista ou perdure, não obstante todos os esforços de restauração (= dano residual ou permanente), e c) o dano moral coletivo. Também deve ser reembolsado ao patrimônio público e à coletividade o proveito econômico do agente com a atividade ou empreendimento degradador, a mais-valia ecológica ilícita que auferiu (p. ex., madeira ou minério retirados irregularmente da área degradada ou benefício com seu uso espúrio para fim agrossilvopastoril, turístico, comercial). 11. No âmbito específico da responsabilidade civil do agente por desmatamento ilegal, irrelevante se a vegetação nativa lesada integra, ou não, Área de

Preservação Permanente, Reserva Legal ou Unidade de Conservação, porquanto, com o dever de reparar o dano causado, o que se salvaguarda não é a localização ou topografia do bem ambiental, mas a flora brasileira em si mesma, decorrência dos excepcionais e insubstituíveis serviços ecológicos que presta à vida planetária, em todos os seus matizes. 12. De acordo com o Código Florestal brasileiro (tanto o de 1965, como o atual, a Lei 12.651, de 25.5.2012) e a Lei da Política Nacional do Meio Ambiente (Lei 6.938/81), a flora nativa, no caso de supressão, encontra-se uniformemente protegida pela exigência de prévia e válida autorização do órgão ambiental competente, qualquer que seja o seu bioma, localização, tipologia ou estado de conservação (primária ou secundária). 13. A jurisprudência do STJ está firmada no sentido da viabilidade, no âmbito da Lei 7.347/85 e da Lei 6.938/81, de cumulação de obrigações de fazer, de não fazer e de indenizar (REsp 1.145.083/MG, Rel. Ministro Herman Benjamin, Segunda Turma, DJe 4.9.2012; REsp 1.178.294/MG, Rel. Ministro Mauro Campbell Marques, Segunda Turma, DJe 10.9.2010; AgRg nos EDcl no Ag 1.156.486/PR, Rel. Ministro Arnaldo Esteves Lima, Primeira Turma, DJe 27.4.2011; REsp 1.120.117/AC, Rel. Ministra Eliana Calmon, Segunda Turma, DJe 19.11.2009; REsp 1.090.968/SP, Rel. Ministro Luiz Fux, Primeira Turma, DJe 3.8.2010; REsp 605.323/MG, Rel. Ministro José Delgado, Rel. p/ Acórdão Ministro Teori Albino Zavascki, Primeira Turma, DJ 17.10.2005; REsp 625.249/PR, Rel. Ministro Luiz Fux, Primeira Turma, DJ 31.8.2006, entre outros). 14. Recurso especial parcialmente provido para reconhecer a possibilidade, em tese, de cumulação de indenização pecuniária com as obrigações de fazer e não fazer voltadas à recomposição in natura do bem lesado, devolvendo-se os autos ao Tribunal de origem para que verifique se, na hipótese, há dano indenizável e fixe eventual quantum debeatur.

(STJ - REsp 1180078 / MG - DJe 28/02/2012)

AMBIENTAL. DESMATAMENTO. CUMULAÇÃO DE OBRIGAÇÃO DE FAZER (REPARAÇÃO DA ÁREA DEGRADADA) E DE PAGAR QUANTIA CERTA (INDENIZAÇÃO). POSSIBILIDADE. INTERPRETAÇÃO DA NORMA AMBIENTAL.

1. Cuidam os autos de Ação Civil Pública proposta com o fito de obter responsabilização por danos ambientais causados pelo desmatamento de área de mata nativa. A instância ordinária considerou provado o dano ambiental e condenou o degradador a repará-lo; porém, julgou improcedente o pedido indenizatório. 2. A jurisprudência do STJ está firmada no sentido de que a necessidade de reparação integral da lesão causada ao meio ambiente permite a cumulação de obrigações de fazer e indenizar. Precedentes da Primeira e Segunda Turmas do STJ. 3. A restauração in natura nem sempre é suficiente para reverter ou recompor integralmente, no terreno da responsabilidade civil, o dano ambiental causado, daí não exaurir o universo dos deveres associados aos princípios do poluidor-pagador e da reparação in integrum. 4. A reparação ambiental deve ser feita da forma mais completa possível, de modo que a condenação a recuperar a área lesionada não exclui o dever de indenizar, sobretudo pelo dano que permanece entre a sua ocorrência e o pleno restabelecimento do meio ambiente afetado (= dano interino ou intermediário), bem como pelo dano moral coletivo e pelo dano residual (= degradação ambiental que subsiste, não obstante todos os esforços de restauração). 5. A cumulação de obrigação de fazer, não fazer e pagar não configura bis in idem, porquanto a indenização não é para o dano especificamente já reparado, mas para os seus efeitos remanescentes, reflexos ou transitórios, com destaque para a privação temporária da fruição do bem de uso comum do povo, até sua efetiva e completa recomposição, assim como o retorno ao patrimônio público dos benefícios econômicos ilegalmente auferidos. 6. Recurso Especial parcialmente provido para reconhecer a possibilidade, em tese, de cumulação de indenização pecuniária com as obrigações de fazer voltadas à recomposição in natura do bem lesado, com a devolução dos autos ao Tribunal de origem para que verifique se, na hipótese, há dano indenizável e para fixar eventual quantum debeatur.

(STJ - AgRg no Ag 1365693 / MG - **DJe 10.10/2016)**

AGRAVO REGIMENTAL NO AGRAVO DE INSTRUMENTO. ADMINISTRATIVO. AÇÃO CIVIL PÚBLICA. DANO AMBIENTAL. POSSIBILIDADE DE REPARAÇÃO DA ÁREA DEGRADADA. INDENIZAÇÃO INCABÍVEL. REVISÃO DE MATÉRIA FÁTICO-PROBATÓRIA. IMPOSSIBILIDADE. SÚMULA 7/STJ.

1. A jurisprudência desta Corte entende que, em se tratando de dano ambiental, é possível a cumulação da indenização com obrigação de fazer, sendo que tal cumulação não é obrigatória, e relaciona-se com a impossibilidade de recuperação total da área degradada. 2. Na espécie, o acórdão recorrido consignou que seria possível a recuperação do ecossistema agredido, pelo que inaplicável a indenização pleiteada. Assim, para rever tal conclusão, necessário o revolvimento do suporte fático-probatório dos autos, o que é vedado em Recurso Especial, ante o óbice da Súmula 7/STJ. 3. Agravo Regimental do Ministério Público Federal desprovido.

(STJ – REsp 1374284 / MG – DJe 05/09/2014)

RESPONSABILIDADE CIVIL POR DANO AMBIENTAL. RECURSO ESPECIAL REPRESENTATIVO DE CONTROVÉRSIA. ART. 543-C DO CPC. DANOS DECORRENTES DO ROMPIMENTO DE BARRAGEM. ACIDENTE AMBIENTAL OCORRIDO, EM JANEIRO DE 2007, NOS MUNICÍPIOS DE MIRAÍ E MURIAÉ, ESTADO DE MINAS GERAIS. TEORIA DO RISCO INTEGRAL. NEXO DE CAUSALIDADE.

1. Para fins do art. 543-C do Código de Processo Civil: a) a responsabilidade por dano ambiental é objetiva, informada pela teoria do risco integral, sendo o nexo de causalidade o fator aglutinante que permite que o risco se integre na unidade do ato, sendo descabida a invocação, pela empresa responsável pelo dano ambiental, de excludentes de responsabilidade civil para afastar sua obrigação de indenizar; b) em decorrência do acidente, a empresa deve recompor os danos materiais e morais causados e c) na fixação da indenização por danos morais, recomendável que o arbitramento seja feito caso a caso e com moderação, proporcionalmente ao grau de culpa, ao nível socioeconômico do autor, e, ainda, ao porte da empresa, orientando-se o juiz pelos critérios sugeridos pela doutrina e jurisprudência, com razoabilidade, valendo-se de sua experiência e bom senso, atento à realidade da vida e às peculiaridades de cada caso, de modo que, de um lado, não haja enriquecimento sem causa de quem recebe a indenização e, de outro, haja efetiva compensação pelos danos morais experimentados por aquele que fora lesado. 2. No caso concreto, recurso especial a que se nega provimento

(STJ – REsp 295797 / SP – DJ 12.11.2001)

PROCESSO CIVIL – AÇÃO CIVIL PÚBLICA – DANO AMBIENTAL.

1. É parte legítima para figurar no pólo passivo da ação civil pública, solidariamente, o responsável direto pela violação às normas de preservação do meio-ambiente, bem assim a pessoa jurídica que aprova o projeto danoso. 2. Na realização de obras e loteamentos, é o **município** responsável solidário pelos danos ambientais que possam advir do empreendimento, juntamente com o dono do imóvel. 3. Se o imóvel causador do dano é adquirido por terceira pessoa, esta ingressa na solidariedade, como responsável. 4. Recurso especial improvido.

(STJ – REsp 232187 / SP – DJ 08.05.2000)

PROCESSUAL CIVIL. AÇÃO CIVIL PÚBLICA. DANO AMBIENTAL.

1. É parte legítima para figurar no pólo passivo da Ação Civil Pública a pessoa jurídica ou física apontada como tendo praticado o dano ambiental. 2. A Ação Civil Pública deve discutir, unicamente, a relação jurídica referente à proteção do meio ambiente e das suas conseqüências pela violação a ele praticada. 3. **Incabível, por essa afirmação, a denunciação da lide**. 4. Direito de regresso, se decorrente do fenômeno de violação ao meio ambiente, deve ser discutido em ação própria. 5. As questões de ordem pública decididas no saneador não são atingidas pela preclusão. 6. Recurso especial improvido.

(STJ – AgRg no REsp 1001780 / PR – DJe 04.10.2011)

PROCESSUAL CIVIL, ADMINISTRATIVO E AMBIENTAL. ADOÇÃO COMO RAZÕES DE DECIDIR DE PARECER EXARADO PELO MINISTÉRIO PÚBLICO. INEXISTÊNCIA DE NULIDADE. ART. 2º, PARÁGRAFO ÚNICO, DA

LEI 4.771/65. DANO AO MEIO AMBIENTE. RESPONSABILIDADE CIVIL DO ESTADO POR OMISSÃO. ARTS. 3º, IV, C/C 14, § 1º, DA LEI 6.938/81. DEVER DE CONTROLE E FISCALIZAÇÃO.

1. A jurisprudência predominante no STJ é no sentido de que, em matéria de proteção ambiental, há responsabilidade civil do Estado quando a omissão de cumprimento adequado do seu dever de fiscalizar for determinante para a concretização ou o agravamento do dano causado pelo seu causador direto. Trata-se, todavia, de responsabilidade subsidiária, cuja execução poderá ser promovida caso o degradador direto não cumprir a obrigação, "seja por total ou parcial exaurimento patrimonial ou insolvência, seja por impossibilidade ou incapacidade, por qualquer razão, inclusive técnica, de cumprimento da prestação judicialmente imposta, assegurado, sempre, o direito de regresso (art. 934 do Código Civil), com a desconsideração da personalidade jurídica, conforme preceitua o art. 50 do Código Civil" (REsp 1.071.741/SP, 2ª T., Min. Herman Benjamin, DJe de 16/12/2010). 2. Examinar se, no caso, a omissão foi ou não "determinante" (vale dizer, causa suficiente ou concorrente) para a "concretização ou o agravamento do dano" é juízo que envolve exame das circunstâncias fáticas da causa, o que encontra óbice na Súmula 07/STJ. 3. Agravos regimentais desprovidos.

(STJ - REsp 1120117 / AC - DJe 19.11.2009)

ADMINISTRATIVO E PROCESSO CIVIL - DIREITO AMBIENTAL- AÇÃO CIVIL PÚBLICA. COMPETÊNCIA DA JUSTIÇA FEDERAL. IMPRESCRITIBILIDADE DA REPARAÇÃO DO DANO AMBIENTAL. PEDIDO GENÉRICO. ARBITRAMENTO DO QUANTUM DEBEATUR NA SENTENÇA: REVISÃO, POSSIBILIDADE - SÚMULAS 284/ STF E 7/STJ.

1.É da competência da Justiça Federal o processo e julgamento de Ação Civil Pública visando indenizar a comunidade indígena Ashaninka-Kampa do rio Amônia. 2. Segundo a jurisprudência do STJ e STF trata-se de competência territorial e funcional, eis que o dano ambiental não integra apenas o foro estadual da Comarca local, sendo bem mais abrangente espraiando-se por todo o território do Estado, dentro da esfera de competência do Juiz Federal. 3. Reparação pelos danos materiais e morais, consubstanciados na extração ilegal de madeira da área indígena. 4. O dano ambiental além de atingir de imediato o bem jurídico que lhe está próximo, a comunidade indígena, também atinge a todos os integrantes do Estado, espraiando-se para toda a comunidade local, não indígena e para futuras gerações pela irreversibilidade do mal ocasionado. 5. Tratando-se de direito difuso, a reparação civil assume grande amplitude, com profundas implicações na espécie de responsabilidade do degradador que é objetiva, fundada no simples risco ou no simples fato da atividade danosa, independentemente da culpa do agente causador do dano. 6. O direito ao pedido de reparação de danos ambientais, dentro da logicidade hermenêutica, está protegido pelo manto da imprescritibilidade, por se tratar de direito inerente à vida, fundamental e essencial à afirmação dos povos, independentemente de não estar expresso em texto legal. 7. Em matéria de prescrição cumpre distinguir qual o bem jurídico tutelado: se eminentemente privado seguem-se os prazos normais das ações indenizatórias; se o bem jurídico é indisponível, fundamental, antecedendo a todos os demais direitos, pois sem ele não há vida, nem saúde, nem trabalho, nem lazer , considera-se imprescritível o direito à reparação. 8. O dano ambiental inclui-se dentre os direitos indisponíveis e como tal está dentre os poucos acobertados pelo manto da imprescritibilidade a ação que visa reparar o dano ambiental. 9. Quando o pedido é genérico, pode o magistrado determinar, desde já, o montante da reparação, havendo elementos suficientes nos autos. Precedentes do STJ. 10. Inviável, no presente recurso especial modificar o entendimento adotado pela instância ordinária, no que tange aos valores arbitrados a título de indenização, por incidência das Súmulas 284/STF e 7/STJ. 11. Recurso especial parcialmente conhecido e não provido.

(STJ - REsp 1641167 / RS - DJe 20.03.2018)

RECURSO ESPECIAL. DIREITO CIVIL E AMBIENTAL. CONTAMINAÇÃO AMBIENTAL POR PRODUTOS QUÍMICOS UTILIZADOS EM TRATAMENTO DE MADEIRA DESTINADA À FABRICAÇÃO DE POSTES. OMISSÃO, CONTRADIÇÃO E OBSCURIDADE. AUSÊNCIA. PRINCÍPIO DA ADSTRIÇÃO OU CONGRUÊNCIA. INTERPRETAÇÃO AMPLA

DA INICIAL. POSSIBILIDADE. DANO AMBIENTAL INDIVIDUAL. PRESCRIÇÃO. TERMO INICIAL. CIÊNCIA INEQUÍVOCA. PRECEDENTES. AÇÃO COLETIVA. INTERRUPÇÃO DA PRESCRIÇÃO DE AÇÕES INDIVIDUAIS. POSSIBILIDADE.

1. Ação ajuizada em 07/12/2012. Recurso especial interposto em 05/02/2014 e atribuído a este gabinete em 25/08/2016. 2. Inviável o reconhecimento de violação ao art. 535 do CPC/73 quando não verificada no acórdão recorrido omissão, contradição ou obscuridade apontadas pelos recorrentes. 3. A decisão que interpreta de forma ampla o pedido formulado pelas partes não viola os arts. 128 e 460 do CPC, pois o pedido é o que se pretende com a instauração da ação. Precedentes. 4. O dano ambiental pode ocorrer na de forma difusa, coletiva e individual homogêneo este, na verdade, trata-se do dano ambiental particular ou dano por intermédio do meio ambiente ou dano em ricochete. 5. Prescrição: perda da pretensão de exigibilidade atribuída a um direito, em consequência de sua não utilização por um determinado período. 6. O termo inicial do prazo prescricional para o ajuizamento de ação de indenização por dano ambiental suportado por particular conta-se da ciência inequívoca dos efeitos decorrentes do ato lesivo. Precedentes. 7. O ajuizamento de ação versando interesse difuso tem o condão de interromper o prazo prescricional para a apresentação de demanda judicial que verse interesse individual homogêneo. 8. Necessidade, na hipótese dos autos, da completa instrução processual. 9. Recurso especial conhecido e não provido.

(STJ – REsp 1057292 / PR – DJe 18.08.2008)

MANDADO DE SEGURANÇA. IBAMA. PODER DE POLÍCIA. COMPETÊNCIA PARA LAVRAR A INFRAÇÃO.

I – Cuida-se mandado de segurança impetrado contra o Superintendente do INSTITUTO BRASILEIRO DO MEIO AMBIENTE E DOS RECURSOS NATURAIS RENOVÁVEIS – IBAMA, com o objetivo de anular o Auto de Infração nº 247103-D, decorrente da apreensão de agrotóxicos originários do Paraguai, lavrado por Técnico Ambiental. Ordem concedida em razão da incompetência da autoridade que lavrou o auto. II – A Lei nº 9.605/1998 confere a todos os funcionários dos órgãos ambientais integrantes do SISNAMA, o poder para lavrar autos de infração e instaurar processos administrativos, desde que designados para as atividades de fiscalização, o que para a hipótese, ocorreu com a Portaria nº 1.273/1998. III – Este entendimento encontra-se em consonância com o teor da Lei nº 11.516/2007, que acrescentou o parágrafo único ao artigo 6º, da Lei nº 10.410/2002, referendando a atribuição do exercício das atividades de fiscalização aos titulares dos cargos de técnico ambiental IV – Recurso provido.

(STJ – REsp 985174 / MT – DJe 12.03.2009)[163]

ADMINISTRATIVO. RECURSO ESPECIAL. INFRAÇÃO ADMINISTRATIVA AMBIENTAL. AUSÊNCIA DE ESPECIFICAÇÃO, NA ATPF, DO NÚMERO DA NOTA FISCAL RELATIVA AO PRODUTO TRANSPORTADO. PRINCÍPIO DA LEGALIDADE ESTRITA. PLENA OBSERVÂNCIA.

1. Os atos da Administração Pública devem sempre pautar-se por determinados princípios, entre os quais está o da legalidade. Por esse princípio, todo e qualquer ato dos agentes administrativos deve estar em total conformidade com a lei e dentro dos limites por ela traçados. 2. A aplicação de sanções administrativas, decorrente do exercício do poder de polícia, somente se torna legítima quando o ato praticado pelo administrado estiver previamente definido pela lei como infração administrativa. 3. Hipótese em que o auto de infração foi lavrado pelo fato de a impetrante, ora recorrida, não ter preenchido o campo 17 da Autorização para Transporte de Produtos Florestais (ATPF), local onde deveria vir especificado o número da nota fiscal relativa ao produto transportado. 4. Considera-se infração administrativa ambiental, conforme o disposto no art. 70 da Lei 9.605/98, toda ação ou omissão que viole as regras jurídicas de uso, gozo, promoção, proteção e recuperação do meio ambiente. 5. O parágrafo único do art. 46 do mesmo diploma legal classifica como crime ambiental a

163. Trechos da ementa.

venda, a exposição a venda, o depósito, o transporte ou a guarda de madeira, lenha, carvão e outros produtos de origem vegetal, sem licença válida para todo o tempo da viagem ou do armazenamento, outorgada pela autoridade competente. Conquanto se refira a um tipo penal, a norma em comento, combinada com o disposto no art. 70 da Lei 9.605/98, anteriormente mencionado, confere toda a sustentação legal necessária à imposição da pena administrativa, não se podendo falar em violação do princípio da legalidade estrita. (...) 11. Recurso especial provido, para denegar a segurança anteriormente concedida.

(STJ – AgRg no AREsp 345926 / SC – DJe 15.04.2014)

ADMINISTRATIVO E AMBIENTAL. APREENSÃO DE PAPAGAIO. ANIMAL ADAPTADO AO CONVÍVIO DOMÉSTICO. POSSIBILIDADE DE MANUTENÇÃO DA POSSE DO RECORRIDO. REEXAME DO CONTEXTO FÁTICO-PROBATÓRIO DOS AUTOS. SÚMULA 7/STJ.

1. In casu, o Tribunal local entendeu ser "questionável se a retirada do animal do cativeiro doméstico efetivamente atende ao seu bem-estar. Pelo tempo de vida doméstica e pela sua completa adaptação ao meio em que vive, difícil identificar qualquer vantagem em transferir a posse para um órgão da Administração Pública" (fl. 280, e-STJ). Vale dizer, a Corte de origem considerou as condições fáticas que envolvem o caso em análise para concluir que o animal deveria continuar sob a guarda do recorrido, uma vez que era criado como animal doméstico. 2. Ademais, a fauna silvestre, constituída por animais "que vivem naturalmente fora do cativeiro", conforme expressão legal, é propriedade do Estado (isto é, da União) e, portanto, bem público. In casu, o longo período de vivência em cativeiro doméstico mitiga a sua qualificação como silvestre. 3. A Lei 9.605/1998 expressamente enuncia que o juiz pode deixar de aplicar a pena de crimes contra a fauna, após considerar as circunstâncias do caso concreto. Não se pode olvidar que a legislação deve buscar a efetiva proteção dos animais, finalidade observada pelo julgador ordinário. Incidência da Súmula 7/STJ. 4. Agravo Regimental não provido.

(STJ – REsp 1523385 / PE – DJe 07/10/2016)

ADMINISTRATIVO E PROCESSUAL CIVIL. AÇÃO CIVIL PÚBLICA. IMPROBIDADE ADMINISTRATIVA. RECURSO DE APELAÇÃO. EFEITO SUSPENSIVO. EXCEÇÃO.

1. Cinge-se a questão a saber se, ante a omissão da Lei de Improbidade Administrativa no que se refere aos efeitos atribuídos ao recurso de Apelação, deve-se aplicar subsidiariamente as regras previstas na Lei 7.347/85 (Lei de Ação Civil Pública) ou no Código de Processo Civil. 2. Nos termos do art. 20 da Lei 8.429/1992 – LIA, a imposição das sanções de perda da função pública e de suspensão de direitos políticos apenas se dá com o trânsito em julgado da sentença condenatória. 3. Por outro lado, em relação às penalidades de ressarcimento ao erário, multa civil e proibição de contratar com o Poder Público ou receber benefícios ou incentivos fiscais ou creditícios, pelo período de cinco anos, não existe na Lei de Improbidade Administrativa a mesma previsão, sendo omisso o diploma quanto a esse aspecto. 4. Deve-se aplicar subsidiariamente à Ação de Improbidade Administrativa a Lei 7.347/1985, que estabeleceu a Ação Civil Pública, porquanto a primeira é uma modalidade da segunda, na defesa da moralidade administrativa. 5. Por se tratar de Ação Civil Pública, portanto, não se aplica a norma do art. 520 do CPC/1973 (art. 1.012/CPC/2015), uma vez que esta é regra geral em relação àquela que é norma de caráter especial. 6. A concessão do efeito suspensivo, em tais casos, somente ocorrerá em situações excepcionais, quando demonstrada a possibilidade de dano irreparável ao réu, conforme dispõe o art. 14 do referido diploma legal: "O juiz poderá conferir efeito suspensivo aos recursos, para evitar dano irreparável à parte". 7. Recurso Especial provido.

(STJ – RMS 56073 / ES – DJe 03/10/2018)

PROCESSO PENAL. RECURSO EM MANDADO DE SEGURANÇA. CRIME AMBIENTAL. ART. 56, CAPUT, DA LEI N. 9.605/1998. RESPONSABILIDADE PENAL DA PESSOA JURÍDICA. DUPLA IMPUTAÇÃO. PESSOA FÍSICA E PESSOA JURÍDICA. DESNECESSIDADE. TRANCAMENTO DA AÇÃO PENAL. EXCEPCIONALIDADE. REQUI-

SITOS DO ART. 41 DO CPP NÃO PREENCHIDOS. DENÚNCIA INEPTA. LIAME ENTRE O FATO DELITUOSO E A EMPRESA DENUNCIADA. NÃO DEMOSTRAÇÃO. RECURSO PROVIDO.

1. Após o julgamento do RE 548.181 pela Suprema Corte, a jurisprudência desta Corte consolidou-se no sentido de que é possível a responsabilização penal da pessoa jurídica por crimes ambientais independentemente da responsabilização concomitante da pessoa física que a represente. 2. Este Superior Tribunal de Justiça pacificou o entendimento segundo o qual, em razão da excepcionalidade do trancamento da ação penal, tal medida somente se verifica possível quando ficarem demonstrados - de plano e sem necessidade de dilação probatória - a total ausência de indícios de autoria e prova da materialidade delitiva, a atipicidade da conduta ou a existência de alguma causa de extinção da punibilidade. 3. É certa, ainda, a possibilidade de trancamento da persecução penal nos casos em que a denúncia for inepta, não atendendo o que dispõe o art. 41 do Código de Processo Penal, o que não impede a propositura de nova ação desde que suprida a irregularidade. Precedentes. 4. Para o oferecimento da denúncia, exige-se apenas a descrição da conduta delitiva e a existência de elementos probatórios mínimos que corroborem a acusação. Provas conclusivas acerca da materialidade e da autoria do crime são necessárias apenas para a formação de um eventual juízo condenatório. 5. Embora não se admita a instauração de processos temerários e levianos ou despidos de qualquer sustentáculo probatório, nessa fase processual, deve ser privilegiado o princípio do in dubio pro societate. De igual modo, não se pode admitir que o Julgador, em juízo de admissibilidade da acusação, termine por cercear o jus accusationis do Estado, salvo se manifestamente demonstrada a carência de justa causa para o exercício da ação penal. 6. A alegação de inépcia da denúncia deve ser analisada de acordo com os requisitos exigidos pelos arts. 41 do CPP e 5º, LV, da CF/1988. Portanto, a peça acusatória deve conter a exposição do fato delituoso em toda a sua essência e com todas as suas circunstâncias, de maneira a individualizar o quanto possível a conduta imputada, bem como sua tipificação, com vistas a viabilizar a persecução penal e o exercício da ampla defesa e do contraditório pelo réu. 7. No caso em exame, a peça acusatória exibe a tipificação legal da conduta praticada, traz a qualificação da recorrente e expõe os atos supostamente criminosos, com as suas circunstâncias. Contudo, ao contrário do afirmado no acórdão recorrido, não se verifica na denúncia o liame entre o fato narrado e a conduta da recorrente, seja por meio de sua diretoria ou de algum dos seus funcionários, não restando demonstrado que o caminhão que estava transportando irregularmente produto perigoso à saúde e ao meio ambiente (GLP 1075) é de sua propriedade ou, ao menos, a existência de vínculo empregatício ou contratual entre o motorista do caminhão e a empresa. 8. Hipótese em que, conquanto tenha a denúncia narrado que Cia. Ultragáz S/A estava transportando irregularmente produto perigoso à saúde, o Parquet olvidou-se de descrever o vínculo existente entre o transportador e a empresa, daí porque não se encontra caracterizada a autoria da prática delituosa. 9. Recurso provido para determinar a anulação da Ação Penal n. 0013958-42.2015.8.08.0030, em trâmite no Juízo da 3ª Vara Criminal da Comarca de Linhares/ES, sem prejuízo de eventual oferecimento de nova inicial acusatória em razão desse mesmo delito, desde que observados os requisitos do art. 41 do Código de Processo Penal.

(STF - RE 548181 / PR - Dje 30.10.2014)

EMENTA RECURSO EXTRAORDINÁRIO. DIREITO PENAL. CRIME AMBIENTAL. RESPONSABILIDADE PENAL DA PESSOA JURÍDICA. CONDICIONAMENTO DA AÇÃO PENAL À IDENTIFICAÇÃO E À PERSECUÇÃO CONCOMITANTE DA PESSOA FÍSICA QUE NÃO ENCONTRA AMPARO NA CONSTITUIÇÃO DA REPÚBLICA. 1. O art. 225, § 3º, da Constituição Federal não condiciona a responsabilização penal da pessoa jurídica por crimes ambientais à simultânea persecução penal da pessoa física em tese responsável no âmbito da empresa. A norma constitucional não impõe a necessária dupla imputação. 2. As organizações corporativas complexas da atualidade se caracterizam pela descentralização e distribuição de atribuições e responsabilidades, sendo inerentes, a esta realidade, as dificuldades para imputar o fato ilícito a uma pessoa concreta. 3. Condicionar a aplicação do art. 225, §3º, da Carta Política a uma concreta imputação também a pessoa física implica indevida restrição da norma constitucional, expressa a intenção do constituinte originário não apenas de ampliar o alcance das sanções penais, mas também de evitar a impunidade pelos crimes ambientais frente às imensas dificuldades de individualização dos responsáveis internamente às corporações, além de reforçar a tutela do bem jurídico ambiental. 4. A identificação dos setores e agentes internos da empresa determinantes da produção do fato ilícito tem relevância e deve ser buscada no caso concreto como forma de esclarecer se esses indivíduos ou órgãos atuaram ou deliberaram no exercício regular de suas atribuições internas à sociedade, e ainda para verificar se a atuação se deu no interesse ou em benefício da entidade coletiva. Tal esclarecimento, relevante para fins de imputar determinado delito à pessoa jurídica, não se confunde, todavia, com subordinar a responsabilização da pessoa jurídica à responsabilização conjunta e cumulativa das pessoas físicas envolvidas. Em não raras oportunidades, as responsabilidades internas pelo fato estarão diluídas ou parcializadas de tal modo que não permitirão a imputação de responsabilidade penal individual. 5. Recurso Extraordinário parcialmente conhecido e, na parte conhecida, provido.

(STJ - AgRg no AREsp 1246720 / PR - DJe 06/12/2018)

PROCESSO PENAL E PENAL. AGRAVO REGIMENTAL NO AGRAVO EM RECURSO ESPECIAL. ART. 34, PARÁGRAFO ÚNICO, II, DA LEI 9.605/98. APREENSÃO DE 15 KG DE PEIXES DE DIFERENTES ESPÉCIES. PETRECHOS PROIBIDOS. APLICAÇÃO DO PRINCÍPIO DA INSIGNIFICÂNCIA. IMPOSSIBILIDADE. AGRAVO IMPROVIDO.

1. A atipicidade material, no plano da insignificância, pressupõe a concomitância de mínima ofensividade da conduta, o reduzidíssimo grau de reprovabilidade do comportamento e inexpressividade da lesão jurídica provocada. 2. É entendimento desta Corte que somente haverá lesão ambiental irrelevante no âmbito penal quando a avaliação dos índices de desvalor da ação e de desvalor do resultado indicar que é ínfimo o grau da lesividade, sem efetivo dano ambiental, porquanto não se deve considerar apenas questões jurídicas ou a dimensão econômica da conduta, mas também o equilíbrio ecológico que propicia as condições de vida no planeta. 3. Não se mostra insignificante a apreensão de 15 kg de peixes de diferentes espécies, mediante o emprego de petrechos proibidos. 4. Agravo regimental improvido.

(STJ - AgRg no REsp 1.589.299/SP - julg.: 23.05.2017)

AGRAVO REGIMENTAL NO RECURSO ESPECIAL. PENAL. PESSOA JURÍDICA. DELITOS PREVISTOS NA LEI N. 9.605/98. PENA RESTRITIVA DE DIREITOS. PRESTAÇÃO DE SERVIÇOS À COMUNIDADE. PRESCRIÇÃO. APLICAÇÃO SUBSIDIÁRIA DOS ARTS. 43, IV E 109, PARÁGRAFO ÚNICO, DO CÓDIGO PENAL. INOCORRÊNCIA. AGRAVO REGIMENTAL DESPROVIDO. 1. Nos crimes ambientais, aplicada a pena restritiva de direito às pessoas jurídicas, os parâmetros de aferição de prazos prescricionais a serem considerados devem ser os disciplinados pelo Código Penal. 2. Com fulcro no art. 109, do Código Penal, antes de transitar em julgado a sentença final, aplica-se, às penas restritivas de direito, o mesmo prazo previsto para as privativas de liberdade. 3. Agravo regimental desprovido.

(STJ - AgRg no RMS 56158 / PA - DJe 29.06.2018)[164]

AGRAVO REGIMENTAL NO RECURSO EM MANDADO DE SEGURANÇA. CRIME AMBIENTAL. PESSOA JURÍDICA. PRAZO PRESCRICIONAL. APLICAÇÃO SUBSIDIÁRIA DO CÓDIGO PENAL. SENTENÇA NÃO PROLATADA. PRESCRIÇÃO EM ABSTRATO. PENA MÁXIMA ABSTRATAMENTE COMINADA. ART. 109, PARÁGRAFO ÚNICO, DO CÓDIGO PENAL. AGRAVO REGIMENTAL IMPROVIDO.

1. Não prolatada a sentença, ou seja, inexistindo pena em concreto, a prescrição se regula pela pena máxima em abstrato prevista para o delito. 2. Omissa a lei ambiental acerca dos prazos prescricionais aplicáveis aos crimes cometidos por pessoas jurídicas, a teor do art. 79 do referido diploma legal, aplicam-se subsidiariamente as disposições do Código Penal e do Código de Processo Penal. 3. Dispõe

164. Prescrição ação penal em face da pessoa jurídica.

o art. 21, § 3º, da Lei n. 9.605/98, que às pessoas jurídicas serão aplicáveis isolada, cumulativa ou alternativamente as penas de multa, de restrição de direitos ou de prestação de serviços à comunidade. 4. Podendo, portanto, no caso dos crimes ambientais, além da pena de multa, ser aplicada cumulativamente medida restritiva de direitos, para o cômputo do prazo prescricional em abstrato, deve-se levar em consideração a disposição do art. 109, parágrafo único, do Código Penal, segundo a qual antes de transitar em julgado a sentença final, aplicam-se às penas restritivas de direito o mesmo prazo previsto para as privativas de liberdade. 5. Agravo regimental improvido.

(STF, ARE 944034 AgR / PR – DJe 20.10.2016)

Agravo regimental em recurso extraordinário com agravo. 2. Direito Penal. 3. Prescrição. Alegação de aplicação às pessoas jurídicas do lapso previsto no inciso I do art. 114 do CP (prescrição da pena de multa). 4. Incidência das súmulas 282 e 356. 5. Ofensa indireta ao texto constitucional. 5. Súmula 279. 6. Não configurada a ocorrência de prescrição em relação ao crime imputado. 7. Nos crimes ambientais, às pessoas jurídicas aplicam-se as sanções penais isolada, cumulativa ou alternativamente, somente as penas de multa, restritivas de direitos e prestação de serviços à comunidade (art. 21 da Lei 9.605/98). No caso, os parâmetros de aferição de prazos prescricionais são disciplinados pelo Código Penal. Nos termos do art. 109, caput e parágrafo único, do Código Penal, antes de transitar em julgado a sentença final, aplica-se, às penas restritivas de direito, o mesmo prazo previsto para as privativas de liberdade, regulada pelo máximo da pena privativa de liberdade cominada ao crime. O crime do art. 54, § 1º, da Lei 9.605/98 – o qual estabelece pena de detenção de seis meses a um ano, e multa – prescreve em 4 anos (CP, art. 109, V). Não ocorrência do prazo de 4 anos entre a data dos fatos e o recebimento da denúncia. Prescrição não caracterizada. Não se afasta o lapso prescricional de 2 anos, se a pena cominada à pessoa jurídica for, isoladamente, de multa (inciso I, art. 114, do CP). 8. Ausência de argumentos capazes de infirmar a decisão agravada. 9. Agravo regimental a que se nega provimento.

(STJ – REsp 299.400 – Dje 02/08/2006)

PROCESSO CIVIL – AÇÃO CIVIL PÚBLICA POR DANO AMBIENTAL – AJUSTAMENTO DE CONDUTA – TRANSAÇÃO DO MINISTÉRIO PÚBLICO – POSSIBILIDADE.

1. A regra geral é de não serem passíveis de transação os direitos difusos. 2. Quando se tratar de direitos difusos que importem obrigação de fazer ou não fazer deve-se dar tratamento distinto, possibilitando dar à controvérsia a melhor solução na composição do dano, quando impossível o retorno ao status quo ante. 3. A admissibilidade de transação de direitos difusos é exceção à regra. 4. Recurso especial improvido.

(STJ – AgRg no AREsp 984920 / BA – DJe 31/08/2017)[165]

PENAL. AGRAVO REGIMENTAL EM AGRAVO EM RECURSO ESPECIAL. ART. 1º, I,

DA LEI N. 8.176/1991. CRIME CONTRA A ORDEM ECONÔMICA. COMERCIALIZAÇÃO E REVENDA DE GLP SEM AUTORIZAÇÃO DA AGÊNCIA NACIONAL DO PETRÓLEO. CELEBRAÇÃO DE TERMO DE AJUSTAMENTO DE CONDUTA – TAC. AUSÊNCIA DE JUSTA CAUSA NÃO CONFIGURADA. ILICITUDE DA CONDUTA. INDEPENDÊNCIA DAS ESFERAS. PRECEDENTES. AGRAVO REGIMENTAL IMPROVIDO.

1. Conforme a orientação jurisprudencial desta Corte Superior, a assinatura de termo de ajustamento de conduta, firmado na esfera administrativa, **não impede a persecução criminal**, diante da independência das instâncias, podendo, quando muito, repercutir apenas na dosimetria de eventual pena cominada ao autor do ilícito. 2. Agravo regimental improvido.

165. Repercussão do Termo de Ajustamento de Conduta nas outras esferas além daquela onde foi firmado.

(STJ – REsp 1154405 / MG – DJe 25/05/2017)

RECURSO ESPECIAL. PROCESSO PENAL. CRIME AMBIENTAL. AÇÃO PENAL. REJEIÇÃO DA DENÚNCIA. ASSINATURA DE TERMO DE AJUSTAMENTO DE CONDUTA. AUSÊNCIA DE JUSTA CAUSA NÃO CONFIGURADA. ILICITUDE DA CONDUTA. INDEPENDÊNCIA DAS ESFERAS ADMINISTRATIVA, CÍVEL E CRIMINAL. RECURSO PROVIDO.

1. A assinatura do termo de ajustamento de conduta, firmado entre o Ministério Público estadual e o suposto autor de crime ambiental, **não impede a instauração da ação penal**, pois não elide a tipicidade penal. Ademais, há independência entre as esferas administrativa, cível e penal. 2. Verificado que o recorrido firmou um aditivo de Termo de Compromisso de Ajustamento de conduta com o Ministério Público do Estado de Minas Gerais e descumpriu as medidas e as condicionantes nele previstas no prazo estipulado, há justa causa para a deflagração da ação penal que imputa violação ao art. 54, §2º, V, da Lei Federal n. 9.605/1998.

3. Considerando que o recorrido não goza de foro privilegiado, por não mais ocupar o cargo de prefeito do município de Capitão Enéas/MG, e tendo em vista que tal município integra a Comarca de Francisco de Sá/MG, caberá ao Juízo da Vara Criminal dessa Comarca o processamento e o julgamento do feito, devendo, inclusive, proceder ao juízo de admissibilidade da acusação. 4. Recurso especial provido para anular o acórdão recorrido e determinar o retorno dos autos para distribuição a uma das Varas Criminais da Comarca de Francisco de Sá/MG.

RECURSO REPETITIVO (Tema 957)

(STJ – REsp 1602106 / PR – DJe 22.11.2017)

RECURSOS ESPECIAIS REPETITIVOS. NEGATIVA DE PRESTAÇÃO JURISDICIONAL.

NÃO OCORRÊNCIA. RESPONSABILIDADE CIVIL AMBIENTAL. AÇÃO INDENIZATÓRIA. DANOS EXTRAPATRIMONIAIS. ACIDENTE AMBIENTAL. EXPLOSÃO DO NAVIO VICUÑA. PORTO DE PARANAGUÁ. PESCADORES PROFISSIONAIS. PROIBIÇÃO TEMPORÁRIA DE PESCA. EMPRESAS ADQUIRENTES DA CARGA TRANSPORTADA. AUSÊNCIA DE RESPONSABILIDADE. NEXO DE CAUSALIDADE NÃO CONFIGURADO.

1. Ação indenizatória ajuizada por pescadora em desfavor apenas das empresas adquirentes (destinatárias) da carga que era transportada pelo navio tanque Vicuña no momento de sua explosão, em 15/11/2004, no Porto de Paranaguá. Pretensão da autora de se ver compensada por danos morais decorrentes da proibição temporária da pesca (2 meses) determinada em virtude da contaminação ambiental provocada pelo acidente. 2. Acórdão recorrido que concluiu pela procedência do pedido ao fundamento de se tratar de hipótese de responsabilidade objetiva, com aplicação da **teoria do risco integral**, na qual o simples risco da atividade desenvolvida pelas demandadas configuraria o nexo de causalidade ensejador do dever de indenizar. Indenização fixada no valor de R$ 5.000,00 (cinco mil reais). 3. Consoante a jurisprudência pacífica desta Corte, sedimentada inclusive no julgamento de recursos submetidos à sistemática dos processos representativos de controvérsia (arts. 543-C do CPC/1973 e 1.036 e 1.037 do CPC/2015), "a responsabilidade por dano ambiental é objetiva, informada pela teoria do risco integral, sendo o nexo de causalidade o fator aglutinante que permite que o risco se integre na unidade do ato" (REsp nº 1.374.284/MG). 4. Em que pese a responsabilidade por dano ambiental seja objetiva (e lastreada pela teoria do risco integral), faz-se imprescindível, para a configuração do dever de indenizar, a demonstração da existência de nexo de causalidade apto a vincular o resultado lesivo efetivamente verificado ao comportamento (comissivo ou omissivo) daquele a quem se repute a condição de agente causador. 5. No caso, inexiste nexo de causalidade entre os danos ambientais (e morais a eles correlatos) resultantes da explosão do navio Vicuña e a conduta das empresas adquirentes da carga transportada pela referida embarcação. 6. Não sendo as adquirentes da carga responsáveis diretas pelo acidente ocorrido, só haveria falar em sua responsabilização – na condição de poluidora indireta – acaso fosse demonstrado: (i) o comportamento

omissivo de sua parte; (ii) que o risco de explosão na realização do transporte marítimo de produtos químicos adquiridos fosse ínsito às atividades por elas desempenhadas ou (iii) que estava ao encargo delas, e não da empresa vendedora, a contratação do transporte da carga que lhes seria destinada. 7. Para os fins do art. 1.040 do CPC/2015, fixa-se a seguinte TESE: As empresas adquirentes da carga transportada pelo navio Vicunã no momento de sua explosão, no Porto de Paranaguá/PR, em 15/11/2004, não respondem pela reparação dos danos alegadamente suportados por pescadores da região atingida, haja vista a ausência de nexo causal a ligar tais prejuízos (decorrentes da proibição temporária da pesca) à conduta por elas perpetrada (mera aquisição pretérita do metanol transportado). 8. Recursos especiais providos.

(STJ – REsp 596.764 / MG – *DJe* 23.05.2012)

PROCESSUAL CIVIL. RECURSO ESPECIAL. AÇÃO CIVIL PÚBLICA. TERMO DE AJUSTAMENTO DE CONDUTA. NÃO OBRIGATORIEDADE DE O MINISTÉRIO PÚBLICO ACEITÁ-LO OU DE NEGOCIAR SUAS CLÁUSULAS. INEXISTÊNCIA DE DIREITO SUBJETIVO DO PARTICULAR.

1. Tanto o art. 5º, § 6º, da LACP quanto o art. 211 do ECA dispõem que os legitimados para a propositura da ação civil pública "poderão tomar dos interessados compromisso de ajustamento de sua conduta às exigências legais". 2. Do mesmo modo que o MP não pode obrigar qualquer pessoa física ou jurídica a assinar termo de cessação de conduta, o Parquet também não é obrigado a aceitar a proposta de ajustamento formulada pelo particular. Precedente. 3. O compromisso de ajustamento de conduta é um acordo semelhante ao instituto da conciliação e, como tal, depende da convergência de vontades entre as partes. 4. Recurso especial a que se nega provimento.

(STJ – AgRg no AREsp 692.530 / MT – DJe 06.06.2016)

AGRAVO REGIMENTAL NO AGRAVO EM RECURSO ESPECIAL. RESPONSABILIDADE CIVIL. QUEBRA DE SAFRA. DEFENSIVO AGRÍCOLA. PRODUTOR RURAL. INAPLICABILIDADE DO CDC. RESPONSABILIDADE OBJETIVA. PRODUTO POTENCIALMENTE PERIGOSO. OCORRÊNCIA DO DANO. QUADRO FÁTICO DELINEADO PELO ACÓRDÃO A QUO. REEXAME DE PROVAS. INADMISSIBILIDADE. SÚMULA 7/STJ. PROVA DO FATO CONSTITUTIVO DO DIREITO DO AUTOR. AUSÊNCIA DE PREQUESTIONAMENTO. SÚMULAS N. 282 E 356 DO STF. AGRAVO DESPROVIDO.

1. "Esta Corte Superior consolidou o entendimento no sentido de que no contrato de compra e venda de insumos agrícolas, o produtor rural não pode ser considerado destinatário final, razão pela qual, nesses casos, não incide o Código de Defesa do Consumidor" (AgRg no AREsp 86.914/GO, Relator o Ministro Luis Felipe Salomão, DJe de 28/6/2012). 2. A responsabilidade objetiva da sociedade empresária ficou caracterizada por envolver fabricação de produto potencialmente lesivo a direitos alheios, como é a produção de venenos, agrotóxicos, fungicidas e herbicidas. Verificar a periculosidade dos produtos para afastar a responsabilidade da agravante demandaria reexame das provas dos autos, o que é vedado nesta instância extraordinária. Súmula 7/STJ. 3. A moldura fática delineada pelo Tribunal de origem demonstra a existência do nexo de causalidade entre a conduta e o dano, tendo sido afastada a culpa do agricultor no manejo do produto. Infirmar as conclusões do aresto combatido demandariam, necessariamente, o revolvimento do conjunto probatório. Incidência da Súmula 7/STJ. 4. Comprovação do fato constitutivo do autor. A ausência de prequestionamento se evidencia quando o conteúdo normativo contido nos dispositivos supostamente violados não foi objeto de debate pelo tribunal de origem. Hipótese em que incidem os rigores das Súmulas n. 282 e 356/STF. 5. Agravo regimental desprovido.

8. LEGISLAÇÃO ESPECÍFICA CORRELATA

- **Lei 9.605/98**

(Dispõe sobre as sanções penais e administrativas derivadas de condutas e atividades lesivas ao meio ambiente)

Art. 2º Quem, de qualquer forma, concorre para a prática dos crimes previstos nesta Lei, incide nas penas a estes cominadas, na medida da sua culpabilidade, bem como o diretor, o administrador, o membro de conselho e de órgão técnico, o auditor, o gerente, o preposto ou mandatário de pessoa jurídica, que, sabendo da conduta criminosa de outrem, deixar de impedir a sua prática, quando podia agir para evitá-la.

Art. 3º As pessoas jurídicas serão responsabilizadas administrativa, civil e penalmente conforme o disposto nesta Lei, nos casos em que a infração seja cometida por decisão de seu representante legal ou contratual, ou de seu órgão colegiado, no interesse ou benefício da sua entidade.

Parágrafo único. A responsabilidade das pessoas jurídicas não exclui a das pessoas físicas, autoras, co-autoras ou partícipes do mesmo fato.

Art. 4º Poderá ser desconsiderada a pessoa jurídica sempre que sua personalidade for obstáculo ao ressarcimento de prejuízos causados à qualidade do meio ambiente.

Art. 5º (VETADO)

CAPÍTULO II

DA APLICAÇÃO DA PENA

Art. 6º Para imposição e gradação da penalidade, a autoridade competente observará:

I - a gravidade do fato, tendo em vista os motivos da infração e suas conseqüências para a saúde pública e para o meio ambiente;

II - os antecedentes do infrator quanto ao cumprimento da legislação de interesse ambiental;

III - a situação econômica do infrator, no caso de multa.

Art. 7º As penas restritivas de direitos são autônomas e substituem as privativas de liberdade quando:

I - tratar-se de crime culposo ou for aplicada a pena privativa de liberdade inferior a quatro anos;

II - a culpabilidade, os antecedentes, a conduta social e a personalidade do condenado, bem como os motivos e as circunstâncias do crime indicarem que a substituição seja suficiente para efeitos de reprovação e prevenção do crime.

Parágrafo único. As penas restritivas de direitos a que se refere este artigo terão a mesma duração da pena privativa de liberdade substituída.

Art. 8º As penas restritivas de direito são:

I - prestação de serviços à comunidade;

II - interdição temporária de direitos;

III - suspensão parcial ou total de atividades;

IV - prestação pecuniária;

V - recolhimento domiciliar.

Art. 9º A prestação de serviços à comunidade consiste na atribuição ao condenado de tarefas gratuitas junto a parques e jardins públicos e unidades de conservação, e, no caso de dano da coisa particular, pública ou tombada, na restauração desta, se possível.

Art. 10. As penas de interdição temporária de direito são a proibição de o condenado contratar com o Poder Público, de receber incentivos fiscais ou quaisquer outros benefícios, bem como de participar de licitações, pelo prazo de cinco anos, no caso de crimes dolosos, e de três anos, no de crimes culposos.

Art. 11. A suspensão de atividades será aplicada quando estas não estiverem obedecendo às prescrições legais.

Art. 12. A prestação pecuniária consiste no pagamento em dinheiro à vítima ou à entidade pública ou privada com fim social, de importância, fixada pelo juiz, não inferior a um salário mínimo nem superior a trezentos e sessenta salários mínimos. O valor pago será deduzido do montante de eventual reparação civil a que for condenado o infrator.

Art. 13. O recolhimento domiciliar baseia-se na autodisciplina e senso de responsabilidade do condenado, que deverá, sem vigilância, trabalhar, freqüentar curso ou exercer atividade autorizada, permanecendo recolhido nos dias e horários de folga em residência ou em qualquer local destinado a sua moradia habitual, conforme estabelecido na sentença condenatória.

Art. 14. São circunstâncias que atenuam a pena:

I - baixo grau de instrução ou escolaridade do agente;

II - arrependimento do infrator, manifestado pela espontânea reparação do dano, ou limitação significativa da degradação ambiental causada;

III - comunicação prévia pelo agente do perigo iminente de degradação ambiental;

IV – colaboração com os agentes encarregados da vigilância e do controle ambiental.

Art. 15. São circunstâncias que agravam a pena, quando não constituem ou qualificam o crime:

I – reincidência nos crimes de natureza ambiental;

II – ter o agente cometido a infração:

a) para obter vantagem pecuniária;

b) coagindo outrem para a execução material da infração;

c) afetando ou expondo a perigo, de maneira grave, a saúde pública ou o meio ambiente;

d) concorrendo para danos à propriedade alheia;

e) atingindo áreas de unidades de conservação ou áreas sujeitas, por ato do Poder Público, a regime especial de uso;

f) atingindo áreas urbanas ou quaisquer assentamentos humanos;

g) em período de defeso à fauna;

h) em domingos ou feriados;

i) à noite;

j) em épocas de seca ou inundações;

l) no interior do espaço territorial especialmente protegido;

m) com o emprego de métodos cruéis para abate ou captura de animais;

n) mediante fraude ou abuso de confiança;

o) mediante abuso do direito de licença, permissão ou autorização ambiental;

p) no interesse de pessoa jurídica mantida, total ou parcialmente, por verbas públicas ou beneficiada por incentivos fiscais;

q) atingindo espécies ameaçadas, listadas em relatórios oficiais das autoridades competentes;

r) facilitada por funcionário público no exercício de suas funções.

Art. 16. Nos crimes previstos nesta Lei, a suspensão condicional da pena pode ser aplicada nos casos de condenação a pena privativa de liberdade não superior a três anos.

Art. 17. A verificação da reparação a que se refere o § 2º do art. 78 do Código Penal será feita mediante laudo de reparação do dano ambiental, e as condições a serem impostas pelo juiz deverão relacionar-se com a proteção ao meio ambiente.

Art. 18. A multa será calculada segundo os critérios do Código Penal; se revelar-se ineficaz, ainda que aplicada no valor máximo, poderá ser aumentada até três vezes, tendo em vista o valor da vantagem econômica auferida.

Art. 19. A perícia de constatação do dano ambiental, sempre que possível, fixará o montante do prejuízo causado para efeitos de prestação de fiança e cálculo de multa.

Parágrafo único. A perícia produzida no inquérito civil ou no juízo cível poderá ser aproveitada no processo penal, instaurando-se o contraditório.

Art. 20. A sentença penal condenatória, sempre que possível, fixará o valor mínimo para reparação dos danos causados pela infração, considerando os prejuízos sofridos pelo ofendido ou pelo meio ambiente.

Parágrafo único. Transitada em julgado a sentença condenatória, a execução poderá efetuar-se pelo valor fixado nos termos do caput, sem prejuízo da liquidação para apuração do dano efetivamente sofrido.

Art. 21. As penas aplicáveis isolada, cumulativa ou alternativamente às pessoas jurídicas, de acordo com o disposto no art. 3º, são:

I – multa;

II – restritivas de direitos;

III – prestação de serviços à comunidade.

Art. 22. As penas restritivas de direitos da pessoa jurídica são:

I – suspensão parcial ou total de atividades;

II – interdição temporária de estabelecimento, obra ou atividade;

III – proibição de contratar com o Poder Público, bem como dele obter subsídios, subvenções ou doações.

§ 1º A suspensão de atividades será aplicada quando estas não estiverem obedecendo às disposições legais ou regulamentares, relativas à proteção do meio ambiente.

§ 2º A interdição será aplicada quando o estabelecimento, obra ou atividade estiver funcionando sem a devida autorização, ou em desacordo com a concedida, ou com violação de disposição legal ou regulamentar.

§ 3º A proibição de contratar com o Poder Público e dele obter subsídios, subvenções ou doações não poderá exceder o prazo de dez anos.

Art. 23. A prestação de serviços à comunidade pela pessoa jurídica consistirá em:

I – custeio de programas e de projetos ambientais;

II – execução de obras de recuperação de áreas degradadas;

III - manutenção de espaços públicos;

IV - contribuições a entidades ambientais ou culturais públicas.

Art. 24. A pessoa jurídica constituída ou utilizada, preponderantemente, com o fim de permitir, facilitar ou ocultar a prática de crime definido nesta Lei terá decretada sua liquidação forçada, seu patrimônio será considerado instrumento do crime e como tal perdido em favor do Fundo Penitenciário Nacional.

CAPÍTULO III

DA APREENSÃO DO PRODUTO E DO INSTRUMENTO DE INFRAÇÃO ADMINISTRATIVA OU DE CRIME

Art. 25. Verificada a infração, serão apreendidos seus produtos e instrumentos, lavrando-se os respectivos autos.

§ 1° Os animais serão prioritariamente libertados em seu habitat ou, sendo tal medida inviável ou não recomendável por questões sanitárias, entregues a jardins zoológicos, fundações ou entidades assemelhadas, para guarda e cuidados sob a responsabilidade de técnicos habilitados.

§ 2° Até que os animais sejam entregues às instituições mencionadas no § 1° deste artigo, o órgão autuante zelará para que eles sejam mantidos em condições adequadas de acondicionamento e transporte que garantam o seu bem-estar físico.

§ 3° Tratando-se de produtos perecíveis ou madeiras, serão estes avaliados e doados a instituições científicas, hospitalares, penais e outras com fins beneficentes.

§ 4° Os produtos e subprodutos da fauna não perecíveis serão destruídos ou doados a instituições científicas, culturais ou educacionais.

§ 5° Os instrumentos utilizados na prática da infração serão vendidos, garantida a sua descaracterização por meio da reciclagem.

CAPÍTULO IV

DA AÇÃO E DO PROCESSO PENAL

Art. 26. Nas infrações penais previstas nesta Lei, a ação penal é pública incondicionada.

Parágrafo único. (VETADO)

Art. 27. Nos crimes ambientais de menor potencial ofensivo, a proposta de aplicação imediata de pena restritiva de direitos ou multa, prevista no art. 76 da Lei n° 9.099, de 26 de setembro de 1995, somente poderá ser formulada desde que tenha havido a prévia composição do dano ambiental, de que trata o art. 74 da mesma lei, salvo em caso de comprovada impossibilidade.

Art. 28. As disposições do art. 89 da Lei n° 9.099, de 26 de setembro de 1995, aplicam-se aos crimes de menor potencial ofensivo definidos nesta Lei, com as seguintes modificações:

I - a declaração de extinção de punibilidade, de que trata o § 5° do artigo referido no caput, dependerá de laudo de constatação de reparação do dano ambiental, ressalvada a impossibilidade prevista no inciso I do § 1° do mesmo artigo;

II - na hipótese de o laudo de constatação comprovar não ter sido completa a reparação, o prazo de suspensão do processo será prorrogado, até o período máximo previsto no artigo referido no caput, acrescido de mais um ano, com suspensão do prazo da prescrição;

III - no período de prorrogação, não se aplicarão as condições dos incisos II, III e IV do § 1° do artigo mencionado no caput;

IV - findo o prazo de prorrogação, proceder-se-á à lavratura de novo laudo de constatação de reparação do dano ambiental, podendo, conforme seu resultado, ser novamente prorrogado o período de suspensão, até o máximo previsto no inciso II deste artigo, observado o disposto no inciso III;

V - esgotado o prazo máximo de prorrogação, a declaração de extinção de punibilidade dependerá de laudo de constatação que comprove ter o acusado tomado as providências necessárias à reparação integral do dano.

Art. 58. Nos crimes dolosos previstos nesta Seção, as penas serão aumentadas:

I - de um sexto a um terço, se resulta dano irreversível à flora ou ao meio ambiente em geral;

II - de um terço até a metade, se resulta lesão corporal de natureza grave em outrem;

III - até o dobro, se resultar a morte de outrem.

Parágrafo único. As penalidades previstas neste artigo somente serão aplicadas se do fato não resultar crime mais grave

CAPÍTULO VI

DA INFRAÇÃO ADMINISTRATIVA

Art. 70. Considera-se infração administrativa ambiental toda ação ou omissão que viole as regras jurídicas de uso, gozo, promoção, proteção e recuperação do meio ambiente.

§ 1° São autoridades competentes para lavrar auto de infração ambiental e instaurar processo administrativo os funcionários de órgãos ambientais integrantes do Sistema Nacional de Meio Ambiente - SISNAMA, designados para as atividades de fiscalização, bem como os agentes das Capitanias dos Portos, do Ministério da Marinha.

§ 2º Qualquer pessoa, constatando infração ambiental, poderá dirigir representação às autoridades relacionadas no parágrafo anterior, para efeito do exercício do seu poder de polícia.

§ 3º A autoridade ambiental que tiver conhecimento de infração ambiental é obrigada a promover a sua apuração imediata, mediante processo administrativo próprio, sob pena de co-responsabilidade.

§ 4º As infrações ambientais são apuradas em processo administrativo próprio, assegurado o direito de ampla defesa e o contraditório, observadas as disposições desta Lei.

Art. 71. O processo administrativo para apuração de infração ambiental deve observar os seguintes prazos máximos:

I - vinte dias para o infrator oferecer defesa ou impugnação contra o auto de infração, contados da data da ciência da autuação;

II - trinta dias para a autoridade competente julgar o auto de infração, contados da data da sua lavratura, apresentada ou não a defesa ou impugnação;

III - vinte dias para o infrator recorrer da decisão condenatória à instância superior do Sistema Nacional do Meio Ambiente - SISNAMA, ou à Diretoria de Portos e Costas, do Ministério da Marinha, de acordo com o tipo de autuação;

IV - cinco dias para o pagamento de multa, contados da data do recebimento da notificação.

Art. 72. As infrações administrativas são punidas com as seguintes sanções, observado o disposto no art. 6º:

I - advertência;

II - multa simples;

III - multa diária;

IV - apreensão dos animais, produtos e subprodutos da fauna e flora, instrumentos, petrechos, equipamentos ou veículos de qualquer natureza utilizados na infração;

V - destruição ou inutilização do produto;

VI - suspensão de venda e fabricação do produto;

VII - embargo de obra ou atividade;

VIII - demolição de obra;

IX - suspensão parcial ou total de atividades;

X - (VETADO)

XI - restritiva de direitos.

§ 1º Se o infrator cometer, simultaneamente, duas ou mais infrações, ser-lhe-ão aplicadas, cumulativamente, as sanções a elas cominadas.

§ 2º A advertência será aplicada pela inobservância das disposições desta Lei e da legislação em vigor, ou de preceitos regulamentares, sem prejuízo das demais sanções previstas neste artigo.

§ 3º A multa simples será aplicada sempre que o agente, por negligência ou dolo:

I - advertido por irregularidades que tenham sido praticadas, deixar de saná-las, no prazo assinalado por órgão competente do SISNAMA ou pela Capitania dos Portos, do Ministério da Marinha;

II - opuser embaraço à fiscalização dos órgãos do SISNAMA ou da Capitania dos Portos, do Ministério da Marinha.

§ 4º A multa simples pode ser convertida em serviços de preservação, melhoria e recuperação da qualidade do meio ambiente.

§ 5º A multa diária será aplicada sempre que o cometimento da infração se prolongar no tempo.

§ 6º A apreensão e destruição referidas nos incisos IV e V do caput obedecerão ao disposto no art. 25 desta Lei.

§ 7º As sanções indicadas nos incisos VI a IX do caput serão aplicadas quando o produto, a obra, a atividade ou o estabelecimento não estiverem obedecendo às prescrições legais ou regulamentares.

§ 8º As sanções restritivas de direito são:

I - suspensão de registro, licença ou autorização;

II - cancelamento de registro, licença ou autorização;

III - perda ou restrição de incentivos e benefícios fiscais;

IV - perda ou suspensão da participação em linhas de financiamento em estabelecimentos oficiais de crédito;

V - proibição de contratar com a Administração Pública, pelo período de até três anos.

Art. 73. Os valores arrecadados em pagamento de multas por infração ambiental serão revertidos ao Fundo Nacional do Meio Ambiente, criado pela Lei nº 7.797, de 10 de julho de 1989, Fundo Naval, criado pelo Decreto nº 20.923, de 8 de janeiro de 1932, fundos estaduais ou municipais de meio ambiente, ou correlatos, conforme dispuser o órgão arrecadador.

Art. 74. A multa terá por base a unidade, hectare, metro cúbico, quilograma ou outra medida pertinente, de acordo com o objeto jurídico lesado.

Art. 75. O valor da multa de que trata este Capítulo será fixado no regulamento desta Lei e corrigido periodicamente, com base nos índices estabelecidos na legislação pertinente, sendo o mínimo de R$ 50,00 (cinqüenta reais) e o máximo de R$ 50.000.000,00 (cinqüenta milhões de reais).

Art. 76. O pagamento de multa imposta pelos Estados, Municípios, Distrito Federal ou Territórios substitui a multa federal na mesma hipótese de incidência.

Art. 79. Aplicam-se subsidiariamente a esta Lei as disposições do Código Penal e do Código de Processo Penal.

Art. 79-A. Para o cumprimento do disposto nesta Lei, os órgãos ambientais integrantes do SISNAMA, responsáveis pela execução de programas e projetos e pelo controle e fiscalização dos estabelecimentos e das atividades suscetíveis de degradarem a qualidade ambiental, ficam autorizados a celebrar, com força de título executivo extrajudicial, termo de compromisso com pessoas físicas ou jurídicas responsáveis pela construção, instalação, ampliação e funcionamento de estabelecimentos e atividades utilizadores de recursos ambientais, considerados efetiva ou potencialmente poluidores.

§ 1º O termo de compromisso a que se refere este artigo destinar-se-á, exclusivamente, a permitir que as pessoas físicas e jurídicas mencionadas no caput possam promover as necessárias correções de suas atividades, para o atendimento das exigências impostas pelas autoridades ambientais competentes, sendo obrigatório que o respectivo instrumento disponha sobre:

I – o nome, a qualificação e o endereço das partes compromissadas e dos respectivos representantes legais;

II – o prazo de vigência do compromisso, que, em função da complexidade das obrigações nele fixadas, poderá variar entre o mínimo de noventa dias e o máximo de três anos, com possibilidade de prorrogação por igual período;

III – a descrição detalhada de seu objeto, o valor do investimento previsto e o cronograma físico de execução e de implantação das obras e serviços exigidos, com metas trimestrais a serem atingidas;

IV – as multas que podem ser aplicadas à pessoa física ou jurídica compromissada e os casos de rescisão, em decorrência do não-cumprimento das obrigações nele pactuadas;

V – o valor da multa de que trata o inciso IV não poderá ser superior ao valor do investimento previsto;

VI – o foro competente para dirimir litígios entre as partes.

§ 2º No tocante aos empreendimentos em curso até o dia 30 de março de 1998, envolvendo construção, instalação, ampliação e funcionamento de estabelecimentos e atividades utilizadores de recursos ambientais, considerados efetiva ou potencialmente poluidores, a assinatura do termo de compromisso deverá ser requerida pelas pessoas físicas e jurídicas interessadas, até o dia 31 de dezembro de 1998, mediante requerimento escrito protocolizado junto aos órgãos competentes do SISNAMA, devendo ser firmado pelo dirigente máximo do estabelecimento.

§ 3º Da data da protocolização do requerimento previsto no § 2º e enquanto perdurar a vigência do correspondente termo de compromisso, ficarão suspensas, em relação aos fatos que deram causa à celebração do instrumento, a aplicação de sanções administrativas contra a pessoa física ou jurídica que o houver firmado.

§ 4º A celebração do termo de compromisso de que trata este artigo não impede a execução de eventuais multas aplicadas antes da protocolização do requerimento.

§ 5º Considera-se rescindido de pleno direito o termo de compromisso, quando descumprida qualquer de suas cláusulas, ressalvado o caso fortuito ou de força maior.

§ 6º O termo de compromisso deverá ser firmado em até noventa dias, contados da protocolização do requerimento.

§ 7º O requerimento de celebração do termo de compromisso deverá conter as informações necessárias à verificação da sua viabilidade técnica e jurídica, sob pena de indeferimento do plano.

§ 8º Sob pena de ineficácia, os termos de compromisso deverão ser publicados no órgão oficial competente, mediante extrato.

- **Constituição Federal de 1988**

Art. 23. É competência comum da União, dos Estados, do Distrito Federal e dos Municípios:

(...)

VI – proteger o meio ambiente e combater a poluição em qualquer de suas formas;

Art. 228. São penalmente inimputáveis os menores de dezoito anos, sujeitos às normas da legislação especial.

- **Lei Complementar 140/11**

(Fixa normas, nos termos dos incisos III, VI e VII do caput e do parágrafo único do art. 23 da Constituição Federal)

Art. 7º São ações administrativas da União:

I - formular, executar e fazer cumprir, em âmbito nacional, a Política Nacional do Meio Ambiente;

II - exercer a gestão dos recursos ambientais no âmbito de suas atribuições;

III - promover ações relacionadas à Política Nacional do Meio Ambiente nos âmbitos nacional e internacional;

IV - promover a integração de programas e ações de órgãos e entidades da administração pública da União, dos Estados, do Distrito Federal e dos Municípios, relacionados à proteção e à gestão ambiental;

V - articular a cooperação técnica, científica e financeira, em apoio à Política Nacional do Meio Ambiente;

VI - promover o desenvolvimento de estudos e pesquisas direcionados à proteção e à gestão ambiental, divulgando os resultados obtidos;

VII - promover a articulação da Política Nacional do Meio Ambiente com as de Recursos Hídricos, Desenvolvimento Regional, Ordenamento Territorial e outras;

VIII - organizar e manter, com a colaboração dos órgãos e entidades da administração pública dos Estados, do Distrito Federal e dos Municípios, o Sistema Nacional de Informação sobre Meio Ambiente (Sinima);

IX - elaborar o zoneamento ambiental de âmbito nacional e regional;

X - definir espaços territoriais e seus componentes a serem especialmente protegidos;

XI - promover e orientar a educação ambiental em todos os níveis de ensino e a conscientização pública para a proteção do meio ambiente;

XII - controlar a produção, a comercialização e o emprego de técnicas, métodos e substâncias que comportem risco para a vida, a qualidade de vida e o meio ambiente, na forma da lei;

XIII - exercer o controle e fiscalizar as atividades e empreendimentos cuja atribuição para licenciar ou autorizar, ambientalmente, for cometida à União;

XIV - promover o licenciamento ambiental de empreendimentos e atividades:

a) localizados ou desenvolvidos conjuntamente no Brasil e em país limítrofe;

b) localizados ou desenvolvidos no mar territorial, na plataforma continental ou na zona econômica exclusiva;

c) localizados ou desenvolvidos em terras indígenas;

d) localizados ou desenvolvidos em unidades de conservação instituídas pela União, exceto em Áreas de Proteção Ambiental (APAs);

e) localizados ou desenvolvidos em 2 (dois) ou mais Estados;

f) de caráter militar, excetuando-se do licenciamento ambiental, nos termos de ato do Poder Executivo, aqueles previstos no preparo e emprego das Forças Armadas, conforme disposto na Lei Complementar nº 97, de 9 de junho de 1999;

g) destinados a pesquisar, lavrar, produzir, beneficiar, transportar, armazenar e dispor material radioativo, em qualquer estágio, ou que utilizem energia nuclear em qualquer de suas formas e aplicações, mediante parecer da Comissão Nacional de Energia Nuclear (Cnen); ou

h) que atendam tipologia estabelecida por ato do Poder Executivo, a partir de proposição da Comissão Tripartite Nacional, assegurada a participação de um membro do Conselho Nacional do Meio Ambiente (Conama), e considerados os critérios de porte, potencial poluidor e natureza da atividade ou empreendimento;

XV - aprovar o manejo e a supressão de vegetação, de florestas e formações sucessoras em:

a) florestas públicas federais, terras devolutas federais ou unidades de conservação instituídas pela União, exceto em APAs; e

b) atividades ou empreendimentos licenciados ou autorizados, ambientalmente, pela União;

XVI - elaborar a relação de espécies da fauna e da flora ameaçadas de extinção e de espécies sobre-explotadas no território nacional, mediante laudos e estudos técnico-científicos, fomentando as atividades que conservem essas espécies in situ;

XVII - controlar a introdução no País de espécies exóticas potencialmente invasoras que possam ameaçar os ecossistemas, habitats e espécies nativas;

XVIII - aprovar a liberação de exemplares de espécie exótica da fauna e da flora em ecossistemas naturais frágeis ou protegidos;

XIX - controlar a exportação de componentes da biodiversidade brasileira na forma de espécimes silvestres da flora, micro-organismos e da fauna, partes ou produtos deles derivados;

XX - controlar a apanha de espécimes da fauna silvestre, ovos e larvas;

XXI - proteger a fauna migratória e as espécies inseridas na relação prevista no inciso XVI;

XXII - exercer o controle ambiental da pesca em âmbito nacional ou regional;

XXIII - gerir o patrimônio genético e o acesso ao conhecimento tradicional associado, respeitadas as atribuições setoriais;

XXIV - exercer o controle ambiental sobre o transporte marítimo de produtos perigosos; e

XXV - exercer o controle ambiental sobre o transporte interestadual, fluvial ou terrestre, de produtos perigosos.

Parágrafo único. O licenciamento dos empreendimentos cuja localização compreenda concomitantemente áreas das faixas terrestre e marítima da zona costeira será de atribuição da União exclusivamente nos casos previstos em tipologia estabelecida por ato do Poder Executivo, a partir de proposição da Comissão Tripartite Nacional, assegurada a participação de um membro do Conselho Nacional do Meio Ambiente (Conama) e considerados os critérios de porte, potencial poluidor e natureza da atividade ou empreendimento.

Art. 8º São ações administrativas dos Estados:

I - executar e fazer cumprir, em âmbito estadual, a Política Nacional do Meio Ambiente e demais políticas nacionais relacionadas à proteção ambiental;

II - exercer a gestão dos recursos ambientais no âmbito de suas atribuições;

III - formular, executar e fazer cumprir, em âmbito estadual, a Política Estadual de Meio Ambiente;

IV - promover, no âmbito estadual, a integração de programas e ações de órgãos e entidades da administração pública da União, dos Estados, do Distrito Federal e dos Municípios, relacionados à proteção e à gestão ambiental;

V - articular a cooperação técnica, científica e financeira, em apoio às Políticas Nacional e Estadual de Meio Ambiente;

VI - promover o desenvolvimento de estudos e pesquisas direcionados à proteção e à gestão ambiental, divulgando os resultados obtidos;

VII - organizar e manter, com a colaboração dos órgãos municipais competentes, o Sistema Estadual de Informações sobre Meio Ambiente;

VIII - prestar informações à União para a formação e atualização do Sinima;

IX - elaborar o zoneamento ambiental de âmbito estadual, em conformidade com os zoneamentos de âmbito nacional e regional;

X - definir espaços territoriais e seus componentes a serem especialmente protegidos;

XI - promover e orientar a educação ambiental em todos os níveis de ensino e a conscientização pública para a proteção do meio ambiente;

XII - controlar a produção, a comercialização e o emprego de técnicas, métodos e substâncias que comportem risco para a vida, a qualidade de vida e o meio ambiente, na forma da lei;

XIII - exercer o controle e fiscalizar as atividades e empreendimentos cuja atribuição para licenciar ou autorizar, ambientalmente, for cometida aos Estados;

XIV - promover o licenciamento ambiental de atividades ou empreendimentos utilizadores de recursos ambientais, efetiva ou potencialmente poluidores ou capazes, sob qualquer forma, de causar degradação ambiental, ressalvado o disposto nos arts. 7º e 9o;

XV - promover o licenciamento ambiental de atividades ou empreendimentos localizados ou desenvolvidos em unidades de conservação instituídas pelo Estado, exceto em Áreas de Proteção Ambiental (APAs);

XVI - aprovar o manejo e a supressão de vegetação, de florestas e formações sucessoras em:

a) florestas públicas estaduais ou unidades de conservação do Estado, exceto em Áreas de Proteção Ambiental (APAs);

b) imóveis rurais, observadas as atribuições previstas no inciso XV do art. 7o; e

c) atividades ou empreendimentos licenciados ou autorizados, ambientalmente, pelo Estado;

XVII - elaborar a relação de espécies da fauna e da flora ameaçadas de extinção no respectivo território, mediante laudos e estudos técnico-científicos, fomentando as atividades que conservem essas espécies in situ;

XVIII - controlar a apanha de espécimes da fauna silvestre, ovos e larvas destinadas à implantação de criadouros e à pesquisa científica, ressalvado o disposto no inciso XX do art. 7o;

XIX - aprovar o funcionamento de criadouros da fauna silvestre;

XX - exercer o controle ambiental da pesca em âmbito estadual; e

XXI - exercer o controle ambiental do transporte fluvial e terrestre de produtos perigosos, ressalvado o disposto no inciso XXV do art. 7o.

Art. 9º São ações administrativas dos Municípios:

I - executar e fazer cumprir, em âmbito municipal, as Políticas Nacional e Estadual de Meio Ambiente e demais políticas nacionais e estaduais relacionadas à proteção do meio ambiente;

II - exercer a gestão dos recursos ambientais no âmbito de suas atribuições;

III – formular, executar e fazer cumprir a Política Municipal de Meio Ambiente;

IV – promover, no Município, a integração de programas e ações de órgãos e entidades da administração pública federal, estadual e municipal, relacionados à proteção e à gestão ambiental;

V – articular a cooperação técnica, científica e financeira, em apoio às Políticas Nacional, Estadual e Municipal de Meio Ambiente;

VI – promover o desenvolvimento de estudos e pesquisas direcionados à proteção e à gestão ambiental, divulgando os resultados obtidos;

VII – organizar e manter o Sistema Municipal de Informações sobre Meio Ambiente;

VIII – prestar informações aos Estados e à União para a formação e atualização dos Sistemas Estadual e Nacional de Informações sobre Meio Ambiente;

IX – elaborar o Plano Diretor, observando os zoneamentos ambientais;

X – definir espaços territoriais e seus componentes a serem especialmente protegidos;

XI – promover e orientar a educação ambiental em todos os níveis de ensino e a conscientização pública para a proteção do meio ambiente;

XII – controlar a produção, a comercialização e o emprego de técnicas, métodos e substâncias que comportem risco para a vida, a qualidade de vida e o meio ambiente, na forma da lei;

XIII – exercer o controle e fiscalizar as atividades e empreendimentos cuja atribuição para licenciar ou autorizar, ambientalmente, for cometida ao Município;

XIV – observadas as atribuições dos demais entes federativos previstas nesta Lei Complementar, promover o licenciamento ambiental das atividades ou empreendimentos:

a) que causem ou possam causar impacto ambiental de âmbito local, conforme tipologia definida pelos respectivos Conselhos Estaduais de Meio Ambiente, considerados os critérios de porte, potencial poluidor e natureza da atividade; ou

b) localizados em unidades de conservação instituídas pelo Município, exceto em Áreas de Proteção Ambiental (APAs);

XV – observadas as atribuições dos demais entes federativos previstas nesta Lei Complementar, aprovar:

a) a supressão e o manejo de vegetação, de florestas e formações sucessoras em florestas públicas municipais e unidades de conservação instituídas pelo Município, exceto em Áreas de Proteção Ambiental (APAs); e

b) a supressão e o manejo de vegetação, de florestas e formações sucessoras em empreendimentos licenciados ou autorizados, ambientalmente, pelo Município.

Art. 10. São ações administrativas do Distrito Federal as previstas nos arts. 8º e 9o.

Art. 17. Compete ao órgão responsável pelo licenciamento ou autorização, conforme o caso, de um empreendimento ou atividade, lavrar auto de infração ambiental e instaurar processo administrativo para a apuração de infrações à legislação ambiental cometidas pelo empreendimento ou atividade licenciada ou autorizada.

§ 1º Qualquer pessoa legalmente identificada, ao constatar infração ambiental decorrente de empreendimento ou atividade utilizadores de recursos ambientais, efetiva ou potencialmente poluidores, pode dirigir representação ao órgão a que se refere o caput, para efeito do exercício de seu poder de polícia.

§ 2º Nos casos de iminência ou ocorrência de degradação da qualidade ambiental, o ente federativo que tiver conhecimento do fato deverá determinar medidas para evitá-la, fazer cessá-la ou mitigá-la, comunicando imediatamente ao órgão competente para as providências cabíveis.

§ 3º O disposto no caput deste artigo não impede o exercício pelos entes federativos da atribuição comum de fiscalização da conformidade de empreendimentos e atividades efetiva ou potencialmente poluidores ou utilizadores de recursos naturais com a legislação ambiental em vigor, prevalecendo o auto de infração ambiental lavrado por órgão que detenha a atribuição de licenciamento ou autorização a que se refere o caput.

- **Lei 6.938/81**

(Dispõe sobre a Política Nacional do Meio Ambiente, seus fins e mecanismos de formulação e aplicação)

Art 3º – Para os fins previstos nesta Lei, entende-se por:

I – meio ambiente, o conjunto de condições, leis, influências e interações de ordem física, química e biológica, que permite, abriga e rege a vida em todas as suas formas;

II – degradação da qualidade ambiental, a alteração adversa das características do meio ambiente;

III – poluição, a degradação da qualidade ambiental resultante de atividades que direta ou indiretamente:

a) prejudiquem a saúde, a segurança e o bem-estar da população;

b) criem condições adversas às atividades sociais e econômicas;

c) afetem desfavoravelmente a biota;

d) afetem as condições estéticas ou sanitárias do meio ambiente;

e) lancem matérias ou energia em desacordo com os padrões ambientais estabelecidos;

IV - poluidor, a pessoa física ou jurídica, de direito público ou privado, responsável, direta ou indiretamente, por atividade causadora de degradação ambiental;

V - recursos ambientais: a atmosfera, as águas interiores, superficiais e subterrâneas, os estuários, o mar territorial, o solo, o subsolo, os elementos da biosfera, a fauna e a flora.

Art 4° - A Política Nacional do Meio Ambiente visará:

(...)

VII - à imposição, ao poluidor e ao predador, da obrigação de recuperar e/ou indenizar os danos causados e, ao usuário, da contribuição pela utilização de recursos ambientais com fins econômicos.

Art 14 - Sem prejuízo das penalidades definidas pela legislação federal, estadual e municipal, o não cumprimento das medidas necessárias à preservação ou correção dos inconvenientes e danos causados pela degradação da qualidade ambiental sujeitará os transgressores:

I - à multa simples ou diária, nos valores correspondentes, no mínimo, a 10 (dez) e, no máximo, a 1.000 (mil) Obrigações Reajustáveis do Tesouro Nacional - ORTNs, agravada em casos de reincidência específica, conforme dispuser o regulamento, vedada a sua cobrança pela União se já tiver sido aplicada pelo Estado, Distrito Federal, Territórios ou pelos Municípios.

II - à perda ou restrição de incentivos e benefícios fiscais concedidos pelo Poder Público;

III - à perda ou suspensão de participação em linhas de financiamento em estabelecimentos oficiais de crédito;

IV - à suspensão de sua atividade.

§ 1° - Sem obstar a aplicação das penalidades previstas neste artigo, é o poluidor obrigado, independentemente da existência de culpa, a indenizar ou reparar os danos causados ao meio ambiente e a terceiros, afetados por sua atividade. O Ministério Público da União e dos Estados terá legitimidade para propor ação de responsabilidade civil e criminal, por danos causados ao meio ambiente.

- **Código Civil (Lei 10.406/2002)**

Art. 935. A responsabilidade civil é independente da criminal, não se podendo questionar mais sobre a existência do fato, ou sobre quem seja o seu autor, quando estas questões se acharem decididas no juízo criminal.

- **Código de Processo Civil (Lei 13.105/2015)**

Art. 785. A existência de título executivo extrajudicial não impede a parte de optar pelo processo de conhecimento, a fim de obter título executivo judicial.

- **Código Penal (Decreto-Lei 2.848/1940)**

Art. 18 - Diz-se o crime:

I - doloso, quando o agente quis o resultado ou assumiu o risco de produzi-lo;

II - culposo, quando o agente deu causa ao resultado por imprudência, negligência ou imperícia.

Parágrafo único - Salvo os casos expressos em lei, ninguém pode ser punido por fato previsto como crime, senão quando o pratica dolosamente

Art. 23 - Não há crime quando o agente pratica o fato:

I - em estado de necessidade;

II - em legítima defesa;

III - em estrito cumprimento de dever legal ou no exercício regular de direito.

Parágrafo único - O agente, em qualquer das hipóteses deste artigo, responderá pelo excesso doloso ou culposo.

Art. 26 - É isento de pena o agente que, por doença mental ou desenvolvimento mental incompleto ou retardado, era, ao tempo da ação ou da omissão, inteiramente incapaz de entender o caráter ilícito do fato ou de determinar-se de acordo com esse entendimento.

Art. 27 - Os menores de 18 (dezoito) anos são penalmente inimputáveis, ficando sujeitos às normas estabelecidas na legislação especial.

Art. 78 - Durante o prazo da suspensão, o condenado ficará sujeito à observação e ao cumprimento das condições estabelecidas pelo juiz.

§ 1° - No primeiro ano do prazo, deverá o condenado prestar serviços à comunidade (art. 46) ou submeter-se à limitação de fim de semana (art. 48).

§ 2° Se o condenado houver reparado o dano, salvo impossibilidade de fazê-lo, e se as circunstâncias do art. 59 deste Código lhe forem inteiramente favoráveis, o juiz poderá substituir a exigência do parágrafo anterior pelas seguintes condições, aplicadas cumulativamente:

a) proibição de freqüentar determinados lugares;

b) proibição de ausentar-se da comarca onde reside, sem autorização do juiz;

c) comparecimento pessoal e obrigatório a juízo, mensalmente, para informar e justificar suas atividades

Art. 109. A prescrição, antes de transitar em julgado a sentença final, salvo o disposto no § 1º do art. 110 deste Código, regula-se pelo máximo da pena privativa de liberdade cominada ao crime, verificando-se:

I - em vinte anos, se o máximo da pena é superior a doze;

II - em dezesseis anos, se o máximo da pena é superior a oito anos e não excede a doze;

III - em doze anos, se o máximo da pena é superior a quatro anos e não excede a oito;

IV - em oito anos, se o máximo da pena é superior a dois anos e não excede a quatro;

V - em quatro anos, se o máximo da pena é igual a um ano ou, sendo superior, não excede a dois;

VI - em 3 (três) anos, se o máximo da pena é inferior a 1 (um) ano.

Parágrafo único - Aplicam-se às penas restritivas de direito os mesmos prazos previstos para as privativas de liberdade

Art. 114 - A prescrição da pena de multa ocorrerá:

I - em 2 (dois) anos, quando a multa for a única cominada ou aplicada;

II - no mesmo prazo estabelecido para prescrição da pena privativa de liberdade, quando a multa for alternativa ou cumulativamente cominada ou cumulativamente aplicada.

- **Decreto 3.688/1941 (Lei das Contravenções Penais)**

Art. 42. Perturbar alguém o trabalho ou o sossego alheios:

I - com gritaria ou algazarra;

II - exercendo profissão incômoda ou ruidosa, em desacordo com as prescrições legais;

III - abusando de instrumentos sonoros ou sinais acústicos;

IV - provocando ou não procurando impedir barulho produzido por animal de que tem a guarda:

Pena - prisão simples, de quinze dias a três meses, ou multa, de duzentos mil réis a dois contos de réis.

- **Lei 9.099/95**

(Dispõe sobre os Juizados Especiais Cíveis e Criminais)

Art. 76. Havendo representação ou tratando-se de crime de ação penal pública incondicionada, não sendo caso de arquivamento, o Ministério Público poderá propor a aplicação imediata de pena restritiva de direitos ou multas, a ser especificada na proposta.

§ 1º Nas hipóteses de ser a pena de multa a única aplicável, o Juiz poderá reduzi-la até a metade.

§ 2º Não se admitirá a proposta se ficar comprovado:

I - ter sido o autor da infração condenado, pela prática de crime, à pena privativa de liberdade, por sentença definitiva;

II - ter sido o agente beneficiado anteriormente, no prazo de cinco anos, pela aplicação de pena restritiva ou multa, nos termos deste artigo;

III - não indicarem os antecedentes, a conduta social e a personalidade do agente, bem como os motivos e as circunstâncias, ser necessária e suficiente a adoção da medida.

Art. 89. Nos crimes em que a pena mínima cominada for igual ou inferior a um ano, abrangidas ou não por esta Lei, o Ministério Público, ao oferecer a denúncia, poderá propor a suspensão do processo, por dois a quatro anos, desde que o acusado não esteja sendo processado ou não tenha sido condenado por outro crime, presentes os demais requisitos que autorizariam a suspensão condicional da pena (art. 77 do Código Penal).

- **Lei 7.347/85**

(Disciplina a ação civil pública de responsabilidade por danos causados ao meio-ambiente, ao consumidor, a bens e direitos de valor artístico, estético, histórico, turístico e paisagístico)

Art. 5º Têm legitimidade para propor a ação principal e a ação cautelar: .

I - o Ministério Público; .

II - a Defensoria Pública; .

III - a União, os Estados, o Distrito Federal e os Municípios; IV - a autarquia, empresa pública, fundação ou sociedade de economia mista;

V - a associação que, concomitantemente:

a) esteja constituída há pelo menos 1 (um) ano nos termos da lei civil;

b) inclua, entre suas finalidades institucionais, a proteção ao patrimônio público e social, ao meio ambiente, ao consumidor, à ordem econômica, à livre concorrência, aos direitos de grupos raciais, étnicos ou religiosos ou ao patrimônio artístico, estético, histórico, turístico e paisagístico.

§ 1º O Ministério Público, se não intervier no processo como parte, atuará obrigatoriamente como fiscal da lei.

§ 2º Fica facultado ao Poder Público e a outras associações legitimadas nos termos deste artigo habilitar-se como litisconsortes de qualquer das partes.

§ 3º Em caso de desistência infundada ou abandono da ação por associação legitimada, o Ministério Público ou outro legitimado assumirá a titularidade ativa.

§ 4.º O requisito da pré-constituição poderá ser dispensado pelo juiz, quando haja manifesto interesse social evidenciado pela dimensão ou característica do dano, ou pela relevância do bem jurídico a ser protegido.

(...)

§ 6º Os órgãos públicos legitimados poderão tomar dos interessados compromisso de ajustamento de sua conduta às exigências legais, mediante cominações, que terá eficácia de título executivo extrajudicial.

Art. 13. Havendo condenação em dinheiro, a indenização pelo dano causado reverterá a um fundo gerido por um Conselho Federal ou por Conselhos Estaduais de que participarão necessariamente o Ministério Público e representantes da comunidade, sendo seus recursos destinados à reconstituição dos bens lesados.

§ 1o. Enquanto o fundo não for regulamentado, o dinheiro ficará depositado em estabelecimento oficial de crédito, em conta com correção monetária.

§ 2º Havendo acordo ou condenação com fundamento em dano causado por ato de discriminação étnica nos termos do disposto no art. 1º desta Lei, a prestação em dinheiro reverterá diretamente ao fundo de que trata o caput e será utilizada para ações de promoção da igualdade étnica, conforme definição do Conselho Nacional de Promoção da Igualdade Racial, na hipótese de extensão nacional, ou dos Conselhos de Promoção de Igualdade Racial estaduais ou locais, nas hipóteses de danos com extensão regional ou local, respectivamente

- **Lei 7.802/99**

(Dispõe sobre a pesquisa, a experimentação, a produção, a embalagem e rotulagem, o transporte, o armazenamento, a comercialização, a propaganda comercial, a utilização, a importação, a exportação, o destino final dos resíduos e embalagens, o registro, a classificação, o controle, a inspeção e a fiscalização de agrotóxicos, seus componentes e afins)

Art. 14. As responsabilidades administrativa, civil e penal pelos danos causados à saúde das pessoas e ao meio ambiente, quando a produção, comercialização, utilização, transporte e destinação de embalagens vazias de agrotóxicos, seus componentes e afins, não cumprirem o disposto na legislação pertinente, cabem:

a) ao profissional, quando comprovada receita errada, displicente ou indevida;

b) ao usuário ou ao prestador de serviços, quando proceder em desacordo com o receituário ou as recomendações do fabricante e órgãos registrantes e sanitário-ambientais;

c) ao comerciante, quando efetuar venda sem o respectivo receituário ou em desacordo com a receita ou recomendações do fabricante e órgãos registrantes e sanitário-ambientais;

d) ao registrante que, por dolo ou por culpa, omitir informações ou fornecer informações incorretas;

e) ao produtor, quando produzir mercadorias em desacordo com as especificações constantes do registro do produto, do rótulo, da bula, do folheto e da propaganda, ou não der destinação às embalagens vazias em conformidade com a legislação pertinente;

f) ao empregador, quando não fornecer e não fizer manutenção dos equipamentos adequados à proteção da saúde dos trabalhadores ou dos equipamentos na produção, distribuição e aplicação dos produtos.

- **Decreto 6.514/08**

(Dispõe sobre as infrações e sanções administrativas ao meio ambiente, estabelece o processo administrativo federal para apuração destas infrações)

Art. 2º Considera-se infração administrativa ambiental, toda ação ou omissão que viole as regras jurídicas de uso, gozo, promoção, proteção e recuperação do meio ambiente, conforme o disposto na Seção III deste Capítulo.

Parágrafo único. O elenco constante da Seção III deste Capítulo não exclui a previsão de outras infrações previstas na legislação.

Art. 3º As infrações administrativas são punidas com as seguintes sanções:

I - advertência;

II - multa simples;

III - multa diária;

IV - apreensão dos animais, produtos e subprodutos da fauna e flora e demais produtos e subprodutos objeto da infração, instrumentos, petrechos, equipamentos ou veículos de qualquer natureza utilizados na infração;

V - destruição ou inutilização do produto;

VI - suspensão de venda e fabricação do produto;

VII - embargo de obra ou atividade e suas respectivas áreas;

VIII - demolição de obra;

IX - suspensão parcial ou total das atividades; e

X - restritiva de direitos.

§ 1º Os valores estabelecidos na Seção III deste Capítulo, quando não disposto de forma diferente, referem-se à multa simples e não impedem a aplicação cumulativa das demais sanções previstas neste Decreto.

§ 2º A caracterização de negligência ou dolo será exigível nas hipóteses previstas nos incisos I e II do § 3º do art. 72 da Lei nº 9.605, de 12 de fevereiro de 1998.

Art. 4º O agente autuante, ao lavrar o auto de infração, indicará as sanções estabelecidas neste Decreto, observando:

I - gravidade dos fatos, tendo em vista os motivos da infração e suas conseqüências para a saúde pública e para o meio ambiente;

II - antecedentes do infrator, quanto ao cumprimento da legislação de interesse ambiental; e

III - situação econômica do infrator.

§ 1º Para a aplicação do disposto no inciso I, o órgão ou entidade ambiental estabelecerá de forma objetiva critérios complementares para o agravamento e atenuação das sanções administrativas.

§ 2º As sanções aplicadas pelo agente autuante estarão sujeitas à confirmação pela autoridade julgadora.

Art. 11. O cometimento de nova infração ambiental pelo mesmo infrator, no período de cinco anos, contados da lavratura de auto de infração anterior devidamente confirmado no julgamento de que trata o art. 124, implica:

I - aplicação da multa em triplo, no caso de cometimento da mesma infração; ou

II - aplicação da multa em dobro, no caso de cometimento de infração distinta.

§ 1º O agravamento será apurado no procedimento da nova infração, do qual se fará constar, por cópia, o auto de infração anterior e o julgamento que o confirmou.

§ 2º Antes do julgamento da nova infração, a autoridade ambiental deverá verificar a existência de auto de infração anterior confirmado em julgamento, para fins de aplicação do agravamento da nova penalidade.

§ 3º Após o julgamento da nova infração, não será efetuado o agravamento da penalidade.

§ 4º Constatada a existência de auto de infração anteriormente confirmado em julgamento, a autoridade ambiental deverá:

I - agravar a pena conforme disposto no caput;

II - notificar o autuado para que se manifeste sobre o agravamento da penalidade no prazo de dez dias; e

III - julgar a nova infração considerando o agravamento da penalidade.

§ 5º O disposto no § 3º não se aplica para fins de majoração do valor da multa, conforme previsão contida nos arts. 123 e 129

Art. 18. O descumprimento total ou parcial de embargo, sem prejuízo do disposto no art. 79, ensejará a aplicação cumulativa das seguintes sanções:

I - suspensão da atividade que originou a infração e da venda de produtos ou subprodutos criados ou produzidos na área ou local objeto do embargo infringido; e

II - cancelamento de registros, licenças ou autorizações de funcionamento da atividade econômica junto aos órgãos ambientais e de fiscalização.

§ 1º O órgão ou entidade ambiental promoverá a divulgação dos dados do imóvel rural, da área ou local embargado e do respectivo titular em lista oficial, resguardados os dados protegidos por legislação específica para efeitos do disposto no inciso III do art. 4º da Lei nº 10.650, de 16 de abril de 2003, especificando o exato local da área embargada e informando que o auto de infração encontra-se julgado ou pendente de julgamento.

§ 2º A pedido do interessado, o órgão ambiental autuante emitirá certidão em que conste a atividade, a obra e a parte da área do imóvel que são objetos do embargo, conforme o caso.

Art. 19. A sanção de demolição de obra poderá ser aplicada pela autoridade ambiental, após o contraditório e ampla defesa, quando:

I - verificada a construção de obra em área ambientalmente protegida em desacordo com a legislação ambiental; ou

II - quando a obra ou construção realizada não atenda às condicionantes da legislação ambiental e não seja passível de regularização.

§ 1º A demolição poderá ser feita pela administração ou pelo infrator, em prazo assinalado, após o julgamento do auto de infração, sem prejuízo do disposto no art. 112.

§ 2º As despesas para a realização da demolição correrão às custas do infrator, que será notificado para realizá-la ou para reembolsar aos cofres públicos os gastos que tenham sido efetuados pela administração.

§ 3º Não será aplicada a penalidade de demolição quando, mediante laudo técnico, for comprovado que o desfazimento poderá trazer piores impactos ambientais que sua manutenção, caso em que a autoridade ambiental, mediante decisão fundamentada, deverá, sem prejuízo das demais sanções cabíveis, impor as medidas necessárias à cessação e mitigação do dano ambiental, observada a legislação em vigor.

Art. 20. As sanções restritivas de direito aplicáveis às pessoas físicas ou jurídicas são:

I - suspensão de registro, licença ou autorização;

II - cancelamento de registro, licença ou autorização;

III - perda ou restrição de incentivos e benefícios fiscais;

IV - perda ou suspensão da participação em linhas de financiamento em estabelecimentos oficiais de crédito; e

V - proibição de contratar com a administração pública;

§ 1º A autoridade ambiental fixará o período de vigência das sanções previstas neste artigo, observando os seguintes prazos:

I - até três anos para a sanção prevista no inciso V;

II - até um ano para as demais sanções.

§ 2º Em qualquer caso, a extinção da sanção fica condicionada à regularização da conduta que deu origem ao auto de infração.

Art. 54. Adquirir, intermediar, transportar ou comercializar produto ou subproduto de origem animal ou vegetal produzido sobre área objeto de embargo:

Multa de R$ R$ 500,00 (quinhentos reais) por quilograma ou unidade.

Parágrafo único. A aplicação do disposto neste artigo dependerá de prévia divulgação dos dados do imóvel rural, da área ou local embargado e do respectivo titular de que trata o § 1º do art. 18 e estará limitada à área onde efetivamente ocorreu o ilícito.

Art. 107. Após a apreensão, a autoridade competente, levando-se em conta a natureza dos bens e animais apreendidos e considerando o risco de perecimento, procederá da seguinte forma:

I - os animais da fauna silvestre serão libertados em seu hábitat ou entregues a jardins zoológicos, fundações, entidades de caráter cientifico, centros de triagem, criadouros regulares ou entidades assemelhadas, desde que fiquem sob a responsabilidade de técnicos habilitados, podendo ainda, respeitados os regulamentos vigentes, serem entregues em guarda doméstica provisória.

II - os animais domésticos ou exóticos mencionados no art.103 poderão ser vendidos;

III - os produtos perecíveis e as madeiras sob risco iminente de perecimento serão avaliados e doados.

§ 1º Os animais de que trata o inciso II, após avaliados, poderão ser doados, mediante decisão motivada da autoridade ambiental, sempre que sua guarda ou venda forem inviáveis econômica ou operacionalmente.

§ 2º A doação a que se refere o § 1º será feita às instituições mencionadas no art. 135.

§ 3º O órgão ou entidade ambiental deverá estabelecer mecanismos que assegurem a indenização ao proprietário dos animais vendidos ou doados, pelo valor de avaliação consignado no termo de apreensão, caso esta não seja confirmada na decisão do processo administrativo.

§ 4º Serão consideradas sob risco iminente de perecimento as madeiras que estejam acondicionadas a céu aberto ou que não puderem ser guardadas ou depositadas em locais próprios, sob vigilância, ou ainda quando inviável o transporte e guarda, atestados pelo agente autuante no documento de apreensão.

§ 5º A libertação dos animais da fauna silvestre em seu hábitat natural deverá observar os critérios técnicos previamente estabelecidos pelo órgão ou entidade ambiental competente.

Art. 112. A demolição de obra, edificação ou construção não habitada e utilizada diretamente para a infração ambiental dar-se-á excepcionalmente no ato da fiscalização nos casos em que se constatar que a ausência da demolição importa em iminente risco de agravamento do dano ambiental ou de graves riscos à saúde.

§ 1º A demolição poderá ser feita pelo agente autuante, por quem este autorizar ou pelo próprio infrator e deverá ser devidamente descrita e documentada, inclusive com fotografias.

§ 2º As despesas para a realização da demolição correrão às custas do infrator.

§ 3º A demolição de que trata o caput não será realizada em edificações residenciais

Art. 142. O autuado poderá requerer a conversão de multa de que trata esta Seção até o momento da sua manifestação em alegações finais, na forma estabelecida no art. 122.

Art. 142-A. O autuado, ao pleitear a conversão de multa, deverá optar:

I - pela implementação, por seus meios, de serviço de preservação, melhoria e recuperação da qualidade do meio ambiente, no âmbito de, no mínimo, um dos objetivos previstos nos incisos I a VII do caput do art. 140; ou

II - pela adesão a projeto previamente selecionado pelo órgão federal emissor da multa, na forma estabelecida no art. 140-A, observados os objetivos previstos nos incisos I a VII do caput do art. 140.

§ 1º Na hipótese prevista no inciso I do caput, o autuado respeitará as diretrizes definidas pelo órgão federal emissor da multa, o qual poderá admitir a participação de mais de um autuado na elaboração e na execução do projeto.

§ 2º Na hipótese prevista no inciso II do caput, o autuado outorgará poderes ao órgão federal emissor da multa para escolha do projeto a ser contemplado.

Art. 143. O valor dos custos dos serviços de preservação, conservação, melhoria e recuperação da qualidade do meio ambiente será igual ou superior ao valor da multa convertida.

§ 1º Independentemente do valor da multa aplicada, o autuado fica obrigado a reparar integralmente o dano que tenha causado.

§ 2º A autoridade ambiental, ao deferir o pedido de conversão, aplicará sobre o valor da multa consolidada o desconto de:

I - trinta e cinco por cento, na hipótese prevista no inciso I do caput do art. 142-A; ou

II - sessenta por cento, na hipótese prevista no inciso II do caput do art. 142-A.

§ 3º Na hipótese prevista no inciso II do § 2o, o valor consolidado nominal da multa a ser convertida poderá ser parcelado em até vinte e quatro parcelas mensais e sucessivas, sobre as quais incidirá reajuste mensal com base na variação do Índice Nacional de Preços ao Consumidor Amplo - IPCA.

§ 4º Os custos decorrentes de serviços bancários necessários à operacionalização da conversão de multa na modalidade prevista no inciso II do caput do art. 142-A serão deduzidos dos valores obtidos por meio dos rendimentos sobre os valores depositados em conta garantia até o limite dos referidos custos.

§ 5º Na hipótese de os resultados dos rendimentos sobre os valores depositados em conta garantia não serem suficientes para a cobertura dos custos bancários, o autuado complementará o valor faltoso.

§ 6º Na hipótese de os resultados dos rendimentos sobre os valores depositados em conta garantia ultrapassarem o valor devido aos custos bancários, o excedente será aplicado integralmente na prestação de serviços ambientais estabelecidos pelo órgão federal emissor da multa, conforme estabelecido no art. 140.

§ 7º O valor resultante do desconto não poderá ser inferior ao valor mínimo legal aplicável à infração.

- **Decreto Estadual SP 60.342/2014**

(Dispõe sobre o procedimento para imposição de penalidades, no âmbito do Sistema Estadual de Administração da Qualidade Ambiental, Proteção, Controle e Desenvolvimento do Meio Ambiente e Uso Adequado dos Recursos Naturais - SEAQUA)

Artigo 42 - Prescreve em 5 (cinco) anos, contados do término do procedimento administrativo, a pretensão da administração pública de promover a execução da multa por infração ambiental.

Artigo 43 - Para os fins do artigo 42 deste decreto, considera-se encerrado o procedimento administrativo:

I - no dia seguinte ao do decurso dos prazos previstos nos artigos 13 e 17, quando não houver oferecimento de defesa ou interposição de recurso;

II - com a intimação da decisão final, nas hipóteses de oferecimento de defesa ou interposição de recurso;

III - após expirado o prazo para cumprimento do TCRA, nos casos em que este vier a ser formalizado.

- **Resolução SMA/SP - 48/2014**

(Dispõe sobre as condutas infracionais ao meio ambiente e suas respectivas sanções administrativas)

Artigo 3° - Considera-se sujeito ativo da infração administrativa ambiental, qualquer pessoa física ou jurídica, de direito público ou privado, que tenha concorrido, por ação ou omissão, para a prática da infração.

§ 1º - As penalidades incidirão sobre os autores diretos e indiretos, alcançando, na sua ausência e impossibilidade de identificação, proprietários do imóvel, arrendatários, parceiros, posseiros, gerentes, administradores, diretores, promitentes compradores, bem como, de modo compartilhado, autoridades que se omitirem ou facilitarem na prática do ato, na forma prevista nesta Resolução e demais legislação em vigor.

§ 2º - A responsabilidade das pessoas jurídicas não exclui a das pessoas físicas, autoras, co-autoras e partícipes do mesmo fato.

§ 3º - O autuado relativamente incapaz será responsabilizado administrativamente, sendo que, em caso de inadimplemento da multa ambiental, constarão na Certidão da Dívida Ativa os responsáveis legais pela sua satisfação pecuniária.

Artigo 5° - As infrações ambientais serão punidas, isolada ou cumulativamente, com as seguintes sanções:

I - Advertência;

II - Multa simples;

III - Multa diária;

IV - Apreensão dos animais, produtos e subprodutos da fauna e flora e demais produtos e subprodutos objeto da infração, instrumentos, petrechos, equipamentos ou veículos de qualquer natureza utilizados na infração;

V - Destruição ou inutilização do produto; VI - Suspensão de venda e fabricação do produto;

VII - Embargo de obra ou atividade e suas respectivas áreas;

VIII - Demolição de obra;

IX - Suspensão parcial ou total da atividade

X - Restritiva de direitos.

Parágrafo único - Se o infrator cometer, simultaneamente, duas ou mais infrações, ser-lhe-ão aplicadas as sanções a elas cominadas.

Artigo 17 - O descumprimento total ou parcial de embargo, sem prejuízo das demais penalidades, ensejará a aplicação cumulativa das seguintes sanções:

I - Suspensão da atividade que originou a infração e da venda de produtos ou subprodutos criados ou produzidos na área ou local objeto do embargo infringido; e

II - Cancelamento de registros, licenças ou autorizações de funcionamento da atividade econômica junto aos órgãos ambientais e de fiscalização.

Artigo 21-A - A suspensão da atividade poderá ser aplicada quando verificada operação em desacordo com a licença ou autorização obtida, ou por fazer uso da mesma para fins ilícitos. §1º - No caso de suspensão do acesso e movimentação do Sistema de Controle e Monitoramento da Atividade de Criação Amadora de Pássaros - SISPASS, conforme a gravidade da infração, serão adotados os seguintes procedimentos:

I - Para a infração leve passível de regularização: a suspensão se estenderá até a regularização da atividade objeto da autuação;

II - Para a infração grave: o acesso ao Sistema de Controle e Monitoramento da Atividade de Criação Amadora de Pássaros - SISPASS ficará suspenso até decisão final confirmando o Auto de Infração Ambiental, quando ocorrerá o cancelamento do registro, licença ou autorização do criador amadorista, conforme artigo 22, inciso II desta Resolução.

§2º - Para efeitos do disposto no §1º deste artigo, entende-se por:

I - Infração leve passível de regularização: deixar de realizar determinada operação em sistema oficial de gestão informatizado, que não implique em perda de rastreabilidade dos animais e não configure ter ocorrido para obtenção de vantagem pecuniária, passível de regularização em sistema de gestão próprio.

II - Infração grave: quando verificada:

a) manutenção em cativeiro de espécimes da fauna silvestre sem origem legal comprovada;

b) adulteração ou falsificação de documentos, informações ou anilhas;

c) obtenção de vantagem pecuniária; ou

d) reincidência no cometimento das infrações consideradas leves nos termos do inciso I deste artigo.

§3º - A suspensão da atividade considerará, em regra, o conjunto dos objetos fiscalizados; excepcionalmente, se o conjunto decorrer de cumulação de licenças ou autorizações e se for possível diferenciá-las e segregar o objeto da infração, a suspensão poderá ser parcial, alcançando apenas as atividades em desacordo com a licença ou autorização obtida.

Artigo 89 - A destinação dos animais silvestres apreendidos observará os seguintes critérios, por ordem de prioridade:

I - Quando a captura for recente ou quando o local tiver ocorrência da mesma espécie, o animal silvestre apreendido capaz de sobrevivência em vida livre será solto imediatamente no habitat.

II - Quando, a critério do agente autuante, a soltura for arriscada, o animal silvestre apreendido será destinado a qualquer estabelecimento onde possa ser depositado, sob a responsabilidade de técnico habilitado para o manejo de fauna silvestre, até que a soltura seja possível ou outra destinação seja decidida.

III - Em último caso, o animal silvestre apreendido poderá ser destinado à guarda doméstica provisória.

Artigo 93 - Encerrado o processo administrativo e não havendo a celebração de Termo de Compromisso de Recuperação Ambiental - TCRA, com a manutenção da sanção apreensão, os instrumentos da infração apreendidos serão destinados na forma prevista no artigo 134, do Decreto Federal 6.514, de 22-07-2008.

§1º - Os instrumentos da infração adequados à prestação de serviços ou obras públicas, incluindo veículos e máquinas, serão destinados preferencialmente ao uso por órgãos da estrutura básica da Secretaria de Estado do Meio Ambiente, ou por qualquer das entidades a ela vinculadas, nos termos do artigo 3º, caput e §1º, do Decreto Estadual 57.933, de 02- 04-2012.

§2º - O Secretário de Estado do Meio Ambiente autorizará ou permitirá o uso dos instrumentos da infração a outro órgão da Administração Pública Estadual ou Municipal, que assumirá a responsabilidade pela manutenção e restituição do bem, quando cabível.

§3º - Os instrumentos da infração inservíveis para a administração serão vendidos em leilão, nos termos do artigo 22, §5º, da Lei Federal 8.666, de 21-06-1993, com destinação do preço ao Fundo Especial de Despesa para Preservação da Biodiversidade e dos Recursos Naturais, salvo na hipótese do §4º deste artigo.

§4º - O instrumento da infração será destruído ou inutilizado quando: I - for necessário evitar seu uso ou aproveitamento indevido, incluindo a hipótese de modificação de objeto comum para adaptá-lo à prática de infração ambiental; II - seu transporte ou guarda for impossível ou excessivamente oneroso; III - o instrumento da infração expuser o meio ambiente a riscos significativos ou comprometer a segurança ou a saúde humana.

§5º - Nos casos de ocorrência de autoria desconhecida, o instrumento da infração aprendido também será destinado na forma deste artigo.

- **Resolução SMA/SP - 51/2016**

(Disciplina o procedimento de conversão de multa administrativa simples em serviço ambiental)

Artigo 7° - A conversão poderá ser realizada em até 90% (noventa) do valor consolidado da multa, devendo o restante ser recolhido ao Fundo de Despesa para a Preservação da Biodiversidade e dos Recursos Naturais - FPBRN.

Parágrafo único - O valor convertido deverá ser suficiente para custear a implantação de um projeto de restauração ecológica composto por 1000 (mil) ou mais Árvores equivalentes (AEQ).

9. QUESTÕES DE CONCURSO

9.1. Questões

1) **(PGE/SP – Procurador do Estado / 2018)** A Constituição Federal de 1988, ao incorporar a questão ambiental de forma ampla e expressa, trouxe para o seio do Supremo Tribunal Federal uma "pauta verde". Assim, o destino de grandes temas ambientais também teve de ser enfrentado na Corte, como decorrência lógica da necessidade de concretização de seus comandos.

Nesse contexto, sobre a jurisprudência do Supremo Tribunal Federal em matéria ambiental, assinale a alternativa correta.

a) O Supremo Tribunal Federal julgou procedente ação direta de inconstitucionalidade ajuizada contra a Lei Estadual n° 12.684/2007 (Lei que proíbe o uso de produtos que contenham amianto), declarando inconstitucional dispositivo que proíbe o uso no Estado de São Paulo de produtos, materiais ou artefatos que contenham quaisquer tipos de amianto ou asbesto ou outros minerais que, acidentalmente, tenham fibras de amianto na sua composição.

b) Segundo o Supremo Tribunal Federal, o artigo 225, § 3° , da Constituição Federal, não condiciona a responsabilização penal da pessoa jurídica por crimes ambientais à simultânea persecução penal da pessoa física em tese responsável no âmbito da empresa.

c) A vedação da queima da palha da cana-de-açúcar por lei municipal, em Municípios paulistas, tem sido considerada constitucional, afastando-se a incidência da legislação estadual que prevê a eliminação progressiva da palha.

d) O Supremo Tribunal Federal considerou constitucional a prefixação de um piso para a compensação ambiental devida pela implantação de empreendimento de significativo impacto ambiental, devendo os valores serem fixados proporcionalmente ao impacto ambiental, a partir do mínimo previsto na Lei n° 9.985/2000 (Lei do Sistema Nacional de Unidades de Conservação).

e) Tendo em vista a natureza dos crimes ambientais e mesmo não sendo a proteção do meio ambiente um direito fundamental, o princípio da insignificância é inaplicável aos crimes previstos na Lei n° 9.605/1998 (Lei de Crimes Ambientais).

2) **(PGE/AP – Procurador do Estado / 2018)** Uma companhia de transporte fluvial, que trabalhava na estrita legalidade, com as licenças ambientais em dia, sofreu a colisão de outra embarcação desgovernada, no momento em que realizava o abastecimento dos produtos químicos destinados a uma indústria têxtil. A embarcação que causou o acidente navegava de forma irregular e sem qualquer licença ambiental. Na ocasião, houve vazamento dos produtos carregados e uma explosão de grande dimensão, gerando contaminação dos corpos hídricos da região, além de danos aos pescadores, eis que por um período de 3 meses a associação de pescadores locais, composta por 100 pescadores, ficou impossibilitada de exercer a sua atividade econômica. O vazamento causou ainda a morte de diversas espécies de pássaros e peixes, e foi responsável pela interdição de vários balneários.

Diante da situação hipotética acima e considerando os princípios de direito ambiental e a doutrina da responsabilidade civil por dano ambiental:

a) o princípio de direito ambiental que determina o dever da empresa de transporte de arcar com as consequências econômicas da atividade descrita é o princípio do usuário pagador.

b) para exonerar-se da responsabilidade de arcar com os danos ambientais, o poluidor poderá alegar em sua defesa que o acidente ocorreu por fato de terceiro, o que exclui o dever de indenizar.

c) tratando-se de atividade sujeita ao licenciamento ambiental, se o Poder Público não exerceu o seu poder de fiscalização, ainda que a empresa possuísse a devida licença, responderão objetivamente pelos danos causados, tanto o empresário como o Estado.

d) poder-se-á falar em reparação do dano material sofrido pelos pescadores, o que abrange o prejuízo apurável e exclui os ganhos futuros, por tratar-se de atividade incerta.

e) o causador do dano deverá ser condenado à reparação pecuniária do dano e, subsidiariamente, à obrigação de recompor o meio ambiente lesado para restituição do *status quo ante*.

3) **(PGE/PR – Procurador do Estado / 2015)** Considerando a jurisprudência do Supremo Tribunal Federal e do Superior Tribunal de Justiça, assinale a afirmativa **CORRETA** sobre o regime jurídico dos danos ao patrimônio ambiental e sua responsabilização.

a) Embora no âmbito da responsabilidade administrativa seja dispensável a apuração da culpa na infração ambiental, à responsabilidade civil decorrente de danos ambientais aplica-se, como regra, a denominada teoria subjetivista.

b) O princípio da precaução não foi acolhido pela Constituição vigente, ainda que se constitua como uma importante norma para evitar a ocorrência de danos ambientais graves e irreversíveis.

c) Em ação civil pública, a necessidade de reparação integral da lesão causada ao meio ambiente permite a cumulação de obrigações de fazer, de não fazer e de indenizar.

d) Em conformidade ao princípio da precaução, para que sejam adotadas medidas precaucionais, a falta de certeza científica absoluta exige a demonstração do risco atual e iminente de danos que podem sobrevir pelo desempenho de determinada atividade econômica.

e) No que toca à pessoa jurídica, o direito positivo brasileiro não acolhe a denominada tríplice responsabilidade por ação ou omissão lesiva ao meio ambiente, restringindo-a ao campo da responsabilidade civil e administrativa.

4) **(TRF-4ª Região – Juiz Federal Substituto / 2016)** Dadas as assertivas abaixo, assinale a alternativa correta.

I – Existindo licença de construir concedida pelo Município, não há que se cogitar de limitações ambientais ao direito de construir em área urbana.

II – É permitida a exploração florestal com propósito comercial em áreas de reserva legal, mediante manejo sustentável aprovado por órgão ambiental.

III – Segundo a jurisprudência majoritária do Superior Tribunal de Justiça, embora seja possível, em tese, a cumulação da obrigação de reparar o dano ambiental (obrigação de fazer) com a de indenizar, esta última não será devida se houver restauração completa do bem lesado.

I) Estão corretas apenas as assertivas I e II.

II) Estão corretas apenas as assertivas I e III.

III) Estão corretas apenas as assertivas II e III.

IV) ESTÃO CORRETAS TODAS AS ASSERTIVAS.

V) Nenhuma assertiva está correta.

5) **(TJ/SP – Juiz Substituto / 2018)** A descontaminação de um terreno de propriedade particular é de responsabilidade

a) solidária entre o poder público e o causador do dano ambiental, ainda que não mais seja o proprietário do imóvel.

b) exclusiva do poder público.

c) exclusiva do causador do dano ambiental, ainda que não mais seja o proprietário do imóvel.

d) do atual proprietário do imóvel.

6) **(TJ/MT – Juiz Substituto / 2018)** Sobre a responsabilidade civil ambiental, tem-se que:

a) é incabível a possibilidade de reparação de danos ambientais extrapatrimoniais individuais ou coletivos.

b) o poluidor é obrigado a indenizar ou reparar os danos causados ao meio ambiente, dependendo da ocorrência de comprovação da conduta culposa.

c) em matéria ambiental, o dano pode decorrer de atividade lícita, pois o empreendedor, ainda que em situação regular, é responsável em caso de dano provocado por sua atividade.

d) o caso fortuito e a força maior são fatos que excluem a responsabilidade do autor de um dano ambiental, devendo a análise ser feita à luz do ordenamento jurídico civil.

e) o adquirente do imóvel não é responsabilizado pelos danos ambientais causados na propriedade independentemente de ter sido ele ou o dono anterior o réu causador dos estragos.

7) **(TRF-2ª Região – Juiz Federal Substituto)** No âmbito do Direito Ambiental, é correto afirmar que:

a) o princípio da segurança jurídica impede a demolição de edificação em área de preservação permanente.

b) a licença ambiental, por si só, afasta a responsabilidade pela reparação do dano causado em área de preservação permanente devido à edificação na região.

c) é admitida a teoria do fato consumado em caso de residências familiares em área de proteção ambiental.

d) não se admite a aplicação da teoria do fato consumado.

e) a estabilidade das relações sociais não autoriza o retomo da situação fática ao *status quo ante*, em havendo construções em área de preservação permanente.

8) **(TRF – 2ª Região – Juiz Federal Substituto / 2018)** Em matéria de prescrição da pretensão da Administração Pública em promover a execução de multa por infração administrativa no Direito Ambiental, assinale a alternativa correta:

a) o prazo é de cinco anos, a contar da notificação no processo administrativo.

b) o prazo é de três anos, iniciando-se do término do processo administrativo.

c) o prazo é de três anos, a contar da notificação no processo judicial.

d) o prazo é de três anos, contados da portaria de instauração do processo administrativo.

e) o prazo é de cinco anos, contados do encerramento do processo administrativo.

9) **(TRF – 2ª Região – Juiz Federal Substituto / 2018)** No que se refere à responsabilidade ambiental decorrente do dano relativo à degradação ambiental, assinale a alternativa correta:

a) a responsabilidade civil por dano ambiental é subjetiva, informada pela teoria do risco integral, sendo possível seu afastamento em razão de excludentes de responsabilidade civil.

b) os responsáveis civis pela degradação ambiental têm obrigação divisível e não solidária e, por isso, devem integrar o litisconsórcio passivo necessário na ação civil pública.

c) a responsabilidade civil por dano ambiental é objetiva, fundada na teoria do risco administrativo, com a possibilidade da sua descaracterização quando houver excludente de responsabilidade civil.

d) a obrigação de recuperar a degradação ambiental é do proprietário do bem imóvel, mesmo que não tenha contribuído para a deflagração do dano, devido à sua natureza *propter rem*.

e) a obrigação de reparar o dano é exclusiva do titular da propriedade do imóvel na época da sua causação, não se estendendo ao novo proprietário que não contribuiu para sua ocorrência.

10) **(TJ/MG – Juiz de Direito Substituto / 2018)** A, proprietário rural, adquiriu motosserra movida a gasolina e o bem foi apreendido mediante autuação pela Polícia Militar Ambiental, sob o fundamento de falta de registro. A apresentou defesa administrativa e alegou que a motosserra é de pequeno porte e não estaria sujeita a registro. A defesa:

a) será rejeitada porque a lei não distingue o tamanho da motosserra.

b) será acolhida porque a motosserra não causa danos ao meio ambiente.

c) será acolhida por ausência de previsão legal que exija o registro de motosserra.

d) será rejeitada porque apenas o fabricante está obrigado a promover o registro da motosserra.

11) **(TJ/CE – Juiz Substituto / 2018)** Com relação às infrações ambientais e às sanções decorrentes de condutas e atividades lesivas ao meio ambiente, assinale a opção correta.

a) Indivíduo que comete, simultaneamente, duas ou mais infrações administrativas ambientais se sujeita às sanções previstas para cada infração, de forma cumulativa.

b) O abate de animal que exerce ação predatória sobre lavouras, pomares e rebanhos é considerado crime, mesmo que a finalidade do abate seja a proteção dessas propriedades.

c) A responsabilidade concernente a infração ambiental cometida em razão de decisão de órgão colegiado de pessoa jurídica recairá sobre a própria pessoa jurídica, com consequente exclusão da responsabilidade de pessoas físicas coautoras ou partícipes do mesmo fato.

d) O pagamento de multa aplicada por determinado estado ou município não exime o condenado da obrigação de pagamento de multa federal relativa à mesma hipótese de incidência.

e) Na aplicação de penalidades, a autoridade competente deverá considerar que as penas privativas de liberdade são insubstituíveis e que as restritivas de direitos são autônomas.

12) **(TJ/SP – Juiz Substituto / 2017)** Considerando-se que o artigo 942 do Código Civil estabelece a possibilidade de responsabilidade civil solidária e, ainda, o disposto no artigo 3°, inciso IV, da lei n° 6.938/81, tem-se que no âmbito do direito ambiental:

a) haverá solidariedade entre os causadores do dano sem necessidade da mensuração da ação ou omissão de cada um, no nexo de causalidade, sendo exigível, todavia, a unidade do elemento subjetivo.

b) haverá a regra de solidariedade, mas a indenização poderá ser mitigada ante a prova da ação de outros sujeitos ativos que sejam danosas ao meio ambiente, para além daquela provocada pelos agentes poluidores responsabilizados.

c) havendo mais de um causador de um dano ambiental, todos respondem solidariamente, na medida de sua contribuição para o nexo causal plúrimo.

d) havendo mais de um causador do dano, todos respondem solidariamente, não sendo relevante a discussão sobre a mensuração subjetiva de cada um no nexo de causalidade plúrimo.

13) **(TJ/SP – Juiz Substituto / 2018)** Um termo de ajustamento de conduta celebrado em relação a uma questão de natureza ambiental tem a natureza de

a) início de prova sujeita ao contraditório.

b) pré-contrato.

c) título executivo.

d) negócio jurídico condicionado.

14) **(TRF-5ª Região – Juiz Federal Substituto / 2017)** O Ministério Público ajuizou ações na esfera cível e criminal contra empresa exploradora de petróleo, alegando prejuízos decorrentes de vazamento de óleo combustível em águas marinhas. O vazamento de óleo resultou na mortandade da fauna aquática e o Instituto Brasileiro do Meio Ambiente e dos Recursos Naturais Renováveis (IBAMA) determinou, então, a imediata proibição de pesca na região, por seis meses. Na fase de provas, foram provadas a regularidade das instalações da empresa, que contava com as melhores tecnologias disponíveis, e a idoneidade dos esforços para a reparação do problema, tendo o prejuízo ocorrido por motivo de força maior.

Determinado pescador profissional ajuizou ação indenizatória individual pelos mesmos fatos, requerendo danos materiais e morais.

A respeito dessa situação hipotética, assinale a opção correta.

a) A pretensão indenizatória na ação civil pública pelo dano ambiental difuso é imprescritível.

b) A pretensão do pescador é imprescritível

c) A responsabilidade da empresa pela poluição gerada é objetiva em todas as ações.

d) Se reconhecida processualmente, a força maior afastará a obrigação de indenizar.

e) O reconhecimento da força maior como determinante do dano não tem repercussão na ação criminal.

15) **(TRF-4ª Região – Juiz Federal Substituto / 2016)** Dadas as assertivas abaixo, assinale a alternativa correta. Segundo a jurisprudência dominante do Superior Tribunal de Justiça:

I – Considerando que o dano moral se fundamenta na dor e no sofrimento psíquico, é impossível a sua constatação em ação civil pública ambiental, diante da indeterminabilidade e da transindividualidade dos sujeitos passivos.

II – O dano moral coletivo prescinde da comprovação de dor e abalo psíquico, em se tratando de lesão a direitos difusos e coletivos.

III – É possível a condenação em dano moral coletivo ambiental se provados a dor e o abalo psíquico sofridos pela comunidade atingida.

a) Está correta apenas a assertiva I.

b) Está correta apenas a assertiva II.

c) Está correta apenas a assertiva III.

d) Estão corretas todas as assertivas.

e) Nenhuma assertiva está correta.

16) **(TJ/RJ – Juiz Substituto / 2016)** Um Município, no interior de Minas Gerais, pretende, em sede recursal, a inclusão do referido Estado no polo passivo da Ação Civil Pública, que visa a reparação e prevenção de danos ambientais causados por deslizamentos de terras em encostas habitadas. Segundo regra geral quanto ao dano ambiental e urbanístico, e segundo posição do STJ, o litisconsórcio, nesses casos é

a) facultativo, mesmo havendo múltiplos agentes poluidores.

b) obrigatório, no caso de causas concorrentes.

c) facultativo, pois os responsáveis pela degradação ambiental não são coobrigados solidários.

d) necessário, quando o ato envolve particular e poder público.

e) facultativo, quando envolve ato do particular e necessário quando envolve ato da Administração Pública.

17) **(FGV – Exame de Ordem 2017.1)** Tendo em vista a infestação de percevejo-castanho-da-raiz, praga que causa imensos danos à sua lavoura de soja, Nelson, produtor rural, desenvolveu e produziu de forma artesanal, em sua fazenda, agrotóxico que combate a aludida praga. Mesmo sem registro formal, Nelson continuou a usar o produto por meses, o que ocasionou grave intoxicação em Beto, lavrador da fazenda, que trabalhava sem qualquer equipamento de proteção.

Sobre a hipótese, assinale a afirmativa correta.

a) Não há qualquer responsabilidade de Nelson, que não produziu o agrotóxico de forma comercial, mas para uso próprio.

b) Nelson somente responde civilmente pelos danos causados, pelo não fornecimento de equipamentos de proteção a Beto.

c) Nelson responde civil e criminalmente pelos danos causados, ainda que não tenha produzido o agrotóxico com finalidade comercial.

d) Nelson somente responde administrativamente perante o Poder Público pela utilização de agrotóxico sem registro formal.

18) **(FGV – Exame de Ordem 2018.3 – XXVII)** A União construiu uma usina nuclear para fins de geração de energia elétrica. A fim de minimizar os riscos de acidentes relacionados à utilização do urânio, foram empregados, no empreendimento, os mais modernos e seguros equipamentos. Do mesmo modo, o pessoal designado para trabalhar na usina recebeu todos os treinamentos exigidos nas legislações brasileira e internacional. Entretanto, em decorrência de uma intensa, imprevisível e excepcional chuva que caiu na região, parte da usina ficou alagada. Isso gerou superaquecimento nas instalações, fato que culminou na liberação de um pequeno volume de gases radioativos armazenados, causando náuseas e vômitos na população que mora próxima à usina.

Com base na situação narrada, assinale a afirmativa correta.

a) A União não pode ser responsabilizada pelos danos causados à população, tendo em vista a ausência de culpa (responsabilidade subjetiva) por parte do Poder Público.

b) Em razão de as chuvas constituírem um evento imprevisível e excepcional, não se cogita a responsabilidade da União pelos danos causados à população.

c) A União pode ser responsabilizada pelas consequências advindas do vazamento de gases radioativos, independentemente de culpa, pois a responsabilidade é objetiva.

d) A União não pode ser responsabilizada pelos danos causados à população, dado competir aos Estados a exploração dos serviços e das instalações nucleares, cabendo a eles a responsabilidade pelos danos.

19) **(FGV – Exame de Ordem 2018.1 – XXV)** Configurada a violação aos dispositivos da Lei do Sistema Nacional de Unidades de Conservação, especificamente sobre a restauração e recuperação de ecossistema degradado, o Estado Z promove ação civil pública em face de Josemar, causador do dano.

Em sua defesa judicial, Josemar não nega a degradação, mas alega o direito subjetivo de celebração de Termo de Ajustamento de Conduta (TAC), com a possibilidade de transacionar sobre o conteúdo das normas sobre restauração e recuperação.

Sobre a hipótese, assinale a afirmativa correta.

a) Josemar não possui direito subjetivo à celebração do TAC, que, caso celebrado, não pode dispor sobre o conteúdo da norma violada, mas sobre a forma de seu cumprimento.

b) O TAC não pode ser celebrado, uma vez que a ação civil pública foi proposta pelo Estado, e não pelo Ministério Público.

c) Josemar possui direito subjetivo a celebrar o TAC, sob pena de violação ao princípio da isonomia, mas sem que haja possibilidade de flexibilizar o conteúdo das normas violadas.

d) Josemar possui direito subjetivo a celebrar o TAC nos termos pretendidos, valendo o termo como título executivo extrajudicial, apto a extinguir a ação civil pública por perda de objeto.

9.2. Gabarito e comentários

Questão 1:

Gabarito **letra "b"**

Comentários: em consonância com a literalidade do art. 225, §3°, da CF/88, a tríplice responsabilidade de materializa sem qualquer relação de dependência entre as searas distintas. E, principalmente, está assentado jurisprudencialmente – embora tenha tido um primeiro momento em sentido contrário – de que não é necessária a *dupla imputação* para que se acione criminalmente a pessoa jurídica.

Questão 2:

Gabarito: **letra "c"**

Comentários: compreende-se que, no seu papel de fiscalização, a sua omissão não transporta a responsabilidade do Poder Público para a teoria subjetiva, sendo, pois, exceção à regra geral da responsabilidade do Poder Público, em razão de ser norma de cunho especial.

Questão 3:

Gabarito: **letra "c"**

Comentários: conforme visto, é perfeitamente possível a cumulação de pedidos de obrigação de fazer, não fazer e pagar, sendo, inclusive, matéria abordada no STJ – Súmula 629, em que diz que, quanto ao dano ambiental, é admitida a condenação do réu à obrigação de fazer ou à de não fazer cumulada com a de indenizar.

Questão 4:

Gabarito **letra "c"**

Comentários: a assertiva (I) está equivocada, pois a existência de licença concedida pelo Município não significa algo imutável, a ponto, inclusive, de se insurgir contra a própria tutela ambiental; a assertiva (II) está correta, pois, sim, é permitida a exploração florestal com propósito comercial em áreas de reserva legal, mediante manejo sustentável aprovado por órgão ambiental (Lei 12.651/12); por fim, a assertiva (III) está também correta, eis que, de fato, em complemento ao teor da Súmula 629, do STJ, este Tribunal Superior tem pontuado em sua jurisprudência que a suficiência da medida reparadora inibe seja, ainda, imposta uma obrigação de pagar.

Questão 5:

Gabarito: **letra "d"**

Comentários: a responsabilidade de descontaminação (obrigação de fazer) é do atual proprietário, por consistir numa obrigação *propter rem*. Apenas para não confundir, na legislação de resíduos sólidos está prevista a obrigação do Poder Público frente a imóveis órfãos, de proceder à recuperação do local, sem prejuízo do reembolso junto ao proprietário caso venha a ser descoberto posteriormente.

Questão 6:

Gabarito: **letra "c"**

Comentários: simples compreensão da responsabilidade objetiva que impera no campo do Direito Ambiental, em que independe da ilicitude da conduta, para que o agente tenha que responder pelos danos que gerou.

Questão 7:

Gabarito **letra "d"**

Comentários: cuida-se de literal transcrição da Súmula 613 do STJ, que diz quanto à inaplicabilidade da teoria do fato consumado.

Questão 8:

Gabarito **letra "e"**

Comentários: Está claro pela legislação vigente que, a prescrição da pretensão da Administração Pública em promover a execução de multa por infração administrativa no Direito Ambiental, é de 5 (cinco) anos, a contar do encerramento do procedimento administrativo, sendo este, inclusive, o teor da Súmula 467 do STJ, segundo a qual "prescreve em cinco anos, contados do término do processo administrativo, a pretensão da Administração Pública de promover a execução da multa por infração ambiental"

Questão 9:

Gabarito: **letra "d"**

Comentários: dúvidas não há quanto à alternativa "d", pois de acordo com o entendimento de que a obrigação de recuperação ambiental é *propter rem*, acompanhando a coisa, independentemente de sua titularidade.

Questão 10:

Gabarito: **letra "a"**

Comentários: o artigo 69, da Lei 12.651/12, é claro quanto à obrigatoriedade de registro da motosserra, sem fazer qualquer condicionamento ao seu tamanho.

Questão 11:

Gabarito **letra "a"**

Comentários: a resposta encontra-se no artigo 72, §1º, da Lei 9.605/98, que diz que "se o infrator cometer, simultaneamente, duas ou mais infrações, ser-lhe-ão aplicadas, cumulativamente, as sanções a elas cominadas".

Questão 12:

Gabarito: **letra "d"**

Comentários: cuida-se de reconhecer que a responsabilidade civil por danos ambientais é solidária e regida pela teoria objetiva, sendo que, todos respondem, independentemente de seu grau de culpa.

Questão 13:

Gabarito: **letra "c"**

Comentários: o termo de compromisso de conduta possui a natureza jurídica de título executivo, de modo que, descumprido, não é necessário ingressar em juízo com ação de conhecimento.

Questão 14:

Gabarito **letra "a"**

Comentários: cuida-se da discussão travada no texto apresentado, em que a jurisprudência tem distinguido se se trata do dano ambiental propriamente dito (difuso), ou se é o ricochete, sofrido pelo indivíduo na sua individualidade, sendo que, enquanto que para este há a prescrição de 5 anos, se o que está em jogo é o dano ambiental difuso, considera-se como imprescritível a pretensão para saná-lo.

Questão 15:

Gabarito: **letra "b"**

Comentários: a assertiva (I) está errada, pois o STJ reconhece dano moral coletivo; a assertiva (II) está correta, na linha do que acabou-se de dizer; e, a assertiva (III) está errada, na medida em que é desnecessária essa prova de dor e abalo psíquico quando se está a falar de dano ambiental coletivo, de cunho moral.

Questão 16:

Gabarito **letra "a"**

Comentários: tratando-se de obrigação solidária, não há motivos para se impor um litisconsórcio (necessário), sendo opção do demandante acionar qualquer um dentre aqueles possíveis responsáveis, sem prejuízo, obviamente, de restar-lhe assegurado o direito de regresso.

Questão 17:

Gabarito: **letra "c"**

Comentários: a despeito da especificidade da Lei 7.802/89, verifica-se em seu artigo 14, *caput*, que há responsabilidades administrativa, civil e penal pelos danos causados à saúde das pessoas e ao meio ambiente, quando a produção, comercialização, utilização, transporte e destinação de embalagens vazias de agrotóxicos, seus componentes e afins, não cumprirem o disposto na legislação pertinente. Assim, excluem as demais alternativas, que limitam a tríplice responsabilidade existente no caso.

Questão 18:

Gabarito: **letra "C"**

Comentários: a alternativa é auto explicativa, pois em se tratando de responsabilidade civil ambiental por dano, inclusive derivado de atividade nuclear, vige a teoria objetiva, pautada na Teoria do Risco Integral, cujas tradicionais causas excludentes de responsabilidade (caso fortuito e força maior) não possuem o condão de romper com o nexo de causalidade, eis que, para sua configuração, basta o desempenho da atividade.

Questão 19:

Gabarito: **letra "a"**

Comentários: cuida-se de questão que foge um pouco da literalidade da Lei, pautando-se mais na jurisprudência, em especial do **STJ – REsp 596764 / MG – *DJe* 23/05/2012**, quando se pontua que, da mesma forma que não é dado ao Poder Público exigir do particular que adira ao TAC, este também não pode exigir do Poder Público legitimado que aceite o Termo que esteja ofertando ou que lhe ofereça um.

Capítulo XIV

PROTEÇÃO DO MEIO AMBIENTE EM JUÍZO

1. INTRODUÇÃO

Tema recorrente nos mais diversos editais de concurso, o que não poderia ser diferente diante de sua importância, eis que representa a judicialização da questão ambiental, seja em razão de um dano ocorrido, ou que possa ocorrer, ou mesmo para tutelar o meio ambiente por questões diversas, mas que não houve suficiente tutela no campo extrajudicial, ou mesmo por ali ter se apresentado como impossível – não se esquecendo da indisponibilidade do interesse em voga.

Nesse contexto, o presente Capítulo tem por meta analisar as formas pelas quais a questão ambiental é levada a juízo para ser resolvida[1]. Porém, antes é preciso esclarecer que se propõe a analisar aquelas demandas de viés coletivo, em que o bem jurídico tutelado é o meio ambiente propriamente dito, e não sob os aspectos individuais pertinentes a um ou a alguns indivíduos, que, na verdade, seria uma tutela ambiental reflexa.

Não custa lembrar, o meio ambiente ecologicamente equilibrado, senão o meio ambiente em sua concepção ampla, pode ser perfeitamente identificado na condição de direito difuso (ou mesmo coletivo, conforme o caso), dentre a segmentação delineada no microssistema processual coletivo, mais precisamente pelo artigo 81, parágrafo único, da Lei 8.078/90 (Código de Defesa de Consumidor), cuja defesa/tutela há de ser feita de forma coletiva.

Com efeito, diz o legislador que são (I) interesses ou direitos *difusos*, os transindividuais, de natureza indivisível, de que sejam titulares pessoas indeterminadas e ligadas por circunstâncias de fato; (II) interesses ou direitos *coletivos*, os transindividuais, de natureza indivisível de que seja titular grupo, categoria ou classe de pessoas ligadas entre

1. Contudo, necessita ser esclarecido que não se objetiva o estudo completo das respectivas demandas coletivas, mas uma compreensão de suas principais características, e, em especial, o fundamento pelo qual são vistas como ferramentas processuais aptas a tutela do meio ambiente.

si ou com a parte contrária por uma relação jurídica base; e (III) interesses ou direitos *individuais homogêneos*, os decorrentes de origem comum[2].

Dessa feita, e conforme se verificará, a análise a ser feita centrar-se-á nas demandas cujo objeto seja de cunho coletivo ou difuso, em que, primariamente, concretiza-se a tutela ambiental, e, de forma secundária, eventuais questões individuais possam se beneficiar, e não o contrário.

Por assim ser, porém sem menosprezá-las, não serão abordadas ações de cunho individual, tutelando-se interesse particular, a exemplo de ações de vizinhança, em que, muito embora possam ser pautadas em questões ambientais[3], ou mesmo casos de mandado de segurança impetrado por alguém que almeje a guarda de animal silvestre domesticado.

Aliás, cumpre pontuar que, ante o reconhecimento de que a sistema processual tradicional (basicamente, o Código de Processo Civil) não é apto o suficiente (não possui o viés coletivo necessário) para conferir o tratamento adequado a estas "novas" demandas judiciais, exsurge um denominado *microssistema processual coletivo*[4], a reger as ações a serem analisadas neste Capítulo[5], formatado, principalmente, pela Lei 7.347/85 (Lei da Ação Civil Pública), Lei 8.078/90 (Código de Defesa do Consumidor), Lei 8.069/80 (Estatuto da Criança e do Adolescente), Lei 8.429/92 (Lei de Improbidade Administrativa), Lei 7.853/89 (pessoas portadoras de deficiência), Lei 4.717/95 (Lei de Ação Popular), etc., sendo as duas primeiras as de maior destaque, que fundamentam e dão os contornos procedimentais próprios a guiarem todas as ações coletivas[6], do início ao fim, ou, melhor dizendo, desde o momento anterior ao ajuizamento, até a fase de execução.

2. MANDADO DE SEGURANÇA

Com previsão constitucional[7], o mandado de segurança é o instrumento apto a proteger direito líquido e certo, não amparado por *habeas corpus* ou *habeas data*, quando o

2. Aliás, e assim será visto na sequência, é com base nesta classificação que se identificam os interesses tuteláveis em cada espécie de ação, sendo que, por exemplo, na Ação Popular, apenas é possível discutir direito difuso, restrição esta que não se visualiza na Ação Civil Pública.

3. Por exemplo, discussão sobre Águas, em que, segundo dispõe o artigo 1.290, do CC/02, o proprietário de nascente, ou do solo onde caem águas pluviais, satisfeitas as necessidades de seu consumo, não pode impedir, ou desviar o curso natural das águas remanescentes pelos prédios inferiores. Ou ainda, quando o indivíduo intente ação reclamando que o seu vizinho está agindo em desrespeito à função socioambiental de sua propriedade (art. 1.228, §1°, CC/02). Enfim, são questões que resvalam no bem tutelado pelo Direito Ambiental, mas que, em primeiro plano, encontra-se a atenção voltada para as preocupações particulares dos indivíduos envolvidos.

4. STJ - REsp n.. 510.150/MA - julg.: 17.2.2004. E, do referido julgamento, é válido traze a lume um trecho do voto do Ministro Luiz Fux, que assim pontuou: "A lei de improbidade administrativa, juntamente com a lei de ação civil pública, da ação popular, do mandado de segurança coletivo, do Código de Defesa do Consumidor e do Estatuto da Criança e do Adolescente e do Idoso, compõem um microssistema de tutela dos interesses transindividuais e sob esse enfoque interdisciplinar interpenetram-se e subsidiam-se [...]".

5. Com exceção da ação de desapropriação, que, nada obstante seu objeto seja o patrimônio ambiental (bem difuso), não se insere perfeitamente na temática e nuances que o microssistema coletivo apresenta.

6. Frisando que, sob a terminologia de "ações coletivas", compreendem as mais diversas demandas a envolver direitos difusos e coletivos, a exemplo da ação popular, da ação civil pública, o mandado de segurança coletivo, e, até mesmo, as ações de improbidade administrativa, etc.

7. Art. 5°, LXIX e LXX, CF/88.

responsável pela ilegalidade ou abuso de poder for autoridade pública ou agente de pessoa jurídica no exercício de atribuições do Poder Público, sendo que, sob um viés coletivo, é possível ser impetrado (*legitimidade*) tanto por partido político com representação no Congresso Nacional, como por organização sindical, entidade de classe ou associação legalmente constituída e em funcionamento há pelo menos um ano, em defesa dos interesses de seus membros ou associados.

Nesse sentido, e direcionando-se à sua forma coletiva[8], cumpre pontuar que, sob o regime jurídico traçado pela Lei 12.016/09, aqueles legitimados estarão autorizados a ingressar com mandado de segurança para discutir direitos *coletivos* (os transindividuais, de natureza indivisível, de que seja titular grupo ou categoria de pessoas ligadas entre si ou com a parte contrária por uma relação jurídica básica), e, direitos *individuais homogêneos* (decorrentes de origem comum e da atividade ou situação específica da totalidade ou de parte dos associados ou membros do impetrante).

ATENÇÃO

Mandado de segurança coletivo não é apto à tutela de direitos difusos, tidos como transindividuais, de natureza indivisível, de que sejam titulares pessoas indeterminadas e ligadas por circunstâncias de fato[9].

É fato que o meio ambiente ecologicamente equilibrado, em sua essência, mostra-se como um direito tipicamente difuso, de titularidade difusa, e indeterminada, com seu objeto indivisível, sendo, pois, transindividual. Contudo, existem situações nas quais é possível visualizar que possa ser tutelado dentro de um aspecto de direito coletivo *strictu sensu*, sendo que, sem prejuízo de alguns exemplos concretos[10], poder-se-ia pensar a

8. Para exemplificar esse manuseio de mandado de segurança coletiva, cita-se, como exemplo, o Processo judicial nº 2089154-73.2015.8.26.0000 (Competência originária do Tribunal de Justiça do Estado de São Paulo), em que a Associação Movimento em Defesa da Vida do Grande ABC (MDV) insurgia-se contra o fato de terem sido iniciadas as obras de transposição de águas da represa 'Billings' para o rio Taiaçupeba Mirim, sem antes submeter o projeto ao Comitê de Bacia Hidrográfica do Alto Tietê. Contudo, como resultado, restou negada a ordem, pois se demonstrou nos autos que, em verdade, houve, sim, o debate junto ao Comitê, e de forma exaustiva. Outro exemplo está materializado no processo judicial 0044779-66.2009.8.26.0053 (tramitado pela Comarca de São Paulo), promovido pelo Sindicato dos Armadores de Pesca do Estado de São Paulo, que se insurgiam contra a Proibição de (i) pesca de arrasto, (ii) pesca com compressor de ar ou outro equipamento de sustentação artificial; nas áreas de proteção ambiental marinhas do litoral do Estado SP. Como resultado, a ordem foi negada, haja vista que, na ótica do Judiciário, tal proibição está em perfeita consonância com a tutela ambiental do artigo 225 CF/88.

9. O legislador foi expresso (silêncio eloquente) ao afastar do âmbito do mandado de segurança coletivo os direitos difusos (conceituados pelo artigo 81, I, da Lei 8.078/90). Contudo, há uma posição sustentada por Teori Zavaski, e acolhida por Milaré, segundo quem, mostra-se viável pensar em um direito difuso sendo tutelado por meio de mandado de segurança coletivo, desde que (a) enquadre-se o objeto de discussão no campo da legitimação do impetrante, e, (b) seja suficientemente demonstrável por meio de prova documental pré-constituída (MILARÉ. Édis. Op. cit.).

10. Inclusive, a despeito de diversas fundamentações, a essencial distinção entre o mandado de segurança coletivo e o individual diz respeito à legitimidade, sem prejuízo, é claro, do enfoque do assunto a ser tratado.

hipótese de um ato de um Govenador, impondo a cobrança do uso de recursos hídricos por toda a extensão do curso d'água que atinge mais de dois Municípios (mas todos do mesmo Estado), sem excepcionar a hipótese de uso para a satisfação das necessidades de pequenos núcleos populacionais, distribuídos no meio rural, que independe de outorga, e, pois, isentos de cobrança.

No caso hipotético levantado acima certamente eventual associação dos ribeirinhos terá legitimidade para se insurgir contra o ato do Governador, tal como também terá para questionar o ato do Governador – também hipotético – que, sem se ater ao regular procedimento de outorga de direito de uso de recursos hídricos, ou mesmo desrespeitando, por exemplo, a necessidade de se resguardar uso múltiplo das águas, autoriza lançamento em corpo de água de esgotos, com o fim de sua disposição final, em total afronta ao que dispõe a Lei 9433/97 (art. 1°, IV e art. 12, III), causando prejuízo direto aos ribeirinhos.

Frise-se que, nesse contexto, essa ação coletiva visa a atacar ato abusivo ou ilegal, que esteja lesionando ou ameaçando de lesão a direito líquido e certo, não amparado por *habeas corpus* ou habeas data, respectivamente (a) na defesa de seus interesses legítimos *relativos a seus integrantes ou à finalidade partidária*, e (b) em defesa de direitos líquidos e certos da totalidade, ou de parte, dos *seus membros ou associados*, na forma dos seus estatutos e desde que pertinentes às suas finalidades, dispensada, para tanto, autorização especial (e mesmo da relação nominal dos associados ou membros substituídos)[11].

Nesse cenário, é interessante destacar que se trata de uma legitimação extraordinária, mais precisamente pela substituição processual, em que o autor legitimado postula em nome próprio direito alheio (distinguindo-se da representação, em que se postula também em nome alheio).

Por fim, impõe seja ressaltado que o artigo 2°, da Lei 8.437/92 (que dispõe sobre a concessão de medidas cautelares contra atos do Poder Público e dá outras providências), veda que seja concedida liminar em face da Fazenda Pública, sem que esta seja ouvida no prazo de 72 horas[12], o que deverá ser respeitado, caso superada o contexto de próprio impedimento de concessão de liminar previsto pelo artigo 1°, da Lei 8.437/92 c.c. art. 7°, §2°, da Lei 12.016/09.

3. AÇÃO CIVIL PÚBLICA

No que diz respeito à Ação Civil Pública, instrumento importantíssimo – senão o mais importante – na tutela ambiental, cujo cerne do regime jurídico está contido na Lei 7.347/85[13], esta tem objeto mais amplo que o mandado de segurança coletivo, podendo, por ela, serem tuteladas as três categorias de direitos coletivos em sentido amplo (difu-

11. Cabe ressaltar que não há necessidade de autorização dos membros associados para que a entidade impetre o mandado de segurança coletivo, havendo legitimação extraordinária autônoma (TRF 1ª região AMS 1997.01.00.052102-5 – MG – DJU 11.02.1992)
12. Art. 2°, da Lei 8.437/92.
13. Sem prejuízo de considerar que, em verdade, o microssistema processual coletivo também abrange outras leis, em especial a Lei 8.078/90, bem como as normas ambientais, além de outras.

sos, coletivos e individuais homogêneos) – frisando que em seu artigo 1º, I, estipula que o meio ambiente é tutelável por meio desta demanda coletiva.

Quanto à *legitimidade*[14], segundo dispõe o artigo 5º, estão autorizados a ajuizar ação civil pública (principal ou cautelar): I – Ministério Público[15]; II – Defensoria Pública; II – União, os Estados, o Distrito Federal e os Municípios; IV – Autarquia, empresa pública, fundação ou sociedade de economia mista; V – Associação que, concomitantemente: (a) esteja constituída há pelo menos 1 (um) ano nos termos da lei civil; (b) inclua, entre suas finalidades institucionais, a proteção ao meio ambiente[16].

ATENÇÃO

Às comunidades indígenas foi concedido personalidade jurídica pelo artigo 232, da CF/88, viabilizando, portanto, que ingressem com ação civil pública, na proteção do meio ambiente, quando envolver interesse dos índios.

De outro lado, relativamente à *competência* para o seu julgamento, esta será do juízo do local do dano[17], cuja competência adquire natureza absoluta em razão do que dispõe o artigo 2º da referida lei[18].

Outrossim, questão recheada de discussão envolve o artigo 16 da Lei de Ação Civil Pública, que, muito embora reconheça os efeitos erga omnes da decisão transitada em julgada, os limita à extensão territorial dentro da qual o órgão jurisdicional exerce sua competência[19].

Ainda, relacionando-se o tema com aquilo que foi analisando quando dos princípios gerais de direito, para situações nas quais haja a direta aplicação do princípio da precaução, isto é,

14. De se realçar que essa legitimidade extraordinária (substituição processual) acaba por ser denominada de *disjuntiva* e *concorrente*, pois todos podem agir, independentemente da postura dos demais.

15. STF, RE 213.015 – *DJ* 24.05.2002. Nessa decisão, inclusive, assentou-se que, em se tratando de tutela do meio ambiente do trabalho, a atribuição para atuar é do Ministério Público do Trabalho – e não do Ministério Público Federal.

16. Segmentando para a nossa temática, pois, verdadeiramente, estão previstos os seguintes bens jurídicos passíveis de tutela: patrimônio público e social, ao meio ambiente, ao consumidor, à ordem econômica, à livre concorrência, aos direitos de grupos raciais, étnicos ou religiosos ou ao patrimônio artístico, estético, histórico, turístico e paisagístico. Sem prejuízo, já se reconheceu legitimidade à Associação de Moradores, cujo objetivo estatutário seja a proteção de seus interesses (STJ – REsp 31.150/SP – *DJ* 20.05.1996).

17. Inclusive, aqui ganha realce a classificação oportunamente feita quando abordado o dano ambiental, dividido em dano local, microrregional, regional ou nacional.

18. Art. 2º, da Lei 8.347/85.

19. No julgamento do Recurso Extraordinário 612.043, em que foi fixada tese de repercussão geral (tema nº 499), o Supremo Tribunal Federal declarou a constitucionalidade do art. 2º-A da Lei nº 9.494/97, no sentido de que a sentença civil em ação coletiva proposta por entidade associativa, na defesa dos interesses e direitos dos seus associados, abrangerá apenas os substituídos que tenham, na data da propositura da demanda, domicílio no âmbito da competência territorial do órgão prolator da decisão. Em sentido diverso, assentando como os efeitos sendo produzidos em todo o território nacional, confira-se: STJ – REsp 1.319.232/DF, julg.: 4.12.2014; STJ – REsp 1.243.887/PR – *DJe* 12.12.2011.

sobre a incerteza científica do dano, o STJ[20] já compreendeu pela possibilidade de inversão do ônus da prova, seja pelo aspecto material (*in dubio pro natura* ou *salute*), como também com o reforço de argumento, de viés processual, contido no artigo 6º, VIII, da Lei 8.078/90.

Similarmente ao que acontece para o Mandado de Segurança coletivo, há tanto a vedação para a concessão de liminar, como, também, a necessidade de prévia oitiva para que seja possível concedê-la, quando envolver pessoa jurídica de direito público no polo passivo.

Por fim, lembre-se o caráter da imprescritibilidade que envolve o direito, sendo viável a qualquer momento ingressar com uma ação civil pública para tutela ambiental, até mesmo porque, a reparação do dano tem a marca de ser imaterial e não pecuniária. Daí, no que diz respeito à possibilidade de se pleitear em juízo, por meio de ação civil pública, medidas tendentes a recuperar/reparar o meio ambiente, esta é imprescritível, o que não abrange os efeitos patrimoniais do dano ambiental.

4. AÇÃO POPULAR

Prosseguindo, outa ação coletiva de grande importância consiste na *Ação Popular*, prevista no artigo 5º, LXXIII, CF/88, como um direito/garantia fundamental do cidadão, para defender em juízo interesses que transcendem à sua individualidade, a exemplo do meio ambiente[21].

Frise-se que, nada obstante seja intentada por um indivíduo (cidadão), é imperioso destacar que seu objeto é exclusivamente direito considerado como *difuso*. Ademais, pela literalidade do dispositivo constitucional, quando se fala em "anular ato lesivo", denota – e é o que se compreende em linhas gerais – que, como causa de pedir, deve ser demonstrada a ilegalidade e a lesividade do ato[22], por exemplo, ao meio ambiente.

Nada obstante, considerando que a ação popular pode ter viés tanto repressivo (dano já ocorreu) como preventivo (dano ainda não produzido), nesta segundo situação certamente se contentará com a potencialidade lesiva do ato combatido.

Ou ainda, pertinente a ponderação feita por Milaré[23], quando, pontuando que a ilicitude do ato é indiferente para se impor no campo da responsabilidade ambiental, considera-se que a lesividade ao meio ambiente, por si só, já é suficiente para autorizar o ajuizamento de ação popular.

Quanto à *legitimidade ativa*, embora haja discussão de âmbito doutrinário (fundada numa interpretação ampliativa da figura de cidadão[24]), ainda é assente na jurisprudência que tão apenas pode ajuizar a referida demanda aquele indivíduo[25] que, nos termos da

20. STJ – REsp 1.049.822 / RS – DJe 18.05.2009.
21. Art. 5º, LXXIII, CF/88. A respeito, é de se conferir STJ – REsp 889.766 – DJ 18.10.2007.
22. A princípio, justifica-se o ajuizamento de uma ação popular a constatação de que um ato que seja tanto ilegal como lesivo aos interesses por ela tutelado.
23. MILARÉ. Édis. Op. cit., p. 709-710.
24. Vide Capítulo III, tópico 9.3.
25. Súmula 365 do STF: "pessoa jurídica não tem legitimidade para propor ação popular".

Constituição Federal de 1988, tenha pleno gozo dos direitos políticos (capacidade eleitoral ativa e passiva), mesmo que tenha 18 (dezoito) anos[26].

Na linha do que é disciplinado pela Lei 4.717/65 (Lei da Ação Popular), é *legitimado* a figurar no polo *passivo*[27]: I – Pessoa jurídica de direito público lesada; II – Autarquia; III – Sociedade de economia mista; IV – Sociedades mútuas de seguro nas quais a União represente os segurados ausentes; V – Empresas públicas; VI – Serviços sociais autônomos; VII – Instituições ou fundações para cuja criação ou custeio o tesouro público haja concorrido ou concorra com mais de cinquenta por cento do patrimônio ou da receita ânua; VIII – Empresas incorporadas ao patrimônio da União, do Distrito Federal, dos Estados e dos Municípios; IX – Quaisquer pessoas jurídicas ou entidades subvencionadas pelos cofres públicos; X – Autoridades, funcionários ou administradores que concorreram para a realização do ato.

Sem prejuízo, a Fazenda é dotada de uma peculiaridade, contida no art. 6°, §3°, da Lei 4.717/65, segundo a qual lhe é dado, quando citada, optar por permanecer no polo passivo, locomover-se ao polo passivo, ou mesmo manter-se inerte.

Ademais, relativamente à *competência* para seu processamento e julgamento, compreende-se como aplicável, ante a ausência de norma específica, a regra geral do domicílio do réu, ou, ainda, a regra do artigo 2°, da Lei de Ação Civil Pública (Lei 7.347/85)[28], estabelecendo-se a competência pelo local do dano. Porém, delineando como uma competência concorrente, visualiza-se pela jurisprudência do STJ[29] que já se fixou pelo domicílio do autor[30].

5. DESAPROPRIAÇÃO

Por fim, ainda que não se trate de uma demanda tipicamente de tutela ambiental coletiva, a Desapropriação está dentre as ações que se incluem na tutela processual do meio ambiente, a respeito do que, ainda que não apresentada comumente dessa forma na literatura ambiental, frise-se que no artigo 5°, do Decreto-Lei 3.365/41[31], podem-se verificar algumas hipóteses direta ou indiretamente relacionadas à tutela ambiental coletiva.

26. Art. 1°, §3°, da Lei 4.717/65.
27. Art. 6°, da Lei 4.717/65.
28. Até mesmo porque, não deixa de ser uma ação coletiva.
29. STJ – CC 47.950 – DJ 07.05.2007
30. Independentemente, será sempre junto ao juízo de primeiro grau, uma vez que não há previsão de foro privilegiado.
31. Art. 5°, do Decreto-Lei 3.365/41. Consideram-se casos de utilidade pública: *(...) d)* a salubridade pública; *e)* a criação e melhoramento de centros de população, seu abastecimento regular de meios de subsistência; *f)* o aproveitamento industrial das minas e das jazidas minerais, das águas e da energia hidráulica; *g)* a assistência pública, as obras de higiene e decoração, casas de saúde, clínicas, estações de clima e fontes medicinais; *(...) i)* a abertura, conservação e melhoramento de vias ou logradouros públicos; a execução de planos de urbanização; o parcelamento do solo, com ou sem edificação, para sua melhor utilização econômica, higiênica ou estética; a construção ou ampliação de distritos industriais; *k)* a preservação e conservação dos monumentos históricos e artísticos, isolados ou integrados em conjuntos urbanos ou rurais, bem como as medidas necessárias a manter-lhes e realçar-lhes os aspectos mais valiosos ou característicos e, ainda, a proteção

A exemplo, compreende-se ser viável o manuseio de desapropriação, fundado no artigo 5º, alínea "k", visando à proteção ambiental (meio ambiente cultural, artificial e natural), quando, por exemplo, o tombamento não for suficiente.

Além do mais, vale lembrar que, relativamente às Unidades de Conservação, existem aquelas categorias em que, pelo seu regime jurídico, a área especialmente protegida há de ser de domínio público, donde resulta a necessidade de que o Poder Público promova a ação expropriatória, adquirindo a propriedade, e, ainda, eliminando eventuais ocupações[32].

Outrossim, relativamente à tutela ambiental, é possível visualizar a desapropriação operando esse mister quando manuseada com fundamento no artigo 184, *caput*, combinado com o artigo 186, II, ambos da CF/88, isto é, para fins de reforma agrária na hipótese da propriedade não estar cumprindo com sua função social, em especial quanto à não "utilização adequada dos recursos naturais disponíveis e preservação do meio ambiente".

Por fim, verifica-se que a ação de desapropriação tangencia com a questão ambiental, quando manuseada sem que tenha por fundamento a preservação ambiental, mas que esta vai repercutir no valor da justa indenização.

Ora, ao se perquirir pelo valor que realmente vale a área desapropriada, área de preservação permanente não deve ser incluída na avaliação, haja vista que, dada a sua peculiaridade, não traz, por si só, aproveitamento econômico ao proprietário, ora expropriado, de modo que não se justifica, então, pagar-lhe por aquele espaço da propriedade donde não retira qualquer valor[33].

Contudo, em que pese esse entendimento inicialmente consolidado,

Advieram vertentes jurisprudenciais admitindo a fixação de indenização inclusive sobre área em APP, ora fundamentando-se que a limitação legal não afasta o valor econômico da mata protegida[34], ou ainda, caso demonstrada a exploração econômica anteriormente aos atos de expropriação e se comprovada a viabilidade de exploração da mata nativa[35], isto é, ainda que em APP, a sua exploração econômica encontra-se admitida pelo ordenamento jurídico (a exemplo da área rural consolidada, com atividade agrossilvipastoril preexistente).

Além do que, cada vez mais há um reconhecimento de valor econômico às áreas protegidas, a exemplo da Área de Preservação Permanente, cujas razões são as mais diversas, como a simples possibilidade de se computar a área de Reserva Legal junto à área de Preservação Permanente, significa um pedaço maior de espaço aproveitável economicamente.

Desse modo, verifica-se que a desapropriação, embora não tratada com toda essa atenção pela doutrina, representa importantíssima ferramenta à disposição do Poder Público, para que, por mais esse caminho, efetue a proteção ambiental.

---

de paisagens e locais particularmente dotados pela natureza; *l)* a preservação e a conservação adequada de arquivos, documentos e outros bens moveis de valor histórico ou artístico; *m)* a construção de edifícios públicos, monumentos comemorativos e cemitérios; *(...) p)* os demais casos previstos por leis especiais.

32. Com ressalva daquelas hipóteses em que regularizada a situação por meio de contrato de concessão real de uso.

33. STJ – Agravo Regimental no Recurso Especial nº 872.879/AC – DJe 28.05.2012.

34. TJ/RS – Apelação Cível Nº 70045502788 – DJe de 06.05.2013; STF – AgR AI 677.64 – *DJe* 6.6.2008.

35. STJ – REsp nº 1.395.597 – DJe de 13.11.2013.

6. SÚMULAS E ORIENTAÇÕES JURISPRUDENCIAIS (STJ E STF)

(STJ – REsp 1.479.316 / SE – DJe 01.09.2015)

PROCESSUAL CIVIL. ADMINISTRATIVO. AMBIENTAL. ÁREA PRIVADA. MATA ATLÂNTICA. DESMATAMENTO. IBAMA. PODER FISCALIZATÓRIO. POSSIBILIDADE. MINISTÉRIO PÚBLICO FEDERAL. AÇÃO CIVIL PÚBLICA. LEGITIMIDADE ATIVA AD CAUSAM. EXISTÊNCIA. PRECEDENTES.

1. Não há falar em competência exclusiva de um ente da federação para promover medidas protetivas. Impõe-se amplo aparato de fiscalização a ser exercido pelos quatro entes federados, independentemente do local onde a ameaça ou o dano estejam ocorrendo, bem como da competência para o licenciamento. 2. A dominialidade da área em que o dano ou o risco de dano se manifesta é apenas um dos critérios definidores da legitimidade para agir do Parquet Federal.3. A atividade fiscalizatória das atividades nocivas ao meio ambiente concede ao IBAMA interesse jurídico suficiente para exercer seu poder de polícia administrativa, ainda que o bem esteja situado dentro de área cuja competência para o licenciamento seja do município ou do estado, o que, juntamente com a legitimidade ad causam do Ministério Público Federal, define a competência da Justiça Federal para o processamento e julgamento do feito. Recurso especial provido.

(STJ – REsp 31.150 / SP – DJ 10.06.1996)[36]

PROCESSO CIVIL. AÇÃO CIVIL PUBLICA. LEGITIMIDADE ATIVA. ASSOCIAÇÃO DE BAIRRO. A AÇÃO CIVIL PUBLICA PODE SER AJUIZADA TANTO PELAS ASSOCIAÇÕES EXCLUSIVAMENTE CONSTITUIDAS PARA A DEFESA DO MEIO AMBIENTE, QUANTO POR AQUELAS QUE, FORMADAS POR MORADORES DE BAIRRO, VISAM AO BEM ESTAR COLETIVO, INCLUIDA EVIDENTEMENTE NESSA CLAUSULA A QUALIDADE DE VIDA, SO PRESERVADA ENQUANTO FAVORECIDA PELO MEIO AMBIENTE. RECURSO ESPECIAL NÃO CONHECIDO.

(STJ – REsp 44.8470 / RS – DJe 15.12.2009[37])

PROCESSUAL CIVIL. AÇÃO CIVIL PÚBLICA. AUSÊNCIA DE PREQUESTIONAMENTO. SÚMULA 282/STF. SERVIÇO DE TELEFONIA. COMPETÊNCIA DA VARA DA CAPITAL PARA O JULGAMENTO DA DEMANDA. ART. 2º DA LEI 7.347/1985. POTENCIAL LESÃO A DIREITO SUPRA-INDIVIDUAL DE CONSUMIDORES DE ÂMBITO REGIONAL. APLICAÇÃO DO ART. 93 DO CDC.

1. Não se conhece de Recurso Especial quanto a matéria não especificamente enfrentada pelo Tribunal de origem, dada a ausência de prequestionamento. Incidência, por analogia, da Súmula 282/STF. 2. Trata a hipótese de Ação Civil Pública ajuizada com a finalidade de discutir a prestação de serviço de telefonia para a defesa de consumidores de todo o Estado do Rio Grande do Sul. 3. O art. 2º da Lei 7.347/1985 estabelece que a competência para o julgamento das ações coletivas para tutela de interesses supra-individuais seja definida pelo critério do lugar do dano ou do risco. 4. O CDC traz vários critérios de definição do foro competente, segundo a extensão do prejuízo. Será competente o foro do lugar onde ocorreu "ou possa ocorrer" o dano, se este for apenas de âmbito local (art. 93, I). Na hipótese de o prejuízo tomar dimensões maiores – dano regional ou dano nacional-, serão competentes, respectivamente, os foros da capital do Estado ou do Distrito Federal (art. 93, II). 5. Ainda que localizado no capítulo do CDC relativo à tutela dos interesses individuais homogêneos, o art. 93, como regra de determinação de competência, aplica-se de modo amplo a todas as ações coletivas para defesa de direitos difusos, coletivos, ouindividuais homogêneos, tanto no campo das relações de consumo, como no vasto e multifacetário universo dos direitos e interesses de natureza supraindividual. 6. Como, in casu, a potencial lesão ao direito dos consumidores ocorre em âmbito regional, à presente demanda deve ser aplicado o inciso II do art. 93 do CDC, mantido o aresto

36. Assunto: sobre legitimidade de Associação de Bairro para ação civil pública ambiental.

37. Assunto: natureza jurídica da competência territorial.

recorrido que determinou a competência da Vara da Capital (Porto Alegre) para o julgamento da demanda. Precedente do STJ. 7. Recurso Especial não provido.

(STF - ACO 359 /SP - DJ 11.03.1994)[38]

EMENTA: AÇÃO DE EXECUÇÃO MOVIDA POR SOCIEDADE DE ECONOMIA MISTA CONTROLADA PELO ESTADO DE SÃO PAULO CONTRA O ESTADO DO MARANHAO - INCOMPETENCIA DO STF - INTELIGENCIA DO ART. 102, I, F, DA CONSTITUIÇÃO - INEXISTÊNCIA DE CONFLITO FEDERATIVO - PEDIDO NÃO CONHECIDO. - O art. 102, I, f, da Constituição confere ao STF a posição eminente de Tribunal da Federação, atribuindo-lhe, nessa condição, o poder de dirimir as controvérsias que, irrompendo no seio do Estado Federal, oponham as unidades federadas umas às outras. A jurisprudência do Supremo Tribunal Federal, na definição do alcance dessa regra de competência originaria da Corte, tem enfatizado o seu caráter de absoluta excepcionalidade, restringindo a sua incidência as hipóteses de litígios cuja potencialidade ofensiva revele-se apta a vulnerar os valores que informam o princípio fundamental que rege, em nosso ordenamento jurídico, o pacto da Federação. Ausente qualquer situação que introduza a instabilidade no equilíbrio federativo ou que ocasione a ruptura da harmonia que deve prevalecer nas relações entre as entidades integrantes do Estado Federal, deixa de incidir, ante a inocorrência dos seus pressupostos de atuação, a norma de competência prevista no art. 102, I, f, da Constituição. - Causas de conteúdo estritamente patrimonial, fundadas em títulos executivos extrajudiciais, sem qualquer substrato político, não justificam se instaure a competência do Supremo Tribunal Federal prevista no art. 102, I, f, da Constituição, ainda que nelas figurem, como sujeitos da relação litigiosa, uma pessoa estatal e um ente dotado de paraestatalidade.

(STJ - EDcl no REsp 1.319.232 / DF - DJe 25.09.2015)

EMBARGOS DE DECLARAÇÃO NOS RECURSOS ESPECIAIS. AÇÃO CIVIL PÚBLICA. CRÉDITO RURAL. REAJUSTE DO SALDO DEVEDOR. INDEXAÇÃO AOS ÍNDICES DE POUPANÇA. MARÇO DE 1990. BTNF (41,28%). PRECEDENTES DAS DUAS TURMAS INTEGRANTES DA SEGUNDA SEÇÃO DO STJ. EFICÁCIA "ERGA OMNES". INTELIGÊNCIA DOS ARTIGOS 16 DA LEI DE AÇÃO CIVIL PÚBLICA COMBINADO COM 93, II, E 103, III DO CDC. PRECEDENTES DO STJ.

1. Preliminares conhecidas e rejeitadas. Objeto da demanda delimitado e aclarado. Omissões sanadas. 2. A contrariedade da parte com o conteúdo da decisão embargada não caracteriza vício de julgamento na ausência de contradição ou obscuridade. 3. O índice de correção monetária aplicável às cédulas de crédito rural, no mês de março de 1990, nos quais prevista a indexação aos índices da caderneta de poupança, foi o BTNF no percentual de 41, 28%. Precedentes específicos do STJ. 4. Ajuizada a ação civil pública pelo Ministério Público, com assistência de entidades de classe de âmbito nacional, perante a Seção Judiciária do Distrito Federal e sendo o órgão prolator da decisão final de procedência o Superior Tribunal de Justiça, a eficácia da coisa julgada tem abrangência nacional. Inteligência dos artigos 16 da LACP, 93, II, e 103, III, do CDC. 5. EMBARGOS DE DECLARAÇÃO CONHECIDOS E ACOLHIDOS, SEM EFEITOS INFRINGENTES.

Temas Repetitivos: Temas 480, 481

STJ - REsp 1.243.887 / PR - DJe 12.12.2011

DIREITO PROCESSUAL. RECURSO REPRESENTATIVO DE CONTROVÉRSIA (ART. 543-C, CPC). DIREITOS METAINDIVIDUAIS. AÇÃO CIVIL PÚBLICA. APADECO X BANESTADO. EXPURGOS INFLACIONÁRIOS. EXECUÇÃO/LIQUIDAÇÃO INDIVIDUAL. FORO COMPETENTE. ALCANCE OBJETIVO E SUBJETIVO DOS EFEITOS DA SENTENÇA COLETIVA. LIMITAÇÃO TERRITORIAL. IMPROPRIEDADE. REVISÃO JURISPRUDENCIAL. LIMITAÇÃO AOS ASSOCIADOS. INVIABILIDADE. OFENSA À COISA JULGADA.

---

38. Não basta a existência de litígio entre a União e os Estados, ou entre estes para atrair a competência para a Federal, pois é necessário demonstrar potencial risco ao pacto federativo.

1. Para efeitos do art. 543-C do CPC: 1.1. A liquidação e a execução individual de sentença genérica proferida em ação civil coletiva pode ser ajuizada no foro do domicílio do beneficiário, porquanto os efeitos e a eficácia da sentença não estão circunscritos a lindes geográficos, mas aos limites objetivos e subjetivos do que foi decidido, levando-se em conta, para tanto, sempre a extensão do dano e a qualidade dos interesses metaindividuais postos em juízo (arts. 468, 472 e 474, CPC e 93 e 103, CDC). 1.2. A sentença genérica proferida na ação civil coletiva ajuizada pela Apadeco, que condenou o Banestado ao pagamento dos chamados expurgos inflacionários sobre cadernetas de poupança, dispôs que seus efeitos alcançariam todos os poupadores da instituição financeira do Estado do Paraná. Por isso descabe a alteração do seu alcance em sede de liquidação/execução individual, sob pena de vulneração da coisa julgada. Assim, não se aplica ao caso a limitação contida no art. 2º-A, caput, da Lei n. 9.494/97. 2. Ressalva de fundamentação do Ministro Teori Albino Zavascki. 3. Recurso especial parcialmente conhecido e não provido.

(STJ – REsp 1.049.822 / RS – DJe 18.05.2009)

AÇÃO CIVIL PÚBLICA. DANO AMBIENTAL. AGRAVO DE INSTRUMENTO. PROVA PERICIAL. INVERSÃO DO ÔNUS. ADIANTAMENTO PELO DEMANDADO. DESCABIMENTO. PRECEDENTES.

I – Em autos de ação civil pública ajuizada pelo Ministério Público Estadual visando apurar dano ambiental, foram deferidos, a perícia e o pedido de inversão do ônus e das custas respectivas, tendo a parte interposto agravo de instrumento contra tal decisão. II – Aquele que cria ou assume o risco de danos ambientais tem o dever de reparar os danos causados e, em tal contexto, transfere-se a ele todo o encargo de provar que sua conduta não foi lesiva. III – Cabível, na hipótese, a inversão do ônus da prova que, em verdade, se dá em prol da sociedade, que detém o direito de ver reparada ou compensada a eventual prática lesiva ao meio ambiente – artigo 6º, VIII, do CDC c/c o artigo 18, da lei nº 7.347/85. IV – Recurso improvido.

(STJ – REsp 889.766 / SP – DJ 18.10.2007)

ADMINISTRATIVO. AÇÃO POPULAR. INTERESSE DE AGIR. PROVA PERICIAL. DESNECESSIDADE. MATÉRIA CONSTITUCIONAL.

1. O recurso especial não é a via adequada para análise da suscitada afronta ao art. 5º, LXXIV e LV, da CF, cujo exame é da competência exclusiva da Suprema Corte, a teor do contido no art. 103 da Carta Magna. 2. As condições gerais da ação popular são as mesmas para qualquer ação: possibilidade jurídica do pedido, interesse de agir e legitimidade para a causa. 3. A ação popular pode ser ajuizada por qualquer cidadão que tenha por objetivo anular judicialmente atos lesivos ou ilegais aos interesses garantidos constitucionalmente, quais sejam, ao patrimônio público ou de entidade de que o Estado participe, à moralidade administrativa, ao meio ambiente e ao patrimônio histórico e cultural. 4. A ação popular é o instrumento jurídico que deve ser utilizado para impugnar atos administrativos omissivos ou comissivos que possam causar danos ao meio ambiente. 5. Pode ser proposta ação popular ante a omissão do Estado em promover condições de melhoria na coleta do esgoto da Penitenciária Presidente Bernardes, de modo a que cesse o despejo de elementos poluentes no Córrego Guarucaia (obrigação de não fazer), a fim de evitar danos ao meio ambiente. 6. A prova pericial cumpre a função de suprir a falta ou insuficiência de conhecimento técnico do magistrado acerca de matéria extra-jurídica, todavia, se o juiz entender suficientes as provas trazidas aos autos, pode dispensar a prova pericial, mesmo que requeridas pelas partes. 7. Recurso especial conhecido em parte e não provido.

(STJ – CC 47.950 / DF – DJ 07.05.2007)

CONFLITO NEGATIVO DE COMPETÊNCIA. AÇÃO POPULAR AJUIZADA EM FACE DA UNIÃO. LEI 4.717/65. POSSIBILIDADE DE PROPOSITURA DA AÇÃO NO FORO DO DOMICÍLIO DO AUTOR. APLICAÇÃO DOS ARTS. 99, I, DO CPC, E 109, § 2º, DA CONSTITUIÇÃO FEDERAL.

1. Não havendo dúvidas quanto à competência da Justiça Federal para processar e julgar a ação popular proposta em face da União, cabe, no presente conflito, determinar o foro competente para tanto: se o de Brasília (local em que se consumou o ato danoso), ou do Rio de Janeiro (domicílio do autor). 2. A Constituição Federal de 1988 dispõe, em seu art. 5°, LXXIII, que "qualquer cidadão é parte legítima para propor ação popular que vise a anular ato lesivo ao patrimônio público ou de entidade de que o Estado participe, à moralidade administrativa, ao meio ambiente e ao patrimônio histórico e cultural, ficando o autor, salvo comprovada má-fé, isento de custas judiciais e do ônus da sucumbência". Tal ação é regulada pela Lei 4.717/65, recepcionada pela Carta Magna. 3. O art. 5° da referida norma legal determina que a competência para processamento e julgamento da ação popular será aferida considerando-se a origem do ato impugnado. Assim, caberá à Justiça Federal apreciar a controvérsia se houver interesse da União, e à Justiça Estadual se o interesse for dos Estados ou dos Municípios. A citada Lei 4.717/65, entretanto, em nenhum momento fixa o foro em que a ação popular deve ser ajuizada, dispondo, apenas, em seu art. 22, serem aplicáveis as regras do Código de Processo Civil, naquilo em que não contrariem os dispositivos da Lei, nem a natureza específica da ação. Portanto, para se fixar o foro competente para apreciar a ação em comento, mostra-se necessário considerar o objetivo maior da ação popular, isto é, o que esse instrumento previsto na Carta Magna, e colocado à disposição do cidadão, visa proporcionar. 4. Segundo a doutrina, o direito do cidadão de promover a ação popular constitui um direito político fundamental, da mesma natureza de outros direitos políticos previstos na Constituição Federal. Caracteriza, a ação popular, um instrumento que garante à coletividade a oportunidade de fiscalizar os atos praticados pelos governantes, de modo a poder impugnar qualquer medida tomada que cause danos à sociedade como um todo, ou seja, visa a proteger direitos transindividuais. Não pode, por conseguinte, o exercício desse direito sofrer restrições, isto é, não se pode admitir a criação de entraves que venham a inibir a atuação do cidadão na proteção de interesses que dizem respeito a toda a coletividade. 5. Assim, tem-se por desarrazoado determinar-se como foro competente para julgamento da ação popular, na presente hipótese, o do local em que se consumou o ato, ou seja, o de Brasília. Isso porque tal entendimento dificultaria a atuação do autor, que tem domicílio no Rio de Janeiro. 6. Considerando a necessidade de assegurar o cumprimento do preceito constitucional que garante a todo cidadão a defesa de interesses coletivos (art. 5°, LXXIII), devem ser empregadas as regras de competência constantes do Código de Processo Civil – cuja aplicação está prevista na Lei 4.717/65 –, haja vista serem as que melhor atendem a esse propósito. 7. Nos termos do inciso I do art. 99 do CPC, para as causas em que a União for ré, é competente o foro da Capital do Estado. Esse dispositivo, todavia, deve ser interpretado em conformidade com o § 2° do art. 109 da Constituição Federal, de modo que, em tal caso, "poderá o autor propor a ação no foro de seu domicílio, no foro do local do ato ou fato, no foro da situação do bem ou no foro do Distrito Federal" (PIZZOL, Patrícia Miranda. "Código de Processo Civil Interpretado", Coordenador Antônio Carlos Marcato, São Paulo: Editora Atlas, 2004, p. 269). Trata-se, assim, de competência concorrente, ou seja, a ação pode ser ajuizada em quaisquer desses foros. 8. Na hipótese dos autos, portanto, em que a ação popular foi proposta contra a União, não há falar em incompetência, seja relativa, seja absoluta, do Juízo Federal do domicílio do demandante. 9. Conflito conhecido para declarar a competência do Juízo da 10ª Vara Federal da Seção Judiciária do Estado do Rio de Janeiro, o suscitado.

(STJ. Agravo Regimental no REsp 872.879/AC – DJe 28.05.2012[39])

ADMINISTRATIVO – INTERVENÇÃO DO ESTADO NA PROPRIEDADE PRIVADA – DESAPROPRIAÇÃO POR INTERESSE SOCIAL PARA CRIAÇÃO DE RESERVA EXTRATIVISTA – POSSIBILIDADE DE DESAPROPRIAÇÃO DO VALOR DA COBERTURA FLORESTAL EM SEPARADO DA TERRA NUA – JUROS COMPENSATÓRIOS DEVIDOS EM FACE DA SIMPLES PERDA DA POSSE. 1. A jurisprudência firmou-se no sentido de que a indenização

39. Assunto: inclusão de APP no valor da desapropriação.

deve refletir o valor de mercado do imóvel expropriado, sendo desimportante que a avaliação da terra nua e da cobertura florestal seja efetuada em conjunto ou separadamente, devendo-se excluir a área de preservação permanente, tendo em vista que esta não é passível de exploração econômica. 2. A pretensão de se reduzir o valor da indenização fixada, por ensejar o reexame do contexto fático-probatório, esbarra no óbice previsto na Súmula 7/STJ. 3. A incidência dos juros compensatórios dá-se com a simples perda antecipada da posse, mesmo quando improdutivo o imóvel. Isso tem uma razão de ser, uma vez que garante ao menos minimamente a prévia indenização determinada pela Constituição Federal. Agravo regimental improvido.

(STJ – REsp 1.395.597 – DJe de 13.11.2013)

PROCESSUAL CIVIL. ADMINISTRATIVO. RECURSO ESPECIAL. DESAPROPRIAÇÃO PARA FINS DE REFORMA AGRÁRIA. INDENIZAÇÃO DA COBERTURA VEGETAL EM SEPARADO. IMPOSSIBILIDADE. 1. É possível a indenização em separado da cobertura vegetal somente se: a) demonstrada a exploração econômica anteriormente aos atos de expropriação; b) comprovada a viabilidade de exploração da mata nativa, tanto sob o aspecto da licitude, à luz das normas ambientais pertinentes, quanto do ponto de vista econômico, sopesados os custos de exploração em confronto com as estimativas de ganho. 2. Recurso especial provido

(STF – AI 67.764 – AgR – Dje 6.6.2008)

AGRAVO REGIMENTAL NO AGRAVO DE INSTRUMENTO. DESAPROPRIAÇÃO. ÁREA SUJEITA À PRESERVAÇÃO PERMANENTE. INDENIZAÇÃO DEVIDA. 1. A área de cobertura vegetal sujeita à limitação legal e, conseqüentemente à vedação de atividade extrativista não elimina o valor econômico das matas protegidas. Agravo regimental a que se nega provimento.

(STF – AgR RE 290.950 / SP – DJe 02.02.2015)

EMENTA Agravo regimental no recurso extraordinário. Administrativo. Desapropriação. Área de preservação permanente. Cobertura vegetal. Plena indenizabilidade das matas e revestimentos florestais que recobrem áreas dominiais privadas, objeto de apossamento estatal ou sujeitas às restrições administrativas ao direito de propriedade. Mantida a decisão com que se reconheceu que o acórdão atacado pelo recurso extraordinário violou precedentes da Corte. Precedentes. Agravo regimental não provido.

(STJ – AgRg no REsp 873.179 / SP – DJe 29.06.2009)

DESAPROPRIAÇÃO DIRETA. IMÓVEL SITUADO NA ESTAÇÃO ECOLÓGICA JURÉIA-ITATINS. INDENIZAÇÃO PELA COBERTURA FLORÍSTICA. IMPOSSIBILIDADE. ÁREA DE PRESERVAÇÃO PERMANENTE. IMPOSSIBILIDADE DE EXPLORAÇÃO ECONÔMICA ANTERIOR AO DECRETO EXPROPRIATÓRIO. VIOLAÇÃO AO ART. 535, DO CPC. INOCORRÊNCIA. RECURSO ESPECIAL. PREMATURO. AUSÊNCIA DE ESGOTAMENTO DA INSTÂNCIA ORDINÁRIA. NÃO CONHECIMENTO.

1. A indenização pela cobertura vegetal de imóvel desapropriado revela-se indevida quando, anteriormente à mencionada desapropriação, sua exploração econômica já se encontrava impossibilitada, salvo comprovação pelo proprietário, mediante o ajuizamento de ação própria, no sentido de que o mencionado decreto acarretou limitação administrativa mais extensa do que aquelas já existentes à época da sua edição. 2. A criação da "Estação Ecológica Juréia-Itatins", por intermédio de decreto estadual, segundo orientação firmada por esta e. Corte, não acrescentou qualquer limitação àquelas preexistentes, engendradas em outros atos normativos (Código Florestal, Lei do Parcelamento do Solo Urbano), que já vedavam a utilização indiscriminada da propriedade. Precedentes jurisprudenciais do STJ: (REsp 784.106/SP, Rel. Ministro FRANCISCO FALCÃO, DJ 22/03/2007; REsp 503.418/SP, Rel. p/ Acórdão Ministro JOÃO OTÁVIO DE NORONHA, DJ 07/03/2007; REsp 595.748/SP, Rel. Ministra DENISE ARRUDA, DJ 17/08/2006) 3. Restou assentado no v. aresto hostilizado que: Mesmo antes da implantação da Estação Ecológica de Juréia-Itatins, os expropriados, por força do Código Florestal, já não podiam usufruir em sua integralidade da área objeto da ação, posto que considerada de

preservação permanente. De fato, as florestas e demais formas de vegetação natural, localizadas ao longo dos cursos e reservatórios de água, nas elevações, nas encostas, nas restingas, nas bordas de tabuleiros ou chapadas, nas altitudes acima de 1.800 metros, encontram-se protegidas e não podem ser utilizadas, porque submetidas a regime de preservação, conforme art. 2º, do Código Florestal (Lei n. 4.771/65), em seu art. 2. Isso equivale a dizer que já existia, anteriormente, por introdução do Código Florestal, clara limitação administrativa (...)" (fls. 1.983). 4. Os embargos de declaração que enfrentam explicitamente a questão embargada não ensejam recurso especial pela violação do artigo 535, II, do CPC. 5. Ademais, o magistrado não está obrigado a rebater, um a um, os argumentos trazidos pela parte, desde que os fundamentos utilizados tenham sido suficientes para embasar a decisão. 6. O recurso especial interposto antes do julgamento dos embargos de declaração, ou seja, antes de esgotada a jurisdição prestada pelo Tribunal de origem, é prematuro e incabível, por isso ele deve ser reiterado ou ratificado no prazo recursal. Precedente da Corte Especial: REsp 776265/SC, Rel. Ministro HUMBERTO GOMES DE BARROS, Rel. p/ Acórdão Ministro CESAR ASFOR ROCHA, julgado em 18.04.2007, DJ 06.08.2007. 7. In casu, o recurso especial interposto pelo recorrente Estadual revela-se extemporâneo, vez que o acórdão dos embargos de declaração opostos pela ora recorrida foi publicado em 09.11.2004 (fl.2000) e o Recurso Especial protocolizado em 05.07.2004 (fl. 2014), sem que houvesse reiteração após a publicação do acórdão. 8. Agravos regimentais desprovidos.

7. LEGISLAÇÃO ESPECÍFICA CORRELATA

- **Constituição Federal de 1988**

Art. 5º Todos são iguais perante a lei, sem distinção de qualquer natureza, garantindo-se aos brasileiros e aos estrangeiros residentes no País a inviolabilidade do direito à vida, à liberdade, à igualdade, à segurança e à propriedade, nos termos seguintes:

(...)

LXIX – conceder-se-á mandado de segurança para proteger direito líquido e certo, não amparado por *habeas corpus* ou *habeas data*, quando o responsável pela ilegalidade ou abuso de poder for autoridade pública ou agente de pessoa jurídica no exercício de atribuições do Poder Público;

LXX – o mandado de segurança coletivo pode ser impetrado por:

a) partido político com representação no Congresso Nacional;

b) organização sindical, entidade de classe ou associação legalmente constituída e em funcionamento há pelo menos um ano, em defesa dos interesses de seus membros ou associados;

(...)

LXXIII – qualquer cidadão é parte legítima para propor ação popular que vise a anular ato lesivo ao patrimônio público ou de entidade de que o Estado participe, à moralidade administrativa, ao meio ambiente e ao patrimônio histórico e cultural, ficando o autor, salvo comprovada má-fé, isento de custas judiciais e do ônus da sucumbência;

Art. 184. Compete à União desapropriar por interesse social, para fins de reforma agrária, o imóvel rural que não esteja cumprindo sua função social, mediante prévia e justa indenização em títulos da dívida agrária, com cláusula de preservação do valor real, resgatáveis no prazo de até vinte anos, a partir do segundo ano de sua emissão, e cuja utilização será definida em lei.

Art. 186. A função social é cumprida quando a propriedade rural atende, simultaneamente, segundo critérios e graus de exigência estabelecidos em lei, aos seguintes requisitos:

(...)

II – utilização adequada dos recursos naturais disponíveis e preservação do meio ambiente.

- **Lei 8.078/90**

(Dispõe sobre a proteção do consumidor)

Art. 6º São direitos básicos do consumidor:

(...)

VIII – a facilitação da defesa de seus direitos, inclusive com a inversão do ônus da prova, a seu favor, no processo civil, quando, a critério do juiz, for verossímil a alegação ou quando for ele hipossuficiente, segundo as regras ordinárias de experiências;

Art. 81. A defesa dos interesses e direitos dos consumidores e das vítimas poderá ser exercida em juízo individualmente, ou a título coletivo.

Parágrafo único. A defesa coletiva será exercida quando se tratar de:

I – interesses ou direitos difusos, assim entendidos, para efeitos deste código, os transindividuais, de natureza indivisível, de que sejam titulares pessoas indeterminadas e ligadas por circunstâncias de fato;

II – interesses ou direitos coletivos, assim entendidos, para efeitos deste código, os transindividuais, de natureza indivisível de que seja titular grupo, categoria ou classe de pessoas ligadas entre si ou com a parte contrária por uma relação jurídica base;

III – interesses ou direitos individuais homogêneos, assim entendidos os decorrentes de origem comum.

- **Lei 12.016/09**

(Disciplina o mandado de segurança individual e coletivo)

Art. 1º Conceder-se-á mandado de segurança para proteger direito líquido e certo, não amparado por habeas corpus ou habeas data, sempre que, ilegalmente ou com abuso de poder, qualquer pessoa física ou jurídica sofrer violação ou houver justo receio de sofrê-la por parte de autoridade, seja de que categoria for e sejam quais forem as funções que exerça.

§ 1º Equiparam-se às autoridades, para os efeitos desta Lei, os representantes ou órgãos de partidos políticos e os administradores de entidades autárquicas, bem como os dirigentes de pessoas jurídicas ou as pessoas naturais no exercício de atribuições do poder público, somente no que disser respeito a essas atribuições.

§ 2º Não cabe mandado de segurança contra os atos de gestão comercial praticados pelos administradores de empresas públicas, de sociedade de economia mista e de concessionárias de serviço público.

§ 3º Quando o direito ameaçado ou violado couber a várias pessoas, qualquer delas poderá requerer o mandado de segurança.

Art. 7° Ao despachar a inicial, o juiz ordenará:

(...)

§ 2° Não será concedida medida liminar que tenha por objeto a compensação de créditos tributários, a entrega de mercadorias e bens provenientes do exterior, a reclassificação ou equiparação de servidores públicos e a concessão de aumento ou a extensão de vantagens ou pagamento de qualquer natureza.

Art. 21. O mandado de segurança coletivo pode ser impetrado por partido político com representação no Congresso Nacional, na defesa de seus interesses legítimos relativos a seus integrantes ou à finalidade partidária, ou por organização sindical, entidade de classe ou associação legalmente constituída e em funcionamento há, pelo menos, 1 (um) ano, em defesa de direitos líquidos e certos da totalidade, ou de parte, dos seus membros ou associados, na forma dos seus estatutos e desde que pertinentes às suas finalidades, dispensada, para tanto, autorização especial.

Parágrafo único. Os direitos protegidos pelo mandado de segurança coletivo podem ser:

I - coletivos, assim entendidos, para efeito desta Lei, os transindividuais, de natureza indivisível, de que seja titular grupo ou categoria de pessoas ligadas entre si ou com a parte contrária por uma relação jurídica básica;

II - individuais homogêneos, assim entendidos, para efeito desta Lei, os decorrentes de origem comum e da atividade ou situação específica da totalidade ou de parte dos associados ou membros do impetrante.

Art. 22. No mandado de segurança coletivo, a sentença fará coisa julgada limitadamente aos membros do grupo ou categoria substituídos pelo impetrante.

§ 1° O mandado de segurança coletivo não induz litispendência para as ações individuais, mas os efeitos da coisa julgada não beneficiarão o impetrante a título individual se não requerer a desistência de seu mandado de segurança no prazo de 30 (trinta) dias a contar da ciência comprovada da impetração da segurança coletiva.

§ 2° No mandado de segurança coletivo, a liminar só poderá ser concedida após a audiência do representante judicial da pessoa jurídica de direito público, que deverá se pronunciar no prazo de 72 (setenta e duas) horas.

- **Lei 7.347/85**

(Disciplina a ação civil pública de responsabilidade por danos causados ao meio-ambiente, ao consumidor, a bens e direitos de valor artístico, estético, histórico, turístico e paisagístico)

Art. 1° Regem-se pelas disposições desta Lei, sem prejuízo da ação popular, as ações de responsabilidade por danos morais e patrimoniais causados:

l - ao meio-ambiente;

ll - ao consumidor;

III - a bens e direitos de valor artístico, estético, histórico, turístico e paisagístico;

IV - a qualquer outro interesse difuso ou coletivo.

V - por infração da ordem econômica;

VI - à ordem urbanística.

VII - à honra e à dignidade de grupos raciais, étnicos ou religiosos.

VIII - ao patrimônio público e social.

Art. 2° As ações previstas nesta Lei serão propostas no foro do local onde ocorrer o dano, cujo juízo terá competência funcional para processar e julgar a causa.

Parágrafo único A propositura da ação prevenirá a jurisdição do juízo para todas as ações posteriormente intentadas que possuam a mesma causa de pedir ou o mesmo objeto.

Art. 5° Têm legitimidade para propor a ação principal e a ação cautelar: .

I - o Ministério Público; .

II - a Defensoria Pública; .

III - a União, os Estados, o Distrito Federal e os Municípios; IV - a autarquia, empresa pública, fundação ou sociedade de economia mista;

V - a associação que, concomitantemente:

a) esteja constituída há pelo menos 1 (um) ano nos termos da lei civil;

b) inclua, entre suas finalidades institucionais, a proteção ao patrimônio público e social, ao meio ambiente, ao consumidor, à ordem econômica, à livre concorrência, aos direitos de grupos raciais, étnicos ou religiosos ou ao patrimônio artístico, estético, histórico, turístico e paisagístico.

§ 1° O Ministério Público, se não intervier no processo como parte, atuará obrigatoriamente como fiscal da lei.

§ 2° Fica facultado ao Poder Público e a outras associações legitimadas nos termos deste artigo habilitar-se como litisconsortes de qualquer das partes.

§ 3° Em caso de desistência infundada ou abandono da ação por associação legitimada, o Ministério Público ou outro legitimado assumirá a titularidade ativa.

§ 4.° O requisito da pré-constituição poderá ser dispensado pelo juiz, quando haja manifesto interesse social evidenciado pela dimensão ou característica do dano, ou pela relevância do bem jurídico a ser protegido.

Art. 16. A sentença civil fará coisa julgada erga omnes, nos limites da competência territorial do órgão prolator, exceto se o pedido for julgado improcedente por insuficiência de provas, hipótese em que qualquer legitimado poderá intentar outra ação com idêntico fundamento, valendo-se de nova prova.

- **Lei 4.717/65**

(Regula a ação popular)

Art. 1º Qualquer cidadão será parte legítima para pleitear a anulação ou a declaração de nulidade de atos lesivos ao patrimônio da União, do Distrito Federal, dos Estados, dos Municípios, de entidades autárquicas, de sociedades de economia mista (Constituição, art. 141, § 38), de sociedades mútuas de seguro nas quais a União represente os segurados ausentes, de empresas públicas, de serviços sociais autônomos, de instituições ou fundações para cuja criação ou custeio o tesouro público haja concorrido ou concorra com mais de cinqüenta por cento do patrimônio ou da receita ânua, de empresas incorporadas ao patrimônio da União, do Distrito Federal, dos Estados e dos Municípios, e de quaisquer pessoas jurídicas ou entidades subvencionadas pelos cofres públicos.

(...)

§ 3º A prova da cidadania, para ingresso em juízo, será feita com o título eleitoral, ou com documento que a ele corresponda.

Art. 6º A ação será proposta contra as pessoas públicas ou privadas e as entidades referidas no art. 1º, contra as autoridades, funcionários ou administradores que houverem autorizado, aprovado, ratificado ou praticado o ato impugnado, ou que, por omissas, tiverem dado oportunidade à lesão, e contra os beneficiários diretos do mesmo.

§ 1º Se não houver benefício direto do ato lesivo, ou se for ele indeterminado ou desconhecido, a ação será proposta somente contra as outras pessoas indicadas neste artigo.

§ 2º No caso de que trata o inciso II, item «b», do art. 4º, quando o valor real do bem for inferior ao da avaliação, citar-se-ão como réus, além das pessoas públicas ou privadas e entidades referidas no art. 1º, apenas os responsáveis pela avaliação inexata e os beneficiários da mesma.

§ 3º A pessoas jurídica de direito público ou de direito privado, cujo ato seja objeto de impugnação, poderá abster-se de contestar o pedido, ou poderá atuar ao lado do autor, desde que isso se afigure útil ao interesse público, a juízo do respectivo representante legal ou dirigente.

§ 4º O Ministério Público acompanhará a ação, cabendo-lhe apressar a produção da prova e promover a responsabilidade, civil ou criminal, dos que nela incidirem, sendo-lhe vedado, em qualquer hipótese, assumir a defesa do ato impugnado ou dos seus autores.

§ 5º É facultado a qualquer cidadão habilitar-se como litisconsorte ou assistente do autor da ação popular.

- **Decreto-Lei 3.365/41**

(Dispõe sobre desapropriações por utilidade pública)

Art. 2º Mediante declaração de utilidade pública, todos os bens poderão ser desapropriados pela União, pelos Estados, Municípios, Distrito Federal e Territórios.

§ 1º A desapropriação do espaço aéreo ou do subsolo só se tornará necessária, quando de sua utilização resultar prejuizo patrimonial do proprietário do solo.

§ 2º Os bens do domínio dos Estados, Municípios, Distrito Federal e Territórios poderão ser desapropriados pela União, e os dos Municípios pelos Estados, mas, em qualquer caso, ao ato deverá preceder autorização legislativa.

Art. 5º Consideram-se casos de utilidade pública:

a) a segurança nacional;

b) a defesa do Estado;

c) o socorro público em caso de calamidade;

d) a salubridade pública;

e) a criação e melhoramento de centros de população, seu abastecimento regular de meios de subsistência;

f) o aproveitamento industrial das minas e das jazidas minerais, das águas e da energia hidráulica;

g) a assistência pública, as obras de higiene e decoração, casas de saude, clínicas, estações de clima e fontes medicinais;

h) a exploração ou a conservação dos serviços públicos;

i) a abertura, conservação e melhoramento de vias ou logradouros públicos; a execução de planos de urbanização; o parcelamento do solo, com ou sem edificação, para sua melhor utilização econômica, higiênica ou estética; a construção ou ampliação de distritos industriais;

j) o funcionamento dos meios de transporte coletivo;

k) a preservação e conservação dos monumentos históricos e artísticos, isolados ou integrados em conjuntos urbanos ou rurais, bem como as medidas necessárias a manter-lhes e realçar-lhes os aspectos mais valiosos ou característicos e, ainda, a proteção de paisagens e locais particularmente dotados pela natureza;

l) a preservação e a conservação adequada de arquivos, documentos e outros bens moveis de valor histórico ou artístico;

m) a construção de edifícios públicos, monumentos comemorativos e cemitérios;

n) a criação de estádios, aeródromos ou campos de pouso para aeronaves;

o) a reedição ou divulgação de obra ou invento de natureza científica, artística ou literária;

p) os demais casos previstos por leis especiais.

- **Código Civil (Lei 10.406/2002)**

Art. 1.228. O proprietário tem a faculdade de usar, gozar e dispor da coisa, e o direito de reavê-la do poder de quem quer que injustamente a possua ou detenha.

§ 1º O direito de propriedade deve ser exercido em consonância com as suas finalidades econômicas e sociais e de modo que sejam preservados, de conformidade com o estabelecido em lei especial, a flora, a fauna, as belezas naturais, o equilíbrio ecológico e o patrimônio histórico e artístico, bem como evitada a poluição do ar e das águas.

Art. 1.290. O proprietário de nascente, ou do solo onde caem águas pluviais, satisfeitas as necessidades de seu consumo, não pode impedir, ou desviar o curso natural das águas remanescentes pelos prédios inferiores.

8. QUESTÕES DE CONCURSO

8.1. Questões

1) **(TJ/SE – Juiz substituto / 2015)** Determinada empresa pública do Estado de Sergipe, na qual a defesa do meio ambiente não está no rol de suas atividades, inconformada com grave e extenso dano ambiental causado por uma indústria localizada no Município de Teresina, ajuizou ação civil pública em face da indústria e do Município, este em razão de sua omissão, visando à recuperação do dano ambiental. A ação civil pública deverá ser julgada,

a) procedente.

b) parcialmente procedente apenas para obrigar a indústria a recompor o dano ambiental.

c) improcedente.

d) extinta, sem resolução de mérito, por ilegitimidade de parte no polo passivo.

e) extinta, sem resolução de mérito, por ilegitimidade de parte no polo ativo.

2) **(TJ/RR – Juiz substituto** / 2015) O rol completo dos legitimados para propor ação civil pública previsto na Lei Federal n° 7.347/85 é composto por:

a) Ministério Público, Defensoria Pública, União, Estados, Distrito Federal, Municípios, Autarquias, Empresas Públicas, Fundações, Sociedades de Economia Mista e Associações, estas últimas desde que cumpridos certos requisitos previstos em lei.

b) Ministério Público, Defensoria Pública, União, Estados, Distrito Federal, Municípios e Associações, estas últimas desde que cumpridos certos requisitos previstos em lei.

c) Ministério Público, Defensoria Pública, União, Esta- dos, Distrito Federal, Municípios, Autarquias, Empresas Públicas, Fundações e Associações, estas últimas desde que cumpridos certos requisitos previstos em lei.

d) Ministério Público, Defensoria Pública, União, Estados, Distrito Federal, Municípios, Autarquias, Fundações e Associações, estas últimas desde que cumpridos certos requisitos previstos em lei.

e) Ministério Público, Defensoria Pública, União, Estados, Distrito Federal, Municípios, Autarquias e Associações, estas últimas desde que cumpridos certos requisitos previstos em lei.

3) **(TRF – 4ª Região – Juiz Federal** / 2012) **Dadas as assertivas abaixo, assinale a alternativa correta.**

I. A jurisprudência prevalente aponta que a responsabilidade objetiva na reparação do dano pelas empresas poluidoras não se estende ao patrimônio pessoal de seus gestores, salvo dolo ou culpa grave.

II. Não serve a Ação Civil Pública para a proteção de direitos ambientais, pela inexistência de tutelados identificáveis.

III. Pode o termo de ajustamento de conduta ser proposto pelo Ministério Público ou por órgãos ambientais como o Ibama e as Secretarias Municipais de Meio Ambiente.

IV. Considera-se Área de Preservação Permanente (APP) a vegetação nativa às margens de rios, lagos e nascentes, tendo como parâmetro o nível de cheia.

a) Está correta apenas a assertiva II.

b) Está correta apenas a assertiva III.

c) Estão corretas apenas as assertivas III e IV.

d) Estão corretas apenas as assertivas I, II e IV.

e) Nenhuma assertiva está correta.

4) **(TJ/PR – Juiz** / 2013) Considere as seguintes afirmativas sobre a defesa do meio ambiente em juízo:

1. A ação civil pública, a ação civil de improbidade administrativa, a ação popular e o mandado de segurança coletivo são instrumentos que podem ser utilizados na defesa do meio ambiente.

2. Para figurar no polo ativo da ação civil pública em defesa do meio ambiente, não se exige da associação que inclua, entre suas finalidades institucionais, a proteção ao meio ambiente, ao consumidor, à ordem econômica, à livre concorrência ou ao patrimônio artístico, estético, histórico, turístico e paisagístico.

3. Para propor a ação civil pública, o Ministério Público pode prescindir do inquérito civil.

4. O julgamento antecipado e de improcedência da ação civil pública não obsta a propositura de nova ação, com idêntico fundamento, com base em nova prova. Assinale a alternativa correta.

a) Somente as afirmativas 1, 2 e 4 são verdadeiras.

b) Somente as afirmativas 2 e 3 são verdadeiras.

c) Somente as afirmativas 1 e 4 são verdadeiras.

d) Somente as afirmativas 1, 3 e 4 são verdadeiras.

5) **(TJ/PI - Juiz / 2007)** Visando à anulação de ato lesivo ao meio ambiente, a ação popular pode ser intentada

a) por qualquer cidadão.

b) apenas pelo Ministério Público.

c) apenas pelos juízes singulares.

d) apenas pelas organizações da sociedade civil.

e) por qualquer cidadão, pelas organizações da sociedade civil, pelo Ministério Público e pelos juízes singulares de ofício.

6) **(TJ/SP - Juiz / 2011)** O som produzido por templo religioso durante os ofícios causa desconforto a moradores da vizinhança. O Ministério Público propõe ação civil pública e a defesa argui sua ilegitimidade, além de invocar a liberdade de culto - inciso VI do art. 5.º da Constituição da República. A decisão adequada à espécie deverá

a) reconhecer a ilegitimidade de parte do Ministério Público, por cuidar-se de vulneração a bem de titularidade determinável.

b) julgar improcedente a ação civil pública, pois o direito fundamental contido no inciso VI do art. 5.º da CF/88 é de natureza prioritária, cotejado com o dos moradores incomodados.

c) julgar improcedente a ação civil pública, pois o som em excesso não é contínuo, limitando-se aos dias de ofícios religiosos.

d) julgar improcedente a ação civil pública, pois o som causa mero desconforto e não se enquadra no conceito de poluição sonora.

e) julgar procedente a ação civil pública, pois o MP é parte legítima e o som excessivo configura poluição sonora.

7) **(TRF-5ª Região - Juiz Federal Substituto / 2015)** No que se refere à tutela do meio ambiente segundo a CF, assinale a opção correta.

a) A União pode desapropriar, por interesse social, para reforma agrária, imóvel rural de proprietário que não respeite as regras referentes a APP e reserva legal.

b) A indenização por desapropriação de imóvel rural abrangerá, por interesse social, para reforma agrária, benfeitorias necessárias, sendo paga previamente, em títulos da dívida agrária.

c) Compete aos municípios, por meio do PDOT, instituir diretrizes para o desenvolvimento urbano, inclusive habitação, saneamento básico e transportes urbanos.

d) O princípio da participação democrática no direito ambiental é instrumentalizado pela ação popular, mas não pela ACP, devido às diferenças na legitimação ativa.

e) Compete ao Conselho da República propor as condições para uso de áreas de preservação e exploração de recursos naturais, desde que sejam indispensáveis à segurança nacional.

8.2. Gabarito e comentários

Questão 1:

Gabarito **letra "a"**

Comentários: além de ser responsabilidade solidária (a afastar a alternativa "b"), está claro que a autora é legítima, sendo despiciendo no seu caso a demonstração de que a defesa do meio ambiente esteja no seu rol de atividades (art. 5º, da Lei 7.347/85).

Questão 2:

Gabarito: **letra "a"**

Comentários: literalidade do artigo 5º, da Lei 7.347/85.

Questão 3:

Gabarito: **letra "b"**

Comentários: a assertiva (I) está errada, pois admite-se a desconsideração da pessoa jurídica sempre que sua personalidade for obstáculo ao ressarcimento de prejuízos causados à qualidade do meio ambiente (art. 4º, Lei 9.605/98); a assertiva (II) também está claramente incorreta, pois, ao contrário, a ACP é ferramenta processual hábil a tutelar o meio ambiente; a assertiva (III) está correta, pois os órgãos públicos legitimados a ajuizar ACP poderão tomar dos interessados compromisso de ajustamento de sua conduta às exigências legais, mediante cominações, que terá eficácia de título executivo extrajudicial (art. 5°, §6°, Lei 7.347/85); por fim, a assertiva (IV) está equivocada, pois, independentemente se a pergunta estava fundada na legislação atual ou não, fato é que "o nível de cheia" não interfere para dimensionar a APP às margens de nascentes.

Questão 4:

Gabarito **letra "d"**

Comentários: a assertiva (1) está correta, pois é possível que haja a tutela ambiental por todas as ações coletivas que o enuncia se refere; a assertiva (2) está errada, pois, quanto à associação, exige-se sim que inclua, entre suas finalidades institucionais, a proteção ao meio ambiente; a assertiva (3) está correta, pois o Inquérito Civil não é imprescindível para ajuizamento de ACP; e, por fim, a assertiva (4) está também correta, uma vez que se o pedido for julgado improcedente por insuficiência de provas, qualquer legitimado poderá intentar outra ação com idêntico fundamento, valendo-se de nova prova (art. 16, Lei 7.347/85).

Questão 5:

Gabarito: **letra "a"**

Comentários: literalidade da Lei 4.717/65 (art. 1°), bem como art. 5°, LXXIII, da CF/88.

Questão 6:

Gabarito: **letra "e"**

Comentários: cuida-se de resposta encontra, inclusive, por exclusão, eis que a hipótese fática narrada redunda num caso de poluição sonora, que extrapola os meros interesses de vizinhança de um ou outro vizinho afetado.

Questão 7:

Gabarito **letra "a"**

Comentários: literalidade do artigo 184, *caput*, da CF/88 c.c. art. 1.228, §1°, do Código Civil.

CAPÍTULO XV

REVISÃO FINAL

Para fins de uma revisão final, como sendo aquele espaço para uma leitura rápida referente ao conteúdo visualizado nos Capítulos anteriores, impende destacar que o meio ambiente, definido legalmente (art. 3º, I, Lei 6.938/81) como sendo "o conjunto de condições, leis, influências e interações de ordem física, química e biológica, que permite, abriga e rege a vida em todas as suas formas", é tradicionalmente classificado como meio ambiente natural ou físico – a denotar os recursos naturais em si (art. 225, CF/88), como fauna e flora, recursos hídricos, etc. –, artificial – consistente no espaço decorrente de uma intervenção antrópica (*fechado:* aquele meio ambiente construído, a exemplo de edificações, prédios, etc., e, *aberto:* aquele que, a despeito de resultado da obra humana, consiste num espaço livre e aberto, a exemplo de ruas, praças, parques, etc.), cultural – diz respeito aos aspectos culturais que envolvem a vida (artigos 215 e seguintes da CF/88), e, por fim, meio ambiente do trabalho – concretiza-se pela tutela à higidez do espaço de trabalho, atento, em especial, à saúde e à segurança do trabalhador (art. 200, II e VIII, CF/88). Sem prejuízo, há outra forma de se classificar, em que, além das facetas mencionadas, insere-se o patrimônio genético (acompanhado da ideia de biotecnologia e biossegurança), a respeito do que, cuida-se de uma proposta de se coadunar com o artigo 225, §1º, II, da CF/88, que coloca o patrimônio genético (sua integridade), por si só, como um bem jurídico ambiental a ser tutelado, inclusive com expressa imposição ao Poder Público, significando a imprescindível atenção que se deve conferir à diversidade biológica, desde a integridade do patrimônio genético, preservando-se a própria manutenção da vida, em todas as suas formas, contra a intervenção indevida do ser humano na essência de cada organismo vivo, e nas relações entre eles existentes.

Um detalhe a se atentar é o fato do constituinte (art. 22, caput, CF/88) ter feito menção ao meio ambiente como sendo um bem de uso comum do povo, mas que, diferentemente da concepção civilista[1], o bem ambiental é insuscetível de qualquer apropriação, apresentando-se como fórmula, talvez tecnicamente discutível, de referir que se trata de um bem pertencente a toda a coletividade, sem possibilidades de apropriação pelo particular – e mesmo pelo poder público –, eis que num contexto de direito de terceira geração[2],

---

1. Classificação de bens públicos contidas no artigo 99, do CC/02 (bens públicos: i. de uso comum do povo, ii. de uso especial, e iii. dominicais).

2. De se lembrar da tradicional divisão dos direitos fundamentais em dimensões/gerações – não cabendo ingressar na discussão a respeito da terminologia que seria mais apropriada, serão utilizados de forma indistinta –, havendo os de primeira geração referentes aos direitos civis e políticos (liberdade negativa), os de segunda geração abarcando os direitos econômicos, sociais e culturais (igualdade), e, por fim – sem menosprezar entendimento sobre a existência de novas gerações – os de terceira geração concernentes aos direitos de meio ambiente, do consumidor, etc. (solidariedade), representativos de uma categoria que não se enquadra nas duas anteriores.

pautado no princípio da solidariedade, sendo essencialmente difuso[3], pois transindividual, de natureza indivisível, cujos titulares são indetermináveis.

Aliás, o Direito Ambiental pauta-se essencialmente a se tutelar o meio ambiente ecologicamente equilibrado, e, mais do que isso, em delinear exatamente o equilíbrio na relação entre ser humano e meio ambiente, ou, dito de outra forma, o desenvolvimento sustentável, de modo a equilibrar os interesses (econômicos, sociais, ambientais, culturais) guiadores da conduta humana, ressaltando que, por serem insuscetíveis de apropriação, não é dado ao ser humano deteriorar a qualidade ambiental.

Sobre essa relação que justifica a existência do Direito Ambiental, compreende-se que, hodiernamente, essa seara do Direito adota como concepção filosófica *antropocentrismo jurídico ecológico (alargado)*, compreendendo que ser a dignidade da pessoa humana a matriz axiológica do nosso ordenamento jurídico, mas nela se visualizando uma dimensão ecológica, sedimentando um direito-dever fundamental de tutela ambiental, seja para proteger outros seres humanos, seja para resguardar bens jurídicos que transcendem a órbita humana[4], isto é, reconhecendo um valor intrínseco a todas as formas de vida (incluindo não humanas), de modo que não se tutela o meio simplesmente para se beneficiar o ser humano (no centro das atenções).

Inclusive, mostra-se coerente o raciocínio que, observando ter o constituinte previsto o meio ambiente ecologicamente equilibrado como essencial à sadia qualidade de vida, dúvidas não há de que está a se referir da dignidade da pessoa humana, isto é, insere a questão ambiental definitivamente no rol de direitos que são imprescindíveis para a dignidade do indivíduo.

Esse Direito Ambiental, é de observar, possui uma construção científica na ordem internacional, passando por diversas Convenções, Conferências, Encontros, Documentos (Tratados, Declarações, etc.) ocorridos e elaborados no decorrer do tempo, cujo marco inicial significativo é representado pela Conferência das Nações Unidas sobre o Meio Ambiente Humano, ocorrida em junho de 1972 na cidade de Estocolmo, inserindo a temática efetivamente nas discussões internacionais. Sem prejuízo, em 1987 é apresentado o Relatório de Brundtland[5], cuja denominação exata é Relatório Nosso Futuro Comum, apresentado à comunidade global no ano de 1987, documento este que apresenta a noção clássica de desenvolvimento sustentável, definindo-o como aquele "que atende às necessidades das gerações atuais sem comprometer a capacidade de as futuras gerações tem suas próprias necessidades atendidas".

Desde então, diversos tem sido os debates na órbita internacional, com importantes Documentos sendo elaborados, abordando temas cada vez mais inovadores, atentos, por

3. Assim se referindo para distinguir das demais categorias que o são os direitos coletivos, e os individuais homogêneos, sendo estes representativos de direitos divisíveis, de titularidade determinada, mas que, de origem comum, são homogeneizados a diversas pessoas, viabilizando a sua tutela coletiva; ao passo que o outro, coletivos em sentido estrito, são indivisíveis, mas de titularidade determinável, embora transindividuais.

4. SARLET, Ingo Wolfgand, e FENSTERSEIFER, Tiago. Op. cit.. Objetiva-se, segundo os autores, "ampliar o quadro do bem-estar humano para além dos aspectos liberal e social, inserindo necessariamente a variável ecológica, somado à atribuição do valor intrínseco da Natureza".

5. Assim referido por homenagem à ex-ministra da Noruega, Gro Harlen Brundtland, que presidiu os trabalhos dessa Comissão.

exemplo, às questões climáticas (Convenção-Quadro sobre mudanças do Clima, Acordo de Paris, etc.), aprimoramento do desenvolvimento sustentável (Agenda 21, Cúpula Mundial sobre Desenvolvimento Sustentável - Rio+10, Conferência das Nações Unidas sobre Desenvolvimento Sustentável - Rio+20, Cúpula de Desenvolvimento Sustentável, etc.), biodiversidade (Convenção sobre Diversidade Biológica ou de Biodiversidade), etc.

A respeito desses Documentos, é de se atentar que, a princípio, denotam-se como normas desprovidas de cunho vinculativo aos Estados, sendo consideradas como *soft-law* (instrumento normativo através do qual são celebrados compromissos éticos e políticos a respeito de conteúdos programáticos, a serem implantados ao longo do tempo). Nada obstante, acabam por serem incorporadas ao nosso ordenamento jurídico pela sua repetição nas normas constitucionais ou infralegais, ou mesmo, pelo trâmite de forma incorporação, em que, após assinado o Documento Internacional (Tratado, Declaração, Atos, etc.) pelo Presidente da República, o Congresso Nacional, por meio de um Decreto Legislativo, autoriza que o Chefe do Executivo, mediante Decreto Presidencial, ratifique ou adira ao Ato Internacional que acarrete encargo ou compromisso ao Estado Brasileiro[6], a partir de quando, representando a promulgação do Tratado, este ato normativo passa a ser aplicado de forma geral e obrigatório no território nacional - tal como uma lei ordinária.

Um detalhe interessante refere-se ao caso de tratar-se de Documento Internacional versando sobre direitos humanos, sendo que, se no âmbito do Congresso Nacional sua aprovação se der pelo rito de Emenda Constitucional (em dois turnos por três quintos dos votos), seu ingresso no ordenamento jurídico terá a força de emenda constitucional, cujas normas assumem o caráter de norma constitucional[7].

Dessa feita, é possível visualizar que os Tratados Internacionais, no ordenamento jurídico, podem ter o caráter de lei ordinária (infraconstitucional), como de norma constitucional. Porém, há ainda uma peculiaridade, em razão do disposto no art. 5º, §2º, da CF/88, em que se prevê a não exclusão (logo, inclusão) de direitos e garantias fundamentais previstos em tratados internacionais dos quais seja o Brasil signatário, sendo que, a seu respeito, o Supremo Tribunal Federal[8] sedimentou o entendimento de que Diplomas Internacionais versando sobre direitos humanos, porém não aprovados pelo Congresso em regime de Emenda Constitucional, possuem um caráter *supralegal*, porém não constitucional. Portanto, vislumbra-se a figura de uma norma que está abaixo das normas constitucionais (infraconstitucional), porém acima das leis ordinárias (supralegal), em razão do que se sustenta-se que, além da apreciação de constitucionalidade de toda e qualquer norma infraconstitucional, deve também submeter-se ao controle de convencionalidade.

Independentemente, fato é que, sem desprezar um rico histórico legislativo ambiental, a Constituição Federal de 1988 inaugura a ordem jurídica de forma a sedimentar uma

---

6. *Iter* procedimental este delineado pelo art. 84, VIII, art. 49, I, e art. 59, VI, todos da Constituição Federal de 1988.

7. Art. 5º, §3º, CF/88.

8. HC 87.585-TO e RE 466.343-SP. Na ocasião, o caso concreto versava sobre a possibilidade de prisão civil do depositário infiel, ante o fato de a Convenção Americana sobre Direitos Humanos (Pacto de San José da Costa Rica) vedá-la expressamente.

tutela ambiental forte e consolidada, sendo que, inclusive rotulada de Constituição Verde, delineia um regime jurídico sistémico, inserindo o meio ambiente como princípio tanto da ordem social como econômica.

Vale pontuar, antes de seguir, que quanto a este histórico legislativo, a seu respeito pode-se assinalar que o Regimento Pau-Brasil foi a norma pioneira (de 1605, exigia autorização real para o corte dessa árvore), depois, surge a Carta Régia (de 1797, voltada à defesa da fauna, das águas e dos solos), o Regimento de Cortes de Madeiras (de 1799, haviam regras específicas para a derrubada de árvores), a Lei de Terras do Brasil (de 1850, disciplinava a ocupação do solo, e penalização – inclusive criminal – a quem procedesse a práticas predatórias em desfavor do meio ambiente), Decreto nº 8.843/1911 (criou-se a primeira reserva florestal do Brasil, no antigo Território do Acre), o Código Civil de 1916 (com passagens de cunho ambiental, em que pese sob uma ótica individualista e patrimonial), o Código Florestal (Decreto 23.793/34)[9], e o Código de Águas (Decreto nº 24.643/34), Lei 4.504/64 (Estatuto da Terra), a Lei 4.771/65 (o Código Florestal – o segundo), a Lei 5.197/67 (proteção à Fauna), o Decreto-Lei 221/67 (Código da Pesca), Lei 5.453/77 (responsabilidade civil em casos de danos provenientes de atividades nucleares), Lei 6.938/81 (Lei de Política Nacional do Meio Ambiente), Lei 7.347/85 (Lei de Ação Civil Pública, pela qual se tutela o meio ambiente em juízo), etc. Sem prejuízo, e até para aproveitar o ensejo, não custa relacionar outras leis que surgiram posteriormente à Constituição Federal, a exemplo da Lei 9.433/97 (Recursos hídricos), Lei 9.605/98 (Lei de crimes ambientais[10]), da Lei nº 9.985/00 (Lei do Sistema Nacional de Unidades de Conservação), o próprio Estatuto da Cidade (Lei 10.257/01), da Lei 12.187/09 (Mudança climática), da Lei 12.305/10 (Resíduos sólidos), da Lei 140/11 (competências ambientais), da Lei 12.651/12 (novo Código Florestal), etc., além ainda da existência de Resoluções do CONAMA, como a 237/97, 305/2002, 465/14, etc., que também integram consideravelmente o sistema jurídico da tutela ambiental no Brasil, tal como não se pode menosprezar a existência de outras normas infralegais, e mesmo de legislações estaduais e municipais.

De qualquer forma, um ponto que merece atenção é a importância da Lei 6.938/81, que, de forma inovadora, apresenta o meio ambiente como objeto específico de proteção, sendo a primeiro a tratar do assunto de forma mais abrangente, organizado e sistemático, cuja Política Nacional é marcada pela descentralização administrativa (com a instituição de um sistema de proteção ambiental envolvendo os diversos Entes federativos), e pela mudança no paradigma de proteção ambiental no Brasil.

Desse arcabouço, incluindo a própria Constituição a ser pontuada na sequencia, é imprescindível atentar-se à forma pela qual deve o intérprete proceder, por meio de uma interpretação sistemática, considerando a organicidade do todo, teleológica, perseguindo a própria finalidade da norma, isto é, a que fins sociais e quais exigências de bem

9. Cujo enfoque seria a preservação das florestas, com regras de sua exploração e penas àqueles que deixassem de observá-las.

10. Muito embora seja comumente utilizada essa expressão, dada a sua previsão também de responsabilidade administrativa ambiental, acredita-se que melhor seria a ela se referir como norma de responsabilização ambiental – não apenas criminal.

comum dão embasamento à norma (a *ratio* do preceito normativo), e axiológica, não se esquecendo de levar em consideração o próprio espírito da norma, os valores e princípio que trazem consigo. E, mais, do que isso, é mister atentar-se à necessidade de primazia da norma mais protetiva (mais favorável ao meio ambiente), havendo uma hierarquia de valores – e não entre os Entes Federados – de modo que, por ventura, é possível que uma norma prevista em Resolução, ou mesmo em Lei Municipal, possa afastar, no caso concreto, uma norma contida em Lei ou mesmo em legislação de outro ente federativo.

Sem prejuízo, ponto muito relevante no estudo de Direito Ambiental envolve a compreensão do Texto Constitucional[11], em especial o artigo 225 – inclusive sua literalidade[12] –, o qual representa a essência da tutela ambiental constitucional, e, pois, do próprio ordenamento jurídico.

A seu respeito, é de se observar que no *caput* há o que se denomina de *norma-matriz* (representativa do direito fundamental ao meio ambiente ecologicamente equilibrado), no parágrafo primeiro estão os *instrumentos de garantia de efetividade*, e, nos parágrafos segundo ao sexto encontram-se as *determinações particulares*. Ademais, no parágrafo sétimo, pode-se dizer, há uma norma de exceção a um dos instrumentos de garantia de efetividade contidos no parágrafo primeiro.

Com efeito, está contida no *caput* do artigo 225, da CF/88, a essência do direito ao meio ambiente, mais precisamente ao meio ambiente ecologicamente equilibrado, cuja adjetivação significa um *status* de equilíbrio entre os elementos que o compõe, imprescindível para que se preserve e propicie uma sadia qualidade de vida às pessoas, bem como para a própria manutenção dos elementos ambientais, cujo reconhecimento constitucional deixa claro seu patamar de direito fundamental.

Aliás, reconhecido como direito fundamental, lhe é inerente a marca da irrenunciabilidade, inalienabilidade e imprescritibilidade[13], sendo que seus titulares dele não podem dispor, e, ainda, é insuscetível de apropriação, tanto por particular como por uma coletividade (*res extra commercium*), além ainda de ser impossível alegar qualquer benefício

11. Frisando a existência de normas referentes à tutela ambiental em diversos pontos do Texto Constitucional, dentre os quais, o art. 5°, LXXII (prevendo a ação popular como instrumento hábil à tutela ambiental em juízo), o art. 23 (competência material), o art. 24 (competência legislativa), o art. 30 (competência Município), o art. 129, III (prevendo a tutela ambiental dentro do âmbito de atuação do Ministério Público), o art. 170, VI (inserindo a defesa do meio ambiente dentre os princípios da ordem econômica), o art. 174, §3° (resguardando a proteção ambiental em meio à atividade de garimpo), o art. 186, II (arrolando a o uso adequado dos recursos ambientais, bem como a preservação ambiental, como requisitos da função social da propriedade rural), o art. 200, VIII (arrolando a proteção do meio ambiente, inclusive o do trabalho, como atribuição do sistema único de saúde-SUS), o art. 225 (Capítulo próprio para tratar da tutela do Meio Ambiente), o art. 231 (juntamente com a tutela "dos índios" está inserida a preservação dos recursos ambientais "necessários a seu bem-estar e as necessárias a sua reprodução física e cultural, segundo seus usos, costumes e tradições"), etc.
12. Pois se trata da parte a respeito da qual, no mínimo, há sempre uma questão em todo e qualquer concurso e prova.
13. Ainda, nesse tom de características, podem ser mencionadas ainda a historicidade (por decorrer de conquistas obtidas no longo do tempo), universalidade (dada a sua titularidade universal), e, ainda, a própria limitabilidade (pois os direitos fundamentais não são considerados absolutos, admitindo-se relativização quando diante de outro direito igualmente fundamental, por meio do princípio da proporcionalidade)

angariado em razão do transcurso do tempo, em detrimento do bem ambiental. Tanto é assim que a responsabilidade pela reparação do dano ambiental tem sido considerada como imprescritível[14].

Ademais, do *caput* ainda impõe ressaltar que, da expressão "meio ambiente ecologicamente equilibrado", significa reconhecer que meio ambiente é composto de diversos elementos que, ininterruptamente, relacionam-se entre si, num processo de harmonia que propicia condições de vida saudável, bem como a própria preservação dos recursos ambientais e sua perduração no tempo, sendo que, essencial, é a preservação da harmonia, da proporção ou sanidade da relação entre os vários elementos que compõe o meio ambiente – o que não significa inalterabilidade das condições naturais.

E, por fim, o caráter intergeracional desse direito fundamental, sendo beneficiários da tutela ambiental as presentes e futuras gerações, representando, pois, direito de um sujeito que ainda sequer existe.

Já no parágrafo primeiro, do artigo 225, da CF/88, estão previstos os rotulados instrumentos de garantia de efetividade, sendo que, enquanto no *caput* há um dever geral de proteção (a todos), aqui haveriam deveres específicos voltados, *a priori*, ao Poder Público.

Referidos deveres consistem em (1) preservar e restaurar os processos ecológicos essenciais e prover o manejo ecológico das espécies e ecossistemas; (2) preservar a diversidade e a integridade do patrimônio genético do País e fiscalizar as entidades dedicadas à pesquisa e manipulação de material genético; (3) definir, em todas as unidades da Federação, espaços territoriais e seus componentes a serem especialmente protegidos, sendo a alteração e a supressão permitidas somente através de lei, vedada qualquer utilização que comprometa a integridade dos atributos que justifiquem sua proteção; (4) exigir, na forma da lei, para instalação de obra ou atividade potencialmente causadora de significativa degradação do meio ambiente, estudo prévio de impacto ambiental, a que se dará publicidade; (4) controlar a produção, a comercialização e o emprego de técnicas, métodos e substâncias que comportem risco para a vida, a qualidade de vida e o meio ambiente; (5) promover a educação ambiental em todos os níveis de ensino e a conscientização pública para a preservação do meio ambiente; (6) proteger a fauna e a flora, vedadas, na forma da lei, as práticas que coloquem em risco sua função ecológica, provoquem a extinção de espécies ou submetam os animais a crueldade.

No decorrer do texto foram feitas maiores considerações a respeito de cada dever, mas, em linhas gerais (como proposta deste Capítulo de revisão final), impende pontuar que, até mesmo pelo seu teor, não apenas ao Poder Público se voltam tais deveres, pois os indivíduos devem ser comportam em consonância com tais exigências constitucionais.

Ademais, de se destacar, quanto à determinação de instituição de espaços territoriais e seus componentes a serem especialmente protegidos, a imprescindibilidade de Lei[15] para

---

14. Contudo, no dia 31/05/2018 foi proferida a decisão no STF que reconhece a Repercussão Geral no RE 654.833 (Tema 999), referente à prescrição da responsabilidade por dano ambiental.

15. Necessariamente, deve ser uma lei específica, e em sentido estrito. E, acresce-se, no Estado de São Paulo também é necessário que tal medida esteja recomendada no Plano de Manejo aprovado, e que haja consulta pública, e oitiva do respectivo conselho e do CONSEMA (Decreto 6.302/14).

se promover a sua alteração ou supressão (desafetação, redução), enquanto que, para criação[16] (ampliação), admite-se seja feito por ato do Poder Público.

Prosseguindo, do parágrafo segundo ao sexto, pela tradicional lição doutrinária, seria onde se encontram as determinações particulares, quais sejam: (§2ª) impondo-se àquele que explorar recursos minerais, a obrigação de recuperar o meio ambiente degradado, de acordo com solução técnica exigida pelo órgão público competente, na forma da lei; (§3º) tríplice responsabilidade (administrativa, penal e civil), tanto da pessoa física como da pessoa jurídica, (§4º) arrolando, de antemão, espaços especialmente protegidos, denominados de patrimônio nacional, composto pela Floresta Amazônica brasileira, Mata Atlântica, Serra do Mar, Pantanal Mato-Grossense e pela Zona Costeira, cuja utilização far-se-á, na forma da lei, dentro de condições que assegurem a preservação do meio ambiente, inclusive quanto ao uso dos recursos naturais; (§5º) prevendo como indisponíveis as terras devolutas ou arrecadadas pelos Estados, por ações discriminatórias, necessárias à proteção dos ecossistemas naturais; (§6º) necessidade de que as usinas que operem com reator nuclear tenham sua localização definida em lei federal, sem o que não poderão ser instaladas; (§7º) excepcionando o disposto na parte final do inciso VII do § 1º, não se consideram cruéis as práticas desportivas que utilizem animais, desde que sejam manifestações culturais, conforme o § 1º do art. 215 desta Constituição Federal, registradas como bem de natureza imaterial integrante do patrimônio cultural brasileiro, devendo ser regulamentadas por lei específica que assegure o bem-estar dos animais envolvidos.

Desse contexto, é de rigor pontuar sobre a problemática trazida pela Emenda Constitucional 96/2017[17], haja vista que, em essência, no âmago da questão encontra-se a liberação da prática da vaquejada, a respeito da qual o Supremo Tribunal Federal (ADI 4.983) já se posicionou que, por si só, implica em tratamento cruel aos animais envolvidos.

Afora tais pontos, do Texto Constitucional vale pontuar neste momento a respeito da função socioambiental da propriedade, sendo que, estando imposto expressamente no artigo 5º, XXIII, CF/88, que a propriedade atenda à sua função social, implica na obediência à tutela ambiental, na medida em que a função social tem esta (proteção ambiental) como requisito básico, conforme se confere, para a propriedade urbana, da leitura do art. 182, §2º, CF/88 c.c. art. 39, Lei 10.257/01, e, para a propriedade rural, do art. 186, II, CF/88. Em outros, termos, frise-se que o direito ao meio ambiente ecologicamente equilibrado compõe a própria estrutura do direito à propriedade, trazendo consigo, portanto, a

16. Sob pena de nulidade, é imprescindível que o administrador realize: (i) estudos técnicos e (ii) consulta pública, para que sejam devidamente identificados (a) a localidade, (b) a dimensão, e (c) os limites da área que virá a ser considerada especialmente protegida (art. 22, Lei 9.985/00). Quanto à consulta pública, apenas para o ato de criação (e não quando for de ampliação), está dispensada se se tratar de Estação Ecológica e Reserva Biológica.

17. Paralelamente foi elaborada a Lei 13.364/16, cujo art. 1º diz que se "eleva o Rodeio, a Vaquejada, bem como as respectivas expressões artístico-culturais, à condição de manifestações da cultura nacional e de patrimônio cultural imaterial". Isto é, já houve a regulamentação por lei específica que, teoricamente, assegura o bem-estar dos animais envolvidos, no mesmo passo em que já se promoveu o registro, como bem de natureza imaterial integrante do patrimônio cultural brasileiro, da prática desportiva denominada de vaquejada.

obrigação de proteção do meio ambiente, bem como de combater a poluição[18], razão pela qual seu exercício tão apenas será legítimo se se coadunar com a preservação ambiental, sendo que, para o caso de desrespeito a esses deveres fundamentais, em especial os relativos ao meio ambiente, viabiliza-se que o imóvel seja objeto de desapropriação, por interesse social, para fins de reforma agrária (art. 184, 186, II, da CF/88), ou mesmo como sanção (para fins de "reforma urbana"), pelo descumprimento do dever constitucional de preservação ao meio ambiente (artigo 182, §4°, III, CF/88 c.c. art. 8°, Lei 10.257/01).

Outrossim, pelo regime jurídico inaugurado pelo Constituinte de 1988, nota-se a defesa do meio ambiente consiste num dos princípios que regem a própria ordem econômica[19], e, ainda, produzindo efeitos em outras searas, a exemplo da Tributária, a repercutir num critério de discriminação para "premiar" o contribuinte que adote posturas que atendam ao anseio pela preservação e/ou combate ambiental, de modo, pois, a estimulá-lo[20].

Prosseguindo, é importante ter em mente alguns princípios que regem do Direito Ambiental, a começar pelo (1) princípio da prevenção, que, regendo de forma bem abrangente, impõe que todo o raciocínio envolvendo as questões ambientais devem se pautar pela preventividade, determinando-se a adoção de posturas que buscam prevenir a ocorrência do dano, ou, ao menos, mitigar os seus efeitos (a exemplo do licenciamento ambiental).

O segundo, princípio da precaução, por sua vez, denota mesmo mandamento preventivo, porém, com o acréscimo de que se está a debater, no caso concreto, sobre situações a respeito das quais há um desconhecimento científico quanto **à** potencialidade e os efeitos da atividade, tanto para o meio ambiente como para a saúde humana. E, como corolário, impõe-se que, na dúvida, deve ser impedida a atuação frente ao meio ambiente (*in dubio pro* ambiente), competindo, ainda, ao empreendedor demonstrar que sua atividade não traz os riscos sobre os quais a ciência desconhece (inversão do ônus da prova).

O terceiro é o denominado princípio do poluidor-pagador, o qual, tomando como referência o empreendedor que, de sua atividade, produz efeitos deletérios ao meio ambiente, impõe-lhe que desde o início de suas atividades adote posturas que, no processo produtivo, absorvam as externalidades negativas internalizadas, evitando que o custo pela degradação seja repassada à coletividade.

O quarto princípio, rotulado de usuário pagador, distingue-se do anterior, pois aqui não se pauta sobre uma postura que, *a priori*, degrade o meio ambiente. Isso porque, diferentemente, em essência, visa evitar a escassez decorrente de uma hiperexploração dos recursos ambientais, oriunda da sensação de custo zero ao empreendedor, de modo que, para tanto, é realizada uma valoração econômica dos recursos ambientais, impondo uma contribuição financeira àquele que faz uso para *fins econômicos*, tal como previsto no art. 4°, VII, Lei 6.938/81, bem como na Lei 9.433/97 (recursos hídricos).

18. Lembre-se que o artigo 1.228, §1°, do CC/02, bem concretiza essa noção, quando expressa que o direito de propriedade deve ser exercido em consonância com as suas finalidades econômicas e sociais e de modo que sejam preservados, de conformidade com o estabelecido em lei especial, a flora, a fauna, as belezas naturais, o equilíbrio ecológico e o patrimônio histórico e artístico, bem como evitada a poluição do ar e das águas.

19. Art. 170, III e VI, da CF/88.

20. De se observar consistir típico caso de extrafiscalidade, em que o Poder Público (Fisco) não almeja tão apenas a arrecadação, mas outro objetivo, que *in casu* vem a ser a tutela ambiental.

O quinto, princípio do protetor recebedor, consiste em beneficiar financeiramente (econômico, fiscal e tributário) aquele que desempenha um papel protetivo do meio ambiente de forma voluntária (possui previsão na Lei 12.305/10 e na Lei 12.651/12, art. 41, I).

Seguindo, o sexto princípio é o princípio do desenvolvimento sustentável, que representa a harmonização dos interesses econômicos, sociais, ambientais e culturais, de modo que, mais do que um mero crescimento econômico, prima-se por um crescimento qualitativo, também chamado de desenvolvimento, cuja sustentabilidade significa a preservação das condições de usufruição tanto das presentes como das futuras gerações.

Outro princípio, também bastante importante, é o princípio da vedação ao retrocesso, expressamente pautado no julgamento da constitucionalidade do novo Código Florestal (Lei 12.651/12), tem por proposta blindar conquistas legislativas e evitar o retrocesso a níveis inferiores de concretização da tutela ambiental dentre os já alcançados, mas que, segundo se decidiu, admitem-se abrandamentos, quando, em contrapartida, existam outras medidas para compensar essa aparente perda da tutela ambiental.

Em adendo, vale mencionar que, juntamente a este princípio, sustenta-se o (princípio) *dever de progressividade*[21], de modo a não apenas vedar a redução da qualidade protetiva ambiental, mas, mais do que isto, impõe-se um dever de progressividade nas condições dos recursos ambientais e na sua tutela.

Na sequência, é de se observar o princípio da participação, comungando-se da necessidade de efetiva participação social (comunitária) em todas as fases das políticas públicas ambientais (desde a sua formulação, até a sua execução, fiscalizando-a), o que pode ocorrer por diversas formas, como, por exemplo, por audiência pública, consulta pública, participação em Conselhos do Meio Ambiente[22], por meio do plebiscito, referendo, ou mesmo por meio da iniciativa popular de projeto de lei, e, ainda, ajuizando ação popular, mandado de segurança ou ainda o mandado de injunção, frisando que, sempre, a ideia central é exatamente manter aberta a discussão sobre as políticas públicas, e, inclusive, sua fiscalização.

Aliás, deste princípio se observam três orientações fortes, sendo a primeiro o *acesso à informação,* que tem por premissa básica a essencialidade da informação para que o indivíduo possa se manifestar (ativa ou passivamente), isto é, de nada adiante conferir oportunidade de participação, sem que ao cidadão não sejam disponibilizadas as informações essenciais da questão, dando-lhe oportunidade de ter pleno conhecimento e consciência, habilitando-o a atuar conforme sua efetiva convicção.

Ainda, há a *participação pública,* apresentando-se como um direito-dever do cidadão, sendo que, ao mesmo tempo em que o direito à participação é conferido como um direi-

21. Vide STJ, REsp 769.753/SC – rel. Min. Herman Benjamin, j. 08.09.2009, e art. 2°, caput, da Lei, 6.938/81, e art. 3°, III, da Lei 11.445/07 ("ampliação progressiva do acesso a todos os domicílios ocupados ao saneamento básico"). Aliás, na ocasião, o magistrado fala em princípio da melhoria da qualidade ambiental a se referir do mesmo ponto.

22. Os Conselhos Ambientais, a exemplo do CONSEMA no Estado de São Paulo, são órgãos integrantes do sistema de proteção ambiental, com funções consultiva, normativa e recursal (e assim no Estado de São Paulo), podendo variar de cada Estado.

to a ser assegurado ao cidadão, resguardando-lhe todas as oportunidades possíveis – e necessárias – para que haja a sua participação nos processos decisórios, consiste num dever imposto ao cidadão para que participe da formulação das políticas públicas, bem como monitore e fiscalize os agentes públicos, e, igualmente, toda atividade que se realize junto aos recursos ambientais[23].

E, por fim, há o próprio *acesso à Justiça*, completando a tríade dos direitos procedimentais ambientais, de modo que a Justiça deve estar de portas abertas ao cidadão, para que este possa prosseguir no seu dever de tutela ambiental, inclusive, se necessário for, ingressando em juízo (por exemplo, com ação popular).

Continuando, tópico de estudo bastante importante também é a análise da Competência no âmbito do Direito Ambiental, cuja disciplina é regida, essencialmente, pela Constituição Federal e pela Lei Complementar 140/11.

Basicamente, este estudo envolve compreender que há um regime de repartição de competência legislativa e de competência material. No que diz espeito à legislativa, a regra é que se se trata de uma competência concorrente, nos termos do artigo 24, da CF/88, inclusive com as regras contidas nos seus parágrafos, em que compete à União legislar sobre normas gerais, sem prejuízo dos Estados e Municípios (e Distrito Federal) legislar para, em consonância com aquelas, atender às peculiaridades locais. Porém, há exceções, sendo que, na linha do que dispõe o artigo 22, da CF/88, (incisos IV, XII e XXVI), será de competência privativa da União legislar sobre (a) águas, energia, informática, telecomunicações e radiodifusão; (b) jazidas, minas, outros recursos minerais e metalurgia; e (c) atividades nucleares de qualquer natureza. Sem prejuízo, nos termos do parágrafo único do art. 22, confere-se a possibilidade da União delegar aos Estados essa competência.

Ademais, considera-se como exceção à regra dessa competência legislativa concorrente aquilo que seria uma competência exclusiva dos Estados delineada pelo artigo 25, §§ 1º e 3º, da CF/88, segundo o que, o constituinte deixa aos Estados reservada a competência para legislar sobre aquilo que a Constituição não lhe vedar, sendo que, de forma residual, implica o reconhecimento de lhe competir legislar (com exclusividade), inclusive na temática ambiental, aquilo que não for atribuído expressamente à União e aos Municípios.

E, ainda, seria exceção a existência de uma competência exclusiva dos Municípios, que, nos termos do artigo 30, I, da CF/88, é-lhes reservado legislar sobre aquilo que seja de interesse local[24], o que, de certo modo, significa um âmbito de competência exclusiva do Município, ao qual União, Estados e demais Municípios não podem se imiscuir.

De outro lado, há a competência material (executiva), consistente em atribuições para que o Poder Executivo promova a defesa do meio ambiente e o combate à poluição, cuja

---

23. De se conferir que o artigo 70, §2º, da Lei 9.9605/98 diz que, "qualquer pessoa, constatando infração ambiental, poderá dirigir representação às autoridades relacionadas no parágrafo anterior, para efeito do exercício do seu poder de polícia". E, quando diz "poderá", na verdade é um poder-dever, pois, na figura de "proprietário" da coisa pública (recursos ambientais), o cidadão deve exercer a fiscalização, reportando-se às autoridades competentes eventuais irregularidades, para que adotem as providências (poder de polícia) cabíveis.

24. Por interesse local compreende-se que não necessariamente deva corresponder a todo o território do Município, podendo referir-se a uma localidade, a um bairro, etc. MACHADO, Paulo Affonso Leme. Direito ambiental brasileiro. 21ª ed. São Paulo: Malheiros, 2013, p. 449.

regra é ser comum a todos os entes federativos, sendo que a essência desta competência está materializada no artigo 23, VI, da CF/88.

A bem da verdade, a competência material densifica o federalismo de cooperação que rege a distribuição de atribuições entre os entes federativos, em que todos, de forma igual e isonômica, devem se cooperar para o bem maior ao qual foram designados, cooperação esta aliás, que, nos termos do artigo 23, parágrafo único, da CF/88, demandou a elaboração da Lei Complementar 140/11, que, primando pelo equilíbrio do desenvolvimento e do bem-estar em âmbito nacional, formaliza uma repartição de atribuições, como forma de otimizar o serviço público (eficiência), evitando atuações em duplicidade, e, pior, contraditórias. E, frise-se, a regra fundamental na base desse desenho consiste na predominância do interesse, a priorizar que essa atuação do poder de polícia (que é a competência material) se faça primordialmente por aquela esfera que esteja mais próxima da questão ambiental a ser objeto de proteção ou combate à poluição[25].

Como exceção, tem-se que é de competência exclusiva da União quando a atuação administrativa, exigida constitucionalmente, envolver um bem da União arrolado no artigo 20 da CF/88, como também, quando a competência administrativa resvalar dentre aquelas contidas no artigo 21, da CF/88, que também arrola atribuições de cunho administrativo, porém de forma privativa àquele ente federativo

Ainda como exceção, é visualizável ser exclusiva a competência material do Município, quando, na redação do artigo 30 da CF/88, for o caso de: (a) inciso VIII – promover, no que couber, adequado ordenamento territorial, mediante planejamento e controle do uso, do parcelamento e da ocupação do solo urbano; (b) inciso IX – promover a proteção do patrimônio histórico-cultural local, observada a legislação e a ação fiscalizadora federal e estadual. Note que, para esta segunda situação, por predominar interesse local, demanda efetiva a atuação do Município, sem deixar de observar, contudo, a legislação e fiscalização das demais esferas.

A Lei Complementar 140/11, por sua vez, é um regramento que trata da repartição de competência administrativa, delineando o espaço de atuação (e cooperação) entre os entes federativos, que, segundo dispõe, prima-se por uma *unicidade* de competência (apenas um ente competente), evitando duplicidade e/ou contrariedade, cuja regra básica encontra-se no artigo 17, segundo o qual o órgão (ente federativo) responsável pelo licenciamento é o competente para exercer o poder de polícia, isto é, lavrar auto de infração ambiental e instaurar processo administrativo para a apuração de infrações à legislação ambiental[26].

---

25. Nesse sentido, o artigo 17, da LC 140/11, segundo o qual compete ao órgão responsável pelo licenciamento ou autorização, conforme o caso, de um empreendimento ou atividade, lavrar auto de infração ambiental e instaurar processo administrativo para a apuração de infrações à legislação ambiental cometidas pelo empreendimento ou atividade licenciada ou autorizada. E, em seu parágrafo 3°, há o trecho em que diz que "prevalecendo o auto de infração ambiental lavrado por órgão que detenha atribuição de licenciamento ou autorização a que se refere o caput". Enfim, o artigo 9°, diz que compete ao Município proceder ao licenciamento quando o dano for de dimensão local, o art. 7°, fala em competir à União quando o dano atingir 2 ou mais Estados, e o art. 8°, por sua vez, diz competir ao Estado de forma residual. Daí, e sendo o critério de efetivação do exercício do poder de polícia (fiscalizar e autuar – art. 17) quem detenha poder para licenciar, não há dúvidas de que a questão é resolvida pela predominância do interesse envolvido/afetado.

26. Nesse sentido, o artigo 17, da LC 140/11, em seu parágrafo 3°, onde há o trecho em que diz que "prevalecendo o auto de infração ambiental lavrado por órgão que detenha atribuição de licenciamento ou autorização a que

Sem prejuízo, é prevista uma competência (atuação) subsidiária, consistente em auxílio prestado por outro ente federativo (sem força vinculativa), que não o originariamente competente, mas sob solicitação deste. E, ainda, também se prevê uma a competência (atuação) supletiva, a qual é a ação do ente da Federação que se substitui ao ente federativo originariamente detentor das atribuições (art. 2°, II), quando este não possuir órgão ambiental capacitado ou conselho de meio ambiente, ou não emitir a licença/autorização dentro do prazo legal (art. 14, §3°, e art. 15). O detalhe é que essa atuação supletiva é transferida ao ente que lhe seja "superior", isto é, do Município para o Estado, e do Estado para o Município (art. 15), não havendo previsão, por exemplo, sair do Estado para ir para o Município, sair da União para ir para o Município, etc.

Relevante ainda o estudo da Lei 6.938/81, que institui a Política Nacional do Meio Ambiente, a respeito do que, para fins de revisão final, interessante destacar que esta norma traz definições importantes ao Direito Ambiental, como o próprio sentido de "meio ambiente".

Ademais, arrola quais são os *princípios* a guiarem o Poder Público na consecução dos objetivos desta Política Nacional: I – ação governamental na manutenção do equilíbrio ecológico, considerando o meio ambiente como um patrimônio público a ser necessariamente assegurado e protegido, tendo em vista o uso coletivo; II – racionalização do uso do solo, do subsolo, da água e do ar; III – planejamento e fiscalização do uso dos recursos ambientais; IV – proteção dos ecossistemas, com a preservação de áreas representativas; V – controle e zoneamento das atividades potencial ou efetivamente poluidoras; VI – incentivos ao estudo e à pesquisa de tecnologias orientadas para o uso racional e a proteção dos recursos ambientais; VII – acompanhamento do estado da qualidade ambiental; VIII – recuperação de áreas degradadas; IX – proteção de áreas ameaçadas de degradação; X – educação ambiental a todos os níveis do ensino, inclusive a educação da comunidade, objetivando capacitá-la para participação ativa na defesa do meio ambiente.

E, quanto aos seus objetivos, verifica-se um objetivo geral (art. 2°, *caput*, da Lei 6.938/81), qual seja a preservação, melhoria e recuperação da qualidade ambiental propícia à vida, visando assegurar, no País, condições ao desenvolvimento sócioeconômico (*sic*), aos interesses da segurança nacional e à proteção da dignidade da vida humana[27]. E, de forma mais específica, arrola os seguintes objetivos: I – à compatibilização[28] do desenvolvimento econômico social com a preservação da qualidade do meio ambiente e

se refere o caput". Enfim, o artigo 9°, diz que compete ao Município proceder ao licenciamento quando o dano for de dimensão local, o art. 7°, fala em competir à União quando o dano atingir 2 ou mais Estados, e o art. 8°, por sua vez, diz competir ao Estado de forma residual. Daí, e sendo o critério de efetivação do exercício do poder de polícia (fiscalizar e autuar – art. 17) quem detenha poder para licenciar, não há dúvidas de que a questão é resolvida pela predominância do interesse envolvido/afetado.

27. A respeito dos termos utilizados, cumpre pontuar que preservar implica na manutenção do *status quo*, ao passo que, melhorar significa aprimorar as condições que se encontram os bens ambientais, enquanto que, recuperar, repita-se, é retornar o bem ambiental ao status quo ante – o que representa um dos objetivos mais difíceis de atendimento, haja vista as peculiaridades que o são o dano ambiental, de reversibilidade praticamente impossível.

28. Ora, plena materialização do desenvolvimento sustentável, compatibilizando-se os fatores que o envolve.

do equilíbrio ecológico[29]; II – à definição de áreas prioritárias de ação governamental relativa à qualidade e ao equilíbrio ecológico, atendendo aos interesses da União, dos Estados, do Distrito Federal, dos Territórios e dos Municípios; III – ao estabelecimento de critérios e padrões da qualidade ambiental e de normas relativas ao uso e manejo de recursos ambientais; IV – ao desenvolvimento de pesquisas e de tecnologias[30] nacionais orientadas para o uso racional de recursos ambientais; V – à difusão de tecnologias de manejo do meio ambiente, à divulgação de dados e informações ambientais e à formação de uma consciência pública sobre a necessidade de preservação da qualidade ambiental e do equilíbrio ecológico; VI – à preservação e restauração dos recursos ambientais com vistas à sua utilização racional e disponibilidade permanente, concorrendo para a manutenção do equilíbrio ecológico propício à vida; VII – à imposição, ao poluidor e ao predador, da obrigação de recuperar e/ou indenizar os danos causados, e ao usuário, de contribuição pela utilização de recursos ambientais com fins econômicos[31].

Além disso, o estudo dos instrumentos desta Política Nacional também se apresenta de vital importância para provas, pois com frequência são objeto de questionamento. Referidas ferramentas encontram-se (as treze) listadas (exemplificativamente) no artigo 9º, da referida Lei, sendo eles: Padrões de qualidade ambiental; Zoneamento ambiental; Avaliação de impactos ambientais; Licenciamento (e sua revisão); Promoção de tecnologia limpa; Criação de espaços territoriais especialmente protegidos; Sistema nacional de informações sobre o meio ambiente; Cadastro técnico federal de atividades e instrumento de defesa ambiental; Responsabilidade administrativa ambiental; Relatório de Qualidade do Meio Ambiente (IBAMA); Prestação de informações relativas ao Meio Ambiente; Cadastro Técnico Federal de atividades potencialmente poluidoras e/ou utilizadoras dos recursos ambientais; Instrumentos econômicos, como concessão florestal, servidão ambiental, seguro ambiental e outros.

A seu respeito, cite-se que os padrões de qualidade ambiental, sem ter a pretensão de inibir a atividade econômica, mas adequando-a a outros interesses (por exemplo, saúde humana e meio ambiente), representam a estipulação[32] de parâmetros objetivos (valores numéricos) e calculáveis de emissão de poluentes, cujo volume o meio ambiente é capaz

29. Um detalhe que chama a atenção, inclusive no inciso seguinte, é a distinção realizada quanto à qualidade do meio ambiente e equilíbrio ecológico, sendo que, enquanto aquela representa "o conjunto de requisitos e condições que atestam a saúde do meio ambiente", este equilíbrio consiste na "permanência dos ecossistemas em suas características próprias e essenciais (...), na capacidade que os ecossistemas possuem de manterem-se iguais a si mesmos apesar de todas as ações e reações que neles se processam". MILARÉ. Édis. Op. cit., p. 927.

30. De se destacar a extrema importância a respeito do aprimoramento do conhecimento e das tecnologias respectivas, ainda mais na forma como delineado pelo legislador, a propiciar uma otimização do processo de produção, com a redução, inclusive, dos resíduos (externalidades).

31. Cuida-se de previsão que sinaliza o dever de reparação do dano pelo poluidor, o princípio do poluidor-pagador, bem como o princípio do usuário-pagador, viabilizando a cobrança pelo uso de recurso ambiental para fins econômicos.

32. É viável por meio de lei em sentido amplo, isto é, norma geral e obrigatória, emanada de qualquer órgão que tenha o poder de legislar, mesmo que não emane do Poder Legislativo (por exemplo, lei ordinária, decreto, resolução, etc.) – assim diferenciada de lei em sentido estrito, quando unicamente emanada do Poder Legislativo (por exemplo, lei ordinária e lei complementar).

de absorver sem afetar a integridade do seu equilibro, dentre os quais é possível ver a existência de padrões quanto à água, ar e ruído.

O zoneamento ambiental[33], por sua vez, também denominado de zoneamento econômico-ecológico (ZEE), representa a inserção da questão ambiental orientando essa divisão territorial, sendo, pois, um planejamento multidisciplinar realizado pelo Poder Público, no exercício do seu poder de polícia, para ordenar o uso e a ocupação do território, incluindo a utilização - a ser racional - dos recursos ambientais, tendo em vista os atributos ambientais e o desenvolvimento de uma região. Um detalhe que merece destaque é no sentido de que não pode reduzir outro espaço de proteção.

Na sequência está a Avaliação de Impacto Ambiental, de cujo gênero derivam as espécies estudo prévio de impacto ambiental, o estudo de impacto na vizinhança[34], o Relatório Ambiental Preliminar (RAP)[35]. Sem prejuízo, reportando-se ao que se considera mais importante, qual seja o Estudo Prévio de Impacto Ambiental (EPIA), impõe assinalar consistir na materialização do princípio da prevenção, sendo uma exigência procedimental, de natureza complexa, em que, pautando-se sobre uma atividade potencialmente causadora de significativa degradação ambiental, efetua-se um exame de alternativas para afastar a lesão ambiental, ou um plano de mitigação quando a lesão é inevitável, cuja realização concretiza tanto publicidade como participação da coletividade[36], a ponto de conferir um aprimoramento ao processo de decisão, e mesmo garantir transparência aos governos.

Outro instrumento de grande relevância, o Licenciamento Ambiental representa o procedimento administrativo, de etapa imprescindível, marcado por seu caráter preventivo, destinando-se a licenciar atividades ou empreendimentos utilizadores de recursos ambientais, efetiva ou potencialmente poluidores ou capazes, sob qualquer forma, de causar degradação ambiental[37].

Frise-se que, quanto à sua competência, fixada pela Lei Complementar 140/11, há um único órgão ambiental competente para realiza-lo, cujo regramento mescla a regra básica do âmbito de influência do impacto direto[38], com a dominialidade e predominância do interesse.

33. Ressalvando que há quem sustente tratar-se de relação de gênero e espécie, mas que, acredita-se, não se justifica tratar como temas distintos, e muito menos ingressar na abordagem de outros zoneamentos (por exemplo, zoneamento industrial), pois fugiria da objetividade do presente trabalho.

34. Embora não propriamente um instrumento de natureza ambiental, tem em sua completude uma análise ambiental, sendo voltado para empreendimentos da área urbana, cujo objetivo principal é exatamente resguardar as questões de vizinhança.

35. Consiste o RAP num estudo mais sucinto e simples, a ser utilizado no Estado de São Paulo quando os impactos ao meio ambiente não forem significativos (Res. 42/94), em que se indicará ao empreendedor qual o estudo ambiental que deverá ser realizado, bem como qual o tipo de informação ou avaliação que deverá ser apresentada.

36. Aliás, lembre-se que, via de regra, há discricionariedade do órgão licenciador em promover audiência pública, mas que, segundo a regra geral federal, é obrigatória quando houve solicitação do Ministério Público, de 50 (cinquenta) cidadãos, ou de alguma entidade civil. Sem prejuízo, no Estado de São Paulo será sempre obrigatória nas hipóteses em que for realizado EIA.

37. Art. 2º, I, LC 140/11.

38. MILARÉ. Édis. Op. cit., p. 1047. Destaca o autor que, se fossem considerados os impactos indiretos, que podem alcançar proporções inimagináveis, seria bastante penosa a definição de competência. E, mais, sustenta

Ainda a seu respeito, lembre-se da existência de uma primeira (a) licença prévia (LP), cujo prazo é não superior a 5 anos, destinada a aprovar a localização e concepção do empreendimento, atestando sua viabilidade ambiental, sem prejuízo da imposição de condicionantes e requisitos básicos a serem nas próximas fases de sua implementação; (b) licença instalação (LI), com prazo não superior a 6 anos, que, sem prejuízo da análise da observância das condicionantes e requisitos estipulados na licença anterior, autoriza a instalação do empreendimento ou atividade de acordo com as especificações constantes dos planos, programas e projetos aprovados, incluindo as medidas de controle ambiental e demais condicionantes, da qual constituem motivo determinante, e, por fim, a (c) Licença de Operação (LO), com prazo mínimo de 4 anos e máximo de 10 anos[39], que atesta o efetivo cumprimento dos requisitos e condicionantes fixados nas licenças anteriores, autoriza a operação da atividade ou empreendimento, com as medidas de controle ambiental e condicionantes determinados para a operação.

Outrossim, está previsto como instrumento, juntamente com o Licenciamento, a revisão de atividades efetiva ou potencialmente poluidoras, que, essencialmente, consiste na própria revisão do licenciamento, para o que é prevista[40] a possibilidade de modificação, suspensão, cancelamento[41] da licença ambiental expedida. Logo, é dado, se possível for (teoria da imprevisão com a cláusula *rebus sic stantibus*), promover a readequação dos termos que permitam que a atividade se desenvolva sem prejuízo da incolumidade ambiental – ou mesmo o contrário; ainda, para o caso dessa readequação demandar um tempo, suspende-se; e, por fim, o próprio cancelamento, implicando na perda de eficácia definitiva da licença ambiental, impedindo a própria continuidade da atividade pelo empreendedor, quando constatado um cenário de impossível compatibilização da atividade para com a tutela ambiental.

Outro instrumento é a promoção de tecnologia limpa, sendo imprescindível o progresso científico em toda a cadeia produtiva[42], propiciando, cada vez mais, melhores equipamentos aptos, por exemplo, a resultar numa menor emissão de poluentes, a gerar menos ruídos, etc.

De outra banda, também está previsto como instrumento a criação de espaços territoriais especialmente protegidos, tal como o Sistema Nacional de Informação sobre Meio

---

o autor que, dada a dificuldade em se analisar a própria abrangência do impacto direto, deve preponderar os critérios definidos de forma objetiva, que o são a localização e a tipologia.

39. Atenção apenas para o fato de que no Estado de São Paulo o prazo mínimo é de 2 dois anos, e máximo de 10 anos.

40. Artigo 19, da Resolução Conama 237/97.

41. Diversos autores tratam do tema incluindo outras denominações de alteração, a respeito do que, segundo nosso entendimento, vale inserir as expressões revogação e anulação, sendo aquela representativa do cancelamento em decorrência da superveniência de interesse público que assim o exija, enquanto que a segunda, anulação, decorre de um vício de validade.

42. Haja vista que o legislador fala em criação, produção e instalação, o que, veja bem, envolve desde o início, com o desenvolvimento da tecnologia, que, posteriormente, vem a ser fabricada (produzida), e, ao final, instalada. Daí, envolve todos os empreendedores da cadeia produtiva, o que abrange tanto aqueles que estão no setor de criação da tecnologia, como daqueles que a aplicam e/ou fornecem e mantém contato direto com o fornecedor.

Ambiente (SINIMA), o Cadastro Técnico Federal de Atividades e Instrumento de Defesa Ambiental, a promoção da responsabilização administrativa, o Relatório de Qualidade do Meio Ambiente, o dever do poder público prestar as informações relativas ao Meio Ambiente, a ponto, inclusive, de impor-lhe que sejam produzidas quando inexistentes, o Cadastro Técnico Federal de Atividades Potencialmente Poluidoras ou Utilizadoras de Recursos Ambientais.

Sem prejuízo, é de se mencionar ainda três instrumentos, de cunho econômico, quais sejam a concessão florestal, a servidão ambiental e o seguro de responsabilidade civil por dano ambiental. A concessão florestal consiste num delegação onerosa a uma pessoa jurídica, como resultado de um procedimento[43] de licitação[44], culminado na celebração de um contrato, cujo propósito essencial vem a ser a produção sustentável sobre uma floresta pública. A servidão ambiental, de sua parte, representa uma delegação *onerosa ou gratuita*, sendo que, instituída pelo proprietário *particular* de uma determinada propriedade, pode ter *duração temporária (mínimo 15 anos) ou mesmo perpétua*[45], sendo necessária sua *averbação* na matrícula do imóvel. Já o seguro, por ora está desprovido de regulamentação, a inexistir maiores debates a seu respeito, bastando, portanto, ter ciência da sua existência.

Outro ponto relevante na análise da Política Nacional de Meio Ambiente é o SISNAMA, que é o sistema, de âmbito nacional, criado exatamente para concretizar a Política, composto todos os órgãos e entidades da União, dos Estados, do Distrito Federal, dos Territórios e dos Municípios, bem como as fundações instituídas pelo Poder Público, responsáveis pela proteção e melhoria da qualidade ambiental.

Referido sistema é estruturado de forma a possuir: I – órgão superior: o Conselho de Governo, com a função de assessorar o Presidente da República na formulação da política nacional e nas diretrizes governamentais para o meio ambiente e os recursos ambientais; II – órgão consultivo e deliberativo: o Conselho Nacional do Meio Ambiente (CONAMA), com a finalidade de assessorar, estudar e propor ao Conselho de Governo, diretrizes de políticas governamentais para o meio ambiente e os recursos naturais e deliberar, no âmbito de sua competência, sobre normas e padrões compatíveis com o meio ambiente ecologicamente equilibrado e essencial à sadia qualidade de vida; III – órgão central: a Secretaria do Meio Ambiente da Presidência da República (atualmente Ministério do Meio Ambiente, conforme alteração ocorrida em 1992), com a finalidade de planejar, coordenar, supervisionar e controlar, como órgão federal, a política nacional e as diretrizes governamentais fixadas para o meio ambiente; IV – órgãos executores: o Instituto Brasileiro do Meio Ambiente e dos Recursos Naturais Renováveis – IBAMA e o Instituto Chico Mendes de Conservação da Biodiversidade – Instituto Chico Mendes, com a finalidade de executar

43. No âmbito do Estado de São Paulo é imprescindível a realização de audiência pública, segundo determinado pela Lei Estadual SP 16.260/16 (art. 3º).

44. Segundo o artigo 13, da Lei 11.284/06, a modalidade licitatória será a concorrência, sendo vedada a declaração de inexigibilidade prevista no artigo 25, da Lei 8.666/93, que, em linhas gerais, dispensa de licitar quando há singularidade no serviço ou no prestador de serviço.

45. Se perpétua, equivale, para fins creditícios, tributários e de acesso aos recursos de fundos públicos, à Reserva Particular do Patrimônio Natural – RPPN, definida no art. 21 da Lei nº 9.985, de 18 de julho de 2000 (art. 9º-B, Lei 6.938/81).

e fazer executar a política e as diretrizes governamentais fixadas para o meio ambiente, de acordo com as respectivas competências; V – Órgãos Seccionais: os órgãos ou entidades estaduais responsáveis pela execução de programas, projetos e pelo controle e fiscalização de atividades capazes de provocar a degradação ambiental; VI – Órgãos Locais: os órgãos ou entidades municipais, responsáveis pelo controle e fiscalização dessas atividades, nas suas respectivas jurisdições.

Ainda, importa trazer a lume o CONAMA (Conselho Nacional do Meio Ambiente), que, o com previsão no artigo 8º, da Lei 6.938/81, consiste no órgão **consultivo** e **deliberativo** dentro do Sistema Nacional do Meio Ambiente, cuja finalidade é assessorar, estudar e propor ao Conselho de Governo, diretrizes de políticas governamentais para o meio ambiente e os recursos naturais e deliberar, no âmbito de sua competência, sobre normas e padrões compatíveis com o meio ambiente ecologicamente equilibrado e essencial à sadia qualidade de vida.

Com efeito, as competências do CONAMA, disciplinadas no artigo 8º, da Lei 6.938/81, são as seguintes: I – estabelecer, mediante proposta do IBAMA, normas e critérios para o licenciamento de atividades efetiva ou potencialmente poluidoras, a ser concedido pelos Estados e supervisionado pelo IBAMA; II – determinar, quando julgar necessário, a realização de estudos das alternativas e das possíveis consequências ambientais de projetos públicos ou privados, requisitando aos órgãos federais, estaduais e municipais, bem assim a entidades privadas, as informações indispensáveis para apreciação dos estudos de impacto ambiental, e respectivos relatórios, no caso de obras ou atividades de significativa degradação ambiental, especialmente nas áreas consideradas patrimônio nacional; III – determinar, mediante representação do IBAMA, a perda ou restrição de benefícios fiscais concedidos pelo Poder Público, em caráter geral ou condicional, e a perda ou suspensão de participação em linhas de financiamento em estabelecimentos oficiais de crédito; IV – estabelecer, privativamente, normas e padrões nacionais de controle da poluição por veículos automotores, aeronaves e embarcações, mediante audiência dos Ministérios competentes; V – estabelecer normas, critérios e padrões relativos ao controle e à manutenção da qualidade do meio ambiente com vistas ao uso racional dos recursos ambientais, principalmente os hídricos.

Dessa feita, o CONAMA possui papel de destaque no Direito Ambiental, com o incremento de Resoluções que, verdadeiramente, são normas importantíssimas no delineamento do regime jurídico ambiental, a exemplo da Res. 237/97, Res. 357/05, e diversas outras, tratando de padrões de qualidade ambiental, de licenciamento, de estudo de impacto ambiental, de resíduos, etc. E, um detalhe a se acrescentar, é o fato de ser multidisciplinar e multirepresentativo, cuja diversidade em sua composição lhe confere certo caráter democrático.

Outro ponto bastante importante, e de frequente questionamento em provas e concursos, diz respeito às Unidades de Conservação, espaços territoriais especialmente protegidos, cuja composição das federais, estaduais e municipais compõe o denominado Sistema Nacional – SNUC[46].

46. Sobre o tema, são recorrentes os questionamentos voltados à identificação de cada unidade de conservação, bem como sobre peculiaridades que envolvem a criação, transformação, ampliação, extinção, redução, desa-

Consistindo num espaço territorial e seus recursos ambientais, em que, dadas as suas características naturais relevantes, são delimitados territorialmente, com o objetivo de melhor promover sua conservação, instituindo-se um regime peculiar de eventual uso, as unidades de conservação dividem-se em (1) de *Proteção Integral* e (2) de *Uso Sustentável*, sendo que, enquanto aquela é localizada apenas em zona rural e com permissão apenas para o uso indireto dos recursos naturais, esta segunda pode situar-se tanto em área urbana como rural, estando viabilizado o uso direto (sustentável) dos referidos recursos.

Referente às unidades de proteção integral: (A) a Estação Ecológica tem como objetivo a preservação da natureza e a realização de pesquisas científicas; (B) a Reserva Biológica, por sua vez, tem como objetivo a preservação integral da biota e demais atributos naturais existentes em seus limites; (C) o Parque Nacional (Estadual, ou Municipal, a depender do ente federativo que vier a criá-lo), tem como objetivo básico a preservação de ecossistemas naturais de grande relevância ecológica e beleza cênica[47]; (D) o Monumento Natural tem como objetivo básico preservar sítios naturais raros, singulares ou de grande beleza cênica; (E) o Refúgio de Vida Silvestre apresenta-se com a precípua finalidade de proteger ambientes naturais onde se asseguram condições para a existência ou reprodução de espécies ou comunidades da flora local e da fauna residente ou migratória.

De outro lado, são unidades de uso sustentável: (A) a Área de Proteção Ambiental, que é uma área em geral extensa, com certo grau de ocupação humana, que, dotada de atributos abióticos, bióticos, estéticos ou culturais especialmente importantes para a qualidade de vida e o bem-estar das populações humanas, possui como objetivos proteger a diversidade biológica, disciplinar o processo de ocupação e assegurar a sustentabilidade do uso dos recursos naturais; (B) a Área de Relevante Interesse Ecológico, com características naturais extraordinárias ou que abriga exemplares raros da biota regional, é uma área em geral de pequena extensão, com pouca ou nenhuma ocupação humana, e tem como objetivo manter os ecossistemas naturais de importância regional ou local, e regular o uso admissível dessas áreas, de modo a compatibilizá-lo com os objetivos de conservação da natureza; (C) a Floresta Nacional (Estadual, ou Municipal, a depender do ente federativo que vier a cria-la) é uma área com cobertura florestal de espécies predominantemente nativas e tem como objetivo básico o uso múltiplo sustentável dos recursos florestais e a pesquisa científica, com ênfase em métodos para exploração sustentável de florestas nativas; (D) a Reserva Extrativista é uma área utilizada por populações extrativistas[48] tradicionais, tendo como objetivos básicos proteger os meios de vida e a cultura dessas populações, e assegurar o uso sustentável dos recursos naturais da unidade; (E) a Reserva de Fauna é uma área natural com populações animais de espécies nativas, terrestres ou aquáticas, residentes ou migratórias, adequadas para estudos técnicos e científicos sobre

fetação, etc.. Quanto a essa segunda parte, tomou-se a liberdade de se antecipar quando da abordagem do Texto Constitucional que trata do assunto.

47. Posse e domínio públicos: Estação ecológica, Reserva biológica e Parque nacional. Se estiverem em propriedade privada, é imprescindível proceder à desapropriação.

48. Sua subsistência baseia-se no extrativismo e, complementarmente, na agricultura de subsistência e na criação de animais de pequeno porte.

o manejo econômico sustentável de recursos faunísticos[49], (F) a Reserva de Desenvolvimento Sustentável é uma área natural que abriga populações *tradicionais*, cuja existência baseia-se em sistemas sustentáveis de exploração dos recursos naturais, que, de sua parte, desempenham papel fundamental na proteção da natureza e na manutenção da diversidade biológica; (G) a Reserva Particular do Patrimônio Natural é uma área (exclusivamente) privada, gravada com perpetuidade[50], com o objetivo de conservar a diversidade biológica[51].

Sobre unidades de conservação, vale pontuar ainda a noção de[52]: (i) zona de amortecimento, consiste na área ao redor (no entorno) da Unidade de Conservação, cujo objetivo é minimizar (amortecer) impactos nesta, limitando-se atividades humanas para tanto; (ii) corredores ecológicos, representativos de porções de ecossistemas naturais ou seminaturais, ligando unidades de conservação, que possibilitam entre elas o fluxo de genes e o movimento da biota, facilitando a dispersão de espécies e a recolonização de áreas degradadas, bem como a manutenção de populações que demandam para sua sobrevivência áreas com extensão maior do que aquela das unidades individuais; (iii) plano de manejo, que é o documento técnico que define o zoneamento da unidade, bem como o uso da área e o manejo dos recursos naturais (inclusive sobre a implantação de estruturas físicas).

Seguindo, mesmo que em tom de revisão final, sobre o Código Florestal, rico em discussão, mostra-se tarefa bastante árdua tecer considerações a seu respeito em poucas linhas. Contudo, tentando seguir nesta proposta, impende destacar que tendo como objetivo principal o desenvolvimento sustentável, a Lei 12.651/12 representa a norma geral sobre (a) proteção da vegetação, (b) áreas de Preservação Permanente, (c) áreas de Reserva Legal, (d) exploração florestal, (e) suprimento de matéria-prima florestal, (f) controle da origem dos produtos florestais, (g) controle e prevenção dos incêndios florestais; além, ainda, de prever instrumentos econômicos e financeiros para o alcance de seus objetivos.

A área de preservação permanente (APP) pode ser concebida como a área rural ou urbana, coberta ou não por vegetação nativa, protegida para resguardar ao menos uma dentre as funções ambientais de preservar os recursos hídricos, a paisagem, a estabilidade geológica e a biodiversidade, facilitar o fluxo gênico de fauna e flora, proteger o solo e assegurar o bem-estar das populações humanas.

Trazendo consigo, via de regra, a vedação de interferência humana no respectivo espaço, a APP pode ter sua definição advinda da Lei (APP legal), como por ato do poder público (APP por interesse social), sendo que, para a primeira, existem diversos espaços previamente definidos no artigo 4º, da Lei 12.651/12, enquanto que, para a segunda, o

49. Prevista como de posse e propriedade públicas.

50. Tal gravame constará de termo de compromisso assinado perante o órgão ambiental, que verificará a existência de interesse público, e será averbado à margem da inscrição no Registro Público de Imóveis.

51. Nos termos do Decreto 1.992/96, gera ao proprietário a possibilidade de isenção de Imposto Territorial Rural (ITR).

52. Sem desconsiderar outros pontos importantes abordados, a exemplo da compensação ambiental, das limitações administrativas (prévias à efetiva criação da unidade de conservação) pelo prazo improrrogável de 7 meses, mosaico (quando há justaposição de unidades), etc.

artigo 6º, da Lei referida, no intuito de atender às finalidades[53] que expressamente prevê, viabiliza que o Poder Executivo reconheça o interesse social sobre a vegetação de determinado local, e institua a APP.

Além da importância do tema quanto à identificação da APP, tem seu relevo as situações nas quais se excepciona a regra de vedação de intervenção, quais sejam quando configurado (a) utilidade pública, (b) interesse social, e (c) atividades de baixo impacto ambiental, todas expressas na Lei 12.651/12. E, com maior evidência no momento, o contexto em que se identifica como área rural consolidada, representativa da área de imóvel rural com ocupação antrópica preexistente a 22 de julho de 2008, com edificações, benfeitorias ou atividades agrossilvipastoris, admitida, neste último caso, a adoção do regime de pousio, sendo que, se incidente sobre área de preservação permanente, é autorizada, exclusivamente, a continuidade das atividades agrossilvipastoris, de ecoturismo e de turismo rural.

Mas, independentemente, impõe salientar que o reconhecimento como área consolidada em APP não implica na exclusão da necessidade de recomposição da vegetação do local. O que ocorre é que o legislador *(a)* concede uma autorização a continuidade das atividades que assinala, inclusive com as estruturas edificadas, e, *(b)* delineia um regime diferenciado de recomposição, menos rigoroso[54], porém de obrigatória realização – cujas minúcias não comporta abordagem neste espaço[55].

Ademais, também se mostra relevante o assunto Reserva Legal, consistente na área localizada no interior de uma propriedade ou posse rural[56], com a função de assegurar o uso econômico de modo sustentável dos recursos naturais do imóvel rural, auxiliar a conservação e a reabilitação dos processos ecológicos e promover a conservação da biodiversidade, bem como o abrigo e a proteção de fauna silvestre e da flora nativa.

Admitindo-se seja computada sobre área de preservação permanente, em regra, se a área situar-se na Amazônia Legal, (i) em área de floresta o resguardo há de ser de 80%; (ii) em área de cerrado, 35%; (iii) em área de campos gerais, 20%. Inclusive, para as demais regiões do país também exige-se o resguardo de 20% a título de reserva legal.

---

53. Finalidades: (a) conter a erosão do solo e mitigar riscos de enchentes e deslizamentos de terra e de rocha; (b) proteger as restingas, veredas, várzeas, e sítios de excepcional beleza ou de valor científico, cultural ou histórico; (c) abrigar exemplares da fauna ou da flora ameaçados de extinção; (d) formar faixas de proteção ao longo de rodovias e ferrovias; (e) assegurar condições de bem-estar público; (f) auxiliar a defesa do território nacional, a critério das autoridades militares; (g) proteger áreas úmidas, especialmente as de importância internacional (ex.: pantanal).

54. Não busca o legislador que haja o exato retorno *ao status* quo anterior à intervenção humana, mas sim almeja conciliar essa interrelação entre homem e natureza, abrindo mão do rigor protetivo do meio ambiente, em prol, em verdade, do desenvolvimento sustentável, permitindo que sejam mantidas as atividades relacionadas, sem prejuízo de se efetuar a recomposição em patamar aceitável – e não o ideal do ponto de vista puramente ambiental. Inclusive, no tópico próprio será examinada detidamente essa disciplina peculiar de exigência de recomposição.

55. Sem prejuízo, ressalte-se haver um regime geral, a se iniciar pela própria exigência de que a área esteja configurada como consolidada em 22 de julho de 2008, sendo, aliás, imprescindível que essa informação esteja assinalada no CAR (Cadastro Ambiental Rural), exigência esta acompanhada da necessidade de técnicas de conservação do solo e da água que visem à mitigação dos eventuais impactos, sem prejuízo de adoção de boas práticas agronômicas.

56. Exclusivamente rural.

Dentre os diversos aspectos que envolve o estudo da Reserva Legal, destaca-se a regularização de déficits, sendo que, para a regra geral (irregularidades posteriores a 22 de julho de 2008), exige-se: (i) imediata suspensão das atividades, (ii) início em até 2 (dois) anos, (iii) adesão ao PRA, e (iv) *modus operandi*: recomposição. Porem, em sendo irregularidade existente desde antes de 22 de julho de 2008, *não* exige a adesão ao PRA para que se proceda à sua regularização, que, isolada ou cumulativamente, pode o proprietário e/ou possuidor (a) recompor a Reserva Legal[57]; (b) permitir a regeneração natural da vegetação na área de Reserva Legal; e/ou (c) compensar a Reserva Legal.

Detalhe a se destacar refere-se a esta compensação, que, segundo o legislador, sem prejuízo da imprescindível prévia inscrição da propriedade no Cadastro Ambiental Rural, [58], pode ocorrer pelas seguintes formas: I - aquisição de Cota de Reserva Ambiental - CRA[59]-[60]; II - arrendamento de área sob regime de servidão ambiental[61] ou Reserva Legal; III - doação[62] ao poder público de área[63] localizada no interior de Unidade de Conservação de domínio público pendente de regularização fundiária[64]; IV - cadastramento de outra área equivalente e excedente à Reserva Legal, em imóvel de mesma titularidade ou adquirida em imóvel de terceiro, com vegetação nativa estabelecida, em regeneração

57. Relativamente à recomposição, prevê o legislador a necessidade de ser concluída em até 20 (vinte) anos, mas que, a cada 2 (dois) anos, deve atingir a meta mínima de 1/10 do total a ser reflorestado, tudo dentro dos critérios a serem estipulados pelo órgão competente do Sisnama.
58. Tendo em vista as formas pelas quais é possível realizar a compensação, certamente o imóvel que servirá para a compensação deverá estar cadastro no CAR, eis que é ele necessário para se emitir a Cota de Reserva Ambiental (art. 45, caput, da Lei 12.651/12) e para constituir o arrendamento (15, §2°, da Lei 12.651/12).
59. Art. 44, caput, da Lei 12.651/12. É título nominativo representativo de área com vegetação nativa, existente ou em processo de recuperação.
60. Em razão do que restou decidido no julgamento das ADIs 4901 e 4.937, apenas será possível esta compensação caso as áreas envolvidas possuam a mesma "identidade ecológica", a respeito do que, em que pese a falta de precisão técnica, é possível compreendê-la como sendo um plus à exigência de mesmo bioma, pois, mais do que exigir, por exemplo, que ambas as propriedades estejam inseridas no Bioma Mata Atlântica, impõe-se que haja similares condições ecológicas da região, incluindo a compatibilidade com a vegetação.
61. Trata-se de uma delegação (i) onerosa ou gratuita, instituída pelo (ii) proprietário particular de uma determinada propriedade, que, (iii) podendo ter duração temporária (mínimo 15 anos) ou mesmo perpétua, (iii) é necessária sua averbação na matrícula do imóvel. Ademais, deve abranger vegetação sobressalente à APP e à Reserva Legal existente na propriedade, mas em percentual mínimo tal como o é o da Reserva Legal para a localidade.
62. Art. 66, § 8°, da Lei 12.651/12. Não se esquecendo o legislador de que o proprietário deficitário pode vir a ser uma pessoa jurídica de direito púbico, ao disciplinar quanto à possibilidade de ocorrer a compensação, fala em ser feita mediante concessão de direito real de uso ou doação ao órgão público responsável pela Unidade de Conservação envolvida.
63. Vale repisar entendimento doutrinário interessante, no sentido de que, essa doação deve ser para integralização de Unidade de Conservação cujo regime de proteção seja de igual ou maior rigidez do que o é a disciplina sobre Reserva Legal, sob pena de desnaturar sua proteção.
64. Por ser novidade legislativa, vale pontuar que no Estado de São Paulo acaba de ser publicada a Resolução SMA 165.2018, regulando exatamente o procedimento de doação quando o donatário for o Estado Paulista. Sem prejuízo, cumpre pontuar que estar "pendente de regularização fundiária" denota aquele contexto no qual, pela categoria da Unidade de Conservação, é imprescindível que o Poder Público proceda à desapropriação das áreas particulares nela inseridas, ou seja, pendente de regularização é sinônimo de pendente de desapropriação.

ou recomposição, desde que localizada no mesmo bioma; V – instituição[65] de Reserva Legal *em regime de condomínio* ou *coletiva* entre propriedades rurais, permitindo que os proprietários ou possuidores, ao invés de recompor a Área de Reserva Legal no interior de sua propriedade que demanda a regularização, adquiram em conjunto uma área, para instituição em condomínio, de modo a, individualmente, respeitarem os seus respectivos limites legais[66]

Mas, atenção: a se realizar a compensação, é importante verificar que, para que efetiva possa ocorrer, devem ser observados os seguintes requisitos: (a) ser equivalentes em extensão à área da Reserva Legal a ser compensada; (b) estar localizadas no mesmo bioma da área de Reserva Legal a ser compensada[67]; (c) se fora do Estado, estar localizadas em áreas identificadas como prioritárias[68] pela União ou pelos Estados.

Sem desmerecer outros pontos importantes versados na Lei 12.651/12, vale assinalar sobre o (I) *Cadastro Ambiental Rural (CAR)*, consistente num registro público eletrônico, de âmbito nacional (Sistema Nacional de Informação sobre Meio Ambiente – SINIMA), obrigatório para todos os imóveis rurais, com a finalidade de integrar as informações ambientais das propriedades e posses rurais, compondo base de dados para controle, monitoramento, planejamento ambiental e econômico e combate ao desmatamento; (II) *Cota de Reserva Ambiental*, consistente em um título nominativo representativo de área com vegetação nativa, existente ou em processo de recuperação, a) sob regime de servidão ambiental, instituída na forma do art. 9o-A da Lei nº 6.938, de 31 de agosto de 1981, b) correspondente à área de Reserva Legal instituída voluntariamente sobre a vegetação que exceder os percentuais exigidos no art. 12 desta Lei[69], c) protegida na forma de Reserva Particular do Patrimônio Natural – RPPN, nos termos do art. 21 da Lei nº 9.985, de 18 de julho de 2000; d) existente em propriedade rural particular localizada no interior de Unidade de Conservação de domínio público, que ainda não tenha sido desapropriada; (III) *Programa de Regularização Ambiental (PRA)*, representativo de um programa de regularização a ser

65. Art. 16, da Lei 12.651/12.

66. O artigo 16, parágrafo único, da Lei 12.651/12, inclusive, já arrola uma situação de exemplo de possibilidade de se efetivar esse condomínio sobre Reserva Legal, qual seja a hipótese de parcelamento de imóvel rural, quando os adquirentes poderão instituir a Reserva Legal de forma agrupada. E, nessa linha de raciocínio, o legislador ainda prevê que em caso de fracionamento do imóvel rural, a qualquer título, inclusive para assentamentos pelo Programa de Reforma Agrária, será considerada, para atingir o percentual referente à Reserva Legal, a área do imóvel antes do fracionamento.

67. De se reiterar que, quanto à compensação por meio de Cota de Reserva Ambiental, dada a interpretação conforme praticada pelo STF no julgamento das ADIs 4.903 4 4.937, excepcionalmente se exige que também haja identidade ecológica.

68. Nos termos do § 7o, do artigo 68, da Lei 12.651/12, a definição de áreas prioritárias buscará favorecer, entre outros, a recuperação de bacias hidrográficas excessivamente desmatadas, a criação de corredores ecológicos, a conservação de grandes áreas protegidas e a conservação ou recuperação de ecossistemas ou espécies ameaçados.

69. Contudo, a CRA só pode ser utilizada para compensar Reserva Legal de imóvel rural situado no mesmo bioma da área à qual o título está vinculado, e, mais, nos termos em que decidido no julgamento das ADIs 4901 e 4.937, apenas será possível esta compensação caso as áreas envolvidas possuam a mesma "identidade ecológica".

instituído por cada ente federativo[70] no prazo de 1 (um) ano, no intuito de promover a adequação das posses e propriedades rurais aos termos do novo Código Florestal[71].

Abrem-se parênteses para destacar que o Programa de Regularização Ambiental envolve-se numas das maiores discussões travadas a respeito da Constitucionalidade do novo Código Florestal, na medida em que, nos termos do art. 59, §4°, entre a sua implantação e – uma vez implantado – realizada a adesão pelo interessado (tudo atento aos prazos abertos para tais finalidades), considera-se que, enquanto estiver sendo cumprido o termo de compromisso, o proprietário ou possuidor não poderá ser autuado por infrações administrativas[72] cometidas *antes* de 22 de julho de 2008, relativas à supressão irregular de vegetação em Áreas de Preservação Permanente, de Reserva Legal e de uso restrito. E, em interpretação conforme, o STF consolidou que, igualmente, a prescrição ficará interrompida durante o período de suspensão da pretensão punitiva[73].

Passando a tecer, em resumo final, considerações sobre o Capítulo referente à Gestão de Florestas Públicas (para produção sustentável), impende assinalar que, regida pela Lei 11.184/06, delineiam-se três formas, quais sejam: (a) a criação de florestas nacionais, estaduais e municipais (Unidades de Conservação), a ser geridas diretamente pelo Poder Público, que manterá a posse e o domínio da área; (b) a destinação de florestas públicas às comunidades locais[74]; (c) a concessão florestal, incluindo florestas naturais ou plantadas e as unidades de manejo das áreas protegidas como Florestas nacionais, estaduais ou municipais (Unidades de Conservação).

---

70. Assim deixado a cada Ente "em razão de suas peculiaridades territoriais, climáticas, históricas, culturais, econômicas e sociais" – artigo 59, §1°, da Lei 12.651/12. Inclusive, no âmbito do Estado de São Paulo foi instituído pela Lei n° 15.684, de 14 de janeiro de 2015, regulamentada pelo Decreto 61.792/16, cujo cenário, a priori, encontra-se suspenso – ao menos teoricamente – por força de liminar proferida em sede de ADI que contesta a Lei estadual (ADI-estadual – proc. n° 2100850-72.2016.8.26.0000), manejada pelo Ministério Público do Estado de São Paulo, sob fundamento de lesão ao princípio da vedação de retrocesso, e, mais, pela não previsão de participação popular na discussão da lei. De plano, foi deferida a liminar, suspendendo os efeitos da Lei estadual, cujo contexto assim persiste até o presente momento, em especial pelo fato de, no início de fevereiro de 2018, ter sido suspensa a ação, sobre a compreensão de que o julgamento das ADI's e ADC sobre o Código Florestal apresentar-se-ia como matéria prejudicial (prejudicialidade externa). E, ainda que já proferida a decisão pelo STF (em 28/02/18), ainda não houve decisão – conforme consulta realizada no dia 08 de janeiro de 2019.

71. Mas, regra geral, tem como premissa o prévio cadastro no CAR, e, ao seu final, será celebrado um Termo de Ajustamento de Conduta, ou seja, cuida-se da procedimentalização a ser realizada nos respectivos entes federativos, no intuito de haver um caminho apropriado para adequação aos termos da Lei 12.651/12.

72. Inicia-se a repercussão na seara criminal tão apenas após a celebração do TAC, sendo que, uma vez firmado, suspende a punibilidade, que restará extinta com o cumprimento das obrigações ali firmadas.

73. Pelo que se observa, a maioria dos Ministros entendeu que não há anistia, mas forma legítima de se incentivar o proprietário a regularizar as áreas necessárias, contribuindo, dessa forma, com a preservação do meio ambiente quanto com o desenvolvimento econômico da atividade desenvolvida, isto é, primando pelo desenvolvimento sustentável.

74. O que pode ser por (a) criação de Unidades de conservação (reservas extrativistas e reservas de desenvolvimento sustentável) que, essencialmente, são criadas e destinadas às populações tradicionais; (b) concessão de uso, por meio de projetos de assentamento florestal, de desenvolvimento sustentável, agroextrativistas ou outros similares, nos termos do art. 189 da Constituição Federal e das diretrizes do Programa Nacional de Reforma Agrária; (c) outras formas previstas em lei.

A concessão florestal, considerada como *instrumento econômico* pela Lei 6.938/81 (ao lado da servidão ambiental e seguro ambiental), consiste na delegação onerosa, feita pelo poder concedente, do direito de praticar manejo florestal sustentável para exploração de produtos[75] e serviços[76] numa unidade de manejo[77], mediante licitação (*concorrência*), a pessoa jurídica (não pode para pessoa física), em consórcio ou não, que atenda às exigências do respectivo edital de licitação e demonstre capacidade para seu desempenho, por sua conta e risco e por prazo determinado.

Um detalhe que merece destaque é que, antes de se publicar o edital do processo de licitação, é obrigatória a realização de audiência pública, por região, realizada pelo órgão gestor, sem prejuízo de outras formas de consulta pública[78]. E, ainda, frise-se que **não se admite a** subconcessão na concessão florestal, sendo viável, no máximo, que o concessionário contrate serviços para lhe auxiliar na consecução do objeto contratado.

Quanto à extinção, esta ocorre (art. 44, da Lei 11.284/06) em razão de: I – esgotamento do prazo contratual; II – rescisão[79]; III – anulação; IV – falência ou extinção do concessionário e falecimento ou incapacidade do titular, no caso de empresa individual; V – desistência e devolução, por opção do concessionário, do objeto da concessão.

Independentemente, finda a concessão, as benfeitorias *permanentes* reverterão *sem* ônus ao titular da área ao final do contrato de concessão, ressalvados os casos previstos no edital de licitação e no contrato de concessão[80]. E, ainda, o concessionário fica obrigado a devolver a unidade de manejo ao poder concedente nas condições previstas no contrato de concessão, sob pena de aplicação das devidas sanções contratuais e administrativas, bem como da responsabilização nas esferas penal e civil.

Próximo Capítulo abordado refere-se ao Bioma Mata Atlântica, que tem sua regulamentação feita essencialmente pela Lei 11.428/06[81], a respeito do que, em tom de revisão final, vale frisar representar numa normatividade de cunho especial em relação à Lei 12.651/12 (Código Florestal), cujo objeto são somente os remanescentes de vegetação

75. Art. 3º, III, da Lei 11.284/06 – produtos florestais: produtos madeireiros e não madeireiros gerados pelo manejo florestal sustentável.
76. Art. 3º, IV, da Lei 11.284/06 – serviços florestais: turismo e outras ações ou benefícios decorrentes do manejo e conservação da floresta, não caracterizados como produtos florestais.
77. Art. 3º, VIII, da Lei 11.284/06 – unidade de manejo: perímetro definido a partir de critérios técnicos, socioculturais, econômicos e ambientais, localizado em florestas públicas, objeto de um Plano de Manejo Florestal Sustentável – PMFS, podendo conter áreas degradadas para fins de recuperação por meio de plantios florestais.
78. Art. 8º, da Lei 11.284/06.
79. Em geral, são hipóteses de descumprimento contratual por parte do concessionário, desrespeitando os estritos termos quanto à execução do contrato, como também, por violar questões outras, a exemplo de submeter trabalhadores a condições degradantes de trabalho, a denotar situações de lesões graves tanto de ordem ambiental como social, além, propriamente, das econômicas do contrato. E, ainda, também é cabível ao poder concedente extinguir o contrato unilateralmente em razão da superveniência de interesse público, porém mediante indenizar quanto às parcelas de investimento ainda não amortizadas vinculadas aos bens reversíveis que tenham sido realizados.
80. Art. 31 §1º, da Lei 11.284/06.
81. Atenção para não confundir as leis, sendo que, enquanto para a Gestão de Florestas há a Lei 11.284/06, disciplinando o Bioma Mata Atlântica está a Lei 11.428/06, de numeração semelhante.

nativa no estágio primário e nos estágios secundário inicial, médio e avançado de regeneração nas áreas de formações florestais nativas e ecossistemas associados delineadas pelo legislador como sendo integrantes do Bioma Mata Atlântica[82]. Isto é, a norma direciona-se aos remanescentes de vegetação nos estágios mencionados, não buscando, em verdade, o replantio e/ou recuperação de toda a vegetação que um dia compôs a Mata Atlântica[83].

De se realçar que, em linhas gerais, a Lei não impõe uma vedação geral para corte ou supressão da vegetação, mas estipula condições, que podem ser mais ou menos rigorosas, a depender exatamente da natureza da vegetação (primária ou secundária) e de seu estágio de recuperação (inicial, intermediário ou avançado)[84].

Independentemente, quando autorizada o corte ou supressão da vegetação (primária ou secundária), o legislador condiciona à efetivação de uma *compensação ambiental,* a ser feita por meio de destinação de área equivalente à extensão da área desmatada, com as mesmas características ecológicas, na mesma bacia hidrográfica[85], e, sempre que possível, na mesma microbacia hidrográfica[86]. Porém, em não sendo possível proceder a esta compensação, subsidiariamente será exigida a reposição florestal[87], com espécies nativas, em área equivalente à desmatada, na mesma bacia hidrográfica, sempre que possível na mesma microbacia hidrográfica.

---

82. Art. 2º, caput, da Lei 11.428/06: para os efeitos desta Lei, consideram-se integrantes do Bioma Mata Atlântica as seguintes formações florestais nativas e ecossistemas associados, com as respectivas delimitações estabelecidas em mapa do Instituto Brasileiro de Geografia e Estatística – IBGE, conforme regulamento: Floresta Ombrófila Densa; Floresta Ombrófila Mista, também denominada de Mata de Araucárias; Floresta Ombrófila Aberta; Floresta Estacional Semidecidual; e Floresta Estacional Decidual, bem como os manguezais, as vegetações de restingas, campos de altitude, brejos interioranos e encraves florestais do Nordeste.
83. Inclusive se estiver em espaço urbano.
84. Classificações essas que são de competência do CONAMA.
85. Em linhas gerais, a *bacia hidrográfica* ou bacia de drenagem de um curso d›água é a área onde, devido ao relevo e geografia, a água da chuva escorre para um rio principal e seus afluentes. A forma das terras na região da bacia fazem com que a água corra por riachos e rios menores para um mesmo rio principal, localizado num ponto mais baixo da paisagem. Disponível em: <https://www.oeco.org.br/dicionario-ambiental/29097-o-que-e-uma-bacia-hidrografica/>. Consultado dia 10 de dezembro de 2018. Inclusive, no mesmo endereço eletrônico é mencionado que a área de domínio da Mata Atlântica compreende oito bacias hidrográficas, responsáveis pelo abastecimento de 70% da população brasileira. Lá estão os rios Paraná, Uruguai, São Francisco, Parnaíba, as bacias do Atlântico Sudeste, Atlântica Sul, Atlântico Leste, Atlântico Nordeste Oriental, e o Aqüífero Guarani.
86. Microbacia Hidrográfica é uma área geográfica delimitada por divisores de água (espigões), drenada por um rio ou córrego, para onde escorre a água da chuva, sendo, pois, um recorte que se faz dentro da própria bacia hidrográfica, a se considerar determinado critério de identificação. Ou ainda, a microbacia deve abranger uma área suficientemente grande, para que se possam identificar as inter-relações existentes entre os diversos elementos do quadro sócio-ambiental que a caracteriza, e pequena o suficiente para estar compatível com os recursos disponíveis, respondendo positivamente à relação custo/benefício, cuja definição encontra-se em: BOTELHO, Rosangela Garrido Machado. Planejamento Ambiental em Microbacia Hidrográfica. In: GUERRA, Antonio Teixeira; SILVA, Antonio Soares; BOTELHO, Rosangela Garrido Machado (Orgs.). Erosão e conservação dos solos: conceitos, temas e aplicações. Rio de Janeiro: Bertrand Brasil, 1999.
87. Nos termos do art. 26, §2º, do Decreto Federal 6.660/08, a execução da reposição florestal deverá seguir as diretrizes definidas em projeto técnico, elaborado por profissional habilitado e previamente aprovado pelo órgão ambiental competente, contemplando metodologia que garanta o restabelecimento de índices de diversidade florística compatíveis com os estágios de regeneração da área desmatada.

Dando sequência, outro importante tema de Direito Ambiental consiste nos Recursos Hídricos, a respeito dos quais a Lei 9.433/97 instituiu a Politica Nacional, sendo que, de seu estudo, pode-se apontar como importante em uma Revisão Final, a Lei em comento insere-se num cenário de preocupação quanto à evidente irracionalidade no uso da água, em verdadeiro abuso, visualizando-se desperdícios, usos não prioritários, aproveitamento aquém das capacidades hídricas.

Dentre as considerações básicas a respeito da nova formatação contida na Lei 9.433/97, há uma premissa básica pautada no reconhecimento da existência de um uso múltiplo das águas, pois envolto a necessidades múltiplas que delas se satisfazem, sejam de ordem social, econômica, cultural, além, propriamente, ambiental – com sua função no próprio ecossistema – além de outras (por exemplo, até mesmo de cunho religioso).

Ademais, destacam-se os fundamentos arrolados pelo legislador, quais sejam: I – a água é um bem de domínio público; II – a água é um recurso natural limitado, dotado de valor econômico; III – em situações de escassez, o uso prioritário dos recursos hídricos é o consumo humano e a dessedentação de animais; IV – a gestão dos recursos hídricos deve sempre proporcionar o uso múltiplo das águas; V – a bacia hidrográfica é a unidade territorial para implementação da Política Nacional de Recursos Hídricos e atuação do Sistema Nacional de Gerenciamento de Recursos Hídricos; VI – a gestão dos recursos hídricos deve ser descentralizada e contar com a participação do Poder Público, dos usuários e das comunidades.

Outrossim, são importantes os instrumentos[88] que a Lei traz para atingir os objetivos e cumprir com os fundamentos nela definidos, quais sejam: I – os Planos de Recursos Hídricos; II – o enquadramento dos corpos de água em classes, segundo os usos preponderantes da água; III – a outorga dos direitos de uso de recursos hídricos; IV – a cobrança pelo uso de recursos hídricos; V – a compensação a municípios; VI – o Sistema de Informações sobre Recursos Hídricos. Assim, passa-se a abordar cada instrumento de forma individualizada.

A respeito dos mencionados instrumentos, sem tornar secundária a importância de cada um, vale pontuar a importância dos Planos de Recursos Hídricos, em cuja essência corresponde a ser o documento formal que ditará o modo pelo qual serão desenvolvidas atividades junto aos recursos hídricos daquela determinada Bacia Hidrográfica, contendo informações que dizem respeito ao seu atual estágio, bem como do que está inevitavelmente a ocorrer, fazendo um cotejamento entre as possibilidades viáveis e adequadas ao uso múltiplo dos recursos hídricos, estipulando metas, medidas e prioridades a atender um uso racional, bem como as diretrizes a serem obedecidas em processos de outorgas de uso.

Outro a se destacar, é a outorga dos direitos de uso de recursos hídricos, que, sem implicar na alienação parcial das águas, que são inalienáveis, e muito menos na concessão do direito de poluir, representa ela simplesmente a concessão do direito de seu uso[89], cujo prazo máximo é de 35 anos (renovável). A seu respeito, impõe assinalar que a *com-*

88. Art. 5º, Lei 9.433/97.
89. Art. 18, da Lei 9.433/97.

petência é regida, basicamente, em razão do *domínio*, retirando, portanto, competência do Município (pois não há previsão constitucional de dominialidade a eles).

Frise-se que, para a exigência de outorga, são previstas as seguintes hipóteses: I - derivação ou captação de parcela da água existente em um corpo de água para consumo final, inclusive abastecimento público, ou insumo de processo produtivo; II - extração de água de aquífero subterrâneo para consumo final ou insumo de processo produtivo; III - lançamento em corpo de água de esgotos e demais resíduos líquidos ou gasosos, tratados ou não, com o fim de sua diluição, transporte ou disposição final; IV - aproveitamento dos potenciais hidrelétricos; V - outros usos que alterem o regime, a quantidade ou a qualidade da água existente em um corpo de água.

Porém, se envolver (I) o uso de recursos hídricos para a satisfação das necessidades de pequenos núcleos populacionais, distribuídos no meio rural, (II) as derivações, captações e lançamentos considerados insignificantes, e (III) as acumulações de volumes de água consideradas insignificantes; estará dispensado do regime obrigatório de outorga.

De sua parte, a cobrança pelo uso de recursos hídricos também se apresenta como instrumento importante, sendo que, materializando o princípio do usuário-pagador, objetiva-se evitar a escassez decorrente de uma hiperexploração dos recursos ambientais, oriunda da sensação de custo zero ao empreendedor, de modo que, para tanto, é realizada uma valoração econômica dos recursos ambientais, impondo uma contribuição financeira ao uso. Ou, conforme dito pelo próprio legislador, objetiva-se: I - reconhecer a água como bem econômico e dar ao usuário uma indicação de seu real valor; II - incentivar a racionalização do uso da água; e, III - obter recursos financeiros para o financiamento dos programas e intervenções contemplados nos planos de recursos hídricos.

Outro tema importante abordado no decorrer do livro, mais precisamente no Capítulo XII, envolve os Resíduos Sólidos, que, regidos essencialmente pela Lei 12.305/10, tem como premissa básica almejar uma gestão integrada e um gerenciamento ambientalmente adequado de resíduos sólidos[90] (incluídos os perigosos), além das responsabilidades dos geradores e do poder público, sendo expresso que devem obediência à Lei 12.305/10 as pessoas físicas ou jurídicas, de direito público ou privado, responsáveis, direta ou indiretamente, pela geração de resíduos sólidos e as que desenvolvam ações relacionadas à gestão integrada ou ao gerenciamento de resíduos sólidos.

De definição ampla[91], e classificado, dentre as diversas opções, em perigosos e não perigosos, os resíduos sólidos distinguem-se de rejeitos, numa relação de gênero e espécie, na medida em que estes últimos são os resíduos sólidos que não mais podem ser reaproveitados (reciclados, reutilizados, etc.).

90. Nos termos do artigo 1°, §2°, da Lei 12.305/12, esta não se aplica aos rejeitos radioativos, que são regulados por legislação específica.

91. Consiste no material, substância, objeto ou bem descartado resultante de atividades humanas em sociedade, a cuja destinação final se procede, se propõe proceder ou se está obrigado a proceder, nos estados sólido ou semissólido, bem como gases contidos em recipientes e líquidos cujas particularidades tornem inviável o seu lançamento na rede pública de esgotos ou em corpos d'água, ou exijam para isso soluções técnica ou economicamente inviáveis em face da melhor tecnologia disponível (Art. 3°, XVI, da Lei 12.305/12).

Dado importante diz respeito à existência de uma ordem de prioridade a ser seguida na gestão e gerenciamento dos resíduos sólidos, qual seja: não geração, redução, reutilização, reciclagem, tratamento dos resíduos sólidos e disposição final ambientalmente adequada dos rejeitos[92].

Ademais, o legislador arrola uma série de instrumentos possíveis para a consecução da Política Pública que institui, dentre os quais merece atenção: (1) a coleta seletiva, definida legalmente como a coleta de resíduos sólidos previamente segregados conforme sua constituição ou composição[93], o que, em verdade, viabiliza o reaproveitamento de resíduos, reduzindo o volume de rejeitos; (2) a logística reversa, instrumento de desenvolvimento econômico e social caracterizado por um conjunto de ações, procedimentos e meios destinados a viabilizar a coleta e a restituição dos resíduos sólidos ao setor empresarial, para reaproveitamento, em seu ciclo ou em outros ciclos produtivos, ou outra destinação final ambientalmente adequada[94].

Aliás, frise-se que enquanto a coleta seletiva é de competência do Município para que seja implantada/efetivada na prática, a logística reversa independe do serviço público, sendo de responsabilidade dos fabricantes, importadores, distribuidores e comerciantes (setor privado)[95], observando que, inclusive, quanto a esta última ferramenta, já há uma predefinição de quais setores devem proceder à sua implementação[96].

Por fim, outro detalhe importante quanto à Política Nacional de Resíduos Sólidos diz respeito à noção de responsabilidade compartilhada, que, prevista inclusive como princípio dessa Política, é o conjunto de atribuições individualizadas e encadeadas dos fabricantes, importadores, distribuidores e comerciantes, dos consumidores e dos titulares dos serviços públicos de limpeza urbana e de manejo dos resíduos sólidos, para minimizar o volume de resíduos sólidos e rejeitos gerados, bem como para reduzir os impactos causados à saúde humana e à qualidade ambiental decorrentes do ciclo de vida dos produtos.

Nesse sentido, cuida-se de uma clara aplicação do princípio do poluidor-pagador, impondo obrigações no decorrer da cadeia produtiva, que, de cunho preventivo, busca-se, ao menos, reduzir a produção de resíduos sólidos, e, se produzidos, que haja prioritariamente a sua reinserção na produção. Aliás, ressalta-se ser dentro da sistemática de responsabilidade compartilhada que se materializam as ferramentas *logística reversa* e *coleta seletiva*, com as definições de responsabilidades (atribuições) de cada ator envolvido, inclusive a

92. Art. 9º, da Lei 12.305/10.

93. Art. 3º, V, da Lei 12.305/10.

94. Art. 3º, XII, da Lei 12.305/10

95. Art. 33, §7º, da Lei 12.305/10. Excepcionalmente, é possível que o titular do serviço público de limpeza urbana e de manejo de resíduos sólidos, por acordo setorial ou termo de compromisso firmado com o setor empresarial, assuma a responsabilidade dos fabricantes, importadores, distribuidores e comerciantes nos sistemas de logística reversa. Mas se assim o fizer, as ações do poder público serão devidamente remuneradas, na forma previamente acordada entre as partes.

96. Rol não exaustivo: I – agrotóxicos, seus resíduos e embalagens, assim como outros produtos cuja embalagem, após o uso, constitua resíduo perigoso; II – pilhas e baterias; III – pneus; IV – óleos lubrificantes, seus resíduos e embalagens; V – lâmpadas fluorescentes, de vapor de sódio e mercúrio e de luz mista; VI – produtos eletroeletrônicos e seus componentes.

do consumidor final – que no caso da coleta seletiva, só exsurge sua responsabilidade após implementada.

Como penúltimo Capítulo estudado, no que se refere à Responsabilidade Ambiental, antes de tudo é primordial ressaltar a possibilidade de uma tríplice responsabilidade (civil, administrativa e penal) advir do mesmo episódio, sendo que, além de tudo, tal nível de proteção se deve ao fato de das próprias peculiaridades do dano ambiental: a) dificuldade na identificação da fonte lesiva; b) ampla dispersão das vítimas; c) dificuldade da reparação; d) difícil valoração; e) perpetuidade.

Não sem razão, compreende-se que o dano ambiental, pela leitura do ordenamento jurídico[97], submete-se a três formas de "reparação"[98], sendo elas[99]: (a) a restauração natural (*in specie*); (b) a compensação por equivalente ecológico; e (c) indenização pecuniária. Aliás, trata-se, esta sequência, da ordem preferencial que deve ser considerada na análise à sua aplicação, muito embora possam, a depender do caso, ser cumulativas e simultaneamente aplicadas – o que não configura um *bis in idem*[100].

Sem prejuízo, ingressando no campo específico de cada uma das responsabilidades, impende pontuar que, quanto à responsabilidade civil, de embasamento tanto no art. 225, §3º, da CF/88, como no artigo 14, §1º, da Lei 6.938/81, considera-se aplicável a teoria objetiva, pautada na teoria do risco integral, em razão da qual se considera a equivalência das condições, sendo que se equipara à causa a simples existência da atividade no local do dano, cujo corolário é limitar ao poluidor defender-se sob o argumento de negativa de atividade ou de ausência de dano. Em acréscimo, é de frisar que se trata de uma responsabilidade solidária, *propter rem*, sendo plenamente possível a responsabilização do Poder Público, inclusive quando omisso no seu poder de fiscalização – hipótese em que, porém, goza de *ordem preferencial na fase de execução*/cumprimento de sentença, cabendo a sua convocação tão apenas em caráter subsidiário.

No que diz respeito à prescrição, pelo entendimento que tem prevalecido, considera-se que, quanto ao dano ambiental propriamente dito, de caráter e titularidade difusos, defendido por ação coletiva (ação civil pública), não incidiria prescrição (imprescritível), ao passo que, para os danos individuais (privados, ricochetes), incide a prescrição[101].

---

97. Em especial o art. 4º, VII, Lei 6.938/81.

98. Coloca-se a expressão reparação entre parênteses, pois, em verdade, não há como considerar que a indenização pecuniária consista numa forma de reparação, mas sim uma compensação financeira à coletividade, pelo dano ambiental experimentado.

99. Vale lembrar que na Lei do Bioma Mata Atlântica (Lei 11.428/06) prevê-se uma compensação ambiental àquele que foi autorizado a realizar corte e supressão de vegetação primária ou secundária nos estágios médio ou avançado de regeneração. De se ressaltar que, a despeito das formas como se concretiza essa compensação (destinação de área equivalente à extensão da área desmatada ou, subsidiariamente, será exigida a reposição florestal com espécies nativas), cuida-se daquilo que se pontuou como sendo impacto ambiental, sem o caráter de restauração a ser imposta pelo regime de responsabilidade ambiental, posterior à ocorrência do dano.

100. STJ, REsp 1.198.727/MG, 2ª Turma, Rel. Min. Herman Benjamin, j. 14.08.2012; STJ, REsp 1.145.083/MG, DJe 04.09.2012.

101. Mas, impõe ressalvar que o STF, pelo Recurso Extraordinário 654.833, deixa a discussão ainda em aberta, pois, em caráter de repercussão geral, irá julgar se, de fato, é imprescritível a ação coletiva.

De outro lado, a responsabilidade administrativa, materialização do poder de polícia ambiental, não possui dentre os seus requisitos de propriamente um dano ambiental, sendo que decorre, em verdade, de afronta à norma administrativa de proteção ambiental[102], conforme se observa da própria definição de infração administrativa, tida como toda ação ou omissão que viole as regras jurídicas de uso, gozo, promoção, proteção e recuperação do meio ambiente[103].

Sobre sua natureza jurídica, é de se observar a existência de grande discussão, havendo quem sustente ser subjetiva, outros apontando-a como objetiva (a exceção da pena de multa, em razão do teor do art. 72, §3°, da Lei 9.605/98), e, por fim, uma corrente intermediária, argumentando que se trata de uma responsabilidade subjetiva, porém com a culpabilidade presumida, de modo a ensejar o ônus ao interessado de demonstrar que não agiu com culpa.

Sem prejuízo, é de pontuar que, no caso de responsabilidade administrativa, são previstas as seguintes sanções: 1) Advertência; 2) Multa simples; 3) Multa diária; 4) Apreensão dos animais, produtos e subprodutos da fauna e flora e demais produtos e subprodutos objeto da infração, instrumentos, petrechos, equipamentos ou veículos de qualquer natureza utilizados na infração; 5) Destruição ou inutilização do produto; 6) Suspensão de venda e fabricação do produto; 7) Embargo de obra ou atividade e suas respectivas áreas; 8) Demolição de obra; 9) Suspensão parcial ou total da atividade; 10) Restritiva de direitos. Inclusive, se o infrator cometer, simultaneamente, duas ou mais infrações, ser-lhe-ão aplicadas, cumulativamente, as sanções a elas cominadas. Isto é, aplica-se uma sanção para cada infração, mesmo que houver mais de uma na mesma hipótese fática.

Questão frequente, ainda, diz respeito ao *princípio da insignificância*, em que se compreende, tal como na seara penal, a sua aplicação no campo administrativo, não justificando a aplicação de penalidade diante de situações de menor relevância material, quando pouco ou nenhum agravo houver no bem jurídico tutelado.

No que se refere à prescrição, no âmbito federal, prescreve em 5 (cinco) anos o prazo para a Administração apurar a prática de infrações contra o meio ambiente, e, no mesmo prazo, para promover a execução da multa – em consonância com a Súmula 467, do STJ.

Por fim, a responsabilidade penal ambiental, essencialmente disciplinada pela Lei 9.605/98, é de natureza subjetiva, cujas peculiaridades a aqui se destacar sintetizam-se no uso de normas penais em branco[104], na competência fixada pela Constituição Federal,

102. Não há violação ao princípio da legalidade a definição (tipificação) de infrações ambientais administrativas por meio de Resoluções ou Decretos (pelos respectivos entes federativos no âmbito de suas competências), uma vez que a Lei assim autoriza, conforme se observa da leitura do art. 70 Lei 9.605/70 c.c. art. 8°, VII, Lei n° 6.938/81.

103. Tal definição é repetida na Resolução SMA n° 48/2014 – a qual pode ser considerada, atualmente, como a base legal das hipóteses de infrações administrativas no Estado de São Paulo – onde também estão listadas as diversas tipificações de infrações administrativas (Seção X, do Capítulo I), quais sejam as infrações contra a fauna, contra a flora, praticadas em unidades de conservação, além de outras normas peculiares.

104. A demandar complementação por outras normas, inclusive infralegais, até mesmo por conta da multidisciplinariedade que envolve os temas de Direito Ambiental, com definições e compreensões que fogem da seara do Direito.

a ser da Justiça Federal a competência para julgar os crimes detrimento de bens, serviços ou interesse da União ou de suas entidades autárquicas ou empresas públicas (art. 109, IV), ou, ainda, os crimes previstos em tratado ou convenção internacional, quando, iniciada a execução no País, e o resultado tenha ou devesse ter ocorrido no estrangeiro, ou reciprocamente (art. 109, V) – "crime à distância". E, residualmente, será da competência da Justiça Estadual todas as infrações que não se enquadrem nestas hipóteses, bem como quando se tratar de contravenção penal, frisando que está pacificado no Superior Tribunal de Justiça que, nada obstante o crime tenha sido praticado em rio que banhe mais de dois Estados (bem da União), o fato de ser prejuízo local – e sem repercutir em reflexos em âmbito regional ou nacional, afetando trecho do rio que se alongasse por mais de um Estado da Federação –, faz com que a competência seja da Justiça Estadual, da Comarca onde houve o crime.

Ademais, de se salientar a possibilidade de responsabilização da pessoa jurídica, inclusive sem que haja uma pessoa física também denunciada (não é imprescindível a dupla imputação), sendo aplicáveis, como penas: I – *multa;* II – *restritivas de direitos* (i – suspensão parcial ou total de atividades; ii – interdição temporária de estabelecimento, obra ou atividade; iii – proibição de contratar com o Poder Público, bem como dele obter subsídios, subvenções ou doações); III – *prestação de serviços à comunidade*; "IV – *liquidação forçada*"[105].

E, mais, caso se verifique que a personalidade jurídica esteja sendo obstáculo ao ressarcimento de prejuízos causados à qualidade do meio ambiente (teoria menor – bastando ausência de fundos suficientes), é possível proceder à sua desconsideração (*disregard doctrine*)[106].

Outrossim, admite-se a aplicação do princípio da insignificância, pautando-se a análise em: (i) mínima ofensividade da conduta do agente, (ii) nenhuma periculosidade social da ação, (iii) reduzido grau de reprovabilidade do comportamento e (iv) inexpressividade da lesão jurídica provocada. Sem prejuízo, além das questões jurídicas e da dimensão econômica da conduta, é imprescindível cotejar com o equilíbrio ecológico que propicia as condições de vida no planeta.

Relativamente à prescrição, quando se tratar de infrator pessoa física, aplicam-se normalmente as regras do Código Penal. Porém, em caso da pessoa jurídica, a despeito de certa discussão pela ausência de expressa previsão legal, tem-se que o entendimento mais recente do STJ – e, ao que tudo indica, consolidado e com apoio do STF – , considera-se que a prescrição para os casos de incriminação da pessoa jurídica rege-se pelo disposto no artigo 109, parágrafo único, do Código Penal, de modo que, por essencialmente consistir em pena restritiva de direito, aplicam-se os mesmos prazos previstos para as privativas de liberdade (e não a prescrição de 2 anos que é para multa, embora esta fosse mais benéfica).

---

105. Cuida-se de medida extrema prevista, para a situação em que comprovado que a pessoa jurídica foi constituída ou utilizada, preponderantemente, com o fim de permitir, facilitar ou ocultar a prática de crime definido na Lei 9.605/98, em razão do que terá decretada sua liquidação forçada, sendo o seu patrimônio considerado instrumento do crime e, como tal, perdido em favor do Fundo Penitenciário Nacional.

106. Art. 4°, da Lei 9.605/98.

Interessante pontuar ainda sobre a repercussão que eventual Termo de Ajustamento de Conduta produz nas searas da responsabilização. A despeito de sua natureza jurídica ser discutível, compreende-se que possui eficácia de título executivo, de modo que, na esfera civil sua repercussão é no sentido de que, enquanto vigente o TAC, acaba por afastar o interesse de agir para ajuizamento de ação civil pública, quando observado que se está a versar do mesmo objeto, ou, que este objeto esteja contido no TAC (mais amplo).

Já na seara administrativa, há interessante ponderação doutrinária no sentido de que, não sendo a penalidade um fim em si mesmo, mas uma forma de se buscar um bem maior, acaba por restar afastada a sua necessidade quando o infrator demonstra concretamente o seu interesse em regularizar uma desconformidade. Porém, é de se ressalvar que, pela análise do regime jurídico delineado, para que ocorra a *conversão da multa administrativa simples em serviços de preservação, melhoria e recuperação da qualidade do meio ambiente* – o que, em essência, é resultado de um TAC –, não há qualquer hipótese em que a penalidade da multa esteja afastada por completo, mas apenas reduzida em porcentagens preestabelecidas nas legislações locais.

Seja como for, no bojo da Lei 9.605/98, vale pontuar outras peculiaridades suas (após a edição da Medida Provisória 2.163-41/2001): 1) se se tratar de empreendimentos em curso até o dia 30 de março de 1998, a assinatura do termo de compromisso deverá ser requerida pelas pessoas físicas e jurídicas interessadas, até o dia 31 de dezembro de 1998, mediante requerimento escrito protocolizado junto aos órgãos competentes do SISNAMA, devendo ser firmado pelo dirigente máximo do estabelecimento. E, se enquadrada a situação nesse contexto, da data da protocolização do requerimento, e enquanto perdurar a vigência do correspondente termo de compromisso, ficarão suspensas, em relação aos fatos que deram causa à celebração do instrumento, a aplicação de sanções administrativas contra a pessoa física ou jurídica que o houver firmado.

Nada obstante, essa celebração do termo de compromisso não impede a execução de eventuais multas aplicadas antes da protocolização do requerimento.

De outra banda, o Código Florestal novo (lei 12.651/12) também traz peculiaridades ao regime geral do Termo de Ajustamento de Conduta, atrelando-o ao Cadastro Ambiental Rural (CAR), bem como ao Programa de Regularização Ambiental (PRA).

Como se percebe da proposta da Lei 12.651/12, a despeito de alguns afrouxamentos dos limites da tutela ambiental, em contrapartida foram trazidas aquilo que se denominou de "medidas compensatórias" no julgamento das ADIs e ADC que julgou a constitucionalidade da Lei, compensando e mantendo o equilíbrio da proteção ao meio ambiente.

E, dentre essas medidas, nota-se uma atenção no sentido de se promover o Cadastro Ambiental Rural, obrigatório para todos os imóveis rurais, com a finalidade de integrar as informações ambientais das propriedades e posses rurais, compondo base de dados para controle, monitoramento, planejamento ambiental e econômico e combate ao desmatamento.

No que diz respeito ao Termo de Ajustamento de Conduta, é ele previsto no intuito de resolver pendência que exista como decorrência de intervenções e desmatamentos irregulares, sendo que, tendo realizada a inserção da propriedade no sistema eletrônico, isto é, realizado o Cadastro Ambiental Rural (CAR), é dado ao interessado, então, aderir a programa de regularização ambiental (PRA).

Preenchidas essas condicionantes (CAR e PRA), e, enfim, celebrado o TAC, como decorrência tem-se que, se a irregularidade (supressão irregular de vegetação em áreas de preservação permanente, de reserva legal e de uso restrito) é anterior a 22 de julho de 2008, não poderá o interessado celebrante ser autuado, enquanto estiver cumprindo com o respectivo termo de ajustamento. Porém, se já houve autuação, o resultado prático é a suspensão de todas as sanções administrativas.

Por último, relativamente à esfera penal, o termo de ajustamento de conduta – enquanto estiver sendo cumprido – suspenderá a punibilidade quanto aos crimes previstos nos artigos 38, 39 e 48, da Lei 9.605/98, ficando, ademais, interrompida a prescrição. E, se cumpridas finalmente todas as obrigações, a punibilidade resta extinta.

Sem prejuízo, nota-se da jurisprudência recente e consolidada do STJ que a assinatura de termo de ajustamento de conduta, firmado na esfera administrativa, não impede a persecução criminal, diante da independência das instâncias, podendo, quando muito, repercutir apenas na dosimetria de eventual pena cominada ao autor do ilícito.

Finalmente, quanto ao Capítulo XIV, que versa sobre a proteção do meio ambiente em juízo, cumpre pontuar a viabilidade de defesa do macrobem ambiental pela via do mandado de segurança coletivo, da ação civil pública, da ação popular, e da desapropriação, não se menosprezando eventuais outras possibilidades.

O mandado de segurança coletiva é possível de ser impetrado (*legitimidade*) tanto por partido político com representação no Congresso Nacional, como por organização sindical, entidade de classe, ou associação legalmente constituída e em funcionamento há pelo menos um ano, em defesa dos interesses de seus membros ou associados.

Nada obstante, sob o regime jurídico traçado pela Lei 12.016/09, é ferramenta prevista para tutela de direitos coletivos, e direitos individuais homogêneos, estando impossibilitado de ser utilizado para caso de direitos difusos.

Por sua vez, a ação civil pública, sem tal limitação de direitos a serem tutelados, tem como legitimados[107]: I – Ministério Público; II – Defensoria Pública; II – União, os Estados, o Distrito Federal e os Municípios; IV – Autarquia, empresa pública, fundação ou sociedade de economia mista; V – Associação que, concomitantemente: (a) esteja constituída há pelo menos 1 (um) ano nos termos da lei civil; (b) inclua, entre suas finalidades institucionais, a proteção ao meio ambiente.

A seu respeito, ganham destaque o assunto referente à *competência* para o seu julgamento, a qual será do juízo do local do dano, que, nos termos do artigo 2º, da Lei 7.347/85, é de natureza absoluta – em que pese seja territorial.

Ademais, quanto aos efeitos da decisão, o artigo 16 da Lei de Ação Civil Pública, embora reconheça os efeitos erga omnes da decisão transitada em julgada, os limita à extensão territorial dentro da qual o órgão jurisdicional exerce sua competência.

A ação popular demonstra-se outro importante instrumento de tutela em juízo, previsto no artigo 5º, LXXIII, CF/88, como um direito/garantia fundamental do cidadão, para

107. Às comunidades indígenas foi concedida personalidade jurídica pelo artigo 232 da CF/88, podendo ingressar com ação civil pública, em proteção ao meio ambiente – quando envolver interesse dos índios.

defender em juízo interesses que transcendem à sua individualidade, a exemplo do meio ambiente, tendo como objeto de discussão apenas direitos difusos. E ainda, a despeito de discussões, é consolidado que tão apenas o cidadão propriamente dito (comprovado por título de eleitor) possui legitimidade ativa para tal demanda coletiva.

Por fim, vale pontuar que a desapropriação também é uma ação pela qual se vislumbra o meio ambiente sendo tutelado em juízo, eis que, dentre as hipóteses que autorizam o seu manuseio (artigo 5º, do Decreto-Lei 3.365/41) verifica-se que a alíena "k" autoriza o ajuizamento, visando à proteção ambiental (meio ambiente cultural, artificial e natural), quando, por exemplo, o tombamento não for suficiente. Além do que, relativamente às Unidades de Conservação, existem aquelas categorias em que, pelo seu regime jurídico, a área especialmente protegida há de ser de domínio público, donde resulta a necessidade do Poder Público promover a ação expropriatória, adquirindo a propriedade, e, ainda, eliminando eventuais ocupações. Ou ainda, é possível visualizar a desapropriação operando esse mister quando manuseada com fundamento no artigo 184, *caput*, combinado com o artigo 186, II, ambos da CF/88, isto é, para fins de reforma agrária na hipótese da propriedade não estar cumprindo com sua função social, em especial quanto à não "utilização adequada dos recursos naturais disponíveis e preservação do meio ambiente".

REFERÊNCIAS BIBLIOGRÁFICAS

ARAGÃO, Alexandra. Direito Constitucional do Ambiente da União Europeia. *In:* org.: CANOTILHO, Joaquim Gomes, LEITE, José Rubens Morato. Direito Constitucional Ambiental Brasileiro. 6ª ed. rev. São Paulo: Saraiva, 2015, p. 34-82.

ANTUNES, Paulo de Bessa. Direito Ambiental. 11ª ed. Rio de Janeiro: Lumen Juris, 2008.

ANTUNES, Paulo de Bessa. Comentários ao novo código florestal. 2ª ed. São Paulo: Atlas, 2014.

ANTUNES, Paulo Bessa de. Federalismo e competências ambientais no Brasil. Rio de Janeiro: Lumen Juris, 2007.

ARAÚJO, Aldem Johnston Barbosa. A desconsideração da personalidade jurídica no novo Código de Processo Civil. Revista dos Tribunais, 2016. RT VOL.967 (MAIO 2016).

ÁVILA, Humberto. Teoria dos princípios: da definição à aplicação dos princípios jurídicos. 2ª ed. São Paulo: Malheiros, 2003.

AYALA, Patrick de Araújo. Deveres ecológicos e regulamentação da atividade econômica na Constituição Brasileira. *In* CANOTILHO, José J. Gomes; LEITE, José Rubens Morato (org.). Direito Constitucional Ambiental Brasileiro. 6ª ed. rev. São Paulo: Saraiva, 2015.

BAUMAN, Zygmunt. Modernidade Líquida. Trad.: Plínio Dentzien. Rio de Janeiro: Zahar, 2001.

BENJAMIN, Antônio Herman. Constitucionalização do Ambiente e Ecologização da Constituição Brasileira. *In:* org. CANOTILHO, José Joaquim Gomes, e LEITE, José Rubens Morato. Direito Constitucional Ambiental Brasileiro. 6ª ed. rev. São Paulo: Saraiva, 2015. Pág. 83-156.

BOBBIO, Norberto. Teoria do ordenamento jurídico. 10ª ed. Brasília: UNB, 1999,

BONAVIDES, Paulo. Curso de direito constitucional. 12ª ed. São Paulo: Malheiros, 2002.

BOTELHO, Rosangela Garrido Machado. Planejamento Ambiental em Microbacia Hidrográfica. In: GUERRA, Antonio Teixeira; SILVA, Antonio Soares; BOTELHO, Rosangela Garrido Machado (Orgs.). Erosão e conservação dos solos: conceitos, temas e aplicações. Rio de Janeiro: Bertrand Brasil, 1999.

CARVALHO, José dos Santos. Ação civil pública: comentários por artigo (Lei 7.347/85, de 24.07.1985). 8ª ed. Rio de Janeiro: Lumen Juris, 2011.

D'ISEP, Clarissa Ferreira Macedo. Água juridicamente sustentável. São Paulo: Revista dos Tribunais, 2010.

DUQUE, Marcelo Schenk. Curso de Direitos Fundamentais: teoria e prática. São Paulo: Revista dos Tribunais, 2014

FARIAS, Paulo José Leite. A Federação como Mecanismo de Proteção do Meio Ambiente. Revista de informação legislativa, v. 34, n. 135, p. 283-300, jul./set. 1997.

FERREIRA, Heline Sivini. Competências Ambientais. *In:* org. CANOTILHO, José J. Gomes; LEITE, José Rubens Morato. Direito Constitucional Ambiental Brasileiro. 6ª ed. rev. São Paulo: Saraiva, 2015, p. 243-255.

FERREIRA, Odim Brandão. Fato Consumado. História e crítica de uma orientação da jurisprudência federal. Porto Alegre: Fabris, 2002.

FILHO, José dos Santos Carvalho. Manual de direito administrativo. 25ª ed. São Paulo: Atlas S.A., 2012.

FOLADORI, Guillermo. O capitalismo e a crise ambiental – Tradução de Paulo Roberto Delgado. Raízes, ano XVIII, nº 19, maio/1999.

FREITAS, Vladimir Passos de. A Constituição Federal e a efetividade das normas ambientais, São Paulo: Revista dos Tribunais, 2002.

FREITAS, Vladimir Passos de, FREITAS, Gilberto Passos de. Crimes contra a natureza. 9ª ed. São Paulo: Revista dos Tribunais, 2006.

GRANZIERA, Maria Luzia Machado. Outorga de direito de uso da água: aspectos legais. Revista de direito ambiental. São Paulo: RT, nº 26, 2002.

GRECO, Leonardo. Competências constitucionais em matéria ambiental. Revista dos Tribunais. Vol. 687. P. 29. São Paulo: Revista dos Tribunais, 1993.

GRECO, Rogério. Curso de Direito Penal. 8ª ed. Rio de Janeiro: Impetus, 2007.

GUERRA, Sidney. Resíduos sólidos: comentários à Lei 12.305/10. Rio de Janeiro: Forense, 2012.

KRÜGER, Eduardo L.. Uma abordagem sistêmica da atual crise ambiental. Desenvolvimento e Meio Ambiente, n. 4, p. 37-43, jul./dez. 2001. Editora da UFPR.

LOVELOCK. James. A vingança de gaia. Rio de Janeiro: Editora Intrínseca, 2006.

MACHADO, Paulo Affonso Leme. Advocacia Ambiental: Segurança Jurídica para Empreender. Coord.: Edson de Oliveira Filho, Flávio Ahmed, Luiz Carlos Aceti Jr., Samir Jorge Murad e Werner Grau Neto. Rio de Janeiro: Lúmen Juris Editora, 2009, pp.1-13.

MACHADO, Paulo Affonso Leme. Direito ambiental brasileiro. 21ª ed. São Paulo: Malheiros, 2013.

MACHADO, Paulo Afonso Leme. Federalismo, amianto e meio ambiente: julgado sobre competência. *In:* CANOTILHO, José J. Gomes; LEITE, José Rubens Morato (org.). Direito Constitucional Ambiental Brasileiro. 6ª ed. rev. São Paulo: Saraiva, 2015.

MACHADO, Paulo Afonso Leme. *In:* MACHADO, Paulo Afonso Leme; MILARÉ. Édis (org.). Novo Código Florestal. 2ª ed. São Paulo: Revista dos Tribunais, 2013.

MACHADO, Paulo Affonso Leme. *Recursos hídricos*: direito brasileiro e internacional. São Paulo: Malheiros, 2002.

MAZZILLI, Hugo Nigro. A defesa dos interesses difusos e coletivos em juízo: meio ambiente, consumidor e outros interesses. 29 ed. São Paulo: Saraiva, 2016.

MAZZUOLI, Valério de Oliveira. Teoria geral do controle de convencionalidade no direito brasileiro. Revista de Informação Legislativa. Brasília a. 46 n. 181 jan/mar. 2009.

MEDAUAR, Odete. Direito Administrativo Moderno. 18ª ed. São Paulo: Ed. RT, 2014.

MEIRA, José De Castro. Informativo Jurídico da Biblioteca Ministro Oscar Saraiva, v. 19, n. 1, jan./jun. 2008.

MEIRELLES, Hely Lopes. Direito Administrativo Brasileiro, 38 ed. São Paulo: Editora Malheiros, 2012.

MELLO, Celso Antônio Bandeira de. Curso de Direito Administrativo. 31ª ed. São Paulo, Malheiros, 2014

MILARÉ, Édis. Dicionário de direito ambiental. 1ª ed. São Paulo: Revista dos Tribunais, 2015.

MILARÉ. Édis. Direito do Ambiente. 11ª ed. São Paulo: Revista dos Tribunais, 2018.

MILARÉ, Édis. Direito do Ambiente: doutrina, jurisprudência, glossário, 3ª ed. rev., atual. e ampl. São Paulo: Revista dos Tribunais, 2004.

MILARÉ, Édis; BENJAMIN, Antonio Herman V. Estudo prévio de impacto ambiental: teoria, prática e legislação. São Paulo: Revista dos Tribunais, 1993

MORATO LEITE, José Rubens, "Dano Ambiental: do individual ao coletivo extrapatrimonial" 2ª ed. São Paulo: Editora Revista dos Tribunais, 2003.

MOREIRA NETO, Diogo de Figueiredo. Competência Concorrente Limitada. O problema da Conceituação das Normas Gerais, *in* Revista de Informação Legislativa, Brasília, a.25, nº 100, out/dez 1988.

NUCCI, Guilherme de Souza. Leis penais e processuais penais comentadas. 2. ed. São Paulo: RT, 2007

OLIVEIRA, Regis Fernando de. Infrações e sanções administrativas. 3ª ed. São Paulo: Revista dos Tribunais, 2012.

PEREIRA, José Matias. Manual de gestão pública contemporânea. São Paulo: Atlas, 2012.

PIZZOL, Patrícia Miranda. Liquidação nas ações coletivas. São Paulo: Lejus, 1998.

PORTILHO, Fátima. Sustentabilidade Ambiental, Consumo e Cidadania. 2ª ed. São Paulo: Cortez, 2010.

PRIEUR. Michel. *Droit de l'Environnement.* 7ª ed. Paris: Dalloz, 2016.

SACHS, Ignacy. Caminhos para o Desenvolvimento Sustentável. Org.: Paula Yone Stroch. Rio de Janeiro: Garamond, 2009.

SARLET, Ingo Wolfgand, e FENSTERSEIFER, Tiago. Direito Constitucional Ambiental: Constituição, direitos fundamentais e proteção do ambiente. 5ª ed. rev. atual. e ampliada. São Paulo: Revista dos Tribunais, 2017.

SARLET, Ingo Wolfgang. A eficácia dos direitos fundamentais. Porto Alegre: Livraria do Advogado, 2006.

SILVA, José Afonso da. *Direito Ambiental Constitucional.* 4. ed. São Paulo: Malheiros, 2003.

SILVA, José Afonsa da. Comentário Contextual à Constituição. 7ª ed. São Paulo: Malheiros, 2010.

SIMÃO FILHO, Adalberto, e PEREIRA, Sérgio Luiz. A Empresa Ética em Ambiente Ecoeconômico: a contribuição da empresa e da tecnologia da automação para um desenvolvimento sustentável inclusivo. São Paulo: Quartier Latin, 2014.

SOARES, Guido Fernando Silva. A proteção internacional do meio ambiente. Barueri: Manole, 2003.

TAVARES, André Ramos. Curso de direito constitucional. São Paulo: Saraiva, 2003.

VIEIRA, Fernando Grella. A transação na esfera da tutela dos interesses difusos e coletivos: compromisso de ajustamento de conduta. Em MILARÉ, Édis (coord.) *Ação civil pública após 30 anos*. São Paulo: Revista dos Tribunais, 2015.

VIEIRA, Oscar Vilhena. Direitos Fundamentais: uma leitura da jurisprudência do STF. São Paulo: Malheiros, 2006.

ZIMMERNMANN, Augusto. Teoria geral do federalismo democrático. 2ª ed. Rio de Janeiro: Lumen Juris, 2005.

EDITORA
JusPODIVM
www.editorajuspodivm.com.br

Pré-impressão, impressão e acabamento
GRÁFICA
SANTUÁRIO

grafica@editorasantuario.com.br
www.graficasantuario.com.br
Aparecida-SP